사도신경

The Apostle's Creed

전능하사 천지를 만드신 하나님 아버지를 내가 믿사오며,
그 외아들 우리 주 예수 그리스도를 믿사오니,
이는 성령으로 잉태하사 동정녀 마리아에게 나시고,
'본디오 빌라도'에게 고난을 받으사,
십자가에 못 박혀 죽으시고,
장사한 지 사흘 만에 죽은 자 가운데서 다시 살아나시며,
하늘에 오르사, 전능하신 하나님 우편에 앉아 계시다가,
저리로서 산 자와 죽은 자를 심판하러 오시리라.
성령을 믿사오며, 거룩한 공회와,
성도가 서로 교통하는 것과,
죄를 사하여 주시는 것과, 몸이 다시 사는 것과,
영원히 사는 것을 믿사옵나이다. 아멘.

[1] 사도신경 새번역

나는 전능하신 아버지 하나님, 천지의 창조주를 믿습니다.
나는 그의 유일하신 아들, 우리 주 예수 그리스도를 믿습니다.
그는 성령으로 잉태되어 동정녀 마리아에게서 나시고,
본디오 빌라도에게 고난을 받아 십자가에 못 박혀 죽으시고,
장사된 지[2] 사흘 만에 죽은 자 가운데서 다시 살아나셨으며,
하늘에 오르시어 전능하신 아버지 하나님 우편에 앉아 계시다가,
거기로부터 살아 있는 자와 죽은 자를 심판하러 오십니다.
나는 성령을 믿으며, 거룩한 공교회와 성도의 교제와
죄를 용서받는 것과 몸의 부활과 영생을 믿습니다. 아멘.

1) '사도신조'로도 번역할 수 있다.
2) '장사되시어 지옥에 내려가신지'가 공인된 원문(Forma Recepta)에는 있으나, 대다수의 본문에는 없다.

성경전서(국한문)

구약2 역대하~말라기

시작한 날

마친 날

신교횃불

손글씨 성경전서(국한문) 특징

(읽고, 쓰고, 새기어 영혼이 듣게하십시요)

• 손글씨성경을 다 쓰신 후 예배용 성경전서로 사용할 수 있도록 하였습니다.
• 성경본문 소제목, 장, 절과 중요단어(漢文)가 인쇄되어 있습니다.
• 손글씨성경을 다 쓰신후 자손들에게 믿음의 유산으로 남길 수 있습니다.
• 쓰기에 불편하지 않게 잘 펴지도록 제작하였습니다.
• 가독성, 필기감, 장기보존 등을 고려하여 제작하였습니다.

성경전서(국한문) 구약2 [역대하~말라기]

2022년 5월 20일 초판 1쇄 인쇄
2022년 5월 25일 1판 1쇄 발행

펴 낸 이 김수곤
디 자 인 디자인이츠
발 행 처 선교횃불
등 록 일 1999년 9월 21일 제 54호
등록주소 서울 송파구 백제고분로 27길 12(삼전동)
전 화 (02)2203-2739
팩 스 (02)2203-2738
이 메 일 ccm2you@gmail.com
홈페이지 www.ccm2u.com

손글씨 성경 성경전서 활용법

성경색인 표시로 찾기가 쉬움

創世記 Genesis 창

소제목

漢文 단어가 표기되어 있음

장숫자

바탕글씨를 따라 쓰며 마음판에 새기십시오.

절숫자

천지 창조

1 (太初)태초에 하나님이 천지를
(創造)창조하시니라
2 땅이 [1](混沌)혼돈하고 공허하며
흑암이 깊음 위에 있고 하나님의
영은 수면 위에 (運行)운행하시니
라
3 하나님이 이르시되 빛이 있으라 하
시니 빛이 있었고
4 빛이 하나님이 보시기에 좋았더라
하나님이 빛과 어둠을 나누사
5 하나님이 빛을 낮이라 부르시고 어
둠을 밤이라 부르시니라 저녁이 되
고 아침이 되니 이는 첫째 날이니
라
6 ●하나님이 이르시되 물 가운데에
(穹蒼)궁창이 있어 물과 물로 나뉘
라 하시고
7 하나님이 (穹蒼)궁창을 만드사 궁
창 아래의 물과 궁창 위의 물로 나
뉘게 하시니 그대로 되니라
8 하나님이 (穹蒼)궁창을 하늘이라
부르시니라 저녁이 되고 아침이 되
니 이는 둘째 날이니라
9 ●하나님이 이르시되 (天下)천하
의 물이 한 곳으로 모이고 뭍이 드
러나라 하시니 그대로 되니라
10 하나님이 뭍을 땅이라 부르시고 모
인 물을 바다라 부르시니 하나님이
보시기에 좋았더라
11 하나님이 이르시되 땅은 풀과 씨
맺는 (菜蔬)채소와 각기 종류대로
씨 가진 열매 맺는 나무를 내라 하
시니 그대로 되어
12 땅이 풀과 (各其)각기 (種類)종류
대로 씨 맺는 채소와 각기 종류대
로 씨 가진 열매 맺는 나무를 내니
하나님이 보시기에 좋았더라
13 저녁이 되고 아침이 되니 이는 셋
째 날이니라
14 ●하나님이 이르시되 하늘의 궁창
에 [2]광명체들이 있어 낮과 밤을 나
뉘게 하고 그것들로 (徵兆)징조와
계절과 날과 해를 이루게 하라
15 또 (光明體)광명체들이 하늘의 궁
창에 있어 땅을 비추라 하시니 그
대로 되니라
16 하나님이 두 큰 (光明體)광명체를
만드사 큰 광명체로 낮을 (主管)주
관하게 하시고 작은 광명체로 밤
을 주관하게 하시며 또 별들을 만
드시고
17 하나님이 그것들을 하늘의 (穹蒼)
궁창에 두어 땅을 비추게 하시며
18 낮과 밤을 (主管)주관하게 하시고
빛과 어둠을 나뉘게 하시니 하나님
이 보시기에 좋았더라
19 저녁이 되고 아침이 되니 이는 넷
째 날이니라
20 ●하나님이 이르시되 물들은 (生
物)생물을 번성하게 하라 땅 위 하
늘의 궁창에는 새가 날으라 하시고
21 하나님이 큰 바다 짐승들과 물에서
(蕃盛)번성하여 움직이는 모든 생
물을 그 종류대로, 날개 있는 모든

1) 또는 형체가 없는 2) 히, 또는 발광체

따라쓰기를 완성하면 예배용 성경전서가 완성됩니다.

난해주 표시로 정확한 의미를 찾아볼수 있다.

＊대한성서공회 NKR73ES 페이지와 동일하게 편집되도록 하였습니다.

손글씨 성경 성경전서 차례

구 약

신 약

솔로몬 왕이 지혜를 구하다
(왕상 3:1-15)

1 다윗의 아들 솔로몬의 왕위가
(堅固)견고하여 가며 그의 하나
님 여호와께서 그와 함께 하사 심
히 (昌大)창대하게 하시니라
2 솔로몬이 온 이스라엘의 천부장들
과 백부장들과 (裁判官)재판관들
과 온 이스라엘의 방백들과 족장
들에게 명령하여
3 솔로몬이 온 회중과 함께 기브온
(山堂)산당으로 갔으니 하나님의
회막 곧 여호와의 종 모세가 광야
에서 지은 것이 거기에 있음이라
4 다윗이 전에 예루살렘에서 하나님
의 궤를 위하여 장막을 쳐 두었으
므로 그 궤는 다윗이 이미 기럇여
아림에서부터 그것을 위하여 (準
備)준비한 곳으로 메어 올렸고
5 옛적에 훌의 손자 우리의 아들 브
살렐이 지은 놋 제단은 여호와의
장막 앞에 있더라 솔로몬이 (會
衆)회중과 더불어 나아가서
6 여호와 앞 곧 (會幕)회막 앞에 있
는 놋 제단에 솔로몬이 이르러 그
위에 천 마리 희생으로 번제를 드
렸더라
7 ●그 날 밤에 하나님이 솔로몬에
게 나타나 그에게 이르시되 내가
네게 무엇을 주랴 너는 (求)구하
라 하시니
8 솔로몬이 하나님께 말하되 주께서
전에 큰 (恩惠)은혜를 내 아버지
다윗에게 베푸시고 내가 그를 대
신하여 왕이 되게 하셨사오니
9 여호와 하나님이여 원하건대 주는
내 아버지 다윗에게 (許諾)허락하
신 것을 이제 굳게 하옵소서 주께
서 나를 땅의 티끌 같이 많은 백성
의 왕으로 삼으셨사오니
10 주는 이제 내게 지혜와 지식을 주
사 이 백성 앞에서 출입하게 하옵
소서 이렇게 많은 주의 백성을 누
가 능히 (裁判)재판하리이까 하니
11 하나님이 솔로몬에게 이르시되 이
런 마음이 네게 있어서 부나 재물
이나 영광이나 원수의 생명 멸하
기를 구하지 아니하며 장수도 구
하지 아니하고 오직 내가 네게 다
스리게 한 내 백성을 재판하기 위
하여 지혜와 (知識)지식을 구하였
으니
12 그러므로 내가 네게 (智慧)지혜와
(知識)지식을 주고 부와 (財物)재
물과 영광도 주리니 네 전의 왕들
도 이런 일이 없었거니와 네 후에
도 이런 일이 없으리라 하시니라
13 이에 솔로몬이 기브온 산당 (會
幕)회막 앞에서부터 예루살렘으
로 돌아와서 이스라엘을 다스렸더
라

솔로몬의 부귀영화(왕상 10:26-29)

14 ●솔로몬이 병거와 마병을 모으
매 병거가 천사백 대요 마병이 만
이천 명이라 (兵車城)병거성에도
두고 예루살렘 왕에게도 두었으며

15 왕이 예루살렘에서 (銀金)은금을
돌 같이 흔하게 하고 백향목을 평
지의 뽕나무 같이 많게 하였더라
16 솔로몬의 말들은 애굽과 구에에서
사들였으니 왕의 (貿易商)무역상
들이 떼로 값을 정하여 산 것이며
17 애굽에서 사들인 (兵車)병거는 한
대에 은 육백 세겔이요 말은 백오
십 세겔이라 이와 같이 헷 사람들
의 모든 왕들과 아람 왕들을 위하
여 그들의 손으로 되팔기도 하였
더라

성전 건축을 준비하다(왕상 5:1-18)

2 솔로몬이 여호와의 이름을 위
하여 성전을 (建築)건축하고 자
기 왕위를 위하여 궁궐 건축하기
를 결심하니라
2 솔로몬이 이에 짐꾼 칠만 명과 산
에서 돌을 떠낼 자 팔만 명과 일을
(監督)감독할 자 삼천 육백 명을
뽑고
3 솔로몬이 사절을 두로 왕 후람에
게 보내어 이르되 당신이 전에 내
아버지 다윗에게 (柏香木)백향목
을 보내어 그가 거주하실 궁궐을
건축하게 한 것 같이 내게도 그리
하소서
4 이제 내가 나의 하나님 여호와의
이름을 위하여 성전을 건축하여
구별하여 드리고 주 앞에서 향 재
료를 사르며 항상 떡을 차려 놓으
며 (安息日)안식일과 초하루와 우
리 하나님 여호와의 절기에 아침
저녁으로 번제를 드리려 하오니
이는 이스라엘의 영원한 규례니이
다
5 내가 (建築)건축하고자 하는 성전
은 크니 우리 하나님은 모든 신들
보다 크심이라
6 누가 능히 하나님을 위하여 성전
을 건축하리요 하늘과 하늘들의
하늘이라도 주를 용납하지 못하겠
거든 내가 누구이기에 어찌 능히
그를 위하여 성전을 건축하리요
그 앞에 (焚香)분향하려 할 따름
이니이다
7 이제 청하건대 당신은 금, 은, 동,
철로 제조하며 자색 홍색 청색 실
로 직조하며 또 아로새길 줄 아는
재주 있는 사람 하나를 내게 보내
어 내 아버지 다윗이 유다와 예루
살렘에서 (準備)준비한 나의 재주
있는 사람들과 함께 일하게 하고
8 또 레바논에서 백향목과 잣나무와
(白檀木)백단목을 내게로 보내소
서 내가 알거니와 당신의 종은 레
바논에서 벌목을 잘 하나니 내 종
들이 당신의 종들을 도울지라
9 이와 같이 나를 위하여 재목을 많
이 준비하게 하소서 내가 건축하
려 하는 성전은 크고 (華麗)화려
할 것이니이다
10 내가 당신의 (伐木)벌목하는 종들
에게 찧은 밀 이만 고르와 보리 이
만 고르와 포도주 이만 밧과 기름
이만 밧을 주리이다 하였더라
11 ●두로 왕 후람이 솔로몬에게 (答
狀)답장하여 이르되 여호와께서
자기 백성을 사랑하시므로 당신을
세워 그들의 왕을 삼으셨도다

12 후람이 또 이르되 (天地)천지를 지으신 이스라엘의 하나님 여호와는 송축을 받으실지로다 다윗 왕에게 지혜로운 아들을 주시고 명철과 총명을 주시사 능히 여호와를 위하여 성전을 건축하고 자기 왕위를 위하여 궁궐을 건축하게 하시도다

13 내가 이제 재주 있고 (聰明)총명한 사람을 보내오니 전에 내 아버지 후람에게 속하였던 자라

14 이 사람은 단의 여자들 중 한 여인의 아들이요 그의 아버지는 두로 사람이라 능히 금, 은, 동, 철과 돌과 나무와 자색 청색 홍색 실과 가는 베로 일을 잘하며 또 모든 아로새기는 일에 익숙하고 모든 기묘한 (樣式)양식에 능한 자이니 그에게 당신의 재주 있는 사람들과 당신의 아버지 내 주 다윗의 재주 있는 사람들과 함께 일하게 하소서

15 내 주께서 말씀하신 밀과 보리와 기름과 (葡萄酒)포도주는 주의 종들에게 보내소서

16 우리가 레바논에서 당신이 쓰실 만큼 벌목하여 떼를 엮어 바다에 띄워 욥바로 보내리니 당신은 (材木)재목들을 예루살렘으로 올리소서 하였더라

성전 건축 시작(왕상 6:1-38)

17 ● 전에 솔로몬의 아버지 다윗이 이스라엘 땅에 사는 이방 사람들을 (調査)조사하였더니 이제 솔로몬이 다시 조사하매 모두 십오만 삼천 육백 명이라

18 그 중에서 칠만 명은 짐꾼이 되게 하였고 팔만 명은 산에서 (伐木)벌목하게 하였고 삼천 육백 명은 감독으로 삼아 백성들에게 일을 시키게 하였더라

3 솔로몬이 예루살렘 모리아 산에 여호와의 전 건축하기를 (始作)시작하니 그 곳은 전에 여호와께서 그의 아버지 다윗에게 나타나신 곳이요 여부스 사람 오르난의 (打作)타작 마당에 다윗이 (定)정한 곳이라

2 솔로몬이 왕위에 오른 지 넷째 해 둘째 달 둘째 날 (建築)건축을 시작하였더라

3 솔로몬이 하나님의 (殿)전을 위하여 놓은 (地臺)지대는 이러하니 옛날에 쓰던 자로 길이가 육십[1] 규빗이요 너비가 이십 규빗이며

4 그 성전 앞에 있는 낭실의 길이가 성전의 너비와 같이 이십 규빗이요 높이가 백이십 규빗이니 안에는 (純金)순금으로 입혔으며

5 그 대전 천장은 잣나무로 만들고 또 순금으로 입히고 그 위에 종려나무와 사슬 (形狀)형상을 새겼고

6 또 보석으로 성전을 꾸며 (華麗)화려하게 하였으니 그 금은 바르와임 금이며

7 또 금으로 (聖殿)성전과 그 들보와 문지방과 벽과 문짝에 입히고 벽에 그룹들을 아로새겼더라

8 ● 또 (至聖所)지성소를 지었으니

1) 히, 암마

성전 넓이대로 길이가 이십 규빗
이요 너비도 이십 규빗이라 순금
육백 달란트로 입혔으니
9 못 무게가 금 (五十)오십 세겔이
요 다락들도 금으로 입혔더라
10 ● (至聖所)지성소 안에 두 그룹의
형상을 새겨 만들어 금으로 입혔
으니
11 두 그룹의 날개 길이가 모두 이십
규빗이라 왼쪽 그룹의 한 날개는
다섯 규빗이니 성전 (壁)벽에 닿
았고 그 다른 날개도 다섯 규빗이
니 오른쪽 그룹의 날개에 닿았으
며
12 오른쪽 그룹의 한 날개도 다섯 규
빗이니 (聖殿)성전 벽에 닿았고
그 다른 날개도 다섯 규빗이니 왼
쪽 그룹의 날개에 닿았으며
13 이 두 그룹이 편 날개가 모두 이십
규빗이라 그 얼굴을 (內殿)내전으
로 향하여 서 있으며
14 청색 자색 홍색 실과 고운 베로 휘
장문을 짓고 그 위에 그룹의 형상
을 (繡)수놓았더라

두 기둥(왕상 7:15-22)

15 ● (聖殿)성전 앞에 기둥 둘을 만
들었으니 높이가 삼십오 규빗이요
각 기둥 꼭대기의 머리가 다섯 규
빗이라
16 성소 같이 사슬을 만들어 그 기둥
머리에 두르고 (石榴)석류 백 개
를 만들어 사슬에 달았으며
17 그 두 기둥을 성전 앞에 세웠으니
왼쪽에 하나요 오른쪽에 하나라
오른쪽 것은 [1]야긴이라 부르고 왼
쪽 것은 [2]보아스라 불렀더라

성전 안에 있는 물건들
(왕상 7:23-51)

4 솔로몬이 또 놋으로 (祭壇)제단
을 만들었으니 길이가 이십 규
빗이요 너비가 이십 규빗이요 높
이가 십 규빗이며
2 또 놋을 부어 바다를 만들었으니
지름이 십 규빗이요 그 모양이 둥
글며 그 높이는 다섯 규빗이요 (周
圍)주위는 삼십 규빗 길이의 줄을
두를 만하며
3 그 가장자리 아래에는 돌아가며 [3]
소 (形狀)형상이 있는데 각 규빗
에 [3]소가 열 마리씩 있어서 바다
주위에 둘렀으니 그 [3]소는 바다를
부어 만들 때에 두 줄로 부어 만들
었으며
4 그 바다를 놋쇠 황소 열두 마리가
받쳤으니 세 마리는 북쪽을 (向)
향하였고 세 마리는 서쪽을 향하
였고 세 마리는 남쪽을 향하였고
세 마리는 동쪽을 향하였으며 바
다를 그 위에 놓았고 [3]소의 엉덩
이는 다 안으로 향하였으며
5 바다의 두께는 한 손 너비만 하고
그 둘레는 잔 둘레와 같이 (白合
花)백합화의 모양으로 만들었으
니 그 바다에는 삼천 밧을 담겠으
며
6 또 물두멍 열 개를 만들어 다섯 개
는 오른쪽에 두고 다섯 개는 왼쪽
에 두어 씻게 하되 번제에 속한
(物件)물건을 거기서 씻게 하였으

1) 저가 세우리라 2) 그에게 능력이 있다 3) 왕상 7:24에는 '박'

며 그 바다는 제사장들이 씻기 위
한 것이더라
7 ●또 (規例)규례대로 금으로 등잔
대 열 개를 만들어 내전 안에 두었
으니 왼쪽에 다섯 개요 오른쪽에
다섯 개이며
8 또 (床)상 열 개를 만들어 내전 안
에 두었으니 왼쪽에 다섯 개요 오
른쪽에 다섯 개이며 또 금으로 대
접 백 개를 만들었고
9 또 (祭司長)제사장의 뜰과 큰 뜰
과 뜰 문을 만들고 그 문짝에 놋을
입혔고
10 그 바다는 성전 오른쪽 (東南方)
동남방에 두었더라
11 ●후람이 또 솥과 부삽과 대접을
만들었더라 이와 같이 후람이 솔
로몬 (王)왕을 위하여 하나님의
성전에서 할 일을 마쳤으니
12 곧 기둥 둘과 그 기둥 꼭대기의 공
같은 머리 둘과 또 기둥 꼭대기의
공 같은 기둥 머리를 가리는 그물
둘과
13 또 그 그물들을 위하여 만든 각 그
물에 두 줄씩으로 기둥 위의 공 같
은 두 머리를 가리는 (石榴)석류
사백 개와
14 또 받침과 받침 위의 물두멍과
15 [1]한 바다와 그 바다 아래에 소 열
두 마리와
16 솥과 부삽과 고기 갈고리와 여호
와의 (殿)전의 모든 그릇들이라
후람의 아버지가 솔로몬 왕을 위
하여 빛나는 놋으로 만들 때에

1) 히, 큰 물두멍을 가리킴

17 왕이 요단 (平地)평지에서 숙곳과
스레다 사이의 진흙에 그것들을
부어 내었더라
18 이와 같이 솔로몬이 이 모든 기구
를 매우 많이 만들었으므로 그 놋
무게를 능히 (測量)측량할 수 없
었더라
19 ●솔로몬이 또 하나님의 전의 모
든 기구를 만들었으니 곧 금 제단
과 (陳設餠)진설병 상들과
20 지성소 앞에서 (規例)규례대로 불
을 켤 순금 등잔대와 그 등잔이며
21 또 순수한 금으로 만든 꽃과 (燈
盞)등잔과 부젓가락이며
22 또 순금으로 만든 불집게와 주발
과 숟가락과 불 옮기는 그릇이며
또 성전 문 곧 (至聖所)지성소의
문과 내전의 문을 금으로 입혔더
라

5 솔로몬이 여호와의 전을 위하
여 만드는 모든 일을 마친지라
이에 솔로몬이 그의 아버지 다윗
이 드린 은과 금과 모든 (器具)기
구를 가져다가 하나님의 전 곳간
에 두었더라

언약궤를 성전으로 옮기다(왕상 8:1-9)

2 ●이에 솔로몬이 여호와의 (言約
櫃)언약궤를 다윗 성 곧 시온에서
부터 메어 올리고자 하여 이스라
엘 장로들과 모든 지파의 우두머
리 곧 이스라엘 자손의 족장들을
다 예루살렘으로 소집하니
3 일곱째 달 (節期)절기에 이스라엘
모든 사람이 다 왕에게로 모이고
4 이스라엘 (長老)장로들이 이르매

레위 사람들이 궤를 메니라
5 (櫃)궤와 회막과 장막 안에 모든
거룩한 (器具)기구를 메고 올라가
되 레위인 제사장들이 그것들을
메고 올라가매
6 솔로몬 왕과 그 앞에 모인 모든 이
스라엘 회중이 궤 앞에서 양과 소
로 (祭祀)제사를 드렸으니 그 수
가 많아 기록할 수도 없고 셀 수도
없었더라
7 (祭司長)제사장들이 여호와의 언
약궤를 그 처소로 메어 들였으니
곧 본전 지성소 그룹들의 날개 아
래라
8 그룹들이 (櫃)궤 (處所)처소 위에
서 날개를 펴서 궤와 그 채를 덮었
는데
9 그 채가 길어서 궤에서 나오므로
그 끝이 (本殿)본전 앞에서 보이
나 밖에서는 보이지 아니하며 그
궤가 오늘까지 그 곳에 있으며
10 궤 안에는 두 돌판 외에 아무것
도 없으니 이것은 이스라엘 자손
이 애굽에서 나온 후 여호와께서
그들과 (言約)언약을 세우실 때에
모세가 호렙에서 그 안에 넣은 것
이더라

여호와의 영광

11 ●이 때에는 제사장들이 그 반열
대로 하지 아니하고 스스로 (淨
潔)정결하게 하고 성소에 있다가
나오매
12 노래하는 레위 사람 아삽과 헤만
과 여두둔과 그의 아들들과 형제
들이 다 세마포를 입고 제단 동쪽
에 서서 (提琴)제금과 비파와 수
금을 잡고 또 나팔 부는 제사장 백
이십 명이 함께 서 있다가
13 나팔 부는 자와 노래하는 자들이
일제히 소리를 내어 여호와를 찬
송하며 감사하는데 나팔 불고 제
금 치고 모든 악기를 울리며 소리
를 높여 여호와를 찬송하여 이르
되 (善)선하시도다 그의 자비하심
이 영원히 있도다 하매 그 때에 여
호와의 전에 구름이 가득한지라
14 (祭司長)제사장들이 그 구름으로
말미암아 능히 서서 섬기지 못하
였으니 이는 여호와의 영광이 하
나님의 전에 가득함이었더라

솔로몬의 축복(왕상 8:12-21)

6 그 때에 솔로몬이 이르되 여호
와께서 캄캄한 데 계시겠다 말
씀하셨사오나
2 내가 주를 위하여 거하실 성전을
건축하였사오니 주께서 영원히 계
실 (處所)처소로소이다 하고
3 얼굴을 돌려 이스라엘 온 회중을
위하여 (祝福)축복하니 그 때에
이스라엘의 온 회중이 서 있더라
4 왕이 이르되 이스라엘 하나님 여
호와를 (頌祝)송축할지로다 여호
와께서 그의 입으로 내 아버지 다
윗에게 말씀하신 것을 이제 그의
손으로 이루셨도다 이르시기를
5 내가 내 백성을 애굽 땅에서 인도
하여 낸 날부터 내 이름을 둘 만한
집을 건축하기 위하여 이스라엘
모든 지파 가운데서 아무 성읍도
택하지 아니하였으며 내 백성 이

스라엘의 (主權者)주권자가 될 사
람을 아무도 택하지 아니하였더니
6 예루살렘을 (擇)택하여 내 이름을
거기 두고 또 다윗을 택하여 내 백
성 이스라엘을 다스리게 하였노라
하신지라
7 내 아버지 다윗이 이스라엘의 하
나님 여호와의 이름을 위하여 성
전을 (建築)건축할 마음이 있었더
니
8 여호와께서 내 아버지 다윗에게
이르시되 네가 내 이름을 위하여
(聖殿)성전을 건축할 마음이 있으
니 이 마음이 네게 있는 것이 좋도
다
9 그러나 너는 그 성전을 건축하지
못할 것이요 네 허리에서 나올 네
아들 그가 내 이름을 위하여 성전
을 (建築)건축하리라 하시더니
10 이제 여호와께서 말씀하신 대로
이루셨도다 내가 여호와께서 말
씀하신 대로 내 아버지 다윗을 (代
身)대신하여 일어나 이스라엘 왕
위에 앉고 이스라엘의 하나님 여
호와의 이름을 위하여 성전을 건
축하고
11 내가 또 그 곳에 여호와께서 이스
라엘 자손과 더불어 세우신 (言
約)언약을 넣은 궤를 두었노라 하
니라

솔로몬의 기도(왕상 8:22-53)

12 ● 솔로몬이 여호와의 제단 앞에
서 이스라엘의 모든 (會衆)회중과
마주 서서 그의 손을 펴니라
13 솔로몬이 일찍이 놋으로 (臺)대를
만들었으니 길이가 다섯 규빗이요
너비가 다섯 규빗이요 높이가 세
규빗이라 뜰 가운데에 두었더니
그가 그 위에 서서 이스라엘의 모
든 회중 앞에서 무릎을 꿇고 하늘
을 향하여 손을 펴고
14 이르되 이스라엘의 하나님 여호와
여 천지에 주와 같은 신이 없나이
다 주께서는 온 마음으로 주의 앞
에서 행하는 주의 종들에게 언약
을 지키시고 (恩惠)은혜를 베푸시
나이다
15 주께서 주의 종 내 아버지 다윗에
게 (許諾)허락하신 말씀을 지키시
되 주의 입으로 말씀하신 것을 손
으로 이루심이 오늘과 같으니이다
16 이스라엘의 하나님 여호와여 주께
서 주의 종 내 아버지 다윗에게 말
씀하시기를 네 (子孫)자손이 그들
의 행위를 삼가서 네가 내 앞에서
행한 것 같이 내 (律法)율법대로
행하기만 하면 네게로부터 나서
이스라엘 왕위에 앉을 사람이 내
앞에서 끊어지지 아니하리라 하셨
사오니 이제 다윗을 위하여 그 허
락하신 말씀을 지키시옵소서
17 그런즉 이스라엘 하나님 여호와여
원하건대 주는 주의 종 다윗에게
하신 말씀이 (確實)확실하게 하옵
소서
18 ● 하나님이 참으로 사람과 함께
땅에 계시리이까 보소서 하늘과
하늘들의 하늘이라도 주를 (容納)
용납하지 못하겠거든 하물며 내가
건축한 이 성전이오리이까

19 그러나 나의 하나님 여호와여 주
의 종의 (祈禱)기도와 간구를 돌
아보시며 주의 종이 주 앞에서 부
르짖는 것과 비는 기도를 들으시
옵소서
20 주께서 전에 말씀하시기를 내 이
름을 거기에 두리라 하신 곳 이 성
전을 향하여 주의 눈이 주야로 보
시오며 종이 이 곳을 향하여 비는
(祈禱)기도를 들으시옵소서
21 주의 종과 주의 백성 이스라엘이
이 곳을 향하여 기도할 때에 주는
그 (懇求)간구함을 들으시되 주께
서 계신 곳 하늘에서 들으시고 들
으시사 사하여 주옵소서
22 ● 만일 어떤 사람이 그의 이웃에
게 범죄하므로 (盟誓)맹세시킴을
받고 그가 와서 이 성전에 있는 주
의 제단 앞에서 맹세하거든
23 주는 하늘에서 들으시고 행하시되
주의 종들을 (審判)심판하사 악한
자의 죄를 정하여 그의 행위대로
그의 머리에 돌리시고 공의로운
자를 의롭다 하사 그 의로운 대로
갚으시옵소서
24 ● 만일 주의 백성 이스라엘이 주
께 범죄하여 (敵國)적국 앞에 (敗)
패하게 되므로 주의 이름을 인정
하고 주께로 돌아와서 이 성전에
서 주께 빌며 간구하거든
25 주는 하늘에서 들으시고 주의 백
성 이스라엘의 죄를 (赦)사하시고
그들과 그들의 조상들에게 주신
땅으로 돌아오게 하옵소서
26 ● 만일 그들이 주께 (犯罪)범죄함
으로 말미암아 하늘이 닫히고 비
가 내리지 않는 주의 벌을 받을 때
에 이 곳을 향하여 빌며 주의 이름
을 (認定)인정하고 그들의 죄에서
떠나거든
27 주께서는 하늘에서 들으사 주의
종들과 주의 백성 이스라엘의 죄
를 사하시고 그 마땅히 행할 선한
길을 가르쳐 주시오며 주의 백성
에게 (基業)기업으로 주신 주의
땅에 비를 내리시옵소서
28 ● 만일 이 땅에 (饑饉)기근이나
전염병이 있거나 곡식이 시들거나
깜부기가 나거나 메뚜기나 황충이
나거나 적국이 와서 성읍들을 에
워싸거나 무슨 재앙이나 무슨 질
병이 있거나를 막론하고
29 한 사람이나 혹 주의 온 백성 이스
라엘이 다 각각 자기의 마음에 재
앙과 (苦痛)고통을 깨닫고 이 성
전을 향하여 손을 펴고 무슨 기도
나 무슨 (懇求)간구를 하거든
30 주는 계신 곳 하늘에서 들으시며
(赦宥)사유하시되 각 사람의 마음
을 아시오니 그의 모든 행위대로
갚으시옵소서 주만 홀로 사람의
마음을 아심이니이다
31 그리하시면 그들이 주께서 우리
조상들에게 주신 땅에서 사는 동
안에 항상 주를 (敬畏)경외하며
주의 길로 걸어가리이다
32 ● 주의 백성 이스라엘에 속하지
않은 (異邦人)이방인에게 대하여
도 그들이 주의 큰 이름과 능한 손
과 펴신 팔을 위하여 먼 지방에서

와서 이 성전을 향하여 기도하거
든
33 주는 계신 곳 하늘에서 들으시고
모든 이방인이 주께 부르짖는 대
로 이루사 땅의 만민이 주의 이름
을 알고 주의 백성 이스라엘처럼
(敬畏)경외하게 하시오며 또 내가
건축한 이 성전을 주의 이름으로
일컫는 줄을 알게 하옵소서
34 ● 주의 백성이 그 (敵國)적국과
더불어 싸우고자 하여 주께서 보
내신 길로 나갈 때에 그들이 주께
서 택하신 이 성과 내가 주의 이름
을 위하여 건축한 성전 있는 쪽을
향하여 주께 기도하거든
35 주는 하늘에서 그들의 (祈禱)기도
와 간구를 들으시고 그들의 일을
돌보시옵소서
36 주께 범죄하지 아니하는 사람이
없사오니 그들이 주께 범죄하므로
주께서 그들에게 (震怒)진노하사
그들을 적국에게 넘기시매 적국이
그들을 사로잡아 땅의 원근을 막
론하고 끌고 간 후에
37 그들이 사로잡혀 간 땅에서 스스
로 깨닫고 그들을 사로잡은 자들
의 땅에서 돌이켜 주께 (懇求)간
구하기를 우리가 범죄하여 (悖逆)
패역을 행하며 악을 행하였나이다
하며
38 자기들을 사로잡아 간 적국의 땅
에서 온 마음과 온 뜻으로 주께 돌
아와서 주께서 그들의 조상들에게
주신 땅과 주께서 택하신 성과 내

1) 또는 다윗의 덕행을

가 주의 이름을 위하여 (建築)건
축한 성전 있는 쪽을 향하여 기도
하거든
39 주는 계신 곳 하늘에서 그들의 기
도와 간구를 들으시고 그들의 일
을 돌보시오며 주께 범죄한 주의
백성을 (容恕)용서하옵소서
40 나의 하나님이여 이제 이 곳에서
하는 (祈禱)기도에 눈을 드시고
귀를 기울이소서
41 여호와 하나님이여 일어나 들어
가사 주의 능력의 궤와 함께 주의
(平安)평안한 처소에 계시옵소서
여호와 하나님이여 원하옵건대 주
의 제사장들에게 구원을 입게 하
시고 또 주의 성도들에게 은혜를
기뻐하게 하옵소서
42 여호와 하나님이여 주의 기름 부
음 받은 자에게서 얼굴을 돌리지
마시옵고 주의 종 [1)]다윗에게 베푸
신 (恩寵)은총을 기억하옵소서 하
였더라

성전 낙성식(왕상 8:62-66)

7 솔로몬이 기도를 마치매 불이
하늘에서부터 내려와서 그 번
제물과 제물들을 사르고 여호와의
(榮光)영광이 그 성전에 가득하니
2 여호와의 (榮光)영광이 여호와의
전에 가득하므로 제사장들이 여호
와의 전으로 능히 들어가지 못하
였고
3 이스라엘 모든 자손은 불이 내리
는 것과 여호와의 영광이 (聖殿)
성전 위에 있는 것을 보고 돌을 깐
땅에 엎드려 경배하며 여호와께

감사하여 이르되 선하시도다 그의
인자하심이 영원하도다 하니라
4 ●이에 왕과 모든 백성이 여호와
앞에 (祭祀)제사를 드리니
5 솔로몬 왕이 드린 제물이 소가 이
만 이천 마리요 양이 십이만 마리
라 이와 같이 왕과 모든 백성이 하
나님의 전의 (落成式)낙성식을 행
하니라
6 그 때에 제사장들은 (職分)직분대
로 모셔 서고 레위 사람도 여호와
의 악기를 가지고 섰으니 이 악기
는 전에 다윗 왕이 레위 사람들에
게 여호와께 감사하게 하려고 만
들어서 여호와의 인자하심이 영원
함을 찬송하게 하던 것이라 제사
장들은 무리 앞에서 나팔을 불고
온 이스라엘은 서 있더라
7 솔로몬이 또 여호와의 전 앞뜰 가
운데를 거룩하게 하고 거기서 (燔
祭物)번제물과 (和睦祭)화목제의
기름을 드렸으니 이는 솔로몬이
지은 놋 제단이 능히 그 번제물과
소제물과 기름을 용납할 수 없음
이더라
8 ●그 때에 솔로몬이 칠 일 동안
(節期)절기를 지켰는데 하맛 어귀
에서부터 애굽 강까지의 온 이스
라엘의 심히 큰 회중이 모여 그와
함께 하였더니
9 여덟째 날에 무리가 한 (聖會)성
회를 여니라 제단의 낙성식을 칠
일 동안 행한 후 이 절기를 칠 일
동안 지키니라
10 일곱째 달 제이십삼일에 왕이 백
성을 그들의 장막으로 돌려보내매
백성이 여호와께서 다윗과 솔로몬
과 그의 백성 이스라엘에게 베푸
신 (恩惠)은혜로 말미암아 기뻐하
며 마음에 즐거워하였더라

여호와께서 다시 솔로몬에게 나타나시다
(왕상 9:1-9)

11 ●솔로몬이 여호와의 전과 왕궁
건축을 마치고 솔로몬의 (心中)심
중에 여호와의 전과 자기의 궁궐
에 그가 이루고자 한 것을 다 형통
하게 이루니라
12 밤에 여호와께서 솔로몬에게 나타
나사 그에게 이르시되 내가 이미
네 기도를 듣고 이 곳을 (擇)택하
여 내게 제사하는 성전을 삼았으
니
13 혹 내가 하늘을 닫고 비를 내리지
아니하거나 혹 메뚜기들에게 토
산을 먹게 하거나 혹 전염병이 내
백성 가운데에 (流行)유행하게 할
때에
14 내 이름으로 일컫는 내 백성이 그
들의 악한 길에서 떠나 스스로 낮
추고 기도하여 내 얼굴을 찾으면
내가 하늘에서 듣고 그들의 죄를
(赦)사하고 그들의 땅을 고칠지라
15 이제 이 곳에서 하는 (祈禱)기도
에 내가 눈을 들고 귀를 기울이리
니
16 이는 내가 이미 이 성전을 택하고
거룩하게 하여 내 이름을 여기에
영원히 있게 하였음이라 내 눈과
내 마음이 (恒常)항상 여기에 있

으리라
17 네가 만일 내 앞에서 행하기를 네
아버지 다윗이 행한 것과 같이 하
여 내가 네게 명령한 모든 것을 행
하여 내 (律例)율례와 법규를 지
키면
18 내가 네 나라 왕위를 (堅固)견고
하게 하되 전에 내가 네 아버지 다
윗과 언약하기를 이스라엘을 다스
릴 자가 네게서 끊어지지 아니하
리라 한 대로 하리라
19 ●그러나 너희가 만일 돌아서서
내가 너희 앞에 둔 내 (律例)율례
와 명령을 버리고 가서 다른 신들
을 섬겨 그들을 경배하면
20 내가 너희에게 준 땅에서 그 뿌리
를 뽑아내고 내 이름을 위하여 거
룩하게 한 이 성전을 내 앞에서 버
려 모든 민족 중에 (俗談)속담거
리와 이야깃거리가 되게 하리니
21 이 (聖殿)성전이 비록 높을지라도
그리로 지나가는 자마다 놀라 이
르되 여호와께서 무슨 까닭으로
이 땅과 이 성전에 이같이 행하셨
는고 하면
22 대답하기를 그들이 자기 조상들을
애굽 땅에서 (引導)인도하여 내신
자기 하나님 여호와를 버리고 다
른 신들에게 붙잡혀서 그것들을
경배하여 섬기므로 여호와께서 이
모든 재앙을 그들에게 내리셨다
하리라 하셨더라

솔로몬의 업적(왕상 9:10-28)

8 솔로몬이 여호와의 전과 자기
의 궁궐을 이십 년 동안에 (建
築)건축하기를 마치고
2 후람이 솔로몬에게 되돌려 준 성
읍들을 솔로몬이 (建築)건축하여
이스라엘 자손에게 거기에 거주하
게 하니라
3 ●솔로몬이 가서 하맛소바를 쳐
서 (占領)점령하고
4 또 (曠野)광야에서 다드몰을 건축
하고 하맛에서 모든 (國庫城)국고
성들을 건축하고
5 또 윗 벧호론과 아랫 벧호론을 건
축하되 (城壁)성벽과 문과 문빗장
이 있게 하여 견고한 성읍으로 만
들고
6 또 바알랏과 자기에게 있는 모든
국고성들과 모든 (兵車城)병거성
들과 마병의 성들을 건축하고 솔
로몬이 또 예루살렘과 레바논과
그가 다스리는 온 땅에 건축하고
자 하던 것을 다 건축하니라
7 ●이스라엘이 아닌 헷 (族屬)족속
과 아모리 족속과 브리스 족속과
히위 족속과 여부스 족속의 남아
있는 모든 자
8 곧 이스라엘 자손이 다 멸하지 않
았으므로 그 땅에 남아 있는 그들
의 자손들을 솔로몬이 (役軍)역군
으로 삼아 오늘에 이르렀으되
9 오직 이스라엘 자손은 솔로몬이
노예로 삼아 일을 시키지 아니하
였으니 그들은 군사와 (指揮官)지
휘관의 우두머리들과 그의 병거와
마병의 지휘관들이 됨이라
10 솔로몬 왕의 공장을 (監督)감독하
는 자들이 이백오십 명이라 그들

이 백성을 다스렸더라
11 ● 솔로몬이 바로의 딸을 데리고
다윗 성에서부터 그를 위하여 (建
築)건축한 왕궁에 이르러 이르되
내 아내가 이스라엘 왕 다윗의 왕
궁에 살지 못하리니 이는 여호와
의 궤가 이른 곳은 다 거룩함이니
라 하였더라
12 ● 솔로몬이 (廊室)낭실 앞에 쌓은
여호와의 제단 위에 여호와께 (燔
祭)번제를 드리되
13 모세의 명령을 따라 매일의 일과
대로 안식일과 초하루와 정한 절
기 곧 일년의 세 절기 무교절과 칠
칠절과 (草幕節)초막절에 드렸더
라
14 ● 솔로몬이 또 그의 아버지 다윗
의 규례를 따라 제사장들의 반열
을 정하여 섬기게 하고 레위 사람
들에게도 그 (職分)직분을 맡겨
매일의 일과대로 찬송하며 제사장
들 앞에서 수종들게 하며 또 문지
기들에게 그 반열을 따라 각 문을
지키게 하였으니 이는 하나님의
사람 다윗이 전에 이렇게 명령하
였음이라
15 제사장들과 레위 사람들이 국고
일에든지 무슨 일에든지 왕이 (命
令)명령한 바를 전혀 어기지 아니
하였더라
16 ● 솔로몬이 여호와의 전의 기초
를 쌓던 날부터 (竣工)준공하기까
지 모든 것을 완비하였으므로 여
호와의 전 공사가 결점 없이 끝나
니라
17 ● 그 때에 솔로몬이 에돔 땅의 바
닷가 에시온게벨과 엘롯에 이르렀
더니
18 후람이 그의 신복들에게 (付託)부
탁하여 배와 바닷길을 아는 종들
을 보내매 그들이 솔로몬의 종들
과 함께 오빌에 이르러 거기서 금
사백오십 달란트를 얻어 솔로몬
왕에게로 가져왔더라

스바 여왕이 솔로몬을 찾아오다
(왕상 10:1-13)

9 스바 여왕이 솔로몬의 명성을
듣고 와서 어려운 질문으로 솔
로몬을 시험하고자 하여 예루살렘
에 이르니 매우 많은 시종들을 거
느리고 (香品)향품과 많은 금과
보석을 낙타에 실었더라 그가 솔
로몬에게 나아와 자기 마음에 있
는 것을 다 말하매
2 솔로몬이 그가 묻는 말에 다 (對
答)대답하였으니 솔로몬이 몰라
서 대답하지 못한 것이 없었더라
3 스바 여왕이 솔로몬의 (智慧)지혜
와 그가 건축한 궁과
4 그의 상의 음식물과 그의 신하들
의 좌석과 그의 신하들이 도열한
것과 그들의 공복과 술 관원들과
그들의 공복과 여호와의 전에 올
라가는 층계를 보고 정신이 (恍
惚)황홀하여
5 왕께 말하되 내가 내 나라에서 당
신의 행위와 당신의 지혜에 대하
여 들은 (所聞)소문이 진실하도다
6 내가 그 말들을 믿지 아니하였더
니 이제 와서 본즉 당신의 지혜가

크다 한 말이 그 절반도 못 되니
당신은 내가 들은 (所聞)소문보다
더하도다
7 (福)복되도다 당신의 사람들이여,
복되도다 당신의 이 신하들이여,
항상 당신 앞에 서서 당신의 지혜
를 들음이로다
8 당신의 하나님 여호와를 (頌祝)송
축할지로다 하나님이 당신을 기뻐
하시고 그 자리에 올리사 당신의
하나님 여호와를 위하여 왕이 되
게 하셨도다 당신의 하나님이 이
스라엘을 사랑하사 영원히 (堅固)
견고하게 하시려고 당신을 세워
그들의 왕으로 삼아 정의와 공의
를 행하게 하셨도다 하고
9 이에 그가 금 백이십 달란트와 매
우 많은 (香品)향품과 보석을 왕
께 드렸으니 스바 여왕이 솔로몬
왕께 드린 향품 같은 것이 전에는
없었더라
10 (후람의 신하들과 솔로몬의 신하
들도 오빌에서 금을 실어 올 때에
백단목과 (寶石)보석을 가져온지
라
11 왕이 백단목으로 여호와의 전과
왕궁의 (層臺)층대를 만들고 또
노래하는 자들을 위하여 수금과
비파를 만들었으니 이같은 것들은
유다 땅에서 전에는 보지 못하였
더라)
12 솔로몬 왕이 스바 여왕이 가져온
대로 (答禮)답례하고 그 외에 또
그의 소원대로 구하는 것을 모두
주니 이에 그가 그의 신하들과 더
불어 본국으로 돌아갔더라

솔로몬의 재산과 지혜(왕상 10:14-25)

13 ● 솔로몬의 (歲入金)세입금의 무
게가 금 육백육십육 달란트요
14 그 외에 또 (貿易商)무역상과 객
상들이 가져온 것이 있고 아라비
아 왕들과 그 나라 방백들도 금과
은을 솔로몬에게 가져온지라
15 솔로몬 왕이 쳐서 늘인 금으로 큰
방패 이백 개를 만들었으니 (防
牌)방패 하나에 든 금이 육백 세
겔이며
16 또 쳐서 늘인 금으로 작은 (防牌)
방패 삼백 개를 만들었으니 방패
하나에 든 금이 삼백 세겔이라 왕
이 이것들을 레바논 나무 궁에 두
었더라
17 왕이 또 상아로 큰 (寶座)보좌를
만들고 순금으로 입혔으니
18 그 (寶座)보좌에는 여섯 층계와
금 발판이 있어 보좌와 이어졌고
앉는 자리 양쪽에는 팔걸이가 있
고 팔걸이 곁에는 사자가 하나씩
섰으며
19 또 열두 (獅子)사자가 있어 그 여
섯 층계 양쪽에 섰으니 어떤 나라
에도 이같이 만든 것이 없었더라
20 솔로몬 왕이 마시는 그릇은 다 금
이요 레바논 나무 궁의 그릇들도
다 순금이라 솔로몬의 (時代)시대
에 은을 귀하게 여기지 아니함은
21 왕의 배들이 후람의 종들과 함께
다시스로 다니며 그 배들이 삼 년
에 일 차씩 다시스의 금과 은과
(象牙)상아와 원숭이와 (孔雀)공

작을 실어옴이더라

22 ● 솔로몬 왕의 재산과 지혜가 (天下)천하의 모든 왕들보다 큰지라

23 천하의 열왕이 하나님께서 솔로몬의 마음에 주신 지혜를 들으며 그의 얼굴을 보기 (願)원하여

24 각기 예물을 가지고 왔으니 곧 은 그릇과 금 그릇과 의복과 갑옷과 향품과 말과 노새라 해마다 (定)정한 (數)수가 있었더라

25 솔로몬의 병거 메는 말의 외양간은 사천이요 마병은 만 이천 명이라 (兵車城)병거성에도 두고 예루살렘 왕에게도 두었으며

26 솔로몬이 유브라데 강에서부터 블레셋 땅과 애굽 지경까지의 모든 (王)왕을 다스렸으며

27 왕이 예루살렘에서 은을 돌 같이 흔하게 하고 백향목을 (平地)평지의 뽕나무 같이 많게 하였더라

28 솔로몬을 위하여 애굽과 (各國)각국에서 말들을 가져왔더라

솔로몬이 죽다(왕상 11:41-43)

29 ● 이 외에 솔로몬의 (始終)시종 행적은 (先知者)선지자 나단의 글과 실로 사람 아히야의 예언과 선견자 잇도의 (默示 冊)묵시 책 곧 잇도가 느밧의 아들 여로보암에 대하여 쓴 책에 기록되지 아니하였느냐

30 솔로몬이 예루살렘에서 온 이스라엘을 다스린 지 (四十 年)사십 년이라

31 솔로몬이 그의 조상들과 함께 자매 그의 아버지 다윗의 성에 장사되고 그의 아들 르호보암이 (代身)대신하여 왕이 되니라

북쪽 지파들의 배반(왕상 12:1-20)

10 르호보암이 세겜으로 갔으니 이는 온 이스라엘이 그를 왕으로 삼고자 하여 세겜에 이르렀음이더라

2 느밧의 아들 여로보암이 전에 솔로몬 왕의 낯을 피하여 애굽으로 (逃亡)도망하여 있었더니 이 일을 듣고 여로보암이 애굽에서부터 돌아오매

3 무리가 사람을 보내어 그를 불렀더라 여로보암과 온 이스라엘이 와서 르호보암에게 말하여 이르되

4 왕의 아버지께서 우리의 멍에를 무겁게 하였으나 왕은 이제 왕의 아버지께서 우리에게 시킨 (苦役)고역과 메운 무거운 멍에를 가볍게 하소서 그리하시면 우리가 왕을 섬기겠나이다

5 르호보암이 그들에게 대답하되 삼 일 후에 다시 내게로 오라 하매 (百姓)백성이 가니라

6 ● 르호보암 왕이 그의 아버지 솔로몬의 생전에 그 앞에 모셨던 (元老)원로들과 의논하여 이르되 너희는 이 백성에게 어떻게 대답하도록 권고하겠느냐 하니

7 그들이 대답하여 이르되 왕이 만일 이 백성을 (厚待)후대하여 기쁘게 하고 선한 말을 하시면 그들이 영원히 왕의 종이 되리이다 하나

8 왕은 원로들이 가르치는 것을 버

리고 그 앞에 모시고 있는 자기
와 함께 자라난 젊은 신하들과 (議
論)의논하여
9 이르되 너희는 이 백성에게 어떻
게 대답하도록 (勸告)권고하겠느
냐 백성이 내게 말하기를 왕의 아
버지께서 우리에게 메운 멍에를
가볍게 하라 하였느니라 하니
10 함께 자라난 젊은 신하들이 (王)
왕께 말하여 이르되 이 백성들이
왕께 아뢰기를 왕의 아버지께서
우리의 멍에를 무겁게 하였으나
왕은 우리를 위하여 가볍게 하라
하였은즉 왕은 대답하시기를 내
새끼 손가락이 내 아버지의 허리
보다 굵으니
11 내 아버지가 너희에게 무거운 멍
에를 메게 하였으나 이제 나는 너
희의 멍에를 더욱 무겁게 할지라
내 아버지는 가죽 채찍으로 너희
를 치셨으나 나는 (全蠍)전갈 채
찍으로 하리라 하소서 하더라
12 ● 삼 일 만에 여로보암과 모든 백
성이 르호보암에게 나왔으니 이는
왕이 (命令)명령하여 이르기를 삼
일 만에 내게로 다시 오라 하였음
이라
13 왕이 (暴虐)포학한 말로 대답할새
르호보암이 원로들의 가르침을 버
리고
14 젊은 (臣下)신하들의 가르침을 따
라 그들에게 말하여 이르되 내 아
버지는 너희의 멍에를 무겁게 하
였으나 나는 더 무겁게 할지라 내
아버지는 가죽 채찍으로 너희를
치셨으나 나는 전갈 채찍으로 치
리라 하니라
15 왕이 이같이 백성의 말을 듣지 아
니하였으니 이 일은 하나님께로
말미암아 난 것이라 여호와께서
전에 실로 사람 아히야로 하여금
느밧의 아들 여로보암에게 이르신
말씀을 (應)응하게 하심이더라
16 ● 온 이스라엘은 왕이 자기들의
말을 듣지 아니함을 보고 왕에게
대답하여 이르되 우리가 다윗과
무슨 (關係)관계가 있느냐 이새의
아들에게서 받을 유산이 없도다
이스라엘아 각각 너희의 장막으로
돌아가라 다윗이여 이제 너는 네
집이나 돌보라 하고 온 이스라엘
이 그들의 (帳幕)장막으로 돌아가
니라
17 그러나 유다 (城邑)성읍들에 사는
이스라엘 자손들에게는 르호보암
이 그들의 왕이 되었더라
18 르호보암 왕이 (役軍)역군의 감독
하도람을 보냈더니 이스라엘 자손
이 저를 돌로 쳐 죽인지라 르호보
암 왕이 급히 수레에 올라 예루살
렘으로 도망하였더라
19 이에 이스라엘이 다윗의 집을 (背
叛)배반하여 오늘날까지 이르니
라

스마야가 여호와의 말씀을 전하다
(왕상 12:21-24)

11 르호보암이 예루살렘에 이르
러 유다와 베냐민 족속을 모
으니 택한 용사가 십팔만 명이라
이스라엘과 싸워 나라를 (回復)회

복하여 르호보암에게 돌리려 하더
니
2 여호와의 말씀이 하나님의 사람
스마야에게 (臨)임하여 이르시되
3 솔로몬의 아들 유다 왕 르호보암
과 유다와 베냐민에 (屬)속한 모
든 이스라엘 무리에게 말하여 이
르기를
4 여호와께서 이같이 말씀하시기를
너희는 올라가지 말라 너희 형제
와 싸우지 말고 (各其)각기 집으
로 돌아가라 이 일이 내게로 말미
암아 난 것이라 하셨다 하라 하신
지라 그들이 여호와의 말씀을 듣
고 돌아가고 여로보암을 치러 가
던 길에서 되돌아왔더라

르호보암이 방비하는 성읍들을 건축하다

5 ●르호보암이 예루살렘에 살면서
유다 땅에 (防備)방비하는 성읍들
을 건축하였으니
6 곧 베들레헴과 에담과 드고아와
7 벧술과 소고와 아둘람과
8 가드와 마레사와 십과
9 아도라임과 라기스와 아세가와
10 소라와 아얄론과 헤브론이니 다
유다와 베냐민 땅에 있어 (堅固)
견고한 성읍들이라
11 르호보암이 그 방비하는 성읍들
을 더욱 견고하게 하고 지휘관들
을 그 가운데에 두고 (糧食)양식
과 기름과 포도주를 저축하고
12 모든 성읍에 방패와 (槍)창을 두
어 매우 강하게 하니라 유다와 베
냐민이 르호보암에게 속하였더라

제사장들과 레위 사람들이 유다로 오다

13 ●온 이스라엘의 제사장들과 레
위 사람들이 그들의 모든 (地方)
지방에서부터 르호보암에게 돌아
오되
14 레위 사람들이 자기들의 마을들과
(産業)산업을 떠나 유다와 예루살
렘에 이르렀으니 이는 여로보암과
그의 아들들이 그들을 해임하여
여호와께 제사장의 직분을 행하지
못하게 하고
15 여로보암이 여러 산당과 숫염소
(偶像)우상과 자기가 만든 송아지
우상을 위하여 친히 제사장들을
세움이라
16 이스라엘 모든 지파 중에 마음을
굳게 하여 이스라엘의 하나님 여
호와를 찾는 자들이 레위 사람들
을 따라 예루살렘에 이르러 그들
의 (祖上)조상들의 하나님 여호와
께 제사하고자 한지라
17 그러므로 삼 년 동안 유다 나라를
도와 솔로몬의 아들 르호보암을
(强盛)강성하게 하였으니 이는 무
리가 삼 년 동안을 다윗과 솔로몬
의 길로 행하였음이더라

르호보암의 가족

18 ●르호보암이 다윗의 아들 여리
못의 딸 마할랏을 아내로 삼았으
니 마할랏은 이새의 아들 엘리압
의 딸 아비하일의 (所生)소생이라
19 그가 아들들 곧 여우스와 스마랴
와 사함을 낳았으며
20 그 후에 압살롬의 딸 마아가에게
장가 들었더니 그가 아비야와 앗
대와 시사와 슬로밋을 낳았더라

21 르호보암은 아내 열여덟 명과 첩
예순 명을 거느려 아들 스물여덟
명과 딸 예순 명을 낳았으나 압살
롬의 딸 마아가를 모든 (妻妾)처
첩보다 더 사랑하여
22 르호보암은 마아가의 아들 아비야
를 (後繼者)후계자로 세웠으니 이
는 그의 형제들 가운데 지도자로
삼아 왕으로 세우고자 함이었더라
23 르호보암이 지혜롭게 행하여 그의
모든 아들을 유다와 베냐민의 온
땅 모든 견고한 성읍에 흩어 살게
하고 (糧食)양식을 (厚)후히 주고
아내를 많이 구하여 주었더라

애굽이 유다를 치다(왕상 14:25-28)

12 르호보암의 나라가 (堅固)
견고하고 세력이 강해지매
그가 여호와의 (律法)율법을 버리
니 온 이스라엘이 본받은지라
2 그들이 여호와께 (犯罪)범죄하였
으므로 르호보암 왕 제오년에 애
굽 왕 시삭이 예루살렘을 치러 올
라오니
3 그에게 (兵車)병거가 천이백 대요
마병이 육만 명이며 애굽에서 그
와 함께 온 백성 곧 리비아와 숙과
구스 사람이 헤아릴 수 없이 많더
라
4 시삭이 유다의 (堅固)견고한 성읍
들을 빼앗고 예루살렘에 이르니
5 그 때에 유다 방백들이 시삭의 일
로 예루살렘에 모였는지라 선지자
스마야가 르호보암과 (方伯)방백
들에게 나아와 이르되 여호와께서
이같이 말씀하시기를 너희가 나를
버렸으므로 나도 너희를 버려 시
삭의 손에 넘겼노라 하셨다 한지
라
6 이에 이스라엘 방백들과 왕이 스
스로 (謙卑)겸비하여 이르되 여호
와는 의로우시다 하매
7 여호와께서 그들이 스스로 겸비함
을 보신지라 여호와의 말씀이 스
마야에게 임하여 이르시되 그들이
스스로 겸비하였으니 내가 멸하지
아니하고 저희를 조금 (救援)구원
하여 나의 노를 시삭의 손을 통하
여 예루살렘에 쏟지 아니하리라
8 그러나 그들이 시삭의 종이 되어
나를 섬기는 것과 (世上)세상 나
라들을 섬기는 것이 어떠한지 알
게 되리라 하셨더라
9 ●애굽 왕 시삭이 올라와서 예루
살렘을 치고 여호와의 (殿 寶物)
전 보물과 왕궁의 보물을 모두 빼
앗고 솔로몬이 만든 금 방패도 빼
앗은지라
10 르호보암 왕이 그 대신에 놋으로
방패를 만들어 (宮門)궁문을 지키
는 경호 책임자들의 손에 맡기매
11 왕이 여호와의 전에 들어갈 때마
다 경호하는 자가 그 방패를 들고
갔다가 (警護室)경호실로 도로 가
져갔더라
12 르호보암이 스스로 (謙卑)겸비하
였고 유다에 선한 일도 있으므로
여호와께서 노를 돌이키사 다 멸
하지 아니하셨더라

르호보암이 죽다

13 ●르호보암 왕은 예루살렘에서 스

스스로 (勢力)세력을 굳게 하여 다
스리니라 르호보암이 왕위에 오를
때에 나이가 사십일 세라 예루살
렘 곧 여호와께서 이스라엘의 모
든 지파 중에서 택하여 그의 이름
을 두신 성에서 십칠 년 동안 다스
리니라 르호보암의 어머니의 이름
은 나아마요 암몬 여인이더라
14 르호보암이 악을 행하였으니 이는
그가 여호와를 (求)구하는 마음을
굳게 하지 아니함이었더라
15 ● 르호보암의 처음부터 끝까지
의 행적은 선지자 스마야와 선견
자 잇도의 (族譜册)족보책에 기록
되지 아니하였느냐 르호보암과 여
로보암 사이에 항상 (戰爭)전쟁이
있으니라
16 르호보암이 그의 조상들과 함께
누우매 다윗 성에 (葬事)장사되고
그의 아들 아비야가 그를 대신하
여 왕이 되니라

아비야와 여로보암의 전쟁(왕상 15:1-8)

13 여로보암 (王)왕 열여덟째
해에 아비야가 유다의 왕이
되고
2 예루살렘에서 삼 년 동안 다스리
니라 그의 어머니의 이름은 미가
야요 기브아 사람 우리엘의 딸이
더라 아비야가 여로보암과 더불어
싸울새
3 아비야는 싸움에 용감한 군사 사
십만 명을 택하여 싸움을 준비하
였고 여로보암은 큰 용사 팔십만
명을 택하여 그와 (對陣)대진한지
라
4 아비야가 에브라임 산 중 스마라
임 산 위에 서서 이르되 여로보암
과 이스라엘 무리들아 다 들으라
5 이스라엘 하나님 여호와께서 소금
(言約)언약으로 이스라엘 나라를
영원히 다윗과 그의 자손에게 주
신 것을 너희가 알 것 아니냐
6 다윗의 아들 솔로몬의 신하 느밧
의 아들 여로보암이 일어나 자기
의 주를 (背叛)배반하고
7 난봉꾼과 (雜輩)잡배가 모여 따르
므로 스스로 강하게 되어 솔로몬
의 아들 르호보암을 대적하였으나
그 때에 르호보암이 어리고 마음
이 연약하여 그들의 입을 능히 막
지 못하였었느니라
8 이제 너희가 또 다윗 자손의 손으
로 다스리는 여호와의 나라를 (對
敵)대적하려 하는도다 너희는 큰
무리요 또 여로보암이 너희를 위
하여 신으로 만든 금송아지들이
너희와 함께 있도다
9 너희가 아론 자손인 여호와의 제
사장들과 레위 사람들을 쫓아내
고 이방 백성들의 풍속을 따라 제
사장을 삼지 아니하였느냐 누구
를 막론하고 어린 수송아지 한 마
리와 숫양 일곱 마리를 끌고 와서
(將立)장립을 받고자 하는 자마다
허무한 신들의 제사장이 될 수 있
도다
10 우리에게는 여호와께서 우리 하
나님이 되시니 우리가 그를 배반
하지 아니하였고 여호와를 섬기는
제사장들이 있으니 아론의 자손이

요 또 레위 사람들이 (隨從)수종
들어
11 매일 아침 저녁으로 여호와 앞에
(燔祭)번제를 드리며 (焚香)분향
하며 또 깨끗한 상에 진설병을 놓
고 또 금 등잔대가 있어 그 등에
저녁마다 불을 켜나니 우리는 우
리 하나님 여호와의 (誡命)계명을
지키나 너희는 그를 (背叛)배반하
였느니라
12 하나님이 우리와 함께 하사 우리
의 머리가 되시고 그의 제사장들
도 우리와 함께 하여 (戰爭)전쟁
의 나팔을 불어 너희를 공격하느
니라 이스라엘 자손들아 너희 조
상들의 하나님 여호와와 싸우지
말라 너희가 형통하지 못하리라
13 ● 여로보암이 유다의 뒤를 둘러
(伏兵)복병하였으므로 그 앞에는
이스라엘 사람들이 있고 그 뒤에
는 복병이 있는지라
14 유다 사람이 뒤를 돌아보고 자기
앞 뒤의 적병으로 말미암아 여호
와께 부르짖고 제사장들은 나팔을
부니라
15 유다 사람이 소리 지르매 유다 사
람이 소리 지를 때에 하나님이 여
로보암과 온 이스라엘을 아비야와
유다 앞에서 치시니
16 이스라엘 자손이 유다 앞에서 (逃
亡)도망하는지라 하나님이 그들
의 손에 넘기셨으므로
17 아비야와 그의 백성이 크게 무찌
르니 이스라엘이 (擇)택한 병사들
이 죽임을 당하고 엎드러진 자들
이 오십만 명이었더라
18 그 때에 이스라엘 자손이 (降服)
항복하고 유다 자손이 이겼으니
이는 그들이 그들의 조상들의 하
나님 여호와를 의지하였음이라
19 아비야가 여로보암을 쫓아가서 그
의 성읍들을 빼앗았으니 곧 벧엘
과 그 동네들과 여사나와 그 동네
들과 에브론과 그 동네들이라
20 아비야 때에 여로보암이 다시 (强
盛)강성하지 못하고 여호와의 치
심을 입어 죽었고
21 아비야는 (漸漸)점점 강성하며 아
내 열넷을 거느려 아들 스물둘과
딸 열여섯을 낳았더라
22 아비야의 남은 (事蹟)사적과 그의
행위와 그의 말은 선지자 잇도의
(註釋 冊)주석 책에 기록되니라

아사가 유다 왕이 되다

14 아비야가 그의 조상들과 함
께 누우매 다윗 (城)성에 장
사되고 그의 아들 아사가 대신하
여 왕이 되니 그의 시대에 그의 땅
이 십 년 동안 평안하니라
2 아사가 그의 하나님 여호와 보시
기에 선과 정의를 (行)행하여
3 이방 (祭壇)제단과 산당을 없애고
(柱像)주상을 깨뜨리며 아세라 상
을 찍고
4 유다 사람에게 명하여 그 조상들
의 하나님 여호와를 찾게 하며 그
의 율법과 명령을 (行)행하게 하
고
5 또 유다 모든 성읍에서 산당과 태
양상을 없애매 나라가 그 앞에서

(平安)평안함을 누리니라
6 여호와께서 아사에게 평안을 주셨
으므로 그 땅이 평안하여 여러 해
싸움이 없은지라 그가 (堅固)견고
한 성읍들을 유다에 건축하니라
7 아사가 일찍이 유다 사람에게 이
르되 우리가 우리 하나님 여호와
를 찾았으므로 이 땅이 아직 우리
앞에 있나니 우리가 이 성읍들을
건축하고 그 주위에 (城郭)성곽과
(望臺)망대와 문과 빗장을 만들
자 우리가 주를 찾았으므로 주께
서 우리 사방에 평안을 주셨느니
라 하고 이에 그들이 성읍을 형통
하게 (建築)건축하였더라
8 아사의 군대는 유다 중에서 큰 방
패와 창을 잡는 자가 삼십만 명이
요 베냐민 중에서 작은 방패를 잡
으며 활을 당기는 자가 이십팔만
명이라 그들은 다 큰 (勇士)용사
였더라
9 ●구스 사람 세라가 그들을 치려
하여 (軍士)군사 백만 명과 병거
삼백 대를 거느리고 마레사에 이
르매
10 아사가 마주 나가서 마레사의 스
바다 골짜기에 (戰列)전열을 갖추
고
11 아사가 그의 하나님 여호와께 부
르짖어 이르되 여호와여 힘이 강
한 자와 약한 자 사이에는 주밖에
도와 줄 이가 없사오니 우리 하나
님 여호와여 우리를 도우소서 우
리가 주를 의지하오며 주의 이름
을 (依託)의탁하옵고 이 많은 무
리를 치러 왔나이다 여호와여 주
는 우리 하나님이시오니 원하건대
사람이 주를 이기지 못하게 하옵
소서 하였더니
12 여호와께서 구스 사람들을 아사와
유다 사람들 앞에서 치시니 구스
사람들이 (逃亡)도망하는지라
13 아사와 그와 함께 한 백성이 구스
사람들을 추격하여 그랄까지 이르
매 이에 구스 사람들이 엎드러지
고 살아 남은 자가 없었으니 이는
여호와 앞에서와 그의 군대 앞에
서 패망하였음이라 (擄掠)노략한
물건이 매우 많았더라
14 여호와께서 그랄 사면 모든 성읍
백성을 두렵게 하시니 무리가 그
의 모든 성읍을 치고 그 가운데에
있는 많은 물건을 (擄掠)노략하고
15 또 짐승 지키는 (天幕)천막을 치
고 양과 낙타를 많이 이끌고 예루
살렘으로 돌아왔더라

아사의 개혁

15 하나님의 (靈)영이 오뎃의
아들 아사랴에게 임하시매
2 그가 나가서 아사를 맞아 이르되
아사와 및 유다와 베냐민의 무리
들아 내 말을 들으라 너희가 여호
와와 함께 하면 여호와께서 너희
와 함께 하실지라 너희가 (萬一)만
일 그를 찾으면 그가 너희와 만나
게 되시려니와 너희가 만일 그를
버리면 그도 너희를 버리시리라
3 이스라엘에는 참 신이 없고 가르
치는 제사장도 없고 (律法)율법도
없은 지가 오래 되었으나

4 그들이 그 (患難)환난 때에 이스
라엘 하나님 여호와께로 돌아가서
찾으매 그가 그들과 만나게 되셨
나니
5 그 때에 온 땅의 모든 주민이 크게
요란하여 사람의 (出入)출입이 평
안하지 못하며
6 이 나라와 저 나라가 서로 치고 이
성읍이 저 성읍과 또한 그러하여
피차 상한 바 되었나니 이는 하나
님이 여러 가지 고난으로 (擾亂)
요란하게 하셨음이라
7 그런즉 너희는 강하게 하라 너희
의 손이 약하지 않게 하라 너희 행
위에는 (賞給)상급이 있음이라 하
니라
8 ●아사가 이 말 곧 선지자 오뎃의
예언을 듣고 마음을 강하게 하여
(可憎)가증한 물건들을 유다와 베
냐민 온 땅에서 없애고 또 에브라
임 산지에서 빼앗은 성읍들에서도
없애고 또 여호와의 낭실 앞에 있
는 여호와의 제단을 재건하고
9 또 유다와 베냐민의 무리를 모으
고 에브라임과 므낫세와 시므온
가운데에서 나와서 저희 중에 머
물러 사는 자들을 모았으니 이는
이스라엘 사람들이 아사의 하나님
여호와께서 그와 함께 하심을 보
고 아사에게로 돌아오는 자가 많
았음이더라
10 아사 왕 제십오년 셋째 달에 그들
이 예루살렘에 모이고
11 그 날에 노략하여 온 물건 중에서
소 칠백 마리와 양 칠천 마리로 여
호와께 (祭祀)제사를 지내고
12 또 마음을 다하고 목숨을 다하여
조상들의 하나님 여호와를 찾기로
(言約)언약하고
13 이스라엘 하나님 여호와를 찾지
아니하는 자는 대소 남녀를 (莫
論)막론하고 죽이는 것이 마땅하
다 하고
14 무리가 큰 소리로 외치며 피리와
나팔을 불어 여호와께 (盟誓)맹세
하매
15 온 유다가 이 맹세를 기뻐한지라
무리가 마음을 다하여 맹세하고
뜻을 다하여 여호와를 찾았으므로
여호와께서도 그들을 만나 주시고
그들의 사방에 (平安)평안을 주셨
더라
16 ●아사 왕의 어머니 마아가가 아
세라의 (可憎)가증한 목상을 만들
었으므로 아사가 그의 (太后)태후
의 자리를 폐하고 그의 우상을 찍
고 빻아 기드론 시냇가에서 불살
랐으니
17 산당은 이스라엘 중에서 제하지
아니하였으나 아사의 마음이 일평
생 (穩全)온전하였더라
18 그가 또 그의 아버지가 (區別)구
별한 물건과 자기가 구별한 물건
곧 은과 금과 그릇들을 하나님의
전에 드렸더니
19 이 때부터 아사 왕 제삼십오년까
지 다시는 (戰爭)전쟁이 없으니라

이스라엘과 유다의 충돌(왕상 15:17-22)

16 아사 왕 제삼십육년에 이스
라엘 왕 바아사가 유다를 치

러 올라와서 라마를 (建築)건축하
여 사람을 유다 왕 아사에게 (往
來)왕래하지 못하게 하려 한지라
2 아사가 여호와의 (殿)전 곳간과
(王宮)왕궁 곳간의 (銀金)은금을
내어다가 다메섹에 사는 아람 왕
벤하닷에게 보내며 이르되
3 내 아버지와 당신의 아버지 사이
에와 같이 나와 당신 사이에 (約
條)약조하자 내가 당신에게 은금
을 보내노니 와서 이스라엘 왕 바
아사와 세운 약조를 깨뜨려 그가
나를 떠나게 하라 하매
4 벤하닷이 아사 왕의 말을 듣고 그
의 군대 지휘관들을 보내어 이스
라엘 성읍들을 치되 이욘과 단과
아벨마임과 납달리의 모든 (國庫
城)국고성들을 쳤더니
5 바아사가 듣고 라마 (建築)건축하
는 일을 포기하고 그 공사를 그친
지라
6 아사 왕이 온 유다 무리를 거느리
고 바아사가 라마를 건축하던 돌
과 재목을 (運搬)운반하여다가 게
바와 미스바를 건축하였더라

선견자 하나니

7 ●그 때에 선견자 하나니가 유다
왕 아사에게 나와서 그에게 이르
되 왕이 아람 왕을 (依支)의지하
고 왕의 하나님 여호와를 의지하
지 아니하였으므로 아람 왕의 군
대가 왕의 손에서 벗어났나이다
8 구스 사람과 룹 사람의 군대가 크
지 아니하며 말과 병거가 심히 많
지 아니하더이까 그러나 왕이 여
호와를 (依支)의지하였으므로 여
호와께서 왕의 손에 넘기셨나이다
9 여호와의 눈은 온 땅을 두루 감찰
하사 (全心)전심으로 자기에게 향
하는 자들을 위하여 능력을 베푸
시나니 이 일은 왕이 망령되이 행
하였은즉 이 후부터는 왕에게 전
쟁이 있으리이다 하매
10 아사가 노하여 선견자를 옥에 가
두었으니 이는 그의 말에 크게 노
하였음이며 그 때에 아사가 또 백
성 중에서 몇 사람을 (虐待)학대
하였더라

아사가 죽다(왕상 15:23-24)

11 ●아사의 처음부터 끝까지의 행
적은 유다와 이스라엘 (列王記)열
왕기에 기록되니라
12 아사가 왕이 된 지 삼십구 년에 그
의 발이 병들어 매우 위독했으나
병이 있을 때에 그가 여호와께 구
하지 아니하고 (醫員)의원들에게
구하였더라
13 아사가 왕위에 있은 지 사십일 년
후에 죽어 그의 (祖上)조상들과
함께 누우매
14 다윗 성에 자기를 위하여 파 두었
던 묘실에 무리가 장사하되 그의
시체를 법대로 만든 각양 향 재료
를 가득히 채운 상에 두고 또 그것
을 위하여 많이 (焚香)분향 하였
더라

여호사밧이 유다의 왕이 되다

17 아사의 아들 여호사밧이 대
신하여 왕이 되어 스스로 강
하게 하여 이스라엘을 (防禦)방어

하되
2 유다 모든 견고한 성읍에 군대를
주둔시키고 또 유다 땅과 그의 아
버지 아사가 정복한 에브라임 성
읍들에 (營門)영문을 두었더라
3 여호와께서 여호사밧과 함께 하셨
으니 이는 그가 그의 (祖上)조상
다윗의 처음 길로 행하여 바알들
에게 (求)구하지 아니하고
4 오직 그의 아버지의 하나님께 구
하며 그의 (誡命)계명을 행하고
이스라엘의 행위를 따르지 아니하
였음이라
5 그러므로 여호와께서 나라를 그
의 손에서 견고하게 하시매 유다
무리가 여호사밧에게 예물을 드렸
으므로 그가 (富貴)부귀와 영광을
크게 떨쳤더라
6 그가 (全心)전심으로 여호와의 길
을 걸어 산당들과 아세라 목상들
도 유다에서 제거하였더라
7 ● 그가 왕위에 있은 지 삼 년에
그의 방백들 벤하일과 오바댜와
스가랴와 느다넬과 미가야를 보내
어 유다 여러 (城邑)성읍에 가서
가르치게 하고
8 또 그들과 함께 레위 사람 스마야
와 느다냐와 스바댜와 아사헬과
스미라못과 여호나단과 아도니야
와 도비야와 도바도니야 등 레위
사람들을 보내고 또 저희와 함께
(祭司長)제사장 엘리사마와 여호
람을 보내었더니
9 그들이 여호와의 (律法册)율법책
을 가지고 유다에서 가르치되 그
모든 유다 성읍들로 두루 다니며
백성들을 가르쳤더라

여호사밧이 강대하여지다

10 ● 여호와께서 유다 (四方)사방의
모든 나라에 두려움을 주사 여호
사밧과 싸우지 못하게 하시매
11 블레셋 사람들 중에서는 여호사
밧에게 예물을 드리며 은으로 (朝
貢)조공을 바쳤고 아라비아 사람
들도 짐승 떼 곧 숫양 칠천칠백 마
리와 숫염소 칠천칠백 마리를 드
렸더라
12 여호사밧이 점점 (强大)강대하여
유다에 견고한 요새와 국고성을
건축하고
13 유다 여러 성에 공사를 많이 하고
또 예루살렘에 크게 (勇猛)용맹스
러운 군사를 두었으니
14 군사의 수효가 그들의 족속대로
이러하니라 유다에 속한 천부장
중에는 아드나가 으뜸이 되어 큰
(勇士)용사 삼십만 명을 거느렸고
15 그 다음은 (指揮官)지휘관 여호하
난이니 이십팔만 명을 거느렸고
16 그 다음은 시그리의 아들 아마시
야니 그는 (自己)자기를 여호와께
즐거이 드린 자라 큰 용사 이십만
명을 거느렸고
17 베냐민에 속한 자 중에 큰 용사 엘
리아다는 활과 (防牌)방패를 잡은
자 이십만 명을 거느렸고
18 그 다음은 여호사밧이라 싸움을
(準備)준비한 자 십팔만 명을 거
느렸으니
19 이는 다 왕을 모시는 자요 이 외에

또 온 유다 (堅固)견고한 성읍들
에 왕이 군사를 두었더라

선지자 미가야가 아합 왕에게 경고하다 (왕상 22:1-28)

18 여호사밧이 부귀와 (榮光)
영광을 크게 떨쳤고 아합 가
문과 혼인함으로 인척 관계를 맺
었더라
2 이 년 후에 그가 사마리아의 아합
에게 내려갔더니 아합이 그와 시
종을 위하여 양과 소를 많이 잡
고 함께 가서 길르앗 라못 치기를
(勸)권하였더라
3 이스라엘 왕 아합이 유다 왕 여호
사밧에게 이르되 (當身)당신이 나
와 함께 길르앗 라못으로 가시겠
느냐 하니 여호사밧이 대답하되
나는 당신과 다름이 없고 내 백성
은 당신의 백성과 다름이 없으니
당신과 함께 싸우리이다 하는지라
4 ● 여호사밧이 또 이스라엘 왕에
게 이르되 (請)청하건대 먼저 여
호와의 말씀이 어떠하신지 오늘
물어 보소서 하더라
5 이스라엘 왕이 이에 (先知者)선지
자 사백 명을 모으고 그들에게 이
르되 우리가 길르앗 라못에 가서
싸우랴 말랴 하니 그들이 이르되
올라가소서 하나님이 그 성읍을
왕의 손에 붙이시리이다 하더라
6 여호사밧이 이르되 이 (外)외에
우리가 물을 만한 여호와의 선지자
가 여기 있지 아니하니이까 하니
7 이스라엘 왕이 여호사밧에게 이
르되 아직도 이믈라의 아들 미가
야 한 사람이 있으니 그로 말미암
아 여호와께 물을 수 있으나 그는
내게 대하여 좋은 일로는 예언하
지 아니하고 항상 나쁜 일로만 (豫
言)예언하기로 내가 그를 미워하
나이다 하더라 여호사밧이 이르되
왕은 그런 말씀을 마소서 하니
8 이스라엘 왕이 한 (內侍)내시를
불러 이르되 이믈라의 아들 미가
야를 속히 오게 하라 하니라
9 이스라엘 왕과 유다 왕 여호사밧
이 (王服)왕복을 입고 사마리아
성문 어귀 (廣場)광장에서 각기
보좌에 앉았고 여러 선지자들이
그 앞에서 예언을 하는데
10 그나아나의 아들 시드기야는 (鐵)
철로 뿔들을 만들어 가지고 말하
되 여호와께서 이같이 말씀하시기
를 왕이 이것들로 아람 사람을 찔
러 진멸하리라 하셨다 하고
11 여러 선지자들도 그와 같이 예언
하여 이르기를 길르앗 라못으로
올라가서 (勝利)승리를 거두소서
여호와께서 그 성읍을 왕의 손에
넘기시리이다 하더라
12 미가야를 부르러 간 사자가 그에
게 말하여 이르되 (先知者)선지자
들의 말이 하나 같이 왕에게 좋게
말하니 청하건대 당신의 말도 그
들 중 한 사람처럼 좋게 말하소서
하니
13 미가야가 이르되 여호와께서 살아
계심을 두고 (盟誓)맹세하노니 내
하나님께서 말씀하시는 것 곧 그
것을 내가 말하리라 하고

14 이에 왕에게 이르니 왕이 그에게
이르되 미가야야 우리가 길르앗
라못으로 싸우러 가랴 말랴 하는
지라 이르되 올라가서 (勝利)승리
를 거두소서 그들이 왕의 손에 넘
긴 바 되리이다 하니
15 왕이 그에게 이르되 여호와의 이
름으로 (眞實)진실한 것 이외에는
아무것도 말하지 말라고 내가 몇
번이나 네게 맹세하게 하여야 하
겠느냐 하니
16 그가 이르되 내가 보니 온 이스라
엘이 목자 없는 양 같이 산에 흩어
졌는데 여호와의 말씀이 이 무리
가 (主人)주인이 없으니 각각 평
안히 자기들의 집으로 돌아갈 것
이니라 하셨나이다 하는지라
17 이스라엘 왕이 여호사밧에게 이르
되 저 사람이 내게 대하여 좋은 일
로 (豫言)예언하지 아니하고 나쁜
일로만 예언할 것이라고 당신에게
말씀하지 아니하였나이까 하더라
18 미가야가 이르되 그런즉 왕은 여
호와의 말씀을 들으소서 내가 보
니 여호와께서 그의 (寶座)보좌에
앉으셨고 하늘의 (萬軍)만군이 그
의 좌우편에 모시고 섰는데
19 여호와께서 말씀하시기를 누가 이
스라엘 (王)왕 아합을 꾀어 그에
게 길르앗 라못에 올라가서 죽게
할까 하시니 하나는 이렇게 하겠
다 하고 하나는 저렇게 하겠다 하
였는데
20 한 (靈)영이 나와서 여호와 앞에
서서 말하되 내가 그를 꾀겠나이
다 하니 여호와께서 그에게 이르
시되 어떻게 하겠느냐 하시니
21 그가 이르되 내가 나가서 거짓말
하는 영이 되어 그의 모든 (先知
者)선지자들의 입에 있겠나이다
하니 여호와께서 이르시되 너는
꾀겠고 또 이루리라 나가서 그리
하라 하셨은즉
22 이제 보소서 여호와께서 거짓말하
는 영을 왕의 이 모든 선지자들의
입에 넣으셨고 또 여호와께서 왕
에게 대하여 (災殃)재앙을 말씀하
셨나이다 하니
23 ● 그나아나의 아들 시드기야가
가까이 와서 미가야의 뺨을 치며
이르되 여호와의 (靈)영이 나를
떠나 어디로 가서 네게 말씀하더
냐 하는지라
24 미가야가 이르되 네가 골방에 들
어가서 숨는 바로 그 날에 보리라
하더라
25 이스라엘 왕이 이르되 미가야를
잡아 시장 아몬과 (王子)왕자 요
아스에게로 끌고 돌아가서
26 왕이 이같이 말하기를 이 놈을 옥
에 가두고 내가 (平安)평안히 돌
아올 때까지 고난의 떡과 고난의
물을 먹게 하라 하셨나이다 하니
27 미가야가 이르되 왕이 참으로 (平
安)평안히 돌아오시게 된다면 여
호와께서 내게 말씀하지 아니하셨
으리이다 하고 또 이르되 너희 백
성들아 다 들을지어다 하니라

아합이 죽다(왕상 22:29-35)

28 ● 이스라엘 왕과 유다 왕 여호사

밧이 길르앗 라못으로 올라가니라
29 이스라엘 왕이 여호사밧에게 이르
되 나는 (變裝)변장하고 전쟁터로
들어가려 하노니 당신은 왕복을
입으소서 하고 이스라엘 왕이 변
장하고 둘이 전쟁터로 들어가니라
30 아람 왕이 그의 병거 지휘관들에
게 이미 (命令)명령하여 이르기를
너희는 작은 자나 큰 자나 더불어
싸우지 말고 오직 이스라엘 왕하
고만 싸우라 한지라
31 병거의 지휘관들이 여호사밧을 보
고 이르되 이가 이스라엘 왕이라
하고 돌아서서 그와 싸우려 한즉
여호사밧이 소리를 지르매 여호와
께서 그를 도우시며 하나님이 그
들을 (感動)감동시키사 그를 떠나
가게 하신지라
32 (兵車)병거의 지휘관들이 그가 이
스라엘 왕이 아님을 보고 추격을
그치고 돌아갔더라
33 한 사람이 (無心)무심코 활을 당
겨 이스라엘 왕의 갑옷 솔기를 쏜
지라 왕이 그의 병거 모는 자에게
이르되 내가 부상하였으니 네 손
을 돌려 나를 진중에서 나가게 하
라 하였으나
34 이 날의 전쟁이 (猛烈)맹렬하였으
므로 이스라엘 왕이 병거에서 겨
우 지탱하며 저녁 때까지 아람 사
람을 막다가 해가 질 즈음에 죽었
더라

선견자 예후가 여호사밧을 규탄하다

19 유다 왕 여호사밧이 (平安)
평안히 예루살렘에 돌아와
서 그의 궁으로 들어가니라
2 하나니의 아들 (先見者)선견자 예
후가 나가서 여호사밧 왕을 맞아
이르되 왕이 악한 자를 돕고 여호
와를 미워하는 자들을 사랑하는
것이 옳으니이까 그러므로 여호와
께로부터 진노하심이 왕에게 임하
리이다
3 그러나 왕에게 선한 일도 있으니
이는 왕이 아세라 (木像)목상들을
이 땅에서 없애고 마음을 기울여
하나님을 찾음이니이다 하였더라

여호사밧의 개혁

4 ● 여호사밧이 예루살렘에 살더니
다시 나가서 브엘세바에서부터 에
브라임 산지까지 (民間)민간에 두
루 다니며 그들을 그들의 조상들
의 하나님 여호와께로 돌아오게
하고
5 또 유다 온 나라의 견고한 성읍에
(裁判官)재판관을 세우되 성읍마
다 있게 하고
6 (裁判官)재판관들에게 이르되 너
희가 재판하는 것이 사람을 위하
여 할 것인지 여호와를 위하여 할
것인지를 잘 살피라 너희가 재판
할 때에 여호와께서 너희와 함께
하심이니라
7 그런즉 너희는 여호와를 두려워하
는 마음으로 삼가 행하라 우리의
하나님 여호와께서는 불의함도 없
으시고 치우침도 없으시고 (賂物)
뇌물을 받는 일도 없으시니라 하
니라
8 ● 여호사밧이 또 예루살렘에서

레위 사람들과 제사장들과 이스라
엘 족장들 중에서 사람을 세워 여
호와께 속한 일과 [1]예루살렘 주민
의 모든 (訟事)송사를 재판하게
하고
9 그들에게 명령하여 이르되 너희는
진실과 (誠心)성심을 다하여 여호
와를 경외하라
10 어떤 성읍에 사는 너희 형제가 혹
피를 흘림이나 혹 (律法)율법이나
(誡命)계명이나 (律例)율례나 (規
例)규례로 말미암아 너희에게 와
서 송사하거든 어떤 송사든지 그
들에게 경고하여 여호와께 죄를
범하지 않게 하여 너희와 너희 형
제에게 진노하심이 임하지 말게
하라 너희가 이렇게 행하면 죄가
없으리라
11 여호와께 속한 모든 일에는 대제
사장 아마랴가 너희를 다스리고
왕에게 속한 모든 일은 유다 지파
의 어른 이스마엘의 아들 스바댜
가 다스리고 레위 사람들은 너희
앞에 (官吏)관리가 되리라 너희는
힘써 행하라 여호와께서 선한 자
와 함께 하실지로다 하니라

여호사밧과 아람의 전쟁

20 그 후에 모압 (子孫)자손과
암몬 자손들이 [2]마온 사람들
과 함께 와서 여호사밧을 치고자
한지라
2 어떤 사람이 와서 여호사밧에게
(傳)전하여 이르되 큰 무리가 바
다 저쪽 아람에서 왕을 치러 오는
데 이제 하사손다말 곧 엔게디에
있나이다 하니
3 여호사밧이 두려워하여 여호와께
로 낯을 향하여 (懇求)간구하고
온 유다 백성에게 금식하라 공포
하매
4 유다 사람이 여호와께 도우심을
구하려 하여 유다 모든 성읍에서
모여와서 여호와께 (懇求)간구하
더라
5 ● 여호사밧이 여호와의 (殿)전 새
뜰 앞에서 유다와 예루살렘의 (會
衆)회중 가운데 서서
6 이르되 우리 조상들의 하나님 여
호와여 주는 하늘에서 하나님이
아니시니이까 (異邦)이방 사람들
의 모든 나라를 다스리지 아니하
시나이까 주의 손에 (權勢)권세와
능력이 있사오니 능히 주와 맞설
사람이 없나이다
7 우리 하나님이시여 전에 이 땅 주
민을 주의 백성 이스라엘 앞에서
쫓아내시고 그 땅을 주께서 사랑
하시는 아브라함의 자손에게 (永
遠)영원히 주지 아니하셨나이까
8 그들이 이 땅에 살면서 주의 이름
을 위하여 한 (聖所)성소를 주를
위해 건축하고 이르기를
9 만일 재앙이나 난리나 (譴責)견책
이나 전염병이나 기근이 우리에게
임하면 주의 이름이 이 성전에 있
으니 우리가 이 성전 앞과 주 앞에
서서 이 환난 가운데에서 주께 부
르짖은즉 들으시고 구원하시리라

1) 히, 모든 송사를 재판하게 하고 예루살렘으로 돌아가니라
2) 암몬

하였나이다
10 옛적에 이스라엘이 애굽 땅에서
나올 때에 암몬 자손과 모압 자손
과 세일 산 사람들을 침노하기를
주께서 (容納)용납하지 아니하시
므로 이에 돌이켜 그들을 떠나고
멸하지 아니하였거늘
11 이제 그들이 우리에게 갚는 것을
보옵소서 그들이 와서 주께서 우
리에게 주신 주의 (基業)기업에서
우리를 쫓아내고자 하나이다
12 우리 하나님이여 그들을 (懲罰)징
벌하지 아니하시나이까 우리를 치
러 오는 이 큰 무리를 우리가 (對
敵)대적할 능력이 없고 어떻게 할
줄도 알지 못하옵고 오직 주만 바
라보나이다 하고
13 유다 모든 사람들이 그들의 아내
와 (子女)자녀와 어린이와 더불어
여호와 앞에 섰더라
14 ● 여호와의 영이 회중 가운데에
서 레위 사람 야하시엘에게 임하
셨으니 그는 아삽 자손 맛다냐의
(玄孫)현손이요 여이엘의 증손이
요 브나야의 손자요 스가랴의 아
들이더라
15 야하시엘이 이르되 온 유다와 예
루살렘 주민과 여호사밧 왕이여
들을지어다 여호와께서 이같이 너
희에게 말씀하시기를 너희는 이
큰 무리로 말미암아 두려워하거
나 놀라지 말라 이 전쟁은 너희에
게 (屬)속한 것이 아니요 하나님
께 속한 것이니라
16 (來日)내일 너희는 그들에게로 내
려가라 그들이 시스 고개로 올라
올 때에 너희가 골짜기 어귀 여루
엘 들 앞에서 그들을 만나려니와
17 이 (戰爭)전쟁에는 너희가 싸울
것이 없나니 대열을 이루고 서서
너희와 함께 한 여호와가 구원하
는 것을 보라 유다와 예루살렘아
너희는 두려워하지 말며 놀라지
말고 내일 그들을 맞서 나가라 여
호와가 너희와 함께 하리라 하셨
느니라 하매
18 여호사밧이 몸을 굽혀 얼굴을 땅
에 대니 온 유다와 예루살렘 주민
들도 여호와 앞에 엎드려 여호와
께 (敬拜)경배하고
19 그핫 자손과 고라 자손에게 속한
레위 사람들은 서서 심히 큰 소리
로 이스라엘 하나님 여호와를 (讚
頌)찬송하니라
20 ● 이에 백성들이 아침에 일찍이
일어나서 드고아 들로 나가니라
나갈 때에 여호사밧이 서서 이르
되 유다와 예루살렘 주민들아 내
말을 들을지어다 너희는 너희 하
나님 여호와를 신뢰하라 그리하면
견고히 서리라 그의 선지자들을
신뢰하라 그리하면 (亨通)형통하
리라 하고
21 백성과 더불어 의논하고 노래하는
자들을 택하여 거룩한 (禮服)예복
을 입히고 군대 앞에서 행진하며
여호와를 찬송하여 이르기를 여호
와께 감사하세 그의 인자하심이
영원하도다 하게 하였더니
22 그 노래와 찬송이 시작될 때에 여

호와께서 (伏兵)복병을 두어 유다
를 치러 온 암몬 자손과 모압과 세
일 산 주민들을 치게 하시므로 그
들이 패하였으니
23 곧 암몬과 모압 자손이 일어나 세
일 산 주민들을 쳐서 (殄滅)진멸
하고 세일 주민들을 멸한 후에는
그들이 서로 쳐죽였더라
24 ● 유다 사람이 들 망대에 이르러
그 무리를 본즉 땅에 엎드러진 시
체들뿐이요 한 사람도 (避)피한
자가 없는지라
25 여호사밧과 그의 백성이 가서 (敵
軍)적군의 물건을 탈취할새 본즉
그 가운데에 재물과 의복과 보물
이 많이 있으므로 각기 탈취하는
데 그 물건이 너무 많아 능히 가져
갈 수 없을 만큼 많으므로 사흘 동
안에 거두어들이고
26 넷째 날에 무리가 [1]브라가 골짜
기에 모여서 거기서 여호와를 (頌
祝)송축한지라 그러므로 오늘날
까지 그 곳을 [1]브라가 골짜기라
일컫더라
27 유다와 예루살렘 모든 사람이 다
시 여호사밧을 (先頭)선두로 하여
즐겁게 예루살렘으로 돌아왔으니
이는 여호와께서 그들이 그 적군
을 이김으로써 즐거워하게 하셨음
이라
28 그들이 비파와 수금과 나팔을 (合
奏)합주하고 예루살렘에 이르러
여호와의 전에 나아가니라
29 이방 모든 나라가 여호와께서 이

1) 송축

스라엘의 (敵軍)적군을 치셨다 함
을 듣고 하나님을 두려워하므로
30 여호사밧의 나라가 (泰平)태평하
였으니 이는 그의 하나님이 사방
에서 그들에게 평강을 주셨음이더
라

여호사밧의 행적(왕상 22:41-50)

31 ● 여호사밧이 유다의 왕이 되어
(王位)왕위에 오를 때에 나이가
삼십오 세라 예루살렘에서 이십오
년 동안 다스리니라 그의 어머니
의 이름은 아수바라 실히의 딸이
더라
32 여호사밧이 그의 아버지 아사의
길로 행하여 돌이켜 떠나지 아니
하고 여호와 보시기에 (正直)정직
하게 행하였으나
33 (山堂)산당만은 철거하지 아니하
였으므로 백성이 여전히 마음을
정하여 그들의 조상들의 하나님께
로 돌아오지 아니하였더라
34 이 외에 여호사밧의 (始終 行蹟)
시종 행적은 하나니의 아들 예후
의 글에 다 기록되었고 그 글은 이
스라엘 열왕기에 올랐더라
35 ● 유다 왕 여호사밧이 나중에 이
스라엘 왕 아하시야와 (交際)교제
하였는데 아하시야는 심히 악을
행하는 자였더라
36 두 왕이 서로 (聯合)연합하고 배
를 만들어 다시스로 보내고자 하
여 에시온게벨에서 배를 만들었더
니
37 마레사 사람 도다와후의 아들 엘
리에셀이 여호사밧을 향하여 예언

하여 이르되 왕이 아하시야와 교
제하므로 여호와께서 왕이 지은
것들을 (破)파하시리라 하더니 이
에 그 배들이 부서져서 다시스로
가지 못하였더라

유다 왕 여호람(왕하 8:17-24)

21 여호사밧이 그의 조상들과
함께 누우매 그의 조상들과
함께 다윗 성에 장사되고 그의 아
들 여호람이 (代身)대신하여 왕이
되니라
2 여호사밧의 아들 여호람의 아우들
아사랴와 여히엘과 스가랴와 아사
랴와 미가엘과 스바댜는 다 유다
왕 여호사밧의 아들들이라
3 그의 아버지가 그들에게는 은금과
보물과 유다 견고한 성읍들을 선
물로 후히 주었고 여호람은 장자
이므로 (王位)왕위를 주었더니
4 여호람이 그의 아버지의 왕국을
다스리게 되어 (勢力)세력을 얻은
후에 그의 모든 아우들과 이스라
엘 방백들 중 몇 사람을 칼로 죽였
더라
5 여호람이 (王位)왕위에 오를 때에
나이가 삼십이 세라 예루살렘에서
팔 년 동안 다스리니라
6 그가 이스라엘 왕들의 길로 행하
여 아합의 집과 같이 하였으니 이
는 아합의 딸이 그의 아내가 되
었음이라 그가 여호와 보시기에
(惡)악을 행하였으나
7 여호와께서 다윗의 집을 멸하기를
즐겨하지 아니하셨음은 이전에 다
윗과 더불어 (言約)언약을 세우시
고 또 다윗과 그의 자손에게 항상
등불을 주겠다고 말씀하셨음이더
라
8 ●여호람 때에 에돔이 (背叛)배반
하여 유다의 지배하에서 벗어나
자기 위에 왕을 세우므로
9 여호람이 지휘관들과 모든 병거를
거느리고 (出征)출정하였더니 밤
에 일어나서 자기를 에워싼 에돔
사람과 그 병거의 지휘관들을 쳤
더라
10 이와 같이 에돔이 (背叛)배반하여
유다의 지배하에서 벗어났더니 오
늘까지 그러하였으며 그 때에 립
나도 배반하여 여호람의 지배 하
에서 벗어났으니 이는 그가 그의
조상들의 하나님 여호와를 버렸음
이더라
11 ●여호람이 또 유다 여러 산에 산
당을 세워 예루살렘 주민으로 음
행하게 하고 또 유다를 (迷惑)미
혹하게 하였으므로
12 (先知者)선지자 엘리야가 여호람
에게 글을 보내어 이르되 왕의 조
상 다윗의 하나님 여호와께서 이
같이 말씀하시기를 네가 네 아비
여호사밧의 길과 유다 왕 아사의
길로 행하지 아니하고
13 오직 이스라엘 왕들의 길로 행하
여 유다와 예루살렘 주민들이 (淫
行)음행하게 하기를 아합의 집이
음행하듯 하며 또 네 아비 집에서
너보다 착한 아우들을 죽였으니
14 여호와가 네 백성과 네 자녀들과
네 아내들과 네 모든 재물을 큰

(災殃)재앙으로 치시리라
15 또 너는 창자에 (重病)중병이 들
고 그 병이 날로 중하여 창자가 빠
져나오리라 하셨다 하였더라
16 ● 여호와께서 블레셋 사람들과
구스에서 가까운 아라비아 사람들
의 마음을 (激動)격동시키사 여호
람을 치게 하셨으므로
17 그들이 올라와서 유다를 침략하여
왕궁의 모든 재물과 그의 아들들
과 아내들을 (奪取)탈취하였으므
로 막내 아들 여호아하스 외에는
한 아들도 남지 아니하였더라
18 ● 이 모든 일 후에 여호와께서 여
호람을 치사 능히 고치지 못할
(病)병이 그 창자에 들게 하셨으
므로
19 여러 날 후 이 년 만에 그의 창자
가 그 병으로 말미암아 빠져나오
매 그가 그 심한 병으로 죽으니 백
성이 그들의 조상들에게 (焚香)분
향하던 것 같이 그에게 분향하지
아니하였으며
20 여호람이 삼십이 세에 즉위하고
예루살렘에서 팔 년 동안 다스리
다가 아끼는 자 없이 세상을 떠났
으며 무리가 그를 다윗 성에 장사
하였으나 열왕의 (墓室)묘실에는
두지 아니하였더라

유다 왕 아하시야
(왕하 8:25-29; 9:21-28)

22 예루살렘 주민이 여호람의
막내 아들 아하시야에게 왕
위를 (繼承)계승하게 하였으니 이
는 전에 아라비아 사람들과 함께
와서 진을 치던 부대가 그의 모든
형들을 죽였음이라 그러므로 유다
왕 여호람의 아들 아하시야가 왕
이 되었더라
2 아하시야가 왕이 될 때에 나이가
사십이 세라 예루살렘에서 일 년
동안 다스리니라 그의 어머니의
이름은 아달랴요 오므리의 (孫女)
손녀더라
3 아하시야도 아합의 집 길로 행하
였으니 이는 그의 어머니가 꾀어
(惡)악을 행하게 하였음이라
4 그의 아버지가 죽은 후에 그가 패
망하게 하는 아합의 집의 가르침
을 따라 여호와 보시기에 아합의
집 같이 (惡)악을 행하였더라
5 아하시야가 아합의 집의 가르침을
따라 이스라엘 왕 아합의 아들 요
람과 함께 길르앗 라못으로 가서
아람 왕 하사엘과 더불어 싸우더
니 아람 사람들이 요람을 (傷)상
하게 한지라
6 요람이 아람 왕 하사엘과 싸울 때
에 라마에서 맞아 상한 것을 (治
療)치료하려 하여 이스르엘로 돌
아왔더라 아합의 아들 요람이 병
이 있으므로 유다 왕 여호람의 아
들 [1]아사랴가 이스르엘에 내려가
서 방문하였더라
7 ● 아하시야가 요람에게 가므로
해를 입었으니 이는 하나님께로
말미암은 것이라 아하시야가 갔다
가 요람과 함께 나가서 님시의 아
들 예후를 맞았으니 그는 여호와

1) 본 장 1절에는 '아하시야'

께서 기름을 부으시고 아합의 집
을 (滅)멸하게 하신 자이더라
8 예후로 하여금 아합의 집을 (審
判)심판하게 하실 때에 유다 방백
들과 아하시야의 형제들의 아들들
곧 아하시야를 섬기는 자들을 만
나서 죽였고
9 아하시야는 사마리아에 숨었더니
예후가 찾으매 무리가 그를 예후
에게로 잡아가서 죽이고 이르기를
그는 (全心)전심으로 여호와를 구
하던 여호사밧의 아들이라 하고
(葬事)장사하였더라 이에 아하시
야의 집이 약하여 왕위를 힘으로
지키지 못하게 되니라

유다 여왕 아달랴(왕하 11:1-3)

10 ●아하시야의 어머니 아달랴가
자기의 아들이 죽은 것을 보고 일
어나 유다 집의 왕국의 씨를 모두
(殄滅)진멸하였으나
11 왕의 딸 여호사브앗이 아하시야
의 아들 요아스를 왕자들이 죽임
을 당하는 중에서 몰래 빼내어 그
와 그의 (乳母)유모를 침실에 숨
겨 아달랴를 피하게 하였으므로
아달랴가 그를 죽이지 못하였더라
여호사브앗은 여호람 왕의 딸이요
아하시야의 누이요 제사장 여호야
다의 아내이더라
12 요아스가 그들과 함께 하나님의
(殿)전에 육 년을 숨어 있는 동안
에 아달랴가 나라를 다스렸더라

아달랴에 대한 반역(왕하 11:4-16)

23

제칠년에 여호야다가 용기
를 내어 백부장 곧 여로함의
아들 아사랴와 여호하난의 아들
이스마엘과 오벳의 아들 아사랴와
아다야의 아들 마아세야와 시그리
의 아들 엘리사밧 등과 더불어 (言
約)언약을 세우매
2 그들이 유다를 두루 다니며 유다
모든 고을에서 레위 사람들과 이
스라엘 (族長)족장들을 모아 예루
살렘에 이른지라
3 온 회중이 하나님의 전에서 왕과
언약을 세우매 여호야다가 무리에
게 이르되 여호와께서 다윗의 자
손에게 대하여 말씀하신 대로 왕
자가 (卽位)즉위하여야 할지니
4 이제 너희는 이와 같이 행하라 너
희 제사장들과 레위 사람들 곧 안
식일에 (當番)당번인 자들의 삼분
의 일은 문을 지키고
5 삼분의 일은 왕궁에 있고 삼분의
일은 기초문에 있고 (百姓)백성들
은 여호와의 전 뜰에 있을지라
6 제사장들과 수종 드는 레위 사람
들은 거룩한즉 여호와의 (殿)전에
들어오려니와 그 외의 다른 사람
은 들어오지 못할 것이니 모든 백
성은 여호와께 지켜야 할 바를 지
킬지며
7 레위 사람들은 각각 손에 무기를
잡고 왕을 (護衛)호위하며 다른
사람이 성전에 들어오거든 죽이고
왕이 출입할 때에 경호할지니라
하니
8 ●레위 사람들과 모든 유다 사람
들이 제사장 여호야다가 명령한
모든 것을 (遵行)준행하여 각기

수하에 안식일에 당번인 자와 안
식일에 비번인 자들을 거느리고
있었으니 이는 제사장 여호야다가
비번인 자들을 보내지 아니함이더
라
9 제사장 여호야다가 하나님의 전
안에 있는 다윗 왕의 창과 큰 방패
와 작은 방패를 (百夫長)백부장들
에게 주고
10 또 백성들에게 각각 손에 (武器)
무기를 잡고 왕을 호위하되 성전
오른쪽에서부터 성전 왼쪽까지 제
단과 성전 곁에 서게 하고
11 무리가 왕자를 인도해 내어 (冕旒
冠)면류관을 씌우며 율법책을 주
고 세워 왕으로 삼을새 여호야다
와 그의 아들들이 그에게 기름을
붓고 이르기를 왕이여 만세수를
누리소서 하니라
12 ● 아달랴가 백성들이 뛰며 왕을
(讚頌)찬송하는 소리를 듣고 여호
와의 전에 들어가서 백성에게 이
르러
13 보매 왕이 성전 문 기둥 곁에 섰고
지휘관들과 나팔수들이 왕의 곁에
모셔 서 있으며 그 땅의 모든 백성
들이 즐거워하여 나팔을 불며 노
래하는 자들은 (奏樂)주악하며 찬
송을 (引導)인도하는지라 이에 아
달랴가 그의 옷을 찢으며 외치되
반역이로다 (叛逆)반역이로다 하
매
14 제사장 여호야다가 군대를 거느린
백부장들을 불러내어 이르되 (班
列)반열 밖으로 몰아내라 그를 따
르는 자는 칼로 죽이라 하니 제사
장의 이 말은 여호와의 전에서는
그를 죽이지 말라 함이라
15 이에 무리가 그에게 길을 열어 주
고 그가 (王宮)왕궁 말문 어귀에
이를 때에 거기서 죽였더라

여호야다의 개혁(왕하 11:17-20)

16 ● 여호야다가 자기와 모든 백성
과 왕 사이에 (言約)언약을 세워
여호와의 백성이 되리라 한지라
17 온 (國民)국민이 바알의 신당으로
가서 그 신당을 부수고 그의 제단
들과 형상들을 깨뜨리고 그 제단
앞에서 바알의 제사장 맛단을 죽
이니라
18 여호야다가 여호와의 전의 직원들
을 세워 레위 제사장의 (手下)수
하에 맡기니 이들은 다윗이 전에
그들의 반열을 나누어서 여호와의
전에서 모세의 율법에 기록한 대
로 여호와께 번제를 드리며 다윗
이 정한 규례대로 즐거이 부르고
노래하게 하였던 자들이더라
19 또 문지기를 여호와의 전 여러 문
에 두어 무슨 일에든지 (不淨)부
정한 모든 자는 들어오지 못하게
하고
20 백부장들과 존귀한 자들과 백성의
방백들과 그 땅의 모든 백성을 거
느리고 왕을 (引導)인도하여 여호
와의 전에서 내려와 윗문으로부터
왕궁에 이르러 왕을 나라 보좌에
앉히매
21 그 땅의 모든 백성이 즐거워하고
성중이 (平穩)평온하더라 아달랴

를 무리가 칼로 죽였었더라

유다 왕 요아스(왕하 12:1-16)

24 요아스가 (王位)왕위에 오
를 때에 나이가 칠 세라 예
루살렘에서 사십 년 동안 다스리
니라 그의 어머니의 이름은 시비
아요 브엘세바 사람이더라
2 제사장 여호야다가 세상에 사는
모든 날에 요아스가 여호와 보시
기에 (正直)정직하게 행하였으며
3 여호야다가 그를 두 아내에게 장
가들게 하였더니 (子女)자녀를 낳
았더라
4 ●그 후에 요아스가 여호와의 전
을 (補修)보수할 뜻을 두고
5 제사장들과 레위 사람들을 모으고
그들에게 이르되 너희는 유다 여
러 성읍에 가서 모든 이스라엘에
게 해마다 너희의 하나님의 전을
(修理)수리할 돈을 거두되 그 일
을 빨리 하라 하였으나 레위 사람
이 빨리 하지 아니한지라
6 왕이 대제사장 여호야다를 불러
이르되 네가 어찌하여 레위 사람
들을 시켜서 여호와의 종 모세와
이스라엘의 회중이 성막을 위하여
정한 (稅)세를 유다와 예루살렘에
서 거두게 하지 아니하였느냐 하
니
7 이는 그 악한 여인 아달랴의 아들
들이 하나님의 전을 파괴하고 또
여호와의 전의 모든 (聖物)성물들
을 바알들을 위하여 사용하였음이
었더라
8 ●이에 왕이 말하여 한 (櫃)궤를
만들어 여호와의 전 문 밖에 두게
하고
9 유다와 예루살렘에 공포하여 하
나님의 종 모세가 광야에서 이스
라엘에게 (定)정한 세를 여호와께
드리라 하였더니
10 모든 방백들과 (百姓)백성들이 기
뻐하여 마치기까지 돈을 가져다가
궤에 던지니라
11 레위 사람들이 언제든지 (櫃)궤
를 메고 왕의 관리에게 가지고 가
서 돈이 많은 것을 보이면 왕의 서
기관과 대제사장에게 속한 관원
이 와서 그 궤를 쏟고 다시 그 곳
에 가져다 두었더라 때때로 이렇
게 하여 돈을 많이 거두매
12 왕과 여호야다가 그 돈을 여호와
의 전 감독자에게 주어 석수와 목
수를 고용하여 여호와의 전을 보
수하며 또 철공과 놋쇠공을 고용
하여 여호와의 전을 (修理)수리하
게 하였더니
13 기술자들이 맡아서 수리하는 공사
가 점점 진척되므로 하나님의 전
을 이전 모양대로 (堅固)견고하게
하니라
14 공사를 마친 후에 그 남은 돈을 왕
과 여호야다 앞으로 가져왔으므로
그것으로 여호와의 전에 쓸 그릇
을 만들었으니 곧 섬겨 제사 드리
는 그릇이며 또 숟가락과 금은 그
릇들이라 여호야다가 세상에 사는
모든 날에 여호와의 전에 (恒常)
항상 번제를 드렸더라

여호야다의 정책이 뒤집히다

15 ● 여호야다가 나이가 많고 늙어
서 죽으니 죽을 때에 (百三十 歲)
백삼십 세라
16 무리가 다윗 성 여러 왕의 묘실 중
에 장사하였으니 이는 그가 이스
라엘과 하나님과 그의 성전에 대
하여 (善)선을 행하였음이더라
17 여호야다가 죽은 후에 유다 (方
伯)방백들이 와서 왕에게 절하매
왕이 그들의 말을 듣고
18 그의 조상들의 하나님 여호와의
전을 버리고 아세라 목상과 우상
을 섬겼으므로 그 죄로 말미암아
(震怒)진노가 유다와 예루살렘에
임하니라
19 그러나 여호와께서 그들에게 선지
자를 보내사 다시 여호와에게로
돌아오게 하려 하시매 선지자들이
그들에게 (警告)경고하였으나 듣
지 아니하니라
20 ● 이에 하나님의 영이 제사장 여
호야다의 아들 스가랴를 감동시키
시매 그가 백성 앞에 높이 서서 그
들에게 이르되 하나님이 이같이
말씀하시기를 너희가 어찌하여 여
호와의 명령을 (拒逆)거역하여 스
스로 형통하지 못하게 하느냐 하
셨나니 너희가 여호와를 버렸으므
로 여호와께서도 너희를 버리셨느
니라 하나
21 무리가 함께 꾀하고 왕의 (命令)
명령을 따라 그를 여호와의 전 뜰
안에서 돌로 쳐죽였더라
22 요아스 왕이 이와 같이 스가랴의
아버지 여호야다가 베푼 은혜를
기억하지 아니하고 그의 아들을
죽이니 그가 죽을 때에 이르되 여
호와는 감찰하시고 (伸寃)신원하
여 주옵소서 하니라

요아스가 죽다

23 ● 일 주년 말에 아람 (軍隊)군대
가 요아스를 치려고 올라와서 유
다와 예루살렘에 이르러 백성 중
에서 모든 방백들을 다 죽이고 노
략한 물건을 다메섹 왕에게로 보
내니라
24 아람 군대가 적은 무리로 왔으나
여호와께서 심히 큰 군대를 그들
의 손에 넘기셨으니 이는 유다 사
람들이 그들의 조상들의 하나님
여호와를 버렸음이라 이와 같이
아람 사람들이 요아스를 (懲罰)징
벌하였더라
25 요아스가 크게 부상하매 적군이
그를 버리고 간 후에 그의 신하들
이 제사장 여호야다의 아들들의
피로 말미암아 반역하여 그를 그
의 침상에서 쳐죽인지라 다윗 성
에 장사하였으나 왕들의 (墓室)묘
실에는 장사하지 아니하였더라
26 (叛逆)반역한 자들은 암몬 여인
시므앗의 아들 사밧과 모압 여인
시므릿의 아들 여호사밧이더라
27 요아스의 아들들의 사적과 요아스
가 중대한 (警責)경책을 받은 것
과 하나님의 전을 보수한 사적은
다 열왕기 주석에 기록되니라 그
의 아들 아마샤가 대신하여 왕이
되니라

유다 왕 아마샤(왕하 14:2-6)

25 아마샤가 (王位)왕위에 오
를 때에 나이가 이십오 세라
예루살렘에서 이십구 년 동안 다스
리니라 그의 어머니의 이름은 여호
앗단이요 예루살렘 사람이더라
2 아마샤가 여호와께서 보시기에 정
직하게 행하기는 하였으나 (穩全)
온전한 마음으로 행하지 아니하였
더라
3 그의 나라가 굳게 서매 그의 부왕
을 죽인 신하들을 죽였으나
4 그들의 (子女)자녀들은 죽이지 아
니하였으니 이는 모세의 율법책
에 (記錄)기록된 대로 함이라 곧
여호와께서 명령하여 이르시기를
자녀로 말미암아 아버지를 죽이
지 말 것이요 아버지로 말미암아
자녀를 죽이지 말 것이라 오직 각
사람은 자기의 (罪)죄로 말미암아
죽을 것이니라 하셨더라

아마샤와 에돔의 전쟁(왕하 14:7)

5 ●아마샤가 유다 사람들을 모으
고 그 여러 족속을 따라 천부장들
과 백부장들을 세우되 유다와 베
냐민을 함께 그리하고 이십 세 이
상으로 (計數)계수하여 창과 (防
牌)방패를 잡고 능히 (戰場)전장
에 나갈 만한 자 삼십만 명을 얻고
6 또 은 백 달란트로 이스라엘 나라
에서 큰 용사 십만 명을 (雇用)고
용하였더니
7 어떤 하나님의 사람이 아마샤에게
나아와서 이르되 왕이여 이스라엘
(軍隊)군대를 왕과 함께 가게 하
지 마옵소서 여호와께서는 이스라
엘 곧 온 에브라임 자손과 함께 하
지 아니하시나니
8 왕이 만일 가시거든 힘써 싸우소
서 하나님이 왕을 적군 앞에 엎드
러지게 하시리이다 하나님은 (能)
능히 돕기도 하시고 능히 (敗)패
하게도 하시나이다 하니
9 아마샤가 하나님의 사람에게 이르
되 내가 백 달란트를 이스라엘 (軍
隊)군대에게 주었으니 어찌할까
하나님의 사람이 말하되 여호와께
서 능히 이보다 많은 것을 왕에게
주실 수 있나이다 하니라
10 아마샤가 이에 에브라임에서 자기
에게 온 군대를 나누어 그들의 고
향으로 돌아가게 하였더니 그 무
리가 유다 사람에게 심히 노하여
(憤然)분연히 고향으로 돌아갔더
라
11 아마샤가 (膽力)담력을 내어 그의
백성을 거느리고 소금 골짜기에
이르러 세일 자손 만 명을 죽이고
12 유다 (子孫)자손이 또 만 명을 사
로잡아 가지고 바위 꼭대기에 올
라가서 거기서 밑에 내려뜨려서
그들의 온 몸이 부서지게 하였더
라
13 아마샤가 자기와 함께 전장에 나
가지 못하게 하고 돌려보낸 군사
들이 사마리아에서부터 벧호론까
지 유다 성읍들을 (掠奪)약탈하고
사람 삼천 명을 죽이고 물건을 많
이 노략하였더라
14 ●아마샤가 에돔 사람들을 죽이
고 돌아올 때에 세일 자손의 신들

을 가져와서 자기의 신으로 세우
고 그것들 앞에 경배하며 (焚香)
분향한지라
15 그러므로 여호와께서 아마샤에게
진노하사 한 (先知者)선지자를 그
에게 보내시니 그가 이르되 저 백
성의 신들이 그들의 백성을 왕의
손에서 능히 구원하지 못하였거늘
왕은 어찌하여 그 신들에게 구하
나이까 하며
16 선지자가 아직 그에게 말할 때에
왕이 그에게 이르되 우리가 너를
왕의 (謀士)모사로 삼았느냐 그치
라 어찌하여 맞으려 하느냐 하니
선지자가 그치며 이르되 왕이 이
일을 행하고 나의 (警告)경고를
듣지 아니하니 하나님이 왕을 멸
하시기로 작정하신 줄 아노라 하
였더라

유다와 이스라엘의 전쟁
(왕하 14:8-20)

17 ● 유다 왕 아마샤가 상의하고 예
후의 손자 여호아하스의 아들 이
스라엘 왕 요아스에게 사신을 보
내어 이르되 오라 서로 (對面)대
면하자 한지라
18 이스라엘 왕 요아스가 유다 왕 아
마샤에게 사람을 보내어 이르되
레바논 가시나무가 레바논 백향목
에게 (傳喝)전갈을 보내어 이르기
를 네 딸을 내 아들에게 주어 아내
로 삼게 하라 하였더니 레바논 들
짐승이 지나가다가 그 가시나무를
짓밟았느니라
19 네가 에돔 사람들을 쳤다고 네 마
음이 교만하여 (自矜)자긍하는도
다 네 궁에나 있으라 어찌하여 화
를 자초하여 너와 유다가 함께 망
하고자 하느냐 하나
20 아마샤가 듣지 아니하였으니 이는
하나님께로 말미암은 것이라 그
들이 에돔 신들에게 구하였으므로
그 (對敵)대적의 손에 넘기려 하
심이더라
21 이스라엘 왕 요아스가 올라와서
유다 왕 아마샤와 더불어 유다의
벧세메스에서 (對面)대면하였더
니
22 유다가 이스라엘 앞에서 패하여
각기 장막으로 (逃亡)도망한지라
23 이스라엘 왕 요아스가 벧세메스에
서 여호아하스의 (孫子)손자 요아
스의 아들 유다 왕 아마샤를 사로
잡고 예루살렘에 이르러 예루살렘
(城壁)성벽을 에브라임 문에서부
터 성 모퉁이 문까지 사백 규빗을
헐고
24 또 하나님의 전 안에서 오벧에돔
이 지키는 모든 금은과 그릇과 왕
궁의 (財物)재물을 빼앗고 또 사
람들을 볼모로 잡아 가지고 사마
리아로 돌아갔더라
25 ● 이스라엘 왕 요아하스의 아들
요아스가 죽은 (後)후에도 유다
왕 요아스의 아들 아마샤가 십오
년 간 (生存)생존하였더라
26 아마샤의 이 외의 처음부터 끝까
지의 (行蹟)행적은 유다와 이스라
엘 열왕기에 기록되지 아니하였느
냐

27 아마샤가 돌아서서 여호와를 버린
후로부터 예루살렘에서 무리가 그
를 (叛逆)반역하였으므로 그가 라
기스로 도망하였더니 반역한 무리
가 사람을 라기스로 따라 보내어
그를 거기서 죽이게 하고
28 그의 시체를 말에 실어다가 그의
조상들과 함께 유다 (城邑)성읍에
(葬事)장사하였더라

유다 왕 웃시야
(왕하 14:21-22; 15:1-7)

26 유다 온 백성이 나이가 십육
세 된 웃시야를 세워 그의
아버지 아마샤를 (代身)대신하여
왕으로 삼으니
2 아마샤 왕이 그의 열조들의 (墓
室)묘실에 누운 후에 웃시야가 엘
롯을 건축하여 유다에 돌렸더라
3 웃시야가 (王位)왕위에 오를 때에
나이가 십육 세라 예루살렘에서
오십이 년 간 다스리니라 그의 어
머니의 이름은 여골리아요 예루살
렘 사람이더라
4 웃시야가 그의 아버지 아마샤의
모든 행위대로 여호와 보시기에
(正直)정직하게 행하며
5 하나님의 (默示)묵시를 밝히 아는
스가랴가 사는 날에 하나님을 찾
았고 그가 여호와를 찾을 동안에
는 하나님이 형통하게 하셨더라
6 ●웃시야가 나가서 블레셋 사람
들과 싸우고 가드 성벽과 야브네
성벽과 아스돗 성벽을 헐고 아스
돗 땅과 블레셋 사람들 가운데에
성읍들을 (建築)건축하매
7 하나님이 그를 도우사 블레셋 사
람들과 구르바알에 (居住)거주하
는 아라비아 사람들과 마온 사람
들을 치게 하신지라
8 암몬 사람들이 웃시야에게 (朝貢)
조공을 바치매 웃시야가 매우 강
성하여 이름이 애굽 변방까지 퍼
졌더라
9 웃시야가 예루살렘에서 성 모퉁이
문과 골짜기 문과 성굽이에 망대
를 세워 (堅固)견고하게 하고
10 또 광야에 (望臺)망대를 세우고
물 웅덩이를 많이 파고 고원과 평
지에 가축을 많이 길렀으며 또 여
러 산과 좋은 밭에 농부와 포도원
을 다스리는 자들을 두었으니 농
사를 좋아함이었더라
11 웃시야에게 또 싸우는 군사가 있
으니 (書記官)서기관 여이엘과 병
영장 마아세야가 직접 조사한 수
효대로 왕의 지휘관 하나냐의 휘
하에 속하여 떼를 지어 나가서 싸
우는 자라
12 족장의 (總數)총수가 이천육백 명
이니 모두 큰 용사요
13 그의 휘하의 군대가 삼십만 칠천
오백 명이라 (健壯)건장하고 싸움
에 능하여 왕을 도와 적을 치는 자
이며
14 웃시야가 그의 온 군대를 위하여
방패와 창과 투구와 갑옷과 활과
물매 돌을 (準備)준비하고
15 또 예루살렘에서 재주 있는 사람
들에게 무기를 고안하게 하여 망
대와 성곽 위에 두어 화살과 큰 돌

을 쏘고 던지게 하였으니 그의 이
름이 멀리 퍼짐은 기이한 도우심
을 얻어 (强盛)강성하여짐이었더
라

웃시야에게 나병이 생기다

16 ● 그가 강성하여지매 그의 마음
이 교만하여 악을 행하여 그의 하
나님 여호와께 범죄하되 곧 여호
와의 성전에 들어가서 (香壇)향단
에 분향하려 한지라
17 제사장 아사랴가 여호와의 (勇猛)
용맹한 제사장 팔십 명을 데리고
그의 뒤를 따라 들어가서
18 웃시야 왕 곁에 서서 그에게 이
르되 웃시야여 여호와께 분향하
는 일은 왕이 할 바가 아니요 오직
(焚香)분향하기 위하여 (區別)구
별함을 받은 아론의 자손 제사장
들이 할 바니 성소에서 나가소서
왕이 범죄하였으니 하나님 여호와
에게서 영광을 얻지 못하리이다
19 웃시야가 손으로 향로를 잡고 분
향하려 하다가 (火)화를 내니 그
가 제사장에게 화를 낼 때에 여호
와의 전 안 향단 곁 제사장들 앞에
서 그의 이마에 나병이 생긴지라
20 대제사장 아사랴와 모든 제사장이
왕의 이마에 (癩病)나병이 생겼음
을 보고 성전에서 급히 쫓아내고
여호와께서 치시므로 왕도 속히
나가니라
21 웃시야 왕이 죽는 날까지 나병환
자가 되었고 나병환자가 되매 여
호와의 전에서 끊어져 (別宮)별궁
에 살았으므로 그의 아들 요담이
왕궁을 관리하며 백성을 다스렸더
라
22 웃시야의 남은 (始終 行蹟)시종
행적은 아모스의 아들 선지자 이
사야가 기록하였더라
23 웃시야가 그의 조상들과 함께 누
우매 그는 나병환자라 하여 왕들
의 (墓室)묘실에 접한 땅 곧 그의
조상들의 곁에 장사하니라 그의
아들 요담이 대신하여 왕이 되니
라

유다 왕 요담(왕하 15:32-38)

27 요담이 (王位)왕위에 오를
때에 나이가 이십오 세라 예
루살렘에서 십육 년 동안 다스리
니라 그의 어머니의 이름은 여루
사요 사독의 딸이더라
2 요담이 그의 아버지 웃시야의 모
든 (行爲)행위대로 여호와 보시기
에 정직하게 행하였으나 여호와의
성전에는 들어가지 아니하였고 백
성은 여전히 부패하였더라
3 그가 여호와의 전 윗문을 건축하
고 또 오벨 성벽을 많이 (增築)증
축하고
4 유다 산중에 성읍들을 (建築)건축
하며 수풀 가운데에 견고한 진영
들과 망대를 건축하고
5 암몬 자손의 (王)왕과 더불어 싸
워 그들을 이겼더니 그 해에 암몬
자손이 은 백 달란트와 밀 만 고르
와 보리 만 고르를 바쳤고 제이년
과 제삼년에도 암몬 자손이 그와
같이 바쳤더라
6 요담이 그의 하나님 여호와 앞에

서 바른 길을 걸었으므로 (漸漸)
점점 강하여졌더라
7 요담의 남은 사적과 그의 모든 전
쟁과 행위는 이스라엘과 유다 (列
王記)열왕기에 기록되니라
8 요담이 (王位)왕위에 오를 때에
나이가 이십오 세요 예루살렘에서
다스린 지 십육 년이라
9 그가 그의 조상들과 함께 누우매
다윗 성에 (葬事)장사되고 그의
아들 아하스가 대신하여 왕이 되
니라

유다 왕 아하스(왕하 16:1-5)

28 아하스가 왕위에 오를 때에
나이가 이십 세라 예루살렘
에서 십육 년 동안 다스렸으나 그
의 조상 다윗과 같지 아니하여 여
호와 보시기에 (正直)정직하게 행
하지 아니하고
2 이스라엘 왕들의 길로 행하여 바
알들의 (偶像)우상을 부어 만들고
3 또 힌놈의 아들 골짜기에서 분향
하고 여호와께서 이스라엘 자손
앞에서 쫓아내신 이방 사람들의
(可憎)가증한 일을 본받아 그의
자녀들을 불사르고
4 또 산당과 작은 산 위와 모든 푸른
나무 아래에서 제사를 드리며 (焚
香)분향하니라
5 그러므로 그의 하나님 여호와께서
그를 아람 왕의 손에 넘기시매 그
들이 쳐서 심히 많은 무리를 사로
잡아 다메섹으로 갔으며 또 이스
라엘 왕의 손에 넘기시매 그가 쳐
서 크게 (殺戮)살육하였으니
6 이는 그의 (祖上)조상들의 하나님
여호와를 버렸음이라 르말랴의 아
들 베가가 유다에서 하루 동안에
용사 십이만 명을 죽였으며
7 에브라임의 (勇士)용사 시그리는
왕의 아들 마아세야와 궁내대신
아스리감과 총리대신 엘가나를 죽
였더라

선지자 오뎃

8 ● 이스라엘 자손이 그들의 형제
중에서 그들의 아내와 자녀를 합
하여 이십만 명을 사로잡고 그들
의 재물을 많이 (擄掠)노략하여
사마리아로 가져가니
9 그 곳에 여호와의 선지자가 있는
데 이름은 오뎃이라 그가 사마리
아로 돌아오는 군대를 영접하고
그들에게 이르되 너희 조상의 하
나님 여호와께서 유다에게 (震怒)
진노하셨으므로 너희 손에 넘기셨
거늘 너희의 노기가 충천하여 살
륙하고
10 이제 너희가 또 유다와 예루살렘
백성들을 (壓制)압제하여 노예로
삼고자 생각하는도다 그러나 너희
는 너희의 하나님 여호와께 범죄
함이 없느냐
11 그런즉 너희는 내 말을 듣고 너희
의 형제들 중에서 사로잡아 온 포
로를 놓아 돌아가게 하라 여호와
의 진노가 너희에게 (臨迫)임박하
였느니라 한지라
12 에브라임 자손의 우두머리 몇 사
람 곧 요하난의 아들 아사랴와 무
실레못의 아들 베레갸와 살룸의

아들 여히스기야와 하들래의 아들
아마사가 일어나서 (戰場)전장에
서 돌아오는 자들을 막으며
13 그들에게 이르되 너희는 이 포로
를 이리로 끌어들이지 못하리라
너희가 행하는 일이 우리를 여호
와께 허물이 있게 함이니 우리의
죄와 허물을 더하게 함이로다 우
리의 허물이 이미 커서 (震怒)진
노하심이 이스라엘에게 임박하였
느니라 하매
14 이에 무기를 가진 사람들이 (捕
虜)포로와 노략한 물건을 방백들
과 온 회중 앞에 둔지라
15 이 위에 이름이 기록된 자들이 일
어나서 포로를 맞고 노략하여 온
것 중에서 옷을 가져다가 벗은 자
들에게 입히며 신을 신기며 먹이
고 마시게 하며 기름을 바르고 그
약한 자들은 모두 나귀에 태워 데
리고 종려나무 성 여리고에 이르
러 그의 (兄弟)형제에게 돌려준
후에 사마리아로 돌아갔더라

아하스가 앗수르에 도움을 구하다 (왕하 16:7-9)

16 ● 그 때에 아하스 왕이 앗수르 왕
에게 사람을 보내어 도와 주기를
(求)구하였으니
17 이는 에돔 사람들이 다시 와서 유
다를 치고 그의 (百姓)백성을 사
로잡았음이며
18 블레셋 사람들도 유다의 평지와
남방 성읍들을 (侵擄)침노하여 벧
세메스와 아얄론과 그데롯과 소고
및 그 주변 마을들과 딤나 및 그
주변 마을들과 김소 및 그 주변 마
을들을 점령하고 거기에 살았으니
19 이는 이스라엘 왕 아하스가 유다
에서 (妄靈)망령되이 행하여 여호
와께 크게 범죄하였으므로 여호와
께서 유다를 낮추심이라
20 앗수르 왕 디글랏빌레셀이 그에게
이르렀으나 돕지 아니하고 도리어
그를 (攻擊)공격하였더라
21 아하스가 여호와의 전과 왕궁과
방백들의 집에서 재물을 가져다가
앗수르 왕에게 주었으나 그에게
(有益)유익이 없었더라

아하스의 범죄

22 ● 이 아하스 왕이 (困苦)곤고할
때에 더욱 여호와께 범죄하여
23 자기를 친 다메섹 신들에게 (祭
祀)제사하여 이르되 아람 왕들의
신들이 그들을 도왔으니 나도 그
신에게 제사하여 나를 돕게 하리
라 하였으나 그 신이 아하스와 온
이스라엘을 망하게 하였더라
24 아하스가 하나님의 (殿)전의 (器
具)기구들을 모아 하나님의 전의
기구들을 부수고 또 여호와의 전
문들을 닫고 예루살렘 구석마다
제단을 쌓고
25 유다 각 성읍에 산당을 세워 다른
신에게 분향하여 그의 조상들의
하나님 여호와를 (震怒)진노하게
하였더라
26 아하스의 남은 시종 (事蹟)사적과
모든 행위는 유다와 이스라엘 열
왕기에 기록되니라
27 아하스가 그의 조상들과 함께 누

우매 이스라엘 왕들의 묘실에 들
이지 아니하고 예루살렘 성에 (葬
事)장사하였더라 그의 아들 히스
기야가 대신하여 왕이 되니라

유다 왕 히스기야의 성전 정화
(왕하 18:1-3)

29 히스기야가 (王位)왕위에
오를 때에 나이가 이십오 세
라 예루살렘에서 이십구 년 동안
다스리니라 그의 어머니의 이름은
아비야요 스가랴의 딸이더라
2 히스기야가 그의 조상 다윗의 모
든 행실과 같이 여호와 보시기에
(正直)정직하게 행하여
3 첫째 해 첫째 달에 여호와의 전 문
들을 열고 (修理)수리하고
4 제사장들과 레위 사람들을 동쪽
(廣場)광장에 모으고
5 그들에게 이르되 레위 사람들아
내 말을 들으라 이제 너희는 (聖
潔)성결하게 하고 또 너희 조상들
의 하나님 여호와의 전을 성결하
게 하여 그 더러운 것을 성소에서
없애라
6 우리 조상들이 (犯罪)범죄하여 우
리 하나님 여호와 보시기에 악을
행하여 하나님을 버리고 얼굴을
돌려 여호와의 성소를 등지고
7 또 (廊室)낭실 문을 닫으며 등불
을 끄고 (聖所)성소에서 분향하지
아니하며 이스라엘의 하나님께 번
제를 드리지 아니하므로
8 여호와께서 유다와 예루살렘에
(震怒)진노하시고 내버리사 두려
움과 놀람과 비웃음거리가 되게
하신 것을 너희가 똑똑히 보는 바
라
9 이로 말미암아 우리의 조상들이
칼에 엎드러지며 우리의 (子女)자
녀와 아내들이 사로잡혔느니라
10 이제 이스라엘의 하나님 여호와와
더불어 (言約)언약을 세워 그 (猛
烈)맹렬한 노를 우리에게서 떠나
게 할 마음이 내게 있노니
11 내 아들들아 이제는 게으르지 말
라 여호와께서 이미 너희를 택하
사 그 앞에 서서 (隨從)수종들어
그를 섬기며 분향하게 하셨느니라
12 ● 이에 레위 사람들이 일어나니
곧 그핫의 (子孫)자손 중 아마새
의 아들 마핫과 아사랴의 아들 요
엘과 므라리의 자손 중 압디의 아
들 기스와 여할렐렐의 아들 아사
랴와 게르손 사람 중 심마의 아들
요아와 요아의 아들 에덴과
13 엘리사반의 (子孫)자손 중 시므리
와 여우엘과 아삽의 자손 중 스가
랴와 맛다냐와
14 헤만의 (子孫)자손 중 여후엘과
시므이와 여두둔의 자손 중 스마
야와 웃시엘이라
15 그들이 그들의 형제들을 모아 (聖
潔)성결하게 하고 들어가서 왕이
여호와의 말씀대로 명령한 것을
따라 여호와의 전을 깨끗하게 할
새
16 제사장들도 여호와의 (殿)전 안에
들어가서 깨끗하게 하여 여호와의
전에 있는 모든 더러운 것을 끌어
내어 여호와의 전 뜰에 이르매 레

위 사람들이 받아 바깥 기드론 시
내로 가져갔더라
17 첫째 달 초하루에 성결하게 하기
를 시작하여 그 달 초팔일에 여호
와의 (廊室)낭실에 이르고 또 팔
일 동안 여호와의 (殿)전을 성결
하게 하여 첫째 달 십육 일에 이르
러 마치고
18 안으로 들어가서 히스기야 왕을
보고 이르되 우리가 여호와의 온
전과 번제단과 그 모든 그릇들과
떡을 (陳設)진설하는 상과 그 모
든 그릇들을 깨끗하게 하였고
19 또 아하스 왕이 왕위에 있어 범죄
할 때에 버린 모든 그릇들도 우리
가 정돈하고 (聖潔)성결하게 하여
여호와의 제단 앞에 두었나이다
하니라

성전의 일이 갖추어지다

20 ● 히스기야 왕이 일찍이 일어나
성읍의 (貴人)귀인들을 모아 여호
와의 전에 올라가서
21 수송아지 일곱 마리와 숫양 일곱
마리와 어린 양 일곱 마리와 숫염
소 일곱 마리를 끌어다가 나라와
(聖所)성소와 유다를 위하여 속죄
제물로 삼고 아론의 자손 제사장
들을 명령하여 여호와의 제단에
드리게 하니
22 이에 수소를 잡으매 제사장들이
그 피를 받아 (祭壇)제단에 뿌리
고 또 숫양들을 잡으매 그 피를 제
단에 뿌리고 또 어린 양들을 잡으
매 그 피를 제단에 뿌리고
23 이에 (贖罪祭物)속죄제물로 드릴
숫염소들을 왕과 회중 앞으로 끌
어오매 그들이 그 위에 안수하고
24 제사장들이 잡아 그 피를 속죄제
로 삼아 제단에 드려 온 이스라엘
을 위하여 (贖罪)속죄하니 이는
왕이 명령하여 온 이스라엘을 위
하여 번제와 속죄제를 드리게 하
였음이더라
25 ● 왕이 레위 사람들을 여호와의
전에 두어서 다윗과 왕의 선견자
갓과 선지자 나단이 (命令)명령한
대로 제금과 비파와 수금을 잡게
하니 이는 여호와께서 그의 선지
자들로 이렇게 명령하셨음이라
26 레위 사람은 다윗의 악기를 잡고
제사장은 (喇叭)나팔을 잡고 서매
27 히스기야가 명령하여 (燔祭)번제
를 제단에 드릴새 번제 드리기를
시작하는 동시에 여호와의 (詩)시
로 노래하고 나팔을 불며 이스라
엘 왕 다윗의 (樂器)악기를 울리
고
28 온 회중이 경배하며 노래하는 자
들은 노래하고 나팔 부는 자들은
나팔을 불어 번제를 마치기까지
이르니라
29 ● (祭祀)제사 드리기를 마치매 왕
과 그와 함께 있는 자들이 다 엎드
려 (敬拜)경배하니라
30 히스기야 왕이 귀인들과 더불어
레위 사람을 명령하여 다윗과 (先
見者)선견자 아삽의 시로 여호와
를 찬송하게 하매 그들이 즐거움
으로 찬송하고 몸을 굽혀 예배하
니라

31 ● 이에 히스기야가 말하여 이르
되 너희가 이제 스스로 몸을 깨끗
하게 하여 여호와께 드렸으니 마
땅히 나아와 제물과 (感謝祭物)감
사제물을 여호와의 전으로 가져오
라 하니 회중이 제물과 감사제물
을 가져오되 무릇 마음에 원하는
자는 또한 번제물도 가져오니
32 회중이 가져온 번제물의 수효는
수소가 칠십 마리요 숫양이 백 마
리요 어린 양이 이백 마리이니 이
는 다 여호와께 (燔祭物)번제물로
드리는 것이며
33 또 (區別)구별하여 드린 소가 육
백 마리요 양이 삼천 마리라
34 그런데 제사장이 부족하여 그 모
든 번제 짐승들의 가죽을 능히 벗
기지 못하는 고로 그의 형제 레위
사람들이 그 일을 마치기까지 돕
고 다른 제사장들이 성결하게 하
기까지 기다렸으니 이는 레위 사
람들의 성결하게 함이 제사장들보
다 (誠心)성심이 있었음이라
35 번제와 (和睦祭)화목제의 기름과
각 번제에 속한 전제들이 많더라
이와 같이 여호와의 전에서 섬기
는 일이 순서대로 갖추어지니라
36 이 일이 갑자기 되었으나 하나님
께서 백성을 위하여 (豫備)예비하
셨으므로 히스기야가 백성과 더불
어 기뻐하였더라

유월절 준비

30 히스기야가 온 이스라엘과
유다에 사람을 보내고 또 에
브라임과 므낫세에 편지를 보내어
예루살렘 여호와의 전에 와서 이
스라엘 하나님 여호와를 위하여
(逾越節)유월절을 지키라 하니라
2 왕이 방백들과 예루살렘 온 회중
과 더불어 (議論)의논하고 둘째
달에 유월절을 지키려 하였으니
3 이는 (聖潔)성결하게 한 제사장들
이 부족하고 백성도 예루살렘에
모이지 못하였으므로 그 정한 때
에 지킬수 없었음이라
4 왕과 온 (會衆)회중이 이 일을 좋
게 여기고
5 드디어 왕이 명령을 내려 브엘세
바에서부터 단까지 온 이스라엘에
공포하여 일제히 예루살렘으로 와
서 이스라엘 하나님 여호와의 유
월절을 지키라 하니 이는 기록한
(規例)규례대로 오랫동안 지키지
못하였음이더라
6 보발꾼들이 왕과 방백들의 (便紙)
편지를 받아 가지고 왕의 명령을
따라 온 이스라엘과 유다에 두루
다니며 전하니 일렀으되 이스라엘
자손들아 너희는 아브라함과 이삭
과 이스라엘의 하나님 여호와께로
돌아오라 그리하면 그가 너희 남
은 자 곧 앗수르 왕의 손에서 벗어
난 자에게로 돌아오시리라
7 너희 조상들과 너희 형제 같이 하
지 말라 그들은 그의 조상들의 하
나님 여호와께 (犯罪)범죄하였으
므로 여호와께서 (滅亡)멸망하도
록 버려 두신 것을 너희가 똑똑히
보는 바니라
8 그런즉 너희 조상들 같이 목을 곧

게 하지 말고 여호와께 돌아와 영
원히 거룩하게 하신 전에 들어가
서 너희 하나님 여호와를 섬겨 그
의 (震怒)진노가 너희에게서 떠나
게 하라
9 너희가 만일 여호와께 돌아오면
너희 형제들과 너희 자녀가 사로
잡은 자들에게서 (慈悲)자비를 입
어 다시 이 땅으로 돌아오리라 너
희 하나님 여호와는 은혜로우시고
자비하신지라 너희가 그에게로 돌
아오면 그의 얼굴을 너희에게서
돌이키지 아니하시리라 하였더라
10 ● 보발꾼이 에브라임과 므낫세
지방 각 성읍으로 두루 다녀서 스
불론까지 이르렀으나 사람들이 그
들을 (嘲弄)조롱하며 비웃었더라
11 그러나 아셀과 므낫세와 스불론
중에서 몇 사람이 스스로 (謙遜)
겸손한 마음으로 예루살렘에 이르
렀고
12 하나님의 손이 또한 유다 사람들
을 감동시키사 그들에게 왕과 방
백들이 여호와의 말씀대로 전한
명령을 한 마음으로 (遵行)준행하
게 하셨더라

유월절을 성대히 지키다

13 ● 둘째 달에 백성이 (無酵節)무교
절을 지키려 하여 예루살렘에 많
이 모이니 매우 큰 모임이라
14 무리가 일어나 예루살렘에 있는
제단과 향단들을 모두 (除去)제거
하여 기드론 시내에 던지고
15 둘째 달 열넷째 날에 유월절 양을
잡으니 제사장과 레위 사람이 부
끄러워하여 (聖潔)성결하게 하고
번제물을 가지고 여호와의 전에
이르러
16 규례대로 각각 자기들의 (處所)처
소에 서고 하나님의 사람 모세의
율법을 따라 제사장들이 레위 사
람의 손에서 피를 받아 뿌리니라
17 회중 가운데 많은 사람이 자신들
을 (聖潔)성결하게 하지 못하였으
므로 레위 사람들이 모든 부정한
사람을 위하여 유월절 양을 잡아
그들로 여호와 앞에서 성결하게
하였으나
18 에브라임과 므낫세와 잇사갈과 스
불론의 많은 무리는 자기들을 깨
끗하게 하지 아니하고 (逾越節)유
월절 양을 먹어 기록한 규례를 어
긴지라 히스기야가 그들을 위하여
기도하여 이르되 선하신 여호와여
사하옵소서
19 결심하고 하나님 곧 그의 조상들
의 하나님 여호와를 구하는 사람
은 누구든지 비록 성소의 (潔禮)결
례대로 스스로 깨끗하게 못하였을
지라도 (赦)사하옵소서 하였더니
20 여호와께서 히스기야의 (祈禱)기
도를 들으시고 백성을 고치셨더라
21 예루살렘에 모인 이스라엘 자손이
크게 즐거워하며 칠 일 동안 (無
酵節)무교절을 지켰고 레위 사람
들과 제사장들은 날마다 여호와를
칭송하며 큰 소리 나는 악기를 울
려 여호와를 찬양하였으며
22 히스기야는 여호와를 섬기는 일에
능숙한 모든 레위 사람들을 위로

하였더라 이와 같이 절기 칠 일 동
안에 무리가 먹으며 화목제를 드
리고 그의 조상들의 하나님 여호
와께 (感謝)감사하였더라

두 번째 절기

23 ● 온 회중이 다시 칠 일을 지키기
로 (決議)결의하고 이에 또 칠 일
을 즐겁게 지켰더라
24 유다 왕 히스기야가 수송아지 천
마리와 양 칠천 마리를 회중에게
주었고 (方伯)방백들은 수송아지
천 마리와 양 만 마리를 회중에게
주었으며 자신들을 성결하게 한
제사장들도 많았더라
25 유다 온 (會衆)회중과 제사장들과
레위 사람들과 이스라엘에서 온
모든 회중과 이스라엘 땅에서 나
온 나그네들과 유다에 사는 나그
네들이 다 즐거워하였으므로
26 예루살렘에 큰 기쁨이 있었으니
이스라엘 왕 다윗의 아들 솔로몬
때로부터 이러한 기쁨이 예루살렘
에 없었더라
27 그 때에 제사장들과 레위 사람들
이 일어나서 백성을 위하여 축복
하였으니 그 소리가 하늘에 들리
고 그 기도가 여호와의 거룩한 처
(處所)처소 하늘에 이르렀더라

히스기야의 개혁

31 이 모든 일이 끝나매 거기에
있는 이스라엘 무리가 나가
서 유다 여러 성읍에 이르러 (柱
像)주상들을 깨뜨리며 아세라 목
상들을 찍으며 유다와 베냐민과
에브라임과 므낫세 온 땅에서 산
당들과 제단들을 제거하여 없애고
이스라엘 모든 자손이 각각 자기
들의 (本城)본성 기업으로 돌아갔
더라
2 ● 히스기야가 제사장들과 레위
사람들의 (班列)반열을 정하고 그
들의 반열에 따라 각각 그들의 직
임을 행하게 하되 곧 제사장들과
레위 사람들에게 번제와 화목제를
드리며 여호와의 휘장 문에서 섬
기며 감사하며 찬송하게 하고
3 또 왕의 재산 중에서 얼마를 정하
여 여호와의 율법에 (記錄)기록된
대로 번제 곧 아침과 저녁의 번제
와 안식일과 초하루와 절기의 번
제에 쓰게 하고
4 또 예루살렘에 사는 백성을 명령
하여 제사장들과 레위 사람들 몫
의 음식을 주어 그들에게 여호와
의 (律法)율법을 힘쓰게 하라 하
니라
5 왕의 명령이 내리자 곧 이스라엘
자손이 곡식과 포도주와 기름과
꿀과 밭의 모든 (所産)소산의 첫
열매들을 풍성히 드렸고 또 모든
것의 십일조를 많이 가져왔으며
6 유다 여러 성읍에 사는 이스라엘
과 유다 자손들도 소와 양의 십일
조를 가져왔고 또 그들의 하나님
여호와께 구별하여 드릴 (聖物)성
물의 십일조를 가져왔으며 그것을
쌓아 여러 더미를 이루었는데
7 셋째 달에 그 더미들을 쌓기 (始
作)시작하여 일곱째 달에 마친지
라

8 히스기야와 방백들이 와서 쌓인
더미들을 보고 여호와를 (頌祝)송
축하고 그의 백성 이스라엘을 위
하여 축복하니라
9 히스기야가 그 더미들에 대하여
(祭司長)제사장들과 레위 사람들
에게 물으니
10 사독의 (族屬)족속 대제사장 아사
랴가 그에게 대답하여 이르되 백
성이 예물을 여호와의 전에 드리
기 시작함으로부터 우리가 만족하
게 먹었으나 남은 것이 많으니 이
는 여호와께서 그의 백성에게 복
을 주셨음이라 그 남은 것이 이렇
게 많이 쌓였나이다
11 ●그 때에 히스기야가 명령하여
여호와의 전 안에 방들을 (準備)
준비하라 하므로 그렇게 준비하고
12 (誠心)성심으로 그 예물과 십일조
와 구별한 물건들을 갖다 두고 레
위 사람 고나냐가 그 일의 책임자
가 되고 그의 아우 시므이는 부책
임자가 되며
13 여히엘과 아사시야와 나핫과 아사
헬과 여리못과 요사밧과 엘리엘과
이스마갸와 마핫과 브나야는 고나
냐와 그의 아우 시므이의 수하에
서 보살피는 자가 되니 이는 히스
기야 왕과 하나님의 전을 (管理)
관리하는 아사랴가 명령한 바이며
14 (東門)동문지기 레위 사람 임나의
아들 고레는 즐거이 하나님께 드
리는 예물을 맡아 여호와께 드리
는 것과 모든 지성물을 나눠 주며
15 그의 수하의 에덴과 미냐민과 예
수아와 스마야와 아마랴와 스가냐
는 제사장들의 성읍들에 있어서
직임을 맡아 그의 형제들에게 반
열대로 대소를 (莫論)막론하고 나
눠 주되
16 삼 세 이상으로 (族譜)족보에 기
록된 남자 외에 날마다 여호와의
전에 들어가서 그 반열대로 직무
에 수종드는 자들에게 다 나눠 주
며
17 또 그들의 족속대로 족보에 기록
된 제사장들에게 나눠 주며 이십
세 이상에서 그 반열대로 (職務)
직무를 맡은 레위 사람들에게 나
눠 주며
18 또 그 족보에 기록된 온 회중의 어
린 아이들 아내들 자녀들에게 나
눠 주었으니 이 회중은 성결하고
(忠實)충실히 그 직분을 다하는
자며
19 각 성읍에서 등록된 사람이 있어
성읍 가까운 들에 사는 아론 자손
제사장들에게도 나눠 주되 제사
장들의 모든 남자와 (族譜)족보에
기록된 레위 사람들에게 나눠 주
었더라
20 ●히스기야가 온 유다에 이같이
행하되 그의 하나님 여호와 보시
기에 (善)선과 (正義)정의와 진실
함으로 행하였으니
21 그가 행하는 모든 일 곧 하나님의
전에 수종드는 일에나 율법에나
계명에나 그의 하나님을 찾고 한
마음으로 행하여 (亨通)형통하였
더라

앗수르 군대가 예루살렘을 위협하다
(왕하 18:13-37; 19:14-19,35-37; 사 36:1-22;37:8-38)

32 이 모든 충성된 일을 한 후
에 앗수르 왕 산헤립이 유다
에 들어와서 견고한 성읍들을 향
하여 진을 치고 쳐서 (占領)점령
하고자 한지라
2 히스기야가 산헤립이 예루살렘을
치러 온 것을 보고
3 그의 방백들과 용사들과 더불어
의논하고 성 밖의 모든 물 근원을
막고자 하매 그들이 돕더라
4 이에 백성이 많이 모여 모든 물
(根源)근원과 땅으로 흘러가는 시
내를 막고 이르되 어찌 앗수르 왕
들이 와서 많은 물을 얻게 하리요
하고
5 히스기야가 힘을 내어 무너진 모
든 성벽을 보수하되 망대까지 높
이 쌓고 또 (外城)외성을 쌓고 다
윗 성의 밀로를 견고하게 하고 무
기와 방패를 많이 만들고
6 군대 지휘관들을 세워 백성을 거
느리게 하고 성문 (廣場)광장에서
자기 앞에 무리를 모으고 말로 위
로하여 이르되
7 너희는 마음을 강하게 하며 (膽
大)담대히 하고 앗수르 왕과 그를
따르는 온 무리로 말미암아 두려
워하지 말며 놀라지 말라 우리와
함께 하시는 이가 그와 함께 하는
자보다 크니
8 그와 함께 하는 자는 육신의 팔이
요 우리와 함께 하시는 이는 우리
의 하나님 여호와시라 반드시 우
리를 도우시고 우리를 대신하여
싸우시리라 하매 백성이 유다 왕
히스기야의 말로 말미암아 (安心)
안심하니라
9 ●그 후에 앗수르 왕 산헤립이 그
의 온 (軍隊)군대를 거느리고 라
기스를 치며 그의 신하들을 예루
살렘에 보내어 유다 왕 히스기야
와 예루살렘에 있는 유다 무리에
게 말하여 이르기를
10 앗수르 왕 산헤립은 이같이 말하노
라 너희가 예루살렘에 에워싸여 있
으면서 무엇을 (依賴)의뢰하느냐
11 히스기야가 너희를 꾀어 이르기를
우리 하나님 여호와께서 우리를
앗수르 왕의 손에서 건져내시리라
하거니와 이 어찌 너희를 주림과
목마름으로 죽게 함이 아니냐
12 이 히스기야가 여호와의 산당들과
제단들을 제거하여 버리고 유다와
예루살렘에 (命令)명령하여 이르
기를 너희는 다만 한 제단 앞에서
예배하고 그 위에 분향하라 하지
아니하였느냐
13 나와 내 조상들이 이방 모든 백성
들에게 행한 것을 너희가 알지 못
하느냐 모든 나라의 (神)신들이
능히 그들의 땅을 내 손에서 건져
낼 수 있었느냐
14 내 조상들이 (殄滅)진멸한 모든
나라의 그 모든 신들 중에 누가
능히 그의 (百姓)백성을 내 손에
서 건져내었기에 너희 [1]하나님이

1) 신들이

(能)능히 너희를 내 손에서 건지
겠느냐
15 그런즉 이와 같이 너희는 히스기
야에게 속지 말라 꾀임을 받지 말
라 그를 믿지도 말라 어떤 백성이
나 어떤 나라의 신도 (能)능히 자
기의 백성을 나의 손과 나의 조상
들의 손에서 건져내지 못하였나니
하물며 너희 [1]하나님이 너희를 내
손에서 건져내겠느냐 하였더라
16 ● 산헤립의 신하들도 더욱 여호
와 하나님과 그의 종 히스기야를
(誹謗)비방하였으며
17 산헤립이 또 편지를 써 보내어 이
스라엘 하나님 여호와를 (辱)욕하
고 비방하여 이르기를 모든 나라
의 신들이 그들의 백성을 내 손에
서 구원하여 내지 못한 것 같이 히
스기야의 신들도 그의 백성을 내
손에서 구원하여 내지 못하리라
하고
18 산헤립의 신하가 유다 방언으로
크게 소리 질러 예루살렘 성 위에
있는 백성을 놀라게 하고 괴롭게
하여 그 성을 (占領)점령하려 하
였는데
19 그들이 예루살렘의 하나님을 비방
하기를 사람의 손으로 지은 세상
사람의 신들을 (誹謗)비방하듯 하
였더라
20 ● 이러므로 히스기야 왕이 아모
스의 아들 (先知者)선지자 이사야
와 더불어 하늘을 향하여 부르짖
어 기도하였더니

1) 신들이

21 여호와께서 한 천사를 보내어 앗
수르 왕의 진영에서 모든 큰 (勇
士)용사와 (大將)대장과 지휘관들
을 멸하신지라 앗수르 왕이 낯이
뜨거워 그의 (故國)고국으로 돌아
갔더니 그의 신의 전에 들어갔을
때에 그의 몸에서 난 자들이 거기
서 칼로 죽였더라
22 이와 같이 여호와께서 히스기야와
예루살렘 주민을 앗수르 왕 산헤
립의 손과 모든 적국의 손에서 (救
援)구원하여 내사 사면으로 보호
하시매
23 여러 사람이 예물을 가지고 예루
살렘에 와서 여호와께 드리고 또
보물을 유다 왕 히스기야에게 드
린지라 이 후부터 히스기야가 모
든 나라의 눈에 (尊貴)존귀하게
되었더라

히스기야의 병과 교만
(왕하 20:1-3, 12-19; 사 38:1-3; 39:1-8)

24 ● 그 때에 히스기야가 병들어 죽
게 되었으므로 여호와께 기도하매
여호와께서 그에게 대답하시고 또
(異蹟)이적을 보이셨으나
25 히스기야가 마음이 (驕慢)교만하
여 그 받은 은혜를 보답하지 아니
하므로 진노가 그와 유다와 예루
살렘에 내리게 되었더니
26 히스기야가 마음의 (驕慢)교만함
을 뉘우치고 예루살렘 주민들도
그와 같이 하였으므로 여호와의
진노가 히스기야의 생전에는 그들
에게 내리지 아니하니라

히스기야의 부와 영광

27 ● 히스기야가 부와 영광이 지극
한지라 이에 은금과 보석과 향품
과 방패와 온갖 보배로운 그릇들
을 위하여 (倉庫)창고를 세우며
28 곡식과 새 포도주와 기름의 (産
物)산물을 위하여 창고를 세우며
온갖 짐승의 외양간을 세우며 양
떼의 우리를 갖추며
29 양 떼와 많은 소 떼를 위하여 성읍
들을 세웠으니 이는 하나님이 그
에게 (財産)재산을 심히 많이 주
셨음이며
30 이 히스기야가 또 기혼의 윗샘물
을 막아 그 아래로부터 다윗 성 서
쪽으로 곧게 끌어들였으니 히스기
야가 그의 모든 일에 (亨通)형통
하였더라
31 그러나 바벨론 방백들이 히스기야
에게 사신을 보내어 그 땅에서 나
타난 이적을 물을 때에 하나님이
히스기야를 떠나시고 그의 심중에
있는 것을 다 알고자 하사 (試驗)
시험하셨더라

히스기야가 죽다(왕하 20:20-21)

32 ● 히스기야의 남은 행적과 그의
모든 선한 일은 아모스의 아들 선
지자 이사야의 (默示 冊)묵시 책
과 유다와 이스라엘 열왕기에 기
록되니라
33 히스기야가 그의 조상들과 함께
누우매 온 유다와 예루살렘 주민
이 그를 다윗 자손의 묘실 중 높은
곳에 (葬事)장사하여 그의 죽음에
그에게 경의를 표하였더라 그의
아들 므낫세가 대신하여 왕이 되
니라

유다 왕 므낫세(왕하 21:1-9)

33 므낫세가 (王位)왕위에 오
를 때에 나이가 십이 세라
예루살렘에서 오십오 년 동안 다
스리며
2 여호와 보시기에 악을 행하여 여
호와께서 이스라엘 자손 앞에서
쫓아내신 (異邦)이방 사람들의
(可憎)가증한 일을 본받아
3 그의 아버지 히스기야가 헐어 버
린 산당을 다시 세우며 바알들을
위하여 제단을 쌓으며 아세라 (木
像)목상을 만들며 하늘의 모든 일
월성신을 경배하여 섬기며
4 여호와께서 전에 이르시기를 내가
내 이름을 예루살렘에 (永遠)영원
히 두리라 하신 여호와의 전에 제
단들을 쌓고
5 또 여호와의 전 두 마당에 하늘의
(一月星辰)일월성신을 위하여 제
단들을 쌓고
6 또 힌놈의 아들 골짜기에서 그의
아들들을 불 가운데로 지나가게
하며 또 점치며 (邪術)사술과 (妖
術)요술을 행하며 신접한 자와 박
수를 신임하여 여호와 보시기에
악을 많이 행하여 여호와를 진노
하게 하였으며
7 또 자기가 만든 아로새긴 목상을
하나님의 전에 세웠더라 옛적에
하나님이 이 성전에 대하여 다윗
과 그의 아들 솔로몬에게 이르시
기를 내가 이스라엘 모든 지파 중
에서 (擇)택한 이 성전과 예루살

렘에 내 이름을 영원히 둘지라

8 만일 이스라엘 사람이 내가 명령한 일들 곧 모세를 통하여 전한 모든 (律法)율법과 율례와 규례를 지켜 행하면 내가 그들의 발로 다시는 그의 조상들에게 정하여 준 땅에서 옮기지 않게 하리라 하셨으나

9 유다와 예루살렘 주민이 므낫세의 꾀임을 받고 (惡)악을 행한 것이 여호와께서 이스라엘 자손 앞에서 멸하신 모든 나라보다 더욱 심하였더라

므낫세가 기도하다

10 ● 여호와께서 므낫세와 그의 (百姓)백성에게 이르셨으나 그들이 듣지 아니하므로

11 여호와께서 앗수르 왕의 군대 지휘관들이 와서 치게 하시매 그들이 므낫세를 사로잡고 쇠사슬로 (結縛)결박하여 바벨론으로 끌고 간지라

12 그가 환난을 당하여 그의 하나님 여호와께 간구하고 그의 조상들의 하나님 앞에 크게 (謙遜)겸손하여

13 (祈禱)기도하였으므로 하나님이 그의 기도를 받으시며 그의 간구를 들으시사 그가 예루살렘에 돌아와서 다시 왕위에 앉게 하시매 므낫세가 그제서야 여호와께서 하나님이신 줄을 알았더라

므낫세가 죽다(왕하 21:17-18)

14 ● 그 후에 다윗 성 밖 기혼 서쪽 골짜기 안에 (外城)외성을 쌓되 어문 어귀까지 이르러 오벨을 둘러 매우 높이 쌓고 또 유다 모든 견고한 성읍에 군대 지휘관을 두며

15 이방 신들과 여호와의 전의 (偶像)우상을 제거하며 여호와의 전을 건축한 산에와 예루살렘에 쌓은 모든 제단들을 다 성 밖에 던지고

16 여호와의 제단을 보수하고 (和睦祭)화목제와 감사제를 그 제단 위에 드리고 유다를 명령하여 이스라엘 하나님 여호와를 섬기라 하매

17 백성이 그의 하나님 여호와께만 (祭祀)제사를 드렸으나 아직도 산당에서 제사를 드렸더라

18 므낫세의 남은 사적과 그가 하나님께 한 기도와 선견자가 이스라엘 하나님 여호와의 이름으로 권한 말씀은 모두 이스라엘 왕들의 (行狀)행장에 기록되었고

19 또 그의 (祈禱)기도와 그의 기도를 들으신 것과 그의 모든 죄와 허물과 겸손하기 전에 산당을 세운 곳과 아세라 목상과 우상을 세운 곳들이 다 호새의 사기에 기록되니라

20 므낫세가 그의 열조와 함께 누우매 그의 궁에 (葬事)장사되고 그의 아들 아몬이 대신하여 왕이 되니라

유다 왕 아몬(왕하 21:19-26)

21 ● 아몬이 (王位)왕위에 오를 때에 나이가 이십이 세라 예루살렘에서 이 년 동안 다스리며

22 그의 아버지 므낫세의 행함 같이
여호와 보시기에 악을 행하여 아
몬이 그의 아버지 므낫세가 만든
아로새긴 모든 (偶像)우상에게 제
사하여 섬겼으며
23 이 아몬이 그의 아버지 므낫세가
스스로 겸손함 같이 여호와 앞에
서 스스로 겸손하지 아니하고 더
욱 (犯罪)범죄하더니
24 그의 신하가 (叛逆)반역하여 왕을
궁중에서 죽이매
25 (百姓)백성들이 아몬 왕을 반역한
사람들을 다 죽이고 그의 아들 요
시야를 대신하여 왕으로 삼으니라

유다 왕 요시야의 개혁(왕하 22:1-2)

34 요시야가 (王位)왕위에 오
를 때에 나이가 팔 세라 예
루살렘에서 삼십일 년 동안 다스
리며
2 여호와 보시기에 (正直)정직하게
행하여 그의 조상 다윗의 길로 걸
으며 좌우로 치우치지 아니하고
3 아직도 어렸을 때 곧 왕위에 있은
지 팔 년에 그의 조상 다윗의 하나
님을 비로소 찾고 제십이년에 유
다와 예루살렘을 비로소 정결하게
하여 그 산당들과 아세라 목상들
과 아로새긴 우상들과 부어 만든
우상들을 (除去)제거하여 버리매
4 무리가 왕 앞에서 바알의 제단들
을 헐었으며 왕이 또 그 제단 위에
높이 달린 (太陽像)태양상들을 찍
고 또 아세라 목상들과 아로새긴
우상들과 부어 만든 우상들을 빻
아 가루를 만들어 제사하던 자들
의 무덤에 뿌리고
5 제사장들의 뼈를 제단 위에서 불
살라 유다와 예루살렘을 (淨潔)정
결하게 하였으며
6 또 므낫세와 에브라임과 시므온과
납달리까지 사면 (荒廢)황폐한 성
읍들에도 그렇게 행하여
7 (祭壇)제단들을 허물며 아세라 목
상들과 아로새긴 우상들을 빻아
가루를 만들며 온 이스라엘 땅에
있는 모든 태양상을 찍고 예루살
렘으로 돌아왔더라

율법책의 발견(왕하 22:3-20)

8 ● 요시야가 왕위에 있은 지 열여
덟째 해에 그 땅과 성전을 정결하
게 하기를 마치고 그의 하나님 여
호와의 전을 수리하려 하여 아살
랴의 아들 사반과 시장 마아세야
와 (書記官)서기관 요아하스의 아
들 요아를 보낸지라
9 그들이 대제사장 힐기야에게 나아
가 전에 하나님의 전에 (獻金)헌
금한 돈을 그에게 주니 이 돈은 문
을 지키는 레위 사람들이 므낫세
와 에브라임과 남아 있는 모든 이
스라엘 사람과 온 유다와 베냐민
과 예루살렘 주민들에게서 거둔
것이라
10 그 돈을 여호와의 전 공사를 감독
하는 자들의 손에 넘기니 그들이
여호와의 전에 있는 일꾼들에게
주어 그 전을 (修理)수리하게 하
되
11 곧 목수들과 건축하는 자들에게
주어 다듬은 돌과 (連接)연접하는

나무를 사며 유다 왕들이 헐어버
린 성전들을 위하여 들보를 만들
게 하매
12 그 사람들이 성실하게 그 일을 하
니라 그의 감독들은 레위 사람들
곧 므라리 (子孫)자손 중 야핫과
오바댜요 그핫 자손들 중 스가랴
와 무술람이라 다 그 일을 감독하
고 또 악기에 익숙한 레위 사람들
이 함께 하였으며
13 그들은 또 목도꾼을 (監督)감독하
며 모든 공사 담당자를 감독하고
어떤 레위 사람은 서기와 관리와
문지기가 되었더라
14 ●무리가 여호와의 전에 헌금한
돈을 꺼낼 때에 (祭司長)제사장
힐기야가 모세가 전한 여호와의
(律法冊)율법책을 발견하고
15 힐기야가 (書記官)서기관 사반에
게 말하여 이르되 내가 여호와의
전에서 율법책을 (發見)발견하였
노라 하고 힐기야가 그 책을 사반
에게 주매
16 사반이 책을 가지고 왕에게 나아
가서 (復命)복명하여 이르되 왕께
서 종들에게 명령하신 것을 종들
이 다 준행하였나이다
17 또 여호와의 전에서 발견한 돈을
쏟아서 (監督者)감독자들과 일꾼
들에게 주었나이다 하고
18 서기관 사반이 또 왕에게 아뢰어
이르되 (祭司長)제사장 힐기야가
내게 책을 주더이다 하고 사반이
왕 앞에서 그것을 읽으매
19 왕이 (律法)율법의 말씀을 듣자
곧 자기 옷을 찢더라
20 왕이 힐기야와 사반의 아들 아히
감과 미가의 아들 압돈과 (書記
官)서기관 사반과 왕의 시종 아사
야에게 명령하여 이르되
21 너희는 가서 나와 및 이스라엘과
유다의 남은 자들을 위하여 이 발
견한 책의 말씀에 대하여 여호와
께 물으라 우리 조상들이 여호와
의 말씀을 지키지 아니하고 이 책
에 기록된 모든 것을 (遵行)준행
하지 아니하였으므로 여호와께서
우리에게 쏟으신 진노가 크도다
하니라
22 ●이에 힐기야와 왕이 보낸 사람
들이 여선지자 훌다에게로 나아가
니 그는 하스라의 손자 독핫의 아
들로서 (禮服)예복을 관리하는 살
룸의 아내라 예루살렘 둘째 구역
에 살았더라 그들이 그에게 이 뜻
을 전하매
23 훌다가 그들에게 이르되 이스라엘
의 하나님 여호와께서 이같이 말
씀하시기를 너희는 너희를 내게
보낸 사람에게 말하라 하시니라
24 여호와께서 이같이 말씀하시기를
내가 이 곳과 그 주민에게 (災殃)
재앙을 내리되 곧 유다 왕 앞에서
읽은 책에 기록된 모든 저주대로
하리니
25 이는 이 백성들이 나를 버리고 다
른 신들에게 (焚香)분향하며 그의
손의 모든 행위로 나의 노여움을
샀음이라 그러므로 나의 노여움을
이 곳에 쏟으매 꺼지지 아니하리

라 하라 하셨느니라
26 너희를 보내어 여호와께 묻게 한
유다 왕에게는 너희가 이렇게 전
하라 이스라엘의 하나님 여호와께
서 이같이 말씀하시기를 네가 들
은 말을 (議論)의논하건대
27 내가 이 곳과 그 주민을 가리켜 말
한 것을 네가 듣고 마음이 연약하
여 하나님 앞 곧 내 앞에서 겸손하
여 옷을 찢고 (痛哭)통곡하였으므
로 나도 네 말을 들었노라 여호와
가 말하였느니라
28 그러므로 내가 네게 너의 조상들
에게 돌아가서 평안히 묘실로 들
어가게 하리니 내가 이 곳과 그 주
민에게 내리는 모든 재앙을 네가
눈으로 보지 못하리라 하셨느니라
이에 사신들이 왕에게 (復命)복명
하니라

여호와께 순종하기로 하다
(왕하 23:1-20)

29 ● 왕이 사람을 보내어 유다와 예
루살렘의 모든 (長老)장로를 불러
모으고
30 여호와의 전에 올라가매 유다 모
든 사람과 예루살렘 주민들과 제
사장들과 레위 사람들과 모든 백
성이 (老少)노소를 막론하고 다
함께 한지라 왕이 여호와의 전 안
에서 발견한 언약책의 모든 말씀
을 읽어 무리의 귀에 들려 주고
31 왕이 자기 (處所)처소에 서서 여
호와 앞에서 언약을 세우되 마음
을 다하고 목숨을 다하여 여호와
를 (順從)순종하고 그의 계명과
법도와 율례를 지켜 이 책에 기록
된 언약의 말씀을 이루리라 하고
32 예루살렘과 베냐민에 있는 자들이
다 여기에 (參與)참여하게 하매
예루살렘 주민이 하나님 곧 그의
조상들의 하나님의 언약을 따르니
라
33 이와 같이 요시야가 이스라엘 자
손에게 속한 모든 땅에서 가증한
것들을 다 제거하여 버리고 이스
라엘의 모든 사람으로 그들의 하
나님 여호와를 섬기게 하였으므로
요시야가 사는 날에 백성이 그들
의 조상들의 하나님 여호와께 (服
從)복종하고 떠나지 아니하였더
라

요시야가 유월절을 지키다
(왕하 23:21-23)

35 요시야가 예루살렘에서 여
호와께 (逾越節)유월절을
지켜 첫째 달 열넷째 날에 유월절
어린 양을 잡으니라
2 왕이 제사장들에게 그들의 직분을
맡기고 (激勵)격려하여 여호와의
전에서 직무를 수행하게 하고
3 또 여호와 앞에 구별되어서 온 이
스라엘을 가르치는 레위 사람에게
이르되 거룩한 궤를 이스라엘 왕
다윗의 아들 솔로몬이 (建築)건축
한 전 가운데 두고 다시는 너희 어
깨에 메지 말고 마땅히 너희의 하
나님 여호와와 그의 백성 이스라
엘을 섬길 것이라
4 너희는 이스라엘 왕 다윗의 글과
다윗의 아들 솔로몬의 글을 (遵

行)준행하여 너희 족속대로 반열
을 따라 스스로 준비하고
5 너희 형제 모든 백성의 족속의 서
열대로 또는 레위 족속의 서열대
로 (聖所)성소에 서서
6 스스로 (聖潔)성결하게 하고 유월
절 어린 양을 잡아 너희 형제들을
위하여 준비하되 여호와께서 모세
를 통하여 전하신 말씀을 따라 행
할지니라
7 ●요시야가 그 모인 모든 이를 위
하여 백성들에게 자기의 소유 양
떼 중에서 어린 양과 어린 염소 삼
만 마리와 수소 삼천 마리를 내어
유월절 (祭物)제물로 주매
8 방백들도 즐거이 (犧牲)희생을 드
려 백성과 제사장들과 레위 사람
들에게 주었고 하나님의 전을 주
장하는 자 힐기야와 스가랴와 여
히엘은 제사장들에게 양 이천육백
마리와 수소 삼백 마리를 유월절
제물로 주었고
9 또 레위 사람들의 우두머리들 곧
고나냐와 그의 형제 스마야와 느
다넬과 또 하사뱌와 여이엘과 요
사밧은 양 오천 마리와 수소 오백
마리를 레위 사람들에게 (逾越節)
유월절 제물로 주었더라
10 ●이와 같이 섬길 일이 (具備)구
비되매 왕의 명령을 따라 제사장
들은 그들의 처소에 서고 레위 사
람들은 그들의 반열대로 서고
11 (逾越節)유월절 양을 잡으니 제사
장들은 그들의 손에서 피를 받아
뿌리고 또 레위 사람들은 잡은 짐
승의 가죽을 벗기고
12 그 (燔祭物)번제물을 옮겨 족속의
서열대로 모든 백성에게 나누어
모세의 책에 기록된 대로 여호와
께 드리게 하고 소도 그와 같이 하
고
13 이에 (規例)규례대로 유월절 양을
불에 굽고 그 나머지 성물은 솥과
가마와 냄비에 삶아 모든 백성들
에게 속히 (分配)분배하고
14 그 후에 자기와 (祭司長)제사장
들을 위하여 준비하니 이는 아론
의 (子孫)자손 제사장들이 (燔祭)
번제와 기름을 저녁까지 드리므로
레위 사람들이 자기와 아론의 자
손 제사장들을 위하여 준비함이더
라
15 아삽의 자손 노래하는 자들은 다
윗과 아삽과 헤만과 왕의 (先見
者)선견자 여두둔이 명령한 대로
자기 처소에 있고 문지기들은 각
문에 있고 그 직무에서 떠날 것이
없었으니 이는 그의 형제 레위 사
람들이 그들을 위하여 준비하였음
이더라
16 ●이와 같이 당일에 여호와를 섬
길 일이 다 준비되매 요시야 왕의
명령대로 유월절을 지키며 (燔祭)
번제를 여호와의 제단에 드렸으며
17 그 때에 모인 이스라엘 자손이 유
월절을 지키고 이어서 (無酵節)무
교절을 칠 일 동안 지켰으니
18 (先知者)선지자 사무엘 이후로 이
스라엘 가운데서 유월절을 이같이
지키지 못하였고 이스라엘 모든

왕들도 요시야가 제사장들과 레위
사람들과 모인 온 유다와 이스라
엘 무리와 예루살렘 주민과 함께
지킨 것처럼은 유월절을 지키지
못하였더라
19 요시야가 왕위에 있은 지 열여덟
째 해에 이 (逾越節)유월절을 지
켰더라

요시야가 죽다(왕하 23:28-30)

20 ● 이 모든 일 후 곧 요시야가 성
전을 (整頓)정돈하기를 마친 후에
애굽 왕 느고가 유브라데 강 가의
갈그미스를 치러 올라왔으므로 요
시야가 나가서 (防備)방비하였더
니
21 느고가 요시야에게 사신을 보내
어 이르되 유다 왕이여 내가 그대
와 무슨 (關係)관계가 있느냐 내
가 오늘 그대를 치려는 것이 아니
요 나와 더불어 싸우는 (族屬)족
속을 치려는 것이라 하나님이 나
에게 명령하사 속히 하라 하셨은
즉 하나님이 나와 함께 계시니 그
대는 하나님을 거스르지 말라 그
대를 멸하실까 하노라 하나
22 요시야가 몸을 돌이켜 떠나기를
싫어하고 오히려 (變裝)변장하고
그와 싸우고자 하여 하나님의 입
에서 나온 느고의 말을 듣지 아니
하고 므깃도 골짜기에 이르러 싸
울 때에
23 활 쏘는 자가 요시야 왕을 쏜지라
왕이 그의 신하들에게 이르되 내
가 (重傷)중상을 입었으니 나를
도와 나가게 하라
24 그 부하들이 그를 병거에서 내리
게 하고 그의 버금 병거에 태워 예
루살렘에 이른 후에 그가 죽으니
그의 조상들의 묘실에 (葬事)장사
되니라 온 유다와 예루살렘 사람
들이 요시야를 슬퍼하고
25 예레미야는 그를 위하여 애가를
지었으며 모든 노래하는 남자들과
여자들은 요시야를 슬피 노래하니
이스라엘에 (規例)규례가 되어 오
늘까지 이르렀으며 그 가사는 애
가 중에 기록되었더라
26 요시야의 남은 사적과 여호와의
(律法)율법에 기록된 대로 행한
모든 선한 일과
27 그의 처음부터 끝까지의 행적은
이스라엘과 유다 열왕기에 (記錄)
기록되니라

유다 왕 여호아하스(왕하 23:30-35)

36 그 땅의 백성이 요시야의 아
들 여호아하스를 세워 그의
아버지를 (代身)대신하여 예루살
렘에서 왕으로 삼으니
2 여호아하스가 (王位)왕위에 오를
때에 나이가 이십삼 세더라 그가
예루살렘에서 다스린 지 석 달에
3 애굽 왕이 예루살렘에서 그의 왕
위를 폐하고 또 그 나라에 은 백
달란트와 금 한 달란트를 (罰金)
벌금으로 내게 하며
4 애굽 왕 느고가 또 그의 (兄弟)형
제 엘리아김을 세워 유다와 예루살
렘 왕으로 삼고 그의 이름을 고쳐
여호야김이라 하고 그의 형제 여호
아하스를 애굽으로 잡아갔더라

유다 왕 여호야김(왕하 23:36-24:7)

5 ● 여호야김이 왕위에 오를 때에
나이가 이십오 세라 예루살렘에서
십일 년 동안 다스리며 그의 하나
님 여호와 보시기에 (惡)악을 행
하였더라
6 바벨론 왕 느부갓네살이 올라와서
그를 치고 그를 쇠사슬로 (結縛)
결박하여 바벨론으로 잡아가고
7 느부갓네살이 또 여호와의 전 기
구들을 바벨론으로 가져다가 바벨
론에 있는 자기 (神堂)신당에 두
었더라
8 여호야김의 남은 (事蹟)사적과 그
가 행한 모든 (可憎)가증한 일들
과 그에게 발견된 악행이 이스라
엘과 유다 열왕기에 기록되니라
그의 아들 여호야긴이 대신하여
왕이 되니라

유다 왕 여호야긴(왕하 24:8-17)

9 ● 여호야긴이 (王位)왕위에 오를
때에 나이가 팔 세라 예루살렘에
서 석달 열흘 동안 다스리며 여호
와 보시기에 악을 행하였더라
10 그 해에 느부갓네살 왕이 사람을
보내어 여호야긴을 바벨론으로 잡
아가고 여호와의 전의 귀한 그릇
들도 함께 가져가고 그의 (叔父)
숙부 시드기야를 세워 유다와 예
루살렘 왕으로 삼았더라

유다 왕 시드기야
(왕하 24:18-20; 25:1-21; 렘 52:1-11)

11 ● 시드기야가 왕위에 오를 때에
나이가 이십일 (歲)세라 예루살렘
에서 십일 년 동안 다스리며
12 그의 하나님 여호와 보시기에 악
을 행하고 선지자 예레미야가 여
호와의 말씀으로 일러도 그 앞에
서 (謙遜)겸손하지 아니하였으며
13 또한 느부갓네살 왕이 그를 그의
하나님을 가리켜 맹세하게 하였으
나 그가 왕을 배반하고 목을 곧게
하며 마음을 (頑惡)완악하게 하여
이스라엘 하나님 여호와께로 돌아
오지 아니하였고
14 모든 제사장들의 우두머리들과 백
성도 크게 (犯罪)범죄하여 이방
모든 가증한 일을 따라서 여호와
께서 예루살렘에 거룩하게 두신
그의 전을 더럽게 하였으며
15 그 조상들의 하나님 여호와께서
그의 백성과 그 거하시는 곳을 아
끼사 부지런히 그의 (使臣)사신들
을 그 백성에게 보내어 이르셨으
나
16 그의 백성이 하나님의 사신들을
비웃고 그의 말씀을 멸시하며 그
의 선지자를 욕하여 여호와의 진
노를 그의 백성에게 미치게 하여
(回復)회복할 수 없게 하였으므로
17 하나님이 갈대아 왕의 손에 그들
을 다 넘기시매 그가 와서 그들의
성전에서 칼로 청년들을 죽이며
청년 남녀와 노인과 병약한 사람
을 (矜恤)긍휼히 여기지 아니하였
으며
18 또 하나님의 전의 대소 그릇들과
여호와의 전의 (寶物)보물과 왕과
방백들의 보물을 다 바벨론으로
가져가고

19 또 하나님의 전을 불사르며 예루
살렘 성벽을 헐며 그들의 모든 (宮
室)궁실을 불사르며 그들의 모든
귀한 그릇들을 부수고
20 칼에서 살아 남은 자를 그가 바벨
론으로 사로잡아가매 무리가 거
기서 갈대아 왕과 그의 자손의 (奴
隷)노예가 되어 바사국이 통치할
때까지 이르니라
21 이에 토지가 황폐하여 땅이 안식
년을 누림 같이 (安息)안식하여
칠십 년을 지냈으니 여호와께서
예레미야의 입으로 하신 말씀이
이루어졌더라

고레스의 귀국 명령(스 1:1-4)

22 ● 바사의 고레스 왕 (元年)원년에
여호와께서 예레미야의 입으로 하
신 말씀을 이루시려고 여호와께
서 바사의 고레스 왕의 마음을 (感
動)감동시키시매 그가 온 나라에
(公布)공포도 하고 (詔書)조서도
내려 이르되
23 바사 왕 고레스가 이같이 말하노
니 하늘의 신 여호와께서 세상 만
국을 내게 주셨고 나에게 명령하
여 유다 예루살렘에 (聖殿)성전을
건축하라 하셨나니 너희 중에 그
의 백성된 자는 다 올라갈지어다
너희 하나님 여호와께서 함께 하
시기를 원하노라 하였더라

에스라 Ezra

여호와께서 고레스의 마음을 감동시키다

1 바사 왕 고레스 원년에 여호와와
께서 예레미야의 입을 통하여
하신 말씀을 이루게 하시려고 바
사 왕 고레스의 마음을 (感動)감
동시키시매 그가 온 나라에 (公
布)공포도 하고 조서도 내려 이르
되
2 바사 왕 고레스는 말하노니 하늘
의 하나님 여호와께서 세상 모든
나라를 내게 주셨고 나에게 명령
하사 유다 예루살렘에 (聖殿)성전
을 건축하라 하셨나니
3 이스라엘의 하나님은 참 신이시라
너희 중에 그의 백성 된 자는 다
유다 예루살렘으로 올라가서 이
스라엘의 하나님 여호와의 성전을
(建築)건축하라 그는 예루살렘에
계신 하나님이시라
4 그 남아 있는 백성이 어느 곳에 머
물러 살든지 그 곳 사람들이 마땅
히 은과 금과 그 밖의 물건과 짐승
으로 도와 주고 그 외에도 예루살
렘에 세울 하나님의 성전을 위하
여 (禮物)예물을 기쁘게 드릴지니
라 하였더라

사로잡혀 간 백성이 돌아오다

5 ● 이에 유다와 베냐민 족장들과
제사장들과 레위 사람들과 그 마
음이 하나님께 (感動)감동을 받고
올라가서 예루살렘에 여호와의 성
전을 건축하고자 하는 자가 다 일
어나니
6 그 사면 사람들이 은 그릇과 금과
물품들과 짐승과 (寶物)보물로 돕
고 그 외에도 예물을 기쁘게 드렸
더라
7 고레스 (王)왕이 또 여호와의 성
전 그릇을 꺼내니 옛적에 느부갓
네살이 예루살렘에서 옮겨다가 자
기 신들의 신당에 두었던 것이라
8 바사 왕 고레스가 창고지기 미드
르닷에게 명령하여 그 그릇들을
꺼내어 세어서 유다 (總督)총독
세스바살에게 넘겨주니
9 그 (數)수는 금 접시가 서른 개요
은 접시가 천 개요 칼이 스물아홉
개요
10 (金)금 대접이 서른 개요 그보다
못한 은 대접이 사백열 개요 그밖
의 그릇이 천 개이니
11 금, 은 그릇이 모두 오천사백 (個)
개라 사로잡힌 자를 바벨론에서
예루살렘으로 데리고 갈 때에 세
스바살이 그 그릇들을 다 가지고
갔더라

돌아온 사람들(느 7:4-73)

2 옛적에 바벨론 왕 느부갓네살
에게 사로잡혀 바벨론으로 갔
던 자들의 (子孫)자손들 중에서
놓임을 받고 예루살렘과 유다 도
로 돌아와 각기 각자의 성읍으로
돌아간 자
2 곧 스룹바벨과 예수아와 느헤미야
와 스라야와 르엘라야와 모르드개
와 빌산과 미스발과 비그왜와 르

훕과 바아나 등과 함께 나온 이스
라엘 백성의 (名數)명수가 이러하
니
3 바로스 (子孫)자손이 이천백칠십
이 명이요
4 스바댜 자손이 삼백칠십이 명이요
5 아라 자손이 칠백칠십오 명이요
6 바핫모압 자손 곧 예수아와 요압
자손이 이천팔백십이 명이요
7 엘람 자손이 천이백오십사 명이요
8 삿두 자손이 구백사십오 명이요
9 삭개 자손이 칠백육십 명이요
10 바니 자손이 육백사십이 명이요
11 브배 자손이 육백이십삼 명이요
12 아스갓 자손이 천이백이십이 명이
요
13 아도니감 자손이 육백육십육 명이
요
14 비그왜 자손이 이천오십육 명이요
15 아딘 자손이 사백오십사 명이요
16 아델 자손 곧 히스기야 자손이 구
십팔 명이요
17 베새 자손이 삼백이십삼 명이요
18 요라 자손이 백십이 명이요
19 하숨 자손이 이백이십삼 명이요
20 깁발 자손이 구십오 명이요
21 베들레헴 사람이 백이십삼 명이요
22 느도바 사람이 오십육 명이요
23 아나돗 사람이 백이십팔 명이요
24 아스마웻자손이 사십이 명이요
25 기랴다림과 그비라와 브에롯 자손
이 칠백사십삼 명이요
26 라마와 게바 자손이 육백이십일
명이요
27 믹마스 사람이 백이십이 명이요
28 벧엘과 아이 사람이 이백이십삼
명이요
29 느보 자손이 오십이 명이요
30 막비스 자손이 백오십육 명이요
31 다른 엘람 자손이 천이백오십사
명이요
32 하림 자손이 삼백이십 명이요
33 로드와 하딧과 오노 자손이 칠백
이십오 명이요
34 여리고 자손이 삼백사십오 명이요
35 스나아 자손이 삼천육백삼십 명이
었더라
36 ● (祭司長)제사장들은 예수아의
집 여다야 자손이 구백칠십삼 명
이요
37 임멜 자손이 천오십이 명이요
38 바스훌 자손이 천이백사십칠 명이
요
39 하림 자손이 천십칠 명이었더라
40 ● 레위 사람은 호다위아 자손 곧
예수아와 갓미엘 자손이 칠십사
명이요
41 노래하는 자들은 아삽 자손이 백
이십팔 명이요
42 (門)문지기의 자손들은 살룸과 아
델과 달문과 악굽과 하디다와 소
배 자손이 모두 백삼십구 명이었
더라
43 ● 느디님 사람들은 시하 자손과
하수바 자손과 답바옷 자손과
44 게로스 자손과 시아하 자손과 바
돈 자손과
45 르바나 자손과 하가바 자손과 악
굽 자손과
46 하갑 자손과 사믈래 자손과 하난

자손과
47 깃델 자손과 가할 자손과 르아야
자손과
48 르신 자손과 느고다 자손과 갓삼
자손과
49 웃사 자손과 바세아 자손과 베새
자손과
50 아스나 자손과 므우님 자손과 느
부심 자손과
51 박북 자손과 하그바 자손과 할훌
자손과
52 바슬룻 자손과 므히다 자손과 하
르사 자손과
53 바르고스 자손과 시스라 자손과
데마 자손과
54 느시야 자손과 하디바 자손이었더
라
55 ● 솔로몬의 신하의 (子孫)자손은
소대 자손과 하소베렛 자손과 브
루다 자손과
56 야알라 자손과 다르곤 자손과 깃
델 자손과

57 스바댜 자손과 하딜 자손과 보게
렛하스바임 자손과 아미 자손이니
58 모든 느디님 사람과 솔로몬의 (臣
下)신하의 자손이 삼백구십이 명
이었더라
59 ● 델멜라와 델하르사와 그룹과
앗단과 임멜에서 올라온 자가 있
으나 그들의 조상의 가문과 (先
祖)선조가 이스라엘에 속하였는
지 밝힐 수 없었더라
60 그들은 들라야 자손과 도비야 자
손과 느고다 자손이라 모두 육백
오십이 명이요
61 (祭司長)제사장 중에는 하바야 자
손과 학고스 자손과 바르실래 자
손이니 바르실래는 길르앗 사람
바르실래의 딸 중의 한 사람을 아
내로 삼고 바르실래의 이름을 따
른 자라
62 이 사람들은 (系譜)계보 중에서
자기 이름을 찾아도 얻지 못하므
로 그들을 부정하게 여겨 제사장
의 직분을 행하지 못하게 하고
63 방백이 그들에게 명령하여 우림과
둠밈을 가진 제사장이 일어나기
전에는 (至聖物)지성물을 먹지 말
라 하였느니라
64 ● 온 (會衆)회중의 합계가 사만
이천삼백육십 명이요
65 그 외에 남종과 여종이 칠천삼백
삼십칠 명이요 노래하는 (男女)남
녀가 이백 명이요
66 말이 칠백삼십육이요 노새가 이백
사십오요
67 (駱駝)낙타가 사백삼십오요 나귀
가 육천칠백이십이었더라
68 ● 어떤 족장들이 예루살렘에 있
는 여호와의 성전 터에 이르러 하
나님의 전을 그 곳에 다시 (建築)
건축하려고 예물을 기쁘게 드리되
69 힘 자라는 대로 (工事)공사하는
금고에 들이니 금이 육만 천 다릭
이요 은이 오천 마네요 제사장의
옷이 백 벌이었더라
70 ● 이에 제사장들과 레위 사람들
과 백성 몇과 노래하는 자들과 문
지기들과 느디님 사람들이 (各自)
각자의 성읍에 살았고 이스라엘

무리도 각자의 성읍에 살았더라

비로소 여호와께 번제를 드리다

3 이스라엘 자손이 각자의 성읍
에 살았더니 일곱째 달에 이르
러 (一齊)일제히 예루살렘에 모인
지라
2 요사닥의 아들 예수아와 그의 형
제 제사장들과 스알디엘의 아들
스룹바벨과 그의 형제들이 다 일
어나 이스라엘 하나님의 제단을
만들고 하나님의 사람 모세의 율
법에 (記錄)기록한 대로 번제를
그 위에서 드리려 할새
3 무리가 모든 나라 백성을 두려워
하여 제단을 그 터에 세우고 그 위
에서 아침 저녁으로 여호와께 (燔
祭)번제를 드리며
4 기록된 규례대로 (草幕節)초막절
을 지켜 번제를 매일 (定數)정수
대로 날마다 드리고
5 그 후에는 항상 드리는 번제와 초
하루와 여호와의 모든 거룩한 (節
期)절기의 번제와 사람이 여호와
께 기쁘게 드리는 예물을 드리되
6 일곱째 달 초하루부터 비로소 여
호와께 번제를 드렸으나 그 때에
여호와의 성전 (地臺)지대는 미처
놓지 못한지라
7 이에 석수와 목수에게 돈을 주고
또 시돈 사람과 두로 사람에게 먹
을 것과 마실 것과 기름을 주고 바
사 왕 고레스의 명령대로 백향목
을 레바논에서 욥바 (海邊)해변까
지 운송하게 하였더라

성전 건축을 시작하다

8 ● 예루살렘에 있는 하나님의 성
전에 이른 지 이 년 둘째 달에 스
알디엘의 아들 스룹바벨과 요사닥
의 아들 예수아와 다른 형제 제사
장들과 레위 사람들과 무릇 사로
잡혔다가 예루살렘에 돌아온 자들
이 공사를 시작하고 이십 세 이상
의 레위 사람들을 세워 여호와의
성전 공사를 (監督)감독하게 하매
9 이에 예수아와 그의 아들들과 그
의 형제들과 갓미엘과 그의 아들
들과 유다 자손과 헤나닷 자손과
그의 형제 레위 사람들이 일제히
일어나 하나님의 (聖殿)성전 일꾼
들을 감독하니라
10 건축자가 여호와의 성전의 기초를
놓을 때에 제사장들은 (禮服)예복
을 입고 나팔을 들고 아삽 자손 레
위 사람들은 (提琴)제금을 들고
서서 이스라엘 왕 다윗의 규례대
로 여호와를 찬송하되
11 찬양으로 (和答)화답하며 여호와
께 감사하여 이르되 주는 지극히
선하시므로 그의 인자하심이 이스
라엘에게 영원하시도다 하니 모든
백성이 여호와의 성전 기초가 놓
임을 보고 여호와를 찬송하며 큰
소리로 즐거이 부르며
12 제사장들과 레위 사람들과 나이
많은 족장들은 첫 성전을 보았으
므로 이제 이 성전의 기초가 놓임
을 보고 (大聲痛哭)대성통곡하였
으나 여러 사람은 기쁨으로 크게
함성을 지르니
13 백성이 크게 외치는 소리가 멀리

들리므로 즐거이 부르는 소리와
(痛哭)통곡하는 소리를 백성들이
분간하지 못하였더라

성전 건축을 방해하는 사람들

4 사로잡혔던 자들의 자손이 이
스라엘의 하나님 여호와의 성
전을 건축한다 함을 유다와 베냐
민의 (對敵)대적이 듣고
2 스룹바벨과 (族長)족장들에게 나
아와 이르되 우리도 너희와 함께
건축하게 하라 우리도 너희 같이
너희 하나님을 찾노라 앗수르 왕
에살핫돈이 우리를 이리로 오게
한 날부터 우리가 하나님께 제사
를 드리노라 하니
3 스룹바벨과 예수아와 기타 이스라
엘 족장들이 이르되 우리 하나님
의 성전을 건축하는 데 너희는 우
리와 상관이 없느니라 바사 왕 고
레스가 우리에게 (命令)명령하신
대로 우리가 이스라엘의 하나님
여호와를 위하여 홀로 건축하리라
하였더니

4 이로부터 그 땅 백성이 유다 백성
의 손을 약하게 하여 그 (建築)건
축을 방해하되
5 바사 왕 고레스의 시대부터 바사
왕 다리오가 즉위할 때까지 관리
들에게 (賂物)뇌물을 주어 그 계
획을 막았으며
6 또 아하수에로가 즉위할 때에 그
들이 글을 올려 유다와 예루살렘
주민을 (告發)고발하니라
7 ●아닥사스다 때에 비슬람과 미드
르닷과 다브엘과 그의 동료들이 바
사 왕 아닥사스다에게 글을 올렸으
니 그 글은 아람 문자와 아람 방언
으로 써서 (陳述)진술하였더라
8 방백 르훔과 (書記官)서기관 심새
가 아닥사스다 왕에게 올려 예루
살렘 백성을 고발한 그 글에
9 (方伯)방백 르훔과 서기관 심새와
그의 동료 디나 사람과 아바삿 사
람과 다블래 사람과 아바새 사람
과 아렉 사람과 바벨론 사람과 수
산 사람과 데해 사람과 엘람 사람
과
10 그 밖에 백성 곧 존귀한 오스납발
이 사마리아 성과 유브라데 강 건
너편 다른 땅에 옮겨 둔 자들과 함
께 (告發)고발한다 하였더라
11 ●아닥사스다 왕에게 올린 그 글
의 초본은 이러하니 강 건너편에
있는 신하들은
12 왕에게 아뢰나이다 당신에게서 우
리에게로 올라온 유다 사람들이
예루살렘에 이르러 이 패역하고
악한 성읍을 건축하는데 이미 그
기초를 (修築)수축하고 성곽을 건
축하오니
13 이제 왕은 아시옵소서 만일 이 성
읍을 건축하고 그 성곽을 완공하
면 저 무리가 다시는 조공과 관세
와 통행세를 바치지 아니하리니
결국 왕들에게 (損害)손해가 되리
이다
14 우리가 이제 왕궁의 소금을 먹으
므로 왕이 (羞恥)수치 당함을 차
마 보지 못하여 사람을 보내어 왕
에게 아뢰오니

15 왕은 조상들의 (史記)사기를 살펴
보시면 그 사기에서 이 성읍은 (悖
逆)패역한 성읍이라 예로부터 그
중에서 항상 (叛逆)반역하는 일을
행하여 왕들과 각 도에 (損害)손
해가 된 것을 보시고 아실지라 이
성읍이 무너짐도 이 때문이니이다
16 이제 감히 왕에게 아뢰오니 이 성
읍이 중건되어 성곽이 준공되면 이
로 말미암아 왕의 강 건너편 (領地)
영지가 없어지리이다 하였더라
17 ● 왕이 방백 르훔과 서기관 심새
와 사마리아에 거주하는 그들 동
관들과 강 건너편 다른 땅 백성에
게 (詔書)조서를 내리니 일렀으되
너희는 평안할지어다
18 너희가 올린 글을 내 앞에서 (朗
讀)낭독시키고
19 명령하여 살펴보니 과연 이 성읍
이 예로부터 왕들을 거역하며 그
중에서 항상 (悖逆)패역하고 반역
하는 일을 행하였으며
20 옛적에는 예루살렘을 다스리는 큰
군왕들이 있어서 강 건너편 모든
땅이 그들에게 조공과 관세와 (通
行稅)통행세를 다 바쳤도다
21 이제 너희는 명령을 전하여 그 사
람들에게 (工事)공사를 그치게 하
여 그 성을 건축하지 못하게 하고
내가 다시 조서 내리기를 기다리라
22 너희는 삼가서 이 일에 게으르지
말라 어찌하여 화를 더하여 왕들
에게 (損害)손해가 되게 하랴 하
였더라
23 ● 아닥사스다 왕의 조서 (抄本)초
본이 르훔과 서기관 심새와 그의
동료 앞에서 (朗讀)낭독되매 그들
이 예루살렘으로 급히 가서 유다
사람들을 보고 권력으로 (抑制)억
제하여 그 공사를 그치게 하니
24 이에 예루살렘에서 하나님의 성전
공사가 바사 왕 다리오 제이년까
지 (中斷)중단되니라

성전 건축을 다시 시작하다

5 선지자들 곧 선지자 학개와 잇
도의 손자 스가랴가 이스라엘
의 하나님의 이름으로 유다와 예
루살렘에 거주하는 유다 사람들에
게 (豫言)예언하였더니
2 이에 스알디엘의 아들 스룹바벨과
요사닥의 아들 예수아가 일어나
예루살렘에 있던 하나님의 성전을
다시 건축하기 (始作)시작하매 하
나님의 선지자들이 함께 있어 그
들을 돕더니
3 그 때에 유브라데 강 건너편 총독
닷드내와 스달보스내와 그들의 동
관들이 다 나아와 그들에게 이르
되 누가 너희에게 명령하여 이 성
전을 건축하고 이 (城郭)성곽을
마치게 하였느냐 하기로
4 우리가 이 (建築)건축하는 자의
이름을 아뢰었으나
5 하나님이 유다 장로들을 돌보셨으
므로 그들이 능히 공사를 막지 못하
고 이 일을 다리오에게 아뢰고 그
(答狀)답장이 오기를 기다렸더라
6 ● 유브라데 강 건너편 (總督)총독
닷드내와 스달보스내와 그들의 동
관인 유브라데 강 건너편 아바삭

사람이 다리오 왕에게 올린 글의
초본은 이러하니라
7 그 글에 일렀으되 다리오 왕은 (平
安)평안하옵소서
8 왕께 아뢰옵나이다 우리가 유다
도에 가서 지극히 크신 하나님의
성전에 나아가 본즉 성전을 큰 돌
로 세우며 벽에 나무를 얹고 부지
런히 일하므로 공사가 그 손에서
(亨通)형통하옵기에
9 우리가 그 장로들에게 물어보기를
누가 너희에게 명령하여 이 성전
을 건축하고 이 (城郭)성곽을 마
치라고 하였느냐 하고
10 우리가 또 그 우두머리들의 이름
을 적어 (王)왕에게 아뢰고자 하
여 그들의 이름을 물은즉
11 그들이 우리에게 (對答)대답하여
이르기를 우리는 천지의 하나님의
종이라 예전에 건축되었던 성전을
우리가 다시 건축하노라 이는 본
래 이스라엘의 큰 왕이 건축하여
완공한 것이었으나
12 우리 (祖上)조상들이 하늘에 계신
하나님을 노엽게 하였으므로 하나
님이 그들을 갈대아 사람 바벨론
왕 느부갓네살의 손에 넘기시매
그가 이 성전을 헐며 이 백성을 사
로잡아 바벨론으로 옮겼더니
13 바벨론 왕 고레스 (元年)원년에
고레스 왕이 조서를 내려 하나님
의 이 성전을 다시 건축하게 하고
14 또 느부갓네살이 예루살렘 하나님
의 (聖殿)성전 안에서 금, 은 그릇
을 옮겨다가 바벨론 신당에 두었
던 것을 고레스 왕이 그 신당에서
꺼내어 그가 세운 총독 세스바살
이라고 부르는 자에게 내주고
15 일러 말하되 너는 이 그릇들을 가
지고 가서 예루살렘 성전에 두고
하나님의 전을 제자리에 (建築)건
축하라 하매
16 이에 이 세스바살이 이르러 예루
살렘 하나님의 성전 (地臺)지대를
놓았고 그 때로부터 지금까지 건
축하여 오나 아직도 마치지 못하
였다 하였사오니
17 이제 왕께서 좋게 여기시거든 바
벨론에서 왕의 (寶物殿閣)보물전
각에서 조사하사 과연 고레스 왕
이 조서를 내려 하나님의 이 성전
을 예루살렘에 다시 건축하라 하
셨는지 보시고 왕은 이 일에 대하
여 왕의 기쁘신 뜻을 우리에게 보
이소서 하였더라

고레스의 조서와 다리오 왕의 명령

6 이에 다리오 왕이 (詔書)조서를
내려 문서창고 곧 바벨론의 보
물을 쌓아둔 보물전각에서 조사하
게 하여
2 메대도 악메다 궁성에서 한 두루
마리를 찾았으니 거기에 (記錄)기
록하였으되
3 고레스 왕 원년에 조서를 내려 이
르기를 예루살렘에 있는 하나님의
성전에 대하여 이르노니 이 성전
곧 제사 드리는 (處所)처소를 건
축하되 지대를 견고히 쌓고 그 성
전의 높이는 육십 [1]규빗으로, 너

1) 히, 암마

비도 육십 규빗으로 하고
4 큰 돌 세 켜에 새 나무 한 켜를 놓
으라 그 (經費)경비는 다 (王室)왕
실에서 내리라
5 또 느부갓네살이 예루살렘 성전에
서 (奪取)탈취하여 바벨론으로 옮
겼던 하나님의 성전 금, 은 그릇
들을 돌려보내어 예루살렘 성전에
가져다가 하나님의 성전 안 각기
제자리에 둘지니라 하였더라
6 이제 유브라데 강 건너편 총독 닷
드내와 스달보스내와 너희 (同官)
동관 유브라데 강 건너편 아바삭
사람들은 그 곳을 멀리하여
7 하나님의 성전 (工事)공사를 막지
말고 유다 총독과 장로들이 하나
님의 이 성전을 제자리에 건축하
게 하라
8 내가 또 조서를 내려서 하나님의
이 성전을 건축함에 대하여 너희
가 유다 사람의 장로들에게 행할
것을 알리노니 왕의 재산 곧 유브
라데 강 건너편에서 거둔 (稅金)
세금 중에서 그 경비를 이 사람들
에게 끊임없이 주어 그들로 멈추
지 않게 하라
9 또 그들이 필요로 하는 것 곧 하늘
의 하나님께 드릴 번제의 수송아
지와 숫양과 어린 양과 또 밀과 소
금과 포도주와 기름을 예루살렘
제사장의 (要求)요구대로 어김없
이 날마다 주어
10 그들이 하늘의 하나님께 향기로운
제물을 드려 왕과 왕자들의 생명
을 위하여 (祈禱)기도하게 하라
11 내가 또 명령을 내리노니 누구를
막론하고 이 명령을 (變造)변조하
면 그의 집에서 들보를 빼내고 그
를 그 위에 매어달게 하고 그의 집
은 이로 말미암아 거름더미가 되
게 하라
12 만일 왕들이나 백성이 이 명령을
변조하고 손을 들어 예루살렘 하
나님의 성전을 헐진대 그 곳에 이
름을 두신 하나님이 그들을 멸하
시기를 원하노라 나 다리오가 조
서를 내렸노니 (迅速)신속히 행할
지어다 하였더라

성전 봉헌

13 ● 다리오 왕의 조서가 내리매 유
브라데 강 건너편 총독 닷드내와
스달보스내와 그들의 동관들이 신
속히 (遵行)준행하니라
14 유다 사람의 장로들이 선지자 학
개와 잇도의 손자 스가랴의 권면
을 따랐으므로 성전 건축하는 일
이 (亨通)형통한지라 이스라엘 하
나님의 명령과 바사 왕 고레스와
다리오와 아닥사스다의 조서를 따
라 성전을 건축하며 일을 끝내되
15 다리오 (王)왕 제육년 아달월 삼
일에 성전 일을 끝내니라
16 ● 이스라엘 자손과 제사장들과
레위 사람들과 기타 사로잡혔던
자의 자손이 즐거이 하나님의 성
전 (奉獻式)봉헌식을 행하니
17 하나님의 성전 (奉獻式)봉헌식을
행할 때에 수소 백 마리와 숫양 이
백 마리와 어린 양 사백 마리를 드
리고 또 이스라엘 지파의 수를 따

라 숫염소 열두 마리로 이스라엘
전체를 위하여 속죄제를 드리고
18 제사장을 그 (分班)분반대로, 레
위 사람을 그 순차대로 세워 예루
살렘에서 하나님을 섬기게 하되
모세의 책에 기록된 대로 하게 하
니라

유월절

19 ● 사로잡혔던 자의 자손이 첫째
달 십사일에 (逾越節)유월절을 지
키되
20 제사장들과 레위 사람들이 일제
히 몸을 (淨潔)정결하게 하여 다
정결하매 사로잡혔던 자들의 모든
자손과 자기 형제 제사장들과 자
기를 위하여 (逾越節)유월절 양을
잡으니
21 사로잡혔다가 돌아온 이스라엘 자
손과 자기 땅에 사는 이방 사람의
더러운 것으로부터 스스로를 (區
別)구별한 모든 이스라엘 사람들
에게 속하여 이스라엘의 하나님
여호와를 찾는 자들이 다 먹고
22 즐거움으로 이레 동안 (無酵節)무
교절을 지켰으니 이는 여호와께서
그들을 즐겁게 하시고 또 앗수르
왕의 마음을 그들에게로 돌려 이
스라엘의 하나님이신 하나님의 성
전 건축하는 손을 힘 있게 하도록
하셨음이었더라

에스라가 예루살렘에 이르다

7 이 일 후에 바사 왕 아닥사스다
가 왕위에 있을 때에 에스라라
하는 자가 있으니라 그는 스라야
의 아들이요 아사랴의 손자요 힐
기야의 (曾孫)증손이요
2 살룸의 (玄孫)현손이요 사독의 오
대 손이요 아히둡의 육대 손이요
3 아마랴의 칠대 손이요 아사랴의
팔대 (孫)손이요 므라욧의 구대
손이요
4 스라히야의 십대 손이요 웃시엘의
십일대 손이요 북기의 십이대 손
이요
5 아비수아의 십삼대 손이요 비느하
스의 십사대 손이요 엘르아살의
십오대 손이요 (大祭司長)대제사
장 아론의 십육대 손이라
6 이 에스라가 바벨론에서 올라왔으
니 그는 이스라엘의 하나님 여호
와께서 주신 모세의 (律法)율법에
익숙한 학자로서 그의 하나님 여
호와의 도우심을 입음으로 왕에게
구하는 것은 다 받는 자이더니
7 아닥사스다 왕 제칠년에 이스라엘
자손과 (祭司長)제사장들과 레위
사람들과 노래하는 자들과 문지기
들과 느디님 사람들 중에 몇 사람
이 예루살렘으로 올라올 때에
8 이 에스라가 올라왔으니 (王)왕의
제칠년 다섯째 달이라
9 첫째 달 초하루에 바벨론에서 길
을 떠났고 하나님의 (善)선한 손
의 도우심을 입어 다섯째 달 초하
루에 예루살렘에 이르니라
10 에스라가 여호와의 율법을 (研究)
연구하여 준행하며 율례와 규례를
이스라엘에게 가르치기로 결심하
였었더라

아닥사스다 왕이 내린 조서

11 ● 여호와의 (誡命)계명의 말씀과
이스라엘에게 주신 율례 학자요
학자 겸 제사장인 에스라에게 아
닥사스다 왕이 내린 조서의 초본
은 아래와 같으니라
12 모든 왕의 왕 아닥사스다는 하늘
의 하나님의 율법에 (完全)완전한
학자 겸 제사장 에스라에게
13 (詔書)조서를 내리노니 우리 나라
에 있는 이스라엘 백성과 그들 제
사장들과 레위 사람들 중에 예루
살렘으로 올라갈 뜻이 있는 자는
누구든지 너와 함께 갈지어다
14 너는 네 손에 있는 네 하나님의 율
법을 따라 유다와 예루살렘의 (形
便)형편을 살피기 위하여 왕과 일
곱 자문관의 보냄을 받았으니
15 왕과 (諮問官)자문관들이 예루살
렘에 거하시는 이스라엘 하나님께
성심으로 드리는 은금을 가져가고
16 또 네가 바벨론 온 도에서 얻을 모
든 은금과 및 백성과 제사장들이
예루살렘에 있는 그들의 하나님
의 성전을 위하여 기쁘게 드릴 (禮
物)예물을 가져다가
17 그들의 돈으로 수송아지와 숫양과
어린 양과 그 소제와 그 (奠祭)전
제의 물품을 신속히 사서 예루살
렘 네 하나님의 성전 제단 위에 드
리고
18 그 나머지 (銀金)은금은 너와 너
의 형제가 좋게 여기는 일에 너희
하나님의 뜻을 따라 쓸지며
19 네 하나님의 (聖殿)성전에서 섬기
는 일을 위하여 네게 준 그릇은 예
루살렘 하나님 앞에 드리고
20 그 외에도 네 하나님의 성전에 쓰
일 것이 있어서 네가 드리고자 하
거든 무엇이든지 (宮中倉庫)궁중
창고에서 내다가 드릴지니라
21 나 곧 아닥사스다 왕이 유브라데
강 건너편 모든 창고지기에게 조
서를 내려 이르기를 하늘의 하나
님의 율법 학자 겸 제사장 에스라
가 무릇 너희에게 구하는 것을 신
속히 (施行)시행하되
22 은은 백 달란트까지, 밀은 백 고르
까지, 포도주는 백 밧까지, 기름
도 백 밧까지 하고 소금은 (定量)
정량 없이 하라
23 무릇 하늘의 하나님의 전을 위하
여 하늘의 하나님이 명령하신 것
은 삼가 행하라 어찌하여 (震怒)
진노가 왕과 왕자의 나라에 임하
게 하랴
24 내가 너희에게 이르노니 제사장
들이나 레위 사람들이나 노래하
는 자들이나 문지기들이나 느디님
사람들이나 혹 하나님의 성전에서
일하는 자들에게 (朝貢)조공과 관
세와 통행세를 받는 것이 옳지 않
으니라 하였노라
25 에스라여 너는 네 손에 있는 네 하
나님의 (智慧)지혜를 따라 네 하
나님의 율법을 아는 자를 법관과
재판관을 삼아 강 건너편 모든 백
성을 재판하게 하고 그 중 알지 못
하는 자는 너희가 가르치라
26 무릇 네 하나님의 명령과 왕의 명
령을 준행하지 아니하는 자는 속

히 그 죄를 정하여 혹 죽이거나 귀
양 보내거나 가산을 (沒收)몰수하
거나 옥에 가둘지니라 하였더라

에스라가 여호와를 송축하다

27 ● 우리 조상들의 하나님 여호와
를 (頌祝)송축할지로다 그가 왕의
마음에 예루살렘 여호와의 성전을
아름답게 할 뜻을 두시고
28 또 나로 왕과 그의 보좌관들 앞과
왕의 (權勢)권세 있는 모든 방백
의 앞에서 은혜를 얻게 하셨도다
내 하나님 여호와의 손이 내 위에
있으므로 내가 힘을 얻어 이스라
엘 중에 우두머리들을 모아 나와
함께 올라오게 하였노라

에스라와 함께 돌아온 백성들

8 아닥사스다 왕이 왕위에 있을
때에 나와 함께 바벨론에서 올
라온 (族長)족장들과 그들의 (系
譜)계보는 이러하니라
2 비느하스 (子孫)자손 중에서는 게
르솜이요 이다말 자손 중에서는
다니엘이요 다윗 자손 중에서는
핫두스요
3 스가냐 자손 곧 바로스 자손 중에
서는 스가랴니 그와 함께 (族譜)
족보에 기록된 남자가 백오십 명
이요
4 바핫모압 자손 중에서는 스라히야
의 아들 엘여호에내니 그와 함께
있는 (男子)남자가 이백 명이요
5 스가냐 자손 중에서는 야하시엘의
아들이니 그와 함께 있는 남자가
삼백 명이요
6 아딘 자손 중에서는 요나단의 아
들 에벳이니 그와 함께 있는 남자
가 오십 명이요
7 엘람 자손 중에서는 아달리야의
아들 여사야니 그와 함께 있는 남
자가 칠십 명이요
8 스바댜 자손 중에서는 미가엘의
아들 스바댜니 그와 함께 있는 남
자가 팔십 명이요
9 요압 자손 중에서는 여히엘의 아
들 오바댜니 그와 함께 있는 남자
가 이백십팔 명이요
10 슬로밋 자손 중에서는 요시뱌의
아들이니 그와 함께 있는 남자가
백육십 명이요
11 베배 자손 중에서는 베배의 아들
스가랴니 그와 함께 있는 남자가
이십팔 명이요
12 아스갓 자손 중에서는 학가단의
아들 요하난이니 그와 함께 있는
남자가 백십 명이요
13 아도니감 자손 중에 나중된 자의
이름은 엘리벨렛과 여우엘과 스마
야니 그와 함께 있는 남자가 육십
명이요
14 비그왜 자손 중에서는 우대와 사
붓이니 그와 함께 있는 남자가 칠
십 명이었느니라

에스라가 레위 사람을 찾다

15 ● 내가 무리를 아하와로 흐르는
강 가에 모으고 거기서 삼 일 동안
(帳幕)장막에 머물며 백성과 (祭
司長)제사장들을 살핀즉 그 중에
레위 자손이 한 사람도 없는지라
16 이에 모든 족장 곧 엘리에셀과 아
리엘과 스마야와 엘라단과 야립과

엘라단과 나단과 스가랴와 므술람
을 부르고 또 (明哲)명철한 사람
요아립과 엘라단을 불러
17 가시뱌 (地方)지방으로 보내어 그
곳 족장 잇도에게 나아가게 하고
잇도와 그의 형제 곧 가시뱌 지방
에 사는 느디님 사람들에게 할 말
을 일러 주고 우리 하나님의 성전
을 위하여 섬길 자를 데리고 오라
하였더니
18 우리 하나님의 선한 손의 도우심
을 입고 그들이 이스라엘의 손자
레위의 아들 말리의 자손 중에서
한 (明哲)명철한 사람을 데려오고
또 세레뱌와 그의 아들들과 형제
십팔 명과
19 하사뱌와 므라리 자손 중 여사야
와 그의 (兄弟)형제와 그의 아들
들 이십 명을 데려오고
20 다윗과 방백들이 레위 사람들을
섬기라고 준 느디님 사람 중 성전
일꾼은 이백이십 명이었는데 그들
은 모두 (指名)지명 받은 이들이
었더라

에스라가 금식하며 간구하다

21 ● 그 때에 내가 아하와 강 가에서
금식을 선포하고 우리 하나님 앞
에서 스스로 겸비하여 우리와 우
리 어린 아이와 모든 소유를 위하
여 평탄한 길을 그에게 (懇求)간
구하였으니
22 이는 우리가 전에 왕에게 아뢰기
를 우리 하나님의 손은 자기를 찾
는 모든 자에게 선을 베푸시고 자
기를 (背叛)배반하는 모든 자에게
는 권능과 진노를 내리신다 하였
으므로 길에서 적군을 막고 우리
를 도울 (步兵)보병과 (馬兵)마병
을 왕에게 구하기를 부끄러워 하
였음이라
23 그러므로 우리가 이를 위하여 금
식하며 우리 하나님께 간구하였더
니 그의 (應諾)응낙하심을 입었느
니라

성전에 바친 예물

24 ● 그 때에 내가 (祭司長)제사장의
우두머리들 중 열두 명 곧 세레뱌
와 하사뱌와 그의 형제 열 명을 따
로 세우고
25 그들에게 왕과 (謀士)모사들과 방
백들과 또 그 곳에 있는 이스라엘
무리가 우리 하나님의 성전을 위
하여 드린 은과 금과 그릇들을 달
아서 주었으니
26 내가 달아서 그들 손에 준 것은
(銀)은이 육백오십 달란트요 은
그릇이 백 달란트요 금이 백 달란
트며
27 또 (金盞)금잔이 스무 개라 그 무
게는 천 다릭이요 또 아름답고 빛
나 금 같이 보배로운 놋 그릇이 두
개라
28 내가 그들에게 이르되 너희는 여
호와께 거룩한 자요 이 그릇들도
거룩하고 그 은과 금은 너희 조상
들의 하나님 여호와께 즐거이 드
린 (禮物)예물이니
29 너희는 예루살렘 여호와의 성전
골방에 이르러 제사장들과 레위
사람의 우두머리들과 이스라엘의

(族長)족장들 앞에서 이 그릇을
달기까지 삼가 지키라
30 이에 제사장들과 레위 사람들이
은과 금과 그릇을 예루살렘 우리
하나님의 (聖殿)성전으로 가져가
려 하여 그 무게대로 받으니라

에스라가 예루살렘으로 돌아오다

31 ● 첫째 달 십이 일에 우리가 아하
와 강을 떠나 예루살렘으로 갈새
우리 하나님의 손이 우리를 도우
사 (對敵)대적과 길에 (埋伏)매복
한 자의 손에서 건지신지라
32 이에 예루살렘에 이르러 거기서
삼 일 (間)간 머물고
33 (第四日)제사일에 우리 하나님의
성전에서 은과 금과 그릇을 달아
서 제사장 우리아의 아들 므레못
의 손에 넘기니 비느하스의 아들
엘르아살과 레위 사람 예수아의
아들 요사밧과 빈누이의 아들 노
아댜가 함께 있어
34 모든 것을 다 세고 달아 보고 그
무게의 (總量)총량을 그 때에 기
록하였느니라
35 ● 사로잡혔던 자의 자손 곧 (異
邦)이방에서 돌아온 자들이 이스
라엘의 하나님께 번제를 드렸는데
이스라엘 전체를 위한 수송아지가
열두 마리요 또 숫양이 아흔여섯
마리요 어린 양이 일흔일곱 마리
요 또 (贖罪祭)속죄제의 숫염소가
열두 마리니 모두 여호와께 드린
번제물이라
36 무리가 또 왕의 (詔書)조서를 왕
의 총독들과 유브라데 강 건너편
총독들에게 넘겨 주매 그들이 백
성과 하나님의 성전을 도왔느니라

에스라의 회개 기도

9 이 일 후에 방백들이 내게 나아
와 이르되 이스라엘 백성과 (祭
司長)제사장들과 레위 사람들이
이 땅 백성들에게서 떠나지 아니
하고 가나안 사람들과 헷 사람들
과 브리스 사람들과 여부스 사람
들과 암몬 사람들과 모압 사람들
과 애굽 사람들과 아모리 사람들
의 (可憎)가증한 일을 행하여
2 그들의 딸을 맞이하여 아내와 며
느리로 삼아 거룩한 자손이 그 지
방 사람들과 서로 섞이게 하는데
(方伯)방백들과 고관들이 이 죄에
더욱 으뜸이 되었다 하는지라
3 내가 이 일을 듣고 속옷과 겉옷
을 찢고 머리털과 수염을 뜯으며
(氣)기가 막혀 앉으니
4 이에 이스라엘의 하나님의 말씀으
로 말미암아 떠는 자가 사로잡혔
던 이 사람들의 죄 때문에 다 내게
로 모여오더라 내가 저녁 제사 드
릴 때까지 기가 막혀 앉았더니
5 저녁 제사를 드릴 때에 내가 근심
중에 일어나서 속옷과 겉옷을 찢
은 채 무릎을 꿇고 나의 하나님 여
호와를 (向)향하여 손을 들고
6 말하기를 나의 하나님이여 내가
부끄럽고 낯이 뜨거워서 감히 나
의 하나님을 향하여 얼굴을 들지
못하오니 이는 우리 (罪惡)죄악이
많아 정수리에 넘치고 우리 허물
이 커서 하늘에 미침이니이다

7 우리 조상들의 때로부터 오늘까지
우리의 죄가 심하매 우리의 죄악
으로 말미암아 우리와 우리 왕들
과 우리 제사장들을 여러 나라 왕
들의 손에 넘기사 칼에 죽으며 사
로잡히며 (擄掠)노략을 당하며 얼
굴을 부끄럽게 하심이 오늘날과
같으니이다
8 이제 우리 하나님 여호와께서 우
리에게 잠시 동안 은혜를 베푸사
얼마를 남겨 두어 피하게 하신 우
리를 그 거룩한 처소에 박힌 못과
같게 하시고 우리 하나님이 우리
눈을 밝히사 우리가 종노릇 하는
중에서 조금 (蘇生)소생하게 하셨
나이다
9 우리가 비록 (奴隷)노예가 되었사
오나 우리 하나님이 우리를 그 종
살이하는 중에 버려 두지 아니하
시고 바사 왕들 앞에서 우리가 불
쌍히 여김을 입고 소생하여 우리
하나님의 성전을 세우게 하시며
그 무너진 것을 수리하게 하시며
유다와 예루살렘에서 우리에게 울
타리를 주셨나이다
10 우리 하나님이여 이렇게 하신 후
에도 우리가 주의 (誡命)계명을
저버렸사오니 이제 무슨 말씀을
하오리이까
11 전에 주께서 주의 종 (先知者)선
지자들에게 명령하여 이르시되 너
희가 가서 얻으려 하는 땅은 더러
운 땅이니 이는 이방 백성들이 더
럽고 가증한 일을 행하여 이 끝에
서 저 끝까지 그 더러움으로 채웠
음이라
12 그런즉 너희 여자들을 그들의 아
들들에게 주지 말고 그들의 딸들
을 너희 아들들을 위하여 데려오
지 말며 그들을 위하여 평화와 (幸
福)행복을 영원히 구하지 말라 그
리하면 너희가 왕성하여 그 땅의
아름다운 것을 먹으며 그 땅을 자
손에게 물려 주어 영원한 유산으
로 물려 주게 되리라 하셨나이다
13 우리의 악한 행실과 큰 죄로 말미
암아 이 모든 일을 당하였사오나
우리 하나님이 우리 죄악보다 (刑
罰)형벌을 가볍게 하시고 이만큼
백성을 남겨 주셨사오니
14 우리가 어찌 다시 주의 계명을 (拒
逆)거역하고 이 가증한 백성들과
통혼하오리이까 그리하면 주께서
어찌 우리를 멸하시고 남아 피할
자가 없도록 진노하시지 아니하시
리이까
15 이스라엘의 하나님 여호와여 주는
의로우시니 우리가 남아 피한 것
이 오늘날과 같사옵거늘 도리어
주께 (犯罪)범죄하였사오니 이로
말미암아 주 앞에 한 사람도 감히
서지 못하겠나이다 하니라

이방 아내와 그 소생을 내쫓기로 하다

10 에스라가 하나님의 성전 앞
에 엎드려 울며 기도하여 죄
를 자복할 때에 많은 백성이 크게
(痛哭)통곡하매 이스라엘 중에서
백성의 남녀와 어린 아이의 큰 무
리가 그 앞에 모인지라
2 엘람 자손 중 여히엘의 아들 스가

나가 에스라에게 이르되 우리가
우리 하나님께 (犯罪)범죄하여 이
땅 이방 여자를 맞이하여 아내로
삼았으나 이스라엘에게 아직도 소
망이 있나니
3 곧 내 주의 교훈을 따르며 우리 하
나님의 명령을 떨며 (遵行)준행하
는 자의 가르침을 따라 이 모든 아
내와 그들의 (所生)소생을 다 내
보내기로 우리 하나님과 언약을
세우고 율법대로 행할 것이라
4 이는 당신이 (主張)주장할 일이니
일어나소서 우리가 도우리니 힘써
(行)행하소서 하니라
5 ●이에 에스라가 일어나 제사장들
과 레위 사람들과 온 이스라엘에
게 이 말대로 행하기를 맹세하게
하매 무리가 (盟誓)맹세하는지라
6 이에 에스라가 하나님의 성전 앞
에서 일어나 엘리아십의 아들 여
호하난의 방으로 들어가니라 그가
들어가서 사로잡혔던 자들의 죄를
근심하여 (飮食)음식도 먹지 아니
하며 물도 마시지 아니하더니
7 유다와 예루살렘에 사로잡혔던 자
들의 자손들에게 (公布)공포하기
를 너희는 예루살렘으로 모이라
8 누구든지 방백들과 장로들의 훈시
를 따라 삼일 내에 오지 아니하면
그의 재산을 (籍沒)적몰하고 사로
잡혔던 자의 모임에서 쫓아내리라
하매
9 유다와 베냐민 모든 사람들이 삼
일 내에 예루살렘에 모이니 때는
아홉째 달 이십일이라 무리가 하
나님의 성전 앞 (廣場)광장에 앉
아서 이 일과 큰 비 때문에 떨고
있더니
10 제사장 에스라가 일어나 그들에게
이르되 너희가 범죄하여 (異邦)이
방 여자를 아내로 삼아 이스라엘
의 죄를 더하게 하였으니
11 이제 너희 조상들의 하나님 앞에
서 죄를 (自服)자복하고 그의 뜻
대로 행하여 그 지방 사람들과 (異
邦)이방 여인을 끊어 버리라 하니
12 모든 회중이 큰 소리로 (對答)대
답하여 이르되 당신의 말씀대로
우리가 마땅히 행할 것이니이다
13 그러나 백성이 많고 또 큰 비가 내
리는 때니 능히 밖에 서지 못할 것
이요 우리가 이 일로 크게 (犯罪)
범죄하였은즉 하루 이틀에 할 일
이 아니오니
14 이제 온 회중을 위하여 우리의 방
백들을 세우고 우리 모든 성읍에
(異邦)이방 여자에게 장가든 자는
다 기한에 각 고을의 장로들과 재
판장과 함께 오게 하여 이 일로 인
한 우리 하나님의 (震怒)진노가
우리에게서 떠나게 하소서 하나
15 오직 아사헬의 아들 요나단과 디
과의 아들 야스야가 일어나 그 일
을 (反對)반대하고 므술람과 레위
사람 삽브대가 그들을 돕더라
16 ●사로잡혔던 자들의 자손이 그
대로 한지라 제사장 에스라가 그
종족을 따라 각각 (指名)지명된
족장들 몇 사람을 선임하고 열째
달 초하루에 앉아 그 일을 조사하

여
17 첫째 달 초하루에 이르러 (異邦)
이방 여인을 아내로 맞이한 자의
일 조사하기를 마치니라

이방 여자와 결혼한 남자들

18 ● 제사장의 무리 중에 이방 (女
人)여인을 아내로 맞이한 자는 예
수아 자손 중 요사닥의 아들과 그
의 형제 마아세야와 엘리에셀과
야립과 그달랴라
19 그들이 다 손을 잡아 맹세하여 그
들의 아내를 내보내기로 하고 또
그 죄로 말미암아 숫양 한 마리를
(贖愆祭)속건제로 드렸으며
20 또 임멜 (子孫)자손 중에서는 하
나니와 스바댜요
21 하림 자손 중에서는 마아세야와
엘리야와 스마야와 여히엘과 웃시
야요
22 바스훌 자손 중에서는 엘료에내와
마아세야와 이스마엘과 느다넬과
요사밧과 엘라사였더라
23 ● 레위 사람 (中)중에서는 요사밧
과 시므이와 글라야라 하는 글리
다와 브다히야와 유다와 엘리에셀
이었더라
24 ● 노래하는 자 중에서는 엘리아
십이요 (門)문지기 중에서는 살룸
과 델렘과 우리였더라
25 ● 이스라엘 중에서는 바로스 (子
孫)자손 중에서는 라먀와 잇시야
와 말기야와 미야민과 엘르아살과
말기야와 브나야요
26 엘람 자손 중에서는 맛다냐와 스
가랴와 여히엘과 압디와 여레못과
엘리야요
27 삿두 자손 중에서는 엘료에내와
엘리아십과 맛다냐와 여레못과 사
밧과 아시사요
28 베배 (子孫)자손 중에서는 여호하
난과 하나냐와 삽배와 아들래요
29 바니 자손 중에서는 므술람과 말
룩과 아다야와 야숩과 스알과 여
레못이요
30 바핫모압 자손 중에서는 앗나와
글랄과 브나야와 마아세야와 맛다
냐와 브살렐과 빈누이와 므낫세요
31 하림 자손 중에서는 엘리에셀과
잇시야와 말기야와 스마야와 시므
온과
32 베냐민과 말룩과 스마랴요
33 하숨 자손 중에서는 맛드내와 맛
닷다와 사밧과 엘리벨렛과 여레매
와 므낫세와 시므이요
34 바니 자손 중에서는 마아대와 아
므람과 우엘과
35 브나야와 베드야와 글루히와
36 와냐와 므레못과 에랴십과
37 맛다냐와 맛드내와 야아수와
38 바니와 빈누이와 시므이와
39 셀레먀와 나단과 아다야와
40 막나드배와 사새와 사래와
41 아사렐과 셀레먀와 스마랴와
42 살룸과 아마랴와 요셉이요
43 느보 자손 중에서는 여이엘과 맛
디디야와 사밧과 스비내와 잇도와
요엘과 브나야더라
44 이상은 모두 이방 여인을 아내로
맞이한 자라 그 중에는 (子女)자
녀를 낳은 여인도 있었더라

느헤미야 Nehemiah

느헤미야가 예루살렘을 두고 기도하다

1 하가랴의 아들 느헤미야의 말
이라 ●아닥사스다 (王)왕 제이
십년 기슬르월에 내가 수산 궁에
있는데
2 내 형제들 가운데 하나인 하나니
가 두어 사람과 함께 유다에서 내
게 이르렀기로 내가 그 사로잡힘
을 면하고 남아 있는 유다와 예루
살렘 사람들의 (形便)형편을 물은
즉
3 그들이 내게 이르되 사로잡힘을
면하고 남아 있는 자들이 그 지방
거기에서 큰 (患難)환난을 당하고
능욕을 받으며 예루살렘 성은 허
물어지고 성문들은 불탔다 하는지
라
4 내가 이 말을 듣고 앉아서 울고 수
일 동안 슬퍼하며 하늘의 하나님
앞에 (禁食)금식하며 기도하여
5 이르되 하늘의 하나님 여호와 크
고 두려우신 하나님이여 주를 사
랑하고 주의 계명을 지키는 자에
게 언약을 지키시며 긍휼을 베푸
시는 주여 (懇求)간구하나이다
6 이제 종이 주의 종들인 이스라엘
자손을 위하여 주야로 기도하오며
우리 이스라엘 자손이 주께 범죄
한 죄들을 자복하오니 주는 귀를
기울이시며 눈을 여시사 종의 (祈
禱)기도를 들으시옵소서 나와 내
아버지의 집이 범죄하여
7 주를 향하여 크게 악을 행하여 주
께서 주의 종 모세에게 명령하신
(誡命)계명과 율례와 규례를 지키
지 아니하였나이다
8 옛적에 주께서 주의 종 모세에게
(命令)명령하여 이르시되 만일 너
희가 범죄하면 내가 너희를 여러
나라 가운데에 흩을 것이요
9 만일 내게로 돌아와 내 계명을 지
켜 행하면 너희 쫓긴 자가 하늘 끝
에 있을지라도 내가 거기서부터
그들을 모아 내 이름을 두려고 택
한 곳에 돌아오게 하리라 하신 말
씀을 이제 청하건대 (記憶)기억하
옵소서
10 이들은 주께서 일찍이 큰 권능과
강한 손으로 구속하신 주의 종들
이요 주의 백성이니이다
11 주여 구하오니 귀를 기울이사 종
의 기도와 주의 이름을 (敬畏)경
외하기를 기뻐하는 종들의 기도를
들으시고 오늘 종이 형통하여 이
사람 앞에서 은혜를 입게 하옵소
서 하였나니 그 때에 내가 왕의 술
관원이 되었느니라

느헤미야가 예루살렘으로 가다

2 아닥사스다 왕 제이십년 니산
월에 왕 앞에 포도주가 있기로
내가 그 (葡萄酒)포도주를 왕에게
드렸는데 이전에는 내가 왕 앞에
서 수심이 없었더니
2 왕이 내게 이르시되 네가 병이 없
거늘 어찌하여 얼굴에 (愁心)수심
이 있느냐 이는 필연 네 마음에 근

심이 있음이로다 하더라 그 때에
내가 크게 두려워하여
3 왕께 대답하되 왕은 (萬歲壽)만세
수를 하옵소서 내 조상들의 묘실
이 있는 성읍이 이제까지 황폐하
고 성문이 불탔사오니 내가 어찌
얼굴에 수심이 없사오리이까 하니
4 왕이 내게 이르시되 그러면 네가
무엇을 원하느냐 하시기로 내가
곧 하늘의 하나님께 (默禱)묵도하
고
5 왕에게 아뢰되 왕이 만일 좋게 여
기시고 종이 왕의 목전에서 은혜
를 얻었사오면 나를 유다 땅 나의
조상들의 (墓室)묘실이 있는 성읍
에 보내어 그 성을 건축하게 하옵
소서 하였는데
6 그 때에 (王后)왕후도 왕 곁에 앉
아 있었더라 왕이 내게 이르시되
네가 몇 날에 다녀올 길이며 어느
때에 돌아오겠느냐 하고 왕이 나
를 보내기를 좋게 여기시기로 내
가 기한을 정하고
7 내가 또 왕에게 아뢰되 왕이 만일
좋게 여기시거든 강 서쪽 총독들
에게 내리시는 조서를 내게 주사
그들이 나를 용납하여 유다에 들
어가기까지 (通過)통과하게 하시
고
8 또 왕의 삼림 감독 아삽에게 조서
를 내리사 그가 성전에 속한 (營
門)영문의 문과 성곽과 내가 들어
갈 집을 위하여 들보로 쓸 재목을
내게 주게 하옵소서 하매 내 하나
님의 선한 손이 나를 도우시므로
왕이 허락하고
9 군대 장관과 마병을 보내어 나와
함께 하게 하시기로 내가 강 서쪽
에 있는 총독들에게 이르러 왕의
(詔書)조서를 전하였더니
10 호론 사람 산발랏과 종이었던 암
몬 사람 도비야가 이스라엘 자손
을 (興旺)흥왕하게 하려는 사람이
왔다 함을 듣고 심히 근심하더라
11 내가 예루살렘에 이르러 머무른
지 사흘 만에
12 내 하나님께서 예루살렘을 (爲)위
해 무엇을 할 것인지 내 마음에 주
신 것을 내가 아무에게도 말하지
아니하고 밤에 일어나 몇몇 사람
과 함께 나갈새 내가 탄 짐승 외에
는 다른 짐승이 없더라
13 그 밤에 골짜기 문으로 나가서 (龍
井)용정으로 분문에 이르는 동안
에 보니 예루살렘 성벽이 다 무너
졌고 성문은 불탔더라
14 앞으로 나아가 샘문과 (王)왕의
못에 이르러서는 탄 짐승이 지나
갈 곳이 없는지라
15 그 밤에 시내를 따라 올라가서 (城
壁)성벽을 살펴본 후에 돌아서 골
짜기 문으로 들어와 돌아왔으나
16 방백들은 내가 어디 갔었으며 무
엇을 하였는지 알지 못하였고 나
도 그 일을 유다 사람들에게나 제
사장들에게나 (貴族)귀족들에게
나 방백들에게나 그 외에 일하는
자들에게 알리지 아니하다가
17 후에 그들에게 이르기를 우리가
당한 (困境)곤경은 너희도 보고

있는 바라 예루살렘이 황폐하고
성문이 불탔으니 자, 예루살렘 성
을 건축하여 다시 수치를 당하지
말자 하고
18 또 그들에게 하나님의 (善)선한
손이 나를 도우신 일과 왕이 내게
이른 말씀을 전하였더니 그들의
말이 일어나 건축하자 하고 모두
힘을 내어 이 선한 일을 하려 하매
19 호론 사람 산발랏과 종이었던 암
몬 사람 도비야와 아라비아 사람
게셈이 이 말을 듣고 우리를 업신
여기고 우리를 비웃어 이르되 너
희가 하는 일이 무엇이냐 너희가
왕을 (背叛)배반하고자 하느냐 하
기로
20 내가 그들에게 대답하여 이르되
하늘의 하나님이 우리를 형통하게
하시리니 그의 종들인 우리가 일
어나 건축하려니와 오직 너희에게
는 예루살렘에서 아무 기업도 없
고 (權利)권리도 없고 기억되는
바도 없다 하였느니라

예루살렘 성벽 중수

느

3 그 때에 대제사장 엘리아십이
그의 형제 제사장들과 함께 일
어나 양문을 건축하여 (聖別)성별
하고 문짝을 달고 또 성벽을 건축
하여 함메아 망대에서부터 하나넬
망대까지 성별하였고
2 그 다음은 여리고 사람들이 (建
築)건축하였고 또 그 다음은 이므
리의 아들 삭굴이 건축하였으며
3 (漁門)어문은 하스나아의 자손들
이 건축하여 그 들보를 얹고 문짝
을 달고 자물쇠와 빗장을 갖추었
고
4 그 다음은 학고스의 손자 우리아
의 아들 므레못이 (重修)중수하였
고 그 다음은 므세사벨의 손자 베
레갸의 아들 므술람이 중수하였고
그 다음은 바아나의 아들 사독이
중수하였고
5 그 다음은 드고아 사람들이 중수
하였으나 그 귀족들은 그들의 주
인들의 공사를 (分擔)분담하지 아
니하였으며
6 옛 문은 바세아의 아들 요야다와
브소드야의 아들 므술람이 (重修)
중수하여 그 들보를 얹고 문짝을
달고 자물쇠와 빗장을 갖추었고
7 그 다음은 기브온 사람 믈라댜와
메로놋 사람 야돈이 강 서쪽 총독
의 (管轄)관할에 속한 기브온 사
람들 및 미스바 사람들과 더불어
중수하였고
8 그 다음은 (金匠色)금장색 할해야
의 아들 웃시엘 등이 중수하였고
그 다음은 향품 장사 하나냐 등이
중수하되 그들이 예루살렘의 넓은
성벽까지 하였고
9 그 다음은 예루살렘 지방의 (折
半)절반을 다스리는 후르의 아들
르바야가 중수하였고
10 그 다음은 하루맙의 아들 여다야
가 자기 집과 마주 대한 곳을 (重
修)중수하였고 그 다음은 하삽느
야의 아들 핫두스가 중수하였고
11 하림의 아들 말기야와 바핫모압의
아들 핫숩이 한 부분과 화덕 (望

臺)망대를 중수하였고
12 그 다음은 예루살렘 (地方)지방
절반을 다스리는 할로헤스의 아들
살룸과 그의 딸들이 중수하였고
13 골짜기 문은 하눈과 사노아 주민
이 중수하여 문을 세우며 문짝을
달고 자물쇠와 빗장을 갖추고 또
(糞門)분문까지 성벽 천 [1]규빗을
중수하였고
14 (糞門)분문은 벧학게렘 지방을 다
스리는 레갑의 아들 말기야가 중
수하여 문을 세우며 문짝을 달고
자물쇠와 빗장을 갖추었고
15 샘문은 미스바 지방을 다스리는
골호세의 아들 살룬이 중수하여
문을 세우고 덮었으며 문짝을 달
고 자물쇠와 빗장을 갖추고 또 왕
의 동산 근처 셀라 못 가의 성벽을
중수하여 다윗 성에서 내려오는
(層階)층계까지 이르렀고
16 그 다음은 벧술 지방 절반을 다스
리는 아스북의 아들 느헤미야가
중수하여 다윗의 묘실과 마주 대
한 곳에 이르고 또 파서 만든 못을
지나 (勇士)용사의 집까지 이르렀
고
17 그 다음은 레위 사람 바니의 아들
르훔이 중수하였고 그 다음은 그
일라 지방 절반을 다스리는 하사
뱌가 그 지방을 (代表)대표하여
중수하였고
18 그 다음은 그들의 (兄弟)형제들
가운데 그일라 지방 절반을 다스
리는 헤나닷의 아들 바왜가 중수
하였고
19 그 다음은 미스바를 다스리는 예
수아의 아들 에셀이 한 부분을 중
수하여 성 굽이에 있는 (軍器庫)
군기고 맞은편까지 이르렀고
20 그 다음은 삽배의 아들 바룩이 한
(部分)부분을 힘써 중수하여 성
굽이에서부터 대제사장 엘리아십
의 집 문에 이르렀고
21 그 다음은 학고스의 (孫子)손자
우리야의 아들 므레못이 한 부분
을 중수하여 엘리아십의 집 문에
서부터 엘리아십의 집 모퉁이에
이르렀고
22 그 다음은 (平地)평지에 사는 제
사장들이 중수하였고
23 그 다음은 베냐민과 핫숩이 (自
己)자기 집 맞은편 부분을 중수하
였고 그 다음은 아나냐의 손자 마
아세야의 아들 아사랴가 자기 집
에서 가까운 부분을 중수하였고
24 그 다음은 헤나닷의 아들 빈누이
가 한 부분을 중수하되 아사랴의
집에서부터 (城)성 굽이를 지나
성 모퉁이에 이르렀고
25 우새의 아들 발랄은 성 굽이 맞은
편과 왕의 윗 궁에서 내민 망대 맞
은편 곧 (侍衛廳)시위청에서 가까
운 부분을 중수하였고 그 다음은
바로스의 아들 브다야가 중수하였
고
26 그 때에 느디님 사람은 오벨에 (居
住)거주하여 동쪽 수문과 마주 대
한 곳에서부터 내민 망대까지 이
르렀느니라

1) 히, 암마

27 그 다음은 드고아 사람들이 한 부
분을 중수하여 내민 큰 망대와 마
주 대한 곳에서부터 오벨 (城壁)
성벽까지 이르렀느니라
28 ●(馬門)마문 위로부터는 제사장
들이 각각 자기 집과 마주 대한 부
분을 중수하였고
29 그 다음은 임멜의 아들 사독이 자
기 집과 마주 대한 부분을 중수하
였고 그 다음은 (東門)동문지기
스가냐의 아들 스마야가 중수하였
고
30 그 다음은 셀레먀의 아들 하나냐
와 살랍의 여섯째 아들 하눈이
한 부분을 중수하였고 그 다음은
베레갸의 아들 므술람이 자기의
(房)방과 마주 대한 부분을 중수
하였고
31 그 다음은 금장색 말기야가 함밉
갓 문과 마주 대한 부분을 중수하
여 느디님 사람과 상인들의 집에
서부터 성 모퉁이 (城樓)성루에
이르렀고
32 성 모퉁이 성루에서 (羊門)양문까

지는 금장색과 상인들이 중수하였
느니라

방해를 물리치다

4 산발랏이 우리가 성을 건축한
다 함을 듣고 크게 (憤怒)분노
하여 유다 사람들을 비웃으며
2 자기 형제들과 사마리아 군대 앞
에서 일러 말하되 이 (微弱)미약
한 유다 사람들이 하는 일이 무엇
인가, 스스로 견고하게 하려는가,
제사를 드리려는가, 하루에 일을
마치려는가 불탄 돌을 흙 무더기
에서 다시 일으키려는가 하고
3 암몬 사람 도비야는 곁에 있다가
이르되 그들이 (建築)건축하는 돌
성벽은 여우가 올라가도 곧 무너
지리라 하더라
4 우리 하나님이여 들으시옵소서 우
리가 업신여김을 당하나이다 원하
건대 그들이 욕하는 것을 자기들
의 머리에 돌리사 (擄掠)노략거리
가 되어 이방에 사로잡히게 하시
고
5 주 앞에서 그들의 악을 덮어 두지
마시며 그들의 죄를 (塗抹)도말하
지 마옵소서 그들이 건축하는 자
앞에서 주를 노하시게 하였음이니
이다 하고
6 이에 우리가 성을 건축하여 전부
가 (連結)연결되고 높이가 절반에
이르렀으니 이는 백성이 마음 들
여 일을 하였음이니라
7 ●산발랏과 도비야와 아라비아
사람들과 암몬 사람들과 아스돗
사람들이 예루살렘 성이 중수되어
그 허물어진 틈이 메꾸어져 간다
함을 듣고 심히 (憤怒)분노하여
8 다 함께 꾀하기를 예루살렘으로
가서 치고 그 곳을 (擾亂)요란하
게 하자 하기로
9 우리가 우리 하나님께 기도하며
그들로 말미암아 파수꾼을 두어
주야로 (防備)방비하는데
10 유다 사람들은 이르기를 흙 무더
기가 아직도 많거늘 짐을 나르는
자의 힘이 다 빠졌으니 우리가 성

을 (建築)건축하지 못하리라 하고
11 우리의 원수들은 이르기를 그들이
알지 못하고 보지 못하는 사이에
우리가 그들 가운데 달려 들어가
서 (殺戮)살륙하여 역사를 그치게
하리라 하고
12 그 원수들의 근처에 거주하는 유
다 사람들도 그 (各處)각처에서
와서 열 번이나 우리에게 말하기
를 너희가 우리에게로 와야 하리
라 하기로
13 내가 (城壁)성벽 뒤의 낮고 넓은
곳에 백성이 그들의 종족을 따라
칼과 창과 활을 가지고 서 있게 하
고
14 내가 돌아본 후에 일어나서 귀족
들과 민장들과 남은 백성에게 말
하기를 너희는 그들을 두려워하
지 말고 지극히 크시고 두려우신
주를 (記憶)기억하고 너희 형제와
자녀와 아내와 집을 위하여 싸우
라 하였느니라
15 ● 우리의 대적이 우리가 그들의
(意圖)의도를 눈치챘다 함을 들으
니라 하나님이 그들의 꾀를 폐하
셨으므로 우리가 다 성에 돌아와
서 각각 일하였는데
16 그 때로부터 내 수하 사람들의 (折
半)절반은 일하고 절반은 갑옷을
입고 창과 방패와 활을 가졌고 민
장은 유다 온 족속의 뒤에 있었으
며
17 성을 건축하는 자와 짐을 나르는
자는 다 각각 한 손으로 일을 하며
한 손에는 (兵器)병기를 잡았는데
18 (建築)건축하는 자는 각각 허리에
칼을 차고 건축하며 나팔 부는 자
는 내 곁에 섰었느니라
19 내가 귀족들과 민장들과 남은 백
성에게 이르기를 이 공사는 크고
넓으므로 우리가 성에서 떨어져
(距離)거리가 먼즉
20 너희는 어디서든지 (喇叭)나팔 소
리를 듣거든 그리로 모여서 우리
에게로 나아오라 우리 하나님이
우리를 위하여 싸우시리라 하였느
니라
21 ● 우리가 이같이 (工事)공사하는
데 무리의 절반은 동틀 때부터 별
이 나기까지 창을 잡았으며
22 그 때에 내가 또 백성에게 말하기
를 사람마다 그 종자와 함께 예루
살렘 안에서 잘지니 밤에는 우리
를 위하여 (把守)파수하겠고 낮에
는 일하리라 하고
23 나나 내 형제들이나 (從者)종자들
이나 나를 따라 파수하는 사람들
이나 우리가 다 우리의 옷을 벗지
아니하였으며 물을 길으러 갈 때
에도 각각 병기를 잡았느니라

가난한 백성이 부르짖다

5 그 때에 백성들이 그들의 아내
와 함께 크게 부르짖어 그들의
형제인 유다 사람들을 (怨望)원망
하는데
2 어떤 사람은 말하기를 우리와 우
리 자녀가 많으니 (糧食)양식을
얻어 먹고 살아야 하겠다 하고
3 어떤 사람은 말하기를 우리가 밭
과 포도원과 집이라도 (抵當)저당

잡히고 이 흉년에 곡식을 얻자 하
고
4 어떤 사람은 말하기를 우리는 밭
과 포도원으로 돈을 빚내서 왕에
게 (稅金)세금을 바쳤도다
5 우리 (肉體)육체도 우리 형제의
육체와 같고 우리 자녀도 그들의
자녀와 같거늘 이제 우리 자녀를
종으로 파는도다 우리 딸 중에 벌
써 종된 자가 있고 우리의 밭과 포
도원이 이미 남의 것이 되었으나
우리에게는 아무런 힘이 없도다
하더라
6 ●내가 백성의 부르짖음과 이런
말을 듣고 크게 (怒)노하였으나
7 깊이 생각하고 귀족들과 민장들을
꾸짖어 그들에게 이르기를 너희
가 각기 형제에게 높은 이자를 취
하는도다 하고 (大會)대회를 열고
그들을 쳐서
8 그들에게 이르기를 우리는 이방인
의 손에 팔린 우리 (兄弟)형제 유
다 사람들을 우리의 힘을 다하여
도로 찾았거늘 너희는 너희 형제
를 팔고자 하느냐 더구나 우리의
손에 팔리게 하겠느냐 하매 그들
이 잠잠하여 말이 없기로
9 내가 또 이르기를 너희의 (所行)
소행이 좋지 못하도다 우리의 대
적 이방 사람의 비방을 생각하고
우리 하나님을 경외하는 가운데
행할 것이 아니냐
10 나와 내 형제와 종자들도 역시 돈
과 양식을 백성에게 꾸어 주었거
니와 우리가 그 (利子)이자 받기
를 그치자
11 그런즉 너희는 그들에게 오늘이라
도 그들의 밭과 (葡萄園)포도원과
(橄欖園)감람원과 집이며 너희가
꾸어 준 돈이나 양식이나 새 포도
주나 기름의 백분의 일을 돌려보
내라 하였더니
12 그들이 말하기를 우리가 당신의
말씀대로 행하여 돌려보내고 그들
에게서 아무것도 (要求)요구하지
아니하리이다 하기로 내가 제사장
들을 불러 그들에게 그 말대로 행
하겠다고 맹세하게 하고
13 내가 옷자락을 털며 이르기를 이
말대로 행하지 아니하는 자는 모
두 하나님이 또한 이와 같이 그 집
과 (産業)산업에서 털어 버리실지
니 그는 곧 이렇게 털려서 빈손이
될지로다 하매 회중이 다 아멘 하
고 여호와를 찬송하고 백성들이
그 말한 대로 행하였느니라

느헤미야가 총독의 녹을 받지 아니하다

14 ●또한 유다 땅 (總督)총독으로
세움을 받은 때 곧 아닥사스다 왕
제이십년부터 제삼십이년까지 십
이 년 동안은 나와 내 형제들이 총
독의 (祿)녹을 먹지 아니하였느니
라
15 나보다 먼저 있었던 총독들은 백
성에게서, 양식과 포도주와 또 은
사십 세겔을 그들에게서 빼앗았고
또한 그들의 종자들도 백성을 압
제하였으나 나는 하나님을 (敬畏)
경외하므로 이같이 행하지 아니하
고

16 도리어 이 (城壁)성벽 공사에 힘
을 다하며 땅을 사지 아니하였고
내 모든 종자들도 모여서 일을 하
였으며
17 또 내 (床)상에는 유다 사람들과
민장들 백오십 명이 있고 그 외에
도 우리 주위에 있는 이방 족속들
중에서 우리에게 나아온 자들이
있었는데
18 매일 나를 위하여 소 한 마리와 살
진 양 여섯 마리를 준비하며 닭도
많이 준비하고 열흘에 한 번씩은
각종 포도주를 갖추었나니 비록
이같이 하였을지라도 내가 총독의
(祿)녹을 요구하지 아니하였음은
이 백성의 (賦役)부역이 중함이었
더라
19 내 하나님이여 내가 이 백성을 위
하여 행한 모든 일을 기억하사 내
게 (恩惠)은혜를 베푸시옵소서

느헤미야에 대한 음모

6 산발랏과 도비야와 아라비아
사람 게셈과 그 나머지 우리의
원수들이 내가 성벽을 (建築)건축
하여 허물어진 틈을 남기지 아니
하였다 함을 들었는데 그 때는 내
가 아직 성문에 문짝을 달지 못한
때였더라
2 산발랏과 게셈이 내게 사람을 보
내어 이르기를 오라 우리가 오노
(平地)평지 한 촌에서 서로 만나
자 하니 실상은 나를 해하고자 함
이었더라
3 내가 곧 그들에게 사자들을 보내
어 이르기를 내가 이제 큰 역사를
하니 내려가지 못하겠노라 어찌
하여 역사를 (中止)중지하게 하고
너희에게로 내려가겠느냐 하매
4 그들이 네 번이나 이같이 내게 사
람을 보내되 나는 꼭 같이 (對答)
대답하였더니
5 산발랏이 다섯 번째는 그 종자의
손에 (封)봉하지 않은 편지를 들
려 내게 보냈는데
6 그 글에 이르기를 이방 중에도 소
문이 있고 가스무도 말하기를 너
와 유다 사람들이 (謀叛)모반하려
하여 성벽을 건축한다 하나니 네
가 그 말과 같이 왕이 되려 하는도
다
7 또 네가 선지자를 세워 예루살렘
에서 너를 들어 선전하기를 유다
에 왕이 있다 하게 하였으니 지금
이 말이 왕에게 들릴지라 그런즉
너는 이제 오라 함께 (議論)의논
하자 하였기로
8 내가 사람을 보내어 그에게 이르
기를 네가 말한 바 이런 일은 없는
일이요 네 마음에서 지어낸 것이
라 하였나니
9 이는 그들이 다 우리를 두렵게 하
고자 하여 말하기를 그들의 손이
(疲困)피곤하여 역사를 중지하고
이루지 못하리라 함이라 이제 내
손을 힘있게 하옵소서 하였노라
10 ● 이 후에 므헤다벨의 손자 들라
야의 아들 스마야가 (杜門不出)두
문불출 하기로 내가 그 집에 가니
그가 이르기를 그들이 너를 죽이
러 올 터이니 우리가 하나님의 전

으로 가서 외소 안에 머물고 그 문을 닫자 저들이 반드시 밤에 와서 너를 죽이리라 하기로

11 내가 이르기를 나 같은 자가 어찌 도망하며 나 같은 몸이면 누가 (外所)외소에 들어가서 생명을 보존하겠느냐 나는 들어가지 않겠노라 하고

12 깨달은즉 그는 하나님께서 보내신 바가 아니라 도비야와 산발랏에게 (賂物)뇌물을 받고 내게 이런 예언을 함이라

13 그들이 (賂物)뇌물을 준 까닭은 나를 두렵게 하고 이렇게 함으로 범죄하게 하고 악한 말을 지어 나를 비방하려 함이었느니라

14 내 하나님이여 도비야와 산발랏과 여선지 노아댜와 그 남은 선지자들 곧 나를 두렵게 하고자 한 자들의 (所行)소행을 기억하옵소서 하였노라

성벽 공사가 끝나다

15 ● 성벽 (役事)역사가 오십이 일 만인 엘룰월 이십오일에 끝나매

16 우리의 모든 대적과 주위에 있는 이방 족속들이 이를 듣고 다 두려워하여 크게 (落膽)낙담하였으니 그들이 우리 하나님께서 이 역사를 이루신 것을 앎이니라

17 또한 그 때에 유다의 귀족들이 여러 번 도비야에게 (便紙)편지하였고 도비야의 편지도 그들에게 이르렀으니

18 도비야는 아라의 아들 스가냐의 사위가 되었고 도비야의 아들 여호하난도 베레갸의 아들 므술람의 딸을 아내로 맞이하였으므로 유다에서 그와 (同盟)동맹한 자가 많음이라

19 그들이 도비야의 (善行)선행을 내 앞에 말하고 또 내 말도 그에게 전하매 도비야가 내게 편지하여 나를 두렵게 하고자 하였느니라

느헤미야가 지도자들을 세우다

7 성벽이 (建築)건축되매 문짝을 달고 문지기와 노래하는 자들과 레위 사람들을 세운 후에

2 내 아우 하나니와 영문의 관원 하나냐가 함께 예루살렘을 다스리게 하였는데 하나냐는 (忠誠)충성스러운 사람이요 하나님을 경외함이 무리 중에서 뛰어난 자라

3 내가 그들에게 이르기를 해가 높이 뜨기 전에는 예루살렘 성문을 열지 말고 아직 (把守)파수할 때에 곧 문을 닫고 빗장을 지르며 또 예루살렘 주민이 각각 자기가 지키는 곳에서 파수하되 자기 집 맞은편을 지키게 하라 하였노니

4 그 성읍은 (廣大)광대하고 그 주민은 적으며 가옥은 미처 건축하지 못하였음이니라

포로에서 돌아온 사람들(스 2:1-70)

5 ● 내 하나님이 내 마음을 감동하사 귀족들과 민장들과 백성을 모아 그 계보대로 (登錄)등록하게 하시므로 내가 처음으로 돌아온 자의 계보를 얻었는데 거기에 기록된 것을 보면

6 옛적에 바벨론 왕 느부갓네살에게

게 사로잡혀 갔던 자들 중에서 놓
임을 받고 예루살렘과 유다에 돌
아와 (各其)각기 자기들의 성읍에
이른 자들 곧
7 스룹바벨과 예수아와 느헤미야와
아사랴와 라아먀와 나하마니와 모
르드개와 빌산과 미스베렛과 비그
왜와 느훔과 바아나와 함께 나온
이스라엘 백성의 (名數)명수가 이
러하니라
8 바로스 자손이 이천 백칠십이 명
이요
9 스바댜 자손이 삼백칠십이 명이요
10 아라 자손이 육백오십이 명이요
11 바핫모압 자손 곧 예수아와 요압
자손이 이천팔백십팔 명이요
12 엘람 자손이 천이백오십사 명이요
13 삿두 자손이 팔백사십오 명이요
14 삭개 자손이 칠백육십 명이요
15 빈누이 자손이 육백사십팔 명이요
16 브배 자손이 육백이십팔 명이요
17 아스갓 자손이 이천삼백이십이 명
이요
18 아도니감 자손이 육백육십칠 명이
요
19 비그왜 자손이 이천육십칠 명이요
20 아딘 자손이 육백오십오 명이요
21 아델 자손 곧 히스기야 자손이 구
십팔 명이요
22 하숨 자손이 삼백이십팔 명이요
23 베새 자손이 삼백이십사 명이요
24 하립 자손이 백십이 명이요
25 기브온 사람이 구십오 명이요
26 베들레헴과 느도바 사람이 백팔십
팔 명이요
27 아나돗 사람이 백이십팔 명이요
28 벧아스마웻 사람이 사십이 명이요
29 기랏여아림과 그비라와 브에롯 사
람이 칠백사십삼 명이요
30 라마와 게바 사람이 육백이십일
명이요
31 믹마스 사람이 백이십이 명이요
32 벧엘과 아이 사람이 백이십삼 명
이요
33 기타 느보 사람이 오십이 명이요
34 기타 엘람 자손이 천이백오십사
명이요
35 하림 자손이 삼백이십 명이요
36 여리고 자손이 삼백사십오 명이요
37 로드와 하딧과 오노 자손이 칠백
이십일 명이요
38 스나아 자손이 삼천 구백삼십 명
이었느니라
39 ● (祭司長)제사장들은 예수아의
집 여다야 자손이 구백칠십삼 명
이요
40 임멜 자손이 천오십이 명이요
41 바스훌 자손이 천이백사십칠 명이
요
42 하림 자손이 천십칠 명이었느니라
43 ● 레위 사람들은 호드야 자손 곧
예수아와 갓미엘 자손이 칠십사
명이요
44 노래하는 자들은 아삽 자손이 백
사십팔 명이요
45 문지기들은 살룸 자손과 아델 자
손과 달문 자손과 악굽 자손과 하
디다 자손과 소배 자손이 모두 백
삼십팔 명이었느니라
46 ● 느디님 사람들은 시하 자손과

하수바 자손과 답바옷 자손과
47 게로스 자손과 시아 자손과 바돈
자손과
48 르바나 자손과 하가바 자손과 살
매 자손과
49 하난 자손과 깃델 자손과 가할 자
손과
50 르아야 자손과 르신 자손과 느고
다 자손과
51 갓삼 자손과 웃사 자손과 바세아
자손과
52 베새 자손과 므우님 자손과 느비
스심 자손과
53 박북 자손과 하그바 자손과 할훌
자손과
54 바슬릿 자손과 므히다 자손과 하
르사 자손과
55 바르고스 자손과 시스라 자손과
데마 자손과
56 느시야 자손과 하디바 자손이었느
니라
57 ● 솔로몬의 신하의 (子孫)자손은
소대 자손과 소베렛 자손과 브리
다 자손과
58 야알라 자손과 다르곤 자손과 깃
델 자손과
59 스바댜 자손과 핫딜 자손과 보게
렛하스바임 자손과 아몬 자손이
니
60 모든 느디님 사람과 솔로몬의 신
하의 자손이 삼백구십이 명이었느
니라
61 ● 델멜라와 델하르사와 그룹과
앗돈과 임멜로부터 올라온 자가
있으나 그들의 종족이나 (系譜)계
보가 이스라엘에 속하였는지는 증
거할 수 없으니
62 그들은 들라야 자손과 도비야 자
손과 느고다 자손이라 모두가 육
백사십이 명이요
63 (祭司長)제사장 중에는 호바야 자
손과 학고스 자손과 바르실래 자
손이니 바르실래는 길르앗 사람
바르실래의 딸 중의 하나로 아내
를 삼고 바르실래의 이름으로 불
린 자라
64 이 사람들은 계보 중에서 자기 이
름을 찾아도 찾지 못하였으므로
그들을 (不淨)부정하게 여겨 제사
장의 직분을 행하지 못하게 하고
65 총독이 그들에게 명령하여 우림과
둠밈을 가진 제사장이 일어나기
전에는 (至聖物)지성물을 먹지 말
라 하였느니라
66 ● 온 (會衆)회중의 합계는 사만
이천삼백육십 명이요
67 그 외에 (奴婢)노비가 칠천삼백삼
십칠 명이요 그들에게 노래하는
남녀가 이백사십오 명이 있었고
68 말이 칠백삼십육 마리요 노새가
이백사십오 마리요
69 (駱駝)낙타가 사백삼십오 마리요
나귀가 육천칠백이십 마리였느니
라
70 ● 어떤 족장들은 (役事)역사를 위
하여 보조하였고 총독은 금 천 드
라크마와 대접 오십과 제사장의
의복 오백삼십 벌을 보물 곳간에
드렸고
71 또 어떤 (族長)족장들은 금 이만

드라크마와 은 이천이백 [1]마네를
역사 곳간에 드렸고
72 그 나머지 (百姓)백성은 금 이만
드라크마와 은 이천 마네와 제사
장의 의복 육십칠 벌을 드렸느니
라

백성 앞에서 율법책을 읽다

73 ● 이와 같이 제사장들과 레위 사
람들과 문지기들과 노래하는 자들
과 백성 몇 명과 느디님 사람들과
온 이스라엘 자손이 다 자기들의
성읍에 (居住)거주하였느니라
8 이스라엘 자손이 자기들의 성
읍에 거주하였더니 일곱째 달
에 이르러 모든 백성이 일제히 수
문 앞 광장에 모여 [2](學士)학사 에
스라에게 여호와께서 이스라엘에
게 명령하신 모세의 율법책을 가
져오기를 청하매
2 일곱째 달 초하루에 제사장 에스
라가 (律法册)율법책을 가지고 회
중 앞 곧 남자나 여자나 알아들을
만한 모든 사람 앞에 이르러
3 수문 앞 광장에서 새벽부터 (正
午)정오까지 남자나 여자나 알아
들을 만한 모든 사람 앞에서 읽으
매 뭇 백성이 그 율법책에 귀를 기
울였는데
4 그 때에 (學士)학사 에스라가 특
별히 지은 나무 (講壇)강단에 서
고 그의 곁 오른쪽에 선 자는 맛디
다와 스마와 아나야와 우리야와
힐기야와 마아세야요 그의 왼쪽에
선 자는 브다야와 미사엘과 말기
야와 하숨과 하스밧다나와 스가랴
와 므술람이라
5 에스라가 모든 백성 위에 서서 그
들 목전에 (册)책을 펴니 책을 펼
때에 모든 백성이 일어서니라
6 에스라가 위대하신 하나님 여호
와를 (頌祝)송축하매 모든 백성이
손을 들고 아멘 아멘 하고 응답하
고 몸을 굽혀 얼굴을 땅에 대고 여
호와께 경배하니라
7 예수아와 바니와 세레뱌와 야민과
악굽과 사브대와 호디야와 마아세
야와 그리다와 아사랴와 요사밧과
하난과 블라야와 레위 사람들은
백성이 제자리에 서 있는 동안 그
들에게 (律法)율법을 깨닫게 하였
는데
8 하나님의 율법책을 (朗讀)낭독하
고 그 뜻을 (解釋)해석하여 백성
에게 그 낭독하는 것을 다 깨닫게
하니
9 백성이 율법의 말씀을 듣고 다 우
는지라 총독 느헤미야와 제사장
겸 학사 에스라와 백성을 가르치
는 레위 사람들이 모든 백성에게
이르기를 오늘은 너희 하나님 여
호와의 (聖日)성일이니 슬퍼하지
말며 울지 말라 하고
10 느헤미야가 또 그들에게 이르기를
너희는 가서 살진 것을 먹고 단 것
을 마시되 준비하지 못한 자에게
는 나누어 주라 이 날은 우리 주의
(聖日)성일이니 근심하지 말라 여
호와로 인하여 기뻐하는 것이 너
희의 힘이니라 하고

1) 1마네는 50세겔 2) 히, 서기관

11 레위 사람들도 모든 백성을 (靜
肅)정숙하게 하여 이르기를 오늘
은 성일이니 마땅히 조용하고 근
심하지 말라 하니
12 모든 (百姓)백성이 곧 가서 먹고
마시며 나누어 주고 크게 즐거워
하니 이는 그들이 그 읽어 들려 준
말을 밝히 앎이라
13 ● 그 이튿날 뭇 백성의 족장들과
제사장들과 레위 사람들이 (律法)
율법의 말씀을 밝히 알고자 하여
학사 에스라에게 모여서
14 율법에 기록된 바를 본즉 여호와
께서 모세를 통하여 명령하시기를
이스라엘 자손은 일곱째 달 절기
에 (草幕)초막에서 거할지니라 하
였고
15 또 일렀으되 모든 성읍과 예루살
렘에 공포하여 이르기를 너희는
산에 가서 감람나무 가지와 들감
람나무 가지와 (花石榴)화석류나
무 가지와 종려나무 가지와 기타
무성한 나무 가지를 가져다가 기
록한 바를 따라 초막을 지으라 하
라 한지라
16 백성이 이에 나가서 나뭇가지를
가져다가 혹은 지붕 위에, 혹은 뜰
안에, 혹은 하나님의 전 뜰에, 혹
은 수문 광장에, 혹은 에브라임 문
광장에 (草幕)초막을 짓되
17 사로잡혔다가 돌아온 회중이 다
초막을 짓고 그 안에서 거하니 눈
의 아들 여호수아 때로부터 그
날까지 이스라엘 자손이 이같이
(行)행한 일이 없었으므로 이에
크게 기뻐하며
18 에스라는 첫날부터 끝날까지 날마
다 하나님의 율법책을 낭독하고
무리가 이레 동안 절기를 지키고
여덟째 날에 규례를 따라 (聖會)
성회를 열었느니라

백성들이 죄를 자복하다

9 그 달 스무나흗 날에 이스라엘
자손이 다 모여 (禁食)금식하며
굵은 베 옷을 입고 티끌을 무릅쓰
며
2 모든 이방 사람들과 (絶交)절교하
고 서서 자기의 죄와 조상들의 허
물을 (自服)자복하고
3 이 날에 낮 사분의 일은 그 제자
리에 서서 그들의 하나님 여호와
의 율법책을 낭독하고 낮 사분의
일은 죄를 (自服)자복하며 그들의
하나님 여호와께 경배하는데
4 레위 사람 예수아와 바니와 갓미
엘과 스바냐와 분니와 세레뱌와
바니와 그나니는 (壇)단에 올라서
서 큰 소리로 그들의 하나님 여호
와께 부르짖고
5 또 레위 사람 예수아와 갓미엘과
바니와 하삽느야와 세레뱌와 호디
야와 스바냐와 브다히야는 이르기
를 너희 무리는 마땅히 일어나 영
원부터 영원까지 계신 너희 하나
님 여호와를 송축할지어다 주여
주의 영화로운 이름을 송축하올
것은 주의 이름이 (尊貴)존귀하여
모든 송축이나 찬양에서 뛰어남이
니이다
6 오직 주는 여호와시라 하늘과 하

늘들의 하늘과 일월 성신과 땅과
땅 위의 만물과 바다와 그 가운데
모든 것을 지으시고 다 (保存)보
존하시오니 모든 천군이 주께 경
배하나이다
7 주는 하나님 여호와시라 옛적에
아브람을 택하시고 갈대아 우르에
서 (引導)인도하여 내시고 아브라
함이라는 이름을 주시고
8 그의 마음이 주 앞에서 (忠誠)충
성됨을 보시고 그와 더불어 언약
을 세우사 가나안 족속과 헷 족속
과 아모리 족속과 브리스 족속과
여부스 족속과 기르가스 족속의
땅을 그의 씨에게 주리라 하시더
니 그 말씀대로 이루셨사오매 주
는 (義)의로우심이로소이다
9 주께서 우리 조상들이 애굽에서
고난 받는 것을 (鑑察)감찰하시며
홍해에서 그들의 부르짖음을 들으
시고
10 이적과 (奇事)기사를 베푸사 바로
와 그의 모든 신하와 그의 나라 온
백성을 치셨사오니 이는 그들이
우리의 조상들에게 교만하게 행함
을 아셨음이라 주께서 오늘과 같
이 명예를 얻으셨나이다
11 또 주께서 우리 조상들 앞에서 바
다를 갈라지게 하사 그들이 바다
가운데를 육지 같이 (通過)통과하
게 하시고 쫓아오는 자들을 돌을
큰 물에 던짐 같이 깊은 물에 던지
시고
12 낮에는 구름 기둥으로 (引導)인도
하시고 밤에는 불 기둥으로 그들
이 행할 길을 그들에게 비추셨사
오며
13 또 시내 산에 (降臨)강림하시고
하늘에서부터 그들과 말씀하사 정
직한 규례와 진정한 율법과 선한
율례와 계명을 그들에게 주시고
14 거룩한 안식일을 그들에게 알리시
며 주의 종 모세를 통하여 계명과
율례와 율법을 그들에게 (命令)명
령하시고
15 그들의 굶주림 때문에 그들에게
양식을 주시며 그들의 목마름 때
문에 그들에게 (磐石)반석에서 물
을 내시고 또 주께서 옛적에 손을
들어 맹세하시고 주겠다고 하신
땅을 들어가서 차지하라 말씀하셨
사오나
16 그들과 우리 조상들이 교만하고
목을 굳게 하여 주의 (命令)명령
을 듣지 아니하고
17 (拒逆)거역하며 주께서 그들 가운
데에서 행하신 기사를 기억하지
아니하고 목을 굳게 하며 패역하
여 스스로 한 우두머리를 세우고
종 되었던 땅으로 돌아가고자 하
였나이다 그러나 주께서는 용서하
시는 하나님이시라 은혜로우시며
긍휼히 여기시며 더디 노하시며
인자가 풍부하시므로 그들을 버리
지 아니하셨나이다
18 또 그들이 자기들을 위하여 송아
지를 부어 만들고 이르기를 이는
곧 너희를 인도하여 애굽에서 나
오게 한 신이라 하여 하나님을 크
게 (冒瀆)모독하였사오나

19 주께서는 주의 크신 (矜恤)긍휼로
그들을 광야에 버리지 아니하시
고 낮에는 구름 기둥이 그들에게
서 떠나지 아니하고 길을 인도하
며 밤에는 불 기둥이 그들이 갈 길
을 비추게 하셨사오며
20 또 주의 (善)선한 영을 주사 그들
을 가르치시며 주의 만나가 그들
의 입에서 끊어지지 않게 하시고
그들의 목마름을 인하여 그들에게
물을 주어
21 사십 년 동안 들에서 기르시되 (不
足)부족함이 없게 하시므로 그 옷
이 해어지지 아니하였고 발이 부
르트지 아니하였사오며
22 또 나라들과 족속들을 그들에게
(各各)각각 나누어 주시매 그들이
시혼의 땅 곧 헤스본 왕의 땅과 바
산 왕 옥의 땅을 차지하였나이다
23 주께서 그들의 자손을 하늘의 별
같이 많게 하시고 전에 그들의 열
조에게 들어가서 차지하라고 말씀
하신 땅으로 (引導)인도하여 이르
게 하셨으므로
24 그 자손이 들어가서 땅을 차지하
되 주께서 그 땅 가나안 주민들이
그들 앞에 복종하게 하실 때에 가
나안 사람들과 그들의 왕들과 (本
土)본토 여러 족속들을 그들의 손
에 넘겨 임의로 행하게 하시매
25 그들이 견고한 성읍들과 기름진
땅을 점령하고 모든 아름다운 물
건이 가득한 집과 판 우물과 포도
원과 감람원과 허다한 (果木)과목
을 차지하여 배불리 먹어 살찌고
주의 큰 복을 즐겼사오나
26 그들은 순종하지 아니하고 주를
거역하며 주의 율법을 등지고 주
께로 돌아오기를 (勸勉)권면하는
선지자들을 죽여 주를 심히 모독
하였나이다
27 그러므로 주께서 그들을 대적의
손에 넘기사 그들이 곤고를 당하
게 하시매 그들이 환난을 당하여
주께 부르짖을 때에 주께서 하늘
에서 들으시고 주의 크신 (矜恤)
긍휼로 그들에게 구원자들을 주어
그들을 대적의 손에서 구원하셨거
늘
28 그들이 평강을 얻은 후에 다시 주
앞에서 악을 행하므로 주께서 그
들을 원수들의 손에 버려 두사 원
수들에게 지배를 당하게 하시다가
그들이 돌이켜 주께 부르짖으매
주께서 하늘에서 들으시고 여러
번 주의 (矜恤)긍휼로 건져내시고
29 다시 주의 율법을 복종하게 하시
려고 그들에게 경계하셨으나 그들
이 교만하여 사람이 (遵行)준행하
면 그 가운데에서 삶을 얻는 주의
계명을 듣지 아니하며 주의 규례
를 범하여 고집하는 어깨를 내밀
며 목을 굳게 하여 듣지 아니하였
나이다
30 그러나 주께서 그들을 여러 해 동
안 참으시고 또 주의 선지자들을
통하여 주의 영으로 그들을 (警
戒)경계하시되 그들이 듣지 아니
하므로 열방 사람들의 손에 넘기
시고도

31 주의 크신 긍휼로 그들을 아주 멸
하지 아니하시며 버리지도 아니하
셨사오니 주는 (恩惠)은혜로우시
고 불쌍히 여기시는 하나님이심이
니이다
32 우리 하나님이여 (廣大)광대하시
고 능하시고 두려우시며 (言約)언
약과 인자하심을 지키시는 하나님
이여 우리와 우리 왕들과 방백들
과 제사장들과 선지자들과 조상들
과 주의 모든 백성이 앗수르 왕들
의 때로부터 오늘까지 당한 모든
환난을 이제 작게 여기지 마옵소
서
33 그러나 우리가 당한 모든 일에 주
는 공의로우시니 우리는 (惡)악을
행하였사오나 주께서는 진실하게
행하셨음이니이다
34 우리 왕들과 방백들과 제사장들과
조상들이 주의 율법을 지키지 아
니하며 주의 명령과 주께서 그들
에게 경계하신 말씀을 (順從)순종
하지 아니하고
35 그들이 그 나라와 주께서 그들에
게 베푸신 큰 복과 자기 앞에 주신
넓고 기름진 땅을 누리면서도 주
를 섬기지 아니하며 (惡行)악행을
그치지 아니하였으므로
36 우리가 오늘날 종이 되었는데 곧
주께서 우리 조상들에게 주사 그
것의 열매를 먹고 그것의 아름다
운 (所産)소산을 누리게 하신 땅
에서 우리가 종이 되었나이다
37 우리의 죄로 말미암아 주께서 우
리 위에 세우신 이방 왕들이 이 땅
의 많은 소산을 얻고 그들이 우리
의 몸과 가축을 임의로 (管轄)관
할하오니 우리의 곤란이 심하오며
38 우리가 이 모든 일로 말미암아 이
제 견고한 언약을 세워 기록하고
우리의 방백들과 레위 사람들과
제사장들이 다 (印封)인봉하나이
다 하였느니라

언약에 인봉한 사람들

10 그 (印封)인봉한 자는 하가
랴의 아들 총독 느헤미야와
시드기야,
2 스라야, 아사랴, 예레미야,
3 바스훌, 아마랴, 말기야,
4 핫두스, 스바냐, 말룩,
5 하림, 므레못, 오바댜,
6 다니엘, 긴느돈, 바룩,
7 므술람, 아비야, 미야민,
8 마아시야, 빌개, 스마야이니 이는
(祭司長)제사장들이요
9 또 레위 사람 곧 아사냐의 아들 예
수아, 헤나닷의 자손 중 빈누이,
갓미엘과
10 그의 (兄弟)형제 스바냐, 호디야,
그리다, 블라야, 하난,
11 미가, 르홉, 하사뱌,
12 삭굴, 세레뱌, 스바냐,
13 호디야, 바니, 브니누요
14 또 (百姓)백성의 우두머리들 곧
바로스, 바핫모압, 엘람, 삿두, 바
니,
15 분니, 아스갓, 베배,
16 아도니야, 비그왜, 아딘,
17 아델, 히스기야, 앗술,
18 호디야, 하숩, 베새,

19 하림, 아나돗, 노배,
20 막비아스, 므술람, 헤실,
21 므세사벨, 사독, 얏두아,
22 블라댜, 하난, 아나야,
23 호세아, 하나냐, 핫숩,
24 할르헤스, 빌하, 소벡,
25 르훔, 하삽나, 마아세야,
26 아히야, 하난, 아난,
27 말룩, 하림, 바아나이니라
28 ● 그 남은 백성과 제사장들과 레
위 사람들과 문지기들과 노래하는
자들과 느디님 사람들과 및 이방
사람과 (絕交)절교하고 하나님의
율법을 준행하는 모든 자와 그들
의 아내와 그들의 자녀들 곧 지식
과 총명이 있는 자들은
29 다 그들의 형제 귀족들을 따라 저
주로 (盟誓)맹세하기를 우리가 하
나님의 종 모세를 통하여 주신 하
나님의 율법을 따라 우리 주 여호
와의 모든 계명과 규례와 율례를
지켜 행하여
30 우리의 딸들을 이 땅 (百姓)백성
에게 주지 아니하고 우리의 아들
들을 위하여 그들의 딸들을 데려
오지 아니하며
31 혹시 이 땅 백성이 안식일에 물품
이나 온갖 곡물을 가져다가 팔려
고 할지라도 우리가 안식일이나
성일에는 그들에게서 사지 않겠고
일곱째 해마다 땅을 쉬게 하고 모
든 빚을 (蕩減)탕감하리라 하였고
32 우리가 또 스스로 규례를 정하기
를 해마다 각기 세겔의 삼분의 일
을 (收納)수납하여 하나님의 전을
위하여 쓰게 하되
33 곧 진설병과 항상 드리는 (素祭)
소제와 항상 드리는 (燔祭)번제와
안식일과 초하루와 정한 절기에
쓸 것과 성물과 이스라엘을 위하
는 (贖罪祭)속죄제와 우리 하나님
의 전의 모든 일을 위하여 쓰게 하
였고
34 또 우리 제사장들과 레위 사람들
과 백성들이 제비 뽑아 각기 종족
대로 해마다 정한 시기에 나무를
우리 하나님의 전에 바쳐 율법에
기록한 대로 우리 하나님 여호와
의 (祭壇)제단에 사르게 하였고
35 해마다 우리 토지 소산의 맏물과
각종 (果木)과목의 첫 열매를 여
호와의 전에 드리기로 하였고
36 또 우리의 맏아들들과 가축의 처
음 난 것과 소와 양의 처음 난 것
을 율법에 (記錄)기록된 대로 우
리 하나님의 전으로 가져다가 우
리 하나님의 전에서 섬기는 제사
장들에게 주고
37 또 처음 익은 밀의 가루와 거제물
과 각종 과목의 열매와 새 포도주
와 기름을 제사장들에게로 가져다
가 우리 하나님의 전의 여러 방에
두고 또 우리 (產物)산물의 십일
조를 레위 사람들에게 주리라 하
였나니 이 레위 사람들은 우리의
모든 성읍에서 산물의 (十一條)
십일조를 받는 자임이며
38 레위 사람들이 (十一條)십일조를
받을 때에는 아론의 자손 제사장
한 사람이 함께 있을 것이요 레위

사람들은 그 십일조의 십분의 일
을 가져다가 우리 하나님의 전 곳
간의 여러 방에 두되
39 곧 이스라엘 자손과 레위 자손이
(擧祭)거제로 드린 곡식과 새 포
도주와 기름을 가져다가 성소의
그릇들을 두는 골방 곧 섬기는 제
사장들과 문지기들과 노래하는 자
들이 있는 골방에 둘 것이라 그리
하여 우리가 우리 하나님의 (殿)
전을 버려 두지 아니하리라

예루살렘에 거주하는 백성들

11 백성의 (指導者)지도자들은
예루살렘에 거주하였고 그
남은 백성은 제비 뽑아 십분의 일
은 거룩한 성 예루살렘에서 거주
하게 하고 그 십분의 구는 다른 성
읍에 거주하게 하였으며
2 예루살렘에 거주하기를 (自願)자
원하는 모든 자를 위하여 백성들
이 복을 빌었느니라
3 ● 이스라엘과 (祭司長)제사장들
과 레위 사람들과 느디님 사람들
과 솔로몬의 신하들의 자손은 유
다 여러 성읍에서 각각 자기 성읍
자기 기업에 거주하였느니라 예루
살렘에 거주한 그 지방의 지도자
들은 이러하니
4 예루살렘에 (居住)거주한 자는 유
다 자손과 베냐민 자손 몇 명이라
유다 자손 중에는 베레스 자손 아
다야이니 그는 웃시야의 아들이요
스가랴의 손자요 아마랴의 증손이
요 스바댜의 현손이요 마할랄렐의
오대 손이며
5 또 마아세야니 그는 바룩의 아들
이요 골호세의 (孫子)손자요 하사
야의 증손이요 아다야의 현손이요
요야립의 오대 손이요 스가랴의
육대 손이요 실로 사람의 칠대 손
이라
6 예루살렘에 거주한 베레스 자손
은 모두 사백육십팔 명이니 다 (勇
士)용사였느니라
7 ● 베냐민 (子孫)자손은 살루이니
그는 므술람의 아들이요 요엣의
손자요 브다야의 증손이요 골라야
의 현손이요 마아세야의 오대 손
이요 이디엘의 육대 손이요 여사
야의 칠대 손이며
8 그 다음은 갑배와 살래 등이니 모
두 구백이십팔 명이라
9 시그리의 아들 요엘이 그들의 (監
督)감독이 되었고 핫스누아의 아
들 유다는 버금이 되어 성읍을 다
스렸느니라
10 ● (祭司長)제사장 중에는 요야립
의 아들 여다야와 야긴이며
11 또 하나님의 (殿)전을 맡은 자 스
라야이니 그는 힐기야의 아들이요
므술람의 손자요 사독의 증손이요
므라욧의 현손이요 아히둡의 오대
손이며
12 또 전에서 일하는 그들의 형제니
모두 팔백이십이 명이요 또 아다
야이니 그는 여로함의 아들이요
블라야의 손자요 암시의 증손이요
스가랴의 (玄孫)현손이요 바스훌
의 오대 손이요 말기야의 육대 손
이며

13 또 그 형제의 족장된 자이니 모두
이백사십이 명이요 또 아맛새이니
그는 아사렐의 아들이요 아흐새의
손자요 므실레못의 (曾孫)증손이
요 임멜의 현손이며
14 또 그들의 형제의 큰 용사들이니
모두 백이십팔 명이라 하그돌림의
아들 삽디엘이 그들의 (監督)감독
이 되었느니라
15 ● 레위 사람 중에는 스마야이니
그는 핫숩의 아들이요 아스리감의
손자요 하사뱌의 증손이요 분니의
현손이며
16 또 레위 사람의 (族長)족장 삽브
대와 요사밧이니 그들은 하나님의
전 바깥 일을 맡았고
17 또 아삽의 증손 삽디의 손자 미가
의 아들 맛다냐이니 그는 기도할
때에 (感謝)감사하는 말씀을 인도
하는 자가 되었고 형제 중에 박부
갸가 버금이 되었으며 또 여두둔
의 증손 갈랄의 손자 삼무아의 아
들 압다니
18 거룩한 (城)성에 레위 사람은 모
두 이백팔십사 명이었느니라
19 ● 성 문지기는 악굽과 달몬과 그
(兄弟)형제이니 모두 백칠십이 명
이며
20 그 나머지 이스라엘 백성과 제사
장과 레위 사람은 유다 모든 성읍
에 흩어져 각각 자기 (基業)기업
에 살았고
21 느디님 사람은 오벨에 거주하니
시하와 기스바가 그들의 (責任者)
책임자가 되었느니라
22 ● 노래하는 자들인 아삽 자손 중
미가의 현손 맛다냐의 증손 하사
뱌의 손자 바니의 아들 웃시는 예
루살렘에 거주하는 레위 사람의
(監督)감독이 되어 하나님의 전
일을 맡아 다스렸으니
23 이는 왕의 (命令)명령대로 노래하
는 자들에게 날마다 할 일을 정해
주었기 때문이며
24 유다의 아들 세라의 자손 곧 므세
사벨의 아들 브다히야는 왕의 (手
下)수하에서 백성의 일을 다스렸
느니라

마을과 주변 동네들에 거주하는 백성들

25 ● 마을과 들로 말하면 유다 자손
의 일부는 기럇 아르바와 그 주
변 동네들과 디본과 그 주변 동네
들과 여갑스엘과 그 마을들에 (居
住)거주하며
26 또 예수아와 몰라다와 벧벨렛과
27 하살수알과 브엘세바와 그 (周邊)
주변 동네들에 거주하며
28 또 시글락과 므고나와 그 주변
(洞)동네들에 거주하며
29 또 에느림몬과 소라와 야르뭇에
거주하며
30 또 사노아와 아둘람과 그 마을들
과 라기스와 그 들판과 아세가와
그 주변 동네들에 살았으니 그들
은 브엘세바에서부터 힌놈의 골짜
기까지 (帳幕)장막을 쳤으며
31 또 베냐민 자손은 게바에서부터
믹마스와 아야와 벧엘과 그 주변
동네들에 (居住)거주하며
32 아나돗과 놉과 아나냐와

33 하솔과 라마와 깃다임과
34 하딧과 스보임과 느발랏과
35 로드와 오노와 (匠人)장인들의 골
짜기에 거주하였으며
36 유다에 있던 레위 사람의 (一部)
일부는 베냐민과 합하였느니라

제사장과 레위 사람들

12 스알디엘의 아들 스룹바벨
과 예수아와 함께 돌아온 제
사장들과 레위 사람들은 이러하니
라 (祭司長)제사장들은 스라야와
예레미야와 에스라와
2 아마랴와 말룩과 핫두스와
3 스가냐와 르훔과 므레못과
4 잇도와 긴느도이와 아비야와
5 미야민과 마아댜와 빌가와
6 스마야와 요야립과 여다야와
7 살루와 아목과 힐기야와 여다야니
(以上)이상은 예수아 때에 제사장
들과 그들의 형제의 지도자들이었
느니라

대제사장 예수아의 자손들

8 ● 레위 사람들은 예수아와 빈누
이와 갓미엘과 세레뱌와 유다와
맛다냐니 이 맛다냐는 그의 형제
와 함께 (讚頌)찬송하는 일을 맡
았고
9 또 그들의 형제 박부갸와 운노는
(職務)직무를 따라 그들의 맞은편
에 있으며
10 예수아는 요야김을 낳고 요야김은
엘리아십을 낳고 엘리아십은 요야
다를 낳고
11 요야다는 요나단을 낳고 요나단은
얏두아를 낳았느니라

제사장의 족장들

12 ● 요야김 때에 제사장, (族長)족
장된 자는 스라야 족속에는 므라
야요 예레미야 족속에는 하나냐요
13 에스라 (族屬)족속에는 므술람이
요 아마랴 족속에는 여호하난이요
14 말루기 족속에는 요나단이요 스바
냐 족속에는 요셉이요
15 하림 족속에는 아드나요 므라욧
족속에는 헬개요
16 잇도 족속에는 스가랴요 긴느돈
족속에는 므술람이요
17 아비야 족속에는 시그리요 미냐민
곧 모아댜 족속에는 빌대요
18 빌가 족속에는 삼무아요 스마야
족속에는 여호나단이요
19 요야립 족속에는 맛드내요 여다야
족속에는 웃시요
20 살래 족속에는 갈래요 아목 족속
에는 에벨이요
21 힐기야 족속에는 하사뱌요 여다야
족속에는 느다넬이었느니라

제사장과 레위 사람들에 관한 기록

22 ● 엘리아십과 요야다와 요하난과
얏두아 때에 레위 사람의 족장이
모두 책에 (記錄)기록되었고 바사
왕 다리오 때에 제사장도 책에 기
록되었고
23 레위 자손의 족장들은 엘리아십의
아들 요하난 때까지 (歷代志略)역
대지략에 기록되었으며
24 레위 족속의 지도자들은 하사뱌와
세레뱌와 갓미엘의 아들 예수아
라 그들은 그들의 형제의 맞은편
에 있어 하나님의 사람 다윗의 (命

令)명령대로 순서를 따라 주를 찬
양하며 감사하고
25 맛다냐와 박부갸와 오바댜와 므술
람과 달몬과 악굽은 다 문지기로
서 순서대로 문안의 (庫間)곳간을
파수하였나니
26 이상의 모든 사람들은 요사닥의
손자 예수아의 아들 요야김과 총
독 느헤미야와 제사장 겸 (學士)
학사 에스라 때에 있었느니라

느헤미야가 성벽을 봉헌하다

27 ● 예루살렘 성벽을 봉헌하게 되
니 각처에서 레위 사람들을 찾아
예루살렘으로 데려다가 감사하며
노래하며 제금을 치며 비파와 수
금을 타며 즐거이 (奉獻式)봉헌식
을 행하려 하매
28 이에 노래하는 자들이 예루살렘
(四方)사방 들과 느도바 사람의
마을에서 모여들고
29 또 벧길갈과 게바와 아스마웻 들
에서 모여들었으니 이 노래하는
자들은 자기들을 위하여 예루살렘
(四方)사방에 마을들을 이루었음
이라
30 제사장들과 레위 사람들이 몸을
(淨潔)정결하게 하고 또 백성과
성문과 성벽을 정결하게 하니라
31 ● 이에 내가 유다의 방백들을 성
벽 위에 오르게 하고 또 감사 찬송
하는 자의 큰 무리를 둘로 나누어
성벽 위로 (隊伍)대오를 지어 가
게 하였는데 한 무리는 오른쪽으
로 분문을 향하여 가게 하니
32 그들의 뒤를 따르는 자는 호세야
와 유다 지도자의 (折半)절반이요
33 또 아사랴와 에스라와 므술람과
34 유다와 베냐민과 스마야와 예레미
야이며
35 또 제사장들의 자손 몇 사람이 (喇
叭)나팔을 잡았으니 요나단의 아
들 스마야의 손자 맛다냐의 증손
미가야의 현손 삭굴의 오대 손 아
삽의 육대 손 스가랴와
36 그의 형제들인 스마야와 아사렐과
밀랄래와 길랄래와 마애와 느다
넬과 유다와 하나니라 다 하나님
의 사람 다윗의 악기를 잡았고 (學
士)학사 에스라가 앞서서
37 샘문으로 (前進)전진하여 성벽으
로 올라가는 곳에 이르러 다윗 성
의 층계로 올라가서 다윗의 궁 윗
길에서 동쪽으로 향하여 수문에
이르렀고
38 감사 (讚頌)찬송하는 다른 무리는
왼쪽으로 행진하는데 내가 백성의
절반과 더불어 그 뒤를 따라 성벽
위로 가서 화덕 망대 윗 길로 성벽
넓은 곳에 이르고
39 에브라임 문 위로 옛문과 (魚門)
어문과 하나넬 망대와 함메아 망
대를 지나 (羊門)양문에 이르러
감옥 문에 멈추매
40 이에 감사 찬송하는 두 무리가 하
나님의 전에 섰고 또 나와 (民長)
민장의 절반도 함께 하였고
41 (祭司長)제사장 엘리아김과 마아
세야와 미냐민과 미가야와 엘료에
내와 스가랴와 하나냐는 다 나팔
을 잡았고

42 또 마아세야와 스마야와 엘르아살
과 웃시와 여호하난과 말기야와
엘람과 에셀이 함께 있으며 노래
하는 자는 크게 (讚頌)찬송하였는
데 그 감독은 예스라히야라
43 이 날에 무리가 큰 (祭祀)제사를
드리고 심히 즐거워하였으니 이는
하나님이 크게 즐거워하게 하셨
음이라 (婦女)부녀와 어린 아이도
즐거워하였으므로 예루살렘이 즐
거워하는 소리가 멀리 들렸느니라

제사장과 레위 사람에게 준 몫

44 ●그 날에 사람을 세워 곳간을 맡
기고 제사장들과 레위 사람들에게
돌릴 것 곧 율법에 정한 대로 (擧
祭物)거제물과 처음 익은 것과 십
일조를 모든 성읍 밭에서 거두어
이 곳간에 쌓게 하였노니 이는 유
다 사람이 섬기는 제사장들과 레
위 사람들로 말미암아 즐거워하기
때문이라
45 그들은 하나님을 섬기는 일과 (潔
禮)결례의 일을 힘썼으며 노래하
는 자들과 문지기들도 그러하여
모두 다윗과 그의 아들 솔로몬의
명령을 따라 행하였으니
46 옛적 다윗과 아삽의 때에는 노래
하는 자의 지도자가 있어서 하나
님께 찬송하는 노래와 (感謝)감사
하는 노래를 하였음이며
47 스룹바벨 때와 느헤미야 때에는
온 이스라엘이 노래하는 자들과
문지기들에게 날마다 쓸 몫을 주
되 그들이 성별한 것을 레위 사람
들에게 주고 레위 사람들은 그것
을 또 (聖別)성별하여 아론 자손
에게 주었느니라

느헤미야의 개혁

13 그 날 모세의 책을 (朗讀)낭
독하여 백성에게 들렸는데
그 책에 기록하기를 암몬 사람과
모압 사람은 영원히 하나님의 총
회에 들어오지 못하리니
2 이는 그들이 양식과 물로 이스라
엘 자손을 (迎接)영접하지 아니하
고 도리어 발람에게 뇌물을 주어
저주하게 하였음이라 그러나 우리
하나님이 그 저주를 돌이켜 복이
되게 하셨다 하였는지라
3 백성이 이 율법을 듣고 곧 섞인 무
리를 이스라엘 가운데에서 모두
(分離)분리하였느니라
4 ●이전에 우리 하나님의 전의 방
을 맡은 제사장 엘리아십이 도비
야와 (聯絡)연락이 있었으므로
5 도비야를 위하여 한 큰 방을 만
들었으니 그 방은 원래 소제물과
유향과 그릇과 또 레위 사람들과
노래하는 자들과 문지기들에게
(十一條)십일조로 주는 곡물과 새
포도주와 기름과 또 제사장들에게
주는 거제물을 두는 곳이라
6 그 때에는 내가 예루살렘에 있지
아니하였느니라 바벨론 왕 아닥사
스다 삼십이년에 내가 왕에게 나
아갔다가 며칠 후에 왕에게 말미
를 (請)청하고
7 예루살렘에 이르러서야 엘리아십
이 도비야를 위하여 하나님의 전
뜰에 방을 만든 (惡)악한 일을 안

지라

8 내가 심히 근심하여 도비야의 세간을 그 (房)방 밖으로 다 내어 던지고

9 명령하여 그 방을 정결하게 하고 하나님의 전의 그릇과 소제물과 (乳香)유향을 다시 그리로 들여놓았느니라

10 ● 내가 또 알아본즉 레위 사람들이 받을 몫을 주지 아니하였으므로 그 직무를 행하는 레위 사람들과 노래하는 자들이 각각 자기 밭으로 (逃亡)도망하였기로

11 내가 모든 민장들을 꾸짖어 이르기를 하나님의 (殿)전이 어찌하여 버린 바 되었느냐 하고 곧 레위 사람을 불러 모아 다시 제자리에 세웠더니

12 이에 온 유다가 곡식과 새 포도주와 기름의 (十一條)십일조를 가져다가 곳간에 들이므로

13 내가 제사장 셀레먀와 서기관 사독과 레위 사람 브다야를 창고지기로 삼고 맛다냐의 손자 삭굴의 아들 하난을 버금으로 삼았나니 이는 그들이 (忠直)충직한 자로 인정됨이라 그 직분은 형제들에게 (分配)분배하는 일이었느니라

14 내 하나님이여 이 일로 말미암아 나를 기억하옵소서 내 하나님의 전과 그 모든 직무를 위하여 내가 행한 선한 일을 (塗抹)도말하지 마옵소서

15 ● 그 때에 내가 본즉 유다에서 어떤 사람이 안식일에 술틀을 밟고 곡식단을 나귀에 실어 (運搬)운반하며 포도주와 포도와 무화과와 여러 가지 짐을 지고 안식일에 예루살렘에 들어와서 음식물을 팔기로 그 날에 내가 경계하였고

16 또 두로 사람이 예루살렘에 살며 물고기와 각양 물건을 가져다가 (安息日)안식일에 예루살렘에서도 유다 자손에게 팔기로

17 내가 유다의 모든 귀인들을 꾸짖어 그들에게 이르기를 너희가 어찌 이 악을 행하여 안식일을 (犯)범하느냐

18 너희 조상들이 이같이 행하지 아니하였느냐 그래서 우리 하나님이 이 모든 재앙을 우리와 이 성읍에 내리신 것이 아니냐 그럼에도 (不拘)불구하고 너희가 안식일을 범하여 진노가 이스라엘에게 더욱 심하게 임하도록 하는도다 하고

19 안식일 전 예루살렘 (城門)성문이 어두워갈 때에 내가 성문을 닫고 안식일이 지나기 전에는 열지 말라 하고 나를 따르는 종자 몇을 성문마다 세워 안식일에는 아무 짐도 들어오지 못하게 하였으므로

20 장사꾼들과 (各樣)각양 물건 파는 자들이 한두 번 예루살렘 성 밖에서 자므로

21 내가 그들에게 (警戒)경계하여 이르기를 너희가 어찌하여 성 밑에서 자느냐 다시 이같이 하면 내가 잡으리라 하였더니 그후부터는 안식일에 그들이 다시 오지 아니하였느니라

22 내가 또 레위 사람들에게 몸을 정
결하게 하고 와서 성문을 지켜서
안식일을 거룩하게 하라 하였느니
라 내 하나님이여 나를 위하여 이
일도 (記憶)기억하시옵고 주의 크
신 은혜대로 나를 아끼시옵소서
23 ●그 때에 내가 또 본즉 유다 사
람이 아스돗과 암몬과 모압 (女
人)여인을 맞아 아내로 삼았는데
24 그들의 자녀가 아스돗 (方言)방언
을 절반쯤은 하여도 유다 방언은
못하니 그 하는 말이 각 족속의 방
언이므로
25 내가 그들을 (責望)책망하고 (詛
呪)저주하며 그들 중 몇 사람을
때리고 그들의 머리털을 뽑고 이
르되 너희는 너희 딸들을 그들의
아들들에게 주지 말고 너희 아들
들이나 너희를 위하여 그들의 딸
을 데려오지 아니하겠다고 하나님
을 가리켜 (盟誓)맹세하라 하고
26 또 이르기를 옛적에 이스라엘 왕
솔로몬이 이 일로 (犯罪)범죄하지
아니하였느냐 그는 많은 나라 중
에 비길 왕이 없이 하나님의 사랑
을 입은 자라 하나님이 그를 왕으
로 삼아 온 이스라엘을 다스리게
하셨으나 (異邦)이방 여인이 그를
범죄하게 하였나니
27 너희가 이방 여인을 아내로 맞아
이 모든 큰 악을 행하여 우리 하나
님께 범죄하는 것을 우리가 어찌
(容納)용납하겠느냐
28 ●(大祭司長)대제사장 엘리아십
의 손자 요야다의 아들 하나가 호
론 사람 산발랏의 사위가 되었으
므로 내가 쫓아내어 나를 떠나게
하였느니라
29 내 하나님이여 그들이 제사장의
직분을 더럽히고 제사장의 직분과
레위 사람에 대한 (言約)언약을
어겼사오니 그들을 기억하옵소서
30 내가 이와 같이 그들에게 이방 사
람을 떠나게 하여 그들을 깨끗하
게 하고 또 제사장과 레위 사람의
반열을 세워 각각 (自己)자기의
일을 맡게 하고
31 또 정한 기한에 나무와 처음 익은
것을 드리게 하였사오니 내 하나
님이여 나를 (記憶)기억하사 복을
주옵소서

에스더 Esther

와스디 왕후가 폐위되다

1 이 일은 아하수에로 왕 때에 있
었던 일이니 아하수에로는 (印
度)인도로부터 구스까지 백이십
칠 지방을 다스리는 왕이라
2 당시에 아하수에로 왕이 수산 궁
에서 (卽位)즉위하고
3 왕위에 있은 지 제삼년에 그의 모
든 지방관과 신하들을 위하여 잔
치를 베푸니 바사와 메대의 장수
와 각 지방의 귀족과 (地方官)지
방관들이 다 왕 앞에 있는지라
4 왕이 여러 날 곧 백팔십 일 동안에
그의 영화로운 나라의 부함과 위
엄의 (奕奕)혁혁함을 나타내니라
5 이 날이 지나매 왕이 또 도성 수산
에 있는 귀천간의 백성을 (爲)위
하여 왕궁 후원 뜰에서 칠 일 동안
잔치를 베풀새
6 백색, 녹색, 청색 휘장을 자색 가
는 베 줄로 대리석 기둥 은고리에
매고 금과 은으로 만든 걸상을 화
반석, 백석, 운모석, 흑석을 깐 땅
에 (陳設)진설하고

7 금 잔으로 마시게 하니 잔의 모양
이 각기 다르고 왕이 (豊富)풍부
하였으므로 어주가 한이 없으며
8 마시는 것도 (法度)법도가 있어
사람으로 억지로 하지 않게 하니
이는 왕이 모든 궁내 관리에게 명
령하여 각 사람이 마음대로 하게
함이더라
9 ●(王后)왕후 와스디도 아하수에
로 왕궁에서 여인들을 위하여 잔
치를 베푸니라
10 제칠일에 왕이 (酒興)주흥이 일어
나서 어전 내시 므후만과 비스다
와 하르보나와 빅다와 아박다와
세달과 가르가스 일곱 사람을 명
령하여
11 왕후 와스디를 청하여 왕후의 관
을 정제하고 왕 앞으로 나아오게
하여 그의 아리따움을 뭇 백성과
지방관들에게 보이게 하라 하니
이는 왕후의 (容貌)용모가 보기에
좋음이라
12 그러나 왕후 와스디는 내시가 전
하는 왕명을 따르기를 싫어하니
왕이 (震怒)진노하여 마음속이 불
붙는 듯하더라
13 ●왕이 사례를 아는 현자들에게
묻되 왕이 규례와 (法律)법률을
아는 자에게 묻는 전례가 있는데
14 그 때에 왕에게 가까이 하여 왕의
(基色)기색을 살피며 나라 첫 자
리에 앉은 자는 바사와 메대의 일
곱 지방관 곧 가르스나와 세달과
아드마다와 다시스와 메레스와 마
르스나와 므무간이라
15 왕후 와스디가 내시가 전하는 아
하수에로 왕의 명령을 따르지 아
니하니 규례대로 하면 어떻게 (處
置)처치할까
16 므무간이 왕과 지방관 앞에서 (對
答)대답하여 이르되 왕후 와스디
가 왕에게만 잘못했을 뿐 아니라

아하수에로 왕의 각 지방의 관리
들과 뭇 백성에게도 잘못하였나이
다
17 아하수에로 왕이 명령하여 왕후
와스디를 청하여도 오지 아니하였
다 하는 왕후의 행위의 소문이 모
든 여인들에게 전파되면 그들도
그들의 남편을 (蔑視)멸시할 것인
즉
18 오늘이라도 바사와 메대의 귀부인
들이 왕후의 행위를 듣고 왕의 모
든 지방관들에게 그렇게 말하리니
(蔑視)멸시와 (憤怒)분노가 많이
일어나리이다
19 왕이 만일 좋게 여기실진대 와스
디가 다시는 왕 앞에 오지 못하게
하는 조서를 내리되 바사와 메대
의 법률에 기록하여 (變改)변개함
이 없게 하고 그 왕후의 자리를 그
보다 나은 사람에게 주소서
20 왕의 조서가 이 광대한 전국에 반
포되면 귀천을 막론하고 모든 여
인들이 그들의 남편을 (尊敬)존경
하리이다 하니라
21 왕과 지방관들이 그 말을 옳게 여
긴지라 왕이 므무간의 말대로 행
하여
22 각 지방 각 백성의 문자와 언어로
모든 지방에 조서를 내려 이르기
를 남편이 자기의 집을 (主管)주
관하게 하고 자기 민족의 언어로
말하게 하라 하였더라

에스더가 왕후가 되다

2 그 후에 아하수에로 왕의 노가
그치매 와스디와 그가 행한 일
과 그에 대하여 내린 (詔書)조서
를 생각하거늘
2 왕의 측근 신하들이 아뢰되 왕은
왕을 위하여 아리따운 (處女)처녀
들을 구하게 하시되
3 전국 각 지방에 관리를 명령하여
아리따운 처녀를 다 도성 수산으
로 모아 (後宮)후궁으로 들여 궁
녀를 주관하는 내시 헤개의 손에
맡겨 그 몸을 정결하게 하는 물품
을 주게 하시고
4 왕의 눈에 아름다운 처녀를 와스
디 대신 (王后)왕후로 삼으소서
하니 왕이 그 말을 좋게 여겨 그대
로 행하니라
5 ●(都城)도성 수산에 한 유다인이
있으니 이름은 모르드개라 그는
베냐민 자손이니 기스의 증손이요
시므이의 손자요 야일의 아들이라
6 전에 바벨론 왕 느부갓네살이 예
루살렘에서 유다 왕 여고냐와 (百
姓)백성을 사로잡아 갈 때에 모르
드개도 함께 사로잡혔더라
7 그의 삼촌의 딸 하닷사 곧 에스더
는 부모가 없었으나 (容貌)용모가
곱고 아리따운 처녀라 그의 부모
가 죽은 후에 모르드개가 자기 딸
같이 양육하더라
8 ●왕의 조서와 명령이 (頒布)반
포되매 처녀들이 도성 수산에 많
이 모여 헤개의 수하에 나아갈 때
에 에스더도 왕궁으로 이끌려 가
서 궁녀를 주관하는 헤개의 수하
에 속하니
9 헤개가 이 처녀를 좋게 보고 은혜

를 베풀어 몸을 (淨潔)정결하게
할 물품과 일용품을 곧 주며 또 왕
궁에서 으레 주는 일곱 궁녀를 주
고 에스더와 그 궁녀들을 후궁 아
름다운 처소로 옮기더라
10 에스더가 자기의 민족과 종족을
말하지 아니하니 이는 모르드개가
(命令)명령하여 말하지 말라 하였
음이라
11 모르드개가 날마다 후궁 뜰 앞으
로 왕래하며 에스더의 (安否)안부
와 어떻게 될지를 알고자 하였더
라
12 ● 처녀마다 차례대로 아하수에로
왕에게 나아가기 전에 여자에 대
하여 정한 규례대로 열두 달 동안
을 행하되 여섯 달은 몰약 기름을
쓰고 여섯 달은 향품과 여자에게
쓰는 다른 물품을 써서 몸을 정결
하게 하는 (期限)기한을 마치며
13 처녀가 왕에게 나아갈 때에는 그
가 구하는 것을 다 주어 (後宮)후
궁에서 왕궁으로 가지고 가게 하
고
14 저녁이면 갔다가 아침에는 둘째
후궁으로 돌아와서 (妃嬪)비빈을
주관하는 내시 사아스가스의 수하
에 속하고 왕이 그를 기뻐하여 그
의 이름을 부르지 아니하면 다시
왕에게 나아가지 못하더라
15 모르드개의 삼촌 아비하일의 딸
곧 모르드개가 자기의 딸 같이 (養
育)양육하는 에스더가 차례대로
왕에게 나아갈 때에 궁녀를 주관
하는 내시 헤개가 정한 것 외에는
다른 것을 구하지 아니하였으나
모든 보는 자에게 사랑을 받더라
16 아하수에로 왕의 제칠년 시월 곧
데벳월에 에스더가 왕궁에 (引導)
인도되어 들어가서 왕 앞에 나가
니
17 왕이 모든 여자보다 에스더를 더
사랑하므로 그가 모든 처녀보다
왕 앞에 더 (恩寵)은총을 얻은지
라 왕이 그의 머리에 관을 씌우고
와스디를 대신하여 왕후로 삼은
후에
18 왕이 크게 잔치를 베푸니 이는 에
스더를 위한 잔치라 모든 지방관
과 신하들을 위하여 잔치를 베풀
고 또 각 지방의 세금을 (免除)면
제하고 왕의 이름으로 큰 상을 주
니라

모르드개가 왕의 목숨을 구하다

19 ● 처녀들을 다시 모을 때에는 모
르드개가 (大闕)대궐 문에 앉았더
라
20 에스더는 모르드개가 (命令)명령
한 대로 그 종족과 민족을 말하지
아니하니 그가 모르드개의 명령을
양육 받을 때와 같이 따름이더라
21 모르드개가 대궐 문에 앉았을 때
에 문을 지키던 왕의 내시 빅단과
데레스 두 사람이 원한을 품고 아
하수에로 왕을 (暗殺)암살하려는
(陰謀)음모를 꾸미는 것을
22 모르드개가 알고 (王后)왕후 에스
더에게 알리니 에스더가 모르드개
의 이름으로 왕에게 아뢴지라
23 조사하여 (實證)실증을 얻었으므

로 두 사람을 나무에 달고 그 일을
왕 앞에서 궁중 일기에 기록하니
라

하만이 유다 사람을 멸하고자 하다

3 그 후에 아하수에로 왕이 아각
사람 함므다다의 아들 하만의
지위를 높이 올려 함께 있는 모든
(大臣)대신 위에 두니
2 대궐 문에 있는 왕의 모든 신하들
이 다 왕의 (命令)명령대로 하만
에게 꿇어 절하되 모르드개는 꿇
지도 아니하고 절하지도 아니하니
3 대궐 문에 있는 왕의 신하들이 모
르드개에게 이르되 너는 어찌하여
왕의 명령을 (拒逆)거역하느냐 하
고
4 날마다 권하되 모르드개가 듣지
아니하고 자기는 유다인임을 알
렸더니 그들이 모르드개의 일이
어찌 되나 보고자 하여 하만에게
(傳)전하였더라
5 하만이 모르드개가 무릎을 꿇지도
아니하고 절하지도 아니함을 보고
매우 (怒)노하더니
6 그들이 모르드개의 (民族)민족을
하만에게 알리므로 하만이 모르드
개만 죽이는 것이 부족하다고 생
각하고 아하수에로의 온 나라에
있는 유다인 곧 모르드개의 민족
을 다 멸하고자 하더라
7 ●아하수에로 왕 제십이년 첫째
달 곧 니산월에 무리가 하만 앞에
서 날과 달에 (對)대하여 부르 곧
제비를 뽑아 열두째 달 곧 아달월
을 얻은지라
8 하만이 아하수에로 왕에게 아뢰되
한 민족이 왕의 나라 각 지방 백성
중에 흩어져 거하는데 그 법률이
만민의 것과 달라서 왕의 법률을
지키지 아니하오니 용납하는 것이
왕에게 (無益)무익하니이다
9 왕이 옳게 여기시거든 (詔書)조서
를 내려 그들을 진멸하소서 내가
은 일만 달란트를 왕의 일을 맡은
자의 손에 맡겨 왕의 금고에 드리
리이다 하니
10 왕이 (斑指)반지를 손에서 빼어
유다인의 대적 곧 아각 사람 함므
다다의 아들 하만에게 주며
11 이르되 그 은을 네게 주고 그 백성
도 그리하노니 너의 (所見)소견에
좋을 대로 행하라 하더라
12 ●첫째 달 십삼일에 왕의 서기관
이 소집되어 하만의 (命令)명령을
따라 왕의 대신과 각 지방의 관리
와 각 민족의 관원에게 아하수에
로 왕의 이름으로 조서를 쓰되 곧
각 지방의 문자와 각 민족의 언어
로 쓰고 왕의 반지로 인치니라
13 이에 그 조서를 역졸에게 맡겨 왕
의 각 지방에 보내니 열두째 달 곧
아달월 십삼일 하루 동안에 모든
유다인을 젊은이 늙은이 어린이
여인들을 (莫論)막론하고 죽이고
도륙하고 진멸하고 또 그 재산을
탈취하라 하였고
14 이 명령을 각 지방에 전하기 위하
여 조서의 초본을 모든 민족에게
(宣布)선포하여 그 날을 위하여
준비하게 하라 하였더라

15 역졸이 왕의 명령을 받들어 급히
나가매 그 조서가 도성 수산에도
(頒布)반포되니 왕은 하만과 함께
앉아 마시되 수산 성은 어지럽더
라

에스더가 백성을 구원하겠다고 하다

4 모르드개가 이 모든 일을 알고
자기의 옷을 찢고 굵은 베 옷을
입고 재를 뒤집어쓰고 성중에 나
가서 대성 (痛哭)통곡하며
2 (大闕)대궐 문 앞까지 이르렀으니
굵은 베 옷을 입은 자는 대궐 문에
들어가지 못함이라
3 왕의 명령과 조서가 각 지방에 이
르매 유다인이 크게 애통하여 금
식하며 울며 부르짖고 굵은 베 옷
을 입고 재에 누운 자가 (無數)무
수하더라
4 ● 에스더의 시녀와 내시가 나아
와 전하니 (王后)왕후가 매우 근
심하여 입을 의복을 모르드개에게
보내어 그 굵은 베 옷을 벗기고자
하나 모르드개가 받지 아니하는지
라
5 에스더가 왕의 (御命)어명으로 자
기에게 가까이 있는 내시 하닥을
불러 명령하여 모르드개에게 가서
이것이 무슨 일이며 무엇 때문인
가 알아보라 하매
6 하닥이 대궐 문 앞 성 중 (廣場)광
장에 있는 모르드개에게 이르니
7 모르드개가 자기가 당한 모든 일
과 하만이 유다인을 멸하려고 왕
의 금고에 바치기로 한 은의 (正確)
정확한 액수를 하닥에게 말하고

8 또 유다인을 진멸하라고 수산 궁
에서 내린 조서 (抄本)초본을 하
닥에게 주어 에스더에게 보여 알
게 하고 또 그에게 부탁하여 왕에
게 나아가서 그 앞에서 자기 민족
을 위하여 간절히 구하라 하니
9 하닥이 돌아와 모르드개의 말을
에스더에게 알리매
10 에스더가 하닥에게 이르되 너는
모르드개에게 전하기를
11 왕의 신하들과 왕의 각 지방 백성
이 다 알거니와 남녀를 막론하고
부름을 받지 아니하고 안뜰에 들
어가서 왕에게 나가면 오직 죽이
는 법이요 왕이 그 자에게 금 규를
내밀어야 살 것이라 이제 내가 부
름을 입어 왕에게 나가지 못한 지
가 이미 삼십 일이라 하라 하니라
12 그가 에스더의 말을 모르드개에게
전하매
13 모르드개가 그를 시켜 에스더에게
(回答)회답하되 너는 왕궁에 있으
니 모든 유다인 중에 홀로 목숨을
건지리라 생각하지 말라
14 이 때에 네가 만일 (潛潛)잠잠하
여 말이 없으면 유다인은 다른 데
로 말미암아 놓임과 구원을 얻으
려니와 너와 네 아버지 집은 멸망
하리라 네가 왕후의 자리를 얻은
것이 이 때를 위함이 아닌지 누가
알겠느냐 하니
15 에스더가 모르드개에게 (回答)회
답하여 이르되
16 당신은 가서 수산에 있는 유다인
을 다 모으고 나를 위하여 (禁食)

금식하되 밤낮 삼 일을 먹지도 말
고 마시지도 마소서 나도 나의 시
녀와 더불어 이렇게 금식한 후에
규례를 어기고 왕에게 나아가리니
죽으면 죽으리이다 하니라
17 모르드개가 가서 에스더가 (命令)
명령한 대로 다 행하니라

에스더가 왕과 하만을 잔치에 청하다

5 제삼일에 에스더가 왕후의 (禮
服)예복을 입고 왕궁 안 뜰 곧
어전 맞은편에 서니 왕이 어전에서
전 문을 대하여 왕좌에 앉았다가
2 (王后)왕후 에스더가 뜰에 선 것
을 본즉 매우 사랑스러우므로 손
에 잡았던 금 규를 그에게 내미니
에스더가 가까이 가서 금 규 끝을
만진지라
3 왕이 이르되 왕후 에스더여 그대
의 소원이 무엇이며 (要求)요구가
무엇이냐 나라의 절반이라도 그대
에게 주겠노라 하니
4 에스더가 이르되 오늘 내가 왕을
(爲)위하여 잔치를 베풀었사오니
왕이 좋게 여기시거든 하만과 함
께 오소서 하니
5 ●왕이 이르되 에스더가 말한 대
로 하도록 하만을 (急)급히 부르
라 하고 이에 왕이 하만과 함께 에
스더가 베푼 잔치에 가니라
6 잔치의 술을 마실 때에 왕이 에스
더에게 이르되 그대의 소청이 무
엇이뇨 곧 허락하겠노라 그대의
(要求)요구가 무엇이뇨 나라의 절
반이라 할지라도 시행하겠노라 하
니
7 에스더가 대답하여 이르되 나의
(所請)소청, 나의 요구가 이러하
니이다
8 내가 만일 왕의 목전에서 은혜를
입었고 왕이 내 소청을 (許諾)허
락하시며 내 요구를 시행하시기
를 좋게 여기시면 내가 왕과 하만
을 위하여 베푸는 잔치에 또 오소
서 내일은 왕의 말씀대로 하리이
다 하니라

하만의 음모

9 ●그 날 하만이 마음이 기뻐 즐거
이 나오더니 모르드개가 대궐 문
에 있어 일어나지도 아니하고 몸
을 움직이지도 아니하는 것을 보
고 매우 (怒)노하나
10 참고 집에 돌아와서 사람을 보내
어 그의 친구들과 그의 아내 세레
스를 (請)청하여
11 자기의 큰 (榮光)영광과 자녀가
많은 것과 왕이 자기를 들어 왕의
모든 지방관이나 신하들보다 높인
것을 다 말하고
12 또 하만이 이르되 왕후 에스더가
그 베푼 잔치에 왕과 함께 오기를
(許諾)허락 받은 자는 나밖에 없
었고 내일도 왕과 함께 청함을 받
았느니라
13 그러나 유다 사람 모르드개가 대
궐 문에 앉은 것을 보는 동안에는
이 모든 일이 (滿足)만족하지 아
니하도다 하니
14 그의 아내 세레스와 모든 친구들
이 이르되 높이가 오십 [1]규빗 되

1) 히, 암마

는 나무를 세우고 내일 왕에게
모르드개를 그 나무에 매달기를
(求)구하고 왕과 함께 즐거이 잔
치에 가소서 하니 하만이 그 말을
좋게 여기고 명령하여 나무를 세
우니라

왕이 모르드개를 존귀하게 하다

6 그 날 밤에 왕이 잠이 오지 아
니하므로 명령하여 역대 (日記)
일기를 가져다가 자기 앞에서 읽
히더니
2 그 속에 기록하기를 문을 지키던
왕의 두 내시 빅다나와 데레스가
아하수에로 왕을 암살하려는 (陰
謀)음모를 모르드개가 고발하였
다 하였는지라
3 왕이 이르되 이 일에 대하여 무슨
존귀와 (官爵)관작을 모르드개에
게 베풀었느냐 하니 측근 신하들
이 대답하되 아무것도 베풀지 아
니하였나이다 하니라
4 왕이 이르되 누가 뜰에 있느냐 하
매 마침 하만이 자기가 세운 나무
에 모르드개 달기를 왕께 구하고
자 하여 (王宮)왕궁 바깥뜰에 이
른지라
5 (側近)측근 신하들이 아뢰되 하만
이 뜰에 섰나이다 하니 왕이 이르
되 들어오게 하라 하니
6 하만이 들어오거늘 왕이 묻되 왕
이 (尊貴)존귀하게 하기를 원하는
사람에게 어떻게 하여야 하겠느냐
하만이 심중에 이르되 왕이 존귀
하게 하기를 원하시는 자는 나 외
에 누구리요 하고
7 왕께 아뢰되 왕께서 사람을 (尊
貴)존귀하게 하시려면
8 왕께서 입으시는 왕복과 왕께서
타시는 말과 머리에 쓰시는 (王
冠)왕관을 가져다가
9 그 왕복과 말을 왕의 신하 중 가장
존귀한 자의 손에 맡겨서 왕이 존
귀하게 하시기를 원하시는 사람에
게 옷을 입히고 말을 태워서 성 중
거리로 다니며 그 앞에서 (頒布)
반포하여 이르기를 왕이 존귀하게
하기를 원하시는 사람에게는 이같
이 할 것이라 하게 하소서 하니라
10 ●이에 왕이 하만에게 이르되 너
는 네 말대로 속히 (王服)왕복과
말을 가져다가 대궐 문에 앉은 유
다 사람 모르드개에게 행하되 무
릇 네가 말한 것에서 조금도 빠짐
이 없이 하라
11 하만이 왕복과 말을 가져다가 모
르드개에게 옷을 입히고 말을 태
워 성 중 거리로 다니며 그 앞에서
(頒布)반포하되 왕이 존귀하게 하
시기를 원하시는 사람에게는 이같
이 할 것이라 하니라
12 모르드개는 다시 대궐 문으로 돌
아오고 하만은 (煩惱)번뇌하여 머
리를 싸고 급히 집으로 돌아가서
13 자기가 당한 모든 일을 그의 아내
세레스와 모든 친구에게 말하매
그 중 (智慧)지혜로운 자와 그의
아내 세레스가 이르되 모르드개가
과연 유다 사람의 후손이면 당신
이 그 앞에서 굴욕을 당하기 시작
하였으니 능히 그를 이기지 못하

고 분명히 그 앞에 엎드러지리이
다
14 아직 말이 그치지 아니하여서 왕
의 (內侍)내시들이 이르러 하만을
데리고 에스더가 베푼 잔치에 빨
리 나아가니라

하만의 몰락

7 왕이 하만과 함께 또 (王后)왕
후 에스더의 잔치에 가니라
2 왕이 이 둘째 날 잔치에 술을 마실
때에 다시 에스더에게 물어 이르
되 왕후 에스더여 그대의 (所請)
소청이 무엇이냐 곧 허락하겠노라
그대의 요구가 무엇이냐 곧 나라
의 절반이라 할지라도 시행하겠노
라
3 왕후 에스더가 대답하여 이르되
왕이여 내가 만일 왕의 목전에서
(恩惠)은혜를 입었으며 왕이 좋게
여기시면 내 소청대로 내 생명을
내게 주시고 내 요구대로 내 민족
을 내게 주소서
4 나와 내 (民族)민족이 팔려서 죽
임과 도륙함과 진멸함을 당하게
되었나이다 만일 우리가 노비로
팔렸더라면 내가 잠잠하였으리이
다 그래도 대적이 왕의 손해를 보
충하지 못하였으리이다 하니
5 아하수에로 왕이 왕후 에스더에게
말하여 이르되 (敢)감히 이런 일
을 심중에 품은 자가 누구며 그가
어디 있느냐 하니
6 에스더가 이르되 대적과 원수는
이 (惡)악한 하만이니이다 하니
하만이 왕과 왕후 앞에서 두려워
하거늘
7 왕이 노하여 일어나서 잔치 자리
를 떠나 왕궁 후원으로 들어가니
라 하만이 일어서서 왕후 에스더
에게 생명을 구하니 이는 왕이 자
기에게 (罰)벌을 내리기로 결심한
줄 앎이더라
8 왕이 후원으로부터 잔치 자리에
돌아오니 하만이 에스더가 앉은
걸상 위에 엎드렸거늘 왕이 이르
되 저가 궁중 내 앞에서 왕후를
(强姦)강간까지 하고자 하는가 하
니 이 말이 왕의 입에서 나오매 무
리가 하만의 얼굴을 싸더라
9 왕을 모신 내시 중에 하르보나가
왕에게 아뢰되 왕을 위하여 (忠
誠)충성된 말로 고발한 모르드개
를 달고자 하여 하만이 높이가 오
십 규빗 되는 나무를 준비하였는
데 이제 그 나무가 하만의 집에 섰
나이다 왕이 이르되 하만을 그 나
무에 달라 하매
10 모르드개를 매달려고 한 나무에
하만을 다니 왕의 (怒)노가 그치
니라

유다 사람에게 살 길이 열리다

8 그 날 아하수에로 왕이 유다인
의 대적 하만의 집을 왕후 에스
더에게 주니라 에스더가 모르드개
는 자기에게 어떻게 (關係)관계됨
을 왕께 아뢰었으므로 모르드개가
왕 앞에 나오니
2 왕이 하만에게서 거둔 (斑指)반지
를 빼어 모르드개에게 준지라 에
스더가 모르드개에게 하만의 집을

관리하게 하니라
3 ●에스더가 다시 왕 앞에서 말씀
하며 왕의 발 아래 엎드려 아각 사
람 하만이 유다인을 해하려 한 악
한 꾀를 (除去)제거하기를 울며
구하니
4 왕이 에스더를 (向)향하여 금 규
를 내미는지라 에스더가 일어나
왕 앞에 서서
5 이르되 왕이 만일 즐거워하시며
내가 왕의 목전에 (恩惠)은혜를
입었고 또 왕이 이 일을 좋게 여기
시며 나를 좋게 보실진대 조서를
내리사 아각 사람 함므다다의 아
들 하만이 왕의 각 지방에 있는 유
다인을 진멸하려고 꾀하고 쓴 조
서를 철회하소서
6 내가 어찌 내 민족이 화 당함을 차
마 보며 내 친척의 (滅亡)멸망함
을 차마 보리이까 하니
7 아하수에로 왕이 왕후 에스더와
유다인 모르드개에게 이르되 하만
이 유다인을 (殺害)살해하려 하므
로 나무에 매달렸고 내가 그 집을
에스더에게 주었으니
8 너희는 왕의 명의로 유다인에게
조서를 뜻대로 쓰고 왕의 반지로
인을 칠지어다 왕의 이름을 쓰고
왕의 반지로 인친 조서는 누구든
지 (撤回)철회할 수 없음이니라
하니라
9 ●그 때 시완월 곧 삼월 이십삼일
에 왕의 서기관이 소집되고 모르
드개가 시키는 대로 (詔書)조서를
써서 인도로부터 구스까지의 백이
십칠 지방 유다인과 대신과 지방
관과 관원에게 전할새 각 지방의
문자와 각 민족의 언어와 유다인
의 문자와 언어로 쓰되
10 아하수에로 왕의 명의로 쓰고 왕
의 반지로 인을 치고 그 조서를
(驛卒)역졸들에게 부쳐 전하게 하
니 그들은 왕궁에서 길러서 왕의
일에 쓰는 준마를 타는 자들이라
11 조서에는 왕이 여러 고을에 있는
유다인에게 허락하여 그들이 함께
모여 스스로 생명을 (保護)보호하
여 각 지방의 백성 중 세력을 가지
고 그들을 치려하는 자들과 그들
의 처자를 죽이고 도륙하고 진멸
하고 그 재산을 탈취하게 하되
12 아하수에로 왕의 각 (地方)지방에
서 아달월 곧 십이월 십삼일 하루
동안에 하게 하였고
13 이 조서 초본을 각 지방에 전하고
각 민족에게 (頒布)반포하고 유다
인들에게 준비하였다가 그 날에
대적에게 원수를 갚게 한지라
14 왕의 (御命)어명이 매우 급하매
역졸이 왕의 일에 쓰는 준마를 타
고 빨리 나가고 그 조서가 도성 수
산에도 반포되니라
15 ●모르드개가 푸르고 흰 조복을
입고 큰 (金冠)금관을 쓰고 자색
가는 베 겉옷을 입고 왕 앞에서 나
오니 수산 성이 즐거이 부르며 기
뻐하고
16 유다인에게는 (榮光)영광과 즐거
움과 기쁨과 존귀함이 있는지라
17 왕의 어명이 이르는 각 지방, 각

읍에서 유다인들이 즐기고 기뻐하
여 잔치를 베풀고 그 날을 (名節)
명절로 삼으니 본토 백성이 유다
인을 두려워하여 유다인 되는 자
가 많더라

유다 사람이 대적들을 진멸하다

9 아달월 곧 열두째 달 십삼일은
왕의 어명을 (施行)시행하게 된
날이라 유다인의 대적들이 그들을
제거하기를 바랐더니 유다인이 도
리어 자기들을 미워하는 자들을
제거하게 된 그 날에
2 유다인들이 아하수에로 왕의 각
지방, 각 읍에 모여 자기들을 해
하고자 한 자를 죽이려 하니 모든
(民族)민족이 그들을 두려워하여
능히 막을 자가 없고
3 각 지방 모든 지방관과 대신들과
총독들과 왕의 (事務)사무를 보는
자들이 모르드개를 두려워하므로
다 유다인을 도우니
4 모르드개가 왕궁에서 존귀하여 점
점 창대하매 이 사람 모르드개의
(名聲)명성이 각 지방에 퍼지더라
5 유다인이 칼로 그 모든 대적들을
쳐서 (屠戮)도륙하고 진멸하고 자
기를 미워하는 자에게 마음대로
행하고
6 유다인이 또 도성 수산에서 오백
명을 죽이고 (殄滅)진멸하고
7 또 바산다다와 달본과 아스바다와
8 보라다와 아달리아와 아리다다와
9 바마스다와 아리새와 아리대와 왜
사다
10 곧 함므다다의 손자요 유다인의
대적 하만의 열 아들을 죽였으나
그들의 (財産)재산에는 손을 대지
아니하였더라
11 ● 그 날에 도성 수산에서 도륙한
자의 (數爻)수효를 왕께 아뢰니
12 왕이 왕후 에스더에게 이르되 유
다인이 도성 수산에서 이미 오백
명을 죽이고 멸하고 또 하만의 열
아들을 죽였으니 왕의 다른 지방
에서는 어떠하였겠느냐 이제 그대
의 소청이 무엇이냐 곧 허락하겠
노라 그대의 (要求)요구가 무엇이
냐 또한 시행하겠노라 하니
13 에스더가 이르되 왕이 만일 좋게
여기시면 수산에 사는 유다인들이
내일도 오늘 조서대로 행하게 하
시고 하만의 열 아들의 (屍體)시
체를 나무에 매달게 하소서 하니
14 왕이 그대로 행하기를 (許諾)허락
하고 조서를 수산에 내리니 하만
의 열 아들의 시체가 매달리니라
15 아달월 십사일에도 수산에 있는
유다인이 모여 또 삼백 명을 수산
에서 도륙하되 그들의 (財産)재산
에는 손을 대지 아니하였고
16 왕의 각 지방에 있는 다른 유다인
들이 모여 스스로 생명을 (保護)
보호하여 대적들에게서 벗어나며
자기들을 미워하는 자 칠만 오천
명을 도륙하되 그들의 재산에는
손을 대지 아니하였더라
17 ● 아달월 십삼일에 그 일을 (行)
행하였고 십사일에 쉬며 그 날에
잔치를 베풀어 즐겼고
18 수산에 사는 유다인들은 십삼일과

십사일에 모였고 십오일에 쉬며
이 날에 잔치를 베풀어 즐긴지라
19 그러므로 시골의 유다인 곧 성이
없는 고을고을에 사는 자들이 아
달월 십사일을 명절로 삼아 잔치
를 베풀고 즐기며 서로 (禮物)예
물을 주더라

부림일

20 ● 모르드개가 이 일을 기록하고
아하수에로 왕의 각 지방에 있는
모든 유다인에게 (遠近)원근을 막
론하고 글을 보내어 이르기를
21 한 (規例)규례를 세워 해마다 아
달월 십사일과 십오일을 지키라
22 이 달 이 날에 유다인들이 대적에
게서 벗어나서 평안함을 얻어 슬
픔이 변하여 기쁨이 되고 애통이
변하여 (吉)길한 날이 되었으니
이 두 날을 지켜 잔치를 베풀고 즐
기며 서로 예물을 주며 가난한 자
를 구제하라 하매
23 유다인이 자기들이 이미 시작한
대로 또한 모르드개가 보낸 글대
로 (繼續)계속하여 행하였으니
24 곧 아각 사람 함므다다의 아들 모
든 유다인의 대적 하만이 유다인
을 진멸하기를 꾀하고 부르 곧 제
비를 뽑아 그들을 죽이고 (滅)멸
하려 하였으나
25 에스더가 왕 앞에 나아감으로 말
미암아 왕이 조서를 내려 하만이
유다인을 해하려던 (惡)악한 꾀를
그의 머리에 돌려보내어 하만과
그의 여러 아들을 나무에 달게 하
였으므로
26 무리가 부르의 이름을 따라 이 두
날을 부림이라 하고 유다인이 이
글의 모든 말과 이 일에 보고 (當)
당한 것으로 말미암아
27 뜻을 정하고 자기들과 자손과 자
기들과 (和合)화합한 자들이 해마
다 그 기록하고 정해 놓은 때 이
두 날을 이어서 지켜 폐하지 아니
하기로 작정하고
28 각 지방, 각 읍, 각 집에서 대대로
이 두 날을 (記念)기념하여 지키
되 이 부림일을 유다인 중에서 폐
하지 않게 하고 그들의 후손들이
계속해서 기념하게 하였더라
29 아비하일의 딸 왕후 에스더와 유
다인 모르드개가 (全權)전권으로
글을 쓰고 부림에 대한 이 둘째 편
지를 굳게 지키게 하되
30 화평하고 진실한 말로 (便紙)편지
를 써서 아하수에로의 나라 백이
십칠 지방에 있는 유다 모든 사람
에게 보내어
31 정한 기간에 이 부림일을 지키게
하였으니 이는 유다인 모르드개와
왕후 에스더가 명령한 바와 유다
인이 (禁食)금식하며 부르짖은 것
으로 말미암아 자기와 자기 자손
을 위하여 정한 바가 있음이더라
32 에스더의 명령이 이 부림에 대한
일을 (堅固)견고하게 하였고 그
일이 책에 기록되었더라

왕과 모르드개가 높임을 받다

10 아하수에로 왕이 그의 본토
와 바다 섬들로 하여금 (朝
貢)조공을 바치게 하였더라

2 왕의 능력 있는 모든 행적과 모르
드개를 높여 존귀하게 한 (事蹟)
사적이 메대와 바사 왕들의 일기
에 기록되지 아니하였느냐
3 유다인 모르드개가 아하수에로 왕
의 다음이 되고 유다인 중에 크게
존경받고 그의 허다한 형제에게
사랑을 받고 그의 백성의 이익을
(圖謀)도모하며 그의 모든 종족을
안위하였더라

욥記 Job

사탄이 욥을 시험하다

1 우스 땅에 욥이라 불리는 사람
이 있었는데 그 사람은 (穩全)
온전하고 정직하여 하나님을 경외
하며 악에서 떠난 자더라
2 그에게 아들 일곱과 딸 셋이 태어
나니라
3 그의 (所有物)소유물은 양이 칠천
마리요 낙타가 삼천 마리요 소가
오백 겨리요 암나귀가 오백 마리
이며 종도 많이 있었으니 이 사람
은 동방 사람 중에 가장 훌륭한 자
라
4 그의 아들들이 자기 생일에 각각
자기의 집에서 잔치를 베풀고 그
의 누이 세 명도 (請)청하여 함께
먹고 마시더라
5 그들이 차례대로 잔치를 끝내면
욥이 그들을 불러다가 (聖潔)성결
하게 하되 아침에 일어나서 그들
의 명수대로 번제를 드렸으니 이
는 욥이 말하기를 혹시 내 아들들
이 죄를 범하여 마음으로 하나님
을 욕되게 하였을까 함이라 욥의
행위가 항상 이러하였더라

6 ●하루는 하나님의 아들들이 와
서 여호와 앞에 섰고 사탄도 그들
가운데에 온지라
7 여호와께서 사탄에게 이르시되 네
가 어디서 왔느냐 사탄이 여호와
께 (對答)대답하여 이르되 땅을
두루 돌아 여기저기 다녀왔나이다
8 여호와께서 사탄에게 이르시되 네
가 내 종 욥을 (注意)주의하여 보
았느냐 그와 같이 온전하고 정직
하여 하나님을 경외하며 악에서
떠난 자는 세상에 없느니라
9 사탄이 여호와께 대답하여 이르되
욥이 어찌 까닭 없이 하나님을 (敬
畏)경외하리이까
10 주께서 그와 그의 집과 그의 모든
(所有物)소유물을 울타리로 두르
심 때문이 아니니이까 주께서 그
의 손으로 하는 바를 (福)복되게
하사 그의 소유물이 땅에 넘치게
하셨음이니이다
11 이제 주의 손을 펴서 그의 모든
(所有物)소유물을 치소서 그리하
시면 틀림없이 주를 향하여 욕하
지 않겠나이까
12 여호와께서 사탄에게 이르시되 내
가 그의 (所有物)소유물을 다 네
손에 맡기노라 다만 그의 몸에는
네 손을 대지 말지니라 사탄이 곧
여호와 앞에서 물러가니라

욥이 자녀와 재산을 잃다

13 ●하루는 욥의 자녀들이 그 맏아
들의 집에서 (飮食)음식을 먹으며
포도주를 마실 때에
14 (使喚)사환이 욥에게 와서 아뢰되
소는 밭을 갈고 나귀는 그 곁에서
풀을 먹는데
15 스바 사람이 갑자기 이르러 그것
들을 빼앗고 칼로 종들을 죽였나
이다 나만 홀로 (避)피하였으므로
주인께 아뢰러 왔나이다

16 그가 아직 말하는 동안에 또 한 사
람이 와서 아뢰되 하나님의 불이
하늘에서 떨어져서 양과 종들을
살라 버렸나이다 나만 홀로 (避)
피하였으므로 주인께 아뢰러 왔나
이다
17 그가 아직 말하는 동안에 또 한 사
람이 와서 아뢰되 갈대아 사람이
세 무리를 지어 갑자기 (駱駝)낙
타에게 달려들어 그것을 빼앗으며
칼로 종들을 죽였나이다 나만 홀
로 피하였으므로 주인께 아뢰러
왔나이다
18 그가 아직 말하는 동안에 또 한 사
람이 와서 아뢰되 (主人)주인의
자녀들이 그들의 맏아들의 집에서
음식을 먹으며 포도주를 마시는데
19 거친 들에서 큰 바람이 와서 집 네
모퉁이를 치매 그 (靑年)청년들
위에 무너지므로 그들이 죽었나이
다 나만 홀로 피하였으므로 주인
께 아뢰러 왔나이다 한지라
20 욥이 일어나 겉옷을 찢고 머리털
을 밀고 땅에 엎드려 (禮拜)예배
하며
21 이르되 내가 모태에서 알몸으로
나왔사온즉 또한 알몸이 그리로
돌아가올지라 주신 이도 여호와시
요 거두신 이도 여호와시오니 여
호와의 이름이 (讚頌)찬송을 받으
실지니이다 하고
22 이 모든 일에 욥이 범죄하지 아니
하고 하나님을 향하여 (怨望)원망
하지 아니하니라

사탄이 다시 욥을 시험하다

2 또 하루는 하나님의 아들들이
와서 여호와 앞에 서고 사탄도
그들 가운데에 와서 여호와 앞에
서니
2 여호와께서 사탄에게 이르시되 네
가 어디서 왔느냐 사탄이 여호와
께 (對答)대답하여 이르되 땅을 두
루 돌아 여기 저기 다녀 왔나이다
3 여호와께서 사탄에게 이르시되 네
가 내 종 욥을 (注意)주의하여 보
았느냐 그와 같이 온전하고 정직
하여 하나님을 경외하며 악에서
떠난 자가 세상에 없느니라 네가
나를 충동하여 까닭 없이 그를 치
게 하였어도 그가 여전히 자기의
온전함을 굳게 지켰느니라
4 사탄이 여호와께 대답하여 이르되
가죽으로 가죽을 바꾸오니 사람
이 그의 모든 소유물로 자기의 (生
命)생명을 바꾸올지라
5 이제 주의 손을 펴서 그의 뼈와 살
을 치소서 그리하시면 틀림없이 주
를 향하여 (辱)욕하지 않겠나이까
6 여호와께서 사탄에게 이르시되 내
가 그를 네 손에 맡기노라 다만 그
의 (生命)생명은 해하지 말지니라
7 ● 사탄이 이에 여호와 앞에서 물
러가서 욥을 쳐서 그의 발바닥에
서 정수리까지 (腫氣)종기가 나게
한지라
8 욥이 재 가운데 앉아서 질그릇 조
각을 가져다가 몸을 긁고 있더니
9 그의 아내가 그에게 이르되 당신
이 그래도 자기의 (穩全)온전함을
굳게 지키느냐 하나님을 욕하고

죽으라
10 그가 이르되 그대의 말이 한 어리
석은 여자의 말 같도다 우리가 하
나님께 복을 받았은즉 화도 받지
아니하겠느냐 하고 이 모든 일에
욥이 입술로 (犯罪)범죄하지 아니
하니라

친구들이 욥을 위로하러 오다

11 ● 그 때에 욥의 친구 세 사람이
이 모든 재앙이 그에게 내렸다 함
을 듣고 각각 자기 지역에서부터
이르렀으니 곧 데만 사람 엘리바
스와 수아 사람 빌닷과 나아마 사
람 소발이라 그들이 욥을 위문하
고 (慰勞)위로하려 하여 서로 약
속하고 오더니
12 눈을 들어 멀리 보매 그가 욥인 줄
알기 어렵게 되었으므로 그들이
(一齊)일제히 소리 질러 울며 각
각 자기의 겉옷을 찢고 하늘을 향
하여 티끌을 날려 자기 머리에 뿌
리고
13 밤낮 칠 일 동안 그와 함께 땅에
앉았으나 욥의 (苦痛)고통이 심함
을 보므로 그에게 한마디도 말하
는 자가 없었더라

욥이 자기 생일을 저주하다

욥

3 그 후에 욥이 입을 열어 자기의
생일을 (詛呪)저주하니라
2 욥이 입을 열어 이르되
3 내가 난 날이 (滅亡)멸망하였더라
면, 사내 아이를 배었다 하던 그
밤도 그러하였더라면,
4 그 날이 캄캄하였더라면, 하나님이
위에서 돌아보지 않으셨더라면, 빛
도 그 날을 비추지 않았더라면,
5 어둠과 죽음의 그늘이 그 날을 자
기의 것이라 (主張)주장하였더라
면, 구름이 그 위에 덮였더라면,
흑암이 그 날을 덮었더라면,
6 그 밤이 캄캄한 어둠에 잡혔더라
면, 해의 날 (數)수와 달의 수에
들지 않았더라면,
7 그 밤에 (子息)자식을 배지 못하
였더라면, 그 밤에 즐거운 소리가
나지 않았더라면,
8 날을 저주하는 자들 곧 [1]리워야단
을 (激動)격동시키기에 익숙한 자
들이 그 밤을 저주하였더라면,
9 그 밤에 새벽 별들이 어두웠더라
면, 그 밤이 (光明)광명을 바랄지
라도 얻지 못하며 동틈을 보지 못
하였더라면 좋았을 것을,
10 이는 내 모태의 문을 닫지 아니하
여 내 눈으로 (患難)환난을 보게
하였음이로구나
11 어찌하여 내가 (胎)태에서 죽어
나오지 아니하였던가 어찌하여 내
어머니가 해산할 때에 내가 숨지
지 아니하였던가
12 어찌하여 무릎이 나를 받았던가
어찌하여 내가 젖을 빨았던가
13 그렇지 아니하였던들 이제는 내가
(平安)평안히 누워서 자고 쉬었을
것이니
14 자기를 위하여 (廢墟)폐허를 일으
킨 세상 임금들과 모사들과 함께
있었을 것이요
15 혹시 금을 가지며 은으로 집을 채

1) 악어로 볼 수도 있음

운 (高官)고관들과 함께 있었을
것이며
16 또는 (落胎)낙태되어 땅에 묻힌
아이처럼 나는 존재하지 않았겠고
빛을 보지 못한 아이들 같았을 것
이라
17 거기서는 악한 자가 (騷擾)소요를
그치며 거기서는 (疲困)피곤한 자
가 쉼을 얻으며
18 거기서는 갇힌 자가 다 함께 (平
安)평안히 있어 (監督者)감독자
의 호통 소리를 듣지 아니하며
19 거기서는 작은 자와 큰 자가 함께
있고 종이 (上典)상전에게서 놓이
느니라
20 ● 어찌하여 (苦難)고난 당하는 자
에게 빛을 주셨으며 마음이 아픈
자에게 생명을 주셨는고
21 이러한 자는 죽기를 바라도 오지
아니하니 땅을 파고 숨긴 보배를
찾음보다 죽음을 (求)구하는 것을
더하다가
22 무덤을 찾아 얻으면 (甚)심히 기
뻐하고 즐거워하나니
23 하나님에게 둘러 싸여 길이 아득
한 사람에게 어찌하여 빛을 주셨
는고
24 나는 음식 앞에서도 (嘆息)탄식이
나며 내가 앓는 소리는 물이 쏟아
지는 소리 같구나
25 내가 두려워하는 그것이 내게
(臨)임하고 내가 무서워하는 그것
이 내 몸에 미쳤구나
26 나에게는 평온도 없고 안일도 없
고 휴식도 없고 다만 (不安)불안
만이 있구나

엘리바스의 첫번째 말

4 데만 사람 엘리바스가 (對答)대
답하여 이르되
2 누가 네게 말하면 네가 싫증을 내
겠느냐, 누가 참고 말하지 아니하
겠느냐
3 보라 전에 네가 여러 사람을 (訓
戒)훈계하였고 손이 늘어진 자를
강하게 하였고
4 넘어지는 자를 말로 붙들어 주었
고 무릎이 (弱)약한 자를 (强)강하
게 하였거늘
5 이제 이 일이 네게 이르매 네가 힘
들어 하고 이 일이 네게 닥치매 네
가 놀라는구나
6 네 (敬畏)경외함이 네 자랑이 아
니냐 네 소망이 네 온전한 길이 아
니냐
7 생각하여 보라 죄 없이 망한 자가
누구인가 (正直)정직한 자의 끊어
짐이 어디 있는가
8 내가 보건대 악을 밭 갈고 (毒)독
을 뿌리는 자는 그대로 거두나니
9 다 하나님의 입 기운에 (滅亡)멸
망하고 그의 콧김에 사라지느니라
10 (獅子)사자의 우는 소리와 젊은
사자의 소리가 그치고 어린 사자
의 이가 부러지며
11 (獅子)사자는 사냥한 것이 없어
죽어 가고 암사자의 새끼는 흩어
지느니라
12 ● 어떤 말씀이 내게 가만히 이르
고 그 가느다란 소리가 내 귀에 들
렸었나니

13 사람이 깊이 잠들 즈음 내가 그 밤
에 본 (幻像)환상으로 말미암아
생각이 번거로울 때에
14 두려움과 떨림이 내게 이르러서
모든 뼈마디가 흔들렸느니라
15 그 때에 (靈)영이 내 앞으로 지나
매 내 몸에 털이 주뼛하였느니라
16 그 영이 서 있는데 나는 그 (形像)
형상을 알아보지는 못하여도 오직
한 형상이 내 눈 앞에 있었느니라
그 때에 내가 조용한 중에 한 목소
리를 들으니
17 사람이 어찌 하나님보다 의롭겠느
냐 사람이 어찌 그 (創造)창조하
신 이보다 깨끗하겠느냐
18 하나님은 그의 종이라도 그대로
믿지 아니하시며 그의 (天使)천사
라도 미련하다 하시나니
19 하물며 흙 집에 살며 티끌로 터를
삼고 하루살이 앞에서라도 무너질
자이겠느냐
20 아침과 저녁 사이에 부스러져 가
루가 되며 영원히 사라지되 (記
憶)기억하는 자가 없으리라
21 장막 줄이 그들에게서 뽑히지 아
니하겠느냐 그들은 (智慧)지혜가
없이 죽느니라

5 너는 부르짖어 보라 네게 (應
答)응답할 자가 있겠느냐 거룩
한 자 중에 네가 누구에게로 향하
겠느냐
2 (憤怒)분노가 미련한 자를 죽이고
시기가 어리석은 자를 멸하느니라
3 내가 미련한 자가 뿌리 내리는 것
을 보고 그의 집을 당장에 (詛呪)
저주하였노라
4 그의 자식들은 구원에서 멀고 (城
門)성문에서 억눌리나 구하는 자
가 없으며
5 그가 (秋收)추수한 것은 주린 자
가 먹되 덫에 걸린 것도 빼앗으며
올무가 그의 재산을 향하여 입을
벌리느니라
6 (災難)재난은 티끌에서 일어나는
것이 아니며 고생은 흙에서 나는
것이 아니니라
7 사람은 (苦生)고생을 위하여 났으
니 불꽃이 위로 날아 가는 것 같으
니라
8 ●나라면 하나님을 찾겠고 내 일
을 하나님께 (依託)의탁하리라
9 하나님은 헤아릴 수 없이 큰 일을
행하시며 (奇異)기이한 일을 셀
수 없이 행하시나니
10 비를 땅에 내리시고 물을 밭에 보
내시며
11 낮은 자를 높이 드시고 애곡하는
자를 일으키사 (救援)구원에 이르
게 하시느니라
12 하나님은 교활한 자의 (計巧)계교
를 꺾으사 그들의 손이 성공하지
못하게 하시며
13 지혜로운 자가 자기의 계략에 빠
지게 하시며 (奸巧)간교한 자의
계략을 무너뜨리시므로
14 그들은 낮에도 어두움을 만나고
대낮에도 더듬기를 밤과 같이 하
느니라
15 하나님은 가난한 자를 강한 자의
칼과 그 입에서, 또한 그들의 손에

서 (救出)구출하여 주시나니
16 그러므로 가난한 자가 (希望)희망
이 있고 악행이 스스로 입을 다무
느니라
17 ●볼지어다 하나님께 징계 받는
자에게는 복이 있나니 그런즉 너
는 전능자의 (懲戒)징계를 업신여
기지 말지니라
18 하나님은 아프게 하시다가 싸매시
며 (傷)상하게 하시다가 그의 손
으로 고치시나니
19 여섯 가지 환난에서 너를 (救援)구
원하시며 일곱 가지 환난이라도 그
재앙이 네게 미치지 않게 하시며
20 (饑饉)기근 때에 죽음에서, 전쟁
때에 칼의 위협에서 너를 구원하
실 터인즉
21 네가 혀의 채찍을 피하여 숨을 수
가 있고 (滅亡)멸망이 올 때에도
두려워하지 아니할 것이라
22 너는 멸망과 (饑饉)기근을 비웃으
며 들짐승을 두려워하지 말라
23 들에 있는 돌이 너와 언약을 맺겠
고 들짐승이 너와 (和睦)화목하게
살 것이니라
24 네가 네 (帳幕)장막의 평안함을
알고 네 [1]우리를 살펴도 잃은 것
이 없을 것이며
25 네 자손이 많아지며 네 (後孫)후
손이 땅의 풀과 같이 될 줄을 네가
알 것이라
26 네가 (長壽)장수하다가 무덤에 이
르리니 마치 곡식단을 제 때에 들
어올림 같으니라
27 볼지어다 우리가 (研究)연구한 바
가 이와 같으니 너는 들어 보라 그
러면 네가 알리라

욥의 대답

6 욥이 (對答)대답하여 이르되
2 나의 괴로움을 달아 보며 나
의 (破滅)파멸을 저울 위에 모두
놓을 수 있다면
3 바다의 모래보다도 무거울 것이라
그러므로 나의 말이 (輕率)경솔하
였구나
4 (全能者)전능자의 화살이 내게 박
히매 나의 영이 그 독을 마셨나니
하나님의 두려움이 나를 엄습하여
치는구나
5 들나귀가 풀이 있으면 어찌 울겠
으며 소가 꼴이 있으면 어찌 울겠
느냐
6 싱거운 것이 소금 없이 먹히겠느냐
닭의 알 흰자위가 맛이 있겠느냐
7 내 마음이 이런 것을 만지기도 싫
어하나니 꺼리는 (飮食物)음식물
같이 여김이니라
8 ●나의 간구를 누가 들어 줄 것이
며 나의 (所願)소원을 하나님이
허락하시랴
9 이는 곧 나를 (滅)멸하시기를 기
뻐하사 하나님이 그의 손을 들어
나를 끊어 버리실 것이라
10 그러할지라도 내가 오히려 위로
를 받고 그칠 줄 모르는 고통 가운
데서도 기뻐하는 것은 내가 거룩
하신 이의 말씀을 (拒逆)거역하지
아니하였음이라
11 내가 무슨 (氣力)기력이 있기에

1) 거하는 곳

기다리겠느냐 내 마지막이 어떠하겠기에 그저 참겠느냐

12 나의 (氣力)기력이 어찌 돌의 기력이겠느냐 나의 살이 어찌 놋쇠겠느냐

13 나의 도움이 내 속에 없지 아니하냐 나의 (能力)능력이 내게서 쫓겨나지 아니하였느냐

14 ● (落心)낙심한 자가 비록 전능자를 경외하기를 저버릴지라도 그의 친구로부터 동정을 받느니라

15 내 형제들은 개울과 같이 (變德)변덕스럽고 그들은 개울의 물살같이 지나가누나

16 얼음이 녹으면 물이 검어지며 눈이 그 속에 감추어질지라도

17 따뜻하면 마르고 더우면 그 자리에서 아주 없어지나니

18 (隊商)대상들은 그들의 길을 벗어나서 삭막한 들에 들어가 멸망하느니라

19 데마의 떼들이 그것을 바라보고 스바의 행인들도 그것을 (思慕)사모하다가

20 거기 와서는 바라던 것을 부끄러워하고 (落心)낙심하느니라

21 이제 너희는 아무것도 아니로구나 너희가 두려운 일을 본즉 (怯)겁내는구나

22 내가 언제 너희에게 무엇을 달라고 말했더냐 나를 위하여 너희 재물을 (膳物)선물로 달라고 하더냐

23 내가 언제 말하기를 원수의 손에서 나를 구원하라 하더냐 (暴君)폭군의 손에서 나를 구원하라 하더냐

24 ● 내게 가르쳐서 나의 허물된 것을 깨닫게 하라 내가 (潛潛)잠잠하리라

25 옳은 말이 어찌 그리 고통스러운고, 너희의 책망은 무엇을 (責望)책망함이냐

26 너희가 남의 말을 꾸짖을 생각을 하나 (失望)실망한 자의 말은 바람에 날아가느니라

27 너희는 (孤兒)고아를 제비 뽑으며 너희 친구를 팔아 넘기는구나

28 이제 원하건대 너희는 내게로 얼굴을 돌리라 내가 너희를 (對面)대면하여 결코 거짓말하지 아니하리라

29 너희는 돌이켜 (行惡者)행악자가 되지 말라 아직도 나의 의가 건재하니 돌아오라

30 내 혀에 어찌 (不義)불의한 것이 있으랴 내 미각이 어찌 속임을 분간하지 못하랴

7 이 땅에 사는 (人生)인생에게 힘든 노동이 있지 아니하겠느냐 그의 날이 품꾼의 날과 같지 아니하겠느냐

2 종은 저녁 그늘을 몹시 바라고 품꾼은 그의 삯을 기다리나니

3 이와 같이 내가 여러 달째 고통을 받으니 고달픈 밤이 내게 (作定)작정되었구나

4 내가 누울 때면 말하기를 언제나 일어날까, 언제나 밤이 갈까 하며 새벽까지 이리 뒤척, 저리 뒤척 하는구나

5 내 살에는 구더기와 흙 덩이가 (衣服)의복처럼 입혀졌고 내 피부는

굳어졌다가 터지는구나
6 나의 날은 베틀의 북보다 빠르니
(希望)희망 없이 보내는구나
7 내 생명이 한날 바람 같음을 생각
하옵소서 나의 눈이 다시는 (幸
福)행복을 보지 못하리이다
8 나를 본 자의 눈이 다시는 나를 보
지 못할 것이고 주의 눈이 나를
(向)향하실지라도 내가 있지 아니
하리이다
9 구름이 사라져 없어짐 같이 스올
로 내려가는 자는 다시 올라오지
못할 것이오니
10 그는 다시 자기 집으로 돌아가지
못하겠고 자기 (處所)처소도 다시
그를 알지 못하리이다
11 ●그런즉 내가 내 입을 금하지 아
니하고 내 (靈魂)영혼의 아픔 때
문에 말하며 내 마음의 괴로움 때
문에 불평하리이다
12 내가 바다니이까 바다 괴물이니이
까 (主)주께서 어찌하여 나를 지
키시나이까
13 혹시 내가 말하기를 내 잠자리가
나를 (慰勞)위로하고 내 침상이
내 수심을 풀리라 할 때에
14 주께서 꿈으로 나를 놀라게 하시
고 (幻像)환상으로 나를 두렵게
하시나이다
15 이러므로 내 마음이 뼈를 깎는 (苦
痛)고통을 겪느니 차라리 숨이 막
히는 것과 죽는 것을 택하리이다
16 내가 생명을 싫어하고 (永遠)영원
히 살기를 원하지 아니하오니 나를
놓으소서 내 날은 헛 것이니이다
17 사람이 무엇이기에 (主)주께서 그
를 크게 만드사 그에게 마음을 두
시고
18 아침마다 (勸懲)권징하시며 순간
마다 단련하시나이까
19 주께서 내게서 눈을 돌이키지 아
니하시며 내가 침을 삼킬 동안도
나를 놓지 아니하시기를 어느 때
까지 하시리이까
20 사람을 (監察)감찰하시는 이여 내
가 범죄하였던들 주께 무슨 해가
되오리이까 어찌하여 나를 당신의
과녁으로 삼으셔서 내게 무거운
짐이 되게 하셨나이까
21 주께서 어찌하여 내 허물을 (赦)
사하여 주지 아니하시며 내 죄악
을 제거하여 버리지 아니하시나이
까 내가 이제 흙에 누우리니 주께
서 나를 애써 찾으실지라도 내가
남아 있지 아니하리이다

빌닷의 첫번째 말

8 수아 사람 빌닷이 (對答)대답하
여 이르되
2 네가 어느 때까지 이런 말을 하겠
으며 어느 때까지 네 입의 말이 거
센 바람과 같겠는가
3 하나님이 어찌 정의를 굽게 하시
겠으며 전능하신 이가 어찌 (公
義)공의를 굽게 하시겠는가
4 네 자녀들이 주께 (罪)죄를 지었
으므로 주께서 그들을 그 죄에 버
려두셨나니
5 네가 만일 하나님을 찾으며 (全
能)전능하신 이에게 간구하고
6 또 (淸潔)청결하고 정직하면 반드

시 너를 돌보시고 네 의로운 처소
를 평안하게 하실 것이라
7 네 시작은 (微弱)미약하였으나 네
나중은 심히 창대하리라
8 ● 청하건대 너는 옛 시대 사람에
게 물으며 조상들이 (攄得)터득한
일을 배울지어다
9 우리는 어제부터 있었을 뿐이라
우리는 아는 것이 없으며 세상에
있는 날이 그림자와 같으니라
10 그들이 네게 가르쳐 이르지 아니
하겠느냐 그 마음에서 나오는 말
을 하지 아니하겠느냐
11 ● [1]왕골이 진펄 아닌 데서 크게
자라겠으며 갈대가 물 없는 데서
크게 자라겠느냐
12 이런 것은 새 순이 돋아 아직 뜯을
때가 되기 전에 다른 풀보다 일찍
이 마르느니라
13 하나님을 잊어버리는 자의 길은
다 이와 같고 (低俗)저속한 자의
희망은 무너지리니
14 그가 믿는 것이 끊어지고 그가 (依
支)의지하는 것이 거미줄 같은즉
15 그 집을 의지할지라도 집이 서지
못하고 굳게 붙잡아 주어도 집이
(保存)보존되지 못하리라
16 그는 햇빛을 받고 물이 올라 그 가
지가 동산에 뻗으며
17 그 뿌리가 돌무더기에 서리어서
돌 가운데로 들어갔을지라도
18 그 곳에서 뽑히면 그 자리도 모르
는 체하고 이르기를 내가 너를 보
지 못하였다 하리니

1) 파피루스의 일종

19 그 길의 기쁨은 이와 같고 그 후에
다른 것이 흙에서 나리라
20 하나님은 (純全)순전한 사람을 버
리지 아니하시고 악한 자를 붙들
어 주지 아니하시므로
21 웃음을 네 입에, 즐거운 소리를 네
입술에 채우시리니
22 너를 미워하는 자는 부끄러움을
당할 것이라 악인의 (帳幕)장막은
없어지리라

욥의 대답

9 욥이 (對答)대답하여 이르되
2 (眞實)진실로 내가 이 일이 그
런 줄을 알거니와 인생이 어찌 하
나님 앞에 의로우랴
3 사람이 하나님께 (辯論)변론하기
를 좋아할지라도 천 마디에 한 마
디도 대답하지 못하리라
4 그는 마음이 지혜로우시고 힘이
강하시니 그를 거슬러 스스로 (頑
惡)완악하게 행하고도 형통할 자
가 누구이랴
5 그가 (震怒)진노하심으로 산을 무
너뜨리시며 옮기실지라도 산이 깨
닫지 못하며
6 그가 땅을 그 자리에서 움직이시
니 그 기둥들이 흔들리도다
7 그가 해를 (命令)명령하여 뜨지
못하게 하시며 별들을 가두시도다
8 그가 홀로 하늘을 펴시며 바다 물
결을 밟으시며
9 북두성과 삼성과 묘성과 남방의
(密室)밀실을 만드셨으며
10 (測量)측량할 수 없는 큰 일을, 셀
수 없는 기이한 일을 행하시느니라

11 그가 내 앞으로 지나시나 내가 보지 못하며 그가 내 앞에서 움직이시나 내가 깨닫지 못하느니라

12 하나님이 빼앗으시면 누가 막을 수 있으며 무엇을 하시나이까 하고 누가 물을 수 있으랴

13 하나님이 진노를 돌이키지 아니하시나니 라합을 돕는 자들이 그 밑에 (屈服)굴복하겠거든

14 하물며 내가 감히 (對答)대답하겠으며 그 앞에서 무슨 말을 택하랴

15 (假令)가령 내가 의로울지라도 대답하지 못하겠고 나를 심판하실 그에게 간구할 뿐이며

16 가령 내가 그를 부르므로 그가 내게 대답하셨을지라도 내 (音聲)음성을 들으셨다고는 내가 믿지 아니하리라

17 그가 (暴風)폭풍으로 나를 치시고 까닭 없이 내 상처를 깊게 하시며

18 나를 숨 쉬지 못하게 하시며 괴로움을 내게 채우시는구나

19 힘으로 말하면 그가 강하시고 심판으로 말하면 누가 [1]그를 (召喚)소환하겠느냐

20 가령 내가 의로울지라도 내 입이 나를 (定罪)정죄하리니 가령 내가 온전할지라도 나를 정죄하시리라

21 나는 온전하다마는 내가 나를 돌아보지 아니하고 내 생명을 (賤)천히 여기는구나

22 일이 다 같은 것이라 그러므로 나는 말하기를 하나님이 온전한 자나 악한 자나 (滅亡)멸망시키신다 하나니

23 갑자기 재난이 닥쳐 죽을지라도 무죄한 자의 (絕望)절망도 그가 비웃으시리라

24 세상이 악인의 손에 넘어갔고 (裁判官)재판관의 얼굴도 가려졌나니 그렇게 되게 한 이가 그가 아니시면 누구냐

25 ● 나의 날이 (競走者)경주자보다 빨리 사라져 버리니 복을 볼 수 없구나

26 그 지나가는 것이 [2]빠른 배 같고 먹이에 날아 내리는 독수리와도 같구나

27 가령 내가 말하기를 내 불평을 잊고 얼굴 빛을 고쳐 즐거운 (貌樣)모양을 하자 할지라도

28 내 모든 (苦痛)고통을 두려워하오니 주께서 나를 죄 없다고 여기지 않으실 줄을 아나이다

29 내가 (定罪)정죄하심을 당할진대 어찌 헛되이 수고하리이까

30 내가 눈 녹은 물로 몸을 씻고 잿물로 손을 깨끗하게 할지라도

31 주께서 나를 개천에 빠지게 하시리니 내 옷이라도 나를 싫어하리이다

32 하나님은 나처럼 사람이 아니신즉 내가 그에게 (對答)대답할 수 없으며 함께 들어가 재판을 할 수도 없고

33 우리 사이에 손을 얹을 (判決者)판결자도 없구나

34 주께서 그의 막대기를 내게서 떠나게 하시고 그의 (威嚴)위엄이 나를 두렵게 하지 아니하시기를 원하노라

1) 히, 나를 2) 히, 갈대 배

35 그리하시면 내가 두려움 없이 말
하리라 나는 (本來)본래 그렇게
할 수 있는 자가 아니니라

10 내 영혼이 살기에 곤비하니
내 불평을 (吐露)토로하고
내 마음이 괴로운 대로 말하리라
2 내가 하나님께 아뢰오리니 나를
정죄하지 마시옵고 무슨 까닭으로
나와 더불어 (辯論)변론하시는지
내게 알게 하옵소서
3 주께서 주의 손으로 지으신 것을
(虐待)학대하시며 멸시하시고 악
인의 꾀에 빛을 비추시기를 선히
여기시나이까
4 주께도 (肉身)육신의 눈이 있나이
까 주께서 사람처럼 보시나이까
5 주의 날이 어찌 사람의 날과 같으
며 주의 해가 어찌 (人生)인생의
해와 같기로
6 나의 허물을 찾으시며 나의 (罪)
죄를 들추어내시나이까
7 주께서는 내가 (惡)악하지 않은
줄을 아시나이다 주의 손에서 나
를 벗어나게 할 자도 없나이다
8 주의 손으로 나를 빚으셨으며 만드
셨는데 이제 나를 (滅)멸하시나이다
9 (記憶)기억하옵소서 주께서 내 몸
지으시기를 흙을 뭉치듯 하셨거늘
다시 나를 티끌로 돌려보내려 하
시나이까
10 주께서 나를 젖과 같이 쏟으셨으
며 엉긴 젖처럼 엉기게 하지 아니
하셨나이까
11 (皮膚)피부와 살을 내게 입히시며
뼈와 힘줄로 나를 엮으시고
12 생명과 (恩惠)은혜를 내게 주시고
나를 보살피심으로 내 영을 지키
셨나이다
13 그러한데 (主)주께서 이것들을 마
음에 품으셨나이다 이 뜻이 주께
있는 줄을 내가 아나이다
14 내가 (犯罪)범죄하면 주께서 나를
죄인으로 인정하시고 내 죄악을
사하지 아니하시나이다
15 내가 악하면 (禍)화가 있을 것이
오며 내가 의로울지라도 머리를
들지 못하는 것은 내 속에 부끄러
움이 가득하고 내 환난을 내 눈이
보기 때문이니이다
16 내가 머리를 높이 들면 주께서 젊
은 (獅子)사자처럼 나를 사냥하시
며 내게 주의 놀라움을 다시 나타
내시나이다
17 주께서 자주자주 증거하는 자를
바꾸어 나를 치시며 나를 향하여
(震怒)진노를 더하시니 군대가 번
갈아서 치는 것 같으니이다
18 주께서 나를 (胎)태에서 나오게
하셨음은 어찌함이니이까 그렇지
아니하셨더라면 내가 기운이 끊어
져 아무 눈에도 보이지 아니하였
을 것이라
19 있어도 없던 것 같이 되어서 (胎)
태에서 바로 무덤으로 옮겨졌으리
이다
20 내 날은 적지 아니하니이까 그런
즉 그치시고 나를 버려두사 (暫
時)잠시나마 평안하게 하시되
21 내가 돌아오지 못할 땅 곧 어둡고
죽음의 그늘진 땅으로 가기 전에

그리하옵소서
22 땅은 어두워서 흑암 같고 죽음의
그늘이 져서 아무 구별이 없고 (光
明)광명도 흑암 같으니이다

소발의 첫번째 말

11 나아마 사람 소발이 (對答)
대답하여 이르되
2 말이 많으니 어찌 대답이 없으랴
말이 많은 사람이 어찌 (義)의롭
다 함을 얻겠느냐
3 네 자랑하는 말이 어떻게 사람으
로 (潛潛)잠잠하게 하겠으며 네가
비웃으면 어찌 너를 부끄럽게 할
사람이 없겠느냐
4 네 말에 의하면 내 도는 (淨潔)정
결하고 나는 주께서 보시기에 깨
끗하다 하는구나
5 하나님은 말씀을 내시며 너를
(向)향하여 입을 여시고
6 지혜의 (奧妙)오묘함으로 네게 보
이시기를 원하노니 이는 그의 지
식이 광대하심이라 하나님께서 너
로 하여금 너의 죄를 잊게 하여 주
셨음을 알라
7 ●네가 하나님의 오묘함을 어찌
능히 측량하며 (全能者)전능자를
어찌 능히 완전히 알겠느냐
8 하늘보다 높으시니 네가 무엇을
하겠으며 스올보다 깊으시니 네가
어찌 알겠느냐
9 그의 크심은 땅보다 길고 바다보
다 넓으니라
10 하나님이 두루 다니시며 사람을
잡아 가두시고 (裁判)재판을 여시
면 누가 능히 막을소냐
11 하나님은 (虛妄)허망한 사람을 아
시나니 악한 일은 상관하지 않으
시는 듯하나 다 보시느니라
12 허망한 사람은 (知覺)지각이 없나
니 그의 출생함이 들나귀 새끼 같
으니라
13 (萬一)만일 네가 마음을 바로 정
하고 주를 향하여 손을 들 때에
14 네 손에 죄악이 있거든 멀리 버리
라 불의가 네 (帳幕)장막에 있지
못하게 하라
15 그리하면 네가 반드시 (欠)흠 없
는 얼굴을 들게 되고 굳게 서서 두
려움이 없으리니
16 곧 네 (患難)환난을 잊을 것이라
네가 기억할지라도 물이 흘러감
같을 것이며
17 네 (生命)생명의 날이 대낮보다
밝으리니 어둠이 있다 할지라도
아침과 같이 될 것이요
18 네가 희망이 있으므로 (安全)안전
할 것이며 두루 살펴보고 평안히
쉬리라
19 네가 누워도 두렵게 할 자가 없겠
고 많은 사람이 네게 (恩惠)은혜
를 구하리라
20 그러나 악한 자들은 눈이 어두워
서 도망할 곳을 찾지 못하리니 그
들의 (希望)희망은 숨을 거두는
것이니라

욥의 대답

12 욥이 (對答)대답하여 이르되
2 너희만 참으로 백성이로
구나 너희가 죽으면 (智慧)지혜도
죽겠구나

3 나도 너희 같이 생각이 있어 너희
만 못하지 아니하니 그같은 일을
누가 알지 못하겠느냐
4 하나님께 불러 아뢰어 들으심을
입은 내가 이웃에게 웃음거리가
되었으니 의롭고 온전한 자가 (嘲
弄)조롱거리가 되었구나
5 평안한 자의 마음은 재앙을 (蔑
視)멸시하나 재앙이 (失足)실족하
는 자를 기다리는구나
6 강도의 장막은 (亨通)형통하고 하
나님을 진노하게 하는 자는 평안
하니 하나님이 그의 손에 후히 주
심이니라
7 ● 이제 모든 짐승에게 물어 보라
그것들이 네게 가르치리라 (空中)
공중의 새에게 물어 보라 그것들
이 또한 네게 말하리라
8 땅에게 말하라 네게 가르치리라
바다의 고기도 네게 (說明)설명하
리라
9 이것들 중에 어느 것이 여호와의
손이 이를 (行)행하신 줄을 알지
못하랴
10 모든 생물의 (生命)생명과 모든
사람의 육신의 목숨이 다 그의 손
에 있느니라
11 입이 음식의 맛을 (區別)구별함
같이 귀가 말을 분간하지 아니하
느냐
12 늙은 자에게는 지혜가 있고 (長
壽)장수하는 자에게는 명철이 있
느니라
13 ● 지혜와 (權能)권능이 하나님께
있고 계략과 명철도 그에게 속하
였나니
14 그가 헐으신즉 다시 세울 수 없고
사람을 가두신즉 놓아주지 못하느
니라
15 그가 물을 막으신즉 곧 마르고 물
을 보내신즉 곧 땅을 뒤집나니
16 능력과 지혜가 그에게 있고 (屬)
속은 자와 속이는 자가 다 그에게
속하였으므로
17 (謀士)모사를 벌거벗겨 끌어 가시
며 (裁判長)재판장을 어리석은 자
가 되게 하시며
18 (王)왕들이 맨 것을 풀어 그들의
허리를 동이시며
19 (祭司長)제사장들을 벌거벗겨 끌
어 가시고 권력이 있는 자를 넘어
뜨리시며
20 (忠誠)충성된 사람들의 말을 물리
치시며 늙은 자들의 판단을 빼앗
으시며
21 귀인들에게 (蔑視)멸시를 쏟으시
며 강한 자의 띠를 푸시며
22 어두운 가운데에서 (隱密)은밀한
것을 드러내시며 죽음의 그늘을
광명한 데로 나오게 하시며
23 (民族)민족들을 커지게도 하시고
다시 멸하기도 하시며 민족들을
널리 퍼지게도 하시고 다시 끌려
가게도 하시며
24 만민의 우두머리들의 (聰明)총명
을 빼앗으시고 그들을 길 없는 거
친 들에서 방황하게 하시며
25 빛 없이 캄캄한 데를 더듬게 하시
며 (醉)취한 사람 같이 비틀거리
게 하시느니라

13 나의 눈이 이것을 다 보았고
나의 귀가 이것을 듣고 깨달
았느니라
2 너희 아는 것을 나도 아노니 너희
만 못하지 않으니라
3 참으로 나는 (全能者)전능자에게
말씀하려 하며 하나님과 변론하려
하노라
4 너희는 거짓말을 지어내는 자요
다 쓸모 없는 (醫員)의원이니라
5 너희가 참으로 (潛潛)잠잠하면 그
것이 너희의 지혜일 것이니라
6 너희는 나의 (辯論)변론을 들으며
내 입술의 변명을 들어 보라
7 너희가 하나님을 위하여 (不義)불
의를 말하려느냐 그를 위하여 속
임을 말하려느냐
8 너희가 하나님의 낯을 따르려느냐
그를 위하여 (辯論)변론하려느냐
9 하나님이 너희를 (鑑察)감찰하시
면 좋겠느냐 너희가 사람을 속임
같이 그를 속이려느냐
10 만일 너희가 몰래 낯을 따를진대
그가 반드시 (責望)책망하시리니
11 그의 (尊貴)존귀가 너희를 두렵게
하지 않겠으며 그의 두려움이 너
희 위에 임하지 않겠느냐
12 너희의 (格言)격언은 재 같은 (俗
談)속담이요 너희가 방어하는 것
은 토성이니라
13 너희는 (潛潛)잠잠하고 나를 버려
두어 말하게 하라 무슨 일이 닥치
든지 내가 당하리라
14 내가 어찌하여 내 살을 내 이로 물
고 내 (生命)생명을 내 손에 두겠
느냐
15 [1]그가 나를 죽이시리니 내가 희망
이 없노라 그러나 그의 앞에서 내
(行爲)행위를 아뢰리라
16 경건하지 않은 자는 그 앞에 이르
지 못하나니 이것이 나의 (救援)
구원이 되리라
17 너희들은 내 말을 (分明)분명히
들으라 내가 너희 귀에 알려 줄 것
이 있느니라
18 보라 내가 내 사정을 (陳述)진술
하였거니와 내가 정의롭다 함을
얻을 줄 아노라
19 나와 (辯論)변론할 자가 누구이랴
그러면 내가 잠잠하고 기운이 끊
어지리라

욥의 기도

20 ● 오직 내게 이 두 가지 일을 행
하지 마옵소서 그리하시면 내가
주의 얼굴을 (避)피하여 숨지 아
니하오리니
21 곧 주의 손을 내게 대지 마시오며
주의 (威嚴)위엄으로 나를 두렵게
하지 마실 것이니이다
22 그리하시고 주는 나를 부르소서
내가 대답하리이다 (或)혹 내가
말씀하게 하옵시고 주는 내게 대
답하옵소서
23 나의 (罪惡)죄악이 얼마나 많으니
이까 나의 허물과 죄를 내게 알게
하옵소서
24 주께서 어찌하여 얼굴을 가리시고
나를 주의 (怨讐)원수로 여기시나
이까

1) 또는 그가 나를 죽이실지라도 나는 그를 의뢰하리니

25 주께서 어찌하여 날리는 (落葉)낙
엽을 놀라게 하시며 마른 검불을
뒤쫓으시나이까
26 주께서 나를 (對敵)대적하사 괴로
운 일들을 기록하시며 내가 젊었
을 때에 지은 죄를 내가 받게 하시
오며
27 내 발을 차꼬에 채우시며 나의 모
든 길을 살피사 내 발자취를 (點
檢)점검하시나이다
28 나는 썩은 (物件)물건의 낡아짐
같으며 좀 먹은 의복 같으니이다

14 여인에게서 태어난 사람은
(生涯)생애가 짧고 걱정이
가득하며
2 그는 꽃과 같이 자라나서 시들며
그림자 같이 지나가며 머물지 아
니하거늘
3 이와 같은 자를 주께서 눈여겨 보
시나이까 나를 주 앞으로 이끌어
서 (裁判)재판하시나이까
4 누가 깨끗한 것을 더러운 것 가운
데에서 낼 수 있으리이까 하나도
없나이다
5 그의 날을 정하셨고 그의 달 수도 주
께 있으므로 그의 (規例)규례를 정
하여 넘어가지 못하게 하셨사온즉
6 그에게서 눈을 돌이켜 그가 품꾼
같이 그의 날을 마칠 때까지 그를
홀로 있게 하옵소서
7 ●나무는 (希望)희망이 있나니 찍
힐지라도 다시 움이 나서 연한 가
지가 끊이지 아니하며
8 그 뿌리가 땅에서 늙고 줄기가 흙
에서 죽을지라도
9 물 기운에 움이 돋고 가지가 뻗어
서 새로 심은 것과 같거니와
10 장정이라도 죽으면 (消滅)소멸되
나니 인생이 숨을 거두면 그가 어
디 있느냐
11 물이 바다에서 줄어들고 (江)강물
이 잦아서 마름 같이
12 사람이 누우면 다시 일어나지 못
하고 하늘이 없어지기까지 눈을
뜨지 못하며 잠을 깨지 못하느니
라
13 주는 나를 스올에 감추시며 주의
진노를 돌이키실 때까지 나를 숨
기시고 나를 위하여 규례를 정하
시고 나를 (記憶)기억하옵소서
14 (壯丁)장정이라도 죽으면 어찌 다
시 살리이까 나는 나의 모든 고난
의 날 동안을 참으면서 풀려나기
를 기다리겠나이다
15 주께서는 나를 부르시겠고 나는
(對答)대답하겠나이다 주께서는
주의 손으로 지으신 것을 기다리
시겠나이다
16 그러하온데 이제 주께서 나의 걸
음을 세시오니 나의 죄를 (鑑察)
감찰하지 아니하시나이까
17 주는 내 허물을 주머니에 봉하시
고 내 (罪惡)죄악을 싸매시나이다
18 ●무너지는 (山)산은 반드시 흩어
지고 바위는 그 자리에서 옮겨가고
19 물은 돌을 닳게 하고 넘치는 물은
땅의 티끌을 씻어버리나이다 이와
같이 주께서는 사람의 (希望)희망
을 끊으시나이다
20 주께서 사람을 (永遠)영원히 이기

셔서 떠나게 하시며 그의 얼굴 빛
을 변하게 하시고 쫓아보내시오니
21 그의 아들들이 (尊貴)존귀하게 되
어도 그가 알지 못하며 그들이 (卑
賤)비천하게 되어도 그가 깨닫지
못하나이다
22 다만 그의 살이 아프고 그의 영혼
이 (哀哭)애곡할 뿐이니이다

엘리바스의 두 번째 말

15 데만 사람 엘리바스가 (對
答)대답하여 이르되
2 지혜로운 자가 어찌 헛된 지식으
로 대답하겠느냐 어찌 (東風)동풍
을 그의 복부에 채우겠느냐
3 어찌 도움이 되지 아니하는 이야기,
(無益)무익한 말로 변론하겠느냐
4 참으로 네가 하나님 경외하는 일
을 그만두어 하나님 앞에 (默禱)
묵도하기를 그치게 하는구나
5 네 죄악이 네 입을 가르치나니 네
가 (奸詐)간사한 자의 혀를 좋아
하는구나
6 너를 (定罪)정죄한 것은 내가 아
니요 네 입이라 네 입술이 네게 불
리하게 증언하느니라
7 ● 네가 제일 먼저 난 사람이냐 산
들이 있기 전에 네가 (出生)출생
하였느냐
8 하나님의 (奧妙)오묘하심을 네가
들었느냐 지혜를 홀로 가졌느냐
9 네가 아는 것을 우리가 알지 못하
는 것이 무엇이냐 네가 깨달은 것
을 우리가 (所有)소유하지 못한
것이 무엇이냐
10 우리 중에는 머리가 흰 사람도 있
고 (年老)연로한 사람도 있고 네
아버지보다 나이가 많은 사람도
있느니라
11 하나님의 (慰勞)위로와 은밀하게
하시는 말씀이 네게 작은 것이냐
12 어찌하여 네 마음에 (不滿)불만스
러워하며 네 눈을 번뜩거리며
13 네 영이 하나님께 (憤怒)분노를
터뜨리며 네 입을 놀리느냐
14 사람이 어찌 깨끗하겠느냐 여인에
게서 난 자가 어찌 (義)의롭겠느냐
15 하나님은 거룩한 자들을 믿지 아
니하시나니 하늘이라도 그가 보시
기에 (不淨)부정하거든
16 하물며 악을 저지르기를 물 마심
같이 하는 (可憎)가증하고 (腐敗)
부패한 사람을 용납하시겠느냐
17 ● 내가 네게 보이리니 내게서 들
으라 내가 본 것을 (說明)설명하
리라
18 이는 곧 지혜로운 자들이 전하여
준 것이니 그들의 (祖上)조상에게
서 숨기지 아니하였느니라
19 이 땅은 그들에게만 주셨으므로
(外人)외인은 그들 중에 왕래하지
못하였느니라
20 그 말에 이르기를 악인은 그의 일
평생에 고통을 당하며 (暴惡者)포
악자의 햇수는 정해졌으므로
21 그의 귀에는 무서운 소리가 들리
고 그가 평안할 때에 (滅亡)멸망
시키는 자가 그에게 이르리니
22 그가 어두운 데서 나오기를 바라
지 못하고 칼날이 숨어서 기다리
느니라

23 그는 헤매며 음식을 구하여 이르
기를 어디 있느냐 하며 (黑暗)흑
암의 날이 가까운 줄을 스스로 아
느니라
24 (患難)환난과 역경이 그를 두렵게
하며 싸움을 준비한 왕처럼 그를
쳐서 이기리라
25 이는 그의 손을 들어 하나님을 대
적하며 (驕慢)교만하여 전능자에
게 힘을 과시하였음이니라
26 그는 목을 세우고 (防牌)방패를
들고 하나님께 달려드니
27 그의 얼굴에는 살이 찌고 허리에
는 기름이 엉기었고
28 그는 (荒廢)황폐한 성읍, 사람이
살지 아니하는 집, 돌무더기가 될
곳에 거주하였음이니라
29 그는 (富饒)부요하지 못하고 재산
이 보존되지 못하고 그의 소유가
땅에서 증식되지 못할 것이라
30 어두운 곳을 떠나지 못하리니 불
꽃이 그의 가지를 말릴 것이라 하
나님의 입김으로 그가 불려가리라
31 그가 스스로 속아 (虛無)허무한
것을 믿지 아니할 것은 허무한 것
이 그의 보응이 될 것임이라
32 그의 날이 이르기 전에 그 일이 이
루어질 것인즉 그의 가지가 푸르
지 못하리니
33 포도 열매가 익기 전에 떨어짐 같
고 (橄欖)감람 꽃이 곧 떨어짐 같
으리라
34 (敬虔)경건하지 못한 무리는 자식
을 낳지 못할 것이며 뇌물을 받는
자의 장막은 불탈 것이라
35 그들은 재난을 (孕胎)잉태하고 죄
악을 낳으며 그들의 뱃속에 속임
을 준비하느니라

욥의 대답

16 욥이 대답하여 이르되
2 이런 말은 내가 많이 들었
나니 너희는 다 재난을 주는 (慰
勞者)위로자들이로구나
3 헛된 말이 어찌 끝이 있으랴 네가
무엇에 (刺戟)자극을 받아 이같이
대답하는가
4 나도 너희처럼 말할 수 있나니 (假
令)가령 너희 마음이 내 마음 자
리에 있다 하자 나도 그럴 듯한 말
로 너희를 치며 너희를 향하여 머
리를 흔들 수 있느니라
5 그래도 입으로 너희를 강하게 하
며 입술의 (慰勞)위로로 너희의
근심을 풀었으리라
6 ● 내가 말하여도 내 근심이 풀리
지 아니하고 (潛潛)잠잠하여도 내
아픔이 줄어들지 않으리라
7 이제 주께서 나를 (疲勞)피로하게
하시고 나의 온 집안을 패망하게
하셨나이다
8 주께서 나를 시들게 하셨으니 이
는 나를 향하여 (證據)증거를 삼
으심이라 나의 파리한 모습이 일
어나서 대면하여 내 앞에서 증언
하리이다
9 그는 진노하사 나를 찢고 (敵對
視)적대시 하시며 나를 향하여 이
를 갈고 원수가 되어 날카로운 눈
초리로 나를 보시고
10 무리들은 나를 향하여 입을 크게

벌리며 나를 (侮辱)모욕하여 뺨을
치며 함께 모여 나를 대적하는구나
11 하나님이 나를 (惡人)악인에게 넘
기시며 행악자의 손에 던지셨구나
12 내가 (平安)평안하더니 그가 나를
꺾으시며 내 목을 잡아 나를 부서
뜨리시며 나를 세워 과녁을 삼으
시고
13 그의 화살들이 사방에서 날아와
(私情)사정 없이 나를 쏨으로 그
는 내 콩팥들을 꿰뚫고 그는 내 쓸
개가 땅에 흘러나오게 하시는구나
14 그가 나를 치고 다시 치며 (勇士)
용사 같이 내게 달려드시니
15 내가 굵은 베를 꿰매어 내 (皮膚)
피부에 덮고 내 뿔을 티끌에 더럽
혔구나
16 내 얼굴은 울음으로 붉었고 내 눈
꺼풀에는 죽음의 그늘이 있구나
17 그러나 내 손에는 (暴虐)포학이
없고 나의 기도는 정결하니라
18 ● 땅아 내 피를 가리지 말라 나의
부르짖음이 쉴 자리를 잡지 못하
게 하라
19 지금 나의 (證人)증인이 하늘에
계시고 나의 중보자가 높은 데 계
시니라
20 나의 친구는 나를 (嘲弄)조롱하고
내 눈은 하나님을 향하여 눈물을
흘리니
21 사람과 하나님 사이에와 (人子)인
자와 그 이웃 사이에 중재하시기
를 원하노니
22 (數年)수년이 지나면 나는 돌아오
지 못할 길로 갈 것임이니라

17

나의 기운이 쇠하였으며 나
의 날이 다하였고 무덤이 나
를 위하여 (準備)준비되었구나
2 나를 조롱하는 자들이 나와 함께
있으므로 내 눈이 그들의 (衝動)
충동함을 항상 보는구나
3 ● 청하건대 나에게 (擔保物)담보
물을 주소서 나의 손을 잡아 줄 자
가 누구리이까
4 (主)주께서 그들의 마음을 가리어
깨닫지 못하게 하셨사오니 그들을
높이지 마소서
5 (報償)보상을 얻으려고 친구를 비
난하는 자는 그의 자손들의 눈이
멀게 되리라
6 ● 하나님이 나를 백성의 (俗談)속
담거리가 되게 하시니 그들이 내
얼굴에 침을 뱉는구나
7 내 눈은 근심 때문에 어두워지고 나
의 온 (肢體)지체는 그림자 같구나
8 정직한 자는 이로 말미암아 놀라
고 죄 없는 자는 경건하지 못한 자
때문에 (憤)분을 내나니
9 그러므로 (義人)의인은 그 길을
꾸준히 가고 손이 깨끗한 자는 점
점 힘을 얻느니라
10 너희는 모두 다시 올지니라 내가
너희 중에서 (智慧者)지혜자를 찾
을 수 없느니라
11 나의 날이 지나갔고 내 계획, 내 마
음의 (所願)소원이 다 끊어졌구나
12 그들은 밤으로 낮을 삼고 빛 앞에
서 어둠이 가깝다 하는구나
13 내가 스올이 내 집이 되기를 희망
하여 내 침상을 (黑暗)흑암에 펴

놓으매
14 무덤에게 너는 내 아버지라, 구더
기에게 너는 내 어머니, 내 (姉妹)
자매라 할지라도
15 나의 (希望)희망이 어디 있으며
나의 희망을 누가 보겠느냐
16 우리가 흙 속에서 쉴 때에는 (希
望)희망이 스올의 문으로 내려갈
뿐이니라

빌닷의 두 번째 말

18 수아 사람 빌닷이 (對答)대
답하여 이르되
2 너희가 어느 때에 가서 말의 끝을
맺겠느냐 깨달으라 그 후에야 우
리가 말하리라
3 어찌하여 우리를 짐승으로 여기며
(不淨)부정하게 보느냐
4 (鬱憤)울분을 터뜨리며 자기 자신
을 찢는 사람아 너 때문에 땅이 버
림을 받겠느냐 바위가 그 자리에
서 옮겨지겠느냐
5 ●(惡人)악인의 빛은 꺼지고 그의
불꽃은 빛나지 않을 것이요
6 그의 (帳幕)장막 안의 빛은 어두워
지고 그 위의 등불은 꺼질 것이요
7 그의 활기찬 걸음이 (疲困)피곤하
여지고 그가 마련한 꾀에 스스로
빠질 것이니
8 이는 그의 발이 그물에 빠지고 올
가미에 걸려들며
9 그의 발 뒤꿈치는 덫에 치이고 그
의 몸은 올무에 얽힐 것이며
10 그를 잡을 덫이 땅에 숨겨져 있고
그를 빠뜨릴 (陷穽)함정이 길목에
있으며
11 무서운 것이 (四方)사방에서 그를
놀라게 하고 그 뒤를 쫓아갈 것이며
12 그의 힘은 (饑饉)기근으로 말미암
아 쇠하고 그 곁에는 재앙이 기다
릴 것이며
13 (疾病)질병이 그의 피부를 삼키리
니 곧 사망의 장자가 그의 지체를
먹을 것이며
14 그가 의지하던 것들이 장막에서
뽑히며 그는 (恐怖)공포의 왕에게
로 잡혀가고
15 그에게 속하지 않은 자가 그의 장
막에 거하리니 (硫黃)유황이 그의
처소에 뿌려질 것이며
16 밑으로 그의 뿌리가 마르고 위로
는 그의 가지가 시들 것이며
17 그를 (記念)기념함이 땅에서 사라
지고 거리에서는 그의 이름이 전
해지지 않을 것이며
18 그는 광명으로부터 (黑暗)흑암으
로 쫓겨 들어가며 세상에서 쫓겨
날 것이며
19 그는 그의 백성 가운데 후손도 없
고 (後裔)후예도 없을 것이며 그
가 거하던 곳에는 남은 자가 한 사
람도 없을 것이라
20 그의 (運命)운명에 서쪽에서 오는
자와 동쪽에서 오는 자가 깜짝 놀
라리라
21 참으로 (不義)불의한 자의 집이
이러하고 하나님을 알지 못하는
자의 처소도 이러하니라

욥의 대답

19 욥이 (對答)대답하여 이르
되

2 너희가 내 마음을 괴롭히며 말로
나를 짓부수기를 어느 때까지 하
겠느냐
3 너희가 열 번이나 나를 (虐待)학
대하고도 부끄러워 아니하는구나
4 비록 내게 허물이 있다 할지라도
그 허물이 내게만 있느냐
5 너희가 참으로 나를 향하여 (自
慢)자만하며 내게 수치스러운 행
위가 있다고 증언하려면 하려니와
6 하나님이 나를 (抑鬱)억울하게 하
시고 자기 그물로 나를 에워싸신
줄을 알아야 할지니라
7 ● 내가 (暴行)폭행을 당한다고 부
르짖으나 응답이 없고 도움을 간
구하였으나 정의가 없구나
8 그가 내 길을 막아 지나가지 못하
게 하시고 내 앞길에 어둠을 두셨
으며
9 나의 영광을 거두어가시며 나의
(冠帽)관모를 머리에서 벗기시고
10 사면으로 나를 헐으시니 나는 [1]죽
었구나 내 (希望)희망을 나무 뽑
듯 뽑으시고
11 나를 향하여 (震怒)진노하시고 원
수 같이 보시는구나
12 그 (軍隊)군대가 일제히 나아와서
길을 돋우고 나를 치며 내 장막을
둘러 진을 쳤구나
13 ● 나의 (兄弟)형제들이 나를 멀리
떠나게 하시니 나를 아는 모든 사
람이 내게 낯선 사람이 되었구나
14 내 (親戚)친척은 나를 버렸으며
가까운 친지들은 나를 잊었구나
15 내 집에 머물러 사는 자와 내 여종
들은 나를 낯선 사람으로 여기니
내가 그들 앞에서 (他國)타국 사
람이 되었구나
16 내가 내 종을 불러도 대답하지 아
니하니 내 입으로 그에게 (懇請)
간청하여야 하겠구나
17 내 아내도 내 숨결을 싫어하며 내
허리의 자식들도 나를 (可憐)가련
하게 여기는구나
18 어린 아이들까지도 나를 업신여기
고 내가 일어나면 나를 (嘲弄)조
롱하는구나
19 나의 가까운 친구들이 나를 미워
하며 내가 사랑하는 사람들이 돌
이켜 나의 (怨讐)원수가 되었구나
20 내 (皮膚)피부와 살이 뼈에 붙었고
남은 것은 겨우 잇몸 뿐이로구나
21 나의 (親舊)친구야 너희는 나를
불쌍히 여겨다오 나를 불쌍히 여
겨다오 하나님의 손이 나를 치셨
구나
22 너희가 어찌하여 하나님처럼 나를
박해하느냐 내 살로도 (不足)부족
하냐
23 ● 나의 말이 곧 (記錄)기록되었으
면, 책에 씌어졌으면,
24 (鐵筆)철필과 납으로 영원히 돌에
새겨졌으면 좋겠노라
25 내가 알기에는 나의 (代贖者)대속
자가 살아 계시니 마침내 그가 땅
위에 서실 것이라
26 내 가죽이 벗김을 당한 뒤에도 내
가 (肉體)육체 밖에서 하나님을
보리라

1) 히, 갔구나

27 내가 그를 보리니 내 눈으로 그를
보기를 낯선 사람처럼 하지 않을 것
이라 내 [1]마음이 (焦燥)초조하구
나
28 너희가 (萬一)만일 이르기를 우리
가 그를 어떻게 칠까 하며 또 이르
기를 일의 뿌리가 그에게 있다 할
진대
29 너희는 칼을 두려워 할지니라 분
노는 칼의 형벌을 부르나니 너희
가 (審判長)심판장이 있는 줄을
알게 되리라

소발의 두 번째 말

20 나아마 사람 소발이 (對答)
대답하여 이르되
2 그러므로 내 초조한 마음이 나로
하여금 대답하게 하나니 이는 내
중심이 (躁急)조급함이니라
3 내가 나를 부끄럽게 하는 (責望)
책망을 들었으므로 나의 슬기로운
마음이 나로 하여금 대답하게 하
는구나
4 네가 알지 못하느냐 예로부터 사
람이 이 (世上)세상에 생긴 때로
부터
5 악인이 이긴다는 자랑도 (暫時)잠
시요 경건하지 못한 자의 즐거움
도 잠깐이니라
6 그 (尊貴)존귀함이 하늘에 닿고
그 머리가 구름에 미칠지라도
7 자기의 똥처럼 (永遠)영원히 망할
것이라 그를 본 자가 이르기를 그
가 어디 있느냐 하리라
8 그는 꿈 같이 지나가니 다시 찾을
수 없을 것이요 밤에 보이는 (幻
像)환상처럼 사라지리라
9 그를 본 눈이 다시 그를 보지 못할
것이요 그의 (處所)처소도 다시
그를 보지 못할 것이며
10 그의 아들들은 가난한 자에게 은
혜를 구하겠고 그도 얻은 (財物)재
물을 자기 손으로 도로 줄 것이며
11 그의 기골이 청년 같이 강장하나
그 (氣勢)기세가 그와 함께 흙에
누우리라
12 ● 그는 비록 (惡)악을 달게 여겨
혀 밑에 감추며
13 아껴서 버리지 아니하고 입천장에
물고 있을지라도
14 그의 음식이 창자 속에서 (變)변
하며 뱃속에서 독사의 쓸개가 되
느니라
15 그가 재물을 삼켰을지라도 (吐)토
할 것은 하나님이 그의 배에서 도
로 나오게 하심이니
16 그는 (毒蛇)독사의 독을 빨며 뱀
의 혀에 죽을 것이라
17 그는 (江)강 곧 꿀과 [2]엉긴 젖이
흐르는 강을 보지 못할 것이요
18 수고하여 얻은 것을 삼키지 못하
고 돌려 주며 (賣買)매매하여 얻은
재물로 즐거움을 삼지 못하리니
19 이는 그가 가난한 자를 (虐待)학
대하고 버렸음이요 자기가 세우지
않은 집을 빼앗음이니라
20 ● 그는 마음에 평안을 알지 못하
니 그가 기뻐하는 것을 하나도 (保
存)보존하지 못하겠고
21 남기는 것이 없이 모두 먹으니 그

1) 히, 콩팥을 의미함 2) 히, 버터

린즉 그 (幸福)행복이 오래 가지
못할 것이라
22 (豊足)풍족할 때에도 괴로움이 이
르리니 모든 재난을 주는 자의 손
이 그에게 임하리라
23 그가 배를 불리려 할 때에 하나님
이 (猛烈)맹렬한 진노를 내리시리
니 음식을 먹을 때에 그의 위에 비
같이 쏟으시리라
24 그가 철 (兵器)병기를 피할 때에
는 놋화살을 쏘아 꿰뚫을 것이요
25 몸에서 그의 화살을 빼낸즉 번쩍
번쩍하는 (鏃)촉이 그의 쓸개에서
나오고 큰 두려움이 그에게 닥치
느니라
26 큰 어둠이 그를 위하여 예비되어
있고 사람이 피우지 않은 불이 그
를 멸하며 그 (帳幕)장막에 남은
것을 해치리라
27 하늘이 그의 죄악을 드러낼 것이
요 땅이 그를 (對抗)대항하여 일
어날 것인즉
28 그의 (家産)가산이 떠나가며 하나
님의 진노의 날에 끌려가리라
29 이는 (惡人)악인이 하나님께 받을
분깃이요 하나님이 그에게 정하신
기업이니라

욥의 대답

21 욥이 (對答)대답하여 이르되
2 너희는 내 말을 (仔細)자
세히 들으라 이것이 너희의 위로
가 될 것이니라
3 나를 (容納)용납하여 말하게 하라
내가 말한 후에 너희가 조롱할지
니라
4 나의 원망이 사람을 향하여 하는
것이냐 내 마음이 어찌 (躁急)조
급하지 아니하겠느냐
5 너희가 나를 보면 놀라리라 손으
로 입을 가리리라
6 내가 (記憶)기억하기만 하여도 불
안하고 두려움이 내 몸을 잡는구나
7 어찌하여 악인이 (生存)생존하고
장수하며 세력이 강하냐
8 그들의 후손이 앞에서 그들과 함
께 굳게 서고 자손이 그들의 (目
前)목전에서 그러하구나
9 그들의 집이 (平安)평안하여 두려
움이 없고 하나님의 매가 그들 위
에 임하지 아니하며
10 그들의 수소는 새끼를 배고 그들
의 암소는 (落胎)낙태하는 일이
없이 새끼를 낳는구나
11 그들은 아이들을 양 떼 같이 내보
내고 그들의 (子女)자녀들은 춤추
는구나
12 그들은 (小鼓)소고와 수금으로 노
래하고 피리 불어 즐기며
13 그들의 날을 (幸福)행복하게 지내
다가 잠깐 사이에 스올에 내려가
느니라
14 그러할지라도 그들은 하나님께 말
하기를 우리를 떠나소서 우리가
주의 (道理)도리 알기를 바라지
아니하나이다
15 전능자가 누구이기에 우리가 섬기
며 우리가 그에게 기도한들 무슨
(所用)소용이 있으랴 하는구나
16 그러나 그들의 행복이 그들의 손
안에 있지 아니하니 악인의 (計

劃)계획은 나에게서 멀구나
17 ● 악인의 등불이 꺼짐과 재앙이
그들에게 닥침과 하나님이 진노하
사 그들을 (困苦)곤고하게 하심이
몇 번인가
18 그들이 바람 앞에 검불 같이, (暴
風)폭풍에 날려가는 겨 같이 되었
도다
19 하나님은 그의 (罪惡)죄악을 그의
자손들을 위하여 쌓아 두시며 그
에게 갚으실 것을 알게 하시기를
원하노라
20 자기의 멸망을 자기의 눈으로 보
게 하며 (全能者)전능자의 진노를
마시게 할 것이니라
21 그의 달 수가 다하면 자기 집에 대
하여 무슨 (關係)관계가 있겠느냐
22 그러나 하나님께서는 높은 자들을
심판하시나니 누가 능히 하나님께
(知識)지식을 가르치겠느냐
23 어떤 사람은 죽도록 기운이 충실
하여 안전하며 (平安)평안하고
24 그의 [1]그릇에는 젖이 가득하며 그
의 골수는 (潤澤)윤택하고
25 어떤 사람은 마음에 고통을 품고
죽으므로 (幸福)행복을 맛보지 못
하는도다
26 이 둘이 매 한 가지로 흙 속에 눕고
그들 위에 구더기가 덮이는구나
27 ● 내가 너희의 생각을 알고 너희
가 나를 (害)해하려는 속셈도 아
노라
28 너희의 말이 (貴人)귀인의 집이
어디 있으며 악인이 살던 장막이

1) 히, 몸

어디 있느냐 하는구나
29 너희가 길 가는 사람들에게 묻지
아니하였느냐 그들의 (證據)증거
를 알지 못하느냐
30 악인은 재난의 날을 위하여 남겨
둔 바 되었고 (震怒)진노의 날을
향하여 끌려가느니라
31 누가 능히 그의 면전에서 그의 길
을 알려 주며 누가 그의 소행을
(報應)보응하랴
32 그를 무덤으로 메어 가고 사람이
그 무덤을 지키리라
33 그는 골짜기의 흙덩이를 달게 여
기리니 많은 사람들이 그보다 앞
서 갔으며 모든 사람이 그의 뒤에
줄지었느니라
34 그런데도 너희는 나를 헛되이 (慰
勞)위로하려느냐 너희 대답은 거
짓일 뿐이니라

엘리바스의 세 번째 말

22 데만 사람 엘리바스가 (對
答)대답하여 이르되
2 사람이 어찌 하나님께 유익하게
하겠느냐 지혜로운 자도 자기에게
(有益)유익할 따름이니라
3 네가 의로운들 전능자에게 무슨
기쁨이 있겠으며 네 행위가 온전
한들 그에게 무슨 (利益)이익이
되겠느냐
4 하나님이 너를 책망하시며 너를
(審問)심문하심이 너의 경건함 때
문이냐
5 네 악이 크지 아니하냐 네 (罪惡)
죄악이 끝이 없느니라
6 까닭 없이 (兄弟)형제를 볼모로 잡

으며 헐벗은 자의 의복을 벗기며
7 목마른 자에게 물을 마시게 하지
아니하며 주린 자에게 (飮食)음식
을 주지 아니하였구나
8 권세 있는 자는 토지를 얻고 (尊貴)
존귀한 자는 거기에서 사는구나
9 너는 (寡婦)과부를 빈손으로 돌려
보내며 고아의 팔을 꺾는구나
10 그러므로 올무들이 너를 둘러 있
고 두려움이 갑자기 너를 (掩襲)
엄습하며
11 어둠이 너로 하여금 보지 못하게
하고 (洪水)홍수가 너를 덮느니라
12 ● 하나님은 높은 하늘에 계시지
아니하냐 보라 우두머리 별이 얼
마나 높은가
13 그러나 네 말은 하나님이 무엇을
아시며 (黑暗)흑암 중에서 어찌
심판하실 수 있으랴
14 빽빽한 구름이 그를 가린즉 그가
보지 못하시고 둥근 하늘을 거니
실 뿐이라 하는구나
15 네가 (惡人)악인이 밟던 옛적 길
을 지키려느냐
16 그들은 때가 이르기 전에 끊겨 버
렸고 그들의 터는 강물로 말미암
아 (陷沒)함몰되었느니라
17 그들이 하나님께 말하기를 우리를
떠나소서 하며 또 말하기를 (全能
者)전능자가 우리를 위하여 무엇
을 하실 수 있으랴 하였으나
18 하나님이 좋은 것으로 그들의 집
에 채우셨느니라 악인의 (計劃)계
획은 나에게서 머니라
19 (義人)의인은 보고 기뻐하고 죄
없는 자는 그들을 비웃기를
20 우리의 (怨讐)원수가 망하였고 그
들의 남은 것을 불이 삼켰느니라
하리라
21 ● 너는 하나님과 (和睦)화목하고
(平安)평안하라 그리하면 복이 네
게 임하리라
22 청하건대 너는 하나님의 입에서
(敎訓)교훈을 받고 하나님의 말씀
을 네 마음에 두라
23 네가 만일 전능자에게로 돌아가면
네가 지음을 받을 것이며 또 네 (帳
幕)장막에서 불의를 멀리 하리라
24 네 보화를 티끌로 여기고 오빌의
금을 (溪谷)계곡의 돌로 여기라
25 그리하면 전능자가 네 보화가 되
시며 네게 (高貴)고귀한 은이 되
시리니
26 이에 네가 (全能者)전능자를 기뻐
하여 하나님께로 얼굴을 들 것이라
27 너는 그에게 기도하겠고 그는 들
으실 것이며 너의 (誓願)서원을
네가 갚으리라
28 네가 무엇을 (決定)결정하면 이루어
질 것이요 네 길에 빛이 비치리라
29 사람들이 너를 낮추거든 너는 교
만했노라고 말하라 하나님은 (謙
遜)겸손한 자를 구원하시리라
30 (罪)죄 없는 자가 아니라도 건지
시리니 네 손이 깨끗함으로 말미
암아 건지심을 받으리라

욥의 대답

23 욥이 (對答)대답하여 이르되
2 오늘도 내게 (反抗)반항하
는 마음과 근심이 있나니 내가 받

는 재앙이 탄식보다 무거움이라
3 내가 어찌하면 하나님을 (發見)발
견하고 그의 처소에 나아가랴
4 어찌하면 그 앞에서 내가 (呼訴)
호소하며 변론할 말을 내 입에 채
우고
5 내게 (對答)대답하시는 말씀을 내
가 알며 내게 이르시는 것을 내가
깨달으랴
6 그가 큰 (權能)권능을 가지시고
나와 더불어 다투시겠느냐 아니로
다 도리어 내 말을 들으시리라
7 거기서는 정직한 자가 그와 (辯
論)변론할 수 있은즉 내가 심판자
에게서 영원히 벗어나리라
8 그런데 내가 앞으로 가도 그가 아
니 계시고 뒤로 가도 보이지 아니
하며
9 그가 왼쪽에서 일하시나 내가 만
날 수 없고 그가 오른쪽으로 돌이
키시나 뵈올 수 없구나
10 ● 그러나 내가 가는 길을 그가 아
시나니 그가 나를 (鍛鍊)단련하신
후에는 내가 순금 같이 되어 나오
리라
11 내 발이 그의 걸음을 바로 따랐으
며 내가 그의 길을 지켜 치우치지
아니하였고
12 내가 그의 입술의 (命令)명령을
어기지 아니하고 [1]정한 음식보다
그의 입의 말씀을 귀히 여겼도다
13 그는 뜻이 (一定)일정하시니 누가
능히 돌이키랴 그의 마음에 하고
자 하시는 것이면 그것을 행하시

1) 히, 작정

나니
14 그런즉 내게 (作定)작정하신 것을
이루실 것이라 이런 일이 그에게
많이 있느니라
15 그러므로 내가 그 앞에서 떨며 (知
覺)지각을 얻어 그를 두려워하리
라
16 하나님이 나의 마음을 약하게 하
시며 (全能者)전능자가 나를 두렵
게 하셨나니
17 이는 내가 두려워하는 것이 어둠
때문이나 (黑暗)흑암이 내 얼굴을
가렸기 때문이 아니로다

24 어찌하여 (全能者)전능자
는 때를 정해 놓지 아니하
셨는고 그를 아는 자들이 그의 날
을 보지 못하는고
2 어떤 사람은 땅의 (境界標)경계표
를 옮기며 양 떼를 빼앗아 기르며
3 고아의 나귀를 몰아 가며 (寡婦)
과부의 소를 볼모 잡으며
4 가난한 자를 길에서 몰아내나니
(世上)세상에서 학대 받는 자가
다 스스로 숨는구나
5 그들은 거친 (曠野)광야의 들나귀
같아서 나가서 일하며 먹을 것을
부지런히 구하니 빈 들이 그들의
자식을 위하여 그에게 음식을 내
는구나
6 밭에서 남의 꼴을 베며 악인이 남
겨 둔 (葡萄)포도를 따며
7 (衣服)의복이 없어 벗은 몸으로
밤을 지내며 추워도 덮을 것이 없
으며
8 (山中)산중에서 만난 소나기에 젖

으며 가릴 것이 없어 바위를 안고
있느니라
9 어떤 사람은 (孤兒)고아를 어머니
의 품에서 빼앗으며 가난한 자의
옷을 볼모 잡으므로
10 그들이 옷이 없어 벌거벗고 다니
며 (穀食)곡식 이삭을 나르나 굶
주리고
11 그 사람들의 담 사이에서 기름을
짜며 목말라 하면서 술 틀을 밟느
니라
12 성 중에서 죽어가는 사람들이 (呻
吟)신음하며 상한 자가 부르짖으
나 하나님이 그들의 참상을 보지
아니하시느니라
13 ● 또 광명을 (背叛)배반하는 사람
들은 이러하니 그들은 그 도리를
알지 못하며 그 길에 머물지 아니
하는 자라
14 사람을 죽이는 자는 밝을 때에 일
어나서 (虐待)학대 받는 자나 가
난한 자를 죽이고 밤에는 도둑 같
이 되며
15 (姦淫)간음하는 자의 눈은 저물기
를 바라며 아무 눈도 나를 보지 못
하리라 하고 얼굴을 가리며
16 어둠을 틈타 집을 뚫는 자는 낮에
는 잠그고 있으므로 (光明)광명을
알지 못하나니
17 그들은 아침을 죽음의 그늘 같이
여기니 죽음의 그늘의 두려움을
앎이니라
18 ● 그들은 물 위에 빨리 흘러가고
그들의 소유는 세상에서 (詛呪)저
주를 받나니 그들이 다시는 포도
원 길로 다니지 못할 것이라
19 가뭄과 더위가 눈 녹은 물을 곧 빼
앗나니 스올이 (犯罪者)범죄자에
게도 그와 같이 하느니라
20 (母胎)모태가 그를 잊어버리고 구
더기가 그를 달게 먹을 것이라 그
는 다시 기억되지 않을 것이니 불
의가 나무처럼 꺾이리라
21 그는 (妊娠)임신하지 못하는 여자
를 박대하며 과부를 선대하지 아
니하는도다
22 그러나 하나님이 그의 능력으로
(强暴)강포한 자들을 끌어내시나
니 일어나는 자는 있어도 살아남
을 확신은 없으리라
23 하나님은 그에게 (平安)평안을 주
시며 지탱해 주시나 그들의 길을
살피시도다
24 그들은 잠깐 동안 높아졌다가 (賤
待)천대를 받을 것이며 잘려 모아
진 곡식 이삭처럼 되리라
25 가령 그렇지 않을지라도 능히 내
말을 거짓되다고 (指摘)지적하거
나 내 말을 헛되게 만들 자 누구랴

빌닷의 세 번째 말

25 수아 사람 빌닷이 (對答)대
답하여 이르되
2 하나님은 (主權)주권과 위엄을 가
지셨고 높은 곳에서 화평을 베푸
시느니라
3 그의 군대를 어찌 (計數)계수할
수 있으랴 그가 비추는 광명을 받
지 않은 자가 누구냐
4 그런즉 하나님 앞에서 사람이 어
찌 (義)의롭다 하며 여자에게서

난 자가 어찌 깨끗하다 하랴
5 보라 그의 눈에는 달이라도 빛을
(發)발하지 못하고 별도 빛나지
못하거든
6 하물며 구더기 같은 사람, 벌레 같
은 (人生)인생이랴

욥의 대답

26 욥이 (對答)대답하여 이르되
2 네가 힘 없는 자를 참 잘
도 도와 주는구나 (氣力)기력 없
는 팔을 참 잘도 구원하여 주는구
나
3 (智慧)지혜 없는 자를 참 잘도 가
르치는구나 큰 (知識)지식을 참
잘도 자랑하는구나
4 네가 누구를 향하여 말하느냐 누
구의 (精神)정신이 네게서 나왔느
냐
5 ● 죽은 자의 (靈)영들이 물 밑에
서 떨며 물에서 사는 것들도 그러
하도다
6 하나님 앞에서는 스올도 벗은 몸
으로 드러나며 (滅亡)멸망도 가림
이 없음이라
7 그는 북쪽을 (虛空)허공에 펴시며
땅을 아무것도 없는 곳에 매다시며
8 물을 빽빽한 구름에 싸시나 그 밑
의 구름이 찢어지지 아니하느니라
9 그는 보름달을 가리시고 (自己)자
기의 구름을 그 위에 펴시며
10 수면에 (境界)경계를 그으시니 빛
과 어둠이 함께 끝나는 곳이니라
11 그가 꾸짖으신즉 하늘 기둥이 흔
들리며 놀라느니라
12 그는 (能力)능력으로 바다를 잔잔
하게 하시며 지혜로 [1]라합을 깨뜨
리시며
13 그의 입김으로 하늘을 맑게 하시
고 손으로 날렵한 뱀을 무찌르시
나니
14 보라 이런 것들은 그의 행사의 (斷
片)단편일 뿐이요 우리가 그에게
서 들은 것도 속삭이는 소리일 뿐
이니 그의 큰 능력의 우렛소리를
누가 능히 헤아리랴

세 친구에 대한 욥의 말

27 욥이 또 (諷刺)풍자하여 이
르되
2 나의 정당함을 물리치신 하나님,
나의 (靈魂)영혼을 괴롭게 하신
전능자의 사심을 두고 맹세하노니
3 나의 (呼吸)호흡이 아직 내 속에
완전히 있고 하나님의 숨결이 아
직도 내 코에 있느니라
4 결코 내 입술이 (不義)불의를 말
하지 아니하며 내 혀가 거짓을 말
하지 아니하리라
5 나는 결코 너희를 옳다 하지 아니
하겠고 내가 죽기 전에는 나의 (穩
全)온전함을 버리지 아니할 것이
라
6 내가 내 공의를 굳게 잡고 놓지 아
니하리니 내 마음이 나의 (生涯)
생애를 비웃지 아니하리라
7 나의 원수는 악인 같이 되고 일어
나 나를 치는 자는 (不義)불의한
자 같이 되기를 원하노라
8 불경건한 자가 (利益)이익을 얻었
으나 하나님이 그의 영혼을 거두

1) 히, 폭풍우

실 때에는 무슨 희망이 있으랴
9 (患難)환난이 그에게 닥칠 때에
하나님이 어찌 그의 부르짖음을
들으시랴
10 그가 어찌 (全能者)전능자를 기뻐
하겠느냐 항상 하나님께 부르짖겠
느냐
11 하나님의 [1]솜씨를 내가 너희에게
가르칠 것이요 (全能者)전능자에
게 있는 것을 내가 숨기지 아니하
리라
12 너희가 다 이것을 보았거늘 어찌
하여 그토록 (無益)무익한 사람이
되었는고
13 ● 악인이 하나님께 얻을 분깃, 포
악자가 전능자에게서 받을 (產業)
산업은 이것이라
14 그의 자손은 (蕃盛)번성하여도 칼
을 위함이요 그의 후손은 음식물
로 배부르지 못할 것이며
15 그 남은 자들은 죽음의 병이 돌 때
에 묻히리니 그들의 (寡婦)과부들
이 울지 못할 것이며
16 그가 비록 은을 티끌 같이 쌓고 의
복을 진흙 같이 (準備)준비할지라
도
17 그가 준비한 것을 (義人)의인이
입을 것이요 그의 은은 죄 없는 자
가 차지할 것이며
18 그가 지은 집은 좀의 집 같고 (把
守)파수꾼의 초막 같을 것이며
19 (富者)부자로 누우려니와 다시는
그렇지 못할 것이요 눈을 뜬즉 아
무것도 없으리라
20 두려움이 물 같이 그에게 닥칠 것
이요 (暴風)폭풍이 밤에 그를 앗
아갈 것이며
21 동풍이 그를 들어올리리니 그는
사라질 것이며 그의 (處所)처소에
서 그를 몰아내리라
22 하나님은 그를 아끼지 아니하시고
던져 버릴 것이니 그의 손에서 (逃
亡)도망치려고 힘쓰리라
23 사람들은 그를 바라보며 손뼉치고
그의 (處所)처소에서 그를 비웃으
리라

지혜와 명철

28 은이 나는 곳이 있고 금을
(製鍊)제련하는 곳이 있으
며
2 철은 흙에서 캐내고 (銅)동은 돌
에서 녹여 얻느니라
3 사람은 어둠을 뚫고 모든 것을 끝
까지 (探知)탐지하여 어둠과 죽음
의 그늘에 있는 광석도 탐지하되
4 그는 사람이 사는 곳에서 멀리 떠
나 (坑道)갱도를 깊이 뚫고 발길
이 닿지 않는 곳 사람이 없는 곳에
매달려 흔들리느니라
5 (飮食)음식은 땅으로부터 나오나
그 밑은 불처럼 변하였도다
6 그 돌에는 청옥이 있고 (砂金)사
금도 있으며
7 그 길은 솔개도 알지 못하고 매의
눈도 보지 못하며
8 (勇猛)용맹스러운 짐승도 밟지 못
하였고 사나운 사자도 그리로 지
나가지 못하였느니라
9 사람이 굳은 바위에 손을 대고

1) 히, 손을

(山)산을 뿌리까지 뒤엎으며

10 (磐石)반석에 수로를 터서 각종 보물을 눈으로 발견하고

11 (漏水)누수를 막아 스며 나가지 않게 하고 감추어져 있던 것을 밝은 데로 끌어내느니라

12 ● 그러나 지혜는 어디서 얻으며 (明哲)명철이 있는 곳은 어디인고

13 그 길을 사람이 알지 못하나니 사람 사는 땅에서는 찾을 수 없구나

14 깊은 물이 이르기를 내 속에 있지 아니하다 하며 바다가 이르기를 나와 함께 있지 아니하다 하느니라

15 (純金)순금으로도 바꿀 수 없고 은을 달아도 그 값을 당하지 못하리니

16 오빌의 금이나 귀한 (青玉水)청옥수나 남보석으로도 그 값을 당하지 못하겠고

17 황금이나 수정이라도 비교할 수 없고 정금 (粧飾品)장식품으로도 바꿀 수 없으며

18 진주와 (碧玉)벽옥으로도 비길 수 없나니 지혜의 값은 산호보다 귀하구나

19 구스의 황옥으로도 (比較)비교할 수 없고 순금으로도 그 값을 헤아리지 못하리라

20 그런즉 (智慧)지혜는 어디서 오며 명철이 머무는 곳은 어디인고

21 모든 (生物)생물의 눈에 숨겨졌고 공중의 새에게 가려졌으며

22 멸망과 사망도 이르기를 우리가 귀로 그 (所聞)소문은 들었다 하느니라

23 하나님이 그 길을 아시며 있는 곳을 아시나니

24 이는 그가 땅 끝까지 (鑑察)감찰하시며 온 천하를 살피시며

25 바람의 무게를 정하시며 물의 (分量)분량을 정하시며

26 비 내리는 (法則)법칙을 정하시고 비구름의 길과 우레의 법칙을 만드셨음이라

27 그 때에 그가 보시고 (宣布)선포하시며 굳게 세우시며 탐구하셨고

28 또 사람에게 말씀하셨도다 보라 주를 (敬畏)경외함이 지혜요 악을 떠남이 (明哲)명철이니라

욥의 마지막 말

29 욥이 (諷刺)풍자하여 이르되

2 나는 지난 세월과 하나님이 나를 (保護)보호하시던 때가 다시 오기를 원하노라

3 그 때에는 그의 등불이 내 머리에 비치었고 내가 그의 빛을 힘입어 (暗黑)암흑에서도 걸어다녔느니라

4 내가 원기 (旺盛)왕성하던 날과 같이 지내기를 원하노라 그 때에는 하나님이 내 장막에 기름을 발라 주셨도다

5 그 때에는 (全能者)전능자가 아직도 나와 함께 계셨으며 나의 젊은이들이 나를 둘러 있었으며

6 젖으로 내 발자취를 씻으며 바위가 나를 위하여 기름 시내를 쏟아냈으며

7 그 때에는 내가 나가서 (城門)성문에 이르기도 하며 내 자리를 거

리에 마련하기도 하였느니라
8 나를 보고 젊은이들은 숨으며 (老
人)노인들은 일어나서 서며
9 (有志)유지들은 말을 삼가고 손으
로 입을 가리며
10 (指導者)지도자들은 말소리를 낮
추었으니 그들의 혀가 입천장에
붙었느니라
11 귀가 들은즉 나를 (祝福)축복하고
눈이 본즉 나를 증언하였나니
12 이는 부르짖는 (貧民)빈민과 도와
줄 자 없는 고아를 내가 건졌음이라
13 망하게 된 자도 나를 위하여 복을
빌었으며 (寡婦)과부의 마음이 나
로 말미암아 기뻐 노래하였느니라
14 내가 의를 옷으로 삼아 입었으며
나의 (正義)정의는 겉옷과 모자
같았느니라
15 나는 (盲人)맹인의 눈도 되고 다
리 저는 사람의 발도 되고
16 (貧窮)빈궁한 자의 아버지도 되며
내가 모르는 사람의 송사를 돌보
아 주었으며
17 불의한 자의 턱뼈를 부수고 (鹵
獲)노획한 물건을 그 잇새에서 빼
내었느니라
18 내가 스스로 말하기를 나는 내 보
금자리에서 숨을 거두며 나의 날은
모래알 같이 많으리라 하였느니라
19 내 뿌리는 물로 뻗어나가고 이슬
이 내 가지에서 밤을 지내고 갈 것
이며
20 내 (榮光)영광은 내게 새로워지고
내 손에서 내 화살이 끊이지 않았
노라
21 무리는 내 말을 듣고 희망을 걸었
으며 내가 가르칠 때에 (潛潛)잠
잠하였노라
22 내가 말한 후에는 그들이 말을 거
듭하지 못하였나니 나의 말이 그
들에게 스며들었음이라
23 그들은 비를 기다리듯 나를 기다
렸으며 봄비를 맞이하듯 입을 벌
렸느니라
24 그들이 의지 없을 때에 내가 (微
笑)미소하면 그들이 나의 얼굴 빛
을 무색하게 아니하였느니라
25 내가 그들의 길을 택하여 주고 으
뜸되는 자리에 앉았나니 왕이 군
대 중에 있는 것과도 같았고 (哀
哭)애곡하는 자를 위로하는 사람
과도 같았느니라

30

그러나 이제는 나보다 젊
은 자들이 나를 비웃는구나
그들의 아비들은 내가 보기에 내
(羊)양 떼를 지키는 개 중에도 둘
만하지 못한 자들이니라
2 그들의 (氣力)기력이 쇠잔하였으
니 그들의 손의 힘이 내게 무슨 소
용이 있으랴
3 그들은 곧 (窮乏)궁핍과 (饑饉)기
근으로 인하여 파리하며 캄캄하고
메마른 땅에서 마른 흙을 씹으며
4 떨기나무 가운데에서 짠 나물을
꺾으며 대싸리 뿌리로 먹을 거리
를 삼느니라
5 무리가 그들에게 소리를 지름으로
도둑 같이 사람들 가운데에서 쫓
겨나서
6 (沈沈)침침한 골짜기와 흙 구덩이

와 바위 굴에서 살며
7 떨기나무 가운데에서 부르짖으며
가시나무 아래에 모여 있느니라
8 그들은 본래 미련한 자의 자식이요
이름 없는 자들의 자식으로서 (故
土)고토에서 쫓겨난 자들이니라
9 ●이제는 그들이 나를 노래로 (嘲
弄)조롱하며 내가 그들의 놀림거
리가 되었으며
10 그들이 나를 미워하여 멀리 하고
서슴지 않고 내 얼굴에 침을 뱉는
도다
11 이는 하나님이 내 활시위를 늘어
지게 하시고 나를 (困苦)곤고하게
하심으로 무리가 내 앞에서 굴레
를 벗었음이니라
12 그들이 내 오른쪽에서 일어나 내
발에 덫을 놓으며 나를 (對敵)대
적하여 길을 에워싸며
13 그들이 내 길을 헐고 내 (災殃)재
앙을 재촉하는데도 도울 자가 없
구나
14 그들은 성을 (破壞)파괴하고 그
파괴한 가운데로 몰려드는 것 같
이 내게로 달려드니
15 순식간에 (恐怖)공포가 나를 에워
싸고 그들이 내 품위를 바람 같이
날려 버리니 나의 구원은 구름 같
이 지나가 버렸구나
16 ●이제는 내 (生命)생명이 내 속
에서 녹으니 환난 날이 나를 사로
잡음이라
17 밤이 되면 내 뼈가 쑤시니 나의 아
픔이 쉬지 아니하는구나
18 그가 큰 (能力)능력으로 나의 옷
을 떨쳐 버리시며 나의 옷깃처럼
나를 휘어잡으시는구나
19 하나님이 나를 진흙 가운데 던지셨
고 나를 티끌과 재 같게 하셨구나
20 내가 주께 부르짖으나 주께서 (對
答)대답하지 아니하시오며 내가
섰사오나 주께서 나를 돌아보지
아니하시나이다
21 주께서 돌이켜 내게 (殘酷)잔혹하
게 하시고 힘 있는 손으로 나를 대
적하시나이다
22 나를 바람 위에 들어 불려가게 하
시며 무서운 힘으로 나를 던져 버
리시나이다
23 내가 아나이다 주께서 나를 죽게
하사 모든 (生物)생물을 위하여
정한 집으로 돌려보내시리이다
24 ●그러나 사람이 넘어질 때에 어
찌 손을 펴지 아니하며 (災殃)재
앙을 당할 때에 어찌 도움을 부르
짖지 아니하리이까
25 (苦生)고생의 날을 보내는 자를
위하여 내가 울지 아니하였는가
(貧窮)빈궁한 자를 위하여 내 마
음에 근심하지 아니하였는가
26 내가 복을 바랐더니 화가 왔고 광
명을 기다렸더니 (黑暗)흑암이 왔
구나
27 내 마음이 들끓어 고요함이 없구
나 (患難)환난 날이 내게 임하였
구나
28 나는 햇볕에 쬐지 않고도 검어진
피부를 가지고 걸으며 (會衆)회중
가운데 서서 도움을 부르짖고 있
느니라

29 나는 이리의 (兄弟)형제요 타조의
벗이로구나
30 나를 덮고 있는 피부는 검어졌고
내 뼈는 (熱氣)열기로 말미암아
탔구나
31 내 수금은 (痛哭)통곡이 되었고
내 피리는 애곡이 되었구나

31 내가 내 눈과 약속하였나니
어찌 처녀에게 (注目)주목하
랴
2 그리하면 위에 계신 하나님께서
내리시는 분깃이 무엇이겠으며 높
은 곳의 전능자께서 주시는 (基
業)기업이 무엇이겠느냐
3 불의한 자에게는 환난이 아니겠느
냐 행악자에게는 (不幸)불행이 아
니겠느냐
4 그가 내 길을 살피지 아니하시느냐
내 걸음을 다 세지 아니하시느냐
5 ●만일 내가 (虛僞)허위와 함께
동행하고 내 발이 속임수에 빨랐
다면
6 하나님께서 나를 (公平)공평한 저
울에 달아보시고 그가 나의 온전
함을 아시기를 바라노라
7 (萬一)만일 내 걸음이 길에서 떠
났거나 내 마음이 내 눈을 따랐거
나 내 손에 더러운 것이 묻었다면
8 내가 심은 것을 (他人)타인이 먹
으며 나의 소출이 뿌리째 뽑히기
를 바라노라
9 ●만일 내 마음이 여인에게 (誘
惑)유혹되어 이웃의 문을 엿보아
문에서 숨어 기다렸다면
10 내 아내가 타인의 맷돌을 돌리며
타인과 더불어 (同寢)동침하기를
바라노라
11 그것은 참으로 음란한 일이니 재
판에 (回附)회부할 죄악이요
12 멸망하도록 사르는 불이니 나의
모든 (所出)소출을 뿌리째 뽑기를
바라노라
13 만일 남종이나 여종이 나와 더불
어 쟁론할 때에 내가 그의 (權利)
권리를 저버렸다면
14 하나님이 일어나실 때에 내가 어
떻게 하겠느냐 하나님이 (審判)심
판하실 때에 내가 무엇이라 대답
하겠느냐
15 나를 태 속에 만드신 이가 그도 만
들지 아니하셨느냐 우리를 뱃속에
지으신 이가 한 분이 아니시냐
16 ●내가 언제 가난한 자의 (所願)
소원을 막았거나 과부의 눈으로
하여금 실망하게 하였던가
17 나만 혼자 내 떡덩이를 먹고 (孤
兒)고아에게 그 조각을 먹이지 아
니하였던가
18 (實狀)실상은 내가 젊었을 때부터
고아 기르기를 그의 아비처럼 하
였으며 내가 어렸을 때부터 과부
를 인도하였노라
19 만일 내가 사람이 (衣服)의복이
없이 죽어가는 것이나 가난한 자
가 덮을 것이 없는 것을 못본 체
했다면
20 만일 나의 양털로 그의 몸을 따뜻
하게 입혀서 그의 허리가 나를 위
하여 (福)복을 빌게 하지 아니하
였다면

21 만일 나를 도와 주는 자가 (城門)
성문에 있음을 보고 내가 주먹을
들어 고아를 향해 휘둘렀다면
22 내 팔이 어깨 뼈에서 떨어지고 내
팔 뼈가 그 자리에서 부스러지기
를 바라노라
23 나는 하나님의 (災殃)재앙을 심히
두려워하고 그의 위엄으로 말미암
아 그런 일을 할 수 없느니라
24 ●만일 내가 내 소망을 금에다 두
고 순금에게 너는 내 (依賴)의뢰
하는 바라 하였다면
25 만일 재물의 (豊富)풍부함과 손으
로 얻은 것이 많음으로 기뻐하였
다면
26 (萬一)만일 해가 빛남과 달이 밝
게 뜬 것을 보고
27 내 마음이 슬며시 (誘惑)유혹되어
내 손에 입맞추었다면
28 그것도 재판에 회부할 (罪惡)죄악
이니 내가 그리하였으면 위에 계
신 하나님을 속이는 것이리라
29 내가 언제 나를 미워하는 자의 (滅
亡)멸망을 기뻐하고 그가 재난을
당함으로 즐거워하였던가
30 실상은 나는 그가 죽기를 구하는 말
로 그의 생명을 (詛呪)저주하여 내
입이 범죄하게 하지 아니하였노라
31 내 장막 사람들은 (主人)주인의
고기에 배부르지 않은 자가 어디
있느뇨 하지 아니하였는가
32 실상은 나그네가 거리에서 자지
아니하도록 나는 (行人)행인에게
내 문을 열어 주었노라
33 내가 언제 다른 사람처럼 내 악행
을 숨긴 일이 있거나 나의 (罪惡)
죄악을 나의 품에 감추었으며
34 내가 언제 큰 무리와 여러 종족의
수모가 두려워서 대문 밖으로 나
가지 못하고 (潛潛)잠잠하였던가
35 누구든지 나의 (辨明)변명을 들어
다오 나의 서명이 여기 있으니 전
능자가 내게 대답하시기를 바라노
라 나를 고발하는 자가 있다면 그
에게 고소장을 쓰게 하라
36 내가 그것을 어깨에 메기도 하고
(王冠)왕관처럼 머리에 쓰기도 하
리라
37 내 걸음의 수효를 그에게 알리고
(王族)왕족처럼 그를 가까이 하였
으리라
38 (萬一)만일 내 밭이 나를 향하여
부르짖고 밭이랑이 함께 울었다면
39 만일 내가 값을 내지 않고 그 소출
을 먹고 그 (所有主)소유주가 생
명을 잃게 하였다면
40 밀 (代身)대신에 가시나무가 나고
보리 대신에 독보리가 나는 것이
마땅하니라 하고 욥의 말이 그치
니라

엘리후가 화를 내다(32:1-37:24)

32 욥이 (自身)자신을 의인으
로 여기므로 그 세 사람이
말을 그치니
2 람 종족 부스 사람 바라겔의 아들
엘리후가 (火)화를 내니 그가 욥
에게 화를 냄은 욥이 하나님보다
자기가 의롭다 함이요
3 또 세 친구에게 화를 냄은 그들이
능히 대답하지 못하면서도 욥을

(定罪)정죄함이라
4 엘리후는 그들의 나이가 (自己)자
기보다 여러 해 위이므로 욥에게
말하기를 참고 있다가
5 세 사람의 입에 (對答)대답이 없
음을 보고 화를 내니라

엘리후의 말

6 ●부스 사람 바라겔의 아들 엘리
후가 대답하여 이르되 나는 연소
하고 당신들은 (年老)연로하므로
뒷전에서 나의 의견을 감히 내놓
지 못하였노라
7 내가 말하기를 나이가 많은 자가
말할 것이요 (年輪)연륜이 많은
자가 지혜를 가르칠 것이라 하였
노라
8 그러나 사람의 속에는 영이 있고
(全能者)전능자의 숨결이 사람에
게 깨달음을 주시나니
9 어른이라고 (智慧)지혜롭거나 노
인이라고 정의를 깨닫는 것이 아
니니라
10 그러므로 내가 말하노니 내 말을
들으라 나도 내 (意見)의견을 말
하리라
11 ●보라 나는 (當身)당신들의 말을
기다렸노라 당신들의 슬기와 당신
들의 말에 귀 기울이고 있었노라
12 내가 (仔細)자세히 들은즉 당신들
가운데 욥을 꺾어 그의 말에 대답
하는 자가 없도다
13 당신들이 말하기를 우리가 진상을
(把握)파악했으나 그를 추궁할 자
는 하나님이시요 사람이 아니라
하지 말지니라
14 그가 내게 자기 이론을 (提起)제
기하지 아니하였으니 나도 당신들
의 이론으로 그에게 대답하지 아
니하리라
15 ●그들이 놀라서 다시 (對答)대답
하지 못하니 할 말이 없음이었더라
16 (當身)당신들이 말 없이 가만히
서서 다시 대답하지 아니한즉 내
가 어찌 더 기다리랴
17 나는 내 (本分)본분대로 대답하고
나도 내 의견을 보이리라
18 내 속에는 말이 가득하니 내 영이
나를 (壓迫)압박함이니라
19 보라 내 배는 봉한 (葡萄酒桶)포
도주통 같고 터지게 된 새 가죽 부
대 같구나
20 내가 말을 하여야 시원할 것이라
내 입을 열어 (對答)대답하리라
21 나는 결코 사람의 낯을 보지 아니
하며 사람에게 (榮光)영광을 돌리
지 아니하리니
22 이는 (阿諂)아첨할 줄을 알지 못함
이라 만일 그리하면 나를 지으신
이가 속히 나를 데려가시리로다

엘리후가 욥에게 하는 말

33 그런즉 욥이여 내 말을 들으
며 내 모든 말에 귀를 기울
이기를 (願)원하노라
2 내가 입을 여니 내 혀가 입에서 말
하는구나
3 내 마음의 (正直)정직함이 곧 내
말이며 내 입술이 아는 바가 진실
을 말하느니라
4 하나님의 영이 나를 지으셨고 (全
能者)전능자의 기운이 나를 살리

시느니라
5 그대가 할 수 있거든 일어서서 내
게 대답하고 내 앞에 (陳述)진술
하라
6 나와 그대가 하나님 앞에서 (同
一)동일하니 나도 흙으로 지으심
을 입었은즉
7 내 (威嚴)위엄으로는 그대를 두렵
게 하지 못하고 내 손으로는 그대
를 누르지 못하느니라
8 ●그대는 실로 내가 듣는 데서 말
하였고 나는 그대의 말소리를 들
었느니라
9 이르기를 나는 깨끗하여 악인이
아니며 (純全)순전하고 불의도 없
거늘
10 참으로 하나님이 나에게서 잘못을
찾으시며 나를 자기의 (怨讐)원수
로 여기사
11 내 발을 차꼬에 채우시고 나의 모
든 길을 (監視)감시하신다 하였느
니라
12 내가 그대에게 (對答)대답하리라
이 말에 그대가 의롭지 못하니 하
나님은 사람보다 크심이니라
13 ●하나님께서 사람의 말에 대답
하지 않으신다 하여 어찌 하나님
과 (論爭)논쟁하겠느냐
14 하나님은 한 번 말씀하시고 다시
말씀하시되 사람은 (關心)관심이
없도다
15 사람이 침상에서 졸며 깊이 잠들
때에나 꿈에나 밤에 (幻像)환상을
볼 때에
16 그가 사람의 귀를 여시고 (警告)
경고로써 두렵게 하시니
17 이는 사람에게 그의 행실을 버리
게 하려 하심이며 사람의 (驕慢)
교만을 막으려 하심이라
18 그는 사람의 혼을 구덩이에 빠지
지 않게 하시며 그 (生命)생명을
칼에 맞아 멸망하지 않게 하시느
니라
19 ●혹은 사람이 병상의 고통과 뼈
가 늘 쑤심의 (懲戒)징계를 받나니
20 그의 생명은 음식을 싫어하고 그
의 마음은 (別味)별미를 싫어하며
21 그의 살은 파리하여 보이지 아니
하고 보이지 않던 뼈가 드러나서
22 그의 마음은 구덩이에, 그의 (生
命)생명은 멸하는 자에게 가까워
지느니라
23 ●만일 일천 천사 가운데 하나가
그 사람의 중보자로 함께 있어서
그의 (正當)정당함을 보일진대
24 하나님이 그 사람을 불쌍히 여기
사 그를 건져서 구덩이에 내려가
지 않게 하라 내가 (代贖物)대속
물을 얻었다 하시리라
25 그런즉 그의 살이 청년보다 부드러
워지며 젊음을 (回復)회복하리라
26 그는 하나님께 기도하므로 하나님
이 은혜를 베푸사 그로 말미암아
기뻐 외치며 하나님의 얼굴을 보
게 하시고 사람에게 그의 (公義)
공의를 회복시키시느니라
27 그가 사람 앞에서 노래하여 이르
기를 내가 (犯罪)범죄하여 옳은 것
을 그르쳤으나 내게 무익하였구나
28 하나님이 내 (靈魂)영혼을 건지사

구덩이에 내려가지 않게 하셨으니
내 생명이 빛을 보겠구나 하리라
29 ● 실로 하나님이 사람에게 이 모
든 일을 (再三)재삼 행하심은
30 그들의 (靈魂)영혼을 구덩이에서
이끌어 생명의 빛을 그들에게 비
추려 하심이니라
31 욥이여 내 말을 귀담아 들으라 (潛
潛)잠잠하라 내가 말하리라
32 만일 할 말이 있거든 (對答)대답
하라 내가 기쁜 마음으로 그대를
의롭다 하리니 그대는 말하라
33 만일 없으면 내 말을 들으라 (潛
潛)잠잠하라 내가 지혜로 그대를
가르치리라

34 엘리후가 말하여 이르되
2 지혜 있는 자들아 내 말을
들으며 (知識)지식 있는 자들아
내게 귀를 기울이라
3 입이 음식물의 맛을 (分別)분별함
같이 귀가 말을 분별하나니
4 우리가 (正義)정의를 가려내고 무
엇이 선한가 우리끼리 알아보자
5 욥이 말하기를 내가 의로우나 하
나님이 내 (義)의를 부인하셨고
6 내가 정당함에도 거짓말쟁이라 하
였고 나는 허물이 없으나 화살로
(傷處)상처를 입었노라 하니
7 어떤 사람이 욥과 같으랴 욥이 (誹
謗)비방하기를 물마시듯 하며
8 악한 일을 하는 자들과 한패가 되
어 (惡人)악인과 함께 다니면서
9 이르기를 사람이 하나님을 기뻐하
나 (無益)무익하다 하는구나
10 ● 그러므로 너희 (聰明)총명한 자
들아 내 말을 들으라 하나님은 악
을 행하지 아니하시며 전능자는
결코 불의를 행하지 아니하시고
11 사람의 (行爲)행위를 따라 갚으사
각각 그의 행위대로 받게 하시나니
12 (眞實)진실로 하나님은 악을 행하
지 아니하시며 전능자는 공의를
굽히지 아니하시느니라
13 누가 땅을 그에게 맡겼느냐 누가
온 (世上)세상을 그에게 맡겼느냐
14 그가 만일 뜻을 정하시고 그의 영
과 목숨을 거두실진대
15 모든 (肉體)육체가 다 함께 죽으
며 사람은 흙으로 돌아가리라
16 ● 만일 네가 (聰明)총명이 있거든
이것을 들으며 내 말소리에 귀를
기울이라
17 정의를 미워하시는 이시라면 어찌
그대를 다스리시겠느냐 의롭고 전
능하신 이를 그대가 (定罪)정죄하
겠느냐
18 그는 왕에게라도 (無用之物)무용
지물이라 하시며 지도자들에게라
도 악하다 하시며
19 고관을 (外貌)외모로 대하지 아니
하시며 가난한 자들 앞에서 부자
의 낯을 세워주지 아니하시나니
이는 그들이 다 그의 손으로 지으
신 바가 됨이라
20 그들은 한밤중에 (瞬息間)순식간
에 죽나니 백성은 떨며 사라지고
세력 있는 자도 사람의 손을 빌리
지 않고 제거함을 당하느니라
21 ● 그는 사람의 길을 주목하시며
사람의 모든 걸음을 (鑑察)감찰하

시나니
22 (行惡者)행악자는 숨을 만한 흑암
이나 사망의 그늘이 없느니라
23 하나님은 사람을 (審判)심판하시
기에 오래 생각하실 것이 없으시니
24 세력 있는 자를 (調査)조사할 것
없이 꺾으시고 다른 사람을 세워
그를 대신하게 하시느니라
25 그러므로 그는 그들의 (行爲)행위
를 아시고 그들을 밤 사이에 뒤집
어엎어 흩으시는도다
26 그들을 (惡)악한 자로 여겨 사람
의 눈 앞에서 치심은
27 그들이 그를 떠나고 그의 모든 길
을 깨달아 알지 못함이라
28 그들이 이와 같이 하여 가난한 자
의 부르짖음이 그에게 (上達)상달
하게 하며 빈궁한 사람의 부르짖
음이 그에게 들리게 하느니라
29 주께서 (沈默)침묵하신다고 누가
그를 정죄하며 그가 얼굴을 가리
신다면 누가 그를 뵈올 수 있으랴
그는 민족에게나 인류에게나 동일
하시니
30 이는 경건하지 못한 자가 (權勢)
권세를 잡아 백성을 옭아매지 못
하게 하려 하심이니라
31 ● 그대가 하나님께 아뢰기를 내
가 죄를 지었사오니 다시는 (犯
罪)범죄하지 아니하겠나이다
32 내가 깨닫지 못하는 것을 내게 가르
치소서 내가 (惡)악을 행하였으나
다시는 아니하겠나이다 하였는가
33 하나님께서 그대가 (拒絕)거절한
다고 하여 그대의 뜻대로 속전을
치르시겠느냐 그러면 그대가 스스
로 택할 것이요 내가 할 것이 아니
니 그대는 아는 대로 말하라
34 슬기로운 자와 내 말을 듣는 (智
慧)지혜 있는 사람은 반드시 내게
말하기를
35 욥이 (無識)무식하게 말하니 그의
말이 지혜롭지 못하도다 하리라
36 나는 욥이 끝까지 (試驗)시험 받
기를 원하노니 이는 그 대답이 악
인과 같음이라
37 그가 그의 죄에 (叛逆)반역을 더
하며 우리와 어울려 손뼉을 치며
하나님을 거역하는 말을 많이 하
는구나

35

엘리후가 말을 이어 이르되
2 그대는 이것을 (合當)합당
하게 여기느냐 그대는 그대의 의
가 하나님께로부터 왔다는 말이냐
3 그대는 그것이 내게 무슨 소용이
있으며 (犯罪)범죄하지 않는 것이
내게 무슨 유익이 있겠느냐고 묻
지마는
4 내가 그대와 및 그대와 함께 있는
그대의 친구들에게 (對答)대답하
리라
5 그대는 하늘을 우러러보라 그대보
다 높이 뜬 구름을 바라보라
6 그대가 범죄한들 하나님께 무슨
(影響)영향이 있겠으며 그대의 악
행이 가득한들 하나님께 무슨 상
관이 있겠으며
7 그대가 의로운들 하나님께 무엇을
드리겠으며 그가 그대의 손에서
무엇을 받으시겠느냐

8 그대의 악은 그대와 같은 사람에
게나 있는 것이요 그대의 (公義)
공의는 어떤 인생에게도 있느니라
9 ● 사람은 (虐待)학대가 많으므로
부르짖으며 군주들의 힘에 눌려
소리치나
10 나를 지으신 하나님은 어디 계시
냐고 하며 밤에 노래를 주시는 자
가 어디 계시냐고 말하는 자가 없
구나
11 땅의 짐승들보다도 우리를 더욱
가르치시고 하늘의 새들보다도 우
리를 더욱 (智慧)지혜롭게 하시는
이가 어디 계시냐고 말하는 이도
없구나
12 그들이 악인의 (驕慢)교만으로 말
미암아 거기에서 부르짖으나 대답
하는 자가 없음은
13 헛된 것은 하나님이 결코 듣지 아
니하시며 (全能者)전능자가 돌아
보지 아니하심이라
14 하물며 말하기를 하나님은 뵈올
수 없고 일의 (判斷)판단하심은
그 앞에 있으니 나는 그를 기다릴
뿐이라 말하는 그대일까보냐
15 그러나 (只今)지금은 그가 진노하
심으로 벌을 주지 아니하셨고 악행
을 끝까지 살피지 아니하셨으므로
16 욥이 헛되이 입을 열어 (知識)지
식 없는 말을 많이 하는구나

36

엘리후가 말을 이어 이르되
2 나를 잠깐 (容納)용납하라
내가 그대에게 보이리니 이는 내
가 하나님을 위하여 아직도 할 말
이 있음이라
3 내가 먼 데서 (知識)지식을 얻고
나를 지으신 이에게 의를 돌려보
내리라
4 진실로 내 말은 거짓이 아니라 (穩
全)온전한 지식을 가진 이가 그대
와 함께 있느니라
5 하나님은 능하시나 아무도 (蔑視)
멸시하지 아니하시며 그의 지혜가
(無窮)무궁하사
6 악인을 살려두지 아니하시며 고난
받는 자에게 (公義)공의를 베푸시며
7 그의 눈을 (義人)의인에게서 떼지
아니하시고 그를 왕들과 함께 왕
좌에 앉히사 영원토록 존귀하게
하시며
8 혹시 그들이 (足鎖)족쇄에 매이거
나 환난의 줄에 얽혔으면
9 그들의 소행과 악행과 자신들의
(驕慢)교만한 행위를 알게 하시고
10 그들의 귀를 열어 (敎訓)교훈을
듣게 하시며 명하여 죄악에서 돌
이키게 하시나니
11 만일 그들이 (順從)순종하여 섬기
면 형통한 날을 보내며 즐거운 해
를 지낼 것이요
12 만일 그들이 순종하지 아니하면
칼에 망하며 (知識)지식 없이 죽
을 것이니라
13 마음이 경건하지 아니한 자들은
분노를 쌓으며 하나님이 (束縛)속
박할지라도 도움을 구하지 아니하
나니
14 그들의 몸은 젊어서 죽으며 그들
의 생명은 (男娼)남창과 함께 있
도다

15 하나님은 (困苦)곤고한 자를 그
곤고에서 구원하시며 학대 당할
즈음에 그의 귀를 여시나니
16 그러므로 하나님이 그대를 (患難)
환난에서 이끌어 내사 좁지 않고
넉넉한 곳으로 옮기려 하셨은즉
무릇 그대의 상에는 기름진 것이
놓이리라
17 ● 이제는 악인의 받을 벌이 그대
에게 가득하였고 (審判)심판과 정
의가 그대를 잡았나니
18 그대는 분노하지 않도록 (操心)조
심하며 많은 뇌물이 그대를 그릇
된 길로 가게 할까 조심하라
19 그대의 부르짖음이나 그대의 능
력이 어찌 능히 그대가 (困苦)곤
고한 가운데에서 그대를 유익하게
하겠느냐
20 그대는 밤을 (思慕)사모하지 말라
인생들이 밤에 그들이 있는 곳에
서 끌려 가리라
21 삼가 악으로 치우치지 말라 그대
가 (患難)환난보다 이것을 택하였
느니라
22 하나님은 그의 권능으로 높이 계
시나니 누가 그같이 (敎訓)교훈을
베풀겠느냐
23 누가 그를 위하여 그의 길을 정하였
느냐 누가 말하기를 주께서 (不義)
불의를 행하셨나이다 할 수 있으랴
24 ● 그대는 하나님께서 하신 일을
기억하고 높이라 잊지 말지니라
인생이 그의 일을 (讚頌)찬송하였
느니라
25 그의 일을 모든 사람이 우러러보
나니 먼 데서도 보느니라
26 하나님은 높으시니 우리가 그를
알 수 없고 그의 햇수를 헤아릴 수
없느니라
27 그가 물방울을 가늘게 하시며 빗
방울이 (蒸發)증발하여 안개가 되
게 하시도다
28 그것이 구름에서 내려 많은 사람
에게 쏟아지느니라
29 겹겹이 쌓인 구름과 그의 (帳幕)
장막의 우렛소리를 누가 능히 깨
달으랴
30 보라 그가 번갯불을 자기의 (四
面)사면에 펼치시며 바다 밑까지
비치시고
31 이런 것들로 만민을 심판하시며 음
식을 (豊盛)풍성하게 주시느니라
32 그가 번갯불을 손바닥 안에 넣으
시고 그가 번갯불을 (命令)명령하
사 과녁을 치시도다
33 그의 우레가 다가오는 (風雨)풍우
를 알려 주니 가축들도 그 다가옴
을 아느니라

37 이로 말미암아 내 마음이 떨
며 그 자리에서 흔들렸도다
2 하나님의 (音聲)음성 곧 그의 입에
서 나오는 소리를 똑똑히 들으라
3 그 소리를 (天下)천하에 펼치시며
번갯불을 땅 끝까지 이르게 하시
고
4 그 후에 음성을 발하시며 그의 (威
嚴)위엄 찬 소리로 천둥을 치시며
그 음성이 들릴 때에 번개를 멈추
게 아니하시느니라
5 하나님은 놀라운 음성을 내시며

우리가 헤아릴 수 없는 큰 일을 행
하시느니라
6 눈을 (命)명하여 땅에 내리라 하
시며 적은 비와 큰 비도 내리게 명
하시느니라
7 그가 모든 사람의 손에 표를 주시
어 모든 사람이 그가 지으신 것을
알게 하려 하심이라
8 그러나 짐승들은 땅 속에 들어가
그 (處所)처소에 머무느니라
9 폭풍우는 그 (密室)밀실에서 나오
고 추위는 북풍을 타고 오느니라
10 하나님의 입김이 얼음을 얼게 하
고 물의 너비를 줄어들게 하느니
라
11 또한 그는 구름에 (濕氣)습기를
실으시고 그의 번개로 구름을 흩
어지게 하시느니라
12 그는 감싸고 도시며 그들의 할 일
을 (操縱)조종하시느니라 그는 땅
과 육지 표면에 있는 모든 자들에
게 명령하시느니라
13 혹은 (懲戒)징계를 위하여 혹은 땅
을 위하여 혹은 긍휼을 위하여 그
가 이런 일을 생기게 하시느니라
14 ● 욥이여 이것을 듣고 가만히 서
서 하나님의 (奧妙)오묘한 일을
깨달으라
15 하나님이 이런 것들에게 (命令)명
령하셔서 그 구름의 번개로 번쩍
거리게 하시는 것을 그대가 아느
냐
16 그대는 겹겹이 쌓인 구름과 (完
全)완전한 지식의 경이로움을 아
느냐
17 땅이 고요할 때에 (南風)남풍으로
말미암아 그대의 의복이 따뜻한
까닭을 그대가 아느냐
18 그대는 그를 도와 구름장들을 두들
겨 넓게 만들어 녹여 부어 만든 거
울 같이 단단하게 할 수 있겠느냐
19 우리가 그에게 할 말을 그대는 우
리에게 가르치라 우리는 아둔하여
아뢰지 못하겠노라
20 내가 말하고 싶은 것을 어찌 그에
게 고할 수 있으랴 삼켜지기를 바
랄 자가 어디 있으랴
21 ● 그런즉 바람이 불어 하늘이 말
끔하게 되었을 때 그 밝은 빛을 아
무도 볼 수 없느니라
22 북쪽에서는 (黃金)황금 같은 빛이
나오고 하나님께는 두려운 위엄이
있느니라
23 전능자를 우리가 찾을 수 없나니
그는 권능이 (至極)지극히 크사
정의나 무한한 공의를 굽히지 아
니하심이니라
24 그러므로 사람들은 그를 (敬畏)경
외하고 그는 스스로 지혜롭다 하
는 모든 자를 무시하시느니라

여호와께서 욥에게 말씀하시다

38 그 때에 여호와께서 (暴風
雨)폭풍우 가운데에서 욥에
게 말씀하여 이르시되
2 (無知)무지한 말로 생각을 어둡게
하는 자가 누구냐
3 너는 (大丈夫)대장부처럼 허리를
묶고 내가 네게 묻는 것을 대답할
지니라
4 내가 땅의 (基礎)기초를 놓을 때

에 네가 어디 있었느냐 네가 깨달
아 알았거든 말할지니라
5 누가 그것의 (度量法)도량법을 정
하였는지, 누가 그 줄을 그것의 위
에 띄웠는지 네가 아느냐
6 그것의 주추는 무엇 위에 세웠으
며 그 모퉁잇돌을 누가 놓았느냐
7 그 때에 새벽 별들이 기뻐 노래하
며 하나님의 아들들이 다 기뻐 소
리를 질렀느니라
8 ● 바다가 그 (母胎)모태에서 터져
나올 때에 문으로 그것을 가둔 자
가 누구냐
9 그 때에 내가 구름으로 그 옷을 만
들고 흑암으로 그 (襁褓)강보를
만들고
10 (限界)한계를 정하여 문빗장을 지
르고
11 이르기를 네가 여기까지 오고 더
넘어가지 못하리니 네 높은 (波
濤)파도가 여기서 그칠지니라 하
였노라
12 ● 네가 너의 날에 아침에게 (命
令)명령하였느냐 새벽에게 그 자
리를 일러 주었느냐
13 그것으로 땅 끝을 붙잡고 악한 자
들을 그 땅에서 떨쳐 버린 일이 있
었느냐
14 땅이 변하여 진흙에 인친 것 같이
되었고 그들은 옷 같이 나타나되
15 악인에게는 그 빛이 (遮斷)차단되
고 그들의 높이 든 팔이 꺾이느니
라
16 ● 네가 바다의 샘에 들어갔었느
냐 깊은 물 밑으로 걸어 다녀 보았
느냐
17 (死亡)사망의 문이 네게 나타났느
냐 사망의 그늘진 문을 네가 보았
느냐
18 땅의 너비를 네가 (測量)측량할
수 있느냐 네가 그 모든 것들을 다
알거든 말할지니라
19 ● 어느 것이 (光明)광명이 있는
곳으로 가는 길이냐 어느 것이 흑
암이 있는 곳으로 가는 길이냐
20 너는 그의 (地境)지경으로 그를
데려갈 수 있느냐 그의 집으로 가
는 길을 알고 있느냐
21 네가 아마도 알리라 네가 그 때에
태어났으리니 너의 햇수가 많음이
니라
22 네가 눈 (庫間)곳간에 들어갔었느
냐 우박 창고를 보았느냐
23 내가 환난 때와 (交戰)교전과 전
쟁의 날을 위하여 이것을 남겨 두
었노라
24 (光明)광명이 어느 길로 뻗치며
동풍이 어느 길로 땅에 흩어지느
냐
25 ● 누가 (洪水)홍수를 위하여 물길
을 터 주었으며 우레와 번개 길을
내어 주었느냐
26 누가 사람 없는 땅에, 사람 없는
(曠野)광야에 비를 내리며
27 (荒蕪)황무하고 황폐한 토지를 흡
족하게 하여 연한 풀이 돋아나게
하였느냐
28 비에게 아비가 있느냐 이슬방울은
누가 낳았느냐
29 얼음은 누구의 태에서 났느냐 (空

中)공중의 서리는 누가 낳았느냐
30 물은 돌 같이 굳어지고 깊은 바다
의 (水面)수면은 얼어붙느니라
31 ● 네가 묘성을 매어 묶을 수 있으
며 (參星)삼성의 띠를 풀 수 있겠
느냐
32 너는 별자리들을 각각 제 때에 이
끌어 낼 수 있으며 (北斗星)북두
성을 다른 별들에게로 이끌어 갈
수 있겠느냐
33 네가 하늘의 (軌道)궤도를 아느냐
하늘로 하여금 그 법칙을 땅에 베
풀게 하겠느냐
34 ● 네가 목소리를 구름에까지 높
여 넘치는 물이 네게 덮이게 하겠
느냐
35 네가 번개를 보내어 가게 하되 번
개가 네게 우리가 여기 있나이다
하게 하겠느냐
36 가슴 속의 (智慧)지혜는 누가 준
것이냐 수탉에게 슬기를 준 자가
누구냐
37 누가 (智慧)지혜로 구름의 수를
세겠느냐 누가 하늘의 물주머니를
기울이겠느냐
38 티끌이 덩어리를 이루며 흙덩이가
서로 붙게 하겠느냐
39 ● 네가 (獅子)사자를 위하여 먹이
를 사냥하겠느냐 젊은 사자의 식
욕을 채우겠느냐
40 그것들이 (窟)굴에 엎드리며 숲에
앉아 숨어 기다리느니라
41 까마귀 새끼가 하나님을 (向)향하
여 부르짖으며 먹을 것이 없어서
허우적거릴 때에 그것을 위하여
먹이를 마련하는 이가 누구냐

39

(山)산 염소가 새끼 치는 때
를 네가 아느냐 암사슴이 새
끼 낳는 것을 네가 본 적이 있느냐
2 그것이 몇 달 만에 (滿朔)만삭되
는지 아느냐 그 낳을 때를 아느냐
3 그것들은 몸을 구푸리고 새끼를
낳으니 그 괴로움이 지나가고
4 그 새끼는 (强)강하여져서 빈 들
에서 크다가 나간 후에는 다시 돌
아오지 아니하느니라
5 ● 누가 들나귀를 놓아 (自由)자유
롭게 하였느냐 누가 빠른 나귀의
매인 것을 풀었느냐
6 내가 들을 그것의 집으로, 소금 땅
을 그것이 사는 (處所)처소로 삼
았느니라
7 들나귀는 (城邑)성읍에서 지껄이
는 소리를 비웃나니 나귀 치는 사
람이 지르는 소리는 그것에게 들
리지 아니하며
8 (草場)초장 언덕으로 두루 다니며
여러 가지 푸른 풀을 찾느니라
9 들소가 어찌 기꺼이 너를 위하여 일
하겠으며 네 외양간에 머물겠느냐
10 네가 능히 줄로 매어 들소가 이랑
을 갈게 하겠느냐 그것이 어찌 골
짜기에서 너를 따라 써레를 끌겠
느냐
11 그것이 힘이 세다고 네가 그것을
(依支)의지하겠느냐 네 수고를 그
것에게 맡기겠느냐
12 그것이 네 (穀食)곡식을 집으로
실어 오며 네 타작 마당에 곡식 모
으기를 그것에게 의탁하겠느냐

13 ●(駝鳥)타조는 즐거이 날개를 치
나 학의 깃털과 날개 같겠느냐
14 그것이 알을 땅에 버려두어 흙에
서 더워지게 하고
15 발에 깨어질 것이나 들짐승에게
밟힐 것을 생각하지 아니하고
16 그 새끼에게 모질게 대함이 제 새
끼가 아닌 것처럼 하며 그 (苦生)
고생한 것이 헛되게 될지라도 두
려워하지 아니하나니
17 이는 하나님이 (智慧)지혜를 베풀
지 아니하셨고 총명을 주지 아니
함이라
18 그러나 그것이 몸을 떨쳐 뛰어갈
때에는 말과 그 위에 탄 자를 우습
게 여기느니라
19 ●말의 힘을 네가 주었느냐 그 목
에 흩날리는 갈기를 네가 입혔느냐
20 네가 그것으로 메뚜기처럼 뛰게
하였느냐 그 (威嚴)위엄스러운 콧
소리가 두려우니라
21 그것이 골짜기에서 발굽질하고 힘
있음을 기뻐하며 앞으로 나아가서
(軍士)군사들을 맞되
22 두려움을 모르고 (怯)겁내지 아니
하며 칼을 대할지라도 물러나지
아니하니
23 그의 머리 위에서는 화살통과 빛
나는 창과 (投槍)투창이 번쩍이며
24 땅을 삼킬 듯이 (猛烈)맹렬히 성
내며 나팔 소리에 머물러 서지 아
니하고
25 나팔 소리가 날 때마다 힝힝 울며
멀리서 싸움 냄새를 맡고 (指揮
官)지휘관들의 호령과 외치는 소
리를 듣느니라
26 ●매가 떠올라서 날개를 펼쳐 남
쪽으로 향하는 것이 어찌 네 (智
慧)지혜로 말미암음이냐
27 독수리가 공중에 떠서 높은 곳에
보금자리를 만드는 것이 어찌 네
(命令)명령을 따름이냐
28 그것이 낭떠러지에 집을 지으며
뾰족한 바위 끝이나 (險峻)험준한
데 살며
29 거기서 먹이를 살피나니 그 눈이
멀리 봄이며
30 그 새끼들도 피를 빠나니 (屍體)
시체가 있는 곳에는 독수리가 있
느니라

40 여호와께서 또 욥에게 일러
말씀하시되
2 트집 잡는 자가 (全能者)전능자와
다투겠느냐 하나님을 탓하는 자는
대답할지니라
3 욥이 여호와께 (對答)대답하여 이
르되
4 보소서 나는 (卑賤)비천하오니 무
엇이라 주께 대답하리이까 손으로
내 입을 가릴 뿐이로소이다
5 내가 한 번 말하였사온즉 다시는
더 (對答)대답하지 아니하겠나이다
6 그 때에 여호와께서 (暴風雨)폭풍
우 가운데에서 욥에게 일러 말씀
하시되
7 너는 (大丈夫)대장부처럼 허리를
묶고 내가 네게 묻겠으니 내게 (對
答)대답할지니라
8 네가 내 공의를 (否認)부인하려느
냐 네 의를 세우려고 나를 악하다

하겠느냐
9 네가 하나님처럼 (能力)능력이 있
느냐 하나님처럼 천둥 소리를 내
겠느냐
10 ● 너는 (威嚴)위엄과 존귀로 단장
하며 영광과 영화를 입을지니라
11 너의 넘치는 노를 비우고 (驕慢)교
만한 자를 발견하여 모두 낮추되
12 모든 교만한 자를 발견하여 낮아
지게 하며 악인을 그들의 (處所)
처소에서 짓밟을지니라
13 그들을 함께 (塵土)진토에 묻고
그들의 얼굴을 싸서 은밀한 곳에
둘지니라
14 그리하면 네 오른손이 너를 구원
할 수 있다고 내가 (認定)인정하
리라
15 ● 이제 소 같이 풀을 먹는 [1]베헤
못을 볼지어다 내가 너를 지은 것
같이 그것도 지었느니라
16 그것의 힘은 허리에 있고 그 뚝심
은 배의 힘줄에 있고
17 그것이 꼬리 치는 것은 (柏香木)
백향목이 흔들리는 것 같고 그 넓
적다리 힘줄은 서로 얽혀 있으며
18 그 뼈는 놋관 같고 그 뼈대는 쇠
막대기 같으니
19 그것은 하나님이 만드신 것 중에
으뜸이라 그것을 지으신 이가 자
기의 칼을 가져 오기를 바라노라
20 모든 들 짐승들이 뛰노는 (山)산은
그것을 위하여 먹이를 내느니라
21 그것이 (蓮)연 잎 아래에나 갈대
그늘에서나 늪 속에 엎드리니
22 (蓮)연 잎 그늘이 덮으며 시내 버
들이 그를 감싸는도다
23 강물이 소용돌이칠지라도 그것이
놀라지 않고 요단 강 물이 쏟아져
그 입으로 들어가도 (泰然)태연하니
24 그것이 눈을 뜨고 있을 때 누가
(能)능히 잡을 수 있겠으며 갈고
리로 그것의 코를 꿸 수 있겠느냐

41

네가 낚시로 [2]리워야단을 끌
어낼 수 있겠느냐 노끈으로
그 혀를 맬 수 있겠느냐
2 너는 밧줄로 그 코를 꿸 수 있겠느
냐 갈고리로 그 아가미를 꿸 수 있
겠느냐
3 그것이 어찌 네게 (繼續)계속하여
간청하겠느냐 부드럽게 네게 말하
겠느냐
4 어찌 그것이 너와 계약을 맺고 너
는 그를 (永遠)영원히 종으로 삼
겠느냐
5 네가 어찌 그것을 새를 가지고 놀
듯 하겠으며 네 여종들을 위하여
그것을 매어두겠느냐
6 어찌 장사꾼들이 그것을 놓고 (去
來)거래하겠으며 상인들이 그것
을 나누어 가지겠느냐
7 네가 능히 많은 (槍)창으로 그 가
죽을 찌르거나 작살을 그 머리에
꽂을 수 있겠느냐
8 네 손을 그것에게 얹어 보라 다시
는 싸울 생각을 못하리라
9 참으로 잡으려는 그의 (希望)희망
은 헛된 것이니라 그것의 모습을
보기만 해도 그는 기가 꺾이리라
10 아무도 그것을 격동시킬 만큼 (膽

1) 하마로 볼 수도 있음 2) 악어로 볼 수도 있음

大)담대하지 못하거든 누가 내게
감히 대항할 수 있겠느냐
11 누가 먼저 내게 주고 나로 하여금
갚게 하겠느냐 온 (天下)천하에
있는 것이 다 내 것이니라
12 ●내가 그것의 지체와 그것의 큰
용맹과 (凜凜)늠름한 체구에 대하
여 잠잠하지 아니하리라
13 누가 그것의 겉가죽을 벗기겠으며
그것에게 겹재갈을 물릴 수 있겠
느냐
14 누가 그것의 턱을 벌릴 수 있겠느냐
그의 둥근 이틀은 심히 두렵구나
15 그의 (櫛比)즐비한 비늘은 그의
자랑이로다 튼튼하게 봉인하듯이
닫혀 있구나
16 그것들이 서로 달라붙어 있어 바
람이 그 사이로 지나가지 못하는
구나
17 서로 이어져 붙었으니 능히 나눌
수도 없구나
18 그것이 재채기를 한즉 빛을 (發)
발하고 그것의 눈은 새벽의 눈꺼
풀 빛 같으며
19 그것의 입에서는 횃불이 나오고
불꽃이 튀어 나오며
20 그것의 콧구멍에서는 (煙氣)연기
가 나오니 마치 갈대를 태울 때에
솥이 끓는 것과 같구나
21 그의 입김은 숯불을 지피며 그의
입은 불길을 뿜는구나
22 그것의 힘은 그의 목덜미에 있으
니 그 앞에서는 (絕望)절망만 감
돌 뿐이구나
23 그것의 살껍질은 서로 (密着)밀착
되어 탄탄하며 움직이지 않는구나
24 그것의 가슴은 돌처럼 튼튼하며
맷돌 아래짝 같이 튼튼하구나
25 그것이 일어나면 (勇士)용사라도
두려워하며 달아나리라
26 칼이 그에게 꽂혀도 (所用)소용이
없고 창이나 투창이나 화살촉도
꽂히지 못하는구나
27 그것이 쇠를 지푸라기 같이, 놋을
썩은 나무 같이 여기니
28 화살이라도 그것을 물리치지 못하
겠고 물맷돌도 그것에게는 겨 같
이 되는구나
29 그것은 몽둥이도 지푸라기 같이
여기고 (槍)창이 날아오는 소리를
우습게 여기며
30 그것의 아래쪽에는 날카로운 (土
器)토기 조각 같은 것이 달려 있고
그것이 지나갈 때는 진흙 바닥에
도리깨로 친 자국을 남기는구나
31 깊은 물을 솥의 물이 끓음 같게 하
며 바다를 기름병 같이 다루는도다
32 그것의 뒤에서 빛나는 물줄기가
나오니 그는 깊은 바다를 (白髮)
백발로 만드는구나
33 (世上)세상에는 그것과 비할 것이
없으니 그것은 두려움이 없는 것
으로 지음 받았구나
34 그것은 모든 높은 자를 내려다보
며 모든 (驕慢)교만한 자들에게
군림하는 왕이니라

욥의 회개

42 욥이 여호와께 (對答)대답
하여 이르되
2 주께서는 못 하실 일이 없사오며

무슨 (計劃)계획이든지 못 이루실
것이 없는 줄 아오니
3 무지한 말로 (理致)이치를 가리는
자가 누구니이까 나는 깨닫지도
못한 일을 말하였고 스스로 알 수
도 없고 헤아리기도 어려운 일을
말하였나이다
4 내가 말하겠사오니 (主)주는 들으
시고 내가 주께 묻겠사오니 주여
내게 알게 하옵소서
5 내가 (主)주께 대하여 귀로 듣기
만 하였사오나 이제는 눈으로 주
를 뵈옵나이다
6 그러므로 내가 스스로 거두어들이
고 티끌과 재 가운데에서 (悔改)
회개하나이다

결론

7 ● 여호와께서 욥에게 이 말씀을
하신 후에 여호와께서 데만 사람
엘리바스에게 이르시되 내가 너와
네 두 친구에게 (怒)노하나니 이는
너희가 나를 가리켜 말한 것이 내
종 욥의 말 같이 옳지 못함이니라
8 그런즉 너희는 수소 일곱과 숫양
일곱을 가지고 내 종 욥에게 가서
너희를 위하여 (燔祭)번제를 드리
라 내 종 욥이 너희를 위하여 기
도할 것인즉 내가 그를 기쁘게 받
으리니 너희가 (愚昧)우매한 만큼
너희에게 갚지 아니하리라 이는
너희가 나를 가리켜 말한 것이 내
종 욥의 말 같이 옳지 못함이라
9 이에 데만 사람 엘리바스와 수아
사람 빌닷과 나아마 사람 소발이
가서 여호와께서 자기들에게 (命
令)명령하신 대로 행하니라 여호
와께서 욥을 기쁘게 받으셨더라

여호와께서 욥에게 복을 주시다

10 ● 욥이 그의 친구들을 위하여 기
도할 때 여호와께서 욥의 (困境)
곤경을 돌이키시고 여호와께서 욥
에게 이전 모든 소유보다 갑절이
나 주신지라
11 이에 그의 모든 형제와 자매와 이
전에 알던 이들이 다 와서 그의 집
에서 그와 함께 음식을 먹고 여호
와께서 그에게 내리신 모든 (災
殃)재앙에 관하여 그를 위하여 슬
퍼하며 위로하고 각각 [1]케쉬타 하
나씩과 금 고리 하나씩을 주었더
라
12 여호와께서 욥의 말년에 욥에게
처음보다 더 (福)복을 주시니 그
가 양 만 사천과 낙타 육천과 소
천 겨리와 암나귀 천을 두었고
13 또 아들 [2]일곱과 딸 셋을 두었으
며
14 그가 첫째 딸은 여미마라 이름하
였고 둘째 딸은 긋시아라 이름하
였고 셋째 딸은 게렌합북이라 이
름하였으니
15 모든 땅에서 욥의 딸들처럼 아리
따운 여자가 없었더라 그들의 아
버지가 그들에게 그들의 오라비들
처럼 (基業)기업을 주었더라
16 그 후에 욥이 백사십 년을 살며 아
들과 (孫子)손자 사 대를 보았고
17 욥이 늙어 나이가 차서 죽었더라

1) 히, 케쉬타는 고대 화폐 단위 2) 히, 칠의 배수의 뜻도 있음

詩篇 Psalms

제일권

1 복 있는 사람은 악인들의 꾀를
따르지 아니하며 (罪人)죄인들
의 길에 서지 아니하며 (傲慢)오만
한 자들의 자리에 앉지 아니하고
2 오직 여호와의 (律法)율법을 즐거
워하여 그의 율법을 주야로 [1](默
想)묵상하는도다
3 그는 시냇가에 심은 나무가 철을
따라 열매를 맺으며 그 잎사귀가
마르지 아니함 같으니 그가 하는
모든 일이 다 (亨通)형통하리로다
4 (惡人)악인들은 그렇지 아니함이
여 오직 바람에 나는 겨와 같도다
5 그러므로 악인들은 (審判)심판을
견디지 못하며 죄인들이 의인들의
모임에 들지 못하리로다
6 무릇 의인들의 길은 여호와께서
(認定)인정하시나 악인들의 길은
망하리로다

2 어찌하여 이방 나라들이 [2](憤
怒)분노하며 민족들이 헛된 일
을 꾸미는가
2 세상의 군왕들이 나서며 (官員)관
원들이 서로 꾀하여 여호와와 그
의 기름 부음 받은 자를 대적하며

3 우리가 그들의 맨 것을 끊고 그의
(結縛)결박을 벗어 버리자 하는도다
4 하늘에 계신 이가 웃으심이여 (主)
주께서 그들을 비웃으시리로다
5 그 때에 (忿)분을 발하며 (震怒)진
노하사 그들을 놀라게 하여 이르
시기를
6 내가 나의 (王)왕을 내 거룩한 산
시온에 세웠다 하시리로다
7 ●내가 여호와의 (命令)명령을 전
하노라 여호와께서 내게 이르시되
너는 내 아들이라 오늘 내가 너를
낳았도다
8 내게 구하라 내가 이방 나라를 네
(遺業)유업으로 주리니 네 소유가
땅 끝까지 이르리로다
9 네가 (鐵杖)철장으로 그들을 깨뜨
림이여 질그릇 같이 부수리라 하
시도다
10 ●그런즉 (君王)군왕들아 너희는
지혜를 얻으며 세상의 재판관들아
너희는 교훈을 받을지어다
11 여호와를 (敬畏)경외함으로 섬기
고 떨며 즐거워할지어다
12 그의 아들에게 입맞추라 그렇지
아니하면 (震怒)진노하심으로 너
희가 길에서 망하리니 그의 진노
가 급하심이라 여호와께 피하는
모든 사람은 다 복이 있도다

다윗이 그의 아들 압살롬을 피할 때에 지은 시

3 여호와여 나의 (對敵)대적이 어
찌 그리 많은지요 일어나 나를
치는 자가 많으니이다
2 많은 사람이 나를 (對敵)대적하여
말하기를 그는 하나님께 구원을
받지 못한다 하나이다 (셀라)
3 여호와여 주는 나의 방패시요 나
의 (榮光)영광이시요 나의 머리를

1) 히, 작은 소리로 읊조리다 2) 소란

드시는 자이시니이다
4 내가 나의 목소리로 여호와께 부
르짖으니 그의 (聖山)성산에서 응
답하시는도다 (셀라)
5 내가 누워 자고 깨었으니 여호와
께서 나를 붙드심이로다
6 천만인이 나를 에워싸 (陳)진 친
다 하여도 나는 두려워하지 아니
하리이다
7 여호와여 일어나소서 나의 하나님
이여 나를 구원하소서 주께서 나
의 모든 (怨讐)원수의 뺨을 치시
며 악인의 이를 꺾으셨나이다
8 [1]구원은 여호와께 있사오니 주의
(福)복을 주의 백성에게 내리소서
(셀라)

다윗의 시, 인도자를 따라 현악에 맞춘 노래

4 내 의의 하나님이여 내가 부를
때에 응답하소서 곤란 중에 나
를 너그럽게 하셨사오니 내게 (恩
惠)은혜를 베푸사 나의 기도를 들
으소서
2 인생들아 어느 때까지 나의 영광
을 바꾸어 (辱)욕되게 하며 헛된
일을 좋아하고 거짓을 구하려는가
(셀라)
3 여호와께서 자기를 위하여 (敬虔)
경건한 자를 택하신 줄 너희가 알
지어다 내가 그를 부를 때에 여호
와께서 들으시리로다
4 너희는 [2]떨며 범죄하지 말지어다
자리에 누워 (心中)심중에 말하고
잠잠할지어다 (셀라)
5 의의 제사를 드리고 여호와를 (依
支)의지할지어다
6 여러 사람의 말이 우리에게 (善)
선을 보일 자 누구뇨 하오니 여호
와여 주의 얼굴을 들어 우리에게
비추소서
7 주께서 내 마음에 두신 기쁨은 그
들의 곡식과 새 포도주가 (豐盛)
풍성할 때보다 더하니이다
8 내가 (平安)평안히 눕고 자기도
하리니 나를 안전히 살게 하시는
이는 오직 여호와이시니이다

다윗의 시, 인도자를 따라 관악에 맞춘 노래

5 여호와여 나의 말에 귀를 기울
이사 나의 (心情)심정을 헤아려
주소서
2 나의 왕, 나의 하나님이여 내가 부
르짖는 소리를 들으소서 내가 주
께 (祈禱)기도하나이다
3 여호와여 아침에 주께서 나의 소
리를 들으시리니 아침에 내가
(主)주께 기도하고 바라리이다
4 주는 (罪惡)죄악을 기뻐하는 신이
아니시니 [3]악이 주와 함께 머물지
못하며
5 오만한 자들이 주의 목전에 서지
못하리이다 주는 모든 (行惡者)행
악자를 미워하시며
6 거짓말하는 자들을 (滅亡)멸망시
키시리이다 여호와께서는 피 흘리
기를 즐기는 자와 속이는 자를 싫
어하시나이다
7 오직 나는 주의 풍성한 사랑을 힘
입어 주의 집에 들어가 주를 (敬

1) 승리는 2) 분내어 3) 악인이

畏)경외함으로 성전을 향하여 예
배하리이다
8 여호와여 [1]나의 (怨讐)원수들로
말미암아 주의 의로 나를 인도하
시고 주의 길을 내 목전에 곧게 하
소서
9 그들의 입에 (信實)신실함이 없고
그들의 심중이 심히 악하며 그들
의 목구멍은 열린 무덤 같고 그들
의 혀로는 아첨하나이다
10 하나님이여 그들을 정죄하사 자
기 꾀에 빠지게 하시고 그 많은 허
물로 말미암아 그들을 쫓아내소서
그들이 주를 (背逆)배역함이니이
다
11 그러나 주께 피하는 모든 사람은
다 기뻐하며 주의 (保護)보호로
말미암아 영원히 기뻐 외치고 주
의 이름을 사랑하는 자들은 주를
즐거워하리이다
12 여호와여 주는 의인에게 복을 주
시고 (防牌)방패로 함 같이 은혜
로 그를 호위하시리이다

다윗의 시, 인도자를 따라 현악 여덟째 줄에 맞춘 노래

6 여호와여 주의 분노로 나를 책
망하지 마시오며 주의 (震怒)진
노로 나를 징계하지 마옵소서
2 여호와여 내가 (瘦瘠)수척하였사
오니 내게 은혜를 베푸소서 여호
와여 나의 뼈가 떨리오니 나를 고
치소서
3 나의 (靈魂)영혼도 매우 떨리나이
다 여호와여 어느 때까지니이까

1) 엎드려 나를 기다리는 자들을 인하여

4 여호와여 돌아와 나의 (靈魂)영혼
을 건지시며 주의 사랑으로 나를
구원하소서
5 사망 중에서는 주를 (記憶)기억하
는 일이 없사오니 스올에서 주께
감사할 자 누구리이까
6 내가 (嘆息)탄식함으로 피곤하여
밤마다 눈물로 내 침상을 띄우며
내 요를 적시나이다
7 내 눈이 근심으로 말미암아 (衰)
쇠하며 내 모든 대적으로 말미암
아 어두워졌나이다
8 (惡)악을 행하는 너희는 다 나를
떠나라 여호와께서 내 울음 소리
를 들으셨도다
9 여호와께서 내 (懇求)간구를 들으
셨음이여 여호와께서 내 기도를
받으시리로다
10 내 모든 (怨讐)원수들이 부끄러움
을 당하고 심히 떪이여 갑자기 부
끄러워 물러가리로다

다윗의 식가욘, 베냐민인 구시의 말에 따라 여호와께 드린 노래

7 여호와 내 하나님이여 내가 주
께 피하오니 나를 쫓아오는 모
든 자들에게서 나를 (救援)구원하
여 내소서
2 건져낼 자가 없으면 그들이 (獅
子)사자 같이 나를 찢고 뜯을까
하나이다
3 여호와 내 하나님이여 내가 이런
일을 행하였거나 내 손에 (罪惡)
죄악이 있거나
4 (和親)화친한 자를 악으로 갚았거
나 내 대적에게서 까닭 없이 빼앗

앉거든
5 원수가 나의 (靈魂)영혼을 쫓아
잡아 내 생명을 땅에 짓밟게 하고
내 영광을 먼지 속에 살게 하소서
(셀라)
6 여호와여 진노로 일어나사 내 대
적들의 (怒)노를 막으시며 나를
위하여 깨소서 주께서 심판을 명
령하셨나이다
7 (民族)민족들의 모임이 주를 두르
게 하시고 그 위 높은 자리에 돌아
오소서
8 여호와께서 만민에게 (審判)심판
을 행하시오니 여호와여 나의 의
와 나의 성실함을 따라 나를 심판
하소서
9 악인의 악을 끊고 의인을 세우소서
의로우신 하나님이 사람의 마음과
양심을 (鑑察)감찰하시나이다
10 나의 방패는 마음이 (正直)정직한
자를 구원하시는 하나님께 있도
다
11 하나님은 의로우신 (裁判長)재판
장이심이여 매일 (憤怒)분노하시
는 하나님이시로다
12 사람이 (悔改)회개하지 아니하면
그가 그의 칼을 가심이여 그의 활
을 이미 당기어 예비하셨도다
13 죽일 도구를 또한 (豫備)예비하심
이여 그가 만든 화살은 불화살들
이로다
14 악인이 죄악을 낳음이여 (災殃)재
앙을 배어 거짓을 낳았도다
15 그가 웅덩이를 파 만듦이여 제가
만든 (陷穽)함정에 빠졌도다
16 그의 재앙은 자기 머리로 돌아가
고 그의 (暴虐)포악은 자기 정수
리에 내리리로다
17 내가 여호와께 그의 의를 따라 감
사함이여 (至尊)지존하신 여호와
의 이름을 찬양하리로다

다윗의 시, 인도자를 따라 깃딧에 맞춘 노래

8 여호와 우리 주여 주의 이름이
온 땅에 어찌 그리 아름다운지
요 주의 (榮光)영광이 하늘을 덮
었나이다
2 주의 (對敵)대적으로 말미암아 어
린 아이들과 젖먹이들의 입으로
권능을 세우심이여 이는 원수들과
보복자들을 잠잠하게 하려 하심이
니이다
3 (主)주의 손가락으로 만드신 주의
하늘과 주께서 베풀어 두신 달과
별들을 내가 보오니
4 사람이 무엇이기에 주께서 그를
생각하시며 (人子)인자가 무엇이
기에 주께서 그를 돌보시나이까
5 그를 [1]하나님보다 조금 못하게 하
시고 (榮華)영화와 (尊貴)존귀로
관을 씌우셨나이다
6 주의 손으로 만드신 것을 다스리
게 하시고 (萬物)만물을 그의 발
아래 두셨으니
7 곧 모든 소와 (羊)양과 들짐승이며
8 (空中)공중의 새와 바다의 물고기
와 [2]바닷길에 다니는 것이니이다
9 여호와 우리 주여 (主)주의 이름이
온 땅에 어찌 그리 아름다운지요

1) 또는 천사 2) 또는 물

다윗의 시, 인도자를 따라 뭇랍벤에 맞춘 노래

9 내가 (全心)전심으로 여호와께 감사하오며 주의 모든 기이한 일들을 전하리이다
2 내가 주를 기뻐하고 즐거워하며 지존하신 주의 이름을 (讚頌)찬송하리니
3 내 (怨讐)원수들이 물러갈 때에 주 앞에서 넘어져 망함이니이다
4 주께서 나의 의와 (訟事)송사를 변호하셨으며 보좌에 앉으사 의롭게 심판하셨나이다
5 이방 나라들을 (責望)책망하시고 악인을 멸하시며 그들의 이름을 영원히 지우셨나이다
6 (怨讐)원수가 끊어져 영원히 멸망하였사오니 주께서 무너뜨린 성읍들을 기억할 수 없나이다
7 여호와께서 영원히 앉으심이여 심판을 위하여 (寶座)보좌를 준비하셨도다
8 공의로 세계를 심판하심이여 (正直)정직으로 (萬民)만민에게 판결을 내리시리로다
9 여호와는 압제를 당하는 자의 요새이시요 환난 때의 (要塞)요새이시로다
10 여호와여 주의 이름을 아는 자는 주를 (依支)의지하오리니 이는 주를 찾는 자들을 버리지 아니하심이니이다
11 너희는 시온에 계신 여호와를 찬송하며 그의 행사를 백성 중에 (宣布)선포할지어다
12 피 흘림을 심문하시는 이가 그들을 (記憶)기억하심이여 [1]가난한 자의 부르짖음을 잊지 아니하시도다
13 여호와여 내게 (恩惠)은혜를 베푸소서 나를 사망의 문에서 일으키시는 주여 나를 미워하는 자에게서 받는 나의 고통을 보소서
14 그리하시면 내가 주의 (讚頌)찬송을 다 전할 것이요 딸 시온의 문에서 주의 구원을 기뻐하리이다
15 (異邦)이방 나라들은 자기가 판 웅덩이에 빠짐이여 자기가 숨긴 그물에 자기 발이 걸렸도다
16 여호와께서 자기를 알게 하사 (審判)심판을 행하셨음이여 악인은 자기가 손으로 행한 일에 스스로 얽혔도다 힉가욘, 셀라
17 (惡人)악인들이 스올로 돌아감이여 하나님을 잊어버린 모든 이방 나라들이 그리하리로다
18 (窮乏)궁핍한 자가 항상 잊어버림을 당하지 아니함이여 가난한 자들이 영원히 실망하지 아니하리로다
19 여호와여 일어나사 인생으로 승리를 얻지 못하게 하시며 이방 나라들이 주 앞에서 (審判)심판을 받게 하소서
20 여호와여 그들을 두렵게 하시며 이방 나라들이 자기는 (人生)인생일 뿐인 줄 알게 하소서 (셀라)

10 여호와여 어찌하여 멀리 서시며 어찌하여 (患難)환난 때에 숨으시나이까
2 악한 자가 (驕慢)교만하여 가련한

1) 겸비한 자

자를 심히 (壓迫)압박하오니 그들
이 자기가 베푼 꾀에 빠지게 하소서
3 악인은 그의 마음의 욕심을 자랑
하며 탐욕을 부리는 자는 여호와
를 (背叛)배반하여 (蔑視)멸시하
나이다
4 악인은 그의 교만한 [1]얼굴로 말하
기를 여호와께서 이를 (鑑察)감찰
하지 아니하신다 하며 그의 모든
사상에 하나님이 없다 하나이다
5 그의 길은 언제든지 (堅固)견고하
고 주의 심판은 높아서 그에게 미
치지 못하오니 그는 그의 모든 대
적들을 멸시하며
6 그의 마음에 이르기를 나는 흔들
리지 아니하며 대대로 (患難)환난
을 당하지 아니하리라 하나이다
7 그의 입에는 저주와 거짓과 (暴
惡)포악이 충만하며 그의 혀 밑에
는 잔해와 죄악이 있나이다
8 그가 마을 구석진 곳에 앉으며 그
은밀한 곳에서 무죄한 자를 죽이
며 그의 눈은 (可憐)가련한 자를
엿보나이다
9 사자가 자기의 굴에 엎드림 같이
그가 (隱密)은밀한 곳에 엎드려
가련한 자를 잡으려고 기다리며
자기 그물을 끌어당겨 가련한 자
를 잡나이다
10 그가 구푸려 엎드리니 그의 (暴
惡)포악으로 말미암아 가련한 자
들이 넘어지나이다
11 그가 그의 마음에 이르기를 하나
님이 잊으셨고 그의 얼굴을 가리
셨으니 (永遠)영원히 보지 아니하
시리라 하나이다
12 여호와여 일어나옵소서 하나님이
여 손을 드옵소서 가난한 (者)자
들을 잊지 마옵소서
13 어찌하여 악인이 하나님을 (蔑視)
멸시하여 그의 마음에 이르기를 주
는 감찰하지 아니하리라 하나이까
14 주께서는 보셨나이다 주는 재앙과
원한을 (鑑察)감찰하시고 주의 손
으로 [2]갚으려 하시오니 외로운 자
가 주를 의지하나이다 주는 벌써
부터 고아를 도우시는 이시니이다
15 악인의 팔을 꺾으소서 악한 자의
(惡)악을 더 이상 찾아낼 수 없을
때까지 찾으소서
16 여호와께서는 (永遠無窮)영원무
궁하도록 왕이시니 이방 나라들이
주의 땅에서 멸망하였나이다
17 여호와여 주는 (謙遜)겸손한 자의
소원을 들으셨사오니 그들의 마음
을 [3]준비하시며 귀를 기울여 들으
시고
18 고아와 압제 당하는 자를 위하여
심판하사 세상에 속한 자가 다시
는 (威脅)위협하지 못하게 하시리
이다

다윗의 시, 인도자를 따라 부르는 노래

11 내가 여호와께 피하였거늘
너희가 내 영혼에게 새 같이
네 산으로 (逃亡)도망하라 함은
어찌함인가
2 (惡人)악인이 활을 당기고 화살을
시위에 먹임이여 마음이 바른 자

1) 용모로 찾지 아니함이여 그 모든 사상에 2) 잡으려 3) 견고하게 하시며

를 어두운 데서 쏘려 하는도다
3 [1]터가 무너지면 (義人)의인이 무
엇을 하랴
4 여호와께서는 그의 성전에 계시고
여호와의 보좌는 하늘에 있음이여
그의 눈이 인생을 (洞燭)통촉하시
고 그의 안목이 그들을 감찰하시
도다
5 여호와는 의인을 (鑑察)감찰하시
고 악인과 폭력을 좋아하는 자를
마음에 미워하시도다
6 악인에게 그물을 던지시리니 불과
(硫黃)유황과 태우는 바람이 그들
의 잔의 소득이 되리로다
7 여호와는 (義)의로우사 의로운 일
을 좋아하시나니 정직한 자는 그
의 얼굴을 뵈오리로다

다윗의 시, 인도자를 따라 여덟째 줄에 맞춘 노래

12 여호와여 도우소서 경건한
자가 끊어지며 (忠實)충실한
자들이 인생 중에 없어지나이다
2 그들이 이웃에게 각기 거짓을 말
함이여 (阿諂)아첨하는 입술과 두
마음으로 말하는도다
3 여호와께서 모든 (阿諂)아첨하는
입술과 자랑하는 혀를 끊으시리니
4 그들이 말하기를 우리의 혀가 이
기리라 우리 입술은 우리 것이니
우리를 (主管)주관할 자 누구리요
함이로다
5 여호와의 말씀에 (可憐)가련한 자
들의 눌림과 궁핍한 자들의 탄식
으로 말미암아 내가 이제 일어나
그를 그가 원하는 안전한 지대에
두리라 하시도다
6 여호와의 말씀은 순결함이여 흙
도가니에 일곱 번 (鍛鍊)단련한
은 같도다
7 여호와여 그들을 지키사 이 세대
로부터 영원까지 (保存)보존하시
리이다
8 (鄙劣)비열함이 인생 중에 높임을
받는 때에 악인들이 곳곳에서 날
뛰는도다

다윗의 시, 인도자를 따라 부르는 노래

13 여호와여 어느 때까지니이
까 나를 (永遠)영원히 잊으
시나이까 주의 얼굴을 나에게서
어느 때까지 숨기시겠나이까
2 나의 영혼이 (煩悶)번민하고 종일
토록 마음에 근심하기를 어느 때
까지 하오며 내 원수가 나를 치며
자랑하기를 어느 때까지 하리이까
3 여호와 내 하나님이여 나를 생각
하사 (應答)응답하시고 나의 눈을
밝히소서 두렵건대 내가 (死亡)사
망의 잠을 잘까 하오며
4 두렵건대 나의 (怨讐)원수가 이르
기를 내가 그를 이겼다 할까 하오
며 내가 흔들릴 때에 나의 대적들
이 기뻐할까 하나이다
5 나는 오직 주의 사랑을 의지하였
사오니 나의 마음은 주의 (救援)
구원을 기뻐하리이다
6 내가 여호와를 찬송하리니 이는
주께서 내게 (恩德)은덕을 베푸심
이로다

다윗의 시, 인도자를 따라 부르는 노래

1) 터가 무너졌으니 의인의 행한 것이 무엇인고

14 어리석은 자는 그의 마음에
이르기를 하나님이 없다 하
는도다 그들은 (腐敗)부패하고 그
행실이 가증하니 선을 행하는 자
가 없도다
2 여호와께서 하늘에서 인생을 굽어
살피사 (知覺)지각이 있어 하나님
을 찾는 자가 있는가 보려 하신즉
3 다 치우쳐 함께 더러운 자가 되고
(善)선을 행하는 자가 없으니 하
나도 없도다
4 죄악을 행하는 자는 다 (無知)무
지하냐 그들이 떡 먹듯이 내 백성
을 먹으면서 여호와를 부르지 아
니하는도다
5 그러나 거기서 그들은 두려워하고
두려워하였으니 하나님이 (義人)
의인의 세대에 계심이로다
6 너희가 가난한 자의 계획을 부끄
럽게 하나 오직 여호와는 그의 (避
難處)피난처가 되시도다
7 이스라엘의 구원이 시온에서 나오
기를 원하도다 여호와께서 그의
백성을 (捕虜)포로된 곳에서 돌이
키실 때에 야곱이 즐거워하고 이
스라엘이 기뻐하리로다

다윗의 시

15 여호와여 주의 (帳幕)장막
에 머무를 자 누구오며 주의
(聖山)성산에 사는 자 누구오니이
까
2 정직하게 행하며 (公義)공의를 실
천하며 그의 마음에 진실을 말하
며
3 그의 혀로 남을 허물하지 아니하
고 그의 이웃에게 악을 행하지 아
니하며 그의 이웃을 (誹謗)비방하
지 아니하며
4 그의 눈은 망령된 자를 멸시하며
여호와를 두려워하는 자들을 존
대하며 그의 마음에 (誓願)서원한
것은 해로울지라도 변하지 아니하
며
5 이자를 받으려고 돈을 꾸어 주지
아니하며 (賂物)뇌물을 받고 무죄
한 자를 해하지 아니하는 자이니
이런 일을 행하는 자는 영원히 흔
들리지 아니하리이다

다윗의 믹담

16 하나님이여 나를 지켜 주소
서 내가 주께 (避)피하나이다
2 내가 여호와께 아뢰되 주는 나
의 주님이시오니 주 밖에는 나의
(福)복이 없다 하였나이다
3 땅에 있는 (聖徒)성도들은 존귀한
자들이니 나의 모든 즐거움이 그
들에게 있도다
4 [1]다른 신에게 예물을 드리는 자는
괴로움이 더할 것이라 나는 그들
이 드리는 피의 (奠祭)전제를 드
리지 아니하며 내 입술로 그 이름
도 부르지 아니하리로다
5 여호와는 나의 (産業)산업과 나의
잔의 소득이시니 나의 분깃을 지
키시나이다
6 내게 줄로 재어 준 구역은 아름다
운 곳에 있음이여 나의 (基業)기
업이 실로 아름답도다
7 나를 (訓戒)훈계하신 여호와를 송

1) 다른 신을 좇아 사는

축할지라 밤마다 내 양심이 나를
교훈하도다
8 내가 여호와를 (恒常)항상 내 앞
에 모심이여 그가 나의 오른쪽에
계시므로 내가 흔들리지 아니하리
로다
9 이러므로 나의 마음이 기쁘고 나
의 [1]영도 즐거워하며 내 육체도
(安全)안전히 살리니
10 이는 주께서 내 (靈魂)영혼을 스
올에 버리지 아니하시며 주의 거
룩한 자를 멸망시키지 않으실 것
임이니이다
11 주께서 생명의 길을 내게 보이시
리니 주의 앞에는 (充滿)충만한
기쁨이 있고 주의 오른쪽에는 영
원한 즐거움이 있나이다

다윗의 기도

17 여호와여 의의 (呼訴)호소를
들으소서 나의 울부짖음에
주의하소서 거짓 되지 아니한 입
술에서 나오는 나의 기도에 귀를
기울이소서
2 주께서 나를 판단하시며 주의 눈
으로 [2](公平)공평함을 살피소서
3 주께서 내 마음을 (試驗)시험하시
고 밤에 내게 오시어서 나를 감찰
하셨으나 흠을 찾지 못하셨사오니
내가 결심하고 입으로 범죄하지
아니하리이다
4 사람의 행사로 (論)논하면 나는
주의 입술의 말씀을 따라 스스로
삼가서 포악한 자의 길을 가지 아
니하였사오며

1) 히, 영광 2) 공평히 3) 히, 그들은 그들의 기름을 막았으며

5 나의 걸음이 주의 길을 굳게 지키
고 (失足)실족하지 아니하였나이다
6 하나님이여 내게 (應答)응답하시
겠으므로 내가 불렀사오니 내게
귀를 기울여 내 말을 들으소서
7 주께 피하는 자들을 그 일어나 치
는 자들에게서 오른손으로 구원하
시는 주여 주의 (奇異)기이한 사
랑을 나타내소서
8 나를 눈동자 같이 지키시고 (主)
주의 날개 그늘 아래에 감추사
9 내 앞에서 나를 (壓制)압제하는
악인들과 나의 목숨을 노리는 원
수들에게서 벗어나게 하소서
10 [3]그들의 마음은 기름에 잠겼으며
그들의 입은 (驕慢)교만하게 말하
나이다
11 이제 우리가 걸어가는 것을 그들
이 에워싸서 노려보고 땅에 넘어
뜨리려 하나이다
12 그는 그 움킨 것을 찢으려 하는
(獅子)사자 같으며 은밀한 곳에
엎드린 젊은 사자 같으니이다
13 여호와여 일어나 그를 (對抗)대항
하여 넘어뜨리시고 주의 칼로 악
인에게서 나의 (靈魂)영혼을 구원
하소서
14 여호와여 이 세상에 살아 있는 동
안 그들의 분깃을 받은 사람들에
게서 주의 손으로 나를 구하소서
그들은 주의 (財物)재물로 배를
채우고 자녀로 만족하고 그들의
남은 산업을 그들의 어린 아이들
에게 물려 주는 자니이다
15 나는 의로운 중에 주의 얼굴을 뵈

오리니 깰 때에 주의 (形像)형상
으로 만족하리이다

여호와의 종 다윗의 시,
인도자를 따라 부르는 노래,
여호와께서 다윗을 그 모든
원수들의 손에서와 사울의 손에서
건져 주신 날에 다윗이 이 노래의 말로
여호와께 아뢰어 이르되

18 나의 힘이신 여호와여 내가
(主)주를 사랑하나이다
2 여호와는 나의 (磐石)반석이시요
나의 요새시요 나를 건지시는 이
시요 나의 하나님이시요 내가 그
안에 피할 나의 바위시요 나의 방
패시요 나의 구원의 뿔이시요 나
의 산성이시로다
3 내가 (讚頌)찬송 받으실 여호와께
아뢰리니 내 원수들에게서 구원을
얻으리로다
4 사망의 줄이 나를 얽고 불의의 [1](漲
水)창수가 나를 두렵게 하였으며
5 스올의 줄이 나를 두르고 (死亡)
사망의 올무가 내게 이르렀도다
6 내가 (患難)환난 중에서 여호와께
아뢰며 나의 하나님께 부르짖었더
니 그가 그의 성전에서 내 소리를
들으심이여 그의 앞에서 나의 부
르짖음이 그의 귀에 들렸도다
7 이에 땅이 (震動)진동하고 산들의
터도 요동하였으니 그의 진노로
말미암음이로다
8 그의 코에서 (煙氣)연기가 오르고
입에서 불이 나와 사름이여 그 불
에 숯이 피었도다
9 그가 또 하늘을 드리우시고 (降
臨)강림하시니 그의 발 아래는 어
두컴컴하도다
10 그룹을 타고 다니심이여 바람 날
개를 타고 높이 솟아오르셨도다
11 그가 (黑暗)흑암을 그의 숨는 곳으
로 삼으사 장막 같이 자기를 두르
게 하심이여 곧 물의 흑암과 공중
의 빽빽한 구름으로 그리하시도다
12 그 앞에 (光彩)광채로 말미암아
빽빽한 구름이 지나며 우박과 숯
불이 내리도다
13 여호와께서 하늘에서 우렛소리를
내시고 지존하신 이가 (音聲)음성
을 내시며 우박과 숯불을 내리시
도다
14 그의 화살을 날려 그들을 흩으심
이여 많은 번개로 그들을 깨뜨리
셨도다
15 이럴 때에 여호와의 꾸지람과 콧
김으로 말미암아 물 밑이 드러나
고 (世上)세상의 터가 나타났도다
16 그가 높은 곳에서 손을 펴사 나를
붙잡아 주심이여 [2]많은 물에서 나
를 건져내셨도다
17 나를 (强)강한 원수와 미워하는
자에게서 건지셨음이여 그들은 나
보다 힘이 세기 때문이로다
18 그들이 나의 (災殃)재앙의 날에
내게 이르렀으나 여호와께서 나의
의지가 되셨도다
19 나를 넓은 곳으로 (引導)인도하시
고 나를 기뻐하시므로 나를 구원
하셨도다
20 여호와께서 내 의를 따라 (賞)상

1) 비루한 창일이 2) 큰

주시며 내 손의 깨끗함을 따라 내
게 갚으셨으니
21 이는 내가 여호와의 (道)도를 지
키고 악하게 내 하나님을 떠나지
아니하였으며
22 그의 모든 (規例)규례가 내 앞에
있고 내게서 그의 율례를 버리지
아니하였음이로다
23 또한 나는 그의 앞에 (完全)완전
하여 나의 죄악에서 스스로 자신
을 지켰나니
24 그러므로 여호와께서 내 의를 따
라 갚으시되 그의 (目前)목전에서
내 손이 깨끗한 만큼 내게 갚으셨
도다
25 자비로운 자에게는 주의 (慈悲)자
비로우심을 나타내시며 완전한 자
에게는 주의 완전하심을 보이시며
26 깨끗한 자에게는 주의 깨끗하심을
보이시며 (邪惡)사악한 자에게는
주의 거스르심을 보이시리니
27 주께서 곤고한 백성은 구원하시고
(驕慢)교만한 눈은 낮추시리이다
28 주께서 나의 등불을 켜심이여 여
호와 내 하나님이 내 (黑暗)흑암
을 밝히시리이다
29 내가 주를 (依賴)의뢰하고 적군을
향해 달리며 내 하나님을 의지하
고 담을 뛰어넘나이다
30 하나님의 도는 완전하고 여호와의
말씀은 (純粹)순수하니 그는 자기
에게 피하는 모든 자의 방패시로다
31 여호와 외에 누가 하나님이며 우리
하나님 외에 누가 (磐石)반석이냐
32 이 하나님이 힘으로 내게 띠 띠우
시며 내 길을 (完全)완전하게 하
시며
33 나의 발을 암사슴 발 같게 하시며
나를 나의 높은 곳에 세우시며
34 내 손을 가르쳐 싸우게 하시니 내
팔이 놋 활을 당기도다
35 또 주께서 주의 구원하는 (防牌)
방패를 내게 주시며 주의 오른손
이 나를 붙들고 주의 온유함이 나
를 크게 하셨나이다
36 내 걸음을 넓게 하셨고 나를 (失
足)실족하지 않게 하셨나이다
37 내가 내 원수를 뒤쫓아가리니 그
들이 (亡)망하기 전에는 돌아서지
아니하리이다
38 내가 그들을 쳐서 (能)능히 일어
나지 못하게 하리니 그들이 내 발
아래에 엎드러지리이다
39 주께서 나를 (戰爭)전쟁하게 하려
고 능력으로 내게 띠 띠우사 일어
나 나를 치는 자들이 내게 굴복하
게 하셨나이다
40 또 주께서 내 (怨讐)원수들에게
등을 내게로 향하게 하시고 나를
미워하는 자들을 내가 끊어 버리
게 하셨나이다
41 그들이 부르짖으나 (救援)구원할 자
가 없었고 여호와께 부르짖어도 그
들에게 대답하지 아니하셨나이다
42 내가 그들을 바람 앞에 티끌 같이
부서뜨리고 거리의 진흙 같이 쏟
아 버렸나이다
43 주께서 나를 (百姓)백성의 다툼에
서 건지시고 여러 민족의 으뜸으
로 삼으셨으니 내가 알지 못하는

백성이 나를 섬기리이다
44 그들이 내 소문을 들은 즉시로 내
게 (聽從)청종함이여 이방인들이
내게 복종하리로다
45 이방 자손들이 쇠잔하여 그 (堅固)
견고한 곳에서 떨며 나오리로다
46 여호와는 살아 계시니 나의 반석
을 (讚頌)찬송하며 내 구원의 하
나님을 높일지로다
47 이 하나님이 나를 위하여 (報復)
보복해 주시고 민족들이 내게 복
종하게 해 주시도다
48 주께서 나를 내 원수들에게서 (救
助)구조하시니 주께서 나를 대적
하는 자들의 위에 나를 높이 드시
고 나를 포악한 자에게서 건지시
나이다
49 여호와여 이러므로 내가 이방 나
라들 중에서 주께 (感謝)감사하며
주의 이름을 찬송하리이다
50 여호와께서 그 왕에게 큰 구원을
주시며 기름 부음 받은 자에게 인
자를 베푸심이여 (永遠)영원토록
다윗과 그 후손에게로다

다윗의 시, 인도자를 따라 부르는 노래

19 하늘이 하나님의 영광을 선
포하고 (穹蒼)궁창이 그의
손으로 하신 일을 나타내는도다
2 날은 날에게 말하고 밤은 밤에게
(知識)지식을 전하니
3 (言語)언어도 없고 말씀도 없으며
들리는 소리도 없으나
4 그의 [1]소리가 온 땅에 통하고 그
의 말씀이 세상 끝까지 이르도다
하나님이 해를 위하여 하늘에 (帳
幕)장막을 베푸셨도다
5 해는 그의 신방에서 나오는 신랑
과 같고 그의 길을 달리기 기뻐하
는 (壯士)장사 같아서
6 하늘 이 끝에서 나와서 하늘 저 끝
까지 (運行)운행함이여 그의 열기
에서 피할 자가 없도다
7 ● 여호와의 율법은 완전하여 영
혼을 (蘇醒)소성시키며 여호와의
증거는 확실하여 우둔한 자를 지
혜롭게 하며
8 여호와의 교훈은 정직하여 마음을
기쁘게 하고 여호와의 (誡命)계명
은 순결하여 눈을 밝게 하시도다
9 여호와를 경외하는 도는 (淨潔)정
결하여 영원까지 이르고 여호와의
법도 진실하여 다 의로우니
10 금 곧 많은 (純金)순금보다 더 사
모할 것이며 꿀과 송이꿀보다 더
달도다
11 또 주의 종이 이것으로 (警告)경
고를 받고 이것을 지킴으로 상이
크니이다
12 자기 허물을 능히 깨달을 (者)자
누구리요 나를 숨은 허물에서 벗
어나게 하소서
13 또 주의 종에게 (故意)고의로 죄
를 짓지 말게 하사 그 죄가 나를
주장하지 못하게 하소서 그리하면
내가 정직하여 큰 죄과에서 벗어
나겠나이다
14 나의 반석이시요 나의 구속자이
신 여호와여 내 입의 말과 마음의 [2]
(默想)묵상이 주님 앞에 열납되기

1) 줄이 2) 히, '묵상'은 '작은 소리로 읊조리다'는 의미도 있다

를 원하나이다

다윗의 시, 인도자를 따라 부르는 노래

20 환난 날에 여호와께서 네게
(應答)응답하시고 야곱의 하
나님의 이름이 너를 높이 드시며
2 (聖所)성소에서 너를 도와 주시고
시온에서 너를 붙드시며
3 네 모든 (素祭)소제를 기억하시며
네 번제를 받아 주시기를 원하노
라 (셀라)
4 네 마음의 (所願)소원대로 허락하
시고 네 모든 계획을 이루어 주시
기를 원하노라
5 우리가 너의 (勝利)승리로 말미암
아 개가를 부르며 우리 하나님의
이름으로 우리의 깃발을 세우리니
여호와께서 네 모든 기도를 이루
어 주시기를 원하노라
6 여호와께서 자기에게 기름 부음 받
은 자를 (救援)구원하시는 줄 이제
내가 아노니 그의 오른손의 구원하
는 힘으로 그의 거룩한 하늘에서
그에게 (應答)응답하시리로다
7 어떤 사람은 (兵車)병거, 어떤 사
람은 말을 의지하나 우리는 여호
와 우리 하나님의 이름을 자랑하
리로다
8 그들은 비틀거리며 엎드러지고 우
리는 일어나 바로 서도다
9 [1]여호와여 왕을 구원하소서 우리가
부를 때에 우리에게 응답하소서

다윗의 시, 인도자를 따라 부르는 노래

21 여호와여 왕이 (主)주의 힘
으로 말미암아 기뻐하며 주
의 구원으로 말미암아 크게 즐거
워하리이다
2 그의 마음의 소원을 들어 주셨으
며 그의 입술의 (要求)요구를 거
절하지 아니하셨나이다 (셀라)
3 주의 아름다운 복으로 그를 영접
하시고 순금 (冠)관을 그의 머리
에 씌우셨나이다
4 그가 (生命)생명을 구하매 주께서
그에게 주셨으니 곧 영원한 장수
로소이다
5 주의 구원이 그의 영광을 크게 하
시고 (尊貴)존귀와 위엄을 그에게
입히시나이다
6 그가 영원토록 (至極)지극한 [2]복
을 받게 하시며 주 앞에서 기쁘고
즐겁게 하시나이다
7 왕이 여호와를 (依支)의지하오니
지존하신 이의 인자함으로 흔들리
지 아니하리이다
8 왕의 손이 왕의 모든 (怨讐)원수들
을 찾아냄이여 왕의 오른손이 왕
을 미워하는 자들을 찾아내리로다
9 왕이 노하실 때에 그들을 풀무불
같게 할 것이라 여호와께서 진노
하사 그들을 삼키시리니 불이 그
들을 (燒滅)소멸하리로다
10 왕이 그들의 [3](後孫)후손을 땅에
서 멸함이여 그들의 자손을 사람
중에서 끊으리로다
11 비록 그들이 왕을 (害)해하려 하
여 음모를 꾸몄으나 이루지 못하
도다
12 (王)왕이 그들로 돌아서게 함이여
그들의 얼굴을 향하여 활시위를

1) 또는 왕이신 여호와여 구원하소서 2) 복이 되게 3) 열매를

당기리로다
13 여호와여 주의 능력으로 높임을
받으소서 우리가 주의 (權能)권능
을 노래하고 찬송하게 하소서

다윗의 시, 인도자를 따라
[1]아옐렛사할에 맞춘 노래

22 내 하나님이여 내 하나님이
여 어찌 나를 버리셨나이까
어찌 나를 멀리 하여 돕지 아니하
시오며 내 (呻吟)신음 소리를 듣
지 아니하시나이까
2 내 하나님이여 내가 낮에도 부르
짖고 밤에도 잠잠하지 아니하오나
(應答)응답하지 아니하시나이다
3 이스라엘의 (讚頌)찬송 중에 계시
는 주여 주는 거룩하시니이다
4 우리 조상들이 주께 (依賴)의뢰하
고 의뢰하였으므로 그들을 건지셨
나이다
5 그들이 주께 부르짖어 구원을 얻
고 주께 의뢰하여 (羞恥)수치를
당하지 아니하였나이다
6 나는 벌레요 사람이 아니라 사람
의 비방거리요 백성의 (嘲弄)조롱
거리니이다
7 나를 보는 자는 다 나를 비웃으며
입술을 비쭉거리고 머리를 흔들며
말하되
8 그가 여호와께 (依託)의탁하니 구
원하실 걸, 그를 기뻐하시니 건지
실 걸 하나이다
9 오직 주께서 나를 (母胎)모태에서
나오게 하시고 내 어머니의 젖을
먹을 때에 의지하게 하셨나이다
10 내가 날 때부터 주께 맡긴 바 되
었고 (母胎)모태에서 나올 때부터
주는 나의 하나님이 되셨나이다
11 나를 멀리 하지 마옵소서 (患難)환
난이 가까우나 도울 자 없나이다
12 많은 황소가 나를 에워싸며 바산
의 힘센 소들이 나를 둘러쌌으며
13 내게 그 입을 벌림이 찢으며 부르
짖는 (獅子)사자 같으니이다
14 나는 물 같이 쏟아졌으며 내 모든
뼈는 어그러졌으며 내 마음은 (蜜
蠟)밀랍 같아서 내 속에서 녹았으며
15 내 힘이 말라 질그릇 조각 같고 내
혀가 입천장에 붙었나이다 주께서
또 나를 죽음의 (塵土)진토 속에
두셨나이다
16 개들이 나를 에워쌌으며 악한 무
리가 나를 둘러 내 (手足)수족을
찔렀나이다
17 내가 내 모든 뼈를 셀 수 있나이다
그들이 나를 (注目)주목하여 보고
18 내 겉옷을 나누며 속옷을 제비 뽑
나이다
19 여호와여 멀리 하지 마옵소서 나
의 힘이시여 (速)속히 나를 도우
소서
20 내 생명을 칼에서 건지시며 [2]내
유일한 것을 개의 (勢力)세력에서
구하소서
21 나를 사자의 입에서 구하소서 주
께서 내게 (應答)응답하시고 들소
의 뿔에서 구원하셨나이다
22 ● 내가 주의 이름을 형제에게 (宣
布)선포하고 회중 가운데에서 주
를 찬송하리이다

1) 사슴이란 곡조에 2) 내 생명

23 여호와를 두려워하는 너희여 그를
찬송할지어다 야곱의 모든 자손이
여 그에게 영광을 돌릴지어다 너
희 이스라엘 모든 자손이여 그를
(敬畏)경외할지어다
24 그는 (困苦)곤고한 자의 곤고를
멸시하거나 싫어하지 아니하시며
그의 얼굴을 그에게서 숨기지 아
니하시고 그가 울부짖을 때에 들
으셨도다
25 큰 (會衆)회중 가운데에서 나의
찬송은 주께로부터 온 것이니 주
를 경외하는 자 앞에서 나의 서원
을 갚으리이다
26 (謙遜)겸손한 자는 먹고 배부를
것이며 여호와를 찾는 자는 그를
찬송할 것이라 너희 마음은 영원
히 살지어다
27 땅의 모든 끝이 여호와를 기억하
고 돌아오며 모든 나라의 모든 족
속이 주의 앞에 (禮拜)예배하리니
28 나라는 여호와의 것이요 여호와는
모든 나라의 (主宰)주재심이로다
29 세상의 모든 풍성한 자가 먹고 (敬
拜)경배할 것이요 진토 속으로 내
려가는 자 곧 자기 영혼을 살리지
못할 자도 다 그 앞에 절하리로다
30 (後孫)후손이 그를 섬길 것이요
대대에 주를 전할 것이며
31 와서 그의 (公義)공의를 태어날
백성에게 전함이여 주께서 이를
행하셨다 할 것이로다

다윗의 시

23 여호와는 나의 (牧者)목자시
니 내게 부족함이 없으리로다
2 그가 나를 푸른 풀밭에 누이시며
쉴 만한 물 가로 (引導)인도하시
는도다
3 내 영혼을 소생시키시고 자기 이
름을 위하여 (義)의의 길로 인도
하시는도다
4 내가 사망의 음침한 골짜기로 다
닐지라도 (害)해를 두려워하지 않
을 것은 주께서 나와 함께 하심이
라 주의 지팡이와 막대기가 나를
(安慰)안위하시나이다
5 주께서 내 원수의 목전에서 내게
(床)상을 차려 주시고 기름을 내
머리에 부으셨으니 내 잔이 넘치
나이다
6 내 (平生)평생에 선하심과 인자하
심이 반드시 나를 따르리니 내가
여호와의 집에 영원히 살리로다

다윗의 시

24 땅과 거기에 (充滿)충만한
것과 세계와 그 가운데에 사
는 자들은 다 여호와의 것이로다
2 여호와께서 그 터를 바다 위에 세
우심이여 강들 위에 (建設)건설하
셨도다
3 여호와의 (山)산에 오를 자가 누
구며 그의 거룩한 곳에 설 자가 누
구인가
4 곧 손이 깨끗하며 마음이 청결하
며 뜻을 (虛誕)허탄한 데에 두지
아니하며 거짓 맹세하지 아니하는
자로다
5 그는 여호와께 복을 받고 구원의
하나님께 (義)의를 얻으리니
6 이는 여호와를 찾는 (族屬)족속이

요 야곱의 하나님의 얼굴을 구하
는 자로다 (셀라)
7 ●문들아 너희 머리를 들지어다
영원한 문들아 들릴지어다 (榮光)
영광의 왕이 들어가시리로다
8 영광의 왕이 누구시냐 (强)강하고
(能)능한 여호와시요 (戰爭)전쟁
에 능한 여호와시로다
9 (門)문들아 너희 머리를 들지어다
영원한 문들아 들릴지어다 영광의
왕이 들어가시리로다
10 영광의 왕이 누구시냐 (萬軍)만군
의 여호와께서 곧 영광의 왕이시
로다 (셀라)

다윗의 시

25

여호와여 나의 (靈魂)영혼이
주를 우러러보나이다
2 나의 하나님이여 내가 주께 (依
支)의지하였사오니 나를 부끄럽
지 않게 하시고 나의 원수들이 나
를 이겨 (凱歌)개가를 부르지 못
하게 하소서
3 주를 바라는 자들은 (羞恥)수치를
당하지 아니하려니와 까닭 없이
속이는 자들은 수치를 당하리이다
4 여호와여 주의 (道)도를 내게 보이
시고 주의 길을 내게 가르치소서
5 주의 (眞理)진리로 나를 지도하시
고 교훈하소서 주는 내 구원의 하
나님이시니 내가 종일 주를 기다
리나이다
6 여호와여 주의 (矜恤)긍휼하심과
인자하심이 영원부터 있었사오니
주여 이것들을 기억하옵소서
7 여호와여 내 젊은 시절의 (罪)죄와
허물을 기억하지 마시고 주의 인
자하심을 따라 주께서 나를 기억
하시되 주의 선하심으로 하옵소서
8 여호와는 선하시고 (正直)정직하
시니 그러므로 그의 도로 죄인들
을 교훈하시리로다
9 (溫柔)온유한 자를 정의로 지도하
심이여 온유한 자에게 그의 도를
가르치시리로다
10 여호와의 모든 길은 그의 (言約)
언약과 증거를 지키는 자에게 인
자와 진리로다
11 여호와여 나의 (罪惡)죄악이 크오
니 주의 이름으로 말미암아 사하
소서
12 여호와를 (敬畏)경외하는 자 누구
냐 그가 택할 길을 그에게 가르치
시리로다
13 그의 영혼은 (平安)평안히 살고
그의 자손은 땅을 상속하리로다
14 [1]여호와의 친밀하심이 그를 경외
하는 자들에게 있음이여 그의 (言
約)언약을 그들에게 보이시리로
다
15 내 눈이 (恒常)항상 여호와를 바
라봄은 내 발을 그물에서 벗어나
게 하실 것임이로다
16 주여 나는 외롭고 괴로우니 내게
돌이키사 나에게 (恩惠)은혜를 베
푸소서
17 내 마음의 근심이 많사오니 나를
(苦難)고난에서 끌어내소서
18 나의 (困苦)곤고와 환난을 보시고
내 모든 죄를 사하소서

1) 여호와께서 경외하는 자를 친애하심이여

19 내 (怨讐)원수를 보소서 그들의 수가 많고 나를 심히 미워하나이다
20 내 영혼을 지켜 나를 (救援)구원하소서 내가 주께 피하오니 수치를 당하지 않게 하소서
21 내가 주를 바라오니 성실과 정직으로 나를 (保護)보호하소서
22 하나님이여 이스라엘을 그 모든 환난에서 (贖良)속량하소서

다윗의 시

26 내가 나의 (完全)완전함에 행하였사오며 흔들리지 아니하고 여호와를 의지하였사오니 여호와여 나를 판단하소서
2 여호와여 나를 살피시고 시험하사 내 뜻과 내 (良心)양심을 단련하소서
3 주의 (仁慈)인자하심이 내 목전에 있나이다 내가 주의 진리 중에 행하여
4 (虛妄)허망한 사람과 같이 앉지 아니하였사오니 간사한 자와 동행하지도 아니하리이다
5 내가 행악자의 (集會)집회를 미워하오니 악한 자와 같이 앉지 아니하리이다
6 여호와여 내가 무죄하므로 손을 씻고 주의 (祭壇)제단에 두루 다니며
7 (感謝)감사의 소리를 들려 주고 주의 기이한 모든 일을 말하리이다
8 여호와여 내가 주께서 계신 집과 주의 (榮光)영광이 머무는 곳을 사랑하오니
9 내 영혼을 죄인과 함께, 내 (生命)생명을 살인자와 함께 거두지 마소서
10 그들의 손에 (邪惡)사악함이 있고 그들의 오른손에 뇌물이 가득하오나
11 나는 나의 완전함에 행하오리니 나를 (贖良)속량하시고 내게 은혜를 베푸소서
12 내 발이 (平坦)평탄한 데에 섰사오니 무리 가운데에서 여호와를 송축하리이다

다윗의 시

27 여호와는 나의 빛이요 나의 구원이시니 내가 누구를 두려워하리요 여호와는 내 생명의 (能力)능력이시니 내가 누구를 무서워하리요
2 악인들이 내 살을 먹으려고 내게로 왔으나 나의 대적들, 나의 원수들인 그들은 (失足)실족하여 넘어졌도다
3 군대가 나를 대적하여 (陣)진 칠지라도 내 마음이 두렵지 아니하며 전쟁이 일어나 나를 치려 할지라도 나는 [1]여전히 태연하리로다
4 내가 여호와께 바라는 한 가지 일 그것을 구하리니 곧 내가 내 평생에 여호와의 집에 살면서 여호와의 아름다움을 바라보며 그의 성전에서 (思慕)사모하는 그것이라
5 여호와께서 환난 날에 나를 그의 (草幕)초막 속에 비밀히 지키시고 그의 장막 은밀한 곳에 나를 숨기시며 높은 바위 위에 두시리로다

1) 그 중에서 안연하리로다

6 이제 내 머리가 나를 둘러싼 내 원
수 위에 들리리니 내가 그의 장막에
서 즐거운 (祭祀)제사를 드리겠고
노래하며 여호와를 찬송하리로다
7 ●여호와여 내가 소리 내어 부르
짖을 때에 들으시고 또한 나를 (矜
恤)긍휼히 여기사 응답하소서
8 너희는 내 얼굴을 찾으라 하실 때
에 내가 마음으로 (主)주께 말하
되 여호와여 내가 (主)주의 얼굴
을 찾으리이다 하였나이다
9 주의 얼굴을 내게서 숨기지 마시
고 주의 종을 (怒)노하여 버리지
마소서 주는 나의 도움이 되셨나이
다 나의 구원의 하나님이시여 나를
버리지 마시고 떠나지 마소서
10 내 부모는 나를 버렸으나 여호와
는 나를 (迎接)영접하시리이다
11 여호와여 (主)주의 도를 내게 가
르치시고 [1]내 원수를 생각하셔서
평탄한 길로 나를 인도하소서
12 내 생명을 내 대적에게 맡기지 마
소서 (僞證者)위증자와 악을 토하
는 자가 일어나 나를 치려 함이니
이다
13 내가 산 자들의 땅에서 여호와의
(善)선하심을 보게 될 줄 확실히
믿었도다
14 너는 여호와를 기다릴지어다 강하
고 (膽大)담대하며 여호와를 기다
릴지어다

다윗의 시

28 여호와여 내가 주께 부르짖
으오니 나의 (磐石)반석이여
내게 귀를 막지 마소서 주께서 내
게 잠잠하시면 내가 무덤에 내려
가는 자와 같을까 하나이다
2 내가 주의 [2](至聖所)지성소를 향
하여 나의 손을 들고 주께 부르짖
을 때에 나의 간구하는 소리를 들
으소서
3 악인과 악을 행하는 자들과 함께
나를 끌어내지 마옵소서 그들은
그 이웃에게 (和平)화평을 말하나
그들의 마음에는 악독이 있나이다
4 그들이 하는 일과 그들의 (行爲)
행위가 악한 대로 갚으시며 그들
의 손이 지은 대로 그들에게 갚아
그 마땅히 받을 것으로 그들에게
갚으소서
5 그들은 여호와께서 행하신 일과
손으로 지으신 것을 생각하지 아
니하므로 여호와께서 그들을 (破
壞)파괴하고 건설하지 아니하시
리로다
6 ●여호와를 찬송함이여 내 (懇求)
간구하는 소리를 들으심이로다
7 여호와는 나의 힘과 나의 방패이
시니 내 마음이 그를 (依支)의지
하여 도움을 얻었도다 그러므로
내 마음이 크게 기뻐하며 내 노래
로 그를 찬송하리로다
8 여호와는 그들의 힘이시요 그의
기름 부음 받은 자의 구원의 (要
塞)요새이시로다
9 주의 백성을 구원하시며 주의 산
업에 복을 주시고 또 그들의 (牧
者)목자가 되시어 영원토록 그들
을 인도하소서

1) 엎드려 나를 기다리는 자들을 인하여 2) 성소 안을

다윗의 시

29 너희 (權能)권능 있는 자들
아 영광과 능력을 여호와께
돌리고 돌릴지어다
2 여호와께 그의 이름에 (合當)합
당한 영광을 돌리며 [1]거룩한 옷을
입고 여호와께 예배할지어다
3 ● 여호와의 소리가 물 위에 있도
다 (榮光)영광의 하나님이 우렛소
리를 내시니 여호와는 많은 물 위
에 계시도다
4 여호와의 소리가 힘 있음이여 여
호와의 소리가 (威嚴)위엄차도다
5 여호와의 소리가 (柏香木)백향목
을 꺾으심이여 여호와께서 레바논
백향목을 꺾어 부수시도다
6 그 나무를 송아지 같이 뛰게 하심
이여 레바논과 시룐으로 들송아지
같이 뛰게 하시도다
7 여호와의 소리가 (火焰)화염을 가
르시도다
8 여호와의 소리가 (曠野)광야를
(震動)진동하심이여 여호와께서
가데스 광야를 진동시키시도다
9 여호와의 소리가 암사슴을 [2](落
胎)낙태하게 하시고 삼림을 말갛
게 벗기시니 그의 성전에서 그의
모든 것들이 말하기를 영광이라
하도다
10 ● 여호와께서 홍수 때에 (坐定)좌
정하셨음이여 여호와께서 영원하
도록 왕으로 좌정하시도다
11 여호와께서 자기 (百姓)백성에게
힘을 주심이여 여호와께서 자기
백성에게 평강의 복을 주시리로다

1) 거룩함의 아름다움에서 2) 새끼를 낳게

다윗의 시, 곧 성전 낙성가

30 여호와여 내가 주를 높일 것
은 주께서 나를 끌어내사 내
(怨讐)원수로 하여금 나로 말미암
아 기뻐하지 못하게 하심이니이다
2 여호와 내 하나님이여 내가 주께
부르짖으매 나를 고치셨나이다
3 여호와여 주께서 내 (靈魂)영혼을
스올에서 끌어내어 나를 살리사
무덤으로 내려가지 아니하게 하셨
나이다
4 주의 (聖徒)성도들아 여호와를 찬
송하며 그의 거룩함을 기억하며
감사하라
5 그의 노염은 잠깐이요 그의 (恩
寵)은총은 평생이로다 저녁에는
울음이 깃들일지라도 아침에는 기
쁨이 오리로다
6 내가 (亨通)형통할 때에 말하기를
영원히 흔들리지 아니하리라 하였
도다
7 여호와여 주의 (恩惠)은혜로 나를
산 같이 굳게 세우셨더니 주의 얼
굴을 가리시매 내가 근심하였나이
다
8 여호와여 내가 주께 부르짖고 여
호와께 (懇求)간구하기를
9 내가 무덤에 내려갈 때에 나의 피
가 무슨 유익이 있으리요 진토가
어떻게 주를 찬송하며 주의 진리
를 (宣布)선포하리이까
10 여호와여 들으시고 내게 (恩惠)은
혜를 베푸소서 여호와여 나를 돕
는 자가 되소서 하였나이다

11 주께서 나의 슬픔이 (變)변하여 내
게 춤이 되게 하시며 나의 베옷을
벗기고 기쁨으로 띠 띠우셨나이다
12 이는 잠잠하지 아니하고 내 영광
으로 주를 (讚頌)찬송하게 하심이
니 여호와 나의 하나님이여 내가
주께 영원히 감사하리이다

다윗의 시, 인도자를 따라 부르는 노래

31 여호와여 내가 주께 피하오
니 나를 영원히 부끄럽게 하
지 마시고 주의 (公義)공의로 나
를 건지소서
2 내게 귀를 기울여 속히 건지시고
내게 견고한 바위와 구원하는 (山
城)산성이 되소서
3 주는 나의 반석과 산성이시니 그러
므로 주의 이름을 생각하셔서 나를
인도하시고 (指導)지도하소서
4 그들이 나를 위하여 (秘密)비밀히
친 그물에서 빼내소서 주는 나의
산성이시니이다
5 내가 나의 영을 주의 손에 부탁하
나이다 진리의 하나님 여호와여
나를 (贖良)속량하셨나이다
6 내가 허탄한 거짓을 (崇尙)숭상하
는 자들을 미워하고 여호와를 의
지하나이다
7 내가 주의 (仁慈)인자하심을 기뻐
하며 즐거워할 것은 주께서 나의
고난을 보시고 [1](患難)환난 중에
있는 내 영혼을 아셨으며
8 나를 원수의 (手中)수중에 가두지
아니하셨고 내 발을 넓은 곳에 세
우셨음이니이다
9 여호와여 내가 (苦痛)고통 중에
있사오니 내게 은혜를 베푸소서
내가 근심 때문에 눈과 영혼과 몸
이 쇠하였나이다
10 내 일생을 슬픔으로 보내며 나의
연수를 (嘆息)탄식으로 보냄이여
내 기력이 나의 죄악 때문에 약하
여지며 나의 뼈가 쇠하도소이다
11 내가 모든 (對敵)대적들 때문에
욕을 당하고 내 이웃에게서는 심
히 당하니 내 친구가 놀라고 길에
서 보는 자가 나를 피하였나이다
12 내가 잊어버린 바 됨이 죽은 (者)
자를 마음에 두지 아니함 같고 깨
진 그릇과 같으니이다
13 내가 무리의 (誹謗)비방을 들었으
므로 사방이 두려움으로 감싸였나
이다 그들이 나를 치려고 함께 의
논할 때에 내 생명을 빼앗기로 꾀
하였나이다
14 여호와여 그러하여도 나는 주께
(依支)의지하고 말하기를 주는 내
하나님이시라 하였나이다
15 나의 앞날이 주의 손에 있사오니
내 원수들과 나를 (逼迫)핍박하는
자들의 손에서 나를 건져 주소서
16 주의 얼굴을 주의 종에게 비추시
고 주의 사랑하심으로 나를 (救
援)구원하소서
17 여호와여 내가 주를 불렀사오니
나를 부끄럽게 하지 마시고 (惡
人)악인들을 부끄럽게 하사 스올
에서 잠잠하게 하소서
18 교만하고 (頑惡)완악한 말로 무례
히 의인을 치는 거짓 입술이 말 못

1) 내 영혼의 환난을 아셨고

하는 자 되게 하소서
19 주를 두려워하는 자를 위하여 쌓
아 두신 은혜 곧 주께 피하는 자를
위하여 (人生)인생 앞에 베푸신
은혜가 어찌 그리 큰지요
20 주께서 그들을 주의 (隱密)은밀한
곳에 숨기사 사람의 꾀에서 벗어
나게 하시고 비밀히 장막에 감추사
말 다툼에서 면하게 하시리이다
21 여호와를 찬송할지어다 (堅固)견
고한 성에서 그의 놀라운 사랑을
내게 보이셨음이로다
22 내가 놀라서 말하기를 주의 (目前)
목전에서 끊어졌다 하였사오나 내
가 주께 부르짖을 때에 주께서 나
의 간구하는 소리를 들으셨나이다
23 너희 모든 성도들아 여호와를 사
랑하라 여호와께서 진실한 자를
보호하시고 교만하게 행하는 자에
게 (嚴重)엄중히 갚으시느니라
24 여호와를 바라는 너희들아 강하고
(膽大)담대하라

다윗의 [1]마스길

32 허물의 (赦)사함을 받고 자
신의 죄가 가려진 자는 복이
있도다
2 마음에 간사함이 없고 여호와
께 정죄를 당하지 아니하는 자는
(福)복이 있도다
3 내가 입을 열지 아니할 때에 종일
(呻吟)신음하므로 내 뼈가 쇠하였
도다
4 주의 손이 주야로 나를 누르시오
니 내 (津液)진액이 빠져서 여름

1) 교훈 2) 죄를 깨달을 때에

가뭄에 마름 같이 되었나이다 (셀
라)
5 내가 이르기를 내 허물을 여호와
께 (自服)자복하리라 하고 주께
내 죄를 아뢰고 내 죄악을 숨기지
아니하였더니 곧 주께서 내 죄악
을 사하셨나이다 (셀라)
6 이로 말미암아 모든 경건한 자는
[2]주를 만날 기회를 얻어서 주께
기도할지라 진실로 홍수가 (汎濫)
범람할지라도 그에게 미치지 못하
리이다
7 주는 나의 은신처이오니 환난에서
나를 (保護)보호하시고 구원의 노
래로 나를 두르시리이다 (셀라)
8 내가 네 갈 길을 가르쳐 보이고 너
를 (注目)주목하여 훈계하리로다
9 너희는 무지한 말이나 노새 같이
되지 말지어다 그것들은 재갈과
굴레로 (團束)단속하지 아니하면
너희에게 가까이 가지 아니하리로
다
10 악인에게는 많은 슬픔이 있으나
여호와를 (信賴)신뢰하는 자에게
는 인자하심이 두르리로다
11 너희 (義人)의인들아 여호와를 기
뻐하며 즐거워할지어다 마음이 정
직한 너희들아 다 즐거이 외칠지
어다

33 너희 의인들아 여호와를 즐
거워하라 찬송은 (正直)정직
한 자들이 마땅히 할 바로다
2 (竪琴)수금으로 여호와께 감사하
고 열 줄 비파로 찬송할지어다
3 새 노래로 그를 노래하며 즐거운

소리로 아름답게 (演奏)연주할지
어다
4 여호와의 말씀은 정직하며 그가
행하시는 일은 다 (眞實)진실하시
도다
5 그는 공의와 정의를 사랑하심이
여 세상에는 여호와의 인자하심이
(充滿)충만하도다
6 여호와의 말씀으로 하늘이 지음이
되었으며 그 (萬象)만상을 그의
입 기운으로 이루었도다
7 그가 바닷물을 모아 무더기 같이
쌓으시며 깊은 물을 (庫間)곳간에
두시도다
8 온 땅은 여호와를 두려워하며 세
상의 모든 거민들은 그를 (敬畏)
경외할지어다
9 그가 말씀하시매 이루어졌으며
(命令)명령하시매 견고히 섰도다
10 여호와께서 나라들의 계획을 폐하
시며 민족들의 (思想)사상을 무효
하게 하시도다
11 여호와의 (計劃)계획은 영원히 서
고 그의 생각은 대대에 이르리로
다
12 여호와를 자기 하나님으로 삼은
나라 곧 하나님의 (基業)기업으로
선택된 백성은 복이 있도다
13 여호와께서 하늘에서 굽어보사 모
든 (人生)인생을 살피심이여
14 곧 그가 거하시는 곳에서 세상의
모든 (居民)거민들을 굽어살피시
는도다
15 그는 그들 모두의 마음을 지으시
며 그들이 하는 일을 굽어살피시
는 이로다
16 많은 군대로 구원 얻은 왕이 없으
며 (勇士)용사가 힘이 세어도 스
스로 구원하지 못하는도다
17 구원하는 데에 (軍馬)군마는 헛되
며 군대가 많다 하여도 능히 구하
지 못하는도다
18 여호와는 그를 (敬畏)경외하는 자
곧 그의 인자하심을 바라는 자를
살피사
19 그들의 (靈魂)영혼을 사망에서 건
지시며 그들이 굶주릴 때에 그들
을 살리시는도다
20 우리 영혼이 여호와를 바람이여
그는 우리의 도움과 (防牌)방패시
로다
21 우리 마음이 그를 즐거워함이여
우리가 그의 (聖號)성호를 의지하
였기 때문이로다
22 여호와여 우리가 주께 바라는 대
로 주의 (仁慈)인자하심을 우리에
게 베푸소서

다윗이 아비멜렉 앞에서 미친 체하다가 쫓겨나서 지은 시

34 내가 여호와를 항상 (頌祝)
송축함이여 내 입술로 항상
주를 찬양하리이다
2 내 영혼이 여호와를 자랑하리니
(困苦)곤고한 자들이 이를 듣고
기뻐하리로다
3 나와 함께 여호와를 (廣大)광대하
시다 하며 함께 그의 이름을 높이
세
4 내가 여호와께 (懇求)간구하매 내
게 응답하시고 내 모든 두려움에

서 나를 건지셨도다
5 그들이 주를 (仰望)앙망하고 광채
를 내었으니 그들의 얼굴은 부끄
럽지 아니하리로다
6 이 곤고한 자가 부르짖으매 여호
와께서 들으시고 그의 모든 환난
에서 (救援)구원하셨도다
7 여호와의 천사가 주를 경외하는
자를 둘러 (陣)진 치고 그들을 건
지시는도다
8 너희는 여호와의 선하심을 맛보
아 알지어다 그에게 피하는 자는
(福)복이 있도다
9 너희 (聖徒)성도들아 여호와를 경
외하라 그를 경외하는 자에게는
부족함이 없도다
10 젊은 사자는 (窮乏)궁핍하여 주릴
지라도 여호와를 찾는 자는 모든
좋은 것에 부족함이 없으리로다
11 너희 자녀들아 와서 내 말을 들으
라 내가 여호와를 (敬畏)경외하는
법을 너희에게 가르치리로다
12 생명을 (思慕)사모하고 연수를 사
랑하여 복 받기를 원하는 사람이
누구뇨
13 네 혀를 악에서 (禁)금하며 네 입
술을 거짓말에서 금할지어다
14 악을 버리고 선을 행하며 (和平)
화평을 찾아 따를지어다
15 여호와의 눈은 (義人)의인을 향하
시고 그의 귀는 그들의 부르짖음
에 기울이시는도다
16 여호와의 얼굴은 (惡)악을 행하는
자를 향하사 그들의 [1]자취를 땅에

1) 기념을

서 끊으려 하시는도다
17 의인이 부르짖으매 여호와께서 들
으시고 그들의 모든 (患難)환난에
서 건지셨도다
18 여호와는 마음이 상한 자를 가까
이 하시고 충심으로 (痛悔)통회하
는 자를 구원하시는도다
19 의인은 고난이 많으나 여호와께서
그의 모든 (苦難)고난에서 건지시
는도다
20 그의 모든 뼈를 (保護)보호하심이
여 그 중에서 하나도 꺾이지 아니
하도다
21 악이 (惡人)악인을 죽일 것이라
의인을 미워하는 자는 벌을 받으
리로다
22 여호와께서 그의 종들의 (靈魂)영
혼을 속량하시나니 그에게 피하는
자는 다 벌을 받지 아니하리로다

다윗의 시

35 여호와여 나와 다투는 자와
다투시고 나와 싸우는 자와
싸우소서
2 (防牌)방패와 손 방패를 잡으시고
일어나 나를 도우소서
3 창을 빼사 나를 쫓는 자의 길을 막
으시고 또 내 (靈魂)영혼에게 나
는 네 구원이라 이르소서
4 내 생명을 찾는 자들이 부끄러워
수치를 당하게 하시며 나를 (傷
害)상해하려 하는 자들이 물러가
낭패를 당하게 하소서
5 그들을 바람 앞에 겨와 같게 하시
고 여호와의 (天使)천사가 그들을
몰아내게 하소서

6 그들의 길을 어둡고 미끄럽게 하
시며 여호와의 (天使)천사가 그들
을 뒤쫓게 하소서
7 그들이 까닭 없이 나를 잡으려고
그들의 그물을 웅덩이에 숨기며
까닭 없이 내 생명을 해하려고 (陷
穽)함정을 팠사오니
8 (滅亡)멸망이 순식간에 그에게 닥
치게 하시며 그가 숨긴 그물에 자
기가 잡히게 하시며 멸망 중에 떨
어지게 하소서
9 내 (靈魂)영혼이 여호와를 즐거워
함이여 그의 구원을 기뻐하리로다
10 내 모든 뼈가 이르기를 여호와와
같은 이가 누구냐 그는 가난한 자
를 그보다 강한 자에게서 건지시
고 가난하고 궁핍한 자를 (擄掠)
노략하는 자에게서 건지시는 이라
하리로다
11 불의한 증인들이 일어나서 내가
알지 못하는 일로 내게 (質問)질
문하며
12 내게 선을 악으로 갚아 나의 (靈
魂)영혼을 외롭게 하나
13 나는 그들이 병 들었을 때에 굵은
베 옷을 입으며 (禁食)금식하여
내 영혼을 괴롭게 하였더니 내 기
도가 내 품으로 돌아왔도다
14 내가 나의 (親舊)친구와 형제에게
행함 같이 그들에게 행하였으며
내가 몸을 굽히고 슬퍼하기를 어
머니를 곡함 같이 하였도다
15 그러나 내가 넘어지매 그들이 기뻐
하여 서로 모임이여 (不良輩)불량
배가 내가 알지 못하는 중에 모여서
나를 치며 찢기를 마지아니하도다
16 그들은 (宴會)연회에서 망령되이
조롱하는 자 같이 나를 향하여 그
들의 이를 갈도다
17 주여 어느 때까지 (觀望)관망하시
려 하나이까 내 영혼을 저 멸망자
에게서 구원하시며 내 유일한 것
을 사자들에게서 건지소서
18 내가 대회 중에서 주께 (感謝)감
사하며 많은 백성 중에서 주를 찬
송하리이다
19 (不當)부당하게 나의 원수된 자가
나로 말미암아 기뻐하지 못하게
하시며 까닭 없이 나를 미워하는
자들이 서로 눈짓하지 못하게 하
소서
20 무릇 그들은 (和平)화평을 말하지
아니하고 오히려 평안히 땅에 사
는 자들을 거짓말로 모략하며
21 또 그들이 나를 향하여 입을 크게
벌리고 하하 우리가 (目擊)목격하
였다 하나이다
22 여호와여 주께서 이를 보셨사오니
(潛潛)잠잠하지 마옵소서 주여 나
를 멀리하지 마옵소서
23 나의 하나님, 나의 주여 떨치고 깨
셔서 나를 공판하시며 나의 (訟
事)송사를 다스리소서
24 여호와 나의 하나님이여 주의 공
의대로 나를 (判斷)판단하사 그들
이 나로 말미암아 기뻐하지 못하
게 하소서
25 그들이 마음속으로 이르기를 아하
소원을 (成就)성취하였다 하지 못
하게 하시며 우리가 그를 삼켰다

말하지 못하게 하소서
26 나의 재난을 기뻐하는 자들이 함
께 부끄러워 (狼狽)낭패를 당하게
하시며 나를 향하여 스스로 뽐내
는 자들이 수치와 욕을 당하게 하
소서
27 나의 의를 즐거워하는 자들이 기
꺼이 노래 부르고 즐거워하게 하
시며 그의 종의 (平安)평안함을
기뻐하시는 여호와는 위대하시다
하는 말을 그들이 항상 말하게 하
소서
28 나의 혀가 주의 (義)의를 말하며
종일토록 주를 찬송하리이다

여호와의 종 다윗의 시, 인도자를 따라 부르는 노래

36 (惡人)악인의 죄가 그의 마
음속으로 이르기를 그의 눈
에는 하나님을 두려워하는 빛이
없다 하니
2 [1]그가 스스로 자랑하기를 자기의
(罪惡)죄악은 드러나지 아니하고
미워함을 받지도 아니하리라 함이
로다
3 그의 입에서 나오는 말은 죄악과
속임이라 그는 (智慧)지혜와 선행
을 그쳤도다
4 그는 그의 (寢牀)침상에서 죄악을
꾀하며 스스로 악한 길에 서고 악
을 거절하지 아니하는도다
5 ● 여호와여 주의 인자하심이 하
늘에 있고 주의 (眞實)진실하심이
공중에 사무쳤으며

1) 그는 그 죄악이 드러나서 미움을 받기까지 자긍하는도다
2) 땅에 거하여 정녕히 먹으리로다

6 주의 의는 하나님의 산들과 같고
주의 (審判)심판은 큰 바다와 같
으니이다 여호와여 주는 사람과
짐승을 구하여 주시나이다
7 하나님이여 주의 인자하심이 어찌
그리 보배로우신지요 사람들이 주
의 날개 그늘 아래에 (避)피하나
이다
8 그들이 주의 집에 있는 살진 것으
로 풍족할 것이라 주께서 주의 (福
樂)복락의 강물을 마시게 하시리
이다
9 진실로 생명의 (源泉)원천이 주께
있사오니 주의 빛 안에서 우리가
빛을 보리이다
10 주를 아는 자들에게 주의 인자하
심을 (繼續)계속 베푸시며 마음이
정직한 자에게 주의 공의를 베푸
소서
11 (驕慢)교만한 자의 발이 내게 이
르지 못하게 하시며 악인들의 손
이 나를 쫓아내지 못하게 하소서
12 (惡)악을 행하는 자들이 거기서
넘어졌으니 엎드러지고 다시 일어
날 수 없으리이다

다윗의 시

37 악을 행하는 자들 때문에 불
평하지 말며 불의를 행하는
자들을 (猜忌)시기하지 말지어다
2 그들은 풀과 같이 속히 베임을 당
할 것이며 푸른 (菜蔬)채소 같이
쇠잔할 것임이로다
3 여호와를 의뢰하고 선을 행하라 [2]
땅에 머무는 동안 그의 (誠實)성
실을 먹을 거리로 삼을지어다

4 또 여호와를 기뻐하라 그가 네 마
음의 (所願)소원을 네게 이루어
주시리로다
5 네 길을 여호와께 맡기라 그를 (依
支)의지하면 그가 이루시고
6 네 의를 빛 같이 나타내시며 네 공
의를 (正午)정오의 빛 같이 하시
리로다
7 [1]여호와 앞에 잠잠하고 참고 기다
리라 자기 길이 (亨通)형통하며
악한 꾀를 이루는 자 때문에 불평
하지 말지어다
8 분을 그치고 노를 버리며 (不平)
불평하지 말라 오히려 악을 만들
뿐이라
9 진실로 악을 행하는 자들은 끊어
질 것이나 여호와를 (所望)소망하
는 자들은 땅을 차지하리로다
10 잠시 후에는 악인이 없어지리니
네가 그 곳을 (仔細)자세히 살필
지라도 없으리로다
11 그러나 (溫柔)온유한 자들은 땅을
차지하며 풍성한 화평으로 즐거워
하리로다
12 악인이 (義人)의인 치기를 꾀하고
그를 향하여 그의 이를 가는도다
13 그러나 (主)주께서 그를 비웃으시
리니 그의 날이 다가옴을 보심이
로다
14 악인이 칼을 빼고 활을 당겨 가난
하고 (窮乏)궁핍한 자를 엎드러뜨
리며 행위가 정직한 자를 죽이고
자 하나
15 그들의 칼은 오히려 그들의 (良
心)양심을 찌르고 그들의 활은 부
러지리로다
16 의인의 적은 소유가 악인의 (豊
富)풍부함보다 낫도다
17 악인의 팔은 부러지나 (義人)의인
은 여호와께서 붙드시는도다
18 여호와께서 온전한 자의 날을 아
시나니 그들의 (基業)기업은 영원
하리로다
19 그들은 환난 때에 부끄러움을 당
하지 아니하며 (饑饉)기근의 날에
도 풍족할 것이나
20 악인들은 멸망하고 여호와의 원
수들은 어린 양의 기름 같이 타서
(煙氣)연기가 되어 없어지리로다
21 악인은 꾸고 갚지 아니하나 의인
은 (恩惠)은혜를 베풀고 주는도다
22 주의 복을 받은 자들은 땅을 차지
하고 주의 (詛呪)저주를 받은 자
들은 끊어지리로다
23 여호와께서 사람의 걸음을 (定)정
하시고 그의 길을 기뻐하시나니
24 그는 넘어지나 아주 엎드러지지
아니함은 여호와께서 그의 손으로
붙드심이로다
25 내가 어려서부터 늙기까지 의인이
버림을 당하거나 그의 자손이 (乞
食)걸식함을 보지 못하였도다
26 그는 종일토록 (恩惠)은혜를 베풀
고 꾸어 주니 그의 자손이 복을 받
는도다
27 악에서 떠나 (善)선을 행하라 그
리하면 영원히 살리니
28 여호와께서 정의를 사랑하시고 그
의 (聖徒)성도를 버리지 아니하심

1) 여호와를 의지하고 잠잠히 참아

이로다 그들은 영원히 보호를 받
으나 악인의 자손은 끊어지리로다
29 의인이 땅을 차지함이여 거기서
(永遠)영원히 살리로다
30 의인의 입은 (智慧)지혜로우며 그
의 혀는 정의를 말하며
31 그의 마음에는 하나님의 법이 있
으니 그의 걸음은 (失足)실족함이
없으리로다
32 악인이 의인을 엿보아 (殺害)살해
할 기회를 찾으나
33 여호와는 그를 악인의 손에 버려
두지 아니하시고 재판 때에도 (定
罪)정죄하지 아니하시리로다
34 여호와를 바라고 그의 (道)도를
지키라 그리하면 네가 땅을 차지
하게 하실 것이라 악인이 끊어질
때에 네가 똑똑히 보리로다
35 내가 악인의 큰 (勢力)세력을 본
즉 그 본래의 땅에 서 있는 나무
잎이 무성함과 같으나
36 [1]내가 지나갈 때에 그는 없어졌나
니 내가 찾아도 (發見)발견하지
못하였도다
37 (穩全)온전한 사람을 살피고 정직
한 자를 볼지어다 모든 화평한 자
의 미래는 평안이로다
38 범죄자들은 함께 멸망하리니 악인
의 (未來)미래는 끊어질 것이나
39 의인들의 구원은 여호와로부터 오
나니 그는 (患難)환난 때에 그들
의 요새이시로다
40 여호와께서 그들을 도와 건지시되
악인들에게서 건져 (救援)구원하

1) 히, 그가 지나갈 때에

심은 그를 의지한 까닭이로다

다윗의 기념하는 시

38 여호와여 주의 노하심으로
나를 책망하지 마시고 주의
분노하심으로 나를 (懲戒)징계하
지 마소서
2 주의 화살이 나를 찌르고 주의 손
이 나를 심히 누르시나이다
3 주의 (震怒)진노로 말미암아 내
살에 성한 곳이 없사오며 나의 죄
로 말미암아 내 뼈에 평안함이 없
나이다
4 내 죄악이 내 머리에 넘쳐서 무거
운 짐 같으니 내가 (堪當)감당할
수 없나이다
5 내 (傷處)상처가 썩어 악취가 나
오니 내가 우매한 까닭이로소이다
6 내가 아프고 심히 구부러졌으며
종일토록 슬픔 중에 다니나이다
7 내 허리에 (熱氣)열기가 가득하고
내 살에 성한 곳이 없나이다
8 내가 피곤하고 심히 상하였으매
마음이 (不安)불안하여 신음하나
이다
9 주여 나의 모든 소원이 주 앞에 있
사오며 나의 (嘆息)탄식이 주 앞
에 감추이지 아니하나이다
10 내 (心臟)심장이 뛰고 내 기력이
쇠하여 내 눈의 빛도 나를 떠났나
이다
11 내가 사랑하는 자와 내 친구들이
내 (傷處)상처를 멀리하고 내 친
척들도 멀리 섰나이다
12 내 생명을 찾는 자가 올무를 놓고
나를 해하려는 자가 (怪惡)괴악한

일을 말하여 종일토록 음모를 꾸
미오나
13 나는 못 듣는 (者)자 같이 듣지 아
니하고 말 못하는 자 같이 입을 열
지 아니하오니
14 나는 듣지 못하는 자 같아서 내 입
에는 (反駁)반박할 말이 없나이다
15 여호와여 내가 주를 바랐사오니
내 주 하나님이 내게 (應答)응답
하시리이다
16 내가 말하기를 두렵건대 그들이
나 때문에 기뻐하며 내가 실족할
때에 나를 향하여 스스로 (驕慢)
교만할까 하였나이다
17 내가 넘어지게 되었고 나의 근심
이 항상 내 앞에 있사오니
18 내 (罪惡)죄악을 아뢰고 내 죄를
슬퍼함이니이다
19 내 원수가 (活潑)활발하며 강하고
부당하게 나를 미워하는 자가 많
으며
20 또 악으로 선을 대신하는 자들이
내가 선을 따른다는 것 때문에 나
를 (對敵)대적하나이다
21 여호와여 나를 버리지 마소서 나
의 하나님이여 나를 멀리하지 마
소서
22 (速)속히 나를 도우소서 주 나의
구원이시여

다윗의 시, 인도자를 따라 여두둔 형식으로 부르는 노래

39

내가 말하기를 나의 (行爲)
행위를 조심하여 내 혀로
(犯罪)범죄하지 아니하리니 악인
이 내 앞에 있을 때에 내가 내 입
에 재갈을 먹이리라 하였도다
2 내가 (潛潛)잠잠하여 선한 말도
하지 아니하니 나의 근심이 더 심
하도다
3 내 마음이 내 속에서 뜨거워서 작
은 소리로 읊조릴 때에 불이 붙으
니 나의 혀로 말하기를
4 여호와여 나의 종말과 (年限)연한
이 언제까지인지 알게 하사 내가
나의 연약함을 알게 하소서
5 주께서 나의 날을 한 뼘 길이만큼
되게 하시매 나의 일생이 주 앞에
는 없는 것 같사오니 사람은 그가
든든히 서 있는 때에도 진실로 모
두가 (虛事)허사뿐이니이다 (셀라)
6 진실로 각 사람은 그림자 같이 다
니고 헛된 일로 (騷亂)소란하며
재물을 쌓으나 누가 거둘는지 알
지 못하나이다
7 주여 이제 내가 무엇을 바라리요
나의 (所望)소망은 주께 있나이다
8 나를 모든 죄에서 건지시며 (愚
昧)우매한 자에게서 욕을 당하지
아니하게 하소서
9 내가 잠잠하고 입을 열지 아니함
은 주께서 이를 (行)행하신 까닭
이니이다
10 주의 (懲罰)징벌을 나에게서 옮기
소서 주의 손이 치심으로 내가 쇠
망하였나이다
11 주께서 죄악을 책망하사 사람을
징계하실 때에 그 (榮華)영화를
좀먹음 같이 소멸하게 하시니 참
으로 인생이란 모두 헛될 뿐이니
이다 (셀라)

12 여호와여 나의 (祈禱)기도를 들으
시며 나의 부르짖음에 귀를 기울
이소서 내가 눈물 흘릴 때에 잠잠
하지 마옵소서 나는 주와 함께 있
는 나그네이며 나의 모든 조상들
처럼 떠도나이다
13 주는 나를 (容恕)용서하사 내가
떠나 없어지기 전에 나의 건강을
회복시키소서

다윗의 시, 인도자를 따라 부르는 노래

40 내가 여호와를 기다리고 기
다렸더니 귀를 기울이사 나
의 부르짖음을 들으셨도다
2 나를 기가 막힐 웅덩이와 수렁에
서 끌어올리시고 내 발을 (磐石)
반석 위에 두사 내 걸음을 견고하
게 하셨도다
3 새 노래 곧 우리 하나님께 올릴
(讚頌)찬송을 내 입에 두셨으니
많은 사람이 보고 두려워하여 여
호와를 의지하리로다
4 여호와를 의지하고 교만한 자와
거짓에 치우치는 자를 돌아보지
아니하는 자는 (福)복이 있도다
5 여호와 나의 하나님이여 주께서
행하신 (奇蹟)기적이 많고 우리를
향하신 주의 생각도 많아 누구도
주와 견줄 수가 없나이다 내가 널
리 알려 말하고자 하나 너무 많아
그 수를 셀 수도 없나이다
6 주께서 내 귀를 통하여 내게 들려
주시기를 제사와 예물을 기뻐하지
아니하시며 (燔祭)번제와 속죄제
를 요구하지 아니하신다 하신지라
7 그 때에 내가 말하기를 내가 왔나
이다 나를 가리켜 (記錄)기록한
것이 두루마리 책에 있나이다
8 나의 하나님이여 내가 주의 뜻 행
하기를 즐기오니 주의 법이 나의
(心中)심중에 있나이다 하였나이
다
9 내가 많은 회중 가운데에서 의의
기쁜 (消息)소식을 전하였나이다
여호와여 내가 내 입술을 닫지 아
니할 줄을 주께서 아시나이다
10 내가 주의 공의를 내 심중에 숨기
지 아니하고 주의 성실과 구원을
(宣布)선포하였으며 내가 주의 인
자와 진리를 많은 회중 가운데에
서 감추지 아니하였나이다
11 여호와여 주의 긍휼을 내게서 거
두지 마시고 주의 인자와 진리로
나를 항상 (保護)보호하소서
12 수많은 (災殃)재앙이 나를 둘러싸
고 나의 죄악이 나를 덮치므로 우
러러볼 수도 없으며 죄가 나의 머
리털보다 많으므로 내가 낙심하였
음이니이다
13 여호와여 (恩寵)은총을 베푸사 나
를 구원하소서 여호와여 속히 나
를 도우소서
14 내 생명을 찾아 멸하려 하는 자는
다 수치와 (狼狽)낭패를 당하게
하시며 나의 해를 기뻐하는 자는
다 물러가 욕을 당하게 하소서
15 나를 향하여 하하 하하 하며 (嘲
笑)조소하는 자들이 자기 수치로
말미암아 놀라게 하소서
16 주를 찾는 자는 다 주 안에서 즐거
워하고 기뻐하게 하시며 주의 구

원을 사랑하는 자는 항상 말하기
를 여호와는 (偉大)위대하시다 하
게 하소서
17 나는 가난하고 궁핍하오나 주께서
는 나를 생각하시오니 주는 나의
도움이시요 나를 건지시는 이시라
나의 하나님이여 (遲滯)지체하지
마소서

다윗의 시, 인도자를 따라 부르는 노래

41 가난한 자를 보살피는 자에
게 복이 있음이여 (災殃)재
앙의 날에 여호와께서 그를 건지
시리로다
2 여호와께서 그를 지키사 살게 하
시리니 그가 이 세상에서 복을 받
을 것이라 주여 그를 그 (怨讐)원
수들의 뜻에 맡기지 마소서
3 여호와께서 그를 (病床)병상에서
붙드시고 그가 누워 있을 때마다
그의 병을 고쳐 주시나이다
4 내가 말하기를 여호와여 내게 은
혜를 베푸소서 내가 주께 (犯罪)
범죄하였사오니 나를 고치소서 하
였나이다
5 나의 원수가 내게 대하여 (惡談)악
담하기를 그가 어느 때에나 죽고
그의 이름이 언제나 없어질까 하며
6 나를 보러 와서는 거짓을 말하고
그의 중심에 악을 쌓았다가 나가
서는 이를 널리 (宣布)선포하오며
7 나를 미워하는 자가 다 하나같
이 내게 대하여 수군거리고 나를
(害)해하려고 꾀하며
8 이르기를 악한 (病)병이 그에게
들었으니 이제 그가 눕고 다시 일
어나지 못하리라 하오며
9 내가 (信賴)신뢰하여 내 떡을 나눠
먹던 나의 가까운 친구도 나를 대
적하여 그의 발꿈치를 들었나이다
10 그러하오나 주 여호와여 내게 은
혜를 베푸시고 나를 일으키사 내
가 그들에게 (報應)보응하게 하소
서 이로써
11 내 (怨讐)원수가 나를 이기지 못
하오니 주께서 나를 기뻐하시는
줄을 내가 알았나이다
12 주께서 나를 (穩全)온전한 중에
붙드시고 영원히 주 앞에 세우시
나이다
13 ● 이스라엘의 하나님 여호와를
영원부터 영원까지 (頌祝)송축할
지로다 아멘 아멘

제 이 권

고라 자손의 [1]마스길, 인도자를 따라 부르는 노래

42 하나님이여 사슴이 시냇물
을 찾기에 (渴急)갈급함 같
이 내 영혼이 주를 찾기에 갈급하
니이다
2 내 영혼이 하나님 곧 살아 계시는
하나님을 (渴望)갈망하나니 내가
어느 때에 나아가서 하나님의 얼
굴을 뵈올까
3 사람들이 종일 내게 하는 말이 네
하나님이 어디 있느뇨 하오니 내
눈물이 (晝夜)주야로 내 음식이
되었도다
4 내가 전에 성일을 지키는 무리와
동행하여 기쁨과 감사의 소리를

1) 교훈

내며 그들을 하나님의 집으로 인
도하였더니 이제 이 일을 (記憶)
기억하고 내 마음이 상하는도다
5 내 영혼아 네가 어찌하여 (落心)낙
심하며 어찌하여 내 속에서 불안
해 하는가 너는 하나님께 소망을
두라 그가 나타나 도우심으로 말
미암아 내가 여전히 찬송하리로다
6 ●내 하나님이여 내 영혼이 내 속
에서 낙심이 되므로 내가 요단 땅
과 헤르몬과 미살 산에서 주를 (記
憶)기억하나이다
7 주의 폭포 소리에 깊은 바다가 서
로 부르며 주의 모든 (波濤)파도
와 물결이 나를 휩쓸었나이다
8 낮에는 여호와께서 그의 인자하심
을 베푸시고 밤에는 그의 (讚頌)
찬송이 내게 있어 생명의 하나님
께 기도하리로다
9 내 반석이신 하나님께 말하기를
어찌하여 나를 잊으셨나이까 내가
어찌하여 원수의 (壓制)압제로 말
미암아 슬프게 다니나이까 하리로
다
10 내 뼈를 찌르는 칼 같이 내 대적이
나를 (誹謗)비방하여 늘 내게 말
하기를 네 하나님이 어디 있느냐
하도다
11 내 영혼아 네가 어찌하여 낙심하
며 어찌하여 내 속에서 (不安)불
안해 하는가 너는 하나님께 소망
을 두라 나는 그가 나타나 도우심
으로 말미암아 내 하나님을 여전
히 찬송하리로다

43 하나님이여 나를 판단하시
되 경건하지 아니한 나라에
대하여 내 송사를 (辯護)변호하시
며 간사하고 불의한 자에게서 나
를 건지소서
2 주는 나의 힘이 되신 하나님이시
거늘 어찌하여 나를 버리셨나이까
내가 어찌하여 원수의 (抑壓)억압
으로 말미암아 슬프게 다니나이까
3 주의 빛과 주의 진리를 보내시어
나를 (引導)인도하시고 주의 거룩
한 산과 주께서 계시는 곳에 이르
게 하소서
4 그런즉 내가 하나님의 제단에 나
아가 나의 큰 기쁨의 하나님께 이
르리이다 하나님이여 나의 하나님
이여 내가 수금으로 주를 (讚揚)
찬양하리이다
5 내 영혼아 네가 어찌하여 낙심하
며 어찌하여 내 속에서 불안해 하
는가 너는 하나님께 (所望)소망을
두라 그가 나타나 도우심으로 말
미암아 내 하나님을 여전히 찬송
하리로다

고라 자손의 [1]마스길, 인도자를 따라 부르는 노래

44 하나님이여 주께서 우리 (祖
上)조상들의 날 곧 옛날에
행하신 일을 그들이 우리에게 일
러 주매 우리가 우리 귀로 들었나
이다
2 주께서 주의 손으로 뭇 백성을 내
쫓으시고 우리 조상들을 이 땅에
뿌리 박게 하시며 주께서 다른 민
족들은 고달프게 하시고 우리 조상

1) 교훈

들은 (蕃盛)번성하게 하셨나이다
3 그들이 자기 칼로 땅을 얻어 차지
함이 아니요 그들의 팔이 그들을
(救援)구원함도 아니라 오직 주의
오른손과 주의 팔과 주의 얼굴의
빛으로 하셨으니 주께서 그들을
기뻐하신 까닭이니이다
4 하나님이여 주는 나의 왕이시니
[1]야곱에게 (救援)구원을 베푸소서
5 우리가 주를 (依支)의지하여 우리
대적을 누르고 우리를 치려 일어
나는 자를 주의 이름으로 밟으리
이다
6 나는 내 활을 의지하지 아니할 것
이라 내 칼이 나를 (救援)구원하
지 못하리이다
7 오직 주께서 우리를 우리 원수들
에게서 구원하시고 우리를 미워하
는 자로 (羞恥)수치를 당하게 하
셨나이다
8 우리가 종일 하나님을 자랑하였나
이다 우리는 하나님의 이름에 영
원히 (感謝)감사하리이다 (셀라)
9 ●그러나 이제는 주께서 우리를
버려 욕을 당하게 하시고 우리 (軍
隊)군대와 함께 나아가지 아니하
시나이다
10 주께서 우리를 대적들에게서 돌아
서게 하시니 우리를 미워하는 자
가 자기를 위하여 (奪取)탈취하였
나이다
11 주께서 우리를 잡아먹힐 양처럼
그들에게 넘겨 주시고 여러 (民族)
민족 중에 우리를 흩으셨나이다
12 주께서 주의 백성을 헐값으로 파
심이여 그들을 판 값으로 (利益)
이익을 얻지 못하셨나이다
13 주께서 우리로 하여금 이웃에게
욕을 당하게 하시니 그들이 우리
를 둘러싸고 (嘲笑)조소하고 조롱
하나이다
14 주께서 우리를 뭇 백성 중에 이야
기거리가 되게 하시며 (民族)민족
중에서 머리 흔듦을 당하게 하셨
나이다
15 나의 (凌辱)능욕이 종일 내 앞에
있으며 수치가 내 얼굴을 덮었으
니
16 나를 (誹謗)비방하고 욕하는 소리
때문이요 나의 원수와 나의 복수
자 때문이니이다
17 이 모든 일이 우리에게 임하였으
나 우리가 주를 잊지 아니하며 주
의 (言約)언약을 어기지 아니하였
나이다
18 우리의 마음은 (萎縮)위축되지 아
니하고 우리 걸음도 주의 길을 떠
나지 아니하였으나
19 주께서 우리를 승냥이의 (處所)처
소에 밀어 넣으시고 우리를 사망
의 그늘로 덮으셨나이다
20 우리가 우리 하나님의 이름을 잊
어버렸거나 우리 손을 (異邦)이방
신에게 향하여 폈더면
21 하나님이 이를 알아내지 아니하
셨으리이까 무릇 주는 마음의 (秘
密)비밀을 아시나이다
22 우리가 종일 주를 위하여 죽임을
당하게 되며 (屠殺)도살할 양 같

1) 야곱의 구원을 명하소서

이 여김을 받았나이다
23 주여 깨소서 어찌하여 주무시나이
까 일어나시고 우리를 (永遠)영원
히 버리지 마소서
24 어찌하여 주의 얼굴을 가리시고
우리의 고난과 (壓制)압제를 잊으
시나이까
25 우리 영혼은 (塵土)진토 속에 파묻
히고 우리 몸은 땅에 붙었나이다
26 일어나 우리를 도우소서 주의 (仁
慈)인자하심으로 말미암아 우리
를 구원하소서

고라 자손의 [1]마스길, 사랑의 노래, 인도자를 따라 [2]소산님에 맞춘 것

45 내 마음이 좋은 말로 왕을
위하여 지은 것을 말하리니
내 혀는 글솜씨가 뛰어난 (書記
官)서기관의 붓끝과 같도다
2 왕은 사람들보다 아름다워 은혜를
입술에 머금으니 그러므로 하나님
이 왕에게 영원히 (福)복을 주시
도다
3 용사여 칼을 허리에 차고 왕의 영
화와 (威嚴)위엄을 입으소서
4 왕은 (眞理)진리와 (溫柔)온유와
(公義)공의를 위하여 왕의 위엄을
세우시고 병거에 오르소서 왕의
오른손이 왕에게 놀라운 일을 가
르치리이다
5 왕의 화살은 날카로워 왕의 원수
의 염통을 뚫으니 (萬民)만민이
왕의 앞에 엎드러지는도다
6 [3]하나님이여 주의 보좌는 영원하
며 주의 나라의 규는 (公平)공평
한 규이니이다
7 왕은 (正義)정의를 사랑하고 악을
미워하시니 그러므로 하나님 곧
왕의 하나님이 즐거움의 기름을
왕에게 부어 왕의 동료보다 뛰어
나게 하셨나이다
8 왕의 모든 옷은 몰약과 (沈香)침
향과 육계의 향기가 있으며 상아
궁에서 나오는 현악은 왕을 즐겁
게 하도다
9 왕이 가까이 하는 여인들 중에는
왕들의 딸이 있으며 (王后)왕후는
오빌의 금으로 꾸미고 왕의 오른
쪽에 서도다
10 딸이여 듣고 보고 귀를 기울일지
어다 네 (百姓)백성과 네 아버지
의 집을 잊어버릴지어다
11 그리하면 왕이 네 아름다움을 (思
慕)사모하실지라 그는 네 주인이
시니 너는 그를 경배할지어다
12 두로의 딸은 예물을 드리고 백성
중 (富)부한 자도 네 얼굴 보기를
원하리로다
13 왕의 딸은 (宮中)궁중에서 모든
영화를 누리니 그의 옷은 금으로
수 놓았도다
14 (繡)수 놓은 옷을 입은 그는 왕께
로 인도함을 받으며 시종하는 친
구 처녀들도 왕께로 이끌려 갈 것
이라
15 그들은 기쁨과 즐거움으로 인도함
을 받고 (王宮)왕궁에 들어가리로
다
16 왕의 아들들은 왕의 조상들을 (繼

1) 교훈 2) 백합화 곡조 3) 주의 보좌는 하나님의 보좌라 영영하며

承)계승할 것이라 왕이 그들로 온
세계의 군왕을 삼으리로다
17 내가 왕의 이름을 (萬歲)만세에
기억하게 하리니 그러므로 만민이
왕을 영원히 찬송하리로다

고라 자손의 시, 인도자를 따라 알라못에 맞춘 노래

46 하나님은 우리의 (避難處)
피난처시요 힘이시니 환난
중에 만날 큰 도움이시라
2 그러므로 땅이 (變)변하든지 산이
흔들려 바다 가운데에 빠지든지
3 바닷물이 솟아나고 뛰놀든지 그것
이 넘침으로 (山)산이 흔들릴지라
도 우리는 두려워하지 아니하리로
다 (셀라)
4 ●한 시내가 있어 나뉘어 흘러 하
나님의 성 곧 (至尊)지존하신 이
의 성소를 기쁘게 하도다
5 하나님이 그 (城)성 중에 계시매
성이 흔들리지 아니할 것이라 새
벽에 하나님이 도우시리로다
6 뭇 나라가 떠들며 (王國)왕국이
흔들렸더니 그가 소리를 내시매
땅이 녹았도다
7 만군의 여호와께서 우리와 함께
하시니 야곱의 하나님은 우리의 [1]
(避難處)피난처시로다 (셀라)
8 와서 여호와의 행적을 볼지어다
그가 땅을 (荒蕪地)황무지로 만드
셨도다
9 그가 땅 끝까지 (戰爭)전쟁을 쉬
게 하심이여 활을 꺾고 창을 끊으
며 수레를 불사르시는도다
10 이르시기를 너희는 가만히 있어
내가 하나님 됨을 알지어다 내가
뭇 나라 중에서 높임을 받으리라
내가 (世界)세계 중에서 높임을
받으리라 하시도다
11 만군의 여호와께서 우리와 함께
하시니 야곱의 하나님은 우리의 [1]
(避難處)피난처시로다 (셀라)

고라 자손의 시, 인도자를 따라 부르는 노래

47 너희 (萬民)만민들아 손바닥
을 치고 즐거운 소리로 하나
님께 외칠지어다
2 (至尊)지존하신 여호와는 두려우
시고 온 땅에 큰 왕이 되심이로다
3 여호와께서 만민을 우리에게, 나
라들을 우리 발 아래에 (服從)복
종하게 하시며
4 우리를 위하여 (基業)기업을 택하
시나니 곧 사랑하신 야곱의 영화
로다 (셀라)
5 하나님께서 즐거운 함성 중에 올
라가심이여 여호와께서 (喇叭)나
팔 소리 중에 올라가시도다
6 찬송하라 하나님을 (讚頌)찬송하
라 찬송하라 우리 왕을 찬송하라
7 하나님은 온 땅의 왕이심이라 (智
慧)지혜의 시로 찬송할지어다
8 하나님이 뭇 백성을 다스리시며
하나님이 그의 거룩한 (寶座)보좌
에 앉으셨도다
9 뭇 나라의 고관들이 모임이여 아
브라함의 하나님의 백성이 되도다
세상의 모든 (防牌)방패는 하나님
의 것임이여 그는 높임을 받으시
리로다

1) 산성이시로다

고라 자손의 시 곧 노래

48 여호와는 위대하시니 우리
하나님의 성, 거룩한 산에서
(極盡)극진히 찬양 받으시리로다
2 터가 높고 아름다워 온 세계가 즐
거워함이여 큰 왕의 성 곧 (北方)북
방에 있는 시온 산이 그러하도다
3 하나님이 그 여러 궁중에서 자기
를 (要塞)요새로 알리셨도다
4 왕들이 모여서 함께 지나갔음이여
5 그들이 보고 놀라고 두려워 빨리
지나갔도다
6 거기서 떨림이 그들을 사로잡으니
고통이 (解產)해산하는 여인의 고
통 같도다
7 주께서 (東風)동풍으로 다시스의
배를 깨뜨리시도다
8 우리가 들은 대로 만군의 여호와
의 (城)성, 우리 하나님의 성에서
보았나니 하나님이 이를 영원히
견고하게 하시리로다 (셀라)
9 하나님이여 우리가 주의 (殿)전
가운데에서 주의 인자하심을 생각
하였나이다
10 하나님이여 주의 이름과 같이 찬
송도 땅 끝까지 미쳤으며 주의 오
른손에는 정의가 (充滿)충만하였
나이다
11 주의 (審判)심판으로 말미암아 시
온 산은 기뻐하고 유다의 딸들은
즐거워할지어다
12 너희는 시온을 돌면서 그 곳을 둘
러보고 그 (望臺)망대들을 세어
보라
13 그의 성벽을 자세히 보고 그의 (宮
殿)궁전을 살펴서 후대에 전하라
14 이 하나님은 영원히 우리 하나님
이시니 그가 우리를 죽을 때까지
(引導)인도하시리로다

고라 자손의 시, 인도자를 따라 부르는 노래

49 뭇 백성들아 이를 들으라 세
상의 (居民)거민들아 모두
귀를 기울이라
2 귀천 빈부를 (莫論)막론하고 다
들을지어다
3 내 입은 지혜를 말하겠고 내 마음
은 (明哲)명철을 작은 소리로 읊
조리리로다
4 내가 비유에 내 귀를 기울이고 수
금으로 나의 (奧妙)오묘한 말을
풀리로다
5 죄악이 나를 따라다니며 나를 에
워싸는 (患難)환난의 날을 내가
어찌 두려워하랴
6 자기의 재물을 의지하고 (富裕)부
유함을 자랑하는 자는
7 아무도 자기의 형제를 구원하지
못하며 그를 위한 (贖錢)속전을
하나님께 바치지도 못할 것은
8 그들의 생명을 (贖良)속량하는 값
이 너무 엄청나서 영원히 마련하
지 못할 것임이니라
9 그가 (永遠)영원히 살아서 죽음을
보지 않을 것인가
10 그러나 그는 (智慧)지혜 있는 자도
죽고 어리석고 무지한 자도 함께
망하며 그들의 재물은 남에게 남겨
두고 떠나는 것을 보게 되리로다
11 그러나 그들의 속 생각에 그들의
집은 영원히 있고 그들의 (居處)거

처는 대대에 이르리라 하여 그들의
토지를 자기 이름으로 부르도다
12 사람은 (尊貴)존귀하나 장구하지
못함이여 멸망하는 짐승 같도다
13 ● 이것이 바로 어리석은 자들의
길이며 그들의 말을 기뻐하는 자
들의 (終末)종말이로다 (셀라)
14 그들은 양 같이 스올에 두기로 (作
定)작정되었으니 사망이 그들의
목자일 것이라 정직한 자들이 아
침에 그들을 다스리리니 그들의
아름다움은 소멸하고 스올이 그들
의 거처가 되리라
15 그러나 하나님은 나를 (迎接)영접
하시리니 이러므로 내 영혼을 스
올의 권세에서 건져내시리로다
(셀라)
16 사람이 (致富)치부하여 그의 집의
영광이 더할 때에 너는 두려워하
지 말지어다
17 그가 죽으매 가져가는 것이 없고
그의 (榮光)영광이 그를 따라 내
려가지 못함이로다
18 그가 비록 생시에 자기를 (祝賀)
축하하며 스스로 좋게 함으로 사
람들에게 칭찬을 받을지라도
19 그들은 그들의 역대 (祖上)조상들
에게로 돌아가리니 영원히 빛을
보지 못하리로다
20 (尊貴)존귀하나 깨닫지 못하는 사
람은 멸망하는 짐승 같도다

아삽의 시

50 (全能)전능하신 이 여호와
하나님께서 말씀하사 해 돋
는 데서부터 지는 데까지 세상을
부르셨도다
2 (穩全)온전히 아름다운 시온에서
하나님이 빛을 비추셨도다
3 우리 하나님이 오사 잠잠하지 아
니하시니 그 앞에는 삼키는 불이
있고 그 사방에는 (狂風)광풍이
불리로다
4 하나님이 자기의 백성을 (判決)판
결하시려고 위 하늘과 아래 땅에
선포하여
5 이르시되 나의 성도들을 내 앞에
모으라 그들은 제사로 나와 (言
約)언약한 이들이니라 하시도다
6 하늘이 그의 공의를 선포하리니
하나님 그는 (審判長)심판장이심
이로다 (셀라)
7 내 (百姓)백성아 들을지어다 내가
말하리라 이스라엘아 내가 [1]네게
증언하리라 나는 하나님 곧 네 하
나님이로다
8 나는 네 제물 때문에 너를 책망하
지는 아니하리니 네 (燔祭)번제가
항상 내 앞에 있음이로다
9 내가 네 집에서 수소나 네 우리에
서 숫염소를 가져가지 아니하리니
10 이는 (森林)삼림의 짐승들과 [2]뭇
산의 가축이 다 내 것이며
11 산의 모든 새들도 내가 아는 것이
며 들의 짐승도 내 것임이로다
12 내가 가령 주려도 네게 이르지 아
니할 것은 세계와 거기에 (充滿)
충만한 것이 내 것임이로다
13 내가 수소의 고기를 먹으며 염소
의 피를 마시겠느냐

1) 너를 대적하여 증언하리라 2) 일천

14 감사로 하나님께 (祭祀)제사를 드
리며 지존하신 이에게 네 (誓願)
서원을 갚으며
15 (患難)환난 날에 나를 부르라 내
가 너를 건지리니 네가 나를 영화
롭게 하리로다
16 ●악인에게는 하나님이 이르시되
네가 어찌하여 내 (律例)율례를
전하며 내 언약을 네 입에 두느냐
17 네가 (教訓)교훈을 미워하고 내
말을 네 뒤로 던지며
18 도둑을 본즉 그와 (聯合)연합하고
간음하는 자들과 동료가 되며
19 네 입을 (惡)악에게 내어 주고 네
혀로 거짓을 꾸미며
20 앉아서 네 형제를 (攻駁)공박하며
네 어머니의 아들을 [1]비방하는도다
21 네가 이 일을 행하여도 내가 잠잠
하였더니 네가 나를 너와 같은 줄
로 생각하였도다 그러나 내가 너
를 (責望)책망하여 네 죄를 네 눈
앞에 낱낱이 드러내리라 하시는
도다
22 ●하나님을 잊어버린 너희여 이
제 이를 생각하라 그렇지 아니하
면 내가 너희를 찢으리니 건질 자
없으리라
23 감사로 제사를 드리는 자가 나를
(榮華)영화롭게 하나니 그의 행위
를 옳게 하는 자에게 내가 하나님
의 (救援)구원을 보이리라

다윗의 시, 인도자를 따라 부르는 노래,
다윗이 밧세바와 동침한 후
선지자 나단이 그에게 왔을 때

51 하나님이여 주의 인자를 따
라 내게 은혜를 베푸시며 주
의 많은 (矜恤)긍휼을 따라 내 죄
악을 지워 주소서
2 나의 죄악을 말갛게 씻으시며 나
의 죄를 깨끗이 (除)제하소서
3 무릇 나는 내 (罪過)죄과를 아오
니 내 죄가 항상 내 앞에 있나이다
4 내가 주께만 범죄하여 주의 목전
에 악을 행하였사오니 주께서 말
씀하실 때에 의로우시다 하고 주
께서 (審判)심판하실 때에 순전하
시다 하리이다
5 내가 죄악 중에서 (出生)출생하였
음이여 어머니가 죄 중에서 나를
(孕胎)잉태하였나이다
6 보소서 주께서는 중심이 진실함을
원하시오니 [2]내게 (智慧)지혜를
은밀히 가르치시리이다
7 우슬초로 나를 (淨潔)정결하게 하
소서 내가 정하리이다 나의 죄를
씻어 주소서 내가 눈보다 희리이다
8 내게 즐겁고 기쁜 소리를 들려 주
시사 주께서 꺾으신 뼈들도 즐거
워하게 하소서
9 주의 얼굴을 내 죄에서 돌이키시
고 내 모든 (罪惡)죄악을 지워 주
소서
10 하나님이여 내 속에 정한 마음을
(創造)창조하시고 내 안에 [3]정직
한 영을 새롭게 하소서
11 나를 주 앞에서 쫓아내지 마시며
주의 (聖靈)성령을 내게서 거두지
마소서
12 주의 구원의 즐거움을 내게 회복

1) 찌르는도다 2) 내 은밀한 곳에 3) 견고한

시켜 주시고 (自願)자원하는 심령
을 주사 나를 붙드소서
13 그리하면 내가 (犯罪者)범죄자에
게 주의 도를 가르치리니 죄인들
이 주께 돌아오리이다
14 하나님이여 나의 (救援)구원의 하
나님이여 피 흘린 죄에서 나를 건
지소서 내 혀가 주의 의를 높이 노
래하리이다
15 주여 내 입술을 열어 주소서 내 입
이 주를 찬송하여 (傳播)전파하리
이다
16 주께서는 제사를 기뻐하지 아니하
시나니 그렇지 아니하면 내가 드
렸을 것이라 주는 (燔祭)번제를
기뻐하지 아니하시나이다
17 하나님께서 구하시는 제사는 상한
심령이라 하나님이여 상하고 통회
하는 마음을 주께서 (蔑視)멸시하
지 아니하시리이다
18 주의 (恩澤)은택으로 시온에 선을
행하시고 예루살렘 성을 쌓으소서
19 그 때에 주께서 의로운 제사와 (燔
祭)번제와 (穩全)온전한 번제를
기뻐하시리니 그 때에 그들이 수
소를 주의 제단에 드리리이다

다윗의 [1]마스길, 인도자를 따라
부르는 노래, 에돔인 도엑이 사울에게
이르러 다윗이 아히멜렉의 집에 왔다고
그에게 말하던 때에

52

(暴惡)포악한 자여 네가 어
찌하여 악한 계획을 스스로
자랑하는가 하나님의 인자하심은
항상 있도다
2 네 혀가 심한 악을 꾀하여 날카로
운 (削刀)삭도 같이 간사를 행하
는도다
3 네가 (善)선보다 악을 사랑하며
의를 말함보다 거짓을 사랑하는도
다 (셀라)
4 (奸詐)간사한 혀여 너는 남을 해
치는 모든 말을 좋아하는도다
5 그런즉 하나님이 영원히 너를 멸
하심이여 너를 붙잡아 네 (帳幕)
장막에서 뽑아 내며 살아 있는 땅
에서 네 뿌리를 빼시리로다 (셀라)
6 (義人)의인이 보고 두려워하며 또
그를 비웃어 말하기를
7 이 사람은 하나님을 자기 [2]힘으로
삼지 아니하고 오직 자기 재물의
(豊富)풍부함을 의지하며 자기의
악으로 스스로 든든하게 하던 자
라 하리로다
8 그러나 나는 하나님의 집에 있는
푸른 (橄欖)감람나무 같음이여 하
나님의 인자하심을 영원히 의지하
리로다
9 주께서 이를 행하셨으므로 내가
영원히 주께 감사하고 주의 이름
이 선하시므로 주의 (聖徒)성도
앞에서 내가 주의 이름을 사모하
리이다

다윗의 [1]마스길, 인도자를 따라
마할랏에 맞춘 노래

53

어리석은 자는 그의 마음에
이르기를 하나님이 없다 하
도다 그들은 부패하며 (可憎)가증
한 악을 행함이여 선을 행하는 자
가 없도다

1) 교훈 2) 성읍

2 하나님이 하늘에서 인생을 굽어살
피사 (知覺)지각이 있는 자와 하나
님을 찾는 자가 있는가 보려 하신즉
3 (各其)각기 물러가 함께 더러운
자가 되고 선을 행하는 자 없으니
한 사람도 없도다
4 죄악을 행하는 자들은 (無知)무지
하냐 그들이 떡 먹듯이 내 백성을
먹으면서 하나님을 부르지 아니하
는도다
5 그들이 두려움이 없는 곳에서 크
게 두려워하였으니 너를 (對抗)대
항하여 진 친 그들의 뼈를 하나님
이 흩으심이라 하나님이 그들을
버리셨으므로 네가 그들에게 수치
를 당하게 하였도다
6 시온에서 이스라엘을 구원하여 줄
자 누구인가 하나님이 자기 백성
의 (捕虜)포로된 것을 돌이키실
때에 야곱이 즐거워하며 이스라엘
이 기뻐하리로다

다윗의 [1]마스길, 인도자를 따라 현악에 맞춘 노래, 십 사람이 사울에게 이르러 말하기를 다윗이 우리가 있는 곳에 숨지 아니하였나이까 하던 때에

54 하나님이여 주의 이름으로
나를 구원하시고 주의 힘으
로 나를 (辯護)변호하소서
2 하나님이여 내 (祈禱)기도를 들으
시며 내 입의 말에 귀를 기울이소서
3 낯선 자들이 일어나 나를 치고 포
악한 자들이 나의 생명을 (搜索)
수색하며 하나님을 자기 앞에 두
지 아니하였음이니이다 (셀라)

4 하나님은 나를 돕는 이시며 주께
서는 내 (生命)생명을 붙들어 주
시는 이시니이다
5 주께서는 내 원수에게 악으로 갚
으시리니 주의 (誠實)성실하심으
로 그들을 멸하소서
6 내가 (樂獻祭)낙헌제로 주께 (祭
祀)제사하리이다 여호와여 주의
이름에 감사하오리니 주의 이름이
선하심이니이다
7 참으로 주께서는 모든 환난에서
나를 건지시고 내 원수가 (報應)
보응 받는 것을 내 눈이 똑똑히 보
게 하셨나이다

다윗의 [1]마스길, 인도자를 따라 현악에 맞춘 노래

55 하나님이여 내 기도에 귀를
기울이시고 내가 (懇求)간구
할 때에 숨지 마소서
2 내게 굽히사 응답하소서 내가 근
심으로 편하지 못하여 (嘆息)탄식
하오니
3 이는 원수의 소리와 악인의 (壓制)
압제때문이라 그들이 죄악을 내게
더하며 노하여 나를 핍박하나이다
4 내 마음이 내 속에서 심히 아파하
며 사망의 (危險)위험이 내게 이
르렀도다
5 두려움과 떨림이 내게 이르고 (恐
怖)공포가 나를 덮었도다
6 나는 말하기를 (萬一)만일 내게
비둘기 같이 날개가 있다면 날아
가서 편히 쉬리로다
7 내가 멀리 날아가서 (曠野)광야에
머무르리로다 (셀라)

1) 교훈

8 내가 나의 피난처로 속히 가서 (暴
風)폭풍과 광풍을 피하리라 하였
도다
9 내가 성내에서 (强暴)강포와 분쟁
을 보았사오니 주여 그들을 멸하
소서 그들의 혀를 잘라 버리소서
10 그들이 주야로 성벽 위에 두루 다
니니 성 중에는 죄악과 (災難)재
난이 있으며
11 악독이 그 중에 있고 (壓迫)압박
과 속임수가 그 거리를 떠나지 아
니하도다
12 나를 책망하는 자는 (怨讐)원수가
아니라 (怨讐)원수일진대 내가 참
았으리라 나를 대하여 자기를 높
이는 자는 나를 미워하는 자가 아
니라 미워하는 자일진대 내가 그
를 피하여 숨었으리라
13 그는 곧 너로다 나의 (同僚)동료,
나의 친구요 나의 가까운 친우로다
14 우리가 같이 재미있게 (議論)의논
하며 무리와 함께 하여 하나님의
집 안에서 다녔도다
15 사망이 갑자기 그들에게 임하여
산 채로 스올에 내려갈지어다 이
는 (惡毒)악독이 그들의 거처에
있고 그들 가운데에 있음이로다
16 나는 하나님께 부르짖으리니 여호
와께서 나를 (救援)구원하시리로
다
17 저녁과 아침과 정오에 내가 근심
하여 (嘆息)탄식하리니 여호와께
서 내 소리를 들으시리로다
18 나를 대적하는 자 많더니 나를 치
는 (戰爭)전쟁에서 그가 내 생명
을 구원하사 평안하게 하셨도다
19 옛부터 계시는 하나님이 들으시고
그들을 낮추시리이다 (셀라) 그들
은 변하지 아니하며 하나님을 (敬
畏)경외하지 아니함이니이다
20 그는 손을 들어 자기와 (和睦)화
목한 자를 치고 그의 (言約)언약
을 (背叛)배반하였도다
21 그의 입은 우유 기름보다 미끄러
우나 그의 마음은 전쟁이요 그의
말은 기름보다 (柔)유하나 실상은
뽑힌 칼이로다
22 네 짐을 여호와께 맡기라 그가 너를
붙드시고 의인의 (搖動)요동함을
영원히 허락하지 아니하시리로다
23 하나님이여 주께서 그들로 (破滅)
파멸의 웅덩이에 빠지게 하시리이
다 피를 흘리게 하며 속이는 자들
은 그들의 날의 반도 살지 못할 것
이나 나는 주를 의지하리이다

다윗의 믹담 시, 인도자를 따라
요낫 엘렘 르호김에 맞춘 노래,
다윗이 가드에서 블레셋인에게 잡힌 때에

56

하나님이여 내게 은혜를 베
푸소서 사람이 나를 삼키려
고 종일 치며 (壓制)압제하나이다
2 [1)]내 원수가 종일 나를 삼키려 하
며 나를 (驕慢)교만하게 치는 자
들이 많사오니
3 내가 두려워하는 날에는 내가 주
를 (依支)의지하리이다
4 내가 하나님을 의지하고 그 말씀
을 찬송하올지라 내가 하나님을
의지하였은즉 두려워하지 아니하

1) 나를 엿보는 자가

리니 (血肉)혈육을 가진 사람이
내게 어찌하리이까
5 그들이 종일 내 말을 (曲解)곡해
하며 나를 치는 그들의 모든 생각
은 사악이라
6 그들이 내 (生命)생명을 엿보았던
것과 같이 또 모여 숨어 내 발자취
를 지켜보나이다
7 그들이 악을 행하고야 안전하오리
이까 하나님이여 (憤怒)분노하사
뭇 백성을 낮추소서
8 나의 (琉離)유리함을 주께서 계수
하셨사오니 나의 눈물을 주의 병
에 담으소서 이것이 주의 책에 기
록되지 아니하였나이까
9 내가 아뢰는 날에 내 (怨讐)원수
들이 물러가리니 1)이것으로 하나
님이 내 편이심을 내가 아나이다
10 내가 하나님을 의지하여 그의 말
씀을 (讚頌)찬송하며 여호와를 의
지하여 그의 말씀을 찬송하리이다
11 내가 하나님을 (依支)의지하였은
즉 두려워하지 아니하리니 사람이
내게 어찌하리이까
12 하나님이여 내가 주께 (誓願)서원
함이 있사온즉 내가 감사제를 주
께 드리리니
13 주께서 내 생명을 사망에서 건지
셨음이라 주께서 나로 하나님 앞,
생명의 빛에 다니게 하시려고 (失
足)실족하지 아니하게 하지 아니
하셨나이까

다윗의 믹담 시, 인도자를 따라
알다스헷에 맞춘 노래, 다윗이 사울을
피하여 굴에 있던 때에

57 하나님이여 내게 은혜를 베
푸소서 내게 은혜를 베푸소
서 내 (靈魂)영혼이 주께로 피하
되 주의 날개 그늘 아래에서 이 재
앙들이 지나기까지 피하리이다
2 내가 (至尊)지존하신 하나님께 부
르짖음이여 곧 나를 위하여 모든
것을 이루시는 하나님께로다
3 그가 하늘에서 보내사 나를 삼키
려는 자의 (誹謗)비방에서 나를
구원하실지라 (셀라) 하나님이 그
의 인자와 진리를 보내시리로다
4 내 영혼이 (獅子)사자들 가운데에
서 살며 내가 불사르는 자들 중에
누웠으니 곧 사람의 아들들 중에
라 그들의 이는 창과 화살이요 그
들의 혀는 날카로운 칼 같도다
5 하나님이여 주는 하늘 위에 높이
들리시며 주의 (榮光)영광이 온
세계 위에 높아지기를 원하나이다
6 ●그들이 내 걸음을 막으려고 그
물을 (準備)준비하였으니 내 영혼
이 억울하도다 그들이 내 앞에 웅
덩이를 팠으나 자기들이 그 중에
빠졌도다 (셀라)
7 하나님이여 내 마음이 (確定)확정
되었고 내 마음이 확정되었사오니
내가 노래하고 내가 찬송하리이다
8 내 영광아 깰지어다 (琵琶)비파
야, (竪琴)수금아, 깰지어다 내가
새벽을 깨우리로다
9 주여 내가 만민 중에서 주께 (感
謝)감사하오며 뭇 나라 중에서 주
를 찬송하리이다

1) 이같이 아는 것은 하나님이 나를 위하심이니이다

10 무릇 주의 인자는 커서 하늘에 미
치고 주의 진리는 (穹蒼)궁창에
이르나이다
11 하나님이여 주는 하늘 위에 높이
들리시며 주의 (榮光)영광이 온
세계 위에 높아지기를 원하나이다

다윗의 믹담 시, 인도자를 따라
알다스헷에 맞춘 노래

58 통치자들아 너희가 정의를
말해야 하거늘 어찌 잠잠하
나 인자들아 너희가 올바르게 (判
決)판결해야 하거늘 어찌 잠잠하나
2 아직도 너희가 중심에 악을 행하
며 땅에서 너희 손으로 (暴力)폭
력을 달아 주는도다
3 악인은 (母胎)모태에서부터 멀어
졌음이여 나면서부터 곁길로 나아
가 거짓을 말하는도다
4 그들의 독은 뱀의 독 같으며 그들
은 귀를 막은 귀머거리 (毒蛇)독
사 같으니
5 (術士)술사의 홀리는 소리도 듣지
않고 능숙한 술객의 요술도 따르
지 아니하는 독사로다
6 하나님이여 그들의 입에서 이를
꺾으소서 여호와여 젊은 사자의
어금니를 꺾어 내시며
7 그들이 (急)급히 흐르는 물 같이
사라지게 하시며 겨누는 화살이
꺾임 같게 하시며
8 (消滅)소멸하여 가는 달팽이 같게
하시며 만삭 되지 못하여 출생한 아
이가 햇빛을 보지 못함 같게 하소서
9 가시나무 불이 가마를 뜨겁게 하
기 전에 [1)]생나무든지 불 붙는 나
무든지 (强)강한 바람으로 휩쓸려
가게 하소서
10 의인이 악인의 (報復)보복 당함을
보고 기뻐함이여 그의 발을 악인
의 피에 씻으리로다
11 그 때에 사람의 말이 진실로 의인
에게 갚음이 있고 진실로 땅에서
(審判)심판하시는 하나님이 계시
다 하리로다

다윗의 믹담 시, 인도자를 따라
알다스헷에 맞춘 노래, 사울이 사람을
보내어 다윗을 죽이려고 그 집을 지킨 때에

59 나의 하나님이여 나의 (怨
讐)원수에게서 나를 건지시
고 일어나 치려는 자에게서 나를
높이 드소서
2 악을 행하는 자에게서 나를 건지
시고 피 흘리기를 즐기는 자에게
서 나를 (救援)구원하소서
3 그들이 나의 (生命)생명을 해하려
고 엎드려 기다리고 강한 자들이
모여 나를 치려 하오니 여호와여
이는 나의 잘못으로 말미암음이
아니요 나의 죄로 말미암음도 아
니로소이다
4 내가 허물이 없으나 그들이 달려
와서 스스로 (準備)준비하오니 주
여 나를 도우시기 위하여 깨어 살
펴 주소서
5 주님은 만군의 하나님 여호와, 이
스라엘의 하나님이시오니 일어나
모든 나라들을 벌하소서 악을 행
하는 모든 자들에게 (恩惠)은혜를
베풀지 마소서 (셀라)

1) 진노가 생 것을 회오리바람으로 제하여 버리듯하리로다

6 그들이 저물어 돌아와서 개처럼
울며 (城)성으로 두루 다니고
7 그들의 입으로는 악을 (吐)토하며
그들의 입술에는 칼이 있어 이르
기를 누가 들으리요 하나이다
8 여호와여 주께서 그들을 비웃으시
며 모든 나라들을 (嘲弄)조롱하시
리이다
9 하나님은 나의 (要塞)요새이시니
[1]그의 힘으로 말미암아 내가 주를
바라리이다
10 나의 하나님이 그의 인자하심으로
나를 (迎接)영접하시며 하나님이
나의 원수가 보응 받는 것을 내가
보게 하시리이다
11 그들을 죽이지 마옵소서 나의 백
성이 잊을까 하나이다 우리 방패
되신 주여 주의 (能力)능력으로
그들을 흩으시고 낮추소서
12 그들의 입술의 말은 곧 그들의 입
의 죄라 그들이 말하는 (詛呪)저
주와 거짓말로 말미암아 그들이
그 교만한 중에서 사로잡히게 하
소서
13 (震怒)진노하심으로 (消滅)소멸하
시되 없어지기까지 소멸하사 하나
님이 야곱 중에서 다스리심을 땅
끝까지 알게 하소서 (셀라)
14 그들에게 저물어 돌아와서 개처럼
울며 (城)성으로 두루 다니게 하
소서
15 그들은 먹을 것을 찾아 (流離)유
리하다가 배부름을 얻지 못하면
밤을 새우려니와

1) 칠십인역과 월겟역에는 '내 힘이시여 내가'

16 나는 주의 힘을 노래하며 아침에
주의 인자하심을 높이 부르오리니
주는 나의 (要塞)요새이시며 나의
환난 날에 피난처심이니이다
17 나의 힘이시여 내가 주께 찬송하
오리니 하나님은 나의 요새이시며
나를 (矜恤)긍휼히 여기시는 하나
님이심이니이다

다윗이 교훈하기 위하여 지은 믹담, 인도자를 따라 수산에듯에 맞춘 노래, 다윗이 아람 나하라임과 아람소바와 싸우는 중에 요압이 돌아와 에돔을 소금 골짜기에서 쳐서 만 이천 명을 죽인 때에

60 하나님이여 주께서 우리를
버려 흩으셨고 분노하셨사
오나 지금은 우리를 (回復)회복시
키소서
2 주께서 땅을 (震動)진동시키사 갈
라지게 하셨사오니 그 틈을 기우
소서 땅이 흔들림이니이다
3 주께서 주의 백성에게 어려움을
보이시고 비틀거리게 하는 (葡萄
酒)포도주를 우리에게 마시게 하
셨나이다
4 주를 (敬畏)경외하는 자에게 깃발
을 주시고 진리를 위하여 달게 하
셨나이다 (셀라)
5 ● 주께서 사랑하시는 자를 건지
시기 위하여 주의 오른손으로 구
원하시고 (應答)응답하소서
6 하나님이 그의 거룩하심으로 말씀
하시되 내가 뛰놀리라 내가 세겜
을 나누며 숙곳 골짜기를 (測量)
측량하리라
7 길르앗이 내 것이요 므낫세도 내

것이며 에브라임은 내 머리의 투
구요 유다는 나의 (圭)규이며
8 모압은 나의 (沐浴桶)목욕통이라
에돔에는 나의 신발을 던지리라
블레셋아 나로 말미암아 외치라
하셨도다
9 누가 나를 이끌어 (堅固)견고한
성에 들이며 누가 나를 에돔에 인
도할까
10 하나님이여 주께서 우리를 버리지
아니하셨나이까 하나님이여 주께
서 우리 (軍隊)군대와 함께 나아
가지 아니하시나이다
11 우리를 도와 (對敵)대적을 치게 하
소서 사람의 구원은 헛됨이니이다
12 우리가 하나님을 의지하고 용감하
게 행하리니 그는 우리의 (對敵)
대적을 밟으실 이심이로다

다윗의 시, 인도자를 따라 현악에 맞춘 노래

61 하나님이여 나의 부르짖음
을 들으시며 내 기도에 (留
意)유의하소서
2 내 마음이 약해 질 때에 땅 끝에서
부터 주께 부르짖으오리니 나보다
높은 바위에 나를 (引導)인도하소서
3 주는 나의 피난처시요 원수를 피
하는 견고한 (望臺)망대이심이니
이다
4 내가 영원히 주의 (帳幕)장막에
머물며 내가 주의 날개 아래로 피
하리이다 (셀라)
5 주 하나님이여 주께서 나의 (誓
願)서원을 들으시고 [1]주의 이름을
경외하는 자가 얻을 기업을 내게
주셨나이다
6 주께서 왕에게 (長壽)장수하게 하
사 그의 나이가 여러 대에 미치게
하시리이다
7 그가 영원히 하나님 앞에서 거주
하리니 인자와 진리를 (豫備)예비
하사 그를 보호하소서
8 그리하시면 내가 주의 이름을 영
원히 찬양하며 매일 나의 (誓願)
서원을 이행하리이다

다윗의 시, 인도자를 따라 여두둔의 법칙에 따라 부르는 노래

62 나의 [2]영혼이 (潛潛)잠잠히
하나님만 바람이여 나의 구
원이 그에게서 나오는도다
2 오직 그만이 나의 (磐石)반석이시
요 나의 구원이시요 나의 요새이
시니 내가 크게 흔들리지 아니하
리로다
3 넘어지는 담과 흔들리는 울타리
같이 사람을 죽이려고 너희가 일
제히 (攻擊)공격하기를 언제까지
하려느냐
4 그들이 그를 그의 높은 자리에서
떨어뜨리기만 꾀하고 거짓을 즐겨
하니 입으로는 축복이요 속으로는
(詛呪)저주로다 (셀라)
5 나의 영혼아 [3]잠잠히 하나님만 바
라라 무릇 나의 (所望)소망이 그
로부터 나오는도다
6 오직 그만이 나의 반석이시요 나
의 구원이시요 나의 (要塞)요새이
시니 내가 흔들리지 아니하리로다
7 나의 구원과 영광이 하나님께 있

1) 주를 경외하는 자에게 기업을 주셨나이다 2) 영혼이 하나님 앞에 잠잠함이여 3) 하나님 앞에 잠잠하라

음이여 내 힘의 반석과 (避難處)
피난처도 하나님께 있도다
8 백성들아 시시로 그를 의지하고
그의 앞에 마음을 (吐)토하라 하나
님은 우리의 피난처시로다 (셀라)
9 아, 슬프도다 사람은 입김이며 (人
生)인생도 속임수이니 저울에 달
면 그들은 입김보다 가벼우리로다
10 포악을 의지하지 말며 탈취한 것
으로 (虛妄)허망하여지지 말며 재
물이 늘어도 거기에 마음을 두지
말지어다
11 하나님이 한두 번 하신 말씀을 내
가 들었나니 (權能)권능은 하나님
께 속하였다 하셨도다
12 주여 인자함은 주께 (屬)속하오니
주께서 각 사람이 행한 대로 갚으
심이니이다

다윗의 시, 유다 광야에 있을 때에

63 하나님이여 주는 나의 하나
님이시라 내가 간절히 주를
찾되 물이 없어 마르고 황폐한 땅
에서 내 영혼이 주를 갈망하며 내
육체가 주를 (仰慕)앙모하나이다
2 내가 주의 권능과 영광을 보기 위
하여 이와 같이 (聖所)성소에서
주를 바라보았나이다
3 주의 (仁慈)인자하심이 생명보다
나으므로 내 입술이 주를 찬양할
것이라
4 이러므로 나의 평생에 주를 (頌
祝)송축하며 주의 이름으로 말미
암아 나의 손을 들리이다
5 (骨髓)골수와 기름진 것을 먹음과

1) 여우의

같이 나의 영혼이 만족할 것이라
나의 입이 기쁜 입술로 주를 찬송
하되
6 내가 나의 (寢牀)침상에서 주를
기억하며 새벽에 주의 말씀을 작
은 소리로 읊조릴 때에 하오리니
7 (主)주는 나의 도움이 되셨음이라
내가 주의 날개 그늘에서 즐겁게
부르리이다
8 나의 (靈魂)영혼이 주를 가까이
따르니 주의 오른손이 나를 붙드
시거니와
9 나의 영혼을 찾아 (滅)멸하려 하
는 그들은 땅 깊은 곳에 들어가며
10 칼의 (勢力)세력에 넘겨져 [1]승냥
이의 먹이가 되리이다
11 왕은 하나님을 즐거워하리니 주께
(盟誓)맹세한 자마다 자랑할 것이
나 거짓말하는 자의 입은 막히리
로다

다윗의 시, 인도자를 따라 부르는 노래

64 하나님이여 내가 근심하는
소리를 들으시고 원수의 두
려움에서 나의 생명을 (保存)보존
하소서
2 주는 악을 꾀하는 자들의 음모에
서 나를 숨겨 주시고 악을 행하는
자들의 (騷動)소동에서 나를 감추
어 주소서
3 그들이 칼 같이 자기 혀를 (鍊磨)
연마하며 화살 같이 독한 말로 겨
누고
4 숨은 곳에서 (穩全)온전한 자를
쏘며 갑자기 쏘고 두려워하지 아
니하는도다

5 그들은 악한 목적으로 서로 (激
勵)격려하며 남몰래 올무 놓기를
함께 의논하고 하는 말이 누가 [1]
우리를 보리요 하며
6 그들은 죄악을 꾸미며 이르기를 우
리가 (妙策)묘책을 찾았다 하나니
각 사람의 속 뜻과 마음이 깊도다
7 그러나 하나님이 그들을 쏘시리니
그들이 갑자기 화살에 상하리로다
8 이러므로 그들이 엎드러지리니 그
들의 혀가 그들을 (害)해함이라
그들을 보는 자가 다 [2]머리를 흔
들리로다
9 모든 사람이 두려워하여 하나님의
일을 (宣布)선포하며 그의 행하심
을 깊이 생각하리로다
10 의인은 여호와로 말미암아 즐거워
하며 그에게 피하리니 마음이 (正
直)정직한 자는 다 자랑하리로다

다윗의 시, 인도자를 따라 부르는 노래

65 하나님이여 찬송이 시온에
서 주를 기다리오며 사람이
(誓願)서원을 주께 이행하리이다
2 (祈禱)기도를 들으시는 주여 모든
육체가 주께 나아오리이다
3 죄악이 나를 이겼사오니 우리의
허물을 주께서 [3](赦)사하시리이다
4 주께서 택하시고 가까이 오게 하
사 주의 뜰에 살게 하신 사람은 복
이 있나이다 우리가 주의 집 곧 주
의 (聖殿)성전의 아름다움으로 만
족하리이다
5 우리 구원의 하나님이시여 땅의
모든 끝과 먼 바다에 있는 자가 의
지할 주께서 의를 따라 (嚴威)엄
위하신 일로 우리에게 응답하시리
이다
6 주는 주의 힘으로 산을 세우시며
(權能)권능으로 띠를 띠시며
7 바다의 설렘과 물결의 흔들림과
만민의 (騷擾)소요까지 진정하시
나이다
8 땅 끝에 사는 자가 주의 (徵兆)징
조를 두려워하나이다 주께서 아침
되는 것과 저녁 되는 것을 즐거워
하게 하시며
9 땅을 돌보사 물을 대어 심히 (潤
澤)윤택하게 하시며 하나님의 강
에 물이 가득하게 하시고 이같이
땅을 (豫備)예비하신 후에 그들에
게 곡식을 주시나이다
10 주께서 밭고랑에 물을 넉넉히 대
사 그 이랑을 평평하게 하시며 또
단비로 부드럽게 하시고 그 싹에
(福)복을 주시나이다
11 주의 (恩澤)은택으로 한 해를 (冠)
관 씌우시니 주의 길에는 기름 방
울이 떨어지며
12 들의 (草場)초장에도 떨어지니 작
은 산들이 기쁨으로 띠를 띠었나
이다
13 초장은 양 떼로 옷 입었고 골짜기
는 (穀食)곡식으로 덮였으매 그들
이 다 즐거이 외치고 또 노래하나
이다

시, 인도자를 따라 부르는 노래

66 온 땅이여 하나님께 즐거운
소리를 낼지어다
2 그의 이름의 영광을 찬양하고 (榮

1) 시리아 역을 따름. 히, 그들을 2) 도망하리로다 3) 속하시리이다

華)영화롭게 찬송할지어다
3 하나님께 아뢰기를 주의 일이 어
찌 그리 (嚴威)엄위하신지요 주의
큰 권능으로 말미암아 주의 원수
가 주께 (服從)복종할 것이며
4 온 땅이 주께 (敬拜)경배하고 주
를 노래하며 주의 이름을 노래하
리이다 할지어다 (셀라)
5 와서 하나님께서 행하신 것을 보
라 사람의 아들들에게 행하심이
(嚴威)엄위하시도다
6 하나님이 바다를 (變)변하여 육지
가 되게 하셨으므로 무리가 걸어
서 강을 건너고 우리가 거기서 주
로 말미암아 기뻐하였도다
7 그가 그의 능력으로 영원히 다스
리시며 그의 눈으로 나라들을 살
피시나니 (拒逆)거역하는 자들은
교만하지 말지어다 (셀라)
8 만민들아 우리 하나님을 (頌祝)송
축하며 그의 찬양 소리를 들리게
할지어다
9 그는 우리 영혼을 살려 두시고 우
리의 실족함을 (許諾)허락하지 아
니하시는 주시로다
10 하나님이여 주께서 우리를 시험하
시되 우리를 (鍛鍊)단련하시기를
은을 단련함 같이 하셨으며
11 우리를 끌어 그물에 걸리게 하시
며 어려운 짐을 우리 허리에 매어
두셨으며
12 사람들이 우리 머리를 타고 가게 하
셨나이다 우리가 불과 물을 (通過)
통과하였더니 주께서 우리를 끌어
내사 풍부한 곳에 들이셨나이다
13 내가 번제물을 가지고 주의 집에
들어가서 나의 (誓願)서원을 주께
갚으리니
14 이는 내 입술이 낸 것이요 내 (患難)
환난때에 내 입이 말한 것이니이다
15 내가 숫양의 향기와 함께 살진 것
으로 주께 (燔祭)번제를 드리며
수소와 염소를 드리리이다 (셀라)
16 하나님을 두려워하는 너희들아 다
와서 들으라 하나님이 나의 영혼
을 위하여 행하신 일을 내가 (宣
布)선포하리로다
17 내가 나의 입으로 그에게 부르짖
으며 나의 혀로 높이 (讚頌)찬송
하였도다
18 내가 나의 마음에 (罪惡)죄악을
품었더라면 주께서 듣지 아니하시
리라
19 그러나 하나님이 실로 들으셨음이
여 내 (祈禱)기도 소리에 귀를 기
울이셨도다
20 하나님을 찬송하리로다 그가 내
기도를 물리치지 아니하시고 그의
(仁慈)인자하심을 내게서 거두지
도 아니하셨도다

시 곧 노래, 인도자를 따라 현악에 맞춘 것

67 하나님은 우리에게 (恩惠)은
혜를 베푸사 복을 주시고 그
의 얼굴 빛을 우리에게 비추사 (셀
라)
2 주의 도를 땅 위에, 주의 (救援)구
원을 모든 나라에게 알리소서
3 하나님이여 민족들이 [1]주를 (讚
頌)찬송하게 하시며 모든 민족들

1) 주께 감사하게 하소서

이 주를 찬송하게 하소서
4 온 백성은 기쁘고 즐겁게 노래할
지니 주는 민족들을 (公平)공평히
심판하시며 땅 위의 나라들을 다
스리실 것임이니이다 (셀라)
5 하나님이여 (民族)민족들이 주를
찬송하게 하시며 모든 민족으로
주를 찬송하게 하소서
6 땅이 그의 (所産)소산을 내어 주
었으니 하나님 곧 우리 하나님이
우리에게 복을 주시리로다
7 하나님이 우리에게 복을 주시리니
땅의 모든 끝이 하나님을 (敬畏)
경외하리로다

다윗의 시, 인도자를 따라 부르는 노래

68 하나님이 일어나시니 원수
들은 흩어지며 주를 미워하
는 자들은 주 앞에서 (逃亡)도망
하리이다
2 (煙氣)연기가 불려 가듯이 그들을
몰아내소서 불 앞에서 밀이 녹음
같이 악인이 하나님 앞에서 망하
게 하소서
3 (義人)의인은 기뻐하여 하나님 앞
에서 뛰놀며 기뻐하고 [1]즐거워할
지어다
4 하나님께 노래하며 그의 이름을
찬양하라 하늘을 타고 (曠野)광야
에 행하시던 이를 위하여 대로를
수축하라 그의 이름은 여호와이시
니 그의 앞에서 뛰놀지어다
5 그의 거룩한 (處所)처소에 계신
하나님은 고아의 아버지시며 과부
의 재판장이시라
6 하나님이 (孤獨)고독한 자들은 [2]
가족과 함께 살게 하시며 갇힌 자
들은 이끌어 내사 형통하게 하시
느니라 오직 (拒逆)거역하는 자들
의 거처는 메마른 땅이로다
7 ●하나님이여 주의 백성 앞에서
앞서 나가사 광야에서 (行進)행진
하셨을 때에 (셀라)
8 땅이 (震動)진동하며 [3]하늘이 하
나님 앞에서 떨어지며 저 시내 산
도 하나님 곧 이스라엘의 하나님
앞에서 진동하였나이다
9 하나님이여 주께서 (洽足)흡족한
비를 보내사 주의 기업이 (困乏)
곤핍할 때에 주께서 그것을 견고
하게 하셨고
10 주의 회중을 그 가운데에 살게 하
셨나이다 하나님이여 주께서 가난
한 자를 위하여 주의 (恩澤)은택
을 준비하셨나이다
11 주께서 말씀을 주시니 (消息)소식
을 공포하는 여자들은 큰 무리라
12 여러 군대의 왕들이 도망하고 도
망하니 집에 있던 여자들도 (奪取
物)탈취물을 나누도다
13 너희가 양 우리에 누울 때에는 그
날개를 은으로 입히고 그 깃을 (黃
金)황금으로 입힌 비둘기 같도다
14 (全能)전능하신 이가 왕들을 그
중에서 흩으실 때에는 살몬에 눈
이 날림 같도다
15 바산의 산은 하나님의 산임이여
바산의 산은 [4]높은 산이로다
16 너희 [4]높은 산들아 어찌하여 하나

1) 즐거워하게 하소서 2) 집에 거하게 하시며 3) 하늘이 하나님 앞에 비를 떨어뜨리며 4) 여러 봉이 있는 산

님이 계시려 하는 산을 (猜忌)시
기하여 보느냐 진실로 여호와께서
이 산에 영원히 계시리로다
17 하나님의 병거는 천천이요 만만이
라 주께서 그 중에 계심이 시내 산
(聖所)성소에 계심 같도다
18 주께서 높은 곳으로 오르시며 사
로잡은 자들을 취하시고 (膳物)선
물들을 사람들에게서 받으시며 반
역자들로부터도 받으시니 여호와
하나님이 그들과 함께 계시기 때
문이로다
19 ● 날마다 우리 짐을 지시는 주 곧
우리의 (救援)구원이신 하나님을
찬송할지로다 (셀라)
20 하나님은 우리에게 (救援)구원의
하나님이시라 사망에서 벗어남은
주 여호와로 말미암거니와
21 그의 원수들의 머리 곧 (罪)죄를
짓고 다니는 자의 정수리는 하나
님이 쳐서 깨뜨리시리로다
22 주께서 말씀하시기를 내가 그들을
바산에서 돌아오게 하며 바다 깊
은 곳에서 도로 나오게 하고
23 네가 그들을 심히 치고 그들의 피
에 네 발을 잠그게 하며 네 집의
개의 혀로 네 (怨讐)원수들에게서
제 분깃을 얻게 하리라 하시도다
24 하나님이여 그들이 주께서 (行次)
행차하심을 보았으니 곧 나의 하
나님, 나의 왕이 성소로 행차하시
는 것이라
25 소고 치는 처녀들 중에서 노래 부
르는 자들은 앞서고 (樂器)악기를
연주하는 자들은 뒤따르나이다
26 이스라엘의 (根源)근원에서 나온
너희여 대회 중에 하나님 곧 주를
송축할지어다
27 거기에는 그들을 주관하는 작은
베냐민과 유다의 (高官)고관과 그
들의 무리와 스불론의 고관과 납
달리의 고관이 있도다
28 ● 네 하나님이 너의 힘을 명령하셨
도다 하나님이여 우리를 위하여 행
하신 것을 (堅固)견고하게 하소서
29 예루살렘에 있는 주의 전을 위하
여 왕들이 주께 (禮物)예물을 드
리리이다
30 갈밭의 들짐승과 수소의 무리와
만민의 송아지를 꾸짖으시고 은
조각을 발 아래에 밟으소서 그가
(戰爭)전쟁을 즐기는 백성을 흩으
셨도다
31 고관들은 애굽에서 나오고 구스
인은 하나님을 향하여 그 손을 (迅
速)신속히 들리로다
32 땅의 왕국들아 하나님께 노래하고
주께 (讚頌)찬송할지어다 (셀라)
33 옛적 하늘들의 하늘을 타신 자에
게 찬송하라 주께서 그 소리를 내
시니 (雄壯)웅장한 소리로다
34 너희는 하나님께 능력을 돌릴지
어다 그의 (威嚴)위엄이 이스라엘
위에 있고 그의 능력이 구름 속에
있도다
35 하나님이여 위엄을 (聖所)성소에
서 나타내시나이다 이스라엘의 하
나님은 그의 백성에게 힘과 능력을
주시나니 하나님을 찬송할지어다

다윗의 시, 인도자를 따라

[1]소산님에 맞춘 노래

69 하나님이여 나를 구원하소
서 물들이 내 (靈魂)영혼에
까지 흘러 들어왔나이다
2 나는 설 곳이 없는 깊은 수렁에 빠
지며 깊은 물에 들어가니 큰 물이
내게 넘치나이다
3 내가 부르짖음으로 (疲困)피곤하
여 나의 목이 마르며 나의 하나님
을 바라서 나의 눈이 쇠하였나이다
4 까닭 없이 나를 미워하는 자가 나
의 머리털보다 많고 (不當)부당하
게 나의 원수가 되어 나를 끊으려
하는 자가 강하였으니 내가 빼앗지
아니한 것도 물어 주게 되었나이다
5 하나님이여 주는 나의 (愚昧)우매
함을 아시오니 나의 죄가 주 앞에
서 숨김이 없나이다
6 주 (萬軍)만군의 여호와여 주를
바라는 자들이 나를 인하여 (羞
恥)수치를 당하게 하지 마옵소서
이스라엘의 하나님이여 주를 찾는
자가 나로 말미암아 욕을 당하게
하지 마옵소서
7 내가 주를 위하여 (誹謗)비방을
받았사오니 수치가 나의 얼굴에
덮였나이다
8 내가 나의 형제에게는 (客)객이
되고 나의 어머니의 자녀에게는
낯선 사람이 되었나이다
9 주의 집을 위하는 (熱誠)열성이
나를 삼키고 주를 비방하는 비방
이 내게 미쳤나이다
10 내가 곡하고 (禁食)금식하였더니
그것이 도리어 나의 욕이 되었으며
11 내가 굵은 베로 내 옷을 삼았더니
내가 그들의 말거리가 되었나이다
12 성문에 앉은 자가 나를 (非難)비
난하며 독주에 취한 무리가 나를
두고 노래하나이다
13 여호와여 나를 반기시는 때에 내
가 주께 기도하오니 하나님이여
많은 인자와 구원의 (眞理)진리로
내게 응답하소서
14 나를 수렁에서 건지사 빠지지 말
게 하시고 나를 미워하는 자에게
서와 깊은 물에서 건지소서
15 큰 물이 나를 휩쓸거나 깊음이 나
를 삼키지 못하게 하시며 웅덩이
가 내 위에 덮쳐 그것의 입을 닫지
못하게 하소서
16 여호와여 주의 인자하심이 선하시
오니 내게 응답하시며 주의 많은
(矜恤)긍휼에 따라 내게로 돌이키
소서
17 주의 얼굴을 주의 종에게서 숨기
지 마소서 내가 환난 중에 있사오
니 속히 내게 (應答)응답하소서
18 내 영혼에게 가까이하사 구원하
시며 내 원수로 말미암아 나를 (贖
良)속량하소서
19 주께서 나의 비방과 수치와 (凌
辱)능욕을 아시나이다 나의 대적
자들이 다 주님 앞에 있나이다
20 비방이 나의 마음을 상하게 하여
[2]근심이 (充滿)충만하니 불쌍히
여길 자를 바라나 없고 긍휼히 여
길 자를 바라나 찾지 못하였나이
다

1) 백합화 곡조 2) 심히 병이 되니

21 그들이 쓸개를 나의 음식물로 주
며 목마를 때에는 (醋)초를 마시
게 하였사오니
22 그들의 밥상이 올무가 되게 하시
며 그들의 (平安)평안이 덫이 되
게 하소서
23 그들의 눈이 어두워 보지 못하게
하시며 그들의 허리가 (恒常)항상
떨리게 하소서
24 주의 분노를 그들의 위에 부으시
며 주의 (猛烈)맹렬하신 노가 그
들에게 미치게 하소서
25 그들의 거처가 (荒廢)황폐하게 하
시며 그들의 장막에 사는 자가 없
게 하소서
26 무릇 그들이 주께서 치신 자를 (逼
迫)핍박하며 주께서 상하게 하신
자의 슬픔을 말하였사오니
27 그들의 죄악에 죄악을 더하사 주
의 (公義)공의에 들어오지 못하게
하소서
28 그들을 생명책에서 지우사 의인들
과 함께 (記錄)기록되지 말게 하
소서
29 오직 나는 가난하고 슬프오니 하
나님이여 주의 (救援)구원으로 나
를 높이소서
30 내가 노래로 하나님의 이름을 찬
송하며 (感謝)감사함으로 하나님
을 위대하시다 하리니
31 이것이 소 곧 뿔과 굽이 있는 황소
를 드림보다 여호와를 더욱 기쁘
시게 함이 될 것이라
32 곤고한 자가 이를 보고 기뻐하나
니 하나님을 찾는 너희들아 너희
마음을 (蘇生)소생하게 할지어다
33 여호와는 (窮乏)궁핍한 자의 소리
를 들으시며 자기로 말미암아 갇
힌 자를 멸시하지 아니하시나니
34 천지가 그를 찬송할 것이요 바다
와 그 중의 모든 (生物)생물도 그
리할지로다
35 하나님이 시온을 구원하시고 유다
성읍들을 (建設)건설하시리니 무
리가 거기에 살며 소유를 삼으리
로다
36 그의 종들의 후손이 또한 이를 (相
續)상속하고 그의 이름을 사랑하
는 자가 그 중에 살리로다

다윗의 시로 기념식에서 인도자를 따라 부르는 노래

70 하나님이여 나를 건지소서
여호와여 속히 나를 도우소
서
2 나의 영혼을 찾는 자들이 수치와
무안을 당하게 하시며 나의 상함
을 기뻐하는 자들이 뒤로 물러가
(受侮)수모를 당하게 하소서
3 아하, 아하 하는 자들이 자기 (羞
恥)수치로 말미암아 뒤로 물러가
게 하소서
4 주를 찾는 모든 자들이 주로 말미
암아 기뻐하고 즐거워하게 하시며
주의 구원을 사랑하는 자들이 항
상 말하기를 하나님은 (偉大)위대
하시다 하게 하소서
5 나는 가난하고 궁핍하오니 하나님
이여 속히 내게 임하소서 주는 나
의 도움이시요 나를 건지시는 이
시오니 여호와여 (遲滯)지체하지

마소서

71 여호와여 내가 주께 피하오
니 내가 영원히 (羞恥)수치
를 당하게 하지 마소서
2 주의 의로 나를 건지시며 나를 풀
어 주시며 주의 귀를 내게 기울이
사 나를 구원하소서
3 주는 내가 항상 피하여 숨을 바위
가 되소서 주께서 나를 구원하라
명령하셨으니 이는 주께서 나의
(磐石)반석이시요 나의 요새이심
이니이다
4 나의 하나님이여 나를 악인의 손
곧 불의한 자와 (凶惡)흉악한 자
의 장중에서 피하게 하소서
5 주 여호와여 주는 나의 소망이시
요 내가 어릴 때부터 (信賴)신뢰
한 이시라
6 내가 모태에서부터 주를 의지하였
으며 나의 어머니의 배에서부터
주께서 나를 (擇)택하셨사오니 나
는 항상 주를 찬송하리이다
7 나는 무리에게 (異常)이상한 징조
같이 되었사오나 주는 나의 견고
한 피난처시오니
8 주를 찬송함과 주께 (榮光)영광
돌림이 종일토록 내 입에 가득하
리이다
9 늙을 때에 나를 버리지 마시며 내
힘이 (衰弱)쇠약할 때에 나를 떠
나지 마소서
10 내 원수들이 내게 대하여 말하며
내 (靈魂)영혼을 엿보는 자들이
서로 꾀하여
11 이르기를 하나님이 그를 버리셨은
즉 따라 잡으라 건질 (者)자가 없
다 하오니
12 하나님이여 나를 멀리 하지 마소
서 나의 하나님이여 (速)속히 나
를 도우소서
13 내 영혼을 대적하는 자들이 수치
와 멸망을 당하게 하시며 나를 (謀
害)모해하려 하는 자들에게는 욕
과 수욕이 덮이게 하소서
14 나는 항상 (所望)소망을 품고 주
를 더욱더욱 찬송하리이다
15 내가 (測量)측량할 수 없는 주의
공의와 구원을 내 입으로 종일 전
하리이다
16 내가 주 여호와의 능하신 (行蹟)
행적을 가지고 오겠사오며 주의
공의만 전하겠나이다
17 하나님이여 나를 어려서부터 (敎
訓)교훈하셨으므로 내가 지금까
지 주의 기이한 일들을 전하였나
이다
18 하나님이여 내가 늙어 백발이 될
때에도 나를 버리지 마시며 내가
주의 힘을 (後代)후대에 전하고
주의 능력을 장래의 모든 사람에
게 전하기까지 나를 버리지 마소
서
19 하나님이여 주의 (義)의가 또한
지극히 높으시니이다 하나님이여
주께서 큰 일을 행하셨사오니 누
가 주와 같으리이까
20 우리에게 여러 가지 심한 (苦難)
고난을 보이신 주께서 우리를 다
시 살리시며 땅 깊은 곳에서 다시
이끌어 올리시리이다

21 나를 더욱 (昌大)창대하게 하시고
돌이키사 나를 위로하소서
22 나의 하나님이여 내가 또 비파로
주를 찬양하며 주의 (誠實)성실을
찬양하리이다 이스라엘의 거룩하
신 주여 내가 수금으로 주를 찬양
하리이다
23 내가 주를 찬양할 때에 나의 입술
이 기뻐 외치며 주께서 (贖良)속
량하신 내 영혼이 즐거워하리이다
24 나의 혀도 종일토록 주의 의를 작
은 소리로 읊조리오리니 나를 (謀
害)모해하려 하던 자들이 수치와
무안을 당함이니이다

솔로몬의 시

72 하나님이여 주의 (判斷力)
판단력을 왕에게 주시고 주
의 공의를 왕의 아들에게 주소서
2 그가 주의 백성을 공의로 재판하
며 주의 가난한 자를 (正義)정의
로 재판[1]하리니
3 (義)의로 말미암아 산들이 백성에
게 평강을 주며 작은 산들도 그리
하리로다
4 그가 가난한 백성의 억울함을 풀
어 주며 (窮乏)궁핍한 자의 자손
을 구원하며 압박하는 자를 꺾으
리로다
5 그들이 해가 있을 동안에도 주를
두려워하며 달이 있을 동안에도
대대로 그리하리로다
6 그는 벤 풀 위에 내리는 비 같이,
땅을 적시는 소낙비 같이 내리리
니
7 그의 날에 의인이 (興旺)흥왕하여
평강의 풍성함이 달이 다할 때까
지 이르리로다
8 그가 바다에서부터 바다까지와
(江)강에서부터 땅 끝까지 다스리
리니
9 (曠野)광야에 사는 자는 그 앞에
굽히며 그의 원수들은 티끌을 핥
을 것이며
10 다시스와 섬의 왕들이 조공을 바
치며 스바와 시바 왕들이 (禮物)
예물을 드리리로다
11 모든 왕이 그의 앞에 (俯伏)부복
하며 모든 민족이 다 그를 섬기리
로다
12 그는 (窮乏)궁핍한 자가 부르짖을
때에 건지며 도움이 없는 가난한
자도 건지며
13 그는 가난한 자와 궁핍한 자를 불
쌍히 여기며 궁핍한 자의 (生命)
생명을 구원하며
14 그들의 생명을 압박과 (强暴)강포
에서 구원하리니 그들의 피가 그
의 눈 앞에서 존귀히 여김을 받으
리로다
15 [2]그들이 생존하여 스바의 금을 그
에게 드리며 사람들이 그를 위하
여 항상 (祈禱)기도하고 종일 찬
송하리로다
16 산 꼭대기의 땅에도 곡식이 풍성
하고 그것의 열매가 레바논 같이
흔들리며 성에 있는 자가 땅의 풀
같이 (旺盛)왕성하리로다
17 그의 이름이 영구함이여 그의 이
름이 해와 같이 (長久)장구하리로

1) 하게 하소서(이하 매절 끝이 같음) 2) 저가 생존하니

다 사람들이 그로 말미암아 복을
받으리니 모든 민족이 다 그를 복
되다 하리로다
18 홀로 기이한 일들을 행하시는 여
호와 하나님 곧 이스라엘의 하나
님을 (讚頌)찬송하며
19 그 영화로운 이름을 영원히 찬송
할지어다 온 땅에 그의 영광이 (充
滿)충만할지어다 아멘 아멘
20 ● 이새의 아들 다윗의 (祈禱)기도
가 끝나니라

제 삼 권, 아삽의 시

73 하나님이 참으로 이스라엘
중 마음이 (淨潔)정결한 자
에게 선을 행하시나
2 나는 거의 넘어질 뻔하였고 나의
걸음이 미끄러질 뻔하였으니
3 이는 내가 (惡人)악인의 [1)]형통함
을 보고 (傲慢)오만한 자를 질투
하였음이로다
4 그들은 죽을 때에도 고통이 없고
그 힘이 (康健)강건하며
5 사람들이 당하는 (苦難)고난이 그
들에게는 없고 사람들이 당하는
재앙도 그들에게는 없나니
6 그러므로 (驕慢)교만이 그들의 목
걸이요 강포가 그들의 옷이며
7 살찜으로 그들의 눈이 솟아나며
그들의 소득은 마음의 (所願)소원
보다 많으며
8 그들은 (凌辱)능욕하며 악하게 말
하며 높은 데서 거만하게 말하며
9 그들의 입은 [2)]하늘에 두고 그들의
혀는 땅에 두루 다니도다
10 그러므로 그의 백성이 이리로 돌
아와서 (盞)잔에 가득한 물을 다
마시며
11 말하기를 하나님이 어찌 알랴 지
존자에게 (知識)지식이 있으랴 하
는도다
12 볼지어다 이들은 악인들이라도 항
상 평안하고 (財物)재물은 더욱
불어나도다
13 내가 내 마음을 깨끗하게 하며 내
손을 씻어 (無罪)무죄하다 한 것
이 실로 헛되도다
14 나는 종일 재난을 당하며 아침마
다 (懲罰)징벌을 받았도다
15 내가 만일 스스로 이르기를 내가
그들처럼 말하리라 하였더라면 나
는 주의 아들들의 세대에 대하여
(惡行)악행을 행하였으리이다
16 내가 어쩌면 이를 알까 하여 생각
한즉 그것이 내게 심한 (苦痛)고
통이 되었더니
17 하나님의 (聖所)성소에 들어갈 때
에야 그들의 종말을 내가 깨달았
나이다
18 주께서 참으로 그들을 미끄러운
곳에 두시며 (破滅)파멸에 던지시
니
19 그들이 어찌하여 그리 갑자기 (荒
廢)황폐되었는가 놀랄 정도로 그
들은 (全滅)전멸하였나이다
20 주여 사람이 깬 후에는 꿈을 (無
視)무시함 같이 주께서 깨신 후에
는 그들의 형상을 멸시하시리이다
21 내 마음이 (散亂)산란하며 내 양
심이 찔렸나이다

1) 평안함을 2) 하늘을 대적하고

22 내가 이같이 (愚昧)우매 무지함으
로 주 앞에 짐승이오나
23 내가 항상 주와 함께 하니 주께서
내 오른손을 붙드셨나이다
24 주의 교훈으로 나를 인도하시고
후에는 영광으로 나를 (迎接)영접
하시리니
25 하늘에서는 주 외에 누가 내게 있
으리요 땅에서는 주 밖에 내가 (思
慕)사모할 이 없나이다
26 내 육체와 마음은 (衰弱)쇠약하나
하나님은 내 마음의 반석이시요
영원한 분깃이시라
27 무릇 주를 멀리하는 자는 망하리
니 (淫女)음녀 같이 주를 떠난 자
를 주께서 다 멸하셨나이다
28 하나님께 가까이 함이 내게 복이
라 내가 주 여호와를 나의 피난처
로 삼아 주의 모든 (行蹟)행적을
전파하리이다

아삽의 [1]마스길

74 하나님이여 주께서 어찌하
여 우리를 영원히 버리시나
이까 어찌하여 주께서 기르시는
양을 향하여 (震怒)진노의 연기를
뿜으시나이까
2 옛적부터 얻으시고 속량하사 주
의 기업의 지파로 삼으신 주의 (會
衆)회중을 기억하시며 주께서 계
시던 시온 산도 생각하소서
3 영구히 (破滅)파멸된 곳을 향하여
주의 발을 옮겨 놓으소서 원수가
성소에서 모든 악을 행하였나이다
4 주의 대적이 주의 회중 가운데에
서 떠들며 자기들의 깃발을 세워
(標的)표적으로 삼았으니
5 그들은 마치 도끼를 들어 (森林)
삼림을 베는 사람 같으니이다
6 이제 그들이 도끼와 (鐵槌)철퇴로
성소의 모든 조각품을 쳐서 부수
고
7 주의 (聖所)성소를 불사르며 주의
이름이 계신 곳을 더럽혀 땅에 엎
었나이다
8 그들이 마음속으로 이르기를 우
리가 그들을 (殄滅)진멸하자 하고
이 땅에 있는 하나님의 모든 회당
을 불살랐나이다
9 우리의 표적은 보이지 아니하며
(先知者)선지자도 더 이상 없으며
이런 일이 얼마나 오랠는지 우리
중에 아는 자도 없나이다
10 하나님이여 대적이 언제까지 비방
하겠으며 원수가 주의 이름을 영
원히 (凌辱)능욕하리이까
11 주께서 어찌하여 주의 손 곧 주의
오른손을 거두시나이까 주의 품에
서 손을 빼내시어 그들을 멸하소서
12 ● 하나님은 예로부터 나의 왕이
시라 사람에게 (救援)구원을 베푸
셨나이다
13 주께서 주의 능력으로 바다를 나
누시고 물 가운데 (龍)용들의 머
리를 깨뜨리셨으며
14 [2]리워야단의 머리를 부수시고 그
것을 (沙漠)사막에 사는 자에게
음식물로 주셨으며
15 주께서 바위를 쪼개어 큰 물을 내
시며 주께서 늘 흐르는 강들을 마

1) 교훈 2) 악어로 볼 수도 있음

르게 하셨나이다
16 낮도 주의 것이요 밤도 주의 것이
라 주께서 빛과 해를 마련하셨으며
17 주께서 땅의 (境界)경계를 정하시
며 주께서 여름과 겨울을 만드셨
나이다
18 여호와여 이것을 (記憶)기억하소
서 원수가 주를 비방하며 우매한
백성이 주의 이름을 능욕하였나이
다
19 주의 멧비둘기의 (生命)생명을 들
짐승에게 주지 마시며 주의 가난한
자의 목숨을 영원히 잊지 마소서
20 그 언약을 눈여겨 보소서 무릇 땅
의 어두운 곳에 (暴惡)포악한 자
의 처소가 가득하나이다
21 (虐待)학대 받은 자가 부끄러이
돌아가게 하지 마시고 가난한 자
와 궁핍한 자가 주의 이름을 찬송
하게 하소서
22 하나님이여 일어나 주의 (寃痛)원
통함을 푸시고 우매한 자가 종일
주를 비방하는 것을 기억하소서
23 주의 대적들의 소리를 잊지 마소
서 일어나 주께 (抗拒)항거하는
자의 떠드는 소리가 항상 주께 상
달되나이다

아삽의 시, 인도자를 따라 알다스헷에 맞춘 노래

75 하나님이여 우리가 주께 감
사하고 감사함은 주의 이름
이 [1]가까움이라 사람들이 주의 기
이한 일들을 (傳播)전파하나이다
2 주의 말씀이 내가 정한 (期約)기
약이 이르면 내가 바르게 심판하
리니
3 땅의 기둥은 내가 세웠거니와 땅
과 그 모든 (住民)주민이 소멸되
리라 하시도다 (셀라)
4 내가 (傲慢)오만한 자들에게 오만
하게 행하지 말라 하며 악인들에
게 뿔을 들지 말라 하였노니
5 너희 뿔을 높이 들지 말며 (驕慢)
교만한 목으로 말하지 말지어다
6 무릇 높이는 일이 동쪽에서나 서
쪽에서 말미암지 아니하며 남쪽에
서도 말미암지 아니하고
7 오직 (裁判長)재판장이신 하나님
이 이를 낮추시고 저를 높이시느
니라
8 여호와의 손에 (盞)잔이 있어 술
거품이 일어나는도다 속에 섞은
것이 가득한 그 잔을 하나님이 쏟
아 내시나니 실로 그 찌꺼기까지
도 땅의 모든 (惡人)악인이 기울
여 마시리로다
9 나는 야곱의 하나님을 영원히 (宣
布)선포하며 찬양하며
10 또 악인들의 뿔을 다 베고 (義人)
의인의 뿔은 높이 들리로다

아삽의 시, 인도자를 따라 현악에 맞춘 노래

76 하나님은 유다에 알려지셨
으며 그의 이름이 이스라엘
에 크시도다
2 그의 (帳幕)장막은 살렘에 있음이
여 그의 처소는 시온에 있도다
3 거기에서 그가 화살과 방패와 칼
과 (戰爭)전쟁을 없이하셨도다
(셀라)

1) 가까운 것을 주의 기사가 선포함이니이다

4 주는 (掠奪)약탈한 산에서 영화로
우시며 존귀하시도다
5 마음이 강한 자도 가진 것을 빼앗
기고 잠에 빠질 것이며 (壯士)장
사들도 모두 그들에게 도움을 줄
손을 만날 수 없도다
6 야곱의 하나님이여 주께서 꾸짖으
시매 (兵車)병거와 말이 다 깊이
잠들었나이다
7 주께서는 (敬畏)경외 받을 이시니
주께서 한 번 노하실 때에 누가 주
의 목전에 서리이까
8 주께서 하늘에서 판결을 (宣布)선
포하시매 땅이 두려워 잠잠하였나
니
9 곧 하나님이 땅의 모든 (溫柔)온
유한 자를 구원하시려고 심판하러
일어나신 때에로다 (셀라)
10 진실로 사람의 노여움은 주를 찬
송하게 될 것이요 그 남은 노여움
은 주께서 (禁)금하시리이다
11 너희는 여호와 너희 하나님께 (誓
願)서원하고 갚으라 사방에 있는
모든 사람도 마땅히 경외할 이에
게 예물을 드릴지로다
12 그가 고관들의 (氣)기를 꺾으시리
니 그는 세상의 왕들에게 두려움
이시로다

아삽의 시, 인도자를 따라 여두둔의 법칙에 따라 부르는 노래

77 내가 내 (音聲)음성으로 하
나님께 부르짖으리니 내 음
성으로 하나님께 부르짖으면 내게
귀를 기울이시리로다
2 나의 환난 날에 내가 주를 찾았으
며 밤에는 내 손을 들고 거두지 아
니하였나니 내 영혼이 (慰勞)위로
받기를 (拒絕)거절하였도다
3 내가 하나님을 기억하고 불안하여
근심하니 내 (心靈)심령이 상하도
다 (셀라)
4 주께서 내가 눈을 붙이지 못하게
하시니 내가 괴로워 말할 수 없나
이다
5 내가 옛날 곧 지나간 (歲月)세월
을 생각하였사오며
6 밤에 부른 노래를 내가 기억하여
내 심령으로, 내가 내 마음으로
(懇求)간구하기를
7 주께서 영원히 버리실까, 다시는
(恩惠)은혜를 베풀지 아니하실까,
8 그의 인자하심은 영원히 끝났는
가, 그의 약속하심도 영구히 (廢)
폐하였는가,
9 하나님이 그가 베푸실 은혜를 잊
으셨는가, (怒)노하심으로 그가
베푸실 긍휼을 그치셨는가 하였나
이다 (셀라)
10 또 내가 말하기를 이는 나의 잘못
이라 (至尊者)지존자의 오른손의
해
11 곧 여호와의 일들을 기억하며 주
께서 옛적에 행하신 (奇異)기이한
일을 기억하리이다
12 또 주의 모든 일을 작은 소리로 읊
조리며 주의 (行事)행사를 낮은
소리로 되뇌이리이다
13 하나님이여 주의 (道)도는 극히
거룩하시오니 하나님과 같이 위대
하신 신이 누구오니이까

14 주는 기이한 일을 행하신 하나님
이시라 민족들 중에 주의 (能力)
능력을 알리시고
15 주의 팔로 주의 백성 곧 야곱과 요
셉의 자손을 (贖良)속량하셨나이
다 (셀라)
16 하나님이여 물들이 주를 보았나이
다 물들이 주를 보고 [1]두려워하며
깊음도 (震動)진동하였고
17 구름이 물을 쏟고 (穹蒼)궁창이
소리를 내며 주의 화살도 날아갔
나이다
18 회오리바람 중에 주의 우렛소리가
있으며 번개가 (世界)세계를 비추
며 땅이 흔들리고 움직였나이다
19 주의 길이 바다에 있었고 주의 곧
은 길이 큰 물에 있었으나 주의 발
자취를 알 수 없었나이다
20 주의 백성을 양 떼 같이 모세와 아
론의 손으로 (引導)인도하셨나이
다

아삽의 [2]마스길

78 내 백성이여, 내 (律法)율법
을 들으며 내 입의 말에 귀
를 기울일지어다
2 내가 입을 열어 (譬喩)비유로 말
하며 예로부터 감추어졌던 것을
드러내려 하니
3 이는 우리가 들어서 아는 바요 우
리의 조상들이 우리에게 (傳)전한
바라
4 우리가 이를 그들의 자손에게 숨
기지 아니하고 여호와의 (榮譽)영
예와 그의 능력과 그가 행하신 기
이한 사적을 후대에 전하리로다
5 여호와께서 (證據)증거를 야곱에
게 세우시며 법도를 이스라엘에게
정하시고 우리 조상들에게 명령하
사 그들의 자손에게 알리라 하셨
으니
6 이는 그들로 후대 곧 태어날 (子
孫)자손에게 이를 알게 하고 그들
은 일어나 그들의 자손에게 일러
서
7 그들로 그들의 소망을 하나님께
두며 하나님께서 행하신 일을 잊
지 아니하고 오직 그의 (誡命)계
명을 지켜서
8 그들의 조상들 곧 (頑固)완고하고
패역하여 그들의 마음이 정직하지
못하며 그 심령이 하나님께 충성
하지 아니하는 세대와 같이 되지
아니하게 하려 하심이로다
9 에브라임 자손은 (武器)무기를 갖
추며 활을 가졌으나 전쟁의 날에
물러갔도다
10 그들이 하나님의 언약을 지키지
아니하고 그의 율법 (遵行)준행을
거절하며
11 여호와께서 행하신 것과 그들에게
보이신 그의 (奇異)기이한 일을
잊었도다
12 옛적에 하나님이 애굽 땅 소안 들
에서 기이한 일을 그들의 조상들
의 (目前)목전에서 행하셨으되
13 그가 바다를 갈라 물을 무더기 같
이 서게 하시고 그들을 지나가게
하셨으며
14 낮에는 구름으로, 밤에는 불빛으

1) 괴로워하며 2) 교훈

로 (引導)인도하셨으며
15 (曠野)광야에서 반석을 쪼개시고
매우 깊은 곳에서 나오는 물처럼
흡족하게 마시게 하셨으며
16 또 바위에서 시내를 내사 물이 강
같이 흐르게 하셨으나
17 그들은 계속해서 하나님께 범죄
하여 메마른 땅에서 지존자를 (背
叛)배반하였도다
18 그들이 그들의 (貪慾)탐욕대로 음
식을 구하여 그들의 심중에 하나
님을 시험하였으며
19 그뿐 아니라 하나님을 대적하여
말하기를 하나님이 광야에서 (食
卓)식탁을 베푸실 수 있으랴
20 보라 그가 반석을 쳐서 물을 내시
니 시내가 넘쳤으나 그가 능히 떡
도 주시며 자기 백성을 위하여 고
기도 (豫備)예비하시랴 하였도다
21 그러므로 여호와께서 듣고 노하셨
으며 야곱에게 불 같이 노하셨고
또한 이스라엘에게 (震怒)진노가
불타 올랐으니
22 이는 하나님을 믿지 아니하며 그
의 (救援)구원을 의지하지 아니한
때문이로다
23 그러나 그가 위의 (穹蒼)궁창을
명령하시며 하늘 문을 여시고
24 그들에게 만나를 비 같이 내려 먹
이시며 하늘 (糧食)양식을 그들에
게 주셨나니
25 사람이 힘센 자의 떡을 먹었으며
그가 음식을 그들에게 (充足)충족
히 주셨도다
26 그가 동풍을 하늘에서 일게 하시
며 그의 (權能)권능으로 남풍을
인도하시고
27 먼지처럼 많은 고기를 비 같이 내
리시고 나는 새를 바다의 모래 같
이 내리셨도다
28 그가 그것들을 그들의 (陣中)진중
에 떨어지게 하사 그들의 거처에
두르셨으므로
29 그들이 먹고 심히 배불렀나니 하
나님이 그들의 (願)원대로 그들에
게 주셨도다
30 그러나 그들이 그들의 (慾心)욕심
을 버리지 아니하여 그들의 먹을
것이 아직 그들의 입에 있을 때에
31 하나님이 그들에게 노염을 나타내
사 그들 중 강한 자를 죽이시며 이
스라엘의 (青年)청년을 쳐 엎드러
뜨리셨도다
32 이러함에도 그들은 여전히 (犯罪)
범죄하여 그의 기이한 일들을 믿
지 아니하였으므로
33 하나님이 그들의 날들을 헛되이
보내게 하시며 그들의 햇수를 두
려움으로 보내게 하셨도다
34 하나님이 그들을 죽이실 때에 그
들이 그에게 구하며 돌이켜 하나
님을 (懇切)간절히 찾았고
35 하나님이 그들의 반석이시며 (至
尊)지존하신 하나님이 그들의 구
속자이심을 기억하였도다
36 그러나 그들이 입으로 그에게 (阿
諂)아첨하며 자기 혀로 그에게 거
짓을 말하였으니
37 이는 하나님께 향하는 그들의 마
음이 정함이 없으며 그의 언약에

(誠實)성실하지 아니하였음이로다
38 오직 하나님은 긍휼하시므로 죄악
을 덮어 주시어 멸망시키지 아니
하시고 그의 진노를 여러 번 돌이
키시며 그의 모든 (忿)분을 다 쏟
아 내지 아니하셨으니
39 그들은 육체이며 가고 다시 돌아
오지 못하는 바람임을 (記憶)기억
하셨음이라
40 그들이 광야에서 그에게 (反抗)반
항하며 사막에서 그를 슬프시게
함이 몇 번인가
41 그들이 돌이켜 하나님을 거듭거듭
(試驗)시험하며 이스라엘의 거룩
하신 이를 노엽게 하였도다
42 그들이 그의 권능의 손을 (記憶)
기억하지 아니하며 대적에게서 그
들을 구원하신 날도 기억하지 아
니하였도다
43 그 때에 하나님이 애굽에서 그의
표적들을, 소안 들에서 그의 (徵
兆)징조들을 나타내사
44 그들의 강과 시내를 피로 (變)변
하여 그들로 마실 수 없게 하시며
45 쇠파리 떼를 그들에게 보내어 그
들을 물게 하시고 개구리를 보내
어 (害)해하게 하셨으며
46 그들의 토산물을 (蝗蟲)황충에게
주셨고 그들이 수고한 것을 메뚜
기에게 주셨으며
47 그들의 포도나무를 (雨雹)우박으
로, 그들의 뽕나무를 [1]서리로 죽
이셨으며
48 그들의 (家畜)가축을 우박에, 그들
의 양 떼를 번갯불에 넘기셨으며
49 그의 (猛烈)맹렬한 노여움과 진노
와 분노와 고난 곧 재앙의 천사들
을 그들에게 내려보내셨으며
50 그는 진노로 길을 닦으사 그들의
목숨이 죽음을 면하지 못하게 하
시고 그들의 생명을 (傳染病)전염
병에 붙이셨으며
51 애굽에서 모든 장자 곧 함의 장막
에 있는 그들의 (氣力)기력의 처
음 것을 치셨으나
52 그가 자기 백성은 양 같이 인도하
여 내시고 (曠野)광야에서 양 떼
같이 (指導)지도하셨도다
53 그들을 (安全)안전히 인도하시니
그들은 두려움이 없었으나 그들의
원수는 바다에 빠졌도다
54 그들을 그의 성소의 (領域)영역
곧 그의 오른손으로 만드신 산으
로 인도하시고
55 또 나라를 그들의 앞에서 쫓아내
시며 줄을 쳐서 그들의 소유를 분
배하시고 이스라엘의 지파들이 그
들의 (帳幕)장막에 살게 하셨도다
56 그러나 그들은 지존하신 하나님을
시험하고 반항하여 그의 (命令)명
령을 지키지 아니하며
57 그들의 조상들 같이 (背叛)배반하
고 거짓을 행하여 속이는 활 같이
빗나가서
58 자기 산당들로 그의 노여움을 일
으키며 그들의 (彫刻)조각한 우상
들로 그를 진노하게 하였으매
59 하나님이 들으시고 (忿)분내어 이
스라엘을 크게 미워하사

1) 큰 우박으로

60 사람 가운데 세우신 (帳幕)장막
곧 실로의 성막을 떠나시고
61 그가 그의 능력을 (捕虜)포로에게
넘겨 주시며 그의 영광을 대적의
손에 붙이시고
62 그가 그의 소유 때문에 분내사 그
의 (百姓)백성을 칼에 넘기셨으니
63 그들의 청년은 불에 살라지고 그
들의 처녀들은 (婚姻)혼인 노래를
들을 수 없었으며
64 그들의 제사장들은 칼에 엎드러지
고 그들의 과부들은 (哀哭)애곡도
하지 못하였도다
65 그 때에 주께서 잠에서 깨어난 것
처럼, 포도주를 마시고 (高喊)고
함치는 용사처럼 일어나사
66 그의 대적들을 쳐 물리쳐서 영원
히 그들에게 (辱)욕되게 하셨도다
67 또 요셉의 장막을 버리시며 에브라
임 지파를 (擇)택하지 아니하시고
68 오직 유다 지파와 그가 사랑하시
는 시온 산을 택하시며
69 그의 (聖所)성소를 산의 높음 같이,
영원히 두신 땅 같이 지으셨도다
70 또 그의 종 다윗을 (擇)택하시되
양의 우리에서 취하시며
71 젖 양을 지키는 중에서 그를 이끌
어 내사 그의 백성인 야곱, 그의
(所有)소유인 이스라엘을 기르게
하셨더니
72 이에 그가 그들을 자기 마음의 완
전함으로 기르고 그의 손의 (能熟)
능숙함으로 그들을 지도하였도다

아삽의 시

1) 히, 시조들

79

하나님이여 이방 나라들이 주
의 기업의 땅에 들어와서 주
의 (聖殿)성전을 더럽히고 예루살
렘이 돌무더기가 되게 하였나이다
2 그들이 주의 종들의 시체를 공중
의 새에게 밥으로, 주의 (聖徒)성
도들의 육체를 땅의 짐승에게 주
며
3 그들의 피를 예루살렘 사방에 물
같이 흘렸으나 그들을 (埋葬)매장
하는 자가 없었나이다
4 우리는 우리 이웃에게 비방거리가
되며 우리를 에워싼 자에게 (嘲笑)
조소와 조롱거리가 되었나이다
5 여호와여 어느 때까지니이까 영원
히 노하시리이까 주의 (嫉妬)질투
가 불붙듯 하시리이까
6 주를 알지 아니하는 (民族)민족들
과 주의 이름을 부르지 아니하는
나라들에게 주의 노를 쏟으소서
7 그들이 야곱을 삼키고 그의 거처
를 (荒廢)황폐하게 함이니이다
8 우리 [1]조상들의 죄악을 기억하지
마시고 주의 긍휼로 우리를 속히
(迎接)영접하소서 우리가 매우 가
련하게 되었나이다
9 우리 구원의 하나님이여 주의 이
름의 영광스러운 행사를 위하여
우리를 도우시며 주의 이름을 (證
據)증거하기 위하여 우리를 건지
시며 우리 죄를 사하소서
10 이방 나라들이 어찌하여 그들의
하나님이 어디 있느냐 말하나이까
주의 종들이 피 흘림에 대한 (復
讐)복수를 우리의 목전에서 이방

나라에게 보여 주소서
11 갇힌 자의 탄식을 주의 앞에 이르
게 하시며 죽이기로 정해진 자도
주의 크신 (能力)능력을 따라 보
존하소서
12 주여 우리 이웃이 주를 (誹謗)비
방한 그 비방을 그들의 품에 칠 배
나 갚으소서
13 우리는 주의 백성이요 주의 목장
의 양이니 우리는 영원히 주께 (感
謝)감사하며 주의 영예를 대대에
전하리이다

아삽의 시, 인도자를 따라 소산님에듯에 맞춘 노래

80 요셉을 양 떼 같이 인도하시
는 이스라엘의 목자여 귀를
기울이소서 그룹 사이에 (坐定)좌
정하신 이여 빛을 비추소서
2 에브라임과 베냐민과 므낫세 앞
에서 주의 (能力)능력을 나타내사
우리를 구원하러 오소서
3 하나님이여 우리를 돌이키시고 주
의 얼굴빛을 비추사 우리가 (救
援)구원을 얻게 하소서
4 ● 만군의 하나님 여호와여 주의
백성의 (祈禱)기도에 대하여 어느
때까지 노하시리이까
5 주께서 그들에게 눈물의 (糧食)양
식을 먹이시며 많은 눈물을 마시
게 하셨나이다
6 우리를 우리 이웃에게 다툼거리가
되게 하시니 우리 (怨讐)원수들이
서로 비웃나이다
7 만군의 하나님이여 우리를 회복하
여 주시고 주의 얼굴의 (光彩)광
채를 비추사 우리가 구원을 얻게
하소서
8 ● 주께서 한 (葡萄)포도나무를 애
굽에서 가져다가 민족들을 쫓아내
시고 그것을 심으셨나이다
9 (主)주께서 그 앞서 가꾸셨으므로
그 뿌리가 깊이 박혀서 땅에 가득
하며
10 그 그늘이 산들을 가리고 그 가지
는 [1]하나님의 (柏香木)백향목 같
으며
11 그 가지가 바다까지 뻗고 넝쿨이
[2](江)강까지 미쳤거늘
12 주께서 어찌하여 그 담을 허시사
길을 지나가는 모든 이들이 그것
을 따게 하셨나이까
13 숲 속의 멧돼지들이 (傷害)상해하
며 들짐승들이 먹나이다
14 만군의 하나님이여 구하옵나니 돌
아오소서 하늘에서 굽어보시고 이
(葡萄)포도나무를 돌보소서
15 주의 오른손으로 심으신 줄기요 주
를 위하여 힘있게 하신 가지니이다
16 그것이 불타고 베임을 당하며 주
의 (面責)면책으로 말미암아 멸망
하오니
17 주의 오른쪽에 있는 자 곧 주를 위
하여 힘있게 하신 (人子)인자에게
주의 손을 얹으소서
18 그리하시면 우리가 주에게서 물러
가지 아니하오리니 우리를 (蘇生)
소생하게 하소서 우리가 주의 이
름을 부르리이다
19 만군의 하나님 여호와여 우리를

1) 아름다운 백향목 2) 유브라데 강

돌이켜 주시고 주의 얼굴의 (光
彩)광채를 우리에게 비추소서 우
리가 구원을 얻으리이다

아삽의 시,
인도자를 따라 깃딧에 맞춘 노래

81 우리의 (能力)능력이 되시는
하나님을 향하여 기쁘게 노
래하며 야곱의 하나님을 향하여
즐거이 소리칠지어다
2 시를 읊으며 소고를 치고 아름다
운 (竪琴)수금에 비파를 아우를지
어다
3 초하루와 보름과 우리의 (名節)명
절에 나팔을 불지어다
4 이는 이스라엘의 (律例)율례요 야
곱의 하나님의 규례로다
5 하나님이 애굽 땅을 치러 나아가
시던 때에 요셉의 (族屬)족속 중
에 이를 증거로 세우셨도다 거기
서 내가 알지 못하던 말씀을 들었
나니
6 이르시되 내가 그의 어깨에서 짐
을 벗기고 그의 손에서 광주리를
놓게 하였도다
7 네가 고난 중에 부르짖으매 내가 너
를 건졌고 우렛소리의 (隱密)은밀
한 곳에서 네게 응답하며 므리바 물
가에서 너를 시험하였도다 (셀라)
8 내 백성이여 들으라 내가 네게 (證
言)증언하리라 이스라엘이여 내
게 듣기를 원하노라
9 너희 중에 다른 신을 두지 말며
(異邦神)이방신에게 절하지 말지
어다
10 나는 너를 애굽 땅에서 (引導)인
도하여 낸 여호와 네 하나님이니
네 입을 크게 열라 내가 채우리라
하였으나
11 내 (百姓)백성이 내 소리를 듣지
아니하며 이스라엘이 나를 원하지
아니하였도다
12 그러므로 내가 그의 마음을 (頑
惡)완악한 대로 버려 두어 그의
임의대로 행하게 하였도다
13 내 백성아 내 말을 들으라 이스라
엘아 내 (道)도를 따르라
14 그리하면 내가 속히 그들의 (怨
讐)원수를 누르고 내 손을 돌려
그들의 대적들을 치리니
15 여호와를 미워하는 자는 그에게
(服從)복종하는 체할지라도 그들
의 시대는 영원히 계속되리라
16 또 내가 기름진 밀을 그들에게 먹
이며 반석에서 나오는 꿀로 너를
(滿足)만족하게 하리라 하셨도다

아삽의 시

82 하나님은 신들의 모임 가운
데에 서시며 하나님은 그들
가운데에서 (裁判)재판하시느니라
2 너희가 불공평한 판단을 하며 (惡
人)악인의 낯 보기를 언제까지 하
려느냐 (셀라)
3 가난한 자와 고아를 위하여 판단
하며 곤란한 자와 (貧窮)빈궁한
자에게 공의를 베풀지며
4 가난한 자와 (窮乏)궁핍한 자를
구원하여 악인들의 손에서 건질지
니라 하시는도다
5 그들은 알지도 못하고 깨닫지도
못하여 흑암 중에 (往來)왕래하니

땅의 모든 터가 흔들리도다
6 내가 말하기를 너희는 신들이며
다 (至尊者)지존자의 아들들이라
하였으나
7 그러나 너희는 사람처럼 죽으며
(高官)고관의 하나 같이 넘어지리
로다
8 하나님이여 일어나사 세상을 심판
하소서 모든 나라가 주의 (所有)
소유이기 때문이니이다

아삽의 시 곧 노래

83 하나님이여 (沈默)침묵하지
마소서 하나님이여 잠잠하
지 마시고 조용하지 마소서
2 무릇 주의 (怨讐)원수들이 떠들며
주를 미워하는 자들이 머리를 들
었나이다
3 그들이 주의 백성을 치려 하여 (奸
計)간계를 꾀하며 주께서 숨기신
자를 치려고 서로 의논하여
4 말하기를 가서 그들을 멸하여 다
시 나라가 되지 못하게 하여 이스
라엘의 이름으로 다시는 (記憶)기
억되지 못하게 하자 하나이다
5 그들이 한마음으로 의논하고 주를
대적하여 서로 (同盟)동맹하니
6 곧 에돔의 (帳幕)장막과 이스마엘
인과 모압과 하갈인이며
7 그발과 암몬과 아말렉이며 블레셋
과 두로 사람이요
8 앗수르도 그들과 (聯合)연합하여
롯 자손의 도움이 되었나이다 (셀
라)
9 (主)주는 미디안인에게 행하신 것
같이, 기손 시내에서 시스라와 야
빈에게 행하신 것 같이 그들에게
도 행하소서
10 그들은 엔돌에서 (敗亡)패망하여
땅에 거름이 되었나이다
11 그들의 (貴人)귀인들이 오렙과 스
엡 같게 하시며 그들의 모든 고관
들은 세바와 살문나와 같게 하소
서
12 그들이 말하기를 우리가 하나님의
(牧場)목장을 우리의 소유로 취하
자 하였나이다
13 나의 하나님이여 그들이 굴러가는
검불 같게 하시며 바람에 날리는
지푸라기 같게 하소서
14 (森林)삼림을 사르는 불과 산에
붙는 불길 같이
15 주의 (狂風)광풍으로 그들을 쫓으
시며 주의 폭풍으로 그들을 두렵
게 하소서
16 여호와여 그들의 얼굴에 (羞恥)수
치가 가득하게 하사 그들이 주의
이름을 찾게 하소서
17 그들로 수치를 당하여 영원히 놀
라게 하시며 (狼狽)낭패와 멸망을
당하게 하사
18 여호와라 이름하신 주만 온 세계
의 (至尊者)지존자로 알게 하소서

고라 자손의 시,
인도자를 따라 깃딧에 맞춘 노래

84 만군의 여호와여 주의 (帳
幕)장막이 어찌 그리 사랑
스러운지요
2 내 영혼이 여호와의 (宮庭)궁정을
사모하여 (衰弱)쇠약함이여 내 마
음과 육체가 살아 계시는 하나님

께 부르짖나이다
3 나의 왕, 나의 하나님, 만군의 여
호와여 주의 (祭壇)제단에서 참새
도 제 집을 얻고 제비도 새끼 둘
보금자리를 얻었나이다
4 주의 집에 사는 자들은 복이 있나
니 그들이 항상 주를 (讚頌)찬송
하리이다 (셀라)
5 주께 힘을 얻고 그 마음에 시온의
대로가 있는 자는 (福)복이 있나
이다
6 그들이 [1]눈물 골짜기로 지나갈 때
에 그 곳에 많은 샘이 있을 것이며
이른 비가 복을 채워 주나이다
7 그들은 힘을 얻고 더 얻어 나아가
시온에서 하나님 앞에 (各其)각기
나타나리이다
8 만군의 하나님 여호와여 내 (祈
禱)기도를 들으소서 야곱의 하나
님이여 귀를 기울이소서 (셀라)
9 우리 (防牌)방패이신 하나님이여
주께서 기름 부으신 자의 얼굴을
살펴 보옵소서
10 주의 궁정에서의 한 날이 다른 곳
에서의 천 날보다 나은즉 악인의
장막에 사는 것보다 내 하나님의
(聖殿)성전 문지기로 있는 것이
좋사오니
11 여호와 하나님은 해요 방패이시라
여호와께서 은혜와 영화를 주시며
(正直)정직하게 행하는 자에게 좋
은 것을 아끼지 아니하실 것임이
니이다
12 만군의 여호와여 주께 (依支)의지
하는 자는 복이 있나이다

1) 바카 골짜기로

고라 자손의 시, 인도자를 따라 부르는 노래

85 여호와여 주께서 주의 땅에
은혜를 베푸사 야곱의 (捕
虜)포로 된 자들이 돌아오게 하셨
으며
2 주의 백성의 (罪惡)죄악을 사하시
고 그들의 모든 죄를 덮으셨나이
다 (셀라)
3 주의 모든 (憤怒)분노를 거두시며
주의 진노를 돌이키셨나이다
4 우리 구원의 하나님이여 우리를
돌이키시고 우리에게 향하신 주의
(憤怒)분노를 거두소서
5 주께서 우리에게 영원히 노하시며
대대에 (震怒)진노하시겠나이까
6 주께서 우리를 다시 살리사 주의
(百姓)백성이 주를 기뻐하도록 하
지 아니하시겠나이까
7 여호와여 주의 (仁慈)인자하심을
우리에게 보이시며 주의 구원을
우리에게 주소서
8 내가 하나님 여호와께서 하실 말
씀을 들으리니 무릇 그의 백성, 그
의 성도들에게 (和平)화평을 말씀
하실 것이라 그들은 다시 어리석
은 데로 돌아가지 말지로다
9 진실로 그의 구원이 그를 경외하
는 자에게 가까우니 (榮光)영광이
우리 땅에 머무르리이다
10 (仁愛)인애와 (眞理)진리가 같이
만나고 의와 화평이 서로 입맞추
었으며
11 진리는 땅에서 솟아나고 (義)의는
하늘에서 굽어보도다

12 여호와께서 좋은 것을 주시리니
우리 땅이 그 (産物)산물을 내리
로다
13 (義)의가 주의 앞에 앞서 가며 주
의 길을 닦으리로다

다윗의 기도

86 여호와여 나는 가난하고
(窮乏)궁핍하오니 주의 귀
를 기울여 내게 응답하소서
2 나는 [1](敬虔)경건하오니 내 영혼
을 보존하소서 내 주 하나님이여
주를 의지하는 종을 구원하소서
3 주여 내게 은혜를 베푸소서 내가
(終日)종일 주께 부르짖나이다
4 주여 내 (靈魂)영혼이 주를 우러
러보오니 주여 내 영혼을 기쁘게
하소서
5 주는 선하사 (赦罪)사죄하기를 즐
거워하시며 주께 부르짖는 자에게
인자함이 후하심이니이다
6 여호와여 나의 기도에 귀를 기울
이시고 내가 (懇求)간구하는 소리
를 들으소서
7 나의 환난 날에 내가 주께 부르짖
으리니 주께서 내게 (應答)응답하
시리이다
8 주여 신들 중에 주와 같은 자 없사
오며 주의 (行)행하심과 같은 일
도 없나이다
9 주여 주께서 지으신 모든 민족이
와서 주의 앞에 (敬拜)경배하며
주의 이름에 영광을 돌리리이다
10 무릇 주는 위대하사 (奇異)기이한
일들을 행하시오니 주만이 하나님
이시니이다
11 여호와여 주의 도를 내게 가르치
소서 내가 주의 진리에 행하오리
니 (一心)일심으로 주의 이름을
경외하게 하소서
12 주 나의 하나님이여 내가 (全心)
전심으로 주를 찬송하고 영원토록
주의 이름에 영광을 돌리오리니
13 이는 내게 향하신 주의 (仁慈)인
자하심이 크사 내 영혼을 깊은 스
올에서 건지셨음이니이다
14 하나님이여 (驕慢)교만한 자들이
일어나 나를 치고 포악한 자의 무
리가 내 영혼을 찾았사오며 자기
앞에 주를 두지 아니하였나이다
15 그러나 주여 주는 긍휼히 여기시
며 은혜를 베푸시며 (怒)노하기를
더디하시며 인자와 진실이 풍성하
신 하나님이시오니
16 내게로 돌이키사 내게 (恩惠)은혜를
베푸소서 주의 종에게 힘을 주시고
주의 여종의 아들을 구원하소서
17 은총의 (表蹟)표적을 내게 보이소
서 그러면 나를 미워하는 그들이
보고 부끄러워하오리니 여호와여
주는 나를 돕고 위로하시는 이시
니이다

고라 자손의 시 곧 노래

87 그의 터전이 (聖山)성산에
있음이여
2 여호와께서 야곱의 모든 (居處)거
처보다 시온의 문들을 사랑하시는
도다
3 하나님의 성이여 너를 가리켜 (榮
光)영광스럽다 말하는도다 (셀라)

1) 주께서 은혜를 주신 자니

4 나는 [1]라합과 바벨론이 나를 아는
자 중에 있다 말하리라 보라 블레
셋과 두로와 구스여 이것들도 [2]거
기서 났다 하리로다
5 시온에 대하여 말하기를 이 사람,
저 사람이 거기서 났다고 말하리
니 (至尊者)지존자가 친히 시온을
세우리라 하는도다
6 여호와께서 민족들을 (登錄)등록
하실 때에는 그 수를 세시며 이 사
람이 거기서 났다 하시리로다 (셀
라)
7 노래하는 자와 뛰어 노는 자들이
말하기를 나의 모든 (根源)근원이
네게 있다 하리로다

고라 자손의 찬송 시 곧 에스라인 헤만의 [3]마스길, 인도자를 따라 [4]마할랏르안놋에 맞춘 노래

88 여호와 내 구원의 하나님이
여 내가 (晝夜)주야로 주 앞
에서 부르짖었사오니
2 나의 (祈禱)기도가 주 앞에 이르
게 하시며 나의 부르짖음에 주의
귀를 기울여 주소서
3 무릇 나의 (靈魂)영혼에는 재난이
가득하며 나의 생명은 스올에 가
까웠사오니
4 나는 무덤에 내려가는 자 같이 인정
되고 힘없는 (勇士)용사와 같으며
5 죽은 자 중에 던져진 바 되었으며
죽임을 당하여 무덤에 누운 자 같
으니이다 주께서 그들을 다시 (記
憶)기억하지 아니하시니 그들은
주의 손에서 끊어진 자니이다

1) 애굽 2) 시온에서 3) 교훈 4) 병의 노래

6 주께서 나를 깊은 웅덩이와 어둡
고 (陰沈)음침한 곳에 두셨사오며
7 주의 노가 나를 심히 누르시고 주
의 모든 (波濤)파도가 나를 괴롭
게 하셨나이다 (셀라)
8 주께서 내가 아는 자를 내게서 멀
리 떠나게 하시고 나를 그들에게
(可憎)가증한 것이 되게 하셨사오
니 나는 갇혀서 나갈 수 없게 되었
나이다
9 (困難)곤란으로 말미암아 내 눈이
쇠하였나이다 여호와여 내가 매일
주를 부르며 주를 향하여 나의 두
손을 들었나이다
10 주께서 죽은 자에게 기이한 일을
보이시겠나이까 (幽靈)유령들이
일어나 주를 찬송하리이까 (셀라)
11 주의 인자하심을 무덤에서, 주의
성실하심을 멸망 중에서 (宣布)선
포할 수 있으리이까
12 (黑暗)흑암 중에서 주의 기적과
잊음의 땅에서 주의 공의를 알 수
있으리이까
13 여호와여 오직 내가 주께 부르짖
었사오니 아침에 나의 (祈禱)기도
가 주의 앞에 이르리이다
14 여호와여 어찌하여 나의 (靈魂)영
혼을 버리시며 어찌하여 주의 얼
굴을 내게서 숨기시나이까
15 내가 어릴 적부터 고난을 당하여
죽게 되었사오며 주께서 두렵게
하실 때에 (唐慌)당황하였나이다
16 주의 (震怒)진노가 내게 넘치고
주의 두려움이 나를 끊었나이다
17 이런 일이 물 같이 (終日)종일 나

를 에우며 함께 나를 둘러쌌나이다
18 주는 내게서 사랑하는 자와 친구
를 멀리 떠나게 하시며 내가 아는
자를 (黑暗)흑암에 두셨나이다

에스라인 에단의 [1]마스길

89 내가 여호와의 (仁慈)인자
하심을 (永遠)영원히 노래
하며 주의 (誠實)성실하심을 내
입으로 대대에 알게 하리이다
2 내가 말하기를 인자하심을 영원히
세우시며 주의 (誠實)성실하심을
하늘에서 견고히 하시리라 하였나
이다
3 ●주께서 이르시되 나는 내가 택
한 자와 (言約)언약을 맺으며 내
종 다윗에게 (盟誓)맹세하기를
4 내가 네 자손을 영원히 견고히 하
며 네 (王位)왕위를 대대에 세우
리라 하셨나이다 (셀라)
5 여호와여 주의 기이한 일을 하늘
이 (讚揚)찬양할 것이요 주의 성
실도 거룩한 자들의 모임 가운데
에서 찬양하리이다
6 무릇 구름 위에서 능히 여호와와
(比較)비교할 자 누구며 신들 중에
서 여호와와 같은 자 누구리이까
7 하나님은 거룩한 자의 모임 가운
데에서 매우 무서워할 이시오며
둘러 있는 모든 자 위에 더욱 두려
워할 이시니이다
8 여호와 만군의 하나님이여 주와
같이 능력 있는 이가 누구리이까
여호와여 주의 (誠實)성실하심이
주를 둘렀나이다
9 주께서 바다의 파도를 다스리시며
그 (波濤)파도가 일어날 때에 잔
잔하게 하시나이다
10 주께서 [2]라합을 죽임 당한 자 같
이 깨뜨리시고 주의 원수를 주의
(能力)능력의 팔로 흩으셨나이다
11 하늘이 주의 것이요 땅도 주의 것
이라 세계와 그 중에 (充滿)충만
한 것을 주께서 건설하셨나이다
12 남북을 주께서 (創造)창조하셨으
니 다볼과 헤르몬이 주의 이름으
로 말미암아 즐거워하나이다
13 주의 팔에 (能力)능력이 있사오며
주의 손은 강하고 주의 오른손은
높이 들리우셨나이다
14 의와 공의가 주의 보좌의 (基礎)
기초라 인자함과 진실함이 주 앞
에 있나이다
15 즐겁게 소리칠 줄 아는 (百姓)백성
은 복이 있나니 여호와여 그들이
주의 얼굴 빛 안에서 다니리로다
16 그들은 종일 주의 이름 때문에 기
뻐하며 주의 (公義)공의로 말미암
아 높아지오니
17 주는 그들의 힘의 영광이심이라
우리의 뿔이 주의 (恩寵)은총으로
높아지오리니
18 우리의 방패는 여호와께 (屬)속하
였고 우리의 왕은 이스라엘의 거룩
한 이에게 속하였기 때문이니이다
19 ●그 때에 주께서 (幻像)환상 중
에 주의 성도들에게 말씀하여 이
르시기를 내가 능력 있는 용사에
게는 돕는 힘을 더하며 백성 중에
서 택함 받은 자를 높였으되

1) 교훈 2) 애굽

20 내가 내 종 다윗을 찾아내어 나의 거룩한 기름을 그에게 부었도다
21 내 손이 그와 함께 하여 (堅固)견고하게 하고 내 팔이 그를 힘이 있게 하리로다
22 원수가 그에게서 (强奪)강탈하지 못하며 악한 자가 그를 곤고하게 못하리로다
23 내가 그의 앞에서 그 대적들을 (撲滅)박멸하며 그를 미워하는 자들을 치려니와
24 나의 (誠實)성실함과 인자함이 그와 함께 하리니 내 이름으로 말미암아 그의 뿔이 높아지리로다
25 내가 또 그의 손을 바다 위에 놓으며 오른손을 (江)강들 위에 놓으리니
26 그가 내게 부르기를 주는 나의 아버지시요 나의 하나님이시요 나의 (救援)구원의 바위시라 하리로다
27 내가 또 그를 (長子)장자로 삼고 세상 왕들에게 지존자가 되게 하며
28 그를 위하여 나의 인자함을 영원히 지키고 그와 맺은 나의 (言約)언약을 굳게 세우며
29 또 그의 후손을 (永久)영구하게 하여 그의 왕위를 하늘의 날과 같게 하리로다
30 만일 그의 자손이 내 법을 버리며 내 (規例)규례대로 행하지 아니하며
31 내 (律例)율례를 깨뜨리며 내 계명을 지키지 아니하면
32 내가 회초리로 그들의 죄를 다스리며 채찍으로 그들의 죄악을 (罰)벌하리로다
33 그러나 나의 인자함을 그에게서 다 거두지는 아니하며 나의 (誠實)성실함도 폐하지 아니하며
34 내 (言約)언약을 깨뜨리지 아니하고 내 입술에서 낸 것은 변하지 아니하리로다
35 내가 나의 거룩함으로 한 번 (盟誓)맹세하였은즉 다윗에게 거짓말을 하지 아니할 것이라
36 그의 후손이 (長久)장구하고 그의 왕위는 해 같이 내 앞에 항상 있으며
37 또 (穹蒼)궁창의 확실한 증인인 달 같이 영원히 견고하게 되리라 하셨도다 (셀라)
38 ● 그러나 주께서 주의 기름 부음 받은 자에게 (怒)노하사 물리치셔서 버리셨으며
39 주의 종의 언약을 미워하사 그의 관을 땅에 던져 (辱)욕되게 하셨으며
40 그의 모든 울타리를 (破壞)파괴하시며 그 요새를 무너뜨리셨으므로
41 길로 지나가는 자들에게 다 (奪取)탈취를 당하며 그의 이웃에게 욕을 당하나이다
42 주께서 그의 대적들의 오른손을 높이시고 그들의 모든 (怨讐)원수들은 기쁘게 하셨으나
43 그의 칼날은 (鈍)둔하게 하사 그가 전장에서 더 이상 버티지 못하게 하셨으며
44 그의 영광을 그치게 하시고 그의 (王位)왕위를 땅에 엎으셨으며
45 그의 젊은 날들을 짧게 하시고 그를 (羞恥)수치로 덮으셨나이다 (셀라)

46 여호와여 언제까지니이까 스스로
영원히 숨기시리이까 주의 (怒)노
가 언제까지 불붙듯 하시겠나이까
47 나의 때가 얼마나 짧은지 (記憶)기
억하소서 주께서 모든 사람을 어
찌 그리 허무하게 창조하셨는지요
48 누가 살아서 죽음을 보지 아니하
고 자기의 영혼을 스올의 (權勢)
권세에서 건지리이까 (셀라)
49 주여 주의 (誠實)성실하심으로 다
윗에게 맹세하신 그 전의 인자하
심이 어디 있나이까
50 주는 주의 종들이 받은 (誹謗)비
방을 기억하소서 많은 민족의 비
방이 내 품에 있사오니
51 여호와여 이 비방은 주의 원수들
이 주의 기름 부음 받은 자의 (行
動)행동을 비방한 것이로소이다
52 ● 여호와를 영원히 (讚頌)찬송할
지어다 아멘 아멘

제 사 권

하나님의 사람 모세의 기도

90 주여 주는 (代代)대대에 우
리의 거처가 되셨나이다
2 산이 생기기 전, 땅과 세계도 주께서
(造成)조성하시기 전 곧 영원부터
영원까지 주는 하나님이시니이다
3 주께서 사람을 [1)]티끌로 돌아가게
하시고 말씀하시기를 너희 (人生)
인생들은 돌아가라 하셨사오니
4 주의 (目前)목전에는 천 년이 지
나간 어제 같으며 밤의 한 순간 같
을 뿐임이니이다
5 주께서 그들을 (洪水)홍수처럼 쓸
어가시나이다 그들은 잠깐 자는 것
같으며 아침에 돋는 풀 같으니이다
6 풀은 아침에 꽃이 피어 자라다가
저녁에는 시들어 마르나이다
7 우리는 주의 노에 (消滅)소멸되며
주의 분내심에 놀라나이다
8 주께서 우리의 죄악을 주의 앞에
놓으시며 우리의 (隱密)은밀한 죄
를 주의 얼굴 빛 가운데에 두셨사
오니
9 우리의 모든 날이 주의 분노 중에
지나가며 우리의 평생이 (瞬息間)
순식간에 다하였나이다
10 우리의 연수가 칠십이요 (康健)강
건하면 팔십이라도 그 연수의 자
랑은 수고와 슬픔뿐이요 신속히
가니 우리가 날아가나이다
11 누가 주의 노여움의 (能力)능력을
알며 누가 주의 진노의 두려움을
알리이까
12 우리에게 우리 날 (計數)계수함을
가르치사 지혜로운 마음을 얻게
하소서
13 여호와여 돌아오소서 언제까지니
이까 (主)주의 종들을 불쌍히 여
기소서
14 아침에 주의 인자하심이 우리를
(滿足)만족하게 하사 우리를 일생
동안 즐겁고 기쁘게 하소서
15 우리를 괴롭게 하신 날수대로와
우리가 화를 당한 (年數)연수대로
우리를 기쁘게 하소서
16 주께서 행하신 일을 주의 종들에
게 나타내시며 주의 영광을 그들
의 (子孫)자손에게 나타내소서

1) 파멸로

17 주 우리 하나님의 [1](恩寵)은총을
우리에게 내리게 하사 우리의 손
이 행한 일을 우리에게 견고하게
하소서 우리의 손이 행한 일을 견
고하게 하소서

91 지존자의 (隱密)은밀한 곳에
거주하며 전능자의 그늘 아
래에 사는 자여,
2 나는 여호와를 향하여 말하기를
그는 나의 피난처요 나의 (要塞)
요새요 내가 의뢰하는 하나님이라
하리니
3 이는 그가 너를 새 사냥꾼의 올무
에서와 심한 (傳染病)전염병에서
건지실 것임이로다
4 그가 너를 그의 깃으로 덮으시리
니 네가 그의 날개 아래에 피하리
로다 그의 (眞實)진실함은 방패와
손 방패가 되시나니
5 너는 밤에 찾아오는 (恐怖)공포와
낮에 날아드는 화살과
6 어두울 때 퍼지는 전염병과 밝을
때 닥쳐오는 (災殃)재앙을 두려워
하지 아니하리로다
7 천 명이 네 왼쪽에서, 만 명이 네 오
른쪽에서 엎드러지나 이 (災殃)재
앙이 네게 가까이 하지 못하리로다
8 오직 너는 똑똑히 보리니 악인들
의 (報應)보응을 네가 보리로다
9 네가 말하기를 [2]여호와는 나의 피
난처시라 하고 지존자를 너의 (居
處)거처로 삼았으므로
10 화가 네게 미치지 못하며 재앙이
네 (帳幕)장막에 가까이 오지 못
하리니
11 그가 너를 위하여 그의 천사들을
(命令)명령하사 네 모든 길에서
너를 지키게 하심이라
12 그들이 그들의 손으로 너를 붙들
어 발이 돌에 부딪히지 아니하게
하리로다
13 네가 (獅子)사자와 독사를 밟으며
젊은 사자와 뱀을 발로 누르리로다
14 하나님이 이르시되 그가 나를 사랑
한즉 내가 그를 건지리라 그가 내
이름을 안즉 내가 그를 높이리라
15 그가 내게 (懇求)간구하리니 내가
그에게 응답하리라 그들이 환난
당할 때에 내가 그와 함께 하여 그
를 건지고 영화롭게 하리라
16 내가 그를 (長壽)장수하게 함으로
그를 만족하게 하며 나의 구원을
그에게 보이리라 하시도다

안식일의 찬송 시

92 1-3 지존자여 (十絃琴)십현
금과 비파와 수금으로 여호
와께 감사하며 주의 이름을 찬양
하고 아침마다 주의 인자하심을
알리며 밤마다 주의 성실하심을
베풂이 좋으니이다
4 여호와여 (主)주께서 행하신 일로
나를 기쁘게 하셨으니 주의 손이
행하신 일로 말미암아 내가 높이
외치리이다
5 여호와여 주께서 행하신 일이 어
찌 그리 크신지요 주의 생각이 매
우 깊으시니이다
6 어리석은 자도 알지 못하며 (無
知)무지한 자도 이를 깨닫지 못하

1) 아름다움이 2) 여호와여 주는

나이다
7 악인들은 풀 같이 자라고 악을 행
하는 자들은 다 (興旺)흥왕할지라
도 영원히 멸망하리이다
8 여호와여 주는 (永遠)영원토록 지
존하시니이다
9 여호와여 주의 원수들은 (敗亡)패
망하리이다 정녕 주의 원수들은
패망하리니 죄악을 행하는 자들은
다 흩어지리이다
10 그러나 주께서 내 뿔을 들소의 뿔
같이 높이셨으며 내게 (新鮮)신선
한 기름을 부으셨나이다
11 내 원수들이 보응 받는 것을 내 눈
으로 보며 일어나 나를 치는 행악
자들이 (報應)보응 받는 것을 내
귀로 들었도다
12 의인은 종려나무 같이 (蕃盛)번성
하며 레바논의 백향목 같이 성장
하리로다
13 이는 여호와의 집에 심겼음이여
우리 하나님의 뜰 안에서 (蕃盛)
번성하리로다
14 그는 늙어도 여전히 결실하며 (津
液)진액이 풍족하고 빛이 청청하니
15 여호와의 정직하심과 나의 바위
되심과 그에게는 (不義)불의가 없
음이 선포되리로다

93 여호와께서 다스리시니 스
스로 (權威)권위를 입으셨도
다 여호와께서 능력의 옷을 입으
시며 띠를 띠셨으므로 세계도 견
고히 서서 흔들리지 아니하는도다
2 주의 (寶座)보좌는 예로부터 견고
히 섰으며 주는 영원부터 계셨나
이다
3 여호와여 큰 물이 소리를 높였고
큰 물이 그 소리를 높였으니 큰 물
이 그 물결을 높이나이다
4 높이 계신 여호와의 능력은 많은
물 소리와 바다의 큰 (波濤)파도
보다 크니이다
5 여호와여 주의 증거들이 매우 확
실하고 거룩함이 주의 집에 (合
當)합당하니 여호와는 영원무궁
하시리이다

94 여호와여 (復讐)복수하시는
하나님이여 복수하시는 하
나님이여 빛을 비추어 주소서
2 세계를 (審判)심판하시는 주여 일
어나사 교만한 자들에게 마땅한
벌을 주소서
3 여호와여 악인이 언제까지, 악인이
언제까지 (凱歌)개가를 부르리이까
4 그들이 마구 지껄이며 (傲慢)오만
하게 떠들며 죄악을 행하는 자들
이 다 자만하나이다
5 여호와여 그들이 주의 백성을 짓
밟으며 주의 소유를 (困苦)곤고하
게 하며
6 과부와 나그네를 죽이며 (孤兒)고
아들을 살해하며
7 말하기를 여호와가 보지 못하며
야곱의 하나님이 알아차리지 못하
리라 하나이다
8 백성 중의 어리석은 자들아 너희
는 생각하라 무지한 자들아 너희
가 언제나 (智慧)지혜로울까
9 귀를 [1]지으신 이가 듣지 아니하시

1) 심으신 자가

라 눈을 만드신 이가 보지 아니하
시랴
10 뭇 백성을 (懲罰)징벌하시는 이
곧 지식으로 사람을 교훈하시는
이가 징벌하지 아니하시랴
11 여호와께서는 사람의 생각이 (虛
無)허무함을 아시느니라
12 여호와여 주로부터 징벌을 받으며
주의 법으로 (敎訓)교훈하심을 받
는 자가 복이 있나니
13 이런 사람에게는 환난의 날을 피
하게 하사 악인을 위하여 구덩이
를 팔 때까지 (平安)평안을 주시
리이다
14 여호와께서는 자기 백성을 버리지
아니하시며 자기의 소유를 (外面)
외면하지 아니하시리로다
15 심판이 의로 돌아가리니 마음이
(正直)정직한 자가 다 따르리로다
16 누가 나를 위하여 일어나서 (行惡
者)행악자들을 치며 누가 나를 위하
여 일어나서 악행하는 자들을 칠까
17 여호와께서 내게 도움이 되지 아
니하셨더면 내 영혼이 벌써 (沈
默)침묵 속에 잠겼으리로다
18 여호와여 나의 발이 미끄러진다고
말할 때에 주의 (仁慈)인자하심이
나를 붙드셨사오며
19 내 속에 근심이 많을 때에 주의
(慰安)위안이 내 영혼을 즐겁게
하시나이다
20 율례를 (憑藉)빙자하고 재난을 꾸
미는 [1]악한 재판장이 어찌 주와
어울리리이까

1) 악의 자리가 2) 다툼

21 그들이 모여 의인의 영혼을 치려
하며 무죄한 자를 (定罪)정죄하여
피를 흘리려 하나
22 여호와는 나의 (要塞)요새이시요
나의 하나님은 내가 피할 반석이
시라
23 그들의 (罪惡)죄악을 그들에게로
되돌리시며 그들의 악으로 말미암
아 그들을 끊으시리니 여호와 우
리 하나님이 그들을 끊으시리로다

95 오라 우리가 여호와께 노래
하며 우리의 구원의 (磐石)
반석을 향하여 즐거이 외치자
2 우리가 감사함으로 그 앞에 나아
가며 (詩)시를 지어 즐거이 그를
노래하자
3 여호와는 크신 하나님이시요 모든
(神)신들보다 크신 왕이시기 때문
이로다
4 땅의 깊은 곳이 그의 손 안에 있으
며 산들의 높은 곳도 그의 것이로다
5 바다도 그의 것이라 그가 만드셨
고 (陸地)육지도 그의 손이 지으
셨도다
6 오라 우리가 굽혀 (敬拜)경배하며
우리를 지으신 여호와 앞에 무릎
을 꿇자
7 그는 우리의 하나님이시요 우리는
그가 기르시는 백성이며 그의 손이
돌보시는 양이기 때문이라 너희가
오늘 그의 (音聲)음성을 듣거든
8 너희는 [2]므리바에서와 같이 또 광
야의 맛사에서 지냈던 날과 같이
너희 마음을 (頑惡)완악하게 하지
말지어다

9 그 때에 너희 조상들이 내가 행한
일을 보고서도 나를 (試驗)시험하
고 조사하였도다
10 내가 사십 년 동안 그 세대로 말미
암아 근심하여 이르기를 그들은
마음이 (迷惑)미혹된 백성이라 내
길을 알지 못한다 하였도다
11 그러므로 내가 노하여 맹세하기를
그들은 내 (安息)안식에 들어오지
못하리라 하였도다

96 새 노래로 여호와께 노래하
라 온 땅이여 여호와께 노
래할지어다
2 여호와께 노래하여 그의 이름을
(頌祝)송축하며 그의 구원을 날마
다 전파할지어다
3 그의 (榮光)영광을 백성들 가운데
에, 그의 기이한 행적을 만민 가운
데에 선포할지어다
4 여호와는 위대하시니 지극히 찬양
할 것이요 모든 신들보다 (敬畏)
경외할 것임이여
5 만국의 모든 신들은 (偶像)우상들
이지만 여호와께서는 하늘을 지으
셨음이로다
6 존귀와 (威嚴)위엄이 그의 앞에
있으며 능력과 아름다움이 그의
성소에 있도다
7 만국의 족속들아 영광과 (權能)권
능을 여호와께 돌릴지어다 여호와
께 돌릴지어다
8 여호와의 이름에 합당한 영광을
그에게 돌릴지어다 (禮物)예물을
들고 그의 (宮庭)궁정에 들어갈지
어다

9 아름답고 거룩한 것으로 여호와께
(禮拜)예배할지어다 온 땅이여 그
앞에서 떨지어다
10 모든 나라 가운데서 이르기를 여
호와께서 다스리시니 세계가 굳게
서고 흔들리지 않으리라 그가 만
민을 공평하게 (審判)심판하시리
라 할지로다
11 하늘은 기뻐하고 땅은 즐거워하며
바다와 거기에 (充滿)충만한 것이
외치고
12 밭과 그 가운데에 있는 모든 것은
즐거워할지로다 그 때 숲의 모든
나무들이 여호와 앞에서 즐거이
노래하리니
13 그가 임하시되 땅을 심판하러
(臨)임하실 것임이라 그가 의로
세계를 심판하시며 그의 진실하심
으로 백성을 심판하시리로다

97 여호와께서 다스리시나니
땅은 즐거워하며 (許多)허
다한 섬은 기뻐할지어다
2 구름과 (黑暗)흑암이 그를 둘렀고
의와 공평이 그의 보좌의 기초로다
3 불이 그의 앞에서 나와 사방의 (對
敵)대적들을 불사르시는도다
4 그의 번개가 (世界)세계를 비추니
땅이 보고 떨었도다
5 산들이 여호와의 앞 곧 온 땅의 주
앞에서 (蜜蠟)밀랍 같이 녹았도다
6 하늘이 그의 의를 (宣布)선포하니
모든 백성이 그의 영광을 보았도다
7 (彫刻)조각한 신상을 섬기며 [1](虛
無)허무한 것으로 자랑하는 자는

1) 우상으로

다 수치를 당할 것이라 너희 신들
아 여호와께 경배할지어다
8 여호와여 시온이 주의 (審判)심판
을 듣고 기뻐하며 유다의 딸들이
즐거워하였나이다
9 여호와여 주는 온 땅 위에 (至尊)
지존하시고 모든 신들보다 위에
계시니이다
10 여호와를 사랑하는 너희여 악을
미워하라 그가 그의 성도의 영혼
을 (保全)보전하사 악인의 손에서
건지시느니라
11 (義人)의인을 위하여 빛을 뿌리고
마음이 정직한 자를 위하여 기쁨
을 뿌리시는도다
12 의인이여 너희는 여호와로 말미암
아 기뻐하며 그의 거룩한 이름에
(感謝)감사할지어다

시

98 새 노래로 여호와께 찬송하
라 그는 기이한 일을 행하
사 그의 오른손과 거룩한 팔로 (自
己)자기를 위하여 구원을 베푸셨
음이로다
2 여호와께서 그의 구원을 알게 하시
며 그의 공의를 뭇 나라의 (目前)
목전에서 명백히 나타내셨도다
3 그가 이스라엘의 집에 베푸신 인
자와 (誠實)성실을 기억하셨으므
로 땅 끝까지 이르는 모든 것이 우
리 하나님의 구원을 보았도다
4 온 땅이여 여호와께 즐거이 소리
칠지어다 소리 내어 즐겁게 노래
하며 (讚頌)찬송할지어다
5 (竪琴)수금으로 여호와를 노래하
라 수금과 음성으로 노래할지어다
6 (喇叭)나팔과 호각 소리로 왕이신
여호와 앞에 즐겁게 소리칠지어다
7 바다와 거기 (充滿)충만한 것과
세계와 그 중에 거주하는 자는 다
외칠지어다
8 여호와 앞에서 큰 물은 (拍手)박
수할지어다 산악이 함께 즐겁게
노래할지어다
9 그가 땅을 심판하러 임하실 것임
이로다 그가 의로 세계를 (判斷)
판단하시며 공평으로 그의 백성을
심판하시리로다

99 여호와께서 다스리시니 (萬
民)만민이 떨 것이요 여호
와께서 그룹 사이에 (坐定)좌정하
시니 땅이 흔들릴 것이로다
2 시온에 계시는 여호와는 위대하시
고 모든 (民族)민족보다 높으시도다
3 주의 크고 두려운 이름을 (讚頌)
찬송할지니 그는 거룩하심이로다
4 ●능력 있는 왕은 (正義)정의를
사랑하느니라 주께서 공의를 견
고하게 세우시고 주께서 야곱에게
정의와 공의를 행하시나이다
5 너희는 여호와 우리 하나님을 높
여 그의 발등상 앞에서 (敬拜)경
배할지어다 그는 거룩하시도다
6 ●그의 제사장들 중에는 모세와
아론이 있고 그의 이름을 부르는
자들 중에는 사무엘이 있도다 그
들이 여호와께 (懇求)간구하매 응
답하셨도다
7 여호와께서 구름 기둥 가운데서
그들에게 말씀하시니 그들은 그가

그들에게 주신 증거와 (律例)율례
를 지켰도다
8 여호와 우리 하나님이여 주께서는
그들에게 (應答)응답하셨고 그들
의 행한 대로 갚기는 하셨으나 그
들을 용서하신 하나님이시니이다
9 너희는 여호와 우리 하나님을 높
이고 그 성산에서 (禮拜)예배할지
어다 여호와 우리 하나님은 거룩
하심이로다

감사의 시

100 온 땅이여 여호와께 즐
거운 (讚頌)찬송을 부를
지어다
2 기쁨으로 여호와를 섬기며 노래하
면서 그의 앞에 나아갈지어다
3 여호와가 우리 하나님이신 줄 너
희는 알지어다 그는 우리를 지으
신 이요 우리는 그의 것이니 그의
(百姓)백성이요 그의 기르시는 양
이로다
4 감사함으로 그의 문에 들어가며
찬송함으로 그의 궁정에 들어가서
그에게 감사하며 그의 이름을 (頌
祝)송축할지어다
5 여호와는 선하시니 그의 인자하심
이 영원하고 그의 (誠實)성실하심
이 대대에 이르리로다

다윗의 시

101 내가 인자와 (正義)정의
를 노래하겠나이다 여호
와여 내가 주께 찬양하리이다
2 내가 (完全)완전한 길을 주목하오
리니 주께서 어느 때나 내게 임하
시겠나이까 내가 완전한 마음으로
내 집 안에서 행하리이다
3 나는 (卑賤)비천한 것을 내 눈 앞
에 두지 아니할 것이요 배교자들의
행위를 내가 미워하오리니 나는 그
어느 것도 붙들지 아니하리이다
4 (邪惡)사악한 마음이 내게서 떠날
것이니 [1]악한 일을 내가 알지 아
니하리로다
5 자기의 이웃을 (慇懃)은근히 헐뜯
는 자를 내가 멸할 것이요 눈이 높
고 마음이 교만한 자를 내가 용납
하지 아니하리로다
6 내 눈이 이 땅의 (忠誠)충성된 자
를 살펴 나와 함께 살게 하리니 완
전한 길에 행하는 자가 나를 따르
리로다
7 거짓을 행하는 자는 내 집 안에 (居
住)거주하지 못하며 거짓말하는
자는 내 목전에 서지 못하리로다
8 아침마다 내가 이 땅의 모든 (惡
人)악인을 멸하리니 악을 행하는
자는 여호와의 성에서 다 끊어지
리로다

고난 당한 자가 마음이 상하여 그의 근심을 여호와 앞에 토로하는 기도

102 여호와여 내 기도를 들
으시고 나의 부르짖음
을 주께 (上達)상달하게 하소서
2 나의 괴로운 날에 주의 얼굴을 내
게서 숨기지 마소서 주의 귀를 내
게 기울이사 내가 부르짖는 날에
속히 내게 (應答)응답하소서
3 내 날이 (煙氣)연기 같이 소멸하
며 내 뼈가 숯 같이 탔음이니이다

1) 악한 자를

4 내가 (飮食)음식 먹기도 잊었으므
로 내 마음이 풀 같이 시들고 말라
버렸사오며
5 나의 (嘆息)탄식 소리로 말미암아
나의 살이 뼈에 붙었나이다
6 나는 (曠野)광야의 올빼미 같고
황폐한 곳의 부엉이 같이 되었사
오며
7 내가 밤을 새우니 지붕 위의 외로
운 참새 같으니이다
8 내 원수들이 종일 나를 (誹謗)비
방하며 내게 대항하여 미칠 듯이
날뛰는 자들이 나를 가리켜 맹세
하나이다
9 나는 재를 (糧食)양식 같이 먹으며
나는 눈물 섞인 물을 마셨나이다
10 주의 (憤怒)분노와 진노로 말미암
음이라 주께서 나를 들어서 던지
셨나이다
11 내 날이 기울어지는 그림자 같고
내가 풀의 시들어짐 같으니이다
12 ● 여호와여 주는 영원히 계시고
주에 대한 (記憶)기억은 대대에
이르리이다
13 주께서 일어나사 시온을 (矜恤)긍
휼히 여기시리니 지금은 그에게
은혜를 베푸실 때라 정한 기한이
다가옴이니이다
14 주의 종들이 시온의 돌들을 즐거
워하며 그의 티끌도 (恩惠)은혜를
받나이다
15 이에 뭇 나라가 여호와의 이름을
(敬畏)경외하며 이 땅의 모든 왕
들이 주의 영광을 경외하리니
16 여호와께서 시온을 (建設)건설하
시고 그의 영광 중에 나타나셨음
이라
17 여호와께서 (貧窮)빈궁한 자의 기
도를 돌아보시며 그들의 기도를
멸시하지 아니하셨도다
18 이 일이 장래 세대를 위하여 기록
되리니 (創造)창조함을 받을 백성
이 여호와를 찬양하리로다
19 여호와께서 그의 높은 (聖所)성소
에서 굽어보시며 하늘에서 땅을
살펴 보셨으니
20 이는 갇힌 자의 (歎息)탄식을 들으
시며 죽이기로 정한 자를 해방하사
21 여호와의 이름을 시온에서, 그 영
예를 예루살렘에서 (宣布)선포하
게 하려 하심이라
22 그 때에 (民族)민족들과 나라들이
함께 모여 여호와를 섬기리로다
23 ● 그가 내 힘을 (中途)중도에 쇠
약하게 하시며 내 날을 짧게 하셨
도다
24 나의 말이 나의 하나님이여 나의
중년에 나를 데려가지 마옵소서
주의 연대는 대대에 (無窮)무궁하
니이다
25 주께서 옛적에 땅의 (基礎)기초를
놓으셨사오며 하늘도 주의 손으로
지으신 바니이다
26 천지는 없어지려니와 주는 (永存)
영존하시겠고 그것들은 다 옷 같
이 낡으리니 의복 같이 바꾸시면
바뀌려니와
27 주는 한결같으시고 주의 연대는
(無窮)무궁하리이다
28 주의 종들의 (子孫)자손은 항상

안전히 거주하고 그의 후손은 주
앞에 굳게 서리이다 하였도다

다윗의 시

103

내 영혼아 여호와를 (頌
祝)송축하라 내 속에 있
는 것들아 다 그의 거룩한 이름을
송축하라
2 내 영혼아 여호와를 송축하며 그의
모든 (恩澤)은택을 잊지 말지어다
3 그가 네 모든 죄악을 사하시며 네
모든 병을 고치시며
4 네 생명을 (破滅)파멸에서 속량하
시고 인자와 긍휼로 관을 씌우시
며
5 좋은 것으로 네 소원을 만족하게
하사 네 (青春)청춘을 독수리 같
이 새롭게 하시는도다
6 여호와께서 공의로운 일을 행하시
며 억압 당하는 모든 자를 위하여
(審判)심판하시는도다
7 그의 (行爲)행위를 모세에게, 그
의 행사를 이스라엘 자손에게 알
리셨도다
8 여호와는 (矜恤)긍휼이 많으시고
은혜로우시며 노하기를 더디 하시
고 인자하심이 풍부하시도다
9 자주 (警責)경책하지 아니하시며
노를 영원히 품지 아니하시리로다
10 우리의 죄를 따라 우리를 (處罰)
처벌하지는 아니하시며 우리의 죄
악을 따라 우리에게 그대로 갚지
는 아니하셨으니
11 이는 하늘이 땅에서 높음 같이 그
를 (敬畏)경외하는 자에게 그의
인자하심이 크심이로다
12 동이 서에서 먼 것 같이 우리의
(罪過)죄과를 우리에게서 멀리 옮
기셨으며
13 아버지가 자식을 긍휼히 여김 같
이 여호와께서는 자기를 (敬畏)경
외하는 자를 긍휼히 여기시나니
14 이는 그가 우리의 (體質)체질을
아시며 우리가 단지 먼지뿐임을
기억하심이로다
15 인생은 그 날이 풀과 같으며 그
(榮華)영화가 들의 꽃과 같도다
16 그것은 바람이 지나가면 없어지나
니 그 있던 자리도 다시 알지 못하
거니와
17 여호와의 (仁慈)인자하심은 자기
를 경외하는 자에게 (永遠)영원부
터 영원까지 이르며 그의 의는 자
손의 자손에게 이르리니
18 곧 그의 언약을 지키고 그의 (法
度)법도를 기억하여 행하는 자에
게로다
19 여호와께서 그의 (寶座)보좌를 하
늘에 세우시고 그의 왕권으로 만
유를 다스리시도다
20 능력이 있어 여호와의 말씀을 행
하며 그의 말씀의 소리를 듣는 여
호와의 (天使)천사들이여 여호와
를 송축하라
21 그에게 (隨從)수종들며 그의 뜻을
행하는 모든 천군이여 여호와를
송축하라
22 여호와의 지으심을 받고 그가 다
스리시는 모든 곳에 있는 너희여
여호와를 (頌祝)송축하라 내 영혼
아 여호와를 송축하라

104 내 영혼아 여호와를 송
축하라 여호와 나의 하
나님이여 주는 심히 (偉大)위대하
시며 존귀와 권위로 옷 입으셨나
이다
2 주께서 옷을 입음 같이 빛을 입으
시며 하늘을 (揮帳)휘장 같이 치시
며
3 물에 자기 (樓閣)누각의 들보를
얹으시며 구름으로 자기 수레를
삼으시고 바람 날개로 다니시며
4 바람을 자기 (使臣)사신으로 삼으
시고 불꽃으로 자기 사역자를 삼
으시며
5 땅에 (基礎)기초를 놓으사 영원히
흔들리지 아니하게 하셨나이다
6 옷으로 덮음 같이 주께서 땅을 깊
은 바다로 덮으시매 물이 산들 위
로 솟아올랐으나
7 주께서 꾸짖으시니 물은 (逃亡)도
망하며 주의 우렛소리로 말미암아
빨리 가며
8 주께서 그들을 위하여 (定)정하여
주신 곳으로 흘러갔고 [1]산은 오르
고 골짜기는 내려갔나이다
9 주께서 물의 (境界)경계를 정하여
넘치지 못하게 하시며 다시 돌아
와 땅을 덮지 못하게 하셨나이다
10 여호와께서 샘을 골짜기에서 솟아
나게 하시고 (山)산 사이에 흐르
게 하사
11 각종 들짐승에게 마시게 하시니
들나귀들도 (解渴)해갈하며

1) 물이 산으로 올라가고 골짜기로 내림이여 그를 위하여 정하
신 곳에 이르도다

12 (空中)공중의 새들도 그 가에서
깃들이며 나뭇가지 사이에서 지저
귀는도다
13 그가 그의 (樓閣)누각에서부터 산
에 물을 부어 주시니 주께서 하시
는 일의 결실이 땅을 만족시켜 주
는도다
14 그가 가축을 위한 풀과 사람을 위
한 (菜蔬)채소를 자라게 하시며
땅에서 먹을 것이 나게 하셔서
15 사람의 마음을 기쁘게 하는 포도
주와 사람의 얼굴을 (潤澤)윤택하
게 하는 기름과 사람의 마음을 힘
있게 하는 양식을 주셨도다
16 여호와의 나무에는 물이 (洽足)흡
족함이여 곧 그가 심으신 레바논
(柏香木)백향목들이로다
17 새들이 그 속에 깃들임이여 (鶴)
학은 잣나무로 집을 삼는도다
18 높은 산들은 (山羊)산양을 위함이
여 바위는 너구리의 피난처로다
19 여호와께서 달로 (節期)절기를 정
하심이여 해는 그 지는 때를 알도
다
20 주께서 (黑暗)흑암을 지어 밤이
되게 하시니 삼림의 모든 짐승이
기어나오나이다
21 젊은 (獅子)사자들은 그들의 먹이
를 쫓아 부르짖으며 그들의 먹이
를 하나님께 구하다가
22 해가 돋으면 물러가서 그들의
(窟)굴 속에 눕고
23 사람은 나와서 일하며 저녁까지
수고하는도다
24 여호와여 주께서 하신 일이 어찌

그리 많은지요 주께서 (智慧)지혜
로 그들을 다 지으셨으니 주께서
지으신 것들이 땅에 가득하니이다
25 거기에는 크고 넓은 바다가 있고
그 속에는 [1]생물 곧 크고 작은 동
물들이 (無數)무수하니이다
26 그 곳에는 배들이 다니며 주께서
지으신 [2]리워야단이 그 속에서 노
나이다
27 이것들은 다 (主)주께서 때를 따라
먹을 것을 주시기를 바라나이다
28 주께서 주신즉 그들이 받으며 주
께서 손을 펴신즉 그들이 좋은 것
으로 (滿足)만족하다가
29 주께서 낯을 숨기신즉 그들이 떨
고 주께서 그들의 (呼吸)호흡을
거두신즉 그들은 죽어 먼지로 돌
아가나이다
30 주의 영을 보내어 그들을 (創造)
창조하사 지면을 새롭게 하시나이
다
31 여호와의 (榮光)영광이 영원히 계
속할지며 여호와는 자신께서 행하
시는 일들로 말미암아 즐거워하시
리로다
32 그가 땅을 보신즉 땅이 (震動)진
동하며 산들을 만지신즉 연기가
나는도다
33 내가 (平生)평생토록 여호와께 노
래하며 내가 살아 있는 동안 내 하
나님을 찬양하리로다
34 나의 (祈禱)기도를 기쁘게 여기시
기를 바라나니 나는 여호와로 말
미암아 즐거워하리로다
35 죄인들을 땅에서 (消滅)소멸하시
며 악인들을 다시 있지 못하게 하
시리로다 내 영혼아 여호와를 송
축하라 [3]할렐루야

105

여호와께 (感謝)감사하
고 그의 이름을 불러 아
뢰며 그가 하는 일을 만민 중에 알
게 할지어다
2 그에게 노래하며 그를 찬양하며
그의 모든 (奇異)기이한 일들을
말할지어다
3 그의 거룩한 이름을 자랑하라 여
호와를 (求)구하는 자들은 마음이
즐거울지로다
4 여호와와 그의 능력을 구할지어다
그의 얼굴을 (恒常)항상 구할지어
다
5-6 그의 종 아브라함의 후손 곧 택하
신 야곱의 자손 너희는 그가 행하
신 기적과 그의 (異蹟)이적과 그
의 입의 판단을 기억할지어다
7 그는 여호와 우리 하나님이시라
그의 (判斷)판단이 온 땅에 있도다
8 그는 그의 언약 곧 (千 代)천 대에
걸쳐 명령하신 말씀을 영원히 기
억하셨으니
9 이것은 아브라함과 맺은 (言約)언
약이고 이삭에게 하신 맹세이며
10 야곱에게 세우신 (律例)율례 곧
이스라엘에게 하신 영원한 언약이
라
11 이르시기를 내가 가나안 땅을 네
게 주어 너희에게 (割當)할당된
소유가 되게 하리라 하셨도다
12 그 때에 그들의 사람 (數)수가 적

1) 기는 것 2) 악어로 볼 수도 있음 3) 여호와를 찬송하라

어 그 땅의 나그네가 되었고
13 이 (族屬)족속에게서 저 족속에게
로, 이 나라에서 다른 민족에게로
떠돌아다녔도다
14 그러나 그는 사람이 그들을 (抑
壓)억압하는 것을 용납하지 아니
하시고 그들로 말미암아 왕들을
꾸짖어
15 이르시기를 나의 기름 부은 자를
손대지 말며 나의 (先知者)선지자
들을 해하지 말라 하셨도다
16 그가 또 그 땅에 (饑饉)기근이 들
게 하사 그들이 의지하고 있는 양
식을 다 끊으셨도다
17 그가 한 사람을 앞서 보내셨음이
여 요셉이 종으로 팔렸도다
18 그의 발은 차꼬를 차고 그의 [1]몸
은 쇠사슬에 매였으니
19 곧 여호와의 말씀이 응할 때까지
라 그의 말씀이 그를 (鍛鍊)단련
하였도다
20 왕이 사람을 보내어 그를 석방함
이여 뭇 백성의 (統治者)통치자가
그를 자유롭게 하였도다
21 그를 그의 집의 (主管者)주관자로
삼아 그의 모든 소유를 관리하게
하고
22 그의 뜻대로 모든 (臣下)신하를
다스리며 그의 지혜로 장로들을
교훈하게 하였도다
23 이에 이스라엘이 애굽에 들어감이
여 야곱이 함의 땅에 나그네가 되
었도다
24 여호와께서 자기의 백성을 크게

1) 히, 혼

(繁盛)번성하게 하사 그의 대적들
보다 강하게 하셨으며
25 또 그 대적들의 마음이 변하게 하
여 그의 백성을 미워하게 하시며
그의 종들에게 (狡猾)교활하게 행
하게 하셨도다
26 그리하여 그는 그의 종 모세와 그
의 (擇)택하신 아론을 보내시니
27 그들이 그들의 백성 중에서 여호
와의 표적을 보이고 함의 땅에서
(徵兆)징조들을 행하였도다
28 여호와께서 (黑暗)흑암을 보내사
그곳을 어둡게 하셨으나 그들은
그의 말씀을 지키지 아니하였도다
29 그들의 물도 (變)변하여 피가 되
게 하사 그들의 물고기를 죽이셨
도다
30 그 땅에 개구리가 많아져서 왕의
(宮室)궁실에도 있었도다
31 여호와께서 말씀하신즉 파리 떼가
오며 그들의 온 (領土)영토에 이
가 생겼도다
32 비 대신 (雨雹)우박을 내리시며
그들의 땅에 화염을 내리셨도다
33 그들의 포도나무와 무화과나무를
치시며 그들의 (地境)지경에 있는
나무를 찍으셨도다
34 여호와께서 말씀하신즉 (蝗蟲)황
충과 수많은 메뚜기가 몰려와
35 그들의 땅에 있는 모든 (菜蔬)채
소를 먹으며 그들의 밭에 있는 열
매를 먹었도다
36 또 여호와께서 그들의 기력의 시
작인 그 땅의 모든 (長子)장자를
치셨도다

37 마침내 그들을 인도하여 은 금을
가지고 나오게 하시니 그의 (支
派)지파 중에 비틀거리는 자가 하
나도 없었도다
38 그들이 떠날 때에 애굽이 기뻐하
였으니 그들이 그들을 두려워함이
로다
39 여호와께서 낮에는 구름을 펴사
덮개를 삼으시고 밤에는 불로 밝
히셨으며
40 그들이 구한즉 메추라기를 가져
오시고 또 하늘의 (糧食)양식으로
그들을 만족하게 하셨도다
41 (磐石)반석을 여신즉 물이 흘러나
와 마른 땅에 강 같이 흘렀으니
42 이는 그의 거룩한 말씀과 그의 종
아브라함을 (記憶)기억하셨음이
로다
43 그의 (百姓)백성이 즐겁게 나오게
하시며 그의 택한 자는 노래하며
나오게 하시고
44 여러 나라의 땅을 그들에게 주시
며 민족들이 수고한 것을 (所有)
소유로 가지게 하셨으니
45 이는 그들이 그의 (律例)율례를
지키고 그의 율법을 따르게 하려
하심이로다 [1]할렐루야

106

[1]할렐루야 여호와께 (感
謝)감사하라 그는 선하
시며 그 인자하심이 영원함이로다
2 누가 능히 여호와의 (權能)권능을
다 말하며 주께서 받으실 찬양을
다 선포하랴
3 정의를 지키는 자들과 항상 (公義)
공의를 행하는 자는 복이 있도다
4 여호와여 주의 백성에게 베푸시는
은혜로 나를 기억하시며 주의 (救
援)구원으로 나를 돌보사
5 내가 주의 택하신 자가 (亨通)형
통함을 보고 주의 나라의 기쁨을
나누어 가지게 하사 주의 유산을
자랑하게 하소서
6 우리가 우리의 (祖上)조상들처럼
범죄하여 사악을 행하며 악을 지
었나이다
7 우리의 조상들이 애굽에 있을 때
주의 기이한 일들을 깨닫지 못하
며 주의 크신 (仁慈)인자를 기억
하지 아니하고 바다 곧 홍해에서
거역하였나이다
8 그러나 여호와께서는 자기의 이름
을 위하여 그들을 구원하셨으니
그의 큰 권능을 (萬人)만인이 알
게 하려 하심이로다
9 이에 (紅海)홍해를 꾸짖으시니 곧
마르니 그들을 인도하여 [2]바다 건
너가기를 마치 광야를 지나감 같
게 하사
10 그들을 그 미워하는 자의 손에서
(救援)구원하시며 그 원수의 손에
서 구원하셨고
11 그들의 (對敵)대적들은 물로 덮으
시매 그들 중에서 하나도 살아 남
지 못하였도다
12 이에 그들이 그의 말씀을 믿고 그
를 (讚揚)찬양하는 노래를 불렀도
다
13 그러나 그들은 그가 행하신 일을
곧 잊어버리며 그의 가르침을 기

1) 여호와를 찬송하라 2) 히, 깊음

다리지 아니하고
14 (曠野)광야에서 욕심을 크게 내며
사막에서 하나님을 시험하였도다
15 그러므로 여호와께서는 그들이 요
구한 것을 그들에게 주셨을지라도
그들의 영혼은 (衰弱)쇠약하게 하
셨도다
16 그들이 진영에서 모세와 여호와의
거룩한 자 아론을 (嫉妬)질투하매
17 땅이 갈라져 다단을 삼키며 아비
람의 (黨)당을 덮었고
18 불이 그들의 당에 붙음이여 (火
焰)화염이 악인들을 살랐도다
19 그들이 호렙에서 송아지를 만들고
부어 만든 (偶像)우상을 경배하여
20 자기 영광을 풀 먹는 소의 (形像)
형상으로 바꾸었도다
21 애굽에서 큰 일을 행하신 그의 (救
援者)구원자 하나님을 그들이 잊
었나니
22 그는 함의 땅에서 (奇事)기사와
홍해에서 놀랄 만한 일을 행하신
이시로다
23 그러므로 여호와께서 그들을 (滅)
멸하리라 하셨으나 그가 택하신
모세가 그 어려움 가운데에서 그
의 앞에 서서 그의 노를 돌이켜 멸
하시지 아니하게 하였도다
24 그들이 그 기쁨의 땅을 (蔑視)멸
시하며 그 말씀을 믿지 아니하고
25 그들의 (帳幕)장막에서 원망하며
여호와의 음성을 듣지 아니하였도
다
26 이러므로 그가 그의 손을 들어 그
들에게 (盟誓)맹세하기를 그들이
광야에 엎드러지게 하고
27 또 그들의 (後孫)후손을 뭇 백성
중에 엎드러뜨리며 여러 나라로
흩어지게 하리라 하셨도다
28 그들이 또 브올의 바알과 (聯合)
연합하여 죽은 자에게 제사한 음
식을 먹어서
29 그 행위로 주를 (激怒)격노하게
함으로써 (災殃)재앙이 그들 중에
크게 유행하였도다
30 그 때에 비느하스가 일어서서 중재
하니 이에 (災殃)재앙이 그쳤도다
31 이 일이 그의 의로 인정되었으니
대대로 (永遠)영원까지로다
32 그들이 또 [1]므리바 물에서 여호와
를 노하시게 하였으므로 그들 때
문에 (災難)재난이 모세에게 이르
렀나니
33 이는 그들이 그의 뜻을 거역함으
로 말미암아 모세가 그의 입술로
(妄靈)망령되이 말하였음이로다
34 그들은 여호와께서 멸하라고 말씀
하신 그 이방 (民族)민족들을 멸
하지 아니하고
35 그 이방 나라들과 섞여서 그들의
(行爲)행위를 배우며
36 그들의 (偶像)우상들을 섬기므로
그것들이 그들에게 올무가 되었도
다
37 그들이 그들의 자녀를 (惡鬼)악귀
들에게 희생제물로 바쳤도다
38 (無罪)무죄한 피 곧 그들의 자녀
의 피를 흘려 가나안의 우상들에
게 제사하므로 그 땅이 피로 더러

1) 다툼

워졌도다
39 그들은 그들의 행위로 더러워지니
그들의 행동이 (淫蕩)음탕하도다
40 그러므로 여호와께서 자기 백성에
게 (猛烈)맹렬히 노하시며 자기의
유업을 미워하사
41 그들을 (異邦)이방 나라의 손에
넘기시매 그들을 미워하는 자들이
그들을 다스렸도다
42 그들이 원수들의 압박을 받고 그
들의 수하에 (服從)복종하게 되었
도다
43 여호와께서 여러 번 그들을 건지
시나 그들은 교묘하게 (拒逆)거역
하며 자기 죄악으로 말미암아 낮
아짐을 당하였도다
44 그러나 여호와께서 그들의 부르짖
음을 들으실 때에 그들의 (苦痛)
고통을 돌보시며
45 그들을 위하여 그의 (言約)언약을
기억하시고 그 크신 인자하심을
따라 뜻을 돌이키사
46 그들을 사로잡은 모든 자에게서
(矜恤)긍휼히 여김을 받게 하셨도
다
47 여호와 우리 하나님이여 우리를
구원하사 여러 나라로부터 모으시
고 우리가 주의 거룩하신 이름을
감사하며 주의 (榮譽)영예를 찬양
하게 하소서
48 여호와 이스라엘의 하나님을 영원
부터 영원까지 (讚揚)찬양할지어
다 모든 백성들아 아멘 할지어다[1]
할렐루야

제오권

107 여호와께 감사하라 그는
선하시며 그 (仁慈)인자
하심이 영원함이로다
2 여호와의 (贖良)속량을 받은 자들
은 이같이 말할지어다 여호와께서
대적의 손에서 그들을 속량하사
3 동서 [2]남북 각 (地方)지방에서부
터 모으셨도다
4 ●그들이 광야 사막 길에서 (彷
徨)방황하며 거주할 성읍을 찾지
못하고
5 주리고 목이 말라 그들의 영혼이
그들 안에서 (疲困)피곤하였도다
6 이에 그들이 근심 중에 여호와께
부르짖으매 그들의 (苦痛)고통에
서 건지시고
7 또 바른 길로 인도하사 거주할 (城
邑)성읍에 이르게 하셨도다
8 여호와의 인자하심과 인생에게 행
하신 (奇蹟)기적으로 말미암아 그
를 찬송할지로다
9 그가 (思慕)사모하는 영혼에게 만
족을 주시며 주린 영혼에게 좋은
것으로 채워주심이로다
10 ●사람이 흑암과 사망의 그늘에
앉으며 (困苦)곤고와 쇠사슬에 매
임은
11 하나님의 말씀을 (拒逆)거역하며
지존자의 뜻을 멸시함이라
12 그러므로 그가 고통을 주어 그들
의 마음을 (謙遜)겸손하게 하셨으
니 그들이 엎드러져도 돕는 자가
없었도다
13 이에 그들이 그 환난 중에 여호와

1) 여호와를 찬송하라 2) 바다에서

께 부르짖으매 그들의 고통에서
(救援)구원하시되
14 (黑暗)흑암과 사망의 그늘에서 인
도하여 내시고 그들의 얽어 맨 줄
을 끊으셨도다
15 여호와의 인자하심과 인생에게 행
하신 기적으로 말미암아 그를 (讚
頌)찬송할지로다
16 그가 놋(門)문을 깨뜨리시며 쇠빗
장을 꺾으셨음이로다
17 미련한 자들은 그들의 (罪惡)죄악
의 길을 따르고 그들의 악을 범하
기 때문에 고난을 받아
18 그들은 그들의 모든 (飮食物)음식
물을 싫어하게 되어 사망의 문에
이르렀도다
19 이에 그들이 그들의 (苦痛)고통 때
문에 여호와께 부르짖으매 그가 그
들의 고통에서 그들을 구원하시되
20 그가 그의 말씀을 보내어 그들을
고치시고 (危險)위험한 지경에서
건지시는도다
21 여호와의 인자하심과 인생에게 행
하신 (奇蹟)기적으로 말미암아 그
를 찬송할지로다
22 (感謝祭)감사제를 드리며 노래하
여 그가 행하신 일을 선포할지로다
23 ● 배들을 바다에 띄우며 큰 물에
서 일을 하는 자는
24 여호와께서 행하신 일들과 그의
(奇異)기이한 일들을 깊은 바다에
서 보나니
25 여호와께서 명령하신즉 (狂風)광
풍이 일어나 바다 물결을 일으키
는도다
26 그들이 하늘로 솟구쳤다가 깊은
곳으로 내려가나니 그 (危險)위험
때문에 그들의 영혼이 녹는도다
27 그들이 이리저리 구르며 취한 자
같이 비틀거리니 그들의 모든 (知
覺)지각이 (混沌)혼돈 속에 빠지
는도다
28 이에 그들이 그들의 (苦痛)고통
때문에 여호와께 부르짖으매 그가
그들의 고통에서 그들을 인도하여
내시고
29 (狂風)광풍을 고요하게 하사 물결
도 잔잔하게 하시는도다
30 그들이 (平穩)평온함으로 말미암
아 기뻐하는 중에 여호와께서 그들
이 바라는 항구로 인도하시는도다
31 여호와의 인자하심과 (人生)인생
에게 행하신 기적으로 말미암아
그를 찬송할지로다
32 (百姓)백성의 모임에서 그를 높이
며 장로들의 자리에서 그를 찬송
할지로다
33 ● 여호와께서는 강이 변하여 (曠
野)광야가 되게 하시며 샘이 변하
여 마른 땅이 되게 하시며
34 그 주민의 악으로 말미암아 (沃
土)옥토가 변하여 염전이 되게 하
시며
35 또 (曠野)광야가 변하여 못이 되
게 하시며 마른 땅이 변하여 샘물
이 되게 하시고
36 주린 자들로 거기에 살게 하사 그
들이 거주할 (城邑)성읍을 준비하
게 하시고
37 밭에 (播種)파종하며 포도원을 재

배하여 풍성한 소출을 거두게 하
시며
38 또 복을 주사 그들이 크게 번성하
게 하시고 그의 (家畜)가축이 감
소하지 아니하게 하실지라도
39 다시 압박과 재난과 (憂患)우환을
통하여 그들의 수를 줄이시며 낮
추시는도다
40 여호와께서 고관들에게는 (凌辱)
능욕을 쏟아 부으시고 길 없는 황
야에서 유리하게 하시나
41 궁핍한 자는 그의 (苦痛)고통으로
부터 건져 주시고 그의 가족을 양
떼 같이 지켜 주시나니
42 정직한 자는 보고 기뻐하며 모든
사악한 자는 자기 입을 (封)봉하
리로다
43 (智慧)지혜 있는 자들은 이러한
일들을 지켜 보고 여호와의 인자
하심을 깨달으리로다

다윗의 찬송 시

108 하나님이여 내 마음을
정하였사오니 내가 노
래하며 나의 마음을 다하여 (讚
揚)찬양하리로다
2 (琵琶)비파야, 수금아, 깰지어다
내가 새벽을 깨우리로다
3 여호와여 내가 (萬民)만민 중에서
주께 감사하고 뭇 나라 중에서 주
를 찬양하오리니
4 주의 인자하심이 하늘보다 높으시
며 주의 진실은 (穹蒼)궁창에까지
이르나이다
5 하나님이여 주는 하늘 위에 높이
들리시며 주의 (榮光)영광이 온
땅에서 높임 받으시기를 원하나이
다
6 주께서 사랑하시는 자들을 건지시
기 위하여 우리에게 (應答)응답하
사 오른손으로 구원하소서
7 하나님이 그의 성소에서 말씀하시
되 내가 기뻐하리라 내가 세겜을
나누며 숙곳 골짜기를 (測量)측량
하리라
8 길르앗이 내 것이요 므낫세도 내
것이며 에브라임은 내 머리의 투
구요 유다는 나의 (圭)규이며
9 모압은 내 (沐浴桶)목욕통이라 에
돔에는 내 신발을 벗어 던질지며
블레셋 위에서 내가 외치리라 하
셨도다
10 누가 나를 이끌어 견고한 (城邑)
성읍으로 인도해 들이며 누가 나
를 에돔으로 인도할꼬
11 하나님이여 주께서 우리를 버리
지 아니하셨나이까 하나님이여 주
께서 우리의 (軍隊)군대들과 함께
나아가지 아니하시나이다
12 우리를 도와 (對敵)대적을 치게 하
소서 사람의 구원은 헛됨이니이다
13 우리가 하나님을 (依支)의지하고
용감히 행하리니 그는 우리의 대
적들을 밟으실 자이심이로다

다윗의 시, 인도자를 따라 부르는 노래

109 내가 (讚揚)찬양하는 하
나님이여 잠잠하지 마
옵소서
2 그들이 악한 입과 거짓된 입을 열
어 나를 치며 속이는 혀로 내게 말
하며

3 또 미워하는 말로 나를 두르고 까
닭 없이 나를 (攻擊)공격하였음이
니이다
4 나는 사랑하나 그들은 도리어 나
를 대적하니 나는 (祈禱)기도할
뿐이라
5 그들이 악으로 나의 (善)선을 갚
으며 미워함으로 나의 사랑을 갚
았사오니
6 (惡人)악인이 그를 다스리게 하
시며 [1]사탄이 그의 오른쪽에 서게
하소서
7 그가 심판을 받을 때에 죄인이 되
어 나오게 하시며 그의 기도가 죄
로 (變)변하게 하시며
8 그의 (年壽)연수를 짧게 하시며 그
의 직분을 타인이 빼앗게 하시며
9 그의 자녀는 (孤兒)고아가 되고
그의 아내는 과부가 되며
10 그의 자녀들은 (流離)유리하며
(求乞)구걸하고 그들의 (荒廢)황
폐한 집을 떠나 빌어먹게 하소서
11 고리대금하는 자가 그의 소유를
다 빼앗게 하시며 그가 수고한 것
을 낯선 사람이 (奪取)탈취하게
하시며
12 그에게 (仁愛)인애를 베풀 자가
없게 하시며 그의 고아에게 은혜
를 베풀 자도 없게 하시며
13 그의 자손이 끊어지게 하시며 (後
代)후대에 그들의 이름이 지워지
게 하소서
14 여호와는 그의 조상들의 (罪惡)죄
악을 기억하시며 그의 어머니의

1) 송사하는 자

죄를 지워 버리지 마시고
15 그 죄악을 항상 여호와 앞에 있게
하사 그들의 (記憶)기억을 땅에서
끊으소서
16 그가 인자를 베풀 일을 생각하지
아니하고 가난하고 궁핍한 자와
마음이 상한 자를 (逼迫)핍박하여
죽이려 하였기 때문이니이다
17 그가 저주하기를 좋아하더니 그것
이 자기에게 임하고 (祝福)축복하
기를 기뻐하지 아니하더니 복이
그를 멀리 떠났으며
18 또 (詛呪)저주하기를 옷 입듯 하
더니 저주가 물 같이 그의 몸 속으
로 들어가며 기름 같이 그의 뼈 속
으로 들어갔나이다
19 (詛呪)저주가 그에게는 입는 옷
같고 항상 띠는 띠와 같게 하소서
20 이는 나의 대적들이 곧 내 영혼을
대적하여 악담하는 자들이 여호와
께 받는 (報應)보응이니이다
21 그러나 주 여호와여 주의 이름으
로 말미암아 나를 (善待)선대하소
서 주의 인자하심이 선하시오니
나를 건지소서
22 나는 가난하고 (窮乏)궁핍하여 나
의 중심이 상함이니이다
23 나는 (夕陽)석양 그림자 같이 지나
가고 또 메뚜기 같이 불려 가오며
24 금식하므로 내 무릎이 흔들리고
내 육체는 (瘦瘠)수척하오며
25 나는 또 그들의 (誹謗)비방거리라
그들이 나를 보면 머리를 흔드나
이다
26 여호와 나의 하나님이여 나를 도

우시며 주의 (仁慈)인자하심을 따
라 나를 구원하소서
27 이것이 주의 손이 하신 일인 줄을
그들이 알게 하소서 주 여호와께
서 이를 (行)행하셨나이다
28 그들은 내게 (詛呪)저주하여도 주
는 내게 복을 주소서 그들은 일어
날 때에 (羞恥)수치를 당할지라도
주의 종은 즐거워하리이다
29 나의 대적들이 욕을 옷 입듯 하게
하시며 자기 (羞恥)수치를 겉옷
같이 입게 하소서
30 내가 입으로 여호와께 크게 감사
하며 많은 사람 중에서 (讚頌)찬
송하리니
31 그가 (窮乏)궁핍한 자의 오른쪽에
서사 그의 영혼을 심판하려 하는
자들에게서 구원하실 것임이로다

다윗의 시

110 여호와께서 내 주에게
말씀하시기를 내가 네
(怨讐)원수들로 네 발판이 되게
하기까지 너는 내 오른쪽에 앉아
있으라 하셨도다
2 여호와께서 시온에서부터 [1]주의
권능의 (圭)규를 내보내시리니 주
는 원수들 중에서 다스리소서
3 주의 권능의 날에 주의 백성이 거
룩한 옷을 입고 즐거이 (獻身)헌
신하니 새벽 이슬 같은 주의 청년
들이 주께 나오는도다
4 여호와는 맹세하고 변하지 아니하
시리라 이르시기를 너는 멜기세덱
의 (序列)서열을 따라 영원한 제
사장이라 하셨도다
5 주의 오른쪽에 계신 주께서 그의
노하시는 날에 왕들을 쳐서 깨뜨
리실 것이라
6 뭇 나라를 심판하여 (屍體)시체로
가득하게 하시고 여러 나라의 머
리를 쳐서 깨뜨리시며
7 길 가의 시냇물을 마시므로 그의
머리를 드시리로다

111 [2]할렐루야, 내가 (正直)
정직한 자들의 모임과
회중 가운데에서 전심으로 여호와
께 감사하리로다
2 여호와께서 행하시는 일들이 크시
오니 이를 즐거워하는 자들이 다
기리는도다
3 그의 행하시는 일이 (尊貴)존귀하
고 엄위하며 그의 의가 영원히 서
있도다
4 그의 기적을 사람이 (記憶)기억하
게 하셨으니 여호와는 은혜로우시
고 자비로우시도다
5 여호와께서 자기를 (敬畏)경외하
는 자들에게 양식을 주시며 그의
언약을 영원히 기억하시리로다
6 그가 그들에게 뭇 나라의 기업을
주사 그가 행하시는 일의 (能力)
능력을 그들에게 알리셨도다
7 그의 손이 하는 일은 진실과 정의
이며 그의 (法度)법도는 다 확실
하니
8 영원무궁토록 정하신 바요 진실과
(正義)정의로 행하신 바로다
9 여호와께서 그의 백성을 속량하시
며 그의 언약을 영원히 세우셨으

1) 힘의 지팡이를 나타내시리니 2) 여호와를 찬송하라

니 그의 이름이 거룩하고 (至尊)
지존하시도다
10 여호와를 경외함이 지혜의 근본이
라 그의 (誡命)계명을 지키는 자
는 다 훌륭한 지각을 가진 자이니
여호와를 찬양함이 영원히 계속되
리로다

112 [1]할렐루야, 여호와를 경
외하며 그의 (誡命)계명
을 크게 즐거워하는 자는 복이 있
도다
2 그의 후손이 땅에서 (强盛)강성함
이여 정직한 자들의 후손에게 복
이 있으리로다
3 부와 재물이 그의 집에 있음이여
그의 공의가 (永久)영구히 서 있
으리로다
4 정직한 자들에게는 흑암 중에 빛
이 일어나나니 그는 (慈悲)자비롭
고 긍휼이 많으며 의로운 이로다
5 은혜를 베풀며 꾸어 주는 자는 잘
되나니 그 [2]일을 (正義)정의로 행
하리로다
6 그는 영원히 흔들리지 아니함이여
의인은 영원히 (記憶)기억되리로다
7 그는 (凶)흉한 소문을 두려워하지
아니함이여 여호와를 의뢰하고 그
의 마음을 굳게 정하였도다
8 그의 마음이 견고하여 두려워하지
아니할 것이라 그의 대적들이 받
는 (報應)보응을 마침내 보리로다
9 그가 (財物)재물을 흩어 빈궁한
자들에게 주었으니 그의 의가 영
구히 있고 그의 뿔이 영광 중에 들

1) 여호와를 찬송하라 2) 재판에 이기리라

리리로다
10 악인은 이를 보고 한탄하여 이를
갈면서 (消滅)소멸되리니 악인들
의 욕망은 사라지리로다

113 [1]할렐루야, 여호와의 종
들아 (讚揚)찬양하라 여
호와의 이름을 찬양하라
2 이제부터 영원까지 여호와의 이름
을 (讚頌)찬송할지로다
3 해 돋는 데에서부터 해 지는 데에
까지 여호와의 이름이 (讚頌)찬송
을 받으시리로다
4 여호와는 모든 나라보다 높으시며
그의 (榮光)영광은 하늘보다 높으
시도다
5 여호와 우리 하나님과 같은 이가
누구리요 높은 곳에 앉으셨으나
6 스스로 낮추사 (天地)천지를 살피
시고
7 가난한 자를 먼지 더미에서 일으
키시며 (窮乏)궁핍한 자를 거름
더미에서 들어 세워
8 (指導者)지도자들 곧 그의 백성의
지도자들과 함께 세우시며
9 또 임신하지 못하던 여자를 집에
살게 하사 (子女)자녀들을 즐겁게
하는 어머니가 되게 하시는도다 [1]
할렐루야

114 이스라엘이 애굽에서 나
오며 야곱의 집안이 (言
語)언어가 다른 민족에게서 나올
때에
2 유다는 여호와의 성소가 되고 이
스라엘은 그의 (領土)영토가 되었
도다

3 바다가 보고 (逃亡)도망하며 요단
은 물러갔으니
4 산들은 숫양들 같이 뛰놀며 작은
산들은 어린 양들 같이 뛰었도다
5 바다야 네가 (逃亡)도망함은 어찌
함이며 요단아 네가 물러감은 어
찌함인가
6 너희 산들아 숫양들 같이 뛰놀며
작은 산들아 어린 (羊)양들 같이
뛰놂은 어찌함인가
7 땅이여 너는 (主)주 앞 곧 야곱의
하나님 앞에서 떨지어다
8 그가 (磐石)반석을 쳐서 못물이
되게 하시며 차돌로 샘물이 되게
하셨도다

115

여호와여 영광을 우리에
게 돌리지 마옵소서 우
리에게 돌리지 마옵소서 오직 주는
인자하시고 (眞實)진실하시므로
주의 이름에만 영광을 돌리소서
2 어찌하여 뭇 나라가 그들의 하나
님이 이제 어디 있느냐 말하게 하
리이까
3 오직 우리 하나님은 하늘에 계셔
서 (願)원하시는 모든 것을 행하
셨나이다
4 그들의 (偶像)우상들은 은과 금이
요 사람이 손으로 만든 것이라
5 입이 있어도 말하지 못하며 눈이
있어도 보지 못하며
6 귀가 있어도 듣지 못하며 코가 있
어도 냄새 맡지 못하며
7 손이 있어도 만지지 못하며 발이
있어도 걷지 못하며 목구멍이 있
어도 작은 소리조차 내지 못하느
니라
8 (偶像)우상들을 만드는 자들과 그
것을 의지하는 자들이 다 그와 같
으리로다
9 이스라엘아 여호와를 (依支)의지
하라 그는 너희의 도움이시요 너
희의 방패시로다
10 아론의 집이여 여호와를 의지하라
그는 너희의 도움이시요 너희의
(防牌)방패시로다
11 여호와를 (敬畏)경외하는 자들아
너희는 여호와를 의지하여라 그는
너희의 도움이시요 너희의 방패시
로다
12 여호와께서 우리를 생각하사 복을
주시되 이스라엘 집에도 복을 주
시고 아론의 집에도 (福)복을 주
시며
13 높은 사람이나 낮은 사람을 막론
하고 여호와를 (敬畏)경외하는 자
들에게 복을 주시리로다
14 여호와께서 너희를 곧 너희와 너
희의 자손을 더욱 (繁昌)번창하게
하시기를 원하노라
15 너희는 (天地)천지를 지으신 여호
와께 복을 받는 자로다
16 하늘은 여호와의 하늘이라도 땅은
사람에게 주셨도다
17 죽은 자들은 여호와를 찬양하지
못하나니 (寂寞)적막한 데로 내려
가는 자들은 아무도 찬양하지 못
하리로다
18 우리는 이제부터 영원까지 여호와
를 (頌祝)송축하리로다 [1]할렐루야

1) 여호와를 찬송하라

116 여호와께서 내 음성과
내 (懇求)간구를 들으시
므로 내가 그를 사랑하는도다
2 그의 귀를 내게 기울이셨으므로
내가 (平生)평생에 기도하리로다
3 사망의 줄이 나를 두르고 스올의
고통이 내게 이르므로 내가 (患
難)환난과 슬픔을 만났을 때에
4 내가 여호와의 이름으로 (祈禱)기
도하기를 여호와여 주께 구하오니
내 영혼을 건지소서 하였도다
5 여호와는 (恩惠)은혜로우시며 의
로우시며 우리 하나님은 긍휼이
많으시도다
6 여호와께서는 (純眞)순진한 자를
지키시나니 내가 어려울 때에 나
를 구원하셨도다
7 내 영혼아 네 평안함으로 돌아갈
지어다 여호와께서 너를 (厚待)후
대하심이로다
8 주께서 내 영혼을 (死亡)사망에
서, 내 눈을 눈물에서, 내 발을 넘
어짐에서 건지셨나이다
9 내가 (生命)생명이 있는 땅에서
여호와 앞에 행하리로다
10 내가 크게 (苦痛)고통을 당하였다
고 말할 때에도 나는 믿었도다
11 내가 놀라서 이르기를 모든 사람
이 거짓말쟁이라 하였도다
12 내게 주신 모든 은혜를 내가 여호
와께 무엇으로 보답할까
13 내가 구원의 잔을 들고 여호와의
이름을 부르며
14 여호와의 모든 백성 앞에서 나는
나의 (誓願)서원을 여호와께 갚으
리로다
15 그의 (敬虔)경건한 자들의 죽음은
여호와께서 보시기에 귀중한 것이
로다
16 여호와여 나는 진실로 주의 종이
요 주의 여종의 아들 곧 주의 종이
라 주께서 나의 (結縛)결박을 푸
셨나이다
17 내가 주께 (感謝祭)감사제를 드리
고 여호와의 이름을 부르리이다
18 내가 여호와께 (誓願)서원한 것을
그의 모든 백성이 보는 앞에서 내
가 지키리로다
19 예루살렘아, 네 한가운데에서 곧
여호와의 (聖殿)성전 뜰에서 지키
리로다 [1]할렐루야

117 너희 모든 나라들아 여
호와를 찬양하며 너희
모든 백성들아 그를 (讚頌)찬송할
지어다
2 우리에게 향하신 여호와의 인자하
심이 크시고 여호와의 진실하심이
(永遠)영원함이로다 [1]할렐루야

118 여호와께 (感謝)감사하
라 그는 선하시며 그의
인자하심이 영원함이로다
2 이제 이스라엘은 말하기를 그의
인자하심이 (永遠)영원하다 할지
로다
3 이제 아론의 집은 말하기를 그의
(仁慈)인자하심이 영원하다 할지
로다
4 이제 여호와를 경외하는 자는 말
하기를 그의 인자하심이 (永遠)영

1) 여호와를 찬송하라

원하다 할지로다
5 내가 (苦痛)고통 중에 여호와께
부르짖었더니 여호와께서 응답하
시고 나를 넓은 곳에 세우셨도다
6 여호와는 내 편이시라 내가 두려
워하지 아니하리니 사람이 내게
어찌할까
7 여호와께서 내 (便)편이 되사 나
를 돕는 자들 중에 계시니 그러므
로 나를 미워하는 자들에게 보응
하시는 것을 내가 보리로다
8 여호와께 피하는 것이 사람을 (信
賴)신뢰하는 것보다 나으며
9 여호와께 피하는 것이 고관들을
(信賴)신뢰하는 것보다 낫도다
10 뭇 나라가 나를 에워쌌으니 내가
여호와의 이름으로 그들을 끊으리
로다
11 그들이 나를 에워싸고 에워쌌으니
내가 여호와의 이름으로 그들을
끊으리로다
12 그들이 벌들처럼 나를 에워쌌으나
가시덤불의 불 같이 타 없어졌나
니 내가 여호와의 이름으로 그들
을 끊으리로다
13 너는 나를 밀쳐 넘어뜨리려 하였으
나 여호와께서는 나를 도우셨도다
14 여호와는 나의 능력과 찬송이시요
또 나의 (救援)구원이 되셨도다
15 의인들의 (帳幕)장막에는 기쁜 소
리, 구원의 소리가 있음이여 여호
와의 오른손이 권능을 베푸시며
16 여호와의 오른손이 높이 들렸으며
여호와의 오른손이 (權能)권능을
베푸시는도다
17 내가 죽지 않고 살아서 여호와께서
하시는 일을 (宣布)선포하리로다
18 여호와께서 나를 (甚)심히 (警責)
경책하셨어도 죽음에는 넘기지 아
니하셨도다
19 내게 의의 문들을 열지어다 내가
그리로 들어가서 여호와께 (感謝)
감사하리로다
20 이는 여호와의 문이라 (義人)의인
들이 그리로 들어가리로다
21 주께서 내게 (應答)응답하시고 나
의 구원이 되셨으니 내가 주께 (感
謝)감사하리이다
22 (建築者)건축자가 버린 돌이 집
모퉁이의 머릿돌이 되었나니
23 이는 여호와께서 행하신 것이요
우리 눈에 (奇異)기이한 바로다
24 이 날은 여호와께서 [1](定)정하신
것이라 이 날에 우리가 즐거워하
고 기뻐하리로다
25 여호와여 구하옵나니 이제 구원하
소서 여호와여 우리가 구하옵나니
이제 (亨通)형통하게 하소서
26 여호와의 이름으로 오는 자가 복
이 있음이여 우리가 여호와의 집
에서 너희를 (祝福)축복하였도다
27 여호와는 하나님이시라 그가 우리
에게 빛을 비추셨으니 밧줄로 절
기 (祭物)제물을 제단 뿔에 맬지
어다
28 주는 나의 하나님이시라 내가 주께
(感謝)감사하리이다 주는 나의 하
나님이시라 내가 주를 높이리이다
29 여호와께 감사하라 그는 선하시며

1) 지으신 날

그의 인자하심이 (永遠)영원함이
로다

119

(行爲)행위가 온전하여
여호와의 (律法)율법을
따라 행하는 자들은 복이 있음이
여
2 여호와의 (證據)증거들을 지키고
전심으로 여호와를 구하는 자는
복이 있도다
3 참으로 그들은 (不義)불의를 행하
지 아니하고 주의 도를 행하는도다
4 주께서 (命令)명령하사 주의 법도
를 잘 지키게 하셨나이다
5 내 길을 굳게 정하사 주의 (律例)
율례를 지키게 하소서
6 내가 주의 모든 계명에 (注意)주의
할 때에는 부끄럽지 아니하리이다
7 내가 주의 의로운 (判斷)판단을
배울 때에는 정직한 마음으로 주
께 감사하리이다
8 내가 주의 (律例)율례들을 지키오
리니 나를 아주 버리지 마옵소서
9 ● 청년이 무엇으로 그의 (行實)행
실을 깨끗하게 하리이까 주의 말
씀만 지킬 따름이니이다
10 내가 전심으로 주를 찾았사오니
주의 (誡命)계명에서 떠나지 말게
하소서
11 내가 주께 (犯罪)범죄하지 아니하
려 하여 주의 말씀을 내 마음에 두
었나이다
12 찬송을 받으실 주 여호와여 주의
(律例)율례들을 내게 가르치소서
13 주의 입의 모든 (規例)규례들을
나의 입술로 선포하였으며
14 내가 모든 재물을 즐거워함 같이
주의 (證據)증거들의 도를 즐거워
하였나이다
15 내가 주의 (法度)법도들을 작은
소리로 읊조리며 주의 길들에 주
의하며
16 주의 (律例)율례들을 즐거워하며
주의 말씀을 잊지 아니하리이다
17 ● 주의 종을 (厚待)후대하여 살게
하소서 그리하시면 주의 말씀을
지키리이다
18 내 눈을 열어서 주의 (律法)율법
에서 놀라운 것을 보게 하소서
19 나는 땅에서 나그네가 되었사오니
주의 (誡命)계명들을 내게 숨기지
마소서
20 주의 (規例)규례들을 항상 사모함
으로 내 마음이 상하나이다
21 교만하여 저주를 받으며 주의 (誡
命)계명들에서 떠나는 자들을 주
께서 꾸짖으셨나이다
22 내가 주의 (教訓)교훈들을 지켰사
오니 비방과 멸시를 내게서 떠나
게 하소서
23 고관들도 앉아서 나를 비방하였사
오나 주의 종은 주의 (律例)율례
들을 작은 소리로 읊조렸나이다
24 주의 (證據)증거들은 나의 즐거움
이요 나의 충고자니이다
25 ● 내 영혼이 (塵土)진토에 붙었사
오니 주의 말씀대로 나를 살아나
게 하소서
26 내가 나의 행위를 아뢰매 주께서
내게 응답하셨사오니 주의 (律例)
율례들을 내게 가르치소서

27 나에게 주의 (法度)법도들의 길을 깨닫게 하여 주소서 그리하시면 내가 주의 기이한 일들을 작은 소리로 읊조리리이다

28 나의 (靈魂)영혼이 눌림으로 말미암아 녹사오니 주의 말씀대로 나를 세우소서

29 거짓 행위를 내게서 떠나게 하시고 주의 (法)법을 내게 (恩惠)은혜로이 베푸소서

30 내가 성실한 길을 택하고 주의 (規例)규례들을 내 앞에 두었나이다

31 내가 주의 증거들에 매달렸사오니 여호와여 내가 (羞恥)수치를 당하지 말게 하소서

32 주께서 내 마음을 넓히시면 내가 주의 (誡命)계명들의 길로 달려가리이다

33 ● 여호와여 주의 (律例)율례들의 (道)도를 내게 가르치소서 내가 끝까지 지키리이다

34 나로 하여금 깨닫게 하여 주소서 내가 주의 법을 (遵行)준행하며 전심으로 지키리이다

35 나로 하여금 주의 (誡命)계명들의 길로 행하게 하소서 내가 이를 즐거워함이니이다

36 내 마음을 주의 증거들에게 향하게 하시고 (貪慾)탐욕으로 향하지 말게 하소서

37 내 눈을 돌이켜 (虛誕)허탄한 것을 보지 말게 하시고 주의 길에서 나를 살아나게 하소서

38 주를 (敬畏)경외하게 하는 주의 말씀을 주의 종에게 세우소서

39 내가 두려워하는 (誹謗)비방을 내게서 떠나게 하소서 주의 규례들은 선하심이니이다

40 내가 주의 (法度)법도들을 사모하였사오니 주의 의로 나를 살아나게 하소서

41 ● 여호와여 주의 말씀대로 주의 인자하심과 주의 (救援)구원을 내게 임하게 하소서

42 그리하시면 내가 나를 비방하는 자들에게 대답할 말이 있사오리니 내가 주의 말씀을 (依支)의지함이니이다

43 진리의 말씀이 내 입에서 조금도 떠나지 말게 하소서 내가 주의 (規例)규례를 바랐음이니이다

44 내가 주의 (律法)율법을 항상 지키리이다 영원히 지키리이다

45 내가 주의 (法度)법도들을 구하였사오니 자유롭게 걸어갈 것이오며

46 또 왕들 앞에서 주의 (敎訓)교훈들을 말할 때에 수치를 당하지 아니하겠사오며

47 내가 사랑하는 주의 (誡命)계명들을 스스로 즐거워하며

48 또 내가 사랑하는 주의 (誡命)계명들을 향하여 내 손을 들고 주의 (律例)율례들을 작은 소리로 읊조리리이다

49 ● 주의 종에게 하신 말씀을 (記憶)기억하소서 주께서 내게 소망을 가지게 하셨나이다

50 이 말씀은 나의 고난 중의 (慰勞)위로라 주의 말씀이 나를 살리셨기 때문이니이다

51 교만한 자들이 나를 심히 조롱하
였어도 나는 주의 (法)법을 떠나
지 아니하였나이다
52 여호와여 주의 옛 (規例)규례들을
내가 기억하고 스스로 위로하였나
이다
53 주의 (律法)율법을 버린 악인들로
말미암아 내가 맹렬한 분노에 사
로잡혔나이다
54 내가 나그네 된 집에서 주의 (律
例)율례들이 나의 노래가 되었나
이다
55 여호와여 내가 밤에 주의 이름을 기
억하고 주의 (法)법을 지켰나이다
56 내 소유는 이것이니 곧 주의 (法
度)법도들을 지킨 것이니이다
57 ● 여호와는 나의 분깃이시니 나
는 주의 말씀을 지키리라 하였나
이다
58 내가 (全心)전심으로 주께 간구하
였사오니 주의 말씀대로 내게 은
혜를 베푸소서
59 내가 내 행위를 생각하고 주의 (證
據)증거들을 향하여 내 발길을 돌
이켰사오며
60 주의 계명들을 지키기에 (迅速)신속
히 하고 지체하지 아니하였나이다
61 악인들의 줄이 내게 두루 얽혔을
지라도 나는 주의 (法)법을 잊지
아니하였나이다
62 내가 주의 의로운 (規例)규례들로
말미암아 밤중에 일어나 주께 감
사하리이다
63 나는 주를 경외하는 모든 자들과
주의 (法度)법도들을 지키는 자들
의 친구라
64 여호와여 주의 인자하심이 땅에
충만하였사오니 주의 (律例)율례
들로 나를 가르치소서
65 ● 여호와여 주의 말씀대로 주의
종을 (善待)선대하셨나이다
66 내가 주의 (誡命)계명들을 믿었사
오니 좋은 명철과 지식을 내게 가
르치소서
67 (苦難)고난 당하기 전에는 내가
그릇 행하였더니 이제는 주의 말
씀을 지키나이다
68 주는 선하사 선을 행하시오니 주
의 (律例)율례들로 나를 가르치소
서
69 교만한 자들이 거짓을 지어 나를
치려 하였사오나 나는 전심으로
주의 (法度)법도들을 지키리이다
70 그들의 마음은 [1]살져서 기름덩이
같으나 나는 주의 (法)법을 즐거
워하나이다
71 고난 당한 것이 내게 (有益)유익
이라 이로 말미암아 내가 주의 율
례들을 배우게 되었나이다
72 주의 입의 (法)법이 내게는 천천
금은보다 좋으니이다
73 ● 주의 손이 나를 만들고 세우셨
사오니 내가 깨달아 주의 (誡命)
계명들을 배우게 하소서
74 주를 (敬畏)경외하는 자들이 나를
보고 기뻐하는 것은 내가 주의 말
씀을 바라는 까닭이니이다
75 여호와여 내가 알거니와 주의 (審
判)심판은 의로우시고 주께서 나

1) 마음이 둔하여 기름에 잠김 같으나

를 괴롭게 하심은 성실하심 때문
이니이다
76 구하오니 주의 종에게 하신 말씀
대로 주의 인자하심이 나의 (慰
安)위안이 되게 하시며
77 주의 (矜恤)긍휼히 여기심이 내게
임하사 내가 살게 하소서 주의 법
은 나의 즐거움이니이다
78 교만한 자들이 거짓으로 나를 엎
드러뜨렸으니 그들이 수치를 당하
게 하소서 나는 주의 (法度)법도
들을 작은 소리로 읊조리리이다
79 주를 (敬畏)경외하는 자들이 내게
돌아오게 하소서 그리하시면 그들
이 주의 증거들을 알리이다
80 내 마음으로 주의 (律例)율례들에
완전하게 하사 내가 수치를 당하
지 아니하게 하소서
81 ● 나의 영혼이 주의 구원을 사모
하기에 (疲困)피곤하오나 나는 주
의 말씀을 바라나이다
82 나의 말이 주께서 언제나 나를 안
위하실까 하면서 내 눈이 주의 말
씀을 바라기에 (疲困)피곤하니이다
83 내가 연기 속의 가죽 부대 같이 되
었으나 주의 (律例)율례들을 잊지
아니하나이다
84 주의 종의 날이 얼마나 되나이까
나를 핍박하는 자들을 주께서 언
제나 (審判)심판하시리이까
85 주의 (法)법을 따르지 아니하는
교만한 자들이 나를 해하려고 웅
덩이를 팠나이다
86 주의 모든 (誡命)계명들은 신실하
니이다 그들이 이유 없이 나를 핍
박하오니 나를 도우소서
87 그들이 나를 세상에서 거의 멸하
였으나 나는 주의 (法度)법도들을
버리지 아니하였사오니
88 주의 인자하심을 따라 나를 살아나
게 하소서 그리하시면 주의 입의
(敎訓)교훈들을 내가 지키리이다
89 ● 여호와여 주의 말씀은 (永遠)영
원히 하늘에 굳게 섰사오며
90 주의 (誠實)성실하심은 대대에 이
르나이다 주께서 땅을 세우셨으므
로 땅이 항상 있사오니
91 천지가 주의 규례들대로 오늘까지
있음은 (萬物)만물이 주의 종이
된 까닭이니이다
92 주의 법이 나의 즐거움이 되지 아
니하었더면 내가 내 고난 중에 (滅
亡)멸망하였으리이다
93 내가 주의 (法度)법도들을 영원히
잊지 아니하오니 주께서 이것들
때문에 나를 살게 하심이니이다
94 나는 주의 것이오니 나를 구원하
소서 내가 주의 (法度)법도들만을
찾았나이다
95 악인들이 나를 (滅)멸하려고 엿보
오나 나는 주의 증거들만을 생각
하겠나이다
96 내가 보니 모든 완전한 것이 다 끝
이 있어도 주의 (誡命)계명들은
심히 넓으니이다
97 ● 내가 주의 (法)법을 어찌 그리
사랑하는지요 내가 그것을 종일
작은 소리로 읊조리나이다
98 주의 (誡命)계명들이 항상 나와
함께 하므로 그것들이 나를 원수

보다 지혜롭게 하나이다
99 내가 주의 증거들을 늘 읊조리므
로 나의 (明哲)명철함이 나의 모
든 스승보다 나으며
100 주의 (法度)법도들을 지키므로 나
의 명철함이 노인보다 나으니이다
101 내가 주의 말씀을 지키려고 발을
(禁)금하여 모든 악한 길로 가지
아니하였사오며
102 주께서 나를 가르치셨으므로 내가
주의 (規例)규례들에서 떠나지 아
니하였나이다
103 주의 말씀의 맛이 내게 어찌 그리
단지요 내 입에 꿀보다 더 다니이다
104 주의 (法度)법도들로 말미암아 내
가 명철하게 되었으므로 모든 거
짓 행위를 미워하나이다
105 ● 주의 말씀은 내 발에 (燈)등이
요 내 길에 빛이니이다
106 주의 의로운 (規例)규례들을 지키
기로 맹세하고 굳게 정하였나이다
107 나의 (苦難)고난이 매우 심하오니
여호와여 주의 말씀대로 나를 살
아나게 하소서
108 여호와여 구하오니 내 입이 드리
는 (自願祭物)자원제물을 받으시
고 주의 공의를 내게 가르치소서
109 나의 생명이 항상 위기에 있사오
나 나는 주의 (法)법을 잊지 아니
하나이다
110 악인들이 나를 해하려고 올무를
놓았사오나 나는 주의 (法度)법도
들에서 떠나지 아니하였나이다
111 주의 (證據)증거들로 내가 영원히
나의 (基業)기업을 삼았사오니 이
는 내 마음의 즐거움이 됨이니이다
112 내가 (主)주의 (律例)율례들을 영
원히 행하려고 내 마음을 기울였
나이다
113 ● 내가 두 마음 품는 자들을 미워
하고 주의 (法)법을 사랑하나이다
114 주는 나의 (隱身處)은신처요 방패
시라 내가 주의 말씀을 바라나이다
115 너희 행악자들이여 나를 떠날지어
다 나는 내 하나님의 (誡命)계명
들을 지키리로다
116 주의 말씀대로 나를 붙들어 살게
하시고 내 (所望)소망이 부끄럽지
않게 하소서
117 나를 붙드소서 그리하시면 내가
구원을 얻고 주의 (律例)율례들에
항상 주의하리이다
118 주의 율례들에서 떠나는 자는 주
께서 다 (蔑視)멸시하셨으니 그들
의 속임수는 허무함이니이다
119 주께서 세상의 모든 악인들을 찌꺼
기 같이 버리시니 그러므로 내가
주의 (證據)증거들을 사랑하나이
다
120 내 육체가 주를 두려워함으로 떨
며 내가 또 주의 (審判)심판을 두
려워하나이다
121 ● 내가 (正義)정의와 공의를 행하
였사오니 나를 박해하는 자들에게
나를 넘기지 마옵소서
122 주의 종을 (保證)보증하사 복을
얻게 하시고 교만한 자들이 나를
박해하지 못하게 하소서
123 내 눈이 주의 구원과 주의 의로운
말씀을 사모하기에 피곤하니이다

124 주의 (仁慈)인자하심대로 주의 종에게 행하사 내게 주의 율례들을 가르치소서

125 나는 주의 종이오니 나를 깨닫게 하사 주의 (證據)증거들을 알게 하소서

126 그들이 주의 (法)법을 폐하였사오니 지금은 여호와께서 일하실 때니이다

127 그러므로 내가 주의 (誡命)계명들을 금 곧 순금보다 더 사랑하나이다

128 그러므로 내가 범사에 모든 주의 (法度)법도들을 바르게 여기고 모든 거짓 행위를 미워하나이다

129 ● 주의 (證據)증거들은 놀라우므로 내 영혼이 이를 지키나이다

130 주의 말씀을 열면 빛이 비치어 (愚鈍)우둔한 사람들을 깨닫게 하나이다

131 내가 주의 (誡命)계명들을 사모하므로 내가 입을 열고 헐떡였나이다

132 주의 이름을 사랑하는 자들에게 베푸시던 대로 내게 돌이키사 내게 (恩惠)은혜를 베푸소서

133 나의 발걸음을 주의 말씀에 굳게 세우시고 어떤 죄악도 나를 (主管)주관하지 못하게 하소서

134 사람의 박해에서 나를 구원하소서 그리하시면 내가 주의 (法度)법도들을 지키리이다

135 주의 얼굴을 주의 종에게 비추시고 주의 (律例)율례로 나를 가르치소서

136 그들이 주의 (法)법을 지키지 아니하므로 내 눈물이 시냇물 같이 흐르나이다

137 ● 여호와여 주는 의로우시고 주의 (判斷)판단은 옳으니이다

138 주께서 명령하신 (證據)증거들은 의롭고 지극히 성실하니이다

139 내 대적들이 주의 말씀을 잊어버렸으므로 내 (熱情)열정이 나를 삼켰나이다

140 주의 말씀이 심히 (純粹)순수하므로 주의 종이 이를 사랑하나이다

141 내가 (微賤)미천하여 멸시를 당하나 주의 (法度)법도를 잊지 아니하였나이다

142 주의 의는 영원한 의요 주의 율법은 (眞理)진리로소이다

143 (患難)환난과 (憂患)우환이 내게 미쳤으나 주의 계명은 나의 즐거움이니이다

144 주의 (證據)증거들은 영원히 의로우시니 나로 하여금 깨닫게 하사 살게 하소서

145 ● 여호와여 내가 전심으로 부르짖었사오니 내게 응답하소서 내가 주의 (敎訓)교훈들을 지키리이다

146 내가 주께 부르짖었사오니 나를 구원하소서 내가 주의 (證據)증거들을 지키리이다

147 내가 날이 밝기 전에 부르짖으며 주의 말씀을 바랐사오며

148 주의 말씀을 조용히 읊조리려고 내가 새벽녘에 눈을 떴나이다

149 주의 인자하심을 따라 내 소리를 들으소서 여호와여 주의 (規例)규례들을 따라 나를 살리소서

150 악을 따르는 자들이 가까이 왔사

오니 그들은 주의 (法)법에서 머
니이다
151 여호와여 주께서 가까이 계시오니
주의 모든 (誡命)계명들은 진리니
이다
152 내가 전부터 주의 (證據)증거들을
알고 있었으므로 주께서 영원히
세우신 것인 줄을 알았나이다
153 ● 나의 고난을 보시고 나를 건지
소서 내가 주의 (律法)율법을 잊
지 아니함이니이다
154 주께서 나를 (辯護)변호하시고 나
를 구하사 주의 말씀대로 나를 살
리소서
155 구원이 악인들에게서 멀어짐은 그
들이 주의 (律例)율례들을 구하지
아니함이니이다
156 여호와여 주의 긍휼이 많으오니
주의 (規例)규례들에 따라 나를
살리소서
157 나를 (逼迫)핍박하는 자들과 나의
대적들이 많으나 나는 주의 증거
들에서 떠나지 아니하였나이다
158 주의 말씀을 지키지 아니하는 거
짓된 자들을 내가 보고 슬퍼하였
나이다
159 내가 주의 (法度)법도들을 사랑함
을 보옵소서 여호와여 주의 인자
하심을 따라 나를 살리소서
160 주의 말씀의 (綱領)강령은 진리이
오니 주의 의로운 모든 규례들은
영원하리이다
161 ● 고관들이 거짓으로 나를 (逼迫)
핍박하오나 나의 마음은 주의 말
씀만 경외하나이다
162 사람이 많은 (奪取物)탈취물을 얻
은 것처럼 나는 주의 말씀을 즐거
워하나이다
163 나는 거짓을 미워하며 싫어하고
주의 (律法)율법을 사랑하나이다
164 주의 의로운 (規例)규례들로 말
미암아 내가 하루 일곱 번씩 주를
(讚揚)찬양하나이다
165 주의 법을 사랑하는 자에게는 큰
평안이 있으니 그들에게 (障碍物)
장애물이 없으리이다
166 여호와여 내가 주의 구원을 바라
며 주의 (誡命)계명들을 행하였나
이다
167 내 영혼이 주의 (證據)증거들을
지켰사오며 내가 이를 지극히 사
랑하나이다
168 내가 주의 (法度)법도들과 (證據)
증거들을 지켰사오니 나의 모든
행위가 주 앞에 있음이니이다
169 ● 여호와여 나의 부르짖음이 주
의 앞에 이르게 하시고 주의 말씀
대로 나를 깨닫게 하소서
170 나의 (懇求)간구가 주의 앞에 이
르게 하시고 주의 말씀대로 나를
건지소서
171 주께서 (律例)율례를 내게 가르치
시므로 내 입술이 주를 찬양하리
이다
172 주의 모든 (誡命)계명들이 의로우
므로 내 혀가 주의 말씀을 노래하
리이다
173 내가 주의 (法度)법도들을 택하였
사오니 주의 손이 항상 나의 도움
이 되게 하소서

174 여호와여 내가 주의 구원을 (思慕)사모하였사오며 주의 (律法)율법을 즐거워하나이다
175 내 영혼을 살게 하소서 그리하시면 주를 찬송하리이다 주의 (規例)규례들이 나를 돕게 하소서
176 잃은 양 같이 내가 방황하오니 주의 종을 찾으소서 내가 주의 (誡命)계명들을 잊지 아니함이니이다

성전에 올라가는 노래

120 내가 (患難)환난 중에 여호와께 부르짖었더니 내게 응답하셨도다
2 여호와여 거짓된 입술과 속이는 혀에서 내 (生命)생명을 건져 주소서
3 너 속이는 혀여 무엇을 네게 주며 무엇을 네게 더할꼬
4 (壯士)장사의 날카로운 화살과 로뎀 나무 숯불이리로다
5 메섹에 머물며 게달의 (帳幕)장막 중에 머무는 것이 내게 화로다
6 내가 (和平)화평을 미워하는 자들과 함께 오래 거주하였도다
7 나는 화평을 (願)원할지라도 내가 말할 때에 그들은 싸우려 하는도다

성전에 올라가는 노래

121 내가 산을 (向)향하여 눈을 들리라 나의 도움이 어디서 올까
2 나의 도움은 (天地)천지를 지으신 여호와에게서로다
3 ● 여호와께서 너를 (失足)실족하지 아니하게 하시며 너를 지키시는 이가 졸지 아니하시리로다
4 이스라엘을 지키시는 이는 졸지도 아니하시고 주무시지도 아니하시리로다
5 여호와는 너를 지키시는 이시라 여호와께서 네 오른쪽에서 네 그늘이 되시나니
6 낮의 해가 너를 (傷)상하게 하지 아니하며 밤의 달도 너를 (害)해치지 아니하리로다
7 여호와께서 너를 지켜 모든 (患難)환난을 면하게 하시며 또 네 영혼을 지키시리로다
8 여호와께서 너의 (出入)출입을 지금부터 영원까지 지키시리로다

다윗의 시 곧 성전에 올라가는 노래

122 사람이 내게 말하기를 여호와의 집에 올라가자 할 때에 내가 기뻐하였도다
2 예루살렘아 우리 발이 네 (城門)성문 안에 섰도다
3 예루살렘아 너는 잘 짜여진 (城邑)성읍과 같이 건설되었도다
4 지파들 곧 여호와의 지파들이 여호와의 이름에 (感謝)감사하려고 이스라엘의 전례대로 그리로 올라가는도다
5 거기에 심판의 (寶座)보좌를 두셨으니 곧 다윗의 집의 보좌로다
6 예루살렘을 위하여 평안을 구하라 예루살렘을 사랑하는 자는 (亨通)형통하리로다
7 네 성 안에는 (平安)평안이 있고 네 궁중에는 형통함이 있을지어다

8 내가 내 형제와 친구를 위하여 이
제 말하리니 네 가운데에 (平安)
평안이 있을지어다
9 여호와 우리 하나님의 집을 위하
여 내가 너를 위하여 (福)복을 구
하리로다

성전에 올라가는 노래

123 하늘에 계시는 (主)주
여 내가 눈을 들어 주께
(向)향하나이다
2 (上典)상전의 손을 바라보는 종들
의 눈 같이, 여주인의 손을 바라보
는 여종의 눈 같이 우리의 눈이 여
호와 우리 하나님을 바라보며 우
리에게 은혜 베풀어 주시기를 기
다리나이다
3 여호와여 우리에게 은혜를 베푸
시고 또 은혜를 베푸소서 심한 (蔑
視)멸시가 우리에게 넘치나이다
4 안일한 자의 조소와 (驕慢)교만한
자의 멸시가 우리 영혼에 넘치나
이다

다윗의 시 곧 성전에 올라가는 노래

124 이스라엘은 이제 말하
기를 여호와께서 우리
(便)편에 계시지 아니하셨더라면
우리가 어떻게 하였으랴
2 사람들이 우리를 치러 일어날 때
에 여호와께서 우리 편에 계시지
아니하셨더라면
3 그 때에 그들의 노여움이 우리에
게 (猛烈)맹렬하여 우리를 산 채
로 삼켰을 것이며
4 그 때에 물이 우리를 휩쓸며 시내
가 우리 영혼을 삼켰을 것이며
5 그 때에 넘치는 물이 우리 (靈魂)
영혼을 삼켰을 것이라 할 것이로
다
6 우리를 내주어 그들의 이에 씹히
지 아니하게 하신 여호와를 (讚
頌)찬송할지로다
7 우리의 (靈魂)영혼이 사냥꾼의 올
무에서 벗어난 새 같이 되었나니
올무가 끊어지므로 우리가 벗어났
도다
8 우리의 도움은 (天地)천지를 지으
신 여호와의 이름에 있도다

성전에 올라가는 노래

125 여호와를 (依支)의지하
는 자는 시온 산이 흔들
리지 아니하고 영원히 있음 같도다
2 산들이 예루살렘을 두름과 같이
여호와께서 그의 백성을 지금부터
(永遠)영원까지 두르시리로다
3 악인의 규가 의인들의 땅에서는
그 (權勢)권세를 누리지 못하리니
이는 의인들로 하여금 죄악에 손
을 대지 아니하게 함이로다
4 여호와여 선한 자들과 마음이 정
직한 자들에게 (善待)선대하소서
5 자기의 굽은 길로 치우치는 자들
은 여호와께서 죄를 범하는 자들
과 함께 다니게 하시리로다 이스
라엘에게는 (平康)평강이 있을지
어다

성전에 올라가는 노래

126 여호와께서 시온의 (捕
虜)포로를 돌려 보내실
때에 우리는 꿈꾸는 것 같았도다
2 그 때에 우리 입에는 웃음이 가득

하고 우리 혀에는 (讚揚)찬양이 찼
었도다 그 때에 뭇 나라 가운데에
서 말하기를 여호와께서 그들을 위
하여 큰 일을 행하셨다 하였도다
3 여호와께서 우리를 위하여 큰 일
을 행하셨으니 우리는 기쁘도다
4 여호와여 우리의 (捕虜)포로를 남
방 시내들 같이 돌려 보내소서
5 눈물을 흘리며 씨를 뿌리는 자는
기쁨으로 거두리로다
6 울며 씨를 뿌리러 나가는 자는 반
드시 기쁨으로 그 (穀食)곡식 단
을 가지고 돌아오리로다

솔로몬의 시 곧 성전에 올라가는 노래

127

여호와께서 집을 세우
지 아니하시면 세우는
자의 수고가 헛되며 여호와께서
성을 지키지 아니하시면 (把守)파
수꾼의 깨어 있음이 헛되도다
2 너희가 일찍이 일어나고 늦게 누우
며 수고의 떡을 먹음이 헛되도다
그러므로 여호와께서 그의 사랑하
시는 자에게는 잠을 주시는도다
3 보라 자식들은 여호와의 기업이요
태의 열매는 그의 (賞給)상급이로다
4 젊은 자의 자식은 (壯士)장사의
수중의 화살 같으니
5 이것이 그의 화살통에 가득한 자
는 복되도다 그들이 성문에서 그
들의 원수와 (談判)담판할 때에
수치를 당하지 아니하리로다

성전에 올라가는 노래

128

여호와를 (敬畏)경외하
며 그의 길을 걷는 자마
다 복이 있도다
2 네가 네 손이 수고한 대로 먹을 것
이라 네가 복되고 (亨通)형통하리
로다
3 네 집 안방에 있는 네 아내는 결실
한 포도나무 같으며 네 식탁에 둘
러 앉은 자식들은 어린 (橄欖)감
람나무 같으리로다
4 여호와를 (敬畏)경외하는 자는 이
같이 복을 얻으리로다
5 여호와께서 시온에서 네게 복을
주실지어다 너는 평생에 예루살렘
의 (繁榮)번영을 보며
6 네 자식의 자식을 볼지어다 이스라
엘에게 (平康)평강이 있을지로다

성전에 올라가는 노래

129

이스라엘은 이제 말하
기를 그들이 내가 어릴
때부터 여러 번 나를 괴롭혔도다
2 그들이 내가 어릴 때부터 여러
(番)번 나를 괴롭혔으나 나를 이
기지 못하였도다
3 밭 가는 자들이 내 등을 갈아 그
고랑을 길게 지었도다
4 여호와께서는 의로우사 (惡人)악
인들의 줄을 끊으셨도다
5 무릇 시온을 미워하는 자들은 (羞
恥)수치를 당하여 물러갈지어다
6 그들은 지붕의 풀과 같을지어다 그
것은 자라기 전에 마르는 것이라
7 이런 것은 베는 자의 손과 묶는 자
의 품에 차지 아니하나니
8 지나가는 자들도 여호와의 (福)복
이 너희에게 있을지어다 하거나
우리가 여호와의 이름으로 너희에
게 축복한다 하지 아니하느니라

성전에 올라가는 노래

130 여호와여 내가 깊은 곳에
서 주께 부르짖었나이다
2 주여 내 소리를 들으시며 나의 부
르짖는 소리에 귀를 기울이소서
3 여호와여 주께서 (罪惡)죄악을 지
켜보실진대 주여 누가 서리이까
4 그러나 (赦宥)사유하심이 주께 있
음은 주를 경외하게 하심이니이다
5 나 곧 내 (靈魂)영혼은 여호와를
기다리며 나는 주의 말씀을 바라
는도다
6 (把守)파수꾼이 아침을 기다림보
다 내 영혼이 주를 더 기다리나니
참으로 파수꾼이 아침을 기다림보
다 더하도다
7 이스라엘아 여호와를 바랄지어다
여호와께서는 인자하심과 풍성한
(贖良)속량이 있음이라
8 그가 이스라엘을 그의 모든 죄악
에서 (贖良)속량하시리로다

다윗의 시 곧 성전에 올라가는 노래

131 여호와여 내 마음이 교
만하지 아니하고 내 눈
이 오만하지 아니하오며 내가 큰
일과 (堪當)감당하지 못할 놀라운
일을 하려고 힘쓰지 아니하나이다
2 실로 내가 내 영혼으로 고요하고
(平穩)평온하게 하기를 젖 뗀 아
이가 그의 어머니 품에 있음 같게
하였나니 내 영혼이 젖 뗀 아이와
같도다
3 이스라엘아 지금부터 (永遠)영원
까지 여호와를 바랄지어다

1) 에브라임 2) 야일의 밭에서

성전에 올라가는 노래

132 여호와여 다윗을 위하
여 그의 모든 (謙遜)겸
손을 기억하소서
2 그가 여호와께 맹세하며 야곱의
전능자에게 (誓願)서원하기를
3 내가 내 장막 집에 들어가지 아니
하며 내 (寢牀)침상에 오르지 아
니하고
4 내 눈으로 잠들게 하지 아니하며
내 눈꺼풀로 졸게 하지 아니하기를
5 여호와의 (處所)처소 곧 야곱의
전능자의 성막을 발견하기까지 하
리라 하였나이다
6 우리가 그것이 [1]에브라다에 있다
함을 들었더니 [2]나무 밭에서 찾았
도다
7 우리가 그의 계신 곳으로 들어가
서 그의 발등상 앞에서 엎드려 (禮
拜)예배하리로다
8 여호와여 일어나사 주의 권능의
(櫃)궤와 함께 평안한 곳으로 들
어가소서
9 주의 제사장들은 의를 옷 입고 주
의 (聖徒)성도들은 즐거이 외칠지
어다
10 주의 종 다윗을 위하여 주의 기름
부음 받은 자의 얼굴을 (外面)외
면하지 마옵소서
11 여호와께서 다윗에게 성실히 맹
세하셨으니 변하지 아니하실지라
이르시기를 네 몸의 (所生)소생을
네 왕위에 둘지라
12 네 자손이 내 (言約)언약과 그들
에게 교훈하는 내 증거를 지킬진

대 그들의 후손도 영원히 네 왕위
에 앉으리라 하셨도다
13 여호와께서 시온을 택하시고 자기
(居處)거처를 삼고자 하여 이르시
기를
14 이는 내가 영원히 쉴 곳이라 내가
여기 (居住)거주할 것은 이를 원
하였음이로다
15 내가 이 성의 식료품에 풍족히 복
을 주고 떡으로 그 (貧民)빈민을
만족하게 하리로다
16 내가 그 제사장들에게 구원을 옷
입히리니 그 (聖徒)성도들은 즐거
이 외치리로다
17 내가 거기서 다윗에게 뿔이 나게
할 것이라 내가 내 기름 부음 받은
자를 위하여 등을 (準備)준비하였
도다
18 내가 그의 원수에게는 수치를 옷
입히고 그에게는 (王冠)왕관이 빛
나게 하리라 하셨도다

다윗의 시 곧 성전에 올라가는 노래

133

보라 형제가 (聯合)연합
하여 (同居)동거함이 어
찌 그리 선하고 아름다운고
2 머리에 있는 보배로운 기름이 수
염 곧 아론의 (鬚髥)수염에 흘러
서 그의 옷깃까지 내림 같고
3 헐몬의 이슬이 시온의 산들에 내림
같도다 거기서 여호와께서 복을 명
령하셨나니 곧 (永生)영생이로다

성전에 올라가는 노래

134

보라 밤에 여호와의 성전
에 서 있는 여호와의 모
든 종들아 여호와를 (頌祝)송축하
라
2 [1]성소를 향하여 너희 손을 들고
여호와를 (頌祝)송축하라
3 천지를 지으신 여호와께서 시온에
서 네게 (福)복을 주실지어다

135

[2]할렐루야 여호와의 이
름을 (讚頌)찬송하라
여호와의 종들아 찬송하라
2 여호와의 집 우리 여호와의 (聖
殿)성전 곧 우리 하나님의 성전
뜰에 서 있는 너희여
3 여호와를 (讚頌)찬송하라 여호와
는 선하시며 그의 이름이 아름다
우니 그의 이름을 찬양하라
4 여호와께서 자기를 위하여 야곱
곧 이스라엘을 자기의 (特別)특별
한 소유로 택하셨음이로다
5 내가 알거니와 여호와께서는 위대
하시며 우리 주는 모든 신들보다
(偉大)위대하시도다
6 여호와께서 그가 기뻐하시는 모든
일을 (天地)천지와 바다와 모든
깊은 데서 다 행하셨도다
7 안개를 땅 끝에서 일으키시며 비
를 위하여 번개를 만드시며 바람
을 그 (庫間)곳간에서 내시는도다
8 그가 애굽의 처음 난 자를 사람부
터 짐승까지 치셨도다
9 애굽이여 여호와께서 네게 행한
표적들과 (徵兆)징조들을 바로와
그의 모든 신하들에게 보내셨도다
10 그가 많은 나라를 치시고 강한 왕
들을 죽이셨나니
11 곧 아모리인의 왕 시혼과 바산 왕

1) 너희 손을 거룩하게 들고 2) 여호와를 찬송하라

옥과 가나안의 모든 (國王)국왕이
로다
12 그들의 땅을 (基業)기업으로 주시
되 자기 백성 이스라엘에게 기업
으로 주셨도다
13 여호와여 주의 이름이 영원하시니
이다 여호와여 주를 (記念)기념함
이 대대에 이르리이다
14 여호와께서 자기 백성을 (判斷)판
단하시며 그의 종들로 말미암아
위로를 받으시리로다
15 ● 열국의 (偶像)우상은 은금이요
사람의 손으로 만든 것이라
16 입이 있어도 말하지 못하며 눈이
있어도 보지 못하며
17 귀가 있어도 듣지 못하며 그들의
입에는 아무 (呼吸)호흡도 없나니
18 그것을 만든 자와 그것을 (依支)
의지하는 자가 다 그것과 같으리
로다
19 이스라엘 족속아 여호와를 (頌祝)
송축하라 아론의 족속아 여호와를
송축하라
20 레위 [1]족속아 여호와를 (頌祝)송
축하라 여호와를 경외하는 너희들
아 여호와를 송축하라
21 예루살렘에 계시는 여호와는 시온
에서 (讚頌)찬송을 받으실지어다
[2]할렐루야

136 여호와께 (感謝)감사하
라 그는 선하시며 그 인
자하심이 영원함이로다
2 신들 중에 뛰어난 하나님께 감사
하라 그 (仁慈)인자하심이 영원함

1) 집 2) 여호와를 찬송하라

이로다
3 주들 중에 뛰어난 주께 감사하라
그 인자하심이 (永遠)영원함이로
다
4 홀로 큰 기이한 일들을 행하시는
이에게 감사하라 그 (仁慈)인자하
심이 영원함이로다
5 지혜로 하늘을 지으신 이에게 감
사하라 그 (仁慈)인자하심이 영원
함이로다
6 땅을 물 위에 펴신 이에게 감사하
라 그 인자하심이 (永遠)영원함이
로다
7 큰 빛들을 지으신 이에게 감사하
라 그 (仁慈)인자하심이 영원함이
로다
8 해로 낮을 주관하게 하신 이에게
감사하라 그 인자하심이 (永遠)영
원함이로다
9 달과 별들로 밤을 주관하게 하신
이에게 감사하라 그 (仁慈)인자하
심이 영원함이로다
10 애굽의 장자를 치신 이에게 감사
하라 그 인자하심이 (永遠)영원함
이로다
11 이스라엘을 그들 중에서 (引導)인
도하여 내신 이에게 감사하라 그
인자하심이 영원함이로다
12 강한 손과 펴신 팔로 인도하여 내
신 이에게 감사하라 그 (仁慈)인
자하심이 영원함이로다
13 홍해를 가르신 이에게 감사하라 그
인자하심이 (永遠)영원함이로다
14 이스라엘을 그 가운데로 (通過)통
과하게 하신 이에게 감사하라 그

인자하심이 영원함이로다
15 바로와 그의 군대를 홍해에 엎드
러뜨리신 이에게 감사하라 그 (仁
慈)인자하심이 영원함이로다
16 그의 백성을 인도하여 (曠野)광야
를 통과하게 하신 이에게 감사하
라 그 인자하심이 영원함이로다
17 큰 왕들을 치신 이에게 감사하라
그 (仁慈)인자하심이 영원함이로다
18 유명한 왕들을 죽이신 이에게 감
사하라 그 인자하심이 (永遠)영원
함이로다
19 아모리인의 왕 시혼을 죽이신 이
에게 (感謝)감사하라 그 인자하심
이 영원함이로다
20 바산 왕 옥을 죽이신 이에게 감사
하라 그 (仁慈)인자하심이 영원함
이로다
21 그들의 땅을 기업으로 주신 이에
게 감사하라 그 인자하심이 (永
遠)영원함이로다
22 곧 그 종 이스라엘에게 (基業)기
업으로 주신 이에게 감사하라 그
인자하심이 영원함이로다
23 우리를 (卑賤)비천한 가운데에서
도 기억해 주신 이에게 감사하라
그 인자하심이 영원함이로다
24 우리를 우리의 대적에게서 건지신
이에게 감사하라 그 인자하심이
(永遠)영원함이로다
25 모든 육체에게 먹을 것을 주신 이
에게 감사하라 그 (仁慈)인자하심
이 영원함이로다
26 하늘의 하나님께 감사하라 그 인
자하심이 (永遠)영원함이로다

137

우리가 바벨론의 여러
(江邊)강변 거기에 앉아
서 시온을 기억하며 울었도다
2 그 중의 버드나무에 우리가 우리
의 (竪琴)수금을 걸었나니
3 이는 우리를 사로잡은 자가 거기
서 우리에게 노래를 청하며 우리를
(荒廢)황폐하게 한 자가 기쁨을 청
하고 자기들을 위하여 시온의 노래
중 하나를 노래하라 함이로다
4 우리가 (異邦)이방 땅에서 어찌
여호와의 노래를 부를까
5 예루살렘아 내가 너를 잊을진대
내 오른손이 그의 재주를 잊을지
로다
6 내가 예루살렘을 (記憶)기억하지
아니하거나 내가 가장 즐거워하는
것보다 더 즐거워하지 아니할진대
내 혀가 내 입천장에 붙을지로다
7 여호와여 예루살렘이 (滅亡)멸망
하던 날을 기억하시고 에돔 자손
을 치소서 그들의 말이 헐어 버리
라 헐어 버리라 그 기초까지 헐어
버리라 하였나이다
8 멸망할 딸 바벨론아 네가 우리에
게 행한 대로 네게 갚는 자가 (福)
복이 있으리로다
9 네 어린 것들을 바위에 메어치는
자는 (福)복이 있으리로다

다윗의 시

138

내가 (全心)전심으로 주
께 감사하며 신들 앞에
서 주께 찬송하리이다
2 내가 주의 성전을 향하여 (禮拜)
예배하며 주의 인자하심과 성실하

심으로 말미암아 주의 이름에 감
사하오리니 이는 주께서 [1]주의 말
씀을 주의 모든 이름보다 높게 하
셨음이라
3 내가 (懇求)간구하는 날에 주께서
응답하시고 내 영혼에 힘을 주어
나를 강하게 하셨나이다
4 여호와여 세상의 모든 왕들이 주
께 (感謝)감사할 것은 그들이 주
의 입의 말씀을 들음이오며
5 그들이 여호와의 도를 노래할 것
은 여호와의 (榮光)영광이 크심이
니이다
6 여호와께서는 높이 계셔도 낮은
자를 굽어살피시며 멀리서도 (驕
慢)교만한 자를 아심이니이다
7 내가 (患難)환난 중에 다닐지라도
주께서 나를 살아나게 하시고 주
의 손을 펴사 내 원수들의 분노를
막으시며 주의 오른손이 나를 구
원하시리이다
8 여호와께서 나를 위하여 (報償)보
상해 주시리이다 여호와여 주의
인자하심이 영원하오니 주의 손으
로 지으신 것을 버리지 마옵소서

다윗의 시, 인도자를 따라 부르는 노래

139 여호와여 주께서 나를
살펴 보셨으므로 나를
아시나이다
2 (主)주께서 내가 앉고 일어섬을
아시고 멀리서도 나의 생각을 밝
히 아시오며
3 나의 모든 길과 내가 눕는 것을 살
펴 보셨으므로 나의 모든 (行爲)
행위를 익히 아시오니
4 여호와여 내 혀의 말을 알지 못하
시는 것이 하나도 없으시니이다
5 주께서 나의 앞뒤를 둘러싸시고
내게 (按手)안수하셨나이다
6 이 (知識)지식이 내게 너무 (奇異)
기이하니 높아서 내가 능히 미치
지 못하나이다
7 내가 주의 (靈)영을 떠나 어디로
가며 주의 앞에서 어디로 피하리
이까
8 내가 하늘에 올라갈지라도 거기
계시며 스올에 내 자리를 펼지라
도 거기 계시니이다
9 내가 새벽 날개를 치며 바다 끝에
가서 (居住)거주할지라도
10 거기서도 주의 손이 나를 (引導)
인도하시며 주의 오른손이 나를
붙드시리이다
11 내가 혹시 말하기를 (黑暗)흑암이
반드시 나를 덮고 나를 두른 빛은
밤이 되리라 할지라도
12 주에게서는 (黑暗)흑암이 숨기지
못하며 밤이 낮과 같이 비추이나
니 주에게는 흑암과 빛이 같음이
니이다
13 주께서 내 (內臟)내장을 지으시며
나의 모태에서 나를 만드셨나이다
14 내가 주께 감사하옴은 나를 지으
심이 심히 (奇妙)기묘하심이라 주
께서 하시는 일이 기이함을 내 영
혼이 잘 아나이다
15 내가 은밀한 데서 지음을 받고 땅
의 깊은 곳에서 기이하게 지음을
받은 때에 나의 (形體)형체가 주

1) 주의 모든 이름대로 주의 말씀을 크게 하셨음이라

의 앞에 숨겨지지 못하였나이다
16 내 (形質)형질이 이루어지기 전에
주의 눈이 보셨으며 나를 위하여
정한 날이 하루도 되기 전에 주의
책에 다 기록이 되었나이다
17 하나님이여 주의 생각이 내게 어
찌 그리 보배로우신지요 그 수가
어찌 그리 많은지요
18 내가 세려고 할지라도 그 수가 모
래보다 많도소이다 내가 깰 때에
도 (如前)여전히 주와 함께 있나
이다
19 하나님이여 주께서 반드시 (惡人)
악인을 죽이시리이다 피 흘리기를
즐기는 자들아 나를 떠날지어다
20 그들이 주를 대하여 악하게 말하
며 주의 원수들이 주의 이름으로
헛되이 (盟誓)맹세하나이다
21 여호와여 내가 (主)주를 미워하는
(者)자들을 미워하지 아니하오며
주를 치려 일어나는 자들을 미워
하지 아니하나이까
22 내가 그들을 심히 미워하니 그들
은 나의 (怨讐)원수들이니이다
23 하나님이여 나를 살피사 내 마음
을 아시며 나를 (試驗)시험하사
내 뜻을 아옵소서
24 내게 무슨 악한 행위가 있나 보시
고 나를 (永遠)영원한 길로 인도
하소서

다윗의 시, 인도자를 따라 부르는 노래

140 여호와여 악인에게서
나를 건지시며 (暴惡)포
악한 자에게서 나를 보전하소서
2 그들이 마음속으로 악을 꾀하고
싸우기 위하여 (每日)매일 모이오
며
3 뱀 같이 그 혀를 날카롭게 하니 그
입술 아래에는 (毒蛇)독사의 독이
있나이다 (셀라)
4 여호와여 나를 지키사 악인의 손
에 빠지지 않게 하시며 나를 (保
全)보전하사 포악한 자에게서 벗
어나게 하소서 그들은 나의 걸음
을 밀치려 하나이다
5 교만한 자가 나를 해하려고 올무
와 줄을 놓으며 길 곁에 그물을 치
며 (陷穽)함정을 두었나이다 (셀
라)
6 ● 내가 여호와께 말하기를 주는
나의 하나님이시니 여호와여 나의
(懇求)간구하는 소리에 귀를 기울
이소서 하였나이다
7 내 (救援)구원의 능력이신 주 여
호와여 전쟁의 날에 주께서 내 머
리를 가려 주셨나이다
8 여호와여 악인의 소원을 (許諾)허
락하지 마시며 그의 악한 꾀를 이
루지 못하게 하소서 그들이 스스
로 높일까 하나이다 (셀라)
9 나를 에워싸는 자들이 그들의 머
리를 들 때에 그들의 입술의 (災
難)재난이 그들을 덮게 하소서
10 뜨거운 숯불이 그들 위에 떨어지
게 하시며 불 가운데와 깊은 웅덩
이에 그들로 하여금 빠져 다시 일
어나지 못하게 하소서
11 (惡談)악담하는 자는 세상에서 굳
게 서지 못하며 포악한 자는 재앙
이 따라서 패망하게 하리이다

12 내가 알거니와 여호와는 고난 당
하는 자를 (辯護)변호해 주시며
궁핍한 자에게 정의를 베푸시리이
다
13 진실로 의인들이 주의 이름에 감
사하며 (正直)정직한 자들이 주의
앞에서 살리이다

다윗의 시

141 여호와여 내가 주를 불
렀사오니 속히 내게 오
시옵소서 내가 주께 부르짖을 때
에 내 (音聲)음성에 귀를 기울이
소서
2 나의 기도가 주의 앞에 (焚香)분
향함과 같이 되며 나의 손 드는 것
이 저녁 제사 같이 되게 하소서
3 여호와여 내 입에 (把守)파수꾼을
세우시고 내 입술의 문을 지키소
서
4 내 마음이 악한 일에 기울어 죄악
을 행하는 자들과 함께 악을 행하
지 말게 하시며 그들의 (珍羞盛
饌)진수성찬을 먹지 말게 하소서
5 의인이 나를 칠지라도 은혜로 여
기며 책망할지라도 머리의 기름
같이 여겨서 내 머리가 이를 거절
하지 아니할지라 그들의 [1](災難)
재난 중에도 내가 항상 기도하리
로다
6 그들의 (裁判官)재판관들이 바위
곁에 내려 던져졌도다 내 말이 달
므로 무리가 들으리로다
7 사람이 밭 갈아 흙을 부스러뜨림
같이 우리의 해골이 스올 (入口)
입구에 흩어졌도다
8 주 여호와여 내 눈이 주께 향하며
내가 주께 피하오니 [2]내 영혼을
(貧窮)빈궁한 대로 버려 두지 마
옵소서
9 나를 지키사 그들이 나를 잡으려
고 놓은 올무와 악을 행하는 자들
의 (陷穽)함정에서 벗어나게 하옵
소서
10 악인은 자기 그물에 걸리게 하시
고 나만은 (穩全)온전히 면하게
하소서

다윗이 굴에 있을 때에 지은 [3]마스길 곧 기도

142 내가 소리 내어 여호와
께 부르짖으며 소리 내
어 여호와께 (懇求)간구하는도다
2 내가 내 (寃痛)원통함을 그의 앞
에 (吐)토로하며 내 우환을 그의
앞에 진술하는도다
3 내 영이 내 속에서 상할 때에도 주
께서 내 길을 아셨나이다 내가 가
는 길에 그들이 나를 잡으려고 올
무를 숨겼나이다
4 오른쪽을 살펴 보소서 나를 아는
이도 없고 나의 (避難處)피난처도
없고 내 영혼을 돌보는 이도 없나
이다
5 여호와여 내가 주께 부르짖어 말
하기를 주는 나의 (避難處)피난처
시요 살아 있는 사람들의 땅에서
나의 분깃이시라 하였나이다
6 나의 부르짖음을 들으소서 나는
심히 (卑賤)비천하니이다 나를 핍
박하는 자들에게서 나를 건지소서

1) 악을 대하여 내가 2) 내 심령을 쏟아버리지 마옵소서 3) 교훈

그들은 나보다 강하니이다
7 내 영혼을 옥에서 이끌어 내사 주
의 이름을 (感謝)감사하게 하소서
주께서 나에게 갚아 주시리니 의
인들이 나를 두르리이다

다윗의 시

143 여호와여 내 기도를 들
으시며 내 (懇求)간구에
귀를 기울이시고 주의 진실과 의
로 내게 응답하소서
2 주의 종에게 (審判)심판을 행하지
마소서 주의 눈 앞에는 의로운 인
생이 하나도 없나이다
3 원수가 내 영혼을 (逼迫)핍박하며
내 생명을 땅에 엎어서 나로 죽은
지 오랜 자 같이 나를 암흑 속에
두었나이다
4 그러므로 내 (心靈)심령이 속에서
상하며 내 마음이 내 속에서 참담
하니이다
5 내가 옛날을 (記憶)기억하고 주의
모든 행하신 것을 읊조리며 주의
손이 행하는 일을 생각하고
6 주를 향하여 손을 펴고 내 영혼이
마른 땅 같이 주를 (思慕)사모하
나이다 (셀라)
7 여호와여 속히 내게 응답하소서
내 영이 (疲困)피곤하니이다 주의
얼굴을 내게서 숨기지 마소서 내
가 무덤에 내려가는 자 같을까 두
려워하나이다
8 아침에 나로 하여금 주의 인자한
말씀을 듣게 하소서 내가 주를 (依
賴)의뢰함이니이다 내가 다닐 길
을 알게 하소서 내가 내 영혼을 주
께 드림이니이다
9 여호와여 나를 내 (怨讐)원수들에
게서 건지소서 내가 주께 피하여
숨었나이다
10 주는 나의 하나님이시니 나를 가
르쳐 주의 뜻을 행하게 하소서 주
의 영은 선하시니 나를 (公平)공
평한 땅에 인도하소서
11 여호와여 주의 이름을 위하여 나
를 살리시고 주의 (義)의로 내 영
혼을 환난에서 끌어내소서
12 주의 (仁慈)인자하심으로 나의 원
수들을 끊으시고 내 영혼을 괴롭
게 하는 자를 다 (滅)멸하소서 나
는 주의 종이니이다

다윗의 시

144 나의 반석이신 여호와
를 찬송하리로다 그가
내 손을 가르쳐 싸우게 하시며 손
가락을 가르쳐 (戰爭)전쟁하게 하
시는도다
2 여호와는 나의 사랑이시요 나의
(要塞)요새이시요 나의 산성이시
요 나를 건지시는 이시요 나의 방
패이시니 내가 그에게 피하였고
그가 내 백성을 내게 복종하게 하
셨나이다
3 여호와여 사람이 무엇이기에 주께
서 그를 알아 주시며 (人生)인생이
무엇이기에 그를 생각하시나이까
4 사람은 [1]헛것 같고 그의 날은 지
나가는 그림자 같으니이다
5 여호와여 주의 하늘을 드리우고
강림하시며 산들에 (接觸)접촉하

1) 숨과 같고

사 연기를 내게 하소서
6 번개를 번쩍이사 원수들을 흩으시
며 주의 화살을 쏘아 그들을 무찌
르소서
7 위에서부터 주의 손을 펴사 나를
큰 물과 (異邦人)이방인의 손에서
구하여 건지소서
8 그들의 입은 거짓을 말하며 그의
오른손은 거짓의 오른손이니이다
9 하나님이여 내가 주께 새 노래로
노래하며 열 줄 (琵琶)비파로 주
를 찬양하리이다
10 주는 왕들에게 (救援)구원을 베
푸시는 자시요 그의 종 다윗을 그
해하려는 칼에서 구하시는 자시
니이다
11 이방인의 손에서 나를 (救)구하여
건지소서 그들의 입은 거짓을 말
하며 그 오른손은 거짓의 오른손
이니이다
12 ●우리 아들들은 어리다가 장성
한 나무들과 같으며 우리 딸들은
궁전의 (樣式)양식대로 아름답게
다듬은 모퉁잇돌들과 같으며
13 우리의 곳간에는 (百穀)백곡이 가
득하며 우리의 양은 들에서 천천
과 만만으로 번성하며
14 우리 수소는 무겁게 실었으며 또
우리를 (侵擄)침노하는 일이나 우
리가 나아가 막는 일이 없으며 우
리 거리에는 슬피 부르짖음이 없
을진대
15 이러한 백성은 (福)복이 있나니
여호와를 자기 하나님으로 삼는
백성은 복이 있도다

다윗의 찬송시

145

왕이신 나의 하나님이
여 내가 주를 높이고 영
원히 주의 이름을 (頌祝)송축하리
이다
2 내가 날마다 주를 송축하며 (永
遠)영원히 주의 이름을 송축하리
이다
3 여호와는 위대하시니 크게 찬양
할 것이라 그의 (偉大)위대하심을
(測量)측량하지 못하리로다
4 대대로 주께서 행하시는 일을 크
게 찬양하며 주의 능한 일을 (宣
布)선포하리로다
5 주의 존귀하고 영광스러운 (威嚴)
위엄과 주의 기이한 일들을 나는
작은 소리로 읊조리리이다
6 사람들은 주의 두려운 일의 (權
能)권능을 말할 것이요 나도 주의
위대하심을 선포하리이다
7 그들이 주의 크신 (恩惠)은혜를
기념하여 말하며 주의 의를 노래
하리이다
8 여호와는 (恩惠)은혜로우시며 긍
휼이 많으시며 노하기를 더디 하
시며 인자하심이 크시도다
9 여호와께서는 모든 것을 (善待)선
대하시며 그 지으신 모든 것에 긍
휼을 베푸시는도다
10 여호와여 주께서 지으신 모든 것
들이 주께 감사하며 주의 성도들
이 주를 (頌祝)송축하리이다
11 그들이 주의 나라의 영광을 말하
며 주의 (業績)업적을 일러서
12 주의 업적과 주의 나라의 (威嚴)

위엄 있는 영광을 인생들에게 알
게 하리이다
13 주의 나라는 영원한 나라이니 주
의 통치는 (代代)대대에 이르리이
다
14 여호와께서는 모든 넘어지는 자들
을 붙드시며 (卑屈)비굴한 자들을
일으키시는도다
15 모든 사람의 눈이 주를 (仰望)앙
망하오니 주는 때를 따라 그들에
게 먹을 것을 주시며
16 손을 펴사 [1]모든 생물의 (所願)소
원을 만족하게 하시나이다
17 여호와께서는 그 모든 (行爲)행위
에 의로우시며 그 모든 일에 은혜
로우시도다
18 여호와께서는 자기에게 (懇求)간
구하는 모든 자 곧 진실하게 간구
하는 모든 자에게 가까이 하시는
도다
19 그는 자기를 경외하는 자들의 소원
을 이루시며 또 그들의 부르짖음을
들으사 (救援)구원하시리로다
20 여호와께서 자기를 사랑하는 자들
은 다 보호하시고 (惡人)악인들은
다 멸하시리로다
21 내 입이 여호와의 (榮譽)영예를
말하며 모든 육체가 그의 거룩하
신 이름을 영원히 송축할지로다

146 [2]할렐루야 내 (靈魂)영
혼아 여호와를 찬양하
라
2 나의 (生前)생전에 여호와를 찬양
하며 나의 (平生)평생에 내 하나
님을 찬송하리로다
3 (貴人)귀인들을 의지하지 말며 도
움 힘이 없는 인생도 의지하지 말
지니
4 그의 (呼吸)호흡이 끊어지면 흙으
로 돌아가서 그 날에 그의 생각이
소멸하리로다
5 야곱의 하나님을 (自己)자기의 도
움으로 삼으며 여호와 자기 하나
님에게 자기의 소망을 두는 자는
복이 있도다
6 여호와는 천지와 바다와 그 중의
(萬物)만물을 지으시며 영원히 진
실함을 지키시며
7 억눌린 사람들을 위해 (正義)정의
로 심판하시며 주린 자들에게 먹
을 것을 주시는 이시로다 여호와
께서는 갇힌 자들에게 자유를 주
시는도다
8 여호와께서 맹인들의 눈을 여시며
여호와께서 (卑屈)비굴한 자들을
일으키시며 여호와께서 의인들을
사랑하시며
9 여호와께서 나그네들을 보호하시
며 고아와 (寡婦)과부를 붙드시고
악인들의 길은 굽게 하시는도다
10 시온아 여호와는 (永遠)영원히 다
스리시고 네 하나님은 대대로 (統
治)통치하시리로다 [2]할렐루야

147 [2]할렐루야 우리 하나님
을 찬양하는 일이 선함
이여 (讚頌)찬송하는 일이 아름답
고 마땅하도다
2 여호와께서 예루살렘을 세우시며
이스라엘의 흩어진 자들을 모으

1) 은혜로 모든 생물을 만족하게 하시나이다 2) 여호와를 찬양하라

시며
3 (傷心)상심한 자들을 고치시며 그
들의 상처를 싸매시는도다
4 그가 별들의 (數爻)수효를 세시고
그것들을 다 이름대로 부르시는도
다
5 우리 주는 위대하시며 능력이 많
으시며 그의 지혜가 (無窮)무궁하
시도다
6 여호와께서 (謙遜)겸손한 자들은
붙드시고 악인들은 땅에 엎드러뜨
리시는도다
7 감사함으로 여호와께 노래하며 수
금으로 하나님께 (讚揚)찬양할지
어다
8 그가 구름으로 하늘을 덮으시며
땅을 위하여 비를 (準備)준비하시
며 산에 풀이 자라게 하시며
9 들짐승과 우는 까마귀 새끼에게
먹을 것을 주시는도다
10 여호와는 말의 힘이 세다 하여 기
뻐하지 아니하시며 사람의 다리가
억세다 하여 기뻐하지 아니하시고
11 여호와는 자기를 (敬畏)경외하는
자들과 그의 (仁慈)인자하심을 바
라는 자들을 기뻐하시는도다
12 예루살렘아 여호와를 찬송할지어
다 시온아 네 하나님을 (讚揚)찬
양할지어다
13 그가 네 문빗장을 견고히 하시고
네 가운데에 있는 너의 자녀들에
게 (福)복을 주셨으며
14 네 경내를 (平安)평안하게 하시고
아름다운 밀로 너를 배불리시며

1) 여호와를 찬양하라

15 그의 명령을 땅에 보내시니 그의
말씀이 (速)속히 달리는도다
16 눈을 (羊)양털 같이 내리시며 서
리를 재 같이 흩으시며
17 우박을 떡 부스러기 같이 뿌리시
나니 누가 능히 그의 추위를 (堪
當)감당하리요
18 그의 말씀을 보내사 그것들을 녹
이시고 바람을 불게 하신즉 물이
흐르는도다
19 그가 그의 말씀을 야곱에게 보이
시며 그의 율례와 (規例)규례를
이스라엘에게 보이시는도다
20 그는 어느 민족에게도 이와 같이
행하지 아니하셨나니 그들은 그의
(法度)법도를 알지 못하였도다 [1)]
할렐루야

148

[1)]할렐루야 하늘에서 여
호와를 (讚揚)찬양하며
높은 데서 그를 찬양할지어다
2 그의 모든 천사여 찬양하며 모든
군대여 그를 (讚揚)찬양할지어다
3 해와 달아 그를 (讚揚)찬양하며
밝은 별들아 다 그를 찬양할지어
다
4 하늘의 하늘도 그를 찬양하며 하
늘 위에 있는 물들도 그를 찬양할
지어다
5 그것들이 여호와의 이름을 (讚揚)
찬양함은 그가 명령하시므로 지음
을 받았음이로다
6 그가 또 그것들을 (永遠)영원히
세우시고 폐하지 못할 명령을 정
하셨도다
7 너희 (龍)용들과 바다여 땅에서

여호와를 찬양하라
8 불과 (雨雹)우박과 눈과 안개와
그의 말씀을 따르는 광풍이며
9 산들과 모든 작은 산과 (果樹)과
수와 모든 백향목이며
10 짐승과 모든 (家畜)가축과 기는
것과 나는 새며
11 세상의 왕들과 모든 백성들과 고
관들과 땅의 모든 (裁判官)재판관
들이며
12 (總角)총각과 (處女)처녀와 (老
人)노인과 아이들아
13 여호와의 이름을 (讚揚)찬양할지
어다 그의 이름이 홀로 높으시며
그의 영광이 땅과 하늘 위에 뛰어
나심이로다
14 그가 그의 백성의 뿔을 높이셨으
니 그는 모든 (聖徒)성도 곧 그를
가까이 하는 백성 이스라엘 자손
의 찬양 받을 이시로다 [1]할렐루야

149 [1]할렐루야 새 노래로 여
호와께 노래하며 성도
의 모임 가운데에서 (讚揚)찬양할
지어다
2 이스라엘은 자기를 지으신 이로
말미암아 즐거워하며 시온의 (住
民)주민은 그들의 왕으로 말미암
아 즐거워할지어다
3 춤 추며 그의 이름을 (讚揚)찬양
하며 소고와 수금으로 그를 찬양
할지어다
4 여호와께서는 자기 백성을 기뻐하
시며 (謙遜)겸손한 자를 구원으로
아름답게 하심이로다
5 성도들은 (榮光)영광 중에 즐거워
하며 그들의 침상에서 기쁨으로
노래할지어다
6 그들의 [2]입에는 하나님에 대한
(讚揚)찬양이 있고 그들의 손에는
두 날 가진 칼이 있도다
7 이것으로 뭇 나라에 (報讐)보수하
며 민족들을 벌하며
8 그들의 왕들은 사슬로, 그들의 (貴
人)귀인은 철고랑으로 결박하고
9 (記錄)기록한 판결대로 그들에게
시행할지로다 [3]이런 영광은 그의
모든 성도에게 있도다 [1]할렐루야

150 [1]할렐루야 그의 성소에
서 하나님을 (讚揚)찬
양하며 그의 권능의 궁창에서 그
를 찬양할지어다
2 그의 능하신 (行動)행동을 찬양하
며 그의 지극히 위대하심을 따라
찬양할지어다
3 (喇叭)나팔 소리로 찬양하며 비파
와 수금으로 찬양할지어다
4 소고 치며 춤 추어 찬양하며 (絃
樂)현악과 퉁소로 찬양할지어다
5 큰 소리 나는 제금으로 (讚揚)찬
양하며 높은 소리 나는 제금으로
찬양할지어다
6 (呼吸)호흡이 있는 자마다 여호와
를 찬양할지어다 [1]할렐루야

1) 여호와를 찬양하라 2) 히, 목구멍 3) 여호와는 그 성도들의 영광이로다

솔로몬의 잠언

1 다윗의 아들 이스라엘 왕 솔로몬의 (箴言)잠언이라
2 이는 지혜와 훈계를 알게 하며 (明哲)명철의 말씀을 깨닫게 하며
3 (智慧)지혜롭게, 공의롭게, 정의롭게, 정직하게 행할 일에 대하여 (訓戒)훈계를 받게 하며
4 어리석은 자를 슬기롭게 하며 젊은 자에게 지식과 (謹愼)근신함을 주기 위한 것이니
5 지혜 있는 자는 듣고 (學識)학식이 더할 것이요 명철한 자는 지략을 얻을 것이라
6 잠언과 비유와 지혜 있는 자의 말과 그 (奧妙)오묘한 말을 깨달으리라

젊은이에게 주는 교훈

7 ● 여호와를 (敬畏)경외하는 것이 지식의 근본이거늘 미련한 자는 지혜와 훈계를 멸시하느니라
8 내 아들아 네 아비의 (訓戒)훈계를 들으며 네 어미의 법을 떠나지 말라
9 이는 네 머리의 아름다운 (冠)관이요 네 목의 금 사슬이니라
10 ● 내 아들아 (惡)악한 자가 너를 꾈지라도 따르지 말라
11 그들이 네게 말하기를 우리와 함께 가자 우리가 가만히 엎드렸다가 사람의 피를 흘리자 (罪)죄 없는 자를 까닭 없이 숨어 기다리다가

12 스올 같이 그들을 산 채로 삼키며 무덤에 내려가는 자들 같이 통으로 삼키자
13 우리가 온갖 (寶貨)보화를 얻으며 빼앗은 것으로 우리 집을 채우리니
14 너는 우리와 함께 제비를 뽑고 우리가 함께 (纏帶)전대 하나만 두자 할지라도
15 내 아들아 그들과 함께 길에 다니지 말라 네 발을 (禁)금하여 그 길을 밟지 말라
16 (大抵)대저 그 발은 악으로 달려가며 피를 흘리는 데 빠름이니라
17 새가 보는 데서 그물을 치면 헛일이겠거늘
18 그들이 가만히 엎드림은 자기의 피를 흘릴 뿐이요 숨어 기다림은 자기의 생명을 (害)해할 뿐이니
19 이익을 (貪)탐하는 모든 자의 길은 다 이러하여 자기의 (生命)생명을 잃게 하느니라

지혜가 부른다

20 ● (智慧)지혜가 길거리에서 부르며 광장에서 소리를 높이며
21 시끄러운 길목에서 소리를 지르며 성문 어귀와 (城中)성중에서 그 소리를 발하여 이르되
22 너희 어리석은 자들은 어리석음을 좋아하며 거만한 자들은 거만을 기뻐하며 미련한 자들은 (知識)지식을 미워하니 어느 때까지 하겠느냐
23 나의 (責望)책망을 듣고 돌이키라 보라 내가 나의 영을 너희에게 부어 주며 내 말을 너희에게 보이리라

24 내가 불렀으나 너희가 듣기 싫어하였고 내가 손을 폈으나 돌아보는 자가 없었고
25 도리어 나의 모든 (敎訓)교훈을 멸시하며 나의 책망을 받지 아니하였은즉
26 너희가 (災殃)재앙을 만날 때에 내가 웃을 것이며 너희에게 두려움이 임할 때에 내가 비웃으리라
27 너희의 두려움이 (狂風)광풍 같이 임하겠고 너희의 재앙이 폭풍 같이 이르겠고 너희에게 근심과 슬픔이 임하리니
28 그 때에 [1]너희가 나를 부르리라 그래도 내가 (對答)대답하지 아니하겠고 [2]부지런히 나를 찾으리라 그래도 나를 만나지 못하리니
29 대저 너희가 지식을 미워하며 여호와 (敬畏)경외하기를 즐거워하지 아니하며
30 나의 교훈을 받지 아니하고 나의 모든 (責望)책망을 업신여겼음이니라
31 그러므로 자기 (行爲)행위의 열매를 먹으며 자기 꾀에 배부르리라
32 어리석은 자의 (退步)퇴보는 자기를 죽이며 미련한 자의 안일은 자기를 멸망시키려니와
33 오직 내 말을 듣는 자는 평안히 살며 재앙의 두려움이 없이 (安全)안전하리라

지혜가 주는 유익

2 내 아들아 네가 만일 나의 말을 받으며 나의 (誡命)계명을 네게 간직하며
2 네 귀를 지혜에 기울이며 네 마음을 (明哲)명철에 두며
3 (知識)지식을 불러 구하며 명철을 얻으려고 소리를 높이며
4 (銀)은을 구하는 것 같이 그것을 구하며 감추어진 보배를 찾는 것 같이 그것을 찾으면
5 여호와 (敬畏)경외하기를 깨달으며 하나님을 알게 되리니
6 대저 여호와는 (智慧)지혜를 주시며 지식과 명철을 그 입에서 내심이며
7 그는 정직한 자를 위하여 완전한 지혜를 예비하시며 (行實)행실이 온전한 자에게 방패가 되시나니
8 대저 그는 정의의 길을 보호하시며 그의 (聖徒)성도들의 길을 보전하려 하심이니라
9 그런즉 네가 (公義)공의와 정의와 정직 곧 모든 선한 길을 깨달을 것이라
10 곧 (智慧)지혜가 네 마음에 들어가며 지식이 네 영혼을 즐겁게 할 것이요
11 (謹愼)근신이 너를 지키며 명철이 너를 보호하여
12 악한 자의 길과 (悖逆)패역을 말하는 자에게서 건져 내리라
13 이 무리는 (正直)정직한 길을 떠나 어두운 길로 행하며
14 (行惡)행악하기를 기뻐하며 악인의 패역을 즐거워하나니
15 그 길은 구부러지고 그 행위는 (悖逆)패역하니라

1) 히, 그들 2) 이른 아침에

16 지혜가 또 너를 (淫女)음녀에게
서, 말로 호리는 이방 계집에게서
구원하리니
17 그는 젊은 시절의 짝을 버리며 그
의 하나님의 (言約)언약을 잊어버
린 자라
18 그의 집은 (死亡)사망으로, 그의
길은 스올로 기울어졌나니
19 누구든지 그에게로 가는 자는 돌
아오지 못하며 또 (生命)생명 길
을 얻지 못하느니라
20 지혜가 너를 선한 자의 길로 행하
게 하며 또 (義人)의인의 길을 지
키게 하리니
21 대저 (正直)정직한 자는 땅에 거
하며 완전한 자는 땅에 남아 있으
리라
22 그러나 악인은 땅에서 끊어지겠고
(奸詐)간사한 자는 땅에서 뽑히리라

젊은이에게 주는 교훈

3 내 아들아 나의 법을 잊어버리
지 말고 네 마음으로 나의 (命
令)명령을 지키라
2 그리하면 그것이 네가 (長壽)장수
하여 많은 해를 누리게 하며 (平
康)평강을 더하게 하리라
3 (仁慈)인자와 진리가 네게서 떠나
지 말게 하고 그것을 네 목에 매며
네 마음판에 새기라
4 그리하면 네가 하나님과 사람 앞
에서 (恩寵)은총과 귀중히 여김을
받으리라
5 너는 마음을 다하여 여호와를 신
뢰하고 네 (明哲)명철을 의지하지
말라
6 너는 (凡事)범사에 그를 인정하라
그리하면 네 길을 지도하시리라
7 스스로 지혜롭게 여기지 말지어다
여호와를 (敬畏)경외하며 악을 떠
날지어다
8 이것이 네 몸에 양약이 되어 네
(骨髓)골수를 윤택하게 하리라
9 네 재물과 네 소산물의 처음 익은
열매로 여호와를 (恭敬)공경하라
10 그리하면 네 창고가 가득히 차고
네 (葡萄汁)포도즙 틀에 새 포도
즙이 넘치리라
11 ● 내 아들아 여호와의 (懲戒)징계
를 경히 여기지 말라 그 꾸지람을
싫어하지 말라
12 대저 여호와께서 그 사랑하시는
자를 (懲戒)징계하시기를 마치 아
비가 그 기뻐하는 아들을 징계함
같이 하시느니라
13 지혜를 얻은 자와 명철을 얻은 자
는 (福)복이 있나니
14 이는 지혜를 얻는 것이 은을 얻는
것보다 낫고 그 이익이 (精金)정
금보다 나음이니라
15 지혜는 진주보다 귀하니 네가 사
모하는 모든 것으로도 이에 (比
較)비교할 수 없도다
16 그의 오른손에는 장수가 있고 그
의 왼손에는 (富貴)부귀가 있나니
17 그 길은 즐거운 길이요 그의 지름
길은 다 (平康)평강이니라
18 지혜는 그 얻은 자에게 생명 나무
라 지혜를 가진 자는 (福)복되도다
19 여호와께서는 지혜로 땅에 터를
놓으셨으며 명철로 하늘을 (堅固)

견고히 세우셨고
20 그의 지식으로 깊은 바다를 갈라
지게 하셨으며 (空中)공중에서 이
슬이 내리게 하셨느니라
21 내 아들아 (完全)완전한 지혜와
(謹愼)근신을 지키고 이것들이 네
눈 앞에서 떠나지 말게 하라
22 그리하면 그것이 네 영혼의 생명
이 되며 네 목에 (裝飾)장식이 되
리니
23 네가 네 길을 (平安)평안히 행하겠
고 네 발이 거치지 아니하겠으며
24 네가 누울 때에 두려워하지 아니
하겠고 네가 누운즉 네 잠이 달리
로다
25 너는 갑작스러운 두려움도 악인에
게 닥치는 (滅亡)멸망도 두려워하
지 말라
26 대저 여호와는 네가 (依支)의지할
이시니라 네 발을 지켜 걸리지 않
게 하시리라
27 ● 네 손이 (善)선을 베풀 힘이 있
거든 마땅히 받을 자에게 베풀기
를 아끼지 말며
28 네게 있거든 이웃에게 이르기를
갔다가 다시 오라 (來日)내일 주
겠노라 하지 말며
29 네 이웃이 네 곁에서 (平安)평안
히 살거든 그를 해하려고 꾀하지
말며
30 사람이 네게 (惡)악을 행하지 아
니하였거든 까닭 없이 더불어 다
투지 말며
31 (暴虐)포학한 자를 부러워하지 말
며 그의 어떤 행위도 따르지 말라
32 대저 (悖逆)패역한 자는 여호와께
서 미워하시나 정직한 자에게는
그의 교통하심이 있으며
33 악인의 집에는 여호와의 (詛呪)저
주가 있거니와 의인의 집에는 복
이 있느니라
34 진실로 그는 (倨慢)거만한 자를
비웃으시며 (謙遜)겸손한 자에게
은혜를 베푸시나니
35 지혜로운 자는 영광을 기업으로
받거니와 미련한 자의 (榮達)영달
함은 (羞恥)수치가 되느니라

지혜와 명철을 얻으라

4 아들들아 아비의 훈계를 들으며
명철을 얻기에 (注意)주의하라
2 내가 선한 (道理)도리를 너희에게
전하노니 내 법을 떠나지 말라
3 나도 내 아버지에게 아들이었으며
내 어머니 보기에 (幼弱)유약한
외아들이었노라
4 아버지가 내게 가르쳐 이르기를
내 말을 네 마음에 두라 내 (命令)
명령을 지키라 그리하면 살리라
5 (智慧)지혜를 얻으며 명철을 얻으
라 내 입의 말을 잊지 말며 어기지
말라
6 (智慧)지혜를 버리지 말라 그가
너를 보호하리라 그를 사랑하라
그가 너를 지키리라
7 지혜가 제일이니 지혜를 얻으라
네가 얻은 모든 것을 가지고 명철
을 얻을지니라
8 그를 높이라 그리하면 그가 너를
높이 들리라 만일 그를 품으면 그
가 너를 (榮華)영화롭게 하리라

9 그가 아름다운 관을 네 머리에 두
겠고 영화로운 (冕旒冠)면류관을
네게 주리라 하셨느니라
10 ●내 아들아 들으라 내 말을 받으
라 그리하면 네 (生命)생명의 해
가 길리라
11 내가 (智慧)지혜로운 길을 네게
가르쳤으며 정직한 길로 너를 인
도하였은즉
12 다닐 때에 네 걸음이 곤고하지 아
니하겠고 달려갈 때에 (失足)실족
하지 아니하리라
13 (訓戒)훈계를 굳게 잡아 놓치지 말
고 지키라 이것이 네 생명이니라
14 (邪惡)사악한 자의 길에 들어가지
말며 악인의 길로 다니지 말지어다
15 그의 길을 피하고 지나가지 말며
돌이켜 떠나갈지어다
16 그들은 악을 행하지 못하면 자지
못하며 사람을 넘어뜨리지 못하면
잠이 오지 아니하며
17 불의의 떡을 먹으며 (强暴)강포의
술을 마심이니라
18 의인의 길은 돋는 햇살 같아서 크
게 빛나 한낮의 (光明)광명에 이
르거니와
19 (惡人)악인의 길은 어둠 같아서
그가 걸려 넘어져도 그것이 무엇
인지 깨닫지 못하느니라
20 ●내 아들아 내 말에 (注意)주의
하며 내가 말하는 것에 네 귀를 기
울이라
21 그것을 네 눈에서 떠나게 하지 말
며 네 마음 속에 지키라

22 그것은 얻는 자에게 생명이 되며
그의 온 육체의 (健康)건강이 됨
이니라
23 모든 지킬 만한 것 중에 더욱 네
마음을 지키라 생명의 (根源)근원
이 이에서 남이니라
24 구부러진 말을 네 입에서 버리며
비뚤어진 말을 네 입술에서 멀리
하라
25 네 눈은 바로 보며 네 눈꺼풀은 네
앞을 곧게 살펴
26 네 발이 행할 길을 [1](平坦)평탄하
게 하며 네 모든 길을 든든히 하라
27 좌로나 우로나 치우치지 말고 네
발을 악에서 떠나게 하라

사지와 스올로 가지 말라

5 내 아들아 내 지혜에 (注意)주
의하며 내 명철에 네 귀를 기울
여서
2 (謹愼)근신을 지키며 네 입술로
지식을 지키도록 하라
3 대저 (淫女)음녀의 입술은 꿀을
떨어뜨리며 그의 입은 기름보다
미끄러우나
4 나중은 쑥 같이 쓰고 두 날 가진
칼 같이 날카로우며
5 그의 발은 (死地)사지로 내려가며
그의 걸음은 스올로 나아가나니
6 그는 생명의 (平坦)평탄한 길을 찾
지 못하며 자기 길이 든든하지 못
하여도 그것을 깨닫지 못하느니라
7 ●그런즉 아들들아 나에게 들으
며 내 입의 말을 버리지 말고
8 네 길을 그에게서 멀리 하라 그의
집 문에도 가까이 가지 말라

1) 헤아리며

9 두렵건대 네 존영이 남에게 잃어버
리게 되며 네 (壽限)수한이 잔인
한 자에게 빼앗기게 될까 하노라
10 두렵건대 타인이 네 재물로 충족
하게 되며 네 수고한 것이 (外人)
외인의 집에 있게 될까 하노라
11 두렵건대 마지막에 이르러 네 몸,
네 육체가 (衰弱)쇠약할 때에 네
가 한탄하여
12 말하기를 내가 어찌하여 (訓戒)훈
계를 싫어하며 내 마음이 꾸지람
을 가벼이 여기고
13 내 선생의 목소리를 (聽從)청종하
지 아니하며 나를 가르치는 이에
게 귀를 기울이지 아니하였던고
14 많은 무리들이 모인 중에서 큰 악
에 빠지게 되었노라 하게 될까 (念
慮)염려하노라
15 ● 너는 네 우물에서 물을 마시며
네 샘에서 흐르는 물을 마시라
16 어찌하여 네 샘물을 집 밖으로 넘
치게 하며 네 도랑물을 거리로 흘
러가게 하겠느냐
17 그 물이 네게만 있게 하고 (他人)
타인과 더불어 그것을 나누지 말
라
18 네 샘으로 (福)복되게 하라 네가
젊어서 취한 아내를 즐거워하라
19 그는 사랑스러운 암사슴 같고 아
름다운 암노루 같으니 너는 그의
품을 항상 족하게 여기며 그의 사
랑을 항상 (戀慕)연모하라
20 내 아들아 어찌하여 음녀를 연모
하겠으며 어찌하여 (異邦)이방 계
집의 가슴을 안겠느냐
21 대저 사람의 길은 여호와의 눈 앞
에 있나니 그가 그 사람의 모든 길
을 [1](平坦)평탄하게 하시느니라
22 악인은 자기의 악에 걸리며 그
(罪)죄의 줄에 매이나니
23 그는 훈계를 받지 아니함으로 말미
암아 죽겠고 심히 미련함으로 말미
암아 (昏迷)혼미하게 되느니라

실제적 교훈

6 내 아들아 네가 만일 이웃을 위
하여 (擔保)담보하며 타인을 위
하여 [2]보증하였으면
2 네 입의 말로 네가 얽혔으며 네 입
의 말로 인하여 잡히게 되었느니라
3 내 아들아 네가 네 이웃의 손에 빠
졌은즉 이같이 하라 너는 곧 가서
겸손히 네 이웃에게 (懇求)간구하
여 스스로 구원하되
4 네 눈을 잠들게 하지 말며 눈꺼풀
을 감기게 하지 말고
5 노루가 사냥꾼의 손에서 벗어나는
것 같이, 새가 그물 치는 자의 손
에서 벗어나는 것 같이 스스로 (救
援)구원하라
6 ● 게으른 자여 개미에게 가서 그
가 하는 것을 보고 (智慧)지혜를
얻으라
7 개미는 두령도 없고 감독자도 없
고 (統治者)통치자도 없으되
8 먹을 것을 여름 동안에 (豫備)예비
하며 추수 때에 양식을 모으느니라
9 게으른 자여 네가 어느 때까지 누
워 있겠느냐 네가 어느 때에 잠이
깨어 일어나겠느냐

1) 헤아리시느니라 2) 히, 네 손을 치면

10 좀더 자자, 좀더 졸자, 손을 모으
고 좀더 누워 있자 하면
11 네 (貧窮)빈궁이 강도 같이 오며
네 곤핍이 군사 같이 이르리라
12 ●(不良)불량하고 악한 자는 구부
러진 말을 하고 다니며
13 눈짓을 하며 발로 뜻을 보이며 손
가락질을 하며
14 그의 마음에 (悖逆)패역을 품으며
항상 악을 꾀하여 다툼을 일으키
는 자라
15 그러므로 그의 재앙이 갑자기 내
려 당장에 (滅亡)멸망하여 살릴
길이 없으리라
16 여호와께서 미워하시는 것 곧 그
의 마음에 싫어하시는 것이 예닐
곱 가지이니
17 곧 교만한 눈과 거짓된 혀와 (無
罪)무죄한 자의 피를 흘리는 손과
18 악한 (計巧)계교를 꾀하는 마음과
빨리 악으로 달려가는 발과
19 거짓을 말하는 망령된 증인과 및
형제 사이를 (離間)이간하는 자이
니라

훈계와 명령

20 ●내 아들아 네 아비의 (命令)명
령을 지키며 네 어미의 (法)법을
떠나지 말고
21 그것을 (恒常)항상 네 마음에 새
기며 네 목에 매라
22 그것이 네가 다닐 때에 너를 (引
導)인도하며 네가 잘 때에 너를
보호하며 네가 깰 때에 너와 더불
어 말하리니
23 대저 명령은 (燈)등불이요 법은
빛이요 훈계의 책망은 곧 생명의
길이라
24 이것이 너를 지켜 악한 (女人)여
인에게, 이방 여인의 혀로 호리는
말에 빠지지 않게 하리라
25 네 마음에 그의 아름다움을 탐하
지 말며 그 눈꺼풀에 홀리지 말라
26 (淫女)음녀로 말미암아 사람이
한 조각 떡만 남게 됨이며 음란
한 여인은 귀한 생명을 사냥함이
니라
27 사람이 불을 품에 품고서야 어찌
그의 옷이 타지 아니하겠으며
28 사람이 숯불을 밟고서야 어찌 그
의 발이 데지 아니하겠느냐
29 남의 아내와 (通姦)통간하는 자도
이와 같을 것이라 그를 만지는 자
마다 벌을 면하지 못하리라
30 도둑이 만일 주릴 때에 배를 채우
려고 도둑질하면 사람이 그를 (蔑
視)멸시하지는 아니하려니와
31 들키면 칠 배를 갚아야 하리니 심
지어 자기 집에 있는 것을 다 내주
게 되리라
32 여인과 (姦淫)간음하는 자는 무지
한 자라 이것을 행하는 자는 자기
의 영혼을 망하게 하며
33 상함과 (凌辱)능욕을 받고 부끄러
움을 씻을 수 없게 되나니
34 남편이 (妬忌)투기로 분노하여 원
수 갚는 날에 용서하지 아니하고
35 어떤 (報償)보상도 받지 아니하며
많은 선물을 줄지라도 듣지 아니
하리라

음녀의 길로 치우치지 말라

7 내 아들아 내 말을 지키며 내
(誡命)계명을 간직하라
2 내 계명을 지켜 살며 내 (法)법을
네 눈동자처럼 지키라
3 이것을 네 손가락에 매며 이것을
네 마음판에 새기라
4 지혜에게 너는 내 누이라 하며 (明
哲)명철에게 너는 내 친족이라 하라
5 그리하면 이것이 너를 지켜서 음
녀에게, 말로 호리는 (異邦)이방
여인에게 빠지지 않게 하리라
6 내가 내 집 들(窓)창으로, 살(窓)
창으로 내다 보다가
7 어리석은 자 중에, 젊은이 가운데
에 한 (智慧)지혜 없는 자를 보았
노라
8 그가 거리를 지나 (淫女)음녀의
골목 모퉁이로 가까이 하여 그의
집쪽으로 가는데
9 저물 때, (黃昏)황혼 때, 깊은 밤
흑암 중에라
10 그 때에 기생의 옷을 입은 (奸巧)
간교한 여인이 그를 맞으니
11 이 여인은 떠들며 (頑惡)완악하며
그의 발이 집에 머물지 아니하여
12 어떤 때에는 거리, 어떤 때에는
(廣場)광장 또 모퉁이마다 서서
사람을 기다리는 자라
13 그 (女人)여인이 그를 붙잡고 그
에게 입맞추며 부끄러움을 모르는
얼굴로 그에게 말하되
14 내가 (和睦祭)화목제를 드려 서원
한 것을 오늘 갚았노라
15 이러므로 내가 너를 맞으려고 나와
네 얼굴을 찾다가 너를 만났도다
16 내 (寢牀)침상에는 요와 애굽의
무늬 있는 이불을 폈고
17 (沒藥)몰약과 침향과 계피를 뿌렸
노라
18 오라 우리가 아침까지 (洽足)흡족
하게 서로 사랑하며 사랑함으로
희락하자
19 남편은 집을 떠나 먼 길을 갔는데
20 (銀)은 주머니를 가졌은즉 보름
날에나 집에 돌아오리라 하여
21 여러 가지 고운 말로 (誘惑)유혹
하며 입술의 호리는 말로 꾀므로
22 젊은이가 곧 그를 따랐으니 소가
(屠獸場)도수장으로 가는 것 같고
미련한 자가 벌을 받으려고 쇠사
슬에 매이러 가는 것과 같도다
23 (畢竟)필경은 화살이 그 간을 뚫
게 되리라 새가 빨리 그물로 들어
가되 그의 생명을 잃어버릴 줄을
알지 못함과 같으니라
24 ● 이제 아들들아 내 말을 듣고 내
입의 말에 (注意)주의하라
25 네 마음이 음녀의 길로 치우치지
말며 그 길에 (迷惑)미혹되지 말
지어다
26 대저 그가 많은 사람을 (傷)상하
여 엎드러지게 하였나니 그에게
죽은 자가 허다하니라
27 그의 집은 스올의 길이라 (死亡)
사망의 방으로 내려가느니라

지혜와 명철 찬양

8 지혜가 부르지 아니하느냐 (明
哲)명철이 소리를 높이지 아니
하느냐
2 그가 길 가의 높은 곳과 네거리에

서며
3 성문 곁과 문 어귀와 여러 (出入)
출입하는 문에서 불러 이르되
4 사람들아 내가 너희를 부르며 내
가 (人子)인자들에게 소리를 높이
노라
5 어리석은 자들아 너희는 (明哲)명
철할지니라 미련한 자들아 너희는
마음이 밝을지니라
6 너희는 들을지어다 내가 가장 선
한 것을 말하리라 내 입술을 열어
(正直)정직을 내리라
7 내 입은 (眞理)진리를 말하며 내
입술은 악을 미워하느니라
8 내 입의 말은 다 의로운즉 그 가운
데에 굽은 것과 (悖逆)패역한 것
이 없나니
9 이는 다 (聰明)총명 있는 자가 밝
히 아는 바요 지식 얻은 자가 정직
하게 여기는 바니라
10 너희가 은을 받지 말고 나의 훈계
를 받으며 정금보다 (知識)지식을
얻으라
11 대저 (智慧)지혜는 진주보다 나으
므로 원하는 모든 것을 이에 비교
할 수 없음이니라
12 나 지혜는 명철로 (住所)주소를 삼
으며 지식과 근신을 찾아 얻나니
13 여호와를 (敬畏)경외하는 것은 악
을 미워하는 것이라 나는 교만과
거만과 악한 행실과 패역한 입을
미워하느니라
14 내게는 (計略)계략과 참 지식이
있으며 나는 명철이라 내게 능력

1) 히, 새벽에

이 있으므로
15 나로 말미암아 왕들이 치리하며
(方伯)방백들이 공의를 세우며
16 나로 말미암아 (宰相)재상과 존귀
한 자 곧 모든 의로운 재판관들이
다스리느니라
17 나를 사랑하는 자들이 나의 사랑
을 입으며 나를 [1](懇切)간절히 찾
는 자가 나를 만날 것이니라
18 부귀가 내게 있고 (長久)장구한
재물과 공의도 그러하니라
19 내 열매는 금이나 정금보다 나으
며 내 (所得)소득은 순은보다 나
으니라
20 나는 정의로운 길로 행하며 (公義)
공의로운 길 가운데로 다니나니
21 이는 나를 사랑하는 자가 (財物)
재물을 얻어서 그 곳간에 채우게
하려 함이니라
22 ● 여호와께서 그 (造化)조화의 시
작 곧 태초에 일하시기 전에 나를
가지셨으며
23 (萬歲 前)만세 전부터, 태초부터,
땅이 생기기 전부터 내가 세움을
받았나니
24 아직 바다가 생기지 아니하였고
큰 샘들이 있기 (前)전에 내가 이
미 났으며
25 산이 세워지기 (前)전에, 언덕이
생기기 전에 내가 이미 났으니
26 하나님이 아직 땅도, 들도, 세상
진토의 (根源)근원도 짓지 아니하
셨을 때에라
27 그가 하늘을 지으시며 (穹蒼)궁창
을 해면에 두르실 때에 내가 거기

있었고
28 그가 위로 구름 하늘을 (堅固)견
고하게 하시며 바다의 샘들을 힘
있게 하시며
29 바다의 (限界)한계를 정하여 물이
명령을 거스르지 못하게 하시며
또 땅의 기초를 정하실 때에
30 내가 그 곁에 있어서 [1](創造者)창
조자가 되어 날마다 그의 기뻐하
신 바가 되었으며 항상 그 앞에서
즐거워하였으며
31 사람이 (居處)거처할 땅에서 즐거
워하며 인자들을 기뻐하였느니라
32 ● 아들들아 이제 내게 들으라 내
도를 지키는 자가 (福)복이 있느
니라
33 (訓戒)훈계를 들어서 지혜를 얻으
라 그것을 버리지 말라
34 누구든지 내게 들으며 날마다 내
(門)문 곁에서 기다리며 (門)문설
(柱)주 옆에서 기다리는 자는 복
이 있나니
35 대저 나를 얻는 자는 생명을 얻고
여호와께 (恩寵)은총을 얻을 것임
이니라
36 그러나 [2]나를 잃는 자는 자기의
(靈魂)영혼을 해하는 자라 나를 미
워하는 자는 사망을 사랑하느니라

지혜와 어리석음

9 (智慧)지혜가 그의 집을 짓고
일곱 기둥을 다듬고
2 짐승을 잡으며 포도주를 (混合)혼
합하여 상을 갖추고
3 자기의 여종을 보내어 성중 높은
곳에서 불러 이르기를
4 어리석은 자는 이리로 돌이키라
또 (智慧)지혜 없는 자에게 이르
기를
5 너는 와서 내 식물을 먹으며 내 혼
합한 (葡萄酒)포도주를 마시고
6 어리석음을 버리고 (生命)생명을
얻으라 명철의 길을 행하라 하느
니라
7 ● 거만한 자를 (懲戒)징계하는 자
는 도리어 능욕을 받고 악인을 (責
望)책망하는 자는 도리어 흠이 잡
히느니라
8 (倨慢)거만한 자를 책망하지 말라
그가 너를 미워할까 두려우니라
지혜 있는 자를 책망하라 그가 너
를 사랑하리라
9 지혜 있는 자에게 (教訓)교훈을
더하라 그가 더욱 지혜로워질 것
이요 의로운 사람을 가르치라 그
의 학식이 더하리라
10 여호와를 (敬畏)경외하는 것이 지
혜의 근본이요 거룩하신 자를 아
는 것이 명철이니라
11 나 지혜로 말미암아 네 날이 많아
질 것이요 네 (生命)생명의 해가
네게 더하리라
12 네가 만일 지혜로우면 그 지혜가
네게 (有益)유익할 것이나 네가
만일 거만하면 너 홀로 해를 당하
리라
13 ● 미련한 여인이 떠들며 어리석
어서 아무것도 알지 못하고
14 자기 집 문에 앉으며 (城邑)성읍
높은 곳에 있는 자리에 앉아서

1) 장인 2) 내게 범죄하는 자는

15 자기 길을 바로 가는 (行人)행인
들을 불러 이르되
16 어리석은 자는 이리로 돌이키라 또
(智慧)지혜 없는 자에게 이르기를
17 도둑질한 물이 달고 몰래 먹는 떡
이 맛이 있다 하는도다
18 오직 그 어리석은 자는 죽은 자들
이 거기 있는 것과 그의 (客)객들
이 스올 깊은 곳에 있는 것을 알지
못하느니라

솔로몬의 잠언

10. 솔로몬의 (箴言)잠언이라
지혜로운 아들은 아비를
기쁘게 하거니와 미련한 아들은
어미의 근심이니라
2 불의의 재물은 (無益)무익하여도
공의는 죽음에서 건지느니라
3 여호와께서 의인의 영혼은 주리지
않게 하시나 악인의 (所欲)소욕은
물리치시느니라
4 손을 게으르게 놀리는 자는 가난
하게 되고 손이 부지런한 자는
(富)부하게 되느니라
5 여름에 거두는 자는 지혜로운 아
들이나 (秋收)추수 때에 자는 자
는 부끄러움을 끼치는 아들이니라
6 의인의 머리에는 복이 임하나 악
인의 입은 [1](毒)독을 머금었느니라
7 의인을 (記念)기념할 때에는 칭찬
하거니와 악인의 이름은 썩게 되
느니라
8 마음이 지혜로운 자는 (誡命)계명
을 받거니와 입이 미련한 자는 멸
망하리라

1) 독이 가리워 있느니라

9 바른 길로 행하는 자는 걸음이 (平
安)평안하려니와 굽은 길로 행하
는 자는 드러나리라
10 눈짓하는 자는 근심을 끼치고 입이
미련한 자는 (滅亡)멸망하느니라
11 의인의 입은 생명의 샘이라도 악인
의 입은 [1](毒)독을 머금었느니라
12 미움은 다툼을 일으켜도 사랑은
모든 허물을 가리느니라
13 명철한 자의 입술에는 (智慧)지혜
가 있어도 지혜 없는 자의 등을 위
하여는 채찍이 있느니라
14 지혜로운 자는 지식을 간직하거니
와 미련한 자의 입은 (滅亡)멸망
에 가까우니라
15 부자의 재물은 그의 (堅固)견고한
성이요 가난한 자의 (窮乏)궁핍은
그의 멸망이니라
16 의인의 수고는 생명에 이르고 악인
의 (所得)소득은 죄에 이르느니라
17 (訓戒)훈계를 지키는 자는 생명
길로 행하여도 징계를 버리는 자
는 그릇 가느니라
18 미움을 감추는 자는 거짓된 입술
을 가진 자요 (中傷)중상하는 자
는 미련한 자이니라
19 말이 많으면 허물을 면하기 어려
우나 그 입술을 (制馭)제어하는
자는 지혜가 있느니라
20 의인의 혀는 (純銀)순은과 같거니
와 악인의 마음은 가치가 적으니라
21 의인의 입술은 여러 사람을 (教
育)교육하나 미련한 자는 지식이
없어 죽느니라
22 여호와께서 주시는 복은 사람을

부하게 [1]하고 근심을 (兼)겸하여
주지 아니하시느니라
23 미련한 자는 (行惡)행악으로 낙을
삼는 것 같이 명철한 자는 지혜로
낙을 삼느니라
24 악인에게는 그의 두려워하는 것이
임하거니와 의인은 그 (願)원하는
것이 이루어지느니라
25 회오리바람이 지나가면 악인은 없
어져도 의인은 영원한 (基礎)기초
같으니라
26 게으른 자는 그 부리는 사람에게
마치 이에 (食醋)식초 같고 눈에
연기 같으니라
27 여호와를 (敬畏)경외하면 장수하
느니라 그러나 악인의 수명은 짧
아지느니라
28 의인의 소망은 즐거움을 이루어도
악인의 (所望)소망은 끊어지느니라
29 여호와의 도가 정직한 자에게는
(山城)산성이요 행악하는 자에게
는 (滅亡)멸망이니라
30 의인은 영영히 (移動)이동되지 아
니하여도 악인은 땅에 거하지 못
하게 되느니라
31 의인의 입은 지혜를 내어도 (悖
逆)패역한 혀는 베임을 당할 것이
니라
32 의인의 입술은 기쁘게 할 것을 알
거늘 악인의 입은 (悖逆)패역을
말하느니라

11 속이는 저울은 여호와께서
미워하시나 공평한 (錘)추는
그가 기뻐하시느니라
2 교만이 오면 욕도 오거니와 (謙
遜)겸손한 자에게는 지혜가 있느
니라
3 정직한 자의 (誠實)성실은 자기를
인도하거니와 사악한 자의 패역은
자기를 망하게 하느니라
4 재물은 진노하시는 날에 (無益)무익
하나 공의는 죽음에서 건지느니라
5 (完全)완전한 자의 공의는 자기의
길을 곧게 하려니와 악한 자는 자
기의 악으로 말미암아 넘어지리라
6 정직한 자의 공의는 자기를 건지
려니와 (邪惡)사악한 자는 자기의
악에 잡히리라
7 악인은 죽을 때에 그 소망이 끊어
지나니 (不義)불의의 소망이 없어
지느니라
8 의인은 (患難)환난에서 구원을 얻
으나 악인은 자기의 길로 가느니라
9 악인은 입으로 그의 이웃을 망하
게 하여도 의인은 그의 (知識)지
식으로 말미암아 구원을 얻느니라
10 의인이 (亨通)형통하면 성읍이 즐
거워하고 악인이 패망하면 기뻐
외치느니라
11 성읍은 정직한 자의 축복으로 인
하여 (振興)진흥하고 악한 자의
입으로 말미암아 무너지느니라
12 지혜 없는 자는 그의 이웃을 (蔑
視)멸시하나 명철한 자는 잠잠하
느니라
13 두루 다니며 (閑談)한담하는 자는
남의 비밀을 누설하나 마음이 신
실한 자는 그런 것을 숨기느니라
14 (智略)지략이 없으면 백성이 망하

1) 되나니 수고함으로 더하지 못하느니라

여도 지략이 많으면 평안을 누리
느니라
15 타인을 위하여 보증이 되는 자는
손해를 당하여도 (保證)보증이 되
기를 싫어하는 자는 평안하니라
16 (有德)유덕한 여자는 존영을 얻고
근면한 남자는 재물을 얻느니라
17 인자한 자는 자기의 (靈魂)영혼을
이롭게 하고 잔인한 자는 자기의
몸을 해롭게 하느니라
18 악인의 삯은 (虛無)허무하되 공의
를 뿌린 자의 상은 확실하니라
19 공의를 굳게 지키는 자는 (生命)
생명에 이르고 악을 따르는 자는
사망에 이르느니라
20 마음이 굽은 자는 여호와께 미움
을 받아도 행위가 (穩全)온전한
자는 그의 기뻐하심을 받느니라
21 악인은 [1]피차 손을 잡을지라도
(罰)벌을 면하지 못할 것이나 의
인의 자손은 구원을 얻으리라
22 아름다운 여인이 삼가지 아니하는
것은 마치 돼지 코에 (金)금 고리
같으니라
23 의인의 소원은 오직 선하나 악인의
소망은 (震怒)진노를 이루느니라
24 흩어 구제하여도 더욱 부하게 되
는 일이 있나니 (過度)과도히 아
껴도 가난하게 될 뿐이니라
25 구제를 좋아하는 자는 풍족하여질
것이요 남을 (潤澤)윤택하게 하는
자는 자기도 윤택하여지리라
26 곡식을 내놓지 아니하는 자는 백성
에게 저주를 받을 것이나 파는 자

1) 정녕히

는 그의 머리에 (福)복이 임하리라
27 선을 간절히 구하는 자는 (恩寵)
은총을 얻으려니와 악을 더듬어
찾는 자에게는 악이 임하리라
28 자기의 재물을 의지하는 자는 패
망하려니와 의인은 푸른 잎사귀
같아서 (蕃盛)번성하리라
29 자기 집을 해롭게 하는 자의 (所得)
소득은 바람이라 미련한 자는 마
음이 지혜로운 자의 종이 되리라
30 의인의 열매는 (生命)생명 나무라
지혜로운 자는 사람을 얻느니라
31 보라 의인이라도 이 세상에서 (報
應)보응을 받겠거든 하물며 악인
과 죄인이리요

12

(訓戒)훈계를 좋아하는 자
는 지식을 좋아하거니와 징
계를 싫어하는 자는 짐승과 같으
니라
2 선인은 여호와께 은총을 받으려니
와 악을 꾀하는 자는 (定罪)정죄
하심을 받으리라
3 사람이 악으로서 굳게 서지 못하
거니와 (義人)의인의 뿌리는 움직
이지 아니하느니라
4 어진 여인은 그 지아비의 (冕旒
冠)면류관이나 욕을 끼치는 여인
은 그 지아비의 뼈가 썩음 같게 하
느니라
5 의인의 생각은 정직하여도 악인의
(圖謀)도모는 속임이니라
6 악인의 말은 사람을 엿보아 피를
흘리자 하는 것이거니와 (正直)정
직한 자의 입은 사람을 구원하느
니라

7 악인은 엎드러져서 (消滅)소멸되
려니와 의인의 집은 서 있으리라
8 사람은 그 지혜대로 (稱讚)칭찬을
받으려니와 마음이 굽은 자는 멸
시를 받으리라
9 비천히 여김을 받을지라도 종을
부리는 자는 스스로 높은 체하고
도 음식이 (乏絕)핍절한 자보다
나으니라
10 의인은 자기의 가축의 생명을 돌
보나 악인의 (矜恤)긍휼은 잔인이
니라
11 자기의 토지를 (耕作)경작하는 자
는 먹을 것이 많거니와 방탕한 것
을 따르는 자는 지혜가 없느니라
12 악인은 [1]불의의 이익을 (貪)탐하
나 의인은 그 뿌리로 말미암아 결
실하느니라
13 악인은 입술의 허물로 말미암아
그물에 걸려도 의인은 (患難)환난
에서 벗어나느니라
14 사람은 입의 열매로 말미암아 (福
祿)복록에 족하며 그 손이 행하는
대로 자기가 받느니라
15 미련한 자는 자기 (行爲)행위를
바른 줄로 여기나 지혜로운 자는
권고를 듣느니라
16 미련한 자는 당장 분노를 나타내
거니와 슬기로운 자는 (羞辱)수욕
을 참느니라
17 진리를 말하는 자는 의를 나타내
어도 거짓 (證人)증인은 속이는
말을 하느니라
18 칼로 찌름 같이 함부로 말하는 자
가 있거니와 지혜로운 자의 혀는
(良藥)양약과 같으니라
19 진실한 입술은 영원히 (保存)보존
되거니와 거짓 혀는 잠시 동안만
있을 뿐이니라
20 악을 꾀하는 자의 마음에는 속임
이 있고 화평을 의논하는 자에게
는 (喜樂)희락이 있느니라
21 의인에게는 어떤 재앙도 임하지
아니하려니와 악인에게는 (殃禍)
앙화가 가득하리라
22 거짓 입술은 여호와께 미움을 받
아도 (眞實)진실하게 행하는 자는
그의 기뻐하심을 받느니라
23 슬기로운 자는 지식을 감추어도
미련한 자의 마음은 미련한 것을
(傳播)전파하느니라
24 부지런한 자의 손은 사람을 다스
리게 되어도 게으른 자는 부림을
받느니라
25 근심이 사람의 마음에 있으면 그
것으로 (煩惱)번뇌하게 되나 선한
말은 그것을 즐겁게 하느니라
26 의인은 그 이웃의 인도자가 되나
악인의 소행은 자신을 (迷惑)미혹
하느니라
27 게으른 자는 그 [2]잡을 것도 사냥
하지 아니하나니 [3]사람의 (富貴)
부귀는 부지런한 것이니라
28 (公義)공의로운 길에 생명이 있나
니 그 길에는 사망이 없느니라

13 지혜로운 아들은 아비의 훈
계를 들으나 (倨慢)거만한
자는 꾸지람을 즐겨 듣지 아니하

1) 악인의 그물질한 것을 2) 사냥한 것도 굽지 아니하나니
3) 부지런한 자에게는 귀한 재물이 있느니라

느니라
2 사람은 입의 열매로 인하여 복록
을 누리거니와 마음이 (詭詐)궤사
한 자는 강포를 당하느니라
3 입을 지키는 자는 자기의 생명을
(保全)보전하나 입술을 크게 벌리
는 자에게는 멸망이 오느니라
4 게으른 자는 마음으로 원하여도
얻지 못하나 부지런한 자의 마음
은 (豊足)풍족함을 얻느니라
5 의인은 거짓말을 미워하나 악인은
행위가 (凶惡)흉악하여 부끄러운
데에 이르느니라
6 공의는 행실이 정직한 자를 보호
하고 악은 죄인을 (敗亡)패망하게
하느니라
7 스스로 부[1]한 체하여도 아무 것도
없는 자가 있고 스스로 가난[1]한
체하여도 (財物)재물이 많은 자가
있느니라
8 사람의 재물이 자기 생명의 속전
일 수 있으나 가난한 자는 (脅迫)
협박을 받을 일이 없느니라
9 의인의 빛은 환하게 빛나고 악인
의 (燈)등불은 꺼지느니라
10 교만에서는 다툼만 일어날 뿐이라
(勸勉)권면을 듣는 자는 지혜가
있느니라
11 (妄靈)망령되이 얻은 재물은 줄어가
고 손으로 모은 것은 늘어가느니라
12 소망이 더디 이루어지면 그것이
마음을 상하게 하거니와 (所願)소
원이 이루어지는 것은 곧 생명 나
무니라

1) 하게

13 말씀을 멸시하는 자는 자기에게
패망을 이루고 (誡命)계명을 두려
워하는 자는 상을 받느니라
14 지혜 있는 자의 (敎訓)교훈은 생
명의 샘이니 사망의 그물에서 벗
어나게 하느니라
15 선한 (智慧)지혜는 은혜를 베푸나
사악한 자의 길은 험하니라
16 무릇 슬기로운 자는 (知識)지식으
로 행하거니와 미련한 자는 자기
의 미련한 것을 나타내느니라
17 악한 사자는 재앙에 빠져도 충성
된 사신은 (良藥)양약이 되느니라
18 훈계를 저버리는 자에게는 (窮乏)
궁핍과 수욕이 이르거니와 경계를
받는 자는 존영을 받느니라
19 소원을 (成就)성취하면 마음에 달
아도 미련한 자는 악에서 떠나기
를 싫어하느니라
20 지혜로운 자와 (同行)동행하면 지
혜를 얻고 미련한 자와 사귀면 해
를 받느니라
21 재앙은 죄인을 따르고 선한 (報
應)보응은 의인에게 이르느니라
22 선인은 그 (産業)산업을 자자 손
손에게 끼쳐도 죄인의 재물은 의
인을 위하여 쌓이느니라
23 가난한 자는 밭을 (耕作)경작함으
로 양식이 많아지거니와 불의로
말미암아 가산을 탕진하는 자가
있느니라
24 매를 아끼는 자는 그의 자식을 미
워함이라 자식을 사랑하는 자는
근실히 (懲戒)징계하느니라
25 의인은 (飽食)포식하여도 악인의

배는 주리느니라

14 지혜로운 (女人)여인은 자
기 집을 세우되 미련한 여인
은 자기 손으로 그것을 허느니라
2 정직하게 행하는 자는 여호와를
경외하여도 패역하게 행하는 자는
여호와를 (輕蔑)경멸하느니라
3 미련한 자는 교만하여 입으로 매
를 (自請)자청하고 지혜로운 자의
입술은 자기를 보전하느니라
4 소가 없으면 구유는 깨끗하려니와
소의 힘으로 얻는 것이 많으니라
5 (信實)신실한 증인은 거짓말을 아
니하여도 거짓 증인은 거짓말을
뱉느니라
6 거만한 자는 지혜를 구하여도 얻
지 못하거니와 명철한 자는 (知
識)지식 얻기가 쉬우니라
7 너는 미련한 자의 [1]앞을 떠나라
그 입술에 (知識)지식 있음을 보
지 못함이니라
8 슬기로운 자의 (智慧)지혜는 자기
의 길을 아는 것이라도 미련한 자
의 어리석음은 속이는 것이니라
9 미련한 자는 죄를 (尋常)심상히
여겨도 정직한 자 중에는 은혜가
있느니라
10 마음의 (苦痛)고통은 자기가 알고
마음의 즐거움은 타인이 참여하지
못하느니라
11 악한 자의 집은 망하겠고 정직한
자의 (帳幕)장막은 흥하리라
12 어떤 길은 사람이 보기에 바르나
(畢竟)필경은 사망의 길이니라
13 웃을 때에도 마음에 슬픔이 있고
즐거움의 끝에도 근심이 있느니라
14 마음이 굽은 자는 자기 행위로 보
응이 가득하겠고 선한 사람도 자
기의 (行爲)행위로 그러하리라
15 어리석은 자는 온갖 말을 믿으나
슬기로운 자는 자기의 (行動)행동
을 삼가느니라
16 지혜로운 자는 두려워하여 악을
떠나나 어리석은 자는 (放恣)방자
하여 스스로 믿느니라
17 노하기를 속히 하는 자는 어리석
은 일을 행하고 악한 (計巧)계교
를 꾀하는 자는 미움을 받느니라
18 어리석은 자는 어리석음으로 (基
業)기업을 삼아도 슬기로운 자는
지식으로 면류관을 삼느니라
19 악인은 (善人)선인 앞에 엎드리고
불의한 자는 의인의 문에 엎드리
느니라
20 가난한 자는 이웃에게도 미움을
받게 되나 부요한 자는 (親舊)친
구가 많으니라
21 이웃을 업신여기는 자는 죄를 (犯)
범하는 자요 빈곤한 자를 불쌍히
여기는 자는 복이 있는 자니라
22 악을 도모하는 자는 잘못 가는 것
이 아니냐 선을 도모하는 자에게
는 (仁慈)인자와 진리가 있으리라
23 모든 수고에는 이익이 있어도 입
술의 말은 (窮乏)궁핍을 이룰 뿐
이니라
24 지혜로운 자의 재물은 그의 (冕旒
冠)면류관이요 미련한 자의 소유
는 다만 미련한 것이니라

1) 앞으로 가라 그 입술에 지식 있음을 보지 못하리라

25 진실한 (證人)증인은 사람의 생명을 구원하여도 거짓말을 뱉는 사람은 속이느니라

26 여호와를 (敬畏)경외하는 자에게는 견고한 의뢰가 있나니 그 자녀들에게 피난처가 있으리라

27 여호와를 (敬畏)경외하는 것은 생명의 샘이니 사망의 그물에서 벗어나게 하느니라

28 백성이 많은 것은 왕의 (榮光)영광이요 백성이 적은 것은 주권자의 패망이니라

29 노하기를 더디 하는 자는 크게 (明哲)명철하여도 마음이 (躁急)조급한 자는 어리석음을 나타내느니라

30 (平穩)평온한 마음은 육신의 생명이나 시기는 뼈를 썩게 하느니라

31 가난한 사람을 (虐待)학대하는 자는 그를 지으신 이를 멸시하는 자요 궁핍한 사람을 불쌍히 여기는 자는 주를 공경하는 자니라

32 악인은 그의 (患難)환난에 엎드러져도 의인은 그의 죽음에도 소망이 있느니라

33 지혜는 (明哲)명철한 자의 마음에 머물거니와 미련한 자의 속에 있는 것은 나타나느니라

34 공의는 나라를 (榮華)영화롭게 하고 죄는 백성을 욕되게 하느니라

35 슬기롭게 행하는 신하는 왕에게 (恩寵)은총을 입고 욕을 끼치는 신하는 그의 진노를 당하느니라

15 유순한 대답은 분노를 쉬게 하여도 (過激)과격한 말은 노를 격동하느니라

2 지혜 있는 자의 혀는 (知識)지식을 선히 베풀고 미련한 자의 입은 미련한 것을 쏟느니라

3 여호와의 눈은 어디서든지 악인과 선인을 (鑑察)감찰하시느니라

4 (溫順)온순한 혀는 곧 생명 나무이지만 패역한 혀는 마음을 상하게 하느니라

5 아비의 훈계를 업신여기는 자는 미련한 자요 (警戒)경계를 받는 자는 슬기를 얻을 자니라

6 의인의 집에는 많은 (寶物)보물이 있어도 악인의 소득은 고통이 되느니라

7 지혜로운 자의 입술은 지식을 (傳播)전파하여도 미련한 자의 마음은 정함이 없느니라

8 악인의 제사는 여호와께서 미워하셔도 정직한 자의 (祈禱)기도는 그가 기뻐하시느니라

9 악인의 길은 여호와께서 미워하셔도 (公義)공의를 따라가는 자는 그가 사랑하시느니라

10 도를 배반하는 자는 엄한 징계를 받을 것이요 (譴責)견책을 싫어하는 자는 죽을 것이니라

11 스올과 [1]아바돈도 여호와의 앞에 드러나거든 하물며 사람의 마음이리요

12 거만한 자는 (譴責)견책 받기를 좋아하지 아니하며 지혜 있는 자에게로 가지도 아니하느니라

13 마음의 즐거움은 얼굴을 빛나게 하여도 마음의 근심은 (心靈)심령

1) '죽음의 자리'라는 뜻

을 상하게 하느니라
14 (明哲)명철한 자의 마음은 지식을
요구하고 미련한 자의 입은 미련
한 것을 즐기느니라
15 고난 받는 자는 그 날이 다 (險惡)
험악하나 마음이 즐거운 자는 항
상 잔치하느니라
16 가산이 적어도 여호와를 경외하는
것이 크게 부하고 (煩惱)번뇌하는
것보다 나으니라
17 (菜蔬)채소를 먹으며 서로 사랑하
는 것이 살진 소를 먹으며 서로 미
워하는 것보다 나으니라
18 (忿)분을 쉽게 내는 자는 다툼을
일으켜도 노하기를 더디 하는 자
는 시비를 그치게 하느니라
19 게으른 자의 길은 가시 울타리 같
으나 (正直)정직한 자의 길은 대
로니라
20 (智慧)지혜로운 아들은 아비를 즐
겁게 하여도 미련한 자는 어미를
업신여기느니라
21 (無知)무지한 자는 미련한 것을
즐겨 하여도 명철한 자는 그 길을
바르게 하느니라
22 의논이 없으면 (經營)경영이 무너
지고 지략이 많으면 경영이 성립
하느니라
23 사람은 그 입의 (對答)대답으로
말미암아 기쁨을 얻나니 때에 맞
는 말이 얼마나 아름다운고
24 지혜로운 자는 위로 향한 (生命)
생명 길로 말미암음으로 그 아래
에 있는 스올을 떠나게 되느니라
25 여호와는 교만한 자의 집을 허시며
과부의 (地界)지계를 정하시느니
라
26 악한 꾀는 여호와께서 미워하시나
선한 말은 (淨潔)정결하니라
27 이익을 탐하는 자는 자기 집을 해
롭게 하나 (賂物)뇌물을 싫어하는
자는 살게 되느니라
28 의인의 마음은 대답할 말을 깊이
생각하여도 (惡人)악인의 입은 악
을 쏟느니라
29 여호와는 악인을 멀리 하시고 의
인의 (祈禱)기도를 들으시느니라
30 눈이 밝은 것은 마음을 기쁘게 하
고 좋은 기별은 뼈를 (潤澤)윤택
하게 하느니라
31 생명의 (警戒)경계를 듣는 귀는
지혜로운 자 가운데에 있느니라
32 (訓戒)훈계 받기를 싫어하는 자는
자기의 영혼을 경히 여김이라 견책
을 달게 받는 자는 지식을 얻느니라
33 여호와를 경외하는 것은 지혜의
(訓戒)훈계라 겸손은 (尊貴)존귀
의 길잡이니라

16

마음의 (經營)경영은 사람
에게 있어도 말의 응답은
여호와께로부터 나오느니라
2 사람의 행위가 자기 보기에는 모
두 깨끗하여도 여호와는 심령을
(鑑察)감찰하시느니라
3 너의 행사를 여호와께 맡기라 그
리하면 네가 (經營)경영하는 것이
이루어지리라
4 여호와께서 온갖 것을 [1]그 쓰임에
(適當)적당하게 지으셨나니 악인

1) 주의

도 악한 날에 적당하게 하셨느니라
5 무릇 마음이 (驕慢)교만한 자를 여
호와께서 미워하시나니 [1]피차 손을
잡을지라도 벌을 면하지 못하리라
6 인자와 진리로 인하여 죄악이
(贖)속하게 되고 여호와를 경외함
으로 말미암아 악에서 떠나게 되
느니라
7 사람의 (行爲)행위가 여호와를 기
쁘시게 하면 그 사람의 원수라도
그와 더불어 (和睦)화목하게 하시
느니라
8 적은 (所得)소득이 공의를 겸하면
많은 소득이 불의를 겸한 것보다
나으니라
9 사람이 마음으로 자기의 길을 (計
劃)계획할지라도 그의 걸음을 인
도하시는 이는 여호와시니라
10 하나님의 말씀이 왕의 입술에 있
은즉 (裁判)재판할 때에 그의 입
이 그르치지 아니하리라
11 (公平)공평한 저울과 접시 저울은
여호와의 것이요 주머니 속의 저
울추도 다 그가 지으신 것이니라
12 악을 행하는 것은 왕들이 미워할
바니 이는 그 (寶座)보좌가 공의
로 말미암아 굳게 섬이니라
13 의로운 입술은 왕들이 기뻐하는
것이요 (正直)정직하게 말하는 자
는 그들의 사랑을 입느니라
14 왕의 진노는 죽음의 (使者)사자들
과 같아도 지혜로운 사람은 그것
을 쉬게 하리라
15 왕의 희색은 생명을 뜻하나니 그
의 (恩澤)은택이 [2]늦은 비를 내리
는 구름과 같으니라
16 지혜를 얻는 것이 금을 얻는 것보
다 얼마나 나은고 (明哲)명철을
얻는 것이 은을 얻는 것보다 더욱
나으니라
17 악을 떠나는 것은 정직한 사람의
대로이니 자기의 길을 지키는 자는
자기의 영혼을 (保全)보전하느니라
18 교만은 패망의 (先鋒)선봉이요 거
만한 마음은 넘어짐의 앞잡이니라
19 (謙遜)겸손한 자와 함께 하여 마
음을 낮추는 것이 교만한 자와 함
께 하여 탈취물을 나누는 것보다
나으니라
20 삼가 [3]말씀에 주의하는 자는 좋은
것을 얻나니 여호와를 (依支)의지
하는 자는 복이 있느니라
21 마음이 지혜로운 자는 명철하다
일컬음을 받고 입이 선한 자는 남
의 (學識)학식을 더하게 하느니라
22 명철한 자에게는 그 명철이 생명
의 샘이 되거니와 미련한 자에게
는 그 미련한 것이 (懲戒)징계가
되느니라
23 지혜로운 자의 마음은 그의 입을
슬기롭게 하고 또 그의 [4]입술에
(知識)지식을 더하느니라
24 선한 말은 꿀송이 같아서 마음에
달고 뼈에 (良藥)양약이 되느니라
25 어떤 길은 사람이 보기에 바르나
(畢竟)필경은 사망의 길이니라
26 고되게 일하는 자는 식욕으로 말
미암아 애쓰나니 이는 그의 입이
자기를 (督促)독촉함이니라

1) 정녕히 2) 봄비 3) 일을 처리하는 자는 4) 입술로

27 불량한 자는 악을 꾀하나니 그 입
술에는 (猛烈)맹렬한 불 같은 것
이 있느니라
28 패역한 자는 다툼을 일으키고 말쟁
이는 친한 벗을 (離間)이간하느니
라
29 (强暴)강포한 사람은 그 이웃을
꾀어 좋지 아니한 길로 인도하느
니라
30 눈짓을 하는 자는 (悖逆)패역한
일을 도모하며 입술을 닫는 자는
악한 일을 이루느니라
31 (白髮)백발은 영화의 면류관이라
공의로운 길에서 얻으리라
32 노하기를 더디하는 자는 (勇士)용
사보다 낫고 자기의 마음을 다스
리는 자는 (城)성을 빼앗는 자보
다 나으니라
33 제비는 사람이 뽑으나 모든 일을
(作定)작정하기는 여호와께 있느
니라

17

마른 떡 한 조각만 있고도
화목하는 것이 (祭肉)제육
이 집에 가득하고도 다투는 것보
다 나으니라
2 슬기로운 종은 부끄러운 짓을 하
는 주인의 아들을 다스리겠고 또
형제들 중에서 (遺業)유업을 나누
어 얻으리라
3 도가니는 은을, 풀무는 금을 (演
壇)연단하거니와 여호와는 마음
을 연단하시느니라
4 악을 행하는 자는 (邪惡)사악한
입술이 하는 말을 잘 듣고 거짓말
을 하는 자는 악한 혀가 하는 말에
귀를 기울이느니라
5 가난한 자를 조롱하는 자는 그를
지으신 주를 멸시하는 자요 사람
의 재앙을 기뻐하는 자는 (刑罰)
형벌을 면하지 못할 자니라
6 손자는 노인의 면류관이요 아비는
자식의 (榮華)영화니라
7 지나친 말을 하는 것도 미련한 자
에게 (合當)합당하지 아니하거든
하물며 거짓말을 하는 것이 존귀
한 자에게 합당하겠느냐
8 (賂物)뇌물은 그 임자가 보기에
보석 같은즉 그가 어디로 향하든
지 형통하게 하느니라
9 허물을 덮어 주는 자는 사랑을 구하
는 자요 그것을 거듭 말하는 자는
친한 벗을 (離間)이간하는 자니라
10 한 마디 말로 (聰明)총명한 자에
게 충고하는 것이 매 백 대로 미련
한 자를 때리는 것보다 더욱 깊이
박히느니라
11 악한 자는 (叛逆)반역만 힘쓰나니
그러므로 그에게 잔인한 사자가
보냄을 받으리라
12 차라리 새끼 빼앗긴 암곰을 만날
지언정 미련한 일을 행하는 미련
한 자를 만나지 말 것이니라
13 누구든지 (惡)악으로 (善)선을 갚
으면 (惡)악이 그 집을 떠나지 아
니하리라
14 다투는 (始作)시작은 둑에서 물이
새는 것 같은즉 싸움이 일어나기
전에 시비를 그칠 것이니라
15 (惡人)악인을 의롭다 하고 의인을
악하다 하는 이 두 사람은 다 여호

와께 미움을 받느니라
16 미련한 자는 무지하거늘 손에 값
을 가지고 (智慧)지혜를 사려 함
은 어찜인고
17 친구는 사랑이 끊어지지 아니하고
형제는 (危急)위급한 때를 위하여
났느니라
18 지혜 없는 자는 남의 손을 잡고 그
의 이웃 앞에서 (保證)보증이 되
느니라
19 다툼을 좋아하는 자는 (罪過)죄과
를 좋아하는 자요 자기 문을 높이
는 자는 파괴를 구하는 자니라
20 마음이 굽은 자는 복을 얻지 못하
고 혀가 패역한 자는 (災殃)재앙
에 빠지느니라
21 미련한 자를 낳는 자는 근심을 당
하나니 미련한 자의 아비는 (樂)
낙이 없느니라
22 마음의 즐거움은 (良藥)양약이라
도 심령의 근심은 뼈를 마르게 하
느니라
23 악인은 사람의 품에서 뇌물을 받
고 (裁判)재판을 굽게 하느니라
24 지혜는 (明哲)명철한 자 앞에 있
거늘 미련한 자는 눈을 땅 끝에 두
느니라
25 미련한 아들은 그 아비의 근심이
되고 그 어미의 (苦痛)고통이 되
느니라
26 의인을 (罰)벌하는 것과 귀인을
정직하다고 때리는 것은 선하지
못하니라
27 말을 아끼는 자는 지식이 있고 성품
이 (冷徹)냉철한 자는 명철하니라
28 미련한 자라도 (潛潛)잠잠하면 지
혜로운 자로 여겨지고 그의 입술
을 닫으면 슬기로운 자로 여겨지
느니라

18

무리에게서 스스로 갈라지
는 자는 자기 (所欲)소욕을
따르는 자라 온갖 참 지혜를 배척
하느니라
2 미련한 자는 명철을 기뻐하지 아
니하고 자기의 (意思)의사를 드러
내기만 기뻐하느니라
3 악한 자가 이를 때에는 멸시도 따
라오고 부끄러운 것이 이를 때에
는 (凌辱)능욕도 함께 오느니라
4 명철한 사람의 입의 말은 깊은 물
과 같고 (智慧)지혜의 샘은 솟구
쳐 흐르는 내와 같으니라
5 악인을 두둔하는 것과 (裁判)재판
할 때에 의인을 억울하게 하는 것
이 선하지 아니하니라
6 미련한 자의 입술은 다툼을 일으
키고 그의 입은 매를 (自請)자청
하느니라
7 미련한 자의 입은 그의 (滅亡)멸
망이 되고 그의 입술은 그의 영혼
의 그물이 되느니라
8 남의 말하기를 좋아하는 자의 말
은 (別食)별식과 같아서 뱃속 깊
은 데로 내려가느니라
9 자기의 일을 게을리하는 자는 (敗
家)패가하는 자의 형제니라
10 여호와의 이름은 견고한 (望臺)망
대라 의인은 그리로 달려가서 안
전함을 얻느니라
11 부자의 재물은 그의 견고한 성이

라 그가 높은 (城壁)성벽 같이 여
기느니라
12 사람의 마음의 교만은 멸망의 선
봉이요 겸손은 (尊貴)존귀의 길잡
이니라
13 (事緣)사연을 듣기 전에 대답하는
자는 미련하여 욕을 당하느니라
14 사람의 심령은 그의 병을 능히 이
기려니와 심령이 (傷)상하면 그것
을 누가 [1]일으키겠느냐
15 명철한 자의 마음은 (知識)지식을
얻고 지혜로운 자의 귀는 지식을
구하느니라
16 사람의 선물은 그의 길을 넓게 하
며 또 존귀한 자 앞으로 그를 (引
導)인도하느니라
17 (訟事)송사에서는 먼저 온 사람의
말이 바른 것 같으나 그의 상대자
가 와서 밝히느니라
18 제비 뽑는 것은 다툼을 그치게 하
여 강한 자 사이에 (解決)해결하
게 하느니라
19 노엽게 한 형제와 (和睦)화목하기
가 견고한 성을 취하기보다 어려
운즉 이러한 다툼은 산성 문빗장
같으니라
20 사람은 입에서 나오는 열매로 말
미암아 배부르게 되나니 곧 그의
입술에서 나는 것으로 말미암아
(滿足)만족하게 되느니라
21 죽고 사는 것이 혀의 힘에 달렸나
니 혀를 쓰기 좋아하는 자는 혀의
열매를 먹으리라
22 아내를 얻는 자는 복을 얻고 여호
와께 (恩寵)은총을 받는 자니라
23 가난한 자는 (懇切)간절한 말로
구하여도 부자는 엄한 말로 대답
하느니라
24 [2]많은 친구를 얻는 자는 해를 당
하게 되거니와 어떤 친구는 형제
보다 (親密)친밀하니라

19 가난하여도 성실하게 행하
는 자는 입술이 (悖逆)패역
하고 미련한 자보다 나으니라
2 지식 없는 (所願)소원은 선하지
못하고 발이 급한 사람은 잘못 가
느니라
3 사람이 미련하므로 자기 길을 굽
게 하고 마음으로 여호와를 (怨
望)원망하느니라
4 재물은 많은 (親舊)친구를 더하게
하나 가난한즉 친구가 끊어지느니
라
5 거짓 (證人)증인은 벌을 면하지
못할 것이요 거짓말을 하는 자도
피하지 못하리라
6 너그러운 사람에게는 은혜를 구하
는 자가 많고 (膳物)선물 주기를
좋아하는 자에게는 사람마다 친구
가 되느니라
7 가난한 자는 그의 (兄弟)형제들에
게도 미움을 받거든 하물며 친구
야 그를 멀리 하지 아니하겠느냐
따라가며 말하려 할지라도 그들이
없어졌으리라
8 (智慧)지혜를 얻는 자는 자기 영
혼을 사랑하고 (明哲)명철을 지키
는 자는 복을 얻느니라
9 거짓 증인은 (罰)벌을 면하지 못

1) 견디겠느냐 2) 해를 끼치는 친구들이 있으나

할 것이요 거짓말을 뱉는 자는 망
할 것이니라
10 미련한 자가 사치하는 것이 적당
하지 못하거든 하물며 종이 (方
伯)방백을 다스림이랴
11 노하기를 더디 하는 것이 사람의
슬기요 허물을 용서하는 것이 자
기의 (榮光)영광이니라
12 왕의 노함은 사자의 부르짖음 같
고 그의 (恩澤)은택은 풀 위의 이
슬 같으니라
13 미련한 아들은 그의 아비의 (災
殃)재앙이요 다투는 아내는 이어
떨어지는 물방울이니라
14 집과 재물은 조상에게서 (相續)상
속하거니와 슬기로운 아내는 여호
와께로서 말미암느니라
15 게으름이 사람으로 깊이 잠들게
하나니 (怠慢)태만한 사람은 주릴
것이니라
16 (誡命)계명을 지키는 자는 자기의
영혼을 지키거니와 자기의 행실을
삼가지 아니하는 자는 죽으리라
17 가난한 자를 불쌍히 여기는 것은
여호와께 꾸어 드리는 것이니 그
의 (善行)선행을 그에게 갚아 주
시리라
18 네가 네 아들에게 희망이 있은즉
그를 (懲戒)징계하되 죽일 마음은
두지 말지니라
19 노하기를 (猛烈)맹렬히 하는 자는
벌을 받을 것이라 네가 그를 건져
주면 다시 그런 일이 생기리라
20 너는 권고를 들으며 훈계를 받으

1) 인자를 베푸는 것이 사람의 즐거움이니라

라 그리하면 네가 필경은 (智慧)
지혜롭게 되리라
21 사람의 마음에는 많은 계획이 있
어도 오직 여호와의 뜻만이 (完
全)완전히 서리라
22 [1]사람은 자기의 인자함으로 남에
게 (思慕)사모함을 받느니라 가난
한 자는 거짓말하는 자보다 나으
니라
23 여호와를 (敬畏)경외하는 것은 사
람으로 생명에 이르게 하는 것이
라 경외하는 자는 족하게 지내고
재앙을 당하지 아니하느니라
24 게으른 자는 (自己)자기의 손을
그릇에 넣고서도 입으로 올리기를
괴로워하느니라
25 거만한 자를 때리라 그리하면 어
리석은 자도 지혜를 얻으리라 (明
哲)명철한 자를 견책하라 그리하
면 그가 지식을 얻으리라
26 아비를 (驅迫)구박하고 어미를 쫓
아내는 자는 부끄러움을 끼치며
능욕을 부르는 자식이니라
27 내 아들아 지식의 말씀에서 떠나
게 하는 (敎訓)교훈을 듣지 말지
니라
28 망령된 증인은 정의를 업신여기고
악인의 입은 (罪惡)죄악을 삼키느
니라
29 심판은 거만한 자를 위하여 예비된
것이요 채찍은 어리석은 자의 등을
위하여 (豫備)예비된 것이니라

20 포도주는 거만하게 하는 것
이요 독주는 떠들게 하는 것
이라 이에 (迷惑)미혹되는 자마다

지혜가 없느니라
2 왕의 (震怒)진노는 사자의 부르짖
음 같으니 그를 노하게 하는 것은
자기의 생명을 (害)해하는 것이니
라
3 다툼을 멀리 하는 것이 사람에게
(榮光)영광이거늘 미련한 자마다
다툼을 일으키느니라
4 게으른 자는 가을에 밭 갈지 아니
하나니 그러므로 거둘 때에는 (求
乞)구걸할지라도 얻지 못하리라
5 사람의 마음에 있는 (謀略)모략은
깊은 물 같으니라 그럴지라도 명철
한 사람은 그것을 길어 내느니라
6 많은 사람이 각기 자기의 (仁慈)
인자함을 자랑하나니 충성된 자를
누가 만날 수 있으랴
7 (穩全)온전하게 행하는 자가 의인
이라 그의 후손에게 복이 있느니라
8 심판 자리에 앉은 왕은 그의 눈으
로 모든 악을 흩어지게 하느니라
9 내가 내 마음을 (淨)정하게 하였
다 내 죄를 깨끗하게 하였다 할 자
가 누구냐
10 한결같지 않은 저울 (錘)추와 한
결같지 않은 되는 다 여호와께서
미워하시느니라
11 비록 아이라도 자기의 동작으로
자기 품행이 (淸潔)청결한 여부와
정직한 여부를 나타내느니라
12 듣는 귀와 보는 눈은 다 여호와께
서 지으신 것이니라
13 너는 잠자기를 좋아하지 말라 네
가 (貧窮)빈궁하게 될까 두려우니
라 네 눈을 뜨라 그리하면 양식이
족하리라
14 (物件)물건을 사는 자가 좋지 못
하다 좋지 못하다 하다가 돌아간
후에는 자랑하느니라
15 세상에 금도 있고 진주도 많거니
와 (智慧)지혜로운 입술이 더욱
귀한 보배니라
16 타인을 위하여 (保證)보증 선 자
의 옷을 취하라 외인들을 위하여
보증 선 자는 그의 몸을 볼모 잡을
지니라
17 속이고 취한 (飮食物)음식물은 사
람에게 맛이 좋은 듯하나 후에는
그의 입에 모래가 가득하게 되리
라
18 (經營)경영은 의논함으로 성취하
나니 지략을 베풀고 전쟁할지니라
19 두루 다니며 (閑談)한담하는 자는
남의 비밀을 누설하나니 입술을
벌린 자를 사귀지 말지니라
20 자기의 아비나 어미를 저주하는
자는 그의 (燈)등불이 흑암 중에
꺼짐을 당하리라
21 처음에 속히 잡은 (産業)산업은
마침내 복이 되지 아니하느니라
22 너는 악을 갚겠다 말하지 말고 여
호와를 기다리라 그가 너를 (救
援)구원하시리라
23 한결같지 않은 저울 (錘)추는 여
호와께서 미워하시는 것이요 속이
는 저울은 좋지 못한 것이니라
24 사람의 걸음은 여호와로 말미암나
니 사람이 어찌 (自己)자기의 길
을 알 수 있으랴
25 함부로 이 (物件)물건은 거룩하다

하여 서원하고 그 후에 살피면 그
것이 그 사람에게 덫이 되느니라
26 지혜로운 왕은 악인들을 키질하며
(打作)타작하는 바퀴를 그들 위에
굴리느니라
27 사람의 (靈魂)영혼은 여호와의 등
불이라 사람의 깊은 속을 살피느
니라
28 왕은 인자와 진리로 스스로 보호
하고 그의 (王位)왕위도 인자함으
로 말미암아 견고하니라
29 젊은 자의 영화는 그의 힘이요 늙
은 자의 아름다움은 (白髮)백발이
니라
30 (傷)상하게 때리는 것이 악을 없
이하나니 매는 사람 속에 깊이 들
어가느니라

21

왕의 마음이 여호와의 손에
있음이 마치 봇물과 같아서
그가 임의로 (引導)인도하시느니
라
2 사람의 행위가 자기 보기에는 모
두 정직하여도 여호와는 마음을
(鑑察)감찰하시느니라
3 (公義)공의와 정의를 행하는 것은
제사 드리는 것보다 여호와께서
기쁘게 여기시느니라
4 눈이 높은 것과 마음이 교만한 것
과 악인이 [1](亨通)형통한 것은 다
죄니라
5 부지런한 자의 경영은 풍부함에
이를 것이나 (躁急)조급한 자는
궁핍함에 이를 따름이니라

1) 히, 등불 2) 지붕 한 모퉁이에서 3) 의로운 자는 악인의 집을 헤아려서 악인의 망할 것을 아느니라

6 속이는 말로 (財物)재물을 모으는
것은 죽음을 구하는 것이라 곧 불
려다니는 안개니라
7 악인의 강포는 자기를 (消滅)소멸
하나니 이는 정의를 행하기 싫어
함이니라
8 죄를 크게 (犯)범한 자의 길은 심
히 구부러지고 깨끗한 자의 길은
곧으니라
9 다투는 (女人)여인과 함께 큰 집
에서 사는 것보다 [2]움막에서 사는
것이 나으니라
10 악인의 마음은 남의 (災殃)재앙을
원하나니 그 이웃도 그 앞에서 은
혜를 입지 못하느니라
11 거만한 자가 벌을 받으면 어리석
은 자도 지혜를 얻겠고 지혜로운
자가 (敎訓)교훈을 받으면 지식이
더하리라
12 [3]의로우신 자는 악인의 집을 감찰
하시고 악인을 (患難)환난에 던지
시느니라
13 귀를 막고 가난한 자가 부르짖는
소리를 듣지 아니하면 (自己)자기
가 부르짖을 때에도 들을 자가 없
으리라
14 (隱密)은밀한 선물은 노를 쉬게
하고 품 안의 뇌물은 맹렬한 분을
그치게 하느니라
15 (正義)정의를 행하는 것이 의인에
게는 즐거움이요 죄인에게는 패망
이니라
16 (明哲)명철의 길을 떠난 사람은
사망의 회중에 거하리라
17 (宴樂)연락을 좋아하는 자는 가난

하게 되고 술과 기름을 좋아하는
자는 부하게 되지 못하느니라
18 악인은 의인의 (贖錢)속전이 되고
사악한 자는 정직한 자의 대신이
되느니라
19 다투며 성내는 여인과 함께 사는
것보다 (曠野)광야에서 사는 것이
나으니라
20 (智慧)지혜 있는 자의 집에는 귀
한 보배와 기름이 있으나 미련한
자는 이것을 다 삼켜 버리느니라
21 공의와 인자를 따라 구하는 자는
생명과 공의와 (榮光)영광을 얻느
니라
22 지혜로운 자는 용사의 성에 올라
가서 그 성이 의지하는 (防壁)방
벽을 허느니라
23 입과 혀를 지키는 자는 자기의 영
혼을 환난에서 (保全)보전하느니
라
24 무례하고 교만한 자를 이름하여
(妄靈)망령된 자라 하나니 이는
넘치는 교만으로 행함이니라
25 게으른 자의 (慾望)욕망이 자기를
죽이나니 이는 자기의 손으로 일
하기를 싫어함이니라
26 어떤 자는 종일토록 (貪)탐하기만
하나 의인은 아끼지 아니하고 베
푸느니라
27 악인의 (祭物)제물은 본래 가증하
거든 하물며 악한 뜻으로 드리는
것이랴
28 거짓 증인은 (敗亡)패망하려니와
확실히 들은 사람의 말은 힘이 있
느니라
29 악인은 자기의 얼굴을 굳게 하나
정직한 자는 자기의 (行爲)행위를
삼가느니라
30 지혜로도 못하고, (明哲)명철로도
못하고 모략으로도 여호와를 당하
지 못하느니라
31 싸울 날을 위하여 마병을 (豫備)
예비하거니와 이김은 여호와께 있
느니라

22

많은 재물보다 명예를 택할
것이요 은이나 금보다 (恩
寵)은총을 더욱 택할 것이니라
2 가난한 자와 (富)부한 자가 [1]함께
살거니와 그 모두를 지으신 이는
여호와시니라
3 슬기로운 자는 (災殃)재앙을 보면
숨어 피하여도 어리석은 자는 나
가다가 해를 받느니라
4 겸손과 여호와를 (敬畏)경외함의
보상은 재물과 영광과 생명이니라
5 (悖逆)패역한 자의 길에는 가시와
올무가 있거니와 영혼을 지키는
자는 이를 멀리 하느니라
6 마땅히 (行)행할 길을 아이에게
가르치라 그리하면 늙어도 그것을
떠나지 아니하리라
7 부자는 가난한 자를 주관하고 빚진
자는 (債主)채주의 종이 되느니라
8 악을 뿌리는 자는 재앙을 거두리니
그 분노의 [2](氣勢)기세가 쇠하리라
9 선한 눈을 가진 자는 복을 받으리
니 이는 (糧食)양식을 가난한 자
에게 줌이니라
10 거만한 자를 쫓아내면 다툼이 쉬고

1) 히, 서로 만나거니와 2) 지팡이

싸움과 (羞辱)수욕이 그치느니라
11 마음의 (淨潔)정결을 사모하는 자
의 입술에는 덕이 있으므로 임금
이 그의 친구가 되느니라
12 여호와의 눈은 지식 있는 사람을
지키시나 (邪惡)사악한 사람의 말
은 패하게 하시느니라
13 게으른 자는 말하기를 (獅子)사자
가 밖에 있은즉 내가 나가면 거리
에서 찢기겠다 하느니라
14 음녀의 입은 깊은 (陷穽)함정이라
여호와의 노를 당한 자는 거기 빠
지리라
15 아이의 마음에는 미련한 것이 얽
혔으나 (懲戒)징계하는 채찍이 이
를 멀리 쫓아내리라
16 이익을 얻으려고 가난한 자를 (虐
待)학대하는 자와 부자에게 주는
자는 가난하여질 뿐이니라
17 ● 너는 귀를 기울여 지혜 있는 자
의 말씀을 들으며 내 (知識)지식
에 마음을 둘지어다
18 이것을 네 속에 (保存)보존하며
네 입술 위에 함께 있게 함이 아름
다우니라
19 내가 네게 여호와를 (依賴)의뢰하
게 하려 하여 이것을 오늘 특별히
네게 알게 하였노니
20 내가 (謀略)모략과 지식의 아름다
운 것을 너를 위해 기록하여
21 네가 진리의 (確實)확실한 말씀을
깨닫게 하며 또 너를 보내는 자에
게 진리의 말씀으로 회답하게 하
려 함이 아니냐
22 ● 약한 자를 그가 약하다고 (奪
取)탈취하지 말며 곤고한 자를 성
문에서 (壓制)압제하지 말라
23 대저 여호와께서 (伸寃)신원하여
주시고 또 그를 노략하는 자의 생
명을 빼앗으시리라
24 노를 품는 자와 사귀지 말며 (鬱
憤)울분한 자와 동행하지 말지니
25 그의 (行爲)행위를 본받아 네 영혼
을 올무에 빠뜨릴까 두려움이니라
26 너는 사람과 더불어 손을 잡지 말
며 남의 빚에 (保證)보증을 서지
말라
27 만일 갚을 것이 네게 없으면 네 누
운 (寢牀)침상도 빼앗길 것이라
네가 어찌 그리하겠느냐
28 네 (先祖)선조가 세운 옛 지계석
을 옮기지 말지니라
29 네가 자기의 일에 (能熟)능숙한
사람을 보았느냐 이러한 사람은
왕 앞에 설 것이요 천한 자 앞에
서지 아니하리라

23 네가 (官員)관원과 함께 앉
아 음식을 먹게 되거든 삼
가 네 앞에 있는 자가 누구인지를
생각하며
2 네가 만일 음식을 (貪)탐하는 자
이거든 네 목에 칼을 둘 것이니라
3 그의 맛있는 (飮食)음식을 탐하지
말라 그것은 속이는 음식이니라
4 부자 되기에 애쓰지 말고 네 (私
私)사사로운 지혜를 버릴지어다
5 네가 어찌 (虛無)허무한 것에 주
목하겠느냐 정녕히 재물은 스스로
날개를 내어 하늘을 나는 독수리
처럼 날아가리라

6 악한 눈이 있는 자의 (飮食)음식
을 먹지 말며 그의 맛있는 음식을
탐하지 말지어다
7 대저 그 마음의 생각이 어떠하면
그 (爲人)위인도 그러한즉 그가 네
게 먹고 마시라 할지라도 그의 마
음은 너와 함께 하지 아니함이라
8 네가 조금 먹은 것도 (吐)토하겠
고 네 아름다운 말도 헛된 데로 돌
아가리라
9 미련한 자의 귀에 말하지 말지니
이는 그가 네 (智慧)지혜로운 말
을 업신여길 것임이니라
10 옛 (地界石)지계석을 옮기지 말며
고아들의 밭을 침범하지 말지어다
11 대저 그들의 구속자는 강하시니
그가 너를 대적하여 그들의 (怨
恨)원한을 풀어 주시리라
12 (訓戒)훈계에 (着心)착심하며 지
식의 말씀에 귀를 기울이라
13 아이를 (訓戒)훈계하지 아니하려
고 하지 말라 채찍으로 그를 때릴
지라도 그가 죽지 아니하리라
14 네가 그를 채찍으로 때리면 그의
(靈魂)영혼을 스올에서 구원하리
라
15 내 아들아 만일 네 마음이 (智慧)
지혜로우면 나 곧 내 마음이 즐겁
겠고
16 만일 네 입술이 (正直)정직을 말
하면 내 속이 유쾌하리라
17 네 마음으로 죄인의 (亨通)형통을
부러워하지 말고 항상 여호와를
경외하라
18 정녕히 네 (將來)장래가 있겠고
네 소망이 끊어지지 아니하리라
19 내 아들아 너는 듣고 (智慧)지혜
를 얻어 네 마음을 바른 길로 인도
할지니라
20 술을 즐겨 하는 자들과 고기를
(貪)탐하는 자들과도 더불어 사귀
지 말라
21 술 취하고 (飮食)음식을 탐하는
자는 가난하여질 것이요 잠 자기
를 즐겨 하는 자는 해어진 옷을 입
을 것임이니라
22 너를 낳은 아비에게 (聽從)청종하
고 네 늙은 어미를 경히 여기지 말
지니라
23 진리를 사되 팔지는 말며 지혜와
(訓戒)훈계와 명철도 그리할지니
라
24 의인의 아비는 크게 즐거울 것이요
지혜로운 (子息)자식을 낳은 자는
그로 말미암아 즐거울 것이니라
25 네 (父母)부모를 즐겁게 하며 너
를 낳은 어미를 기쁘게 하라
26 내 아들아 네 마음을 내게 주며 네
눈으로 내 길을 즐거워할지어다
27 대저 음녀는 깊은 구덩이요 이방
여인은 좁은 (陷穽)함정이라
28 참으로 그는 강도 같이 (埋伏)매
복하며 사람들 중에 사악한 자가
많아지게 하느니라
29 재앙이 뉘게 있느뇨 근심이 뉘게
있느뇨 (紛爭)분쟁이 뉘게 있느뇨
원망이 뉘게 있느뇨 까닭 없는 상
처가 뉘게 있느뇨 붉은 눈이 뉘게
있느뇨
30 술에 잠긴 자에게 있고 (混合)혼

합한 술을 구하러 다니는 자에게
있느니라
31 (葡萄酒)포도주는 붉고 잔에서 번
쩍이며 순하게 내려가나니 너는
그것을 보지도 말지어다
32 그것이 마침내 뱀 같이 물 것이요
(毒蛇)독사 같이 쏠 것이며
33 또 네 눈에는 (怪異)괴이한 것이
보일 것이요 네 마음은 구부러진
말을 할 것이며
34 너는 바다 가운데에 누운 (者)자
같을 것이요 돛대 위에 누운 자 같
을 것이며
35 네가 스스로 말하기를 사람이 나
를 때려도 나는 아프지 아니하고
나를 상하게 하여도 내게 (感覺)
감각이 없도다 내가 언제나 깰까
다시 술을 찾겠다 하리라

24 너는 악인의 (亨通)형통함
을 부러워하지 말며 그와 함
께 있으려고 하지도 말지어다
2 그들의 마음은 (强暴)강포를 품고
그들의 입술은 재앙을 말함이니라
3 집은 지혜로 말미암아 건축되고
명철로 말미암아 (堅固)견고하게
되며
4 또 방들은 (知識)지식으로 말미암
아 각종 귀하고 아름다운 보배로
채우게 되느니라
5 (智慧)지혜 있는 자는 강하고 지
식 있는 자는 힘을 더하나니
6 너는 (戰略)전략으로 싸우라 승리
는 지략이 많음에 있느니라
7 지혜는 너무 높아서 미련한 자가
미치지 못할 것이므로 그는 (城門)
성문에서 입을 열지 못하느니라
8 악행하기를 꾀하는 자를 일컬어
(邪惡)사악한 자라 하느니라
9 미련한 자의 생각은 죄요 (倨慢)
거만한 자는 사람에게 미움을 받
느니라
10 네가 만일 환난 날에 낙담하면 네
힘이 (微弱)미약함을 보임이니라
11 너는 사망으로 끌려가는 자를 건
져 주며 (殺戮)살륙을 당하게 된
자를 구원하지 아니하려고 하지
말라
12 네가 말하기를 나는 그것을 알지
못하였노라 할지라도 마음을 저울
질 하시는 이가 어찌 (洞察)통찰
하지 못하시겠으며 네 영혼을 지
키시는 이가 어찌 알지 못하시겠
느냐 그가 각 사람의 행위대로 보
응하시리라
13 내 아들아 꿀을 먹으라 이것이 좋
으니라 송이꿀을 먹으라 이것이
네 입에 다니라
14 지혜가 네 영혼에게 이와 같은 줄
을 알라 이것을 얻으면 정녕히 네
(將來)장래가 있겠고 네 소망이
끊어지지 아니하리라
15 악한 자여 의인의 집을 엿보지 말
며 그가 쉬는 (處所)처소를 헐지
말지니라
16 대저 의인은 일곱 번 넘어질지라
도 다시 일어나려니와 (惡人)악인
은 재앙으로 말미암아 엎드러지느
니라
17 네 (怨讐)원수가 넘어질 때에 즐
거워하지 말며 그가 엎드러질 때

에 마음에 기뻐하지 말라
18 여호와께서 이것을 보시고 기뻐
하지 아니하사 그의 (震怒)진노를
그에게서 옮기실까 두려우니라
19 너는 행악자들로 말미암아 분을
품지 말며 악인의 (亨通)형통함을
부러워하지 말라
20 대저 행악자는 (將來)장래가 없겠
고 악인의 등불은 꺼지리라
21 내 아들아 여호와와 왕을 (敬畏)
경외하고 반역자와 더불어 사귀지
말라
22 대저 그들의 (災殃)재앙은 속히 임
하리니 그 둘의 멸망을 누가 알랴
23 ●이것도 (智慧)지혜로운 자들의
말씀이라 ●재판할 때에 낯을 보
아 주는 것이 옳지 못하니라
24 악인에게 네가 옳다 하는 자는 백
성에게 (詛呪)저주를 받을 것이요
국민에게 미움을 받으려니와
25 오직 그를 (譴責)견책하는 자는
기쁨을 얻을 것이요 또 좋은 복을
받으리라
26 적당한 말로 (對答)대답함은 입맞
춤과 같으니라
27 네 일을 밖에서 다스리며 너를 위
하여 밭에서 (準備)준비하고 그
후에 네 집을 세울지니라
28 너는 까닭 없이 네 이웃을 쳐서
(證人)증인이 되지 말며 네 입술
로 속이지 말지니라
29 너는 그가 내게 행함 같이 나도 그
에게 행하여 그가 행한 대로 그 사
람에게 갚겠다 말하지 말지니라
30 내가 게으른 자의 밭과 (智慧)지혜
없는 자의 포도원을 지나며 본즉
31 가시덤불이 그 (全部)전부에 퍼졌
으며 그 지면이 거친 풀로 덮였고
돌담이 무너져 있기로
32 내가 보고 생각이 깊었고 내가 보
고 (訓戒)훈계를 받았노라
33 네가 좀더 자자, 좀더 졸자, 손을
모으고 좀더 누워 있자 하니
34 네 빈궁이 강도 같이 오며 네 (困
乏)곤핍이 군사 같이 이르리라

솔로몬의 잠언

25 이것도 솔로몬의 잠언이요
유다 왕 히스기야의 신하들
이 (編輯)편집한 것이니라
2 ●일을 숨기는 것은 하나님의 (榮
華)영화요 일을 살피는 것은 왕의
영화니라
3 하늘의 높음과 땅의 깊음 같이 왕
의 마음은 헤아릴 수 없느니라
4 은에서 찌꺼기를 제하라 그리하면
(匠色)장색의 쓸 만한 그릇이 나
올 것이요
5 왕 앞에서 악한 자를 제하라 그리
하면 그의 (王位)왕위가 의로 말
미암아 견고히 서리라
6 왕 앞에서 스스로 높은 체하지 말
며 (大人)대인들의 자리에 서지
말라
7 이는 사람이 네게 이리로 올라오
라고 말하는 것이 네 눈에 보이는
(貴人)귀인 앞에서 저리로 내려가
라고 말하는 것보다 나음이니라
8 너는 서둘러 나가서 다투지 말라
마침내 네가 이웃에게서 (辱)욕을
보게 될 때에 네가 어찌할 줄을 알

지 못할까 두려우니라
9 너는 이웃과 다투거든 (辯論)변론
만 하고 남의 은밀한 일은 누설하
지 말라
10 듣는 자가 너를 꾸짖을 터이요 또
네게 대한 (惡評)악평이 네게서
떠나지 아니할까 두려우니라
11 경우에 (合當)합당한 말은 아로새
긴 은 쟁반에 금 사과니라
12 슬기로운 자의 책망은 (聽從)청종
하는 귀에 금 고리와 정금 장식이
니라
13 (忠誠)충성된 사자는 그를 보낸
이에게 마치 추수하는 날에 얼음
냉수 같아서 능히 그 주인의 마음
을 시원하게 하느니라
14 (膳物)선물한다고 거짓 자랑하는
자는 비 없는 구름과 바람 같으니라
15 오래 참으면 (官員)관원도 설득할
수 있나니 부드러운 혀는 뼈를 꺾
느니라
16 너는 꿀을 보거든 족하리만큼 먹
으라 (過食)과식함으로 토할까 두
려우니라
17 너는 이웃집에 자주 다니지 말라
그가 너를 싫어하며 미워할까 두
려우니라
18 자기의 이웃을 쳐서 거짓 (證據)
증거하는 사람은 방망이요 칼이요
뾰족한 화살이니라
19 환난 날에 진실하지 못한 자를 의
뢰하는 것은 부러진 이와 (違骨)
위골된 발 같으니라
20 마음이 상한 자에게 노래하는 것
은 추운 날에 옷을 벗음 같고 소다
위에 (食醋)식초를 부음 같으니라
21 네 (怨讐)원수가 배고파하거든 음
식을 먹이고 목말라하거든 물을
마시게 하라
22 그리 하는 것은 핀 숯을 그의 머리
에 놓는 것과 (一般)일반이요 여
호와께서 네게 갚아 주시리라
23 북풍이 비를 일으킴 같이 (讒訴)
참소하는 혀는 사람의 얼굴에 분
을 일으키느니라
24 다투는 (女人)여인과 함께 큰 집
에서 사는 것보다 [1]움막에서 혼자
사는 것이 나으니라
25 먼 땅에서 오는 좋은 (奇別)기별
은 목마른 사람에게 냉수와 같으
니라
26 의인이 악인 앞에 (屈服)굴복하는
것은 우물이 흐려짐과 샘이 더러
워짐과 같으니라
27 꿀을 많이 먹는 것이 좋지 못하고
자기의 (榮譽)영예를 구하는 것이
헛되니라
28 자기의 마음을 (制馭)제어하지 아
니하는 자는 성읍이 무너지고 성
벽이 없는 것과 같으니라

26 미련한 자에게는 영예가 적
당하지 아니하니 마치 여름
에 눈 오는 것과 (秋收)추수 때에
비 오는 것 같으니라
2 까닭 없는 (詛呪)저주는 참새가
떠도는 것과 제비가 날아가는 것
같이 이루어지지 아니하느니라
3 말에게는 채찍이요 나귀에게는 재
갈이요 미련한 (者)자의 등에는

1) 지붕 한 모퉁이에서

막대기니라
4 미련한 자의 어리석은 것을 따라
(對答)대답하지 말라 두렵건대 너
도 그와 같을까 하노라
5 미련한 자에게는 그의 어리석음을
따라 대답하라 두렵건대 그가 스스
로 (智慧)지혜롭게 여길까 하노라
6 미련한 자 편에 (寄別)기별하는
것은 자기의 발을 베어 버림과 해
를 받음과 같으니라
7 저는 자의 다리는 힘 없이 달렸나
니 미련한 자의 입의 (箴言)잠언
도 그러하니라
8 미련한 자에게 (榮譽)영예를 주는
것은 돌을 물매에 매는 것과 같으
니라
9 미련한 자의 입의 (箴言)잠언은
술 취한 자가 손에 든 가시나무 같
으니라
10 (匠人)장인이 온갖 것을 만들지
라도 미련한 자를 (雇用)고용하는
것은 지나가는 행인을 고용함과
같으니라
11 개가 그 (吐)토한 것을 도로 먹는
것 같이 미련한 자는 그 미련한 것
을 거듭 행하느니라
12 네가 스스로 지혜롭게 여기는 자
를 보느냐 그보다 미련한 자에게
오히려 (希望)희망이 있느니라
13 게으른 자는 길에 (獅子)사자가 있
다 거리에 사자가 있다 하느니라
14 문짝이 돌쩌귀를 따라서 도는 것
같이 게으른 자는 (寢床)침상에서
도느니라
15 게으른 자는 그 손을 그릇에 넣고도
입으로 올리기를 괴로워하느니라
16 게으른 자는 (事理)사리에 맞게
대답하는 사람 일곱보다 자기를
지혜롭게 여기느니라
17 길로 지나가다가 자기와 상관 없
는 다툼을 (干涉)간섭하는 자는
개의 귀를 잡는 자와 같으니라
18 횃불을 던지며 화살을 쏘아서 사
람을 죽이는 미친 사람이 있나니
19 자기의 이웃을 속이고 말하기를
내가 (戲弄)희롱하였노라 하는 자
도 그러하니라
20 나무가 다하면 불이 꺼지고 말쟁
이가 없어지면 다툼이 쉬느니라
21 숯불 위에 숯을 더하는 것과 타는
불에 나무를 더하는 것 같이 다툼
을 좋아하는 자는 (是非)시비를
일으키느니라
22 남의 말 하기를 좋아하는 자의 말
은 (別食)별식과 같아서 뱃속 깊
은 데로 내려가느니라
23 (溫柔)온유한 입술에 악한 마음은
낮은 은을 입힌 토기니라
24 (怨讐)원수는 입술로는 꾸미고 속
으로는 속임을 품나니
25 그 말이 좋을지라도 믿지 말 것은
그 마음에 일곱 가지 (可憎)가증
한 것이 있음이니라
26 속임으로 그 미움을 감출지라도
그의 악이 (會衆)회중 앞에 드러
나리라
27 (陷穽)함정을 파는 자는 그것에
빠질 것이요 돌을 굴리는 자는 도
리어 그것에 치이리라
28 거짓말 하는 자는 자기가 해한 자

를 미워하고 (阿諂)아첨하는 입은
패망을 일으키느니라

27 너는 (來日)내일 일을 자랑
하지 말라 하루 동안에 무슨
일이 일어날는지 네가 알 수 없음
이니라
2 타인이 너를 칭찬하게 하고 네 입
으로는 하지 말며 (外人)외인이
너를 칭찬하게 하고 네 입술로는
하지 말지니라
3 돌은 무겁고 모래도 가볍지 아니
하거니와 미련한 자의 (憤怒)분노
는 이 둘보다 무거우니라
4 분은 잔인하고 노는 (漲水)창수 같
거니와 투기 앞에야 누가 서리요
5 (面責)면책은 숨은 사랑보다 나으
니라
6 친구의 아픈 (責望)책망은 충직으
로 말미암는 것이나 원수의 잦은
입맞춤은 거짓에서 난 것이니라
7 배부른 자는 꿀이라도 [1]싫어하고
주린 자에게는 쓴 것이라도 다니라
8 고향을 떠나 (流離)유리하는 사람
은 보금자리를 떠나 떠도는 새와
같으니라
9 기름과 향이 사람의 마음을 즐겁
게 하나니 친구의 충성된 (勸告)
권고가 이와 같이 아름다우니라
10 네 친구와 네 아비의 친구를 버리
지 말며 네 (患難)환난 날에 형제
의 집에 들어가지 말지어다 가까
운 이웃이 먼 형제보다 나으니라
11 내 아들아 지혜를 얻고 내 마음
을 기쁘게 하라 그리하면 나를 (誹
謗)비방하는 자에게 내가 대답할
수 있으리라
12 슬기로운 자는 (災殃)재앙을 보면
숨어 피하여도 어리석은 자들은
나가다가 해를 받느니라
13 타인을 위하여 (保證)보증 선 자
의 옷을 취하라 외인들을 위하여
보증 선 자는 그의 몸을 볼모 잡을
지니라
14 [2]이른 아침에 큰 소리로 자기 이
웃을 (祝福)축복하면 도리어 저주
같이 여기게 되리라
15 다투는 여자는 비 오는 날에 이어
떨어지는 물방울이라
16 그를 (制馭)제어하기가 바람을 제
어하는 것 같고 오른손으로 기름
을 움키는 것 같으니라
17 (鐵)철이 철을 날카롭게 하는 것
같이 사람이 그의 친구의 얼굴을
[3]빛나게 하느니라
18 무화과나무를 지키는 자는 그 과
실을 먹고 자기 (主人)주인에게
시중드는 자는 영화를 얻느니라
19 물에 비치면 얼굴이 서로 같은 것
같이 사람의 마음도 서로 비치느
니라
20 스올과 [4]아바돈은 (滿足)만족함이
없고 사람의 눈도 만족함이 없느
니라
21 도가니로 은을, 풀무로 금을, (稱
讚)칭찬으로 사람을 단련하느니라
22 미련한 자를 (穀物)곡물과 함께 절
구에 넣고 공이로 찧을지라도 그
의 미련은 벗겨지지 아니하느니라
23 ● 네 양 떼의 (形便)형편을 부지

1) 밟고 2) 부지런히 3) 히, 날카롭게 4)'죽음의 자리'라는 뜻

런히 살피며 네 소 떼에게 마음을 두라

24 대저 재물은 영원히 있지 못하나니 (冕旒冠)면류관이 어찌 대대에 있으랴

25 풀을 벤 후에는 새로 움이 돋나니 산에서 꼴을 거둘 것이니라

26 어린 (羊)양의 털은 네 옷이 되며 염소는 밭을 사는 값이 되며

27 염소의 젖은 넉넉하여 너와 네 집의 (飮食)음식이 되며 네 여종의 먹을 것이 되느니라

28 악인은 좇아오는 자가 없어도 도망하나 의인은 사자 같이 (膽大)담대하니라

2 나라는 죄가 있으면 (主管者)주관자가 많아져도 명철과 지식 있는 사람으로 말미암아 장구하게 되느니라

3 가난한 자를 (虐待)학대하는 가난한 자는 곡식을 남기지 아니하는 폭우 같으니라

4 (律法)율법을 버린 자는 악인을 칭찬하나 율법을 지키는 자는 악인을 대적하느니라

5 (惡人)악인은 정의를 깨닫지 못하나 여호와를 찾는 자는 모든 것을 깨닫느니라

6 가난하여도 (誠實)성실하게 행하는 자는 부유하면서 굽게 행하는 자보다 나으니라

7 율법을 지키는 자는 지혜로운 아들이요 음식을 (貪)탐하는 자와 사귀는 자는 아비를 욕되게 하는 자니라

8 중한 (邊利)변리로 자기 재산을 늘이는 것은 가난한 사람을 불쌍히 여기는 자를 위해 그 재산을 저축하는 것이니라

9 사람이 귀를 돌려 (律法)율법을 듣지 아니하면 그의 기도도 가증하니라

10 정직한 자를 악한 길로 (誘引)유인하는 자는 스스로 자기 (陷穽)함정에 빠져도 성실한 자는 복을 받느니라

11 부자는 자기를 지혜롭게 여기나 가난해도 (明哲)명철한 자는 자기를 살펴 아느니라

12 의인이 (得意)득의하면 큰 영화가 있고 악인이 일어나면 사람이 숨느니라

13 자기의 죄를 숨기는 자는 형통하지 못하나 죄를 (自服)자복하고 버리는 자는 불쌍히 여김을 받으리라

14 항상 경외하는 자는 복되거니와 마음을 (頑惡)완악하게 하는 자는 재앙에 빠지리라

15 가난한 백성을 (壓制)압제하는 악한 관원은 부르짖는 사자와 주린 곰 같으니라

16 무지한 치리자는 (暴虐)포학을 크게 행하거니와 탐욕을 미워하는 자는 장수하리라

17 사람의 피를 흘린 자는 (陷穽)함정으로 달려갈 것이니 그를 막지 말지니라

18 성실하게 행하는 자는 (救援)구원을 받을 것이나 굽은 길로 행하는

자는 곧 넘어지리라
19 자기의 토지를 (耕作)경작하는 자
는 먹을 것이 많으려니와 방탕을
따르는 자는 궁핍함이 많으리라
20 (忠誠)충성된 자는 복이 많아도
속히 부하고자 하는 자는 (刑罰)
형벌을 면하지 못하리라
21 사람의 낯을 보아 주는 것이 좋지
못하고 한 조각 떡으로 말미암아
사람이 (犯法)범법하는 것도 그러
하니라
22 악한 눈이 있는 자는 재물을 얻기
에만 급하고 (貧窮)빈궁이 자기에
게로 임할 줄은 알지 못하느니라
23 사람을 (警責)경책하는 자는 혀로
아첨하는 자보다 나중에 더욱 사
랑을 받느니라
24 부모의 물건을 도둑질하고서도 죄
가 아니라 하는 자는 멸망 받게 하
는 자의 (同類)동류니라
25 욕심이 많은 자는 다툼을 일으키
나 여호와를 의지하는 자는 (豊
足)풍족하게 되느니라
26 자기의 마음을 믿는 자는 미련한
자요 지혜롭게 행하는 자는 (救
援)구원을 얻을 자니라
27 가난한 자를 (救濟)구제하는 자는
궁핍하지 아니하려니와 못 본 체
하는 자에게는 저주가 크리라
28 악인이 일어나면 사람이 숨고 그
가 (滅亡)멸망하면 의인이 많아지
느니라

29

자주 (責望)책망을 받으면서
도 목이 곧은 사람은 갑자기
패망을 당하고 피하지 못하리라
2 의인이 많아지면 백성이 즐거워
하고 악인이 (權勢)권세를 잡으면
백성이 탄식하느니라
3 지혜를 (思慕)사모하는 자는 아비
를 즐겁게 하여도 창기와 사귀는
자는 재물을 잃느니라
4 왕은 정의로 나라를 견고하게 하
나 (賂物)뇌물을 억지로 내게 하
는 자는 나라를 멸망시키느니라
5 이웃에게 (阿諂)아첨하는 것은 그
의 발 앞에 그물을 치는 것이니라
6 악인이 (犯罪)범죄하는 것은 스스
로 올무가 되게 하는 것이나 의인
은 노래하고 기뻐하느니라
7 의인은 가난한 자의 (事情)사정을
알아 주나 악인은 알아 줄 지식이
없느니라
8 거만한 자는 성읍을 (搖亂)요란하
게 하여도 슬기로운 자는 노를 그
치게 하느니라
9 지혜로운 자와 미련한 자가 다투
면 지혜로운 자가 (怒)노하든지 웃
든지 그 다툼은 그침이 없느니라
10 피 흘리기를 좋아하는 자는 (穩
全)온전한 자를 미워하고 정직한
자의 생명을 찾느니라
11 어리석은 자는 자기의 노를 다 드
러내어도 지혜로운 자는 그것을
(抑制)억제하느니라
12 (官員)관원이 거짓말을 들으면 그
의 하인들은 다 악하게 되느니라
13 가난한 자와 (暴虐)포학한 자가 [1]
섞여 살거니와 여호와께서는 그
모두의 눈에 빛을 주시느니라

1) 히, 서로 만나거니와

14 왕이 가난한 자를 성실히 (伸寃)
신원하면 그의 왕위가 영원히 견
고하리라
15 채찍과 꾸지람이 (智慧)지혜를 주
거늘 임의로 행하게 버려 둔 자식
은 어미를 욕되게 하느니라
16 악인이 많아지면 죄도 많아지나니
의인은 그들의 망함을 보리라
17 네 자식을 (懲戒)징계하라 그리하
면 그가 너를 평안하게 하겠고 또
네 마음에 기쁨을 주리라
18 (默示)묵시가 없으면 백성이 (放
恣)방자히 행하거니와 율법을 지
키는 자는 복이 있느니라
19 종은 말로만 하면 고치지 아니하
나니 이는 그가 알고도 따르지 아
니함이니라
20 네가 말이 (躁急)조급한 사람을
보느냐 그보다 미련한 자에게 오
히려 희망이 있느니라
21 종을 어렸을 때부터 곱게 (養育)
양육하면 그가 나중에는 자식인
체하리라
22 노하는 자는 다툼을 일으키고 성내
는 자는 (犯罪)범죄함이 많으니라
23 사람이 교만하면 낮아지게 되겠고
마음이 겸손하면 (榮譽)영예를 얻
으리라
24 도둑과 짝하는 자는 자기의 영혼을
미워하는 자라 그는 저주를 들어도
(陳述)진술하지 아니하느니라
25 사람을 두려워하면 올무에 걸리게
되거니와 여호와를 의지하는 자는
(安全)안전하리라
26 주권자에게 (恩惠)은혜를 구하는
자가 많으나 사람의 일의 작정은
여호와께로 말미암느니라
27 불의한 자는 (義人)의인에게 미움
을 받고 바르게 행하는 자는 악인
에게 미움을 받느니라

아굴의 잠언

30 이 말씀은 야게의 아들 아굴
의 [1](箴言)잠언이니 그가 이
디엘 곧 이디엘과 우갈에게 이른
것이니라
2 ●나는 다른 사람에게 비하면 짐
승이라 내게는 사람의 (聰明)총명
이 있지 아니하니라
3 나는 지혜를 배우지 못하였고 또
거룩하신 자를 아는 (知識)지식이
없거니와
4 하늘에 올라갔다가 내려온 자가
누구인지, 바람을 그 (掌中)장중
에 모은 자가 누구인지, 물을 옷에
싼 자가 누구인지, 땅의 모든 끝을
정한 자가 누구인지, 그의 이름이
무엇인지, 그의 아들의 이름이 무
엇인지 너는 아느냐
5 ●하나님의 말씀은 다 (純全)순전
하며 하나님은 그를 의지하는 자
의 방패시니라
6 너는 그의 말씀에 더하지 말라 그
가 너를 (責望)책망하시겠고 너는
거짓말하는 자가 될까 두려우니라
7 ●내가 두 가지 일을 주께 구하였
사오니 내가 죽기 전에 내게 (拒
絕)거절하지 마시옵소서
8 곧 헛된 것과 거짓말을 내게서 멀
리 하옵시며 나를 가난하게도 마

1) 경고

옵시고 부하게도 마옵시고 오직
(必要)필요한 양식으로 나를 먹이
시옵소서
9 혹 내가 배불러서 하나님을 모른
다 여호와가 누구냐 할까 하오며
혹 내가 가난하여 도둑질하고 내
하나님의 이름을 (辱)욕되게 할까
두려워함이니이다
10 ● 너는 종을 그의 상전에게 (誹
謗)비방하지 말라 그가 너를 저주
하겠고 너는 죄책을 당할까 두려
우니라
11 ● 아비를 (詛呪)저주하며 어미를
축복하지 아니하는 무리가 있느니
라
12 스스로 깨끗한 자로 여기면서도
(自己)자기의 더러운 것을 씻지
아니하는 무리가 있느니라
13 눈이 (甚)심히 높으며 눈꺼풀이
높이 들린 무리가 있느니라
14 앞니는 장검 같고 어금니는 (軍
刀)군도 같아서 가난한 자를 땅에
서 삼키며 궁핍한 자를 사람 중에
서 삼키는 무리가 있느니라
15 ● 거머리에게는 두 딸이 있어 다
오 다오 하느니라 (足)족한 줄을
알지 못하여 족하다 하지 아니하
는 것 서넛이 있나니
16 곧 스올과 아이 배지 못하는 (胎)
태와 물로 채울 수 없는 땅과 족하
다 하지 아니하는 불이니라
17 ● 아비를 (嘲弄)조롱하며 어미 순
종하기를 싫어하는 자의 눈은 골
짜기의 까마귀에게 쪼이고 독수리
새끼에게 먹히리라
18 ● 내가 심히 (奇異)기이히 여기고
도 깨닫지 못하는 것 서넛이 있나
니
19 곧 공중에 날아다니는 독수리의
자취와 (磐石)반석 위로 기어 다
니는 뱀의 자취와 바다로 지나다
니는 배의 자취와 남자가 여자와
함께 한 자취며
20 (淫女)음녀의 자취도 그러하니라
그가 먹고 그의 입을 씻음 같이 말
하기를 내가 악을 행하지 아니하
였다 하느니라
21 ● 세상을 (震動)진동시키며 세상
이 견딜 수 없게 하는 것 서넛이
있나니
22 곧 종이 임금된 것과 미련한 자가
(飮食)음식으로 배부른 것과
23 미움 받는 여자가 시집 간 것과 여
종이 (主母)주모를 이은 것이니라
24 ● 땅에 작고도 가장 (智慧)지혜로
운 것 넷이 있나니
25 곧 힘이 없는 (種類)종류로되 먹
을 것을 여름에 준비하는 개미와
26 약한 (種類)종류로되 집을 바위
사이에 짓는 사반과
27 임금이 없으되 다 떼를 지어 나아
가는 메뚜기와
28 손에 잡힐 만하여도 (王宮)왕궁에
있는 도마뱀이니라
29 ● 잘 걸으며 (威風)위풍 있게 다
니는 것 서넛이 있나니
30 곧 짐승 중에 가장 강하여 아무 짐
승 앞에서도 물러가지 아니하는
(獅子)사자와
31 사냥개와 숫염소와 및 당할 수 없

는 (王)왕이니라
32 ●만일 네가 미련하여 스스로 높
은 체하였거나 혹 악한 일을 (圖
謀)도모하였거든 네 손으로 입을
막으라
33 대저 젖을 저으면 엉긴 젖이 되고
코를 비틀면 피가 나는 것 같이 노
를 (激動)격동하면 다툼이 남이니
라

르무엘 왕을 훈계한 잠언

31 르무엘 왕이 말씀한 바 곧
그의 어머니가 그를 (訓戒)
훈계한 [1]잠언이라
2 ●내 아들아 내가 무엇을 말하랴
내 태에서 난 아들아 내가 무엇을
말하랴 (誓願)서원대로 얻은 아들
아 내가 무엇을 말하랴
3 네 힘을 여자들에게 쓰지 말며 왕
들을 (滅亡)멸망시키는 일을 행하
지 말지어다
4 르무엘아 포도주를 마시는 것이
왕들에게 마땅하지 아니하고 왕들
에게 마땅하지 아니하며 (毒酒)독
주를 찾는 것이 주권자들에게 마
땅하지 않도다
5 술을 마시다가 법을 잊어버리고
모든 (困苦)곤고한 자들의 송사를
굽게 할까 두려우니라
6 (毒酒)독주는 죽게 된 자에게, 포
도주는 마음에 근심하는 자에게
줄지어다
7 그는 마시고 자기의 (貧窮)빈궁한
것을 잊어버리겠고 다시 자기의
고통을 기억하지 아니하리라
8 너는 말 못하는 자와 모든 고독한
자의 (訟事)송사를 위하여 입을
열지니라
9 너는 입을 열어 공의로 재판하여
곤고한 자와 궁핍한 자를 (伸寃)
신원할지니라

현숙한 아내

10 ●누가 (賢淑)현숙한 여인을 찾아
얻겠느냐 그의 값은 진주보다 더
하니라
11 그런 자의 남편의 마음은 그를 믿
나니 산업이 (乏絕)핍절하지 아니
하겠으며
12 그런 자는 살아 있는 동안에 그의
(男便)남편에게 선을 행하고 악을
행하지 아니하느니라
13 그는 (羊)양털과 삼을 구하여 부
지런히 손으로 일하며
14 상인의 배와 같아서 먼 데서 (糧
食)양식을 가져 오며
15 밤이 새기 전에 일어나서 자기 집
안 사람들에게 (飮食)음식을 나누
어 주며 여종들에게 일을 정하여
맡기며
16 밭을 살펴 보고 사며 자기의 손으
로 번 것을 가지고 (葡萄園)포도
원을 일구며
17 힘 있게 허리를 묶으며 자기의 팔
을 (强)강하게 하며
18 자기의 장사가 잘 되는 줄을 깨닫
고 밤에 (燈)등불을 끄지 아니하며
19 손으로 솜뭉치를 들고 손가락으로
가락을 잡으며
20 그는 (困苦)곤고한 자에게 손을
펴며 궁핍한 자를 위하여 손을 내

1) 경고

밀며
21 자기 집 사람들은 다 (紅色)홍색
옷을 입었으므로 눈이 와도 그는
자기 집 사람들을 위하여 염려하
지 아니하며
22 그는 자기를 위하여 아름다운 이
불을 지으며 세마포와 (紫色)자색
옷을 입으며
23 그의 남편은 그 땅의 장로들과 함
께 성문에 앉으며 사람들의 (認
定)인정을 받으며
24 그는 베로 옷을 지어 팔며 띠를 만
들어 (商人)상인들에게 맡기며
25 능력과 (尊貴)존귀로 옷을 삼고
후일을 웃으며
26 입을 열어 지혜를 베풀며 그의 혀
로 (仁愛)인애의 법을 말하며
27 자기의 집안 일을 보살피고 게을
리 얻은 (糧食)양식을 먹지 아니
하나니
28 그의 자식들은 일어나 감사하며
그의 남편은 (稱讚)칭찬하기를
29 (德行)덕행 있는 여자가 많으나
그대는 모든 여자보다 뛰어나다
하느니라
30 고운 것도 거짓되고 아름다운 것도
헛되나 오직 여호와를 (敬畏)경외
하는 여자는 칭찬을 받을 것이라
31 그 손의 열매가 그에게로 돌아갈
것이요 그 행한 일로 말미암아 성
문에서 (稱讚)칭찬을 받으리라

傳道書 Ecclesiates

모든 것이 헛되다

1 다윗의 아들 예루살렘 (王)왕
전도자의 말씀이라
2 ●(傳導者)전도자가 이르되 헛되
고 헛되며 헛되고 헛되니 모든 것
이 헛되도다
3 해 아래에서 수고하는 모든 수고
가 사람에게 무엇이 (有益)유익한
가
4 한 세대는 가고 한 세대는 오되 땅
은 (永遠)영원히 있도다
5 해는 뜨고 해는 지되 그 떴던 곳으
로 빨리 돌아가고
6 바람은 (南)남으로 불다가 (北)북
으로 돌아가며 이리 돌며 저리 돌
아 바람은 그 불던 곳으로 돌아가
고
7 모든 강물은 다 바다로 흐르되 바
다를 채우지 못하며 강물은 어느
곳으로 흐르든지 그리로 (連)연하
여 흐르느니라
8 모든 만물이 (疲困)피곤하다는 것
을 사람이 말로 다 말할 수는 없나
니 눈은 보아도 족함이 없고 귀는
들어도 가득 차지 아니하도다
9 이미 있던 것이 (後)후에 다시 있겠
고 이미 한 일을 (後)후에 다시 할
지라 해 아래에는 새 것이 없나니
10 무엇을 가리켜 이르기를 보라 이
것이 새 것이라 할 것이 있으랴 우
리가 있기 오래 전 (世代)세대들
에도 이미 있었느니라
11 이전 (世代)세대들이 기억됨이 없
으니 장래 세대도 그 후 세대들과
함께 기억됨이 없으리라

지혜가 많으면 번뇌도 많다

12 ●나 (傳道者)전도자는 예루살렘
에서 이스라엘 왕이 되어
13 마음을 다하며 지혜를 써서 하늘
아래에서 행하는 모든 일을 (研
究)연구하며 살핀즉 이는 괴로운
것이니 하나님이 인생들에게 주사
수고하게 하신 것이라
14 내가 해 아래에서 (行)행하는 모
든 일을 보았노라 보라 모두 다 헛
되어 바람을 잡으려는 것이로다
15 구부러진 것도 곧게 할 수 없고 모
자란 것도 셀 수 없도다
16 내가 내 마음 속으로 말하여 이르
기를 보라 내가 크게 되고 지혜를
더 많이 얻었으므로 나보다 먼저
예루살렘에 있던 모든 사람들보다
낫다 하였나니 내 마음이 (智慧)
지혜와 (知識)지식을 많이 만나
보았음이로다
17 내가 다시 (智慧)지혜를 알고자
하며 미친 것들과 미련한 것들을
알고자 하여 마음을 썼으나 이것
도 바람을 잡으려는 것인 줄을 깨
달았도다
18 (智慧)지혜가 많으면 (煩惱)번뇌
도 많으니 지식을 더하는 자는 근
심을 더하느니라

즐거움도 헛되다

2 나는 내 마음에 이르기를 자,
내가 시험삼아 너를 즐겁게 하

리니 너는 (樂)낙을 누리라 하였
으나 보라 이것도 헛되도다
2 내가 웃음에 관하여 말하여 이르
기를 그것은 미친 것이라 하였고
(喜樂)희락에 대하여 이르기를 이
것이 무슨 소용이 있는가 하였노
라
3 내가 내 마음으로 깊이 생각하기
를 내가 어떻게 하여야 내 마음을
(智慧)지혜로 다스리면서 술로 내
육신을 즐겁게 할까 또 내가 어떻
게 하여야 천하의 인생들이 그들
의 인생을 살아가는 동안 어떤 것
이 선한 일인지를 알아볼 때까지
내 어리석음을 꼭 붙잡아 둘까 하
여
4 나의 (事業)사업을 크게 하였노라
내가 나를 위하여 집들을 짓고 포
도원을 일구며
5 여러 동산과 (果園)과원을 만들고
그 가운데에 각종 과목을 심었으
며
6 나를 위하여 (樹木)수목을 기르는
삼림에 물을 주기 위하여 못들을
팠으며
7 남녀 노비들을 사기도 하였고 나
를 위하여 집에서 종들을 낳기도
하였으며 나보다 먼저 예루살렘에
있던 모든 자들보다도 내가 소와
양 떼의 (所有)소유를 더 많이 가
졌으며
8 은 금과 왕들이 소유한 보배와 여
러 지방의 보배를 나를 위하여 쌓
고 또 노래하는 남녀들과 인생들
이 기뻐하는 (妻妾)처첩들을 많이
두었노라
9 내가 이같이 창성하여 나보다 먼
저 예루살렘에 있던 모든 자들보
다 더 (昌盛)창성하니 내 지혜도
내게 여전하도다
10 무엇이든지 내 눈이 원하는 것을
내가 금하지 아니하며 무엇이든지
내 마음이 즐거워하는 것을 내가
막지 아니하였으니 이는 나의 모
든 수고를 내 마음이 기뻐하였음
이라 이것이 나의 모든 수고로 말
미암아 얻은 몫이로다
11 그 후에 내가 생각해 본즉 내 손으
로 한 모든 일과 내가 수고한 모든
것이 다 헛되어 바람을 잡는 것이
며 해 아래에서 (無益)무익한 것
이로다

지혜자나 우매자나

12 ● 내가 돌이켜 지혜와 (妄靈)망령
됨과 어리석음을 보았나니 왕 뒤
에 오는 자는 무슨 일을 행할까 이
미 행한 지 오래 전의 일일 뿐이리
라
13 내가 보니 지혜가 (愚昧)우매보다
뛰어남이 빛이 어둠보다 뛰어남
같도다
14 지혜자는 그의 눈이 그의 머리 속
에 있고 (愚昧者)우매자는 어둠
속에 다니지만 그들 모두가 당하
는 일이 모두 같으리라는 것을 나
도 깨달아 알았도다
15 내가 내 마음속으로 이르기를 우
매자가 당한 것을 나도 당하리니
내게 지혜가 있었다 한들 내게 무
슨 (有益)유익이 있으리요 하였도

다 이에 내가 내 마음속으로 이르
기를 이것도 헛되도다 하였도다
16 지혜자도 우매자와 함께 영원하
도록 기억함을 얻지 못하나니 (後
日)후일에는 모두 다 잊어버린 지
오랠 것임이라 오호라 지혜자의
죽음이 우매자의 죽음과 일반이로
다
17 이러므로 내가 사는 것을 미워하
였노니 이는 해 아래에서 하는 일
이 내게 괴로움이요 모두 다 헛되
어 바람을 잡으려는 것이기 때문
이로다

수고도 헛되다

18 ● 내가 해 아래에서 내가 한 모든
수고를 미워하였노니 이는 내 뒤
를 이을 이에게 남겨 주게 됨이라
19 그 사람이 지혜자일지, 우매자일
지야 누가 알랴마는 내가 해 아래
에서 내 지혜를 다하여 수고한 모
든 결과를 그가 다 (管理)관리하
리니 이것도 헛되도다
20 이러므로 내가 해 아래에서 한 모
든 수고에 대하여 내가 내 마음에
(失望)실망하였도다
21 어떤 사람은 그 지혜와 지식과 재
주를 다하여 수고하였어도 그가
얻은 것을 수고하지 아니한 자에
게 그의 몫으로 넘겨 주리니 이것
도 헛된 것이며 큰 (惡)악이로다
22 사람이 해 아래에서 행하는 모든
수고와 마음에 애쓰는 것이 무슨
(所得)소득이 있으랴
23 (一平生)일평생에 근심하며 수고
하는 것이 슬픔뿐이라 그의 마음
이 밤에도 쉬지 못하나니 이것도
헛되도다
24 ● 사람이 먹고 마시며 수고하는
것보다 그의 마음을 더 기쁘게 하
는 것은 없나니 내가 이것도 본즉
하나님의 손에서 나오는 것이로다
25 아, 먹고 즐기는 일을 누가 나보다
더 해 보았으랴
26 하나님은 그가 기뻐하시는 자에게
는 지혜와 지식과 희락을 주시나
죄인에게는 (勞苦)노고를 주시고
그가 모아 쌓게 하사 하나님을 기
뻐하는 자에게 그가 주게 하시지
만 이것도 헛되어 바람을 잡는 것
이로다

모든 일에 때가 있다

3 범사에 (期限)기한이 있고 천하
만사가 다 때가 있나니
2 날 때가 있고 죽을 때가 있으며 심
을 때가 있고 심은 것을 뽑을 때가
있으며
3 죽일 때가 있고 (治療)치료할 때
가 있으며 헐 때가 있고 세울 때가
있으며
4 울 때가 있고 웃을 때가 있으며 슬
퍼할 때가 있고 춤출 때가 있으며
5 돌을 던져 버릴 때가 있고 돌을 거
둘 때가 있으며 안을 때가 있고 안
는 일을 멀리 할 때가 있으며
6 찾을 때가 있고 잃을 때가 있으며
지킬 때가 있고 버릴 때가 있으며
7 찢을 때가 있고 꿰맬 때가 있으며
(潛潛)잠잠할 때가 있고 말할 때
가 있으며
8 사랑할 때가 있고 미워할 때가 있

으며 (戰爭)전쟁할 때가 있고 평
화할 때가 있느니라
9 일하는 자가 그의 수고로 말미암
아 무슨 (利益)이익이 있으랴
10 하나님이 인생들에게 (勞苦)노고
를 주사 애쓰게 하신 것을 내가 보
았노라
11 하나님이 모든 것을 지으시되 때
를 따라 아름답게 하셨고 또 사람
들에게는 (永遠)영원을 (思慕)사
모하는 마음을 주셨느니라 그러나
하나님이 하시는 일의 시종을 사
람으로 측량할 수 없게 하셨도다
12 사람들이 사는 동안에 기뻐하며
(善)선을 행하는 것보다 더 나은
것이 없는 줄을 내가 알았고
13 사람마다 먹고 마시는 것과 수고
함으로 낙을 누리는 그것이 하나
님의 (膳物)선물인 줄도 또한 알
았도다
14 하나님께서 행하시는 모든 것은
영원히 있을 것이라 그 위에 더 할
수도 없고 그것에서 덜 할 수도 없
나니 하나님이 이같이 행하심은
사람들이 그의 앞에서 (敬畏)경외
하게 하려 하심인 줄을 내가 알았
도다
15 이제 있는 것이 옛적에 있었고 (將
來)장래에 있을 것도 옛적에 있었
나니 하나님은 이미 지난 것을 다
시 찾으시느니라
16 ● 또 내가 해 아래에서 보건대
(裁判)재판하는 곳 거기에도 악이
있고 정의를 행하는 곳 거기에도

1) 히, 영

악이 있도다
17 내가 내 마음속으로 이르기를 의
인과 악인을 하나님이 (審判)심판
하시리니 이는 모든 소망하는 일
과 모든 행사에 때가 있음이라 하
였으며
18 내가 내 마음속으로 이르기를 인
생들의 일에 대하여 하나님이 그
들을 (試驗)시험하시리니 그들이
자기가 짐승과 다름이 없는 줄을
깨닫게 하려 하심이라 하였노라
19 인생이 당하는 일을 짐승도 당하
나니 그들이 당하는 일이 일반이
라 다 동일한 (呼吸)호흡이 있어
서 짐승이 죽음 같이 사람도 죽으
니 사람이 짐승보다 뛰어남이 없
음은 모든 것이 헛됨이로다
20 다 흙으로 말미암았으므로 다 흙
으로 돌아가나니 다 한 곳으로 가
거니와
21 인생들의 [1](魂)혼은 위로 올라가
고 짐승의 [1]혼은 아래 곧 땅으로
내려가는 줄을 누가 알랴
22 그러므로 나는 사람이 (自己)자기
일에 즐거워하는 것보다 더 나은
것이 없음을 보았나니 이는 그것
이 그의 몫이기 때문이라 아, 그의
뒤에 일어날 일이 무엇인지를 보
게 하려고 그를 도로 데리고 올 자
가 누구이랴

학대, 수고, 동무

4 내가 다시 해 아래에서 행하는
모든 (虐待)학대를 살펴 보았도
다 보라 학대 받는 자들의 눈물이
로다 그들에게 위로자가 없도다

그들을 학대하는 자들의 손에는
권세가 있으나 그들에게는 위로자
가 없도다
2 그러므로 나는 아직 살아 있는 산
자들보다 죽은 지 오랜 죽은 자들
을 더 (福)복되다 하였으며
3 이 둘보다도 아직 (出生)출생하지
아니하여 해 아래에서 행하는 악
한 일을 보지 못한 자가 더 복되다
하였노라
4 ● 내가 또 본즉 사람이 모든 수고
와 모든 재주로 말미암아 이웃에
게 (猜忌)시기를 받으니 이것도
헛되어 바람을 잡는 것이로다
5 (愚昧者)우매자는 팔짱을 끼고 있
으면서 자기의 몸만 축내는도다
6 두 손에 가득하고 수고하며 바람
을 잡는 것보다 한 손에만 가득하
고 (平穩)평온함이 더 나으니라
7 ● 내가 또 다시 해 아래에서 헛된
것을 보았도다
8 어떤 사람은 아들도 없고 형제도
없이 홀로 있으나 그의 모든 수고
에는 끝이 없도다 또 비록 그의 눈
은 부요를 (足)족하게 여기지 아
니하면서 이르기를 내가 누구를
위하여는 이같이 수고하고 나를
위하여는 행복을 누리지 못하게
하는가 하여도 이것도 헛되어 불
행한 노고로다
9 두 사람이 한 사람보다 나음은 그
들이 수고함으로 좋은 (賞)상을
얻을 것임이라
10 (或是)혹시 그들이 넘어지면 하나
가 그 동무를 붙들어 일으키려니
와 홀로 있어 넘어지고 붙들어 일
으킬 자가 없는 자에게는 화가 있
으리라
11 또 두 사람이 함께 누우면 따뜻하
거니와 한 사람이면 어찌 따뜻하
랴
12 한 사람이면 패하겠거니와 두 사
람이면 맞설 수 있나니 세 겹 줄은
쉽게 끊어지지 아니하느니라

가난하게 태어나서 왕이 되어도

13 ● 가난하여도 지혜로운 젊은이가
늙고 (鈍)둔하여 경고를 더 받을
줄 모르는 왕보다 나으니
14 그는 자기의 나라에서 가난하게
태어났을지라도 (監獄)감옥에서
나와 왕이 되었음이니라
15 내가 본즉 해 아래에서 다니는 (人
生)인생들이 왕의 다음 자리에 있
다가 왕을 대신하여 일어난 젊은
이와 함께 있고
16 그의 (治理)치리를 받는 모든 백
성들이 무수하였을지라도 후에 오
는 자들은 그를 기뻐하지 아니하
리니 이것도 헛되어 바람을 잡는
것이로다

하나님을 경외하라

5 너는 하나님의 집에 들어갈 때
에 네 발을 삼갈지어다 가까이
하여 말씀을 듣는 것이 (愚昧)우
매한 자들이 제물 드리는 것보다
나으니 그들은 악을 행하면서도
깨닫지 못함이니라
2 너는 하나님 앞에서 함부로 입을
열지 말며 (急)급한 마음으로 말
을 내지 말라 하나님은 하늘에 계

시고 너는 땅에 있음이니라 그런
즉 마땅히 말을 적게 할 것이라
3 걱정이 많으면 꿈이 생기고 말이
많으면 (愚昧)우매한 자의 소리가
나타나느니라
4 네가 하나님께 (誓願)서원하였거
든 갚기를 더디게 하지 말라 하나
님은 우매한 자들을 기뻐하지 아
니하시나니 서원한 것을 갚으라
5 (誓願)서원하고 갚지 아니하는 것
보다 서원하지 아니하는 것이 더
나으니
6 네 입으로 네 (肉體)육체가 범죄
하게 하지 말라 [1]사자 앞에서 내
가 서원한 것이 실수라고 말하지
말라 어찌 하나님께서 네 목소리
로 말미암아 진노하사 네 손으로
한 것을 멸하시게 하랴
7 꿈이 많으면 헛된 일들이 많아지
고 말이 많아도 그러하니 오직 너
는 하나님을 (敬畏)경외할지니라
8 ● 너는 어느 지방에서든지 (貧民)
빈민을 학대하는 것과 정의와 공
의를 짓밟는 것을 볼지라도 그것
을 이상히 여기지 말라 높은 자는
더 높은 자가 감찰하고 또 그들보
다 더 높은 자들도 있음이니라
9 땅의 (所産物)소산물은 모든 사람
을 위하여 있나니 (王)왕도 밭의
소산을 받느니라

재물과 부요와 존귀도 헛되다

10 ● 은을 사랑하는 자는 은으로 만
족하지 못하고 (豊饒)풍요를 사랑
하는 자는 소득으로 만족하지 아
니하나니 이것도 헛되도다
11 재산이 많아지면 먹는 자들도 많
아지나니 그 (所有主)소유주들은
눈으로 보는 것 외에 무엇이 유익
하랴
12 노동자는 먹는 것이 많든지 적든
지 잠을 달게 자거니와 부자는 그
(富饒)부요함 때문에 자지 못하느
니라
13 ● 내가 해 아래에서 큰 (弊端)폐
단 되는 일이 있는 것을 보았나니
곧 소유주가 (財物)재물을 자기에
게 (害)해가 되도록 소유하는 것
이라
14 그 (財物)재물이 재난을 당할 때
없어지나니 비록 아들은 낳았으나
그 손에 아무것도 없느니라
15 그가 (母胎)모태에서 벌거벗고 나
왔은즉 그가 나온 대로 돌아가고
수고하여 얻은 것을 아무것도 자
기 손에 가지고 가지 못하리니
16 이것도 큰 (不幸)불행이라 어떻게
왔든지 그대로 가리니 바람을 잡
는 수고가 그에게 무엇이 유익하
랴
17 일평생을 어두운 데에서 먹으며
많은 근심과 (疾病)질병과 분노가
그에게 있느니라
18 ● 사람이 하나님께서 그에게 주
신 바 그 (一平生)일평생에 먹고
마시며 해 아래에서 하는 모든 수
고 중에서 낙을 보는 것이 선하고
아름다움을 내가 보았나니 그것이
그의 몫이로다
19 또한 어떤 사람에게든지 하나님이

1) 말 2:7을 보라

(財物)재물과 부요를 그에게 주사
능히 누리게 하시며 제 몫을 받아
수고함으로 즐거워하게 하신 것은
하나님의 선물이라
20 그는 자기의 (生命)생명의 날을
깊이 생각하지 아니하리니 이는
하나님이 그의 마음에 기뻐하는
것으로 응답하심이니라

6 내가 해 아래에서 한 가지 (不
幸)불행한 일이 있는 것을 보았
나니 이는 사람의 마음을 무겁게
하는 것이라
2 어떤 사람은 그의 영혼이 바라는
모든 소원에 (不足)부족함이 없어
재물과 부요와 존귀를 하나님께
받았으나 하나님께서 그가 그것을
누리도록 허락하지 아니하셨으므
로 다른 사람이 누리나니 이것도
헛되어 악한 병이로다
3 사람이 비록 백 명의 자녀를 낳
고 또 장수하여 사는 날이 많을지
라도 그의 영혼은 그러한 행복으
로 (滿足)만족하지 못하고 또 그
가 안장되지 못하면 나는 이르기
를 낙태된 자가 그보다는 낫다 하
나니
4 (落胎)낙태된 자는 헛되이 왔다가
어두운 중에 가매 그의 이름이 어
둠에 덮이니
5 햇빛도 보지 못하고 또 그것을 알
지도 못하나 이가 그보다 더 (平
安)평안함이라
6 그가 비록 천 년의 갑절을 산다 할
지라도 (幸福)행복을 보지 못하면
마침내 다 한 곳으로 돌아가는 것
뿐이 아니냐
7 ●사람의 수고는 다 자기의 입을
위함이나 그 (食慾)식욕은 채울
수 없느니라
8 지혜자가 우매자보다 나은 것이
무엇이냐 살아 있는 자들 앞에서
행할 줄을 아는 가난한 자에게는
무슨 (有益)유익이 있는가
9 눈으로 보는 것이 마음으로 (空
想)공상하는 것보다 나으나 이것
도 헛되어 바람을 잡는 것이로다
10 ●이미 있는 것은 무엇이든지 오
래 전부터 그의 이름이 이미 불린
바 되었으며 사람이 무엇인지도
이미 안 바 되었나니 (自己)자기
보다 강한 자와는 (能)능히 다툴
수 없느니라
11 헛된 것을 더하게 하는 많은 [1]일
들이 있나니 그것들이 사람에게
무슨 (有益)유익이 있으랴
12 헛된 (生命)생명의 모든 날을 그
림자 같이 보내는 일평생에 사람
에게 무엇이 낙인지를 누가 알며
그 후에 해 아래에서 무슨 일이 있
을 것을 누가 능히 그에게 고하리
요

지혜자와 우매한 자

7 좋은 이름이 좋은 기름보다 낫
고 죽는 날이 (出生)출생하는
날보다 나으며
2 (初喪)초상집에 가는 것이 잔칫집
에 가는 것보다 나으니 모든 사람
의 끝이 이와 같이 됨이라 산 자는
이것을 그의 마음에 둘지어다

1) 언론

3 슬픔이 웃음보다 나음은 얼굴에
근심하는 것이 마음에 (有益)유익
하기 때문이니라
4 (智慧者)지혜자의 마음은 초상집
에 있으되 우매한 자의 마음은 혼
인집에 있느니라
5 ●지혜로운 사람의 (責望)책망을
듣는 것이 우매한 자들의 노래를
듣는 것보다 나으니라
6 (愚昧)우매한 자들의 웃음 소리는
솥 밑에서 가시나무가 타는 소리
같으니 이것도 헛되니라
7 탐욕이 지혜자를 우매하게 하고
뇌물이 사람의 [1](明哲)명철을 망
하게 하느니라
8 ●일의 끝이 시작보다 낫고 참는
마음이 (驕慢)교만한 마음보다 나
으니
9 급한 마음으로 노를 발하지 말라
노는 (愚昧)우매한 자들의 품에
머무름이니라
10 옛날이 오늘보다 나은 것이 어찜
이냐 하지 말라 이렇게 묻는 것은
(智慧)지혜가 아니니라
11 ●지혜는 유산 같이 아름답고 햇
빛을 보는 자에게 (有益)유익이
되도다
12 (智慧)지혜의 그늘 아래에 있음은
돈의 그늘 아래에 있음과 같으나,
지혜에 관한 지식이 더 유익함은
지혜가 그 지혜 있는 자를 살리기
때문이니라
13 하나님께서 행하시는 일을 보라
하나님께서 굽게 하신 것을 누가
(能)능히 곧게 하겠느냐
14 (亨通)형통한 날에는 기뻐하고 곤
고한 날에는 되돌아 보아라 이 두
가지를 하나님이 (竝行)병행하게
하사 사람이 그의 장래 일을 능히
헤아려 알지 못하게 하셨느니라
15 ●내 (虛無)허무한 날을 사는 동
안 내가 그 모든 일을 살펴 보았더
니 자기의 의로움에도 불구하고
멸망하는 의인이 있고 자기의 악
행에도 불구하고 장수하는 악인이
있으니
16 지나치게 (義人)의인이 되지도 말
며 지나치게 지혜자도 되지 말라
어찌하여 스스로 패망하게 하겠느
냐
17 지나치게 악인이 되지도 말며 지
나치게 우매한 자도 되지 말라 어
찌하여 (期限)기한 전에 죽으려고
하느냐
18 너는 이것도 잡으며 저것에서도
네 손을 놓지 아니하는 것이 좋으
니 하나님을 (敬畏)경외하는 자는
이 모든 일에서 벗어날 것임이니
라
19 ●지혜가 지혜자를 성읍 가운데
에 있는 열 명의 (權力者)권력자
들보다 더 능력이 있게 하느니라
20 (善)선을 행하고 전혀 죄를 범하
지 아니하는 의인은 세상에 없기
때문이로다
21 또한 사람들이 하는 모든 말에 네
마음을 두지 말라 그리하면 네 종
이 너를 (詛呪)저주하는 것을 듣
지 아니하리라

1) 마음을

22 너도 가끔 사람을 (詛呪)저주하였
다는 것을 네 마음도 알고 있느니
라
23 ● 내가 이 모든 것을 (智慧)지혜
로 (試驗)시험하며 스스로 이르기
를 내가 지혜자가 되리라 하였으
나 지혜가 나를 멀리 하였도다
24 이미 있는 것은 멀고 또 깊고 깊도
다 누가 능히 (通達)통달하랴
25 내가 돌이켜 전심으로 지혜와 명
철을 살피고 (研究)연구하여 악한
것이 얼마나 어리석은 것이요 어
리석은 것이 얼마나 미친 것인 줄
을 알고자 하였더니
26 마음은 올무와 그물 같고 손은 (捕
繩)포승 같은 여인은 사망보다 더
쓰다는 사실을 내가 알아내었도다
그러므로 하나님을 기쁘게 하는
자는 그 여인을 피하려니와 죄인
은 그 여인에게 붙잡히리로다
27 전도자가 이르되 보라 내가 낱낱
이 살펴 그 (理致)이치를 연구하
여 이것을 깨달았노라
28 내 마음이 (繼續)계속 찾아 보았
으나 아직도 찾지 못한 것이 이것
이라 천 사람 가운데서 한 사람을
내가 찾았으나 이 모든 사람들 중
에서 여자는 한 사람도 찾지 못하
였느니라
29 내가 깨달은 것은 오직 이것이라
곧 하나님은 사람을 (正直)정직하
게 지으셨으나 사람이 많은 꾀들
을 낸 것이니라

8

누가 지혜자와 같으며 누가 사
물의 이치를 아는 자이냐 사람
의 지혜는 그의 얼굴에 (光彩)광
채가 나게 하나니 그의 얼굴의 사
나운 것이 변하느니라
2 내가 권하노라 왕의 명령을 지키
라 이미 하나님을 가리켜 (盟誓)
맹세하였음이니라
3 왕 앞에서 물러가기를 급하게 하
지 말며 (惡)악한 것을 일삼지 말
라 왕은 자기가 하고자 하는 것을
다 행함이니라
4 왕의 말은 (權能)권능이 있나니
누가 그에게 이르기를 왕께서 무
엇을 하시나이까 할 수 있으랴
5 명령을 지키는 자는 불행을 알지
못하리라 지혜자의 마음은 때와
판단을 (分辨)분변하나니
6 무슨 일에든지 때와 (判斷)판단이
있으므로 사람에게 임하는 화가
심함이니라
7 사람이 (將來)장래 일을 알지 못
하나니 장래 일을 가르칠 자가 누
구이랴
8 바람을 (主掌)주장하여 바람을 움
직이게 할 사람도 없고 죽는 날을
주장할 사람도 없으며 전쟁할 때
를 모면할 사람도 없으니 악이 그
의 주민들을 건져낼 수는 없느니
라

악인들과 의인들

9 ● 내가 이 모든 것들을 보고 해
아래에서 행하는 모든 일을 마음
에 두고 살핀즉 사람이 사람을 주
장하여 (害)해롭게 하는 때가 있
도다
10 그런 후에 내가 본즉 악인들은 (葬

事)장사지낸 바 되어 거룩한 곳을
떠나 그들이 그렇게 행한 성읍 안
에서 잊어버린 바 되었으니 이것
도 헛되도다
11 악한 일에 관한 (懲罰)징벌이 속
히 실행되지 아니하므로 인생들이
악을 행하는 데에 마음이 담대하
도다
12 죄인은 백 번이나 악을 행하고도
장수하거니와 또한 내가 아노니
하나님을 (敬畏)경외하여 그를 경
외하는 자들은 잘 될 것이요
13 악인은 잘 되지 못하며 (長壽)장
수하지 못하고 그 날이 그림자와
같으리니 이는 하나님을 경외하지
아니함이니라
14 ● 세상에서 행해지는 헛된 일이
있나니 곧 악인들의 행위에 따라
벌을 받는 (義人)의인들도 있고
의인들의 행위에 따라 상을 받는
(惡人)악인들도 있다는 것이라 내
가 이르노니 이것도 헛되도다
15 이에 내가 (喜樂)희락을 찬양하노
니 이는 사람이 먹고 마시고 즐거
워하는 것보다 더 나은 것이 해 아
래에는 없음이라 하나님이 사람을
해 아래에서 살게 하신 날 동안 수
고하는 일 중에 그러한 일이 그와
함께 있을 것이니라
16 ● 내가 마음을 다하여 (智慧)지혜
를 알고자 하며 세상에서 행해지
는 일을 보았는데 밤낮으로 자지
못하는 자도 있도다
17 또 내가 하나님의 모든 행사를 살
펴 보니 해 아래에서 행해지는 일
을 사람이 능히 알아낼 수 없도다
사람이 아무리 애써 알아보려고
할지라도 능히 알지 못하나니 비
록 지혜자가 아노라 할지라도 능
히 알아내지 못하리로다

모두 다 하나님의 손 안에 있다

9 이 모든 것을 내가 마음에 두고
이 모든 것을 살펴 본즉 의인들
이나 지혜자들이나 그들의 (行爲)
행위나 모두 다 하나님의 손 안에
있으니 사랑을 받을는지 미움을
받을는지 사람이 알지 못하는 것
은 모두 그들의 미래의 일들임이
니라
2 ● 모든 사람에게 임하는 그 모든
것이 일반이라 의인과 악인, 선한
자와 깨끗한 자와 깨끗하지 아니
한 자, (祭祀)제사를 드리는 자와
제사를 드리지 아니하는 자에게
일어나는 일들이 모두 일반이니
선인과 죄인, 맹세하는 자와 맹세
하기를 무서워하는 자가 일반이로
다
3 모든 사람의 결국은 (一般)일반이
라 이것은 해 아래에서 행해지는
모든 일 중의 악한 것이니 곧 인생
의 마음에는 악이 가득하여 그들
의 평생에 미친 마음을 품고 있다
가 후에는 죽은 자들에게로 돌아
가는 것이라
4 모든 산 자들 중에 들어 있는 자에
게는 누구나 소망이 있음은 산 개
가 죽은 (獅子)사자보다 낫기 때
문이니라
5 산 자들은 죽을 줄을 알되 죽은 자

들은 아무것도 모르며 그들이 다
시는 (賞)상을 받지 못하는 것은
그들의 [1]이름이 잊어버린 바 됨이
니라
6 그들의 사랑과 미움과 (猜忌)시기
도 없어진 지 오래이니 해 아래에
서 행하는 모든 일 중에서 그들에
게 돌아갈 몫은 영원히 없느니라
7 ● 너는 가서 기쁨으로 네 (飮食
物)음식물을 먹고 즐거운 마음으
로 네 포도주를 마실지어다 이는
하나님이 네가 하는 일들을 벌써
기쁘게 받으셨음이니라
8 네 (衣服)의복을 항상 희게 하며
네 머리에 (香)향 기름을 그치지
아니하도록 할지니라
9 네 헛된 평생의 모든 날 곧 하나님
이 해 아래에서 네게 주신 모든 헛
된 날에 네가 사랑하는 아내와 함
께 즐겁게 살지어다 그것이 네가
(平生)평생에 해 아래에서 수고하
고 얻은 네 몫이니라
10 네 손이 일을 얻는 대로 힘을 다하
여 할지어다 네가 장차 들어갈 스
올에는 일도 없고 계획도 없고 (知
識)지식도 없고 지혜도 없음이니
라
11 ● 내가 다시 해 아래에서 보니 빠
른 (競走者)경주자들이라고 선착
하는 것이 아니며 용사들이라고
전쟁에 승리하는 것이 아니며 지
혜자들이라고 음식물을 얻는 것도
아니며 (明哲者)명철자들이라고
재물을 얻는 것도 아니며 지식인
들이라고 은총을 입는 것이 아니
니 이는 시기와 기회는 그들 모두
에게 임함이니라
12 분명히 사람은 자기의 (時期)시기
도 알지 못하나니 물고기들이 재
난의 그물에 걸리고 새들이 올무
에 걸림 같이 인생들도 재앙의 날
이 그들에게 홀연히 임하면 거기
에 걸리느니라

지혜를 보고 크게 여긴 것

13 ● 내가 또 해 아래에서 (智慧)지
혜를 보고 내가 크게 여긴 것이 이
러하니
14 곧 작고 인구가 많지 아니한 어떤
성읍에 큰 왕이 와서 그것을 에워
싸고 큰 (胸壁)흉벽을 쌓고 치고
자 할 때에
15 그 성읍 가운데에 가난한 지혜자
가 있어서 그의 지혜로 그 성읍을
건진 그것이라 그러나 그 가난한
자를 기억하는 사람이 없었도다
16 그러므로 내가 이르기를 (智慧)지
혜가 힘보다 나으나 가난한 자의
지혜가 멸시를 받고 그의 말들을
사람들이 듣지 아니한다 하였노라
17 ● 조용히 들리는 지혜자들의 말
들이 우매한 자들을 다스리는 자
의 (號令)호령보다 나으니라
18 지혜가 (武器)무기보다 나으니라
그러나 죄인 한 사람이 많은 선을
무너지게 하느니라
10 죽은 파리들이 향기름을 악
취가 나게 만드는 것 같이
적은 (愚昧)우매가 지혜와 존귀를
난처하게 만드느니라

1) 기념이

2 지혜자의 마음은 오른쪽에 있고
(愚昧者)우매자의 마음은 왼쪽에
있느니라
3 (愚昧)우매한 자는 길을 갈 때에
도 [1]지혜가 부족하여 각 사람에게
자기가 우매함을 말하느니라
4 주권자가 네게 (忿)분을 일으키거
든 너는 네 자리를 떠나지 말라 공
손함이 큰 허물을 용서 받게 하느
니라
5 ●내가 해 아래에서 한 가지 재난
을 보았노니 곧 (主權者)주권자에
게서 나오는 허물이라
6 우매한 자가 크게 높은 (地位)지
위들을 얻고 부자들이 낮은 지위
에 앉는도다
7 또 내가 보았노니 종들은 말을 타
고 (高官)고관들은 종들처럼 땅에
걸어 다니는도다
8 ●(陷穽)함정을 파는 자는 거기에
빠질 것이요 담을 허는 자는 뱀에
게 물리리라
9 돌들을 떠내는 자는 그로 말미암
아 상할 것이요 나무들을 쪼개는
자는 그로 말미암아 (危險)위험을
당하리라
10 (鐵)철 연장이 무디어졌는데도 날
을 갈지 아니하면 힘이 더 드느니
라 오직 지혜는 성공하기에 유익
하니라
11 (呪術)주술을 베풀기 전에 뱀에게
물렸으면 술객은 소용이 없느니라
12 ●지혜자의 입의 말들은 (恩惠)은
혜로우나 우매자의 입술들은 자기

1) 마음이 부족하여

를 삼키나니
13 그의 입의 말들의 (始作)시작은
우매요 그의 입의 결말들은 심히
미친 것이니라
14 우매한 자는 말을 많이 하거니와
사람은 (將來)장래 일을 알지 못
하나니 나중에 일어날 일을 누가
그에게 알리리요
15 우매한 자들의 수고는 자신을 (疲
困)피곤하게 할 뿐이라 그들은 성
읍에 들어갈 줄도 알지 못함이니
라
16 ●왕은 어리고 (大臣)대신들은 아
침부터 잔치하는 나라여 네게 화
가 있도다
17 왕은 귀족들의 아들이요 대신들은
취하지 아니하고 (氣力)기력을 보
하려고 정한 때에 먹는 나라여 네
게 복이 있도다
18 게으른즉 서까래가 내려앉고 손을
놓은즉 집이 새느니라
19 잔치는 (喜樂)희락을 위하여 베푸
는 것이요 포도주는 생명을 기쁘
게 하는 것이나 돈은 범사에 이용
되느니라
20 (心中)심중에라도 왕을 저주하지
말며 침실에서라도 부자를 (詛呪)
저주하지 말라 공중의 새가 그 소
리를 전하고 날짐승이 그 일을 전
파할 것임이니라

지혜로운 삶

11 너는 네 떡을 물 위에 던져
라 여러 날 후에 도로 찾으
리라
2 일곱에게나 여덟에게 나눠 줄지어

다 무슨 (災殃)재앙이 땅에 임할
는지 네가 알지 못함이니라
3 구름에 비가 가득하면 땅에 쏟아
지며 나무가 (南)남으로나 (北)북
으로나 쓰러지면 그 쓰러진 곳에
그냥 있으리라
4 풍세를 살펴보는 자는 (播種)파종
하지 못할 것이요 구름만 바라보
는 자는 거두지 못하리라
5 바람의 길이 어떠함과 아이 밴 자
의 태에서 뼈가 어떻게 자라는지
를 네가 알지 못함 같이 (萬事)만
사를 (成就)성취하시는 하나님의
일을 네가 알지 못하느니라
6 너는 아침에 씨를 뿌리고 저녁에
도 손을 놓지 말라 이것이 잘 될는
지, 저것이 잘 될는지, 혹 둘이 다
잘 될는지 알지 못함이니라
7 빛은 실로 아름다운 것이라 눈으
로 해를 보는 것이 즐거운 일이로
다
8 사람이 여러 해를 살면 (恒常)항
상 즐거워할지로다 그러나 캄캄한
날들이 많으리니 그 날들을 생각
할지로다 다가올 일은 다 헛되도
다

젊은이에게 주는 교훈

9 ● 청년이여 네 어린 때를 즐거워
하며 네 청년의 날들을 마음에 기
뻐하여 마음에 (願)원하는 길들과
네 눈이 보는 대로 행하라 그러나
하나님이 이 모든 일로 말미암아
너를 (審判)심판하실 줄 알라
10 그런즉 근심이 네 마음에서 떠나
게 하며 악이 네 몸에서 물러가게
하라 어릴 때와 검은 머리의 (時
節)시절이 다 헛되니라

12

너는 (靑年)청년의 때에 너
의 창조주를 기억하라 곧
곤고한 날이 이르기 전에, 나는 아
무 낙이 없다고 할 해들이 가깝기
전에
2 해와 빛과 달과 별들이 어둡기
(前)전에, 비 뒤에 구름이 다시 일
어나기 전에 그리하라
3 그런 날에는 집을 지키는 자들이
떨 것이며 힘 있는 자들이 구부러
질 것이며 맷돌질 하는 자들이 적
으므로 그칠 것이며 (窓)창들로
내다 보는 자가 어두워질 것이며
4 길거리 문들이 닫혀질 것이며 맷
돌 소리가 적어질 것이며 새의 소
리로 말미암아 일어날 것이며 음
악하는 여자들은 다 (衰)쇠하여질
것이며
5 또한 그런 자들은 높은 곳을 두려
워할 것이며 길에서는 놀랄 것이
며 살구나무가 꽃이 필 것이며 메
뚜기도 짐이 될 것이며 (情慾)정
욕이 그치리니 이는 사람이 자기
의 영원한 집으로 돌아가고 조문
객들이 거리로 왕래하게 됨이니라
6 (銀)은 줄이 풀리고 금 그릇이 깨
지고 항아리가 샘 곁에서 깨지고
바퀴가 우물 위에서 깨지고
7 흙은 (如前)여전히 땅으로 돌아가
고 영은 그것을 주신 하나님께로
돌아가기 전에 기억하라
8 (傳道者)전도자가 이르되 헛되고
헛되도다 모든 것이 헛되도다

사람의 본분

9 ● 전도자는 지혜자이어서 여전히
백성에게 지식을 가르쳤고 또 깊
이 생각하고 연구하여 (箴言)잠언
을 많이 지었으며
10 전도자는 힘써 아름다운 말들을
구하였나니 (眞理)진리의 말씀들
을 정직하게 기록하였느니라
11 ● 지혜자들의 말씀들은 찌르는
채찍들 같고 [1](會衆)회중의 스승
들의 말씀들은 잘 박힌 못 같으니
다 한 (牧者)목자가 주신 바이니
라
12 내 아들아 또 이것들로부터 (警
戒)경계를 받으라 많은 책들을 짓
는 것은 끝이 없고 많이 공부하는
것은 몸을 (疲困)피곤하게 하느니
라
13 ● 일의 결국을 다 들었으니 하나
님을 (敬畏)경외하고 그의 (命令)
명령들을 지킬지어다 이것이 모든
사람의 (本分)본분이니라
14 하나님은 모든 행위와 모든 (隱
密)은밀한 일을 선악 간에 (審判)
심판하시리라

1) 수집한 명담은

雅歌 Song of Songs

1 솔로몬의 (雅歌)아가라
2 ●내게 입맞추기를 (願)원하
니 네 사랑이 포도주보다 나음이
로구나
3 네 기름이 (香氣)향기로워 아름답
고 네 이름이 쏟은 향기름 같으므
로 처녀들이 너를 사랑하는구나
4 왕이 나를 그의 방으로 이끌어 들
이시니 너는 나를 (引導)인도하라
우리가 너를 따라 달려가리라 우
리가 너로 말미암아 기뻐하며 즐
거워하니 네 사랑이 포도주보다
더 진함이라 처녀들이 너를 사랑
함이 마땅하니라
5 ●예루살렘 딸들아 내가 비록 검
으나 아름다우니 게달의 (帳幕)장
막 같을지라도 솔로몬의 (揮帳)휘
장과도 같구나
6 내가 햇볕에 쬐어서 거무스름할
지라도 흘겨보지 말 것은 내 어머
니의 아들들이 나에게 (怒)노하여
포도원지기로 삼았음이라 나의 포
도원을 내가 지키지 못하였구나
7 내 마음으로 사랑하는 자야 네가
양 치는 곳과 (正午)정오에 쉬게
하는 곳을 내게 말하라 내가 네 친
구의 양 떼 곁에서 어찌 얼굴을 가
린 자 같이 되랴
8 ●여인 중에 어여쁜 자야 네가 알
지 못하겠거든 양 떼의 발자취를
따라 (牧者)목자들의 장막 곁에서
너의 염소 새끼를 먹일지니라
9 ●내 사랑아 내가 너를 바로의
(兵車)병거의 준마에 비하였구나
10 네 두 뺨은 땋은 머리털로, 네 목
은 구슬 꿰미로 아름답구나
11 우리가 너를 위하여 금 사슬에
(銀)은을 박아 만들리라
12 ●왕이 침상에 앉았을 때에 나의
나도 기름이 (香氣)향기를 뿜어냈
구나
13 나의 사랑하는 자는 내 품 가운데
(沒藥)몰약 향주머니요
14 나의 사랑하는 자는 내게 엔게디
(葡萄園)포도원의 고벨화 송이로
구나
15 ●내 사랑아 너는 어여쁘고 어여
쁘다 네 눈이 비둘기 같구나
16 ●나의 사랑하는 자야 너는 어여
쁘고 (和暢)화창하다 우리의 침상
은 푸르고
17 우리 집은 (柏香木)백향목 들보,
잣나무 서까래로구나

2 나는 샤론의 (水仙花)수선화요
골짜기의 백합화로다
2 ●여자들 중에 내 사랑은 가시나
무 가운데 (百合花)백합화 같도다
3 ●남자들 중에 나의 사랑하는 자
는 수풀 가운데 (沙果)사과나무
같구나 내가 그 그늘에 앉아서 심
히 기뻐하였고 그 열매는 내 입에
달았도다
4 그가 나를 (引導)인도하여 잔칫집
에 들어갔으니 그 사랑은 내 위에
깃발이로구나
5 너희는 (乾葡萄)건포도로 내 힘을

돕고 사과로 나를 시원하게 하라
내가 사랑하므로 병이 생겼음이라
6 그가 왼팔로 내 머리를 고이고 오
른팔로 나를 안는구나
7 예루살렘 딸들아 내가 노루와 들
사슴을 두고 너희에게 (付託)부탁
한다 내 사랑이 원하기 전에는 흔
들지 말고 깨우지 말지니라
8 ●내 사랑하는 자의 목소리로구
나 보라 그가 (山)산에서 달리고
작은 산을 빨리 넘어오는구나
9 내 사랑하는 자는 노루와도 같고
어린 사슴과도 같아서 우리 (壁)
벽 뒤에 서서 창으로 들여다보며
창살 틈으로 엿보는구나
10 ●나의 사랑하는 자가 내게 말하
여 이르기를 나의 사랑, 내 어여쁜
자야 일어나서 함께 가자
11 겨울도 지나고 비도 그쳤고
12 (地面)지면에는 꽃이 피고 새가 노
래할 때가 이르렀는데 비둘기의
소리가 우리 땅에 들리는구나
13 (無花果)무화과나무에는 푸른 열
매가 익었고 포도나무는 꽃을 피
워 향기를 토하는구나 나의 사랑,
나의 어여쁜 자야 일어나서 함께
가자
14 바위 틈 낭떠러지 (隱密)은밀한
곳에 있는 나의 비둘기야 내가 네
얼굴을 보게 하라 네 소리를 듣게
하라 네 소리는 부드럽고 네 얼굴
은 아름답구나
15 ●우리를 위하여 여우 곧 (葡萄園)
포도원을 허는 작은 여우를 잡으
라 우리의 포도원에 꽃이 피었음
이라
16 내 사랑하는 자는 내게 속하였고
나는 그에게 속하였도다 그가 (白
合花)백합화 가운데에서 양 떼를
먹이는구나
17 내 사랑하는 자야 날이 저물고 그
림자가 사라지기 (前)전에 돌아와
서 베데르 산의 노루와 어린 사슴
같을지라

3 내가 밤에 (寢牀)침상에서 마음
으로 사랑하는 자를 찾았노라
찾아도 찾아내지 못하였노라
2 이에 내가 일어나서 (城)성 안을
돌아다니며 마음에 사랑하는 자를
거리에서나 큰 길에서나 찾으리라
하고 찾으나 만나지 못하였노라
3 성 안을 (巡察)순찰하는 자들을
만나서 묻기를 내 마음으로 사랑
하는 자를 너희가 보았느냐 하고
4 그들을 지나치자마자 마음에 사랑
하는 자를 만나서 그를 붙잡고 내
어머니 집으로, 나를 (孕胎)잉태
한 이의 방으로 가기까지 놓지 아
니하였노라
5 ●예루살렘 딸들아 내가 노루와
들사슴을 두고 너희에게 (付託)부
탁한다 사랑하는 자가 원하기 전
에는 흔들지 말고 깨우지 말지니
라
6 ●(沒藥)몰약과 유향과 상인의 여
러 가지 향품으로 향내 풍기며 연
기 기둥처럼 거친 들에서 오는 자
가 누구인가
7 볼지어다 솔로몬의 가마라 이스라
엘 (勇士)용사 중 육십 명이 둘러

쌌는데
8 다 칼을 잡고 싸움에 익숙한 사람
들이라 밤의 두려움으로 말미암아
(各其)각기 허리에 칼을 찼느니라
9 솔로몬 (王)왕이 레바논 나무로
자기의 가마를 만들었는데
10 그 기둥은 은이요 바닥은 금이요
자리는 (紫色)자색 깔개라 그 안
에는 예루살렘 딸들의 사랑이 엮
어져 있구나
11 시온의 딸들아 나와서 솔로몬 왕
을 보라 (婚姻)혼인날 마음이 기
쁠 때에 그의 어머니가 씌운 왕관
이 그 머리에 있구나

4

내 사랑 너는 어여쁘고도 어여
쁘다 너울 속에 있는 네 눈이 비
둘기 같고 네 머리털은 길르앗 (山)
산 기슭에 누운 염소 떼 같구나
2 네 이는 (沐浴場)목욕장에서 나오
는 털 깎인 암양 곧 새끼 없는 것
은 하나도 없이 각각 (雙胎)쌍태
를 낳은 양 같구나
3 네 입술은 홍색 실 같고 네 입은
어여쁘고 너울 속의 네 [1]뺨은 (石
榴)석류 한 쪽 같구나
4 네 목은 무기를 두려고 건축한 다
윗의 (望臺)망대 곧 방패 천 개, 용
사의 모든 방패가 달린 망대 같고
5 네 두 유방은 백합화 가운데서 꼴
을 먹는 (雙胎)쌍태 어린 사슴 같
구나
6 ●날이 저물고 그림자가 사라지
기 전에 내가 몰약 산과 (乳香)유
향의 작은 산으로 가리라
7 ●나의 사랑 너는 어여쁘고 아무
(欠)흠이 없구나
8 내 (新婦)신부야 너는 레바논에서
부터 나와 함께 하고 레바논에서
부터 나와 함께 가자 아마나와 스
닐과 헤르몬 꼭대기에서 사자 굴
과 표범 산에서 내려오너라
9 내 누이, 내 (新婦)신부야 네가 내
마음을 빼앗았구나 네 눈으로 한
번 보는 것과 네 목의 구슬 한 꿰
미로 내 마음을 빼앗았구나
10 내 누이, 내 신부야 네 사랑이 어찌
그리 아름다운지 네 사랑은 포도
주보다 진하고 네 기름의 향기는
각양 (香品)향품보다 향기롭구나
11 내 신부야 네 입술에서는 꿀 방울
이 떨어지고 네 혀 밑에는 꿀과 젖
이 있고 네 (衣服)의복의 향기는
레바논의 향기 같구나
12 내 누이, 내 신부는 잠근 동산이요
덮은 우물이요 (封)봉한 샘이로구
나
13 네게서 나는 것은 석류나무와 각
종 아름다운 (果樹)과수와 고벨화
와 나도풀과
14 나도와 번홍화와 창포와 계수와
각종 유향목과 몰약과 침향과 모
든 귀한 (香品)향품이요
15 너는 동산의 샘이요 (生水)생수의
우물이요 레바논에서부터 흐르는
시내로구나
16 ●(北風)북풍아 일어나라 (南風)
남풍아 오라 나의 동산에 불어서
향기를 날리라 나의 사랑하는 자
가 그 동산에 들어가서 그 아름다

1) 히, 관골

운 열매 먹기를 원하노라

5 내 누이, 내 신부야 내가 내 동
산에 들어와서 나의 몰약과 향
재료를 거두고 나의 꿀송이와 꿀
을 먹고 내 포도주와 내 (牛乳)우
유를 마셨으니 나의 친구들아 먹
으라 나의 사랑하는 사람들아 많
이 마시라
2 ● 내가 잘지라도 마음은 깨었는
데 나의 사랑하는 자의 소리가 들
리는구나 문을 두드려 이르기를
나의 누이, 나의 사랑, 나의 비둘
기, 나의 (完全)완전한 자야 문을
열어 다오 내 머리에는 이슬이, 내
머리털에는 밤이슬이 가득하였다
하는구나
3 내가 옷을 벗었으니 어찌 다시 입
겠으며 내가 발을 씻었으니 어찌
다시 더럽히랴마는
4 내 사랑하는 자가 (門)문틈으로 손
을 들이밀매 내 마음이 움직여서
5 일어나 내 사랑하는 자를 위하여
문을 열 때 (沒藥)몰약이 내 손에
서, 몰약의 즙이 내 손가락에서 문
빗장에 떨어지는구나
6 내가 내 사랑하는 자를 위하여 문
을 열었으나 그는 벌써 물러갔네
그가 말할 때에 내 (魂)혼이 나갔
구나 내가 그를 찾아도 못 만났고
불러도 응답이 없었노라
7 성 안을 순찰하는 자들이 나를 만
나매 나를 쳐서 상하게 하였고 성
벽을 (把守)파수하는 자들이 나의
겉옷을 벗겨 가졌도다
8 예루살렘 딸들아 너희에게 내가
(付託)부탁한다 너희가 내 사랑하
는 자를 만나거든 내가 사랑하므
로 병이 났다고 하려무나
9 ● (女子)여자들 가운데에 어여쁜
자야 너의 사랑하는 자가 남의 사
랑하는 자보다 나은 것이 무엇인
가 너의 사랑하는 자가 남의 사랑
하는 자보다 나은 것이 무엇이기
에 이같이 우리에게 부탁하는가
10 ● 내 사랑하는 자는 희고도 붉어
많은 사람 가운데에 뛰어나구나
11 머리는 순금 같고 머리털은 고불
고불하고 까마귀 같이 검구나
12 눈은 시냇가의 비둘기 같은데 (牛
乳)우유로 씻은 듯하고 아름답게
도 박혔구나
13 뺨은 (香氣)향기로운 꽃밭 같고
향기로운 풀언덕과도 같고 입술은
백합화 같고 몰약의 즙이 뚝뚝 떨
어지는구나
14 손은 황옥을 물린 (黃金)황금 노
리개 같고 몸은 아로새긴 상아에
청옥을 입힌 듯하구나
15 다리는 순금 받침에 세운 (花斑石)
화반석 기둥 같고 생김새는 레바
논 같으며 백향목처럼 보기 좋고
16 입은 심히 달콤하니 그 (全體)전
체가 사랑스럽구나 예루살렘 딸들
아 이는 내 사랑하는 자요 나의 친
구로다

6 (女子)여자들 가운데에서 어여
쁜 자야 네 사랑하는 자가 어디
로 갔는가 네 사랑하는 자가 어디
로 돌아갔는가 우리가 너와 함께
찾으리라

2 ●내 사랑하는 자가 자기 동산으
로 내려가 향기로운 꽃밭에 이르
러서 동산 가운데에서 양 떼를 먹
이며 (白合花)백합화를 꺾는구나
3 나는 내 사랑하는 자에게 (屬)속
하였고 내 사랑하는 자는 내게 속
하였으며 그가 백합화 가운데에서
그 양 떼를 먹이는도다
4 ●내 사랑아 너는 디르사 같이 어
여쁘고, 예루살렘 같이 곱고, 깃
발을 세운 (軍隊)군대 같이 당당
하구나
5 네 눈이 나를 놀라게 하니 돌이켜
나를 보지 말라 네 머리털은 길르
앗 (山)산 기슭에 누운 염소 떼 같
고
6 네 이는 (沐浴)목욕하고 나오는
암양 떼 같으니 쌍태를 가졌으며
새끼 없는 것은 하나도 없구나
7 너울 속의 네 [1]뺨은 (石榴)석류 한
쪽 같구나
8 왕비가 육십 명이요 후궁이 팔십
명이요 (侍女)시녀가 무수하되
9 내 비둘기, 내 완전한 자는 하나뿐
이로구나 그는 그의 어머니의 외
딸이요 그 낳은 자가 (貴重)귀중
하게 여기는 자로구나 여자들이
그를 보고 복된 자라 하고 왕비와
후궁들도 그를 칭찬하는구나
10 ●아침 빛 같이 뚜렷하고 달 같이
아름답고 해 같이 맑고 깃발을 세
운 군대 같이 (堂堂)당당한 여자
가 누구인가
11 ●골짜기의 푸른 초목을 보려고
포도나무가 순이 났는가 석류나무
가 꽃이 피었는가 알려고 내가 (胡
桃)호도 동산으로 내려갔을 때에
12 (不知中)부지중에 내 마음이 나를
내 귀한 백성의 수레 가운데에 이
르게 하였구나
13 ●돌아오고 돌아오라 술람미 (女
子)여자야 돌아오고 돌아오라 우
리가 너를 보게 하라 ●너희가 어
찌하여 마하나임에서 춤추는 것을
보는 것처럼 술람미 여자를 보려
느냐

7 귀한 자의 딸아 신을 신은 네 발
이 어찌 그리 아름다운가 네 넓
적다리는 둥글어서 (熟練工)숙련
공의 손이 만든 구슬 꿰미 같구나
2 배꼽은 섞은 포도주를 가득히 부
은 둥근 (盞)잔 같고 허리는 백합
화로 두른 밀단 같구나
3 두 유방은 암사슴의 (雙胎)쌍태
새끼 같고
4 목은 상아 (望臺)망대 같구나 눈
은 헤스본 바드랍빔 문 곁에 있는
연못 같고 코는 다메섹을 향한 레
바논 망대 같구나
5 머리는 갈멜 산 같고 드리운 머리
털은 (紫朱)자주 빛이 있으니 왕
이 그 머리카락에 매이었구나
6 사랑아 네가 어찌 그리 아름다운
지, 어찌 그리 (和暢)화창한지 즐
겁게 하는구나
7 네 키는 종려나무 같고 네 (乳房)
유방은 그 열매송이 같구나
8 내가 말하기를 종려나무에 올라가
서 그 가지를 잡으리라 하였나니

1) 히, 관골

네 유방은 포도송이 같고 네 콧김
은 (沙果)사과 냄새 같고
9 네 입은 좋은 (葡萄酒)포도주 같
을 것이니라 ●이 포도주는 내 사
랑하는 자를 위하여 미끄럽게 흘
러내려서 자는 자의 입을 움직이
게 하느니라
10 ●나는 내 사랑하는 자에게 속하
였도다 그가 나를 (思慕)사모하는
구나
11 내 사랑하는 자야 우리가 함께 들
로 가서 동네에서 유숙하자
12 우리가 일찍이 일어나서 포도원으
로 가서 포도 움이 돋았는지, 꽃술
이 퍼졌는지, (石榴)석류 꽃이 피
었는지 보자 거기에서 내가 내 사
랑을 네게 주리라
13 (合歡菜)합환채가 향기를 뿜어내
고 우리의 문 앞에는 여러 가지 귀
한 열매가 새 것, 묵은 것으로 마
련되었구나 내가 내 사랑하는 자
너를 위하여 쌓아 둔 것이로다

8

네가 내 어머니의 젖을 먹은 오
라비 같았더라면 내가 밖에서 너
를 만날 때에 입을 맞추어도 나를
업신여길 (者)자가 없었을 것이라
2 내가 너를 이끌어 내 어머니 집에
들이고 네게서 교훈을 받았으리라
나는 향기로운 술 곧 (石榴汁)석
류즙으로 네게 마시게 하겠고
3 너는 왼팔로는 내 머리를 고이고
오른손으로는 나를 안았으리라
4 예루살렘 딸들아 내가 너희에게
(付託)부탁한다 내 사랑하는 자가
원하기 전에는 흔들지 말며 깨우
지 말지니라
5 ●그의 사랑하는 자를 의지하고
거친 들에서 올라오는 여자가 누
구인가 ●너로 말미암아 네 어머
니가 (苦生)고생한 곳 너를 낳은
자가 애쓴 그 곳 사과나무 아래에
서 내가 너를 깨웠노라
6 ●너는 나를 도장 같이 마음에 품
고 (圖章)도장 같이 팔에 두라 사
랑은 죽음 같이 강하고 질투는 스
올 같이 잔인하며 불길 같이 일어
나니 그 기세가 여호와의 불과 같
으니라
7 많은 물도 이 사랑을 끄지 못하겠
고 홍수라도 삼키지 못하나니 사
람이 그의 온 (家産)가산을 다 주
고 사랑과 바꾸려 할지라도 오히
려 멸시를 받으리라
8 ●우리에게 있는 작은 누이는 아
직도 유방이 없구나 그가 (請婚)
청혼을 받는 날에는 우리가 그를
위하여 무엇을 할까
9 그가 (城壁)성벽이라면 우리는 은
(望臺)망대를 그 위에 세울 것이
요 그가 문이라면 우리는 백향목
판자로 두르리라
10 ●나는 (城壁)성벽이요 내 유방은
망대 같으니 그러므로 나는 그가
보기에 화평을 얻은 자 같구나
11 솔로몬이 바알하몬에 포도원이
있어 지키는 자들에게 맡겨 두고
그들로 각기 그 열매로 말미암아
(銀)은 천을 바치게 하였구나
12 솔로몬 너는 천을 얻겠고 열매를
지키는 자도 이백을 얻으려니와

내게 속한 내 (葡萄園)포도원은
내 앞에 있구나
13 ● 너 동산에 (居住)거주하는 자야
친구들이 네 소리에 귀를 기울이
니 내가 듣게 하려무나
14 ● 내 사랑하는 자야 너는 빨리 달
리라 (香氣)향기로운 산 위에 있
는 노루와도 같고 어린 사슴과도
같아라

이사야 Isaiah

1 유다 왕 웃시야와 요담과 아하스와 히스기야 (時代)시대에 [1] 아모스의 아들 이사야가 유다와 예루살렘에 관하여 본 계시라

여호와의 말씀

2 ●하늘이여 들으라 땅이여 귀를 기울이라 여호와께서 말씀하시기를 내가 자식을 [2](養育)양육하였거늘 그들이 나를 거역하였도다
3 소는 그 임자를 알고 나귀는 그 주인의 구유를 알건마는 이스라엘은 알지 못하고 나의 (百姓)백성은 깨닫지 못하는도다 하셨도다
4 슬프다 범죄한 나라요 허물 진 백성이요 행악의 종자요 행위가 부패한 자식이로다 그들이 여호와를 버리며 이스라엘의 거룩하신 이를 (慢忽)만홀히 여겨 멀리하고 물러갔도다
5 너희가 어찌하여 매를 더 맞으려고 (悖逆)패역을 거듭하느냐 온 머리는 병들었고 온 마음은 피곤하였으며
6 발바닥에서 머리까지 성한 곳이 없이 상한 것과 터진 것과 새로 맞은 (痕跡)흔적뿐이거늘 그것을 짜며 싸매며 기름으로 부드럽게 함을 받지 못하였도다
7 너희의 땅은 (荒廢)황폐하였고 너희의 성읍들은 불에 탔고 너희의 토지는 너희 목전에서 이방인에게 삼켜졌으며 이방인에게 파괴됨 같이 황폐하였고
8 딸 시온은 포도원의 (望臺)망대 같이, 참외밭의 원두막 같이, 에워 싸인 성읍 같이 겨우 남았도다
9 만군의 여호와께서 우리를 위하여 (生存者)생존자를 조금 남겨 두지 아니하셨더면 우리가 소돔 같고 고모라 같았으리로다
10 ●너희 소돔의 (官員)관원들아 여호와의 말씀을 들을지어다 너희 고모라의 백성아 우리 하나님의 [3] 법에 귀를 기울일지어다
11 여호와께서 말씀하시되 너희의 (無數)무수한 제물이 내게 무엇이 유익하뇨 나는 숫양의 번제와 살진 짐승의 기름에 배불렀고 나는 수송아지나 어린 양이나 숫염소의 피를 기뻐하지 아니하노라
12 너희가 내 앞에 보이러 오니 이것을 누가 너희에게 (要求)요구하였느냐 내 마당만 밟을 뿐이니라
13 헛된 제물을 다시 가져오지 말라 분향은 내가 가증히 여기는 바요 월삭과 (安息日)안식일과 대회로 모이는 것도 그러하니 성회와 아울러 악을 행하는 것을 내가 견디지 못하겠노라
14 내 마음이 너희의 월삭과 정한 절기를 싫어하나니 그것이 내게 무거운 짐이라 내가 지기에 (困憊)곤비하였느니라
15 너희가 손을 펼 때에 내가 내 눈을 너희에게서 가리고 너희가 많이

1) 히, 아모츠 2) 자라게 하였거늘(겔 31:4) 3) 교훈

(祈禱)기도할지라도 내가 듣지 아니하리니 이는 너희의 손에 피가 가득함이라
16 너희는 스스로 씻으며 스스로 깨끗하게 하여 내 목전에서 너희 악한 행실을 버리며 (行惡)행악을 그치고
17 선행을 배우며 정의를 구하며 학대 받는 자를 도와 주며 고아를 위하여 (伸寃)신원하며 과부를 위하여 변호하라 하셨느니라
18 ● 여호와께서 말씀하시되 오라 우리가 서로 (辯論)변론하자 너희의 죄가 (朱紅)주홍 같을지라도 눈과 같이 희어질 것이요 (眞紅)진홍 같이 붉을지라도 양털 같이 희게 되리라
19 너희가 즐겨 (順從)순종하면 땅의 아름다운 소산을 먹을 것이요
20 너희가 (拒絕)거절하여 (背叛)배반하면 칼에 삼켜지리라 여호와의 입의 말씀이니라

죄로 가득 찬 성읍

21 ● 신실하던 성읍이 어찌하여 창기가 되었는고 정의가 거기에 충만하였고 공의가 그 가운데에 거하였더니 이제는 (殺人者)살인자들뿐이로다
22 네 (銀)은은 찌꺼기가 되었고 네 포도주에는 물이 섞였도다
23 네 고관들은 패역하여 도둑과 짝하며 다 뇌물을 사랑하며 예물을 구하며 고아를 위하여 신원하지 아니하며 과부의 (訟事)송사를 (受理)수리하지 아니하는도다
24 ● 그러므로 주 만군의 여호와 이스라엘의 전능자가 말씀하시되 슬프다 내가 장차 내 대적에게 (報應)보응하여 내 마음을 편하게 하겠고 내 원수에게 보복하리라
25 내가 또 내 손을 네게 [1]돌려 네 찌꺼기를 잿물로 씻듯이 녹여 (淸潔)청결하게 하며 네 혼잡물을 다 제하여 버리고
26 내가 네 재판관들을 처음과 같이, 네 모사들을 (本來)본래와 같이 회복할 것이라 그리한 후에야 네가 의의 성읍이라, 신실한 고을이라 불리리라 하셨나니
27 시온은 정의로 구속함을 받고 그 돌아온 자들은 공의로 (救贖)구속함을 받으리라
28 그러나 패역한 자와 죄인은 함께 (敗亡)패망하고 여호와를 버린 자도 멸망할 것이라
29 [2]너희가 기뻐하던 상수리나무로 말미암아 너희가 부끄러움을 당할 것이요 너희가 택한 동산으로 말미암아 (羞恥)수치를 당할 것이며
30 너희는 잎사귀 마른 상수리나무 같을 것이요 물 없는 동산 같으리니
31 강한 자는 삼오라기 같고 그의 (行爲)행위는 불티 같아서 함께 탈 것이나 끌 사람이 없으리라

칼을 쳐서 보습을 만들고

2 아모스의 아들 이사야가 받은 바 유다와 예루살렘에 관한 말씀이라

1) 대어 2) 히, 그들이

2 ●(末日)말일에 여호와의 전의 산
이 모든 산 꼭대기에 굳게 설 것이
요 모든 작은 산 위에 뛰어나리니
만방이 그리로 모여들 것이라

3 많은 백성이 가며 이르기를 오라
우리가 여호와의 (山)산에 오르며
야곱의 하나님의 (殿)전에 이르자
그가 그의 길을 우리에게 가르치
실 것이라 우리가 그 길로 행하리
라 하리니 이는 [1]율법이 시온에서
부터 나올 것이요 여호와의 말씀
이 예루살렘에서부터 나올 것임이
니라

4 그가 (列邦)열방 사이에 판단하시
며 많은 백성을 판결하시리니 무리
가 그들의 칼을 쳐서 보습을 만들
고 그들의 창을 쳐서 낫을 만들 것
이며 이 나라와 저 나라가 다시는
칼을 들고 서로 치지 아니하며 다
시는 전쟁을 연습하지 아니하리라

여호와의 날

5 ●야곱 (族屬)족속아 오라 우리가
여호와의 빛에 행하자

6 주께서 주의 백성 야곱 족속을 버
리셨음은 그들에게 동방 (風俗)풍
속이 가득하며 그들이 블레셋 사
람들 같이 점을 치며 이방인과 더
불어 손을 잡아 언약하였음이라

7 그 땅에는 (銀金)은금이 가득하고
보화가 무한하며 그 땅에는 마필
이 가득하고 병거가 무수하며

8 그 땅에는 (偶像)우상도 가득하므
로 그들이 자기 손으로 짓고 자기
손가락으로 만든 것을 경배하여

1) 교훈 2) 겸비하오니 3) 망대에

9 천한 자도 절하며 귀한 자도 [2](屈
伏)굴복하오니 그들을 용서하지
마옵소서

10 너희는 바위 틈에 들어가며 (塵
土)진토에 숨어 여호와의 위엄과
그 광대하심의 영광을 피하라

11 그 날에 눈이 높은 자가 낮아지며
교만한 자가 (屈伏)굴복되고 여호
와께서 홀로 높임을 받으시리라

12 ●대저 만군의 여호와의 날이 모
든 교만한 자와 (倨慢)거만한 자
와 자고한 자에게 임하리니 그들
이 낮아지리라

13 또 레바논의 높고 높은 모든 (柏
香木)백향목과 바산의 모든 상수
리나무와

14 모든 높은 (山)산과 모든 솟아 오
른 작은 언덕과

15 모든 높은 망대와 모든 (堅固)견
고한 성벽과

16 다시스의 모든 배와 모든 아름다
운 [3](彫刻物)조각물에 임하리니

17 그 날에 자고한 자는 (屈伏)굴복
되며 교만한 자는 낮아지고 여호
와께서 홀로 높임을 받으실 것이
요

18 우상들은 (穩全)온전히 없어질 것
이며

19 사람들이 암혈과 토굴로 들어가
서 여호와께서 땅을 진동시키려고
일어나실 때에 그의 (威嚴)위엄과
그 광대하심의 영광을 피할 것이
라

20 사람이 자기를 위하여 (敬拜)경배
하려고 만들었던 은 우상과 금 우

상을 그 날에 두더지와 박쥐에게
던지고
21 (岩穴)암혈과 (險惡)험악한 바위
틈에 들어가서 여호와께서 땅을
진동시키려고 일어나실 때에 그의
위엄과 그 광대하심의 영광을 피
하리라
22 너희는 인생을 (依支)의지하지 말
라 그의 호흡은 코에 있나니 셈할
가치가 어디 있느냐

예루살렘의 멸망

3 보라 주 만군의 여호와께서 예
루살렘과 유다가 (依賴)의뢰하
며 (依支)의지하는 것을 제하여
버리시되 곧 그가 의지하는 모든
양식과 그가 의지하는 모든 물과
2 용사와 전사와 (裁判官)재판관과
선지자와 복술자와 장로와
3 오십부장과 귀인과 모사와 정교한
장인과 (能爛)능란한 요술자를 그
리하실 것이며
4 [1]그가 또 소년들을 그들의 (高官)
고관으로 삼으시며 아이들이 그들
을 다스리게 하시리니
5 백성이 서로 (虐待)학대하며 각기
이웃을 잔해하며 아이가 노인에
게, (卑賤)비천한 자가 존귀한 자
에게 교만할 것이며
6 혹시 사람이 자기 아버지 집에서
자기의 형제를 붙잡고 말하기를
네게는 겉옷이 있으니 너는 우리
의 통치자가 되어 이 (廢墟)폐허
를 네 손아래에 두라 할 것이면
7 그 날에 그가 소리를 높여 이르기
를 나는 고치는 자가 되지 아니하
겠노라 내 집에는 (糧食)양식도 없
고 의복도 없으니 너희는 나를 백
성의 통치자로 삼지 말라 하리라
8 예루살렘이 (滅亡)멸망하였고 유
다가 엎드러졌음은 그들의 언어와
행위가 여호와를 거역하여 그의
영광의 눈을 범하였음이라
9 그들의 (顔色)안색이 불리하게 증
거하며 그들의 죄를 말해 주고 숨
기지 못함이 소돔과 같으니 그들
의 영혼에 화가 있을진저 그들이
재앙을 (自取)자취하였도다
10 너희는 의인에게 (福)복이 있으리
라 말하라 그들은 그들의 행위의
열매를 먹을 것임이요
11 악인에게는 (禍)화가 있으리니 이
는 그의 손으로 행한 대로 그가 보
응을 받을 것임이니라
12 내 백성을 (虐待)학대하는 자는
아이요 다스리는 자는 여자들이라
내 백성이여 네 인도자들이 너를
유혹하여 네가 다닐 길을 어지럽
히느니라

여호와께서 백성을 심판하시다

13 ● 여호와께서 (辯論)변론하러 일
어나시며 백성들을 심판하려고 서
시도다
14 여호와께서 자기 백성의 장로들과
고관들을 (審問)심문하러 오시리
니 포도원을 삼킨 자는 너희이며
가난한 자에게서 탈취한 물건이
너희의 집에 있도다
15 어찌하여 너희가 내 백성을 짓밟
으며 가난한 자의 얼굴에 맷돌질

1) 히, 내가

사

하느니 주 (萬軍)만군의 여호와
내가 말하였느니라 하시도다

시온의 딸들에게 말씀하시다

16 ● 여호와께서 또 말씀하시되 시
온의 딸들이 (驕慢)교만하여 늘인
목, 정을 통하는 눈으로 다니며 아
기작거려 걸으며 발로는 쟁쟁한
소리를 낸다 하시도다
17 그러므로 주께서 시온의 딸들의
정수리에 딱지가 생기게 하시며
여호와께서 그들의 (下體)하체가
드러나게 하시리라
18 주께서 그 날에 그들이 (裝飾)장
식한 발목 고리와 머리의 망사와
반달 장식과
19 귀 고리와 팔목 고리와 얼굴 가리
개와
20 화관과 발목 사슬과 띠와 (香盒)
향합과 호신부와
21 (斑指)반지와 코 고리와
22 (禮服)예복과 겉옷과 목도리와 손
주머니와
23 손 거울과 (細麻布)세마포 옷과
머리 수건과 너울을 제하시리니
24 그 때에 썩은 냄새가 향기를 대신
하고 노끈이 띠를 대신하고 대머
리가 숱한 머리털을 대신하고 굵
은 베 옷이 화려한 옷을 대신하고
수치스러운 (痕跡)흔적이 아름다
움을 대신할 것이며
25 너희의 장정은 칼에, 너희의 용사
는 (戰亂)전란에 망할 것이며
26 그 성문은 슬퍼하며 곡할 것이요
시온은 (荒廢)황폐하여 땅에 앉으
리라

4 그 날에 일곱 여자가 한 남자
를 붙잡고 말하기를 우리가 우
리 떡을 먹으며 우리 옷을 입으리
니 다만 당신의 이름으로 우리를
부르게 하여 우리가 (羞恥)수치를
면하게 하라 하리라

예루살렘을 청결하게 하실 때

2 ● 그 날에 여호와의 싹이 아름답
고 영화로울 것이요 그 땅의 (所
産)소산은 이스라엘의 피난한 자
를 위하여 영화롭고 아름다울 것
이며
3 시온에 남아 있는 자, 예루살렘에
머물러 있는 자 곧 예루살렘 안에
생존한 자 중 (記錄)기록된 모든
사람은 거룩하다 칭함을 얻으리니
4 이는 주께서 심판하는 영과 소멸
하는 영으로 시온의 딸들의 더러
움을 씻기시며 예루살렘의 피를
그 중에서 (淸潔)청결하게 하실
때가 됨이라
5 여호와께서 거하시는 온 시온 산
과 모든 (集會)집회 위에 낮이면
구름과 연기, 밤이면 화염의 빛을
만드시고 그 모든 영광 위에 덮개
를 두시며
6 또 (草幕)초막이 있어서 낮에는
더위를 피하는 그늘을 지으며 또
풍우를 피하여 숨는 곳이 되리라

포도원 노래

5 나는 내가 사랑하는 자를 위하
여 노래하되 내가 사랑하는 자
의 (葡萄園)포도원을 노래하리라
내가 사랑하는 자에게 포도원이
있음이여 심히 기름진 산에로다

2 땅을 파서 돌을 제하고 (極上品)
극상품 포도나무를 심었도다 그
중에 망대를 세웠고 또 그 안에 술
틀을 팠도다 좋은 포도 맺기를 바
랐더니 들포도를 맺었도다
3 ●예루살렘 주민과 유다 사람들
아 구하노니 이제 나와 내 포도원
사이에서 (事理)사리를 판단하라
4 내가 내 포도원을 (爲)위하여 행
한 것 외에 무엇을 더할 것이 있으
랴 내가 좋은 (葡萄)포도 맺기를
기다렸거늘 들포도를 맺음은 어찌
됨인고
5 이제 내가 내 (葡萄園)포도원에
어떻게 행할지를 너희에게 이르리
라 내가 그 울타리를 걷어 [1]먹힘
을 당하게 하며 그 담을 헐어 짓밟
히게 할 것이요
6 내가 그것을 (荒廢)황폐하게 하리
니 다시는 가지를 자름이나 북을
돋우지 못하여 찔레와 가시가 날
것이며 내가 또 구름에게 명하여
그 위에 비를 내리지 못하게 하리
라 하셨으니
7 무릇 만군의 여호와의 포도원은 이
스라엘 족속이요 그가 기뻐하시는
나무는 유다 사람이라 그들에게 정
의를 바라셨더니 도리어 (暴虐)포
학이요 그들에게 공의를 바라셨더
니 도리어 부르짖음이었도다

사람이 저지르는 악한 일

8 ●가옥에 가옥을 이으며 전토에
전토를 더하여 빈 틈이 없도록 하
고 이 땅 가운데에서 홀로 거주하
려 하는 자들은 화 있을진저
9 만군의 여호와께서 내 귀에 말씀
하시되 정녕히 (許多)허다한 가옥
이 황폐하리니 크고 아름다울지라
도 거주할 자가 없을 것이며
10 열흘 갈이 포도원에 겨우 포도주
한 바트가 나겠고 한 호멜의 종자
를 뿌려도 (艱辛)간신히 한 [2]에바
가 나리라 하시도다
11 아침에 일찍이 일어나 (毒酒)독주
를 마시며 밤이 깊도록 포도주에
취하는 자들은 화 있을진저
12 그들이 (宴會)연회에는 수금과 비
파와 소고와 피리와 포도주를 갖
추었어도 여호와께서 행하시는 일
에 (關心)관심을 두지 아니하며
그의 손으로 하신 일을 보지 아니
하는도다
13 ●그러므로 내 백성이 무지함으
로 말미암아 사로잡힐 것이요 그
들의 (貴)귀한 자는 굶주릴 것이
요 무리는 목마를 것이라
14 그러므로 스올이 (慾心)욕심을 크
게 내어 한량 없이 그 입을 벌린즉
그들의 호화로움과 그들의 많은
무리와 그들의 떠드는 것과 그 중
에서 즐거워하는 자가 거기에 빠
질 것이라
15 어느 사람은 구푸리고 존귀한 자
는 낮아지고 (傲慢)오만한 자의
눈도 낮아질 것이로되
16 오직 만군의 여호와는 정의로우시
므로 높임을 받으시며 거룩하신
하나님은 공의로우시므로 거룩하
다 일컬음을 받으시리니

1) 불사름을 2) 10에바는 1호멜임

17 그 때에는 어린 양들이 자기 (草
場)초장에 있는 것 같이 풀을 먹
을 것이요 유리하는 자들이 부자
의 버려진 밭에서 먹으리라
18 ● 거짓으로 끈을 삼아 (罪惡)죄악
을 끌며 수레 줄로 함 같이 죄악을
끄는 자는 화 있을진저
19 그들이 이르기를 그는 자기의 일
을 (速速)속속히 이루어 우리에게
보게 할 것이며 이스라엘의 거룩한
이는 자기의 계획을 속히 이루어
우리가 알게 할 것이라 하는도다
20 악을 선하다 하며 선을 악하다 하
며 (黑暗)흑암으로 광명을 삼으
며 광명으로 흑암을 삼으며 쓴 것
으로 단 것을 삼으며 단 것으로 쓴
것을 삼는 자들은 화 있을진저
21 스스로 지혜롭다 하며 스스로 (明
哲)명철하다 하는 자들은 화 있을
진저
22 포도주를 마시기에 (勇敢)용감하
며 독주를 잘 빚는 자들은 화 있을
진저
23 그들은 (賂物)뇌물로 말미암아 악
인을 의롭다 하고 의인에게서 그
공의를 빼앗는도다
24 ● 이로 말미암아 불꽃이 그루터
기를 삼킴 같이, 마른 풀이 불 속
에 떨어짐 같이 그들의 뿌리가 썩
겠고 꽃이 티끌처럼 날리리니 그
들이 (萬軍)만군의 여호와의 (律
法)율법을 버리며 이스라엘의 거
룩하신 이의 말씀을 (蔑視)멸시하
였음이라
25 그러므로 여호와께서 자기 백성
에게 (怒)노를 발하시고 그들 위
에 손을 들어 그들을 치신지라 산
들은 (震動)진동하며 그들의 시체
는 거리 가운데에 (糞土)분토 같
이 되었도다 그럴지라도 그의 노
가 돌아서지 아니하였고 그의 손
이 여전히 펼쳐져 있느니라
26 ● 또 그가 (旗幟)기치를 세우시고
먼 나라들을 불러 땅 끝에서부터
자기에게로 오게 하실 것이라 보
라 그들이 빨리 달려올 것이로되
27 그 중에 (困乏)곤핍하여 넘어지는
자도 없을 것이며 조는 자나 자는
자도 없을 것이며 그들의 허리띠
는 풀리지 아니하며 그들의 들메
끈은 끊어지지 아니하며
28 그들의 화살은 날카롭고 모든 활
은 당겨졌으며 그들의 말굽은 부
싯돌 같고 (兵車)병거 바퀴는 회
오리바람 같을 것이며
29 그들의 부르짖음은 암(獅子)사자
같을 것이요 그들의 소리지름은
어린 사자들과 같을 것이라 그들
이 부르짖으며 먹이를 움켜 가져
가 버려도 건질 자가 없으리로다
30 그 날에 그들이 바다 물결 소리 같
이 백성을 향하여 부르짖으리니
사람이 그 땅을 바라보면 (黑暗)
흑암과 고난이 있고 빛은 구름에
가려서 어두우리라

이사야를 선지자로 부르시다

6 웃시야 왕이 죽던 해에 내가 본
즉 주께서 높이 들린 (寶座)보
좌에 앉으셨는데 그의 옷자락은
성전에 가득하였고

2 스랍들이 모시고 섰는데 (各其)각기 여섯 날개가 있어 그 둘로는 자기의 얼굴을 가리었고 그 둘로는 자기의 발을 가리었고 그 둘로는 날며

3 서로 불러 이르되 거룩하다 거룩하다 거룩하다 만군의 여호와여 그의 영광이 온 땅에 (充滿)충만하도다 하더라

4 이같이 (和答)화답하는 자의 소리로 말미암아 문지방의 터가 요동하며 성전에 연기가 충만한지라

5 그 때에 내가 말하되 화로다 나여 망하게 되었도다 나는 입술이 (不淨)부정한 사람이요 나는 입술이 부정한 백성 중에 거주하면서 만군의 여호와이신 왕을 뵈었음이로다 하였더라

6 ●그 때에 그 스랍 중의 하나가 부젓가락으로 (祭壇)제단에서 집은 바 핀 숯을 손에 가지고 내게로 날아와서

7 그것을 내 입술에 대며 이르되 보라 이것이 네 입에 닿았으니 네 악이 (除)제하여졌고 네 죄가 사하여졌느니라 하더라

8 내가 또 주의 목소리를 들으니 주께서 이르시되 내가 누구를 보내며 누가 우리를 위하여 갈꼬 하시니 그 때에 내가 이르되 내가 여기 있나이다 나를 보내소서 하였더니

9 여호와께서 이르시되 가서 이 (百姓)백성에게 이르기를 너희가 듣기는 들어도 깨닫지 못할 것이요 보기는 보아도 알지 못하리라 하여

10 이 백성의 마음을 (鈍)둔하게 하며 그들의 귀가 막히고 그들의 눈이 감기게 하라 염려하건대 그들이 눈으로 보고 귀로 듣고 마음으로 깨닫고 다시 돌아와 고침을 받을까 하노라 하시기로

11 내가 이르되 주여 어느 때까지니이까 하였더니 주께서 (對答)대답하시되 성읍들은 황폐하여 주민이 없으며 가옥들에는 사람이 없고 이 토지는 황폐하게 되며

12 여호와께서 사람들을 멀리 옮기셔서 이 땅 가운데에 (荒廢)황폐한 곳이 많을 때까지니라

13 그 중에 십분의 일이 아직 남아 있을지라도 이것도 황폐하게 될 것이나 밤나무와 상수리나무가 베임을 (當)당하여도 그 그루터기는 남아 있는 것 같이 거룩한 씨가 이 땅의 그루터기니라 하시더라

아하스 왕에게 삼가며 조용하라 하시다

7 웃시야의 (孫子)손자요 요담의 아들인 유다의 아하스 왕 때에 아람의 르신 왕과 르말리야의 아들 이스라엘의 베가 왕이 올라와서 예루살렘을 쳤으나 능히 이기지 못하니라

2 어떤 사람이 다윗의 집에 알려 이르되 아람이 에브라임과 (同盟)동맹하였다 하였으므로 왕의 마음과 그의 백성의 마음이 숲이 바람에 흔들림 같이 흔들렸더라

3 ●그 때에 여호와께서 이사야에게 이르시되 너와 네 아들 [1]스알

1) 남는 자가 돌아오리라는 뜻

야숩은 윗못 수도 끝 (洗濯者)세
탁자의 밭 큰 길에 나가서 아하스
를 만나
4 그에게 이르기를 너는 삼가며 조
용하라 르신과 아람과 르말리야의
아들이 심히 노할지라도 이들은
(煙氣)연기 나는 두 부지깽이 그
루터기에 불과하니 두려워하지 말
며 낙심하지 말라
5 아람과 에브라임과 르말리야의 아
들이 악한 꾀로 너를 (對敵)대적
하여 이르기를
6 우리가 올라가 유다를 쳐서 그것
을 쓰러뜨리고 우리를 (爲)위하여
그것을 무너뜨리고 다브엘의 아들
을 그 중에 세워 왕으로 삼자 하였
으나
7 주 여호와의 말씀이 그 일은 서지
못하며 이루어지지 못하리라
8 대저 아람의 머리는 다메섹이요
다메섹의 머리는 르신이며 육십오
년 내에 에브라임이 (敗亡)패망하
여 다시는 나라를 이루지 못할 것
이며
9 에브라임의 머리는 사마리아요 사
마리아의 머리는 르말리야의 아
들이니라 (萬一)만일 너희가 굳게
믿지 아니하면 너희는 굳게 서지
못하리라 하시니라

임마누엘의 징조

10 ● 여호와께서 또 아하스에게 말
씀하여 이르시되
11 너는 네 하나님 여호와께 한 (徵兆)
징조를 구하되 깊은 데에서든지

1) 하나님이 우리와 같이 계심이라 2) 까지 3) 두려워하는

높은 데에서든지 구하라 하시니
12 아하스가 이르되 나는 구하지 아
니하겠나이다 나는 여호와를 (試
驗)시험하지 아니하겠나이다 한
지라
13 이사야가 이르되 다윗의 집이여
(願)원하건대 들을지어다 너희가
사람을 괴롭히고서 그것을 작은
일로 여겨 또 나의 하나님을 괴롭
히려 하느냐
14 그러므로 주께서 친히 징조를 너
희에게 주실 것이라 보라 처녀가
(孕胎)잉태하여 아들을 낳을 것이
요 그의 이름을 [1]임마누엘이라 하
리라
15 그가 악을 버리며 선을 (擇)택할
줄 알 때[2]가 되면 엉긴 젖과 꿀을
먹을 것이라
16 대저 이 아이가 악을 버리며 선을
택할 줄 알기 전에 네가 [3]미워하
는 두 왕의 땅이 (荒廢)황폐하게
되리라
17 여호와께서 에브라임이 유다를 떠
날 때부터 당하여 보지 못한 날을
너와 네 (百姓)백성과 네 아버지
집에 임하게 하시리니 곧 앗수르
왕이 오는 날이니라
18 ● 그 날에는 여호와께서 애굽 (河
水)하수에서 먼 곳의 파리와 앗수
르 땅의 벌을 부르시리니
19 다 와서 거친 골짜기와 바위 틈과
가시나무 울타리와 모든 (草場)초
장에 앉으리라
20 ● 그 날에는 주께서 (河水)하수
저쪽에서 세내어 온 (削刀)삭도

곧 앗수르 왕으로 네 백성의 머리
털과 발 털을 미실 것이요 수염도
깎으시리라
21 ●그 날에는 사람이 한 어린 암소
와 두 (羊)양을 기르리니
22 그것들이 내는 젖이 많으므로 엉
긴 젖을 먹을 것이라 그 땅 가운데
에 남아 있는 (者)자는 엉긴 젖과
꿀을 먹으리라
23 ●그 날에는 천 그루에 은 천 개
의 (價値)가치가 있는 포도나무가
있던 곳마다 찔레와 가시가 날 것
이라
24 온 땅에 찔레와 가시가 있으므로
화살과 활을 가지고 그리로 갈 것
이요
25 보습으로 갈던 모든 산에도 찔레
와 가시 때문에 두려워서 그리로
가지 못할 것이요 그 땅은 소를 풀
어 놓으며 양이 밟는 곳이 되리라

이사야의 아들

8 여호와께서 내게 이르시되 너
는 큰 (書板)서판을 가지고 그
위에 (通用)통용 문자로 [1]마헬살
랄하스바스라 쓰라
2 내가 (眞實)진실한 증인 제사장
우리야와 여베레기야의 아들 스가
랴를 불러 증언하게 하리라 하시
더니
3 내가 [2]내 아내를 가까이 하매 그
가 (妊娠)임신하여 아들을 낳은지
라 여호와께서 내게 이르시되 그
의 이름을 [1]마헬살랄하스바스라
하라
4 이는 이 아이가 내 아빠, 내 엄마
라 부를 줄 알기 전에 다메섹의 재
물과 사마리아의 (擄掠物)노략물
이 앗수르 왕 앞에 옮겨질 것임이
라 하시니라

앗수르 왕의 침략

5 ●여호와께서 다시 내게 말씀하
여 이르시되
6 이 (百姓)백성이 천천히 흐르는
실로아 물을 버리고 르신과 르말
리야의 아들을 기뻐하느니라
7 그러므로 주 내가 흉용하고 (漲
溢)창일한 큰 하수 곧 앗수르 왕
과 그의 모든 위력으로 그들을 뒤
덮을 것이라 그 모든 골짜기에 차
고 모든 언덕에 넘쳐
8 흘러 유다에 들어와서 가득하여
목에까지 미치리라 임마누엘이여
그가 펴는 날개가 네 땅에 가득하
리라 하셨느니라

여호와께서 깨우치시다

9 ●너희 민족들아 (喊聲)함성을 질
러 보아라 그러나 끝내 패망하리
라 너희 먼 나라 백성들아 들을지
니라 너희 허리를 동이라 그러나
끝내 패망하리라 너희 허리에 띠
를 띠라 그러나 끝내 패망하리라
10 너희는 함께 (計劃)계획하라 그러
나 끝내 이루지 못하리라 말을 해
보아라 끝내 시행되지 못하리라
이는 [3]하나님이 우리와 함께 계심
이니라
11 여호와께서 강한 손으로 내게 알려
주시며 이 (百姓)백성의 길로 가지
말 것을 내게 깨우쳐 이르시되

1) 노략이 속함 2) 히, 선지자의 아내 3) 히, 임마누엘

12 이 백성이 (叛逆者)반역자가 있다
고 말하여도 너희는 그 모든 말을
따라 반역자가 있다고 하지 말며
그들이 두려워하는 것을 너희는
두려워하지 말며 놀라지 말고
13 (萬軍)만군의 여호와 그를 너희가
거룩하다 하고 그를 너희가 두려
워하며 무서워할 자로 삼으라
14 그가 성소가 되시리라 그러나 이
스라엘의 두 집에는 걸림돌과 걸
려 넘어지는 (磐石)반석이 되실
것이며 예루살렘 주민에게는 함정
과 올무가 되시리니
15 많은 사람들이 그로 말미암아 걸
려 넘어질 것이며 부러질 것이며
덫에 걸려 잡힐 것이니라

율법과 증거의 말씀을 따르라

16 ● 너는 증거의 말씀을 싸매며 율
법을 내 제자들 가운데에서 (封
緘)봉함하라
17 이제 야곱의 집에 (對)대하여 얼
굴을 가리시는 여호와를 나는 기
다리며 그를 바라보리라
18 보라 나와 및 여호와께서 내게 주
신 자녀들이 이스라엘 중에 징조
와 (豫表)예표가 되었나니 이는
시온 산에 계신 만군의 여호와께
로 말미암은 것이니라
19 ● 어떤 사람이 너희에게 말하기
를 주절거리며 속살거리는 신접한
자와 (魔術師)마술사에게 물으라
하거든 백성이 자기 하나님께 구
할 것이 아니냐 산 자를 위하여 죽
은 자에게 구하겠느냐 하라
20 마땅히 율법과 증거의 말씀을 따
를지니 그들이 말하는 바가 이 말
씀에 맞지 아니하면 그들이 (丁
寧)정녕 아침 빛을 보지 못하고
21 이 땅으로 헤매며 곤고하며 굶주
릴 것이라 그가 굶주릴 때에 (激
忿)격분하여 자기의 왕과 자기의
하나님을 저주할 것이며 위를 쳐
다보거나
22 땅을 굽어보아도 환난과 (黑暗)흑
암과 고통의 흑암뿐이리니 그들이
심한 흑암 가운데로 쫓겨 들어가
리라

평강의 왕

9 전에 고통 받던 자들에게는 흑
암이 없으리로다 옛적에는 여
호와께서 스불론 땅과 납달리 땅
이 멸시를 당하게 하셨더니 후에
는 (海邊)해변 길과 요단 저쪽 이
방의 [1]갈릴리를 영화롭게 하셨느
니라
2 흑암에 행하던 백성이 큰 빛을 보
고 사망의 그늘진 땅에 (居住)거
주하던 자에게 빛이 비치도다
3 주께서 이 나라를 (昌盛)창성하게
하시며 그 즐거움을 더하게 하셨
으므로 추수하는 즐거움과 탈취물
을 나눌 때의 즐거움 같이 그들이
주 앞에서 즐거워하오니
4 이는 그들이 무겁게 멘 멍에와 그
들의 어깨의 채찍과 그 (壓制者)
압제자의 막대기를 주께서 꺾으시
되 미디안의 날과 같이 하셨음이
니이다
5 어지러이 싸우는 (軍人)군인들의

1) 지경을

신과 피 묻은 겉옷이 불에 섶 같이
살라지리니
6 이는 한 아기가 우리에게 났고 한
아들을 우리에게 주신 바 되었는
데 그의 어깨에는 정사를 메었고
그의 이름은 (奇妙者)기묘자라,
모사라, 전능하신 하나님이라,
(永存)영존하시는 아버지라, 평강
의 왕이라 할 것임이라
7 그 정사와 (平康)평강의 더함이
무궁하며 또 다윗의 왕좌와 그의
나라에 군림하여 그 나라를 굳게
세우고 지금 이후로 영원히 정의
와 공의로 그것을 보존하실 것이
라 만군의 여호와의 (熱心)열심이
이를 이루시리라

주께서 이스라엘을 벌하시리라

8 ●주께서 야곱에게 말씀을 보내
시며 그것을 이스라엘에게 (臨)임
하게 하셨은즉
9 모든 백성 곧 에브라임과 사마리
아 주민이 알 것이어늘 그들이 교
만하고 (頑惡)완악한 마음으로 말
하기를
10 벽돌이 무너졌으나 우리는 다듬은
돌로 쌓고 뽕나무들이 찍혔으나
우리는 (柏香木)백향목으로 그것
을 대신하리라 하는도다
11 그러므로 여호와께서 르신의 대적
들을 일으켜 그를 치게 하시며 그
의 원수들을 (激動)격동시키시리
니
12 앞에는 아람 사람이요 뒤에는 블
레셋 사람이라 그들이 모두 입을
벌려 이스라엘을 삼키리라 그럴지
라도 여호와의 (震怒)진노가 돌아
서지 아니하며 그의 손이 여전히
펴져 있으리라
13 ●그리하여도 그 백성이 자기들
을 치시는 이에게로 돌아오지 아
니하며 (萬軍)만군의 여호와를 찾
지 아니하도다
14 그러므로 여호와께서 하루 사이에
이스라엘 중에서 머리와 꼬리와
(棕櫚)종려나무 가지와 갈대를 끊
으시리니
15 그 머리는 곧 장로와 (尊貴)존귀
한 자요 그 꼬리는 곧 거짓말을 가
르치는 선지자라
16 백성을 인도하는 자가 그들을 (迷
惑)미혹하니 인도를 받는 자들이
멸망을 당하는도다
17 이 백성이 모두 (敬虔)경건하지
아니하며 악을 행하며 모든 입으
로 망령되이 말하니 그러므로 주
께서 그들의 장정들을 기뻐하지
아니하시며 그들의 고아와 과부를
긍휼히 여기지 아니하시리라 그럴
지라도 여호와의 진노가 돌아서지
아니하며 그의 손이 여전히 펴져
있으리라
18 ●대저 악행은 불 타오르는 것 같
으니 곧 찔레와 가시를 삼키며 빽
빽한 수풀을 살라 (煙氣)연기가
위로 올라가게 함과 같은 것이라
19 만군의 여호와의 진노로 말미암아
이 땅이 불타리니 백성은 불에 섶
과 같을 것이라 사람이 자기의 형
제를 아끼지 아니하며
20 오른쪽으로 움킬지라도 주리고 왼

쪽으로 먹을지라도 배부르지 못하
여 각각 (自己)자기 팔의 고기를
먹을 것이며
21 므낫세는 에브라임을, 에브라임은
므낫세를 먹을 것이요 또 그들이
합하여 유다를 치리라 그럴지라도
여호와의 (震怒)진노가 돌아서지
아니하며 그의 손이 여전히 펴져
있으리라

10 불의한 (法令)법령을 만들
며 불의한 말을 기록하며
2 가난한 자를 (不公平)불공평하게
판결하여 가난한 내 백성의 권리
를 박탈하며 과부에게 토색하고
고아의 것을 약탈하는 자는 화 있
을진저
3 (罰)벌하시는 날과 멀리서 오는
환난 때에 너희가 어떻게 하려느
냐 누구에게로 (逃亡)도망하여 도
움을 구하겠으며 너희의 영화를
어느 곳에 두려느냐
4 (捕虜)포로 된 자 아래에 구푸리
며 죽임을 당한 자 아래에 엎드러
질 따름이니라 그럴지라도 여호와
의 진노가 돌아서지 아니하며 그
의 손이 여전히 펴져 있으리라

하나님의 도구인 앗수르

5 ●앗수르 사람은 (禍)화 있을진저
그는 내 진노의 막대기요 그 손의
몽둥이는 내 분노라
6 내가 그를 보내어 경건하지 아니
한 나라를 치게 하며 내가 그에게
명령하여 나를 노하게 한 백성을
쳐서 (奪取)탈취하며 노략하게 하
며 또 그들을 길거리의 진흙 같이
짓밟게 하려 하거니와
7 그의 뜻은 이같지 아니하며 그의
마음의 생각도 이같지 아니하고 다
만 그의 마음은 허다한 나라를 (破
壞)파괴하며 멸절하려 하는도다
8 그가 이르기를 내 (高官)고관들은
다 왕들이 아니냐
9 갈로는 갈그미스와 같지 아니하며
하맛은 아르밧과 같지 아니하며 사
마리아는 다메섹과 같지 아니하냐
10 내 손이 이미 우상을 섬기는 나라
들에 미쳤나니 그들이 (彫刻)조각
한 신상들이 예루살렘과 사마리아
의 신상들보다 뛰어났느니라
11 내가 사마리아와 그의 (偶像)우상
들에게 행함 같이 예루살렘과 그
의 우상들에게 행하지 못하겠느냐
하는도다
12 ●그러므로 주께서 주의 일을 시
온 산과 예루살렘에 다 행하신 후
에 앗수르 왕의 완악한 마음의 열
매와 높은 눈의 자랑을 (罰)벌하
시리라
13 그의 말에 나는 내 손의 힘과 내
지혜로 이 일을 행하였나니 나는
(聰明)총명한 자라 열국의 경계선
을 걷어치웠고 그들의 재물을 약
탈하였으며 또 용감한 자처럼 위
에 거주한 자들을 낮추었으며
14 내 손으로 (列國)열국의 (財物)재
물을 얻은 것은 새의 보금자리를
얻음 같고 온 세계를 얻은 것은 내
버린 알을 주움 같았으나 날개를
치거나 입을 벌리거나 지저귀는
것이 하나도 없었다 하는도다

15 ● 도끼가 어찌 찍는 자에게 스스
로 자랑하겠으며 톱이 어찌 켜는
자에게 스스로 큰 체하겠느냐 이
는 막대기가 자기를 드는 자를 움
직이려 하며 몽둥이가 나무 아닌
사람을 들려 함과 같음이로다
16 그러므로 주 만군의 여호와께서
살진 자를 파리하게 하시며 그의
영화 아래에 불이 붙는 것 같이
(猛烈)맹렬히 타게 하실 것이라
17 이스라엘의 빛은 불이 되고 그의
거룩하신 이는 불꽃이 되실 것이
니라 하루 사이에 그의 가시와 찔
레가 (燒滅)소멸되며
18 그의 숲과 기름진 밭의 영광이 [1]
전부 소멸되리니 병자가 점점 (衰
弱)쇠약하여 감 같을 것이라
19 그의 숲에 남은 나무의 수가 (稀
少)희소하여 아이라도 능히 계수
할 수 있으리라

남은 자만 돌아오리라

20 ● 그 날에 이스라엘의 남은 자와
야곱 족속의 피난한 자들이 다시는
자기를 친 자를 의지하지 아니하고
이스라엘의 거룩하신 이 여호와를
(眞實)진실하게 의지하리니
21 남은 자 곧 야곱의 남은 자가 능하
신 하나님께로 돌아올 것이라
22 이스라엘이여 네 백성이 바다의
모래 같을지라도 남은 자만 돌아
오리니 넘치는 (公義)공의로 파멸
이 작정되었음이라
23 이미 (作定)작정된 파멸을 주 만
군의 여호와께서 온 세계 중에 끝
까지 행하시리라

주께서 앗수르를 멸하시리라

24 ● 그러므로 주 만군의 여호와께
서 이르시되 시온에 (居住)거주하
는 내 백성들아 앗수르가 애굽이
한 것처럼 막대기로 너를 때리며
몽둥이를 들어 너를 칠지라도 그
를 두려워하지 말라
25 내가 오래지 아니하여 네게는 분
을 그치고 그들은 내 진노로 (滅)
멸하리라 하시도다
26 (萬軍)만군의 여호와께서 채찍을
들어 그를 치시되 오렙 바위에서
미디안을 쳐죽이신 것 같이 하실
것이며 막대기를 드시되 바다를
향하여 애굽에서 하신 것 같이 하
실 것이라
27 그 날에 그의 무거운 짐이 네 어깨
에서 떠나고 그의 멍에가 네 목에
서 벗어지되 기름진 까닭에 멍에
가 부러지리라

침략자들의 공격

28 ● [2]그가 아얏에 이르러 미그론을
지나 믹마스에 그의 (裝備)장비를
두고
29 산을 넘어 게바에서 (留宿)유숙하
매 라마는 떨고 사울의 기브아는
도망하도다
30 딸 갈림아 큰 소리로 외칠지어다
라이사야 자세히 들을지어다 (可
憐)가련하다 너 아나돗이여
31 맛메나는 (避難)피난하며 게빔 주
민은 도망하도다
32 아직 이 날에 그가 놉에서 쉬고 딸
시온 (山)산 곧 예루살렘 산을 향

1) 히, 영혼과 육체가 아울러 2) 앗수르 왕이

하여 그 손을 흔들리로다
33 ● 보라 주 만군의 여호와께서 (赫
赫)혁혁한 위력으로 그 가지를 꺾
으시리니 그 장대한 자가 찍힐 것
이요 그 높은 자가 낮아질 것이며
34 쇠로 그 빽빽한 숲을 베시리니 레
바논이 (權能)권능 있는 자에게
베임을 당하리라

평화의 나라

11 이새의 줄기에서 한 싹이 나
며 그 뿌리에서 한 가지가
나서 (結實)결실할 것이요
2 그의 위에 여호와의 영 곧 지혜와
총명의 영이요 모략과 재능의 영
이요 지식과 여호와를 경외하는
영이 (降臨)강림하시리니
3 그가 여호와를 경외함으로 즐거
움을 삼을 것이며 그의 눈에 보이
는 대로 심판하지 아니하며 그의
귀에 들리는 대로 (判斷)판단하지
아니하며
4 공의로 가난한 자를 심판하며 정
직으로 세상의 (謙遜)겸손한 자를
판단할 것이며 그의 입의 막대기
로 세상을 치며 그의 입술의 기운
으로 악인을 죽일 것이며
5 (公義)공의로 그의 허리띠를 삼으
며 성실로 그의 몸의 띠를 삼으리
라
6 ● 그 때에 이리가 어린 양과 함께
살며 표범이 어린 염소와 함께 누
우며 송아지와 어린 (獅子)사자와
살진 짐승이 함께 있어 어린 아이
에게 끌리며
7 암소와 곰이 함께 먹으며 그것들
의 새끼가 함께 엎드리며 (獅子)
사자가 소처럼 풀을 먹을 것이며
8 젖 먹는 아이가 (毒蛇)독사의 구
멍에서 장난하며 젖 뗀 어린 아이
가 독사의 굴에 손을 넣을 것이라
9 내 거룩한 산 모든 곳에서 (害)해
됨도 없고 (傷)상함도 없을 것이
니 이는 물이 바다를 덮음 같이 여
호와를 아는 지식이 세상에 충만
할 것임이니라

남은 백성이 돌아오리라

10 ● 그 날에 이새의 뿌리에서 한 싹
이 나서 만민의 기치로 설 것이요
열방이 그에게로 돌아오리니 그가
거한 곳이 (榮華)영화로우리라
11 ● 그 날에 주께서 다시 그의 손을
펴사 그의 남은 (百姓)백성을 앗
수르와 애굽과 바드로스와 구스와
엘람과 시날과 하맛과 바다 섬들
에서 돌아오게 하실 것이라
12 여호와께서 열방을 향하여 (旗幟)
기치를 세우시고 이스라엘의 쫓긴
자들을 모으시며 땅 사방에서 유
다의 흩어진 자들을 모으시리니
13 에브라임의 (嫉妬)질투는 없어지
고 유다를 괴롭게 하던 자들은 끊
어지며 에브라임은 유다를 질투하
지 아니하며 유다는 에브라임을
괴롭게 하지 아니할 것이요
14 그들이 (西)서쪽으로 블레셋 사람
들의 어깨에 날아 앉고 함께 동방
백성을 노략하며 에돔과 모압에
손을 대며 암몬 자손을 자기에게
복종시키리라
15 여호와께서 애굽 (海灣)해만을 말

리시고 그의 손을 유브라데 하수
위에 흔들어 뜨거운 바람을 일으켜
그 하수를 쳐 일곱 갈래로 나누어
신을 신고 건너가게 하실 것이라
16 그의 남아 있는 (百姓)백성 곧 앗
수르에서 남은 자들을 위하여 큰
길이 있게 하시되 이스라엘이 애
굽 땅에서 나오던 날과 같게 하시
리라

감사 찬송

12 그 날에 네가 말하기를 여
호와여 주께서 전에는 내게
노하셨사오나 이제는 주의 진노가
돌아섰고 또 주께서 나를 (安慰)
안위하시오니 내가 주께 감사하겠
나이다 할 것이니라
2 보라 하나님은 나의 구원이시라
내가 (信賴)신뢰하고 두려움이 없
으리니 주 여호와는 나의 힘이시
며 나의 노래시며 나의 구원이심
이라
3 그러므로 너희가 기쁨으로 (救援)
구원의 우물들에서 물을 길으리로
다
4 그 날에 너희가 또 말하기를 여호
와께 감사하라 그의 이름을 부르
며 그의 행하심을 만국 중에 (宣布)
선포하며 그의 이름이 높다 하라
5 여호와를 (讚頌)찬송할 것은 극히
아름다운 일을 하셨음이니 이를
온 땅에 알게 할지어다
6 시온의 (住民)주민아 소리 높여
부르라 이스라엘의 거룩하신 이가
너희 중에서 크심이니라 할 것이
니라

바벨론에 대한 경고

13 [1]아모스의 아들 이사야가
바벨론에 대하여 받은 (警
告)경고라
2 ●너희는 민둥산 위에 기치를 세
우고 소리를 높여 그들을 부르며
손을 흔들어 그들을 (尊貴)존귀한
자의 문에 들어가게 하라
3 내가 거룩하게 구별한 자들에게
명령하고 나의 (威嚴)위엄을 기뻐
하는 용사들을 불러 나의 노여움
을 전하게 하였느니라
4 산에서 무리의 소리가 남이여 많
은 백성의 소리 같으니 곧 열국 민
족이 함께 모여 떠드는 소리라 만
군의 여호와께서 싸움을 위하여
군대를 (檢閱)검열하심이로다
5 무리가 먼 나라에서, 하늘 끝에서
왔음이여 곧 여호와와 그의 진노
의 (兵器)병기라 온 땅을 멸하려
함이로다
6 ●너희는 애곡할지어다 여호와의
날이 가까웠으니 (全能者)전능자
에게서 멸망이 임할 것임이로다
7 그러므로 모든 손의 힘이 풀리고
각 사람의 마음이 녹을 것이라
8 그들이 놀라며 괴로움과 슬픔에
사로잡혀 해산이 (臨迫)임박한 여
자 같이 고통하며 서로 보고 놀라
며 얼굴이 불꽃 같으리로다
9 보라 여호와의 날 곧 (殘酷)잔혹
히 분냄과 맹렬히 노하는 날이 이
르러 땅을 황폐하게 하며 그 중에
서 죄인들을 멸하리니

1) 히, 아모츠

10 하늘의 별들과 별 무리가 그 빛을
내지 아니하며 해가 돋아도 어두
우며 달이 그 빛을 비추지 아니할
것이로다
11 내가 세상의 악과 악인의 죄를 벌
하며 교만한 자의 오만을 끊으며
강포한 자의 (倨慢)거만을 낮출
것이며
12 내가 사람을 (純金)순금보다 희소
하게 하며 인생을 오빌의 금보다
희귀하게 하리로다
13 그러므로 나 만군의 여호와가
(忿)분하여 (猛烈)맹렬히 노하는
날에 하늘을 (震動)진동시키며 땅
을 흔들어 그 자리에서 떠나게 하
리니
14 그들이 쫓긴 노루나 모으는 자 없
는 양 같이 각기 자기 (同族)동족
에게로 돌아가며 각기 본향으로
도망할 것이나
15 만나는 자마다 (槍)창에 찔리겠고
잡히는 자마다 칼에 엎드러지겠고
16 그들의 어린 아이들은 그들의 목
전에서 메어침을 당하겠고 그들의
집은 노략을 당하겠고 그들의 아
내는 (辱)욕을 당하리라
17 ● 보라 은을 돌아보지 아니하며
금을 기뻐하지 아니하는 메대 사
람을 내가 (衝動)충동하여 그들을
치게 하리니
18 메대 사람이 활로 청년을 쏘아 죽
이며 (胎)태의 열매를 긍휼히 여
기지 아니하며 아이를 애석하게
보지 아니하리라
19 열국의 (榮光)영광이요 갈대아 사
람의 자랑하는 노리개가 된 바벨
론이 하나님께 멸망 당한 소돔과
고모라 같이 되리니
20 그 곳에 거주할 자가 없겠고 거처
할 사람이 (代代)대대에 없을 것
이며 아라비아 사람도 거기에 장
막을 치지 아니하며 목자들도 그
곳에 그들의 양 떼를 쉬게 하지 아
니할 것이요
21 오직 들짐승들이 거기에 엎드리고
부르짖는 짐승이 그들의 (家屋)가
옥에 가득하며 타조가 거기에 깃들
이며 들양이 거기에서 뛸 것이요
22 그의 (宮城)궁성에는 승냥이가 부
르짖을 것이요 화려하던 궁전에는
들개가 울 것이라 그의 때가 가까
우며 그의 날이 오래지 아니하리라

포로에서 돌아오다

14 여호와께서 야곱을 (矜恤)
긍휼히 여기시며 이스라엘
을 다시 택하여 그들의 땅에 두시
리니 나그네 된 자가 야곱 족속과
연합하여 그들에게 예속될 것이며
2 민족들이 그들을 데리고 그들의
본토에 돌아오리니 이스라엘 족속
이 여호와의 땅에서 그들을 얻어
노비로 삼겠고 전에 자기를 사로
잡던 자들을 사로잡고 자기를 (壓
制)압제하던 자들을 주관하리라

스올로 내려간 바벨론 왕

3 ● 여호와께서 너를 슬픔과 곤고와
및 네가 수고하는 (苦役)고역에서
놓으시고 안식을 주시는 날에
4 너는 바벨론 왕에 대하여 이 노래
를 지어 이르기를 압제하던 자가

어찌 그리 그쳤으며 (强暴)강포한
성이 어찌 그리 폐하였는고
5 여호와께서 악인의 몽둥이와 통치
자의 (圭)규를 꺾으셨도다
6 그들이 분내어 여러 민족을 치되
치기를 마지아니하였고 노하여 열
방을 억압하여도 그 (抑壓)억압을
막을 자 없었더니
7 이제는 온 땅이 조용하고 (平穩)
평온하니 무리가 소리 높여 노래
하는도다
8 향나무와 레바논의 (柏香木)백향
목도 너로 말미암아 기뻐하여 이
르기를 네가 넘어져 있은즉 올라
와서 우리를 베어 버릴 자 없다 하
는도다
9 아래의 스올이 너로 말미암아 (騷
動)소동하여 네가 오는 것을 (迎
接)영접하되 그것이 세상의 모든
영웅을 너로 말미암아 움직이게
하며 열방의 모든 왕을 그들의 왕
좌에서 일어서게 하므로
10 그들은 다 네게 말하여 이르기를
너도 우리 같이 (軟弱)연약하게
되었느냐 너도 우리 같이 되었느
냐 하리로다
11 네 (榮華)영화가 스올에 떨어졌음
이여 네 비파 소리까지로다 구더
기가 네 아래에 깔림이여 지렁이
가 너를 덮었도다
12 ● 너 아침의 아들 [1)](啓明星)계명
성이여 어찌 그리 하늘에서 떨어
졌으며 너 (列國)열국을 엎은 자
여 어찌 그리 땅에 찍혔는고
13 네가 네 마음에 이르기를 내가 하
늘에 올라 하나님의 뭇 별 위에 내
자리를 높이리라 내가 (北極 集
會)북극 집회의 산 위에 앉으리라
14 가장 높은 구름에 올라가 (至極)
지극히 높은 이와 같아지리라 하
는도다
15 그러나 이제 네가 스올 곧 구덩이
맨 밑에 떨어짐을 당하리로다
16 너를 보는 이가 주목하여 너를 자
세히 살펴 보며 말하기를 이 사람
이 땅을 (震動)진동시키며 열국을
놀라게 하며
17 세계를 (荒蕪)황무하게 하며 성읍
을 파괴하며 그에게 사로잡힌 자
들을 집으로 놓아 보내지 아니하
던 자가 아니냐 하리로다
18 (列邦)열방의 모든 왕들은 모두
각각 자기 집에서 영광 중에 자건
마는
19 오직 너는 자기 무덤에서 내쫓겼
으니 가증한 나무 가지 같고 칼에
찔려 돌구덩이에 떨어진 주검들에
둘러싸였으니 밟힌 (屍體)시체와
같도다
20 네가 네 땅을 (亡)망하게 하였고
네 백성을 죽였으므로 그들과 함
께 (安葬)안장되지 못하나니 악을
행하는 자들의 후손은 영원히 이
름이 불려지지 아니하리로다 할지
니라

여호와께서 바벨론을 멸하시리라

21 ● 너희는 그들의 조상들의 죄악
으로 말미암아 그의 자손 (屠戮)
도륙하기를 준비하여 그들이 일어

1) 새벽 별

나 땅을 차지하여 성읍들로 세상
을 가득하게 하지 못하게 하라
22 만군의 여호와께서 말씀하시되 내
가 일어나 그들을 쳐서 이름과 남
은 자와 아들과 (後孫)후손을 바
벨론에서 끊으리라 나 여호와의
말이니라
23 내가 또 그것이 고슴도치의 (窟
穴)굴혈과 물 웅덩이가 되게 하고
또 멸망의 빗자루로 청소하리라
나 만군의 여호와의 말이니라 하
시니라

여호와께서 앗수르를 파하시리라

24 ● 만군의 여호와께서 (盟誓)맹세
하여 이르시되 내가 생각한 것이
반드시 되며 내가 (經營)경영한
것을 반드시 이루리라
25 내가 앗수르를 나의 땅에서 (破)
파하며 나의 산에서 그것을 짓밟
으리니 그 때에 그의 멍에가 [1]이
스라엘에게서 떠나고 그의 짐이
그들의 어깨에서 벗어질 것이라
26 이것이 온 세계를 향하여 정한 경
영이며 이것이 (列邦)열방을 향하
여 편 손이라 하셨나니
27 만군의 여호와께서 (經營)경영하
셨은즉 누가 능히 그것을 폐하며
그의 손을 펴셨은즉 누가 능히 그
것을 돌이키랴

여호와께서 블레셋을 소멸시키시리라

28 ● 아하스 왕이 죽던 해에 이 (警
告)경고가 임하니라
29 블레셋 온 땅이여 너를 치던 막대
기가 부러졌다고 기뻐하지 말라
뱀의 뿌리에서는 (毒蛇)독사가 나
겠고 그의 열매는 날아다니는 불
뱀이 되리라
30 가난한 자의 장자는 먹겠고 궁핍
한 자는 평안히 누우려니와 내가
네 뿌리를 (饑饉)기근으로 죽일
것이요 네게 남은 자는 살륙을 당
하리라
31 성문이여 슬피 울지어다 성읍이여
부르짖을지어다 너 블레셋이여 다
소멸되리로다 대저 연기가 북방에
서 오는데 그 (隊列)대열에서 벗
어난 자가 없느니라
32 ● 그 나라 사신들에게 어떻게 대
답하겠느냐 여호와께서 시온을 세
우셨으니 그의 백성의 곤고한 자
들이 그 안에서 (避難)피난하리라
할 것이니라

여호와께서 모압을 황폐하게 하시리라

15 모압에 관한 경고라 ● 하룻
밤에 모압 알이 망하여 (荒
廢)황폐할 것이며 하룻밤에 모압
기르가 망하여 황폐할 것이라
2 그들은 바잇과 디본 산당에 올라
가서 울며 모압은 느보와 메드바[2]
를 위하여 (痛哭)통곡하는도다 그
들이 각각 머리카락을 밀고 각각
수염을 깎았으며
3 거리에서는 굵은 베로 몸을 동였
으며 지붕과 넓은 곳에서는 각기
(哀痛)애통하여 심히 울며
4 헤스본과 엘르알레는 부르짖으며
그들의 소리는 야하스까지 들리니
그러므로 모압의 (軍士)군사들이
크게 부르짖으며 그들의 혼이 속

1) 히, 그들에게서 2) 위에서 통곡

에서 떠는도다
5 내 마음이 모압을 위하여 부르짖
는도다 그 피난민들은 소알과 에
글랏 슬리시야까지 이르고 울며
루힛 비탈길로 올라가며 호로나임
길에서 (敗亡)패망을 울부짖으니
6 니므림 물이 마르고 풀이 시들었
으며 연한 풀이 말라 (靑靑)청청
한 것이 없음이로다
7 그러므로 그들이 얻은 (財物)재물
과 쌓았던 것을 가지고 버드나무
시내를 건너리니
8 이는 (哭聲)곡성이 모압 사방에
둘렸고 슬피 부르짖음이 에글라임
에 이르며 부르짖음이 브엘엘림에
미치며
9 디몬 물에는 피가 가득함이로다
그럴지라도 내가 디몬에 재앙을
더 내리되 모압에 (逃避)도피한
자와 그 땅에 남은 자에게 사자를
보내리라

모압이 통곡하고 근심하리라

16 너희는 이 땅 (統治者)통치
자에게 어린 양들을 드리되
셀라에서부터 광야를 지나 딸 시
온 산으로 보낼지니라
2 모압의 [1]딸들은 아르논 나루에서
떠다니는 새 같고 보금자리에서
흩어진 새 새끼 같을 것이라
3 너는 방도를 베풀며 공의로 판결
하며 대낮에 밤 같이 그늘을 지으
며 쫓겨난 자들을 숨기며 도망한
자들을 (發覺)발각되게 하지 말며
4 나의 쫓겨난 자들이 너와 함께 있
게 하되 너 모압은 멸절하는 자 앞
에서 그들에게 피할 곳이 되라 대
저 (討索)토색하는 자가 망하였고
멸절하는 자가 그쳤고 압제하는
자가 이 땅에서 멸절하였으며
5 다윗의 (帳幕)장막에 인자함으로
왕위가 굳게 설 것이요 그 위에 앉
을 자는 충실함으로 판결하며 정
의를 구하며 공의를 신속히 행하
리라
6 ●우리가 모압의 (驕慢)교만을 들
었나니 심히 교만하도다 그가 거
만하며 교만하며 분노함도 들었거
니와 그의 자랑이 헛되도다
7 그러므로 모압이 모압을 위하여
통곡하되 다 (痛哭)통곡하며 길하
레셋 건포도 떡을 위하여 [2]그들이
슬퍼하며 심히 근심하리니
8 이는 헤스본의 밭과 십마의 포도
나무가 말랐음이라 전에는 그 가
지가 야셀에 미쳐 광야에 이르고
그 싹이 자라서 바다를 건넜더니
이제 열국의 (主權者)주권자들이
그 좋은 가지를 꺾었도다
9 그러므로 내가 야셀의 울음처럼
십마의 포도나무를 위하여 울리라
헤스본이여, 엘르알레여, 내 눈물
로 너를 적시리니 너의 여름 (實
果)실과, 네 농작물에 즐거운 소
리가 그쳤음이라
10 즐거움과 기쁨이 기름진 밭에서
떠났고 포도원에는 노래와 즐거운
소리가 없어지겠고 틀에는 (葡萄)
포도를 밟을 사람이 없으리니 이
는 내가 즐거운 소리를 그치게 하

1) 여러 성 거민들은 2) 히, 너희

였음이라
11 이러므로 내 마음이 모압을 위하
여 (竪琴)수금 같이 소리를 발하
며 내 창자가 길하레셋을 위하여
그러하도다
12 모압이 그 산당에서 피곤하도록
봉사하며 자기 성소에 나아가서
(祈禱)기도할지라도 소용없으리
로다
13 ● 이는 여호와께서 오래 전부터
모압을 들어 하신 말씀이거니와
14 이제 여호와께서 말씀하여 이르
시되 품꾼의 정한 해와 같이 삼 년
내에 모압의 영화와 그 큰 무리가
(凌辱)능욕을 당할지라 그 남은
수가 심히 적어 보잘것없이 되리
라 하시도다

여호와께서 에브라임과 다메섹을 멸하시리라

17 다메섹에 관한 (警告)경고
라 ● 보라 다메섹이 장차
(城邑)성읍을 이루지 못하고 무너
진 무더기가 될 것이라
2 아로엘의 (城邑)성읍들이 버림을
당하리니 양 무리를 치는 곳이 되
어 양이 눕되 놀라게 할 자가 없을
것이며
3 에브라임의 요새와 다메섹 나라와
아람의 남은 자가 멸절하여 이스
라엘 자손의 (榮光)영광 같이 되
리라 만군의 여호와의 말씀이니라
4 ● 그 날에 야곱의 영광이 (衰)쇠
하고 그의 살진 몸이 파리하리니
5 마치 (秋收)추수하는 자가 곡식을
거두어 가지고 그의 손으로 이삭
을 벤 것 같고 르바임 골짜기에서
이삭을 주운 것 같으리라
6 그러나 그 안에 주울 것이 남으리
니 (橄欖)감람나무를 흔들 때에
가장 높은 가지 꼭대기에 과일 두
세 개가 남음 같겠고 무성한 나무
의 가장 먼 가지에 네다섯 개가 남
음 같으리라 이스라엘의 하나님
여호와의 말씀이니라
7 그 날에 사람이 자기를 지으신 이
를 바라보겠으며 그의 눈이 이스
라엘의 거룩하신 이를 뵙겠고
8 자기 손으로 만든 (祭壇)제단을
바라보지 아니하며 자기 손가락으
로 지은 아세라나 태양상을 보지
아니할 것이며
9 그 날에 그 (堅固)견고한 성읍들
이 옛적에 이스라엘 자손 앞에서
버린 바 된 수풀 속의 처소와 작은
산 꼭대기의 처소 같아서 황폐하
리니
10 이는 네가 네 구원의 하나님을 잊
어버리며 네 능력의 (磐石)반석을
마음에 두지 아니한 까닭이라 그
러므로 네가 기뻐하는 나무를 심
으며 이방의 나무 가지도 (移種)
이종하는도다
11 네가 심는 날에 울타리를 두르고
아침에 네 씨가 잘 (發育)발육하
도록 하였으나 근심과 심한 슬픔
의 날에 농작물이 없어지리라

주께서 열방을 꾸짖어 흩으시리라

12 ● 슬프다 많은 (民族)민족이 소동
하였으되 바다 파도가 치는 소리
같이 그들이 소동하였고 열방이

(衝突)충돌하였으되 큰 물이 몰려
옴 같이 그들도 충돌하였도다
13 열방이 충돌하기를 많은 물이 몰
려옴과 같이 하나 주께서 그들을
꾸짖으시리니 그들이 멀리 (逃亡)
도망함이 산에서 겨가 바람 앞에
흩어짐 같겠고 폭풍 앞에 떠도는
티끌 같을 것이라
14 보라 저녁에 두려움을 당하고 아
침이 오기 전에 그들이 없어졌나
니 이는 우리를 노략한 자들의 몫
이요 우리를 강탈한 자들의 (報
應)보응이니라

여호와께서 구스를 두고 하신 말씀

18 슬프다 구스의 강 건너편 날
개 치는 소리 나는 땅이여
2 갈대 배를 물에 띄우고 그 사자를
수로로 보내며 이르기를 민첩한
사절들아 너희는 강들이 흘러 나
누인 나라로 가되 (壯大)장대하고
준수한 백성 곧 시초부터 두려움
이 되며 강성하여 대적을 밟는 백
성에게로 가라 하는도다
3 세상의 모든 (居民)거민, 지상에
사는 너희여 산들 위에 기치를 세
우거든 너희는 보고 나팔을 불거
든 너희는 들을지니라
4 ●여호와께서 내게 이르시되 [1]내
가 나의 처소에서 조용히 감찰함
이 쬐이는 일광 같고 가을 더위에
(雲霧)운무 같도다
5 (秋收)추수하기 전에 꽃이 떨어지
고 포도가 맺혀 익어갈 때에 [2]내
가 낫으로 그 연한 가지를 베며 퍼
진 가지를 찍어 버려서
6 (山)산의 독수리들과 땅의 들짐승
들에게 던져 주리니 산의 독수리
들이 그것으로 여름을 지내며 땅
의 들짐승들이 다 그것으로 겨울
을 지내리라 하셨음이라
7 그 때에 강들이 흘러 나누인 나
라의 장대하고 (俊秀)준수한 백
성 곧 시초부터 두려움이 되며 (强
盛)강성하여 대적을 밟는 백성이
만군의 여호와께 드릴 예물을 가
지고 만군의 여호와의 이름을 두
신 곳 시온 산에 이르리라

여호와께서 애굽에 임하시리라

19 애굽에 관한 (警告)경고라
●보라 여호와께서 빠른 구
름을 타고 애굽에 임하시리니 애
굽의 우상들이 그 앞에서 떨겠고
애굽인의 마음이 그 속에서 녹으
리로다
2 내가 애굽인을 격동하여 애굽인을
치리니 그들이 각기 (兄弟)형제를
치며 각기 이웃을 칠 것이요 성읍
이 성읍을 치며 나라가 나라를 칠
것이며
3 애굽인의 정신이 그 속에서 쇠약
할 것이요 그의 계획을 내가 깨뜨
리리니 그들이 우상과 마술사와
신접한 자와 (妖術客)요술객에게
물으리로다
4 내가 애굽인을 (殘忍)잔인한 주인
의 손에 붙이리니 포학한 왕이 그
들을 다스리리라 주 만군의 여호
와의 말씀이니라

1) 일광이 불같이 쬐고 가을 더위에 이슬이 무르녹을 때에 내가 나의 처소에서 조용히 보리라 2) 히, 그가

5 ●바닷물이 없어지겠고 (江)강이 잦아서 마르겠고

6 (江)강들에서는 (惡臭)악취가 나겠고 애굽의 강물은 줄어들고 마르므로 갈대와 부들이 시들겠으며

7 나일 가까운 곳 나일 언덕의 (草場)초장과 나일 강 가까운 곡식 밭이 다 말라서 날려가 없어질 것이며

8 (漁夫)어부들은 탄식하며 나일 강에 낚시를 던지는 자마다 슬퍼하며 물 위에 그물을 치는 자는 피곤할 것이며

9 세마포를 만드는 자와 베 짜는 자들이 (羞恥)수치를 당할 것이며

10 그의 기둥이 부서지고 품꾼들이 다 마음에 근심하리라

11 ●소안의 방백은 어리석었고 바로의 가장 지혜로운 (謀士)모사의 책략은 우둔하여졌으니 너희가 어떻게 바로에게 이르기를 나는 지혜로운 자들의 자손이라 나는 옛 왕들의 후예라 할 수 있으랴

12 너의 지혜로운 자가 어디 있느냐 그들이 만군의 여호와께서 애굽에 대하여 (定)정하신 뜻을 알 것이요 곧 네게 말할 것이니라

13 소안의 (方伯)방백들은 어리석었고 놉의 방백들은 미혹되었도다 그들은 애굽 종족들의 모퉁잇돌이거늘 애굽을 그릇 가게 하였도다

14 여호와께서 그 가운데 어지러운 마음을 섞으셨으므로 그들이 애굽을 (每事)매사에 잘못 가게 함이 취한 자가 토하면서 비틀거림 같게 하였으니

15 애굽에서 머리나 꼬리며 (棕櫚)종려나무 가지나 갈대가 아무 할 일이 없으리라

애굽 사람이 여호와께 경배하리라

16 ●그 날에 애굽이 (婦女)부녀와 같을 것이라 그들이 만군의 여호와께서 흔드시는 손이 그들 위에 흔들림으로 말미암아 떨며 두려워할 것이며

17 유다의 땅은 애굽의 두려움이 되리니 이는 만군의 여호와께서 애굽에 대하여 정하신 (計劃)계획으로 말미암음이라 그 소문을 듣는 자마다 떨리라

18 ●그 날에 애굽 땅에 가나안 (方言)방언을 말하며 (萬軍)만군의 여호와를 가리켜 맹세하는 다섯 성읍이 있을 것이며 그 중 하나를 [1]멸망의 성읍이라 칭하리라

19 ●그 날에 애굽 땅 중앙에는 여호와를 위하여 (祭壇)제단이 있겠고 그 (邊境)변경에는 여호와를 위하여 기둥이 있을 것이요

20 이것이 애굽 땅에서 만군의 여호와를 위하여 징조와 증거가 되리니 이는 그들이 그 (壓迫)압박하는 자들로 말미암아 여호와께 부르짖겠고 여호와께서는 그들에게 한 구원자이자 보호자를 보내사 그들을 건지실 것임이라

21 여호와께서 자기를 애굽에 알게 하시리니 그 날에 애굽이 여호와를 알고 제물과 예물을 그에게 드

1) '일하헤레스' 또는 '태양성'

리고 경배할 것이요 여호와께 (誓
願)서원하고 그대로 행하리라
22 여호와께서 애굽을 치실지라도 치
시고는 고치실 것이므로 그들이
여호와께로 돌아올 것이라 여호와
께서 그들의 (懇求)간구함을 들으
시고 그들을 고쳐 주시리라
23 ●그 날에 애굽에서 앗수르로 통하
는 대로가 있어 앗수르 사람은 애
굽으로 가겠고 애굽 사람은 앗수르
로 갈 것이며 애굽 사람이 앗수르
사람과 함께 (敬拜)경배하리라
24 ●그 날에 이스라엘이 애굽 및 앗
수르와 더불어 셋이 (世界)세계
중에 복이 되리니
25 이는 만군의 여호와께서 복 주시
며 이르시되 내 백성 애굽이여, 내
손으로 지은 앗수르여, 나의 (基
業)기업 이스라엘이여, 복이 있을
지어다 하실 것임이라

벗은 선지자의 예표

20 앗수르의 사르곤 왕이 다르
단을 아스돗으로 보내매 그
가 와서 아스돗을 쳐서 (取)취하
던 해니라
2 그 때에 여호와께서 [1]아모스의 아
들 이사야에게 말씀하여 이르시되
갈지어다 네 허리에서 베를 끄르
고 네 발에서 신을 벗을지니라 하
시매 그가 그대로 하여 벗은 몸과
벗은 발로 다니니라
3 여호와께서 이르시되 나의 종 이사
야가 삼 년 동안 벗은 몸과 벗은 발
로 다니며 애굽과 구스에 대하여
징조와 (豫表)예표가 되었느니라
4 이와 같이 애굽의 포로와 구스의
사로잡힌 자가 앗수르 왕에게 끌
려갈 때에 젊은 자나 늙은 자가 다
벗은 몸과 벗은 발로 볼기까지 드
러내어 애굽의 (羞恥)수치를 보이
리니
5 [2]그들이 바라던 구스와 자랑하던
애굽으로 말미암아 그들이 놀라고
부끄러워할 것이라
6 그 날에 이 (海邊)해변 주민이 말
하기를 우리가 믿던 나라 곧 우리
가 앗수르 왕에게서 벗어나기를
바라고 달려가서 도움을 구하던
나라가 이같이 되었은즉 우리가
어찌 능히 피하리요 하리라

바벨론 멸망에 관한 묵시

21 해변 (曠野)광야에 관한 경
고라 ●적병이 광야에서, 두
려운 땅에서 네겝 회오리바람 같
이 몰려왔도다
2 (酷毒)혹독한 묵시가 내게 보였도
다 속이는 자는 속이고 약탈하는
자는 약탈하도다 엘람이여 올라가
고 메대여 에워싸라 그의 모든 탄
식을 내가 그치게 하였노라 하시
도다
3 이러므로 나의 요통이 심하여 해
산이 임박한 여인의 고통 같은 고
통이 나를 (掩襲)엄습하였으므로
내가 괴로워서 듣지 못하며 놀라
서 보지 못하도다
4 내 마음이 어지럽고 두려움이 나
를 놀라게 하며 희망의 [3](瑞光)서
광이 변하여 내게 떨림이 되도다

1) '히, 아모츠 2) 이스라엘이 3) 밤이

5 그들이 식탁을 베풀고 (把守)파수
꾼을 세우고 먹고 마시도다 너희
고관들아 일어나 방패에 기름을
바를지어다
6 주께서 내게 이르시되 가서 파수
꾼을 세우고 그가 보는 것을 (報
告)보고하게 하되
7 마병대가 쌍쌍이 오는 것과 나귀
떼와 낙타 떼를 보거든 귀 기울여
(仔細)자세히 들으라 하셨더니
8 파수꾼이 사자 같이 부르짖기를
주여 내가 낮에 늘 (望臺)망대에
서 있었고 밤이 새도록 (把守)파
수하는 곳에 있었더니
9 보소서 (馬兵隊)마병대가 쌍쌍이
오나이다 하니 그가 대답하여 이
르시되 함락되었도다 함락되었도
다 바벨론이여 그들이 조각한 신
상들이 다 부서져 땅에 떨어졌도
다 하시도다
10 ●내가 짓밟은 너여, 내가 (打作)
타작한 너여, 내가 이스라엘의 하
나님 만군의 여호와께 들은 대로
너희에게 전하였노라

두마에 관한 경고

11 ●두마에 관한 경고라 ●사람이
세일에서 나를 부르되 (把守)파수
꾼이여 밤이 어떻게 되었느냐 파
수꾼이여 밤이 어떻게 되었느냐
12 파수꾼이 이르되 아침이 오나니
밤도 오리라 네가 물으려거든 물
으라 너희는 돌아올지니라 하더라

아라비아에 관한 경고

13 ●아라비아에 관한 경고라 ●드
단 (隊商)대상들이여 너희가 아라
비아 수풀에서 유숙하리라
14 데마 땅의 주민들아 물을 가져다가
목마른 자에게 주고 떡을 가지고
도피하는 자를 (迎接)영접[1]하라
15 그들이 칼날을 피하며 빼 칼과 당
긴 활과 (戰爭)전쟁의 어려움에서
도망하였음이니라
16 주께서 이같이 내게 이르시되 품꾼
의 정한 기한 같이 일 년 내에 게달
의 영광이 다 (衰滅)쇠멸하리니
17 게달 자손 중 활 가진 용사의 남은
(數)수가 적으리라 하시니라 이스
라엘의 하나님 여호와의 말씀이니
라

환상의 골짜기에 관한 경고

22 환상의 골짜기에 관한 (警
告)경고라 ●네가 지붕에
올라감은 어찌함인고
2 소란하며 떠들던 성, 즐거워하던
고을이여 너의 죽임을 당한 자들
은 칼에 죽은 것도 아니요 전쟁에
(死亡)사망한 것도 아니라
3 너의 관원들도 다 함께 도망하였
다가 활을 버리고 (結縛)결박을
당하였고 너의 멀리 도망한 자들
도 발견되어 다 함께 결박을 당하
였도다
4 그러므로 내가 말하노니 돌이켜
나를 보지 말지어다 나는 슬피 통
곡하겠노라 내 딸 백성이 패망하
였음으로 말미암아 나를 (慰勞)위
로하려고 힘쓰지 말지니라
5 ●환상의 골짜기에 주 만군의 여
호와께로부터 이르는 (騷亂)소란

1) 하였도다

과 밟힘과 혼란의 날이여 성벽의
무너뜨림과 산악에 사무쳐 부르짖
는 소리로다
6 엘람 사람은 화살통을 메었고 병거
탄 자와 마병이 함께 하였고 기르
사람은 (防牌)방패를 드러냈으니
7 병거는 네 아름다운 골짜기에 가
득하였고 마병은 성문에 (整列)정
렬되었도다
8 그가 유다에게 덮였던 것을 벗기
매 그 날에야 네가 수풀 곳간의
(兵器)병기를 바라보았고
9 너희가 다윗 (城)성의 무너진 곳
이 많은 것도 보며 너희가 아랫못
의 물도 모으며
10 또 예루살렘의 (家屋)가옥을 (計
數)계수하며 그 가옥을 헐어 성벽
을 견고하게도 하며
11 너희가 또 옛 못의 물을 위하여 두
성벽 사이에 저수지를 만들었느니
라 그러나 너희가 이를 행하신 이
를 (仰望)앙망하지 아니하였고 이
일을 옛적부터 경영하신 이를 공
경하지 아니하였느니라
12 ● 그 날에 주 만군의 여호와께서
명령하사 (痛哭)통곡하며 애곡하
며 머리 털을 뜯으며 굵은 베를 띠
라 하셨거늘
13 너희가 기뻐하며 즐거워하여 소를
죽이고 양을 잡아 고기를 먹고 포
도주를 마시면서 (來日)내일 죽으
리니 먹고 마시자 하는도다
14 만군의 여호와께서 친히 내 귀에
들려 이르시되 진실로 이 (罪惡)
죄악은 너희가 죽기까지 용서하지
못하리라 하셨느니라 주 만군의
여호와의 말씀이니라

셉나에게 경고하시다

15 ● 주 만군의 여호와께서 이르시
되 너는 가서 그 (國庫)국고를 맡
고 왕궁 맡은 자 셉나를 보고 이르
기를
16 네가 여기와 무슨 (關係)관계가
있느냐 여기에 누가 있기에 여기
서 너를 위하여 묘실을 팠느냐 높
은 곳에 자기를 위하여 묘실을 팠
고 반석에 자기를 위하여 처소를
쪼아내었도다
17 나 여호와가 너를 단단히 (結縛)
결박하고 장사 같이 세게 던지되
18 반드시 너를 모질게 감싸서 공 같
이 (廣漠)광막한 곳에 던질 것이라
주인의 집에 수치를 끼치는 너여
네가 그 곳에서 죽겠고 네 (榮光)
영광의 수레도 거기에 있으리라
19 내가 너를 네 (官職)관직에서 쫓
아내며 네 지위에서 낮추리니
20 그 날에 내가 힐기야의 아들 내 종
엘리아김을 불러
21 네 옷을 그에게 입히며 네 띠를 그
에게 띠워 힘 있게 하고 네 (政權)
정권을 그의 손에 맡기리니 그가
예루살렘 주민과 유다의 집의 아
버지가 될 것이며
22 내가 또 다윗의 집의 열쇠를 그
의 어깨에 두리니 그가 열면 닫을
(者)자가 없겠고 닫으면 열 자가
없으리라
23 못이 단단한 곳에 박힘 같이 그를
(堅固)견고하게 하리니 그가 그의

아버지 집에 영광의 보좌가 될 것이요

24 그의 아버지 집의 모든 영광이 그 위에 걸리리니 그 (後孫)후손과 족속 되는 각 작은 그릇 곧 종지로부터 모든 항아리까지니라

25 만군의 여호와께서 이르시되 그 날에는 단단한 곳에 박혔던 못이 삭으리니 그 못이 부러져 떨어지므로 그 위에 걸린 (物件)물건이 부서지리라 하셨다 하라 나 여호와의 말이니라

두로와 시돈에 대한 경고

23 두로에 관한 경고라 ● 다시스의 배들아 너희는 슬피 부르짖을지어다 두로가 황무하여 집이 없고 들어갈 곳도 없음이요 이 소식이 깃딤 땅에서부터 그들에게 (傳播)전파되었음이라

2 바다에 (往來)왕래하는 시돈 상인들로 말미암아 부요하게 된 너희 해변 주민들아 잠잠하라

3 시홀의 곡식 곧 나일의 추수를 큰 물로 (輸送)수송하여 들였으니 열국의 시장이 되었도다

4 시돈이여 너는 부끄러워할지어다 대저 바다 곧 바다의 요새가 말하기를 나는 산고를 겪지 못하였으며 출산하지 못하였으며 청년들을 (養育)양육하지도 못하였으며 처녀들을 (生育)생육하지도 못하였다 하였음이라

5 그 (消息)소식이 애굽에 이르면 그들이 두로의 소식으로 말미암아 고통 받으리로다

6 너희는 다시스로 건너갈지어다 해변 (住民)주민아 너희는 슬피 부르짖을지어다

7 이것이 옛날에 건설된 너희 (喜樂)희락의 성 곧 그 백성이 자기 발로 먼 지방까지 가서 머물던 성읍이냐

8 ● 면류관을 씌우던 자요 그 상인들은 고관들이요 그 (貿易商)무역상들은 세상에 존귀한 자들이었던 두로에 대하여 누가 이 일을 정하였느냐

9 만군의 여호와께서 그것을 정하신 것이라 모든 누리던 영화를 욕되게 하시며 세상의 모든 교만하던 자가 (蔑視)멸시를 받게 하려 하심이라

10 딸 다시스여 나일 같이 너희 땅에 넘칠지어다 너를 (束縛)속박함이 다시는 없으리라

11 여호와께서 바다 위에 그의 손을 펴사 열방을 흔드시며 여호와께서 가나안에 대하여 (命令)명령을 내려 그 견고한 성들을 무너뜨리게 하시고

12 이르시되 너 (虐待)학대 받은 처녀 딸 시돈아 네게 다시는 희락이 없으리니 일어나 깃딤으로 건너가라 거기에서도 네가 평안을 얻지 못하리라 하셨느니라

13 ● 갈대아 사람의 땅을 보라 그 백성이 없어졌나니 곧 앗수르 사람이 그 곳을 들짐승이 사는 곳이 되게 하였으되 그들이 망대를 세우고 궁전을 헐어 (荒蕪)황무하게

하였느니라
14 다시스의 배들아 너희는 슬피 부
르짖으라 너희의 견고한 성이 (破
壞)파괴되었느니라
15 그 날부터 두로가 한 왕의 연한 같
이 칠십 년 동안 잊어버린 바 되었
다가 칠십 년이 찬 후에 두로는 (妓
生)기생의 노래 같이 될 것이라
16 잊어버린 바 되었던 너 음녀여 수
금을 가지고 성읍에 두루 다니며
기묘한 (曲調)곡조로 많은 노래를
불러서 너를 다시 기억하게 하라
하였느니라
17 칠십 년이 찬 후에 여호와께서 두
로를 돌보시리니 그가 다시 값을
받고 지면에 있는 열방과 (淫亂)
음란을 행할 것이며
18 그 (貿易)무역한 것과 이익을 거
룩히 여호와께 돌리고 간직하거나
쌓아 두지 아니하리니 그 무역한
것이 여호와 앞에 사는 자가 배불
리 먹을 양식, 잘 입을 옷감이 되
리라

여호와께서 땅을 벌하시리라

24 보라 여호와께서 땅을 공허
하게 하시며 황폐하게 하시
며 (地面)지면을 뒤집어엎으시고
그 주민을 흩으시리니
2 백성과 (祭司長)제사장이 같을 것
이며 종과 상전이 같을 것이며 여
종과 여주인이 같을 것이며 사는
자와 파는 자가 같을 것이며 빌려
주는 자와 빌리는 자가 같을 것이
며 이자를 받는 자와 이자를 내는
자가 같을 것이라
3 땅이 (穩全)온전히 공허하게 되고
온전히 황무하게 되리라 여호와께
서 이 말씀을 하셨느니라
4 땅이 슬퍼하고 (衰殘)쇠잔하며 세
계가 쇠약하고 쇠잔하며 세상 백
성 중에 높은 자가 쇠약하며
5 땅이 또한 그 주민 아래서 더럽게
되었으니 이는 그들이 율법을 범
하며 율례를 어기며 (永遠)영원한
언약을 깨뜨렸음이라
6 그러므로 (詛呪)저주가 땅을 삼켰
고 그 중에 사는 자들이 정죄함을
당하였고 땅의 주민이 불타서 남
은 자가 적도다
7 새 포도즙이 슬퍼하고 포도나무가
쇠잔하며 마음이 즐겁던 자가 다
(嘆息)탄식하며
8 (小鼓)소고 치는 기쁨이 그치고
즐거워하는 자의 소리가 끊어지고
수금 타는 기쁨이 그쳤으며
9 노래하면서 포도주를 마시지 못하
고 (毒酒)독주는 그 마시는 자에
게 쓰게 될 것이라
10 (掠奪)약탈을 당한 성읍이 허물어
지고 집마다 닫혀서 들어가는 자
가 없으며
11 포도주가 없으므로 거리에서 부르
짖으며 모든 즐거움이 사라졌으며
땅의 기쁨이 (消滅)소멸되었도다
12 성읍이 황무하고 (城門)성문이 파
괴되었느니라
13 세계 (民族)민족 중에 이러한 일
이 있으리니 곧 감람나무를 흔듦
같고 포도를 거둔 후에 그 남은 것
을 주움 같을 것이니라

14 ●무리가 소리를 높여 부를 것이
며 여호와의 (威嚴)위엄으로 말미
암아 바다에서부터 크게 외치리니
15 그러므로 너희가 동방에서 여호와
를 (榮華)영화롭게 하며 바다 모든
섬에서 이스라엘의 하나님 여호와
의 이름을 영화롭게 할 것이라
16 땅 끝에서부터 노래하는 소리가
우리에게 들리기를 의로우신 이
에게 영광을 돌리세 하도다 그러
나 나는 이르기를 나는 쇠잔하였
고 나는 (衰殘)쇠잔하였으니 내게
화가 있도다 배신자들은 배신하고
배신자들이 크게 배신하였도다
17 땅의 주민아 두려움과 (陷穽)함정
과 올무가 네게 이르렀나니
18 두려운 소리로 말미암아 도망하는
자는 (陷穽)함정에 빠지겠고 함정
속에서 올라오는 자는 올무에 걸
리리니 이는 위에 있는 문이 열리
고 땅의 기초가 진동함이라
19 땅이 깨지고 깨지며 땅이 갈라지
고 갈라지며 땅이 흔들리고 흔들
리며
20 땅이 취한 자 같이 비틀비틀하며
원두막 같이 흔들리며 그 위의 죄
악이 (重)중하므로 떨어져서 다시
는 일어나지 못하리라
21 ●그 날에 여호와께서 높은 데에
서 높은 군대를 (罰)벌하시며 땅
에서 땅의 왕들을 벌하시리니
22 그들이 죄수가 깊은 (獄)옥에 모임
같이 모이게 되고 옥에 갇혔다가
여러 날 후에 형벌을 받을 것이라
23 그 때에 달이 (羞恥)수치를 당하
고 해가 부끄러워하리니 이는 만
군의 여호와께서 시온 산과 예루
살렘에서 왕이 되시고 그 장로들
앞에서 영광을 나타내실 것임이라

찬송

25 여호와여 주는 나의 하나님
이시라 내가 주를 높이고
주의 이름을 찬송하오리니 주는
기사를 옛적에 정하신 뜻대로 (誠
實)성실함과 진실함으로 행하셨
음이라
2 주께서 성읍을 돌무더기로 만드
시며 견고한 성읍을 황폐하게 하
시며 외인의 (宮城)궁성을 성읍이
되지 못하게 하사 영원히 건설되
지 못하게 하셨으므로
3 (强)강한 민족이 주를 영화롭게
하며 포학한 나라들의 성읍이 주
를 경외하리이다
4 주는 포학자의 기세가 성벽을 치
는 (暴風)폭풍과 같을 때에 빈궁
한 자의 요새이시며 환난 당한 가
난한 자의 요새이시며 폭풍 중의
피난처시며 폭양을 피하는 그늘이
되셨사오니
5 마른 땅에 (曝陽)폭양을 제함 같
이 주께서 이방인의 소란을 그치
게 하시며 폭양을 구름으로 가림
같이 포학한 자의 노래를 낮추시
리이다

여호와께서 연회를 베푸시리라

6 ●(萬軍)만군의 여호와께서 이 산
에서 만민을 위하여 기름진 것과
오래 저장하였던 포도주로 연회를
베푸시리니 곧 골수가 가득한 기

름진 것과 오래 저장하였던 맑은
포도주로 하실 것이며
7 또 이 산에서 모든 민족의 얼굴을
가린 가리개와 열방 위에 덮인 덮
개를 (除)제하시며
8 사망을 영원히 멸하실 것이라 주
여호와께서 모든 얼굴에서 눈물을
씻기시며 자기 백성의 (羞恥)수치
를 온 천하에서 제하시리라 여호
와께서 이같이 말씀하셨느니라

여호와께서 모압을 벌하시리라

9 ●그 날에 말하기를 이는 우리의
하나님이시라 우리가 그를 기다렸
으니 그가 우리를 (救援)구원하시
리로다 이는 여호와시라 우리가
그를 기다렸으니 우리는 그의 구
원을 기뻐하며 즐거워하리라 할
것이며
10 여호와의 손이 이 산에 나타나시
리니 모압이 거름물 속에서 (草
芥)초개가 밟힘 같이 자기 처소에
서 밟힐 것인즉
11 그가 헤엄치는 자가 헤엄치려고
손을 폄 같이 그 속에서 그의 손을
펼 것이나 여호와께서 그의 교만
으로 인하여 그 손이 (能熟)능숙
함에도 불구하고 그를 누르실 것
이라
12 네 성벽의 높은 요새를 헐어 땅에
내리시되 (塵土)진토에 미치게 하
시리라

여호와께서 백성에게 승리를 주시리라

26 그 날에 유다 땅에서 이 노
래를 부르리라 우리에게 견
고한 성읍이 있음이여 여호와께서
구원을 성벽과 (外壁)외벽으로 삼
으시리로다
2 너희는 문들을 열고 (信義)신의를
지키는 의로운 나라가 들어오게
할지어다
3 주께서 심지가 견고한 자를 평강
하고 평강하도록 지키시리니 이는
그가 주를 (信賴)신뢰함이니이다
4 너희는 여호와를 영원히 신뢰하라
주 여호와는 영원한 (磐石)반석이
심이로다
5 높은 데에 거주하는 자를 낮추시
며 솟은 성을 헐어 땅에 엎으시되
(塵土)진토에 미치게 하셨도다
6 발이 그것을 밟으리니 곧 (貧窮)
빈궁한 자의 발과 곤핍한 자의 걸
음이리로다
7 (義人)의인의 길은 정직함이여 정
직하신 주께서 의인의 첩경을 평
탄하게 하시도다
8 ●여호와여 주께서 심판하시는
길에서 우리가 주를 기다렸사오며
주의 이름을 위하여 또 주를 (記
憶)기억하려고 우리 영혼이 사모
하나이다
9 밤에 내 영혼이 주를 사모하였사
온즉 내 중심이 주를 간절히 구하
오리니 이는 주께서 땅에서 심판
하시는 때에 세계의 (居民)거민이
(義)의를 배움이니이다
10 악인은 은총을 입을지라도 의를 배
우지 아니하며 정직한 자의 땅에서
불의를 행하고 여호와의 (威嚴)위
엄을 돌아보지 아니하는도다
11 ●여호와여 주의 손이 높이 들릴

지라도 그들이 보지 아니하오나
백성을 위하시는 주의 (熱誠)열성
을 보면 부끄러워할 것이라 불이
주의 대적들을 사르리이다
12 여호와여 주께서 우리를 위하여
(平康)평강을 베푸시오리니 주께
서 우리의 모든 일도 우리를 위하
여 이루심이니이다
13 여호와 우리 하나님이시여 주 외
에 다른 주들이 우리를 (管轄)관
할하였사오나 우리는 주만 의지하
고 주의 이름을 부르리이다
14 그들은 죽었은즉 다시 살지 못하
겠고 [1](死亡)사망하였은즉 일어나
지 못할 것이니 이는 주께서 벌하
여 그들을 멸하사 그들의 모든 기
억을 없이하셨음이니이다
15 여호와여 주께서 이 나라를 더 크
게 하셨고 이 나라를 더 크게 하셨
나이다 스스로 (榮光)영광을 얻으
시고 이 땅의 모든 경계를 (擴張)
확장하셨나이다
16 ● 여호와여 그들이 환난 중에 주
를 (仰慕)앙모하였사오며 주의 징
벌이 그들에게 임할 때에 그들이
간절히 주께 기도하였나이다
17 여호와여 잉태한 여인이 산기가
임박하여 (産苦)산고를 겪으며 부
르짖음 같이 우리가 주 앞에서 그
와 같으니이다
18 우리가 잉태하고 산고를 당하였을
지라도 바람을 낳은 것 같아서 땅
에 구원을 베풀지 못하였고 세계
의 거민을 (出産)출산하지 못하였
나이다
19 주의 죽은 자들은 살아나고 [2]그들
의 (屍體)시체들은 일어나리이다
티끌에 누운 자들아 너희는 깨어
노래하라 주의 이슬은 빛난 이슬
이니 땅이 [3]죽은 자들을 내놓으리
로다

심판과 회복

20 ● 내 백성아 갈지어다 네 (密室)
밀실에 들어가서 네 문을 닫고 분
노가 지나기까지 잠깐 숨을지어다
21 보라 여호와께서 그의 (處所)처소
에서 나오사 땅의 거민의 죄악을
벌하실 것이라 땅이 그 위에 잦았
던 피를 드러내고 그 살해 당한 자
를 다시는 덮지 아니하리라

27 그 날에 여호와께서 그의
(堅固)견고하고 크고 강한
칼로 날랜 뱀 리워야단 곧 꼬불꼬
불한 뱀 리워야단을 벌하시며 바
다에 있는 [4]용을 죽이시리라
2 ● 그 날에 너희는 아름다운 포도
원을 두고 노래를 부를지어다
3 나 여호와는 포도원지기가 됨이
여 때때로 물을 주며 밤낮으로 간
수하여 아무든지 이를 (害)해치지
못하게 하리로다
4 나는 포도원에 대하여 노함이 없
나니 찔레와 가시가 나를 (對敵)
대적하여 싸운다 하자 내가 그것
을 밟고 모아 불사르리라
5 그리하지 아니하면 내 힘을 의지
하고 나와 (和親)화친하며 나와
화친할 것이니라

1) 음령이 되었은즉 2) 히, 나의. 수리아역과 탈굼, 그들의
3) 음령을 4) 악어를

6 후일에는 야곱의 뿌리가 박히며
이스라엘의 움이 돋고 꽃이 필 것
이라 그들이 그 (結實)결실로 지
면을 채우리로다
7 ● 주께서 그 (百姓)백성을 치셨던
들 그 백성을 친 자들을 치심과 같
았겠으며 백성이 죽임을 당하였던
들 백성을 죽인 자가 죽임을 당함
과 같았겠느냐
8 주께서 백성을 적당하게 (譴責)견
책하사 쫓아내실 때에 동풍 부는 날
에 폭풍으로 그들을 옮기셨느니라
9 야곱의 (不義)불의가 속함을 얻으
며 그의 죄 없이함을 받을 결과는
이로 말미암나니 곧 그가 제단의
모든 돌을 부서진 횟돌 같게 하며
아세라와 (太陽像)태양상이 다시
서지 못하게 함에 있는 것이라
10 대저 견고한 성읍은 (寂寞)적막하
고 거처가 (荒蕪)황무하며 버림
받아 광야와 같은즉 송아지가 거
기에서 먹고 거기에 누우며 그 나
무 가지를 먹어 없이하리라
11 가지가 마르면 꺾이나니 여인들
이 와서 그것을 불사를 것이라 백
성이 지각이 없으므로 그들을 지
으신 이가 불쌍히 여기지 아니하
시며 그들을 (造成)조성하신 이가
은혜를 베풀지 아니하시리라
12 ● 너희 이스라엘 자손들아 그 날
에 여호와께서 (漲溢)창일하는 [1)]
하수에서부터 애굽 시내에까지 과
실을 떠는 것 같이 너희를 하나하
나 모으시리라
13 ● 그 날에 큰 나팔을 불리니 앗수
르 땅에서 멸망하는 자들과 애굽
땅으로 쫓겨난 자들이 돌아와서
예루살렘 (聖山)성산에서 여호와
께 예배하리라

에브라임의 면류관이 밟히리라

28 에브라임의 술취한 자들의
교만한 면류관은 화 있을진
저 술에 빠진 자의 성 곧 영화로운
관 같이 기름진 골짜기 꼭대기에
세운 성이여 (衰殘)쇠잔해 가는
꽃 같으니 화 있을진저
2 보라 주께 있는 강하고 힘 있는 자
가 쏟아지는 우박 같이, (破壞)파
괴하는 광풍 같이, 큰 물이 넘침
같이 손으로 그 면류관을 땅에 던
지리니
3 에브라임의 술취한 자들의 (驕慢)
교만한 면류관이 발에 밟힐 것이라
4 그 기름진 골짜기 꼭대기에 있는
그의 (榮華)영화가 쇠잔해 가는
꽃이 여름 전에 처음 익은 무화과
와 같으리니 보는 자가 그것을 보
고 얼른 따서 먹으리로다
5 그 날에 만군의 여호와께서 자기
백성의 남은 자에게 (榮華)영화로
운 면류관이 되시며 아름다운 화
관이 되실 것이라
6 (裁判席)재판석에 앉은 자에게는
(判決)판결하는 영이 되시며 성문
에서 싸움을 물리치는 자에게는
힘이 되시리로다
7 그리하여도 이들은 포도주로 말
미암아 옆 걸음 치며 (毒酒)독주
로 말미암아 비틀거리며 제사장과

1) 유브라데 하수

선지자도 독주로 말미암아 옆 걸
음 치며 포도주에 빠지며 독주로
말미암아 비틀거리며 환상을 잘못
풀며 재판할 때에 실수하나니
8 모든 상에는 (吐)토한 것, 더러운
것이 가득하고 깨끗한 곳이 없도다

여호와께서 그들이 붙잡히게 하시리라

9 ● 그들이 이르기를 그가 누구
에게 지식을 가르치며 누구에게
(道)도를 전하여 깨닫게 하려는가
젖 떨어져 품을 떠난 자들에게 하
려는가
10 대저 (警戒)경계에 경계를 더하며
경계에 경계를 더하며 교훈에 교
훈을 더하며 교훈에 교훈을 더하
되 여기서도 조금, 저기서도 조금
하는구나 하는도다
11 ● 그러므로 더듬는 입술과 다른
(方言)방언으로 그가 이 백성에게
말씀하시리라
12 전에 그들에게 이르시기를 이것
이 너희 안식이요 이것이 너희 (爽
快)상쾌함이니 너희는 곤비한 자
에게 안식을 주라 하셨으나 그들
이 듣지 아니하였으므로
13 여호와께서 그들에게 말씀하시되
경계에 경계를 더하며 경계에 경
계를 더하며 (敎訓)교훈에 교훈을
더하며 교훈에 교훈을 더하고 여
기서도 조금, 저기서도 조금 하사
그들이 가다가 뒤로 넘어져 부러
지며 걸리며 붙잡히게 하시리라

시온의 기초 돌

14 ● 이러므로 예루살렘에서 이 백
성을 다스리는 너희 (傲慢)오만한
자여 여호와의 말씀을 들을지어다
15 너희가 말하기를 우리는 사망과
언약하였고 스올과 (盟約)맹약하
였은즉 넘치는 재앙이 밀려올지라
도 우리에게 미치지 못하리니 우
리는 거짓을 우리의 피난처로 삼
았고 허위 아래에 우리를 숨겼음
이라 하는도다
16 그러므로 주 여호와께서 이같이
이르시되 보라 내가 한 돌을 시온
에 두어 기초를 삼았노니 곧 시험
한 돌이요 귀하고 (堅固)견고한
기촛돌이라 그것을 믿는 이는 다
급하게 되지 아니하리로다
17 나는 정의를 측량줄로 삼고 공의
를 저울추로 삼으니 우박이 거짓
의 피난처를 (掃蕩)소탕하며 물이
그 숨는 곳에 넘칠 것인즉
18 너희가 사망과 더불어 세운 언약
이 폐하며 스올과 더불어 맺은 (盟
約)맹약이 서지 못하여 넘치는 재
앙이 밀려올 때에 너희가 그것에
게 밟힘을 당할 것이라
19 그것이 지나갈 때마다 너희를 잡
을 것이니 아침마다 지나가며 주
야로 지나가리니 (消息)소식을 깨
닫는 것이 오직 두려움이라
20 (寢牀)침상이 짧아서 능히 몸을 펴
지 못하며 이불이 좁아서 능히 몸
을 싸지 못함 같으리라 하셨느니라
21 대저 여호와께서 브라심 산에서와
같이 일어나시며 기브온 골짜기에
서와 같이 (震怒)진노하사 자기의
일을 행하시리니 그의 일이 비상할
것이며 자기의 사역을 이루시리니

그의 사역이 기이할 것임이라
22 그러므로 너희는 오만한 자가 되
지 말라 너희 (結縛)결박이 단단해
질까 하노라 대저 온 땅을 멸망시
키기로 작정하신 것을 내가 만군
의 주 여호와께로부터 들었느니라

여호와의 모략과 지혜

23 ● 너희는 귀를 기울여 내 목소리
를 들으라 자세히 내 말을 들으라
24 (播種)파종하려고 가는 자가 어찌
쉬지 않고 갈기만 하겠느냐 자기
땅을 개간하며 고르게만 하겠느냐
25 지면을 이미 평평히 하였으면 소
회향을 뿌리며 (大茴香)대회향을
뿌리며 소맥을 줄줄이 심으며 대
맥을 정한 곳에 심으며 귀리를 그
가에 심지 아니하겠느냐
26 이는 그의 하나님이 그에게 적당
한 방법을 보이사 가르치셨음이며
27 (小茴香)소회향은 도리깨로 떨지
아니하며 대회향에는 수레 바퀴를
굴리지 아니하고 소회향은 작대기
로 떨고 대회향은 막대기로 떨며
28 (穀食)곡식은 부수는가, 아니라
늘 떨기만 하지 아니하고 그것에
수레바퀴를 굴리고 그것을 말굽으
로 밟게 할지라도 부수지는 아니
하나니
29 이도 만군의 여호와께로부터 난
것이라 그의 경영은 (奇妙)기묘하
며 지혜는 광대하니라

아리엘을 괴롭게 하리라

29
슬프다 [1]아리엘이여 아리엘
이여 다윗이 (陣)진 친 성읍
이여 해마다 절기가 돌아오려니와
2 내가 아리엘을 괴롭게 하리니 그
가 슬퍼하고 (哀哭)애곡하며 내게
[2]아리엘과 같이 되리라
3 내가 너를 사면으로 둘러 (陣)진
을 치며 너를 에워 대를 쌓아 너를
치리니
4 네가 낮아져서 땅에서 말하며 네
말소리가 나직이 티끌에서 날 것
이라 네 목소리가 (神接)신접한
자의 목소리 같이 땅에서 나며 네
말소리가 티끌에서 지껄이리라
5 ● 그럴지라도 네 대적의 무리는
(細微)세미한 티끌 같겠고 강포한
자의 무리는 날려 가는 겨 같으리
니 그 일이 순식간에 갑자기 일어
날 것이라
6 만군의 여호와께서 우레와 지진과
큰 소리와 회오리바람과 폭풍과
맹렬한 불꽃으로 그들을 (懲罰)징
벌하실 것인즉
7 아리엘을 치는 열방의 무리 곧 아
리엘과 그 요새를 쳐서 그를 (困
苦)곤고하게 하는 모든 자는 꿈
같이, 밤의 환상 같이 되리니
8 주린 자가 꿈에 먹었을지라도 깨
면 그 속은 여전히 비고 목마른 자
가 꿈에 마셨을지라도 깨면 곤비
하며 그 속에 (渴症)갈증이 있는
것 같이 시온 산을 치는 열방의 무
리가 그와 같으리라

입술로는 공경하나 마음은 떠났다

9 ● 너희는 놀라고 놀라라 너희는
맹인이 되고 맹인이 되라 그들의
취함이 포도주로 말미암음이 아니

1) 예루살렘을 가리킴 2) 하나님의 제단의 면

며 그들의 비틀거림이 (毒酒)독주
로 말미암음이 아니니라
10 대저 여호와께서 깊이 잠들게 하
는 영을 너희에게 부어 주사 너희
의 눈을 감기셨음이니 그가 선지
자들과 너희의 지도자인 (先見者)
선견자들을 덮으셨음이라
11 그러므로 모든 (啓示)계시가 너희
에게는 봉한 책의 말처럼 되었으
니 그것을 글 아는 자에게 주며 이
르기를 그대에게 청하노니 이를
읽으라 하면 그가 대답하기를 그
것이 봉해졌으니 나는 못 읽겠노
라 할 것이요
12 또 그 책을 글 모르는 자에게 주며
이르기를 그대에게 청하노니 이를
읽으라 하면 그가 (對答)대답하기
를 나는 글을 모른다 할 것이니라
13 ● 주께서 이르시되 이 백성이 입
으로는 나를 가까이 하며 입술로
는 나를 공경하나 그들의 마음은
내게서 멀리 떠났나니 그들이 나
를 경외함은 사람의 (誡命)계명으
로 가르침을 받았을 뿐이라
14 그러므로 내가 이 백성 중에 기이
한 일 곧 기이하고 가장 기이한 일
을 다시 행하리니 그들 중에서 지
혜자의 지혜가 없어지고 명철자의
(聰明)총명이 가려지리라

이제부터는 교훈을 받으리라

15 ● 자기의 계획을 여호와께 깊이
숨기려 하는 자들은 (禍)화 있을
진저 그들의 일을 어두운 데에서
행하며 이르기를 누가 우리를 보
랴 누가 우리를 알랴 하니
16 너희의 (悖逆)패역함이 심하도다
토기장이를 어찌 진흙 같이 여기
겠느냐 지음을 받은 물건이 어찌
자기를 지은 이에게 대하여 이르
기를 그가 나를 짓지 아니하였다
하겠으며 빚음을 받은 물건이 자
기를 빚은 이에게 대하여 이르기
를 그가 총명이 없다 하겠느냐
17 ● 오래지 아니하여 레바논이 기
름진 밭으로 (變)변하지 아니하겠
으며 기름진 밭이 숲으로 여겨지
지 아니하겠느냐
18 그 날에 못 듣는 사람이 (冊)책의
말을 들을 것이며 어둡고 캄캄한
데에서 맹인의 눈이 볼 것이며
19 (謙遜)겸손한 자에게 여호와로 말
미암아 기쁨이 더하겠고 사람 중
가난한 자가 이스라엘의 거룩하신
이로 말미암아 즐거워하리니
20 이는 강포한 자가 (消滅)소멸되었
으며 오만한 자가 그쳤으며 죄악
의 기회를 엿보던 자가 다 끊어졌
음이라
21 그들은 (訟事)송사로 사람에게 죄
를 씌우며 성문에서 판단하는 자
를 올무로 잡듯 하며 헛된 일로 의
인을 억울하게 하느니라
22 ● 그러므로 아브라함을 구속하신
여호와께서 야곱 족속에 대하여
이같이 말씀하시되 야곱이 이제는
부끄러워하지 아니하겠고 그의 얼
굴이 이제는 (蒼白)창백해지지 아
니할 것이며
23 그의 자손은 내 손이 그 가운데에
서 행한 것을 볼 때에 내 이름을

거룩하다 하며 야곱의 거룩한 이
를 거룩하다 하며 이스라엘의 하
나님을 (敬畏)경외할 것이며
24 마음이 (昏迷)혼미하던 자들도 총
명하게 되며 원망하던 자들도 교
훈을 받으리라 하셨느니라

애굽과 맺은 맹약이 헛되다

30 여호와께서 이르시되 패역
한 자식들은 화 있을진저
그들이 계교를 베푸나 나로 말미
암지 아니하며 (盟約)맹약을 맺으
나 나의 영으로 말미암지 아니하
고 죄에 죄를 더하도다
2 그들이 바로의 (勢力)세력 안에서
스스로 강하려 하며 애굽의 그늘
에 피하려 하여 애굽으로 내려갔
으되 나의 입에 묻지 아니하였도
다
3 그러므로 바로의 세력이 너희의
수치가 되며 애굽의 그늘에 피함
이 너희의 (羞辱)수욕이 될 것이
라
4 그 고관들이 소안에 있고 그 사신
들이 하네스에 이르렀으나
5 그들이 다 자기를 (有益)유익하게
하지 못하는 민족으로 말미암아
수치를 당하리니 그 민족이 돕지
도 못하며 유익하게도 못하고 수
치가 되게 하며 수욕이 되게 할 뿐
임이니라
6 ●네겝 짐승들에 관한 (警告)경고
라 ●사신들이 그들의 재물을 어
린 나귀 등에 싣고 그들의 보물을
낙타 안장에 얹고 암사자와 수사
자와 독사와 및 날아다니는 불뱀
이 나오는 위험하고 곤고한 땅을
지나 자기에게 무익한 민족에게로
갔으나
7 애굽의 도움은 헛되고 (無益)무익
하니라 그러므로 내가 애굽을 가
만히 앉은 라합이라 일컬었느니라

패역한 백성

8 ●이제 가서 백성 앞에서 서판에
기록하며 책에 써서 [1](後世)후세
에 영원히 있게 하라
9 대저 이는 패역한 (百姓)백성이요
거짓말 하는 자식들이요 여호와의
법을 듣기 싫어하는 자식들이라
10 그들이 (先見者)선견자들에게 이
르기를 선견하지 말라 선지자들에
게 이르기를 우리에게 바른 것을
보이지 말라 우리에게 부드러운
말을 하라 거짓된 것을 보이라
11 너희는 바른 길을 버리며 (捷徑)
첩경에서 돌이키라 이스라엘의 거
룩하신 이를 우리 앞에서 떠나시
게 하라 하는도다
12 이러므로 이스라엘의 거룩하신 이
가 이같이 말씀하시되 너희가 이
말을 업신여기고 압박과 (虛妄)허
망을 믿어 그것을 의지하니
13 이 (罪惡)죄악이 너희에게 마치
무너지려고 터진 담이 불쑥 나와
순식간에 무너짐 같게 되리라 하
셨은즉
14 그가 이 나라를 무너뜨리시되 토
기장이가 그릇을 깨뜨림 같이 아
낌이 없이 부수시리니 그 (彫刻)
조각 중에서, 아궁이에서 불을 붙

1) 전하여 영영한 증거를 삼으라

이거나 물 웅덩이에서 물을 뜰 것
도 얻지 못하리라
15 ●주 여호와 이스라엘의 거룩하
신 이가 이같이 말씀하시되 너희
가 돌이켜 조용히 있어야 구원을
얻을 것이요 잠잠하고 (信賴)신뢰
하여야 힘을 얻을 것이거늘 너희
가 원하지 아니하고
16 이르기를 아니라 우리가 말 타고
(逃亡)도망하리라 하였으므로 너
희가 도망할 것이요 또 이르기를
우리가 빠른 짐승을 타리라 하였
으므로 너희를 쫓는 자들이 빠르
리니
17 한 사람이 꾸짖은즉 천 사람이 도
망하겠고 다섯이 꾸짖은즉 너희가
다 도망하고 너희 남은 자는 겨우
산 꼭대기의 깃대 같겠고 산마루
위의 (旗幟)기치 같으리라 하셨느
니라

하나님을 기다리는 자는 복이 있도다

18 ●그러나 여호와께서 기다리시나
니 이는 너희에게 (恩惠)은혜를
베풀려 하심이요 일어나시리니 이
는 너희를 (矜恤)긍휼히 여기려
하심이라 대저 여호와는 정의의
하나님이심이라 그를 기다리는 자
마다 (福)복이 있도다
19 시온에 거주하며 예루살렘에 거주
하는 백성아 너는 다시 (痛哭)통
곡하지 아니할 것이라 그가 네 부
르짖는 소리로 말미암아 네게 은
혜를 베푸시되 그가 들으실 때에
네게 응답하시리라

1) 월경대를 2) 히, 소금 친

20 주께서 너희에게 (患難)환난의 떡
과 고생의 물을 주시나 네 스승은
다시 숨기지 아니하시리니 네 눈
이 네 스승을 볼 것이며
21 너희가 오른쪽으로 치우치든지 왼
쪽으로 치우치든지 네 뒤에서 말
소리가 네 귀에 들려 이르기를 이
것이 바른 길이니 너희는 이리로
가라 할 것이며
22 또 너희가 너희 조각한 우상에 입
힌 은과 부어 만든 우상에 올린 금
을 더럽게 하여 [1](不潔)불결한 물
건을 던짐 같이 던지며 이르기를
나가라 하리라
23 ●네가 땅에 뿌린 종자에 주께서
비를 주사 땅이 먹을 것을 내며 곡
식이 풍성하고 기름지게 하실 것
이며 그 날에 네 가축이 (廣闊)광
활한 목장에서 먹을 것이요
24 밭 가는 소와 어린 나귀도 키와 쇠
스랑으로 까부르고 [2]맛있게 한 먹
이를 먹을 것이며
25 크게 (殺戮)살륙하는 날 망대가
무너질 때에 고산마다 준령마다
그 위에 개울과 시냇물이 흐를 것
이며
26 여호와께서 자기 (百姓)백성의
(傷處)상처를 싸매시며 그들의 맞
은 자리를 고치시는 날에는 달빛
은 햇빛 같겠고 햇빛은 일곱 배가
되어 일곱 날의 빛과 같으리라

여호와께서 앗수르를 치시리라

27 ●보라 여호와의 이름이 원방에서
부터 오되 그의 진노가 불 붙듯 하
며 빽빽한 연기가 일어나듯 하며

그의 입술에는 분노가 찼으며 그
의 혀는 (猛烈)맹렬한 불 같으며
28 그의 호흡은 마치 (漲溢)창일하여
목에까지 미치는 하수 같은즉 그
가 멸하는 키로 열방을 까부르며
여러 민족의 입에 (迷惑)미혹하는
재갈을 물리시리니
29 너희가 거룩한 (節期)절기를 지키
는 밤에 하듯이 노래할 것이며 피
리를 불며 여호와의 산으로 가서
이스라엘의 반석에게로 나아가는
자 같이 마음에 즐거워할 것이라
30 여호와께서 그의 장엄한 목소리를
듣게 하시며 혁혁한 진노로 그의
팔의 치심을 보이시되 (猛烈)맹렬
한 화염과 폭풍과 폭우와 우박으
로 하시리니
31 여호와의 목소리에 앗수르가 (落
膽)낙담할 것이며 주께서는 막대
기로 치실 것이라
32 여호와께서 (豫定)예정하신 몽둥
이를 앗수르 위에 더하실 때마다
소고를 치며 수금을 탈 것이며 그
는 전쟁 때에 팔을 들어 그들을 치
시리라
33 대저 도벳은 이미 세워졌고 또 왕
을 위하여 예비된 것이라 깊고 넓
게 하였고 거기에 불과 많은 나무
가 있은즉 여호와의 (呼吸)호흡이
유황 개천 같아서 이를 사르시리
라

31

도움을 구하러 애굽으로 내
려가는 자들은 화 있을진저
그들은 말을 의지하며 (兵車)병거
의 많음과 마병의 심히 강함을 의
지하고 이스라엘의 거룩하신 이를
(仰慕)앙모하지 아니하며 여호와
를 구하지 아니하나니
2 여호와께서도 지혜로우신즉 재앙
을 내리실 것이라 그의 말씀들을
변하게 하지 아니하시고 일어나사
(惡行)악행하는 자들의 집을 치시
며 행악을 돕는 자들을 치시리니
3 애굽은 사람이요 신이 아니며 그
들의 말들은 육체요 영이 아니라
여호와께서 그의 손을 펴시면 돕
는 자도 넘어지며 도움을 받는 자
도 엎드러져서 다 함께 (滅亡)멸
망하리라
4 ● 여호와께서 이같이 내게 이르
시되 큰 사자나 젊은 사자가 자기
의 먹이를 움키고 으르렁거릴 때
에 그것을 치려고 여러 목자를 불
러 왔다 할지라도 그것이 그들의
소리로 말미암아 놀라지 아니할
것이요 그들의 떠듦으로 말미암아
굴복하지 아니할 것이라 이와 같
이 나 만군의 여호와가 (降臨)강
림하여 시온 산과 그 언덕에서 싸
울 것이라
5 새가 날개 치며 그 새끼를 보호함
같이 나 (萬軍)만군의 여호와가
예루살렘을 보호할 것이라 그것을
(護衛)호위하며 건지며 뛰어넘어
(救援)구원하리라 하셨느니라
6 [1]이스라엘 (子孫)자손들아 너희는
심히 거역하던 자에게로 돌아오라
7 너희가 자기 손으로 만들어 범죄
한 은 우상, 금 (偶像)우상을 그 날

1) 이스라엘 자손이 심히 거역하던 여호와께 너희는 돌아오라

에는 각 사람이 던져 버릴 것이며
8 앗수르는 칼에 엎드러질 것이나 사
람의 칼로 말미암음이 아니겠고 칼
에 삼켜질 것이나 사람의 칼로 말
미암음이 아닐 것이며 그는 칼 앞
에서 (逃亡)도망할 것이요 그의 장
정들은 복역하는 자가 될 것이라
9 그의 (磐石)반석은 두려움으로 말
미암아 물러가겠고 그의 고관들은
기치로 말미암아 놀라리라 이는
여호와의 말씀이라 여호와의 [1]불
은 시온에 있고 여호와의 풀무는
예루살렘에 있느니라

의로 통치할 왕

32 보라 장차 한 왕이 (公義)공
의로 통치할 것이요 방백들
이 정의로 다스릴 것이며
2 또 [2]그 사람은 (狂風)광풍을 피하
는 곳, 폭우를 가리는 곳 같을 것이
며 마른 땅에 냇물 같을 것이며 곤
비한 땅에 큰 바위 그늘 같으리니
3 보는 자의 눈이 감기지 아니할 것이
요 듣는 자가 귀를 기울일 것이며
4 조급한 자의 마음이 (知識)지식을
깨닫고 어눌한 자의 혀가 민첩하
여 말을 분명히 할 것이라
5 어리석은 자를 다시 존귀하다 부
르지 아니하겠고 (愚鈍)우둔한 자
를 다시 존귀한 자라 말하지 아니
하리니
6 이는 어리석은 자는 어리석은 것
을 말하며 그 마음에 (不義)불의
를 품어 간사를 행하며 패역한 말
로 여호와를 거스르며 주린 자의

1) 히, 빛은 2) 한 사람이 있어서

속을 비게 하며 목마른 자에게서
마실 것을 없어지게 함이며
7 악한 자는 그 그릇이 악하여 악한
(計劃)계획을 세워 거짓말로 가련
한 자를 멸하며 가난한 자가 말을
바르게 할지라도 그리함이거니와
8 (尊貴)존귀한 자는 존귀한 일을
계획하나니 그는 항상 존귀한 일
에 서리라

심판과 회복

9 ●너희 (安逸)안일한 여인들아 일
어나 내 목소리를 들을지어다 너
희 염려 없는 딸들아 내 말에 귀를
기울일지어다
10 너희 (念慮)염려 없는 여자들아
일 년 남짓 지나면 너희가 당황하
리니 포도 수확이 없으며 열매 거
두는 일이 이르지 않을 것임이라
11 너희 (安逸)안일한 여자들아 떨지
어다 너희 염려 없는 자들아 당황
할지어다 옷을 벗어 몸을 드러내
고 베로 허리를 동일지어다
12 그들은 좋은 밭으로 인하여 열매
많은 (葡萄)포도나무로 인하여 가
슴을 치게 될 것이니라
13 내 백성의 땅에 가시와 찔레가 나
며 (喜樂)희락의 성읍, 기뻐하는
모든 집에 나리니
14 대저 궁전이 폐한 바 되며 인구 많
던 성읍이 적막하며 오벨과 망대
가 영원히 (掘穴)굴혈이 되며 들
나귀가 즐기는 곳과 양 떼의 초장
이 되려니와
15 마침내 위에서부터 영을 우리에게
부어 주시리니 (曠野)광야가 아름

다운 밭이 되며 아름다운 밭을 숲
으로 여기게 되리라
16 ●그 때에 정의가 광야에 거하며
(公義)공의가 아름다운 밭에 거하
리니
17 공의의 열매는 화평이요 공의의
결과는 영원한 평안과 안전이라
18 내 백성이 화평한 집과 안전한 (居
處)거처와 조용히 쉬는 곳에 있으
려니와
19 그 숲은 우박에 상하고 (城邑)성
읍은 파괴되리라
20 모든 물 가에 씨를 뿌리고 소와 나
귀를 그리로 모는 너희는 (福)복
이 있느니라

은혜를 구하는 기도

33 너 (虐待)학대를 당하지 아
니하고도 학대하며 속이고
도 속임을 당하지 아니하는 자여
화 있을진저 네가 학대하기를 그
치면 네가 학대를 당할 것이며 네
가 속이기를 그치면 사람이 너를
속이리라
2 여호와여 우리에게 은혜를 베푸소
서 우리가 주를 (仰望)앙망하오니
주는 아침마다 [1]우리의 팔이 되시며
환난 때에 우리의 구원이 되소서
3 (擾亂)요란한 소리로 말미암아 민
족들이 도망하며 주께서 일어나심
으로 말미암아 나라들이 흩어졌나
이다
4 (蝗蟲)황충의 떼 같이 사람이 너
희의 노략물을 모을 것이며 메뚜
기가 뛰어오름 같이 그들이 그 위
로 뛰어오르리라
5 여호와께서는 지극히 존귀하시니
그는 높은 곳에 거하심이요 정의
와 공의를 시온에 (充滿)충만하게
하심이라
6 네 시대에 (平安)평안함이 있으며
구원과 지혜와 지식이 풍성할 것이
니 여호와를 경외함이 네 보배니라

높은 곳에 거할 자

7 ●보라 그들의 (勇士)용사가 밖에
서 부르짖으며 평화의 사신들이
슬피 (哭)곡하며
8 대로가 황폐하여 행인이 끊어지며
대적이 조약을 파하고 성읍들을
(蔑視)멸시하며 사람을 생각하지
아니하며
9 땅이 슬퍼하고 쇠잔하며 레바논은
부끄러워하고 마르며 사론은 [2](沙
漠)사막과 같고 바산과 갈멜은 나
뭇잎을 떨어뜨리는도다
10 여호와께서 이르시되 내가 이제 일
어나며 내가 이제 나를 높이며 내
가 이제 (至極)지극히 높아지리니
11 너희가 겨를 (孕胎)잉태하고 짚을
해산할 것이며 너희의 호흡은 불
이 되어 너희를 삼킬 것이며
12 (民族)민족들은 불에 굽는 횟돌
같겠고 잘라서 불에 사르는 가시
나무 같으리로다
13 너희 먼 데에 있는 자들아 내가 행
한 것을 들으라 너희 가까이에 있
는 자들아 나의 (權能)권능을 알라
14 시온의 죄인들이 두려워하며 (敬
虔)경건하지 아니한 자들이 떨며
이르기를 우리 중에 누가 삼키는

1) 히, 그들 2) 아라비와

불과 함께 거하겠으며 우리 중에
누가 영영히 타는 것과 함께 거하
리요 하도다
15 오직 공의롭게 행하는 자, 정직히
말하는 자, (討索)토색한 재물을 가
증히 여기는 자, 손을 흔들어 뇌물
을 받지 아니하는 자, 귀를 막아 피
흘리려는 꾀를 듣지 아니하는 자,
눈을 감아 악을 보지 아니하는 자,
16 그는 높은 곳에 거하리니 견고한
바위가 그의 요새가 되며 그의 양
식은 공급되고 그의 물은 끊어지
지 아니하리라

시온 성을 보라

17 ● 네 눈은 왕을 그의 아름다운 가
운데에서 보며 [1](廣闊)광활한 땅
을 눈으로 보겠고
18 네 마음은 두려워하던 것을 생각
해 내리라 [2]계산하던 자가 어디
있느냐 (貢稅)공세를 계량하던 자
가 어디 있느냐 (望臺)망대를 계
수하던 자가 어디 있느냐
19 네가 강포한 백성을 보지 아니하리
라 그 백성은 (方言)방언이 어려워
네가 알아듣지 못하며 말이 이상하
여 네가 깨닫지 못하는 자니라
20 우리 절기의 시온 성을 보라 네 눈
이 안정된 처소인 예루살렘을 보
리니 그것은 옮겨지지 아니할 장
막이라 그 말뚝이 (永永)영영히
뽑히지 아니할 것이요 그 줄이 하
나도 끊어지지 아니할 것이며
21 여호와는 거기에 위엄 중에 우리와
함께 계시리니 그 곳에는 여러 강

1) 매우 먼 2) 기록 3) 일월성신 4) 히, 나

과 큰 호수가 있으나 노 젓는 배나
큰 배가 (通行)통행하지 못하리라
22 대저 여호와는 우리 재판장이시요
여호와는 우리에게 (律法)율법을
세우신 이요 여호와는 우리의 왕
이시니 그가 우리를 (救援)구원하
실 것임이라
23 네 돛대 줄이 풀렸으니 돛대의 밑
을 튼튼히 하지 못하였고 돛을 달
지 못하였느니라 때가 되면 많은
(財物)재물을 탈취하여 나누리니
저는 자도 그 재물을 취할 것이며
24 그 거주민은 내가 병들었노라 하
지 아니할 것이라 거기에 사는 백
성이 (赦罪)사죄함을 받으리라

여호와께서 원수들을 벌하시리라

34 (列國)열국이여 너희는 나
아와 들을지어다 민족들이
여 귀를 기울일지어다 땅과 땅에
충만한 것, 세계와 세계에서 나는
모든 것이여 들을지어다
2 대저 여호와께서 열방을 향하여
진노하시며 그들의 만군을 향하여
분내사 그들을 (殄滅)진멸하시며
살륙 당하게 하셨은즉
3 그 살륙 당한 자는 내던진 바 되며
그 (死體)사체의 악취가 솟아오르
고 그 피에 산들이 녹을 것이며
4 하늘의 [3](萬象)만상이 사라지고
하늘들이 두루마리 같이 말리되
그 만상의 쇠잔함이 포도나무 잎
이 마름 같고 무화과나무 잎이 마
름 같으리라
5 [4]여호와의 칼이 하늘에서 족하게
마셨은즉 보라 이것이 에돔 위에

내리며 (殄滅)진멸하시기로 한 백
성 위에 내려 그를 심판할 것이라
6 여호와의 칼이 피 곧 어린 양과 염
소의 피에 만족하고 기름 곧 숫양
의 콩팥 기름으로 (潤澤)윤택하니
이는 여호와를 위한 희생이 보스
라에 있고 큰 살륙이 에돔 땅에 있
음이라
7 들소와 송아지와 수소가 함께 (屠
殺場)도살장에 내려가니 그들의
땅이 피에 취하며 흙이 기름으로
윤택하리라
8 ●이것은 여호와께서 보복하시는
날이요 시온의 송사를 위하여 (伸
寃)신원하시는 해라
9 에돔의 시내들은 변하여 역청이
되고 그 티끌은 (硫黃)유황이 되
고 그 땅은 불 붙는 역청이 되며
10 낮에나 밤에나 꺼지지 아니하고
그 연기가 끊임없이 떠오를 것이
며 (世世)세세에 황무하여 그리로
지날 자가 영영히 없겠고
11 (塘鵝)당아새와 고슴도치가 그 땅
을 차지하며 부엉이와 까마귀가
거기에 살 것이라 여호와께서 그
위에 (混亂)혼란의 줄과 (空虛)공
허의 (錘)추를 드리우실 것인즉
12 [1]그들이 국가를 이으려 하여 귀인
들을 부르되 아무도 없겠고 그 모
든 (方伯)방백도 없게 될 것이요
13 그 궁궐에는 가시나무가 나며 그
견고한 성에는 엉겅퀴와 새품이
자라서 승냥이의 (窟)굴과 타조의
처소가 될 것이니
14 들짐승이 이리와 만나며 숫염소가
그 동류를 부르며 올빼미가 거기
에 살면서 쉬는 처소로 삼으며
15 [2]부엉이가 거기에 깃들이고 알을
낳아 까서 그 그늘에 모으며 솔개
들도 (各各)각각 제 짝과 함께 거
기에 모이리라
16 ●너희는 여호와의 (册)책에서 찾
아 읽어보라 이것들 가운데서 빠
진 것이 하나도 없고 제 짝이 없는
것이 없으리니 이는 여호와의 입
이 이를 명령하셨고 그의 영이 이
것들을 모으셨음이라
17 여호와께서 그것들을 위하여 제비
를 뽑으시며 그의 손으로 줄을 띠
어 그 땅을 그것들에게 나누어 주
셨으니 그들이 영원히 차지하며
(代代)대대로 거기에 살리라

거룩한 길

35 광야와 메마른 땅이 기뻐
하며 (沙漠)사막이 [3]백합화
같이 피어 즐거워하며
2 (茂盛)무성하게 피어 기쁜 노래로
즐거워하며 레바논의 영광과 갈멜
과 사론의 아름다움을 얻을 것이
라 그것들이 여호와의 영광 곧 우
리 하나님의 아름다움을 보리로다
3 ●너희는 약한 손을 (强)강하게
하며 떨리는 무릎을 굳게 하며
4 [4](怯)겁내는 자들에게 이르기를
굳세어라, 두려워하지 말라, 보라
너희 하나님이 오사 보복하시며
갚아 주실 것이라 하나님이 오사
너희를 구하시리라 하라
5 ●그 때에 (盲人)맹인의 눈이 밝

1) 국가를 선언할 귀인들이 없고 2) 독사 3) 장미 4) 성급한

을 것이며 못 듣는 사람의 귀가 열
릴 것이며
6 그 때에 저는 자는 사슴 같이 뛸
것이며 말 못하는 자의 혀는 노래
하리니 이는 (曠野)광야에서 물이
솟겠고 사막에서 시내가 흐를 것
임이라
7 뜨거운 사막이 변하여 못이 될 것
이며 메마른 땅이 변하여 (源泉)원
천이 될 것이며 승냥이의 눕던 곳
에 풀과 갈대와 부들이 날 것이며
8 거기에 대로가 있어 그 길을 거룩
한 길이라 일컫는 바 되리니 깨끗
하지 못한 자는 지나가지 못하겠고
오직 구속함을 입은 자들을 위하여
있게 될 것이라 (愚昧)우매한 행인
은 그 길로 다니지 못할 것이며
9 거기에는 사자가 없고 사나운 짐
승이 그리로 올라가지 아니하므로
그것을 만나지 못하겠고 오직 (救
贖)구속함을 받은 자만 그리로 행
할 것이며
10 여호와의 속량함을 받은 자들이
돌아오되 노래하며 시온에 이르
러 그들의 머리 위에 영영한 희락
을 띠고 기쁨과 즐거움을 얻으리
니 슬픔과 (嘆息)탄식이 사라지리
로다

앗수르가 예루살렘을 협박하다
(왕하 18:13-27; 대하 32:1-19)

36 히스기야 왕 십사년에 앗수
르 왕 산헤립이 올라와서
유다의 모든 (堅固)견고한 성을
쳐서 취하니라
2 앗수르 왕이 라기스에서부터 랍사
게를 예루살렘으로 보내되 (大軍)
대군을 거느리고 히스기야 왕에
게로 가게 하매 그가 윗못 수도 결
세탁자의 밭 큰 길에 서매
3 힐기야의 아들 왕궁 맡은 자 엘리
아김과 (書記官)서기관 셉나와 아
삽의 아들 (史官)사관 요아가 그
에게 나아가니라
4 ●랍사게가 그들에게 이르되 이
제 히스기야에게 말하라 (大王)대
왕 앗수르 왕이 이같이 말씀하시
기를 네가 믿는 바 그 믿는 것이
무엇이냐
5 내가 말하노니 네가 족히 싸울 계
략과 (勇猛)용맹이 있노라 함은
입술에 붙은 말뿐이니라 네가 이
제 누구를 믿고 나를 (叛逆)반역
하느냐
6 보라 네가 애굽을 믿는도다 그것은
상한 갈대 지팡이와 같은 것이라
사람이 그것을 (依支)의지하면 손
이 찔리리니 애굽 왕 바로는 그를
믿는 모든 자에게 이와 같으니라
7 혹시 네가 내게 이르기를 우리는
우리 하나님 여호와를 신뢰하노라
하리라마는 그는 그의 (山堂)산당
과 제단을 히스기야가 제하여 버리
고 유다와 예루살렘에 명령하기를
너희는 이 제단 앞에서만 예배하라
하던 그 신이 아니냐 하셨느니라
8 그러므로 이제 (請)청하노니 내
주 앗수르 왕과 내기하라 내가 네
게 말 이천 필을 주어도 너는 그
탈 자를 능히 내지 못하리라
9 그런즉 네가 어찌 내 주의 종 가운

데 극히 작은 (總督)총독 한 사람
인들 물리칠 수 있으랴 어찌 애굽
을 믿고 병거와 기병을 얻으려 하
느냐
10 내가 이제 올라와서 이 땅을 (滅)
멸하는 것이 여호와의 뜻이 없음
이겠느냐 여호와께서 내게 이르시
기를 올라가 그 땅을 쳐서 멸하라
하셨느니라 하니라
11 ●이에 엘리아김과 셉나와 요아
가 랍사게에게 이르되 우리가 아
람 방언을 아오니 청하건대 그 (方
言)방언으로 당신의 종들에게 말
하고 성 위에 있는 백성이 듣는 데
에서 우리에게 유다 방언으로 말
하지 마소서 하니
12 랍사게가 이르되 내 주께서 이 일
을 네 주와 네게만 말하라고 나를
보내신 것이냐 너희와 함께 자기
의 대변을 먹으며 자기의 소변을
마실 (城)성 위에 앉은 사람들에
게도 하라고 보내신 것이 아니냐
하더라
13 ●이에 랍사게가 일어서서 유다
(方言)방언으로 크게 외쳐 이르되
너희는 대왕 앗수르 왕의 말씀을
들으라
14 왕의 말씀에 너희는 히스기야에게
(迷惑)미혹되지 말라 그가 능히
너희를 건지지 못할 것이니라
15 히스기야가 너희에게 여호와를
(信賴)신뢰하게 하려는 것을 따르
지 말라 그가 말하기를 여호와께
서 반드시 우리를 건지시리니 이
성이 앗수르 왕의 손에 넘어가지
아니하리라 할지라도
16 히스기야의 말을 듣지 말라 앗수
르 왕이 또 이같이 말씀하시기를
너희는 내게 (降服)항복하고 내게
로 나아오라 그리하면 너희가 각
각 자기의 포도와 자기의 무화과
를 먹을 것이며 각각 자기의 우물
물을 마실 것이요
17 내가 와서 너희를 너희 (本土)본
토와 같이 곡식과 포도주와 떡과
포도원이 있는 땅에 옮기기까지
하리라
18 혹시 히스기야가 너희에게 이르기
를 여호와께서 우리를 건지시리라
할지라도 속지 말라 (列國)열국의
신들 중에 자기의 땅을 앗수르 왕
의 손에서 건진 자가 있느냐
19 하맛과 아르밧의 (神)신들이 어디
있느냐 스발와임의 신들이 어디
있느냐 그들이 사마리아를 내 손
에서 건졌느냐
20 이 (列邦)열방의 신들 중에 어떤
신이 자기의 나라를 내 손에서 건
져냈기에 여호와가 능히 예루살렘
을 내 손에서 건지겠느냐 하셨느
니라 하니라
21 ●그러나 그들이 (潛潛)잠잠하여
한 말도 대답하지 아니하였으니
이는 왕이 그들에게 명령하여 대
답하지 말라 하였음이었더라
22 그 때에 힐기야의 아들 왕궁 맡은
자 엘리아김과 서기관 셉나와 아
삽의 아들 (史官)사관 요아가 자
기의 옷을 찢고 히스기야에게 나
아가서 랍사게의 말을 그에게 전

하니라

왕이 이사야의 말을 듣고자 하다

(왕하 19:1-7)

37 히스기야 왕이 듣고 자기의
옷을 찢고 굵은 베 옷을 입
고 여호와의 (殿)전으로 갔고
2 왕궁 맡은 자 엘리아김과 서기관
셉나와 제사장 중 어른들도 굵은
베 옷을 입으니라 왕이 그들을 [1)]
아모스의 아들 (先知者)선지자 이
사야에게로 보내매
3 그들이 이사야에게 이르되 히스기
야의 말씀에 오늘은 환난과 책벌
과 능욕의 날이라 아이를 낳으려
하나 (解産)해산할 힘이 없음 같
도다
4 (當身)당신의 하나님 여호와께서
랍사게의 말을 들으셨을 것이라
그가 그의 상전 앗수르 왕의 보냄
을 받고 살아 계시는 하나님을 훼
방하였은즉 당신의 하나님 여호와
께서 혹시 그 말로 말미암아 견책
하실까 하노라 그런즉 바라건대
당신은 이 남아 있는 자를 위하여
기도하라 하시더이다 하니라
5 ●그리하여 히스기야 왕의 (臣下)
신하들이 이사야에게 나아가매
6 이사야가 그들에게 이르되 너희는
너희 주에게 이렇게 말하라 여호
와께서 이같이 말씀하시되 너희가
들은 바 앗수르 왕의 종들이 나를
(凌辱)능욕한 말로 말미암아 두려
워하지 말라
7 보라 내가 영을 그의 속에 두리니
그가 (所聞)소문을 듣고 그의 고
국으로 돌아갈 것이며 또 내가 그
를 그의 고국에서 칼에 죽게 하리
라 하셨느니라 하니라

앗수르가 또 다른 협박을 하다

(왕하 19:8-19)

8 ●앗수르 왕이 라기스를 떠났다 함
을 듣고 랍사게가 돌아가다가 그
왕을 만나니 립나를 치고 있더라
9 그 때에 앗수르 왕이 구스 왕 디르
하가의 일에 관하여 들은즉 사람
들이 이르기를 그가 나와서 왕과
싸우려 한다 하는지라 이 말을 듣
고 (使者)사자들을 히스기야에게
보내며 이르되
10 너희는 유다의 히스기야 왕에게 이
같이 말하여 이르기를 너는 네가
(信賴)신뢰하는 하나님이 예루살
렘이 앗수르 왕의 손에 넘어가지
아니하리라 하는 말에 속지 말라
11 앗수르 왕들이 모든 나라에 어떤
일을 행하였으며 그것을 어떻게
(滅絕)멸절시켰는지 네가 들었으
리니 네가 구원을 받겠느냐
12 나의 조상들이 멸하신 (列邦)열방
고산과 하란과 레셉과 및 들라살
에 있는 에덴 자손을 그 나라들의
신들이 건졌더냐
13 하맛 왕과 아르밧 왕과 스발와임
(城)성의 왕과 헤나 왕과 이와 왕
이 어디 있느냐 하라 하였더라
14 ●히스기야가 그 사자들의 손에
서 글을 받아 보고 여호와의 (殿)
전에 올라가서 그 글을 여호와 앞
에 펴 놓고

1) 히, 아모츠

15 여호와께 (祈禱)기도하여 이르되
16 그룹 사이에 계신 이스라엘 하나
님 (萬軍)만군의 여호와여 주는
(天下 萬國)천하 만국에 유일하신
하나님이시라 주께서 천지를 만드
셨나이다
17 여호와여 귀를 기울여 들으시옵소
서 여호와여 눈을 뜨고 보시옵소
서 산헤립이 사람을 보내어 살아
계시는 하나님을 (毁謗)훼방한 모
든 말을 들으시옵소서
18 여호와여 앗수르 왕들이 과연 열
국과 그들의 땅을 (荒廢)황폐하게
하였고
19 그들의 신들을 불에 던졌사오나
그들은 신이 아니라 사람의 손으
로 만든 것일 뿐이요 나무와 돌이
라 그러므로 (滅亡)멸망을 당하였
나이다
20 우리 하나님 여호와여 이제 우리
를 그의 손에서 (救援)구원하사
천하 만국이 주만이 여호와이신
줄을 알게 하옵소서 하니라

이사야가 왕에게 전한 말
(왕하 19:20-37)

21 ● [1)]아모스의 아들 이사야가 사람
을 보내어 히스기야에게 이르되
이스라엘의 하나님 여호와께서 말
씀하시되 네가 앗수르의 산헤립
왕의 일로 내게 (祈禱)기도하였도
다 하시고
22 여호와께서 그에 대하여 이같이
이르시되 처녀 딸 시온이 너를 (蔑
視)멸시하며 (嘲笑)조소하였고 딸
예루살렘이 [2)]너를 향하여 머리를
흔들었느니라
23 네가 훼방하며 (凌辱)능욕한 것은
누구에게냐 네가 소리를 높이며
눈을 높이 들어 향한 것은 누구에
게냐 곧 이스라엘의 거룩하신 이
에게니라
24 네가 네 종을 통해서 주를 훼방하
여 이르기를 내가 나의 허다한 (兵
車)병거를 거느리고 산들의 꼭대
기에 올라가며 레바논의 깊은 곳
에 이르렀으니 높은 백향목과 아
름다운 향나무를 베고 또 그 제일
높은 곳에 들어가 살진 땅의 수풀
에 이를 것이며
25 내가 우물을 파서 물을 마셨으니
내 발바닥으로 애굽의 모든 (河
水)하수를 말리리라 하였도다
26 네가 어찌하여 듣지 못하였느냐
이 일들은 내가 (太初)태초부터
행한 바요 상고부터 정한 바로서
이제 내가 이루어 네가 견고한 성
읍들을 헐어 돌무더기가 되게 하
였노라
27 그러므로 그 주민들이 힘이 약하
여 놀라며 (羞恥)수치를 당하여
들의 풀 같이, 푸른 나물 같이, 지
붕의 풀 같이, 자라지 못한 곡초
같이 되었느니라
28 네 거처와 네 (出入)출입과 네가
나를 거슬러 분노함을 내가 아노
라
29 네가 나를 거슬러 (憤怒)분노함과
네 (傲慢)오만함이 내 귀에 들렸
으므로 내가 갈고리로 네 코를 꿰

1) 히, 아모츠 2) 히, 네 뒤에서

며 재갈을 네 입에 물려 너를 오던
길로 돌아가게 하리라 하셨나이다
30 ● 왕이여 이것이 왕에게 (徵兆)징
조가 되리니 올해는 스스로 난 것
을 먹을 것이요 둘째 해에는 또 거
기에서 난 것을 먹을 것이요 셋째
해에는 심고 거두며 포도나무를
심고 그 열매를 먹을 것이니이다
31 유다 (族屬)족속 중에 피하여 남
은 자는 다시 아래로 뿌리를 박고
위로 열매를 맺으리니
32 이는 남은 자가 예루살렘에서 나
오며 피하는 자가 시온 산에서 나
올 것임이라 만군의 여호와의 (熱
心)열심이 이를 이루시리이다
33 ● 그러므로 여호와께서 앗수르
왕에 대하여 이같이 이르시되 그
가 이 성에 이르지 못하며 화살 하
나도 이리로 쏘지 못하며 방패를
가지고 성에 가까이 오지도 못하
며 (胸壁)흉벽을 쌓고 치지도 못
할 것이요
34 그가 오던 길 곧 그 길로 돌아가고
이 (城)성에 이르지 못하리라 나
여호와의 말이니라
35 대저 내가 나를 위하며 내 종 다윗
을 위하여 이 성을 (保護)보호하
며 구원하리라 하셨나이다 하니라
36 ● 여호와의 (使者)사자가 나가서
앗수르 진중에서 십팔만 오천인을
쳤으므로 아침에 일찍이 일어나
본즉 시체뿐이라
37 이에 앗수르의 산헤립 왕이 떠나
돌아가서 니느웨에 (居住)거주하
더니
38 자기 신 니스록의 신전에서 (敬
拜)경배할 때에 그의 아들 아드람
멜렉과 사레셀이 그를 칼로 죽이
고 아라랏 땅으로 도망하였으므로
그의 아들 에살핫돈이 이어 왕이
되니라

히스기야 왕의 발병과 회복
(왕하 20:1-11; 대하 32:24-26)

38 그 때에 히스기야가 병들어
죽게 되니 [1]아모스의 아들
(先知者)선지자 이사야가 나아가
그에게 이르되 여호와께서 이같이
말씀하시기를 너는 네 집에 유언
하라 네가 죽고 살지 못하리라 하
셨나이다 하니
2 히스기야가 얼굴을 벽으로 (向)향
하고 여호와께 기도하여
3 이르되 여호와여 구하오니 내가
주 앞에서 진실과 전심으로 행하
며 주의 (目前)목전에서 선하게
행한 것을 기억하옵소서 하고 히
스기야가 심히 통곡하니
4 이에 여호와의 말씀이 이사야에게
임하여 이르시되
5 너는 가서 히스기야에게 이르기를
네 조상 다윗의 하나님 여호와께
서 이같이 말씀하시기를 내가 네
기도를 들었고 네 눈물을 보았노
라 내가 네 (壽限)수한에 십오 년
을 더하고
6 너와 이 성을 앗수르 왕의 손에서
건져내겠고 내가 또 이 성을 (保
護)보호하리라
7 이는 여호와께로 말미암는 너를

1) 히, 아모츠

위한 (徵兆)징조이니 곧 여호와께
서 하신 말씀을 그가 이루신다는
증거이니라
8 보라 아하스의 해(時計)시계에 나
아갔던 해 그림자를 뒤로 십 도를
물러가게 하리라 하셨다 하라 하시
더니 이에 해시계에 나아갔던 해의
그림자가 십 도를 물러가니라
9 ● 유다 왕 히스기야가 병들었다
가 그의 병이 나은 때에 (記錄)기
록한 글이 이러하니라
10 내가 말하기를 나의 중년에 스
올의 문에 들어가고 나의 (餘生)
여생을 빼앗기게 되리라 하였도
다
11 내가 또 말하기를 내가 다시는
여호와를 뵈옵지 못하리니 산
자의 땅에서 다시는 여호와를
뵈옵지 못하겠고 내가 세상의
(居民)거민 중에서 한 사람도
다시는 보지 못하리라 하였도다
12 나의 거처는 목자의 장막을 걷
음 같이 나를 떠나 옮겨졌고 직
공이 베를 걷어 말음 같이 내가
내 생명을 말았도다 주께서 나
를 틀에서 끊으시리니 (朝夕間)
조석간에 나를 끝내시리라
13 내가 아침까지 견디었사오나 주
께서 (獅子)사자 같이 나의 모
든 뼈를 꺾으시오니 조석간에
나를 끝내시리라
14 나는 제비 같이, 학 같이 지저귀
며 비둘기 같이 슬피 울며 내 눈
이 쇠하도록 앙망하나이다 여호
와여 내가 (壓制)압제를 받사오
니 나의 중보가 되옵소서
15 주께서 내게 말씀하시고 또 친
히 이루셨사오니 내가 무슨 말
씀을 하오리이까 내 영혼의 고
통으로 말미암아 내가 (終身)종
신토록 방황하리이다
16 주여 사람이 사는 것이 이에 있
고 내 심령의 생명도 온전히 거
기에 있사오니 원하건대 나를
(治療)치료하시며 나를 살려 주
옵소서
17 보옵소서 내게 큰 고통을 더하
신 것은 내게 (平安)평안을 주
려 하심이라 주께서 내 (靈魂)
영혼을 사랑하사 멸망의 구덩이
에서 건지셨고 내 모든 죄를 주
의 등 뒤에 던지셨나이다
18 스올이 주께 (感謝)감사하지 못
하며 사망이 주를 찬양하지 못
하며 구덩이에 들어간 자가 주
의 신실을 바라지 못하되
19 오직 산 자 곧 산 자는 오늘 내
가 하는 것과 같이 주께 감사하
며 주의 (信實)신실을 아버지가
그의 자녀에게 알게 하리이다
20 여호와께서 나를 구원하시리니
우리가 종신토록 여호와의 전에
서 (竪琴)수금으로 나의 노래를
노래하리로다
21 ● 이사야가 이르기를 한 뭉치 무
화과를 가져다가 (腫處)종처에 붙
이면 왕이 나으리라 하였고
22 히스기야도 말하기를 내가 여호와
의 전에 올라갈 (徵兆)징조가 무
엇이냐 하였더라

바벨론에서 온 사자들(왕하 20:12-19)

39 그 때에 발라단의 아들 바
벨론 왕 므로닥발라단이 히
스기야가 병 들었다가 나았다 함
을 듣고 히스기야에게 글과 (禮
物)예물을 보낸지라
2 히스기야가 사자들로 말미암아 기
뻐하여 그들에게 보물 창고 곧 은
금과 향료와 보배로운 기름과 모
든 [1](武器庫)무기고에 있는 것을
다 보여 주었으니 히스기야가 궁
중의 소유와 전 국내의 소유를 보
이지 아니한 것이 없는지라
3 이에 (先知者)선지자 이사야가 히
스기야 왕에게 나아와 묻되 그 사
람들이 무슨 말을 하였으며 어디
서 왕에게 왔나이까 하니 히스기
야가 이르되 그들이 원방 곧 바벨
론에서 내게 왔나이다 하니라
4 이사야가 이르되 그들이 왕의 궁
전에서 무엇을 보았나이까 하니
히스기야가 대답하되 그들이 내
궁전에 있는 것을 다 보았나이다
내 창고에 있는 것으로 보이지 아
니한 (寶物)보물이 하나도 없나이
다 하니라
5 이사야가 히스기야에게 이르되 왕
은 만군의 여호와의 말씀을 들으
소서
6 보라 날이 이르리니 네 집에 있는
모든 (所有)소유와 네 조상들이
오늘까지 쌓아 둔 것이 모두 바벨
론으로 옮긴 바 되고 남을 것이 없
으리라 여호와의 말이니라

1) 보옥고

7 또 네게서 태어날 자손 중에서 몇
이 사로잡혀 바벨론 왕궁의 (宦官)
환관이 되리라 하셨나이다 하니
8 히스기야가 이사야에게 이르되 당
신이 이른 바 여호와의 말씀이 좋
소이다 하고 또 이르되 내 (生前)
생전에는 평안과 견고함이 있으리
로다 하니라

희망의 말씀

40 너희의 하나님이 이르시되
너희는 (慰勞)위로하라 내
백성을 위로하라
2 너희는 예루살렘의 마음에 닿도
록 말하며 그것에게 외치라 그 (勞
役)노역의 때가 끝났고 그 죄악이
사함을 받았느니라 그의 모든 죄
로 말미암아 여호와의 손에서 벌
을 배나 받았느니라 할지니라 하
시니라
3 ●외치는 자의 소리여 이르되 너
희는 광야에서 여호와의 길을 예
비하라 사막에서 우리 하나님의
대로를 (平坦)평탄하게 하라
4 골짜기마다 돋우어지며 산마다,
언덕마다 낮아지며 고르지 아니한
곳이 평탄하게 되며 험한 곳이 (平
地)평지가 될 것이요
5 여호와의 (榮光)영광이 나타나고 모
든 육체가 그것을 함께 보리라 이는
여호와의 입이 말씀하셨느니라
6 ●말하는 자의 소리여 이르되 외
치라 (對答)대답하되 내가 무엇이
라 외치리이까 하니 이르되 모든
육체는 풀이요 그의 모든 아름다
움은 들의 꽃과 같으니

7 풀은 마르고 꽃이 시듦은 여호와
의 기운이 그 위에 불이라 이 (百
姓)백성은 실로 풀이로다
8 풀은 마르고 꽃은 시드나 우리 하
나님의 말씀은 (永遠)영원히 서리
라 하라
9 ●아름다운 (消息)소식을 시온에
전하는 자여 너는 높은 산에 오르
라 아름다운 소식을 예루살렘에
전하는 자여 너는 힘써 소리를 높
이라 두려워하지 말고 소리를 높
여 유다의 성읍들에게 이르기를
너희의 하나님을 보라 하라
10 보라 주 여호와께서 장차 강한 자
로 임하실 것이요 친히 그의 팔로
다스리실 것이라 보라 (賞給)상급
이 그에게 있고 보응이 그의 앞에
있으며
11 그는 목자 같이 양 떼를 먹이시며
어린 양을 그 팔로 모아 품에 안으
시며 젖먹이는 암컷들을 (溫順)온
순히 인도하시리로다

비교할 수 없는 하나님

12 ●누가 손바닥으로 바닷물을 헤
아렸으며 뼘으로 하늘을 쟀으며
땅의 티끌을 되에 담아 보았으며
접시 저울로 산들을, 막대 저울로
언덕들을 달아 보았으랴
13 누가 여호와의 영을 지도하였으며
그의 (謀士)모사가 되어 그를 가
르쳤으랴
14 그가 누구와 더불어 의논하셨으며
누가 그를 (教訓)교훈하였으며 그
에게 정의의 길로 가르쳤으며 지
식을 가르쳤으며 (通達)통달의 도
를 보여 주었느냐
15 보라 그에게는 (列邦)열방이 통의
한 방울 물과 같고 저울의 작은 티
끌 같으며 [1]섬들은 떠오르는 먼지
같으리니
16 레바논은 땔감에도 부족하겠고 그
짐승들은 (燔祭)번제에도 부족할
것이라
17 그의 앞에는 모든 (列邦)열방이
아무것도 아니라 그는 그들을 없
는 것 같이, 빈 것 같이 여기시느
니라
18 ●그런즉 너희가 하나님을 누구
와 같다 하겠으며 무슨 (形像)형
상을 그에게 비기겠느냐
19 우상은 (匠人)장인이 부어 만들었
고 장색이 금으로 입혔고 또 은 사
슬을 만든 것이니라
20 궁핍한 자는 (擧祭)거제를 드릴
때에 썩지 아니하는 나무를 택하
고 지혜로운 장인을 구하여 우상
을 만들어 흔들리지 아니하도록
세우느니라
21 너희가 알지 못하였느냐 너희가
듣지 못하였느냐 (太初)태초부터
너희에게 전하지 아니하였느냐 땅
의 기초가 창조될 때부터 너희가
깨닫지 못하였느냐
22 그는 땅 위 궁창에 앉으시나니 땅
에 사는 사람들은 메뚜기 같으니라
그가 하늘을 (遮日)차일 같이 펴셨
으며 거주할 천막 같이 치셨고
23 귀인들을 폐하시며 세상의 (士師)
사사들을 헛되게 하시나니

1) 섬들을 티끌 같이 드시나니

24 그들은 겨우 심기고 겨우 뿌려졌
으며 그 줄기가 겨우 땅에 뿌리를
박자 곧 하나님이 입김을 부시니
그들은 말라 회오리바람에 불려
가는 (草芥)초개 같도다
25 거룩하신 이가 이르시되 그런즉
너희가 나를 누구에게 비교하여
나를 그와 (同等)동등하게 하겠느
냐 하시니라
26 너희는 눈을 높이 들어 누가 이 모
든 것을 창조하였나 보라 주께서
는 (數爻)수효대로 만상을 이끌어
내시고 그들의 모든 이름을 부르
시나니 그의 권세가 크고 그의 능
력이 강하므로 하나도 빠짐이 없
느니라
27 ●야곱아 어찌하여 네가 말하며
이스라엘아 네가 이르기를 내 길
은 여호와께 숨겨졌으며 내 (訟
事)송사는 내 하나님에게서 벗어
난다 하느냐
28 너는 알지 못하였느냐 듣지 못하
였느냐 영원하신 하나님 여호와,
땅 끝까지 창조하신 이는 피곤하
지 않으시며 (困憊)곤비하지 않으
시며 명철이 한이 없으시며
29 피곤한 자에게는 능력을 주시며
(無能)무능한 자에게는 힘을 더하
시나니
30 소년이라도 피곤하며 곤비하며
(壯丁)장정이라도 넘어지며 쓰러
지되
31 오직 여호와를 (仰望)앙망하는 자
는 새 힘을 얻으리니 독수리가 날
개치며 올라감 같을 것이요 달음
박질하여도 곤비하지 아니하겠고
걸어가도 피곤하지 아니하리로다

나 여호와가 응답하리라

41 섬들아 내 앞에 잠잠하라
(民族)민족들아 힘을 새롭게
하라 가까이 나아오라 그리고 말
하라 우리가 서로 재판 자리에 가
까이 나아가자
2 누가 동방에서 사람을 일깨워서
공의로 그를 불러 자기 발 앞에 이
르게 하였느냐 열국을 그의 앞에
넘겨 주며 그가 왕들을 다스리게
하되 그들이 그의 칼에 티끌 같게,
그의 활에 불리는 (草芥)초개 같
게 하매
3 그가 그들을 쫓아가서 그의 발로
가 보지 못한 길을 (安全)안전히
지났나니
4 이 일을 누가 행하였느냐 누가 이
루었느냐 누가 처음부터 (萬代)만
대를 불러내었느냐 나 여호와라
처음에도 나요 나중 있을 자에게
도 내가 곧 그니라
5 섬들이 보고 두려워하며 땅 끝이
무서워 떨며 함께 모여 와서
6 (各其)각기 이웃을 도우며 그 형
제에게 이르기를 너는 힘을 내라
하고
7 목공은 금장색을 (激勵)격려하며
망치로 고르게 하는 자는 메질꾼
을 격려하며 이르되 땜질이 잘 된
다 하니 그가 못을 단단히 박아 우
상을 흔들리지 아니하게 하는도다
8 ●그러나 나의 종 너 이스라엘아
내가 (擇)택한 야곱아 나의 벗 아

브라함의 자손아
9 내가 땅 끝에서부터 너를 붙들며
땅 모퉁이에서부터 너를 부르고
네게 이르기를 너는 나의 종이라
내가 너를 (擇)택하고 싫어하여
버리지 아니하였다 하였노라
10 두려워하지 말라 내가 너와 함께
함이라 놀라지 말라 나는 네 하나
님이 됨이라 내가 너를 굳세게 하
리라 참으로 너를 도와 주리라 참
으로 나의 (義)의로운 오른손으로
너를 붙들리라
11 보라 네게 노하던 자들이 수치와
욕을 당할 것이요 너와 다투는 자
들이 아무것도 아닌 것 같이 될 것
이며 (滅亡)멸망할 것이라
12 네가 찾아도 너와 싸우던 자들을
만나지 못할 것이요 너를 치는 자
들은 아무것도 아닌 것 같고 (虛
無)허무한 것 같이 되리니
13 이는 나 여호와 너의 하나님이 네
오른손을 붙들고 네게 이르기를
두려워하지 말라 내가 너를 도우
리라 할 것임이니라
14 버러지 같은 너 야곱아, 너희 이
스라엘 사람들아 두려워하지 말라
나 여호와가 말하노니 내가 너를
도울 것이라 네 (救贖者)구속자는
이스라엘의 거룩한 이이니라
15 보라 내가 너를 이가 날카로운 새
(打作機)타작기로 삼으리니 네가 산
들을 쳐서 부스러기를 만들 것이며
작은 산들을 겨 같이 만들 것이라
16 네가 그들을 까부른즉 바람이 그
들을 날리겠고 회오리바람이 그들
을 흩어 버릴 것이로되 너는 여호
와로 말미암아 즐거워하겠고 이스
라엘의 거룩한 이로 말미암아 자
랑하리라
17 ● 가련하고 가난한 자가 물을 구
하되 물이 없어서 (渴症)갈증으로
그들의 혀가 마를 때에 나 여호와
가 그들에게 응답하겠고 나 이스
라엘의 하나님이 그들을 버리지
아니할 것이라
18 내가 헐벗은 산에 강을 내며 골짜
기 가운데에 샘이 나게 하며 광야
가 못이 되게 하며 마른 땅이 샘
(根源)근원이 되게 할 것이며
19 내가 광야에는 백향목과 싯딤 나
무와 화석류와 들감람나무를 심고
사막에는 잣나무와 소나무와 (黃
楊木)황양목을 함께 두리니
20 무리가 보고 여호와의 손이 지으
신 바요 이스라엘의 거룩한 이가
이것을 (創造)창조하신 바인 줄
알며 함께 헤아리며 깨달으리라

여호와께서 거짓 신들에게 말씀하시다

21 ● 나 여호와가 말하노니 너희 우
상들은 (訴訟)소송하라 야곱의 왕
이 말하노니 너희는 확실한 (證
據)증거를 보이라
22 장차 당할 일을 우리에게 진술하
라 또 이전 일이 어떠한 것도 알게
하라 우리가 마음에 두고 그 (結
末)결말을 알아보리라 혹 앞으로
올 일을 듣게 하며
23 뒤에 올 일을 알게 하라 그리하면
너희가 신들인 줄 우리가 알리라
또 복을 내리든지 (災難)재난을

내리든지 하라 우리가 함께 보고
놀라리라
24 보라 너희는 아무것도 아니며 너
희 일은 허망하며 너희를 택한 자
는 (可憎)가증하니라
25 ● 내가 한 사람을 일으켜 북방에
서 오게 하며 내 이름을 부르는 자
를 해 돋는 곳에서 오게 하였나니
그가 이르러 고관들을 (石灰)석회
같이, 토기장이가 진흙을 밟음 같
이 하리니
26 누가 처음부터 이 일을 알게 하여
우리가 알았느냐 누가 (以前)이전
부터 알게 하여 우리가 옳다고 말
하게 하였느냐 알게 하는 자도 없
고 들려 주는 자도 없고 너희 말을
듣는 자도 없도다
27 내가 비로소 시온에게 너희는 이
제 그들을 보라 하였노라 내가 기
쁜 (消息)소식을 전할 자를 예루
살렘에 주리라
28 내가 본즉 한 사람도 없으며 내가
물어도 그들 가운데에 한 말도 대
답할 (助言者)조언자가 없도다
29 보라 그들은 다 헛되며 그들의 행
사는 허무하며 그들이 부어 만든
(偶像)우상들은 바람이요 공허한
것뿐이니라

주의 종

42 내가 붙드는 나의 종, 내 마
음에 기뻐하는 자 곧 내가
(擇)택한 사람을 보라 내가 나의
영을 그에게 주었은즉 그가 이방
에 정의를 베풀리라
2 그는 외치지 아니하며 목소리를
높이지 아니하며 그 소리를 거리
에 들리게 하지 아니하며
3 상한 갈대를 꺾지 아니하며 꺼져
가는 등불을 끄지 아니하고 (眞
實)진실로 (正義)정의를 시행할
것이며
4 그는 (衰)쇠하지 아니하며 낙담하
지 아니하고 세상에 정의를 세우
기에 이르리니 섬들이 그 교훈을
앙망하리라
5 ● 하늘을 창조하여 펴시고 땅과
그 (所産)소산을 내시며 땅 위의
백성에게 호흡을 주시며 땅에 행
하는 자에게 영을 주시는 하나님
여호와께서 이같이 말씀하시되
6 나 여호와가 의로 너를 불렀은즉
내가 네 손을 잡아 너를 (保護)보
호하며 너를 세워 백성의 언약과
이방의 빛이 되게 하리니
7 네가 눈먼 자들의 눈을 밝히며 갇
힌 자를 감옥에서 이끌어 내며 흑
암에 앉은 자를 (監房)감방에서
나오게 하리라
8 나는 여호와이니 이는 내 이름이
라 나는 내 영광을 다른 자에게,
내 (讚頌)찬송을 우상에게 주지
아니하리라
9 보라 전에 (豫言)예언한 일이 이
미 이루어졌느니라 이제 내가 새
일을 알리노라 그 일이 시작되기
전에라도 너희에게 이르노라

새 노래로 찬송하라

10 ● (航海)항해하는 자들과 바다 가
운데의 만물과 섬들과 거기에 사
는 사람들아 여호와께 새 노래로

노래하며 땅 끝에서부터 찬송하라
11 광야와 거기에 있는 (城邑)성읍들
과 게달 사람이 사는 마을들은 소
리를 높이라 셀라의 주민들은 노래
하며 산 꼭대기에서 즐거이 부르라
12 여호와께 (榮光)영광을 돌리며 섬
들 중에서 그의 찬송을 전할지어다
13 여호와께서 (勇士)용사 같이 나가
시며 전사 같이 (奮發)분발하여
외쳐 크게 부르시며 그 (對敵)대
적을 크게 치시리로다

구원의 약속

14 ● 내가 오랫동안 조용하며 잠잠
하고 참았으나 내가 (解産)해산하
는 여인 같이 부르짖으리니 숨이
차서 심히 헐떡일 것이라
15 내가 산들과 언덕들을 황폐하게
하며 그 모든 (草木)초목들을 마
르게 하며 강들이 섬이 되게 하며
못들을 마르게 할 것이며
16 내가 맹인들을 그들이 알지 못하
는 길로 이끌며 그들이 알지 못하
는 지름길로 인도하며 암흑이 그
앞에서 (光明)광명이 되게 하며
굽은 데를 곧게 할 것이라 내가 이
일을 행하여 그들을 버리지 아니
하리니
17 조각한 우상을 의지하며 부어 만
든 우상을 향하여 너희는 우리의
신이라 하는 자는 물리침을 받아
크게 (羞恥)수치를 당하리라

백성들이 깨닫지 못하다

18 ● 너희 못 듣는 자들아 들으라 너
희 (盲人)맹인들아 밝히 보라
19 맹인이 누구냐 내 종이 아니냐 누
가 내가 보내는 내 사자 같이 못 듣
는 자겠느냐 누가 [1]내게 (忠誠)충
성된 자 같이 맹인이겠느냐 누가
여호와의 종 같이 맹인이겠느냐
20 네가 많은 것을 볼지라도 (留意)
유의하지 아니하며 귀가 열려 있
을지라도 듣지 아니하는도다
21 여호와께서 그의 의로 말미암아
기쁨으로 [2]교훈을 크게 하며 (尊
貴)존귀하게 하려 하셨으나
22 이 백성이 도둑 맞으며 (奪取)탈
취를 당하며 다 굴 속에 잡히며 옥
에 갇히도다 노략을 당하되 구할
자가 없고 탈취를 당하되 되돌려
주라 말할 자가 없도다
23 ● 너희 (中)중에 누가 이 일에 귀
를 기울이겠느냐 누가 뒤에 올 일
을 삼가 듣겠느냐
24 야곱이 (奪取)탈취를 당하게 하신
자가 누구냐 이스라엘을 약탈자들
에게 넘기신 자가 누구냐 여호와
가 아니시냐 우리가 그에게 범죄
하였도다 그들이 그의 길로 다니
기를 원하지 아니하며 그의 [2]교훈
을 순종하지 아니하였도다
25 그러므로 여호와께서 맹렬한 진노
와 전쟁의 위력을 이스라엘에게
쏟아 부으시매 그 (四方)사방에서
불타오르나 깨닫지 못하며 몸이
타나 마음에 두지 아니하는도다

구원의 약속

43 야곱아 너를 (創造)창조하
신 여호와께서 지금 말씀하
시느니라 이스라엘아 너를 지으신

1) 나와 친한 자 2) 히, 율법

이가 말씀하시느니라 너는 두려워
하지 말라 내가 너를 (救贖)구속
하였고 내가 너를 (指名)지명하여
불렀나니 너는 내 것이라
2 네가 물 가운데로 지날 때에 내가
너와 함께 할 것이라 (江)강을 건
널 때에 물이 너를 침몰하지 못할
것이며 네가 불 가운데로 지날 때
에 타지도 아니할 것이요 불꽃이
너를 사르지도 못하리니
3 대저 나는 여호와 네 하나님이요
이스라엘의 거룩한 이요 네 구원
자임이라 내가 애굽을 너의 (贖良
物)속량물로, 구스와 스바를 너를
대신하여 주었노라
4 네가 내 눈에 보배롭고 존귀하며
내가 너를 사랑하였은즉 내가 네
대신 사람들을 내어 주며 백성들
이 네 (生命)생명을 대신하리니
5 두려워하지 말라 내가 너와 함께
하여 네 (子孫)자손을 동쪽에서부
터 오게 하며 서쪽에서부터 너를
모을 것이며
6 내가 (北)북쪽에게 이르기를 내놓
으라 남쪽에게 이르기를 가두어
두지 말라 내 아들들을 먼 곳에서
이끌며 내 딸들을 땅 끝에서 오게
하며
7 내 이름으로 불려지는 모든 자 곧
내가 내 영광을 위하여 (創造)창
조한 자를 오게 하라 그를 내가 지
었고 그를 내가 만들었느니라

이스라엘은 여호와의 증인

8 ●눈이 있어도 보지 못하고 귀가
있어도 듣지 못하는 (百姓)백성을
이끌어 내라
9 열방은 모였으며 민족들이 (會集)
회집하였는데 그들 중에 누가 이
일을 알려 주며 이전 일들을 우리
에게 들려 주겠느냐 그들이 그들
의 증인을 세워서 자기들의 옳음
을 나타내고 듣는 자들이 옳다고
말하게 하여 보라
10 나 여호와가 말하노라 너희는 나
의 (證人)증인, 나의 종으로 택함
을 입었나니 이는 너희가 나를 알
고 믿으며 내가 그인 줄 깨닫게 하
려 함이라 나의 전에 지음을 받은
신이 없었느니라 나의 후에도 없
으리라
11 나 곧 나는 여호와라 나 외에 (救
援者)구원자가 없느니라
12 내가 알려 주었으며 구원하였으며
보였고 너희 중에 [1]다른 신이 없
었나니 그러므로 너희는 나의 (證
人)증인이요 나는 하나님이니라
여호와의 말씀이니라
13 [2]과연 (太初)태초로부터 나는 그
이니 내 손에서 건질 자가 없도다
내가 행하리니 누가 막으리요

바벨론으로부터 빠져 나오다

14 ● 너희의 구속자요 이스라엘의
거룩한 이 여호와가 말하노라 너
희를 위하여 내가 바벨론에 사람
을 보내어 모든 [3]갈대아 사람에게
자기들이 (宴樂)연락하던 배를 타
고 도망하여 내려가게 하리라
15 나는 여호와 너희의 거룩한 이요
이스라엘의 (創造者)창조자요 너

1) 이방 신 2) 이제부터 3) 존귀한 자 곧 갈대아 사람으로

희의 왕이니라
16 나 여호와가 이같이 말하노라 바
다 가운데에 길을, 큰 물 가운데에
지름길을 내고
17 (兵車)병거와 말과 군대의 용사를
이끌어 내어 그들이 일시에 엎드
러져 일어나지 못하고 (消滅)소멸
하기를 꺼져가는 등불 같게 하였
느니라
18 너희는 이전 일을 (記憶)기억하지
말며 옛날 일을 생각하지 말라
19 보라 내가 새 일을 행하리니 이제
나타낼 것이라 너희가 그것을 알
지 못하겠느냐 반드시 내가 (曠野)
광야에 길을 사막에 강을 내리니
20 장차 들짐승 곧 승냥이와 타조도
나를 (尊敬)존경할 것은 내가 광
야에 물을, 사막에 강들을 내어 내
백성, 내가 택한 자에게 마시게 할
것임이라
21 이 (百姓)백성은 내가 나를 위하
여 지었나니 나를 찬송하게 하려
함이니라

이스라엘의 죄

22 ● 그러나 야곱아 너는 나를 부르
지 아니하였고 이스라엘아 너는
나를 괴롭게 여겼으며
23 네 번제의 양을 내게로 가져오지
아니하였고 네 제물로 나를 공경
하지 아니하였느니라 나는 [1]제물
로 말미암아 너를 수고롭게 하지
아니하였고 (乳香)유향으로 말미
암아 너를 괴롭게 하지 아니하였
거늘
24 너는 나를 위하여 돈으로 [2]향품을
사지 아니하며 희생의 기름으로
나를 (洽足)흡족하게 하지 아니하
고 네 죄짐으로 나를 수고롭게 하
며 네 죄악으로 나를 괴롭게 하였
느니라
25 ● 나 곧 나는 나를 위하여 네 허
물을 (塗抹)도말하는 자니 네 죄
를 기억하지 아니하리라
26 너는 나에게 기억이 나게 하라 우
리가 함께 (辯論)변론하자 너는
말하여 네가 의로움을 나타내라
27 네 (始祖)시조가 범죄하였고 너의
교사들이 나를 배반하였나니
28 그러므로 내가 [3]성소의 어른들을
욕되게 하며 야곱이 (殄滅)진멸
당하도록 내어 주며 이스라엘이
비방거리가 되게 [4]하리라

나 외에 다른 신이 없다

44 나의 종 야곱, 내가 택한 이
스라엘아 이제 들으라
2 너를 만들고 너를 (母胎)모태에서부
터 지어 낸 너를 도와 줄 여호와가
이같이 말하노라 나의 종 야곱, 내
가 택한 여수룬아 두려워하지 말라
3 나는 [5]목마른 자에게 물을 주며
마른 땅에 시내가 흐르게 하며 나
의 영을 네 자손에게, 나의 복을
네 (後孫)후손에게 부어 주리니
4 그들이 풀 가운데에서 솟아나기를
시냇가의 버들 같이 할 것이라
5 한 사람은 이르기를 나는 여호와
께 속하였다 할 것이며 또 한 사람
은 야곱의 이름으로 자기를 부를

1) 소제로 2) 창포로 3) 거룩한 방백 4) 하였노라
5) 건조한 땅에

것이며 또 다른 사람은 자기가 여
호와께 속하였음을 [1]그의 손으로
(記錄)기록하고 이스라엘의 이름
으로 존귀히 여김을 받으리라
6 ● 이스라엘의 왕인 여호와, 이스
라엘의 (救援者)구원자인 만군의
여호와가 이같이 말하노라 나는
처음이요 나는 마지막이라 나 외
에 다른 신이 없느니라
7 내가 영원한 백성을 세운 이후로
나처럼 외치며 알리며 나에게 설
명할 자가 누구냐 있거든 될 일과
(將次)장차 올 일을 그들에게 알
릴지어다
8 너희는 두려워하지 말며 겁내지
말라 내가 예로부터 너희에게 듣
게 하지 아니하였느냐 알리지 아
니하였느냐 너희는 나의 증인이라
나 외에 신이 있겠느냐 (果然)과
연 반석은 없나니 다른 신이 있음
을 내가 알지 못하노라

우상은 무익한 것

9 ● 우상을 만드는 자는 다 (虛妄)
허망하도다 그들이 원하는 것들은
무익한 것이거늘 그것들의 증인들
은 보지도 못하며 알지도 못하니
그러므로 수치를 당하리라
10 (神像)신상을 만들며 무익한 우상
을 부어 만든 자가 누구냐
11 보라 그와 같은 무리들이 다 (羞
恥)수치를 당할 것이라 그 대장장
이들은 사람일 뿐이라 그들이 다
모여 서서 두려워하며 함께 수치
를 당할 것이니라

1) 그의 손에 2) 연장을 벼리되 숯불에

12 ● 철공은 [2]철로 연장을 만들고 숯
불로 일하며 망치를 가지고 그것
을 만들며 그의 힘센 팔로 그 일을
하나 배가 고프면 기운이 없고 물
을 마시지 아니하면 (疲勞)피로하
니라
13 목공은 줄을 늘여 재고 붓으로 긋
고 대패로 밀고 (曲線)곡선자로 그
어 사람의 아름다움을 따라 사람
의 모양을 만들어 집에 두게 하며
14 그는 자기를 위하여 (柏香木)백향
목을 베며 디르사 나무와 상수리
나무를 취하며 숲의 나무들 가운
데에서 자기를 위하여 한 나무를
정하며 나무를 심고 비를 맞고 자
라게도 하느니라
15 이 나무는 사람이 땔감을 삼는 것
이거늘 그가 그것을 가지고 자기
몸을 덥게도 하고 불을 피워 떡
을 굽기도 하고 신상을 만들어 (敬
拜)경배하며 우상을 만들고 그 앞
에 엎드리기도 하는구나
16 그 중의 (折半)절반은 불에 사르
고 그 절반으로는 고기를 구워 먹
고 배불리며 또 몸을 덥게 하여 이
르기를 아하 따뜻하다 내가 불을
보았구나 하면서
17 그 나머지로 신상 곧 자기의 우상
을 만들고 그 앞에 엎드려 (敬拜)
경배하며 그것에게 기도하여 이르
기를 너는 나의 신이니 나를 구원
하라 하는도다
18 ● 그들이 알지도 못하고 깨닫지
도 못함은 그들의 눈이 가려서 보
지 못하며 그들의 마음이 어두워

저서 깨닫지 못함이니라
19 마음에 생각도 없고 (知識)지식도
없고 (聰明)총명도 없으므로 내가
그것의 절반을 불 사르고 또한 그
숯불 위에서 떡도 굽고 고기도 구
워 먹었거늘 내가 어찌 그 나머지
로 가증한 물건을 만들겠으며 내
가 어찌 그 나무 토막 앞에 (屈伏)
굴복하리요 말하지 아니하니
20 그는 재를 먹고 (虛誕)허탄한 마
음에 미혹되어 자기의 영혼을 구
원하지 못하며 나의 오른손에 거
짓 것이 있지 아니하냐 하지도 못
하느니라

창조자요 구속자이신 여호와

21 ● 야곱아 이스라엘아 이 일을 (記
憶)기억하라 너는 내 종이니라 내
가 너를 지었으니 너는 내 종이니
라 이스라엘아 너는 나에게 잊혀
지지 아니하리라
22 내가 네 허물을 빽빽한 구름 같이,
네 죄를 안개 같이 없이하였으니
너는 내게로 돌아오라 내가 너를
(救贖)구속하였음이니라
23 여호와께서 이 일을 행하셨으니
하늘아 노래할지어다 땅의 깊은
곳들아 높이 부를지어다 산들아
숲과 그 가운데의 모든 나무들아
소리내어 노래할지어다 여호와께
서 야곱을 (救贖)구속하셨으니 이
스라엘 중에 자기의 영광을 나타
내실 것임이로다
24 ● 네 (救贖者)구속자요 (母胎)모
태에서 너를 지은 나 여호와가 이
같이 말하노라 나는 만물을 지은
여호와라 홀로 하늘을 폈으며 나
와 함께 한 자 없이 땅을 펼쳤고
25 헛된 말을 하는 자들의 (徵表)징
표를 폐하며 점 치는 자들을 미치
게 하며 지혜로운 자들을 물리쳐
그들의 지식을 어리석게 하며
26 그의 종의 말을 세워 주며 그의 사
자들의 계획을 성취하게 하며 예
루살렘에 대하여는 이르기를 거
기에 사람이 살리라 하며 유다 (城
邑)성읍들에 대하여는 (重建)중건
될 것이라 내가 그 황폐한 곳들을
(復舊)복구시키리라 하며
27 깊음에 대하여는 이르기를 마르라
내가 네 (江)강물들을 마르게 하
리라 하며
28 고레스에 대하여는 이르기를 내
목자라 그가 나의 모든 기쁨을 (成
就)성취하리라 하며 예루살렘에
대하여는 이르기를 중건되리라 하
며 성전에 대하여는 네 기초가 놓
여지리라 하는 자니라

여호와께서 고레스를 세우시다

45 여호와께서 [1]그의 기름 부
음을 받은 고레스에게 이같
이 말씀하시되 내가 그의 오른손
을 붙들고 그 앞에 열국을 (降服)
항복하게 하며 내가 왕들의 허리
를 풀어 그 앞에 문들을 열고 성문
들이 닫히지 못하게 하리라
2 내가 너보다 앞서 가서 험한 곳을
(平坦)평탄하게 하며 놋문을 쳐서
부수며 쇠빗장을 꺾고
3 네게 흑암 중의 (寶貨)보화와 은

1) 칠십인 역, 나의

밀한 곳에 숨은 재물을 주어 네 이
름을 부르는 자가 나 여호와 이스
라엘의 하나님인 줄을 네가 알게
하리라
4 내가 나의 종 야곱, 내가 택한 자
이스라엘을 위하여 네 이름을 불
러 너는 나를 알지 못하였을지라
도 네게 (稱號)칭호를 주었노라
5 나는 여호와라 나 외에 다른 이가
없나니 나 밖에 (神)신이 없느니
라 너는 나를 알지 못하였을지라
도 나는 네 띠를 동일 것이요
6 해 뜨는 곳에서든지 지는 곳에서
든지 나 밖에 다른 이가 없는 줄을
알게 하리라 나는 여호와라 다른
이가 없느니라
7 나는 빛도 짓고 어둠도 창조하며
나는 평안도 짓고 (患難)환난도 창
조하나니 나는 여호와라 이 모든
일들을 행하는 자니라 하였노라
8 ● 하늘이여 위로부터 공의를 뿌
리며 구름이여 의를 부을지어다
땅이여 열려서 [1]구원을 싹트게 하
고 공의도 함께 움돋게 할지어다
나 여호와가 이 일을 (創造)창조
하였느니라

창조의 주, 역사의 주

9 ● 질그릇 조각 중 한 조각 같은
자가 자기를 지으신 이와 더불어
다툴진대 화 있을진저 진흙이 (土
器)토기장이에게 너는 무엇을 만
드느냐 또는 네가 만든 것이 그는
손이 없다 말할 수 있겠느냐
10 아버지에게는 무엇을 낳았소 하고

1) 구원이 열매 맺게 하고

묻고 어머니에게는 무엇을 낳으
려고 (解産)해산의 수고를 하였소
하고 묻는 자는 화 있을진저
11 ● 이스라엘의 거룩하신 이 곧 이
스라엘을 지으신 여호와께서 이
같이 이르시되 너희가 (將來)장래
일을 내게 물으며 또 내 아들들과
내 손으로 한 일에 관하여 내게 명
령하려느냐
12 내가 땅을 만들고 그 위에 사람을
창조하였으며 내가 내 손으로 하
늘을 펴고 하늘의 모든 (軍隊)군
대에게 명령하였노라
13 내가 공의로 그를 일으킨지라 그
의 모든 길을 곧게 하리니 그가 나
의 성읍을 (建築)건축할 것이며
사로잡힌 내 백성을 값이나 갚음
이 없이 놓으리라 만군의 여호와
의 말이니라 하셨느니라
14 ● 여호와께서 이같이 말씀하시되
애굽의 소득과 구스가 무역한 것
과 스바의 장대한 남자들이 네게
로 건너와서 네게 속할 것이요 그
들이 너를 따를 것이라 사슬에 매
여 건너와서 네게 (屈伏)굴복하고
간구하기를 하나님이 과연 네게
계시고 그 외에는 다른 하나님이
없다 하리라 하시니라
15 (救援者)구원자 이스라엘의 하나
님이여 진실로 주는 스스로 숨어
계시는 하나님이시니이다
16 우상을 만드는 자는 부끄러움을
당하며 욕을 받아 다 함께 (羞辱)
수욕 중에 들어갈 것이로되
17 이스라엘은 여호와께 (救援)구원

을 받아 영원한 구원을 얻으리니
너희가 영원히 부끄러움을 당하거
나 욕을 받지 아니하리로다
18 ● 대저 여호와께서 이같이 말씀
하시되 하늘을 (創造)창조하신 이
그는 하나님이시니 그가 땅을 지
으시고 그것을 만드셨으며 그것을
견고하게 하시되 혼돈하게 창조
하지 아니하시고 사람이 거주하게
그것을 지으셨으니 나는 여호와라
나 외에 다른 이가 없느니라
19 나는 감추어진 곳과 캄캄한 땅에
서 말하지 아니하였으며 야곱 자
손에게 너희가 나를 (混沌)혼돈
중에서 찾으라고 이르지 아니하였
노라 나 여호와는 의를 말하고 정
직한 것을 알리느니라

구원을 베푸시는 분은 하나님

20 ● 열방 중에서 (避難)피난한 자들
아 너희는 모여 오라 함께 가까이
나아오라 나무 우상을 가지고 다
니며 구원하지 못하는 신에게 기
도하는 자들은 무지한 자들이니라
21 너희는 알리며 (陳述)진술하고 또
함께 의논하여 보라 이 일을 옛부
터 듣게 한 자가 누구냐 이전부터
그것을 알게 한 자가 누구냐 나 여
호와가 아니냐 나 외에 다른 신이
없나니 나는 공의를 행하며 구원
을 베푸는 하나님이라 나 외에 다
른 이가 없느니라
22 땅의 모든 끝이여 내게로 돌이켜
(救援)구원을 받으라 나는 하나님
이라 다른 이가 없느니라
23 내가 나를 두고 (盟誓)맹세하기를
내 입에서 공의로운 말이 나갔은
즉 돌아오지 아니하나니 내게 모
든 무릎이 꿇겠고 모든 혀가 맹세
하리라 하였노라
24 내게 대한 어떤 자의 말에 공의와
힘은 여호와께만 있나니 사람들이
그에게로 나아갈 것이라 무릇 그
에게 (怒)노하는 (者)자는 부끄러
움을 당하리라 그러나
25 이스라엘 (子孫)자손은 다 여호와
로 말미암아 의롭다 함을 얻고 자
랑하리라 하느니라

46

벨은 엎드러졌고 느보는 구
부러졌도다 그들의 우상들
은 짐승과 가축에게 실렸으니 너
희가 떠메고 다니던 그것들이 (疲
困)피곤한 짐승의 무거운 짐이 되
었도다
2 그들은 구부러졌고 그들은 (一齊)
일제히 엎드러졌으므로 그 짐을
구하여 내지 못하고 자기들도 잡
혀 갔느니라
3 ● 야곱의 집이여 이스라엘 집에
남은 모든 자여 내게 들을지어다
배에서 태어남으로부터 내게 안
겼고 (胎)태에서 남으로부터 내게
업힌 너희여
4 너희가 (老年)노년에 이르기까지
내가 그리하겠고 (白髮)백발이 되
기까지 내가 너희를 품을 것이라
내가 지었은즉 내가 업을 것이요
내가 품고 구하여 내리라
5 너희가 나를 누구에게 비기며 누
구와 짝하며 누구와 (比較)비교하
여 서로 같다 하겠느냐

6 사람들이 주머니에서 금을 쏟아
내며 은을 저울에 달아 (鍍金)도
금장이에게 주고 그것으로 신을
만들게 하고 그것에게 엎드려 경
배하며
7 그것을 들어 어깨에 메어다가 그
의 처소에 두면 그것이 서 있고 거
기에서 능히 움직이지 못하며 그
에게 부르짖어도 능히 (應答)응답
하지 못하며 (苦難)고난에서 구하
여 내지도 못하느니라
8 ● 너희 (悖逆)패역한 자들아 이
일을 (記憶)기억하고 (丈夫)장부
가 되라 이 일을 마음에 두라
9 너희는 옛적 일을 (記憶)기억하라
나는 하나님이라 나 외에 다른 이
가 없느니라 나는 하나님이라 나
같은 이가 없느니라
10 내가 (始初)시초부터 종말을 알리
며 아직 이루지 아니한 일을 옛적
부터 보이고 이르기를 나의 뜻이
설 것이니 내가 나의 모든 기뻐하
는 것을 이루리라 하였노라
11 내가 동쪽에서 사나운 날짐승을
부르며 먼 나라에서 나의 뜻을 이
룰 사람을 부를 것이라 내가 말하
였은즉 반드시 이룰 것이요 (計劃)
계획하였은즉 반드시 시행하리라
12 ● 마음이 (頑惡)완악하여 공의에
서 멀리 떠난 너희여 내게 들으라
13 내가 나의 (公義)공의를 가깝게 할
것인즉 그것이 멀지 아니하나니 나
의 구원이 지체하지 아니할 것이라
내가 나의 영광인 이스라엘을 위하
여 구원을 시온에 베풀리라

바벨론 심판

47 처녀 딸 바벨론이여 내려와
서 티끌에 앉으라 딸 갈대아
여 (寶座)보좌가 없어졌으니 땅에
앉으라 네가 다시는 곱고 아리땁
다 일컬음을 받지 못할 것임이라
2 맷돌을 가지고 가루를 갈고 너울
을 벗으며 치마를 걷어 다리를 드
러내고 강을 건너라
3 네 속살이 드러나고 네 부끄러운
것이 보일 것이라 내가 (報復)보
복하되 사람을 아끼지 아니하리라
4 우리의 구원자는 그의 이름이 (萬
軍)만군의 여호와 이스라엘의 거
룩한 이시니라
5 딸 갈대아여 잠잠히 앉으라 흑암
으로 들어가라 네가 다시는 여러
(王國)왕국의 여주인이라 일컬음
을 받지 못하리라
6 전에 내가 내 백성에게 노하여 내
(基業)기업을 욕되게 하여 그들을
네 손에 넘겨 주었거늘 네가 그들을
긍휼히 여기지 아니하고 늙은이에
게 네 멍에를 심히 무겁게 메우며
7 말하기를 내가 영영히 여주인이
되리라 하고 이 일을 네 마음에 두
지도 아니하며 그들의 (終末)종말
도 생각하지 아니하였도다
8 ● 그러므로 (奢侈)사치하고 평안
히 지내며 마음에 이르기를 나뿐
이라 나 외에 다른 이가 없도다 나
는 과부로 지내지도 아니하며 자
녀를 잃어버리는 일도 모르리라
하는 자여 너는 이제 들을지어다
9 한 날에 갑자기 자녀를 잃으며 과

부가 되는 이 두 가지 일이 네게
임할 것이라 네가 무수한 (呪術)
주술과 많은 주문을 빌릴지라도
이 일이 온전히 네게 임하리라
10 네가 네 악을 의지하고 스스로 이
르기를 나를 보는 자가 없다 하나
니 네 지혜와 네 지식이 너를 (誘
惑)유혹하였음이라 네 마음에 이
르기를 나뿐이라 나 외에 다른 이
가 없다 하였으므로
11 재앙이 네게 임하리라 그러나 네
가 [1]그 근원을 알지 못할 것이며
(損害)손해가 네게 이르리라 그러
나 이를 물리칠 능력이 없을 것이
며 파멸이 홀연히 네게 임하리라
그러나 네가 알지 못할 것이니라
12 ● 이제 너는 젊어서부터 힘쓰던
주문과 많은 주술을 가지고 맞서
보라 혹시 (有益)유익을 얻을 수
있을는지, 혹시 놀라게 할 수 있을
는지,
13 네가 많은 (計略)계략으로 말미암
아 피곤하게 되었도다 하늘을 살
피는 자와 별을 보는 자와 초하룻
날에 예고하는 자들에게 일어나
네게 임할 그 일에서 너를 구원하
게 하여 보라
14 보라 그들은 (草芥)초개 같아서
불에 타리니 그 불꽃의 세력에서
스스로 구원하지 못할 것이라 이
불은 덥게 할 숯불이 아니요 그 앞
에 앉을 만한 불도 아니니라
15 네가 같이 힘쓰던 자들이 네게 이
같이 되리니 어려서부터 너와 함
께 장사하던 자들이 (各其)각기
제 길로 흩어지고 너를 구원할 자
가 없으리라

하나님께서 새 일을 약속하시다

48 야곱의 집이여 이를 들을지
어다 너희는 이스라엘의 이
름으로 일컬음을 받으며 유다의
허리에서 나왔으며 여호와의 이름
으로 맹세하며 이스라엘의 하나님
을 (記念)기념하면서도 진실이 없
고 공의가 없도다
2 그들은 거룩한 성 출신이라고 스
스로 부르며 이스라엘의 하나님을
(依支)의지한다 하며 그의 이름이
만군의 여호와라고 하나
3 내가 예로부터 처음 일들을 알게
하였고 내 입에서 그것들이 나갔
으며 또 내가 그것들을 듣게 하였
고 내가 (忽然)홀연히 행하여 그
일들이 이루어졌느니라
4 내가 알거니와 너는 (頑固)완고하
며 네 목은 쇠의 힘줄이요 네 이마
는 놋이라
5 그러므로 내가 이 일을 예로부터
네게 알게 하였고 일이 이루어지
기 전에 그것을 네게 듣게 하였느
니라 그것을 네가 듣게 하여 네가
이것을 내 신이 행한 바요 내가 새
긴 (神像)신상과 부어 만든 신상
이 명령한 바라 말하지 못하게 하
였느니라
6 네가 들었으니 이 모든 것을 보라
너희가 (宣傳)선전하지 아니하겠
느냐 이제부터 내가 새 일 곧 네가
알지 못하던 은비한 일을 네게 듣

1) 술법으로 그것을 물리칠 줄을 알지 못할 것이며

게 하노니
7 이 일들은 지금 (創造)창조된 것
이요 옛 것이 아니라 오늘 이전에
는 네가 듣지 못하였으니 이는 네
가 말하기를 내가 이미 알았노라
하지 못하게 하려 함이라
8 네가 과연 듣지도 못하였고 알지
도 못하였으며 네 귀가 옛적부터
열리지 못하였나니 이는 네가 정
녕 (背信)배신하여 모태에서부터
네가 배역한 자라 불린 줄을 내가
알았음이라
9 내 이름을 위하여 내가 노하기를
더디 할 것이며 내 영광을 위하여
내가 참고 너를 (滅絕)멸절하지
아니하리라
10 보라 내가 너를 연단하였으나 은
처럼 하지 아니하고 너를 (苦難)
고난의 [1]풀무 불에서 택하였노라
11 나는 나를 위하며 나를 위하여 이
를 이룰 것이라 어찌 내 이름을 욕
되게 하리요 내 (榮光)영광을 다
른 자에게 주지 아니하리라

처음이요 마지막이신 분

12 ● 야곱아 내가 부른 이스라엘아
내게 들으라 나는 그니 나는 처음
이요 또 나는 마지막이라
13 과연 내 손이 땅의 (基礎)기초를
정하였고 내 오른손이 하늘을 폈
나니 내가 그들을 부르면 그것들
이 (一齊)일제히 서느니라
14 너희는 다 모여 들으라 나 여호와
가 사랑하는 자는 나의 기뻐하는
뜻을 바벨론에 행하리니 그의 팔

1) 풀무 불로 시련하였노라

이 갈대아인에게 (臨)임할 것이라
그들 중에 누가 이 일들을 알게 하
였느냐
15 나 곧 내가 말하였고 또 내가 그를
부르며 그를 인도하였나니 그 길
이 (亨通)형통하리라
16 너희는 내게 가까이 나아와 이것
을 들으라 내가 처음부터 (秘密)
비밀히 말하지 아니하였나니 그것
이 있을 때부터 내가 거기에 있었
노라 하셨느니라 이제는 주 여호
와께서 나와 그의 영을 보내셨느
니라

백성을 인도하시는 하나님

17 ● 너희의 구속자시요 이스라엘의
거룩하신 이이신 여호와께서 이르
시되 나는 네게 (有益)유익하도록
가르치고 너를 마땅히 행할 길로
인도하는 네 하나님 여호와라
18 네가 나의 명령에 주의하였더라면
네 (平康)평강이 강과 같았겠고 네
공의가 바다 물결 같았을 것이며
19 네 자손이 모래 같았겠고 네 몸의
(所生)소생이 모래 알 같아서 그
의 이름이 내 앞에서 끊어지지 아
니하였겠고 없어지지 아니하였으
리라 하셨느니라
20 ● 너희는 바벨론에서 나와서 갈
대아인을 피하고 즐거운 소리로
이를 알게 하여 들려 주며 땅 끝까
지 (頒布)반포하여 이르기를 여호
와께서 그의 종 야곱을 구속하셨
다 하라
21 여호와께서 그들을 (沙漠)사막으
로 통과하게 하시던 때에 그들이

목마르지 아니하게 하시되 그들을
위하여 바위에서 물이 흘러나게
하시며 바위를 쪼개사 물이 솟아
나게 하셨느니라
22 여호와께서 말씀하시되 악인에게
는 (平康)평강이 없다 하셨느니라

이방의 빛 이스라엘

49 섬들아 내게 들으라 먼 곳
백성들아 귀를 기울이라 여
호와께서 태에서부터 나를 부르셨
고 내 어머니의 (腹中)복중에서부
터 내 이름을 기억하셨으며
2 내 입을 날카로운 칼 같이 만드시
고 나를 그의 손 그늘에 숨기시며
나를 갈고 닦은 화살로 만드사 그
의 화살(筒)통에 감추시고
3 내게 이르시되 너는 나의 종이요
내 (榮光)영광을 네 속에 나타낼
이스라엘이라 하셨느니라
4 그러나 나는 말하기를 내가 헛되
이 수고하였으며 (無益)무익하게
공연히 내 힘을 다하였다 하였도
다 참으로 나에 대한 판단이 여호
와께 있고 나의 보응이 나의 하나
님께 있느니라
5 ● 이제 여호와께서 말씀하시나니
그는 태에서부터 나를 그의 종으
로 지으신 이시요 야곱을 그에게
로 돌아오게 하시는 이시니 이스
라엘이 그에게로 모이는도다 그
러므로 내가 여호와 보시기에 (榮
華)영화롭게 되었으며 나의 하나
님은 나의 힘이 되셨도다
6 그가 이르시되 네가 나의 종이 되
어 야곱의 (支派)지파들을 일으키
며 이스라엘 중에 보전된 자를 돌
아오게 할 것은 매우 쉬운 일이라
내가 또 너를 (異邦)이방의 빛으
로 삼아 나의 구원을 베풀어서 땅
끝까지 이르게 하리라
7 이스라엘의 구속자 이스라엘의 거
룩한 이이신 여호와께서 사람에게
멸시를 당하는 자, 백성에게 미움
을 받는 자, (官員)관원들에게 종
이 된 자에게 이같이 이르시되 왕
들이 보고 일어서며 고관들이 경
배하리니 이는 이스라엘의 거룩하
신 이 신실하신 여호와 그가 너를
택하였음이니라

예루살렘의 회복

8 ● 여호와께서 이같이 이르시되
은혜의 때에 내가 네게 응답하였
고 구원의 날에 내가 너를 도왔도
다 내가 장차 너를 보호하여 너를
백성의 (言約)언약으로 삼으며 [1]
나라를 일으켜 그들에게 그 황무
하였던 땅을 기업으로 상속하게
하리라
9 내가 잡혀 있는 자에게 이르기를
나오라 하며 (黑暗)흑암에 있는
자에게 나타나라 하리라 그들이
길에서 먹겠고 모든 헐벗은 산에
도 그들의 풀밭이 있을 것인즉
10 그들이 주리거나 목마르지 아니할
것이며 더위와 볕이 그들을 상하
지 아니하리니 이는 그들을 긍휼
히 여기는 이가 그들을 이끌되 샘
물 (根源)근원으로 인도할 것임이
라

1) 땅

11 내가 나의 모든 산을 길로 삼고 나
의 (大路)대로를 돋우리니
12 어떤 사람은 먼 곳에서, 어떤 사람
은 북쪽과 서쪽에서, 어떤 사람은
시님 땅에서 오리라
13 하늘이여 노래하라 땅이여 기뻐하
라 산들이여 즐거이 노래하라 여
호와께서 그의 백성을 (慰勞)위로
하셨은즉 그의 고난 당한 자를 (矜
恤)긍휼히 여기실 것임이라
14 ● 오직 시온이 이르기를 여호와
께서 나를 버리시며 주께서 나를
잊으셨다 하였거니와
15 여인이 어찌 그 젖 먹는 자식을 잊
겠으며 자기 태에서 난 아들을 긍
휼히 여기지 않겠느냐 그들은 (或
是)혹시 잊을지라도 나는 너를 잊
지 아니할 것이라
16 내가 너를 내 손바닥에 새겼고 너
의 성벽이 (恒常)항상 내 앞에 있
나니
17 네 자녀들은 빨리 걸으며 너를 헐
며 너를 (荒廢)황폐하게 하던 자
들은 너를 떠나가리라
18 네 눈을 들어 사방을 보라 그들이
다 모여 네게로 오느니라 나 여호
와가 이르노라 내가 나의 삶으로
맹세하노니 네가 반드시 그 모든
무리를 (裝飾)장식처럼 몸에 차며
그것을 띠기를 신부처럼 할 것이
라
19 이는 네 황폐하고 적막한 곳들과
네 (破滅)파멸을 당하였던 땅이
이제는 주민이 많아 좁게 될 것이
며 너를 삼켰던 자들이 멀리 떠날
것이니라
20 자식을 잃었을 때에 낳은 자녀가
후일에 네 귀에 말하기를 이곳이
내게 좁으니 넓혀서 내가 (居住)
거주하게 하라 하리니
21 그 때에 네가 네 마음에 이르기를
누가 나를 위하여 이들을 낳았는
고 나는 자녀를 잃고 외로워졌으
며 사로잡혀 (流離)유리하였거늘
이들을 누가 양육하였는고 나는
홀로 남았거늘 이들은 어디서 생
겼는고 하리라
22 ● 주 여호와가 이같이 이르노라
내가 뭇 나라를 향하여 나의 손
을 들고 민족들을 향하여 나의 (旗
幟)기치를 세울 것이라 그들이 네
아들들을 품에 안고 네 딸들을 어
깨에 메고 올 것이며
23 왕들은 네 (養父)양부가 되며 왕
비들은 네 유모가 될 것이며 그들
이 얼굴을 땅에 대고 네게 절하고
네 발의 티끌을 핥을 것이니 네가
나를 여호와인 줄을 알리라 나를
바라는 자는 수치를 당하지 아니
하리라
24 ●(勇士)용사가 빼앗은 것을 어떻
게 도로 빼앗으며 [1](勝利者)승리
자에게 사로잡힌 자를 어떻게 건
져낼 수 있으랴
25 여호와가 이같이 말하노라 용사의
(捕虜)포로도 빼앗을 것이요 두려
운 자의 빼앗은 것도 건져낼 것이
니 이는 내가 너를 대적하는 자를
대적하고 네 자녀를 내가 구원할

1) 히, 의인

것임이라
26 내가 너를 억압하는 자들에게 자
기의 살을 먹게 하며 새 술에 취
함 같이 자기의 피에 취하게 하리
니 모든 (肉體)육체가 나 여호와
는 네 구원자요 네 구속자요 야곱
의 전능자인 줄 알리라

50 나 여호와가 이같이 말하노
라 내가 너희의 어미를 내
보낸 이혼 증서가 어디 있느냐 내
가 어느 채주에게 너희를 팔았느
냐 보라 너희는 너희의 죄악으로
말미암아 팔렸고 너희의 어미는
너희의 (背逆)배역함으로 말미암
아 내보냄을 받았느니라
2 내가 왔어도 사람이 없었으며 내
가 불러도 대답하는 자가 없었음
은 어찌 됨이냐 내 손이 어찌 짧
아 구속하지 못하겠느냐 내게 어
찌 건질 능력이 없겠느냐 보라 내
가 꾸짖어 바다를 마르게 하며 강
들을 사막이 되게 하며 물이 없어
졌으므로 그 물고기들이 (惡臭)악
취를 내며 갈하여 죽으리라
3 내가 흑암으로 하늘을 입히며 굵
은 베로 덮느니라

주를 거역하지 아니하다

4 ●주 여호와께서 [1](學者)학자들
의 혀를 내게 주사 나로 곤고한 자
를 말로 어떻게 도와 줄 줄을 알게
하시고 아침마다 깨우치시되 나의
귀를 깨우치사 학자들 같이 알아
듣게 하시도다
5 주 여호와께서 나의 귀를 여셨으
므로 내가 (拒逆)거역하지도 아니
하며 뒤로 물러가지도 아니하며
6 나를 때리는 자들에게 내 등을 맡
기며 나의 수염을 뽑는 자들에게
나의 뺨을 맡기며 (侮辱)모욕과
침 뱉음을 당하여도 내 얼굴을 가
리지 아니하였느니라
7 주 여호와께서 나를 도우시므로
내가 부끄러워하지 아니하고 내
얼굴을 부싯돌 같이 굳게 하였으
므로 내가 (羞恥)수치를 당하지
아니할 줄 아노라
8 나를 의롭다 하시는 이가 가까이
계시니 나와 다툴 자가 누구냐 나
와 함께 설지어다 나의 (對敵)대
적이 누구냐 내게 가까이 나아올
지어다
9 보라 주 여호와께서 나를 도우시
리니 나를 (定罪)정죄할 자 누구
냐 보라 그들은 다 옷과 같이 해어
지며 좀이 그들을 먹으리라
10 ●너희 중에 여호와를 경외하며
그의 종의 목소리를 청종하는 자
가 누구냐 흑암 중에 행하여 빛이
없는 자라도 여호와의 이름을 (依
賴)의뢰하며 자기 하나님께 의지
할지어다
11 보라 불을 피우고 횃불을 둘러 띤
자여 너희가 다 너희의 불꽃 가운
데로 걸어가며 너희가 피운 횃불
가운데로 걸어갈지어다 너희가 내
손에서 얻을 것이 이것이라 너희
가 (苦痛)고통이 있는 곳에 누우
리라

위로의 말씀

1) 제자들, 가르침을 받은 자들

51 의를 따르며 여호와를 찾아
구하는 너희는 내게 들을지
어다 너희를 떠낸 (磐石)반석과
너희를 파낸 우묵한 구덩이를 생
각하여 보라
2 너희의 조상 아브라함과 너희를
낳은 사라를 생각하여 보라 아브
라함이 혼자 있을 때에 내가 그를
부르고 그에게 복을 주어 (昌盛)
창성하게 하였느니라
3 나 여호와가 시온의 모든 황폐한
곳들을 위로하여 그 (沙漠)사막을
에덴 같게, 그 광야를 여호와의 동
산 같게 하였나니 그 가운데에 기
뻐함과 즐거워함과 감사함과 창화
하는 소리가 있으리라
4 ●내 백성이여 내게 (注意)주의하
라 내 나라여 내게 귀를 기울이라
이는 율법이 내게서부터 나갈 것
임이라 내가 내 공의를 만민의 빛
으로 세우리라
5 내 공의가 가깝고 내 구원이 나갔
은즉 내 팔이 만민을 심판하리니
섬들이 나를 (仰望)앙망하여 내
팔에 의지하리라
6 너희는 하늘로 눈을 들며 그 아래
의 땅을 살피라 하늘이 연기 같이
사라지고 땅이 옷 같이 해어지며
거기에 사는 자들이 [1]하루살이 같
이 죽으려니와 나의 구원은 영원
히 있고 나의 공의는 (廢)폐하여
지지 아니하리라
7 ●의를 아는 자들아, 마음에 내
율법이 있는 백성들아, 너희는 내

1) 그와 같이 2) 히, 바다의 큰 짐승

게 듣고 그들의 (誹謗)비방을 두
려워하지 말라 그들의 비방에 놀
라지 말라
8 옷 같이 좀이 그들을 먹을 것이며
양털 같이 좀벌레가 그들을 먹을
것이나 나의 공의는 영원히 있겠
고 나의 구원은 (世世)세세에 미
치리라
9 ●여호와의 팔이여 깨소서 깨소
서 능력을 베푸소서 옛날 옛시대
에 깨신 것 같이 하소서 라합을 저
미시고 [2](龍)용을 찌르신 이가 어
찌 주가 아니시며
10 바다를, 넓고 깊은 물을 말리시고
바다 깊은 곳에 길을 내어 (救贖)
구속 받은 자들을 건너게 하신 이
가 어찌 주가 아니시니이까
11 여호와께 구속 받은 자들이 돌아
와 노래하며 시온으로 돌아오니
(永遠)영원한 기쁨이 그들의 머리
위에 있고 즐거움과 기쁨을 얻으
리니 슬픔과 탄식이 달아나리이다
12 ●이르시되 너희를 (慰勞)위로하
는 자는 나 곧 나이니라 너는 어떠
한 자이기에 죽을 사람을 두려워
하며 풀 같이 될 사람의 아들을 두
려워하느냐
13 하늘을 펴고 땅의 기초를 정하고
너를 지은 자 여호와를 어찌하여
잊어버렸느냐 너를 멸하려고 준비
하는 저 학대자의 분노를 어찌하
여 (恒常)항상 종일 두려워하느냐
학대자의 분노가 어디 있느냐
14 (結縛)결박된 포로가 속히 놓일
것이니 죽지도 아니할 것이요 구

덩이로 내려가지도 아니할 것이며
그의 양식이 부족하지도 아니하리
라
15 나는 네 하나님 여호와라 바다를
휘저어서 그 물결을 뒤흔들게 하
는 자이니 그의 이름은 (萬軍)만
군의 여호와니라
16 내가 내 말을 네 입에 두고 내 손
그늘로 너를 덮었나니 이는 내가
하늘을 펴며 땅의 (基礎)기초를
정하며 시온에게 이르기를 너는
내 백성이라 말하기 위함이니라

비틀걸음 치게 하는 잔을 거두리라

17 ● 여호와의 손에서 그의 (憤怒)분
노의 잔을 마신 예루살렘이여 깰
지어다 깰지어다 일어설지어다 네
가 이미 비틀걸음 치게 하는 큰 잔
을 마셔 다 비웠도다
18 [1]네가 낳은 모든 아들 중에 너를
인도할 자가 없고 네가 (養育)양
육한 모든 아들 중에 그 손으로 너
를 이끌 자도 없도다
19 이 두 가지 일이 네게 닥쳤으니 누
가 너를 위하여 슬퍼하랴 곧 (荒
廢)황폐와 멸망이요 기근과 칼이
라 [2]누가 너를 위로하랴
20 네 아들들이 곤비하여 그물에 걸
린 (羚羊)영양 같이 온 거리 모퉁
이에 누웠으니 그들에게 여호와의
분노와 네 하나님의 견책이 가득
하도다
21 ● 그러므로 너 곤고하며 포도주
가 아니라도 (醉)취한 자여 이 말
을 들으라
22 네 주 여호와, 그의 백성의 억울함
을 풀어 주시는 네 하나님이 이같
이 말씀하시되 보라 내가 비틀걸
음 치게 하는 잔 곧 나의 (憤怒)분
노의 큰 (盞)잔을 네 손에서 거두
어서 네가 다시는 마시지 못하게
하고
23 그 (盞)잔을 너를 괴롭게 하던 자
들의 손에 두리라 그들은 일찍이
네게 이르기를 엎드리라 우리가
넘어가리라 하던 자들이라 너를
넘어가려는 그들에게 네가 네 허
리를 땅과 같게, 길거리와 같게 하
였느니라 하시니라

여호와께서 예루살렘을 구속하시다

52 시온이여 깰지어다 깰지어
다 네 힘을 낼지어다 거룩
한 성 예루살렘이여 네 아름다운
옷을 입을지어다 이제부터 (割禮)
할례 받지 아니한 자와 (不淨)부
정한 자가 다시는 네게로 들어옴
이 없을 것임이라
2 너는 티끌을 털어 버릴지어다 예
루살렘이여 일어나 앉을지어다 사
로잡힌 딸 시온이여 네 목의 [3]줄
을 스스로 풀지어다
3 ● 여호와께서 이와 같이 말씀하
시되 너희가 값 없이 팔렸으니 돈
없이 (贖良)속량되리라
4 주 여호와께서 이와 같이 말씀하
시되 내 백성이 전에 애굽에 내려
가서 거기에 (居留)거류하였고 앗
수르인은 공연히 그들을 압박하였
도다
5 그러므로 이제 여호와께서 말씀하

1) 히, 그 2) 히, 내가 어떻게 너를 위로하랴 3) 줄이 풀렸도다

시되 내 백성이 까닭 없이 잡혀갔
으니 내가 여기서 어떻게 하랴 여
호와께서 말씀하시되 그들을 (管
轄)관할하는 자들이 떠들며 내 이
름을 항상 종일토록 더럽히도다
6 그러므로 내 (百姓)백성은 내 이
름을 알리라 그러므로 그 날에는
그들이 이 말을 하는 자가 나인 줄
을 알리라 내가 여기 있느니라
7 ●좋은 소식을 전하며 평화를 (公
布)공포하며 복된 좋은 소식을 가
져오며 구원을 공포하며 시온을
향하여 이르기를 네 하나님이 통
치하신다 하는 자의 산을 넘는 발
이 어찌 그리 아름다운가
8 네 파수꾼들의 소리로다 그들이
소리를 높여 (一齊)일제히 노래하
니 이는 여호와께서 시온으로 돌
아오실 때에 그들의 눈이 마주 보
리로다
9 너 예루살렘의 황폐한 곳들아 기
쁜 소리를 내어 함께 노래할지어
다 이는 여호와께서 그의 백성을
위로하셨고 예루살렘을 (救贖)구
속하셨음이라
10 여호와께서 (列邦)열방의 목전에
서 그의 거룩한 팔을 나타내셨으
므로 땅 끝까지도 모두 우리 하나
님의 구원을 보았도다
11 ●너희는 떠날지어다 떠날지어다
거기서 나오고 부정한 것을 만지
지 말지어다 그 가운데에서 나올
지어다 여호와의 기구를 메는 자
들이여 스스로 (淨潔)정결하게 할
지어다
12 여호와께서 너희 앞에서 행하시며
이스라엘의 하나님이 너희 뒤에서
(護衛)호위하시리니 너희가 (遑
急)황급히 나오지 아니하며 도망
하듯 다니지 아니하리라

고난 받는 종

13 ●보라 내 종이 [1]형통하리니 받들
어 높이 들려서 지극히 (尊貴)존
귀하게 되리라
14 전에는 그의 모양이 (他人)타인보
다 (傷)상하였고 그의 모습이 사
람들보다 상하였으므로 많은 사람
이 [2]그에 대하여 놀랐거니와
15 그가 [3]나라들을 놀라게 할 것이며
왕들은 그로 말미암아 그들의 입
을 봉하리니 이는 그들이 아직 그
들에게 (傳播)전파되지 아니한 것
을 볼 것이요 아직 듣지 못한 것을
깨달을 것임이라
53 우리가 [4](傳)전한 것을 누
가 믿었느냐 여호와의 팔이
누구에게 나타났느냐
2 그는 주 앞에서 자라나기를 연한
순 같고 마른 땅에서 나온 [5]뿌리
같아서 고운 모양도 없고 (風彩)
풍채도 없은즉 우리가 보기에 (欽
慕)흠모할 만한 아름다운 것이 없
도다
3 그는 멸시를 받아 사람들에게 버
림 받았으며 (艱苦)간고를 많이
겪었으며 질고를 아는 자라 마치
사람들이 그에게서 얼굴을 가리는
것 같이 (蔑視)멸시를 당하였고

1) 지혜롭게 행하리니 2) 히, 네게 대하여 3) 열방에 뿌릴 것
4) 들은 5) 줄기

우리도 그를 귀히 여기지 아니하
였도다
4 ●그는 실로 우리의 질고를 지고
우리의 슬픔을 당하였거늘 우리는
생각하기를 그는 (懲罰)징벌을 받
아 하나님께 맞으며 고난을 당한
다 하였노라
5 그가 찔림은 우리의 허물 때문이
요 그가 상함은 우리의 죄악 때문
이라 그가 (懲戒)징계를 받으므로
우리는 평화를 누리고 그가 채찍
에 맞으므로 우리는 나음을 받았
도다
6 우리는 다 양 같아서 그릇 행하여
각기 제 길로 갔거늘 여호와께서
는 우리 모두의 (罪惡)죄악을 그
에게 담당시키셨도다
7 ●그가 곤욕을 당하여 괴로울 때
에도 그의 입을 열지 아니하였음
이여 마치 (屠獸場)도수장으로 끌
려 가는 어린 양과 털 깎는 자 앞
에서 잠잠한 양 같이 그의 입을 열
지 아니하였도다
8 그는 (困辱)곤욕과 심문을 당하고
끌려 갔으나 그 세대 중에 누가 생
각하기를 그가 살아 있는 자들의
땅에서 끊어짐은 마땅히 형벌 받
을 내 백성의 허물 때문이라 하였
으리요
9 그는 (强暴)강포를 행하지 아니하
였고 그의 입에 거짓이 없었으나
그의 무덤이 악인들과 함께 있었
으며 그가 죽은 후에 부자와 함께
있었도다
10 ●여호와께서 그에게 상함을 받
게 하시기를 원하사 (疾苦)질고를
당하게 하셨은즉 그의 영혼을 (贖
愆祭物)속건제물로 드리기에 이
르면 그가 [1]씨를 보게 되며 그의
날은 길 것이요 또 그의 손으로 여
호와께서 기뻐하시는 뜻을 성취하
리로다
11 그가 자기 영혼의 수고한 것을 보
고 (滿足)만족하게 여길 것이라
나의 의로운 종이 자기 지식으로
많은 사람을 의롭게 하며 또 그들
의 죄악을 친히 담당하리로다
12 그러므로 내가 그에게 (尊貴)존귀
한 자와 함께 몫을 받게 하며 강
한 자와 함께 (奪取)탈취한 것을
나누게 하리니 이는 그가 자기 (靈
魂)영혼을 버려 사망에 이르게 하
며 범죄자 중 하나로 헤아림을 받
았음이니라 그러나 그가 많은 사
람의 죄를 담당하며 범죄자를 위
하여 기도하였느니라

하나님의 영원한 자비

54 잉태하지 못하며 출산하지
못한 너는 노래할지어다 산
고를 겪지 못한 너는 외쳐 노래할
지어다 이는 홀로 된 여인의 (子
息)자식이 남편 있는 자의 자식보
다 많음이라 여호와께서 말씀하셨
느니라
2 네 장막터를 넓히며 네 처소의 (揮
帳)휘장을 아끼지 말고 널리 펴되
너의 줄을 길게 하며 너의 말뚝을
견고히 할지어다
3 이는 네가 좌우로 퍼지며 네 자손

1) 후손

은 열방을 얻으며 (荒廢)황폐한
성읍들을 사람 살 곳이 되게 할 것
임이라
4 ●두려워하지 말라 네가 (羞恥)수
치를 당하지 아니하리라 놀라지
말라 네가 부끄러움을 보지 아니
하리라 네가 네 젊었을 때의 수치
를 잊겠고 과부 때의 (恥辱)치욕
을 다시 기억함이 없으리니
5 이는 너를 지으신 이가 네 남편이
시라 그의 이름은 만군의 여호와
이시며 네 (救贖者)구속자는 이스
라엘의 거룩한 이시라 그는 온 땅
의 하나님이라 일컬음을 받으실
것이라
6 여호와께서 너를 부르시되 마치
버림을 받아 마음에 근심하는 아
내 곧 어릴 때에 아내가 되었다가
버림을 받은 (者)자에게 함과 같
이 하실 것임이라 네 하나님께서
말씀하셨느니라
7 내가 (暫時)잠시 너를 버렸으나
큰 긍휼로 너를 모을 것이요
8 내가 넘치는 진노로 내 얼굴을 네게
서 잠시 가렸으나 영원한 (慈悲)자
비로 너를 긍휼히 여기리라 네 구속
자 여호와께서 말씀하셨느니라
9 ●이는 내게 노아의 (洪水)홍수와
같도다 내가 다시는 노아의 홍수
로 땅 위에 범람하지 못하게 하리
라 맹세한 것 같이 내가 네게 노하
지 아니하며 너를 책망하지 아니
하기로 맹세하였노니
10 산들이 떠나며 언덕들은 옮겨질지
라도 나의 자비는 네게서 떠나지
아니하며 나의 화평의 (言約)언약
은 흔들리지 아니하리라 너를 긍
휼히 여기시는 여호와께서 말씀하
셨느니라

미래의 예루살렘

11 ●너 곤고하며 광풍에 요동하여
안위를 받지 못한 자여 보라 내가
화려한 채색으로 네 돌 사이에 더
하며 (青玉)청옥으로 네 기초를
쌓으며
12 (紅寶石)홍보석으로 네 성벽을 지
으며 석류석으로 네 성문을 만들
고 네 지경을 다 보석으로 꾸밀 것
이며
13 네 모든 자녀는 여호와의 [1](教訓)
교훈을 받을 것이니 네 자녀에게
는 큰 평안이 있을 것이며
14 너는 공의로 설 것이며 학대가 네
게서 멀어질 것인즉 네가 두려워
하지 아니할 것이며 (恐怖)공포도
네게 가까이하지 못할 것이라
15 보라 그들이 분쟁을 일으킬지라도
나로 말미암지 아니한 것이니 누
구든지 너와 분쟁을 일으키는 자는
너로 말미암아 (敗亡)패망하리라
16 보라 숯불을 불어서 자기가 쓸 만
한 연장을 제조하는 장인도 내가
창조하였고 (破壞)파괴하며 진멸
하는 자도 내가 창조하였은즉
17 너를 치려고 (製造)제조된 모든
연장이 쓸모가 없을 것이라 일어
나 너를 대적하여 (訟事)송사하는
모든 혀는 네게 정죄를 당하리니
이는 여호와의 종들의 (基業)기업

1) 제자가 될 것이니

이요 이는 그들이 내게서 얻은 공
의니라 여호와의 말씀이니라

하나님의 긍휼

55 오호라 너희 모든 목마른
자들아 물로 나아오라 돈
없는 자도 오라 너희는 와서 사 먹
되 돈 없이, 값 없이 와서 (葡萄
酒)포도주와 젖을 사라
2 너희가 어찌하여 (糧食)양식이 아
닌 것을 위하여 은을 달아 주며 배
부르게 하지 못할 것을 위하여 수
고하느냐 내게 듣고 들을지어다
그리하면 너희가 좋은 것을 먹을
것이며 너희 자신들이 기름진 것
으로 즐거움을 얻으리라
3 너희는 귀를 기울이고 내게로 나
아와 들으라 그리하면 너희의 영
혼이 살리라 내가 너희를 위하여
영원한 언약을 맺으리니 곧 다윗
에게 (許諾)허락한 확실한 (恩惠)
은혜이니라
4 보라 내가 그를 만민에게 증인으
로 세웠고 만민의 (引導者)인도자
와 명령자로 삼았나니
5 보라 네가 알지 못하는 나라를 네
가 부를 것이며 너를 알지 못하는
나라가 네게로 달려올 것은 여호
와 네 하나님 곧 이스라엘의 거룩
하신 이로 말미암음이니라 이는
그가 너를 (榮華)영화롭게 하였느
니라
6 ●너희는 여호와를 만날 만한 때
에 찾으라 가까이 계실 때에 그를
부르라
7 악인은 그의 길을, 불의한 자는 그
의 생각을 버리고 여호와께로 돌
아오라 그리하면 그가 (矜恤)긍휼
히 여기시리라 우리 하나님께로
돌아오라 그가 너그럽게 용서하시
리라
8 이는 내 생각이 너희의 생각과 다
르며 내 길은 너희의 길과 다름이
니라 여호와의 말씀이니라
9 이는 하늘이 땅보다 높음 같이 내
길은 너희의 길보다 높으며 내 생
각은 너희의 생각보다 높음이니라
10 이는 비와 눈이 하늘로부터 내려
서 그리로 되돌아가지 아니하고
땅을 적셔서 (所出)소출이 나게
하며 싹이 나게 하여 파종하는 자
에게는 종자를 주며 먹는 자에게
는 양식을 줌과 같이
11 내 입에서 나가는 말도 이와 같이
헛되이 내게로 되돌아오지 아니하
고 나의 기뻐하는 뜻을 이루며 내
가 보낸 일에 (亨通)형통함이니라
12 너희는 기쁨으로 나아가며 (平安)
평안히 (引導)인도함을 받을 것이
요 산들과 언덕들이 너희 앞에서
노래를 발하고 들의 모든 나무가
손뼉을 칠 것이며
13 잣나무는 가시나무를 대신하여 나
며 화석류는 찔레를 대신하여 날
것이라 이것이 여호와의 [1]기념이
되며 영영한 (表徵)표징이 되어
끊어지지 아니하리라

여호와께 연합한 사람

56 여호와께서 이와 같이 말씀
하시기를 너희는 정의를 지

1) 히, 이름이

키며 의를 행하라 이는 나의 구원
이 가까이 왔고 나의 (公義)공의
가 나타날 것임이라 하셨도다
2 (安息日)안식일을 지켜 더럽히지
아니하며 그의 손을 금하여 모든
악을 행하지 아니하여야 하나니
이와 같이 하는 사람, 이와 같이
굳게 잡는 사람은 복이 있느니라
3 여호와께 (聯合)연합한 이방인은
말하기를 여호와께서 나를 그의
백성 중에서 반드시 갈라내시리라
하지 말며 고자도 말하기를 나는
마른 나무라 하지 말라
4 여호와께서 이와 같이 말씀하시기
를 나의 (安息日)안식일을 지키며
내가 기뻐하는 일을 선택하며 나의
언약을 굳게 잡는 고자들에게는
5 내가 내 집에서, 내 성 안에서 아
들이나 딸보다 나은 (記念物)기념
물과 이름을 그들에게 주며 영원
한 이름을 주어 끊어지지 아니하
게 할 것이며
6 또 여호와와 (聯合)연합하여 그를
섬기며 여호와의 이름을 사랑하며
그의 종이 되며 안식일을 지켜 더
럽히지 아니하며 나의 언약을 굳
게 지키는 이방인마다
7 내가 곧 그들을 나의 성산으로 인
도하여 기도하는 내 집에서 그들
을 기쁘게 할 것이며 그들의 (燔
祭)번제와 희생을 나의 제단에서
기꺼이 받게 되리니 이는 내 집은
[1]만민이 기도하는 집이라 일컬음
이 될 것임이라

1) 만민을 위하여 기도하는 집 2) 히, 그의

8 이스라엘의 쫓겨난 자를 모으시
는 주 여호와가 말하노니 내가 이
미 모은 백성 외에 또 모아 그에게
(屬)속하게 하리라 하셨느니라

몰지각한 목자들

9 ●들의 모든 짐승들아 숲 가운데
의 모든 짐승들아 와서 먹으라
10 [2]이스라엘의 (把守)파수꾼들은 맹
인이요 다 무지하며 벙어리 개들
이라 짖지 못하며 다 꿈꾸는 자들
이요 누워 있는 자들이요 잠자기
를 좋아하는 자들이니
11 이 개들은 (貪慾)탐욕이 심하여
족한 줄을 알지 못하는 자들이요
그들은 몰지각한 목자들이라 다
제 길로 돌아가며 사람마다 자기
이익만 추구하며
12 오라 내가 포도주를 가져오리라
우리가 (毒酒)독주를 잔뜩 마시자
내일도 오늘 같이 크게 넘치리라
하느니라

우상 숭배를 규탄하시다

57 (義人)의인이 죽을지라도
마음에 두는 자가 없고 진실
한 이들이 거두어 감을 당할지라
도 깨닫는 자가 없도다 의인들은
악한 자들 앞에서 불리어가도다
2 그들은 (平安)평안에 들어갔나니
바른 길로 가는 자들은 그들의 침
상에서 편히 쉬리라
3 ●무당의 자식, (姦淫者)간음자와
음녀의 자식들아 너희는 가까이
오라
4 너희가 누구를 희롱하느냐 누구
를 향하여 입을 크게 벌리며 혀를

내미느냐 너희는 (悖逆)패역의 자
식, 거짓의 후손이 아니냐
5 너희가 상수리나무 사이, 모든 푸
른 나무 아래에서 (淫慾)음욕을
피우며 골짜기 가운데 바위 틈에
서 자녀를 도살하는도다
6 골짜기 가운데 매끄러운 돌들 중
에 네 몫이 있으니 그것들이 곧 네
가 제비 뽑아 얻은 것이라 또한 네
가 전제와 [1](禮物)예물을 그것들
에게 드리니 내가 어찌 위로를 받
겠느냐
7 네가 높고 높은 산 위에 네 (寢牀)
침상을 베풀었고 네가 또 거기에
올라가서 제사를 드렸으며
8 네가 또 네 (記念標)기념표를 문
과 문설주 뒤에 두었으며 네가 나
를 떠나 벗고 올라가서 네 침상을
넓히고 그들과 언약하며 또 네가
그들의 침상을 사랑하여 그 벌거
벗은 것을 보았으며
9 네가 기름을 가지고 몰렉에게 나
아가되 (香品)향품을 더하였으며
네가 또 사신을 먼 곳에 보내고 스
올에까지 내려가게 하였으며
10 네가 길이 멀어서 피곤할지라도
헛되다 말하지 아니함은 네 힘이
살아났으므로 (衰弱)쇠약하여지
지 아니함이라
11 ● 네가 누구를 두려워하며 누구
로 말미암아 놀랐기에 거짓을 말
하며 나를 생각하지 아니하며 이
를 마음에 두지 아니하였느냐 네
가 나를 (敬畏)경외하지 아니함은
내가 오랫동안 잠잠했기 때문이
아니냐
12 네 공의를 내가 보이리라 네가 행
한 일이 네게 (無益)무익하니라
13 네가 부르짖을 때에 네가 모은 우
상들에게 너를 (救援)구원하게 하
라 그것들은 다 바람에 날려 가겠
고 기운에 불려갈 것이로되 나를
의뢰하는 자는 땅을 차지하겠고 나
의 거룩한 산을 기업으로 얻으리라

인도하고 고치겠다고 하신 약속

14 ● 그가 말하기를 돋우고 돋우어
길을 (修築)수축하여 내 백성의
길에서 거치는 것을 제하여 버리
라 하리라
15 지극히 존귀하며 영원히 거하시며
거룩하다 이름하는 이가 이와 같
이 말씀하시되 내가 높고 거룩한
곳에 있으며 또한 (痛悔)통회하
고 마음이 (謙遜)겸손한 자와 함
께 있나니 이는 겸손한 자의 영을
소생시키며 통회하는 자의 마음을
소생시키려 함이라
16 내가 영원히 다투지 아니하며 내
가 끊임없이 노하지 아니할 것은
내가 지은 그의 영과 혼이 내 앞에
서 (疲困)피곤할까 함이라
17 그의 탐심의 죄악으로 말미암아
내가 노하여 그를 쳤으며 또 내 얼
굴을 가리고 (怒)노하였으나 그가
아직도 패역하여 자기 마음의 길
로 걸어가도다
18 내가 그의 길을 보았은즉 그를 고
쳐 줄 것이라 그를 인도하며 그와
그를 슬퍼하는 자들에게 (慰勞)위

1) 소제를

로를 다시 얻게 하리라
19 입술의 열매를 (創造)창조하는 자
여호와가 말하노라 먼 데 있는 자
에게든지 가까운 데 있는 자에게
든지 평강이 있을지어다 평강이
있을지어다 내가 그를 고치리라
하셨느니라
20 그러나 악인은 (平穩)평온함을 얻
지 못하고 그 물이 진흙과 더러운
것을 늘 솟구쳐 내는 요동하는 바
다와 같으니라
21 내 하나님의 말씀에 악인에게는
(平康)평강이 없다 하셨느니라

여호와께서 기뻐하시는 금식

58 크게 외치라 목소리를 아끼
지 말라 네 목소리를 (喇叭)
나팔 같이 높여 내 백성에게 그들
의 허물을, 야곱의 집에 그들의 죄
를 알리라
2 그들이 날마다 나를 찾아 나의 길
알기를 즐거워함이 마치 공의를 행
하여 그의 하나님의 (規例)규례를
저버리지 아니하는 나라 같아서 의
로운 판단을 내게 구하며 하나님과
가까이 하기를 즐거워하는도다
3 우리가 금식하되 어찌하여 주께서
보지 아니하시오며 우리가 마음을
괴롭게 하되 어찌하여 주께서 알
아 주지 아니하시나이까 보라 너
희가 금식하는 날에 (娛樂)오락을
구하며 [1]온갖 일을 시키는도다
4 보라 너희가 (禁食)금식하면서 논
쟁하며 다투며 (惡)악한 주먹으로
치는도다 너희가 오늘 금식하는
것은 너희의 목소리를 (上達)상달
하게 하려는 것이 아니니라
5 이것이 어찌 내가 기뻐하는 금식
이 되겠으며 이것이 어찌 사람이
자기의 마음을 괴롭게 하는 날이
되겠느냐 그의 머리를 갈대 같이
숙이고 굵은 베와 재를 펴는 것을
어찌 금식이라 하겠으며 여호와께
(悅納)열납될 날이라 하겠느냐
6 내가 기뻐하는 금식은 흉악의 결
박을 풀어 주며 멍에의 줄을 끌러
주며 압제 당하는 자를 (自由)자
유하게 하며 모든 멍에를 꺾는 것
이 아니겠느냐
7 또 주린 자에게 네 양식을 나누어
주며 유리하는 빈민을 집에 들이
며 헐벗은 자를 보면 입히며 또 네
(骨肉)골육을 피하여 스스로 숨지
아니하는 것이 아니겠느냐
8 그리하면 네 빛이 새벽 같이 비칠
것이며 네 치유가 급속할 것이며 네
공의가 네 앞에 행하고 여호와의 영
광이 네 뒤에 (護衛)호위하리니
9 네가 부를 때에는 나 여호와가 응
답하겠고 네가 부르짖을 때에는
내가 여기 있다 하리라 ●만일 네
가 너희 중에서 멍에와 손가락질
과 (虛妄)허망한 말을 (除)제하여
버리고
10 주린 자에게 네 (心情)심정이 (動)
동하며 괴로워하는 자의 심정을
(滿足)만족하게 하면 네 빛이 흑
암 중에서 떠올라 네 어둠이 낮과
같이 될 것이며
11 여호와가 너를 항상 인도하여 [2]메

1) 너희 역군을 압제하는도다 2) 가물 때에도

마른 곳에서도 네 영혼을 (滿足)
만족하게 하며 네 뼈를 견고하게
하리니 너는 물 댄 동산 같겠고 물
이 끊어지지 아니하는 샘 같을 것
이라
12 네게서 날 자들이 오래 (荒廢)황
폐된 곳들을 다시 세울 것이며 너
는 역대의 파괴된 기초를 쌓으리
니 너를 일컬어 무너진 데를 (補
修)보수하는 자라 할 것이며 길을
수축하여 거할 곳이 되게 하는 자
라 하리라

안식일을 지키면

13 ●만일 안식일에 네 발을 금하여
내 성일에 오락을 행하지 아니하
고 안식일을 일컬어 즐거운 날이
라, 여호와의 (聖日)성일을 존귀
한 날이라 하여 [1]이를 존귀하게
여기고 네 길로 행하지 아니하며
네 오락을 구하지 아니하며 사사
로운 말을 하지 아니하면
14 네가 여호와 안에서 즐거움을 얻
을 것이라 내가 너를 땅의 높은 곳
에 올리고 네 (祖上)조상 야곱의
기업으로 기르리라 여호와의 입의
말씀이니라

선지자가 백성의 죄악을 규탄하다

59 여호와의 손이 짧아 구원하
지 못하심도 아니요 귀가
(鈍)둔하여 듣지 못하심도 아니라
2 오직 너희 (罪惡)죄악이 너희와 너
희 하나님 사이를 갈라 놓았고 너
희 죄가 그의 얼굴을 가리어서 너
희에게서 듣지 않으시게 함이니라
3 이는 너희 손이 피에, 너희 손가락
이 (罪惡)죄악에 더러워졌으며 너
희 입술은 거짓을 말하며 너희 혀
는 악독을 냄이라
4 (公義)공의대로 (訴訟)소송하는
자도 없고 진실하게 판결하는 자
도 없으며 허망한 것을 의뢰하며
거짓을 말하며 악행을 잉태하여
죄악을 낳으며
5 (毒蛇)독사의 알을 품으며 거미줄
을 짜나니 그 알을 먹는 자는 죽을
것이요 그 알이 밟힌즉 터져서 독
사가 나올 것이니라
6 그 짠 것으로는 옷을 이룰 수 없을
것이요 그 (行爲)행위로는 자기를
가릴 수 없을 것이며 그 행위는 죄
악의 행위라 그 손에는 포악한 행
동이 있으며
7 그 발은 행악하기에 빠르고 무죄
한 피를 흘리기에 (迅速)신속하며
그 생각은 악한 생각이라 황폐와
파멸이 그 길에 있으며
8 그들은 (平康)평강의 길을 알지
못하며 그들이 행하는 곳에는 정
의가 없으며 굽은 길을 스스로 만
드나니 무릇 이 길을 밟는 자는 평
강을 알지 못하느니라

백성이 죄악을 자백하다

9 ●그러므로 (正義)정의가 우리에
게서 멀고 공의가 우리에게 미치
지 못한즉 우리가 빛을 바라나 어
둠뿐이요 밝은 것을 바라나 캄캄
한 가운데에 행하므로
10 우리가 맹인 같이 담을 더듬으며
눈 없는 자 같이 두루 더듬으며 낮

1) 그

에도 황혼 때 같이 넘어지니 우리
는 [1](强壯)강장한 자 중에서도 죽
은 자 같은지라
11 우리가 곰 같이 부르짖으며 비둘
기 같이 슬피 울며 정의를 바라나
없고 (救援)구원을 바라나 우리에
게서 멀도다
12 이는 우리의 허물이 주의 앞에 심
히 많으며 우리의 죄가 우리를 쳐
서 (證言)증언하오니 이는 우리의
허물이 우리와 함께 있음이니라
우리의 죄악을 우리가 아나이다
13 우리가 여호와를 (背叛)배반하고
속였으며 우리 하나님을 따르는
데에서 돌이켜 (暴虐)포학과 (悖
逆)패역을 말하며 거짓말을 마음
에 잉태하여 낳으니
14 정의가 뒤로 물리침이 되고 공의
가 멀리 섰으며 성실이 거리에 엎
드러지고 (正直)정직이 나타나지
못하는도다
15 성실이 없어지므로 악을 떠나는
자가 (奪取)탈취를 당하는도다

여호와께서 백성을 구원하려고 하시다

● 여호와께서 이를 살피시고 그
정의가 없는 것을 기뻐하지 아니
하시고
16 사람이 없음을 보시며 [2](仲裁者)
중재자가 없음을 이상히 여기셨으
므로 자기 팔로 스스로 구원을 베
푸시며 자기의 공의를 스스로 의
지하사
17 공의를 갑옷으로 삼으시며 구원
을 자기의 머리에 써서 투구로 삼

1) 우리는 어두운 데 처하여 죽은 자 2) 중재

으시며 보복을 속옷으로 삼으시며
(熱心)열심을 입어 겉옷으로 삼으
시고
18 그들의 행위대로 갚으시되 그 원
수에게 분노하시며 그 원수에게
(報應)보응하시며 섬들에게 보복
하실 것이라
19 서쪽에서 여호와의 이름을 두려
워하겠고 해 돋는 쪽에서 그의 (榮
光)영광을 두려워할 것은 여호와
께서 그 기운에 몰려 급히 흐르는
강물 같이 오실 것임이로다
20 여호와의 말씀이니라 구속자가 시
온에 임하며 야곱의 자손 가운데
에서 (罪過)죄과를 떠나는 자에게
임하리라
21 여호와께서 이르시되 내가 그들과
세운 나의 (言約)언약이 이러하니
곧 네 위에 있는 나의 영과 네 입
에 둔 나의 말이 이제부터 영원하
도록 네 입에서와 네 (後孫)후손
의 입에서와 네 후손의 후손의 입
에서 떠나지 아니하리라 하시니라
여호와의 말씀이니라

예루살렘이 받을 영광

60 일어나라 빛을 발하라 이는
네 빛이 이르렀고 여호와의
(榮光)영광이 네 위에 임하였음이
니라
2 보라 어둠이 땅을 덮을 것이며 캄
캄함이 만민을 가리려니와 오직
여호와께서 네 위에 임하실 것이
며 그의 (榮光)영광이 네 위에 나
타나리니
3 나라들은 네 빛으로, 왕들은 비치

는 네 (光明)광명으로 나아오리라
4 ● 네 눈을 들어 (四方)사방을 보
라 무리가 다 모여 네게로 오느니
라 네 아들들은 먼 곳에서 오겠고
네 딸들은 안기어 올 것이라
5 그 때에 네가 보고 기쁜 빛을 내며
네 마음이 놀라고 또 (和暢)화창
하리니 이는 바다의 부가 네게로
돌아오며 이방 나라들의 재물이
네게로 옴이라
6 허다한 낙타, 미디안과 에바의 어
린 낙타가 네 가운데에 가득할 것
이며 스바 사람들은 다 금과 유향
을 가지고 와서 여호와의 찬송을
(傳播)전파할 것이며
7 게달의 양 무리는 다 네게로 모일
것이요 느바욧의 숫양은 네게 공
급되고 내 제단에 올라 기꺼이 받
음이 되리니 내가 내 [1]영광의 집
을 (榮華)영화롭게 하리라
8 저 구름 같이, 비둘기들이 그 보금
자리로 날아가는 것 같이 날아오
는 자들이 누구냐
9 곧 섬들이 나를 (仰望)앙망하고
다시스의 배들이 먼저 이르되 먼
곳에서 네 자손과 그들의 은금을
아울러 싣고 와서 네 하나님 여호
와의 이름에 드리려 하며 이스라
엘의 거룩한 이에게 드리려 하는
자들이라 이는 [2]내가 너를 [3]영화
롭게 하였음이라
10 ● 내가 노하여 너를 쳤으나 이제
는 나의 (恩惠)은혜로 너를 불쌍
히 여겼은즉 이방인들이 네 성벽
을 쌓을 것이요 그들의 왕들이 너
를 섬길 것이며
11 네 성문이 항상 열려 주야로 닫히
지 아니하리니 이는 사람들이 네
게로 이방 나라들의 재물을 가져
오며 그들의 왕들을 (捕虜)포로로
이끌어 옴이라
12 너를 섬기지 아니하는 백성과 나
라는 (破滅)파멸하리니 그 백성들
은 반드시 진멸되리라
13 레바논의 (榮光)영광 곧 잣나무
와 소나무와 (黃楊木)황양목이 함
께 네게 이르러 내 거룩한 곳을 아
름답게 할 것이며 내가 나의 발 둘
곳을 영화롭게 할 것이라
14 너를 괴롭히던 자의 자손이 몸을
굽혀 네게 나아오며 너를 (蔑視)
멸시하던 모든 자가 네 발 아래에
엎드려 너를 일컬어 여호와의 성
읍이라, 이스라엘의 거룩한 이의
시온이라 하리라
15 ● 전에는 네가 버림을 당하며 미
움을 당하였으므로 네게로 가는
자가 없었으나 이제는 내가 너를
영원한 아름다움과 (代代)대대의
기쁨이 되게 하리니
16 네가 이방 나라들의 젖을 빨며 뭇
왕의 젖을 빨고 나 여호와는 네 구
원자, 네 구속자, 야곱의 (全能者)
전능자인 줄 알리라
17 내가 금을 가지고 놋을 (代身)대
신하며 은을 가지고 철을 대신하
며 놋으로 나무를 대신하며 철로
돌을 대신하며 화평을 세워 관원
으로 삼으며 공의를 세워 감독으

1) 아름다운 집을 아름답게 하리라 2) 히, 그 3) 아름답게

로 삼으리니
18 다시는 (强暴)강포한 일이 네 땅
에 들리지 않을 것이요 황폐와 파
멸이 네 국경 안에 다시 없을 것이
며 네가 네 성벽을 구원이라, 네
성문을 찬송이라 부를 것이라
19 다시는 낮에 해가 네 빛이 되지 아
니하며 달도 네게 빛을 비추지 않
을 것이요 오직 여호와가 네게 영
원한 빛이 되며 네 하나님이 네
(榮光)영광이 되리니
20 다시는 네 해가 지지 아니하며 네
달이 물러가지 아니할 것은 여호
와가 네 (永遠)영원한 빛이 되고
네 슬픔의 날이 끝날 것임이라
21 네 백성이 다 의롭게 되어 (永遠)
영원히 땅을 차지하리니 그들은
내가 심은 가지요 내가 손으로 만
든 것으로서 나의 (榮光)영광을
나타낼 것인즉
22 그 작은 자가 천 명을 이루겠고 그
약한 자가 (强國)강국을 이룰 것
이라 때가 되면 나 여호와가 속히
이루리라

구원의 아름다운 소식

61 주 여호와의 영이 내게 내리
셨으니 이는 여호와께서 내게
기름을 부으사 [1]가난한 자에게 아
름다운 (消息)소식을 전하게 하려
하심이라 나를 보내사 마음이 상한
자를 고치며 포로된 자에게 자유
를, 갇힌 자에게 놓임을 선포하며
2 여호와의 (恩惠)은혜의 해와 우리
하나님의 보복의 날을 선포하여

1) 겸비한 자

모든 슬픈 자를 위로하되
3 무릇 시온에서 슬퍼하는 자에게
(花冠)화관을 주어 그 재를 대신
하며 기쁨의 기름으로 그 슬픔을
대신하며 찬송의 옷으로 그 근심
을 대신하시고 그들이 의의 나무
곧 여호와께서 심으신 그 영광을
나타낼 자라 일컬음을 받게 하려
하심이라
4 ●그들은 오래 황폐하였던 곳을
다시 쌓을 것이며 옛부터 무너진
곳을 다시 일으킬 것이며 황폐한
성읍 곧 대대로 무너져 있던 것들
을 (重修)중수할 것이며
5 외인은 서서 너희 양 떼를 칠 것이
요 이방 사람은 너희 (農夫)농부
와 포도원지기가 될 것이나
6 오직 너희는 여호와의 제사장이라
일컬음을 받을 것이라 사람들이
너희를 우리 하나님의 봉사자라
할 것이며 너희가 이방 나라들의
(財物)재물을 먹으며 그들의 영광
을 얻어 자랑할 것이니라
7 너희가 수치 대신에 보상을 배나
얻으며 능욕 대신에 몫으로 말미
암아 즐거워할 것이라 그리하여
그들의 땅에서 갑절이나 얻고 (永
遠)영원한 기쁨이 있으리라
8 무릇 나 여호와는 정의를 사랑하
며 불의의 강탈을 미워하여 성실
히 그들에게 갚아 주고 그들과 영
원한 언약을 맺을 것이라
9 그들의 자손을 뭇 나라 가운데에,
그들의 후손을 만민 가운데에 알
리리니 무릇 이를 보는 자가 그들

은 여호와께 복 받은 자손이라 (認
定)인정하리라
10 ● 내가 여호와로 말미암아 크게
기뻐하며 내 영혼이 나의 하나님
으로 말미암아 즐거워하리니 이는
그가 구원의 옷을 내게 입히시며
공의의 겉옷을 내게 더하심이 신
랑이 [1](紗帽)사모를 쓰며 신부가
자기 보석으로 단장함 같게 하셨
음이라
11 땅이 싹을 내며 동산이 거기 뿌린
것을 움돋게 함 같이 주 여호와께
서 공의와 (讚頌)찬송을 모든 나
라 앞에 솟아나게 하시리라

62

나는 시온의 의가 빛 같이,
예루살렘의 구원이 횃불 같
이 나타나도록 시온을 위하여 (潛
潛)잠잠하지 아니하며 예루살렘
을 위하여 쉬지 아니할 것인즉
2 이방 나라들이 네 (公義)공의를,
뭇 왕이 다 네 영광을 볼 것이요
너는 여호와의 입으로 정하실 새
이름으로 일컬음이 될 것이며
3 너는 또 여호와의 손의 아름다운
관, 네 하나님의 손의 (王冠)왕관
이 될 것이라
4 다시는 너를 버림 받은 자라 부르
지 아니하며 다시는 네 땅을 (荒
蕪地)황무지라 부르지 아니하고
오직 너를 [2]헵시바라 하며 네 땅
을 [3]쁄라라 하리니 이는 여호와께
서 너를 기뻐하실 것이며 네 땅이
결혼한 것처럼 될 것임이라
5 마치 청년이 처녀와 결혼함 같이
네 아들들이 너를 취하겠고 (新
郞)신랑이 신부를 기뻐함 같이 네
하나님이 너를 기뻐하시리라
6 ● 예루살렘이여 내가 너의 (城壁)
성벽 위에 파수꾼을 세우고 그들
로 하여금 주야로 계속 잠잠하지
않게 하였느니라 너희 여호와로
기억하시게 하는 자들아 너희는
쉬지 말며
7 또 여호와께서 예루살렘을 세워
세상에서 (讚頌)찬송을 받게 하시
기까지 그로 쉬지 못하시게 하라
8 여호와께서 그 오른손, 그 능력의
팔로 맹세하시되 내가 다시는 네
곡식을 네 원수들에게 (糧食)양식
으로 주지 아니하겠고 네가 수고
하여 얻은 포도주를 이방인이 마
시지 못하게 할 것인즉
9 오직 추수한 자가 그것을 먹고 나
여호와를 찬송할 것이요 거둔 자
가 그것을 나의 (聖所)성소 뜰에
서 마시리라 하셨느니라
10 ● 성문으로 나아가라 나아가라
백성이 올 길을 닦으라 큰 길을
(修築)수축하고 수축하라 돌을 제
하라 만민을 위하여 기치를 들라
11 여호와께서 땅 끝까지 (宣布)선포
하시되 너희는 딸 시온에게 이르
라 보라 네 구원이 이르렀느니라
보라 상급이 그에게 있고 보응이
그 앞에 있느니라 하셨느니라
12 사람들이 너를 일컬어 거룩한 백
성이라 여호와께서 구속하신 자라
하겠고 또 [4]너를 일컬어 찾은 바

1) 히, 제사장의 관 2) 나의 기쁨이 그에게 있다 3) 결혼한 여자 4) 히, 그들

된 자요 버림 받지 아니한 (城邑)
성읍이라 하리라

여호와의 승리

63 에돔에서 오는 이 누구며
붉은 옷을 입고 보스라에서
오는 이 누구냐 그의 (華麗)화려
한 의복 큰 능력으로 걷는 이가 누
구냐 그는 나이니 공의를 말하는
이요 구원하는 능력을 가진 이니라
2 어찌하여 네 (衣服)의복이 붉으며
네 옷이 포도즙틀을 밟는 자 같으
냐
3 만민 가운데 나와 함께 한 자가 없
이 내가 홀로 포도즙틀을 밟았는
데 내가 노함으로 말미암아 무리
를 밟았고 분함으로 말미암아 짓
밟았으므로 그들의 [1](鮮血)선혈이
내 옷에 튀어 내 의복을 다 더럽혔
음이니
4 이는 내 (怨讐)원수 갚는 날이 내
마음에 있고 내가 (救贖)구속할
해가 왔으나
5 내가 본즉 도와 주는 자도 없고 붙
들어 주는 자도 없으므로 (異常)
이상하게 여겨 내 팔이 나를 구원
하며 내 분이 나를 붙들었음이라
6 내가 노함으로 말미암아 만민을
밟았으며 내가 분함으로 말미암아
그들을 [2]취하게 하고 그들의 (鮮
血)선혈이 땅에 쏟아지게 하였느
니라

이스라엘에게 베푸신 은총

7 ● 내가 여호와께서 우리에게 베
푸신 모든 자비와 그의 찬송을 말
하며 그의 사랑을 따라, 그의 많은
자비를 따라 이스라엘 집에 베푸
신 큰 (恩寵)은총을 말하리라
8 그가 말씀하시되 그들은 실로 나
의 백성이요 거짓을 행하지 아니
하는 자녀라 하시고 그들의 (救援
者)구원자가 되사
9 그들의 모든 환난에 (同參)동참하
사 자기 앞의 사자로 하여금 그들
을 구원하시며 그의 사랑과 그의
자비로 그들을 구원하시고 옛적
모든 날에 그들을 드시며 안으셨
으나
10 그들이 반역하여 주의 성령을 근
심하게 하였으므로 그가 돌이켜
그들의 (對敵)대적이 되사 친히
그들을 치셨더니
11 백성이 옛적 모세의 때를 기억하
여 이르되 백성과 양 떼의 [3]목자
를 바다에서 올라오게 하신 이가
이제 어디 계시냐 그들 가운데에
(聖靈)성령을 두신 이가 이제 어
디 계시냐
12 그의 영광의 팔이 모세의 오른손
을 이끄시며 그의 이름을 (永遠)
영원하게 하려 하사 그들 앞에서
물을 갈라지게 하시고
13 그들을 깊음으로 인도하시되 (曠
野)광야에 있는 말 같이 넘어지지
않게 하신 이가 이제 어디 계시냐
14 여호와의 영이 그들을 골짜기로
내려가는 가축 같이 편히 쉬게 하
셨도다 주께서 이와 같이 주의 (百
姓)백성을 인도하사 이름을 영화
롭게 하셨나이다 하였느니라

1) 정력 2) 부수고 3) 목자들

자비와 사랑을 구하는 기도

15 ●주여 하늘에서 굽어 살피시며 주
의 거룩하고 (榮華)영화로운 처소
에서 보옵소서 주의 열성과 주의
능하신 행동이 이제 어디 있나이까
주께서 베푸시던 (懇曲)간곡한 자
비와 사랑이 내게 그쳤나이다
16 주는 우리 아버지시라 아브라함은
우리를 모르고 이스라엘은 우리를
(認定)인정하지 아니할지라도 여
호와여, 주는 우리의 아버지시라
옛날부터 주의 이름을 우리의 구
속자라 하셨거늘
17 여호와여 어찌하여 우리로 주의
길에서 떠나게 하시며 우리의 마
음을 완고하게 하사 주를 (敬畏)
경외하지 않게 하시나이까 원하건
대 주의 종들 곧 주의 기업인 (支
派)지파들을 위하사 돌아오시옵
소서
18 주의 거룩한 백성이 땅을 차지한
지 오래지 아니하여서 우리의 원
수가 주의 성소를 (蹂躪)유린하였
사오니
19 우리는 주의 다스림을 받지 못하
는 자 같으며 주의 이름으로 일컬
음을 받지 못하는 자 같이 되었나
이다

64 원하건대 주는 하늘을 가르
고 (降臨)강림하시고 주 앞
에서 산들이 진동하기를
2 불이 섶을 사르며 불이 물을 끓임
같게 하사 주의 (怨讐)원수들이
주의 이름을 알게 하시며 이방 나
라들로 주 앞에서 떨게 하옵소서
3 주께서 (降臨)강림하사 우리가 생
각하지 못한 두려운 일을 행하시
던 그 때에 산들이 주 앞에서 진동
하였사오니
4 주 외에는 자기를 (仰望)앙망하는
자를 위하여 이런 일을 행한 신을
옛부터 들은 자도 없고 귀로 들은
자도 없고 눈으로 본 자도 없었나
이다
5 주께서 기쁘게 공의를 행하는 자
와 주의 길에서 주를 (記憶)기억
하는 자를 선대하시거늘 우리가
범죄하므로 주께서 진노하셨사오
며 이 현상이 이미 오래 되었사오
니 우리가 어찌 구원을 얻을 수 있
으리이까
6 무릇 우리는 다 (不淨)부정한 자
같아서 우리의 의는 다 더러운 옷
같으며 우리는 다 잎사귀 같이 시
들므로 우리의 죄악이 바람 같이
우리를 몰아가나이다
7 주의 이름을 부르는 자가 없으며
스스로 (奮發)분발하여 주를 붙잡
는 자가 없사오니 이는 주께서 우
리에게 얼굴을 숨기시며 우리의
(罪惡)죄악으로 말미암아 우리가
(消滅)소멸되게 하셨음이니이다
8 ●그러나 여호와여, 이제 주는 우
리 아버지시니이다 우리는 진흙이
요 주는 (土器)토기장이시니 우리
는 다 주의 손으로 지으신 것이니
이다
9 여호와여, 너무 분노하지 마시오
며 죄악을 영원히 기억하지 마시
옵소서 구하오니 보시옵소서 보시

옵소서 우리는 다 주의 (百姓)백
성이니이다
10 주의 거룩한 (城邑)성읍들이 광야
가 되었으며 시온이 광야가 되었
으며 예루살렘이 황폐하였나이다
11 우리 조상들이 주를 찬송하던 우
리의 거룩하고 아름다운 성전이
불에 탔으며 우리가 즐거워하던
곳이 다 (荒廢)황폐하였나이다
12 여호와여 일이 이러하거늘 주께서
아직도 가만히 계시려 하시나이까
주께서 아직도 (潛潛)잠잠하시고
우리에게 심한 괴로움을 받게 하
시려나이까

하나님께서 패역한 백성을 벌하시다

65 나는 나를 구하지 아니하던
자에게 물음을 받았으며 나
를 찾지 아니하던 자에게 찾아냄
이 되었으며 내 이름을 부르지 아
니하던 나라에 내가 여기 있노라
내가 여기 있노라 하였노라
2 내가 종일 손을 펴서 자기 생각을
따라 옳지 않은 길을 걸어가는 패
역한 (百姓)백성들을 불렀나니
3 곧 동산에서 제사하며 벽돌 위에
서 (焚香)분향하여 내 앞에서 항
상 내 노를 일으키는 백성이라
4 그들이 무덤 사이에 [1]앉으며 (隱
密)은밀한 (處所)처소에서 밤을
지내며 돼지고기를 먹으며 가증한
것들의 국을 그릇에 담으면서
5 사람에게 이르기를 너는 네 자리
에 서 있고 내게 가까이 하지 말라
나는 너보다 거룩함이라 하나니

1) 처하며 2) 초장이 3) 운수신 4) 운명신

이런 자들은 내 코의 (煙氣)연기
요 종일 타는 불이로다
6 보라 이것이 내 앞에 기록되었으
니 내가 잠잠하지 아니하고 반드
시 (報應)보응하되 그들의 품에
보응하리라
7 너희의 죄악과 너희 조상들의 죄
악은 한 가지니 그들이 산 위에서
(焚香)분향하며 작은 산 위에서
나를 (凌辱)능욕하였음이라 그러
므로 내가 먼저 그들의 행위를 헤
아리고 그들의 품에 보응하리라
여호와가 말하였느니라
8 ● 여호와께서 이와 같이 말씀하
시되 포도송이에는 즙이 있으므로
사람들이 말하기를 그것을 (傷)상
하지 말라 거기 복이 있느니라 하
나니 나도 내 종들을 위하여 그와
같이 행하여 다 (滅)멸하지 아니
하고
9 내가 야곱에게서 씨를 내며 유다
에게서 나의 산들을 기업으로 얻
을 자를 내리니 내가 택한 자가 이
를 (基業)기업으로 얻을 것이요
나의 종들이 거기에 살 것이라
10 사론은 양 떼의 [2]우리가 되겠고
아골 골짜기는 소 떼가 눕는 곳이
되어 나를 찾은 내 (百姓)백성의
(所有)소유가 되려니와
11 오직 나 여호와를 버리며 나의 (聖
山)성산을 잊고 [3]갓에게 상을 베
풀며 [4]므니에게 섞은 술을 가득히
붓는 너희여
12 내가 너희를 칼에 붙일 것인즉 다
구푸리고 죽임을 당하리니 이는

내가 불러도 너희가 (對答)대답하
지 아니하며 내가 말하여도 듣지
아니하고 나의 눈에 악을 (行)행
하였으며 내가 즐겨하지 아니하는
일을 택하였음이니라
13 ● 이러므로 주 여호와께서 이와
같이 말씀하시니라 보라 나의 종
들은 먹을 것이로되 너희는 주릴
것이니라 보라 나의 종들은 마실
것이로되 너희는 갈할 것이니라
보라 나의 종들은 기뻐할 것이로
되 너희는 (羞恥)수치를 당할 것
이니라
14 보라 나의 종들은 마음이 즐거우
므로 노래할 것이로되 너희는 마
음이 슬프므로 울며 (心靈)심령이
상하므로 (痛哭)통곡할 것이며
15 또 너희가 남겨 놓은 이름은 내가
(擇)택한 자의 저줏거리가 될 것
이니라 주 여호와 내가 너를 죽이
고 내 종들은 다른 이름으로 부르
리라
16 이러므로 땅에서 자기를 위하여
복을 구하는 자는 [1](眞理)진리의
하나님을 향하여 복을 구할 것이
요 땅에서 맹세하는 자는 진리의
하나님으로 맹세하리니 이는 이전
환난이 잊어졌고 내 눈 앞에 숨겨
졌음이라

새 하늘과 새 땅 창조

17 ● 보라 내가 새 하늘과 새 땅을
(創造)창조하나니 이전 것은 기억
되거나 마음에 생각나지 아니할
것이라
18 너희는 내가 창조하는 것으로 말
미암아 (永遠)영원히 기뻐하며 즐
거워할지니라 보라 내가 예루살렘
을 즐거운 성으로 창조하며 그 백
성을 기쁨으로 삼고
19 내가 예루살렘을 즐거워하며 나
의 백성을 기뻐하리니 우는 소리
와 부르짖는 소리가 그 가운데에
서 다시는 들리지 아니할 것이며
20 거기는 날 수가 많지 못하여 죽는
어린이와 (壽限)수한이 차지 못한
노인이 다시는 없을 것이라 곧 백
세에 죽는 자를 젊은이라 하겠고
[2]백 세가 못되어 죽는 자는 저주
받은 자이리라
21 그들이 (家屋)가옥을 건축하고 그
안에 살겠고 포도나무를 심고 열
매를 먹을 것이며
22 그들이 건축한 데에 타인이 살지
아니할 것이며 그들이 심은 것을
타인이 먹지 아니하리니 이는 내
백성의 수한이 나무의 (壽限)수한
과 같겠고 내가 택한 자가 그 손으
로 일한 것을 길이 누릴 것이며
23 그들의 수고가 헛되지 않겠고 그
들이 (生産)생산한 것이 재난을
당하지 아니하리니 그들은 여호와
의 복된 자의 자손이요 그들의 후
손도 그들과 같을 것임이라
24 그들이 부르기 전에 내가 (應答)
응답하겠고 그들이 말을 마치기
전에 내가 들을 것이며
25 이리와 어린 양이 함께 먹을 것이
며 사자가 소처럼 짚을 먹을 것이

1) 아멘 '고후 1:20; 계 3:14' 2) 히, 백 세 된 죄인은 저주를 당한 것이라

며 뱀은 흙을 양식으로 삼을 것이
니 나의 (聖山)성산에서는 해함도
없겠고 (傷)상함도 없으리라 여호
와께서 말씀하시니라

여호와께서 민족들을 심판하시다

66 여호와께서 이와 같이 말씀
하시되 하늘은 나의 보좌요
땅은 나의 발판이니 너희가 나를
위하여 무슨 집을 지으랴 내가 (安
息)안식할 처소가 어디랴
2 나 여호와가 말하노라 내 손이 이
모든 것을 지었으므로 그들이 생
겼느니라 무릇 마음이 가난하고
심령에 (痛悔)통회하며 내 말을
듣고 떠는 자 그 사람은 내가 돌보
려니와
3 소를 잡아 드리는 것은 살인함과
다름이 없이 하고 어린 양으로 제
사드리는 것은 개의 목을 꺾음과
다름이 없이 하며 드리는 [1]예물은
돼지의 피와 다름이 없이 하고 분
향하는 것은 우상을 찬송함과 다
름이 없이 행하는 그들은 자기의
길을 택하며 그들의 마음은 (可
憎)가증한 것을 기뻐한즉
4 나 또한 (誘惑)유혹을 그들에게
택하여 주며 그들이 무서워하는
것을 그들에게 임하게 하리니 이
는 내가 불러도 대답하는 자가 없
으며 내가 말하여도 그들이 듣지
않고 오직 나의 (目前)목전에서
악을 행하며 내가 기뻐하지 아니
하는 것을 택하였음이라 하시니라
5 ● 여호와의 말씀으로 말미암아 떠
는 자들아 그의 말씀을 들을지어다
이르시되 너희 (兄弟)형제가 너희
를 미워하며 내 이름으로 말미암아
너희를 쫓아내며 이르기를 여호와
께서는 (榮光)영광을 나타내사 너
희 기쁨을 우리에게 보이시기를 원
하노라 하였으나 그들은 (羞恥)수
치를 당하리라 하셨느니라
6 떠드는 소리가 성읍에서부터 들려
오며 목소리가 성전에서부터 들리
니 이는 여호와께서 그의 원수에
게 (報應)보응하시는 목소리로다
7 ● 시온은 (陣痛)진통을 하기 전에
해산하며 고통을 당하기 전에 남
아를 낳았으니
8 이러한 일을 들은 자가 누구이며
이러한 일을 본 자가 누구이냐 나
라가 어찌 하루에 생기겠으며 민
족이 어찌 한 순간에 태어나겠느
냐 그러나 시온은 진통하는 즉시
그 아들을 (順産)순산하였도다
9 여호와께서 이르시되 내가 아이를
갖도록 하였은즉 (解産)해산하게
하지 아니하겠느냐 네 하나님이
이르시되 나는 해산하게 하는 이
인즉 어찌 (胎)태를 닫겠느냐 하
시니라
10 ● 예루살렘을 사랑하는 자들이여
다 그 (城邑)성읍과 함께 기뻐하
라 다 그 성읍과 함께 즐거워하라
그 성을 위하여 슬퍼하는 자들이
여 다 그 성의 기쁨으로 말미암아
그 성과 함께 기뻐하라
11 너희가 젖을 빠는 것 같이 그 위로
하는 품에서 (滿足)만족하겠고 젖

1) 소제

을 넉넉히 빤 것 같이 그 영광의 풍
성함으로 말미암아 즐거워하리라
12 여호와께서 이와 같이 말씀하시되
보라 내가 그에게 (平康)평강을 강
같이, 그에게 뭇 나라의 영광을 넘
치는 시내 같이 주리니 너희가 그
성읍의 젖을 빨 것이며 너희가 옆
에 안기며 그 무릎에서 놀 것이라
13 어머니가 자식을 (慰勞)위로함 같
이 내가 너희를 위로할 것인즉 너
희가 예루살렘에서 위로를 받으리
니
14 너희가 이를 보고 마음이 기뻐서
너희 뼈가 연한 풀의 (茂盛)무성
함 같으리라 여호와의 손은 그의
종들에게 나타나겠고 그의 진노는
그의 원수에게 더하리라
15 ● 보라 여호와께서 불에 둘러싸
여 강림하시리니 그의 수레들은
회오리바람 같으리로다 그가 (赫
赫)혁혁한 위세로 노여움을 나타
내시며 맹렬한 화염으로 책망하실
것이라
16 여호와께서 불과 칼로 모든 (血
肉)혈육에게 심판을 베푸신즉 여
호와께 죽임 당할 자가 많으리니
17 스스로 거룩하게 구별하며 스스
로 정결하게 하고 동산에 들어가
서 그 가운데에 있는 [1]자를 따라
돼지 고기와 (可憎)가증한 물건과
쥐를 먹는 자가 다 함께 망하리라
여호와의 말씀이니라
18 ● 내가 그들의 행위와 (思想)사상
을 아노라 때가 이르면 뭇 나라와
언어가 다른 민족들을 모으리니 그
들이 와서 나의 영광을 볼 것이며
19 내가 그들 가운데에서 (徵兆)징조
를 세워서 그들 가운데에서 (逃避)
도피한 자를 여러 나라 곧 다시스
와 뿔과 활을 당기는 룻과 및 두발
과 야완과 또 나의 명성을 듣지도
못하고 나의 영광을 보지도 못한
먼 섬들로 보내리니 그들이 나의
영광을 뭇 나라에 전파하리라
20 나 여호와가 말하노라 이스라엘
자손이 예물을 깨끗한 그릇에 담
아 여호와의 집에 드림 같이 그들
이 너희 모든 형제를 뭇 나라에서
나의 성산 예루살렘으로 말과 수
레와 (轎子)교자와 노새와 낙타에
태워다가 여호와께 예물로 드릴
것이요
21 나는 그 가운데에서 택하여 (祭司
長)제사장과 레위인을 삼으리라
여호와의 말이니라
22 ● 내가 지을 새 하늘과 새 땅이
내 앞에 (恒常)항상 있는 것 같이
너희 자손과 너희 이름이 항상 있
으리라 여호와의 말이니라
23 여호와가 말하노라 매월 초하루와
매 (安息日)안식일에 모든 혈육이
내 앞에 나아와 예배하리라
24 그들이 나가서 내게 패역한 자들
의 시체들을 볼 것이라 그 벌레가
죽지 아니하며 그 불이 꺼지지 아
니하여 모든 혈육에게 (可憎)가증
함이 되리라

1) 목상의 뒤에서

예레미야 Jeremiah

1 베냐민 땅 아나돗의 (祭司長)제
사장들 중 힐기야의 아들 예레미
야의 말이라
2 아몬의 아들 유다 왕 요시야가 다
스린 지 십삼 년에 여호와의 말씀
이 예레미야에게 (臨)임하였고
3 요시야의 아들 유다의 왕 여호야
김 (時代)시대부터 요시야의 아들
유다의 왕 시드기야의 십일년 말
까지 곧 오월에 예루살렘이 사로
잡혀 가기까지 임하니라

여호와의 말씀이 예레미야에게 임하다

4 ●여호와의 말씀이 내게 (臨)임하
니라 이르시되
5 내가 너를 모태에 짓기 전에 너를
알았고 네가 배에서 나오기 전에 너
를 (聖別)성별하였고 너를 여러 나
라의 선지자로 세웠노라 하시기로
6 내가 이르되 슬프도소이다 주 여
호와여 보소서 나는 아이라 말할
줄을 알지 못하나이다 하니
7 여호와께서 내게 이르시되 너는
아이라 말하지 말고 내가 너를 누
구에게 보내든지 너는 가며 내가
네게 무엇을 (命令)명령하든지 너
는 말할지니라
8 너는 그들 때문에 두려워하지 말
라 내가 너와 함께 하여 너를 (救
援)구원하리라 나 여호와의 말이
니라 하시고
9 여호와께서 그의 손을 내밀어 내
입에 대시며 여호와께서 내게 이
르시되 보라 내가 내 말을 네 입에
두었노라
10 보라 내가 오늘 너를 여러 나라와
여러 왕국 위에 세워 네가 그것들
을 뽑고 파괴하며 (破滅)파멸하고
넘어뜨리며 건설하고 심게 하였느
니라 하시니라

살구나무 가지와 끓는 가마 환상

11 ●여호와의 말씀이 또 내게 임하
니라 이르시되 예레미야야 네가
무엇을 보느냐 하시매 내가 (對
答)대답하되 내가 살구나무 가지
를 보나이다
12 여호와께서 내게 이르시되 네가
잘 보았도다 이는 내가 내 말을 [1]
지켜 그대로 이루려 함이라 하시
니라
13 ●여호와의 말씀이 다시 내게 임
하니라 이르시되 네가 무엇을 보
느냐 (對答)대답하되 끓는 가마를
보나이다 그 윗면이 북에서부터
기울어졌나이다 하니
14 여호와께서 내게 이르시되 (災殃)
재앙이 북방에서 일어나 이 땅의
모든 주민들에게 부어지리라
15 내가 북방 왕국들의 모든 (族屬)
족속들을 부를 것인즉 그들이 와
서 예루살렘 성문 어귀에 각기 자
리를 정하고 그 사방 모든 성벽과
유다 모든 성읍들을 치리라 여호
와의 말이니라
16 무리가 나를 버리고 다른 신들에
게 분향하며 자기 손으로 만든 것

1) 히, 살구나무라는 말과 지킨다는 말의 음이 비슷함

들에 절하였은즉 내가 나의 심판
을 그들에게 선고하여 그들의 모
든 죄악을 (懲戒)징계하리라
17 그러므로 너는 네 허리를 동이고
일어나 내가 네게 (命令)명령한
바를 다 그들에게 말하라 그들 때
문에 두려워하지 말라 내가 그들
앞에서 두려움을 당하지 않게 하
리라
18 보라 내가 오늘 너를 그 온 땅과
유다 왕들과 그 지도자들과 그 제
사장들과 그 땅 백성 앞에 (堅固)
견고한 성읍, 쇠기둥, 놋(城壁)성
벽이 되게 하였은즉
19 그들이 너를 치나 너를 이기지 못
하리니 이는 내가 너와 함께 하여
너를 (救援)구원할 것임이니라 여
호와의 말이니라

여호와께서 기억하시다

2 여호와의 말씀이 내게 임하니
라 이르시되
2 가서 예루살렘의 귀에 외칠지니라
여호와께서 이와 같이 말씀하시
기를 내가 너를 위하여 네 청년 때
의 인애와 네 신혼 때의 사랑을 기
억하노니 곧 씨 뿌리지 못하는 땅,
그 (曠野)광야에서 나를 따랐음이
니라
3 이스라엘은 여호와를 위한 성물
곧 그의 (所産)소산 중 첫 열매이
니 그를 삼키는 자면 모두 벌을 받
아 (災殃)재앙이 그들에게 닥치리
라 여호와의 말씀이니라

조상들이 여호와를 멀리하였다

4 ●야곱의 집과 이스라엘의 집 모
든 (族屬)족속들아 여호와의 말씀
을 들으라
5 나 여호와가 이와 같이 말하노라
너희 (祖上)조상들이 내게서 무슨
불의함을 보았기에 나를 멀리 하
고 가서 헛된 것을 따라 헛되이 행
하였느냐
6 그들이 우리를 애굽 땅에서 인도
하여 내시고 광야 곧 사막과 구덩
이 땅, (乾燥)건조하고 [1]사망의 그
늘진 땅, 사람이 그 곳으로 다니지
아니하고 그 곳에 사람이 거주하
지 아니하는 땅을 우리가 통과하
게 하시던 여호와께서 어디 계시
냐 하고 말하지 아니하였도다
7 내가 너희를 기름진 땅에 인도하
여 그것의 열매와 그것의 아름다
운 것을 먹게 하였거늘 너희가 이
리로 들어와서는 내 땅을 더럽히
고 내 (基業)기업을 역겨운 것으
로 만들었으며
8 제사장들은 여호와께서 어디 계시
냐 말하지 아니하였으며 율법을
다루는 자들은 나를 알지 못하며
[2]관리들도 나에게 (叛逆)반역하며
선지자들은 바알의 이름으로 예언
하고 무익한 것들을 따랐느니라

백성이 행한 악

9 ●그러므로 내가 다시 싸우고 너
희 (子孫)자손들과도 싸우리라 여
호와의 말씀이니라
10 너희는 깃딤 섬들에 건너가 보며
게달에도 사람을 보내 이같은 일
이 있었는지를 (仔細)자세히 살펴

1) 깊은 흑암의 땅 2) 히, 목자

렘

보라
11 어느 나라가 그들의 신들을 신 아
닌 것과 바꾼 일이 있느냐 그러나
나의 백성은 그의 (榮光)영광을
무익한 것과 바꾸었도다
12 너 하늘아 이 일로 말미암아 놀랄
지어다 (甚)심히 떨지어다 두려워
할지어다 여호와의 말씀이니라
13 내 백성이 두 가지 악을 행하였나
니 곧 그들이 생수의 (根源)근원
되는 나를 버린 것과 스스로 웅덩
이를 판 것인데 그것은 그 물을 가
두지 못할 터진 웅덩이들이니라

이스라엘의 악과 반역

14 ● 이스라엘이 종이냐 씨종이냐
어찌하여 (捕虜)포로가 되었느냐
15 어린 사자들이 그를 향하여 부르짖
으며 소리를 질러 그의 땅을 황폐
하게 하였으며 그의 성읍들은 불타
서 (住民)주민이 없게 되었으며
16 놉과 다바네스의 자손도 네 정수
리를 상하였으니
17 네 하나님 여호와가 너를 길로 인
도할 때에 네가 그를 떠남으로 이
를 (自取)자취함이 아니냐
18 네가 [1]시홀의 물을 마시려고 애굽
으로 가는 길에 있음은 어찌 됨이
며 또 네가 [2]그 강물을 마시려고
앗수르로 가는 길에 있음은 어찌
됨이냐
19 네 악이 너를 (懲戒)징계하겠고
네 반역이 너를 책망할 것이라 그
런즉 네 하나님 여호와를 버림과
네 속에 나를 경외함이 없는 것이

1) 나일 2) 유브라데

악이요 고통인 줄 알라 주 만군의
여호와의 말씀이니라

이방 신을 따라 가는 이스라엘

20 ● 네가 옛적부터 네 멍에를 꺾고
네 결박을 끊으며 말하기를 나는
(順從)순종하지 아니하리라 하고
모든 높은 산 위에서와 모든 푸른
나무 아래에서 너는 몸을 굽혀 행
음하도다
21 내가 너를 (純全)순전한 참 (種子)
종자 곧 귀한 포도나무로 심었거
늘 내게 대하여 이방 포도나무의
악한 가지가 됨은 어찌 됨이냐
22 주 여호와의 말씀이니라 네가 잿
물로 스스로 씻으며 네가 많은 비
누를 쓸지라도 네 (罪惡)죄악이
내 앞에 그대로 있으리니
23 네가 어찌 말하기를 나는 더럽혀
지지 아니하였다 바알들의 뒤를
따르지 아니하였다 하겠느냐 골
짜기 속에 있는 네 길을 보라 네
(行)행한 바를 알 것이니라 발이
빠른 암낙타가 그의 길을 어지러
이 달리는 것과 같았으며
24 너는 광야에 익숙한 들암나귀들이
그들의 (性慾)성욕이 일어나므로
헐떡거림 같았도다 그 발정기에
누가 그것을 막으리요 그것을 찾
는 것들이 수고하지 아니하고 그
발정기에 만나리라
25 내가 또 말하기를 네 발을 (制馭)
제어하여 벗은 발이 되게 하지 말
며 목을 갈하게 하지 말라 하였으
나 오직 너는 말하기를 아니라 이
는 헛된 말이라 내가 이방 신들을

사랑하였은즉 그를 따라 가겠노라
하도다

유다를 심판하리라

26 ● 도둑이 붙들리면 (羞恥)수치를
당함 같이 이스라엘 집 곧 그들의
왕들과 지도자들과 제사장들과 선
지자들이 수치를 당하였느니라
27 그들이 나무를 향하여 너는 나의
아버지라 하며 돌을 향하여 너는
나를 낳았다 하고 그들의 등을 내
게로 돌리고 그들의 얼굴은 내게로
향하지 아니하다가 그들이 환난을
당할 때에는 이르기를 일어나 우리
를 (救援)구원하소서 하리라
28 너를 위하여 네가 만든 네 신들이
어디 있느냐 그들이 네가 환난을
당할 때에 구원할 수 있으면 일어
날 것이니라 유다여 너의 신들이
너의 (城邑)성읍수와 같도다
29 ● 너희가 나에게 (對抗)대항함은
어찌 됨이냐 너희가 다 내게 잘못
하였느니라 여호와의 말씀이니라
30 내가 너희 자녀들을 때린 것이 무
익함은 그들이 (懲戒)징계를 받아
들이지 아니함이라 너희 칼이 사
나운 사자 같이 너희 선지자들을
삼켰느니라
31 너희 이 세대여 여호와의 말을 들
어 보라 내가 이스라엘에게 광야가
되었었느냐 캄캄한 땅이 되었었느
냐 무슨 (理由)이유로 내 백성이 말
하기를 우리는 놓였으니 다시 주께
로 가지 아니하겠다 하느냐
32 처녀가 어찌 그의 패물을 잊겠느
냐 신부가 어찌 그의 (禮服)예복
을 잊겠느냐 오직 내 백성은 나를
잊었나니 그 날 수는 셀 수 없거늘
33 네가 어찌 사랑을 얻으려고 네 행
위를 아름답게 꾸미느냐 그러므로
네 (行爲)행위를 악한 여자들에게
까지 가르쳤으며
34 또 네 옷단에는 (罪)죄 없는 가난
한 자를 죽인 피가 묻었나니 그들
이 담 구멍을 뚫었기 때문이 아니
라 오직 이 모든 일 때문이니라
35 그러나 너는 말하기를 나는 무죄
하니 그의 (震怒)진노가 참으로
내게서 떠났다 하거니와 보라 네
말이 나는 죄를 범하지 아니하였
다 하였으므로 내가 너를 심판하
리라
36 네가 어찌하여 네 길을 바꾸어 부
지런히 돌아다니느냐 네가 앗수
르로 말미암아 (羞恥)수치를 당함
같이 또한 애굽으로 말미암아 수
치를 당할 것이라
37 네가 두 손으로 네 머리를 싸고 거
기서도 나가리니 이는 네가 의지
하는 자들을 나 여호와가 버렸으
므로 네가 그들로 말미암아 (亨
通)형통하지 못할 것임이라

유다의 음란과 행악

3 그들이 말하기를 (假令)가령 사
람이 그의 아내를 버리므로 그
가 그에게서 떠나 타인의 아내가
된다 하자 남편이 그를 다시 받겠
느냐 그리하면 그 땅이 크게 더러
워지지 아니하겠느냐 하느니라 네
가 많은 무리와 [1]행음하고서도 내

1) 행음하였으나 내게로 돌아오라

게로 돌아오려느냐 여호와의 말씀
이니라
2 네 눈을 들어 헐벗은 산을 보라 네
가 (行淫)행음하지 아니한 곳이
어디 있느냐 네가 길 가에 앉아 사
람들을 기다린 것이 광야에 있는
아라바 사람 같아서 음란과 행악
으로 이 땅을 더럽혔도다
3 그러므로 단비가 그쳤고 늦은 비
가 없어졌느니라 그럴지라도 네가
(娼女)창녀의 낯을 가졌으므로 수
치를 알지 못하느니라
4 네가 이제부터는 내게 부르짖기를
나의 아버지여 아버지는 나의 청년
시절의 [1](保護者)보호자이시오니
5 노여움을 한없이 계속하시겠으며
끝까지 품으시겠나이까 하지 아니
하겠느냐 보라 네가 이같이 말하
여도 악을 행하여 네 (慾心)욕심
을 이루었느니라 하시니라

배역한 이스라엘과 반역한 유다

6 ●요시야 왕 때에 여호와께서 또
내게 이르시되 너는 (背逆)배역한
이스라엘이 행한 바를 보았느냐
그가 모든 높은 산에 오르며 모든
푸른 나무 아래로 가서 거기서 행
음하였도다
7 그가 이 모든 일들을 행한 후에 내
가 말하기를 그가 내게로 돌아오
리라 하였으나 아직도 내게로 돌
아오지 아니하였고 그의 (叛逆)반
역한 자매 유다는 그것을 보았느
니라
8 내게 (背逆)배역한 이스라엘이 간
음을 행하였으므로 내가 그를 내
쫓고 그에게 (離婚書)이혼서까지
주었으되 그의 반역한 자매 유다
가 두려워하지 아니하고 자기도
가서 행음함을 내가 보았노라
9 그가 돌과 나무와 더불어 (行淫)
행음함을 가볍게 여기고 행음하여
이 땅을 더럽혔거늘
10 이 모든 일이 있어도 그의 반역한
자매 유다가 (眞心)진심으로 내게
돌아오지 아니하고 거짓으로 할
뿐이니라 여호와의 말씀이니라
11 ●여호와께서 내게 이르시되 배
역한 이스라엘은 반역한 유다보다
(自身)자신이 더 의로움이 나타났
나니
12 너는 가서 북을 향하여 이 말을 선
포하여 이르라 여호와께서 이르시
되 배역한 이스라엘아 돌아오라
나의 노한 얼굴을 너희에게로 향
하지 아니하리라 나는 (矜恤)긍휼
이 있는 자라 노를 한없이 품지 아
니하느니라 여호와의 말씀이니라
13 너는 오직 네 죄를 (自服)자복하
라 이는 네 하나님 여호와를 배반
하고 네 길로 달려 이방인들에게
로 나아가 모든 푸른 나무 아래로
가서 내 목소리를 듣지 아니하였
음이라 여호와의 말씀이니라
14 여호와의 말씀이니라 (背逆)배역
한 자식들아 돌아오라 나는 너희
남편임이라 내가 너희를 성읍에서
하나와 족속 중에서 둘을 택하여
너희를 시온으로 데려오겠고
15 내가 또 내 마음에 합한 (牧者)목

1) 동무

자들을 너희에게 주리니 그들이
지식과 명철로 너희를 양육하리라
16 여호와의 말씀이니라 너희가 이
땅에서 번성하여 많아질 때에는
사람들이 여호와의 (言約櫃)언약
궤를 다시는 말하지 아니할 것이
요 생각하지 아니할 것이요 기억
하지 아니할 것이요 찾지 아니할
것이요 다시는 만들지 아니할 것
이며
17 그 때에 예루살렘이 그들에게 여
호와의 (寶座)보좌라 일컬음이 되
며 모든 백성이 그리로 모이리니
곧 여호와의 이름으로 말미암아
예루살렘에 모이고 다시는 그들의
악한 마음의 완악한 대로 그들이
행하지 아니할 것이며
18 그 때에 유다 족속이 이스라엘 족속
과 동행하여 북에서부터 나와서 내
가 너희 조상들에게 (基業)기업으로
준 땅에 그들이 함께 이르리라

이스라엘의 배역

19 ● 내가 말하기를 내가 어떻게 하
든지 너를 자녀들 중에 두며 허다
한 나라들 중에 아름다운 (基業)
기업인 이 귀한 땅을 네게 주리라
하였고 내가 다시 말하기를 [1]너희
가 나를 나의 아버지라 하고 나를
떠나지 말 것이니라 하였노라
20 그런데 이스라엘 족속아 마치 아
내가 그의 남편을 속이고 떠나감
같이 너희가 (確實)확실히 나를
속였느니라 여호와의 말씀이니라
21 소리가 헐벗은 산 위에서 들리니
곧 이스라엘 (子孫)자손이 (哀哭)
애곡하며 (懇求)간구하는 것이라
그들이 그들의 길을 굽게 하며 자
기 하나님 여호와를 잊어버렸음이
로다
22 (背逆)배역한 자식들아 돌아오라
내가 너희의 배역함을 고치리라
하시니라

진실한 회개

● 보소서 우리가 주께 왔사오니
주는 우리 하나님 여호와이심이니
이다
23 작은 산들과 큰 산 위에서 떠드는
것은 참으로 헛된 일이라 이스라
엘의 구원은 (眞實)진실로 우리
하나님 여호와께 있나이다
24 부끄러운 그것이 우리가 청년의
때로부터 우리 조상들의 (產業)산
업인 양 떼와 소 떼와 아들들과 딸
들을 삼켰사온즉
25 우리는 수치 중에 눕겠고 우리의
치욕이 우리를 덮을 것이니 이는
우리와 우리 (祖上)조상들이 청년
의 때로부터 오늘까지 우리 하나
님 여호와께 범죄하여 우리 하나
님 여호와의 목소리에 순종하지
아니하였음이니이다

돌아오라고 하시다

4 여호와께서 이르시되 이스라엘
아 네가 돌아오려거든 내게로
돌아오라 네가 만일 나의 목전에
서 (可憎)가증한 것을 버리고 네
가 흔들리지 아니하며
2 (眞實)진실과 정의와 공의로 여
호와의 삶을 두고 맹세하면 나라

1) 네가

렘

들이 [1]나로 말미암아 스스로 복을
빌며 나로 말미암아 자랑하리라
3 ● 여호와께서 유다와 예루살렘
사람에게 이와 같이 이르노라 너
희 묵은 땅을 갈고 가시덤불에 (播
種)파종하지 말라
4 유다인과 예루살렘 주민들아 너
희는 스스로 (割禮)할례를 행하여
너희 마음 가죽을 베고 나 여호와
께 속하라 그리하지 아니하면 너
희 악행으로 말미암아 나의 분노
가 불 같이 일어나 사르리니 그것
을 끌 자가 없으리라

나라들을 멸하는 자가 나아오다

5 ● 너희는 유다에 선포하며 예루
살렘에 (公布)공포하여 이르기를
이 땅에서 나팔을 불라 하며 또 크
게 외쳐 이르기를 너희는 모이라
우리가 견고한 성으로 들어가자
하고
6 시온을 향하여 깃발을 세우라, 도
피하라, 지체하지 말라, 내가 (北
方)북방에서 재난과 큰 멸망을 가
져오리라
7 사자가 그 수풀에서 올라왔으며
나라들을 멸하는 자가 나아 왔으
되 네 땅을 (荒廢)황폐하게 하려
고 이미 그의 처소를 떠났은즉 네
성읍들이 황폐하여 주민이 없게
되리니
8 이로 말미암아 너희는 굵은 베를
두르고 (哀哭)애곡하라 이는 여호
와의 맹렬한 노가 아직 [2]너희에게
서 돌이키지 아니하였음이라
9 여호와의 말씀이니라 그 날에 왕
과 지도자들은 낙심할 것이며 제
사장들은 놀랄 것이며 (先知者)선
지자들은 깜짝 놀라리라
10 ● [3]내가 이르되 슬프도소이다 주
여호와여 주께서 진실로 이 백성
과 예루살렘을 크게 속이셨나이다
이르시기를 너희에게 평강이 있으
리라 하시더니 칼이 (生命)생명에
[4]이르렀나이다

백성에게 심판을 행하리라

11 ● 그 때에 이 백성과 예루살렘에
전할 자가 있어서 뜨거운 바람이
광야에 있는 헐벗은 산에서 내 딸
백성에게 불어온다 하리라 이는
키질하기 위함도 아니요 (淨潔)정
결하게 하려 함도 아니며
12 [5]이보다 더 강한 바람이 나를 위
하여 오리니 이제 내가 그들에게
(審判)심판을 행할 것이라
13 보라 그가 구름 같이 올라오나니
그의 병거는 회오리바람 같고 그
의 말들은 독수리보다 빠르도다
우리에게 화 있도다 우리는 (滅
亡)멸망하도다 하리라
14 예루살렘아 네 마음의 악을 씻어
버리라 그리하면 (救援)구원을 얻
으리라 네 악한 생각이 네 속에 얼
마나 오래 머물겠느냐
15 단에서 소리를 선포하며 에브라임
산에서 (災殃)재앙을 공포하는도
다
16 너희는 여러 나라에 전하며 또 예
루살렘에 알리기를 에워싸고 치는

1) 히, 그 2) 히, 우리 3) 그들이 이르기를 4) 미쳤나이다 하리
이다 5) 저기서 강한

자들이 먼 땅에서부터 와서 유다
(城邑)성읍들을 향하여 소리를 지
른다 하라
17 그들이 밭을 지키는 자 같이 예루
살렘을 에워싸나니 이는 그가 나
를 (拒逆)거역했기 때문이니라 여
호와의 말씀이니라
18 네 길과 행위가 이 일들을 부르게
하였나니 이는 네가 악함이라 그
(苦痛)고통이 네 마음에까지 미치
느니라

선지자의 탄식

19 ● [1]슬프고 아프다 내 마음속이 아
프고 내 마음이 답답하여 잠잠할
수 없으니 이는 나의 심령이 나팔
소리와 전쟁의 (警報)경보를 들음
이로다
20 패망에 패망이 연속하여 온 땅이
탈취를 당하니 나의 장막과 (揮
帳)휘장은 갑자기 파멸되도다
21 내가 저 깃발을 보며 (喇叭)나팔
소리 듣기를 어느 때까지 할꼬
22 내 백성은 나를 알지 못하는 어리
석은 자요 (知覺)지각이 없는 미
련한 자식이라 악을 행하기에는
지각이 있으나 선을 행하기에는
무지하도다

혼돈의 환상

23 ● 보라 내가 땅을 본즉 (混沌)혼
돈하고 (空虛)공허하며 하늘에는
빛이 없으며
24 내가 산들을 본즉 다 (震動)진동
하며 작은 산들도 요동하며
25 내가 본즉 사람이 없으며 (空中)
공중의 새가 다 날아갔으며
26 보라 내가 본즉 [2]좋은 땅이 (荒蕪
地)황무지가 되었으며 그 모든 성
읍이 여호와의 앞 그의 맹렬한 진
노 앞에 무너졌으니
27 여호와께서 이와 같이 말씀하시
길 이 온 땅이 황폐할 것이나 내가
(殄滅)진멸하지는 아니할 것이며
28 이로 말미암아 땅이 슬퍼할 것이
며 위의 하늘이 어두울 것이라 내
가 이미 말하였으며 (作定)작정하
였고 후회하지 아니하였은즉 또한
거기서 돌이키지 아니하리라 하셨
음이로다
29 (騎兵)기병과 활 쏘는 자의 함성으
로 말미암아 모든 성읍 사람들이
도망하여 수풀에 들어가고 바위에
기어오르며 각 성읍이 버림을 당
하여 거기 사는 사람이 없나니
30 멸망을 당한 자여 네가 어떻게 하
려느냐 네가 붉은 옷을 입고 (金
粧飾)금장식으로 단장하고 눈을
그려 [3]꾸밀지라도 네가 화장한 것
이 헛된 일이라 연인들이 너를 멸
시하여 네 생명을 찾느니라
31 내가 소리를 들은즉 여인의 해산하
는 소리 같고 초산하는 자의 고통
하는 소리 같으니 이는 시온의 딸
의 소리라 그가 헐떡이며 그의 손
을 펴고 이르기를 내게 화가 있도
다 죽이는 자로 말미암아 나의 심
령이 (疲困)피곤하도다 하는도다

예루살렘의 허물과 반역

5 너희는 예루살렘 거리로 빨리
다니며 그 넓은 거리에서 찾아

1) 내 창자여, 내 창자여 2) 히, 갈멜 3) 크게 할지라도

보고 알라 너희가 만일 (正義)정
의를 행하며 진리를 구하는 자를
한 사람이라도 찾으면 내가 이 성
읍을 용서하리라
2 그들이 여호와께서 살아 계심을
두고 맹세할지라도 (實狀)실상은
거짓 맹세니라
3 여호와여 주의 눈이 (眞理)진리를
찾지 아니하시나이까 주께서 그들
을 치셨을지라도 그들이 아픈 줄
을 알지 못하며 그들을 멸하셨을
지라도 그들이 징계를 받지 아니
하고 그들의 얼굴을 바위보다 굳
게 하여 돌아오기를 싫어하므로
4 내가 말하기를 이 무리는 (卑賤)
비천하고 어리석은 것뿐이라 여호
와의 길, 자기 하나님의 (法)법을
알지 못하니
5 내가 지도자들에게 가서 그들에
게 말하리라 그들은 여호와의 길,
자기 하나님의 법을 안다 하였더
니 그들도 일제히 멍에를 꺾고 (結
縛)결박을 끊은지라
6 그러므로 수풀에서 나오는 사자가
그들을 죽이며 (沙漠)사막의 이리
가 그들을 멸하며 표범이 성읍들
을 엿본즉 그리로 나오는 자마다
찢기리니 이는 그들의 허물이 많
고 반역이 심함이니이다
7 ● 내가 어찌 너를 용서하겠느냐
네 자녀가 나를 버리고 신이 아닌
것들로 맹세하였으며 내가 그들을
배불리 먹인즉 그들이 간음하며
창기의 집에 (許多)허다히 모이며

1) 히, 포도나무 2) 히, 너희

8 그들은 두루 다니는 살진 수말 같
이 (各其)각기 이웃의 아내를 따
르며 소리지르는도다
9 여호와의 말씀이니라 내가 어찌
이 일들에 대하여 벌하지 아니하
겠으며 내 마음이 이런 나라에 (報
復)보복하지 않겠느냐

여호와께서 백성을 버리시다

10 ● 너희는 그 [1](城壁)성벽에 올라
가 무너뜨리되 다 무너뜨리지 말
고 그 가지만 꺾어 버리라 여호와
의 것이 아님이니라
11 여호와의 말씀이니라 이스라엘의
집과 유다의 집이 내게 심히 (叛
逆)반역하였느니라
12 그들이 여호와를 인정하지 아니하
며 말하기를 여호와께서는 계시지
아니하니 재앙이 우리에게 임하
지 아니할 것이요 우리가 칼과 (饑
饉)기근을 보지 아니할 것이며
13 (先知者)선지자들은 바람이라 말
씀이 그들의 속에 있지 아니한즉
그같이 그들이 당하리라 하느니라
14 ● 그러므로 (萬軍)만군의 하나님
여호와께서 이와 같이 말씀하시니
라 너희가 이 말을 하였은즉 볼지
어다 내가 네 입에 있는 나의 말을
불이 되게 하고 이 백성을 나무가
되게 하여 불사르리라
15 여호와의 말씀이니라 이스라엘 집
이여 보라 내가 한 나라를 먼 곳에
서 너희에게로 오게 하리니 곧 강
하고 오랜 (民族)민족이라 그 나
라 말을 네가 알지 못하며 그 말을
[2]네가 깨닫지 못하느니라

16 그 화살통은 열린 무덤이요 그 사
람들은 다 (勇士)용사라
17 그들이 네 자녀들이 먹을 추수 곡
물과 양식을 먹으며 네 양 떼와 소
떼를 먹으며 네 포도나무와 무화
과나무 열매를 먹으며 네가 믿는
견고한 성들을 칼로 (破滅)파멸하
리라
18 여호와의 말씀이니라 그 때에도
내가 너희를 (殄滅)진멸하지는 아
니하리라
19 ● [1]그들이 만일 이르기를 우리 하
나님 여호와께서 어찌하여 이 모
든 일을 우리에게 행하셨느냐 하
거든 너는 그들에게 이르기를 너
희가 [2]여호와를 버리고 너희 땅에
서 (異邦)이방 신들을 섬겼은즉
이와 같이 너희 것이 아닌 땅에서
이방인들을 섬기리라 하라

여호와께서 백성에게 이르시다

20 ● [1]너는 이를 야곱 집에 (宣布)선
포하며 유다에 공포하여 이르기를
21 어리석고 (知覺)지각이 없으며 눈
이 있어도 보지 못하며 귀가 있어
도 듣지 못하는 백성이여 이를 들
을지어다
22 여호와의 말씀이니라 너희가 나를
두려워하지 아니하느냐 내 앞에
서 떨지 아니하겠느냐 내가 모래
를 두어 바다의 (限界)한계를 삼
되 그것으로 영원한 한계를 삼고
지나치지 못하게 하였으므로 파도
가 거세게 이나 그것을 이기지 못
하며 뛰노나 그것을 넘지 못하느
니라
23 그러나 너희 백성은 (背叛)배반하
며 반역하는 마음이 있어서 이미
배반하고 갔으며
24 또 [3]너희 마음으로 우리에게 이
른 비와 늦은 비를 때를 따라 주시
며 우리를 위하여 추수 기한을 정
하시는 우리 하나님 여호와를 (敬
畏)경외하자 말하지도 아니하니
25 너희 허물이 이러한 일들을 물리
쳤고 너희 (罪)죄가 너희로부터
좋은 것을 막았느니라
26 내 백성 가운데 악인이 있어서 새
사냥꾼이 (埋伏)매복함 같이 지키
며 덫을 놓아 사람을 잡으며
27 새장에 새들이 가득함 같이 [3]너희
집들에 속임이 가득하도다 그러므
로 [3]너희가 (繁昌)번창하고 거부
가 되어
28 살지고 윤택하며 또 행위가 심히
악하여 자기 이익을 얻으려고 송
사 곧 고아의 송사를 (公正)공정
하게 하지 아니하며 빈민의 재판
을 공정하게 판결하지 아니하니
29 내가 이 일들에 대하여 벌하지 아
니하겠으며 내 마음이 이같은 나
라에 (報復)보복하지 아니하겠느
냐 여호와의 말씀이니라
30 ● 이 땅에 무섭고 놀라운 일이 있
도다
31 선지자들은 거짓을 (豫言)예언하
며 제사장들은 자기 권력으로 다
스리며 내 백성은 그것을 좋게 여
기니 마지막에는 너희가 어찌하려
느냐

1) 히, 너희 2) 히, 나 3) 히, 그들

벌 받을 성 예루살렘

6 베냐민 자손들아 예루살렘 가
운데로부터 (避難)피난하라 드
고아에서 나팔을 불고 벧학게렘에
서 깃발을 들라 재앙과 큰 파멸이
북방에서 엿보아 옴이니라
2 아름답고 (優雅)우아한 시온의 딸
을 내가 멸절하리니
3 목자들이 그 양 떼를 몰고 와서 주
위에 자기 장막을 치고 각기 그
(處所)처소에서 먹이리로다
4 너희는 그를 칠 준비를 하라 일어
나라 우리가 (正午)정오에 올라가
자 아하 아깝다 날이 기울어 저녁
그늘이 길었구나
5 일어나라 우리가 밤에 올라가서
그 (要塞)요새들을 헐자 하도다
6 만군의 여호와께서 이와 같이 말
하노라 너희는 나무를 베어서 예
루살렘을 향하여 (木柵)목책을 만
들라 이는 벌 받을 성이라 그 중에
는 오직 포학한 것뿐이니라
7 샘이 그 물을 솟구쳐냄 같이 그가
그 악을 드러내니 폭력과 탈취가
거기에서 들리며 질병과 (殺傷)살
상이 내 앞에 계속하느니라
8 예루살렘아 너는 (訓戒)훈계를 받
으라 그리하지 아니하면 내 마음이
너를 싫어하고 너를 황폐하게 하여
주민이 없는 땅으로 만들리라

벌 받을 백성

9 ●만군의 여호와께서 이와 같이
말씀하시되 (葡萄)포도를 따듯이
그들이 이스라엘의 남은 자를 말
갛게 주우리라 너는 포도 따는 자
처럼 네 손을 광주리에 자주자주
놀리라 하시나니
10 내가 누구에게 말하며 누구에게
경책하여 듣게 할꼬 보라 그 귀가
(割禮)할례를 받지 못하였으므로
듣지 못하는도다 보라 여호와의
말씀을 그들이 자신들에게 욕으로
여기고 이를 즐겨 하지 아니하니
11 그러므로 여호와의 (憤怒)분노가
내게 가득하여 참기 어렵도다 그
것을 거리에 있는 아이들과 모인
청년들에게 부으리니 남편과 아내
와 나이 든 사람과 늙은이가 다 잡
히리로다
12 내가 그 땅 주민에게 내 손을 펼
것인즉 그들의 집과 밭과 아내가
타인의 소유로 (移轉)이전되리라
여호와의 말씀이니라
13 이는 그들이 가장 작은 자로부터
큰 자까지 다 (貪慾)탐욕을 부리
며 선지자로부터 제사장까지 다
거짓을 행함이라
14 그들이 내 백성의 상처를 가볍게
여기면서 말하기를 (平康)평강하
다 평강하다 하나 평강이 없도다
15 그들이 (可憎)가증한 일을 행할
때에 부끄러워하였느냐 아니라 조
금도 부끄러워 하지 않을 뿐 아니
라 얼굴도 붉어지지 않았느니라
그러므로 그들이 엎드러지는 자와
함께 엎드러질 것이라 내가 그들
을 벌하리니 그 때에 그들이 거꾸
러지리라 여호와의 말씀이니라

선한 길로 가지 아니하다

16 ●여호와께서 이와 같이 말씀하

시되 너희는 길에 서서 보며 옛적
길 곧 선한 길이 어디인지 알아보
고 그리로 가라 너희 심령이 평강
을 얻으리라 하나 그들의 (對答)
대답이 우리는 그리로 가지 않겠
노라 하였으며
17 내가 또 너희 위에 (把守)파수꾼
을 세웠으니 나팔 소리를 들으라
하나 그들의 대답이 우리는 듣지
않겠노라 하였도다
18 그러므로 너희 나라들아 들으라
무리들아 그들이 당할 일을 알라
19 땅이여 들으라 내가 이 백성에게
(災殃)재앙을 내리리니 이것이 그
들의 생각의 결과라 그들이 내 말
을 듣지 아니하며 내 율법을 거절
하였음이니라
20 시바에서 유향과 먼 곳에서 [1]향품
을 내게로 가져옴은 어찌함이냐
나는 [2]그들의 (燔祭)번제를 받지
아니하며 그들의 (犧牲祭物)희생
제물을 달게 여기지 않노라
21 그러므로 여호와께서 이와 같이
말씀하시니라 보라 내가 이 백성
앞에 장애물을 두리니 아버지와
아들들이 함께 거기에 걸려 넘어
지며 이웃과 그의 친구가 함께 (滅
亡)멸망하리라

북방에서 쳐들어 오는 민족

22 ● 여호와께서 이와 같이 말씀하
시되 보라 한 민족이 (北方)북방
에서 오며 큰 나라가 땅 끝에서부
터 떨쳐 일어나나니
23 그들은 활과 창을 잡았고 (殘忍)
잔인하여 사랑이 없으며 그 목소
리는 바다처럼 포효하는 소리라
그들이 말을 타고 전사 같이 다 대
열을 벌이고 시온의 딸인 너를 치
려 하느니라 하시도다
24 우리가 그 소문을 들었으므로 손
이 약하여졌고 고통이 우리를 잡
았으므로 그 아픔이 (解産)해산하
는 여인 같도다
25 너희는 밭에도 나가지 말라 길로
도 다니지 말라 (怨讐)원수의 칼
이 있고 사방에 두려움이 있음이
라
26 딸 내 백성이 굵은 베를 두르고 재
에서 구르며 (獨子)독자를 잃음
같이 슬퍼하며 통곡할지어다 멸망
시킬 자가 갑자기 우리에게 올 것
임이라
27 ● 내가 이미 너를 내 백성 중에
(望臺)망대와 요새로 삼아 그들의
길을 알고 살피게 하였노라
28 그들은 다 심히 반역한 자며 (誹
謗)비방하며 돌아다니는 자며 그
들은 놋과 철이며 다 사악한 자라
29 풀무불을 맹렬히 불면 그 불에 납
이 살라져서 (鍛鍊)단련하는 자의
일이 헛되게 되느니라 이와 같이
악한 자가 제거되지 아니하나니
30 사람들이 그들을 내버린 (銀)은이
라 부르게 될 것은 여호와께서 그
들을 버렸음이라

여호와의 말씀을 들으라

7 여호와께로부터 예레미야에게
말씀이 임하니라 이르시되
2 너는 여호와의 집 문에 서서 이 말

1) 창포 2) 히, 너희

을 선포하여 이르기를 여호와께
(禮拜)예배하러 이 문으로 들어가
는 유다 사람들아 여호와의 말씀
을 들으라
3 만군의 여호와 이스라엘의 하나님
께서 이와 같이 말씀하시되 너희
길과 (行爲)행위를 바르게 하라
그리하면 내가 너희로 이 곳에 살
게 하리라
4 너희는 이것이 여호와의 (聖殿)성
전이라, 여호와의 성전이라, 여호
와의 성전이라 하는 거짓말을 믿
지 말라
5 너희가 만일 길과 (行爲)행위를
참으로 바르게 하여 이웃들 사이
에 정의를 행하며
6 이방인과 고아와 과부를 압제하지
아니하며 (無罪)무죄한 자의 피를
이 곳에서 흘리지 아니하며 다른
신들 뒤를 따라 화를 자초하지 아
니하면
7 내가 너희를 이 곳에 살게 하리니
곧 너희 조상에게 (永遠無窮)영원
무궁토록 준 땅에니라
8 ● 보라 너희가 무익한 거짓말을
(依存)의존하는도다
9 너희가 도둑질하며 살인하며 간음
하며 거짓 맹세하며 바알에게 (焚
香)분향하며 너희가 알지 못하는
다른 신들을 따르면서
10 내 이름으로 일컬음을 받는 이 집
에 들어와서 내 앞에 서서 말하기
를 우리가 구원을 얻었나이다 하
느냐 이는 이 모든 (可憎)가증한
일을 행하려 함이로다
11 내 이름으로 일컬음을 받는 이 집
이 너희 눈에는 도둑의 (巢窟)소굴
로 보이느냐 보라 나 곧 내가 그것
을 보았노라 여호와의 말씀이니라
12 ● 너희는 내가 처음으로 내 이름
을 둔 (處所)처소 실로에 가서 내
백성 이스라엘의 악에 대하여 내
가 어떻게 행하였는지를 보라
13 여호와의 말씀이니라 이제 너희가
그 모든 일을 행하였으며 내가 너
희에게 말하되 새벽부터 부지런히
말하여도 듣지 아니하였고 너희를
불러도 (對答)대답하지 아니하였
느니라
14 그러므로 내가 실로에 행함 같이
너희가 (信賴)신뢰하는 바 내 이
름으로 일컬음을 받는 이 집 곧 너
희와 너희 조상들에게 준 이 곳에
행하겠고
15 내가 너희 모든 (兄弟)형제 곧 에
브라임 온 (子孫)자손을 쫓아낸
것 같이 내 앞에서 너희를 쫓아내
리라 하셨다 할지니라

여호와를 순종하지 아니하는 백성

16 ● 그런즉 너는 이 백성을 위하여
(祈禱)기도하지 말라 그들을 위하
여 부르짖어 구하지 말라 내게 간
구하지 말라 내가 네게서 듣지 아
니하리라
17 너는 그들이 유다 (城邑)성읍들과
예루살렘 거리에서 행하는 일을
보지 못하느냐
18 자식들은 나무를 줍고 아버지들은
불을 피우며 부녀들은 가루를 반
죽하여 하늘의 여왕을 위하여 과

자를 만들며 그들이 또 다른 신들
에게 (奠祭)전제를 부음으로 나의
노를 일으키느니라
19 여호와의 말씀이니라 그들이 나를
(激怒)격노하게 함이냐 자기 얼굴
에 부끄러움을 자취함이 아니냐
20 그러므로 주 여호와께서 이와 같
이 말씀하시니라 보라 나의 진노
와 분노를 이 곳과 사람과 짐승과
들나무와 땅의 (所産)소산에 부으
리니 불 같이 살라지고 꺼지지 아
니하리라 하시니라
21 ● 만군의 여호와 이스라엘의 하
나님께서 이와 같이 말씀하시되
너희 (犧牲祭物)희생제물과 (燔祭
物)번제물의 고기를 아울러 먹으
라
22 사실은 내가 너희 조상들을 애굽
땅에서 인도하여 낸 날에 (燔祭)
번제나 (犧牲)희생에 대하여 말하
지 아니하며 명령하지 아니하고
23 오직 내가 이것을 그들에게 명령
하여 이르기를 너희는 내 목소리
를 들으라 그리하면 나는 너희 하
나님이 되겠고 너희는 내 (百姓)
백성이 되리라 너희는 내가 명령
한 모든 길로 걸어가라 그리하면
복을 받으리라 하였으나
24 그들이 순종하지 아니하며 귀를
기울이지도 아니하고 자신들의 악
한 마음의 꾀와 (頑惡)완악한 대
로 행하여 그 등을 내게로 돌리고
그 얼굴을 향하지 아니하였으며
25 너희 조상들이 애굽 땅에서 나온
날부터 오늘까지 내가 내 종 (先
知者)선지자들을 너희에게 보내
되 끊임없이 보내었으나
26 [1]너희가 나에게 (順從)순종하지
아니하며 귀를 기울이지 아니하고
목을 굳게 하여 [1]너희 조상들보다
악을 더 행하였느니라
27 ● 네가 그들에게 이 모든 말을 할
지라도 그들이 너에게 순종하지
아니할 것이요 네가 그들을 불러
도 그들이 네게 (對答)대답하지
아니하리니
28 너는 그들에게 말하기를 [2]너희는
[1]너희 하나님 여호와의 목소리를
순종하지 아니하며 (敎訓)교훈을
받지 아니하는 민족이라 진실이
없어져 [1]너희 입에서 끊어졌다 할
지니라

도벳 사당을 건축

29 ● 너의 머리털을 베어 버리고 벗
은 산 위에서 (痛哭)통곡할지어다
여호와께서 그 노하신 바 이 세대
를 끊어 버리셨음이라
30 여호와께서 말씀하시되 유다 자
손이 나의 눈 앞에 악을 행하여 내
이름으로 일컬음을 받는 집에 그
들의 (可憎)가증한 것을 두어 집
을 더럽혔으며
31 힌놈의 아들 골짜기에 도벳 사당
을 건축하고 그들의 (子女)자녀들
을 불에 살랐나니 내가 명령하지
아니하였고 내 마음에 생각하지도
아니한 일이니라
32 그러므로 여호와께서 말씀하시니
라 날이 이르면 이 곳을 도벳이라

1) 히, 그들 2) 히, 이는

하거나 힌놈의 아들의 골짜기라 말
하지 아니하고 죽임의 골짜기라 말
하리니 이는 도벳에 자리가 없을
만큼 (埋葬)매장했기 때문이니라
33 이 백성의 (屍體)시체가 공중의
새와 땅의 짐승의 밥이 될 것이나
그것을 쫓을 자가 없을 것이라
34 그 때에 내가 유다 성읍들과 예루
살렘 거리에 기뻐하는 소리, 즐거
워하는 소리, (新郎)신랑의 소리,
신부의 소리가 끊어지게 하리니
땅이 황폐하리라

8 여호와의 말씀이니라 그 때에
사람들이 유다 왕들의 뼈와 그
의 (指導者)지도자들의 뼈와 제사
장들의 뼈와 선지자들의 뼈와 예
루살렘 주민의 뼈를 그 무덤에서
끌어내어
2 그들이 사랑하며 섬기며 뒤따르며
구하며 (敬拜)경배하던 해와 달
과 하늘의 뭇 별 아래에서 펼쳐지
게 하리니 그 뼈가 거두이거나 묻
히지 못하여 지면에서 (糞土)분토
같을 것이며
3 이 악한 민족의 남아 있는 자, 무
릇 내게 쫓겨나서 (各處)각처에
남아 있는 자들이 사는 것보다 죽
는 것을 원하리라 만군의 여호와
의 말씀이니라

죄와 벌

4 ● 너는 또 그들에게 말하기를 여
호와의 말씀에 사람이 엎드러지면
어찌 일어나지 아니하겠으며 사람
이 떠나갔으면 어찌 돌아오지 아
니하겠느냐
5 이 예루살렘 백성이 항상 나를 떠
나 물러감은 어찌함이냐 그들이
거짓을 (固執)고집하고 돌아오기
를 거절하도다
6 내가 귀를 기울여 들은즉 그들이
정직을 말하지 아니하며 그들의
악을 뉘우쳐서 내가 행한 것이 무
엇인고 말하는 자가 없고 (戰爭)
전쟁터로 향하여 달리는 말 같이
각각 그 길로 행하도다
7 공중의 학은 그 정한 (時期)시기
를 알고 산비둘기와 제비와 두루
미는 그들이 올 때를 지키거늘 내
백성은 여호와의 규례를 알지 못
하도다
8 ● 너희가 어찌 우리는 지혜가 있
고 우리에게는 여호와의 (律法)율
법이 있다 말하겠느냐 참으로 서
기관의 거짓의 붓이 [1]거짓되게 하
였나니
9 (智慧)지혜롭다 하는 자들은 부끄
러움을 당하며 두려워 떨다가 잡
히리라 보라 그들이 여호와의 말
을 버렸으니 그들에게 무슨 지혜
가 있으랴
10 그러므로 내가 그들의 아내를 타
인에게 주겠고 그들의 밭을 그 차
지할 자들에게 주리니 그들은 가
장 작은 자로부터 큰 자까지 다
(慾心)욕심내며 선지자로부터 제
사장까지 다 거짓을 행함이라
11 그들이 딸 내 백성의 상처를 가볍게
여기면서 말하기를 (平康)평강하다,
평강하다 하나 평강이 없도다

1) 법을 거짓되게

12 그들이 (可憎)가증한 일을 행할
때에 부끄러워하였느냐 아니라 조
금도 부끄러워 하지 않을 뿐 아니
라 얼굴도 붉어지지 아니하였느니
라 그러므로 그들이 엎드러질 자
와 함께 엎드러질 것이라 내가 그
들을 벌할 때에 그들이 거꾸러지
리라 여호와의 말씀이니라
13 ● 여호와의 말씀이니라 내가 그
들을 진멸하리니 포도나무에 포도
가 없을 것이며 (無花果)무화과나
무에 무화과가 없을 것이며 그 잎
사귀가 마를 것이라 [1)]내가 그들에
게 준 것이 없어지리라 하셨나니
14 우리가 어찌 가만히 앉았으랴 모
일지어다 우리가 견고한 성읍들로
들어가서 거기에서 멸망하자 우리
가 여호와께 (犯罪)범죄하였으므
로 우리 하나님 여호와께서 우리
를 멸하시며 우리에게 독한 물을
마시게 하심이니라
15 우리가 (平康)평강을 바라나 좋은
것이 없으며 고침을 입을 때를 바
라나 놀라움뿐이로다
16 그 말의 부르짖음이 단에서부터
들리고 그 (駿馬)준마들이 우는
소리에 온 땅이 진동하며 그들이
이르러 이 땅과 그 소유와 성읍과
그 중의 주민을 삼켰도다
17 여호와의 말씀이니라 내가 술법으
로도 (制馭)제어할 수 없는 뱀과
독사를 너희 가운데 보내리니 그
것들이 너희를 물리라 하시도다

선지자의 번뇌

18 ● 슬프다 나의 근심이여 어떻게
(慰勞)위로를 받을 수 있을까 내
마음이 병들었도다
19 딸 내 백성의 심히 먼 땅에서 부르
짖는 소리로다 여호와께서 시온에
계시지 아니한가. 그의 왕이 그 가
운데 계시지 아니한가 그들이 어
찌하여 그 (彫刻)조각한 신상과
이방의 헛된 것들로 나를 격노하
게 하였는고 하시니
20 (秋收)추수할 때가 지나고 여름이
다하였으나 우리는 구원을 얻지
못한다 하는도다
21 딸 내 (百姓)백성이 상하였으므로
나도 상하여 슬퍼하며 놀라움에
잡혔도다
22 길르앗에는 유향이 있지 아니한가
그 곳에는 (醫師)의사가 있지 아
니한가 딸 내 백성이 치료를 받지
못함은 어찌 됨인고

9 어찌하면 내 머리는 물이 되고
내 눈은 눈물 (根源)근원이 될
꼬 죽임을 당한 딸 내 백성을 위하
여 주야로 울리로다
2 내가 광야에서 나그네가 머무를
곳을 얻는다면 내 백성을 떠나 가
리니 그들은 다 (姦淫)간음하는 자
요 반역한 자의 무리가 됨이로다
3 여호와의 말씀이니라 그들이 활
을 당김 같이 그들의 혀를 놀려 거
짓을 말하며 그들이 이 땅에서 (强
盛)강성하나 진실하지 아니하고
악에서 악으로 진행하며 또 나를
알지 못하느니라
4 너희는 각기 이웃을 조심하며 어

1) 그들을 진멸할 자를 내가 이미 정하였느니라

떤 형제든지 믿지 말라 형제마다
완전히 속이며 이웃마다 다니며
(誹謗)비방함이라
5 그들은 각기 이웃을 속이며 (眞
實)진실을 말하지 아니하며 그들
의 혀로 거짓말하기를 가르치며
악을 행하기에 지치거늘
6 네가 사는 곳이 속이는 일 가운데
있도다 그들은 속이는 일로 말미
암아 나를 알기를 싫어하느니라
여호와의 말씀이니라
7 ●그러므로 만군의 여호와께서
이와 같이 말씀하시되 보라 내가
내 딸 백성을 어떻게 (處置)처치
할꼬 그들을 녹이고 연단하리라
8 그들의 혀는 죽이는 화살이라 거
짓을 말하며 입으로는 그 이웃
에게 평화를 말하나 마음으로는
(害)해를 꾸미는도다
9 내가 이 일들로 말미암아 그들에
게 벌하지 아니하겠으며 내 마음
이 이런 나라에 (報復)보복하지
않겠느냐 여호와의 말씀이니라
10 ●내가 산들을 위하여 울며 부르
짖으며 광야 (牧場)목장을 위하여
슬퍼하나니 이는 그것들이 불에
탔으므로 지나는 자가 없으며 거
기서 가축의 소리가 들리지 아니
하며 공중의 새도 짐승도 다 도망
하여 없어졌음이라
11 내가 예루살렘을 무더기로 만들며
승냥이 굴이 되게 하겠고 유다의
성읍들을 (荒廢)황폐하게 하여 주
민이 없게 하리라
12 ●지혜가 있어서 이 일을 깨달을
만한 자가 누구며 여호와의 입의
말씀을 받아서 선포할 자가 누구
인고 이 땅이 어찌하여 멸망하여
(廣野)광야 같이 불타서 지나가는
자가 없게 되었느냐
13 여호와께서 말씀하시되 이는 그들
이 내가 그들의 앞에 세운 나의 율
법을 버리고 내 목소리를 (順從)
순종하지 아니하며 그대로 행하지
아니하고
14 그 마음의 (頑惡)완악함을 따라
그 조상들이 자기에게 가르친 바
알들을 따랐음이라
15 그러므로 만군의 여호와 이스라엘
의 하나님께서 이와 같이 말씀하
시니라 보라 내가 그들 곧 이 백성
에게 쑥을 먹이며 (毒)독한 물을
마시게 하고
16 그들과 그들의 조상이 알지 못하
던 여러 나라 가운데에 그들을 흩
어 버리고 (殄滅)진멸되기까지 그
뒤로 칼을 보내리라 하셨느니라

사랑과 정의와 공의를 행하시는 여호와

17 ●만군의 여호와께서 이와 같이
말씀하시되 너희는 잘 생각해 보
고 곡하는 (婦女)부녀를 불러오며
또 사람을 보내 지혜로운 부녀를
불러오되
18 그들로 빨리 와서 우리를 위하여
(哀哭)애곡하여 우리의 눈에서 눈
물이 떨어지게 하며 우리 눈꺼풀
에서 물이 쏟아지게 하라
19 이는 시온에서 통곡하는 소리가
들리기를 우리가 아주 망하였구나
우리가 크게 부끄러움을 당하였구

나 우리가 그 땅을 떠난 것은 그들
이 우리 (居處)거처를 헐었음이로
다 함이로다
20 부녀들이여 여호와의 말씀을 들으
라 너희 귀에 그 입의 말씀을 받으
라 너희 딸들에게 애곡하게 하고
(各其)각기 이웃에게 슬픈 노래를
가르치라
21 무릇 사망이 우리 창문을 통하여
넘어 들어오며 우리 궁실에 들어
오며 밖에서는 자녀들을 거리에서
는 청년들을 (滅絶)멸절하려 하느
니라
22 너는 이같이 말하라 여호와의 말
씀에 사람의 시체가 (糞土)분토
같이 들에 떨어질 것이며 추수하
는 자의 뒤에 버려져 거두지 못한
곡식단 같이 되리라 하셨느니라
23 ● 여호와께서 이와 같이 말씀하
시되 지혜로운 자는 그의 지혜를
자랑하지 말라 용사는 그의 (勇
猛)용맹을 자랑하지 말라 부자는
그의 부함을 자랑하지 말라
24 자랑하는 자는 이것으로 자랑할지
니 곧 명철하여 나를 아는 것과 나
여호와는 사랑과 정의와 (公義)공
의를 땅에 행하는 자인 줄 깨닫는
것이라 나는 이 일을 기뻐하노라
여호와의 말씀이니라
25 ● 여호와의 말씀이니라 보라 날
이 이르면 [1](割禮)할례 받은 자와
할례 받지 못한 자를 내가 다 벌하
리니
26 곧 애굽과 유다와 에돔과 암몬 자
손과 모압과 및 (曠野)광야에 살
면서 살쩍을 깎은 자들에게라 무
릇 모든 민족은 할례를 받지 못하
였고 이스라엘은 마음에 할례를
받지 못하였느니라 하셨느니라

우상의 가르침과 참 하나님 여호와

10 이스라엘 집이여 여호와께
서 너희에게 이르시는 말씀
을 들을지어다
2 여호와께서 이와 같이 말씀하시되
여러 나라의 길을 배우지 말라 이
방 사람들은 하늘의 (徵兆)징조를
두려워하거니와 너희는 그것을 두
려워하지 말라
3 여러 나라의 [2](風習)풍습은 헛된
것이니 삼림에서 벤 나무요 기술
공의 두 손이 도끼로 만든 것이라
4 그들이 (銀)은과 금으로 그것에
꾸미고 못과 장도리로 그것을 든
든히 하여 흔들리지 않게 하나니
5 그것이 둥근 기둥 같아서 말도 못
하며 걸어다니지도 못하므로 사람
이 메어야 하느니라 그것이 그들
에게 화를 주거나 (福)복을 주지
못하나니 너희는 두려워하지 말라
하셨느니라
6 ● 여호와여 주와 같은 이 없나이
다 주는 크시니 주의 이름이 그
(權能)권능으로 말미암아 크시니
이다
7 이방 사람들의 왕이시여 주를 경
외하지 아니할 자가 누구리이까
이는 주께 (當然)당연한 일이라
여러 나라와 여러 왕국들의 지혜
로운 자들 가운데 주와 같은 이가

1) 할례를 받았어도 마음으로 받지 아니한 자 2) 풍속은

없음이니이다
8 그들은 다 (無知)무지하고 어리석
은 것이니 우상의 가르침은 나무
뿐이라
9 다시스에서 가져온 (銀箔)은박과
우바스에서 가져온 금으로 꾸미되
기술공과 은장색의 손으로 만들었
고 청색 자색 옷을 입었나니 이는
정교한 솜씨로 만든 것이거니와
10 오직 여호와는 참 하나님이시요
살아 계신 하나님이시요 영원한
왕이시라 그 진노하심에 땅이 진
동하며 그 (憤怒)분노하심을 이방
이 능히 당하지 못하느니라
11 ● 너희는 이같이 그들에게 이르
기를 (天地)천지를 짓지 아니한
신들은 땅 위에서, 이 하늘 아래에
서 망하리라 하라

만물의 조성자 만군의 여호와

12 ● 여호와께서 그의 권능으로 땅
을 지으셨고 그의 (智慧)지혜로
세계를 세우셨고 그의 명철로 하
늘을 펴셨으며
13 그가 목소리를 내신즉 하늘에 많
은 물이 생기나니 그는 땅 끝에서
구름이 오르게 하시며 비를 위하
여 번개치게 하시며 그 (庫間)곳
간에서 바람을 내시거늘
14 사람마다 어리석고 (無識)무식하
도다 은장이마다 자기의 조각한 신
상으로 말미암아 수치를 당하나니
이는 그가 부어 만든 우상은 거짓
것이요 그 속에 생기가 없음이라
15 그것들은 헛 것이요 [1](妄靈)망령
되이 만든 것인즉 징벌하실 때에
멸망할 것이나
16 야곱의 분깃은 이같지 아니하시니
그는 만물의 (造成者)조성자요 이
스라엘은 그의 기업의 지파라 그
이름은 만군의 여호와시니라

백성의 탄식

17 ● 에워싸인 가운데에 앉은 자여
네 짐 꾸러미를 이 땅에서 꾸리라
18 여호와께서 이와 같이 말씀하시
되 보라 내가 이 땅에 사는 (者)자
를 이번에는 내던질 것이라 그들
을 괴롭게 하여 깨닫게 하리라 하
셨느니라
19 ● 슬프다 내 상처여 내가 (重傷)
중상을 당하였도다 그러나 내가
말하노라 이는 참으로 고난이라
내가 참아야 하리로다
20 내 (帳幕)장막이 무너지고 나의
모든 줄이 끊어졌으며 내 자녀가
나를 떠나가고 있지 아니하니 내
장막을 세울 자와 내 휘장을 칠 자
가 다시 없도다
21 목자들은 어리석어 여호와를 찾지
아니하므로 [2](亨通)형통하지 못하
며 그 모든 양 떼는 흩어졌도다
22 들을지어다 북방에서부터 크게 떠
드는 소리가 들리니 유다 성읍들
을 황폐하게 하여 승냥이의 (居
處)거처가 되게 하리로다
23 ● 여호와여 내가 알거니와 사람
의 길이 자신에게 있지 아니하니
걸음을 (指導)지도함이 걷는 자에
게 있지 아니하니이다
24 여호와여 나를 (懲戒)징계하옵시

1) 조롱함을 받을 것인즉 2) 지혜롭게 행하지 못하며

되 너그러이 하시고 진노로 하지
마옵소서 주께서 내가 없어지게
하실까 두려워하나이다
25 주를 알지 못하는 이방 사람들과
주의 이름으로 기도하지 아니하는
족속들에게 주의 분노를 부으소서
그들은 야곱을 씹어 삼켜 멸하고
그의 [1]거처를 (荒廢)황폐하게 하
였나이다 하니라

여호와께서 이르신 언약의 말

11 여호와께로부터 예레미야에
게 임한 말씀이라 이르시되
2 너희는 이 (言約)언약의 말을 듣
고 유다인과 예루살렘 주민에게
말하라
3 그들에게 이르기를 이스라엘의 하
나님 여호와께서 이와 같이 말씀
하시되 이 언약의 말을 따르지 않
는 자는 (詛呪)저주를 받을 것이
니라
4 이 (言約)언약은 내가 너희 조상
들을 쇠풀무 애굽 땅에서 이끌어
내던 날에 그들에게 명령한 것이
라 곧 내가 이르기를 너희는 내 목
소리를 순종하고 나의 모든 명령
을 따라 행하라 그리하면 너희는
내 백성이 되겠고 나는 너희의 하
나님이 되리라
5 내가 또 너희 조상들에게 한 맹세
는 그들에게 젖과 꿀이 흐르는 땅
을 주리라 한 언약을 이루리라 한
것인데 오늘이 그것을 (證言)증언
하느니라 하라 하시기로 내가 대
답하여 이르되 아멘 여호와여 하
였노라
6 ●여호와께서 내게 이르시되 너
는 이 모든 말로 유다 성읍들과 예
루살렘 거리에서 (宣布)선포하여
이르기를 너희는 이 언약의 말을
듣고 지키라
7 내가 너희 조상들을 애굽 땅에서
인도하여 낸 날부터 오늘까지 간
절히 경계하며 끊임없이 (警戒)경
계하기를 너희는 내 목소리를 순
종하라 하였으나
8 그들이 (順從)순종하지 아니하며
귀를 기울이지도 아니하고 각각
그 악한 마음의 완악한 대로 행하
였으므로 내가 그들에게 행하라
명령하였어도 그들이 행하지 아니
한 이 언약의 모든 규정대로 그들
에게 이루게 하였느니라 하라
9 ●여호와께서 또 내게 이르시되
유다인과 예루살렘 주민 중에 (叛
逆)반역이 있도다
10 그들이 내 말 듣기를 거절한 자기
들의 (先祖)선조의 죄악으로 돌아
가서 다른 신들을 따라 섬겼은즉
이스라엘 집과 유다 집이 내가 그
들의 조상들과 맺은 언약을 깨뜨
렸도다
11 그러므로 나 여호와가 이와 같이
말하노라 보라 내가 (災殃)재앙을
그들에게 내리리니 그들이 피할
수 없을 것이라 그들이 내게 부르
짖을지라도 내가 듣지 아니할 것
인즉
12 유다 성읍들과 예루살렘 주민이
그 분향하는 신들에게 가서 부르

1) 목장

짖을지라도 그 신들이 그 고난 가
운데에서 절대로 그들을 (救援)구
원하지 못하리라
13 유다야 네 신들이 네 성읍의 수와
같도다 너희가 예루살렘 거리의
수대로 그 (羞恥)수치스러운 물건
의 제단 곧 바알에게 분향하는 제
단을 쌓았도다
14 ● 그러므로 너는 이 백성을 위하
여 (祈禱)기도하지 말라 그들을
위하여 부르짖거나 구하지 말라
그들이 그 고난으로 말미암아 내
게 부르짖을 때에 내가 그들에게
서 듣지 아니하리라
15 [1]나의 사랑하는 자가 많은 악한
(陰謀)음모를 꾸미더니 나의 집에
서 무엇을 하려느냐 거룩한 제물
고기로 네 재난을 피할 수 있겠느
냐 그 때에 네가 기뻐하겠느냐
16 여호와께서는 그의 이름을 일컬어
좋은 열매 맺는 아름다운 푸른 (橄
欖)감람나무라 하였었으나 큰 소
동 중에 그 위에 불을 피웠고 그
가지는 꺾였도다
17 바알에게 (焚香)분향함으로 나의
노여움을 일으킨 이스라엘 집과
유다 집의 악으로 말미암아 그를
심은 만군의 여호와께서 그에게
재앙을 선언하셨느니라

아나돗 사람들이 예레미야를 죽이려고 꾀하다

18 ● 여호와께서 내게 알게 하셨으
므로 내가 그것을 알았나이다 그
때에 주께서 그들의 (行爲)행위를
내게 보이셨나이다
19 나는 끌려서 도살 당하러 가는 순
한 어린 양과 같으므로 그들이 나
를 해하려고 꾀하기를 우리가 그
나무와 열매를 함께 (撲滅)박멸하
자 그를 살아 있는 자의 땅에서 끊
어서 그의 이름이 다시 기억되지
못하게 하자 함을 내가 알지 못하
였나이다
20 공의로 판단하시며 사람의 마음을
감찰하시는 만군의 여호와여 나의
(冤痛)원통함을 주께 아뢰었사오
니 그들에게 대한 주의 보복을 내
가 보리이다 하였더니
21 여호와께서 아나돗 사람들에 대하
여 이와 같이 말씀하시되 그들이
네 생명을 빼앗으려고 찾아 이르
기를 너는 여호와의 이름으로 (豫
言)예언하지 말라 두렵건대 우리
손에 죽을까 하노라 하도다
22 그러므로 만군의 여호와께서 이와
같이 말씀하시니라 보라 내가 그
들을 벌하리니 (青年)청년들은 칼
에 죽으며 자녀들은 기근에 죽고
23 남는 자가 없으리라 내가 아나돗
사람에게 재앙을 내리리니 곧 그
들을 (罰)벌할 해에니라

예레미야의 질문

12 여호와여 내가 주와 변론할
때에는 주께서 의로우시니
이다 그러나 내가 주께 (質問)질
문하옵나니 악한 자의 길이 형통
하며 반역한 자가 다 평안함은 무
슨 까닭이니이까

1) 본문의 뜻은 분명하지 아니하고 칠십인역에는 내 사랑하는 자가 가증한 일을 행하였거늘 내 집에 있음은 어찜이뇨 서원이나 거룩한 고기가 죄악을 없게 하겠으며 혹 이것으로 피하겠느냐

2 (主)주께서 그들을 심으시므로 그
들이 뿌리가 박히고 장성하여 열매
를 맺었거늘 그들의 입은 주께 가
까우나 그들의 [1]마음은 머니이다
3 여호와여 주께서 나를 아시고 나
를 보시며 내 마음이 주를 향하여
어떠함을 (鑑察)감찰하시오니 양
을 잡으려고 끌어냄과 같이 그들
을 끌어내시되 죽일 날을 위하여
그들을 구별하옵소서
4 언제까지 이 땅이 슬퍼하며 온 지
방의 채소가 마르리이까 짐승과
새들도 (滅絕)멸절하게 되었사오
니 이는 이 땅 주민이 악하여 스스
로 말하기를 그가 우리의 나중 일
을 보지 못하리라 함이니이다
5 ●만일 네가 보행자와 함께 달려
도 피곤하면 어찌 능히 말과 (競
走)경주하겠느냐 네가 평안한 땅
에서는 무사하려니와 요단 강 물
이 넘칠 때에는 어찌하겠느냐
6 네 (兄弟)형제와 아버지의 집이라
도 너를 속이며 네 뒤에서 크게 외
치나니 그들이 네게 좋은 말을 할
지라도 너는 믿지 말지니라

황무지의 슬픔과 여호와의 분노

7 ●내가 내 집을 버리며 내 (所有)
소유를 내던져 내 마음으로 사랑하
는 것을 그 원수의 손에 넘겼나니
8 내 소유가 숲속의 (獅子)사자 같
이 되어서 나를 향하여 그 소리를
내므로 내가 그를 미워하였음이로
라
9 내 (所有)소유가 내게 대하여는
무늬 있는 매가 아니냐 매들이 그
것을 에워싸지 아니하느냐 너희는
가서 들짐승들을 모아다가 그것을
삼키게 하라
10 많은 (牧者)목자가 내 포도원을
헐며 내 몫을 짓밟아서 내가 기뻐
하는 땅을 황무지로 만들었도다
11 그들이 이를 황폐하게 하였으므로
그 (荒蕪地)황무지가 나를 향하여
슬퍼하는도다 온 땅이 황폐함은 이
를 마음에 두는 자가 없음이로다
12 (破壞)파괴하는 자들이 광야의 모
든 벗은 산 위에 이르렀고 여호와
의 칼이 땅 이 끝에서 저 끝까지
삼키니 모든 육체가 평안하지 못
하도다
13 무리가 밀을 심어도 가시를 거두
며 수고하여도 소득이 없은즉 그
소산으로 말미암아 스스로 수치를
당하리니 이는 여호와의 (憤怒)분
노로 말미암음이니라

여호와의 악한 이웃에 대하여

14 ●내가 내 백성 이스라엘에게 (基
業)기업으로 준 소유에 손을 대는
나의 모든 악한 이웃에 대하여 여
호와께서 이와 같이 말씀하시니라
보라 내가 그들을 그 땅에서 뽑아
버리겠고 유다 집을 그들 가운데
서 뽑아 내리라
15 내가 그들을 뽑아 낸 후에 내가 돌
이켜 그들을 불쌍히 여겨서 각 사
람을 그들의 기업으로, 각 사람을
그 땅으로 다시 (引導)인도하리니
16 그들이 내 백성의 도를 부지런히
배우며 살아 있는 여호와라는 내

1) 히, 콩팥

이름으로 (盟誓)맹세하기를 자기
들이 내 백성을 가르쳐 바알로 맹
세하게 한 것 같이 하면 그들이 내
백성 가운데에 세움을 입으려니와
17 그들이 [1](順從)순종하지 아니하면
내가 반드시 그 나라를 뽑으리라
뽑아 멸하리라 여호와의 말씀이니
라

허리 띠

13 여호와께서 이와 같이 내게
이르시되 너는 가서 베 띠
를 사서 네 허리에 띠고 물에 적시
지 말라 하시기로
2 내가 여호와의 말씀대로 띠를 사
서 내 허리에 띠니라
3 여호와의 말씀이 다시 내게 (臨)
임하여 이르시되
4 너는 사서 네 허리에 띤 띠를 가지
고 일어나 유브라데로 가서 거기서
그것을 바위 틈에 감추라 하시기로
5 내가 여호와께서 내게 (命令)명령
하신 대로 가서 그것을 유브라데
물 가에 감추니라
6 여러 날 후에 여호와께서 내게 이
르시되 일어나 유브라데로 가서
내가 네게 명령하여 거기 감추게
한 띠를 가져오라 하시기로
7 내가 유브라데로 가서 그 감추었
던 곳을 파고 띠를 가져오니 띠가
썩어서 쓸 수 없게 되었더라
8 ● 여호와의 말씀이 내게 (臨)임하
니라 이르시되
9 여호와께서 이와 같이 말씀하시니
라 내가 유다의 (驕慢)교만과 예

1) 히, 듣지 아니하면

루살렘의 큰 교만을 이같이 썩게
하리라
10 이 악한 백성이 내 말 듣기를 (拒
絕)거절하고 그 마음의 완악한 대
로 행하며 다른 신들을 따라 그를
섬기며 그에게 절하니 그들이 이
띠가 쓸 수 없음 같이 되리라
11 여호와의 말씀이니라 띠가 사람의
허리에 속함 같이 내가 이스라엘
온 집과 유다 온 집으로 내게 속하
게 하여 그들로 내 백성이 되게 하
며 내 이름과 (名譽)명예와 영광
이 되게 하려 하였으나 그들이 듣
지 아니하였느니라

포도주 가죽부대

12 ● 그러므로 너는 이 말로 그들에
게 이르기를 이스라엘의 하나님
여호와의 말씀에 모든 가죽(負袋)
부대가 포도주로 차리라 하셨다
하라 그리하면 그들이 네게 이르
기를 모든 가죽부대가 포도주로
찰 줄을 우리가 어찌 알지 못하리
요 하리니
13 너는 다시 그들에게 이르기를 여
호와의 말씀에 보라 내가 이 땅의
모든 주민과 다윗의 (王位)왕위에
앉은 왕들과 제사장들과 선지자들
과 예루살렘 모든 주민으로 잔뜩
취하게 하고
14 또 그들로 (彼此)피차 충돌하여
상하게 하되 부자 사이에도 그러
하게 할 것이라 내가 그들을 불쌍
히 여기지 아니하며 사랑하지 아
니하며 아끼지 아니하고 멸하리라
하셨다 하라 여호와의 말씀이니라

교만에 대한 경고

15 ● 너희는 들을지어다, 귀를 기울일지어다, (驕慢)교만하지 말지어다, 여호와께서 말씀하셨음이라

16 그가 어둠을 일으키시기 전, 너희 발이 [1]어두운 산에 거치기 전, 너희 바라는 빛이 사망의 그늘로 변하여 (沈沈)침침한 어둠이 되게 하시기 전에 너희 하나님 여호와께 영광을 돌리라

17 너희가 이를 듣지 아니하면 나의 심령이 너희 교만으로 말미암아 (隱密)은밀한 곳에서 울 것이며 여호와의 양 떼가 사로잡힘으로 말미암아 눈물을 흘려 통곡하리라

18 ● 너는 왕과 왕후에게 전하기를 스스로 낮추어 앉으라 관 곧 영광의 (冕旒冠)면류관이 내려졌다 하라

19 네겝의 성읍들이 (封鎖)봉쇄되어 열 자가 없고 유다가 다 잡혀가되 온전히 잡혀가도다

20 ● 너는 눈을 들어 (北方)북방에서 오는 자들을 보라 네게 맡겼던 양 떼, 네 아름다운 양 떼는 어디 있느냐

21 너의 친구 삼았던 자를 그가 네 위에 우두머리로 세우실 때에 네가 무슨 말을 하겠느냐 네가 고통에 사로잡힘이 (産苦)산고를 겪는 여인 같지 않겠느냐

22 네가 마음으로 이르기를 어찌하여 이런 일이 내게 닥쳤는고 하겠으나 네 죄악이 크므로 네 치마가 들리고 네 발뒤꿈치가 (傷)상함이니라

23 구스인이 그의 피부를, 표범이 그의 반점을 변하게 할 수 있느냐 할 수 있을진대 악에 익숙한 너희도 (善)선을 행할 수 있으리라

24 그러므로 내가 그들을 (沙漠)사막 바람에 불려가는 검불 같이 흩으리로다

25 여호와의 말씀이니라 이는 네 몫이요 내가 헤아려 정하여 네게 준 분깃이니 네가 나를 잊어버리고 거짓을 (信賴)신뢰하는 까닭이라

26 그러므로 내가 네 치마를 네 얼굴에까지 들춰서 네 (羞恥)수치를 드러내리라

27 내가 너의 간음과 (邪惡)사악한 소리와 들의 작은 산 위에서 네가 행한 음란과 음행과 가증한 것을 보았노라 화 있을진저 예루살렘이여 네가 얼마나 오랜 후에야 정결하게 되겠느냐 하시니라

칼과 기근

14 가뭄에 대하여 예레미야에게 (臨)임한 여호와의 말씀이라

2 ● 유다가 슬퍼하며 성문의 무리가 피곤하여 땅 위에서 (哀痛)애통하니 예루살렘의 부르짖음이 위로 오르도다

3 귀인들은 자기 (使喚)사환들을 보내어 물을 얻으려 하였으나 그들이 우물에 갔어도 물을 얻지 못하여 빈 그릇으로 돌아오니 부끄럽고 근심하여 그들의 머리를 가리며

4 땅에 비가 없어 (地面)지면이 갈

1) 황혼의 산

라지니 밭 가는 자가 부끄러워서
그의 머리를 가리는도다
5 들의 암사슴은 새끼를 낳아도 풀
이 없으므로 내버리며
6 들 나귀들은 벗은 산 위에 서서 승
냥이 같이 헐떡이며 풀이 없으므
로 눈이 흐려지는도다
7 ● 여호와여 우리의 죄악이 우리
에게 대하여 증언할지라도 주는
주의 이름을 위하여 일하소서 우
리의 (墮落)타락함이 많으니이다
우리가 주께 범죄하였나이다
8 이스라엘의 (所望)소망이시요 고
난 당한 때의 구원자시여 어찌하
여 이 땅에서 거류하는 자 같이,
하룻밤을 유숙하는 나그네 같이
하시나이까
9 어찌하여 놀란 자 같으시며 구원
하지 못하는 (勇士)용사 같으시니
이까 여호와여 주는 그래도 우리
가운데 계시고 우리는 주의 이름
으로 일컬음을 받는 자이오니 우
리를 버리지 마옵소서
10 ● 여호와께서 이 (百姓)백성에 대
하여 이와 같이 말씀하시되 그들
이 어그러진 길을 사랑하여 그들
의 발을 멈추지 아니하므로 여호
와께서 그들을 받지 아니하고 이
제 그들의 죄를 기억하시고 그 죄
를 벌하시리라 하시고
11 여호와께서 또 내게 이르시되 너
는 이 (百姓)백성을 위하여 복을
구하지 말라
12 그들이 금식할지라도 내가 그 부
르짖음을 듣지 아니하겠고 번제와
소제를 드릴지라도 내가 그것을
받지 아니할 뿐 아니라 칼과 (饑
饉)기근과 전염병으로 내가 그들
을 멸하리라
13 ● 이에 내가 말하되 슬프도소이
다 주 여호와여 보시옵소서 (先知
者)선지자들이 그들에게 이르기
를 너희가 칼을 보지 아니하겠고
기근은 너희에게 이르지 아니할
것이라 내가 이 곳에서 너희에게
확실한 평강을 주리라 하나이다
14 여호와께서 내게 이르시되 선지자
들이 내 이름으로 거짓 (豫言)예
언을 하도다 나는 그들을 보내지
아니하였고 그들에게 명령하거나
이르지 아니하였거늘 그들이 거
짓 (啓示)계시와 점술과 헛된 것
과 자기 마음의 거짓으로 너희에
게 예언하는도다
15 그러므로 내가 보내지 아니하였어
도 내 이름으로 예언하여 이르기
를 칼과 (饑饉)기근이 이 땅에 이
르지 아니하리라 하는 선지자들
에 대하여 여호와께서 이와 같이
말씀하셨노라 그 선지자들은 칼과
기근에 멸망할 것이요
16 그들의 예언을 받은 백성은 기근
과 칼로 말미암아 예루살렘 거리
에 던짐을 당할 것인즉 그들을 (葬
事)장사할 자가 없을 것이요 그들
의 아내와 아들과 딸이 그렇게 되
리니 이는 내가 그들의 악을 그 위
에 부음이니라
17 너는 이 말로 그들에게 이르라 내
눈이 밤낮으로 그치지 아니하고

눈물을 흘리리니 이는 (處女)처녀
딸 내 백성이 큰 파멸, 중한 상처
로 말미암아 망함이라
18 내가 들에 나간즉 칼에 죽은 자요
내가 성읍에 들어간즉 기근으로
병든 자며 선지자나 (祭司長)제사
장이나 알지 못하는 땅으로 두루
다니도다

백성이 주께 간구하다

19 ● 주께서 유다를 온전히 버리시
나이까 주의 심령이 시온을 싫어
하시나이까 어찌하여 우리를 치
시고 (治療)치료하지 아니하시나
이까 우리가 (平康)평강을 바라도
좋은 것이 없고 치료 받기를 기다
리나 두려움만 보나이다
20 여호와여 우리의 악과 우리 조상
의 죄악을 (認定)인정하나이다 우
리가 주께 범죄하였나이다
21 주의 이름을 위하여 우리를 미워
하지 마옵소서 주의 영광의 보좌
를 욕되게 마옵소서 주께서 우
리와 세우신 언약을 기억하시고
(廢)폐하지 마옵소서
22 이방인의 우상 가운데 능히 비를
내리게 할 자가 있나이까 하늘이
능히 소나기를 내릴 수 있으리이
까 우리 하나님 여호와여 그리하
는 자는 주가 아니시니이까 그러
므로 우리가 주를 (仰望)앙망하옵
는 것은 주께서 이 모든 것을 만드
셨음이니이다 하니라

네 가지로 백성을 벌하리라

15 여호와께서 내게 이르시되
모세와 사무엘이 내 앞에
섰다 할지라도 내 마음은 이 (百
姓)백성을 향할 수 없나니 그들을
내 앞에서 쫓아 내보내라
2 그들이 만일 네게 말하기를 우리
가 어디로 나아가리요 하거든 너
는 그들에게 이르기를 여호와께서
이와 같이 말씀하시니라 죽을 자
는 죽음으로 나아가고 칼을 받을
자는 칼로 나아가고 기근을 당할
자는 기근으로 나아가고 포로 될
자는 (捕虜)포로 됨으로 나아갈지
니라 하셨다 하라
3 여호와의 말씀이니라 내가 그들을
네 가지로 (罰)벌하리니 곧 죽이
는 칼과 찢는 개와 삼켜 멸하는 공
중의 새와 땅의 짐승으로 할 것이
며
4 유다 왕 히스기야의 아들 므낫세
가 예루살렘에 행한 것으로 말미
암아 내가 [1]그들을 (世界)세계 여
러 민족 가운데에 흩으리라
5 ● 예루살렘아 너를 불쌍히 여길
자 누구며 너를 위해 울 자 누구며
돌이켜 네 (平安)평안을 물을 자
누구냐
6 여호와께서 이르시되 네가 나를
버렸고 내게서 물러갔으므로 네게
로 내 손을 펴서 너를 (滅)멸하였
노니 이는 내가 뜻을 돌이키기에
지쳤음이로다
7 내가 그들을 그 땅의 여러 성문에
서 키로 까불러 그 (子息)자식을
끊어서 내 백성을 멸하였나니 이
는 그들이 자기들의 길에서 돌이

1) 그들로 세계 열방에게 두려움이 되게 하리라

키지 아니하였음이라
8 그들의 (寡婦)과부가 내 앞에 바
다 모래보다 더 많아졌느니라 내
가 대낮에 파멸시킬 자를 그들에
게로 데려다가 그들과 청년들의
어미를 쳐서 놀람과 두려움을 그
들에게 갑자기 닥치게 하였으며
9 일곱을 낳은 여인에게는 (衰弱)쇠
약하여 기절하게 하며 아직도 대
낮에 그의 해가 떨어져서 그에게
수치와 근심을 당하게 하였느니라
그 남은 자는 그들의 대적의 칼에
붙이리라 여호와의 말씀이니라

예레미야의 기도와 여호와의 말씀

10 ● 내게 재앙이로다 나의 어머니
여 어머니께서 나를 온 세계에 다
투는 자와 싸우는 자를 만날 자로
낳으셨도다 내가 꾸어 주지도 아
니하였고 사람이 내게 꾸이지도
아니하였건마는 다 나를 (詛呪)저
주하는도다
11 여호와께서 이르시되 내가 진실로
너를 강하게 할 것이요 너에게 복
을 받게 할 것이며 내가 진실로 네
원수로 재앙과 환난의 때에 네게
(懇求)간구하게 하리라
12 [1]누가 능히 (鐵)철 곧 북방의 철과
놋을 꺾으리요
13 그러나 네 모든 죄로 말미암아 네
국경 안의 모든 (財産)재산과 보
물로 값 없이 탈취를 당하게 할 것
이며
14 네 원수와 함께 네가 알지 못하는
땅에 이르게 하리니 이는 나의 (震
怒)진노의 맹렬한 불이 너희를 사
르려 함이라
15 ● 여호와여 주께서 아시오니 원
하건대 주는 나를 기억하시며 돌
보시사 나를 (迫害)박해하는 자에
게 보복하시고 주의 오래 참으심
으로 말미암아 나로 멸망하지 아
니하게 하옵시며 주를 위하여 내
가 부끄러움 당하는 줄을 아시옵
소서
16 (萬軍)만군의 하나님 여호와시여
나는 주의 이름으로 일컬음을 받
는 자라 내가 주의 말씀을 얻어 먹
었사오니 주의 말씀은 내게 기쁨
과 내 마음의 즐거움이오나
17 내가 기뻐하는 자의 모임 가운데
앉지 아니하며 즐거워하지도 아니
하고 주의 손에 붙들려 홀로 앉았
사오니 이는 주께서 (忿怒)분노로
내게 채우셨음이니이다
18 나의 고통이 (繼續)계속하며 상처
가 중하여 낫지 아니함은 어찌 됨
이니이까 주께서는 내게 대하여
물이 말라서 속이는 시내 같으시
리이까
19 ● 여호와께서 이와 같이 말씀하
시되 네가 만일 돌아오면 내가 너
를 다시 이끌어 내 앞에 세울 것
이며 네가 만일 헛된 것을 버리고
(貴)귀한 것을 말한다면 너는 나
의 입이 될 것이라 그들은 네게로
돌아오려니와 너는 그들에게로 돌
아가지 말지니라
20 내가 너로 이 백성 앞에 견고한 놋
(城壁)성벽이 되게 하리니 그들이

1) 철이 어찌 능히 북방의 철과

너를 칠지라도 이기지 못할 것은
내가 너와 함께 하여 너를 구하여
건짐이라 여호와의 말씀이니라
21 내가 너를 악한 자의 손에서 건지
며 무서운 자의 손에서 (救援)구
원하리라

백성에게 할 말

16 여호와의 말씀이 또 내게
임하여 이르시되
2 너는 이 땅에서 아내를 맞이하지
말며 (子女)자녀를 두지 말지니라
3 이곳에서 낳은 자녀와 이 땅에서
그들을 (解産)해산한 어머니와 그
들을 낳은 아버지에 대하여 여호
와께서 이와 같이 말씀하시오니
4 그들은 독한 병으로 죽어도 아무
도 슬퍼하지 않을 것이며 묻어 주
지 않아 지면의 (糞土)분토와 같
을 것이며 칼과 기근에 망하고 그
시체는 공중의 새와 땅의 짐승의
밥이 되리라
5 ● 여호와께서 이와 같이 말씀하
시되 (初喪)초상집에 들어가지 말
라 가서 통곡하지 말며 그들을 위
하여 애곡하지 말라 내가 이 백성
에게서 나의 평강을 빼앗으며 인
자와 사랑을 제함이라 여호와의
말씀이니라
6 큰 자든지 작은 자든지 이 땅에서
죽으리니 그들이 (埋葬)매장되지
못할 것이며 그들을 위하여 애곡하
는 자도 없겠고 자기 몸을 베거나
머리털을 미는 자도 없을 것이며
7 그 죽은 자로 말미암아 슬퍼하는
자와 떡을 떼며 (慰勞)위로하는
자가 없을 것이며 그들의 아버지
나 어머니의 상사를 위하여 위로
의 잔을 그들에게 마시게 할 자가
없으리라
8 너는 잔칫집에 들어가서 그들과
함께 앉아 먹거나 마시지 말라
9 만군의 여호와 이스라엘의 하나님
께서 이와 같이 말씀하시니라 보
라 기뻐하는 소리와 즐거워하는
소리와 신랑의 소리와 신부의 소
리를 내가 네 목전, 네 (時代)시대
에 이 곳에서 끊어지게 하리라
10 ● 네가 이 모든 말로 백성에게 말
할 때에 그들이 네게 묻기를 여호
와께서 우리에게 이 모든 큰 재앙
을 (宣布)선포하심은 어찌 됨이며
우리의 죄악은 무엇이며 우리가
우리 하나님 여호와께 범한 죄는
무엇이냐 하거든
11 너는 그들에게 (對答)대답하기를
여호와께서 말씀하시되 너희 조상
들이 나를 버리고 다른 신들을 따
라서 그들을 섬기며 그들에게 절
하고 나를 버려 내 율법을 지키지
아니하였음이라
12 너희가 너희 (祖上)조상들보다 더
욱 악을 행하였도다 보라 너희가
각기 악한 마음의 완악함을 따라
행하고 나에게 순종하지 아니하였
으므로
13 내가 너희를 이 땅에서 쫓아내어
너희와 너희 조상들이 알지 못하
던 땅에 이르게 할 것이라 너희가
거기서 (晝夜)주야로 다른 신들을
섬기리니 이는 내가 너희에게 은

혜를 베풀지 아니함이라 하셨다
하라

포로의 귀환

14 ●여호와의 말씀이니라 그러나 보
라 날이 이르리니 다시는 이스라
엘 자손을 애굽 땅에서 (引導)인도
하여 내신 여호와께서 살아 계심
을 두고 (盟誓)맹세하지 아니하고
15 이스라엘 자손을 북방 땅과 그 쫓
겨 났던 모든 나라에서 (引導)인
도하여 내신 여호와께서 살아 계
심을 두고 맹세하리라 내가 그들
을 그들의 조상들에게 준 그들의
땅으로 인도하여 들이리라

악과 죄를 배나 갚을 것이라

16 ●여호와의 말씀이니라 보라 내
가 많은 (漁夫)어부를 불러다가
그들을 낚게 하며 그 후에 많은 포
수를 불러다가 그들을 모든 산과
모든 언덕과 바위 틈에서 사냥하
게 하리니
17 이는 내 눈이 그들의 (行爲)행위를
살펴보므로 그들이 내 얼굴 앞에
서 숨기지 못하며 그들의 죄악이
내 목전에서 숨겨지지 못함이라
18 내가 우선 그들의 악과 죄를 배나
갚을 것은 그들이 그 미운 물건의
시체로 내 땅을 더럽히며 그들의
(可憎)가증한 것으로 내 기업에
가득하게 하였음이라

예레미야의 기도

19 ●여호와 나의 힘, 나의 요새, 환난
날의 (避難處)피난처시여 민족들
이 땅 끝에서 주께 이르러 말하기
를 우리 조상들의 계승한 바는 허
망하고 거짓되고 무익한 것뿐이라
20 사람이 어찌 신 아닌 것을 자기의
(神)신으로 삼겠나이까 하리이다
21 여호와께서 이르시되 보라 이번에
그들에게 내 손과 내 (能力)능력
을 알려서 그들로 내 이름이 여호
와인 줄 알게 하리라

유다의 죄와 벌

17 유다의 죄는 (金剛石)금강
석 끝 철필로 기록되되 그
들의 마음 판과 그들의 제단 뿔에
새겨졌거늘
2 그들의 자녀가 높은 언덕 위 푸른
나무 곁에 있는 그 (祭壇)제단들
과 아세라들을 생각하도다
3 들에 있는 나의 산아 네 온 영토의
죄로 말미암아 내가 네 재산과 네
모든 보물과 산당들로 (擄掠)노략
을 당하게 하리니
4 내가 네게 준 네 기업에서 네 손
을 뗄 것이며 또 내가 너로 하여금
너의 알지 못하는 땅에서 네 원수
를 섬기게 하리니 이는 너희가 내
노를 (猛烈)맹렬하게 하여 영원히
타는 불을 일으켰음이라
5 ●여호와께서 이와 같이 말씀하
시니라 무릇 사람을 믿으며 (肉
身)육신으로 그의 힘을 삼고 마음
이 여호와에게서 떠난 그 사람은
저주를 받을 것이라
6 그는 사막의 떨기나무 같아서 좋
은 일이 오는 것을 보지 못하고 광
야 (乾燥)간조한 곳, 건건한 땅,
사람이 살지 않는 땅에 살리라
7 그러나 무릇 여호와를 의지하며

여호와를 (依賴)의뢰하는 그 사람
은 복을 받을 것이라
8 그는 물 가에 심어진 나무가 그 뿌
리를 (江邊)강변에 뻗치고 더위가
올지라도 두려워하지 아니하며 그
잎이 청청하며 가무는 해에도 걱
정이 없고 결실이 그치지 아니함
같으리라
9 ●만물보다 거짓되고 심히 (腐敗)
부패한 것은 마음이라 누가 능히
이를 알리요마는
10 나 여호와는 심장을 살피며 (肺
腑)폐부를 시험하고 각각 그의 행
위와 그의 행실대로 보응하나니
11 불의로 (致富)치부하는 자는 자고
새가 낳지 아니한 알을 품음 같아
서 그의 중년에 그것이 떠나겠고
마침내 어리석은 자가 되리라

예레미야의 간구

12 ● 영화로우신 보좌여 시작부터
높이 계시며 우리의 (聖所)성소이
시며
13 이스라엘의 소망이신 여호와여 무
릇 주를 버리는 자는 다 수치를 당
할 것이라 무릇 [1]여호와를 떠나는
자는 흙에 기록이 되오리니 이는
생수의 (根源)근원이신 여호와를
버림이니이다
14 여호와여 주는 나의 찬송이시오니
나를 고치소서 그리하시면 내가
낫겠나이다 나를 (救援)구원하소
서 그리하시면 내가 구원을 얻으
리이다
15 보라 그들이 내게 이르기를 여호
와의 말씀이 어디 있느냐 이제 임
하게 할지어다 하나이다
16 나는 목자의 직분에서 물러가지
아니하고 주를 따랐사오며 재앙의
날도 내가 원하지 아니하였음을
주께서 아시는 바라 내 입술에서
나온 것이 주의 (目前)목전에 있
나이다
17 주는 내게 두려움이 되지 마옵소
서 (災殃)재앙의 날에 주는 나의
피난처시니이다
18 나를 (迫害)박해하는 자로 치욕을
당하게 하시고 나로 치욕을 당하
게 마옵소서 그들은 놀라게 하시
고 나는 놀라게 하지 마시옵소서
재앙의 날을 그들에게 임하게 하
시며 배나 되는 멸망으로 그들을
멸하소서

안식일을 거룩하게 하라

19 ● 여호와께서 내게 이와 같이 말
씀하시되 너는 가서 유다 왕들이
출입하는 (平民)평민의 문과 예루
살렘 모든 문에 서서
20 무리에게 이르기를 이 문으로 들어
오는 유다 왕들과 유다 모든 백성
과 예루살렘 모든 (住民)주민인 너
희는 여호와의 말씀을 들을지어다
21 여호와께서 이와 같이 말씀하시되
너희는 스스로 삼가서 (安息日)안
식일에 짐을 지고 예루살렘 문으
로 들어오지 말며
22 안식일에 너희 집에서 짐을 내지
말며 어떤 일이라도 하지 말고 내
가 너희 조상들에게 (命令)명령함
같이 안식일을 거룩히 할지어다

1) 히, 나

23 그들은 순종하지 아니하며 귀를 기울이지 아니하며 그 목을 곧게 하여 듣지 아니하며 (敎訓)교훈을 받지 아니하였느니라

24 ● 여호와의 말씀이니라 너희가 만일 삼가 나를 (順從)순종하여 안식일에 짐을 지고 이 성문으로 들어오지 아니하며 안식일을 거룩히 하여 어떤 일이라도 하지 아니하면

25 다윗의 왕위에 앉아 있는 왕들과 고관들이 (兵車)병거와 말을 타고 이 성문으로 들어오되 그들과 유다 모든 백성과 예루살렘 주민들이 함께 그리할 것이요 이 성은 영원히 있을 것이며

26 사람들이 유다 성읍들과 예루살렘에 둘린 곳들과 베냐민 땅과 [1]평지와 산지와 네겝으로부터 와서 번제와 희생과 소제와 (乳香)유향과 감사제물을 여호와의 성전에 가져오려니와

27 그러나 만일 너희가 나를 순종하지 아니하고 안식일을 거룩되게 아니하여 안식일에 짐을 지고 예루살렘 문으로 들어오면 내가 성문에 불을 놓아 예루살렘 (宮殿)궁전을 삼키게 하리니 그 불이 꺼지지 아니하리라 하셨다 할지니라 하시니라

토기장이의 비유

18 여호와께로부터 예레미야에게 임한 말씀에 이르시되

2 너는 일어나 (土器)토기장이의 집으로 내려가라 내가 거기에서 내 말을 네게 들려 주리라 하시기로

3 내가 토기장이의 집으로 내려가서 본즉 그가 (轆轤)녹로로 일을 하는데

4 진흙으로 만든 그릇이 토기장이의 손에서 터지매 그가 그것으로 자기 (意見)의견에 좋은 대로 다른 그릇을 만들더라

5 ●그 때에 여호와의 말씀이 내게 임하니라 이르시되

6 여호와의 말씀이니라 이스라엘 (族屬)족속아 이 토기장이가 하는 것 같이 내가 능히 너희에게 행하지 못하겠느냐 이스라엘 족속아 진흙이 토기장이의 손에 있음 같이 너희가 내 손에 있느니라

7 내가 어느 (民族)민족이나 국가를 뽑거나 부수거나 멸하려 할 때에

8 만일 내가 말한 그 민족이 그의 (惡)악에서 돌이키면 내가 그에게 내리기로 생각하였던 재앙에 대하여 뜻을 돌이키겠고

9 내가 어느 민족이나 국가를 (建設)건설하거나 심으려 할 때에

10 만일 그들이 나 보기에 악한 것을 행하여 내 목소리를 (聽從)청종하지 아니하면 내가 그에게 유익하게 하리라고 한 복에 대하여 뜻을 돌이키리라

11 그러므로 이제 너는 유다 사람들과 예루살렘 주민들에게 말하여 이르기를 여호와의 말씀에 보라 내가 너희에게 재앙을 내리며 (計策)계책을 세워 너희를 치려 하노

1) 스펠라

니 너희는 각기 악한 길에서 돌이
키며 너희의 길과 행위를 아름답
게 하라 하셨다 하라
12 그러나 그들이 말하기를 이는 헛
되니 우리는 우리의 계획대로 행
하며 우리는 각기 악한 마음의 (頑
惡)완악한 대로 행하리라 하느니
라

이스라엘이 가증한 일을 행하다

13 ● 그러므로 여호와께서 이와 같
이 말씀하시니라 너희는 누가 이
러한 일을 들었는지 여러 나라 가
운데 물어보라 처녀 이스라엘이
심히 (可憎)가증한 일을 행하였도
다
14 레바논의 눈이 어찌 들의 바위를
떠나겠으며 먼 곳에서 흘러내리는
찬물이 어찌 마르겠느냐
15 무릇 내 백성은 나를 잊고 (虛無)
허무한 것에게 분향하거니와 이러
한 것들은 그들로 그들의 길 곧 그
옛길에서 넘어지게 하며 곁길 곧
닦지 아니한 길로 행하게 하여
16 그들의 땅으로 두려움과 (永遠)영
원한 웃음거리가 되게 하리니 그
리로 지나는 자마다 놀라서 그의
머리를 흔들리라
17 내가 그들을 그들의 (怨讐)원수
앞에서 흩어 버리기를 동풍으로
함 같이 할 것이며 그들의 재난의
날에는 내가 그들에게 등을 보이
고 얼굴을 보이지 아니하리라

예레미야를 죽이려 하다

18 ● 그들이 말하기를 오라 우리가
꾀를 내어 예레미야를 치자 제사
장에게서 율법이, 지혜로운 자에
게서 (策略)책략이, 선지자에게서
말씀이 끊어지지 아니할 것이니
오라 우리가 혀로 그를 치고 그의
어떤 말에도 주의하지 말자 하나
이다
19 ● 여호와여 나를 돌아보사 나와
더불어 다투는 그들의 목소리를
들어 보옵소서
20 어찌 악으로 선을 갚으리이까마
는 그들이 나의 생명을 해하려고
구덩이를 팠나이다 내가 주의 (憤
怒)분노를 그들에게서 돌이키려
하고 주의 앞에 서서 그들을 위하
여 유익한 말을 한 것을 기억하옵
소서
21 그러하온즉 그들의 자녀를 (饑饉)
기근에 내어 주시며 그들을 칼의
세력에 넘기시며 그들의 아내들은
자녀를 잃고 과부가 되며 그 (壯
丁)장정은 죽음을 당하며 그 청년
은 전장에서 칼을 맞게 하시며
22 주께서 (軍隊)군대로 갑자기 그들
에게 이르게 하사 그들의 집에서
부르짖음이 들리게 하옵소서 이는
그들이 나를 잡으려고 구덩이를
팠고 내 발을 빠뜨리려고 올무를
놓았음이니이다
23 여호와여 그들이 나를 죽이려 하
는 계략을 주께서 다 아시오니 그
악을 사하지 마옵시며 그들의 죄
를 주의 목전에서 지우지 마시고
그들을 주 앞에 넘어지게 하시되
주께서 노하시는 때에 이같이 그
들에게 행하옵소서 하니라

깨진 옹기

19 여호와께서 이와 같이 말
씀하시되 가서 토기장이의
(甕器)옹기를 사고 백성의 어른들
과 제사장의 어른 몇 사람과
2 [1)]하시드 문 어귀 곁에 있는 힌놈
의 아들의 골짜기로 가서 거기에
서 내가 네게 이른 말을 (宣布)선
포하여
3 말하기를 너희 유다 왕들과 예루
살렘 주민아 여호와의 말씀을 들
으라 만군의 여호와 이스라엘의
하나님이 이같이 말씀하시되 보라
내가 이 곳에 (災殃)재앙을 내릴
것이라 그것을 듣는 모든 자의 귀
가 떨리니
4 이는 그들이 나를 버리고 이 곳을
(不潔)불결하게 하며 이 곳에서
자기와 자기 조상들과 유다 왕들
이 알지 못하던 다른 신들에게 분
향하며 무죄한 자의 피로 이 곳에
채웠음이며
5 또 그들이 바알을 위하여 산당을
건축하고 자기 아들들을 바알에게
(燔祭)번제로 불살라 드렸나니 이
는 내가 명령하거나 말하거나 뜻
한 바가 아니니라
6 그러므로 보라 다시는 이 곳을 도
벳이나 힌놈의 아들의 골짜기라
부르지 아니하고 오직 죽임의 골
짜기라 부르는 날이 이를 것이라
여호와의 말이니라
7 내가 이 곳에서 유다와 예루살렘
의 계획을 무너뜨려 그들로 그 대

1) 질그릇 조각의 문

적 앞과 생명을 찾는 자의 손의 칼
에 엎드러지게 하고 그 시체를 (空
中)공중의 새와 땅의 짐승의 밥이
되게 하며
8 이 성읍으로 놀람과 (嘲弄)조롱거
리가 되게 하리니 그 모든 재앙으
로 말미암아 지나는 자마다 놀라
며 조롱할 것이며
9 그들이 그들의 원수와 그들의 생
명을 찾는 자에게 둘러싸여 (困
境)곤경에 빠질 때에 내가 그들이
그들의 아들의 살, 딸의 살을 먹게
하고 또 각기 친구의 살을 먹게 하
리라 하셨다 하고
10 너는 함께 가는 자의 목전에서 그
(甕器)옹기를 깨뜨리고
11 그들에게 이르기를 (萬軍)만군의
여호와께서 이와 같이 말씀하시되
사람이 토기장이의 그릇을 한 번
깨뜨리면 다시 완전하게 할 수 없
나니 이와 같이 내가 이 백성과 이
성읍을 무너뜨리리니 도벳에 매장
할 자리가 없을 만큼 매장하리라
12 여호와의 말씀이니라 내가 이 곳
과 그 가운데 (住民)주민에게 이
같이 행하여 이 성읍으로 도벳 같
게 할 것이라
13 예루살렘 집들과 유다 왕들의 집들
이 그 집 위에서 하늘의 만상에 (焚
香)분향하고 다른 신들에게 전제
를 부음으로 더러워졌은즉 도벳 땅
처럼 되리라 하셨다 하라 하시니
14 ● 예레미야가 여호와께서 자기를
보내사 (預言)예언하게 하신 도벳
에서 돌아와 여호와의 집 뜰에 서

서 모든 백성에게 말하되
15 만군의 여호와 이스라엘의 하나님
께서 이와 같이 말씀하시되 보라
내가 이 성읍에 대하여 선언한 모
든 재앙을 이 성읍과 그 모든 (村
落)촌락에 내리리니 이는 그들의
목을 곧게 하여 내 말을 듣지 아니
함이라 하시니라

예레미야와 바스훌

20 임멜의 아들 제사장 바스훌
은 여호와의 성전의 총감독
이라 그가 예레미야의 이 일 (豫
言)예언함을 들은지라
2 이에 바스훌이 선지자 예레미야를
때리고 여호와의 (聖殿)성전에 있
는 베냐민 문 위층에 목에 씌우는
나무 고랑으로 채워 두었더니
3 다음날 바스훌이 예레미야를 목에
씌우는 나무 고랑에서 풀어 주매
예레미야가 그에게 이르되 여호와
께서 네 이름을 바스훌이라 아니하
시고 [1]마골밋사빕이라 하시느니라
4 여호와께서 이와 같이 말씀하시되
보라 내가 너로 너와 네 모든 친
구에게 두려움이 되게 하리니 그
들이 그들의 (怨讐)원수들의 칼
에 엎드러질 것이요 네 눈은 그것
을 볼 것이며 내가 온 유다를 바벨
론 왕의 손에 넘기리니 그가 그들
을 사로잡아 바벨론으로 옮겨 칼
로 죽이리라
5 내가 또 이 성읍의 모든 부와 그
모든 소득과 그 모든 (貴重品)귀
중품과 유다 왕들의 모든 보물을
그 원수의 손에 넘기리니 그들이
그것을 탈취하여 바벨론으로 가져
가리라
6 바스훌아 너와 네 집에 사는 모든
사람이 (捕虜)포로 되어 옮겨지리
니 네가 바벨론에 이르러 거기서
죽어 거기 묻힐 것이라 너와 너의
거짓 예언을 들은 네 모든 친구도
그와 같으리라 하셨느니라

예레미야가 여호와께 사정을 아뢰다

7 ● 여호와여 주께서 나를 권유하
시므로 내가 그 (勸誘)권유를 받
았사오며 주께서 나보다 강하사
이기셨으므로 내가 조롱거리가 되
니 사람마다 종일토록 나를 조롱
하나이다
8 내가 말할 때마다 외치며 파멸과
멸망을 선포하므로 여호와의 말씀
으로 말미암아 내가 종일토록 (恥
辱)치욕과 모욕거리가 됨이니이
다
9 내가 다시는 여호와를 (宣布)선포
하지 아니하며 그의 이름으로 말
하지 아니하리라 하면 나의 마음
이 불붙는 것 같아서 골수에 사무
치니 답답하여 견딜 수 없나이다
10 나는 무리의 비방과 사방이 두려
워함을 들었나이다 그들이 이르기
를 고소하라 우리도 (告訴)고소하
리라 하오며 내 친한 벗도 다 내가
실족하기를 기다리며 그가 혹시
유혹을 받게 되면 우리가 그를 이
기어 우리 원수를 갚자 하나이다
11 그러하오나 여호와는 두려운 용사
같으시며 나와 함께 하시므로 나

1) 사방으로 두려움

를 박해하는 자들이 넘어지고 이
기지 못할 것이오며 그들은 지혜
롭게 행하지 못하므로 큰 치욕을
당하오리니 그 (恥辱)치욕은 길이
잊지 못할 것이니이다
12 의인을 시험하사 그 폐부와 심장
을 보시는 만군의 여호와여 나의
사정을 주께 아뢰었사온즉 주께서
그들에게 (報復)보복하심을 나에
게 보게 하옵소서
13 여호와께 노래하라 너희는 여호와
를 찬양하라 가난한 자의 생명을
(行惡者)행악자의 손에서 구원하
셨음이니라
14 ● 내 생일이 (詛呪)저주를 받았더
면, 나의 어머니가 나를 낳던 날이
복이 없었더면,
15 나의 아버지에게 (消息)소식을 전
하여 이르기를 당신이 득남하였다
하여 아버지를 즐겁게 하던 자가
저주를 받았더면,
16 그 사람은 여호와께서 무너뜨리시
고 후회하지 아니하신 (城邑)성읍
같이 되었더면, 그가 아침에는 부
르짖는 소리, 낮에는 떠드는 소리
를 듣게 하였더면, 좋을 뻔하였나
니
17 이는 그가 나를 태에서 죽이지 아
니하셨으며 나의 어머니를 내 무
덤이 되지 않게 하셨으며 그의 배
가 부른 채로 (恒常)항상 있지 않
게 하신 까닭이로다
18 어찌하여 내가 (胎)태에서 나와서
고생과 슬픔을 보며 나의 날을 부
끄러움으로 보내는고 하니라

여호와께서 두신 생명의 길과 사망의 길

21 여호와께로부터 예레미야에
게 말씀이 임하니라 시드기
야 왕이 말기야의 아들 바스훌과
(祭司長)제사장 마아세야의 아들
스바냐를 예레미야에게 보내니라
2 바벨론의 느부갓네살 왕이 우리를
치니 청컨대 너는 우리를 위하여
여호와께 (懇求)간구하라 여호와
께서 혹시 그의 모든 기적으로 우
리를 도와 행하시면 그가 우리를
떠나리라 하니
3 ● 예레미야가 그들에게 (對答)대
답하되 너희는 시드기야에게 이같
이 말하라
4 이스라엘의 하나님 여호와께서 이
와 같이 말씀하시되 보라 너희가
성 밖에서 바벨론의 왕과 또 너희
를 에워싼 갈대아인과 싸우는 데
쓰는 너희 손의 (武器)무기를 내
가 뒤로 돌릴 것이요 그것들을 이
성 가운데 모아들이리라
5 내가 든 손과 강한 팔 곧 진노와
분노와 (大怒)대노로 친히 너희를
칠 것이며
6 내가 또 사람이나 짐승이나 이 성
에 있는 것을 다 치리니 그들이 큰
(傳染病)전염병에 죽으리라 하셨
다 하라
7 여호와의 말씀이니라 그 후에 내
가 유다의 왕 시드기야와 그의 신
하들과 백성과 및 이 성읍에서 전
염병과 칼과 기근에서 남은 자를
바벨론의 느부갓네살 왕의 손과
그들의 원수의 손과 그들의 생명

을 찾는 자들의 손에 넘기리니 그
가 칼날로 그들을 치되 측은히 여
기지 아니하며 (矜恤)긍휼히 여기
지 아니하며 불쌍히 여기지 아니
하리라 하셨느니라
8 ●여호와께서 말씀하시기를 보라
내가 너희 앞에 (生命)생명의 길
과 사망의 길을 두었노라 너는 이
백성에게 전하라 하셨느니라
9 이 성읍에 사는 자는 칼과 기근과
전염병에 죽으려니와 너희를 에워
싼 갈대아인에게 나가서 (降服)항
복하는 자는 살 것이나 그의 목숨
은 전리품 같이 되리라
10 여호와의 말씀이니라 내가 나의
얼굴을 이 성읍으로 향함은 (禍)
복을 내리기 위함이 아니요 화를
내리기 위함이라 이 성읍이 바벨
론 왕의 손에 넘김이 될 것이요 그
는 그것을 불사르리라

유다 왕의 집에 내린 벌

11 ●유다 (王)왕의 집에 대한 여호
와의 말을 들으라
12 여호와께서 이와 같이 말씀하시니
라 다윗의 집이여 너는 아침마다
정의롭게 판결하여 탈취 당한 자
를 (壓迫者)압박자의 손에서 건지
라 그리하지 아니하면 너희의 악
행 때문에 내 분노가 불 같이 일어
나서 사르리니 능히 끌 자가 없으
리라
13 여호와의 말씀이니라 골짜기와
(平原)평원 바위의 주민아 보라
너희가 말하기를 누가 내려와서
우리를 치리요 누가 우리의 (居
處)거처에 들어오리요 하거니와
나는 네 대적이라
14 내가 너희 행위대로 너희를 (罰)
벌할 것이요 내가 또 수풀에 불을
놓아 그 모든 주위를 사르리라 여
호와의 말씀이니라

유다 왕의 집에 선언하다

22 여호와께서 이와 같이 말씀
하시되 너는 유다 왕의 집
에 내려가서 거기에서 이 말을 (宣
言)선언하여
2 이르기를 다윗의 왕위에 앉은 유
다 왕이여 너와 네 (臣下)신하와
이 문들로 들어오는 네 백성은 여
호와의 말씀을 들을지니라
3 여호와께서 이와 같이 말씀하시되
너희가 정의와 공의를 행하여 탈
취 당한 자를 (壓迫)압박하는 자
의 손에서 건지고 이방인과 고아
와 과부를 압제하거나 학대하지
말며 이 곳에서 무죄한 피를 흘리
지 말라
4 너희가 참으로 이 말을 (遵行)준행
하면 다윗의 왕위에 앉을 왕들과
신하들과 백성이 병거와 말을 타
고 이 집 문으로 들어오게 되리라
5 그러나 너희가 이 말을 듣지 아니
하면 내가 나를 두고 (盟誓)맹세
하노니 이 집이 황폐하리라 여호
와의 말씀이니라
6 여호와께서 유다 왕의 집에 대하
여 이와 같이 말씀하시니라 네가
내게 길르앗 같고 레바논의 머리
이나 내가 반드시 너로 (曠野)광
야와 주민이 없는 성읍을 만들 것

이라
7 내가 너를 파멸할 자를 준비하리
니 그들이 각기 손에 무기를 가지
고 네 아름다운 (柏香木)백향목을
찍어 불에 던지리라
8 여러 민족들이 이 (城邑)성읍으로
지나가며 서로 말하기를 여호와가
이 큰 성읍에 이같이 행함은 어찌
됨인고 하겠고
9 그들이 대답하기는 이는 그들이
자기 하나님 여호와의 (言約)언약
을 버리고 다른 신들에게 절하고
그를 섬긴 까닭이라 하셨다 할지
니라

살룸 왕에 대하여 말하다

10 ● 너희는 죽은 자를 위하여 울지
말며 그를 위하여 애통하지 말고
잡혀 간 자를 위하여 슬피 울라 그
는 다시 돌아와 그 (故國)고국을
보지 못할 것임이라
11 여호와께서 유다 왕 요시야의 아
들 곧 그의 아버지 요시야를 이어
왕이 되었다가 이 곳에서 나간 [1]
살룸에 (對)대하여 이와 같이 말
씀하시니라 그가 이 곳으로 다시
돌아오지 못하고
12 잡혀 간 곳에서 그가 거기서 죽으
리니 이 땅을 다시 보지 못하리라

여호야김 왕에 대하여 말하다

13 ● 불의로 그 집을 세우며 부정하게
그 다락방을 지으며 자기의 이웃을
(雇用)고용하고 그의 품삯을 주지
아니하는 자에게 화 있을진저
14 그가 이르기를 내가 나를 위하여
큰 집과 넓은 다락방을 지으리라
하고 자기를 위하여 (窓門)창문을
만들고 그것에 백향목으로 입히고
붉은 빛으로 칠하도다
15 네가 백향목을 많이 사용하여 왕이
될 수 있겠느냐 네 아버지가 먹거
나 마시지 아니하였으며 정의와 공
의를 행하지 아니하였느냐 그 때에
그가 (亨通)형통하였었느니라
16 그는 가난한 자와 궁핍한 자를 (辯
護)변호하고 형통하였나니 이것
이 나를 앎이 아니냐 여호와의 말
씀이니라
17 그러나 네 두 눈과 마음은 탐욕
과 무죄한 피를 흘림과 압박과 (暴
惡)포악을 행하려 할 뿐이니라
18 그러므로 여호와께서 유다의 왕
요시야의 아들 여호야김에게 대하
여 이와 같이 말씀하시니라 무리
가 그를 위하여 슬프다 내 형제여,
슬프다 내 (姉妹)자매여 하며 통곡
하지 아니할 것이며 그를 위하여
슬프다 주여 슬프다 그 영광이여
하며 통곡하지도 아니할 것이라
19 그가 끌려 예루살렘 문 밖에 던져
지고 나귀 같이 (埋葬)매장함을
당하리라

예루살렘에 대한 탄식

20 ● 너는 레바논에 올라 외치며 바
산에서 네 소리를 높이며 아바림
에서 외치라 이는 너를 사랑하는
자가 다 (滅亡)멸망하였음이라
21 네가 (平安)평안할 때에 내가 네
게 말하였으나 네 말이 나는 듣지
아니하리라 하였나니 네가 어려서

1) 왕하 23:30 '여호아하스', 대상 3:15 대조

부터 내 목소리를 (聽從)청종하지
아니함이 네 습관이라
22 네 목자들은 다 바람에 삼켜질 것
이요 너를 사랑하는 자들은 사로
잡혀 가리니 그 때에 네가 반드시
네 모든 악 때문에 (羞恥)수치와
(辱)욕을 당하리라
23 레바논에 살면서 백향목에 깃들
이는 자여 여인이 해산하는 고통
같은 고통이 네게 임할 때에 너의
(可憐)가련함이 얼마나 심하랴

여호와께서 고니야 왕을 심판하시다

24 ● 여호와의 말씀이니라 나의 삶
으로 맹세하노니 유다 왕 여호야
김의 아들 [1]고니야가 나의 오른손
의 (印章斑指)인장반지라 할지라
도 내가 빼어
25 네 (生命)생명을 찾는 자의 손과
네가 두려워하는 자의 손 곧 바벨
론의 왕 느부갓네살의 손과 갈대
아인의 손에 줄 것이라
26 내가 너와 너를 낳은 어머니를 너
희가 나지 아니한 다른 (地方)지
방으로 쫓아내리니 너희가 거기에
서 죽으리라
27 그들이 그들의 마음에 돌아오기를
(思慕)사모하는 땅에 돌아오지 못
하리라
28 이 사람 고니야는 천하고 깨진 그
릇이냐 좋아하지 아니하는 그릇이
냐 어찌하여 그와 그의 (子孫)자
손이 쫓겨나서 알지 못하는 땅에
들어갔는고
29 땅이여, 땅이여, 땅이여, 여호와
의 말을 들을지니라
30 여호와께서 이와 같이 말씀하시
니라 너희는 이 사람이 자식이 없
겠고 그의 평생 동안 형통하지 못
할 자라 (記錄)기록하라 이는 그
의 자손 중 형통하여 다윗의 왕위
에 앉아 유다를 다스릴 사람이 다
시는 없을 것임이라 하시니라

미래의 왕 메시아

23 여호와의 말씀이니라 내
(牧場)목장의 양 떼를 멸하
며 흩어지게 하는 목자에게 화 있
으리라
2 그러므로 이스라엘의 하나님 여
호와께서 내 백성을 기르는 목자
에게 이와 같이 말씀하시니라 너
희가 내 양 떼를 흩으며 그것을 몰
아내고 돌보지 아니하였도다 보라
내가 너희의 (惡行)악행 때문에
너희에게 보응하리라 여호와의 말
씀이니라
3 내가 내 양 떼의 남은 것을 그 몰
려 갔던 모든 지방에서 모아 다시
그 우리로 돌아오게 하리니 그들
의 (生育)생육이 번성할 것이며
4 내가 그들을 기르는 (牧者)목자들
을 그들 위에 세우리니 그들이 다
시는 두려워하거나 놀라거나 잃어
버리지 아니하리라 여호와의 말씀
이니라
5 ● 여호와의 말씀이니라 보라 때
가 이르리니 내가 다윗에게 한 의
로운 가지를 일으킬 것이라 그가
왕이 되어 [2]지혜롭게 다스리며 세

1) 24:1; 대상 3:16 '여고냐', 왕하 24:6, 8 '여호야긴' 2) 형통하며

상에서 (正義)정의와 공의를 행할
것이며
6 그의 날에 유다는 구원을 받겠고
이스라엘은 (平安)평안히 살 것이
며 그의 이름은 여호와 우리의 공
의라 일컬음을 받으리라
7 그러므로 여호와의 말씀이니라 보
라 날이 이르리니 그들이 다시는
이스라엘 자손을 애굽 땅에서 인
도하여 내신 여호와의 사심으로
(盟誓)맹세하지 아니하고
8 이스라엘 집 (子孫)자손을 북쪽
땅, 그 모든 쫓겨났던 나라에서
(引導)인도하여 내신 여호와의 사
심으로 맹세할 것이며 그들이 자
기 땅에 살리라 하시니라

선지자들에 대한 말씀

9 ● 선지자들에 대한 말씀이라 ● 내
마음이 상하며 내 모든 뼈가 떨리
며 내가 (醉)취한 사람 같으며 포
도주에 잡힌 사람 같으니 이는 여
호와와 그 거룩한 말씀 때문이라
10 이 땅에 간음하는 자가 가득하도
다 저주로 말미암아 땅이 슬퍼하
며 광야의 (草場)초장들이 마르나
니 그들의 행위가 악하고 힘쓰는
것이 정직하지 못함이로다
11 여호와의 말씀이니라 선지자와
(祭司長)제사장이 다 사악한지라
내가 내 집에서도 그들의 악을 발
견하였노라
12 그러므로 그들의 길이 그들에게
어두운 가운데 미끄러운 곳과 같
이 되고 그들이 밀어냄을 당하여
그 길에 엎드러질 것이라 그들을
(罰)벌하는 해에 내가 그들에게
재앙을 내리리라 여호와의 말씀이
니라
13 ● 내가 사마리아 선지자들 가운
데 우매함을 보았나니 그들은 바
알을 (依支)의지하고 예언하여 내
백성 이스라엘을 그릇되게 하였고
14 내가 예루살렘 선지자들 가운데도
가증한 일을 보았나니 그들은 (姦
淫)간음을 행하며 거짓을 말하며
악을 행하는 자의 손을 강하게 하
여 사람으로 그 악에서 돌이킴이
없게 하였은즉 그들은 다 내 앞에
서 소돔과 다름이 없고 그 주민은
고모라와 다름이 없느니라
15 그러므로 만군의 여호와께서 선지
자에 대하여 이와 같이 말씀하시
니라 보라 내가 그들에게 쑥을 먹
이며 독한 물을 마시게 하리니 이
는 (邪惡)사악이 예루살렘 선지자
들로부터 나와서 온 땅에 퍼짐이
라 하시니라
16 ● 만군의 여호와께서 이와 같이
말씀하시되 너희에게 예언하는 선
지자들의 말을 듣지 말라 그들은
너희에게 헛된 것을 가르치나니
그들이 말한 (默示)묵시는 자기
마음으로 말미암은 것이요 여호와
의 입에서 나온 것이 아니니라
17 항상 그들이 나를 (蔑視)멸시하는
자에게 이르기를 너희가 평안하리
라 여호와의 말씀이니라 하며 또
자기 마음이 완악한 대로 행하는
모든 사람에게 이르기를 재앙이
너희에게 임하지 아니하리라 하였

느니라
18 누가 여호와의 (會議)회의에 참여
하여 그 말을 알아들었으며 누가
귀를 기울여 [1]그 말을 들었느냐
19 보라 여호와의 노여움이 일어나
(暴風)폭풍과 회오리바람처럼 악
인의 머리를 칠 것이라
20 여호와의 진노가 [2]내 마음의 뜻하
는 바를 행하여 이루기까지는 그
치지 아니하나니 너희가 끝날에
그것을 (完全)완전히 깨달으리라
21 이 (先知者)선지자들은 내가 보내
지 아니하였어도 달음질하며 내
가 그들에게 이르지 아니하였어도
(豫言)예언하였은즉
22 그들이 만일 나의 회의에 (參與)
참여하였더라면 내 백성에게 내
말을 들려서 그들을 악한 길과 악
한 행위에서 돌이키게 하였으리라
23 ● 여호와의 말씀이니라 나는 가
까운 데에 있는 하나님이요 먼 데
에 있는 하나님은 아니냐
24 여호와의 말씀이니라 사람이 내게
보이지 아니하려고 누가 자신을
(隱密)은밀한 곳에 숨길 수 있겠
느냐 여호와가 말하노라 나는 천
지에 충만하지 아니하냐
25 내 이름으로 거짓을 (豫言)예언하
는 선지자들의 말에 내가 꿈을 꾸
었다 꿈을 꾸었다고 말하는 것을
내가 들었노라
26 거짓을 예언하는 선지자들이 언제
까지 이 마음을 품겠느냐 그들은
그 마음의 (奸巧)간교한 것을 예
언하느니라
27 그들이 서로 꿈 꾼 것을 말하니 그
생각인즉 그들의 조상들이 바알로
말미암아 내 이름을 잊어버린 것
같이 내 (百姓)백성으로 내 이름
을 잊게 하려 함이로다
28 여호와의 말씀이니라 꿈을 꾼 선
지자는 꿈을 말할 것이요 내 말을
받은 자는 (誠實)성실함으로 내
말을 말할 것이라 겨가 어찌 알곡
과 같겠느냐
29 여호와의 말씀이니라 내 말이 불
같지 아니하냐 바위를 쳐서 부스
러뜨리는 방망이 같지 아니하냐
30 여호와의 말씀이라 그러므로 보라
서로 내 말을 도둑질하는 (先知
者)선지자들을 내가 치리라
31 여호와의 말씀이니라 보라 그들이
혀를 놀려 여호와가 말씀하셨다
하는 (先知者)선지자들을 내가 치
리라
32 여호와의 말씀이니라 보라 거짓
꿈을 예언하여 이르며 거짓과 헛
된 자만으로 내 백성을 (迷惑)미
혹하게 하는 자를 내가 치리라 내
가 그들을 보내지 아니하였으며
명령하지 아니하였나니 그들은 이
백성에게 아무 (有益)유익이 없느
니라 여호와의 말씀이니라

여호와의 엄중한 말씀

33 ● 이 백성이나 선지자나 제사장
이 네게 물어 이르기를 여호와의
(嚴重)엄중한 말씀이 무엇인가 묻
거든 [3]너는 그들에게 대답하기를

1) 히, 내 2) 히, 그 3) 너는 여호와의 엄중한 말씀에 대하여 말하기를 여호와의 말씀에

엄중한 말씀이 무엇이냐 묻느냐
여호와의 말씀에 내가 너희를 버
리리라 하셨고
34 또 여호와의 (嚴重)엄중한 말씀이
라 하는 선지자에게나 제사장에게
나 백성에게는 내가 그 사람과 그
집안을 벌하리라 하셨다 하고
35 너희는 서로 이웃과 형제에게 묻
기를 여호와께서 무엇이라 (應答)
응답하셨으며 여호와께서 무엇이
라 말씀하셨느냐 하고
36 다시는 여호와의 엄중한 말씀이라
말하지 말라 각 사람의 말이 자기
에게 중벌이 되리니 이는 너희가
살아 계신 하나님, 만군의 여호와
우리 하나님의 말씀을 (妄靈)망령
되이 사용함이니라 하고
37 너는 또 선지자에게 말하기를 여
호와께서 네게 무엇이라 (對答)대
답하셨으며 여호와께서 무엇이라
말씀하셨느냐
38 너희는 여호와의 (嚴重)엄중한 말
씀이라 말하도다 그러므로 여호
와께서 이와 같이 말씀하시되 내
가 너희에게 사람을 보내어 너희
는 여호와의 엄중한 말씀이라 하
지 말라 하였으나 너희가 여호와
의 엄중한 말씀이라는 이 말을 하
였은즉
39 내가 너희를 온전히 잊어버리며
내가 너희와 너희 (祖上)조상들에
게 준 이 성읍을 내 앞에서 내버려
40 너희는 영원한 (恥辱)치욕과 잊지
못할 영구한 수치를 당하게 하리
라 하셨느니라

좋은 무화과 나쁜 무화과

24 바벨론의 느부갓네살 왕이
유다 왕 여호야김의 아들
여고냐와 유다 고관들과 목공들과
(鐵工)철공들을 예루살렘에서 바
벨론으로 옮긴 후에 여호와께서
여호와의 성전 앞에 놓인 무화과
두 광주리를 내게 보이셨는데
2 한 광주리에는 처음 익은 듯한 극
히 좋은 (無花果)무화과가 있고
한 광주리에는 나빠서 먹을 수 없
는 극히 나쁜 무화과가 있더라
3 여호와께서 내게 이르시되 예레미
야야 네가 무엇을 보느냐 하시매
내가 대답하되 무화과이온데 그
좋은 무화과는 (極)극히 좋고 그
나쁜 것은 아주 나빠서 먹을 수 없
게 나쁘니이다 하니
4 ● 여호와의 말씀이 또 내게 (臨)
임하니라 이르시되
5 이스라엘의 하나님 여호와께서 이
와 같이 말씀하시니라 내가 이 곳
에서 옮겨 갈대아인의 땅에 이르
게 한 유다 (捕虜)포로를 이 좋은
무화과 같이 잘 돌볼 것이라
6 내가 그들을 돌아보아 좋게 하여
다시 이 땅으로 (引導)인도하여
세우고 헐지 아니하며 심고 뽑지
아니하겠고
7 내가 여호와인 줄 아는 마음을 그
들에게 주어서 그들이 (全心)전심
으로 내게 돌아오게 하리니 그들
은 내 백성이 되겠고 나는 그들의
하나님이 되리라
8 ● 여호와께서 이와 같이 말씀하

시니라 내가 유다의 왕 시드기야
와 그 (高官)고관들과 예루살렘의
남은 자로서 이 땅에 남아 있는 자
와 애굽 땅에 사는 자들을 나빠서
먹을 수 없는 이 나쁜 무화과 같이
버리되
9 세상 모든 나라 가운데 [1)]흩어서
그들에게 (患難)환난을 당하게 할
것이며 또 그들에게 내가 쫓아 보
낼 모든 곳에서 부끄러움을 당하
게 하며 말거리가 되게 하며 조롱
과 저주를 받게 할 것이며
10 내가 칼과 (饑饉)기근과 전염병을
그들 가운데 보내 그들이 내가 그
들과 그들의 조상들에게 준 땅에
서 멸절하기까지 이르게 하리라
하시니라

칠십 년 동안 바벨론 왕을 섬기리라

25 유다의 왕 요시야의 아들
여호야김 넷째 해 곧 바벨
론의 왕 느부갓네살 (元年)원년에
유다의 모든 백성에 관한 말씀이
예레미야에게 임하니라
2 선지자 예레미야가 유다의 모든
백성과 예루살렘의 모든 (住民)주
민에게 말하여 이르되
3 유다의 왕 아몬의 아들 요시야 왕
열셋째 해부터 오늘까지 이십삼
년 동안 여호와의 말씀이 내게 임
하기로 내가 너희에게 꾸준히 일
렀으나 너희가 (順從)순종하지 아
니하였느니라
4 그러므로 여호와께서 그의 모든
종 (先知者)선지자를 너희에게 끊
임없이 보내셨으나 너희가 순종하
지 아니하였으며 귀를 기울여 듣
지도 아니하였도다
5 그가 이르시기를 너희는 각자의
악한 길과 (惡行)악행을 버리고
돌아오라 그리하면 나 여호와가
너희와 너희 조상들에게 영원부터
영원까지 준 그 땅에 살리라
6 너희는 다른 신을 따라다니며 섬
기거나 (敬拜)경배하지 말며 너희
손으로 만든 것으로써 나의 노여
움을 일으키지 말라 그리하면 내
가 너희를 해하지 아니하리라 하
였으나
7 너희가 내 말을 순종하지 아니하
고 너희 손으로 만든 것으로써 나
의 노여움을 일으켜 스스로 (害)해
하였느니라 여호와의 말씀이니라
8 그러므로 (萬軍)만군의 여호와께
서 이와 같이 말씀하시니라 너희
가 내 말을 듣지 아니하였느니라
9 보라 내가 북쪽 모든 (宗族)종족
과 내 종 바벨론의 왕 느부갓네살
을 불러다가 이 땅과 그 주민과 사
방 모든 나라를 쳐서 진멸하여 그
들을 놀램과 비웃음거리가 되게
하며 땅으로 영원한 폐허가 되게
할 것이라 여호와의 말씀이니라
10 내가 그들 중에서 기뻐하는 소리
와 즐거워하는 소리와 신랑의 소
리와 (新婦)신부의 소리와 맷돌 소
리와 등불 빛이 끊어지게 하리니
11 이 모든 땅이 (廢墟)폐허가 되어
놀랄 일이 될 것이며 이 민족들은
칠십 년 동안 바벨론의 왕을 섬기

1) 두려움이 되게 하고

리라
12 ● 여호와의 말씀이니라 칠십 년
이 끝나면 내가 바벨론의 왕과 그
의 나라와 갈대아인의 땅을 그 (罪
惡)죄악으로 말미암아 벌하여 영
원히 폐허가 되게 하되
13 내가 그 땅을 향하여 선언한 바 곧
예레미야가 모든 민족을 향하여
예언하고 이 책에 (記錄)기록한
나의 모든 말을 그 땅에 임하게 하
리라
14 그리하여 여러 민족과 큰 왕들이
그들로 자기들을 섬기게 할 것이
나 나는 그들의 (行爲)행위와 그
들의 손이 행한 대로 갚으리라

모든 나라에 내리는 진노의 술잔

15 ● 이스라엘의 하나님 여호와께서
이같이 내게 이르시되 너는 내 손
에서 이 (震怒)진노의 술잔을 받
아가지고 내가 너를 보내는 바 그
모든 나라로 하여금 마시게 하라
16 그들이 마시고 비틀거리며 미친
듯이 (行動)행동하리니 이는 내가
그들 중에 칼을 보냈기 때문이니
라 하시기로
17 내가 여호와의 손에서 그 (盞)잔
을 받아서 여호와께서 나를 보내
신 바 그 모든 나라로 마시게 하되
18 예루살렘과 유다 성읍들과 그 왕
들과 그 고관들로 마시게 하였더
니 그들이 (滅亡)멸망과 놀램과
비웃음과 저주를 당함이 오늘과
같으니라
19 또 애굽의 왕 바로와 그의 신하들
과 그의 고관들과 그의 모든 (百
姓)백성과
20 모든 섞여 사는 민족들과 우스 땅
의 모든 왕과 블레셋 사람의 땅 모
든 왕과 아스글론과 가사와 에그
론과 아스돗의 나머지 사람들과
21 에돔과 모압과 암몬 자손과
22 두로의 모든 왕과 시돈의 모든 왕
과 바다 건너쪽 섬의 왕들과
23 드단과 데마와 부스와 살쩍을 깎
은 모든 (者)자와
24 아라비아의 모든 왕과 (曠野)광야
에서 섞여 사는 민족들의 모든 왕
과
25 시므리의 모든 왕과 엘람의 모든
왕과 메대의 모든 왕과
26 북쪽 원근의 모든 왕과 (地面)지
면에 있는 세상의 모든 나라로 마
시게 하니라 세삭 왕은 그 후에 마
시리라
27 ● 너는 그들에게 이르기를 만군
의 여호와 이스라엘의 하나님의
말씀에 너희는 내가 너희 가운데
보내는 칼 앞에서 마시며 취하여
(吐)토하고 엎드러져 다시는 일어
나지 말아라 하셨느니라
28 그들이 만일 네 손에서 잔을 받아
마시기를 (拒絶)거절하거든 너는
그들에게 이르기를 만군의 여호와
께서 말씀하시기를 너희가 반드시
마셔야 하리라
29 보라 내가 내 이름으로 일컬음을
받는 성에서부터 재앙 내리기를
시작하였은즉 너희가 어찌 능히
(刑罰)형벌을 면할 수 있느냐 면
하지 못하리니 이는 내가 칼을 불

려 세상의 모든 주민을 칠 것임이
라 하셨다 하라 만군의 여호와의
말씀이니라
30 ●그러므로 너는 그들에게 이 모
든 말로 (豫言)예언하여 이르기를
여호와께서 높은 데서 포효하시고
그의 거룩한 (處所)처소에서 소리
를 내시며 그의 초장을 향하여 크
게 부르시고 세상 모든 주민에 대
하여 포도 밟는 자 같이 흥겹게 노
래하시리라
31 (擾亂)요란한 소리가 땅 끝까지
이름은 여호와께서 뭇 민족과 다
투시며 모든 육체를 심판하시며
악인을 칼에 내어 주셨음이라 여
호와의 말씀이니라
32 ●만군의 여호와께서 이와 같이
말씀하시니라 보라 (災殃)재앙이
나서 나라에서 나라에 미칠 것이
며 큰 바람이 땅 끝에서 일어날 것
이라
33 그 날에 여호와에게 죽임을 당한
자가 땅 이 끝에서 땅 저 끝에 미
칠 것이나 그들을 위하여 애곡하
는 자도 없고 시신을 거두어 주는
자도 없고 (埋葬)매장하여 주는
자도 없으리니 그들은 지면에서
분토가 되리로다
34 너희 목자들아 외쳐 애곡하라 너
희 양 떼의 인도자들아 잿더미에
서 뒹굴라 이는 너희가 (屠殺)도
살 당할 날과 흩음을 당할 기한이
찼음인즉 너희가 귀한 그릇이 떨
어짐 같이 될 것이라
35 (牧者)목자들은 도망할 수 없겠고
양 떼의 인도자들은 도주할 수 없
으리로다
36 목자들이 부르짖는 소리와 양 떼
의 인도자들이 (哀哭)애곡하는 소
리여 여호와가 그들의 초장을 황
폐하게 함이로다
37 평화로운 목장들이 여호와의 진노
하시는 열기 앞에서 (寂寞)적막하
게 되리라
38 그가 젊은 사자 같이 그 굴에서 나
오셨으니 그 호통치시는 분의 분
노와 그의 (劇烈)극렬한 진노로
말미암아 그들의 땅이 폐허가 되
리로다 하시니라

여호와의 성전 뜰에서 말씀을 전하다

26 유다의 왕 요시야의 아들
여호야김이 다스리기 (始
作)시작한 때에 여호와께로부터
이 말씀이 임하여 이르시되
2 여호와께서 이와 같이 말씀하시니
라 너는 여호와의 성전 뜰에 서서
유다 모든 (城邑)성읍에서 여호와
의 성전에 와서 예배하는 자에게
내가 네게 명령하여 이르게 한 모
든 말을 전하되 한 마디도 감하지
말라
3 그들이 듣고 혹시 (各各)각각 그
악한 길에서 돌아오리라 그리하면
내가 그들의 악행으로 말미암아
그들에게 재앙을 내리려 하던 뜻
을 돌이키리라
4 너는 그들에게 이와 같이 이르라
여호와의 말씀에 너희가 나를 순
종하지 아니하며 내가 너희 앞에
둔 내 (律法)율법을 행하지 아니

하며
5 내가 너희에게 나의 종 선지자들
을 꾸준히 보내 그들의 말을 (順
從)순종하라고 하였으나 너희는
순종하지 아니하였느니라
6 내가 이 (聖殿)성전을 실로 같이
되게 하고 이 성을 세계 모든 민족
의 저줏거리가 되게 하리라 하셨
느니라
7 예레미야가 여호와의 성전에서 이
말을 하매 제사장들과 선지자들과
모든 (百姓)백성이 듣더라
8 ●예레미야가 여호와께서 명령하
신 말씀을 모든 백성에게 (傳)전
하기를 마치매 제사장들과 선지자
들과 모든 백성이 그를 붙잡고 이
르되 네가 반드시 죽어야 하리라
9 어찌하여 네가 여호와의 이름을
의지하고 (豫言)예언하여 이르기
를 이 성전이 실로 같이 되겠고 이
성이 황폐하여 주민이 없으리라
하느냐 하며 그 모든 백성이 여호
와의 성전에서 예레미야를 향하여
모여드니라
10 ●유다의 고관들이 이 말을 듣고
(王宮)왕궁에서 여호와의 성전으
로 올라가 여호와의 성전 새 대문
의 입구에 앉으매
11 제사장들과 (先知者)선지자들이
고관들과 모든 백성에게 말하여
이르되 이 사람은 죽는 것이 (合
當)합당하니 너희 귀로 들음 같이
이 성에 관하여 예언하였음이라
12 예레미야가 모든 고관과 백성에게
말하여 이르되 여호와께서 나를
보내사 너희가 들은 바 모든 말로
이 성전과 이 성을 향하여 (豫言)
예언하게 하셨느니라
13 그런즉 너희는 너희 길과 (行爲)
행위를 고치고 너희 하나님 여호
와의 목소리를 청종하라 그리하면
여호와께서 너희에게 선언하신 재
앙에 대하여 뜻을 돌이키시리라
14 보라 나는 너희 손에 있으니 너희
(意見)의견에 좋은 대로, 옳은 대
로 하려니와
15 너희는 분명히 알아라 너희가 나
를 죽이면 반드시 (無罪)무죄한
피를 너희 몸과 이 성과 이 성 주
민에게 돌리는 것이니라 이는 여
호와께서 진실로 나를 보내사 이
모든 말을 너희 귀에 말하게 하셨
음이라
16 ●고관들과 모든 백성이 제사장
들과 선지자들에게 이르되 이 사
람이 우리 하나님 여호와의 이름
으로 우리에게 말하였으니 죽일
만한 (理由)이유가 없느니라
17 그러자 그 지방의 장로 중 몇 사람
이 일어나 백성의 온 (會衆)회중
에게 말하여 이르기를
18 유다의 왕 히스기야 시대에 모레
셋 사람 미가가 유다의 모든 백성
에게 예언하여 이르되 만군의 여
호와께서 이와 같이 말씀하셨느니
라 시온은 밭 같이 (耕作地)경작
지가 될 것이며 예루살렘은 돌 무
더기가 되며 이 성전의 산은 산당
의 숲과 같이 되리라 하였으나
19 유다의 왕 히스기야와 모든 유다

가 그를 죽였느냐 히스기야가 여
호와를 두려워하여 여호와께 (懇
求)간구하매 여호와께서 그들에
게 선언한 (災殃)재앙에 대하여
뜻을 돌이키지 아니하셨느냐 우리
가 이같이 하면 우리의 생명을 스
스로 심히 해롭게 하는 것이니라
20 ●또 여호와의 이름으로 예언한
사람이 있었는데 곧 기럇여아림
스마야의 아들 우리야라 그가 예
레미야의 모든 말과 같이 이 성과
이 땅에 (警告)경고하여 예언하매
21 여호야김 왕과 그의 모든 용사와
모든 고관이 그의 말을 듣고서 왕
이 그를 죽이려 하매 우리야가 그
말을 듣고 두려워 애굽으로 (逃
亡)도망하여 간지라
22 여호야김 왕이 사람을 애굽으로 보
내되 곧 악볼의 아들 엘라단과 몇
사람을 함께 애굽으로 보냈더니
23 그들이 우리야를 애굽에서 (連行)
연행하여 여호야김 왕에게로 그를
데려오매 왕이 칼로 그를 죽이고
그의 시체를 평민의 묘지에 던지
게 하니라
24 사반의 아들 아히감의 손이 예레
미야를 도와 주어 그를 (百姓)백
성의 손에 내어 주지 아니하여 죽
이지 못하게 하니라

거짓 선지자들과 싸우는 예레미야

27 유다의 왕 요시야의 아들 [1]
여호야김이 다스리기 (始作)
시작할 때에 여호와께서 말씀으로
예레미야에게 임하시니라
2 여호와께서 이와 같이 내게 말씀
하시되 너는 줄과 멍에를 만들어
네 목에 걸고
3 유다의 왕 시드기야를 보러 예루
살렘에 온 (使臣)사신들의 손에도
그것을 주어 에돔의 왕과 모압의
왕과 암몬 자손의 왕과 두로의 왕
과 시돈의 왕에게 보내며
4 그들에게 (命令)명령하여 그들의
주에게 말하게 하기를 만군의 여
호와 이스라엘의 하나님께서 이와
같이 말씀하시되 너희는 너희의
주에게 이같이 전하라
5 나는 내 큰 (能力)능력과 나의 쳐
든 팔로 땅과 지상에 있는 사람과
짐승들을 만들고 내가 보기에 옳
은 사람에게 그것을 주었노라
6 이제 내가 이 모든 땅을 내 종 바
벨론의 (王)왕 느부갓네살의 손에
주고 또 들짐승들을 그에게 주어
서 섬기게 하였나니
7 모든 나라가 그와 그의 아들과 손
자를 그 땅의 (期限)기한이 이르
기까지 섬기리라 또한 많은 나라
들과 큰 왕들이 그 자신을 섬기리
라
8 여호와의 말씀이니라 바벨론의 왕
느부갓네살을 섬기지 아니하며 그
목으로 바벨론의 왕의 멍에를 메
지 아니하는 백성과 나라는 내가
그들이 (滅亡)멸망하기까지 칼과
기근과 전염병으로 그 민족을 벌
하리라
9 너희는 너희 선지자나 복술가나
꿈꾸는 자나 (術士)술사나 요술자

1) '시드기야' 본 장 3, 12, 20; 28:1 비교

가 이르기를 너희가 바벨론의 왕
을 섬기게 되지 아니하리라 하여
도 너희는 듣지 말라
10 그들은 너희에게 거짓을 (豫言)예
언하여 너희가 너희 땅에서 멀리
떠나게 하며 또 내가 너희를 몰아
내게 하며 너희를 멸망하게 하느
니라
11 그러나 그 목으로 바벨론의 (王)
왕의 멍에를 메고 그를 섬기는 나
라는 내가 그들을 그 땅에 머물러
밭을 갈며 거기서 살게 하리라 하
셨다 하라 여호와의 말씀이니라
하시니라
12 ●내가 이 모든 말씀대로 유다의
왕 시드기야에게 전하여 이르되
왕과 백성은 바벨론 왕의 멍에를
목에 메고 그와 그의 (百姓)백성
을 섬기소서 그리하면 사시리라
13 어찌하여 당신과 당신의 백성이
여호와께서 바벨론의 왕을 섬기지
아니하는 나라에 대하여 하신 말
씀과 같이 칼과 (饑饉)기근과 전
염병에 죽으려 하나이까
14 그러므로 당신들은 바벨론의 왕을
섬기게 되지 아니하리라 하는 선
지자의 말을 듣지 마소서 그들은
거짓을 (豫言)예언함이니이다
15 이는 여호와의 말씀이니라 내가
그들을 보내지 아니하였거늘 그
들이 내 이름으로 거짓을 예언하
니 내가 너희를 몰아내리니 너희
와 너희에게 예언하는 선지자들이
(滅亡)멸망하리라
16 ●내가 또 제사장들과 그 모든 백
성에게 전하여 이르되 여호와께서
이와 같이 말씀하시기를 보라 여
호와의 성전의 기구를 이제 바벨
론에서 (速)속히 돌려오리라고 너
희에게 예언하는 선지자들의 말을
듣지 말라 이는 그들이 거짓을 예
언함이니라 하셨나니
17 너희는 그들의 말을 듣지 말고 바
벨론의 왕을 섬기라 그리하면 살
리라 어찌하여 이 성을 (荒蕪地)
황무지가 되게 하려느냐
18 만일 그들이 선지자이고 여호와의
말씀을 가지고 있다면 그들이 여
호와의 성전에와 유다의 왕의 궁
전에와 예루살렘에 남아 있는 (器
具)기구를 바벨론으로 옮겨가지
못하도록 만군의 여호와께 구하여
야 할 것이니라
19 만군의 여호와께서 기둥들과 큰
대야와 받침들과 이 (城)성에 남
아 있는 기구에 대하여 이같이 말
씀하시나니
20 이것은 바벨론의 왕 느부갓네살이
유다의 왕 여호야김의 아들 여고
니야와 유다와 예루살렘 모든 귀
인을 예루살렘에서 바벨론으로 사
로잡아 옮길 때에 가져가지 아니
하였던 것이라
21 만군의 여호와 이스라엘의 하나님
께서 여호와의 (聖殿)성전과 유다
의 왕의 궁전과 예루살렘에 남아
있는 그 기구에 대하여 이와 같이
말씀하셨느니라
22 그것들이 바벨론으로 옮겨지고 내
가 이것을 돌보는 날까지 거기에

있을 것이니라 그 (後)후에 내가
그것을 올려 와 이 곳에 그것들을
되돌려 두리라 여호와의 말씀이니
라

예레미야와 하나냐

28 그 해 곧 유다 왕 시드기야
가 다스리기 시작한 지 사
년 다섯째 달 기브온앗술의 아들
선지자 하나냐가 여호와의 성전에
서 제사장들과 모든 (百姓)백성이
보는 앞에서 내게 말하여 이르되
2 (萬軍)만군의 여호와 이스라엘의
하나님이 이같이 일러 말씀하시기
를 내가 바벨론의 왕의 멍에를 꺾
었느니라
3 내가 바벨론의 왕 느부갓네살이
이 곳에서 빼앗아 바벨론으로 옮
겨 간 여호와의 (聖殿)성전 모든
기구를 이 년 안에 다시 이 곳으로
되돌려 오리라
4 내가 또 유다의 왕 여호야김의 아
들 여고니야와 바벨론으로 간 유
다 모든 (捕虜)포로를 다시 이 곳
으로 돌아오게 하리니 이는 내가
바벨론의 왕의 멍에를 꺾을 것임
이라 여호와의 말씀이니라 하니라
5 선지자 예레미야가 여호와의 성
전에 서 있는 (祭司長)제사장들과
모든 백성들이 보는 앞에서 선지
자 하나냐에게 말하니라
6 선지자 예레미야가 말하니라 아
멘, 여호와는 이같이 하옵소서 여
호와께서 네가 예언한 말대로 이
루사 여호와의 성전 기구와 모든
(捕虜)포로를 바벨론에서 이 곳으
로 되돌려 오시기를 원하노라
7 그러나 너는 내가 네 귀와 모든 백
성의 귀에 이르는 이 말을 잘 들으
라
8 나와 너 이전의 선지자들이 예로
부터 많은 땅들과 큰 나라들에 대
하여 전쟁과 재앙과 전염병을 (豫
言)예언하였느니라
9 평화를 예언하는 (先知者)선지자
는 그 예언자의 말이 응한 후에야
그가 진실로 여호와께서 보내신
선지자로 인정 받게 되리라
10 선지자 하나냐가 선지자 예레미야
의 목에서 멍에를 빼앗아 꺾고
11 모든 백성 앞에서 하나냐가 말하
여 이르되 여호와께서 이와 같이
말씀하시니라 내가 이 년 안에 모
든 민족의 목에서 바벨론의 왕 느
부갓네살의 멍에를 이와 같이 꺾
어 버리리라 하셨느니라 하매 선
지자 예레미야가 (自己)자기의 길
을 가니라
12 ● 선지자 하나냐가 선지자 예레
미야의 목에서 멍에를 꺾어 버린
후에 여호와의 말씀이 예레미야에
게 임하니라 이르시기를
13 너는 가서 하나냐에게 말하여 이
르기를 여호와의 말씀에 네가 나
무 멍에들을 꺾었으나 그 (代身)
대신 쇠 멍에들을 만들었느니라
14 (萬軍)만군의 여호와 이스라엘의
하나님께서 이와 같이 말씀하시니
라 내가 쇠 멍에로 이 모든 나라의
목에 메워 바벨론의 왕 느부갓네
살을 섬기게 하였으니 그들이 그

를 섬기리라 내가 들짐승도 그에
게 주었느니라 하라
15 (先知者)선지자 예레미야가 선지
자 하나냐에게 이르되 하나냐여
들으라 여호와께서 너를 보내지
아니하셨거늘 네가 이 백성에게
거짓을 믿게 하는도다
16 그러므로 여호와께서 이와 같이
말씀하시되 내가 너를 (地面)지면
에서 제하리니 네가 여호와께 (悖
逆)패역한 말을 하였음이라 네가
금년에 죽으리라 하셨느니라 하더
니
17 선지자 하나냐가 그 해 일곱째 달
에 죽었더라

포로에게 보낸 예레미야의 편지

29 선지자 예레미야가 예루살
렘에서 이같은 (便紙)편지
를 느부갓네살이 예루살렘에서 바
벨론으로 끌고 간 포로 중 남아 있
는 장로들과 제사장들과 선지자들
과 모든 백성에게 보냈는데
2 그 때는 여고니야 왕과 왕후와 궁
중 내시들과 유다와 예루살렘의
고관들과 기능공과 (土工)토공들
이 예루살렘에서 떠난 후라
3 유다의 왕 시드기야가 바벨론으로
보내어 바벨론의 왕 느부갓네살에
게로 가게 한 사반의 아들 엘라사
와 힐기야의 아들 그마랴 (便)편
으로 말하되
4 만군의 여호와 이스라엘의 하나님
께서 예루살렘에서 바벨론으로 사
로잡혀 가게 한 모든 (捕虜)포로
에게 이와 같이 말씀하시니라
5 너희는 집을 짓고 거기에 살며 텃
밭을 만들고 그 열매를 먹으라
6 아내를 맞이하여 자녀를 낳으며
너희 아들이 아내를 맞이하며 너
희 딸이 남편을 맞아 그들로 (子
女)자녀를 낳게 하여 너희가 거기
에서 번성하고 줄어들지 아니하게
하라
7 너희는 내가 사로잡혀 가게 한 그
성읍의 (平安)평안을 구하고 그를
위하여 여호와께 기도하라 이는
그 성읍이 평안함으로 너희도 평
안할 것임이라
8 만군의 여호와 이스라엘의 하나님
께서 이와 같이 말하노라 너희 중
에 있는 선지자들에게와 점쟁이
에게 (迷惑)미혹되지 말며 너희가
꾼 꿈도 곧이 듣고 믿지 말라
9 내가 그들을 보내지 아니하였어
도 그들이 내 이름으로 거짓을 (豫
言)예언함이라 여호와의 말씀이
니라
10 여호와께서 이와 같이 말씀하시니
라 바벨론에서 칠십 년이 차면 내
가 너희를 돌보고 나의 (善)선한
말을 너희에게 성취하여 너희를
이 곳으로 돌아오게 하리라
11 여호와의 말씀이니라 너희를 향한
나의 생각을 내가 아나니 평안이
요 재앙이 아니니라 너희에게 (未
來)미래와 희망을 주는 것이니라
12 너희가 내게 부르짖으며 내게 와
서 (祈禱)기도하면 내가 너희들의
기도를 들을 것이요
13 너희가 온 마음으로 나를 (求)구

하면 나를 찾을 것이요 나를 만나
리라
14 이것은 여호와의 말씀이니라 나는
너희들을 만날 것이며 너희를 포
로된 중에서 다시 돌아오게 하되
내가 쫓아 보내었던 나라들과 모
든 곳에서 모아 사로잡혀 떠났던
그 곳으로 돌아오게 하리라 이것
은 여호와의 말씀이니라
15 ● 너희가 말하기를 여호와께서
우리를 위하여 바벨론에서 선지자
를 일으키셨느니라
16 다윗의 왕좌에 앉은 왕과 이 성에
사는 모든 백성 곧 너희와 함께 포
로 되어 가지 아니한 너희 (兄弟)
형제에게 여호와께서 이와 같이
말씀하셨느니라
17 (萬軍)만군의 여호와께서 이와 같
이 말씀하시되 보라 내가 칼과 (饑
饉)기근과 전염병을 그들에게 보
내어 그들에게 상하여 먹을 수 없
는 몹쓸 무화과 같게 하겠고
18 내가 칼과 기근과 전염병으로 그
들을 뒤따르게 하며 그들을 세계
여러 나라 가운데에 흩어 (虐待)
학대를 당하게 할 것이며 내가 그
들을 쫓아낸 나라들 가운데에서
저주와 경악과 조소와 수모의 대
상이 되게 하리라
19 여호와의 말씀이니라 너희들이 내
말을 듣지 않았기 때문이니라 내
가 내 종 (先知者)선지자들을 너
희들에게 꾸준히 보냈으나 너희는
그들의 말을 듣지 않았느니라 여
호와의 말씀이니라
20 그런즉 내가 예루살렘에서 바벨론
으로 보낸 너희 모든 (捕虜)포로
여 여호와의 말씀을 들을지니라
21 만군의 여호와 이스라엘의 하나
님께서 골라야의 아들 아합과 마
아세야의 아들 시드기야에 대하여
이와 같이 말씀하시니라 그들은
내 이름으로 너희에게 거짓을 (豫
言)예언한 자라 보라 내가 그들을
바벨론의 왕 느부갓네살의 손에
넘기리니 그가 너희 눈 앞에서 그
들을 죽일 것이라
22 바벨론에 있는 유다의 모든 포로
가 그들을 (詛呪)저주거리로 삼아
서 이르기를 여호와께서 너를 바
벨론 왕이 불살라 죽인 시드기야
와 아합 같게 하시기를 원하노라
하리니
23 이는 그들이 이스라엘 중에서 어
리석게 행하여 그 이웃의 아내와
간음하며 내가 그들에게 (命令)명
령하지 아니한 거짓을 내 이름으
로 말함이라 나는 알고 있는 자로
서 증인이니라 여호와의 말씀이니
라 하시니라

스마야에게 보낸 편지와 여호와의 말씀

24 ● 너는 느헬람 사람 스마야에게
이같이 말하여 이르라
25 만군의 여호와 이스라엘의 하나님
께서 이와 같이 말씀하여 이르시
되 네가 네 이름으로 예루살렘에
있는 모든 백성과 (祭司長)제사장
마아세야의 아들 스바냐와 모든
제사장에게 글을 보내 이르기를
26 여호와께서 너를 제사장 여호야다

를 대신하여 제사장을 삼아 여호
와의 성전 [1](監督者)감독자로 세
우심은 모든 미친 자와 선지자 노
릇을 하는 자들을 목에 씌우는 나
무 고랑과 목에 씌우는 쇠 고랑을
채우게 하심이어늘
27 이제 네가 어찌하여 너희 중에 선
지자 노릇을 하는 아나돗 사람 예
레미야를 (責望)책망하지 아니하
느냐
28 그가 바벨론에 있는 우리에게 (便
紙)편지하기를 오래 지내야 하리
니 너희는 집을 짓고 살며 밭을 일
구고 그 열매를 먹으라 하셨다 하
니라
29 (祭司長)제사장 스바냐가 스마야
의 글을 선지자 예레미야에게 읽
어서 들려 줄 때에
30 여호와의 말씀이 예레미야에게
(臨)임하여 이르시되
31 너는 모든 포로에게 전언하여 이
르기를 여호와께서 느헬람 사람
스마야를 두고 이같이 말씀하셨느
니라 내가 그를 보내지 아니하였
거늘 스마야가 너희에게 (豫言)예
언하고 너희에게 거짓을 믿게 하
였도다
32 그러므로 여호와께서 이와 같이
말씀하시니라 보라 내가 느헬람
사람 스마야와 그의 자손을 벌하
리니 그가 나 여호와께 (悖逆)패
역한 말을 하였기 때문에 이 백성
중에 살아 남을 그의 자손이 하나
도 없을 것이라 내가 내 백성에게

1) 히, 유사들

행하려 하는 복된 일을 그가 보지
못하리라 하셨느니라 이것은 여호
와의 말씀이니라

포로를 돌아오게 할 것이라

30 여호와께로부터 말씀이 예
레미야에게 (臨)임하여 이
르시니라
2 이스라엘의 하나님 여호와께서 이
와 같이 말씀하여 이르시기를 내
가 네게 일러 준 모든 말을 책에
(記錄)기록하라
3 여호와의 말씀이니라 보라 내가
내 백성 이스라엘과 유다의 (捕
虜)포로를 돌아가게 할 날이 오리
니 내가 그들을 그 조상들에게 준
땅으로 돌아오게 할 것이니 그들
이 그 땅을 차지하리라 여호와께
서 말씀하시니라
4 ●여호와께서 이스라엘과 유다에
대하여 하신 말씀이 이러하니라
5 여호와께서 이와 같이 말씀하시되
우리가 무서워 떠는 자의 소리를
들으니 두려움이요 (平安)평안함
이 아니로다
6 너희는 (子息)자식을 (解產)해산하
는 남자가 있는가 물어보라 어찌
하여 모든 남자가 해산하는 여자
같이 손을 자기 허리에 대고 모든
얼굴이 겁에 질려 새파래졌는가
7 슬프다 그 날이여 그와 같이 엄청
난 날이 없으리라 그 날은 야곱의
(患難)환난의 때가 됨이로다 그러
나 그가 환난에서 구하여 냄을 얻
으리로다
8 만군의 여호와의 말씀이라 그 날

에 내가 [1]네 목에서 그 멍에를 꺾
어 버리며 네 (捕縛)포박을 끊으
리니 다시는 이방인을 섬기지 않
으리라
9 그들은 그들의 하나님 여호와를
섬기며 내가 그들을 위하여 세울
그들의 왕 다윗을 섬기리라
10 여호와의 말씀이니라 그러므로 나
의 종 야곱아 너는 두려워하지 말
라 이스라엘아 놀라지 말라 내가
너를 먼 곳으로부터 구원하고 네
자손을 잡혀가 있는 땅에서 구원
하리니 야곱이 돌아와서 (泰平)태
평과 안락을 누릴 것이며 두렵게
할 자가 없으리라
11 이는 여호와의 말씀이라 내가 너
와 함께 있어 너를 구원할 것이라
너를 흩었던 그 모든 이방을 내가
멸망시키리라 그럴지라도 너만은
멸망시키지 아니하리라 그러나 내
가 법에 따라 너를 징계할 것이요
결코 (無罪)무죄한 자로만 여기지
는 아니하리라
12 ● 여호와께서 이와 같이 말씀하
시니라 네 (傷處)상처는 고칠 수
없고 네 부상은 중하도다
13 네 송사를 처리할 (裁判官)재판관
이 없고 네 상처에는 약도 없고 처
방도 없도다
14 너를 사랑하던 자가 다 너를 잊고
찾지 아니하니 이는 네 악행이 많
고 네 죄가 많기 때문에 나는 네
원수가 당할 (苦難)고난을 네가
받게 하며 잔인한 징계를 내렸도
다
15 너는 어찌하여 네 상처 때문에 부
르짖느냐 네 고통이 심하도다 네
악행이 많고 네 죄가 (許多)허다
하므로 내가 이 일을 너에게 행하
였느니라
16 그러므로 너를 먹는 모든 자는 잡
아먹힐 것이며 네 모든 대적은 사
로잡혀 갈 것이고 너에게서 탈취
해 간 자는 탈취를 (當)당할 것이
며 너에게서 노략질한 모든 자는
노략물이 되리라
17 여호와의 말씀이니라 그들이 쫓겨
난 자라 하매 시온을 찾는 자가 없
은즉 내가 너의 (傷處)상처로부터
새 살이 돋아나게 하여 너를 고쳐
주리라
18 ● 여호와께서 말씀하시니라 보라
내가 야곱 장막의 포로들을 돌아
오게 할 것이고 그 거처들에 사랑
을 베풀 것이라 성읍은 그 폐허가
된 언덕 위에 건축될 것이요 그 (堡
壘)보루는 규정에 따라 사람이 살
게 되리라
19 그들에게서 (感謝)감사하는 소리
가 나오고 즐거워하는 자들의 소
리가 나오리라 내가 그들을 번성
하게 하리니 그들의 수가 줄어들
지 아니하겠고 내가 그들을 존귀
하게 하리니 그들은 비천하여지지
아니하리라
20 그의 자손은 예전과 같겠고 그 (會
衆)회중은 내 앞에 굳게 설 것이
며 그를 압박하는 모든 사람은 내
가 다 벌하리라

1) 히, 그

21 그 영도자는 그들 중에서 나올 것
이요 그 통치자도 그들 중에서 나
오리라 내가 그를 가까이 오게 하
리니 그가 내게 가까이 오리라 참
으로 (膽大)담대한 마음으로 내게
가까이 올 자가 누구냐 여호와의
말씀이니라
22 너희는 내 백성이 되겠고 나는 너
희들의 하나님이 되리라
23 ● 보라 여호와의 노여움이 일어
나 폭풍과 회오리바람처럼 (惡人)
악인의 머리 위에서 회오리칠 것
이라
24 여호와의 (震怒)진노는 그의 마음
의 뜻한 바를 행하여 이루기까지
는 돌이키지 아니하나니 너희가
끝날에 그것을 깨달으리라

이스라엘을 다시 세우고 지키시리라

31 여호와의 말씀이니라 그 때
에 내가 이스라엘 모든 (宗
族)종족의 하나님이 되고 그들은
내 백성이 되리라
2 여호와께서 이같이 말씀하시니라
칼에서 벗어난 백성이 광야에서
은혜를 입었나니 곧 내가 이스라
엘로 (安息)안식을 얻게 하러 갈
때에라
3 옛적에 여호와께서 나에게 나타
나사 내가 (永遠)영원한 사랑으로
너를 사랑하기에 인자함으로 너를
이끌었다 하였노라
4 처녀 이스라엘아 내가 다시 너를
세우리니 네가 세움을 입을 것이
요 네가 다시 (小鼓)소고를 들고
즐거워하는 자들과 함께 춤추며
나오리라
5 네가 다시 사마리아 산들에 포도
나무들을 심되 심는 자가 그 열매
를 따기 (始作)시작하리라
6 에브라임 산 위에서 (把守)파수꾼
이 외치는 날이 있을 것이라 이르
기를 너희는 일어나라 우리가 시
온에 올라가서 우리 하나님 여호
와께로 나아가자 하리라
7 ● 여호와께서 이와 같이 말씀하
시니라 너희는 여러 민족의 앞에
서서 야곱을 위하여 기뻐 외치라
너희는 (傳播)전파하며 찬양하며
말하라 여호와여 주의 백성 이스
라엘의 남은 자를 (救援)구원하소
서 하라
8 보라 나는 그들을 북쪽 땅에서 인
도하며 땅 끝에서부터 모으리라
그들 중에는 맹인과 다리 저는 사
람과 (孕胎)잉태한 여인과 해산하
는 여인이 함께 있으며 큰 무리를
이루어 이 곳으로 돌아오리라
9 그들이 울며 돌아오리니 나의 인
도함을 받고 간구할 때에 내가 그
들을 넘어지지 아니하고 물 있는
(溪谷)계곡의 곧은 길로 가게 하
리라 나는 이스라엘의 아버지요
에브라임은 나의 장자니라
10 ● 이방들이여 너희는 여호와의
말씀을 듣고 먼 섬에 (傳播)전파
하여 이르기를 이스라엘을 흩으신
자가 그를 모으시고 목자가 그 양
떼에게 행함 같이 그를 지키시리
로다
11 여호와께서 야곱을 구원하시되 그

들보다 강한 자의 손에서 (贖良)
속량하셨으니
12 그들이 와서 시온의 높은 곳에서
찬송하며 여호와의 복 곧 곡식과
새 포도주와 기름과 어린 양의 떼
와 소의 떼를 얻고 크게 기뻐하리
라 그 (心靈)심령은 물 댄 동산 같
겠고 다시는 근심이 없으리로다
할지어다
13 그 때에 처녀는 춤추며 즐거워하
겠고 청년과 노인은 함께 즐거워
하리니 내가 그들의 슬픔을 돌려
서 즐겁게 하며 그들을 (慰勞)위
로하여 그들의 근심으로부터 기쁨
을 얻게 할 것임이라
14 내가 기름으로 제사장들의 마음을
흡족하게 하며 내 (福)복으로 내
백성을 만족하게 하리라 여호와의
말씀이니라

라헬의 애곡과 여호와의 위로

15 ● 여호와께서 이와 같이 말씀하
시니라 라마에서 슬퍼하며 통곡
하는 소리가 들리니 라헬이 그 자
식 때문에 애곡하는 것이라 그가
자식이 없어져서 위로 받기를 (拒
絕)거절하는도다
16 여호와께서 이와 같이 말씀하시
니라 네 울음 소리와 네 눈물을 멈
추어라 네 일에 삯을 받을 것인즉
그들이 그의 (對敵)대적의 땅에서
돌아오리라 여호와의 말씀이니라
17 너의 장래에 (所望)소망이 있을
것이라 너의 (子女)자녀가 자기들
의 지경으로 돌아오리라 여호와의
말씀이니라
18 에브라임이 스스로 탄식함을 내
가 분명히 들었노니 주께서 나를
징벌하시매 멍에에 익숙하지 못한
송아지 같은 내가 (懲罰)징벌을 받
았나이다 주는 나의 하나님 여호
와이시니 나를 이끌어 돌이키소서
그리하시면 내가 돌아오겠나이다
19 내가 돌이킨 후에 뉘우쳤고 내가
(敎訓)교훈을 받은 후에 내 볼기
를 쳤사오니 이는 어렸을 때의 (恥
辱)치욕을 지므로 부끄럽고 욕됨
이니이다 하도다
20 에브라임은 나의 사랑하는 아들
기뻐하는 자식이 아니냐 내가 그
를 (責望)책망하여 말할 때마다
깊이 생각하노라 그러므로 그를
위하여 내 창자가 들끓으니 내가
반드시 그를 불쌍히 여기리라 여
호와의 말씀이니라
21 ● 처녀 이스라엘아 너의 (里程標)
이정표를 세우며 너의 푯말을 만
들고 큰 길 곧 네가 전에 가던 길
을 마음에 두라 돌아오라 네 성읍
들로 돌아오라
22 반역한 딸아 네가 어느 때까지 방
황하겠느냐 여호와가 새 일을 세
상에 (創造)창조하였나니 곧 여자
가 남자를 둘러 싸리라

사로잡힌 자를 돌아오게 할 때

23 ● 만군의 여호와 이스라엘의 하
나님께서 이와 같이 말씀하시니라
내가 그 사로잡힌 자를 돌아오게
할 때에 그들이 유다 땅과 그 성읍
들에서 다시 이 말을 쓰리니 곧 의
로운 (處所)처소여, 거룩한 산이

여, 여호와께서 네게 복 주시기를
원하노라 할 것이며
24 유다와 그 모든 성읍의 농부와 양
떼를 (引導)인도하는 자가 거기에
함께 살리니
25 이는 내가 그 피곤한 심령을 상쾌
하게 하며 모든 연약한 심령을 (滿
足)만족하게 하였음이라 하시기
로
26 내가 깨어 보니 내 잠이 달았더라
27 ● 여호와의 말씀이니라 보라 내
가 사람의 씨와 짐승의 씨를 이스
라엘 집과 유다 집에 뿌릴 날이 이
르리니
28 깨어서 그들을 뿌리 뽑으며 무너
뜨리며 (顚覆)전복하며 멸망시키
며 괴롭게 하던 것과 같이 내가 깨
어서 그들을 세우며 심으리라 여
호와의 말씀이니라
29 그 때에 그들이 말하기를 다시는
아버지가 신 (葡萄)포도를 먹었으
므로 아들들의 이가 시다 하지 아
니하겠고
30 신 포도를 먹는 자마다 그의 이가
신 것 같이 누구나 자기의 (罪惡)
죄악으로 말미암아 죽으리라

새 언약

31 ● 여호와의 말씀이니라 보라 날
이 이르리니 내가 이스라엘 집과
유다 집에 새 (言約)언약을 맺으
리라
32 이 (言約)언약은 내가 그들의 조
상들의 손을 잡고 애굽 땅에서 인
도하여 내던 날에 맺은 것과 같지
아니할 것은 내가 그들의 남편이
되었어도 그들이 내 언약을 깨뜨
렸음이라 여호와의 말씀이니라
33 그러나 그 날 후에 내가 이스라엘
집과 맺을 언약은 이러하니 곧 내
가 나의 법을 그들의 속에 두며 그
들의 마음에 (記錄)기록하여 나는
그들의 하나님이 되고 그들은 내
백성이 될 것이라 여호와의 말씀
이니라
34 그들이 다시는 각기 이웃과 형제
를 가르쳐 이르기를 너는 여호와
를 알라 하지 아니하리니 이는 작
은 자로부터 큰 자까지 다 나를 알
기 때문이라 내가 그들의 악행을
사하고 다시는 그 (罪)죄를 기억
하지 아니하리라 여호와의 말씀이
니라
35 ● 여호와께서 이와 같이 말씀하
셨느니라 그는 해를 낮의 빛으로
주셨고 달과 별들을 밤의 빛으로
정하였고 바다를 뒤흔들어 그 (波
濤)파도로 소리치게 하나니 그의
이름은 만군의 여호와니라
36 이 (法度)법도가 내 앞에서 폐할
진대 이스라엘 자손도 내 앞에서
끊어져 영원히 나라가 되지 못하
리라 여호와의 말씀이니라
37 여호와께서 이와 같이 말씀하시니
라 위에 있는 하늘을 측량할 수 있
으며 밑에 있는 땅의 기초를 (探
知)탐지할 수 있다면 내가 이스라
엘 자손이 행한 모든 일로 말미암
아 그들을 다 버리리라 여호와의
말씀이니라
38 ● 보라, 날이 이르리니 이 성은

하나넬 망대로부터 모퉁이 문에
이르기까지 여호와를 위하여 (建
築)건축될 것이라 여호와의 말씀
이니라
39 (測量)측량줄이 곧게 가렙 언덕
밑에 이르고 고아로 돌아
40 시체와 재의 모든 골짜기와 기드
론 시내에 이르는 모든 고지 곧 동
쪽 마문의 모퉁이에 이르기까지
여호와의 거룩한 곳이니라 영원히
다시는 뽑거나 (顚覆)전복하지 못
할 것이니라

여호와의 말씀대로 아나돗의 밭을 사다

32 유다의 시드기야 왕 열째
해 곧 느부갓네살 열여덟째
해에 여호와의 말씀이 예레미야에
게 (臨)임하니라
2 그 때에 바벨론 군대는 예루살렘
을 에워싸고 선지자 예레미야는
유다의 왕의 (宮中)궁중에 있는
(侍衛隊)시위대 뜰에 갇혔으니
3-5 이는 그가 예언하기를 여호와의
말씀에 보라 내가 이 성을 바벨
론 왕의 손에 넘기리니 그가 차지
할 것이며 유다 왕 시드기야는 갈
대아인의 손에서 벗어나지 못하
고 반드시 바벨론 왕의 손에 넘겨
진 바 되리니 입이 입을 대하여 말
하고 눈이 서로 볼 것이며 그가 시
드기야를 바벨론으로 끌어 가리니
시드기야는 내가 돌볼 때까지 거
기에 있으리라 여호와께서 이와
같이 말씀하시니라 너희가 갈대아
인과 싸울지라도 승리하지 못하리
라 하셨다 하였더니 유다 왕 시드
기야가 이르되 네가 어찌하여 이
같이 (豫言)예언하였느냐 하고 그
를 가두었음이었더라
6 ● 예레미야가 이르되 여호와의
말씀이 내게 (臨)임하였느니라 이
르시기를
7 보라 네 (叔父)숙부 살룸의 아들
하나멜이 네게 와서 말하기를 너
는 아나돗에 있는 내 밭을 사라 이
기업을 무를 권리가 네게 있느니
라 하리라 하시더니
8 여호와의 말씀과 같이 나의 숙부
의 아들 하나멜이 (侍衛隊)시위대
뜰 안 나에게 와서 이르되 청하노
니 너는 베냐민 땅 아나돗에 있는
나의 밭을 사라 기업의 상속권이
네게 있고 무를 권리가 네게 있으
니 너를 위하여 사라 하는지라 내
가 이것이 여호와의 말씀인 줄 알
았으므로
9 내 (叔父)숙부의 아들 하나멜의
아나돗에 있는 밭을 사는데 은 십
칠 세겔을 달아 주되
10 증서를 써서 (封印)봉인하고 증인
을 세우고 은을 저울에 달아 주고
11 법과 규례대로 봉인하고 봉인하지
아니한 매매 (證書)증서를 내가
가지고
12 나의 숙부의 아들 하나멜과 매매
증서에 인 친 증인 앞과 시위대 뜰
에 앉아 있는 유다 모든 사람 앞에
서 그 (賣買)매매 증서를 마세야
의 손자 네리야의 아들 바룩에게
부치며
13 그들의 앞에서 바룩에게 (命令)명

령하여 이르되
14 만군의 여호와 이스라엘의 하나님
께서 이와 같이 말씀하시기를 너
는 이 증서 곧 (封印)봉인하고 봉
인하지 않은 매매 증서를 가지고
토기에 담아 오랫동안 보존하게
하라
15 만군의 여호와 이스라엘의 하나님
께서 이와 같이 말씀하시니라 사
람이 이 땅에서 집과 밭과 (葡萄
園)포도원을 다시 사게 되리라 하
셨다 하니라

예레미야의 기도

16 ● 내가 매매 증서를 네리야의 아
들 바룩에게 넘겨 준 뒤에 여호와
께 (祈禱)기도하여 이르되
17 슬프도소이다 주 여호와여 주께서
큰 능력과 펴신 팔로 (天地)천지
를 지으셨사오니 주에게는 할 수
없는 일이 없으시니이다
18 주는 은혜를 (千萬人)천만인에게
베푸시며 아버지의 죄악을 그 후
손의 품에 갚으시오니 크고 능력
있으신 하나님이시요 이름은 만군
의 여호와시니이다
19 주는 책략에 크시며 하시는 일에
능하시며 인류의 모든 길을 (注
目)주목하시며 그의 길과 그의 행
위의 열매대로 보응하시나이다
20 주께서 애굽 땅에서 (表蹟)표적과
기사를 행하셨고 오늘까지도 이스
라엘과 인류 가운데 그와 같이 행
하사 주의 이름을 오늘과 같이 되
게 하셨나이다
21 주께서 표적과 기사와 강한 손과
펴신 팔과 큰 두려움으로 주의 백
성 이스라엘을 애굽 땅에서 (引
導)인도하여 내시고
22 그들에게 주시기로 그 조상들에게
(盟誓)맹세하신 바 젖과 꿀이 흐
르는 땅을 그들에게 주셨으므로
23 그들이 들어가서 이를 차지하였거
늘 주의 목소리를 순종하지 아니
하며 주의 (律法)율법에서 행하지
아니하며 무릇 주께서 행하라 명
령하신 일을 행하지 아니하였으므
로 주께서 이 모든 재앙을 그들에
게 내리셨나이다
24 보옵소서 이 성을 빼앗으려고 만
든 참호가 이 성에 이르렀고 칼과
(饑饉)기근과 전염병으로 말미암
아 이 성이 이를 치는 갈대아인의
손에 넘긴 바 되었으니 주의 말씀
대로 되었음을 주께서 보시나이다
25 주 여호와여 주께서 내게 은으로
밭을 사며 (證人)증인을 세우라
하셨으나 이 성은 갈대아인의 손
에 넘기신 바 되었나이다
26 ● 그 때에 여호와의 말씀이 예레
미야에게 임하여 이르시되
27 나는 여호와요 모든 (肉體)육체의
하나님이라 내게 할 수 없는 일이
있겠느냐
28 그러므로 여호와께서 이와 같이
말씀하시니라 보라 내가 이 (城)
성을 갈대아인의 손과 바벨론의
느부갓네살 왕의 손에 넘길 것인
즉 그가 차지할 것이라
29 이 성을 치는 갈대아인이 와서 이
성읍에 불을 놓아 성과 집 곧 그

지붕에서 바알에게 (焚香)분향하
며 다른 신들에게 전제를 드려 나
를 격노하게 한 집들을 사르리니
30 이는 이스라엘 자손과 유다 자손
이 예로부터 내 눈 앞에 악을 행하
였을 뿐이라 이스라엘 자손은 그
의 손으로 만든 것을 가지고 나를
(激怒)격노하게 한 것뿐이니라 여
호와의 말씀이니라
31 이 성이 (建設)건설된 날부터 오
늘까지 나의 노여움과 분을 일으
키므로 내가 내 앞에서 그것을 옮
기려 하노니
32 이는 이스라엘 자손과 유다 자손
이 모든 악을 행하여 내 노여움을
일으켰음이라 그들과 그들의 왕
들과 그의 고관들과 그의 제사장
들과 그의 선지자들과 유다 사람
들과 예루살렘 (住民)주민들이 다
그러하였느니라
33 그들이 등을 내게로 돌리고 얼굴
을 내게로 (向)향하지 아니하며
내가 그들을 가르치되 끊임없이
가르쳤는데도 그들이 교훈을 듣지
아니하며 받지 아니하고
34 내 이름으로 일컫는 집에 자기들
의 가증한 (物件)물건들을 세워서
그 집을 더럽게 하며
35 힌놈의 아들의 골짜기에 바알의 산
당을 건축하였으며 자기들의 아들
들과 딸들을 몰렉 앞으로 지나가게
하였느니라 그들이 이런 (可憎)가
증한 일을 행하여 유다로 범죄하게
한 것은 내가 명령한 것도 아니요
내 마음에 둔 것도 아니니라

영원한 언약

36 ● 그러나 이스라엘의 하나님 여
호와께서 너희가 말하는 바 칼과
(饑饉)기근과 전염병으로 말미암
아 바벨론 왕의 손에 넘긴 바 되었
다 하는 이 성에 대하여 이와 같이
말씀하시니라
37 보라 내가 노여움과 분함과 큰 분
노로 그들을 쫓아 보내었던 모든
지방에서 그들을 모아들여 이 곳
으로 돌아오게 하여 (安全)안전히
살게 할 것이라
38 그들은 내 백성이 되겠고 나는 그
들의 하나님이 될 것이며
39 내가 그들에게 한 마음과 한 길을
주어 자기들과 자기 후손의 복을
위하여 항상 나를 (敬畏)경외하게
하고
40 내가 그들에게 복을 주기 위하여
그들을 떠나지 아니하리라 하는
(永遠)영원한 언약을 그들에게 세
우고 나를 경외함을 그들의 마음
에 두어 나를 떠나지 않게 하고
41 내가 기쁨으로 그들에게 복을 주
되 분명히 나의 마음과 (精誠)정
성을 다하여 그들을 이 땅에 심으
리라
42 여호와께서 이와 같이 말씀하시니
라 내가 이 백성에게 이 큰 (災殃)
재앙을 내린 것 같이 허락한 모든
복을 그들에게 내리리라
43 너희가 말하기를 (荒廢)황폐하여
사람이나 짐승이 없으며 갈대아
인의 손에 넘긴 바 되었다 하는 이
땅에서 사람들이 밭을 사되

44 베냐민 땅과 예루살렘 사방과 유
다 성읍들과 산지의 성읍들과 (低
地帶)저지대의 성읍들과 네겝의
성읍들에 있는 밭을 은으로 사고
증서를 기록하여 봉인하고 증인
을 세우리니 이는 내가 그들의 포
로를 돌아오게 함이니라 여호와의
말씀이니라

이스라엘과 유다의 회복에 대한 언약

33 예레미야가 아직 (侍衛隊)
시위대 뜰에 갇혀 있을 때
에 여호와의 말씀이 그에게 두 번
째로 임하니라 이르시되
2 일을 행하시는 여호와, 그것을 만
들며 (成就)성취하시는 여호와,
그의 이름을 여호와라 하는 이가
이와 같이 이르시도다
3 너는 내게 부르짖으라 내가 네게
응답하겠고 네가 알지 못하는 크
고 (隱密)은밀한 일을 네게 보이
리라
4 이스라엘의 하나님 여호와께서 말
씀하시니라 무리가 이 성읍의 가
옥과 유다 왕궁을 헐어서 갈대아
인의 (塹壕)참호와 칼을 대항하여
5 싸우려 하였으나 내가 나의 노여
움과 분함으로 그들을 죽이고 그
들의 시체로 이 성을 채우게 하였
나니 이는 그들의 모든 (惡行)악
행으로 말미암아 나의 얼굴을 가
리어 이 성을 돌아보지 아니하였
음이라
6 그러나 보라 내가 이 성읍을 치료
하며 고쳐 낫게 하고 평안과 진실
이 (豊盛)풍성함을 그들에게 나타
낼 것이며
7 내가 유다의 (捕虜)포로와 이스라
엘의 포로를 돌아오게 하여 그들
을 처음과 같이 세울 것이며
8 내가 그들을 내게 범한 그 모든 죄
악에서 정하게 하며 그들이 내게
범하며 행한 모든 죄악을 (赦)사
할 것이라
9 이 성읍이 세계 (列邦)열방 앞에
서 나의 기쁜 이름이 될 것이며 찬
송과 영광이 될 것이요 그들은 내
가 이 백성에게 베푼 모든 복을 들
을 것이요 내가 이 성읍에 베푼 모
든 복과 모든 평안으로 말미암아
두려워하며 떨리라
10-11 ●여호와께서 이와 같이 말씀
하시니라 너희가 가리켜 말하기를
(荒廢)황폐하여 사람도 없고 짐승
도 없다 하던 여기 곧 황폐하여 사
람도 없고 주민도 없고 짐승도 없
던 유다 성읍들과 예루살렘 거리
에서 즐거워하는 소리, 기뻐하는
소리, 신랑의 소리, 신부의 소리
와 및 만군의 여호와께 감사하라,
여호와는 선하시니 그 인자하심
이 영원하다 하는 소리와 여호와
의 성전에 감사제를 드리는 자들
의 소리가 다시 들리리니 이는 내
가 이 땅의 포로를 돌려보내어 지
난 날처럼 되게 할 것임이라 여호
와의 말씀이니라
12 ●만군의 여호와께서 이와 같이
말씀하시니라 황폐하여 사람도 없
고 짐승도 없던 이 곳과 그 모든
(城邑)성읍에 다시 목자가 살 곳

이 있으리니 그의 양 떼를 늙게 할
것이라
13 산지 성읍들과 [1]평지 성읍들과 네
겝의 성읍들과 베냐민 땅과 예루
살렘 사면과 유다 성읍들에서 양
떼가 다시 (計數)계수하는 자의
손 아래로 지나리라 여호와께서
말씀하시니라
14 ● 여호와의 말씀이니라 보라 내
가 이스라엘 집과 유다 집에 대하
여 일러 준 선한 말을 (成就)성취
할 날이 이르리라
15 그 날 그 때에 내가 다윗에게서 한
공의로운 가지가 나게 하리니 그
가 이 땅에 정의와 공의를 (實行)
실행할 것이라
16 그 날에 유다가 구원을 받겠고 예
루살렘이 안전히 살 것이며 이 성
은 여호와는 우리의 (義)의라는
이름을 얻으리라
17 여호와께서 이와 같이 말씀하시
니라 이스라엘 집의 (王位)왕위에
앉을 사람이 다윗에게 영원히 끊
어지지 아니할 것이며
18 내 앞에서 (燔祭)번제를 드리며
(素祭)소제를 사르며 다른 제사를
항상 드릴 레위 사람 제사장들도
끊어지지 아니하리라 하시니라
19 ● 여호와의 말씀이 예레미야에게
임하니라 이르시되
20 여호와께서 이와 같이 말씀하시니
라 너희가 능히 낮에 대한 나의 언
약과 밤에 대한 나의 언약을 깨뜨
려 (晝夜)주야로 그 때를 잃게 할
수 있을진대
21 내 종 다윗에게 세운 나의 (言約)
언약도 깨뜨려 그에게 그의 자리
에 앉아 다스릴 아들이 없게 할 수
있겠으며 내가 나를 섬기는 레위
인 제사장에게 세운 언약도 파할
수 있으리라
22 하늘의 만상은 셀 수 없으며 바다
의 모래는 (測量)측량할 수 없나
니 내가 그와 같이 내 종 다윗의
자손과 나를 섬기는 레위인을 (蕃
盛)번성하게 하리라 하시니라
23 ● 여호와의 말씀이 예레미야에게
임하니라 이르시되
24 이 백성이 말하기를 여호와께서
자기가 택하신 그들 중에 두 가계
를 버리셨다 한 것을 네가 생각하
지 아니하느냐 그들이 내 백성을
(蔑視)멸시하여 자기들 앞에서 나
라로 인정하지 아니하도다
25 여호와께서 이와 같이 말씀하시
니라 내가 주야와 맺은 언약이 없
다든지 천지의 (法則)법칙을 내가
정하지 아니하였다면
26 야곱과 내 종 다윗의 (子孫)자손
을 버리고 다시는 다윗의 자손 중
에서 아브라함과 이삭과 야곱의
자손을 다스릴 자를 택하지 아니
하리라 내가 그 포로된 자를 돌아
오게 하고 그를 불쌍히 여기리라

시드기야 왕에 대한 말씀

34 바벨론의 느부갓네살 왕과
그의 모든 군대와 그의 (統
治下)통치하에 있는 땅의 모든 나
라와 모든 백성이 예루살렘과 그

1) 스펠라

모든 (城邑)성읍을 칠 때에 말씀
이 여호와께로부터 예레미야에게
임하여 이르시되
2 이스라엘의 하나님 여호와께서 이
와 같이 말씀하시니라 너는 가서
유다의 시드기야 왕에게 아뢰어
이르기를 여호와의 말씀에 보라
내가 이 (城)성을 바벨론 왕의 손
에 넘기리니 그가 이 성을 불사를
것이라
3 네가 그의 손에서 벗어나지 못하
고 반드시 사로잡혀 그의 손에 넘
겨져서 네 눈은 바벨론 (王)왕의
눈을 볼 것이며 그의 입은 네 입을
마주 대하여 말할 것이요 너는 바
벨론으로 가리라
4 그러나 유다의 시드기야 왕이여
여호와의 말씀을 들으라 여호와께
서 네게 (對)대하여 이와 같이 말
씀하시니라 네가 칼에 죽지 아니
하고
5 (平安)평안히 죽을 것이며 사람이
너보다 먼저 있은 네 조상들 곧 선
왕들에게 분향하던 것 같이 네게
분향하며 너를 위하여 애통하기를
슬프다 주여 하리니 이는 내가 말
하였음이라 여호와의 말씀이니라
하시니라
6 ●(先知者)선지자 예레미야가 이
모든 말씀을 예루살렘에서 유다의
시드기야 왕에게 아뢰니라
7 그 때에 바벨론의 왕의 군대가 예
루살렘과 유다의 남은 모든 성읍
들을 쳤으니 곧 라기스와 아세가
라 유다의 (堅固)견고한 성읍 중
에 이것들만 남았음이더라

여호와 앞에서 맺은 계약을 어기다

8 ●시드기야 왕이 예루살렘에 있
는 모든 백성과 한 가지로 하나
님 앞에서 계약을 맺고 자유를 (宣
布)선포한 후에 여호와께로부터
말씀이 예레미야에게 임하니라
9 그 계약은 사람마다 각기 히브리
남녀 노비를 놓아 자유롭게 하고
그의 (同族)동족 유다인을 종으로
삼지 못하게 한 것이라
10 이 계약에 가담한 고관들과 모든
백성이 각기 노비를 자유롭게 하
고 다시는 종을 삼지 말라 함을 듣
고 (順服)순복하여 놓았더니
11 후에 그들의 뜻이 변하여 (自由)
자유를 주었던 노비를 끌어다가
복종시켜 다시 노비로 삼았더라
12 ●그러므로 여호와의 말씀이 여
호와께로부터 예레미야에게 (臨)
임하니라 이르시되
13 이스라엘 하나님 여호와께서 이와
같이 말씀하시니라 내가 너희 (先
祖)선조를 애굽 땅 종의 집에서
인도하여 낼 때에 그들과 언약을
맺으며 이르기를
14 너희 형제 히브리 사람이 [1]네게
팔려 왔거든 너희는 칠 년 되는 해
에 그를 놓아 줄 것이니라 그가 육
년 동안 너를 섬겼은즉 그를 놓아
자유롭게 할지니라 하였으나 너희
선조가 내게 (順從)순종하지 아니
하며 귀를 기울이지도 아니하였느
니라

1) 스스로 네게

15 그러나 너희는 이제 돌이켜 내 눈
앞에 바른 일을 행하여 각기 이웃
에게 자유를 선포하되 내 이름으
로 일컬음을 받는 집에서 내 앞에
서 (契約)계약을 맺었거늘
16 너희가 돌이켜 내 이름을 더럽히
고 각기 놓아 그들의 마음대로 자
유롭게 하였던 노비를 끌어다가
다시 너희에게 (服從)복종시켜 너
희의 노비로 삼았도다
17 ● 그러므로 여호와께서 이와 같
이 말씀하시니라 너희가 나에게
순종하지 아니하고 각기 (兄弟)형
제와 이웃에게 자유를 선포한 것
을 (實行)실행하지 아니하였은즉
내가 너희를 대적하여 칼과 전염
병과 기근에게 자유를 주리라 여
호와의 말씀이니라 내가 너희를
세계 여러 나라 가운데에 [1]흩어지
게 할 것이며
18 송아지를 둘로 쪼개고 그 두 조각
사이로 지나매 내 앞에 언약을 맺
었으나 그 말을 (實行)실행하지
아니하여 내 계약을 어긴 그들을
19 곧 송아지 두 조각 사이로 지난 유
다 고관들과 예루살렘 고관들과
(內侍)내시들과 제사장들과 이 땅
모든 백성을
20 내가 그들의 원수의 손과 그들의
(生命)생명을 찾는 자의 손에 넘
기리니 그들의 시체가 공중의 새
와 땅의 짐승의 먹이가 될 것이며
21 또 내가 유다의 시드기야 왕과 그
의 고관들을 그의 (怨讐)원수의
손과 그의 생명을 찾는 자의 손과
너희에게서 떠나간 바벨론 왕의
(軍隊)군대의 손에 넘기리라
22 여호와의 말씀이니라 보라 내가
그들에게 명령하여 이 성읍에 다
시 오게 하리니 그들이 이 성을 쳐
서 빼앗아 불사를 것이라 내가 유
다의 성읍들을 주민이 없어 (悽
慘)처참한 황무지가 되게 하리라

예레미야와 레갑 사람들

35 유다의 요시야 왕의 아들
여호야김 때에 여호와께로
부터 말씀이 예레미야에게 (臨)임
하여 이르시되
2 너는 레갑 사람들의 집에 가서 그
들에게 말하고 그들을 여호와의
집 한 (房)방으로 데려다가 포도
주를 마시게 하라 하시니라
3 이에 내가 하바시냐의 (孫子)손자
요 예레미야의 아들인 야아사냐와
그의 형제와 그의 모든 아들과 모
든 레갑 사람들을 데리고
4 여호와의 집에 이르러 익다랴의
아들 하나님의 사람 하난의 아들
들의 방에 들였는데 그 방은 (高
官)고관들의 방 곁이요 문을 지키
는 살룸의 아들 마아세야의 방 위
더라
5 내가 레갑 사람들의 후손들 앞에
포도주가 가득한 종지와 술잔을
놓고 마시라 (勸)권하매
6 그들이 이르되 우리는 (葡萄酒)포
도주를 마시지 아니하겠노라 레
갑의 아들 우리 선조 요나답이 우
리에게 명령하여 이르기를 너희와

1) 두려움이 되게 할 것이며

너희 자손은 영원히 포도주를 마
시지 말며
7 너희가 집도 짓지 말며 (播種)파
종도 하지 말며 포도원을 소유하
지도 말고 너희는 평생 동안 장막
에 살아라 그리하면 너희가 머물
러 사는 땅에서 너희 생명이 길리
라 하였으므로
8 우리가 레갑의 아들 우리 선조 요
나답이 우리에게 명령한 모든 말
을 (順從)순종하여 우리와 우리
아내와 자녀가 평생 동안 포도주
를 마시지 아니하며
9 살 집도 짓지 아니하며 포도원이
나 밭이나 (種子)종자도 가지지
아니하고
10 (帳幕)장막에 살면서 우리 선조
요나답이 우리에게 명령한 대로
다 지켜 행하였노라
11 그러나 바벨론의 느부갓네살 왕이
이 땅에 올라왔을 때에 우리가 말
하기를 갈대아인의 군대와 수리아
인의 (軍隊)군대를 피하여 예루살
렘으로 가자 하고 우리가 예루살
렘에 살았노라
12 ● 그 때에 여호와의 말씀이 예레
미야에게 임하여 이르시되
13 만군의 여호와 이스라엘의 하나님
께서 이와 같이 말씀하시니라 너
는 가서 유다 사람들과 예루살렘
주민에게 이르기를 너희가 내 말
을 들으며 (敎訓)교훈을 받지 아
니하겠느냐 여호와의 말씀이니라
14 레갑의 아들 요나답이 그의 자손
에게 포도주를 마시지 말라 한 그
명령은 (實行)실행되도다 그들은
그 선조의 명령을 순종하여 오늘
까지 마시지 아니하거늘 내가 너
희에게 말하고 끊임없이 말하여도
너희는 내게 순종하지 아니하도다
15 내가 내 종 모든 선지자를 너희에
게 보내고 끊임없이 보내며 이르
기를 너희는 이제 각기 악한 길에
서 돌이켜 (行爲)행위를 고치고 다
른 신을 따라 그를 섬기지 말라 그
리하면 너희는 내가 너희와 너희
선조에게 준 이 땅에 살리라 하여
도 너희가 귀를 기울이지 아니하
며 내게 순종하지 아니하였느니라
16 레갑의 아들 요나답의 자손은 그
의 선조가 그들에게 (命令)명령한
그 명령을 지켜 행하나 이 백성은
내게 순종하지 아니하도다
17 그러므로 만군의 여호와 이스라엘
의 하나님께서 이와 같이 말씀하시
니라 보라 내가 유다와 예루살렘의
모든 주민에게 내가 그들에게 대하
여 (宣布)선포한 모든 재앙을 내리
리니 이는 내가 그들에게 말하여도
듣지 아니하며 불러도 대답하지 아
니함이니라 하셨다 하라
18 ● 예레미야가 레갑 사람의 가문
에게 이르되 만군의 여호와 이스
라엘의 하나님께서 이와 같이 말
씀하시기를 너희가 너희 선조 요
나답의 명령을 순종하여 그의 모
든 (規律)규율을 지키며 그가 너
희에게 명령한 것을 행하였도다
19 그러므로 만군의 여호와 이스라엘
의 하나님께서 이와 같이 말씀하

시니라 레갑의 아들 요나답에게서
내 앞에 설 사람이 (永遠)영원히
끊어지지 아니하리라 하시니라

바룩이 여호와의 성전에서 두루마리를 낭독하다

36 유다의 요시야 왕의 아들
여호야김 제사년에 여호와
께로부터 예레미야에게 말씀이
(臨)임하니라 이르시되
2 너는 두루마리 책을 가져다가 내
가 네게 말하던 날 곧 요시야의 날
부터 오늘까지 이스라엘과 유다와
모든 나라에 대하여 내가 네게 일
러 준 모든 말을 거기에 (記錄)기
록하라
3 유다 가문이 내가 그들에게 내리
려 한 모든 재난을 듣고 각기 악한
길에서 돌이키리니 그리하면 내가
그 악과 죄를 (容恕)용서하리라
하시니라
4 ●이에 예레미야가 네리야의 아
들 바룩을 부르매 바룩이 예레미
야가 불러 주는 대로 여호와께서
그에게 이르신 모든 말씀을 두루
마리 (冊)책에 기록하니라
5 예레미야가 바룩에게 (命令)명령
하여 이르되 나는 붙잡혔으므로
여호와의 집에 들어갈 수 없으니
6 너는 들어가서 내가 말한 대로 두
루마리에 기록한 여호와의 말씀을
금식일에 여호와의 성전에 있는
백성의 귀에 (朗讀)낭독하고 유다
모든 성읍에서 온 자들의 귀에도
낭독하라
7 그들이 여호와 앞에 기도를 드리
며 각기 악한 길을 떠나리라 여호
와께서 이 백성에 대하여 (宣布)
선포하신 노여움과 분이 크니라
8 네리야의 아들 바룩이 선지자 예
레미야가 자기에게 명령한 대로
하여 여호와의 성전에서 책에 있
는 여호와의 모든 말씀을 (朗讀)
낭독하니라
9 ●유다의 요시야 왕의 아들 여호야
김의 제오년 구월에 예루살렘 모든
백성과 유다 성읍들에서 예루살렘
에 이른 모든 백성이 여호와 앞에
서 (禁食)금식을 선포한지라
10 바룩이 여호와의 성전 위뜰 곧 여
호와의 성전에 있는 새 문 어귀 곁
에 있는 사반의 아들 (書記官)서
기관 그마랴의 방에서 그 책에 기
록된 예레미야의 말을 모든 백성
에게 낭독하니라

바룩이 고관 앞에서 두루마리를 낭독하다

11 ●사반의 손자요 그마랴의 아들
인 미가야가 그 책에 (記錄)기록
된 여호와의 말씀을 다 듣고
12 왕궁에 내려가서 서기관의 방에
들어가니 모든 (高官)고관 곧 서
기관 엘리사마와 스마야의 아들
들라야와 악볼의 아들 엘라단과
사반의 아들 그마랴와 하나냐의
아들 시드기야와 모든 고관이 거
기에 앉아 있는지라
13 미가야가 바룩이 백성의 귀에 책
을 낭독할 때에 들은 모든 말을 그
들에게 (傳)전하매
14 이에 모든 고관이 구시의 증손 셀

레마야의 손자 느다냐의 아들 여후
디를 바룩에게 보내 이르되 너는
백성의 귀에 (朗讀)낭독한 두루마
리를 손에 가지고 오라 네리야의
아들 바룩이 두루마리를 손에 가
지고 그들에게로 오니
15 그들이 바룩에게 이르되 앉아서
이를 우리 귀에 (朗讀)낭독하라
바룩이 그들의 귀에 낭독하매
16 그들이 그 모든 말씀을 듣고 놀라
서로 보며 바룩에게 이르되 우리
가 이 모든 말을 왕에게 아뢰리라
17 그들이 또 바룩에게 물어 이르되
너는 그가 불러 주는 이 모든 말을
어떻게 기록하였느냐 (請)청하노
니 우리에게 알리라
18 바룩이 (對答)대답하되 그가 그의
입으로 이 모든 말을 내게 불러 주
기로 내가 먹으로 책에 기록하였
노라
19 이에 (高官)고관들이 바룩에게 이
르되 너는 가서 예레미야와 함께
숨고 너희가 있는 곳을 사람에게
알리지 말라 하니라

왕이 두루마리를 태우다

20 ● 그들이 두루마리를 (書記官)서
기관 엘리사마의 방에 두고 뜰에
들어가 왕께 나아가서 이 모든 말
을 왕의 귀에 아뢰니
21 왕이 여후디를 보내어 두루마리를
가져오게 하매 여후디가 서기관
엘리사마의 방에서 가져다가 왕과
왕의 곁에 선 모든 (高官)고관의
귀에 낭독하니
22 그 때는 아홉째 달이라 왕이 겨울
궁전에 앉았고 그 앞에는 불 피운
(火爐)화로가 있더라
23 여후디가 서너 쪽을 낭독하면 왕
이 칼로 그것을 (連)연하여 베어
화로 불에 던져서 두루마리를 모
두 태웠더라
24 왕과 그의 (臣下)신하들이 이 모
든 말을 듣고도 두려워하거나 자
기들의 옷을 찢지 아니하였고
25 엘라단과 들라야와 그마랴가 (王)
왕께 두루마리를 불사르지 말도록
아뢰어도 왕이 듣지 아니하였으며
26 왕이 왕의 아들 여라므엘과 아스
리엘의 아들 스라야와 압디엘의
아들 셀레먀에게 명령하여 서기
관 바룩과 (先知者)선지자 예레미
야를 잡으라 하였으나 여호와께서
그들을 숨기셨더라

예레미야가 말씀을 다시 쓰다

27 ● 왕이 두루마리와 바룩이 예레
미야의 입을 통해 (記錄)기록한
말씀을 불사른 후에 여호와의 말
씀이 예레미야에게 임하니라 이르
시되
28 너는 다시 다른 두루마리를 가지
고 유다의 여호야김 (王)왕이 불
사른 첫 두루마리의 모든 말을 기
록하고
29 또 유다의 여호야김 왕에 대하여
이와 같이 말하기를 여호와의 말
씀에 네가 이 두루마리를 불사르며
말하기를 네가 어찌하여 바벨론의
왕이 반드시 와서 이 땅을 멸하고
사람과 짐승을 이 땅에서 없어지게
하리라 하는 말을 이 두루마리에

(記錄)기록하였느냐 하도다
30 그러므로 여호와께서 유다의 왕
여호야김에 대하여 이와 같이 말
씀하시니라 그에게 다윗의 (王位)
왕위에 앉을 자가 없게 될 것이요
그의 시체는 버림을 당하여 낮에
는 더위, 밤에는 추위를 당하리라
31 또 내가 그와 그의 자손과 신하들
을 그들의 죄악으로 말미암아 벌
할 것이라 내가 일찍이 그들과 예
루살렘 (住民)주민과 유다 사람에
게 그 모든 재난을 내리리라 선포
하였으나 그들이 듣지 아니하였느
니라
32 이에 예레미야가 다른 두루마리를
가져다가 네리야의 아들 서기관
바룩에게 주매 그가 유다의 여호
야김 왕이 불사른 책의 모든 말을
예레미야가 전하는 대로 (記錄)기
록하고 그 외에도 그 같은 말을 많
이 더 하였더라

느부갓네살이 시드기야를 유다 왕으로 삼다

37 요시야의 아들 시드기야가
여호야김의 아들 고니야의
뒤를 이어 왕이 되었으니 이는 바
벨론의 느부갓네살 왕이 그를 유
다 땅의 왕으로 삼음이었더라
2 그와 그의 신하와 그의 땅 (百姓)
백성이 여호와께서 선지자 예레미
야에게 하신 말씀을 듣지 아니하
니라
3 ● 시드기야 왕이 셀레먀의 아들
여후갈과 마아세야의 아들 (祭司
長)제사장 스바냐를 선지자 예레
미야에게 보내 청하되 너는 우리
를 위하여 우리 하나님 여호와께
기도하라 하였으니
4 그 때에 예레미야가 갇히지 아니
하였으므로 백성 가운데 (出入)출
입하는 중이었더라
5 바로의 군대가 애굽에서 나오매
예루살렘을 에워쌌던 갈대아인이
그 (所聞)소문을 듣고 예루살렘에
서 떠났더라
6 ● 여호와의 말씀이 선지자 예레
미야에게 임하여 이르시되
7 이스라엘의 하나님 여호와께서 이
와 같이 말씀하시니라 너희를 보
내어 내게 구하게 한 유다의 왕에
게 아뢰라 너희를 도우려고 나왔
던 바로의 (軍隊)군대는 자기 땅
애굽으로 돌아가겠고
8 갈대아인이 다시 와서 이 (城)성
을 쳐서 빼앗아 불사르리라
9 여호와께서 이와 같이 말씀하시니
라 너희는 스스로 속여 말하기를
갈대아인이 반드시 우리를 떠나리
라 하지 말라 그들이 떠나지 아니
하리라
10 가령 너희가 너희를 치는 갈대아
인의 온 (軍隊)군대를 쳐서 그 중
에 (負傷者)부상자만 남긴다 할지
라도 그들이 각기 장막에서 일어
나 이 성을 불사르리라

예레미야를 붙잡아 가두다

11 ● 갈대아인의 군대가 바로의 (軍
隊)군대를 두려워하여 예루살렘
에서 떠나매
12 예레미야가 베냐민 땅에서 백성

가운데 분깃을 받으려고 예루살렘
을 떠나 그리로 가려 하여
13 베냐민 문에 이른즉 하나냐의 손
자요 셀레먀의 아들인 이리야라
이름하는 문지기의 우두머리가 선
지자 예레미야를 붙잡아 이르되
네가 갈대아인에게 (降服)항복하
려 하는도다
14 예레미야가 이르되 거짓이다 나는
갈대아인에게 (降服)항복하려 하
지 아니하노라 이리야가 듣지 아
니하고 예레미야를 잡아 고관들에
게로 끌어 가매
15 고관들이 노여워하여 예레미야
를 때려서 서기관 요나단의 집에
가두었으니 이는 그들이 이 집을
(獄)옥으로 삼았음이더라
16 ● 예레미야가 뚜껑 씌운 웅덩이
에 들어간 지 여러 날 만에
17 시드기야 왕이 사람을 보내어 그
를 이끌어내고 왕궁에서 그에게
(秘密)비밀히 물어 이르되 여호와
께로부터 받은 말씀이 있느냐 예
레미야가 대답하되 있나이다 또
이르되 왕이 바벨론의 왕의 손에
넘겨지리이다
18 예레미야가 다시 시드기야 왕에게
이르되 내가 왕에게나 왕의 신하
에게나 이 백성에게 무슨 죄를 범
하였기에 나를 (獄)옥에 가두었나
이까
19 바벨론의 왕이 와서 왕과 이 땅을
치지 아니하리라고 (豫言)예언한
왕의 (先知者)선지자들이 이제 어
디 있나이까
20 내 주 왕이여 이제 청하건대 내게
들으시며 나의 (歎願)탄원을 받으
사 나를 서기관 요나단의 집으로
돌려보내지 마옵소서 내가 거기에
서 죽을까 두려워하나이다
21 이에 시드기야 왕이 명령하여 예
레미야를 감옥 뜰에 두고 떡 만드
는 자의 거리에서 매일 떡 한 개씩
그에게 주게 하매 (城中)성중에
떡이 떨어질 때까지 이르니라 예
레미야가 감옥 뜰에 머무니라

예레미야가 구덩이에 갇히다

38 맛단의 아들 스바댜와 바스
훌의 아들 그다랴와 셀레먀
의 아들 유갈과 말기야의 아들 바
스훌이 예레미야가 모든 백성에게
이르는 말을 들은즉 이르기를
2 여호와께서 이와 같이 말씀하시
되 이 성에 머무는 자는 칼과 기근
과 전염병에 죽으리라 그러나 갈
대아인에게 항복하는 자는 살리니
그는 (擄掠物)노략물을 얻음 같이
자기의 목숨을 건지리라
3 여호와께서 이와 같이 말씀하시니
라 이 성이 반드시 바벨론의 왕의
(軍隊)군대의 손에 넘어가리니 그
가 차지하리라 하셨다 하는지라
4 이에 그 고관들이 왕께 아뢰되 이
사람이 백성의 (平安)평안을 구하
지 아니하고 재난을 구하오니 청
하건대 이 사람을 죽이소서 그가
이같이 말하여 이 성에 남은 군사
의 손과 모든 백성의 손을 약하게
하나이다
5 시드기야 (王)왕이 이르되 보라

그가 너희 손 안에 있느니라 왕은
조금도 너희를 거스를 수 없느니
라 하는지라
6 그들이 예레미야를 끌어다가 (監
獄)감옥 뜰에 있는 [1]왕의 아들 말
기야의 [2]구덩이에 던져 넣을 때에
예레미야를 줄로 달아내렸는데 그
구덩이에는 물이 없고 진창뿐이므
로 예레미야가 진창 속에 빠졌더
라
7 ● (王宮)왕궁 내시 구스인 에벳멜
렉이 그들이 예레미야를 구덩이에
던져 넣었음을 들으니라 그 때에
왕이 베냐민 문에 앉았더니
8 에벳멜렉이 (王宮)왕궁에서 나와
왕께 아뢰어 이르되
9 내 주 왕이여 저 사람들이 선지
자 예레미야에게 행한 모든 일은
(惡)악하니이다 성 중에 떡이 떨
어졌거늘 그들이 그를 구덩이에
던져 넣었으니 그가 거기에서 굶
어 죽으리이다 하니
10 (王)왕이 구스 사람 에벳멜렉에게
명령하여 이르되 너는 여기서 삼
십 명을 데리고 가서 선지자 예레
미야가 죽기 전에 그를 구덩이에
서 끌어내라
11 에벳멜렉이 사람들을 데리고 왕궁
(庫間)곳간 밑 방에 들어가서 거
기에서 헝겊과 낡은 옷을 가져다
가 그것을 구덩이에 있는 예레미
야에게 밧줄로 내리며
12 구스인 에벳멜렉이 예레미야에게
이르되 당신은 이 헝겊과 낡은 옷
을 (當身)당신의 겨드랑이에 대고
줄을 그 아래에 대시오 예레미야
가 그대로 하매
13 그들이 줄로 예레미야를 구덩이에
서 끌어낸지라 예레미야가 (侍衛
隊)시위대 뜰에 머무니라

시드기야가 예레미야에게 묻다

14 ● 시드기야 왕이 사람을 보내어
선지자 예레미야를 여호와의 성
전 셋째 (門)문으로 데려오게 하
고 왕이 예레미야에게 이르되 내
가 네게 한 가지 일을 물으리니 한
마디도 내게 숨기지 말라
15 예레미야가 시드기야에게 이르되
내가 이 일을 왕에게 아시게 하여
도 왕이 결코 나를 죽이지 아니하
시리이까 가령 내가 왕을 (勸)권
한다 할지라도 왕이 듣지 아니하
시리이다
16 시드기야 왕이 (秘密)비밀히 예레
미야에게 맹세하여 이르되 우리
에게 이 영혼을 지으신 여호와께
서 살아 계심을 두고 맹세하노니
내가 너를 죽이지도 아니하겠으며
네 생명을 찾는 그 사람들의 손에
넘기지도 아니하리라 하는지라
17 ● 예레미야가 시드기야에게 이르
되 만군의 하나님이신 이스라엘의
하나님 여호와께서 이와 같이 말
씀하시되 네가 만일 바벨론의 왕
의 고관들에게 (降服)항복하면 네
생명이 살겠고 이 성이 불사름을
당하지 아니하겠고 너와 네 가족
이 살려니와
18 네가 만일 나가서 바벨론의 왕의

1) 함멜렉 2) 옥

고관들에게 (降服)항복하지 아니
하면 이 성이 갈대아인의 손에 넘
어가리니 그들이 이 성을 불사를
것이며 너는 그들의 손을 벗어나
지 못하리라 하셨나이다
19 시드기야 왕이 예레미야에게 이르
되 나는 갈대아인에게 항복한 유
다인을 두려워하노라 (念慮)염려
하건대 갈대아인이 나를 그들의
손에 넘기면 그들이 나를 조롱할
까 하노라 하는지라
20 예레미야가 이르되 그 무리가 왕
을 그들에게 넘기지 아니하리이다
원하옵나니 내가 왕에게 아뢴 바
여호와의 목소리에 (順從)순종하
소서 그리하면 왕이 복을 받아 생
명을 보전하시리이다
21 그러나 만일 항복하기를 (拒絶)거
절하시면 여호와께서 내게 보이신
말씀대로 되리이다
22 보라 곧 유다 (王宮)왕궁에 남아
있는 모든 여자가 바벨론 왕의 고
관들에게로 끌려갈 것이요 그 여자
들은 네게 말하기를 네 친구들이
너를 꾀어 이기고 네 발이 진흙에
빠짐을 보고 물러갔도다 하리라
23 네 아내들과 자녀는 갈대아인에게
로 끌려가겠고 너는 그들의 손에
서 벗어나지 못하고 바벨론 왕의
손에 잡히리라 또 네가 이 (城邑)
성읍으로 불사름을 당하게 하리라
하셨나이다
24 ● 시드기야가 예레미야에게 이르
되 너는 이 말을 어느 사람에게도
알리지 말라 그리하면 네가 죽지
아니하리라
25 만일 고관들이 내가 너와 말하였
다 함을 듣고 와서 네게 말하기
를 네가 왕에게 말씀한 것을 우리
에게 (傳)전하라 우리에게 숨기지
말라 그리하면 우리가 너를 죽이
지 아니하리라 또 왕이 네게 말씀
한 것을 전하라 하거든
26 그들에게 대답하되 내가 왕 앞에
(懇求)간구하기를 나를 요나단의
집으로 되돌려 보내지 마소서 그
리하여 거기서 죽지 않게 하옵소
서 하였다 하라 하니라
27 모든 고관이 예레미야에게 와서 물
으매 그가 왕이 명령한 모든 말대
로 (對答)대답하였으므로 일이 (綻
露)탄로되지 아니하였고 그들은
그와 더불어 말하기를 그쳤더라
28 예레미야가 예루살렘이 (陷落)함
락되는 날까지 감옥 뜰에 머물렀
더라

예루살렘이 함락되다
(왕하 25:1-12; 렘 52:4-16)

39 유다의 시드기야 왕의 제구
년 열째 달에 바벨론의 느
부갓네살 왕과 그의 모든 (軍隊)
군대가 와서 예루살렘을 에워싸고
치더니
2 시드기야의 제십일년 넷째 달 아
홉째 날에 성이 (陷落)함락되니라
예루살렘이 함락되매
3 바벨론의 왕의 모든 고관이 나타
나 (中門)중문에 앉으니 곧 네르
갈사레셀과 삼갈네부와 내시장 살
스김이니 네르갈사레셀은 궁중 장

관이며 바벨론의 왕의 나머지 고
관들도 있더라
4 ● 유다의 시드기야 왕과 모든 군
사가 그들을 보고 (逃亡)도망하되
밤에 왕의 동산 길을 따라 두 담
샛문을 통하여 성읍을 벗어나서
아라바로 갔더니
5 갈대아인의 군대가 그들을 따라
여리고 평원에서 시드기야에게 미
쳐 그를 잡아서 데리고 하맛 땅 립
나에 있는 바벨론의 느부갓네살
왕에게로 올라가매 왕이 그를 (審
問)심문하였더라
6 바벨론의 왕이 립나에서 시드기야
의 눈 앞에서 그의 아들들을 죽였
고 왕이 또 유다의 모든 (貴族)귀
족을 죽였으며
7 왕이 또 시드기야의 눈을 빼게 하
고 바벨론으로 옮기려고 사슬로
(結縛)결박하였더라
8 갈대아인들이 왕궁과 백성의 집을
불사르며 예루살렘 (城壁)성벽을
헐었고
9 사령관 느부사라단이 성중에 남아
있는 백성과 자기에게 (降服)항복
한 자와 그 외의 남은 백성을 잡아
바벨론으로 옮겼으며
10 사령관 느부사라단이 아무 (所有)
소유가 없는 (貧民)빈민을 유다
땅에 남겨 두고 그 날에 포도원과
밭을 그들에게 주었더라

예레미야가 석방되다

11 ● 바벨론의 느부갓네살 왕이 예
레미야에 대하여 사령관 느부사라
단에게 (命令)명령하여 이르되
12 그를 데려다가 (善待)선대하고 해
하지 말며 그가 네게 말하는 대로
행하라
13 이에 사령관 느부사라단과 내시
장 느부사스반과 궁중 (長官)장관
네르갈사레셀과 바벨론 왕의 모든
장관이
14 사람을 보내어 예레미야를 감옥
뜰에서 데리고 사반의 (孫子)손자
아히감의 아들 그다랴에게 넘겨서
그를 집으로 데려가게 하매 그가
백성 가운데에 사니라

여호와께서 에벳멜렉에게 구원을 약속하시다

15 ● 예레미야가 (監獄)감옥 뜰에 갇
혔을 때에 여호와의 말씀이 그에
게 임하니라 이르시되
16 너는 가서 구스인 에벳멜렉에게
말하기를 만군의 여호와 이스라엘
의 하나님의 말씀에 내가 이 성에
재난을 내리고 (福)복을 내리지
아니하리라 한 나의 말이 그 날에
네 눈 앞에 이루리라
17 여호와의 말씀이니라 내가 그 날
에 너를 (救援)구원하리니 네가
그 두려워하는 사람들의 손에 넘
겨지지 아니하리라
18 내가 반드시 너를 구원할 것인즉
네가 칼에 죽지 아니하고 네가 (擄
掠物)노략물 같이 네 목숨을 얻을
것이니 이는 네가 나를 믿었음이
라 여호와의 말씀이니라 하시더라
40 사령관 느부사라단이 예루
살렘과 유다의 포로를 바벨
론으로 옮기는 중에 예레미야도

잡혀 사슬로 (結縛)결박되어 가다
가 라마에서 풀려난 후에 말씀이
여호와께로부터 예레미야에게 임
하니라
2 사령관이 예레미야를 불러다가 이
르되 네 하나님 여호와께서 이 곳
에 이 재난을 (宣布)선포하시더니
3 여호와께서 그가 말씀하신 대로
행하셨으니 이는 너희가 여호와께
(犯罪)범죄하고 그의 목소리에 순
종하지 아니하였으므로 이제 이루
어졌도다 이 일이 너희에게 임한
것이니라
4 보라 내가 오늘 네 손의 사슬을 풀
어 너를 풀어 주노니 만일 네가 나
와 함께 바벨론으로 가는 것을 좋
게 여기거든 가자 내가 너를 (善
待)선대하리라 만일 나와 함께 바
벨론으로 가는 것을 좋지 않게 여
기거든 그만 두라 보라 온 땅이 네
앞에 있나니 네가 좋게 여기는 대
로 옳게 여기는 곳으로 갈지니라
하니라
5 예레미야가 아직 돌이키기 전에
그가 다시 이르되 너는 바벨론의
왕이 유다 성읍들을 맡도록 세운
사반의 손자 아히감의 아들 그다
랴에게로 돌아가서 그와 함께 백
성 가운데 살거나 네가 옳게 여기
는 곳으로 가거나 할지니라 하고
그 사령관이 그에게 (糧食)양식과
선물을 주어 보내매
6 예레미야가 미스바로 가서 아히감
의 아들 그다랴에게로 나아가서
그 땅에 남아 있는 (百姓)백성 가
운데서 그와 함께 사니라

유다 총독 그다랴(왕하 25:22-24)

7 ●들에 있는 모든 지휘관과 그 부
하들이 바벨론의 왕이 아히감의
아들 그다랴에게 그 땅을 맡기고
남녀와 유아[1]와 바벨론으로 잡혀
가지 아니한 (貧民)빈민을 그에게
(委任)위임하였다 함을 듣고
8 그들 곧 느다냐의 아들 이스마엘
과 가레아의 두 아들 요하난과 요
나단과 단후멧의 아들 스라야와
느도바 사람 에배의 아들들과 마
아가 사람의 아들 여사냐와 그들
의 사람들이 미스바로 가서 그다
랴에게 이르니
9 사반의 손자 아히감의 아들 그다
랴가 그들과 그들의 사람들에게
(盟誓)맹세하며 이르되 너희는 갈
대아 사람을 섬기기를 두려워하지
말고 이 땅에 살면서 바벨론의 왕
을 섬기라 그리하면 너희에게 유
익하리라
10 보라 나는 미스바에 살면서 우리
에게로 오는 갈대아 사람을 섬기
리니 너희는 포도주와 여름 과일
과 기름을 모아 그릇에 (貯藏)저
장하고 너희가 얻은 성읍들에 살
라 하니라
11 모압과 암몬 (子孫)자손 중과 에
돔과 모든 지방에 있는 유다 사람
도 바벨론의 왕이 유다에 사람을
남겨 둔 것과 사반의 손자 아히감
의 아들 그다랴를 그들을 위하여
세웠다 함을 듣고

1) 곧

12 그 모든 유다 사람이 쫓겨났던 각
처에서 돌아와 유다 땅 미스바에
사는 그다랴에게 이르러 포도주와
여름 과일을 (甚)심히 많이 모으
니라

그다랴 총독을 죽이다(왕하 25:25-26)

13 ● 가레아의 아들 요하난과 들에
있던 모든 군 (指揮官)지휘관들이
미스바에 사는 그다랴에게 이르러
14 그에게 이르되 암몬 자손의 왕 바
알리스가 네 (生命)생명을 빼앗으
려 하여 느다냐의 아들 이스마엘을
보낸 줄 네가 아느냐 하되 아히감
의 아들 그다랴가 믿지 아니한지라
15 가레아의 아들 요하난이 미스바에
서 그다랴에게 (秘密)비밀히 말하
여 이르되 청하노니 내가 가서 사
람이 모르게 느다냐의 아들 이스
마엘을 죽이게 하라 어찌하여 그
가 네 (生命)생명을 빼앗게 하여
네게 모인 모든 유다 사람을 흩어
지게 하며 유다의 남은 자로 멸망
을 당하게 하랴 하니라
16 그러나 아히감의 아들 그다랴가
가레아의 아들 요하난에게 이르되
네가 이 일을 행하지 말 것이니라
네가 이스마엘에 대하여 한 말은
(眞情)진정이 아니니라 하니라

41 일곱째 달에 왕의 (宗親)종
친 엘리사마의 손자요 느다
냐의 아들로서 왕의 (長官)장관인
이스마엘이 열 사람과 함께 미스
바로 가서 아히감의 아들 그다랴
에게 이르러 미스바에서 함께 떡
을 먹다가
2 느다냐의 아들 이스마엘과 그와
함께 있던 열 사람이 일어나서 바
벨론의 왕의 그 땅을 위임했던 사
반의 (孫子)손자 아히감의 아들
그다랴를 칼로 쳐죽였고
3 이스마엘이 또 미스바에서 그다
랴와 함께 있던 모든 유다 사람과
거기에 있는 갈대아 (軍士)군사를
죽였더라
4 ● 그가 그다랴를 죽인 지 이틀이
되었어도 이를 아는 사람이 없었
더라
5 그 때에 사람 팔십 명이 자기들의
수염을 깎고 옷을 찢고 몸에 상처
를 내고 손에 (素祭物)소제물과
유향을 가지고 세겜과 실로와 사
마리아로부터 와서 여호와의 성전
으로 나아가려 한지라
6 느다냐의 아들 이스마엘이 그들을
(迎接)영접하러 미스바에서 나와
울면서 가다가 그들을 만나 아히
감의 아들 그다랴에게로 가자 하
더라
7 그들이 성읍 (中央)중앙에 이를
때에 느다냐의 아들 이스마엘이
자기와 함께 있던 사람들과 더불
어 그들을 죽여 구덩이 가운데에
던지니라
8 그 중의 열 사람은 이스마엘에게
이르기를 우리가 밀과 보리와 기
름과 꿀을 밭에 감추었으니 우리
를 죽이지 말라 하니 그가 그치고
그들을 그의 (兄弟)형제와 마찬가
지로 죽이지 아니하였더라
9 이스마엘이 그다랴에게 (屬)속한

사람들을 죽이고 그 시체를 던진
구덩이는 아사 왕이 이스라엘의
바아사 왕을 두려워하여 팠던 것
이라 느다냐의 아들 이스마엘이
그가 쳐죽인 사람들의 시체를 거
기에 채우고
10 미스바에 남아 있는 왕의 딸들과
모든 백성 곧 사령관 느부사라단
이 아히감의 아들 그다랴에게 (委
任)위임하였던 바 미스바에 남아
있는 모든 백성을 이스마엘이 사
로잡되 곧 느다냐의 아들 이스마
엘이 그들을 사로잡고 암몬 자손
에게로 가려고 떠나니라
11 ● 가레아의 아들 요하난과 그와
함께 있는 모든 군 지휘관이 느다
냐의 아들 이스마엘이 행한 모든
(惡)악을 듣고
12 모든 사람을 데리고 느다냐의 아
들 이스마엘과 싸우러 가다가 기
브온 큰 물 가에서 그를 만나매
13 이스마엘과 함께 있던 모든 (百
姓)백성이 가레아의 아들 요하난
과 그와 함께 있던 모든 군 지휘관
을 보고 기뻐한지라
14 이에 미스바에서 이스마엘이 사
로잡은 그 모든 (百姓)백성이 돌
이켜 가레아의 아들 요하난에게로
돌아가니
15 느다냐의 아들 이스마엘이 여덟
사람과 함께 요하난을 (避)피하여
암몬 자손에게로 가니라
16 가레아의 아들 요하난과 그와 함
께 있던 모든 군 지휘관이 느다냐

1) 김함의 여관 2) 43:2 '아사랴', 왕하 25:23을 보라(야아사니야)

의 아들 이스마엘이 아히감의 아
들 그다랴를 죽이고 미스바에서
잡아간 모든 남은 백성 곧 군사와
여자와 (幼兒)유아와 내시를 기브
온에서 빼앗아 가지고 돌아와서
17 애굽으로 가려고 떠나 베들레헴
(近處)근처에 있는 [1]게롯김함에
머물렀으니
18 이는 느다냐의 아들 이스마엘이
바벨론의 왕이 그 땅을 (委任)위
임한 아히감의 아들 그다랴를 죽
였으므로 그들이 갈대아 사람을
두려워함이었더라

백성이 예레미야에게 기도를 간구하다

42 이에 모든 군대의 (指揮官)
지휘관과 가레아의 아들 요
하난과 호사야의 아들 [2]여사냐와
백성의 낮은 자로부터 높은 자까
지 다 나아와
2 선지자 예레미야에게 이르되 당신
은 우리의 (歎願)탄원을 듣고 이
남아 있는 모든 자를 위하여 당신
의 하나님 여호와께 기도해 주소
서 당신이 보는 바와 같이 우리는
많은 사람 중에서 남은 적은 무리
이니
3 당신의 하나님 여호와께서 우리가
마땅히 갈 길과 할 일을 보이시기
를 (願)원하나이다
4 (先知者)선지자 예레미야가 그들
에게 이르되 내가 너희 말을 들었
은즉 너희 말대로 너희 하나님 여
호와께 기도하고 무릇 여호와께서
너희에게 응답하시는 것을 숨김이
없이 너희에게 말하리라

5 그들이 예레미야에게 이르되 우리
가 당신의 하나님 여호와께서 당
신을 보내사 우리에게 이르시는
모든 말씀대로 행하리이다 여호와
께서는 우리 가운데에 (眞實)진실
하고 성실한 (證人)증인이 되시옵
소서
6 우리가 당신을 우리 하나님 여호
와께 보냄은 그의 목소리가 우리
에게 좋든지 좋지 않든지를 (莫
論)막론하고 순종하려 함이라 우
리가 우리 하나님 여호와의 목소
리를 순종하면 우리에게 복이 있
으리이다 하니라

여호와의 말씀

7 ● 십일 후에 여호와의 말씀이 예
레미야에게 임하니
8 그가 가레아의 아들 요하난과 그
와 함께 있는 모든 군 지휘관과
(百姓)백성의 낮은 자로부터 높은
자까지 다 부르고
9 그들에게 이르되 너희가 나를 보
내어 너희의 (懇求)간구를 이스라
엘의 하나님 여호와께 드리게 하
지 아니하였느냐 그가 이렇게 이
르니라
10 너희가 이 땅에 눌러 앉아 산다면
내가 너희를 세우고 헐지 아니하
며 너희를 심고 뽑지 아니하리니
이는 내가 너희에게 내린 (災難)
재난에 대하여 뜻을 돌이킴이라
11 여호와의 말씀이니라 너희는 너
희가 두려워하는 바벨론의 왕을
(怯)겁내지 말라 내가 너희와 함
께 있어 너희를 구원하며 그의 손
에서 너희를 건지리니 두려워하지
말라
12 내가 너희를 불쌍히 여기리니 그
도 너희를 불쌍히 여겨 너희를 너
희 (本鄕)본향으로 돌려보내리라
하셨느니라
13 그러나 만일 너희가 너희 하나님
여호와의 말씀을 (服從)복종하지
아니하고 말하기를 우리는 이 땅
에 살지 아니하리라 하며
14 또 너희가 말하기를 아니라 우리
는 전쟁도 보이지 아니하며 나팔
소리도 들리지 아니하며 (糧食)양
식의 궁핍도 당하지 아니하는 애
굽 땅으로 들어가 살리라 하면 잘
못되리라
15 너희 유다의 남은 자여 이제 여호
와의 말씀을 들으라 만군의 여호
와 이스라엘의 하나님께서 이와
같이 말씀하시되 너희가 만일 애
굽에 들어가서 거기에 살기로 (固
執)고집하면
16 너희가 두려워하는 칼이 애굽 땅
으로 따라가서 너희에게 미칠 것
이요 너희가 두려워하는 기근이
애굽으로 (急)급히 따라가서 너희
에게 임하리니 너희가 거기에서
죽을 것이라
17 무릇 애굽으로 들어가서 거기에
머물러 살기로 고집하는 모든 사
람은 이와 같이 되리니 곧 칼과 기
근과 (傳染病)전염병에 죽을 것인
즉 내가 그들에게 내리는 재난을
벗어나서 남을 자 없으리라
18 ● 만군의 여호와 이스라엘의 하

나님께서 이와 같이 말씀하시되
나의 노여움과 분을 예루살렘 주
민에게 부은 것 같이 너희가 애굽
에 이를 때에 나의 분을 너희에게
부으리니 너희가 가증함과 놀램과
(詛呪)저주와 치욕거리가 될 것이
라 너희가 다시는 이 땅을 보지 못
하리라 하시도다
19 유다의 남은 자들아 여호와께서
너희를 두고 하신 말씀에 너희는
애굽으로 가지 말라 하셨고 나도
오늘 너희에게 (警告)경고한 것을
너희는 분명히 알라
20 너희가 나를 너희 하나님 여호와
께 보내며 이르기를 우리를 위하
여 우리 하나님 여호와께 (祈禱)
기도하고 우리 하나님 여호와께서
말씀하신 대로 우리에게 전하라
우리가 그대로 행하리라 하여 너
희 마음을 속였느니라
21 너희 하나님 여호와께서 나를 보
내사 너희에게 명하신 말씀을 내
가 오늘 너희에게 전하였어도 너
희가 너희 하나님 여호와의 목소
리를 도무지 (順從)순종하지 아니
하였은즉
22 너희가 가서 머물려고 하는 곳에
서 칼과 기근과 전염병에 죽을 줄
(分明)분명히 알지니라

예레미야가 애굽으로 가다

43 예레미야가 모든 백성에게
그들의 하나님 여호와의 말
씀 곧 그들의 하나님 여호와께서
(自己)자기를 보내사 그들에게 이
르신 이 모든 말씀을 말하기를 마
치니
2 호사야의 아들 아사랴와 가레아의
아들 요하난과 모든 (傲慢)오만한
자가 예레미야에게 말하기를 네가
거짓을 말하는도다 우리 하나님
여호와께서 너희는 애굽에서 살려
고 그리로 가지 말라고 너를 보내
어 말하게 하지 아니하셨느니라
3 이는 네리야의 아들 바룩이 너를 부
추겨서 우리를 (對敵)대적하여 갈대
아 사람의 손에 넘겨 죽이며 바벨론
으로 붙잡아가게 하려 함이라
4 이에 가레아의 아들 요하난과 모
든 군 지휘관과 모든 백성이 유다
땅에 살라 하시는 여호와의 목소
리를 (順從)순종하지 아니하고
5 가레아의 아들 요하난과 모든 군
(指揮官)지휘관이 유다의 남은 자
곧 쫓겨났던 여러 나라 가운데에
서 유다 땅에 살려 하여 돌아온 자
6 곧 남자와 여자와 유아와 왕의 딸
들과 사령관 느부사라단이 사반
의 손자 아히감의 아들 그다랴에
게 맡겨 둔 모든 사람과 (先知者)
선지자 예레미야와 네리야의 아들
바룩을 거느리고
7 애굽 땅에 들어가 다바네스에 이
르렀으니 그들이 여호와의 목소리
를 (順從)순종하지 아니함이러라
8 ● 다바네스에서 여호와의 말씀이
예레미야에게 (臨)임하여 이르시
되
9 너는 유다 사람의 눈 앞에서 네 손
으로 큰 돌 여러 개를 가져다가 다
바네스에 있는 바로의 궁전 대문

의 벽돌로 쌓은 (築臺)축대에 진
흙으로 [1]감추라
10 그리고 너는 그들에게 말하기를
만군의 여호와 이스라엘의 하나
님께서 이와 같이 말씀하시되 보
라 내가 내 종 바벨론의 느부갓네
살 왕을 불러오리니 그가 그의 왕
좌를 내가 감추게 한 이 돌들 위에
놓고 또 그 화려한 큰 (帳幕)장막
을 그 위에 치리라
11 그가 와서 애굽 땅을 치고 죽일 (者)
자는 죽이고 사로잡을 자는 사로잡
고 칼로 칠 자는 칼로 칠 것이라
12 내가 애굽 신들의 (神堂)신당들을
불지르리라 느부갓네살이 그들을
불사르며 그들을 사로잡을 것이요
목자가 그의 몸에 옷을 두름 같이
애굽 땅을 자기 몸에 두르고 평안
히 그 곳을 떠날 것이며
13 그가 또 애굽 땅 벧세메스의 (石
像)석상들을 깨뜨리고 애굽 신들
의 신당들을 불사르리라 하셨다
할지니라 하시니라

애굽의 유다 사람에게 하신 말씀

44 애굽 땅에 사는 모든 유다
사람 곧 믹돌과 다바네스와
놉과 바드로스 (地方)지방에 사는
자에 대하여 말씀이 예레미야에게
임하니라 이르시되
2 만군의 여호와 이스라엘의 하나님
께서 이와 같이 말씀하시니라 너
희가 예루살렘과 유다 모든 성읍
에 내린 나의 모든 재난을 보았느
니라 보라 오늘 그것들이 (荒蕪
地)황무지가 되었고 사는 사람이
없나니
3 이는 그들이 자기나 너희나 너희
조상들이 알지 못하는 다른 신들
에게 나아가 (焚香)분향하여 섬겨
서 나의 노여움을 일으킨 악행으
로 말미암음이라
4 내가 나의 모든 종 선지자들을 너
희에게 보내되 끊임없이 보내어
이르기를 너희는 내가 미워하는
이 (可憎)가증한 일을 행하지 말
라 하였으나
5 그들이 듣지 아니하며 귀를 기울
이지 아니하고 다른 신들에게 (如
前)여전히 (焚香)분향하여 그들의
악에서 돌이키지 아니하였으므로
6 나의 분과 나의 노여움을 쏟아서 유
다 성읍들과 예루살렘 거리를 불살
랐더니 그것들이 오늘과 같이 (廢
墟)폐허와 황무지가 되었느니라
7 (萬軍)만군의 하나님 이스라엘의
하나님 여호와께서 이와 같이 말
씀하셨느니라 너희가 어찌하여 큰
악을 행하여 자기 (靈魂)영혼을
(害)해하며 유다 가운데에서 너희
의 남자와 여자와 아이와 젖 먹는
자를 멸절하여 남은 자가 없게 하
려느냐
8 어찌하여 너희가 너희 손이 만든
것으로 나의 노여움을 일으켜 너
희가 가서 머물러 사는 애굽 땅에
서 다른 신들에게 분향함으로 끊
어 버림을 당하여 (世界)세계 여
러 나라 가운데에서 저주와 수치
거리가 되고자 하느냐

1) 깔라

9 너희가 유다 땅과 예루살렘 거리
에서 행한 너희 조상들의 (惡行)
악행과 유다 왕들의 악행과 왕비
들의 악행과 너희의 악행과 너희
아내들의 악행을 잊었느냐
10 그들이 오늘까지 겸손하지 아니하
며 두려워하지도 아니하고 내가
너희와 너희 조상들 앞에 세운 나
의 율법과 나의 (法規)법규를 지
켜 행하지 아니하느니라
11 ● 그러므로 만군의 여호와 이스
라엘의 하나님께서 이와 같이 말
씀하시니라 보라 내가 얼굴을 너
희에게로 향하여 (患難)환난을 내
리고 온 유다를 끊어 버릴 것이며
12 내가 또 애굽 땅에 머물러 살기로
고집하고 그리로 들어간 유다의 남
은 자들을 (處斷)처단하리니 그들
이 다 멸망하여 애굽 땅에서 엎드
러질 것이라 그들이 칼과 기근에
망하되 낮은 자로부터 높은 자까지
칼과 기근에 죽어서 저주와 놀램과
조롱과 수치의 대상이 되리라
13 내가 예루살렘을 벌한 것 같이 애
굽 땅에 사는 자들을 칼과 기근과
전염병으로 벌하리니
14 애굽 땅에 들어가서 거기에 머물
러 살려는 유다의 남은 자 중에 피
하거나 살아 남아 (所願)소원대로
돌아와서 살고자 하여 유다 땅에
돌아올 자가 없을 것이라 도망치
는 자들 외에는 돌아올 자가 없으
리라 하셨느니라
15 ● 그리하여 자기 아내들이 다른
신들에게 분향하는 줄을 아는 모
든 남자와 곁에 섰던 모든 (女人)
여인 곧 애굽 땅 바드로스에 사는
모든 백성의 큰 무리가 예레미야
에게 대답하여 이르되
16 네가 여호와의 이름으로 우리에게
하는 말을 우리가 듣지 아니하고
17 우리 입에서 낸 모든 말을 반드시
실행하여 우리가 본래 하던 것 곧
우리와 우리 선조와 우리 왕들과
우리 고관들이 유다 성읍들과 예
루살렘 거리에서 하던 대로 하늘
의 여왕에게 분향하고 그 앞에 (奠
祭)전제를 드리리라 그 때에는 우
리가 먹을 것이 풍부하며 복을 받
고 재난을 당하지 아니하였더니
18 우리가 하늘의 여왕에게 분향하고
그 앞에 전제 드리던 것을 폐한 후
부터는 모든 것이 (窮乏)궁핍하고
칼과 기근에 멸망을 당하였느니라
하며
19 여인들은 이르되 우리가 하늘의
여왕에게 분향하고 그 앞에 (奠
祭)전제를 드릴 때에 어찌 우리
남편의 허락이 없이 그의 형상과
같은 과자를 만들어 놓고 전제를
드렸느냐 하는지라
20 ● 예레미야가 남녀 모든 무리 곧
이 말로 (對答)대답하는 모든 백
성에게 일러 이르되
21 너희가 너희 선조와 너희 왕들과 고
관들과 유다 땅 백성이 유다 성읍들
과 예루살렘 거리에서 (焚香)분향한
일을 여호와께서 기억하셨고 그의
마음에 떠오른 것이 아닌가
22 여호와께서 너희 (惡行)악행과 가

증한 행위를 더 참을 수 없으셨으
므로 너희 땅이 오늘과 같이 황폐
하며 놀램과 저줏거리가 되어 주
민이 없게 되었나니
23 너희가 분향하여 여호와께 범죄하
였으며 여호와의 목소리를 순종하
지 아니하고 여호와의 율법과 법
규와 여러 (證據)증거대로 행하지
아니하였으므로 이 재난이 오늘과
같이 너희에게 일어났느니라
24 ●예레미야가 다시 모든 (百姓)백
성과 모든 여인에게 말하되 애굽
땅에서 사는 모든 유다 사람이여
여호와의 말씀을 들으라
25 만군의 여호와 이스라엘의 하나
님께서 이와 같이 말씀하시되 너
희와 너희 아내들이 입으로 말하
고 손으로 이루려 하여 이르기를
우리가 (誓願)서원한 대로 반드시
(履行)이행하여 하늘의 여왕에게
분향하고 전제를 드리리라 하였은
즉 너희 서원을 성취하며 너희 서
원을 이행하라 하시느니라
26 그러므로 애굽 땅에서 사는 모든
유다 사람이여 여호와의 말씀을
들으라 여호와께서 말씀하시되 보
라 내가 나의 큰 이름으로 (盟誓)
맹세하였은즉 애굽 온 땅에 사는
유다 사람들의 입에서 다시는 내
이름을 부르며 주 여호와의 살아
계심을 두고 맹세하노라 하는 자
가 없으리라
27 보라 내가 깨어 있어 그들에게 재
난을 내리고 복을 내리지 아니하
리니 애굽 땅에 있는 유다 모든 사
람이 칼과 기근에 망하여 (滅絕)
멸절되리라
28 그런즉 칼을 피한 (少數)소수의
사람이 애굽 땅에서 나와 유다 땅
으로 돌아오리니 애굽 땅에 들어
가서 거기에 머물러 사는 유다의
모든 남은 자가 내 말과 그들의 말
가운데서 누구의 말이 진리인지
알리라
29 여호와의 말씀이니라 내가 이 곳
에서 너희를 벌할 (表徵)표징이
이것이라 내가 너희에게 재난을
내리리라 한 말이 반드시 이루어
질 것을 그것으로 알게 하리라
30 보라 내가 유다의 시드기야 왕을
그의 원수 곧 그의 (生命)생명을
찾는 바벨론의 느부갓네살 왕의
손에 넘긴 것 같이 애굽의 바로 호
브라 왕을 그의 원수들 곧 그의 생
명을 찾는 자들의 손에 넘겨 주리
라 여호와께서 이와 같이 말씀하
셨느니라

여호와께서 바룩에게 구원을 약속하시다

45 유다의 요시야 왕의 아들
여호야김 넷째 해에 네리야
의 아들 바룩이 예레미야가 불러
주는 대로 이 모든 말을 책에 (記
錄)기록하니라 그 때에 선지자 예
레미야가 그에게 말하여 이르되
2 바룩아 이스라엘의 하나님 여호와
께서 네게 이같이 말씀하셨느니라
3 네가 일찍이 말하기를 화로다 여호
와께서 나의 고통에 슬픔을 더하셨
으니 나는 나의 탄식으로 피곤하여
(平安)평안을 찾지 못하도다

4 너는 그에게 이르라 여호와께서
이와 같이 말씀하시기를 보라 나
는 내가 세운 것을 헐기도 하며 내
가 심은 것을 뽑기도 하나니 온 땅
에 그리하겠거늘
5 네가 너를 위하여 큰 일을 찾느
냐 그것을 찾지 말라 보라 내가 모
든 육체에 재난을 내리리라 그러
나 네가 가는 모든 곳에서는 내가
너에게 네 생명을 (擄掠物)노략물
주듯 하리라 여호와의 말씀이니라

애굽에 관한 여호와의 말씀

46 (異邦)이방 나라들에 대하
여 선지자 예레미야에게 임
한 여호와의 말씀이라
2 ●애굽에 관한 것이라 곧 유다의
요시야 왕의 아들 여호야김 넷째
해에 유브라데 강 가 갈그미스에
서 바벨론의 느부갓네살 왕에게
(敗)패한 애굽의 왕 바로느고의
군대에 대한 말씀이라
3 ●너희는 작은 (防牌)방패와 큰
방패를 예비하고 나가서 싸우라
4 너희 기병이여 말에 (鞍裝)안장을
지워 타며 투구를 쓰고 나서며 창
을 갈며 갑옷을 입으라
5 여호와의 말씀이니라 내가 본즉
그들이 놀라 물러가며 그들의 용
사는 패하여 (遑急)황급히 도망하
며 뒤를 돌아보지 아니함은 어찜
이냐 두려움이 그들의 사방에 있
음이로다
6 발이 빠른 자도 도망하지 못하며
용사도 (避)피하지 못하고 그들이
다 북쪽에서 유브라데 강 가에 넘
어지며 엎드러지는도다
7 강의 물이 출렁임 같고 나일 강이
불어남 같은 자가 누구냐
8 애굽은 나일 강이 불어남 같고 강
물이 출렁임 같도다 그가 이르되
내가 일어나 땅을 덮어 성읍들과
그 주민을 (滅)멸할 것이라
9 말들아 달려라 병거들아 (精神)정
신 없이 달려라 용사여 나오라 방
패 잡은 구스 사람과 붓 사람과 활
을 당기는 루딤 사람이여 나올지
니라 하거니와
10 그 날은 주 만군의 여호와께서 그
의 대적에게 원수 갚는 (報復日)
보복일이라 칼이 배부르게 삼키며
그들의 피를 넘치도록 마시리니
주 만군의 여호와께서 북쪽 유브
라데 강 가에서 희생제물을 받으
실 것임이로다
11 처녀 딸 애굽이여 길르앗으로 올
라가서 (乳香)유향을 취하라 네가
치료를 많이 받아도 효력이 없어
낫지 못하리라
12 네 수치가 나라들에 들렸고 네 부
르짖음은 땅에 가득하였나니 (勇
士)용사가 용사에게 걸려 넘어져
둘이 함께 엎드러졌음이라

느부갓네살이 애굽을 치리라

13 ●바벨론의 느부갓네살 왕이 와
서 애굽 땅을 칠 일에 대하여 선지
자 예레미야에게 이르신 여호와의
말씀이라
14 ●너희는 애굽에 (宣布)선포하며
믹돌과 놉과 다바네스에 선포하여
말하기를 너희는 굳건히 서서 준

비하라 네 사방이 칼에 삼키웠느
니라
15 너희 (壯士)장사들이 쓰러짐은 어
찌함이냐 그들이 서지 못함은 여
호와께서 그들을 몰아내신 까닭이
니라
16 그가 많은 사람을 넘어지게 하시매
사람이 사람 위에 엎드러지며 이
르되 일어나라 우리가 포악한 칼을
피하여 우리 민족에게로, 우리 (故
鄕)고향으로 돌아가자 하도다
17 그들이 그 곳에서 부르짖기를 [1]애
굽의 바로 왕이 망하였도다 그가
(機會)기회를 놓쳤도다
18 만군의 여호와라 일컫는 왕이 이
르시되 나의 삶으로 맹세하노니
그가 과연 산들 중의 다볼 같이,
(海邊)해변의 갈멜 같이 오리라
19 애굽에 사는 딸이여 너는 너를 위
하여 포로의 짐을 꾸리라 놉이 (荒
蕪)황무하며 불에 타서 주민이 없
을 것임이라
20 애굽은 심히 아름다운 암송아지일
지라도 (北)북으로부터 쇠파리 떼
가 줄곧 오리라
21 또 그 중의 고용꾼은 살진 수송아
지 같아서 돌이켜 함께 도망하고
서지 못하였나니 재난의 날이 이르
렀고 (罰)벌 받는 때가 왔음이라
22 애굽의 소리가 뱀의 소리 같으리
니 이는 그들의 군대가 (伐木)벌
목하는 자 같이 도끼를 가지고 올
것임이라
23 여호와의 말씀이니라 그들이 (蝗
蟲)황충보다 많아서 셀 수 없으므
로 조사할 수 없는 그의 수풀을 찍
을 것이라
24 딸 애굽이 수치를 (當)당하여 북쪽
백성의 손에 붙임을 당하리로다
25 (萬軍)만군의 여호와 이스라엘의
하나님께서 말씀하시니라 보라 내
가 노의 아몬과 바로와 애굽과 애굽
신들과 왕들 곧 바로와 및 그를 (依
支)의지하는 자들을 벌할 것이라
26 내가 그들의 생명을 노리는 자의
손 곧 바벨론의 느부갓네살 왕의
손과 그 종들의 손에 넘기리라 그
럴지라도 그 후에는 그 땅이 (以
前)이전 같이 사람 살 곳이 되리
라 여호와의 말씀이니라

이스라엘을 구원하리라

27 ● 내 종 야곱아 두려워하지 말라
이스라엘아 놀라지 말라 보라 내
가 너를 먼 곳에서 구원하며 네 자
손을 포로된 땅에서 구원하리니
야곱이 돌아와서 (平安)평안하며
걱정 없이 살게 될 것이라 그를 두
렵게 할 자 없으리라
28 여호와의 말씀이니라 내 종 야곱
아 내가 너와 함께 있나니 두려워
하지 말라 내가 너를 흩었던 그 나
라들은 다 멸할지라도 너는 사라
지지 아니하리라 내가 너를 법도
대로 (懲戒)징계할 것이요 결코
무죄한 자로 여기지 아니하리라
하시니라

블레셋 사람을 유린하시는 날

47 바로가 가사를 치기 전에
블레셋 사람에 대하여 (先

1) 애굽 왕 바로는 소리뿐이라

知者)선지자 예레미야에게 임한
여호와의 말씀이라
2 ●여호와께서 이와 같이 말씀하
시되 보라 물이 북쪽에서 일어나
물결치는 시내를 이루어 그 땅과
그 중에 있는 모든 것과 그 (城邑)
성읍과 거기에 사는 자들을 휩쓸
리니 사람들이 부르짖으며 그 땅
모든 주민이 울부짖으리라
3 군마의 발굽 소리와 달리는 병거
바퀴가 진동하는 소리 때문에 아
버지의 손맥이 풀려서 자기의 (子
女)자녀를 돌보지 못하리니
4 이는 블레셋 사람을 (蹂躪)유린하
시며 두로와 시돈에 남아 있는 바
도와 줄 자를 다 끊어 버리시는 날
이 올 것임이라 여호와께서 갑돌
섬에 남아 있는 블레셋 사람을 유
린하시리라
5 가사는 대머리가 되었고 아스글론
과 그들에게 남아 있는 (平地)평
지가 잠잠하게 되었나니 네가 네
몸 베기를 어느 때까지 하겠느냐
6 (嗚呼)오호라 여호와의 칼이여 네
가 언제까지 쉬지 않겠느냐 네 칼
집에 들어가서 가만히 쉴지어다
7 여호와께서 이를 명령하셨은즉 어
떻게 (潛潛)잠잠하며 쉬겠느냐 아
스글론과 해변을 치려 하여 그가
정하셨느니라 하니라

모압의 멸망

48 모압에 관한 것이라 만군의
여호와 이스라엘의 하나님
께서 이와 같이 말씀하시되 오호
라 느보여 그가 유린 당하였도다
기랴다임이 수치를 당하여 (占領)
점령되었고 미스갑이 수치를 당하
여 파괴되었으니
2 모압의 (讚頌)찬송 소리가 없어졌
도다 헤스본에서 무리가 그를 해
하려고 악을 도모하고 이르기를
와서 그를 끊어서 나라를 이루지
못하게 하자 하는도다 맛멘이여
너도 조용하게 되리니 칼이 너를
뒤쫓아 가리라
3 호로나임에서 부르짖는 소리여 황
폐와 큰 (破滅)파멸이로다
4 모압이 (滅亡)멸망을 당하여 그 어
린이들의 부르짖음이 들리는도다
5 그들이 루힛 언덕으로 올라가면서
울고 호로나임 내리막 길에서 파
멸의 (苦痛)고통스런 울부짖음을
듣는도다
6 도망하여 네 생명을 구원하여 (曠
野)광야의 노간주나무 같이 될지
어다
7 네가 네 업적과 보물을 (依賴)의
뢰하므로 너도 정복을 당할 것이
요 그모스는 그의 제사장들과 고
관들과 함께 포로되어 갈 것이라
8 파멸하는 자가 각 성읍에 이를 것
인즉 한 성읍도 면하지 못할 것이
며 골짜기가 (滅亡)멸망하였으며
평지는 파멸되어 여호와의 말씀과
같으리로다
9 모압에 날개를 주어 날아 피하게
하라 그 성읍들이 (荒廢)황폐하여
거기에 사는 자가 없으리로다
10 여호와의 일을 게을리 하는 자는
저주를 받을 것이요 자기 칼을 금

하여 피를 흘리지 아니하는 자도
(詛呪)저주를 받을 것이로다

모압이 황폐하였다

11 ● 모압은 젊은 시절부터 (平安)평
안하고 포로도 되지 아니하였으
므로 마치 술이 그 찌끼 위에 있고
이 그릇에서 저 그릇으로 옮기지
않음 같아서 그 맛이 남아 있고 냄
새가 변하지 아니하였도다
12 그러므로 여호와께서 말씀하시니
라 날이 이르리니 내가 술을 옮겨
담는 사람을 보낼 것이라 그들이
기울여서 그 그릇을 비게 하고 그
(瓶)병들을 부수리니
13 이스라엘 집이 벧엘을 의뢰하므로
수치를 당한 것 같이 모압이 그모
스로 말미암아 (羞恥)수치를 당하
리로다
14 너희가 어찌하여 말하기를 우리는
용사요 (能爛)능란한 전사라 하느
냐
15 만군의 여호와라 일컫는 왕께서
이와 같이 말하노라 모압이 황폐
하였도다 그 성읍들은 사라졌고
그 (選擇)선택 받은 장정들은 내
려가서 죽임을 당하니
16 모압의 재난이 가까웠고 그 (苦
難)고난이 속히 닥치리로다
17 그의 (四面)사면에 있는 모든 자
여, 그의 이름을 아는 모든 자여,
그를 위로하며 말하기를 어찌하여
강한 막대기, 아름다운 지팡이가
부러졌는고 할지니라
18 디본에 사는 딸아 네 (榮華)영화에
서 내려와 메마른 데 앉으라 모압
을 파멸하는 자가 올라와서 너를
쳐서 네 요새를 깨뜨렸음이로다
19 아로엘에 사는 여인이여 길 곁에
서서 지키며 (逃亡)도망하는 자와
피하는 자에게 무슨 일이 생겼는
지 물을지어다
20 모압이 패하여 수치를 받나니 너
희는 울면서 부르짖으며 아르논
가에서 이르기를 모압이 (荒廢)황
폐하였다 할지어다
21 (審判)심판이 평지에 이르렀나니
곧 홀론과 야사와 메바앗과
22 디본과 느보와 벧디불라다임과
23 기랴다임과 벧가물과 벧므온과
24 그리욧과 보스라와 모압 땅 (遠
近)원근 모든 성읍에로다
25 모압의 뿔이 잘렸고 그 팔이 부러
졌도다 여호와의 말씀이니라

모압이 조롱거리가 되리라

26 ● 모압으로 취하게 할지어다 이
는 그가 여호와에 대하여 교만함
이라 그가 그 토한 것에서 뒹굴므
로 (嘲弄)조롱거리가 되리로다
27 네가 이스라엘을 조롱하지 아니하
였느냐 그가 도둑 가운데에서 (發
見)발견되었느냐 네가 그를 말할
때마다 네 머리를 흔드는도다
28 모압 (住民)주민들아 너희는 성읍
을 떠나 바위 사이에 살지어다 깊
은 골짜기 어귀에 깃들이는 비둘
기 같이 할지어다
29 우리가 모압의 교만을 들었나니
심한 교만 곧 그의 (自高)자고와
오만과 자랑과 그 마음의 거만이
로다

30 여호와의 말씀이니라 내가 그의
노여워함의 (虛誕)허탄함을 아노
니 그가 자랑하여도 아무 것도 성
취하지 못하였도다
31 그러므로 내가 모압을 위하여 울
며 온 모압을 위하여 부르짖으리
니 무리가 길헤레스 사람을 위하
여 (呻吟)신음하리로다
32 십마의 포도나무여 너의 가지가
바다를 넘어 야셀 바다까지 뻗었
더니 너의 여름 과일과 포도 수확
을 (奪取)탈취하는 자가 나타났으
니 내가 너를 위하여 울기를 야셀
이 우는 것보다 더하리로다
33 기쁨과 환희가 (沃土)옥토와 모
압 땅에서 빼앗겼도다 내가 포도
주 틀에 포도주가 끊어지게 하리
니 외치며 밟는 자가 없을 것이라
그 외침은 즐거운 외침이 되지 못
하리로다
34 헤스본에서 엘르알레를 지나 야하
스까지와 소알에서 호로나임을 지
나 에글랏 셀리시야에 이르는 (地
域)지역에 사는 사람들이 소리를
내어 부르짖음은 니므림의 물도
황폐하였음이로다
35 여호와의 말씀이라 모압 산당에서
(祭祀)제사하며 그 신들에게 분향
하는 자를 내가 끊어버리리라

모압이 벌 받을 해

36 ● 그러므로 나의 마음이 모압을
위하여 피리 같이 소리 내며 나의
마음이 길헤레스 사람들을 위하여
피리 같이 소리 내나니 이는 그가
모은 (財物)재물이 없어졌음이라
37 모든 사람이 대머리가 되었고 모
든 사람이 (鬚髥)수염을 밀었으며
손에 칼자국이 있고 허리에 굵은
베가 둘렸고
38 모압의 모든 지붕과 거리 (各處)
각처에서 슬피 우는 소리가 들리
니 내가 모압을 마음에 들지 않는
그릇 같이 깨뜨렸음이라 여호와의
말씀이니라
39 어찌하여 모압이 (破壞)파괴되었
으며 어찌하여 그들이 애곡하는가
모압이 부끄러워서 등을 돌렸도다
그런즉 모압이 그 사방 모든 사람
의 조롱거리와 공포의 대상이 되
리로다
40 이는 여호와의 말씀이니라 보라
그가 독수리 같이 날아와서 모압
위에 그의 날개를 펴리라
41 성읍들이 점령을 당하며 요새가
함락되는 날에 모압 용사의 마음
이 (産苦)산고를 당하는 여인 같
을 것이라
42 모압이 여호와를 거슬러 (自慢)자
만하였으므로 멸망하고 다시 나라
를 이루지 못하리로다
43 여호와의 말씀이니라 모압 주민아
두려움과 (陷穽)함정과 올무가 네
게 닥치나니
44 두려움에서 도망하는 자는 함정에
떨어지겠고 함정에서 나오는 자는
올무에 걸리리니 이는 내가 모압
이 (罰)벌 받을 해가 임하게 할 것
임이라 여호와의 말씀이니라
45 ● 도망하는 자들이 (氣盡)기진하
여 헤스본 그늘 아래에 서니 이는

불이 헤스본에서 나며 불길이 시
혼 가운데 나서 모압의 살쩍과 떠
드는 자들의 정수리를 사름이로다
46 모압이여 네게 화가 있도다 그모
스의 백성이 망하였도다 네 아들
들은 사로잡혀 갔고 네 딸들은 (捕
虜)포로가 되었도다
47 그러나 내가 마지막 날에 모압의
포로를 돌려보내리라 여호와의 말
씀이니라 모압의 (審判)심판이 여
기까지니라

암몬이 받을 심판

49 암몬 자손에 대한 말씀이라
여호와께서 이와 같이 말씀
하시되 이스라엘이 자식이 없느냐
(相續者)상속자가 없느냐 [1]말감이
갓을 점령하며 그 백성이 그 성읍
들에 사는 것은 어찌 됨이냐
2 여호와의 말씀이니라 그러므로 보
라 날이 이르리니 내가 전쟁 소리
로 암몬 자손의 랍바에 들리게 할
것이라 랍바는 폐허더미 언덕이
되겠고 그 [2]마을들은 불에 탈 것
이며 그 때에 이스라엘은 자기를
(占領)점령하였던 자를 점령하리
라 여호와의 말씀이니라
3 헤스본아 슬피 울지어다 아이가
황폐하였도다 너희 랍바의 딸들
아 부르짖을지어다 굵은 베를 감
고 (哀痛)애통하며 울타리 가운데
에서 허둥지둥할지어다 말감과 그
제사장들과 그 고관들이 다 사로
잡혀 가리로다
4 (悖逆)패역한 딸아 어찌하여 [3]골
짜기 곧 네 흐르는 골짜기를 자랑
하느냐 네가 어찌하여 재물을 의
뢰하여 말하기를 누가 내게 대적
하여 오리요 하느냐
5 주 (萬軍)만군의 여호와의 말씀이
니라 보라 내가 두려움을 네 사방
에서 네게 오게 하리니 너희 각 사
람이 앞으로 쫓겨 나갈 것이요 도
망하는 자들을 모을 자가 없으리라
6 그러나 그 후에 내가 암몬 자손의
(捕虜)포로를 돌아가게 하리라 여
호와의 말씀이니라

에돔이 받을 심판

7 ● 에돔에 대한 말씀이라 만군의
여호와께서 이와 같이 말씀하시되
데만에 다시는 (智慧)지혜가 없게
되었느냐 명철한 자에게 책략이
끊어졌느냐 그들의 지혜가 없어졌
느냐
8 드단 주민아 돌이켜 도망할지어다
깊은 곳에 숨을지어다 내가 에서
의 재난을 그에게 닥치게 하여 그
를 (罰)벌할 때가 이르게 하리로다
9 포도를 거두는 자들이 [4]네게 이르
면 약간의 열매도 남기지 아니하
겠고 밤에 도둑이 오면 그 (慾心)
욕심이 차기까지 멸하느니라
10 그러나 내가 에서의 옷을 벗겨 그
숨은 곳이 드러나게 하였나니 그
가 그 몸을 숨길 수 없을 것이라
그 자손과 형제와 이웃이 (滅亡)
멸망하였은즉 그가 없어졌느니라
11 네 고아들을 버려도 내가 그들을

1) 그들의 왕이 2) 딸들은 3) 골짜기를 자랑하느냐 골짜기는 흘러가나니 네가 어찌하여 재물을 4) 네게 이를지라도 약간의 열매를 남기지 아니하겠느냐 밤에 도적도 그 욕심이 차면 그치지 아니하겠느냐

살리리라 네 (寡婦)과부들은 나를
의지할 것이니라
12 여호와께서 이와 같이 말씀하시니
라 보라 술잔을 마시는 (習慣)습
관이 없는 자도 반드시 마시겠거
든 네가 형벌을 온전히 면하겠느
냐 면하지 못하리니 너는 반드시
마시리라
13 여호와의 말씀이니라 내가 나를
두고 맹세하노니 보스라가 놀램과
(恥辱)치욕거리와 황폐함과 저줏
거리가 될 것이요 그 모든 성읍이
영원히 황폐하리라 하시니라
14 ● 내가 여호와에게서부터 오는
소식을 들었노라 (使節)사절을 여
러 나라 가운데 보내어 이르시되
너희는 모여와서 그를 치며 일어
나서 싸우라
15 보라 내가 너를 여러 나라 가운데
에서 작아지게 하였고 사람들 가
운데에서 (蔑視)멸시를 받게 하였
느니라
16 바위 틈에 살며 산꼭대기를 점령
한 자여 스스로 두려운 자인 줄로
여김과 네 마음의 (驕慢)교만이
너를 속였도다 네가 독수리 같이
보금자리를 높은 데에 지었을지라
도 내가 그리로부터 너를 끌어내
리리라 이는 여호와의 말씀이니라
17 에돔이 (恐怖)공포의 대상이 되리
니 그리로 지나는 자마다 놀라며
그 모든 재앙으로 말미암아 탄식
하리로다

1) 항상 무성한 초장에 이를 것이나 2) 나의 시기를 정할 자
3) 초장

18 여호와께서 말씀하시니라 소돔
과 고모라와 그 이웃 성읍들이 (滅
亡)멸망한 것 같이 거기에 사는
사람이 없으며 그 가운데에 머물
러 살 사람이 아무도 없으리라
19 보라 사자가 요단 강의 깊은 숲에
서 나타나듯이 그가 와서 [1](堅固)
견고한 처소를 칠 것이라 내가 즉
시 그들을 거기에서 쫓아내고 택
한 자를 내가 그 위에 세우리니 나
와 같은 자 누구며 [2]나와 더불어
다툴 자 누구며 내 앞에 설 목자가
누구냐
20 ● 그런즉 에돔에 대한 여호와의
(意圖)의도와 데만 주민에 대하여
결심하신 여호와의 계획을 들으라
양 떼의 어린 것들을 그들이 반드
시 끌고 다니며 괴롭히고 그 [3]처
소로 황폐하게 하지 않으랴
21 그들이 넘어지는 소리에 땅이 진
동하며 그가 부르짖는 소리는 (紅
海)홍해에 들리리라
22 보라 원수가 독수리 같이 날아와
서 그의 날개를 보스라 위에 펴는
그 날에 에돔 용사의 마음이 (陣
痛)진통하는 여인 같이 되리라 하
시니라

다메섹이 받을 심판

23 ● 다메섹에 대한 말씀이라 하맛
과 아르밧이 수치를 당하리니 이
는 흉한 소문을 듣고 (落膽)낙담
함이니라 바닷가에서 비틀거리며
평안이 없도다
24 다메섹이 피곤하여 몸을 돌이켜
달아나려 하니 떨림이 그를 움켜

잡고 (解產)해산하는 여인 같이
고통과 슬픔이 그를 사로잡았도다
25 어찌하여 찬송의 (城邑)성읍, 나
의 즐거운 성읍이 버린 것이 되었
느냐
26 이는 만군의 여호와의 말씀이니라
그런즉 그 날에 그의 장정들은 그
거리에 엎드러지겠고 모든 군사는
(滅絕)멸절될 것이며
27 내가 다메섹의 성벽에 불을 지르
리니 벤하닷의 (宮殿)궁전이 불타
리라

게달과 하솔이 받을 심판

28 ● 바벨론의 느부갓네살 왕에게
공격을 받은 게달과 하솔 나라들
에 대한 말씀이라 여호와께서 이
와 같이 말씀하시되 너희는 일어
나 게달로 올라가서 (東方)동방
자손들을 황폐하게 하라
29 [1]너희는 그들의 장막과 양 떼를
빼앗으며 휘장과 모든 기구와 (駱
駝)낙타를 빼앗아다가 소유로 삼
고 그들을 향하여 외치기를 두려
움이 사방에 있다 할지니라
30 여호와의 말씀이니라 하솔 주민아
도망하라 멀리 가서 깊은 곳에 살
라 이는 바벨론의 느부갓네살 왕
이 너를 칠 모략과 너를 칠 (計策)
계책을 세웠음이라
31 여호와의 말씀이니라 너는 일어나
고요하고도 평안히 사는 백성 곧
성문이나 문빗장이 없이 홀로 사
는 (國民)국민을 치라
32 그들의 낙타들은 (擄掠物)노략물
이 되겠고 그들의 많은 가축은 탈
취를 당할 것이라 내가 그 살쩍을
깎는 자들을 사면에 흩고 그 재난
을 여러 곳에서 오게 하리라 여호
와의 말씀이니라
33 하솔은 큰 뱀의 (居處)거처가 되
어 영원히 황폐하리니 거기 사는
사람이나 그 가운데에 머물러 사
는 사람이 아무도 없게 되리라 하
시니라

엘람이 받을 심판

34 ● 유다 왕 시드기야가 (卽位)즉위
한 지 오래지 아니하여서 엘람에
대한 여호와의 말씀이 선지자 예
레미야에게 임하여 이르시되
35 (萬軍)만군의 여호와가 이같이 말
하노라 보라 내가 엘람의 힘의 으
뜸가는 활을 꺾을 것이요
36 하늘의 (四方)사방에서부터 사방 바
람을 엘람에 오게 하여 그들을 사방
으로 흩으리니 엘람에서 쫓겨난 자
가 가지 않는 나라가 없으리라
37 여호와의 말씀이니라 내가 엘람으
로 그의 (怨讐)원수의 앞, 그의 생
명을 노리는 자의 앞에서 놀라게
할 것이며 내가 재앙 곧 나의 (震
怒)진노를 그들 위에 내릴 것이며
내가 또 그 뒤로 칼을 보내어 그들
을 멸망시키리라
38 내가 나의 (寶座)보좌를 엘람에
주고 왕과 고관들을 그 곳에서 멸
하리라 여호와의 말씀이니라
39 그러나 (末日)말일에 이르러 내가
엘람의 포로를 돌아가게 하리라
여호와의 말씀이니라

1) 히, 그들

바벨론이 받을 심판

50 여호와께서 (先知者)선지
자 예레미야에게 바벨론과
갈대아 사람의 땅에 대하여 하신
말씀이라
2 너희는 나라들 가운데에 (傳播)전
파하라 공포하라 깃발을 세우라
숨김이 없이 공포하여 이르라 바
벨론이 함락되고 벨이 수치를 당
하며 므로닥이 부스러지며 그 신
상들은 수치를 당하며 우상들은
부스러진다 하라
3 이는 한 나라가 북쪽에서 나와서
그를 쳐서 그 땅으로 황폐하게 하
여 그 가운데에 사는 자가 없게 할
것임이라 사람이나 짐승이 다 (逃
亡)도망할 것임이니라
4 여호와의 말씀이니라 그 날 그 때
에 이스라엘 (子孫)자손이 돌아오
며 유다 자손도 함께 돌아오되 그
들이 울면서 그 길을 가며 그의 하
나님 여호와께 구할 것이며
5 그들이 그 얼굴을 시온으로 향하
여 그 길을 물으며 말하기를 너희
는 오라 잊을 수 없는 영원한 (言
約)언약으로 여호와와 연합하라
하리라

바벨론에서 도망하라 갈대아 땅에서 나오라

6 ● 내 백성은 잃어 버린 양 떼로다
그 (牧者)목자들이 그들을 곁길
로 가게 하여 산으로 돌이키게 하
였으므로 그들이 산에서 언덕으로
돌아다니며 쉴 곳을 잊었도다
7 그들을 만나는 자들은 그들을 삼
키며 그의 대적은 말하기를 그들
이 여호와 곧 의로운 처소시며 그
의 조상들의 소망이신 여호와께
(犯罪)범죄하였음인즉 우리는 무
죄하다 하였느니라
8 너희는 바벨론 가운데에서 (逃亡)
도망하라 갈대아 사람의 땅에서
나오라 양 떼에 앞서가는 숫염소
같이 하라
9 보라 내가 큰 민족의 무리를 북쪽
에서 올라오게 하여 바벨론을 대
항하게 하리니 그들이 대열을 벌
이고 쳐서 (征服)정복할 것이라
그들의 화살은 노련한 용사의 화
살 같아서 허공을 치지 아니하리
라
10 갈대아가 (掠奪)약탈을 당할 것이
라 그를 약탈하는 자마다 만족하
리라 여호와의 말씀이니라

바벨론의 멸망

11 ● 나의 (所有)소유를 노략하는 자
여 너희가 즐거워하며 기뻐하고
타작하는 송아지 같이 발굽을 구
르며 군마 같이 우는도다
12 그러므로 너희의 어머니가 큰 수치
를 당하리라 너희를 낳은 자가 치
욕을 당하리라 보라 그가 나라들
가운데의 마지막과 (曠野)광야와
마른 땅과 거친 계곡이 될 것이며
13 여호와의 진노로 말미암아 주민이
없어 (完全)완전히 황무지가 될
것이라 바벨론을 지나가는 자마다
그 모든 재난에 놀라며 탄식하리
로다
14 바벨론을 둘러 (隊列)대열을 벌이

고 활을 당기는 모든 자여 화살을
아끼지 말고 쏘라 그가 여호와께
범죄하였음이라
15 그 주위에서 (高喊)고함을 지르리
로다 그가 [1]항복하였고 그 요새는
무너졌고 그 성벽은 허물어졌으니
이는 여호와께서 그가 행한 대로
그에게 내리시는 보복이라 그가
행한 대로 그에게 갚으시는도다
16 (播種)파종하는 자와 추수 때에
낫을 잡은 자를 바벨론에서 끊어
버리라 사람들이 그 압박하는 칼
을 두려워하여 각기 (同族)동족에
게로 돌아가며 고향으로 도망하리
라

이스라엘을 돌아오게 하리라

17 ● 이스라엘은 흩어진 양이라 (獅
子)사자들이 그를 따르도다 처음
에는 앗수르 왕이 먹었고 다음에
는 바벨론의 느부갓네살 왕이 그
의 뼈를 꺾도다
18 그러므로 (萬軍)만군의 여호와 이
스라엘의 하나님이 이와 같이 말
하노라 보라 내가 앗수르의 왕을
벌한 것 같이 바벨론의 왕과 그 땅
을 벌하고
19 이스라엘을 다시 그의 목장으로
돌아가게 하리니 그가 갈멜과 바
산에서 양을 기를 것이며 그의 마
음이 에브라임과 길르앗 산에서
(滿足)만족하리라
20 여호와의 말씀이니라 그 날 그 때
에는 이스라엘의 (罪惡)죄악을 찾
을지라도 없겠고 유다의 죄를 찾
을지라도 찾아내지 못하리니 이는
내가 남긴 자를 용서할 것임이라

여호와께서 바벨론을 심판하시다

21 ● 이는 여호와의 말씀이니라 너
희는 올라가서 므라다임의 땅을
치며 브곳의 주민을 쳐서 (殄滅)
진멸하되 내가 너희에게 명령한
대로 다하라
22 그 땅에 싸움의 소리와 큰 (破滅)
파멸이 있으리라
23 온 세계의 망치가 어찌 그리 꺾여
부서졌는고 바벨론이 어찌 그리
나라들 가운데에 (荒蕪地)황무지
가 되었는고
24 바벨론아 내가 너를 잡으려고 올
무를 놓았더니 네가 깨닫지 못하
여 걸렸고 네가 여호와와 싸웠으
므로 (發覺)발각되어 잡혔도다
25 여호와께서 그의 (兵器廠)병기창
을 열고 분노의 무기를 꺼냄은 주
만군의 여호와께서 갈대아 사람의
땅에 행할 일이 있음이라
26 먼 곳에 있는 너희는 와서 그를 치
고 그의 곳간을 열고 그것을 (穀
食)곡식더미처럼 쌓아 올려라 그
를 진멸하고 남기지 말라
27 그의 황소를 다 죽이라 그를 도살
하려 내려 보내라 그들에게 (禍)
화 있도다 그들의 날, 그 벌 받는
때가 이르렀음이로다
28 바벨론 땅에서 (逃避)도피한 자의
소리여 시온에서 우리 하나님 여
호와의 보복하시는 것, 그의 성전
의 보복하시는 것을 선포하는 소
리로다

1) 히, 손을 주었고

29 ●활 쏘는 자를 바벨론에 소집하
라 활을 당기는 자여 그 (四面)사
면으로 진을 쳐서 피하는 자가 없
게 하라 그가 일한 대로 갚고 그가
행한 대로 그에게 갚으라 그가 이
스라엘의 거룩한 자 여호와를 향
하여 교만하였음이라
30 그러므로 그 날에 장정들이 그 거
리에 엎드러지겠고 군사들이 (滅
絕)멸절되리라 여호와의 말씀이
니라
31 주 만군의 여호와의 말씀이니라
교만한 자여 보라 내가 너를 (對
敵)대적하나니 너의 날 곧 내가
너를 벌할 때가 이르렀음이라
32 (驕慢)교만한 자가 걸려 넘어지겠
고 그를 일으킬 자가 없을 것이며
내가 그의 성읍들에 불을 지르리
니 그의 주위에 있는 것을 다 삼키
리라
33 ●만군의 여호와께서 이와 같이
말씀하시니라 이스라엘 자손과 유
다 자손이 함께 (虐待)학대를 받
는도다 그들을 사로잡은 자는 다
그들을 붙들고 놓아 주지 아니하
리라
34 그들의 구원자는 강하니 그의 이
름은 만군의 여호와라 반드시 그
들 때문에 싸우시리니 그 땅에 (平
安)평안함을 주고 바벨론 주민은
불안하게 하리라
35 여호와의 말씀이니라 칼이 갈대
아인의 위에와 바벨론 주민의 위
에와 그 고관들과 (智慧)지혜로운
자의 위에 떨어지리라
36 칼이 자랑하는 자의 위에 떨어지
리니 그들이 어리석게 될 것이며
칼이 (勇士)용사의 위에 떨어지리
니 그들이 놀랄 것이며
37 칼이 그들의 말들과 병거들과 그
들 중에 있는 여러 민족의 위에 떨
어지리니 그들이 (女人)여인들 같
이 될 것이며 칼이 보물 위에 떨어
지리니 그것이 약탈되리라
38 가뭄이 물 위에 내리어 그것을 말
리리니 이는 그 땅이 조각한 신상
의 땅이요 그들은 무서운 것을 보
고 (失性)실성하였음이니라
39 그러므로 사막의 들짐승이 승냥이
와 함께 거기에 살겠고 (駝鳥)타
조도 그 가운데에 살 것이요 영원
히 주민이 없으며 대대에 살 자가
없으리라
40 여호와의 말씀이니라 하나님께서
소돔과 고모라와 그 이웃 (城邑)
성읍들을 뒤엎었듯이 거기에 사는
사람이 없게 하며 그 가운데에 머
물러 사는 사람이 아무도 없게 하
시리라
41 ●보라 한 민족이 북쪽에서 오고
큰 나라와 여러 왕이 (衝動)충동
을 받아 땅 끝에서 일어나리니
42 그들은 활과 투창을 가진 자라 (殘
忍)잔인하여 불쌍히 여기지 아니
하며 그들의 목소리는 바다가 설
레임 같도다 딸 바벨론아 그들이
말을 타고 (武士)무사 같이 각기
네 앞에서 대열을 갖추었도다
43 바벨론의 왕이 그 소문을 듣고 손
이 약하여지며 (苦痛)고통에 사로

잡혀 해산하는 여인처럼 진통하는도다

44 보라 사자가 요단의 깊은 숲에서 나타나듯이 그가 와서 견고한 처소를 칠 것이라 내가 즉시 그들을 거기에서 쫓아내고 택한 자를 내가 그 자리에 세우리니 나와 같은 자 누구며 (出頭)출두하라고 나에게 명령할 자가 누구며 내 앞에 설 목자가 누구냐

45 그런즉 바벨론에 대한 여호와의 계획과 갈대아 사람의 땅에 대하여 품은 여호와의 생각을 들으라 양 떼의 어린 것들을 그들이 반드시 끌어 가고 그들의 (草場)초장을 황폐하게 하리니

46 바벨론이 약탈 당하는 소리에 땅이 (震動)진동하며 그 부르짖음이 나라들 가운데에 들리리라 하시도다

바벨론을 멸하시는 여호와

51 여호와께서 이와 같이 말씀하시되 보라 내가 (滅亡)멸망시키는 자의 심령을 부추겨 바벨론을 치고 또 나를 대적하는 자 중에 있는 자를 치되

2 내가 [1](他國人)타국인을 바벨론에 보내어 키질하여 그의 땅을 비게 하리니 재난의 날에 그를 에워싸고 치리로다

3 활을 당기는 자를 향하며 갑옷을 입고 일어선 자를 향하여 쏘는 자는 그의 활을 당길 것이라 그의 장정들을 불쌍히 여기지 말며 그의 군대를 (全滅)전멸시켜라

4 무리가 갈대아 사람의 땅에서 죽임을 당하여 엎드러질 것이요 (貫通傷)관통상을 당한 자가 거리에 있으리라

5 ● 이스라엘과 유다가 이스라엘의 거룩하신 이를 (拒逆)거역하므로 죄과가 땅에 가득하나 그의 하나님 만군의 여호와에게 버림 받은 홀아비는 아니니라

6 바벨론 가운데서 도망하여 나와서 각기 생명을 구원하고 그의 죄악으로 말미암아 끊어짐을 보지 말지어다 이는 여호와의 (報復)보복의 때니 그에게 보복하시리라

7 바벨론은 여호와의 손에 잡혀 있어 온 세계가 취하게 하는 금잔이라 뭇 민족이 그 (葡萄酒)포도주를 마심으로 미쳤도다

8 바벨론이 갑자기 넘어져 파멸되니 이로 말미암아 울라 그 (傷處)상처를 위하여 유향을 구하라 혹 나으리로다

9 우리가 바벨론을 (治療)치료하려 하여도 낫지 아니한즉 버리고 각기 고향으로 돌아가자 그 화가 하늘에 미쳤고 궁창에 달하였음이로다

10 여호와께서 우리 (公義)공의를 드러내셨으니 오라 시온에서 우리 하나님 여호와의 일을 선포하자

11 ● 화살을 갈며 둥근 (防牌)방패를 준비하라 여호와께서 메대 왕들의 마음을 부추기사 바벨론을 멸하기로 뜻하시나니 이는 여호와께서 보복하시는 것 곧 그의 성전을 위

1) 키질하는 자를

하여 보복하시는 것이라
12 바벨론 성벽을 향하여 깃발을 세
우고 튼튼히 지키며 파수꾼을 세
우며 복병을 매복시켜 (防備)방비
하라 이는 여호와께서 바벨론 주
민에 대하여 말씀하신 대로 계획
하시고 행하심이로다
13 많은 물 가에 살면서 (財物)재물
이 많은 자여 네 재물의 한계 곧
네 끝이 왔도다
14 만군의 여호와께서 자기의 목숨을
두고 맹세하시되 내가 (眞實)진실
로 사람을 메뚜기 같이 네게 가득
하게 하리니 그들이 너를 향하여
환성을 높이리라 하시도다

여호와를 찬양하다

15 ● 여호와께서 그의 능력으로 땅
을 지으셨고 그의 지혜로 세계를
세우셨고 그의 (明哲)명철로 하늘
들을 펴셨으며
16 그가 목소리를 내신즉 하늘에 많
은 물이 생기나니 그는 땅 끝에서
구름이 오르게 하시며 비를 위하
여 번개를 치게 하시며 그의 (庫
間)곳간에서 바람을 내시거늘
17 사람마다 어리석고 (無識)무식하
도다 금장색마다 자기가 만든 신
상으로 말미암아 수치를 당하나니
이는 그 부어 만든 우상은 거짓이
요 그 속에 생기가 없음이라
18 그것들은 헛된 것이요 조롱거리이
니 (懲罰)징벌하시는 때에 멸망할
것이나
19 야곱의 분깃은 그와 같지 아니하
시니 그는 만물을 지으신 분이요
이스라엘은 그의 (所有)소유인 지
파라 그의 이름은 만군의 여호와
시니라

바벨론은 여호와의 철퇴

20 ● 여호와께서 이르시되 너는 나
의 철퇴 곧 무기라 나는 네가 나라
들을 (粉碎)분쇄하며 네가 국가들
을 멸하며
21 네가 말과 (騎馬兵)기마병을 분쇄
하며 네가 병거와 병거대를 부수
며
22 네가 남자와 여자를 (粉碎)분쇄하
며 네가 노년과 유년을 분쇄하며
네가 청년과 처녀를 분쇄하며
23 네가 목자와 그 양 떼를 분쇄하며
네가 (農夫)농부와 그 멍엣소를
분쇄하며 네가 도백과 태수들을
분쇄하도록 하리로다
24 너희 눈 앞에서 그들이 시온에서
모든 악을 행한 대로 내가 바벨론
과 갈대아 모든 (住民)주민에게
갚으리라 여호와의 말씀이니라

바벨론이 황무지가 되리라

25 ● 여호와의 말씀이니라 온 세계
를 멸하는 멸망의 산아 보라 나는
네 (怨讐)원수라 나의 손을 네 위
에 펴서 너를 바위에서 굴리고 너
로 불 탄 산이 되게 할 것이니
26 사람이 네게서 집 모퉁잇돌이나
(基礎)기초돌을 취하지 아니할 것
이요 너는 영원히 황무지가 될 것
이니라 여호와의 말씀이니라
27 ● 땅에 깃발을 세우며 나라들 가
운데에 (喇叭)나팔을 불어서 나라
들을 동원시켜 그를 치며 아라랏

과 민니와 아스그나스 나라를 불
러 모아 그를 치며 사무관을 세우
고 그를 치되 극성스런 메뚜기 같
이 그 말들을 몰아오게 하라
28 뭇 백성 곧 메대 사람의 왕들과 그
도백들과 그 모든 태수와 그 (管
轄)관할하는 모든 땅을 준비시켜
그를 치게 하라
29 땅이 (震動)진동하며 소용돌이치
나니 이는 여호와께서 바벨론을
쳐서 그 땅으로 황폐하여 주민이
없게 할 계획이 섰음이라
30 바벨론의 용사는 싸움을 그치고
그들의 요새에 머무르나 기력이
쇠하여 여인 같이 되며 그들의 (居
處)거처는 불타고 그 문빗장은 부
러졌으며
31 (步撥)보발꾼은 보발꾼을 맞으려
고 달리며 전령은 전령을 맞으려고
달려가 바벨론의 왕에게 전하기를
그 성읍 사방이 함락되었으며
32 모든 나루는 빼앗겼으며 갈대밭이
불탔으며 (軍士)군사들이 겁에 질
렸더이다 하리라

여호와께서 이스라엘을 위하여 보복하시다

33 ● 만군의 여호와 이스라엘의 하
나님께서 이와 같이 말씀하시되
딸 바벨론은 때가 이른 (打作)타
작 마당과 같은지라 멀지 않아 추
수 때가 이르리라 하시도다
34 바벨론의 느부갓네살 왕이 [1]나를
먹으며 나를 (滅)멸하며 나를 빈
그릇이 되게 하며 큰 뱀 같이 나를
삼키며 나의 좋은 음식으로 그 배
를 채우고 나를 쫓아내었으니
35 내가 받은 (暴行)폭행과 내 육체
에 대한 학대가 바벨론에 돌아가
기를 원한다고 시온 주민이 말할
것이요 내 피 흘린 죄가 갈대아 주
민에게로 돌아가기를 원한다고 예
루살렘이 말하리라
36 그러므로 여호와께서 이와 같이
말씀하시되 보라 내가 네 (訟事)
송사를 듣고 너를 위하여 보복하
여 그의 바다를 말리며 그의 샘을
말리리니
37 바벨론이 돌무더기가 되어서 승냥
이의 거처와 (嫌惡)혐오의 대상과
탄식거리가 되고 주민이 없으리라
38 그들이 다 젊은 (獅子)사자 같이
소리지르며 새끼 사자 같이 으르
렁거리며
39 열정이 일어날 때에 내가 (宴會)
연회를 베풀고 그들이 취하여 기
뻐하다가 영원히 잠들어 깨지 못
하게 하리라 여호와의 말씀이니라
40 내가 그들을 끌어내려서 어린 양
과 숫양과 숫염소가 (屠殺場)도살
장으로 가는 것 같게 하리라

바벨론의 파멸을 노래하다

41 ● 슬프다 세삭이 함락되었도다
온 세상의 (稱讚)칭찬 받는 성읍
이 빼앗겼도다 슬프다 바벨론이
나라들 가운데에 황폐하였도다
42 바다가 바벨론에 넘침이여 그 (怒
濤)노도 소리가 그 땅을 뒤덮었도
다
43 그 성읍들은 황폐하여 마른 땅과

1) 우리

(沙漠)사막과 사람이 살지 않는
땅이 되었으니 그리로 지나가는
사람이 없도다
44 내가 벨을 바벨론에서 벌하고 그
가 삼킨 것을 그의 입에서 끌어내
리니 민족들이 다시는 그에게로
몰려가지 아니하겠고 바벨론 (城
壁)성벽은 무너졌도다
45 ● 나의 백성아 너희는 그 중에서
나와 각기 여호와의 (震怒)진노를
피하라
46 너희 마음을 나약하게 말며 이 땅
에서 들리는 소문으로 말미암아 두
려워하지 말라 소문은 이 해에도
있겠고 저 해에도 있으리라 그 땅
에는 (强暴)강포함이 있어 다스리
는 자가 다스리는 자를 서로 치리
라
47 그러므로 보라 날이 이르리니 내
가 바벨론의 우상들을 벌할 것이
라 그 온 땅이 (恥辱)치욕을 당하
겠고 그 죽임 당할 자가 모두 그
가운데에 엎드러질 것이며
48 하늘과 땅과 그 안에 있는 모든 것
이 바벨론으로 말미암아 기뻐 노
래하리니 이는 (破滅)파멸시키는
자가 북쪽에서 그에게 옴이라 여
호와의 말씀이니라
49 바벨론이 이스라엘을 죽여 엎드러
뜨림 같이 온 (世上)세상이 바벨론
에서 죽임을 당하여 엎드러지리라

여호와께서 바벨론에 보복하시다

50 ● 칼을 (避)피한 자들이여 멈추지
말고 걸어가라 먼 곳에서 여호와
를 생각하며 예루살렘을 너희 마
음에 두라
51 외국인이 여호와의 거룩한 성전에
들어가므로 우리가 (責望)책망을
들으며 수치를 당하여 모욕이 우
리 얼굴을 덮었느니라
52 보라 날이 이르리니 내가 그 우상
들을 벌할 것이라 (負傷者)부상자
들이 그 땅에서 한숨을 지으리라
여호와의 말씀이니라
53 가령 바벨론이 하늘까지 솟아오른
다 하자 높은 곳에 있는 피난처를
(要塞)요새로 삼더라도 멸망시킬
자가 내게로부터 그들에게 임하리
라 여호와의 말씀이니라

바벨론이 황폐하리라

54 ● 바벨론으로부터 부르짖는 소리
가 들리도다 갈대아 사람의 땅에
큰 (破滅)파멸의 소리가 들리도다
55 이는 여호와께서 바벨론을 황폐하
게 하사 그 큰 소리를 끊으심이로
다 원수는 많은 물 같이 그 파도가
사나우며 그 물결은 (擾亂)요란한
소리를 내는도다
56 곧 멸망시키는 자가 바벨론에 이
르렀음이라 그 용사들이 사로잡히
고 그들의 활이 꺾이도다 여호와
는 보복의 하나님이시니 반드시
(報應)보응하시리로다
57 만군의 여호와라 일컫는 왕이 이
와 같이 말씀하시되 내가 그 고관
들과 지혜 있는 자들과 (道伯)도
백들과 태수들과 용사들을 취하게
하리니 그들이 영원히 잠들어 깨
어나지 못하리라
58 만군의 여호와께서 이와 같이 말

쓸하시니라 바벨론의 성벽은 (毁
破)훼파되겠고 그 높은 문들은 불
에 탈 것이며 백성들의 수고는 헛
될 것이요 민족들의 수고는 불탈
것인즉 그들이 쇠잔하리라

예레미야가 바벨론에 예언을 전하다

59 ●유다의 시드기야 왕 제사년에
마세야의 손자 네리야의 아들 스
라야가 그 왕과 함께 바벨론으로
갈 때에 선지자 예레미야가 그에
게 말씀을 명령하니 스라야는 (兵
站監)병참감이더라
60 예레미야가 바벨론에 닥칠 모든
재난 곧 바벨론에 대하여 (記錄)
기록한 이 모든 말씀을 한 책에 기
록하고
61 스라야에게 말하기를 너는 바벨론
에 이르거든 삼가 이 모든 말씀을
읽고
62 말하기를 여호와여 주께서 이 곳
에 대하여 말씀하시기를 이 땅을
멸하여 사람이나 짐승이 거기에
살지 못하게 하고 영원한 (廢墟)
폐허가 되리라 하셨나이다 하라
하니라
63 너는 이 (册)책 읽기를 다한 후에
책에 돌을 매어 유브라데 강 속에
던지며
64 말하기를 바벨론이 나의 재난 때
문에 이같이 (沒落)몰락하여 다시
일어서지 못하리니 그들이 피폐하
리라 하라 하니라 예레미야의 말
이 이에 끝나니라

시드기야의 배반과 죽음
(왕하 24:18-25:7)

52

시드기야가 (王位)왕위에
오를 때에 나이가 이십일 세
라 예루살렘에서 십일 년 동안 다
스리니라 그의 어머니의 이름은 하
무달이라 립나인 예레미야의 딸이
더라
2 그가 여호야김의 모든 (行爲)행위
를 본받아 여호와 보시기에 악을
행한지라
3 여호와께서 예루살렘과 유다에게
(震怒)진노하심이 그들을 자기 앞
에서 쫓아내시기까지 이르렀더라
●시드기야가 바벨론 왕을 배반
하니라
4 시드기야 제구년 열째 달 열째 날
에 바벨론 왕 느부갓네살이 그의
모든 군대를 거느리고 예루살렘을
치러 올라와서 그 성에 대하여 진
을 치고 주위에 (土城)토성을 쌓
으매
5 그 성이 시드기야 왕 제십일년까
지 (包圍)포위되었더라
6 그 해 넷째 달 구일에 성중에 기근
이 심하여 그 땅 백성의 (糧食)양
식이 떨어졌더라
7 그 성벽이 (破壞)파괴되매 모든
군사가 밤중에 그 성에서 나가 두
성벽 사이 왕의 동산 곁문 길로 도
망하여 갈대아인들이 그 성읍을
에워쌌으므로 그들이 아라바 길로
가더니
8 갈대아 군대가 그 왕을 뒤쫓아 가
서 여리고 (平地)평지에서 시드기
야를 따라 잡으매 왕의 모든 군대
가 그를 떠나 흩어진지라

9 그들이 왕을 사로잡아 그를 하맛
땅 리블라에 있는 바벨론 왕에게
로 끌고 가매 그가 시드기야를 (審
問)심문하니라
10 바벨론 왕이 시드기야의 아들들
을 그의 눈 앞에서 죽이고 또 리블
라에서 유다의 모든 (高官)고관을
죽이며
11 시드기야의 두 눈을 빼고 놋사슬
로 그를 (結縛)결박하여 바벨론 왕
이 그를 바벨론으로 끌고 가서 그
가 죽는 날까지 옥에 가두었더라

여호와의 성전이 헐리다(왕하 25:8-17)

12 ● 바벨론의 느부갓네살 왕의 열
아홉째 해 다섯째 달 열째 날에 바
벨론 왕의 어전 (司令官)사령관
느부사라단이 예루살렘에 이르러
13 여호와의 성전과 (王宮)왕궁을 불
사르고 예루살렘의 모든 집과 고
관들의 집까지 불살랐으며
14 사령관을 따르는 갈대아 사람의
모든 군대가 예루살렘 (四面)사면
성벽을 헐었더라
15 사령관 느부사라단이 백성 중 가
난한 자와 (城中)성중에 남아 있
는 백성과 바벨론 왕에게 항복한
자와 무리의 남은 자를 사로잡아
갔고
16 가난한 백성은 남겨 두어 포도원
을 관리하는 자와 (農夫)농부가
되게 하였더라
17 ● 갈대아 사람은 또 여호와의 (聖
殿)성전의 두 놋기둥과 받침들과
여호와의 성전의 놋대야를 깨뜨려
그 놋을 바벨론으로 가져갔고
18 가마들과 부삽들과 부집게들과
(周鉢)주발들과 숟가락들과 섬길
때에 쓰는 모든 놋그릇을 다 가져
갔고
19 사령관은 잔들과 (火爐)화로들과
주발들과 솥들과 촛대들과 숟가락
들과 바리들 곧 금으로 만든 물건
의 금과 은으로 만든 물건의 은을
가져갔더라
20 솔로몬 왕이 여호와의 성전을 위
하여 만든 두 기둥과 한 바다와 그
받침 아래에 있는 열두 놋 소 곧
이 모든 (器具)기구의 놋 무게는
헤아릴 수 없었더라
21 그 기둥은 한 기둥의 높이가
(十八)십팔 [1]규빗이요 그 둘레는
십이 규빗이며 그 속이 비었고 그
두께는 네 손가락 두께이며
22 기둥 위에 놋머리가 있어 그 높이
가 다섯 규빗이요 머리 사면으로
돌아가며 꾸민 망사와 (石榴)석류
가 다 놋이며 또 다른 기둥에도 이
런 모든 것과 석류가 있었더라
23 그 사면에 있는 (石榴)석류는 아
흔여섯 개요 그 기둥에 둘린 그물
위에 있는 석류는 도합이 백 개이
었더라

유다 백성이 바벨론으로 사로잡혀 가다 (왕하 25:18-21, 27-30)

24 ● 사령관이 대제사장 스라야와
부제사장 스바냐와 (聖殿)성전 문
지기 세 사람을 사로잡고
25 또 성 안에서 사람을 사로잡았으
니 곧 군사를 거느린 [2]지휘관 한

1) 히, 암마 2) 환관

사람과 또 성중에서 만난 왕의 내
시 칠 명과 군인을 (監督)감독하
는 군 지휘관의 서기관 하나와 성
안에서 만난 평민 육십 명이라
26 (司令官)사령관 느부사라단은 그
들을 사로잡아 립나에 있는 바벨
론의 왕에게 나아가매
27 바벨론의 왕이 하맛 땅 립나에서
다 쳐 죽였더라 이와 같이 유다가
사로잡혀 본국에서 떠났더라
28 ● 느부갓네살이 사로잡아 간 (百
姓)백성은 이러하니라 제칠년에
유다인이 삼천이십삼 명이요
29 느부갓네살의 열여덟째 해에 예
루살렘에서 사로잡아 간 (者)자가
팔백삼십이 명이요
30 느부갓네살의 제이십삼년에 사령
관 느부사라단이 사로잡아 간 유
다 사람이 칠백사십오 명이니 그
(總數)총수가 사천육백 명이더라
31 ● 유다 왕 여호야긴이 사로잡혀
간 지 삼십칠 년 곧 바벨론의 에윌
므로닥 왕의 즉위 원년 열두째 달
스물다섯째 날 그가 유다의 여호
야긴 왕의 머리를 들어 주었고 (監
獄)감옥에서 풀어 주었더라
32 그에게 (親切)친절하게 말하고 그
의 자리를 그와 함께 바벨론에 있
는 왕들의 자리보다 높이고
33 그 죄수의 (衣服)의복을 갈아 입
혔고 그의 평생 동안 항상 왕의 앞
에서 먹게 하였으며
34 그가 날마다 쓸 것을 바벨론의 왕
에게서 받는 정량이 있었고 죽는
날까지 곧 (終身)종신토록 받았더
라

예레미야哀歌 Lamentations

예루살렘의 슬픔

1 슬프다 이 성이여 전에는 사람
들이 많더니 이제는 어찌 그리
(寂寞)적막하게 앉았는고 전에는
열국 중에 크던 자가 이제는 과부
같이 되었고 전에는 열방 중에 공
주였던 자가 이제는 강제 노동을
하는 자가 되었도다
2 밤에는 슬피 우니 눈물이 뺨에 흐
름이여 사랑하던 자들 중에 그에
게 위로하는 자가 없고 친구들도
다 (背叛)배반하여 원수들이 되었
도다
3 유다는 환난과 많은 고난 가운데
에 사로잡혀 갔도다 그가 (列國)
열국 가운데에 거주하면서 쉴 곳
을 얻지 못함이여 그를 핍박하는
모든 자들이 궁지에서 그를 뒤따
라 잡았도다
4 시온의 도로들이 슬퍼함이여 절기
를 지키려 나아가는 사람이 없음
이로다 모든 성문들이 적막하며
제사장들이 탄식하며 처녀들이 근
심하며 시온도 (困苦)곤고를 받았
도다
5 그의 대적들이 머리가 되고 그의
원수들이 형통함은 그의 죄가 많
으므로 여호와께서 그를 (困苦)곤
고하게 하셨음이라 어린 자녀들이
대적에게 사로잡혔도다
6 딸 시온의 모든 영광이 떠나감이
여 그의 (指導者)지도자들은 꼴을
찾지 못한 사슴들처럼 뒤쫓는 자
앞에서 힘없이 달아났도다
7 예루살렘이 환난과 (流離)유리하
는 고통을 당하는 날에 옛날의 모
든 즐거움을 기억하였음이여 그의
백성이 대적의 손에 넘어졌으나
그를 돕는 자가 없었고 대적들은
그의 멸망을 비웃는도다
8 예루살렘이 크게 범죄함으로 (嘲
笑)조소거리가 되었으니 전에 그
에게 영광을 돌리던 모든 사람이
그의 벗었음을 보고 업신여김이여
그는 탄식하며 물러가는도다
9 그의 더러운 것이 그의 옷깃에 묻
어 있으나 그의 나중을 생각하지
아니함이여 그러므로 놀랍도록 낮
아져도 그를 위로할 자가 없도다
여호와여 원수가 스스로 큰 체하
오니 나의 (患難)환난을 감찰하소
서
10 대적이 손을 펴서 그의 모든 보물
들을 빼앗았나이다 주께서 이미
(異邦人)이방인들을 막아 주의 성
회에 들어오지 못하도록 명령하신
그 (聖所)성소에 그들이 들어간
것을 예루살렘이 보았나이다
11 그 모든 백성이 생명을 이으려고
보물로 먹을 것들을 바꾸었더니
지금도 (嘆息)탄식하며 양식을 구
하나이다 나는 (卑賤)비천하오니
여호와여 나를 돌보시옵소서
12 지나가는 모든 사람들이여 너희
에게는 (關係)관계가 없는가 나
의 고통과 같은 고통이 있는가 볼

지어다 여호와께서 그의 진노하신
날에 나를 괴롭게 하신 것이로다
13 높은 곳에서 나의 (骨髓)골수에
불을 보내어 이기게 하시고 내 발
앞에 그물을 치사 나로 물러가게
하셨음이여 종일토록 나를 피곤하
게 하여 황폐하게 하셨도다
14 내 죄악의 멍에를 그의 손으로 묶
고 얽어 내 목에 올리사 내 힘을
피곤하게 하셨음이여 내가 (堪當)
감당할 수 없는 자의 손에 주께서
나를 넘기셨도다
15 주께서 내 영토 안 나의 모든 용사
들을 없는 것 같이 여기시고 (聖
會)성회를 모아 내 청년들을 부수
심이여 처녀 딸 유다를 내 주께서
술틀에 밟으셨도다
16 이로 말미암아 내가 우니 내 눈에
눈물이 물 같이 흘러내림이여 나
를 위로하여 내 생명을 (回復)회
복시켜 줄 자가 멀리 떠났음이로
다 원수들이 이기매 내 자녀들이
외롭도다
17 시온이 두 손을 폈으나 그를 (慰
勞)위로할 자가 없도다 여호와께
서 야곱의 사방에 있는 자들에게
명령하여 야곱의 대적들이 되게
하셨으니 예루살렘은 그들 가운데
에 있는 불결한 자가 되었도다
18 여호와는 의로우시도다 그러나 내
가 그의 명령을 (拒逆)거역하였도
다 너희 모든 백성들아 내 말을 듣
고 내 고통을 볼지어다 나의 처녀
들과 나의 청년들이 사로잡혀 갔
도다
19 내가 내 사랑하는 자들을 불렀으
나 그들은 나를 속였으며 나의 제
사장들과 장로들은 그들의 목숨을
회복시킬 그들의 양식을 구하다가
성 가운데에서 (氣絶)기절하였도
다
20 여호와여 보시옵소서 내가 환난을
당하여 나의 애를 다 태우고 나의
마음이 상하오니 나의 (叛逆)반역
이 심히 큼이니이다 밖에서는 칼
이 내 아들을 빼앗아 가고 집 안에
서는 죽음 같은 것이 있나이다
21 그들이 내가 (嘆息)탄식하는 것을
들었으나 나를 위로하는 자가 없
으며 나의 모든 원수들은 내가 재
난 당하는 것을 듣고 주께서 이렇
게 행하신 것을 기뻐하나이다 그
러나 주께서 그 선포하신 날을 이
르게 하셔서 그들이 나와 같이 되
게 하소서
22 그들의 모든 악을 주 앞에 가지고
오게 하시고 나의 모든 죄악들로
말미암아 내게 행하신 것 같이 그
들에게 행하옵소서 나의 (嘆息)탄
식이 많고 나의 마음이 병들었나
이다

예루살렘에 대한 여호와의 진노

2 슬프다 주께서 어찌 그리 진노
하사 딸 시온을 구름으로 덮으
셨는가 이스라엘의 아름다움을 하
늘에서 땅에 던지셨음이여 그의
(震怒)진노의 날에 그의 발판을
기억하지 아니하셨도다
2 주께서 야곱의 모든 거처들을 삼
키시고 긍휼히 여기지 아니하셨음

애

이여 노하사 딸 유다의 (堅固)견
고한 성채들을 허물어 땅에 엎으
시고 나라와 그 지도자들을 욕되
게 하셨도다
3 맹렬한 (震怒)진노로 이스라엘의
모든 뿔을 자르셨음이여 원수 앞
에서 그의 오른손을 뒤로 거두어
들이시고 맹렬한 불이 사방으로
불사름 같이 야곱을 불사르셨도다
4 원수 같이 그의 활을 당기고 대적
처럼 그의 오른손을 들고 서서 눈
에 드는 아름다운 모든 사람을 죽
이셨음이여 딸 시온의 (帳幕)장막
에 그의 (怒)노를 불처럼 쏟으셨
도다
5 주께서 원수 같이 되어 이스라엘
을 삼키셨음이여 그 모든 궁궐들
을 삼키셨고 견고한 성들을 무너
뜨리사 딸 유다에 근심과 (哀痛)
애통을 더하셨도다
6 주께서 그의 (草幕)초막을 동산처
럼 헐어 버리시며 그의 절기를 폐
하셨도다 여호와께서 시온에서 절
기와 안식일을 잊어버리게 하시며
그가 진노하사 왕과 제사장을 멸
시하셨도다
7 여호와께서 또 자기 제단을 버리
시며 자기 성소를 미워하시며 궁
전의 성벽들을 원수의 손에 넘기
셨으매 그들이 여호와의 전에서
떠들기를 (節期)절기의 날과 같이
하였도다
8 여호와께서 딸 시온의 성벽을 헐
기로 결심하시고 줄을 띠고 무너
뜨리는 일에서 손을 거두지 아니
하사 성벽과 성곽으로 통곡하게
하셨으매 그들이 함께 (衰)쇠하였
도다
9 성문이 땅에 묻히며 빗장이 부서
져 파괴되고 왕과 지도자들이 율
법 없는 이방인들 가운데에 있으
며 그 성의 선지자들은 여호와의
(默示)묵시를 받지 못하는도다
10 딸 시온의 장로들이 땅에 앉아 잠
잠하고 티끌을 머리에 덮어쓰고
굵은 베를 허리에 둘렀음이여 예
루살렘 (處女)처녀들은 머리를 땅
에 숙였도다
11 ● 내 눈이 눈물에 상하며 내 창자
가 끊어지며 내 간이 땅에 쏟아졌
으니 이는 딸 내 백성이 패망하여
어린 자녀와 젖 먹는 아이들이 성
읍 길거리에 (氣絕)기절함이로다
12 그들이 (城邑)성읍 길거리에서
(傷)상한 자처럼 기절하여 그의
어머니들의 품에서 혼이 떠날 때
에 어머니들에게 이르기를 곡식과
포도주가 어디 있느냐 하도다
13 딸 예루살렘이여 내가 무엇으로
네게 (證據)증거하며 무엇으로 네
게 비유할까 처녀 딸 시온이여 내
가 무엇으로 네게 비교하여 너를
위로할까 너의 파괴됨이 바다 같
이 크니 누가 너를 고쳐 줄소냐
14 네 선지자들이 네게 대하여 헛되
고 어리석은 묵시를 보았으므로
네 죄악을 드러내어서 네가 사로
잡힌 것을 돌이키지 못하였도다
그들이 거짓 경고와 (迷惑)미혹하
게 할 것만 보았도다

15 모든 지나가는 자들이 다 너를 향
하여 (拍手)박수치며 딸 예루살렘
을 향하여 비웃고 머리를 흔들며
말하기를 온전한 영광이라, 모든
세상 사람들의 기쁨이라 일컫던
성이 이 성이냐 하며
16 네 모든 원수들은 너를 향하여 그
들의 입을 벌리며 비웃고 이를 갈
며 말하기를 우리가 그를 삼켰도
다 우리가 바라던 날이 (果然)과
연 이 날이라 우리가 얻기도 하고
보기도 하였다 하도다
17 여호와께서 이미 정하신 일을 행
하시고 옛날에 명령하신 말씀을
다 이루셨음이여 (矜恤)긍휼히 여
기지 아니하시고 무너뜨리사 원수
가 너로 말미암아 즐거워하게 하
며 네 대적자들의 뿔로 높이 들리
게 하셨도다
18 그들의 마음이 주를 향하여 부르
짖기를 딸 시온의 (城廓)성벽아
너는 밤낮으로 눈물을 강처럼 흘
릴지어다 스스로 쉬지 말고 네 눈
동자를 쉬게 하지 말지어다
19 초저녁에 일어나 부르짖을지어다
네 마음을 주의 얼굴 앞에 물 쏟듯
할지어다 각 길 어귀에서 주려 (氣
盡)기진한 네 어린 자녀들의 생명
을 위하여 주를 향하여 손을 들지
어다 하였도다
20 ● 여호와여 보시옵소서 주께서
누구에게 이같이 행하셨는지요 여
인들이 어찌 자기 열매 곧 그들이
낳은 아이들을 먹으오며 제사장들
과 선지자들이 어찌 주의 (聖所)
성소에서 죽임을 당하오리이까
21 늙은이와 젊은이가 다 길바닥에
엎드러졌사오며 내 처녀들과 내
청년들이 칼에 쓰러졌나이다 주께
서 주의 진노의 날에 죽이시되 긍
휼히 여기지 아니하시고 (屠戮)도
륙하셨나이다
22 주께서 내 두려운 일들을 사방에
서 부르시기를 절기 때 무리를 부
름 같이 하셨나이다 여호와께서
(震怒)진노하시는 날에는 피하거
나 남은 자가 없나이다 내가 낳아
기르는 아이들을 내 원수가 다 멸
하였나이다

진노, 회개, 소망

3 여호와의 (憤怒)분노의 매로 말
미암아 고난 당한 자는 나로다
2 나를 이끌어 어둠 안에서 걸어가
게 하시고 빛 안에서 걸어가지 못
하게 하셨으며
3 (終日)종일토록 손을 들어 자주자
주 나를 치시는도다
4 나의 살과 가죽을 (衰)쇠하게 하
시며 나의 뼈들을 꺾으셨고
5 (苦痛)고통과 수고를 쌓아 나를
에우셨으며
6 나를 어둠 속에 살게 하시기를 죽
은 지 오랜 (者)자 같게 하셨도다
7 나를 둘러싸서 나가지 못하게 하
시고 내 사슬을 무겁게 하셨으며
8 내가 부르짖어 도움을 구하나 내
(祈禱)기도를 물리치시며
9 다듬은 돌을 쌓아 내 길들을 막으
사 내 길들을 굽게 하셨도다
10 그는 내게 대하여 엎드려 기다리

는 곰과 (隱密)은밀한 곳에 있는
(獅子)사자 같으사
11 나의 길들로 치우치게 하시며 내
몸을 찢으시며 나를 (寂寞)적막하
게 하셨도다
12 활을 당겨 나를 화살의 과녁으로
삼으심이여
13 화살(筒)통의 화살들로 내 허리를
맞추셨도다
14 나는 내 모든 백성에게 (嘲弄)조
롱거리 곧 종일토록 그들의 노랫
거리가 되었도다
15 나를 쓴 것들로 배불리시고 쑥으
로 (醉)취하게 하셨으며
16 조약돌로 내 이들을 꺾으시고 재
로 나를 덮으셨도다
17 주께서 내 심령이 (平康)평강에서
멀리 떠나게 하시니 내가 복을 내
어버렸음이여
18 스스로 이르기를 나의 힘과 여호
와께 대한 내 (所望)소망이 끊어
졌다 하였도다
19 ● 내 (苦楚)고초와 재난 곧 쑥과
담즙을 기억하소서
20 내 마음이 그것을 (記憶)기억하고
내가 낙심이 되오나
21 이것을 내가 내 마음에 담아 두었
더니 그것이 오히려 나의 (所望)
소망이 되었사옴은
22 여호와의 인자와 긍휼이 (無窮)무
궁하시므로 우리가 진멸되지 아니
함이니이다
23 이것들이 아침마다 새로우니 주의
(誠實)성실하심이 크시도소이다
24 내 (心靈)심령에 이르기를 여호와
는 나의 기업이시니 그러므로 내
가 그를 바라리라 하도다
25 기다리는 자들에게나 구하는 (靈
魂)영혼들에게 여호와는 선하시
도다
26 사람이 여호와의 (救援)구원을 바
라고 잠잠히 기다림이 좋도다
27 사람은 젊었을 때에 멍에를 메는
것이 좋으니
28 혼자 앉아서 잠잠할 것은 (主)주
께서 그것을 그에게 메우셨음이라
29 그대의 입을 땅의 티끌에 댈지어
다 (或是)혹시 소망이 있을지로다
30 자기를 치는 자에게 뺨을 돌려대
어 (恥辱)치욕으로 배불릴지어다
31 이는 주께서 (永遠)영원하도록 버
리지 아니하실 것임이며
32 그가 비록 근심하게 하시나 그의
(豐富)풍부한 인자하심에 따라 긍
휼히 여기실 것임이라
33 주께서 인생으로 고생하게 하시며
근심하게 하심은 (本心)본심이 아
니시로다
34 (世上)세상에 있는 모든 갇힌 자
들을 발로 밟는 것과
35 지존자의 얼굴 앞에서 사람의 (裁
判)재판을 굽게 하는 것과
36 사람의 (訟事)송사를 억울하게 하
는 것은 다 주께서 기쁘게 보시는
것이 아니로다
37 주의 명령이 아니면 누가 이것을
(能)능히 말하여 이루게 할 수 있
으랴
38 화와 복이 (至尊者)지존자의 입으
로부터 나오지 아니하느냐

39 살아 있는 사람은 자기 죄들 때문
에 벌을 받나니 어찌 (怨望)원망
하랴
40 ● 우리가 스스로 우리의 행위들
을 (調査)조사하고 여호와께로 돌
아가자
41 우리의 마음과 손을 아울러 하늘
에 계신 하나님께 들자
42 우리의 (犯罪)범죄함과 우리의 반
역함을 주께서 사하지 아니하시고
43 진노로 자신을 가리시고 우리를
(追擊)추격하시며 죽이시고 긍휼
을 베풀지 아니하셨나이다
44 주께서 구름으로 자신을 가리사
기도가 (上達)상달되지 못하게 하
시고
45 우리를 뭇 나라 가운데에서 쓰레
기와 (廢物)폐물로 삼으셨으므로
46 우리의 모든 (怨讐)원수들이 우리
를 향하여 그들의 입을 크게 벌렸
나이다
47 두려움과 (陷穽)함정과 파멸과 멸
망이 우리에게 임하였도다
48 딸 내 백성의 (破滅)파멸로 말미
암아 내 눈에는 눈물이 시내처럼
흐르도다
49 내 눈에 흐르는 눈물이 그치지 아
니하고 쉬지 아니함이여
50 여호와께서 하늘에서 살피시고 돌
아보실 때까지니라
51 나의 성읍의 모든 여자들을 내 눈
으로 보니 내 (心靈)심령이 상하
는도다
52 나의 원수들이 이유없이 나를 새
처럼 사냥하는도다

53 그들이 내 (生命)생명을 끊으려고
나를 구덩이에 넣고 그 위에 돌을
던짐이여
54 물이 내 머리 위로 넘치니 내가 스
스로 이르기를 이제는 (滅絕)멸절
되었다 하도다
55 ● 여호와여 내가 (甚)심히 깊은
구덩이에서 주의 이름을 불렀나이
다
56 주께서 이미 나의 음성을 들으셨
사오니 이제 나의 (嘆息)탄식과
부르짖음에 주의 귀를 가리지 마
옵소서
57 내가 주께 아뢴 날에 (主)주께서
내게 가까이 하여 이르시되 두려
워하지 말라 하셨나이다
58 주여 주께서 내 심령의 (冤痛)원
통함을 풀어 주셨고 내 생명을 속
량하셨나이다
59 여호와여 나의 (抑鬱)억울함을 보
셨사오니 나를 위하여 원통함을
풀어주옵소서
60 그들이 내게 보복하며 나를 (謀
害)모해함을 주께서 다 보셨나이
다
61 여호와여 그들이 나를 비방하며
나를 (謀害)모해하는 모든 것
62 곧 일어나 나를 치는 자들의 입술
에서 나오는 것들과 종일 나를 (謀
害)모해하는 것들을 들으셨나이
다
63 그들이 앉으나 서나 나를 (嘲弄)
조롱하여 노래하는 것을 주목하여
보옵소서
64 여호와여 주께서 그들의 손이 행

한 대로 그들에게 (報應)보응하사
65 그들에게 (倨慢)거만한 마음을 주
시고 그들에게 저주를 내리소서
66 주께서 (震怒)진노로 그들을 뒤쫓
으사 여호와의 하늘 아래에서 멸
하소서

멸망 후의 예루살렘

4 슬프다 어찌 그리 금이 빛을 잃
고 순금이 (變質)변질하였으며
성소의 돌들이 거리 어귀마다 쏟
아졌는고
2 (純金)순금에 비할 만큼 보배로운
시온의 아들들이 어찌 그리 토기
장이가 만든 질항아리 같이 여김
이 되었는고
3 들개들도 젖을 주어 그들의 새끼
를 먹이나 딸 내 백성은 잔인하여
마치 (曠野)광야의 타조 같도다
4 젖먹이가 목말라서 혀가 입(天障)
천장에 붙음이여 어린 아이들이
떡을 구하나 떼어 줄 사람이 없도
다
5 맛있는 (飮食)음식을 먹던 자들이
외롭게 거리 거리에 있으며 이전
에는 붉은 옷을 입고 자라난 자들
이 이제는 거름더미를 안았도다
6 전에 소돔이 사람의 손을 대지 아
니하였는데도 (瞬息間)순식간에
무너지더니 이제는 딸 내 백성의
죄가 소돔의 죄악보다 무겁도다
7 전에는 존귀한 자들의 몸이 눈보
다 깨끗하고 젖보다 희며 산호들
보다 붉어 그들의 (潤澤)윤택함이
갈아서 빛낸 청옥 같더니
8 이제는 그들의 얼굴이 숯보다 검
고 그들의 가죽이 뼈들에 붙어 막
대기 같이 말랐으니 어느 거리에
서든지 알아볼 사람이 없도다
9 칼에 죽은 자들이 주려 죽은 자들
보다 나음은 토지 (所産)소산이
끊어지므로 그들은 찔림 받은 자
들처럼 점점 (衰弱)쇠약하여 감이
로다
10 딸 내 백성이 멸망할 때에 (慈悲)
자비로운 부녀들이 자기들의 손으
로 자기들의 자녀들을 삶아 먹었
도다
11 ● 여호와께서 그의 분을 내시며
그의 (猛烈)맹렬한 진노를 쏟으심
이여 시온에 불을 지르사 그 터를
사르셨도다
12 (對敵)대적과 원수가 예루살렘 성
문으로 들어갈 줄은 세상의 모든
왕들과 천하 모든 백성이 믿지 못
하였었도다
13 그의 선지자들의 죄들과 (祭司長)
제사장들의 죄악들 때문이니 그들
이 성읍 안에서 의인들의 피를 흘
렸도다
14 그들이 거리 거리에서 맹인 같이
(彷徨)방황함이여 그들의 옷들이
피에 더러워졌으므로 그들이 만질
수 없도다
15 사람들이 그들에게 외쳐 이르기를
저리 가라 부정하다, 저리 가라,
저리 가라, 만지지 말라 하였음이
여 그들이 도망하여 방황할 때에
(異邦人)이방인들이 말하기를 그
들이 다시는 여기서 살지 못하리
라 하였도다

16 여호와께서 노하여 그들을 흩으시
고 다시는 돌보지 아니하시리니
그들이 제사장들을 높이지 아니하
였으며 장로들을 (待接)대접하지
아니하였음이로다
17 ● 우리가 헛되이 도움을 바라므
로 우리의 눈이 (傷)상함이여 우
리를 구원하지 못할 나라를 바라
보고 바라보았도다
18 그들이 우리의 걸음을 엿보니 우
리가 거리마다 다 다닐 수 없음이
여 우리의 끝이 가깝고 우리의 날
들이 다하였으며 우리의 (終末)종
말이 이르렀도다
19 우리를 뒤쫓는 자들이 하늘의 독
수리들보다 빠름이여 산 꼭대기까
지도 뒤쫓으며 광야에서도 우리를
잡으려고 매복하였도다
20 우리의 콧김 곧 여호와께서 기름
부으신 자가 그들의 (陷穽)함정에
빠졌음이여 우리가 그를 가리키며
전에 이르기를 우리가 그의 그늘
아래에서 이방인들 중에 살겠다
하던 자로다
21 우스 땅에 사는 딸 에돔아 즐거워
하며 기뻐하라 잔이 네게도 이를
지니 네가 (醉)취하여 벌거벗으리
라
22 딸 시온아 네 죄악의 (刑罰)형벌
이 다하였으니 주께서 다시는 너
로 사로잡혀 가지 아니하게 하시
리로다 딸 에돔아 주께서 네 죄악
을 벌하시며 네 허물을 드러내시
리로다

긍휼을 위한 기도

5 여호와여 우리가 당한 것을 기
억하시고 우리가 받은 (恥辱)치
욕을 살펴보옵소서
2 우리의 기업이 외인들에게, 우리
의 집들도 (異邦人)이방인들에게
돌아갔나이다
3 우리는 아버지 없는 (孤兒)고아들
이오며 우리의 어머니는 과부들
같으니
4 우리가 (銀)은을 주고 물을 마시
며 값을 주고 나무들을 가져오며
5 우리를 뒤쫓는 자들이 우리의 목
을 눌렀사오니 우리가 (氣盡)기진
하여 쉴 수 없나이다
6 우리가 애굽 사람과 앗수르 사람
과 (握手)악수하고 양식을 얻어
배불리고자 하였나이다
7 우리의 조상들은 범죄하고 없어
졌으며 우리는 그들의 죄악을 (擔
當)담당하였나이다
8 종들이 우리를 (支配)지배함이여
그들의 손에서 건져낼 자가 없나
이다
9 광야에는 칼이 있으므로 죽기를
무릅써야 (糧食)양식을 얻사오니
10 굶주림의 (熱氣)열기로 말미암아
우리의 피부가 아궁이처럼 검으니
이다
11 대적들이 시온에서 (婦女)부녀들
을, 유다 각 성읍에서 처녀들을 욕
보였나이다
12 지도자들은 그들의 손에 매달리고
장로들의 얼굴도 (尊敬)존경을 받
지 못하나이다
13 (青年)청년들이 맷돌을 지며 아이

들이 나무를 지다가 엎드러지오며
14 (老人)노인들은 다시 성문에 앉지
못하며 청년들은 다시 노래하지
못하나이다
15 우리의 마음에는 기쁨이 그쳤고
우리의 춤은 (變)변하여 슬픔이
되었사오며
16 우리의 머리에서는 면류관이 떨어
졌사오니 오호라 우리의 (犯罪)범
죄 때문이니이다
17 이러므로 우리의 마음이 (疲困)피
곤하고 이러므로 우리 눈들이 어
두우며
18 시온 산이 (荒廢)황폐하여 여우가
그 안에서 노나이다
19 ● 여호와여 주는 영원히 계시오
며 주의 (寶座)보좌는 대대에 이
르나이다
20 주께서 어찌하여 우리를 (永遠)영
원히 잊으시오며 우리를 이같이
오래 버리시나이까
21 여호와여 우리를 (主)주께로 돌이
키소서 그리하시면 우리가 주께로
돌아가겠사오니 우리의 날들을 다
시 새롭게 하사 옛적 같게 하옵소
서
22 [1]주께서 우리를 아주 버리셨사오
며 우리에게 (震怒)진노하심이 참
으로 크시니이다

1) 주께서 우리를 아주 버리셨나이까 우리에게 심히 진노하셨나이까

에스겔 Ezekiel

여호와의 보좌

1 서른째 해 넷째 달 (初)초닷새에 내가 그발 강 가 사로잡힌 자 중에 있을 때에 하늘이 열리며 하나님의 모습이 내게 보이니

2 여호야긴 왕이 사로잡힌 지 오 년 그 달 초닷새라

3 갈대아 땅 그발 강 가에서 여호와의 말씀이 부시의 아들 제사장 나 에스겔에게 (特別)특별히 임하고 여호와의 권능이 내 위에 있으니라

4 ● 내가 보니 북쪽에서부터 (暴風)폭풍과 큰 구름이 오는데 그 속에서 불이 번쩍번쩍하여 빛이 그 사방에 비치며 그 불 가운데 단 쇠 같은 것이 나타나 보이고

5 그 속에서 네 (生物)생물의 형상이 나타나는데 그들의 모양이 이러하니 그들에게 사람의 형상이 있더라

6 그들에게 (各各)각각 네 얼굴과 네 날개가 있고

7 그들의 다리는 곧은 다리요 그들의 발바닥은 송아지 발바닥 같고 (光)광낸 구리 같이 빛나며

8 그 사방 날개 밑에는 각각 사람의 손이 있더라 그 네 (生物)생물의 얼굴과 날개가 이러하니

9 날개는 다 서로 연하였으며 갈 때에는 돌이키지 아니하고 (一齊)일제히 앞으로 곧게 행하며

10 그 얼굴들의 (貌樣)모양은 넷의 앞은 사람의 얼굴이요 넷의 오른쪽은 사자의 얼굴이요 넷의 왼쪽은 소의 얼굴이요 넷의 뒤는 독수리의 얼굴이니

11 그 얼굴은 그러하며 그 날개는 들어 펴서 각기 둘씩 서로 (連)연하였고 또 둘은 몸을 가렸으며

12 (靈)영이 어떤 쪽으로 가면 그 생물들도 그대로 가되 돌이키지 아니하고 일제히 앞으로 곧게 행하며

13 또 생물들의 모양은 타는 숯불과 횃불 모양 같은데 그 불이 그 생물 사이에서 오르락내리락 하며 그 불은 (光彩)광채가 있고 그 가운데에서는 번개가 나며

14 그 생물들은 번개 모양 같이 (往來)왕래하더라

15 ● 내가 그 (生物)생물들을 보니 그 생물들 곁에 있는 땅 위에는 바퀴가 있는데 그 네 얼굴을 따라 하나씩 있고

16 그 바퀴의 모양과 그 (構造)구조는 (黃玉)황옥 같이 보이는데 그 넷은 똑같은 모양을 가지고 있으며 그들의 모양과 구조는 바퀴 안에 바퀴가 있는 것 같으며

17 그들이 갈 때에는 (四方)사방으로 향한 대로 돌이키지 아니하고 가며

18 그 둘레는 높고 무서우며 그 네 둘레로 돌아가면서 눈이 가득하며

19 그 (生物)생물들이 갈 때에 바퀴

들도 그 곁에서 가고 그 생물들이
땅에서 들릴 때에 바퀴들도 들려
서
20 (靈)영이 어떤 쪽으로 가면 생물
들도 영이 가려 하는 곳으로 가고
바퀴들도 그 곁에서 들리니 이는
생물의 영이 그 바퀴들 가운데에
있음이니라
21 그들이 가면 이들도 가고 그들이
서면 이들도 서고 그들이 땅에서
들릴 때에는 이들도 그 곁에서 들
리니 이는 생물의 (靈)영이 그 바
퀴들 가운데에 있음이더라
22 ●그 생물의 머리 위에는 수정 같
은 (穹蒼)궁창의 형상이 있어 보
기에 두려운데 그들의 머리 위에
펼쳐져 있고
23 그 궁창 밑에 생물들의 날개가 서
로 (向)향하여 펴 있는데 이 생물
은 두 날개로 몸을 가렸고 저 생물
도 두 날개로 몸을 가렸더라
24 (生物)생물들이 갈 때에 내가 그
날개 소리를 들으니 많은 물 소리
와도 같으며 전능자의 음성과도
같으며 떠드는 소리 곧 (軍隊)군
대의 소리와도 같더니 그 생물이
설 때에 그 날개를 내렸더라
25 그 머리 위에 있는 (穹蒼)궁창 위
에서부터 음성이 나더라 그 생물
이 설 때에 그 날개를 내렸더라
26 ●그 머리 위에 있는 궁창 위에
(寶座)보좌의 (形狀)형상이 있는
데 그 모양이 (藍寶石)남보석 같
고 그 보좌의 형상 위에 한 형상이
있어 사람의 모양 같더라
27 내가 보니 그 허리 위의 (貌樣)모
양은 단 쇠 같아서 그 속과 주위가
불 같고 내가 보니 그 허리 아래의
모양도 불 같아서 사방으로 광채
가 나며
28 그 사방 (光彩)광채의 모양은 비
오는 날 구름에 있는 무지개 같으
니 이는 여호와의 영광의 형상의
모양이라 내가 보고 엎드려 말씀
하시는 이의 음성을 들으니라

에스겔을 선지자로 부르시다

2 그가 내게 이르시되 (人子)인자
야 네 발로 일어서라 내가 네게
말하리라 하시며
2 그가 내게 말씀하실 때에 그 (靈)
영이 내게 임하사 나를 일으켜 내
발로 세우시기로 내가 그 말씀하
시는 자의 소리를 들으니
3 내게 이르시되 인자야 내가 너를
이스라엘 자손 곧 패역한 백성, 나
를 배반하는 자에게 보내노라 그
들과 그 조상들이 내게 (犯罪)범
죄하여 오늘까지 이르렀나니
4 이 (子孫)자손은 얼굴이 뻔뻔하고
마음이 굳은 자니라 내가 너를 그
들에게 보내노니 너는 그들에게
이르기를 주 여호와의 말씀이 이
러하시다 하라
5 그들은 패역한 (族屬)족속이라 그
들이 듣든지 아니 듣든지 그들 가
운데에 선지자가 있음을 알지니라
6 인자야 너는 비록 가시와 찔레와
함께 있으며 전갈 가운데에 거주
할지라도 그들을 두려워하지 말고
그들의 말을 두려워하지 말지어다

그들은 (悖逆)패역한 족속이라도
그 말을 두려워하지 말며 그 얼굴
을 무서워하지 말지어다
7 그들은 심히 패역한 자라 그들이
듣든지 아니 듣든지 너는 내 말로
(告)고할지어다
8 ●너 인자야 내가 네게 이르는 말
을 듣고 그 (悖逆)패역한 족속 같
이 패역하지 말고 네 입을 벌리고
내가 네게 주는 것을 먹으라 하시
기로
9 내가 보니 보라 한 손이 나를 향하
여 펴지고 보라 그 안에 두루마리
(冊)책이 있더라
10 그가 그것을 내 앞에 펴시니 그 안
팎에 글이 있는데 그 위에 (哀歌)
애가와 애곡과 재앙의 말이 기록
되었더라

3 또 그가 내게 이르시되 인자야
너는 (發見)발견한 것을 먹으
라 너는 이 두루마리를 먹고 가서
이스라엘 족속에게 말하라 하시기
로
2 내가 입을 벌리니 그가 그 두루마
리를 내게 먹이시며
3 내게 이르시되 (人子)인자야 내가
네게 주는 이 두루마리를 네 배에
넣으며 네 창자에 채우라 하시기
에 내가 먹으니 그것이 내 입에서
달기가 꿀 같더라
4 ●그가 또 내게 이르시되 인자야
이스라엘 족속에게 가서 내 말로
그들에게 (告)고하라
5 너를 (言語)언어가 다르거나 말이
어려운 백성에게 보내는 것이 아
니요 이스라엘 족속에게 보내는
것이라
6 너를 언어가 다르거나 말이 어려
워 네가 그들의 말을 알아 듣지 못
할 나라들에게 보내는 것이 아니
니라 내가 너를 그들에게 보냈다
면 그들은 (丁寧)정녕 네 말을 들
었으리라
7 그러나 이스라엘 (族屬)족속은 이
마가 굳고 마음이 굳어 네 말을 듣
고자 아니하리니 이는 내 말을 듣
고자 아니함이니라
8 보라 내가 그들의 얼굴을 마주보
도록 네 얼굴을 굳게 하였고 그들
의 이마를 마주보도록 네 이마를
굳게 하였으되
9 네 이마를 (火石)화석보다 굳은
금강석 같이 하였으니 그들이 비
록 반역하는 족속이라도 두려워하
지 말며 그들의 얼굴을 무서워하
지 말라 하시니라
10 또 내게 이르시되 (人子)인자야
내가 네게 이를 모든 말을 너는 마
음으로 받으며 귀로 듣고
11 사로잡힌 네 (民族)민족에게로 가
서 그들이 듣든지 아니 듣든지 그
들에게 고하여 이르기를 주 여호
와의 말씀이 이러하시다 하라
12 ●때에 주의 영이 나를 들어올리
시는데 내가 내 뒤에서 크게 울리
는 소리를 들으니 (讚頌)찬송할
지어다 여호와의 영광이 그의 (處
所)처소로부터 나오는도다 하니
13 이는 (生物)생물들의 날개가 서로
부딪치는 소리와 생물 곁의 바퀴

소리라 크게 울리는 소리더라
14 주의 영이 나를 들어올려 데리고
가시는데 내가 근심하고 분한 마
음으로 가니 여호와의 권능이 힘
있게 나를 (感動)감동시키시더라

15 이에 내가 델아빕에 이르러 그 사
로잡힌 백성 곧 그발 강 가에 (居
住)거주하는 자들에게 나아가 그
중에서 두려워 떨며 칠 일을 지내
니라

파수꾼 에스겔(겔 33:1-9)

16 ● 칠 일 후에 여호와의 말씀이 내
게 (臨)임하여 이르시되
17 인자야 내가 너를 이스라엘 족속
의 파수꾼으로 세웠으니 너는 내
입의 말을 듣고 나를 (代身)대신
하여 그들을 깨우치라
18 가령 내가 악인에게 말하기를 너
는 꼭 죽으리라 할 때에 네가 깨우
치지 아니하거나 말로 악인에게
일러서 그의 악한 길을 떠나 생명
을 (救援)구원하게 하지 아니하면
그 악인은 그의 죄악 중에서 죽으
려니와 내가 그의 피 값을 네 손에
서 찾을 것이고
19 네가 악인을 깨우치되 그가 그의
악한 마음과 악한 (行爲)행위에서
돌이키지 아니하면 그는 그의 죄
악 중에서 죽으려니와 너는 네 생
명을 보존하리라
20 또 의인이 그의 공의에서 돌이켜
악을 행할 때에는 이미 행한 그의
공의는 (記憶)기억할 바 아니라
내가 그 앞에 거치는 것을 두면 그
가 죽을지니 이는 네가 그를 깨우
치지 않음이니라 그는 그의 죄 중
에서 죽으려니와 그의 피 값은 내
가 네 손에서 찾으리라
21 그러나 네가 그 의인을 깨우쳐 범
죄하지 아니하게 함으로 그가 범
죄하지 아니하면 정녕 살리니 이
는 깨우침을 받음이며 너도 네 영
혼을 (保存)보존하리라

에스겔이 말 못하는 자가 되다

22 ● 여호와께서 (權能)권능으로 거
기서 내게 임하시고 또 내게 이르
시되 일어나 들로 나아가라 내가
거기서 너와 말하리라 하시기로
23 내가 일어나 들로 나아가니 여호
와의 (榮光)영광이 거기에 머물렀
는데 내가 전에 그발 강 가에서 보
던 영광과 같은지라 내가 곧 엎드
리니
24 (主)주의 영이 내게 임하사 나를
일으켜 내 발로 세우시고 내게 말
씀하여 이르시되 너는 가서 네 집
에 들어가 문을 닫으라
25 너 (人子)인자야 보라 무리가 네
위에 줄을 놓아 너를 동여매리니
네가 그들 가운데에서 나오지 못
할 것이라
26 내가 네 혀를 네 입천장에 붙게 하
여 네가 말 못하는 자가 되어 그들
을 꾸짖는 자가 되지 못하게 하리
니 그들은 (悖逆)패역한 족속임이
니라
27 그러나 내가 너와 말할 때에 네 입
을 열리니 너는 그들에게 이르기
를 주 여호와의 말씀이 이러하시
다 하라 들을 자는 들을 것이요 듣

기 싫은 자는 듣지 아니하리니 그
들은 반역하는 (族屬)족속임이니
라

예루살렘을 그리고 에워싸라

4 너 인자야 (土版)토판을 가져다
가 그것을 네 앞에 놓고 한 성
읍 곧 예루살렘을 그 위에 그리고
2 그 성읍을 에워싸되 그것을 향하
여 사다리를 세우고 그것을 향하
여 흙으로 언덕을 쌓고 그것을 향
하여 진을 치고 그것을 향하여 (功
成退)공성퇴를 둘러 세우고
3 또 철판을 가져다가 너와 성읍 사
이에 두어 철벽을 삼고 성을 포위
하는 것처럼 에워싸라 이것이 이
스라엘 족속에게 (徵兆)징조가 되
리라
4 ●너는 또 왼쪽으로 누워 이스라
엘 족속의 죄악을 짊어지되 네가
눕는 날수대로 그 죄악을 (擔當)
담당할지니라
5 내가 그들의 범죄한 햇수대로 네
게 날수를 정하였나니 곧 삼백구
십 일이니라 너는 이렇게 이스라
엘 족속의 (罪惡)죄악을 담당하고
6 그 수가 차거든 너는 오른쪽으로
누워 유다 족속의 죄악을 (擔當)
담당하라 내가 네게 사십 일로 정
하였나니 하루가 일 년이니라
7 너는 또 네 얼굴을 에워싸인 예루
살렘 쪽으로 향하고 팔을 걷어 올
리고 (豫言)예언하라
8 내가 줄로 너를 동이리니 네가 에
워싸는 날이 끝나기까지 몸을 이
리 저리 돌리지 못하리라
9 ●너는 밀과 보리와 콩과 팥과 조
와 귀리를 가져다가 한 그릇에 담
고 너를 (爲)위하여 떡을 만들어
네가 옆으로 눕는 날수 곧 삼백구
십 일 동안 먹되
10 너는 (飮食物)음식물을 달아서 하
루 이십 세겔씩 때를 따라 먹고
11 물도 (六分)육분의 (一)일 힌씩 되
어서 때를 따라 마시라
12 너는 그것을 보리떡처럼 만들어
먹되 그들의 목전에서 (人糞)인분
불을 피워 구울지니라
13 또 여호와께서 이르시되 내가 여
러 나라들로 쫓아내어 흩어 버릴
이스라엘 자손이 거기서 이같이
(不淨)부정한 떡을 먹으리라 하시
기로
14 내가 말하되 아하 주 여호와여 나
는 영혼을 더럽힌 일이 없었나이
다 어려서부터 (只今)지금까지 스
스로 죽은 것이나 짐승에게 찢긴
것을 먹지 아니하였고 가증한 고
기를 입에 넣지 아니하였나이다
15 여호와께서 내게 이르시되 보라
쇠똥으로 인분을 (代身)대신하기
를 허락하노니 너는 그것으로 떡
을 구울지니라
16 또 내게 이르시되 인자야 내가 예
루살렘에서 (依賴)의뢰하는 양식
을 끊으리니 백성이 근심 중에 떡
을 달아 먹고 두려워 떨며 물을 되
어 마시다가
17 떡과 물이 부족하여 피차에 두려
워 하여 떨며 그 죄악 중에서 (衰
敗)쇠패하리라

머리털과 수염을 깎는 상징

5 너 인자야 너는 날카로운 칼을 가져다가 (削刀)삭도로 삼아 네 머리털과 수염을 깎아서 저울로 달아 나누어 두라

2 그 성읍을 에워싸는 날이 차거든 너는 터럭 삼분의 일은 (城邑)성읍 안에서 불사르고 삼분의 일은 성읍 (四方)사방에서 칼로 치고 또 삼분의 일은 바람에 흩으라 내가 그 뒤를 따라 칼을 빼리라

3 너는 터럭 (中)중에서 조금을 네 옷자락에 싸고

4 또 그 가운데에서 얼마를 불에 던져 사르라 그 속에서 불이 이스라엘 온 (族屬)족속에게로 나오리라

5 ●주 여호와께서 이와 같이 이르시되 이것이 곧 예루살렘이라 내가 그를 (異邦人)이방인 가운데에 두어 나라들이 둘러 있게 하였거늘

6 그가 내 (規例)규례를 거슬러서 이방인보다 악을 더 행하며 내 율례도 그리함이 그를 둘러 있는 나라들보다 더하니 이는 그들이 내 규례를 버리고 내 율례를 행하지 아니하였음이니라

7 그러므로 나 주 여호와가 말하노라 너희 (擾亂)요란함이 너희를 둘러싸고 있는 이방인들보다 더하여 내 율례를 행하지 아니하며 내 규례를 지키지 아니하고 너희를 둘러 있는 이방인들의 규례대로도 행하지 아니하였느니라

8 그러므로 나 주 여호와가 말하노라 나 곧 내가 너를 치며 이방인의 (目前)목전에서 너에게 벌을 내리되

9 네 모든 가증한 일로 말미암아 내가 (前無後無)전무후무하게 네게 내릴지라

10 그리한즉 네 가운데에서 아버지가 아들을 잡아먹고 아들이 그 아버지를 잡아먹으리라 내가 (罰)벌을 네게 내리고 너희 중에 남은 자를 다 사방에 흩으리라

11 그러므로 나 주 여호와가 말하노라 내가 나의 삶을 두고 맹세하노니 네가 모든 미운 물건과 모든 가증한 일로 내 성소를 더럽혔은즉 나도 너를 아끼지 아니하며 (矜恤)긍휼을 베풀지 아니하고 (微弱)미약하게 하리니

12 너희 가운데에서 삼분의 일은 전염병으로 죽으며 (饑饉)기근으로 멸망할 것이요 삼분의 일은 너의 사방에서 칼에 엎드러질 것이며 삼분의 일은 내가 사방에 흩어 버리고 또 그 뒤를 따라 가며 칼을 빼리라

13 ●이와 같이 내 노가 다한즉 그들을 향한 (憤)분이 풀려서 내 마음이 가라앉으리라 내 분이 그들에게 다한즉 나 여호와가 열심으로 말한 줄을 그들이 알리라

14 내가 이르되 또 너를 (荒蕪)황무하게 하고 너를 둘러싸고 있는 (異邦人)이방인들 중에서 모든 지나가는 자의 목전에 모욕거리가 되게 하리니

15 내 (怒)노와 (憤)분과 중한 책망으
로 네게 벌을 내린즉 너를 둘러싸
고 있는 이방인들에게 네가 수치
와 조롱거리가 되고 두려움과 경
고가 되리라 나 여호와의 말이니
라
16 내가 멸망하게 하는 (饑饉)기근의
독한 화살을 너희에게 보내되 기
근을 더하여 너희가 의뢰하는 양
식을 끊을 것이라
17 내가 (饑饉)기근과 사나운 짐승을
너희에게 보내 외롭게 하고 너희
가운데에 전염병과 살륙이 일어나
게 하고 또 칼이 너희에게 임하게
하리라 나 여호와의 말이니라

여호와께서 우상 숭배를 심판하시다

6 여호와의 말씀이 내게 임하여
이르시되
2 인자야 너는 이스라엘 산을 향하
여 그들에게 (豫言)예언하여
3 이르기를 이스라엘 산들아 주 여
호와의 말씀을 들으라 주 여호와
께서 산과 언덕과 시내와 골짜기
를 향하여 이같이 말씀하시기를
나 곧 내가 칼이 너희에게 임하게
하여 너희 (山堂)산당을 멸하리니
4 너희 제단들이 황폐하고 (焚香祭
壇)분향제단들이 깨뜨려질 것이
며 너희가 죽임을 당하여 너희 우
상 앞에 엎드러지게 할 것이라
5 이스라엘 자손의 시체를 그 우상
앞에 두며 너희 (骸骨)해골을 너
희 제단 사방에 흩으리라
6 내가 너희가 거주하는 모든 성읍
이 사막이 되게 하며 산당을 황폐
하게 하리니 이는 너희 제단이 깨
어지고 황폐하며 너희 (偶像)우상
들이 깨어져 없어지며 너희 분향
제단들이 찍히며 너희가 만든 것
이 폐하여지며
7 또 너희가 죽임을 (當)당하여 엎
드러지게 하여 내가 여호와인 줄
을 너희가 알게 하려 함이라
8 ●그러나 너희가 여러 나라에 흩
어질 때에 내가 너희 중에서 칼을
(避)피하여 이방인들 중에 살아
남은 자가 있게 할지라
9 너희 중에서 살아 남은 자가 사로
잡혀 이방인들 중에 있어서 나를
기억하되 그들이 음란한 마음으로
나를 떠나고 음란한 눈으로 우상
을 섬겨 나를 근심하게 한 것을 기
억하고 스스로 (恨歎)한탄하리니
이는 그 모든 가증한 일로 악을 행
하였음이라
10 그 때에야 그들이 나를 여호와인
줄 알리라 내가 이런 (災殃)재앙
을 그들에게 내리겠다 한 말이 헛
되지 아니하니라
11 ●주 여호와께서 이같이 이르시
되 너는 손뼉을 치고 발을 구르며
말할지어다 오호라 이스라엘 족속
이 모든 (可憎)가증한 악을 행하
므로 마침내 칼과 기근과 전염병
에 망하되
12 먼 데 있는 자는 (傳染病)전염병
에 죽고 가까운 데 있는 자는 칼에
엎드러지고 남아 있어 에워싸인
자는 기근에 죽으리라 이같이 내
진노를 그들에게 이룬즉

13 그 죽임 당한 시체들이 그 우상들
사이에, 제단 사방에, 각 높은 고
개 위에, 모든 산 꼭대기에, 모든
푸른 나무 아래에, (茂盛)무성한
상수리나무 아래 곧 그 우상에게
분향하던 곳에 있으리니 내가 여
호와인 줄을 너희가 알리라
14 내가 내 손을 그들의 위에 펴서 그
가 사는 온 땅 곧 광야에서부터 디
블라까지 (荒凉)황량하고 황폐하
게 하리니 내가 여호와인 줄을 그
들이 알리라

이스라엘의 끝이 다가오다

7 또 여호와의 말씀이 내게 임하
여 이르시되
2 너 인자야 주 여호와께서 이스라
엘 땅에 (關)관하여 이같이 말씀
하셨느니라 끝났도다 이 땅 사방
의 일이 끝났도다
3 이제는 네게 끝이 이르렀나니 내
가 내 진노를 네게 나타내어 네 행
위를 심판하고 네 모든 가증한 일
을 (報應)보응하리라
4 내가 너를 불쌍히 여기지 아니하
며 (矜恤)긍휼히 여기지도 아니하
고 네 행위대로 너를 벌하여 네 가
증한 일이 너희 중에 나타나게 하
리니 내가 여호와인 줄을 너희가
알리라
5 ● 주 여호와께서 이같이 이르시
되 재앙이로다, (非常)비상한 재
앙이로다 볼지어다 그것이 왔도다
6 끝이 왔도다, 끝이 왔도다 끝이 너
에게 왔도다 볼지어다 그것이 왔
도다
7 이 땅 주민아 정한 재앙이 네게 임
하도다 때가 이르렀고 날이 가까
웠으니 (擾亂)요란한 날이요 산에
서 즐거이 부르는 날이 아니로다
8 이제 내가 속히 분을 네게 쏟고 내
진노를 네게 이루어서 네 (行爲)
행위대로 너를 심판하여 네 모든
가증한 일을 네게 보응하되
9 내가 너를 불쌍히 여기지 아니하
며 긍휼히 여기지도 아니하고 네
행위대로 너를 벌하여 너의 (可
憎)가증한 일이 너희 중에 나타나
게 하리니 나 여호와가 때리는 이
임을 네가 알리라
10 ● 볼지어다 그 날이로다 볼지어
다 (臨迫)임박하도다 정한 재앙이
이르렀으니 몽둥이가 꽃이 피며
교만이 싹이 났도다
11 (暴虐)포학이 일어나서 죄악의 몽
둥이가 되었은즉 그들도, 그 무리
도, 그 재물도 하나도 남지 아니하
며 그 중의 아름다운 것도 없어지
리로다
12 때가 이르렀고 날이 가까웠으니
사는 자도 기뻐하지 말고 파는 자
도 근심하지 말 것은 (震怒)진노
가 그 모든 무리에게 임함이로다
13 파는 자가 살아 있다 할지라도 다
시 돌아가서 그 판 것을 얻지 못하
리니 이는 묵시가 그 모든 무리에
게 돌아오지 아니하고, 사람이 그
죄악으로 말미암아 자기의 목숨을
(維持)유지할 수 없으리라 하였음
이로다

이스라엘이 받는 벌

14 ●그들이 나팔을 불어 온갖 것을
(準備)준비하였을지라도 전쟁에
나갈 사람이 없나니 이는 내 진노
가 그 모든 무리에게 이르렀음이라
15 밖에는 칼이 있고 안에는 전염병
과 (饑饉)기근이 있어서 밭에 있
는 자는 칼에 죽을 것이요 성읍에
있는 자는 기근과 전염병에 망할
것이며
16 (逃亡)도망하는 자는 산 위로 피
하여 다 각기 자기 죄악 때문에 골
짜기의 비둘기들처럼 슬피 울 것
이며
17 모든 손은 (疲困)피곤하고 모든
무릎은 물과 같이 약할 것이라
18 그들이 굵은 베로 허리를 묶을 것
이요 두려움이 그들을 덮을 것이
요 모든 얼굴에는 (羞恥)수치가
있고 모든 머리는 대머리가 될 것
이며
19 그들이 그 은을 거리에 던지며 그
금을 오물 같이 여기리니 이는 여
호와 내가 (震怒)진노를 내리는
날에 그들의 은과 금이 능히 그들
을 건지지 못하며 능히 그 심령을
족하게 하거나 그 창자를 채우지
못하고 오직 죄악의 걸림돌이 됨
이로다
20 그들이 그 (華麗)화려한 장식으로
말미암아 교만을 품었고 또 그것
으로 가증한 우상과 미운 물건을
만들었은즉 내가 그것을 그들에게
오물이 되게 하여
21 타국인의 손에 넘겨 (擄掠)노략하
게 하며 세상 악인에게 넘겨 그들
이 약탈하여 더럽히게 하고
22 내가 또 내 얼굴을 그들에게서 돌
이키리니 그들이 내 은밀한 처소
를 더럽히고 (暴惡)포악한 자도
거기 들어와서 더럽히리라
23 ●너는 쇠사슬을 만들라 이는 피
흘리는 죄가 그 땅에 가득하고 포
악이 그 (城邑)성읍에 찼음이라
24 내가 극히 악한 이방인들을 데려
와서 그들이 그 집들을 (占領)점
령하게 하고 강한 자의 교만을 그
치게 하리니 그들의 성소가 더럽
힘을 당하리라
25 패망이 이르리니 그들이 (平康)평
강을 구하여도 없을 것이라
26 환난에 환난이 더하고 소문에 소
문이 더할 때에 그들이 선지자에
게서 (默示)묵시를 구하나 헛될
것이며 제사장에게는 율법이 없어
질 것이요 장로에게는 책략이 없
어질 것이며
27 왕은 (哀痛)애통하고 고관은 놀람
을 옷 입듯 하며 주민의 손은 떨리
리라 내가 그 행위대로 그들에게
갚고 그 죄악대로 그들을 심판하
리니 내가 여호와인 줄을 그들이
알리라

예루살렘의 우상 숭배

8 여섯째 해 여섯째 달 초닷새에
나는 집에 앉았고 유다의 장로
들은 내 앞에 앉아 있는데 주 여호
와의 (權能)권능이 거기에서 내게
내리기로
2 내가 보니 불 같은 형상이 있더라
그 허리 아래의 모양은 불 같고 허

리 위에는 (光彩)광채가 나서 단
쇠 같은데
3 그가 손 같은 것을 펴서 내 머리
털 한 모숨을 잡으며 주의 영이 나
를 들어 천지 사이로 올리시고 하
나님의 (幻像)환상 가운데에 나를
이끌어 예루살렘으로 가서 안뜰로
들어가는 북향한 문에 이르시니
거기에는 질투의 우상 곧 질투를
일어나게 하는 우상의 자리가 있
는 곳이라
4 이스라엘 하나님의 (榮光)영광이
거기에 있는데 내가 들에서 본 모
습과 같더라
5 ●그가 내게 이르시되 인자야 이
제 너는 눈을 들어 북쪽을 바라보
라 하시기로 내가 눈을 들어 북쪽
을 바라보니 제단문 어귀 북쪽에
그 (嫉妬)질투의 우상이 있더라
6 그가 또 내게 이르시되 인자야 이
스라엘 족속이 행하는 일을 보느
냐 그들이 여기에서 크게 가증한
일을 행하여 나로 내 (聖所)성소
를 멀리 떠나게 하느니라 너는 다
시 다른 큰 가증한 일을 보리라 하
시더라
7 그가 나를 이끌고 뜰 (門)문에 이
르시기로 내가 본즉 담에 구멍이
있더라
8 그가 내게 이르시되 인자야 너는
이 담을 헐라 하시기로 내가 그 담
을 허니 한 문이 있더라
9 또 내게 이르시되 들어가서 그들
이 거기에서 행하는 (可憎)가증하
고 악한 일을 보라 하시기로
10 내가 들어가 보니 각양 (昆蟲)곤
충과 가증한 짐승과 이스라엘 족
속의 모든 우상을 그 사방 벽에 그
렸고
11 이스라엘 족속의 장로 중 칠십 명
이 그 앞에 섰으며 사반의 아들 야
아사냐도 그 가운데에 섰고 각기
손에 향로를 들었는데 (香煙)향연
이 구름 같이 오르더라
12 또 내게 이르시되 인자야 이스라
엘 족속의 (長老)장로들이 각각
그 우상의 방안 어두운 가운데에
서 행하는 것을 네가 보았느냐 그
들이 이르기를 여호와께서 우리를
보지 아니하시며 여호와께서 이
땅을 버리셨다 하느니라
13 또 내게 이르시되 너는 다시 그들
이 행하는 바 다른 큰 (可憎)가증
한 일을 보리라 하시더라
14 ●그가 또 나를 데리고 여호와의
전으로 들어가는 (北門)북문에 이
르시기로 보니 거기에 여인들이
앉아 담무스를 위하여 애곡하더라
15 그가 또 내게 이르시되 (人子)인
자야 네가 그것을 보았느냐 너는
또 이보다 더 큰 가증한 일을 보리
라 하시더라
16 ●그가 또 나를 데리고 여호와의
성전 안뜰에 들어가시니라 보라
여호와의 성전 문 곧 (玄關)현관
과 제단 사이에서 약 스물다섯 명
이 여호와의 성전을 등지고 낯을
동쪽으로 향하여 동쪽 태양에게
예배하더라
17 또 내게 이르시되 인자야 네가 보

았느냐 유다 족속이 여기에서 행
한 (可憎)가증한 일을 적다 하겠
느냐 그들이 그 땅을 폭행으로 채
우고 또 다시 내 노여움을 일으키
며 심지어 나뭇가지를 그 코에 두
었느니라
18 그러므로 나도 (憤怒)분노로 갚아
불쌍히 여기지 아니하며 (矜恤)긍
휼을 베풀지도 아니하리니 그들이
큰 소리로 내 귀에 부르짖을지라
도 내가 듣지 아니하리라

예루살렘을 향하여 분노를 쏟으시다

9 또 그가 큰 소리로 내 귀에 외
쳐 이르시되 이 성읍을 (管轄)
관할하는 자들이 각기 죽이는 무
기를 손에 들고 나아오게 하라 하
시더라
2 내가 보니 여섯 사람이 북향한 윗
문 길로부터 오는데 각 사람의 손
에 죽이는 (武器)무기를 잡았고
그 중의 한 사람은 가는 베 옷을
입고 허리에 서기관의 먹 그릇을
찼더라 그들이 들어와서 놋 제단
곁에 서더라
3 ●그룹에 머물러 있던 이스라엘
하나님의 영광이 성전 (門地枋)문
지방에 이르더니 여호와께서 그
가는 베 옷을 입고 서기관의 먹 그
릇을 찬 사람을 불러
4 여호와께서 이르시되 너는 예루살
렘 성읍 중에 (巡行)순행하여 그
가운데에서 행하는 모든 가증한
일로 말미암아 탄식하며 우는 자
의 이마에 [1](標)표를 그리라 하시
고
5 그들에 대하여 내 귀에 이르시되
너희는 그를 따라 성읍 중에 다니
며 불쌍히 여기지 말며 (矜恤)긍
휼을 베풀지 말고 쳐서
6 늙은 자와 젊은 자와 처녀와 어린
이와 여자를 다 죽이되 이마에 표
있는 자에게는 가까이 하지 말라
내 (聖所)성소에서 시작할지니라
하시매 그들이 성전 앞에 있는 [2]
늙은 자들로부터 시작하더라
7 그가 또 그들에게 이르시되 너희
는 (聖殿)성전을 더럽혀 시체로
모든 뜰에 채우라 너희는 나가라
하시매 그들이 나가서 성읍 중에
서 치더라
8 그들이 칠 때에 내가 홀로 있었는
지라 엎드려 부르짖어 이르되 아
하 주 여호와여 예루살렘을 향하
여 (憤怒)분노를 쏟으시오니 이스
라엘의 남은 자를 모두 (滅)멸하
려 하시나이까
9 ●그가 내게 이르시되 이스라엘
과 유다 족속의 죄악이 심히 중하
여 그 땅에 피가 가득하며 그 (城
邑)성읍에 불법이 찼나니 이는 그
들이 이르기를 여호와께서 이 땅
을 버리셨으며 여호와께서 보지
아니하신다 함이라
10 그러므로 내가 그들을 불쌍히 여
기지 아니하며 (矜恤)긍휼을 베풀
지 아니하고 그들의 행위대로 그
들의 머리에 갚으리라 하시더라
11 보라 가는 베 옷을 입고 허리에 먹
그릇을 찬 사람이 (復命)복명하여

1) 히브리어 문자 타우를 가리킴 2) 또는 장로

이르되 주께서 내게 명령하신 대
로 내가 준행하였나이다 하더라

여호와의 영광이 성전을 떠나시다

10 이에 내가 보니 그룹들 머
리 위 (穹蒼)궁창에 (藍寶
石)남보석 같은 것이 나타나는데
그들 위에 보좌의 (形狀)형상이
있는 것 같더라
2 하나님이 가는 베 옷을 입은 사람
에게 말씀하여 이르시되 너는 그
룹 밑에 있는 바퀴 사이로 들어가
그 속에서 숯불을 두 손에 가득히
움켜 가지고 (城邑)성읍 위에 흩
으라 하시매 그가 내 목전에서 들
어가더라
3 그 사람이 들어갈 때에 그룹들은
(聖殿)성전 오른쪽에 서 있고 구
름은 안뜰에 가득하며
4 여호와의 영광이 그룹에서 올라와
성전 문지방에 이르니 구름이 성
전에 가득하며 여호와의 (榮華)영
화로운 광채가 뜰에 가득하였고
5 그룹들의 날개 소리는 바깥뜰까지
들리는데 (全能)전능하신 하나님
이 말씀하시는 음성 같더라
6 하나님이 가는 베 옷을 입은 자에
게 (命令)명령하시기를 바퀴 사이
곧 그룹들 사이에서 불을 가져 가
라 하셨으므로 그가 들어가 바퀴
옆에 서매
7 그 그룹이 그룹들 사이에서 손을
내밀어 그 그룹들 사이에 있는 불
을 집어 가는 베 옷을 입은 (者)자
의 손에 주매 그가 받아 가지고 나
가는데
8 그룹들의 날개 밑에 사람의 손 같
은 것이 나타나더라
9 ●내가 보니 그룹들 곁에 네 바퀴
가 있는데 이 그룹 곁에도 한 바퀴
가 있고 저 그룹 곁에도 한 바퀴가
있으며 그 바퀴 모양은 (黃玉)황
옥 같으며
10 그 (貌樣)모양은 넷이 꼭 같은데
마치 바퀴 안에 바퀴가 있는 것 같
으며
11 그룹들이 나아갈 때에는 (四方)사
방으로 몸을 돌리지 아니하고 나
아가되 몸을 돌리지 아니하고 그
머리 향한 곳으로 나아가며
12 그 온 몸과 등과 손과 날개와 바퀴
곧 네 그룹의 바퀴의 둘레에 다 눈
이 가득하더라
13 내가 들으니 [1]그 바퀴들을 도는
것이라 부르며
14 그룹들에게는 각기 네 면이 있는
데 첫째 면은 그룹의 얼굴이요 둘
째 면은 사람의 얼굴이요 셋째는
(獅子)사자의 얼굴이요 넷째는 독
수리의 얼굴이더라
15 ●그룹들이 올라가니 그들은 내
가 그발 강 가에서 보던 (生物)생
물이라
16 그룹들이 나아갈 때에는 바퀴도
그 곁에서 나아가고 그룹들이 날
개를 들고 땅에서 올라가려 할 때
에도 바퀴가 그 곁을 떠나지 아니
하며
17 그들이 서면 이들도 서고 그들이
올라가면 이들도 함께 올라가니

1) 그 바퀴들에게 돌라 하며

이는 생물의 (靈)영이 바퀴 가운
데에 있음이더라
18 ● 여호와의 (榮光)영광이 성전 문
지방을 떠나서 그룹들 위에 머무
르니
19 그룹들이 날개를 들고 내 눈 앞의
땅에서 올라가는데 그들이 나갈 때
에 바퀴도 그 곁에서 함께 하더라
그들이 여호와의 전으로 들어가는
(東門)동문에 머물고 이스라엘 하
나님의 영광이 그 위에 덮였더라
20 ● 그것은 내가 그발 강 가에서 보
던 이스라엘의 하나님 아래에 있
던 (生物)생물이라 그들이 그룹인
줄을 내가 아니라
21 각기 네 얼굴과 네 날개가 있으며
날개 밑에는 사람의 손 (形狀)형
상이 있으니
22 그 얼굴의 형상은 내가 그발 강 가
에서 보던 얼굴이며 그 (貌樣)모
양과 그 몸도 그러하며 각기 곧게
앞으로 가더라

예루살렘이 심판을 받다

11 그 때에 주의 영이 나를 들
어올려서 여호와의 전 동문
곧 (東向)동향한 문에 이르시기로
보니 그 문에 사람이 스물다섯 명
이 있는데 내가 그 중에서 앗술의
아들 야아사냐와 브나야의 아들
블라댜를 보았으니 그들은 백성의
고관이라
2 그가 내게 이르시되 인자야 이 사
람들은 (不義)불의를 품고 이 성
중에서 악한 꾀를 꾸미는 자니라
3 그들의 말이 집 (建築)건축할 때
가 가깝지 아니한즉 이 성읍은 가
마가 되고 우리는 고기가 된다 하
나니
4 그러므로 인자야 너는 그들을 쳐
서 (豫言)예언하고 예언할지니라
5 ● 여호와의 영이 내게 임하여 이
르시되 너는 말하기를 여호와의
말씀에 이스라엘 (族屬)족속아 너
희가 이렇게 말하였도다 너희 마
음에서 일어나는 것을 내가 다 아
노라
6 너희가 이 성읍에서 많이 죽여 그
거리를 (屍體)시체로 채웠도다
7 그러므로 주 여호와께서 이같이
말씀하셨느니라 이 (城邑)성읍 중
에서 너희가 죽인 시체는 그 고기
요 이 성읍은 그 가마인데 너희는
그 가운데에서 끌려 나오리라
8 나 (主)주 여호와가 말하노라 너
희가 칼을 두려워하니 내가 칼로
너희에게 이르게 하고
9 너희를 그 성읍 가운데에서 끌어
내어 (他國人)타국인의 손에 넘겨
너희에게 벌을 내리리니
10 너희가 칼에 엎드러질 것이라 내
가 이스라엘 (邊境)변경에서 너희
를 심판하리니 너희는 내가 여호
와인 줄을 알리라
11 이 성읍은 너희 가마가 되지 아니
하고 너희는 그 가운데에 고기가
되지 아니할지라 내가 너희를 이스
라엘 (邊境)변경에서 심판하리니
12 너희는 내가 여호와인 줄을 알리
라 너희가 내 (律例)율례를 행하지
아니하며 규례를 지키지 아니하고

너희 사방에 있는 이방인의 규례
대로 행하였느니라 하셨다 하라
13 이에 내가 예언할 때에 브나야의
아들 블라댜가 죽기로 내가 엎드
려 큰 소리로 부르짖어 이르되 오
호라 주 여호와여 이스라엘의 남
은 자를 다 (滅絕)멸절하고자 하
시나이까 하니라

이스라엘의 회복을 이르시다

14 ● 여호와의 말씀이 내게 (臨)임하
여 이르시되
15 인자야 예루살렘 주민이 네 형제
곧 네 형제와 (親戚)친척과 온 이
스라엘 족속을 향하여 이르기를
너희는 여호와에게서 멀리 떠나라
이 땅은 우리에게 주어 기업이 되
게 하신 것이라 하였나니
16 그런즉 너는 말하기를 주 여호와
의 말씀에 내가 비록 그들을 멀리
이방인 가운데로 쫓아내어 여러
나라에 흩었으나 그들이 (到達)도
달한 나라들에서 내가 잠깐 그들
에게 성소가 되리라 하셨다 하고
17 너는 또 말하기를 주 여호와의 말
씀에 내가 너희를 (萬民)만민 가
운데에서 모으며 너희를 흩은 여
러 나라 가운데에서 모아 내고 이
스라엘 땅을 너희에게 주리라 하
셨다 하라
18 그들이 그리로 가서 그 가운데의
모든 미운 물건과 모든 가증한 것
을 (除去)제거하여 버릴지라
19 내가 그들에게 한 마음을 주고 그
속에 새 (靈)영을 주며 그 몸에서

1) 포로의 기구

돌 같은 마음을 제거하고 살처럼
부드러운 마음을 주어
20 내 율례를 따르며 내 (規例)규례
를 지켜 행하게 하리니 그들은 내
백성이 되고 나는 그들의 하나님
이 되리라
21 그러나 미운 것과 가증한 것을 마
음으로 따르는 자는 내가 그 (行
爲)행위대로 그 머리에 갚으리라
나 주 여호와의 말이니라

여호와의 영광이 떠나시다

22 ● 그 때에 그룹들이 날개를 드는
데 바퀴도 그 곁에 있고 이스라엘
하나님의 (榮光)영광도 그 위에
덮였더니
23 여호와의 영광이 (城邑)성읍 가운
데에서부터 올라가 성읍 동쪽 산
에 머무르고
24 주의 영이 나를 들어 하나님의 영
의 (幻像)환상 중에 데리고 갈대
아에 있는 사로잡힌 자 중에 이르
시더니 내가 본 환상이 나를 떠나
올라간지라
25 내가 사로잡힌 (者)자에게 여호와
께서 내게 보이신 모든 일을 말하
니라

포로가 될 것을 나타내는 상징행위

12 또 여호와의 말씀이 내게
임하여 이르시되
2 인자야 네가 반역하는 족속 중에
거주하는도다 그들은 볼 눈이 있
어도 보지 아니하고 들을 귀가 있
어도 듣지 아니하나니 그들은 (叛
逆)반역하는 족속임이라
3 인자야 너는 [1]포로의 (行裝)행장

을 꾸리고 낮에 그들의 목전에서
끌려가라 네가 네 처소를 다른 곳
으로 옮기는 것을 그들이 보면 비
록 반역하는 족속이라도 혹 생각
이 있으리라
4 너는 낮에 그들의 목전에서 네 (捕
虜)포로의 행장을 밖에 내놓기를
끌려가는 포로의 행장 같이 하고
저물 때에 너는 그들의 목전에서
밖으로 나가기를 포로되어 가는
자 같이 하라
5 너는 그들의 목전에서 (城壁)성벽
을 뚫고 그리로 따라 옮기되
6 캄캄할 때에 그들의 목전에서 어
깨에 메고 나가며 얼굴을 가리고
땅을 보지 말지어다 이는 내가 너
를 세워 이스라엘 족속에게 (徵
兆)징조가 되게 함이라 하시기로
7 내가 그 명령대로 행하여 낮에 나
의 행장을 끌려가는 포로의 행장
같이 내놓고 저물 때에 내 손으로
성벽을 뚫고 캄캄할 때에 행장을
내다가 그들의 (目前)목전에서 어
깨에 메고 나가니라
8 ●이튿날 아침에 여호와의 말씀
이 또 내게 (臨)임하여 이르시되
9 인자야 이스라엘 (族屬)족속 곧
그 반역하는 족속이 네게 묻기를
무엇을 하느냐 하지 아니하더냐
10 너는 그들에게 말하기를 주 여호
와의 말씀에 이것은 예루살렘 왕
과 그 가운데에 있는 이스라엘 온
족속에 대한 (默示)묵시라 하셨다
하고
11 또 말하기를 나는 너희 (徵兆)징
조라 내가 행한 대로 그들도 포로
로 사로잡혀 가리라
12 무리가 성벽을 뚫고 (行裝)행장을
그리로 가지고 나가고 그 중에 왕
은 어두울 때에 어깨에 행장을 메
고 나가며 눈으로 땅을 보지 아니
하려고 자기 얼굴을 가리리라 하라
13 내가 또 내 그물을 그의 위에 치고
내 올무에 걸리게 하여 그를 끌고
갈대아 땅 바벨론에 이르리니 그
가 거기에서 죽으려니와 그 땅을
보지 못하리라
14 내가 그 (護衛)호위하는 자와 부
대들을 다 사방으로 흩고 또 그 뒤
를 따라 칼을 빼리라
15 내가 그들을 (異邦人)이방인 가운
데로 흩으며 여러 나라 가운데에
헤친 후에야 내가 여호와인 줄을
그들이 알리라
16 그러나 내가 그 중 몇 사람을 남겨
칼과 기근과 전염병에서 벗어나게
하여 그들이 이르는 이방인 가운
데에서 자기의 모든 (可憎)가증한
일을 자백하게 하리니 내가 여호
와인 줄을 그들이 알리라

떨면서 먹고 마시며 보이는 징조

17 ●여호와의 말씀이 또 내게 (臨)
임하여 이르시되
18 인자야 너는 떨면서 네 (飮食)음
식을 먹고 놀라고 근심하면서 네
물을 마시며
19 이 땅 백성에게 말하되 주 여호와
께서 예루살렘 주민과 이스라엘
땅에 대하여 이르시기를 그들이
근심하면서 그 음식을 먹으며 놀

라면서 그 물을 마실 것은 이 땅
모든 주민의 (暴惡)포악으로 말미
암아 땅에 가득한 것이 황폐하게
됨이라
20 사람이 거주하는 성읍들이 (荒廢)
황폐하며 땅이 적막하리니 내가
여호와인 줄을 너희가 알리라 하
셨다 하라

속담과 묵시

21 ● 여호와의 말씀이 또 내게 (臨)
임하여 이르시되
22 인자야 이스라엘 땅에서 이르기를
날이 더디고 모든 (默示)묵시가
사라지리라 하는 너희의 이 속담
이 어찌 됨이냐
23 그러므로 너는 그들에게 이르기를
주 여호와께서 이같이 말씀하시기
를 내가 이 속담을 그치게 하리니
사람이 다시는 이스라엘 가운데에
서 이 (俗談)속담을 사용하지 못
하리라 하셨다 하고 또 그들에게
이르기를 날과 모든 묵시의 응함
이 가까우니
24 이스라엘 족속 중에 (虛誕)허탄한
묵시나 아첨하는 복술이 다시 있
지 못하리라 하라
25 나는 여호와라 내가 말하리니 내
가 하는 말이 다시는 더디지 아니
하고 응하리라 반역하는 족속이여
내가 너희 (生前)생전에 말하고
이루리라 나 주 여호와의 말이니
라 하셨다 하라
26 ● 여호와의 말씀이 또 내게 (臨)
임하여 이르시되
27 인자야 이스라엘 족속의 말이 그
가 보는 (默示)묵시는 여러 날 후
의 일이라 그가 멀리 있는 때에 대
하여 예언하였다 하느니라
28 그러므로 너는 그들에게 이르기를
주 여호와의 말씀에 나의 말이 하
나도 다시 더디지 아니할지니 내가
한 말이 이루어지리라 나 (主)주 여
호와의 말이니라 하셨다 하라

거짓 선지자의 종말

13 여호와의 말씀이 내게 (臨)
임하여 이르시되
2 인자야 너는 이스라엘의 예언하는
선지자들에게 (警告)경고하여 예
언하되 자기 마음대로 예언하는
자에게 말하기를 너희는 여호와의
말씀을 들으라
3 주 여호와의 말씀에 본 것이 없이
자기 (心靈)심령을 따라 예언하는
어리석은 선지자에게 화가 있을진
저
4 이스라엘아 너의 선지자들은 (荒
蕪地)황무지에 있는 여우 같으니
라
5 너희 선지자들이 성 무너진 곳에
올라가지도 아니하였으며 이스라
엘 족속을 위하여 여호와의 날에
전쟁에서 견디게 하려고 성벽을
(修築)수축하지도 아니하였느니라
6 여호와께서 말씀하셨다고 하는 자
들이 허탄한 것과 거짓된 (占卦)
점괘를 보며 사람들에게 그 말이
확실히 이루어지기를 바라게 하거
니와 그들은 여호와가 보낸 자가
아니라
7 너희가 말하기를 여호와의 말씀이

라 하여도 내가 말한 것이 아닌즉
어찌 허탄한 묵시를 보며 거짓된
(占卦)점괘를 말한 것이 아니냐
8 ● 그러므로 주 여호와께서 이같
이 말씀하셨느니라 너희가 (虛誕)
허탄한 것을 말하며 거짓된 것을
보았은즉 내가 너희를 치리라 주
여호와의 말씀이니라
9 그 선지자들이 허탄한 묵시를 보
며 거짓 것을 점쳤으니 내 손이 그
들을 쳐서 내 백성의 (公會)공회
에 들어오지 못하게 하며 이스라
엘 족속의 (戶籍)호적에도 기록되
지 못하게 하며 이스라엘 땅에도
들어가지 못하게 하리니 너희가
나를 여호와인 줄 알리라
10 이렇게 칠 것은 그들이 내 백성을
유혹하여 평강이 없으나 평강이
있다 함이라 어떤 사람이 담을 쌓
을 때에 그들이 (灰漆)회칠을 하
는도다
11 그러므로 너는 (灰漆)회칠하는 자
에게 이르기를 그것이 무너지리라
폭우가 내리며 큰 우박덩이가 떨
어지며 폭풍이 몰아치리니
12 그 담이 무너진즉 어떤 사람이
너희에게 말하기를 그것에 칠한
(灰)회가 어디 있느냐 하지 아니
하겠느냐
13 그러므로 나 주 여호와가 말하노
라 내가 (憤怒)분노하여 폭풍을
퍼붓고 내가 진노하여 폭우를 내
리고 분노하여 큰 우박덩어리로
무너뜨리리라
14 회칠한 담을 내가 이렇게 허물어
서 땅에 넘어뜨리고 그 (基礎)기
초를 드러낼 것이라 담이 무너진
즉 너희가 그 가운데에서 망하리
니 나를 여호와인 줄 알리라
15 이와 같이 내가 내 노를 담과 (灰
漆)회칠한 자에게 모두 이루고 또
너희에게 말하기를 담도 없어지고
칠한 자들도 없어졌다 하리니
16 이들은 예루살렘에 대하여 예언하
기를 (平康)평강이 없으나 평강의
묵시를 보았다고 하는 이스라엘의
선지자들이니라 주 여호와의 말씀
이니라

거짓말로 예언하는 여자들

17 ● 너 인자야 너의 백성 중 자기
마음대로 예언하는 여자들에게
(警告)경고하며 예언하여
18 이르기를 주 여호와의 말씀에 사
람의 영혼을 사냥하려고 손목마다
(符籍)부적을 꿰어 매고 키가 큰
자나 작은 자의 머리를 위하여 수
건을 만드는 여자들에게 화 있을
진저 너희가 어찌하여 내 백성의
영혼은 사냥하면서 자기를 위하여
는 영혼을 살리려 하느냐
19 너희가 두어 움큼 보리와 두어 조
각 떡을 위하여 나를 내 (百姓)백
성 가운데에서 욕되게 하여 거짓
말을 곧이 듣는 내 백성에게 너희
가 거짓말을 지어내어 죽지 아니
할 영혼을 죽이고 살지 못할 영혼
을 살리는도다
20 그러므로 나 주 여호와가 이같이
말하노라 너희가 새를 사냥하듯
(靈魂)영혼들을 사냥하는 그 부적

을 내가 너희 팔에서 떼어 버리고
너희가 새처럼 사냥한 그 영혼들
을 놓아 주며
21 또 너희 (手巾)수건을 찢고 내 백
성을 너희 손에서 건지고 다시는
너희 손에 사냥물이 되지 아니하
게 하리니 내가 여호와인 줄을 너
희가 알리라
22 내가 슬프게 하지 아니한 (義人)
의인의 마음을 너희가 거짓말로
근심하게 하며 너희가 또 악인의
손을 굳게 하여 그 악한 길에서 돌
이켜 떠나 삶을 얻지 못하게 하였
은즉
23 너희가 다시는 허탄한 묵시를 보
지 못하고 (占卜)점복도 못할지라
내가 내 백성을 너희 손에서 건져
내리니 내가 여호와인 줄을 너희
가 알리라 하라

여호와께서 우상 숭배를 심판하시다

14 이스라엘 (長老)장로 두어
사람이 나아와 내 앞에 앉
으니
2 여호와의 말씀이 내게 (臨)임하여
이르시되
3 인자야 이 사람들이 자기 우상을
마음에 들이며 죄악의 걸림돌을
자기 앞에 두었으니 그들이 내게
묻기를 내가 조금인들 (容納)용납
하랴
4 그런즉 너는 그들에게 말하여 이
르라 나 주 여호와가 말하노라 이
스라엘 족속 중에 그 (偶像)우상
을 마음에 들이며 죄악의 걸림돌
을 자기 앞에 두고 선지자에게로
가는 모든 자에게 나 여호와가 그
우상의 수효대로 보응하리니
5 이는 이스라엘 족속이 다 그 우상
으로 말미암아 나를 (背叛)배반하
였으므로 내가 그들이 마음먹은
대로 그들을 잡으려 함이라
6 ●그런즉 너는 이스라엘 (族屬)족
속에게 이르기를 주 여호와의 말
씀에 너희는 마음을 돌이켜 우상
을 떠나고 얼굴을 돌려 모든 가증
한 것을 떠나라
7 이스라엘 족속과 이스라엘 가운데
에 거류하는 외국인 중에 누구든
지 나를 떠나고 자기 우상을 마음
에 들이며 죄악의 걸림돌을 자기
앞에 두고 자기를 위하여 내게 묻
고자 하여 (先知者)선지자에게 가
는 모든 자에게는 나 여호와가 친
히 응답하여
8 그 사람을 대적하여 그들을 놀라
움과 (表徵)표징과 속담거리가 되
게 하여 내 백성 가운데에서 끊으
리니 내가 여호와인 줄을 너희가
알리라
9 만일 선지자가 (誘惑)유혹을 받고
말을 하면 나 여호와가 그 선지자
를 유혹을 받게 하였음이거니와
내가 손을 펴서 내 백성 이스라엘
가운데에서 그를 멸할 것이라
10 선지자의 죄악과 그에게 묻는 자
의 죄악이 같은즉 각각 자기의 죄
악을 (擔當)담당하리니
11 이는 이스라엘 족속이 다시는 (迷
惑)미혹되어 나를 떠나지 아니하
게 하며 다시는 모든 죄로 스스로

더럽히지 아니하게 하여 그들을
내 백성으로 삼고 나는 그들의 하
나님이 되려 함이라 주 여호와의
말씀이니라

의인도 자기의 생명만 건지리라

12 ● 여호와의 말씀이 또 내게 (臨)
임하여 이르시되
13 (人子)인자야 가령 어떤 나라가 불
법을 행하여 내게 범죄하므로 내가
손을 그 위에 펴서 그 의지하는 양
식을 끊어 기근을 내려 사람과 짐
승을 그 나라에서 끊는다 하자
14 비록 노아, 다니엘, 욥, 이 세 사
람이 거기에 있을지라도 그들은
자기의 (公義)공의로 자기의 생명
만 건지리라 나 주 여호와의 말이
니라
15 가령 내가 사나운 짐승을 그 땅에
다니게 하여 그 땅을 (荒廢)황폐
하게 하여 사람이 그 짐승 때문에
능히 다니지 못하게 한다 하자
16 비록 이 세 사람이 거기에 있을지
라도 나의 삶을 두고 (盟誓)맹세
하노니 그들도 자녀는 건지지 못
하고 자기만 건지겠고 그 땅은 황
폐하리라 주 여호와의 말씀이니라
17 가령 내가 칼이 그 땅에 임하게 하
고 (命令)명령하기를 칼아 그 땅
에 돌아다니라 하고 내가 사람과
짐승을 거기에서 끊는다 하자
18 비록 이 세 사람이 거기에 있을지
라도 나의 삶을 두고 맹세하노니
그들도 자녀는 건지지 못하고 (自
己)자기만 건지리라 나 주 여호와
의 말이니라
19 가령 내가 그 땅에 전염병을 내려
죽임으로 내 (憤怒)분노를 그 위
에 쏟아 사람과 짐승을 거기에서
끊는다 하자
20 비록 노아, 다니엘, 욥이 거기에
있을지라도 나의 삶을 두고 (盟
誓)맹세하노니 그들도 자녀는 건
지지 못하고 자기의 공의로 자기
의 (生命)생명만 건지리라 주 여
호와의 말씀이니라
21 ● 주 여호와께서 이같이 이르시
되 내가 나의 네 가지 중한 벌 곧
칼과 (饑饉)기근과 사나운 짐승과
전염병을 예루살렘에 함께 내려
사람과 짐승을 그 중에서 끊으리
니 그 해가 더욱 심하지 아니하겠
느냐
22 그러나 그 가운데에 피하는 자가
남아 있어 끌려 나오리니 곧 자녀
들이라 그들이 너희에게로 나아오
리니 너희가 그 (行動)행동과 소
행을 보면 내가 예루살렘에 내린
재앙 곧 그 내린 모든 일에 대하여
너희가 위로를 받을 것이라
23 너희가 그 행동과 (所行)소행을
볼 때에 그들에 의해 위로를 받고
내가 예루살렘에서 행한 모든 일
이 이유 없이 한 것이 아닌 줄을
알리라 주 여호와의 말씀이니라

불에 던질 땔감 같은 예루살렘 주민

15 여호와의 말씀이 내게 임하
여 이르시되
2 인자야 (葡萄)포도나무가 모든 나
무보다 나은 것이 무엇이랴 숲속의
여러 나무 가운데에 있는 그 포도

나무 가지가 나은 것이 무엇이랴
3 그 나무를 가지고 무엇을 (製造)제
조할 수 있겠느냐 그것으로 무슨
그릇을 걸 못을 만들 수 있겠느냐
4 불에 던질 땔감이 될 뿐이라 불이
그 두 끝을 사르고 그 가운데도 태
웠으면 제조에 무슨 (所用)소용이
있겠느냐
5 그것이 온전할 때에도 아무 제조
에 (合當)합당하지 아니하였거든
하물며 불에 살라지고 탄 후에 어
찌 제조에 합당하겠느냐
6 그러므로 주 여호와께서 이같이
말씀하셨느니라 내가 수풀 가운데
에 있는 포도나무를 불에 던질 땔
감이 되게 한 것 같이 내가 예루살
렘 (住民)주민도 그같이 할지라
7 내가 그들을 (對敵)대적한즉 그들
이 그 불에서 나와도 불이 그들을
사르리니 내가 그들을 대적할 때에
내가 여호와인 줄 너희가 알리라
8 내가 그 땅을 황폐하게 하리니 이
는 그들이 (犯法)범법함이니라 나
주 여호와의 말이니라 하시니라

가증한 예루살렘

16 또 여호와의 말씀이 내게
임하여 이르시되
2 (人子)인자야 예루살렘으로 그 가
증한 일을 알게 하여
3 이르기를 주 여호와께서 예루살렘
에 관하여 이같이 말씀하시되 네
(根本)근본과 난 땅은 가나안이요
네 아버지는 아모리 사람이요 네
어머니는 헷 사람이라
4 네가 난 것을 말하건대 네가 날 때
에 네 배꼽 줄을 자르지 아니하였
고 너를 물로 씻어 (淨潔)정결하
게 하지 아니하였고 네게 소금을
뿌리지 아니하였고 너를 강보로
싸지도 아니하였나니
5 아무도 너를 돌보아 이 중에 한 가
지라도 네게 행하여 너를 불쌍히
여긴 자가 없었으므로 네가 나던
날에 네 몸이 (賤)천하게 여겨져
네가 들에 버려졌느니라
6 ●내가 네 곁으로 지나갈 때에 네
가 피투성이가 되어 발짓하는 것
을 보고 네게 이르기를 너는 피투
성이라도 살아 있으라 다시 이르
기를 너는 피투성이라도 살아 있
으라 하고
7 내가 너를 들의 풀 같이 많게 하였
더니 네가 크게 자라고 심히 아름
다우며 (乳房)유방이 뚜렷하고 네
머리털이 자랐으나 네가 여전히
벌거벗은 알몸이더라
8 내가 네 곁으로 지나며 보니 네 때
가 사랑을 할 만한 때라 내 옷으로
너를 덮어 벌거벗은 것을 가리고
네게 맹세하고 (言約)언약하여 너
를 내게 속하게 하였느니라 나 주
여호와의 말이니라
9 내가 물로 네 피를 씻어 없애고 네
게 기름을 바르고
10 (繡)수 놓은 옷을 입히고 물돼지
가죽신을 신기고 가는 베로 두르
고 모시로 덧입히고
11 (佩物)패물을 채우고 팔고리를 손
목에 끼우고 목걸이를 목에 걸고
12 코고리를 코에 달고 귀고리를 귀

에 달고 화려한 (王冠)왕관을 머
리에 씌웠나니
13 이와 같이 네가 금, 은으로 장식하
고 가는 베와 모시와 수 놓은 것을
입으며 또 고운 밀가루와 꿀과 기
름을 먹음으로 극히 곱고 (亨通)형
통하여 왕후의 지위에 올랐느니라
14 네 (華麗)화려함으로 말미암아 네
명성이 이방인 중에 퍼졌음은 내
가 네게 입힌 영화로 네 화려함이
온전함이라 나 주 여호와의 말이
니라
15 ●그러나 네가 네 화려함을 믿고
네 명성을 가지고 행음하되 지나
가는 모든 자와 더불어 (淫亂)음
란을 많이 행하므로 네 몸이 그들
의 것이 되도다
16 네가 네 의복을 가지고 너를 위하
여 (各色)각색으로 산당을 꾸미고
거기에서 행음하였나니 이런 일은
전무후무하니라
17 네가 또 내가 준 금, 은 장식품으
로 너를 위하여 남자 우상을 만들
어 (行淫)행음하며
18 또 네 수 놓은 옷을 그 우상에게
입히고 나의 기름과 (香)향을 그
앞에 베풀며
19 또 내가 네게 주어 먹게 한 내 (飮
食物)음식물 곧 고운 밀가루와 기
름과 꿀을 네가 그 앞에 베풀어 향
기를 삼았나니 과연 그렇게 하였
느니라 주 여호와의 말씀이니라
20 또 네가 나를 위하여 낳은 네 자녀
를 그들에게 데리고 가서 드려 제
물로 삼아 불살랐느니라 네가 네
(淫行)음행을 작은 일로 여겨서
21 나의 자녀들을 죽여 (偶像)우상
에게 넘겨 [1]불 가운데로 지나가게
하였느냐
22 네가 어렸을 때에 벌거벗은 몸이
었으며 피투성이가 되어서 발짓하
던 것을 기억하지 아니하고 네가
모든 가증한 일과 (淫亂)음란을
행하였느니라

방자한 음녀 예루살렘

23 ●주 여호와의 말씀이니라 너는
화 있을진저 (禍)화 있을진저 네
가 모든 악을 행한 후에
24 너를 위하여 누각을 (建築)건축하
며 모든 거리에 높은 대를 쌓았도
다
25 네가 높은 (臺)대를 모든 길 어귀
에 쌓고 네 아름다움을 가증하게
하여 모든 지나가는 자에게 다리
를 벌려 심히 음행하고
26 (下體)하체가 큰 네 이웃 나라 애
굽 사람과도 음행하되 심히 음란
히 하여 내 진노를 샀도다
27 그러므로 내가 내 손을 네 위에 펴
서 네 일용할 양식을 (減)감하고
너를 미워하는 블레셋 여자 곧 네
더러운 행실을 부끄러워하는 자에
게 너를 넘겨 임의로 하게 하였거
늘
28 네가 (淫慾)음욕이 차지 아니하
여 또 앗수르 사람과 행음하고 그
들과 행음하고도 아직도 부족하게
여겨
29 [2]장사하는 땅 갈대아에까지 심히

1) 화제를 삼았느냐 2) 가나안 땅

행음하되 아직도 (足)족한 줄을
알지 못하였느니라
30 ●주 여호와의 말씀이니라 네가
이 모든 일을 행하니 이는 (放恣)
방자한 음녀의 (行爲)행위라 네
마음이 어찌 그리 약한지
31 네가 (樓閣)누각을 모든 길 어귀
에 건축하며 높은 대를 모든 거리
에 쌓고도 값을 싫어하니 창기 같
지도 아니하도다
32 그 남편 대신에 다른 남자들과 (內
通)내통하여 간음하는 아내로다
33 사람들은 모든 창기에게 (膳物)선
물을 주거늘 오직 너는 네 모든 정
든 자에게 선물을 주며 값을 주어
서 사방에서 와서 너와 행음하게
하니
34 네 음란함이 다른 여인과 같지 아
니함은 (行淫)행음하려고 너를 따
르는 자가 없음이며 또 네가 값을
받지 아니하고 도리어 값을 줌이
라 그런즉 다른 여인과 같지 아니
하니라

예루살렘을 벌하시다

35 ●그러므로 너 (淫女)음녀야 여호
와의 말씀을 들을지어다
36 주 여호와께서 이같이 말씀하셨느
니라 네가 네 (陋醜)누추한 것을
쏟으며 네 정든 자와 행음함으로
벗은 몸을 드러내며 또 가증한 우
상을 위하며 네 자녀의 피를 그 우
상에게 드렸은즉
37 내가 너의 즐거워하는 정든 자와
사랑하던 모든 자와 미워하던 모
든 자를 모으되 사방에서 모아 너
를 (對敵)대적하게 할 것이요 또
네 벗은 몸을 그 앞에 드러내 그들
이 그것을 다 보게 할 것이며
38 내가 또 간음하고 사람의 피를 흘
리는 여인을 (審判)심판함 같이
너를 심판하여 진노의 피와 질투
의 피를 네게 돌리고
39 내가 또 너를 그들의 손에 넘기리
니 그들이 네 (樓閣)누각을 헐며
네 높은 대를 부수며 네 의복을 벗
기고 네 장식품을 빼앗고 네 몸을
벌거벗겨 버려 두며
40 무리를 데리고 와서 너를 돌로 치
며 칼로 찌르며
41 불로 네 집들을 사르고 여러 여인
의 (目前)목전에서 너를 벌할지라
내가 너에게 곧 음행을 그치게 하
리니 네가 다시는 값을 주지 아니
하리라
42 그리한즉 나는 네게 대한 내 분노
가 그치며 내 (嫉妒)질투가 네게
서 떠나고 마음이 평안하여 다시
는 노하지 아니하리라
43 네가 어렸을 때를 (記憶)기억하지
아니하고 이 모든 일로 나를 분노
하게 하였은즉 내가 네 행위대로
네 머리에 보응하리니 네가 이 음
란과 네 모든 가증한 일을 다시는
행하지 아니하리라 주 여호와의
말씀이니라

그 어머니에 그 딸

44 ●(俗談)속담을 말하는 자마다 네
게 대하여 속담을 말하기를 어머
니가 그러하면 딸도 그러하다 하
리라

45 너는 그 남편과 자녀를 싫어한 어
머니의 딸이요 너는 그 남편과 자
녀를 싫어한 형의 (同生)동생이로
다 네 어머니는 헷 사람이요 네 아
버지는 아모리 사람이며
46 네 형은 그 딸들과 함께 네 왼쪽에
(居住)거주하는 사마리아요 네 아
우는 그 딸들과 함께 네 오른쪽에
거주하는 소돔이라
47 네가 그들의 행위대로만 행하지
아니하며 그 가증한 대로만 행하
지 아니하고 그것을 적게 여겨서
네 모든 행위가 그보다 더욱 (腐
敗)부패하였도다
48 주 여호와의 말씀이니라 내가 나
의 삶을 두고 맹세하노니 네 아우
소돔 곧 그와 그의 딸들은 너와 네
딸들의 (行爲)행위 같이 행하지
아니하였느니라
49 네 아우 소돔의 죄악은 이러하니
그와 그의 딸들에게 (驕慢)교만함
과 음식물의 풍족함과 태평함이
있음이며 또 그가 가난하고 궁핍
한 자를 도와 주지 아니하며
50 (倨慢)거만하여 가증한 일을 내
앞에서 행하였음이라 그러므로 내
가 보고 곧 그들을 없이 하였느니
라
51 사마리아는 네 죄의 절반도 범하
지 아니하였느니라 네가 그들보다
(可憎)가증한 일을 심히 행하였으
므로 네 모든 가증한 행위로 네 형
과 아우를 의롭게 하였느니라
52 네가 네 형과 아우를 유리하게 판
단하였은즉 너도 네 (羞恥)수치를
담당할지니라 네가 그들보다 더욱
가증한 죄를 범하므로 그들이 너
보다 의롭게 되었나니 네가 네 형
과 아우를 의롭게 하였은즉 너는
놀라며 네 수치를 담당할지니라

소돔과 사마리아도 회복되리라

53 ●내가 그들의 사로잡힘 곧 소돔
과 그의 딸들의 사로잡힘과 사마
리아와 그의 딸들의 사로잡힘과
그들 (中)중에 너의 사로잡힌 자
의 사로잡힘을 풀어 주어
54 네가 네 (羞辱)수욕을 담당하고
네가 행한 모든 일로 말미암아 부
끄럽게 하리니 이는 네가 그들에
게 (慰勞)위로가 됨이라
55 네 아우 소돔과 그의 딸들이 옛 지
위를 (回復)회복할 것이요 사마리
아와 그의 딸들도 그의 옛 지위를
회복할 것이며 너와 네 딸들도 너
희 옛 지위를 회복할 것이니라
56 네가 (驕慢)교만하던 때에 네 아
우 소돔을 네 입으로 말하지도 아
니하였나니
57 곧 네 악이 드러나기 전이며 아람
의 딸들이 너를 (凌辱)능욕하기
전이며 너의 사방에 둘러 있는 블
레셋의 딸들이 너를 멸시하기 전
이니라
58 네 (淫亂)음란과 네 가증한 일을
네가 담당하였느니라 나 여호와의
말이니라
59 나 주 여호와가 이같이 말하노라
네가 맹세를 멸시하여 (言約)언약
을 배반하였은즉 내가 네 행한 대
로 네게 행하리라

영원한 언약

60 ● 그러나 내가 너의 어렸을 때에
너와 세운 언약을 (記憶)기억하고
너와 영원한 언약을 세우리라
61 네가 네 형과 아우를 (接待)접대
할 때에 네 행위를 기억하고 부끄
러워할 것이라 내가 그들을 네게
딸로 주려니와 네 언약으로 말미
암음이 아니니라
62 내가 네게 내 (言約)언약을 세워
내가 여호와인 줄 네가 알게 하리
니
63 이는 내가 네 모든 행한 일을 (容
恕)용서한 후에 네가 기억하고 놀
라고 부끄러워서 다시는 입을 열
지 못하게 하려 함이니라 주 여호
와의 말씀이니라

독수리와 포도나무의 비유

17 여호와의 말씀이 내게 (臨)
임하여 이르시되
2 인자야 너는 이스라엘 족속에게
수수께끼와 (譬喻)비유를 말하라
3 여호와께서 이같이 말씀하여 이
르시되 색깔이 (華麗)화려하고 날
개가 크고 깃이 길고 털이 숱한 큰
독수리가 레바논에 이르러 백향목
높은 가지를 꺾되
4 그 연한 가지 끝을 꺾어 가지고 [1]
장사하는 땅에 이르러 (商人)상인
의 성읍에 두고
5 또 그 땅의 종자를 꺾어 (沃土)옥
토에 심되 수양버들 가지처럼 큰
물 가에 심더니
6 그것이 자라며 퍼져서 높지 아니
한 포도나무 곧 굵은 가지와 가는
가지가 난 포도나무가 되어 그 가
지는 독수리를 (向)향하였고 그
뿌리는 독수리 아래에 있었더라
7 ● 또 날개가 크고 털이 많은 큰
독수리 하나가 있었는데 그 (葡
萄)포도나무가 이 독수리에게 물
을 받으려고 그 심어진 두둑에서
그를 향하여 뿌리가 뻗고 가지가
퍼졌도다
8 그 포도나무를 큰 물 가 (沃土)옥
토에 심은 것은 가지를 내고 열매
를 맺어서 아름다운 포도나무를
이루게 하려 하였음이라
9 너는 이르기를 주 여호와의 말씀
에 그 나무가 능히 (蕃盛)번성하
겠느냐 이 독수리가 어찌 그 뿌리
를 빼고 열매를 따며 그 나무가 시
들게 하지 아니하겠으며 그 연한
잎사귀가 마르게 하지 아니하겠느
냐 많은 백성이나 강한 팔이 아니
라도 그 뿌리를 뽑으리라
10 볼지어다 그것이 심어졌으나 번성
하겠느냐 (東風)동풍에 부딪힐 때
에 아주 마르지 아니하겠느냐 그
자라던 두둑에서 마르리라 하셨다
하라

비유의 해석

11 ● 여호와의 말씀이 또 내게 (臨)
임하여 이르시되
12 너는 반역하는 족속에게 묻기를
너희가 이 (譬喻)비유를 깨닫지
못하겠느냐 하고 그들에게 말하기
를 바벨론 왕이 예루살렘에 이르
러 왕과 고관을 사로잡아 바벨론

1) 가나안 땅에

자기에게로 끌어 가고
13 그 왕족 중에서 하나를 택하여 (言
約)언약을 세우고 그에게 맹세하
게 하고 또 그 땅의 능한 자들을
옮겨 갔나니
14 이는 나라를 낮추어 스스로 서지
못하고 그 언약을 지켜야 (能)능
히 서게 하려 하였음이거늘
15 그가 사절을 애굽에 보내 말과 군
대를 구함으로 바벨론 왕을 (背
叛)배반하였으니 형통하겠느냐
이런 일을 행한 자가 피하겠느냐
언약을 배반하고야 피하겠느냐
16 주 여호와의 말씀이니라 내가 나
의 삶을 두고 맹세하노니 바벨론
(王)왕이 그를 왕으로 세웠거늘
그가 맹세를 저버리고 언약을 배
반하였은즉 그 왕이 거주하는 곳
바벨론에서 왕과 함께 있다가 죽
을 것이라
17 대적이 토성을 쌓고 사다리를 세
우고 많은 사람을 (滅絕)멸절하려
할 때에 바로가 그 큰 군대와 많은
무리로도 그 전쟁에 그를 도와 주
지 못하리라
18 그가 이미 손을 내밀어 (言約)언
약하였거늘 맹세를 업신여겨 언약
을 배반하고 이 모든 일을 행하였
으니 피하지 못하리라
19 그러므로 주 여호와의 말씀이니라
내가 나의 삶을 두고 맹세하노니
그가 내 맹세를 업신여기고 내 언
약을 (背叛)배반하였은즉 내가 그
죄를 그 머리에 돌리되
20 그 위에 내 그물을 치며 내 올무에
걸리게 하여 끌고 바벨론으로 가
서 나를 (叛逆)반역한 그 반역을
거기에서 심판할지며
21 그 모든 군대에서 (逃亡)도망한
자들은 다 칼에 엎드러질 것이요
그 남은 자는 사방으로 흩어지리
니 나 여호와가 이것을 말한 줄을
너희가 알리라

높은 나무를 낮추고

22 ● 주 여호와께서 이같이 말씀하
시되 내가 (柏香木)백향목 꼭대기
에서 높은 가지를 꺾어다가 심으
리라 내가 그 높은 새 가지 끝에서
연한 가지를 꺾어 높고 우뚝 솟은
산에 심되
23 이스라엘 높은 (山)산에 심으리니
그 가지가 무성하고 열매를 맺어
서 아름다운 백향목이 될 것이요
각종 새가 그 아래에 깃들이며 그
가지 그늘에 살리라
24 들의 모든 나무가 나 여호와는 높
은 나무를 낮추고 낮은 나무를 높
이며 푸른 나무를 말리고 마른 나
무를 (茂盛)무성하게 하는 줄 알
리라 나 여호와는 말하고 이루느
니라 하라

아버지의 죄악과 아들의 의

18 또 여호와의 말씀이 내게
임하여 이르시되
2 너희가 이스라엘 땅에 관한 (俗
談)속담에 이르기를 아버지가 신
포도를 먹었으므로 그의 아들의
이가 시다고 함은 어찌 됨이냐
3 주 여호와의 말씀이니라 내가 나
의 삶을 두고 맹세하노니 너희가

이스라엘 가운데에서 다시는 이
(俗談)속담을 쓰지 못하게 되리라
4 모든 영혼이 다 내게 (屬)속한지
라 아버지의 영혼이 내게 속함 같
이 그의 아들의 영혼도 내게 속하
였나니 범죄하는 그 영혼은 죽으
리라
5 ●사람이 만일 의로워서 정의와
(公義)공의를 따라 행하며
6 산 위에서 (祭物)제물을 먹지 아니
하며 이스라엘 족속의 우상에게 눈
을 들지 아니하며 이웃의 아내를
더럽히지 아니하며 월경 중에 있는
여인을 가까이 하지 아니하며
7 사람을 학대하지 아니하며 빚진
자의 (抵當物)저당물을 돌려 주며
강탈하지 아니하며 주린 자에게
음식물을 주며 벗은 자에게 옷을
입히며
8 (邊利)변리를 위하여 꾸어 주지
아니하며 이자를 받지 아니하며
스스로 손을 금하여 죄를 짓지 아
니하며 사람과 사람 사이에 진실
하게 판단하며
9 내 율례를 따르며 내 (規例)규례
를 지켜 진실하게 행할진대 그는
의인이니 반드시 살리라 주 여호
와의 말씀이니라
10 ●가령 그가 아들을 낳았다 하자
그 아들이 이 모든 선은 하나도 행
하지 아니하고 이 죄악 중 하나를
(犯)범하여 강포하거나 살인하거
나
11 산 위에서 (祭物)제물을 먹거나
이웃의 아내를 더럽히거나
12 가난하고 궁핍한 자를 (虐待)학대
하거나 강탈하거나 빚진 자의 저
당물을 돌려 주지 아니하거나 우
상에게 눈을 들거나 가증한 일을
행하거나
13 (邊利)변리를 위하여 꾸어 주거나
이자를 받거나 할진대 그가 살겠
느냐 결코 살지 못하리니 이 모든
가증한 일을 행하였은즉 반드시
죽을지라 자기의 피가 자기에게로
돌아가리라
14 ●또 (假令)가령 그가 아들을 낳
았다 하자 그 아들이 그 아버지가
행한 모든 죄를 보고 두려워하여
그대로 행하지 아니하고
15 산 위에서 제물을 먹지도 아니하
며 이스라엘 (族屬)족속의 우상에
게 눈을 들지도 아니하며 이웃의
아내를 더럽히지도 아니하며
16 사람을 학대하지도 아니하며 저당
을 잡지도 아니하며 (强奪)강탈하
지도 아니하고 주린 자에게 음식물
을 주며 벗은 자에게 옷을 입히며
17 손을 금하여 가난한 자를 (壓制)
압제하지 아니하며 변리나 이자를
받지 아니하여 내 규례를 지키며
내 율례를 행할진대 이 사람은 그
의 아버지의 죄악으로 죽지 아니
하고 반드시 살겠고
18 그의 아버지는 심히 (暴虐)포학하
여 그 동족을 강탈하고 백성들 중
에서 선을 행하지 아니하였으므로
그는 그의 죄악으로 죽으리라
19 ●그런데 너희는 이르기를 아들
이 어찌 아버지의 죄를 담당하지

아니하겠느냐 하는도다 아들이 정
의와 공의를 행하며 내 모든 (律
例)율례를 지켜 행하였으면 그는
반드시 살려니와
20 범죄하는 그 영혼은 죽을지라 아
들은 아버지의 죄악을 (擔當)담당
하지 아니할 것이요 아버지는 아
들의 죄악을 담당하지 아니하리니
의인의 공의도 자기에게로 돌아가
고 악인의 악도 자기에게로 돌아
가리라
21 ● 그러나 악인이 만일 그가 행한
모든 죄에서 돌이켜 떠나 내 모든
율례를 지키고 (正義)정의와 공의
를 행하면 반드시 살고 죽지 아니
할 것이라
22 그 범죄한 것이 하나도 (記憶)기
억함이 되지 아니하리니 그가 행
한 공의로 살리라
23 주 여호와의 말씀이니라 내가 어
찌 (惡人)악인이 죽는 것을 조금
인들 기뻐하랴 그가 돌이켜 그 길
에서 떠나 사는 것을 어찌 기뻐하
지 아니하겠느냐
24 만일 의인이 돌이켜 그 공의에서
떠나 범죄하고 악인이 행하는 모
든 (可憎)가증한 일대로 행하면
살겠느냐 그가 행한 공의로운 일
은 하나도 기억함이 되지 아니하
리니 그가 그 범한 허물과 그 지은
죄로 죽으리라
25 ● 그런데 너희는 이르기를 주의
길이 공평하지 아니하다 하는도다
이스라엘 족속아 들을지어다 내
길이 어찌 (公平)공평하지 아니하
냐 너희 길이 공평하지 아니한 것
이 아니냐
26 만일 의인이 그 공의를 떠나 (罪
惡)죄악을 행하고 그로 말미암아
죽으면 그 행한 죄악으로 말미암
아 죽는 것이요
27 만일 악인이 그 행한 악을 떠나 정
의와 공의를 행하면 그 (靈魂)영
혼을 보전하리라
28 그가 스스로 헤아리고 그 행한 모
든 (罪惡)죄악에서 돌이켜 떠났으
니 반드시 살고 죽지 아니하리라
29 그런데 이스라엘 족속은 이르기를
주의 길이 (公平)공평하지 아니하
다 하는도다 이스라엘 족속아 나
의 길이 어찌 공평하지 아니하냐
너희 길이 공평하지 아니한 것 아
니냐
30 주 여호와의 말씀이니라 이스라엘
족속아 내가 너희 각 사람이 행한
대로 심판할지라 너희는 돌이켜
(悔改)회개하고 모든 죄에서 떠날
지어다 그리한즉 그것이 너희에게
죄악의 걸림돌이 되지 아니하리라
31 너희는 너희가 범한 모든 죄악을
버리고 마음과 (靈)영을 새롭게
할지어다 이스라엘 족속아 너희가
어찌하여 죽고자 하느냐
32 (主)주 여호와의 말씀이니라 죽을
자가 죽는 것도 내가 기뻐하지 아
니하노니 너희는 스스로 돌이키고
살지니라

애가

19 너는 이스라엘 고관들을 위
하여 (哀歌)애가를 지어

2 부르라 네 어머니는 무엇이냐 암
사자라 그가 사자들 가운데에 엎
드려 젊은 (獅子)사자 중에서 그
새끼를 기르는데
3 그 새끼 하나를 키우매 젊은 (獅
子)사자가 되어 먹이 물어뜯기를
배워 사람을 삼키매
4 (異邦)이방이 듣고 (陷穽)함정으
로 그를 잡아 갈고리로 꿰어 끌고
애굽 땅으로 간지라
5 암사자가 기다리다가 (所望)소망
이 끊어진 줄을 알고 그 새끼 하나
를 또 골라 젊은 사자로 키웠더니
6 젊은 사자가 되매 여러 사자 가운
데에 (往來)왕래하며 먹이 물어뜯
기를 배워 사람을 삼키며
7 [1]그의 (宮闕)궁궐들을 헐고 성읍
들을 부수니 그 우는 소리로 말미
암아 땅과 그 안에 가득한 것이 황
폐한지라
8 이방이 포위하고 있는 지방에서
그를 치러 와서 그의 위에 그물을
치고 (陷穽)함정에 잡아
9 우리에 넣고 갈고리를 꿰어 끌고
바벨론 왕에게 이르렀나니 그를
(獄)옥에 가두어 그 소리가 다시
이스라엘 산에 들리지 아니하게
하려 함이라
10 ● 네 피의 어머니는 물 가에 심겨
진 포도나무 같아서 물이 많으므
로 열매가 많고 가지가 (茂盛)무
성하며
11 그 가지들은 강하여 (權勢)권세
잡은 자의 규가 될 만한데 그 하나

1) 과부를 알고

의 키가 굵은 가지 가운데에서 높
았으며 많은 가지 가운데에서 뛰
어나 보이다가
12 (憤怒)분노 중에 뽑혀서 땅에 던
짐을 당하매 그 열매는 동풍에 마
르고 그 강한 가지들은 꺾이고 말
라 불에 탔더니
13 이제는 (曠野)광야, 메마르고 가
물이 든 땅에 심어진 바 되고
14 불이 그 가지 중 하나에서부터 나
와 그 열매를 태우니 권세 잡은 자
의 규가 될 만한 강한 가지가 없도
다 하라 이것이 (哀歌)애가라 후
에도 애가가 되리라

하나님의 뜻, 이스라엘의 반역

20 일곱째 해 다섯째 달 열째
날에 이스라엘 (長老)장로
여러 사람이 여호와께 물으려고
와서 내 앞에 앉으니
2 여호와의 말씀이 내게 (臨)임하여
이르시되
3 인자야 이스라엘 (長老)장로들에
게 말하여 이르라 주 여호와께서
이렇게 말씀하셨느니라 너희가 내
게 물으려고 왔느냐 내가 나의 목
숨을 걸고 맹세하거니와 너희가
내게 묻기를 내가 용납하지 아니
하리라 주 여호와의 말씀이니라
4 인자야 네가 그들을 (審判)심판하
려느냐 네가 그들을 심판하려느냐
너는 그들에게 그들의 조상들의
가증한 일을 알게 하여
5 이르라 주 여호와께서 이같이 말
씀하셨느니라 옛날에 내가 이스라
엘을 택하고 야곱 집의 (後裔)후

예를 향하여 내 손을 들어 맹세하
고 애굽 땅에서 그들에게 나타나
맹세하여 이르기를 나는 여호와
너희 하나님이라 하였노라
6 그 날에 내가 내 손을 들어 그들
에게 맹세하기를 애굽 땅에서 (引
導)인도하여 내어 그들을 위하여
찾아 두었던 땅 곧 젖과 꿀이 흐르
는 땅이요 모든 땅 중의 아름다운
곳에 이르게 하리라 하고
7 또 그들에게 이르기를 너희는 눈을
끄는 바 (可憎)가증한 것을 각기
버리고 애굽의 우상들로 말미암아
스스로 더럽히지 말라 나는 여호
와 너희 하나님이니라 하였으나
8 그들이 내게 반역하여 내 말을 즐
겨 듣지 아니하고 그들의 눈을 끄
는 바 가증한 것을 각기 버리지 아
니하며 애굽의 우상들을 떠나지
아니하므로 내가 말하기를 내가
애굽 땅에서 그들에게 나의 분노
를 쏟으며 그들에게 (震怒)진노를
이루리라 하였노라
9 그러나 내가 그들이 거주하는 이
방인의 눈 앞에서 그들에게 나타
나 그들을 애굽 땅에서 인도하여
내었나니 이는 내 이름을 위함이
라 내 이름을 그 (異邦人)이방인
의 눈 앞에서 더럽히지 아니하려
고 행하였음이라
10 ●그러므로 내가 그들을 애굽 땅
에서 나와서 (曠野)광야에 이르게
하고
11 사람이 (遵行)준행하면 그로 말미
암아 삶을 얻을 내 율례를 주며 내
규례를 알게 하였고
12 또 내가 그들을 거룩하게 하는 여
호와인 줄 알게 하려고 내 안식일
을 주어 그들과 나 사이에 (表徵)
표징을 삼았노라
13 그러나 이스라엘 족속이 광야에서
내게 반역하여 사람이 준행하면
그로 말미암아 삶을 얻을 나의 율
례를 준행하지 아니하며 나의 규
례를 (蔑視)멸시하였고 나의 안식
일을 크게 더럽혔으므로 내가 이
르기를 내가 내 분노를 광야에서
그들에게 쏟아 멸하리라 하였으나
14 내가 내 이름을 위하여 달리 행하
였었나니 내가 그들을 (引導)인도
하여 내는 것을 본 나라들 앞에서
내 이름을 더럽히지 아니하려 하
였음이로라
15 또 내가 내 손을 들어 광야에서 그
들에게 맹세하기를 내가 그들에게
(許諾)허락한 땅 곧 젖과 꿀이 흐
르는 땅이요 모든 땅 중의 아름다
운 곳으로 그들을 인도하여 들이
지 아니하리라 한 것은
16 그들이 마음으로 우상을 따라 나
의 규례를 업신여기며 나의 율례
를 행하지 아니하며 나의 (安息
日)안식일을 더럽혔음이라
17 그러나 내가 그들을 아껴서 광야
에서 (滅)멸하여 아주 없이하지
아니하였었노라
18 ●내가 광야에서 그들의 자손에
게 이르기를 너희 (祖上)조상들의
율례를 따르지 말며 그 규례를 지
키지 말며 그 우상들로 말미암아

스스로 더럽히지 말라
19 나는 여호와 너희 하나님이라 너
희는 나의 (律例)율례를 따르며
나의 규례를 지켜 행하고
20 또 나의 (安息日)안식일을 거룩하
게 할지어다 이것이 나와 너희 사
이에 표징이 되어 내가 여호와 너
희 하나님인 줄을 너희가 알게 하
리라 하였노라
21 그러나 그들의 자손이 내게 반역
하여 사람이 지켜 행하면 그로 말
미암아 삶을 얻을 나의 율례를 따
르지 아니하며 나의 규례를 지켜
(行)행하지 아니하였고 나의 안식
일을 더럽힌지라 이에 내가 이르
기를 내가 광야에서 그들에게 내
분노를 쏟으며 그들에게 내 진노
를 이루리라 하였으나
22 내가 내 이름을 (爲)위하여 내 손
을 막아 달리 행하였나니 내가 그
들을 인도하여 내는 것을 본 여러
나라 앞에서 내 이름을 더럽히지
아니하려 하였음이로라
23 또 내가 내 손을 들어 광야에서 그
들에게 맹세하기를 내가 그들을
(異邦人)이방인 중에 흩으며 여러
민족 가운데에 헤치리라 하였나니
24 이는 그들이 나의 규례를 행하지
아니하며 나의 율례를 멸시하며
내 안식일을 더럽히고 눈으로 그
들의 조상들의 우상들을 (思慕)사
모함이며
25 또 내가 그들에게 (善)선하지 못

1) 히, 바마는 산당이라는 뜻인데 '바'는 다닌다는 뜻이요 '마'는 무엇이냐라는 뜻

한 율례와 능히 지키지 못할 규례
를 주었고
26 그들이 장자를 다 (火祭)화제로
드리는 그 예물로 내가 그들을 더
럽혔음은 그들을 멸망하게 하여
나를 여호와인 줄 알게 하려 하였
음이라
27 ● 그런즉 인자야 이스라엘 족속
에게 말하여 이르라 주 여호와께
서 이같이 말씀하셨느니라 너희
조상들이 또 내게 (犯罪)범죄하여
나를 욕되게 하였느니라
28 내가 내 손을 들어 그들에게 주기
로 맹세한 땅으로 그들을 인도하
여 들였더니 그들이 모든 높은 산
과 모든 (茂盛)무성한 나무를 보
고 거기에서 제사를 드리고 분노
하게 하는 제물을 올리며 거기서
또 (焚香)분향하고 전제물을 부어
드린지라
29 이에 내가 그들에게 이르기를 너
희가 다니는 (山堂)산당이 무엇이
냐 하였노라 (그것을 오늘날까지 [1]
바마라 일컫느니라)
30 그러므로 너는 이스라엘 족속에게
이르라 주 여호와께서 이같이 말
씀하셨느니라 너희가 조상들의 풍
속을 따라 너희 자신을 더럽히며
그 모든 가증한 것을 따라 (行淫)
행음하느냐
31 너희가 또 너희 아들을 (火祭)화
제로 삼아 불 가운데로 지나게 하
며 오늘까지 너희 자신을 우상들
로 말미암아 더럽히느냐 이스라
엘 족속아 너희가 내게 묻기를 내

가 (容納)용납하겠느냐 주 여호와
의 말씀이니라 내가 나의 삶을 두
고 맹세하노니 너희가 내게 묻기
를 내가 용납하지 아니하리라
32 너희가 스스로 이르기를 우리가
이방인 곧 여러 나라 족속 같이 되
어서 (木石)목석을 경배하리라 하
거니와 너희 마음에 품은 것을 결
코 이루지 못하리라

맹세한 땅으로 이스라엘을 인도하리라

33 ● 주 여호와의 말씀이니라 내가
나의 삶을 두고 맹세하노니 내가
능한 손과 편 팔로 (憤怒)분노를
쏟아 너희를 반드시 다스릴지라
34 능한 손과 편 팔로 분노를 쏟아 너
희를 여러 나라에서 나오게 하며
너희의 흩어진 여러 (地方)지방에
서 모아내고
35 너희를 인도하여 여러 나라 광야
에 이르러 거기에서 너희를 (對
面)대면하여 심판하되
36 내가 애굽 땅 광야에서 너희 조상
들을 (審判)심판한 것 같이 너희
를 심판하리라 주 여호와의 말씀
이니라
37 내가 너희를 막대기 아래로 지나
가게 하며 (言約)언약의 줄로 매
려니와
38 너희 가운데에서 (叛逆)반역하는
자와 내게 범죄하는 자를 모두 제
하여 버릴지라 그들을 그 머물러
살던 땅에서는 나오게 하여도 이
스라엘 땅에는 들어가지 못하게
하리니 너희가 나는 여호와인 줄
을 알리라
39 주 여호와께서 이같이 말씀하셨느
니라 이스라엘 족속아 너희가 내
말을 듣지 아니하려거든 가서 각
각 그 (偶像)우상을 섬기라 그렇
게 하려거든 이 후에 다시는 너희
(禮物)예물과 너희 우상들로 내
거룩한 이름을 더럽히지 말지니라
40 ● 주 여호와의 말씀이니라 이스
라엘 온 족속이 그 땅에 있어서 내
거룩한 산 곧 이스라엘의 높은 산
에서 다 나를 섬기리니 거기에서
내가 그들을 기쁘게 받을지라 거
기에서 너희 예물과 너희가 드리
는 첫 열매와 너희 모든 (聖物)성
물을 요구하리라
41 내가 너희를 (引導)인도하여 여러
나라 가운데에서 나오게 하고 너
희가 흩어진 여러 민족 가운데에
서 모아 낼 때에 내가 너희를 향기
로 받고 내가 또 너희로 말미암아
내 거룩함을 여러 나라의 목전에
서 나타낼 것이며
42 내가 내 손을 들어 너희 조상들에
게 주기로 (盟誓)맹세한 땅 곧 이
스라엘 땅으로 너희를 인도하여
들일 때에 너희는 내가 여호와인
줄 알고
43 거기에서 너희의 길과 스스로 더
럽힌 모든 행위를 (記憶)기억하고
이미 행한 모든 악으로 말미암아
스스로 미워하리라
44 이스라엘 (族屬)족속아 내가 너희
의 악한 길과 더러운 행위대로 하
지 아니하고 내 이름을 위하여 행
한 후에야 내가 여호와인 줄 너희

가 알리라 주 여호와의 말씀이니라

불타는 숲의 비유

45 ● 여호와의 말씀이 또 내게 (臨)
임하여 이르시되
46 (人子)인자야 너는 얼굴을 남으로
향하라 남으로 향하여 소리내어
남쪽의 숲을 쳐서 예언하라
47 남쪽의 숲에게 이르기를 여호와의
말씀을 들을지어다 주 여호와께서
이같이 말씀하셨느니라 내가 너
의 가운데에 불을 일으켜 모든 푸
른 나무와 모든 마른 나무를 없애
리니 (猛烈)맹렬한 불꽃이 꺼지지
아니하고 남에서 북까지 모든 얼
굴이 그슬릴지라
48 (血氣)혈기 있는 모든 자는 나 여
호와가 그 불을 일으킨 줄을 [1]알
리니 그것이 꺼지지 아니하리라
하셨다 하라 하시기로
49 내가 이르되 아하 주 여호와여 그
들이 나를 가리켜 말하기를 그는
(譬喩)비유로 말하는 자가 아니냐
하나이다 하니라

여호와의 칼

21 또 여호와의 말씀이 내게
(臨)임하여 이르시되
2 인자야 너는 얼굴을 예루살렘으로
향하며 성소를 향하여 소리내어
이스라엘 땅에게 (豫言)예언하라
3 이스라엘 땅에게 이르기를 여호와
의 말씀에 내가 너를 대적하여 내
칼을 칼집에서 빼어 (義人)의인과
악인을 네게서 끊을지라
4 내가 의인과 악인을 네게서 끊을
터이므로 내 칼을 칼집에서 빼어
모든 (肉體)육체를 남에서 북까지
치리니
5 모든 (肉體)육체는 나 여호와가
내 칼을 칼집에서 빼낸 줄을 알지
라 칼이 다시 꽂히지 아니하리라
하셨다 하라
6 인자야 (嘆息)탄식하되 너는 허리
가 끊어지듯 탄식하라 그들의 목
전에서 슬피 탄식하라
7 그들이 네게 묻기를 네가 어찌하
여 탄식하느냐 하거든 대답하기를
재앙이 다가온다는 소문 때문이니
각 마음이 녹으며 모든 손이 약하
여지며 각 영이 쇠하며 모든 무릎
이 물과 같이 약해지리라 보라 (災
殃)재앙이 오나니 반드시 이루어
지리라 주 여호와의 말씀이니라
하라
8 ● 여호와의 말씀이 또 내게 (臨)
임하여 이르시되
9 인자야 너는 (豫言)예언하여 여호
와의 말씀을 이같이 말하라 칼이
여 칼이여 날카롭고도 빛나도다
10 그 칼이 날카로움은 죽임을 위함
이요 빛남은 번개 같이 되기 위함
이니 우리가 즐거워하겠느냐 내
아들의 (圭)규가 모든 나무를 업
신여기는도다
11 그 칼을 손에 잡아 쓸 만하도록 빛
나게 하되 죽이는 자의 손에 넘기
기 위하여 날카롭고도 빛나게 하
였도다 하셨다 하라
12 인자야 너는 부르짖어 슬피 울지
어다 이것이 내 백성에게 임하며

1) 히, 보리니

이스라엘 모든 (高官)고관에게 임
함이로다 그들과 내 백성이 함께
칼에 넘긴 바 되었으니 너는 네 넓
적다리를 칠지어다
13 이것이 (試驗)시험이라 만일 업신
여기는 규가 없어지면 어찌할까
주 여호와의 말씀이니라
14 그러므로 인자야 너는 (豫言)예언
하며 손뼉을 쳐서 칼로 두세 번 거
듭 쓰이게 하라 이 칼은 죽이는 칼
이라 사람들을 둘러싸고 죽이는
큰 칼이로다
15 내가 그들이 (落膽)낙담하여 많이
엎드러지게 하려고 그 모든 성문
을 향하여 번쩍번쩍하는 칼을 세
워 놓았도다 오호라 그 칼이 번개
같고 죽이기 위하여 날카로웠도다
16 칼아 모이라 오른쪽을 치라 (隊
列)대열을 맞추라 왼쪽을 치라 향
한 대로 가라
17 나도 내 손뼉을 치며 내 (憤怒)분
노를 다 풀리로다 나 여호와가 말
하였노라
18 여호와의 말씀이 내게 (臨)임하여
이르시되
19 인자야 너는 바벨론 왕의 칼이 올
두 길을 한 땅에서 나오도록 그리
되 곧 성으로 들어가는 길 어귀에
다가 길이 나뉘는 (指示標)지시표
를 하여
20 칼이 암몬 족속의 랍바에 이르는
길과 유다의 (堅固)견고한 성 예
루살렘에 이르는 길을 그리라
21 바벨론 왕이 갈랫길 곧 두 길 어귀
에 서서 점을 치되 화살들을 흔들
어 우상에게 묻고 (犧牲祭物)희생
제물의 간을 살펴서
22 오른손에 예루살렘으로 갈 (占卦)
점괘를 얻었으므로 공성퇴를 설치
하며 입을 벌리고 죽이며 소리를
높여 외치며 성문을 향하여 공성
퇴를 설치하고 토성을 쌓고 사다
리를 세우게 되었나니
23 전에 그들에게 (盟約)맹약한 자들
은 그것을 거짓 점괘로 여길 것이
나 바벨론 왕은 그 죄악을 기억하
고 그 무리를 잡으리라
24 ● 그러므로 주 여호와께서 이같
이 말씀하셨느니라 너희의 악이
기억을 되살리며 너희의 허물이
드러나며 너희 모든 (行爲)행위의
죄가 나타났도다 너희가 기억한
바 되었은즉 그 손에 잡히리라
25 너 극악하여 (重傷)중상을 당할
이스라엘 왕아 네 날이 이르렀나
니 곧 죄악의 마지막 때이니라
26 주 여호와께서 이같이 말씀하셨느
니라 관을 (除去)제거하며 왕관을
벗길지라 그대로 두지 못하리니
낮은 자를 높이고 높은 자를 낮출
것이니라
27 내가 엎드러뜨리고 엎드러뜨리고
엎드러뜨리려니와 이것도 다시 있
지 못하리라 마땅히 얻을 자가 이
르면 그에게 주리라
28 ● 인자야 너는 주 여호와께서 암
몬 족속과 그의 (凌辱)능욕에 대
하여 이같이 말씀하셨다고 예언하
라 너는 이르기를 칼이 뽑히도다
칼이 뽑히도다 죽이며 멸절하며

번개 같이 되기 위하여 빛났도다
29 네게 대하여 허무한 것을 보며 네
게 대하여 거짓 (卜術)복술을 하
는 자가 너를 중상 당한 악인의 목
위에 두리니 이는 그의 날 곧 죄악
의 마지막 때가 이름이로다
30 그러나 칼을 그 칼집에 꽂을지어
다 네가 지음을 받은 곳에서, 네가
(出生)출생한 땅에서 내가 너를
심판하리로다
31 내가 내 (憤怒)분노를 네게 쏟으
며 내 진노의 불을 네게 내뿜고 너
를 짐승 같은 자 곧 멸하기에 익숙
한 자의 손에 넘기리로다
32 네가 불에 섶과 같이 될 것이며 네
피가 나라 가운데에 있을 것이며
네가 다시 (記憶)기억되지 못할
것이니 나 여호와가 말하였음이라
하라

벌 받을 예루살렘

22 또 여호와의 말씀이 내게
(臨)임하여 이르시되
2 인자야 네가 심판하려느냐 이 피
흘린 성읍을 심판하려느냐 그리하
려거든 자기의 모든 (可憎)가증한
일을 그들이 알게 하라
3 너는 말하라 주 여호와께서 이같
이 말씀하셨느니라 자기 가운데
에 피를 흘려 벌 받을 때가 이르게
하며 (偶像)우상을 만들어 스스로
더럽히는 성아
4 네가 흘린 피로 말미암아 죄가 있
고 네가 만든 우상으로 말미암아
스스로 더럽혔으니 네 날이 가까
웠고 네 (年限)연한이 찼도다 그
러므로 내가 너로 이방의 능욕을
받으며 만국의 조롱거리가 되게
하였노라
5 너 이름이 더럽고 어지러움이 많
은 자여 가까운 자나 먼 자나 다
너를 (嘲弄)조롱하리라
6 ●이스라엘 모든 (高官)고관은 각
기 권세대로 피를 흘리려고 [1]네
가운데에 있었도다
7 그들이 네 가운데에서 부모를 업
신여겼으며 네 가운데에서 나그네
를 (虐待)학대하였으며 네 가운데
에서 고아와 과부를 해하였도다
8 너는 나의 성물들을 업신여겼으며
나의 (安息日)안식일을 더럽혔으
며
9 네 가운데에 피를 흘리려고 (離
間)이간을 붙이는 자도 있었으며
네 가운데에 산 위에서 제물을 먹
는 자도 있었으며 네 가운데에 음
행하는 자도 있었으며
10 네 가운데에 자기 아버지의 하체
를 드러내는 자도 있었으며 네 가
운데에 월경하는 (不淨)부정한 여
인과 관계하는 자도 있었으며
11 어떤 사람은 그 이웃의 아내와 (可
憎)가증한 일을 행하였으며 어떤
사람은 그의 며느리를 더럽혀 음
행하였으며 네 가운데에 어떤 사
람은 그 자매 곧 아버지의 딸과 관
계하였으며
12 네 가운데에 피를 흘리려고 뇌물
을 받는 자도 있었으며 네가 변돈
과 (利子)이자를 받았으며 이익을

1) 6절부터 15절까지 나오는 '너'는 예루살렘 성을 가리킴

탐하여 이웃을 속여 빼앗았으며
나를 잊어버렸도다 주 여호와의
말씀이니라
13 ● 내가 (不義)불의를 행하여 이익
을 얻은 일과 네 가운데에 피 흘린
일로 말미암아 내가 손뼉을 쳤나
니
14 내가 네게 (報應)보응하는 날에
네 마음이 견디겠느냐 네 손이 힘
이 있겠느냐 나 여호와가 말하였
으니 내가 이루리라
15 내가 너를 뭇 나라 가운데에 흩으
며 각 나라에 헤치고 너의 더러운
것을 네 가운데에서 (滅)멸하리라
16 네가 자신 때문에 나라들의 목전
에서 (羞恥)수치를 당하리니 내가
여호와인 줄 알리라 하셨다 하라

풀무 불에 들어간 이스라엘

17 ● 여호와의 말씀이 내게 (臨)임하
여 이르시되
18 인자야 이스라엘 족속이 내게 찌
꺼기가 되었나니 곧 풀무 불 가운
데에 있는 놋이나 (朱錫)주석이나
쇠나 납이며 은의 찌꺼기로다
19 그러므로 (主)주 여호와께서 이와
같이 말씀하셨느니라 너희가 다
찌꺼기가 되었은즉 내가 너희를
예루살렘 가운데로 모으고
20 사람이 은이나 놋이나 쇠나 납이
나 주석이나 모아서 풀무 불 속에
넣고 불을 불어 녹이는 것 같이 내
가 노여움과 (忿)분으로 너희를
모아 거기에 두고 녹이리라
21 내가 너희를 모으고 내 (憤怒)분
노의 불을 너희에게 불면 너희가
그 가운데에서 녹되
22 (銀)은이 풀무 불 가운데에서 녹
는 것 같이 너희가 그 가운데에서
녹으리니 나 여호와가 분노를 너
희 위에 쏟은 줄을 너희가 알리라

선지자 제사장 고관들의 죄

23 ● 여호와의 말씀이 내게 (臨)임하
여 이르시되
24 인자야 너는 그에게 이르기를 너
는 (淨潔)정결함을 얻지 못한 땅
이요 진노의 날에 비를 얻지 못한
땅이로다 하라
25 그 가운데에서 선지자들의 반역함
이 우는 사자가 음식물을 움킴 같
았도다 그들이 사람의 영혼을 삼
켰으며 재산과 보물을 (奪取)탈취
하며 과부를 그 가운데에 많게 하
였으며
26 그 제사장들은 내 율법을 범하였으
며 나의 성물을 더럽혔으며 거룩함
과 속된 것을 (區別)구별하지 아니
하였으며 부정함과 정한 것을 사람
이 구별하게 하지 아니하였으며 그
의 눈을 가리어 나의 안식일을 보
지 아니하였으므로 내가 그들 가운
데에서 더럽힘을 받았느니라
27 그 가운데에 그 고관들은 음식물
을 삼키는 이리 같아서 (不義)불
의한 이익을 얻으려고 피를 흘려
영혼을 멸하거늘
28 그 선지자들이 그들을 위하여 회
를 칠하고 스스로 허탄한 이상을
보며 거짓 (卜術)복술을 행하며
여호와가 말하지 아니하였어도 주
여호와께서 이같이 말씀하셨느니

라 하였으며
29 이 땅 백성은 포악하고 강탈을 일
삼고 가난하고 궁핍한 자를 압제
하고 나그네를 (不當)부당하게 학
대하였으므로
30 이 땅을 위하여 성을 쌓으며 성 무
너진 데를 막아 서서 나로 하여금
(滅)멸하지 못하게 할 사람을 내
가 그 가운데에서 찾다가 찾지 못
하였으므로
31 내가 내 분노를 그들 위에 쏟으며
내 진노의 불로 멸하여 그들 행위
대로 그들 머리에 (報應)보응하였
느니라 주 여호와의 말씀이니라

오홀라와 오홀리바의 행음

23 또 여호와의 말씀이 내게
(臨)임하여 이르시되
2 (人子)인자야 두 여인이 있었으니
한 어머니의 딸이라
3 그들이 애굽에서 (行淫)행음하되
어렸을 때에 행음하여 그들의 유
방이 눌리며 그 처녀의 가슴이 어
루만져졌나니
4 그 이름이 형은 오홀라요 아우는
오홀리바라 그들이 내게 속하여
(子女)자녀를 낳았나니 그 이름으
로 말하면 오홀라는 사마리아요
오홀리바는 예루살렘이니라
5 ● 오홀라가 내게 속하였을 때에
행음하여 그가 (戀愛)연애하는 자
곧 그의 이웃 앗수르 사람을 사모
하였나니
6 그들은 다 자색 옷을 입은 고관과
감독이요 (俊秀)준수한 청년이요
말 타는 자들이라
7 그가 앗수르 사람들 가운데에 잘
생긴 그 모든 자들과 행음하고 누
구를 (戀愛)연애하든지 그들의 모
든 우상으로 자신을 더럽혔으며
8 그가 젊었을 때에 애굽 사람과 동
침하매 그 처녀의 가슴이 어루만
져졌으며 그의 몸에 음란을 쏟음
을 당한 바 되었더니 그가 그 때부
터 (行淫)행음함을 마지아니하였
느니라
9 그러므로 내가 그를 그의 (情)정
든 자 곧 그가 연애하는 앗수르 사
람의 손에 넘겼더니
10 그들이 그의 (下體)하체를 드러내
고 그의 자녀를 빼앗으며 칼로 그
를 죽여 여인들에게 이야깃거리가
되게 하였나니 이는 그들이 그에
게 심판을 행함이니라
11 ● 그 아우 오홀리바가 이것을 보
고도 그의 형보다 음욕을 더하며
그의 형의 (姦淫)간음함보다 그
간음이 더 심하므로 그의 형보다
더 부패하여졌느니라
12 그가 그의 이웃 앗수르 사람을 연
애하였나니 그들은 화려한 의복을
입은 고관과 (監督)감독이요 말 타
는 자들과 준수한 청년이었느니라
13 그 두 여인이 한 길로 (行)행하므
로 그도 더러워졌음을 내가 보았
노라
14 그가 음행을 더하였음은 붉은 색
으로 벽에 그린 사람의 (形像)형
상 곧 갈대아 사람의 형상을 보았
음이니
15 그 형상은 허리를 띠로 동이고 머

리를 긴 (手巾)수건으로 쌌으며
그의 용모는 다 준수한 자 곧 그의
고향 갈대아 바벨론 사람 같은 것
이라
16 그가 보고 곧 사랑하게 되어 (使
節)사절을 갈대아 그들에게로 보
내매
17 바벨론 사람이 나아와 (戀愛)연애
하는 침상에 올라 음행으로 그를
더럽히매 그가 더럽힘을 입은 후
에 그들을 싫어하는 마음이 생겼
느니라
18 그가 이같이 그의 음행을 나타내
며 그가 (下體)하체를 드러내므로
내 마음이 그의 형을 싫어한 것 같
이 그를 싫어하였으나
19 그가 그의 (淫行)음행을 더하여
젊었을 때 곧 애굽 땅에서 행음하
던 때를 생각하고
20 그의 하체는 나귀 같고 그의 정수
는 말 같은 (淫亂)음란한 간부를
사랑하였도다
21 네가 젊었을 때에 (行淫)행음하여
애굽 사람에게 네 가슴과 유방이
어루만져졌던 것을 아직도 생각하
도다

오홀리바가 받은 재판

22 ● 그러므로 오홀리바야 주 여호
와께서 이같이 말씀하셨느니라 나
는 네가 사랑하다가 싫어하던 자
들을 (衝動)충동하여 그들이 사방
에서 와서 너를 치게 하리니
23 그들은 바벨론 사람과 갈대아 모
든 무리 브곳과 소아와 고아 사람
과 또 그와 함께 한 모든 앗수르
사람 곧 (俊秀)준수한 청년이며
다 고관과 감독이며 귀인과 유명
한 자요 다 말 타는 자들이라
24 그들이 무기와 병거와 수레와 크
고 작은 (防牌)방패를 이끌고 투
구 쓴 군대를 거느리고 치러 와서
너를 에워싸리라 내가 재판을 그
들에게 맡긴즉 그들이 그들의 법
대로 너를 재판하리라
25 내가 너를 향하여 (嫉妬)질투하리
니 그들이 분내어 네 코와 귀를 깎
아 버리고 남은 자를 칼로 엎드러
뜨리며 네 자녀를 빼앗고 그 남은
자를 불에 사르며
26 또 네 옷을 벗기며 네 (裝飾品)장
식품을 빼앗을지라
27 이와 같이 내가 네 음란과 애굽 땅
에서부터 행음하던 것을 그치게
하여 너로 그들을 향하여 눈을 들
지도 못하게 하며 다시는 애굽을
(記憶)기억하지도 못하게 하리라
28 (主)주 여호와께서 이같이 말씀하
셨느니라 나는 네가 미워하는 자
와 네 마음에 싫어하는 자의 손에
너를 붙이리니
29 그들이 미워하는 마음으로 네게
행하여 네 모든 수고한 것을 빼앗
고 너를 벌거벗은 몸으로 두어서
네 음행의 벗은 몸 곧 네 (淫亂)음
란하며 행음하던 것을 드러낼 것
이라
30 네가 이같이 당할 것은 네가 음란
하게 (異邦)이방을 따르고 그 우
상들로 더럽혔기 때문이로다
31 네가 네 형의 길로 행하였은즉 내

가 그의 (盞)잔을 네 손에 주리라
32 주 여호와께서 이같이 말씀하셨느
니라 깊고 크고 가득히 담긴 네 형
의 잔을 네가 마시고 코웃음과 (嘲
弄)조롱을 당하리라
33 네가 네 형 사마리아의 잔 곧 놀람
과 (敗亡)패망의 잔에 넘치게 취
하고 근심할지라
34 네가 그 (盞)잔을 다 기울여 마시
고 그 깨어진 조각을 씹으며 네
(乳房)유방을 꼬집을 것은 내가
이렇게 말하였음이라 주 여호와의
말씀이니라
35 그러므로 주 여호와께서 이같이
말씀하셨느니라 네가 나를 잊었고
또 나를 네 등 뒤에 버렸은즉 너는
네 음란과 네 음행의 죄를 (擔當)
담당할지니라 하시니라

오홀라와 오홀리바가 받은 재판

36 ● 여호와께서 또 내게 이르시되
(人子)인자야 네가 오홀라와 오홀
리바를 심판하려느냐 그러면 그
가증한 일을 그들에게 말하라
37 그들이 행음하였으며 피를 손에
묻혔으며 또 그 우상과 행음하며
내게 낳아 준 자식들을 우상을 위
하여 (火祭)화제로 살랐으며
38 이 외에도 그들이 내게 행한 것이
있나니 당일에 내 (聖所)성소를
더럽히며 내 안식일을 범하였도다
39 그들이 자녀를 죽여 그 우상에게
드린 그 날에 내 성소에 들어와서
더럽혔으되 그들이 내 (聖殿)성전
가운데에서 그렇게 행하였으며
40 또 사절을 먼 곳에 보내 사람을 불
러오게 하고 그들이 오매 그들을
위하여 목욕하며 눈썹을 그리며
스스로 (丹粧)단장하고
41 (華麗)화려한 자리에 앉아 앞에
상을 차리고 내 (香)향과 기름을
그 위에 놓고
42 그 무리와 편히 지껄이고 즐겼으
며 또 광야에서 (雜類)잡류와 술
취한 사람을 청하여 오매 그들이
팔찌를 그 손목에 끼우고 아름다
운 관을 그 머리에 씌웠도다
43 ● 내가 음행으로 (衰)쇠한 여인을
가리켜 말하노라 그가 그래도 그
들과 피차 행음하는도다
44 그들이 그에게 나오기를 (妓生)기
생에게 나옴 같이 음란한 여인 오
홀라와 오홀리바에게 나왔은즉
45 의인이 (姦通)간통한 여자들을 재
판함 같이 재판하며 피를 흘린 여
인을 재판함 같이 재판하리니 그
들은 간통한 여자들이요 또 피가
그 손에 묻었음이라
46 주 여호와께서 이같이 말씀하셨느
니라 그들에게 무리를 올려 보내
그들이 공포와 (掠奪)약탈을 당하
게 하라
47 무리가 그들을 돌로 치며 칼로 죽
이고 그 (子女)자녀도 죽이며 그
집들을 불사르리라
48 이같이 내가 이 땅에서 음란을 그
치게 한즉 모든 여인이 (精神)정
신이 깨어 너희 음행을 본받지 아
니하리라
49 그들이 너희 음란으로 너희에게
(報應)보응한즉 너희가 모든 우상

을 위하던 죄를 담당할지라 내가
주 여호와인 줄을 너희가 알리라
하시니라

녹슨 가마 예루살렘

24 아홉째 해 열째 달 열째 날
에 여호와의 말씀이 내게
임하여 이르시되
2 인자야 너는 날짜 곧 오늘의 이름
을 (記錄)기록하라 바벨론 왕이
오늘 예루살렘에 가까이 왔느니라
3 너는 이 (叛逆)반역하는 족속에게
비유를 베풀어 이르기를 주 여호
와께서 이같이 말씀하시기를 가마
하나를 걸라
4-5 건 후에 물을 붓고 양 떼에서 한
마리를 골라 (脚)각을 뜨고 그 넓
적다리와 어깨 고기의 모든 좋은
덩이를 그 가운데에 모아 넣으며
고른 뼈를 가득히 담고 그 뼈를 위
하여 가마 밑에 나무를 쌓아 넣고
잘 삶되 가마 속의 뼈가 무르도록
삶을지어다
6 ● 그러므로 주 여호와께서 이같
이 말씀하셨느니라 피를 흘린 성
읍, (綠)녹슨 가마 곧 그 속의 녹
을 없이하지 아니한 가마여 화 있
을진저 제비 뽑을 것도 없이 그 덩
이를 하나하나 꺼낼지어다
7 그 피가 그 가운데에 있음이여 피
를 땅에 쏟아 티끌이 덮이게 하지
않고 맨 바위 위에 두었도다
8 내가 그 피를 맨 바위 위에 두고
덮이지 아니하게 함은 (憤怒)분노
를 나타내어 보응하려 함이로라
9 그러므로 주 여호와께서 이같이
말씀하셨느니라 (禍)화 있을진저
피를 흘린 성읍이여 내가 또 나무
무더기를 크게 하리라
10 나무를 많이 쌓고 불을 피워 그 고
기를 삶아 녹이고 국물을 졸이고
그 뼈를 태우고
11 가마가 빈 후에는 숯불 위에 놓아
뜨겁게 하며 그 가마의 놋을 달궈
서 그 속에 더러운 것을 녹게 하며
녹이 (消滅)소멸되게 하라
12 이 성읍이 수고하므로 스스로 (疲
困)피곤하나 많은 녹이 그 속에서
벗겨지지 아니하며 불에서도 없어
지지 아니하는도다
13 너의 더러운 것들 중에 음란이 그
하나이니라 내가 너를 깨끗하게
하나 네가 깨끗하여지지 아니하니
내가 네게 향한 (憤怒)분노를 풀
기 전에는 네 더러움이 다시 깨끗
하여지지 아니하리라
14 나 여호와가 말하였은즉 그 일이
이루어질지라 내가 돌이키지도 아
니하고 아끼지도 아니하며 뉘우
치지도 아니하고 행하리니 그들이
네 모든 (行爲)행위대로 너를 재
판하리라 주 여호와의 말씀이니라

에스겔의 아내가 죽다

15 ● 여호와의 말씀이 또 내게 (臨)
임하여 이르시되
16 (人子)인자야 내가 네 눈에 기뻐
하는 것을 한 번 쳐서 빼앗으리니
너는 슬퍼하거나 울거나 눈물을
흘리거나 하지 말며
17 죽은 자들을 위하여 슬퍼하지 말
고 조용히 탄식하며 (手巾)수건으

로 머리를 동이고 발에 신을 신고
입술을 가리지 말고 사람이 초상
집에서 먹는 음식물을 먹지 말라
하신지라
18 내가 아침에 백성에게 말하였더
니 저녁에 내 아내가 죽었으므로
아침에 내가 받은 (命令)명령대로
행하매
19 백성이 내게 이르되 네가 행하는
이 일이 우리와 무슨 (相觀)상관
이 있는지 너는 우리에게 말하지
아니하겠느냐 하므로
20 내가 그들에게 (對答)대답하기를
여호와의 말씀이 내게 임하여 이
르시되
21 너는 이스라엘 족속에게 이르기
를 주 여호와의 말씀에 내 성소는
너희 (勢力)세력의 영광이요 너희
눈의 기쁨이요 너희 마음에 아낌
이 되거니와 내가 더럽힐 것이며
너희의 버려 둔 자녀를 칼에 엎드
러지게 할지라
22 너희가 에스겔이 행한 바와 같이
행하여 입술을 가리지 아니하며
사람의 (飮食物)음식물을 먹지 아
니하며
23 수건으로 머리를 동인 채, 발에 신
을 신은 채로 두고 슬퍼하지도 아
니하며 울지도 아니하되 죄악 중
에 패망하여 피차 바라보고 (嘆
息)탄식하리라
24 이같이 에스겔이 너희에게 (表徵)
표징이 되리니 그가 행한 대로 너
희가 다 행할지라 이 일이 이루어
지면 내가 주 여호와인 줄을 너희
가 알리라 하라 하셨느니라
25 ● 인자야 내가 그 힘과 그 즐거워
하는 (榮光)영광과 그 눈이 기뻐
하는 것과 그 마음이 간절하게 생
각하는 자녀를 데려가는 날
26 곧 그 날에 (逃避)도피한 자가 네
게 나와서 네 귀에 그 일을 들려
주지 아니하겠느냐
27 그 날에 네 입이 열려서 (逃避)도
피한 자에게 말하고 다시는 잠잠
하지 아니하리라 이같이 너는 그
들에게 표징이 되고 그들은 내가
여호와인 줄 알리라

암몬이 받을 심판

25 여호와의 말씀이 또 내게
임하여 이르시되
2 인자야 네 얼굴을 암몬 족속에게
돌리고 그들에게 (豫言)예언하라
3 너는 암몬 족속에게 이르기를 너
희는 주 여호와의 말씀을 들을지
어다 주 여호와께서 이같이 말씀
하셨느니라 내 성소가 더럽힘을
받을 때에 네가 그것에 관하여, 이
스라엘 땅이 (荒廢)황폐할 때에
네가 그것에 관하여, 유다 족속이
사로잡힐 때에 네가 그들에 대하
여 이르기를 아하 좋다 하였도다
4 그러므로 내가 너를 (東方)동방
사람에게 기업으로 넘겨 주리니
그들이 네 가운데에 진을 치며 네
가운데에 그 거처를 베풀며 네 열
매를 먹으며 네 젖을 마실지라
5 내가 랍바를 (駱駝)낙타의 우리로
만들며 암몬 족속의 땅을 양 떼가
눕는 곳으로 삼은즉 내가 주 여호

와인 줄을 너희가 알리라
6 주 여호와께서 이같이 말씀하셨느
니라 네가 이스라엘 땅에 대하여
손뼉을 치며 발을 구르며 마음을
다하여 (蔑視)멸시하며 즐거워하
였나니
7 그런즉 내가 손을 네 위에 펴서 너
를 다른 민족에게 넘겨 주어 노략
을 당하게 하며 너를 만민 중에서
끊어 버리며 너를 여러 나라 가운
데에서 (敗亡)패망하게 하여 멸하
리니 내가 주 여호와인 줄을 너희
가 알리라 하셨다 하라

모압과 세일이 받을 심판

8 ●주 여호와께서 이같이 말씀하
셨느니라 모압과 세일이 이르기를
유다 족속은 모든 (異邦)이방과
다름이 없다 하도다
9 그러므로 내가 모압의 한편 곧 그
나라 (國境)국경에 있는 영화로운
성읍들 벧여시못과 바알므온과 기
랴다임을 열고
10 암몬 족속과 더불어 동방 사람에
게 넘겨 주어 (基業)기업을 삼게
할 것이라 암몬 족속이 다시는 이
방 가운데에서 기억되지 아니하게
하려니와
11 내가 모압에 (罰)벌을 내리리니
내가 주 여호와인 줄을 너희가 알
리라

에돔과 블레셋이 받을 심판

12 ●주 여호와께서 이같이 말씀하
셨느니라 에돔이 유다 족속을 쳐
서 (怨讐)원수를 갚았고 원수를
갚음으로 심히 범죄하였도다
13 그러므로 주 여호와께서 이같이
말씀하셨느니라 내가 내 손을 에
돔 위에 펴서 사람과 짐승을 그 가
운데에서 끊어 데만에서부터 (荒
廢)황폐하게 하리니 드단까지 칼
에 엎드러지리라
14 내가 내 백성 이스라엘의 손으로
내 원수를 에돔에게 갚으리니 그
들이 내 (震怒)진노와 분노를 따
라 에돔에 행한즉 내가 원수를 갚
음인 줄을 에돔이 알리라 주 여호
와의 말씀이니라
15 주 여호와께서 이같이 말씀하셨느
니라 블레셋 사람이 옛날부터 미
워하여 멸시하는 마음으로 원수를
갚아 (殄滅)진멸하고자 하였도다
16 그러므로 주 여호와께서 이같이
말씀하셨느니라 내가 블레셋 사람
위에 손을 펴서 그렛 사람을 끊으
며 해변에 남은 자를 진멸하되
17 분노의 (責罰)책벌로 내 원수를
그들에게 크게 갚으리라 내가 그
들에게 원수를 갚은즉 내가 여호
와인 줄을 그들이 알리라 하시니
라

두로가 받을 심판

26 열한째 해 어느 달 초하루
에 여호와의 말씀이 내게
(臨)임하여 이르시되
2 인자야 두로가 예루살렘에 관하여
이르기를 아하 만민의 문이 깨져
서 내게로 돌아왔도다 그가 황폐
하였으니 내가 (充滿)충만함을 얻
으리라 하였도다
3 그러므로 주 여호와께서 이같이

말씀하셨느니라 두로야 내가 너를
대적하여 바다가 그 (波濤)파도를
굽이치게 함 같이 여러 민족들이
와서 너를 치게 하리니
4 그들이 두로의 성벽을 무너뜨리며
그 (望臺)망대를 헐 것이요 나도
티끌을 그 위에서 쓸어 버려 맨 바
위가 되게 하며
5 바다 가운데에 그물 치는 곳이 되
게 하리니 내가 말하였음이라 주
여호와의 말씀이니라 그가 (異邦)
이방의 노략거리가 될 것이요
6 들에 있는 그의 딸들은 칼에 죽으
리니 그들이 나를 여호와인 줄을
알리라
7 ●주 여호와께서 이같이 말씀하
셨느니라 내가 왕들 중의 왕 곧 바
벨론의 느부갓네살 왕으로 하여금
북쪽에서 말과 병거와 (騎兵)기병
과 군대와 백성의 큰 무리를 거느
리고 와서 두로를 치게 할 때에
8 그가 들에 있는 너의 딸들을 칼로
죽이고 너를 치려고 사다리를 세
우며 (土城)토성을 쌓으며 방패를
갖출 것이며
9 공성퇴를 가지고 네 성을 치며 도
끼로 망대를 찍을 것이며
10 말이 많으므로 그 티끌이 너를 가
릴 것이며 사람이 무너진 성 구멍
으로 들어가는 것 같이 그가 네 성
문으로 들어갈 때에 그 기병과 수
레와 병거의 소리로 말미암아 네
성곽이 (震動)진동할 것이며
11 그가 그 말굽으로 네 모든 거리를
밟을 것이며 칼로 네 백성을 죽일
것이며 네 견고한 (石像)석상을
땅에 엎드러뜨릴 것이며
12 네 재물을 빼앗을 것이며 네가 (貿
易)무역한 것을 노략할 것이며 네
성을 헐 것이며 네가 기뻐하는 집
을 무너뜨릴 것이며 또 네 돌들과
네 재목과 네 흙을 다 물 가운데에
던질 것이라
13 내가 네 노래 소리를 그치게 하며
네 (竪琴)수금 소리를 다시 들리
지 않게 하고
14 너를 맨 바위가 되게 한즉 네가 그
물 말리는 곳이 되고 다시는 (建
築)건축되지 못하리니 나 여호와
가 말하였음이니라 주 여호와의
말씀이니라
15 ●주 여호와께서 이같이 두로에
대하여 말씀하시되 네가 엎드러지
는 소리에 모든 섬이 (震動)진동
하지 아니하겠느냐 곧 너희 가운
데에 상한 자가 부르짖으며 죽임
을 당할 때에라
16 그 때에 바다의 모든 왕이 그 보좌
에서 내려 조복을 벗으며 수 놓은
옷을 버리고 떨림을 입듯 하고 땅
에 앉아서 너로 말미암아 (無時)
무시로 떨며 놀랄 것이며
17 그들이 너를 위하여 슬픈 노래를
불러 이르기를 (航海者)항해자가
살았던 유명한 성읍이여 너와 너
의 주민이 바다 가운데에 있어 견
고하였도다 해변의 모든 주민을
두렵게 하였더니 어찌 그리 멸망
하였는고
18 네가 무너지는 그날에 섬들이 진

동할 것임이여 바다 가운데의 섬
들이 네 (結局)결국을 보고 놀라
리로다 하리라
19 ● 주 여호와께서 이같이 말씀하
셨느니라 내가 너를 주민이 없는
(城邑)성읍과 같이 황폐한 성읍이
되게 하고 깊은 바다가 네 위에 오
르게 하며 큰 물이 너를 덮게 할
때에
20 내가 너를 구덩이에 내려가는 자
와 함께 내려가서 옛적 사람에게
로 나아가게 하고 너를 그 구덩이
에 내려간 자와 함께 땅 깊은 곳
예로부터 황폐한 곳에 살게 하리
라 네가 다시는 사람이 (居住)거
주하는 곳이 되지 못하리니 살아
있는 자의 땅에서 영광을 얻지 못
하리라
21 내가 너를 패망하게 하여 다시 있
지 못하게 하리니 사람이 비록 너
를 찾으나 다시는 (永遠)영원히
만나지 못하리라 주 여호와의 말
씀이니라

두로에 대한 애가

27 여호와의 말씀이 내게 (臨)
임하여 이르시되
2 (人子)인자야 너는 두로를 위하여
슬픈 노래를 지으라
3 너는 두로를 향하여 이르기를 바
다 어귀에 거주하면서 여러 섬 백
성과 (去來)거래하는 자여 주 여
호와께서 이같이 말씀하시되 두로
야 네가 말하기를 나는 온전히 아
름답다 하였도다
4 네 땅이 바다 가운데에 있음이여
너를 지은 자가 네 아름다움을 (穩
全)온전하게 하였도다
5 스닐의 잣나무로 네 (板子)판자를
만들었음이여 너를 위하여 레바논
의 백향목을 가져다 돛대를 만들
었도다
6 바산의 상수리나무로 네 노를 만들
었음이여 깃딤 섬 황양목에 (象牙)
상아로 꾸며 갑판을 만들었도다
7 애굽의 (繡)수 놓은 가는 베로 돛
을 만들어 깃발을 삼았음이여 엘
리사 섬의 청색 자색 베로 (遮日)
차일을 만들었도다
8 시돈과 아르왓 주민들이 네 사공
이 되었음이여 두로야 네 가운데
에 있는 지혜자들이 네 (船長)선
장이 되었도다
9 그발의 노인들과 지혜자들이 네
가운데에서 배의 틈을 막는 자가
되었음이여 바다의 모든 배와 그
사공들은 네 가운데에서 (貿易)무
역하였도다
10 바사와 룻과 붓이 네 군대 가운데
에서 (兵丁)병정이 되었음이여 네
가운데에서 방패와 투구를 달아
네 영광을 나타냈도다
11 아르왓 사람과 네 군대는 네 사방
성 위에 있었고 용사들은 네 여러
망대에 있었음이여 네 사방 성 위
에 (防牌)방패를 달아 네 아름다
움을 온전하게 하였도다
12 ● 다시스는 각종 (寶貨)보화가 풍
부하므로 너와 거래하였음이여 은
과 철과 주석과 납을 네 물품과 바
꾸어 갔도다

13 아완과 두발과 메섹은 네 상인이
되었음이여 사람과 놋그릇을 가지
고 네 (商品)상품을 바꾸어 갔도
다
14 도갈마 족속은 말과 (軍馬)군마와
노새를 네 물품과 바꾸었으며
15 드단 사람은 네 상인이 되었음이
여 여러 섬이 너와 거래하여 상아
와 박달나무를 네 (物品)물품과
바꾸어 갔도다
16 너의 제품이 풍부하므로 아람은
너와 거래하였음이여 남보석과 자
색 베와 수 놓은 것과 가는 베와
산호와 홍보석을 네 (物品)물품과
바꾸어 갔도다
17 유다와 이스라엘 땅 사람이 네 상
인이 되었음이여 민닛 밀과 (菓
子)과자와 꿀과 기름과 유향을 네
물품과 바꾸어 갔도다
18 너의 (製品)제품이 많고 각종 보
화가 풍부하므로 다메섹이 너와
거래하였음이여 헬본 포도주와 흰
양털을 너와 거래하였도다
19 워단과 야완은 길쌈하는 실로 네
물품을 거래하였음이여 (加工)가
공한 쇠와 계피와 대나무 제품이
네 상품 중에 있었도다
20 드단은 네 상인이 되었음이여 말
을 탈 때 까는 천을 너와 (去來)거
래하였도다
21 아라비아와 게달의 모든 (高官)고
관은 네 손아래 상인이 되어 어린
양과 숫양과 염소들, 그것으로 너
와 거래하였도다

1) 또는 들

22 스바와 라아마의 상인들도 너의
상인들이 됨이여 각종 (極上品)극
상품 향 재료와 각종 보석과 황금
으로 네 물품을 바꾸어 갔도다
23 하란과 간네와 에덴과 스바와 앗
수르와 길맛의 장사꾼들도 너의
(商人)상인들이라
24 이들이 아름다운 물품 곧 (靑色)
청색 옷과 수 놓은 물품과 빛난 옷
을 백향목 상자에 담고 노끈으로
묶어 가지고 너와 거래하여 네 물
품을 바꾸어 갔도다
25 다시스의 배는 떼를 지어 네 화물
을 나르니 네가 바다 (中心)중심에
서 풍부하여 영화가 매우 크도다
26 ● 네 사공이 너를 인도하여 큰 물
에 이르게 함이여 (東風)동풍이 바
다 한가운데에서 너를 무찔렀도다
27 네 재물과 상품과 바꾼 물건과 네
(沙工)사공과 선장과 네 배의 틈
을 막는 자와 네 상인과 네 가운데
에 있는 모든 용사와 네 가운데에
있는 모든 무리가 네가 패망하는
날에 다 바다 한가운데에 빠질 것
임이여
28 네 (船長)선장이 부르짖는 소리에
[1)]물결이 흔들리리로다
29 (櫓)노를 잡은 모든 자와 사공과
바다의 선장들이 다 배에서 내려
언덕에 서서
30 너를 위하여 크게 소리 질러 (痛
哭)통곡하고 티끌을 머리에 덮어
쓰며 재 가운데에 뒹굴며
31 그들이 다 너를 위하여 머리털을
밀고 굵은 베로 띠를 띠고 마음이

아프게 슬피 통곡하리로다
32 그들이 통곡할 때에 너를 위하여
슬픈 노래를 불러 애도하여 말하
기를 두로와 같이 바다 가운데에
서 (寂寞)적막한 자 누구인고
33 네 물품을 바다로 실어 낼 때에 네
가 여러 백성을 풍족하게 하였음
이여 네 재물과 (貿易品)무역품이
많으므로 세상 왕들을 풍부하게
하였었도다
34 네가 바다 깊은 데에서 (破船)파
선한 때에 네 무역품과 네 승객이
다 빠졌음이여
35 섬의 (住民)주민들이 너로 말미암
아 놀라고 왕들이 심히 두려워하
여 얼굴에 근심이 가득하도다
36 많은 민족의 상인들이 다 너를 비
웃음이여 네가 (恐怖)공포의 대상
이 되고 네가 영원히 다시 있지 못
하리라 하셨느니라

두로 왕이 받을 심판

28 또 여호와의 말씀이 내게
(臨)임하여 이르시되
2 인자야 너는 두로 왕에게 이르기
를 주 여호와께서 이같이 말씀하
시되 네 마음이 (驕慢)교만하여
말하기를 나는 신이라 내가 하나
님의 자리 곧 바다 가운데에 앉아
있다 하도다 네 마음이 하나님의
마음 같은 체할지라도 너는 사람
이요 신이 아니거늘
3 네가 다니엘보다 지혜로워서 (隱
密)은밀한 것을 깨닫지 못할 것이
없다 하고
4 네 지혜와 (聰明)총명으로 재물을
얻었으며 금과 은을 곳간에 저축
하였으며
5 네 큰 지혜와 네 무역으로 (財物)
재물을 더하고 그 재물로 말미암
아 네 마음이 교만하였도다
6 그러므로 주 여호와께서 이같이
말씀하셨느니라 네 마음이 하나님
의 마음 같은 체하였으니
7 그런즉 내가 이방인 곧 여러 나라
의 강포한 자를 거느리고 와서 너
를 치리니 그들이 칼을 빼어 네
(智慧)지혜의 아름다운 것을 치며
네 영화를 더럽히며
8 또 너를 구덩이에 빠뜨려서 너를
바다 가운데에서 죽임을 (當)당한
자의 죽음 같이 바다 가운데에서
죽게 할지라
9 네가 너를 죽이는 자 앞에서도 내
가 하나님이라고 말하겠느냐 너를
치는 자들 앞에서 사람일 뿐이요
(神)신이 아니라
10 네가 이방인의 손에서 죽기를 (割
禮)할례받지 않은 자의 죽음 같이
하리니 내가 말하였음이니라 주
여호와의 말씀이니라 하셨다 하라
11 여호와의 말씀이 또 내게 (臨)임
하여 이르시되
12 인자야 두로 왕을 위하여 슬픈 노
래를 지어 그에게 이르기를 주 여
호와의 말씀에 너는 완전한 도장
이었고 지혜가 (充足)충족하며 온
전히 아름다웠도다
13 네가 옛적에 하나님의 동산 에덴
에 있어서 각종 보석 곧 홍보석과
황보석과 금강석과 황옥과 홍마노

와 창옥과 청보석과 남보석과 홍옥
과 (黃金)황금으로 단장하였음이
여 네가 지음을 받던 날에 너를 위
하여 소고와 비파가 준비되었도다
14 너는 기름 부음을 받고 지키는 그
룹임이여 내가 너를 세우매 네가
하나님의 (聖山)성산에 있어서 불
타는 돌들 사이에 왕래하였도다
15 네가 지음을 받던 날로부터 네 모
든 길에 (完全)완전하더니 마침내
네게서 불의가 드러났도다
16 네 무역이 많으므로 네 가운데에
강포가 가득하여 네가 범죄하였도
다 너 지키는 그룹아 그러므로 내
가 너를 더럽게 여겨 하나님의 산
에서 쫓아냈고 불타는 돌들 사이
에서 (滅)멸하였도다
17 네가 아름다우므로 마음이 (驕慢)
교만하였으며 네가 영화로우므로
네 지혜를 더럽혔음이여 내가 너
를 땅에 던져 왕들 앞에 두어 그들
의 구경거리가 되게 하였도다
18 네가 죄악이 많고 (貿易)무역이
불의하므로 네 모든 성소를 더럽
혔음이여 내가 네 가운데에서 불
을 내어 너를 사르게 하고 너를 보
고 있는 모든 자 앞에서 너를 땅
위에 재가 되게 하였도다
19 만민 중에 너를 아는 자가 너로 말
미암아 다 놀랄 것임이여 네가 (恐
怖)공포의 대상이 되고 네가 영원
히 다시 있지 못하리로다 하셨다
하라

시돈이 받을 심판

20 ● 여호와의 말씀이 또 내게 (臨)
임하여 이르시되
21 (人子)인자야 너는 얼굴을 시돈으
로 향하고 그에게 예언하라
22 너는 이르기를 주 여호와께서 이같
이 말씀하시되 시돈아 내가 너를
대적하나니 네 가운데에서 내 영광
이 나타나리라 하셨다 하라 내가
그 가운데에서 (審判)심판을 행하
여 내 거룩함을 나타낼 때에 무리
가 나를 여호와인 줄을 알지라
23 내가 그에게 (傳染病)전염병을 보
내며 그의 거리에 피가 흐르게 하
리니 사방에서 오는 칼에 상한 자
가 그 가운데에 엎드러질 것인즉
무리가 나를 여호와인 줄을 알겠
고
24 이스라엘 족속에게는 그 사방에서
그들을 (蔑視)멸시하는 자 중에
찌르는 가시와 아프게 하는 가시
가 다시는 없으리니 내가 주 여호
와인 줄을 그들이 알리라

이스라엘이 복을 받으리라

25 ● 주 여호와께서 이같이 말씀하셨
느니라 내가 여러 민족 가운데에
흩어져 있는 이스라엘 족속을 모
으고 그들로 말미암아 여러 나라
의 눈 앞에서 내 거룩함을 나타낼
때에 그들이 고국 땅 곧 내 종 야곱
에게 준 땅에 (居住)거주할지라
26 그들이 그 가운데에 평안히 살면
서 집을 건축하며 포도원을 만들
고 그들의 사방에서 (蔑視)멸시하
던 모든 자를 내가 심판할 때에 그
들이 평안히 살며 내가 그 하나님
여호와인 줄을 그들이 알리라

애굽이 받을 심판

29 열째 해 열째 달 열두째 날
에 여호와의 말씀이 내게
(臨)임하여 이르시되
2 인자야 너는 애굽의 바로 왕과 온
애굽으로 얼굴을 향하고 (豫言)예
언하라
3 너는 말하여 이르기를 주 여호와
께서 이같이 말씀하시되 애굽의
바로 왕이여 내가 너를 (對敵)대
적하노라 너는 자기의 강들 가운
데에 누운 큰 악어라 스스로 이르
기를 나의 이 강은 내 것이라 내가
나를 위하여 만들었다 하는도다
4 내가 갈고리로 네 아가미를 꿰고
너의 (江)강의 고기가 네 비늘에
붙게 하고 네 비늘에 붙은 강의 모
든 고기와 함께 너를 너의 강들 가
운데에서 끌어내고
5 너와 너의 강의 모든 고기를 들에
던지리니 네가 (地面)지면에 떨어
지고 다시는 거두거나 모으지 못
할 것은 내가 너를 들짐승과 공중
의 새의 먹이로 주었음이라
6 애굽의 모든 주민이 내가 여호와
인 줄을 알리라 애굽은 본래 이스
라엘 (族屬)족속에게 갈대 지팡이
라
7 그들이 너를 손으로 잡은즉 네가
부러져서 그들의 모든 어깨를 찢
었고 그들이 너를 (依支)의지한즉
네가 부러져서 그들의 모든 허리
가 흔들리게 하였느니라
8 ●그러므로 주 여호와께서 이같
이 말씀하셨느니라 내가 칼이 네
게 (臨)임하게 하여 네게서 사람
과 짐승을 끊은즉
9 애굽 땅이 (沙漠)사막과 황무지가
되리니 내가 여호와인 줄을 그들
이 알리라 네가 스스로 이르기를
이 강은 내 것이라 내가 만들었다
하도다
10 그러므로 내가 너와 네 강들을 쳐
서 애굽 땅 믹돌에서부터 수에네
곧 구스 (地境)지경까지 황폐한
황무지 곧 사막이 되게 하리니
11 그 가운데로 사람의 발도 지나가
지 아니하며 짐승의 발도 지나가
지 아니하고 (居住)거주하는 사람
이 없이 사십 년이 지날지라
12 내가 애굽 땅을 (荒廢)황폐한 나
라들 같이 황폐하게 하며 애굽 성
읍도 사막이 된 나라들의 성읍 같
이 사십 년 동안 황폐하게 하고 애
굽 사람들은 각국 가운데로 흩으
며 여러 민족 가운데로 헤치리라
13 주 여호와께서 이같이 말씀하셨느
니라 사십 년 끝에 내가 (萬民)만
민 중에 흩은 애굽 사람을 다시 모
아 내되
14 애굽의 사로잡힌 자들을 돌이켜
바드로스 땅 곧 그 (故國)고국 땅
으로 돌아가게 할 것이라 그들이
거기에서 미약한 나라가 되되
15 나라 가운데에 지극히 (微弱)미약
한 나라가 되어 다시는 나라들 위
에 스스로 높이지 못하리니 내가
그들을 감하여 다시는 나라들을
다스리지 못하게 할 것임이라
16 그들이 다시는 이스라엘 족속의

의지가 되지 못할 것이요 이스라
엘 족속은 돌이켜 그들을 바라보
지 아니하므로 그 (罪惡)죄악이 기
억되지 아니하리니 내가 여호와인
줄을 그들이 알리라 하셨다 하라

느부갓네살이 애굽을 정복하리라

17 ●스물일곱째 해 첫째 달 초하루
에 여호와의 말씀이 내게 (臨)임
하여 이르시되
18 인자야 바벨론의 느부갓네살 왕이
그의 군대로 두로를 치게 할 때에
크게 수고하여 모든 머리털이 무
지러졌고 모든 어깨가 벗어졌으나
그와 군대가 그 수고한 (代價)대
가를 두로에서 얻지 못하였느니라
19 그러므로 주 여호와께서 이같이 말
씀하셨느니라 내가 애굽 땅을 바
벨론의 느부갓네살 왕에게 넘기리
니 그가 그 무리를 잡아가며 (物件)
물건을 노략하며 빼앗아 갈 것이라
이것이 그 군대의 보상이 되리라
20 그들의 수고는 나를 위하여 함인
즉 그 (代價)대가로 내가 애굽 땅
을 그에게 주었느니라 주 여호와
의 말씀이니라
21 ●그 날에 나는 이스라엘 (族屬)
족속에게 한 뿔이 돋아나게 하고
나는 또 네가 그들 가운데에서 입
을 열게 하리니 내가 여호와인 줄
을 그들이 알리라

여호와께서 애굽을 심판하시다

30 또 여호와의 말씀이 내게
(臨)임하여 이르시되
2 인자야 너는 예언하여 이르라 주
여호와께서 이와 같이 말씀하시되
너희는 (痛哭)통곡하며 이르기를
슬프다 이 날이여 하라
3 그 날이 가깝도다 여호와의 날이
가깝도다 구름의 날일 것이요 여
러 나라들의 때이리로다
4 애굽에 칼이 임할 것이라 애굽에
서 죽임 당한 자들이 엎드러질 때
에 구스에 (甚)심한 근심이 있을
것이며 애굽의 무리가 잡혀 가며
그 터가 헐릴 것이요
5 구스와 붓과 룻과 모든 섞인 백성
과 굽과 및 (同盟)동맹한 땅의 백
성들이 그들과 함께 칼에 엎드러
지리라
6 ●여호와께서 이같이 말씀하셨느
니라 애굽을 붙들어 주는 자도 엎
드러질 것이요 애굽의 교만한 (權
勢)권세도 낮아질 것이라 믹돌에
서부터 수에네까지 무리가 그 가
운데에서 칼에 엎드러지리라 주
여호와의 말씀이니라
7 황폐한 나라들 같이 그들도 황폐
할 것이며 (沙漠)사막이 된 성읍
들 같이 그 성읍들도 사막이 될 것
이라
8 내가 애굽에 불을 일으키며 그 모
든 돕는 자를 (滅)멸할 때에 그들
이 나를 여호와인 줄 알리라
9 그 날에 사절들이 내 앞에서 배로
나아가서 (念慮)염려 없는 구스
사람을 두렵게 하리니 애굽의 재
앙의 날과 같이 그들에게도 심한
근심이 있으리라 이것이 오리로다
10 ●(主)주 여호와께서 이같이 말씀
하셨느니라 내가 또 바벨론의 느

부갓네살 왕의 손으로 애굽의 무
리들을 끊으리니
11 그가 여러 나라 가운데에 (强暴)
강포한 자기 군대를 거느리고 와
서 그 땅을 멸망시킬 때에 칼을 빼
어 애굽을 쳐서 죽임 당한 자로 땅
에 가득하게 하리라
12 내가 그 모든 강을 마르게 하고 그
땅을 (惡人)악인의 손에 팔겠으며
타국 사람의 손으로 그 땅과 그 가
운데에 있는 모든 것을 황폐하게
하리라 나 여호와의 말이니라
13 주 여호와께서 이같이 말씀하셨느
니라 내가 그 (偶像)우상들을 없
애며 (神像)신상들을 놉 가운데에
서 부수며 애굽 땅에서 왕이 다시
나지 못하게 하고 그 땅에 두려움
이 있게 하리라
14 내가 바드로스를 황폐하게 하며
소안에 불을 지르며 노 나라를 (審
判)심판하며
15 내 (憤怒)분노를 애굽의 견고한
성읍 신에 쏟고 또 노 나라의 무리
를 끊을 것이라
16 내가 애굽에 불을 일으키리니 신
나라가 심히 근심할 것이며 노 나
라는 찢겨 나누일 것이며 놉 나라
가 날로 (對敵)대적이 있을 것이며
17 아웬과 비베셋의 (壯丁)장정들은
칼에 엎드러질 것이며 그 성읍 주
민들은 포로가 될 것이라
18 내가 애굽의 멍에를 꺾으며 그 교
만한 권세를 그 가운데에서 그치
게 할 때에 드합느헤스에서는 날
이 어둡겠고 그 성읍에는 구름이
덮일 것이며 그 딸들은 (捕虜)포
로가 될 것이라
19 이같이 내가 애굽을 (審判)심판하
리니 내가 여호와인 줄을 그들이
알리라 하셨다 하라

애굽 왕의 꺾인 팔

20 ● 열한째 해 첫째 달 일곱째 날에
여호와의 말씀이 내게 (臨)임하여
이르시되
21 인자야 내가 애굽의 바로 왕의 팔
을 꺾었더니 칼을 잡을 힘이 있도
록 그것을 아주 싸매지도 못하였
고 (藥)약을 붙여 싸매지도 못하
였느니라
22 그러므로 (主)주 여호와께서 이같
이 말씀하셨느니라 내가 애굽의
바로 왕을 대적하여 그 두 팔 곧
성한 팔과 이미 꺾인 팔을 꺾어서
칼이 그 손에서 떨어지게 하고
23 애굽 사람을 뭇 나라 가운데로 흩
으며 뭇 (百姓)백성 가운데로 헤
칠지라
24 내가 바벨론 왕의 팔을 (堅固)견
고하게 하고 내 칼을 그 손에 넘겨
주려니와 내가 바로의 팔을 꺾으
리니 그가 바벨론 왕 앞에서 고통
하기를 죽게 상한 자의 고통하듯
하리라
25 내가 바벨론 (王)왕의 팔은 들어
주고 바로의 팔은 내려뜨릴 것이
라 내가 내 칼을 바벨론 왕의 손에
넘기고 그를 들어 애굽 땅을 치게
하리니 내가 여호와인 줄을 그들
이 알리라
26 내가 애굽 사람을 나라들 가운데

로 흩으며 (百姓)백성들 가운데로
헤치리니 내가 여호와인 줄을 그
들이 알리라

한때 백향목 같았던 애굽

31 열한째 해 셋째 달 (初)초하
루에 여호와의 말씀이 내게
(臨)임하여 이르시되
2 인자야 너는 애굽의 바로 왕과 그
무리에게 이르기를 네 큰 (威嚴)
위엄을 누구에게 비하랴
3 볼지어다 앗수르 사람은 가지가
아름답고 그늘은 숲의 그늘 같으
며 키가 크고 꼭대기가 구름에 닿
은 레바논 (柏香木)백향목이었느
니라
4 물들이 그것을 기르며 깊은 물이
그것을 자라게 하며 (江)강들이 그
심어진 곳을 둘러 흐르며 둑의 물
이 들의 모든 나무에까지 미치매
5 그 나무가 물이 많으므로 키가 들
의 모든 나무보다 크며 굵은 가지
가 (蕃盛)번성하며 가는 가지가
길게 뻗어 나갔고
6 (空中)공중의 모든 새가 그 큰 가
지에 깃들이며 들의 모든 짐승이
그 가는 가지 밑에 새끼를 낳으며
모든 큰 나라가 그 그늘 아래에 거
주하였느니라
7 그 뿌리가 큰 물 가에 있으므로 그
나무가 크고 가지가 길어 (貌樣)
모양이 아름다우매
8 하나님의 동산의 (柏香木)백향목
이 능히 그를 가리지 못하며 잣나
무가 그 굵은 가지만 못하며 단풍
나무가 그 가는 가지만 못하며 하
나님의 동산의 어떤 나무도 그 아
름다운 모양과 같지 못하였도다
9 내가 그 가지를 많게 하여 모양이
아름답게 하였더니 하나님의 동산
에덴에 있는 모든 나무가 다 (猜
忌)시기하였느니라
10 ● 그러므로 주 여호와께서 이같
이 말씀하셨느니라 그의 키가 크
고 꼭대기가 구름에 닿아서 높이
솟아났으므로 마음이 (驕慢)교만
하였은즉
11 내가 여러 나라의 능한 자의 손에
넘겨 줄지라 그가 (任意)임의로
대우할 것은 내가 그의 악으로 말
미암아 쫓아내었음이라
12 여러 나라의 포악한 다른 민족이
그를 찍어 버렸으므로 그 가는 가
지가 산과 모든 골짜기에 떨어졌
고 그 굵은 가지가 그 땅 모든 물
가에 꺾어졌으며 (世上)세상 모든
백성이 그를 버리고 그 그늘 아래
에서 떠나매
13 (空中)공중의 모든 새가 그 넘어
진 나무에 거주하며 들의 모든 짐
승이 그 가지에 있으리니
14 이는 물 가에 있는 모든 나무는 키
가 크다고 (驕慢)교만하지 못하게
하며 그 꼭대기가 구름에 닿지 못
하게 하며 또 물을 마시는 모든 나
무가 스스로 높아 서지 못하게 함
이니 그들을 다 죽음에 넘겨 주어
사람들 가운데에서 구덩이로 내려
가는 자와 함께 (地下)지하로 내
려가게 하였음이라
15 ● 주 여호와께서 이같이 말씀하

셨느니라 그가 스올에 내려가던
날에 내가 그를 위하여 슬프게 울
게 하며 깊은 바다를 덮으며 모든
강을 쉬게 하며 큰 물을 그치게 하
고 레바논이 그를 위하여 슬프게
울게 하며 들의 모든 나무를 그로
말미암아 (衰殘)쇠잔하게 하였느
니라
16 내가 그를 구덩이에 내려가는 자
와 함께 스올에 떨어뜨리던 때에
백성들이 그 떨어지는 소리로 말
미암아 진동하게 하였고 물을 마
시는 에덴의 모든 나무 곧 레바논
의 뛰어나고 아름다운 나무들이
(地下)지하에서 위로를 받게 하였
느니라
17 그러나 그들도 그와 함께 스올에
내려 칼에 죽임을 당한 자에게 이
르렀나니 그들은 옛적에 그의 팔이
된 자요 나라들 가운데에서 그 그
늘 아래에 (居住)거주하던 자니라
18 ● 너의 영광과 위대함이 에덴의
나무들 중에서 어떤 것과 같은고
그러나 네가 에덴의 나무들과 함
께 지하에 내려갈 것이요 거기에
서 (割禮)할례를 받지 못하고 칼
에 죽임을 (當)당한 자 가운데에
누우리라 이들은 바로와 그의 모
든 (軍隊)군대니라 주 여호와의
말씀이니라 하라

큰 악어 애굽 왕

32 열두째 해 열두째 달 (初)초
하루에 여호와의 말씀이 내
게 (臨)임하여 이르시되
2 인자야 너는 애굽의 바로 왕에 대
하여 슬픈 노래를 불러 그에게 이
르라 너를 여러 나라에서 사자로
생각하였더니 실상은 바다 가운데
의 큰 (鰐魚)악어라 강에서 뛰어
일어나 발로 물을 휘저어 그 강을
더럽혔도다
3 주 여호와께서 이같이 말씀하셨느
니라 내가 많은 (百姓)백성의 무리
를 거느리고 내 그물을 네 위에 치
고 그 그물로 너를 끌어오리로다
4 내가 너를 뭍에 버리며 들에 던져
(空中)공중의 새들이 네 위에 앉
게 할 것임이여 온 땅의 짐승이 너
를 먹어 배부르게 하리로다
5 내가 네 살점을 여러 산에 두며 네
(屍體)시체를 여러 골짜기에 채울
것임이여
6 네 피로 네 헤엄치는 땅에 물 대듯
하여 산에 미치게 하며 그 모든 개
(川)천을 채우리로다
7 내가 너를 불 끄듯 할 때에 하늘을
가리어 별을 어둡게 하며 해를 구
름으로 가리며 달이 빛을 내지 못
하게 할 것임이여
8 하늘의 모든 밝은 빛을 내가 네 위
에서 어둡게 하여 어둠을 네 땅에
베풀리로다 (主)주 여호와의 말씀
이니라
9 내가 네 패망의 소문이 여러 나라
곧 네가 알지 못하는 나라들에 이
르게 할 때에 많은 백성의 마음을
(煩惱)번뇌하게 할 것임이여
10 내가 그 많은 백성을 너로 말미암
아 놀라게 할 것이며 내가 내 칼이
그들의 왕 앞에서 춤추게 할 때에

그 왕이 너로 말미암아 심히 두려
워할 것이며 네가 엎드러지는 날
에 그들이 각각 자기 생명을 위하
여 (無時)무시로 떨리로다
11 ●주 여호와께서 이같이 말씀하
셨느니라 바벨론 (王)왕의 칼이
네게 오리로다
12 나는 네 무리가 (勇士)용사 곧 모
든 나라의 무서운 자들의 칼에 엎
드러지게 할 것임이여 그들이 애
굽의 교만을 (廢)폐하며 그 모든
무리를 멸하리로다
13 내가 또 그 모든 짐승을 큰 물 가
에서 (滅)멸하리니 사람의 발이나
짐승의 굽이 다시는 그 물을 흐리
지 못할 것임이여
14 그 때에 내가 그 물을 맑게 하여
그 강이 기름 같이 흐르게 하리로
다 (主)주 여호와의 말씀이니라
15 내가 애굽 땅이 황폐하여 사막이
되게 하여 거기에 (豊盛)풍성한
것이 없게 할 것임이여 그 가운데
의 모든 주민을 치리니 내가 여호
와인 줄을 그들이 알리라
16 이는 슬피 부를 노래이니 여러 나
라 여자들이 이것을 슬피 부름이
여 애굽과 그 모든 무리를 위하여
이것을 슬피 부르리로다 (主)주
여호와의 말씀이니라

죽은 자들의 세계

17 ●열두째 해 어느 달 열다섯째 날
에 여호와의 말씀이 내게 (臨)임
하여 이르시되
18 인자야 애굽의 무리를 위하여 슬
피 울고 그와 (有名)유명한 나라
의 여자들을 구덩이에 내려가는
자와 함께 (地下)지하에 던지며
19 이르라 너의 아름다움이 어떤 사
람들보다도 뛰어나도다 너는 내
려가서 (割禮)할례를 받지 아니한
자와 함께 누울지어다
20 그들이 죽임을 (當)당한 자 가운
데에 엎드러질 것임이여 그는 칼
에 넘겨진 바 되었은즉 그와 그 모
든 무리를 끌지어다
21 (勇士)용사 가운데에 강한 자가
그를 돕는 자와 함께 스올 가운데
에서 그에게 말함이여 할례를 받
지 아니한 자 곧 칼에 죽임을 당한
자들이 내려와서 가만히 누웠다
하리로다
22 ●거기에 앗수르와 그 온 무리가
있음이여 다 죽임을 당하여 칼에
엎드러진 자라 그 무덤이 그 (四
方)사방에 있도다
23 그 무덤이 구덩이 깊은 곳에 만들
어졌고 그 무리가 그 무덤 사방에
있음이여 그들은 다 죽임을 당하
여 칼에 엎드러진 자 곧 (生存)생
존하는 사람들의 세상에서 사람을
두렵게 하던 자로다
24 ●거기에 엘람이 있고 그 모든 무
리가 그 무덤 사방에 있음이여 그
들은 다 할례를 받지 못하고 죽임
을 당하여 칼에 엎드러져 지하에
내려간 자로다 그들이 생존하는
사람들의 세상에서 두렵게 하였으
나 이제는 구덩이에 내려가는 자
와 함께 (羞恥)수치를 당하였도다
25 그와 그 모든 무리를 위하여 죽임

을 당한 자 가운데에 (寢牀)침상
을 놓았고 그 여러 무덤은 사방에
있음이여 그들은 다 할례를 받지
못하고 칼에 죽임을 당한 자로다
그들이 생존하는 사람들의 세상에
서 두렵게 하였으나 이제는 구덩
이에 내려가는 자와 함께 수치를
당하고 죽임을 당한 자 가운데에
뉘었도다
26 ● 거기에 메섹과 두발과 그 모든
무리가 있고 그 여러 무덤은 (四
方)사방에 있음이여 그들은 다 할
례를 받지 못하고 칼에 죽임을 당
한 자로다 그들이 생존하는 사람
들의 세상에서 두렵게 하였으나
27 그들이 (割禮)할례를 받지 못한
자 가운데에 이미 엎드러진 용사
와 함께 누운 것이 마땅하지 아니
하냐 이 용사들은 다 무기를 가지
고 스올에 내려가서 자기의 칼을
베개로 삼았으니 그 백골이 자기
죄악을 졌음이여 생존하는 사람들
의 세상에서 용사의 두려움이 있
던 자로다
28 오직 너는 할례를 받지 못한 자와
함께 (敗亡)패망할 것임이여 칼에
죽임을 당한 자와 함께 누우리로다
29 ● 거기에 에돔 곧 그 왕들과 그
모든 고관이 있음이여 그들이 (强
盛)강성하였었으나 칼에 죽임을
당한 자와 함께 있겠고 할례를 받
지 못하고 구덩이에 내려간 자와
함께 누우리로다
30 거기에 죽임을 당한 자와 함께 내
려간 북쪽 모든 (方伯)방백과 모
든 시돈 사람이 있음이여 그들이
본래는 강성하였으므로 두렵게 하
였으나 이제는 부끄러움을 품고
할례를 받지 못하고 칼에 죽임을
당한 자와 함께 누웠고 구덩이에
내려가는 자와 함께 수치를 당하
였도다
31 ● 바로가 그들을 보고 그 모든 무
리로 말미암아 위로를 받을 것임
이여 칼에 죽임을 당한 바로와 그
온 (軍隊)군대가 그러하리로다 주
여호와의 말씀이니라
32 내가 바로로 하여금 생존하는 사
람들의 세상에서 사람을 두렵게
하게 하였으나 이제는 그가 그 모
든 무리와 더불어 (割禮)할례를
받지 못한 자 곧 칼에 죽임을 당한
자와 함께 누이리로다 주 여호와
의 말씀이니라

여호와께서 에스겔을 파수꾼으로 삼으시다(겔 3:16-21)

33 여호와의 말씀이 내게 (臨)
임하여 이르시되
2 인자야 너는 네 민족에게 말하여
이르라 가령 내가 칼을 한 땅에 임
하게 한다 하자 그 땅 백성이 자
기들 가운데의 하나를 택하여 (把
守)파수꾼을 삼은
3 그 사람이 그 땅에 칼이 (臨)임함
을 보고 나팔을 불어 (百姓)백성
에게 (警告)경고하되
4 그들이 나팔 소리를 듣고도 정신
차리지 아니하므로 그 임하는 칼
에 제거함을 당하면 그 피가 (自
己)자기의 머리로 돌아갈 것이라

5 그가 경고를 받았던들 자기 생명
을 보전하였을 것이나 (喇叭)나팔
소리를 듣고도 경고를 받지 아니
하였으니 그 피가 자기에게로 돌
아가리라
6 그러나 칼이 임함을 파수꾼이 보고
도 나팔을 불지 아니하여 백성에게
경고하지 아니하므로 그 중의 한
사람이 그 임하는 칼에 (除去)제거
당하면 그는 자기 죄악으로 말미암
아 제거되려니와 그 죄는 내가 파
수꾼의 손에서 찾으리라
7 ● 인자야 내가 너를 이스라엘 족
속의 파수꾼으로 삼음이 이와 같
으니라 그런즉 너는 내 입의 말을
듣고 나를 (代身)대신하여 그들에
게 경고할지어다
8 가령 내가 악인에게 이르기를 악
인아 너는 반드시 죽으리라 하였
다 하자 네가 그 악인에게 말로 경
고하여 그의 길에서 떠나게 하지
아니하면 그 악인은 자기 (罪惡)
죄악으로 말미암아 죽으려니와 내
가 그의 피를 네 손에서 찾으리라
9 그러나 너는 악인에게 경고하여
돌이켜 그의 길에서 떠나라고 하
되 그가 돌이켜 그의 길에서 떠나
지 아니하면 그는 자기 죄악으로
말미암아 죽으려니와 너는 네 생
명을 (保全)보전하리라

의인의 범죄와 악인의 회개

10 ● 그런즉 인자야 너는 이스라엘
족속에게 이르기를 너희가 말하
여 이르되 우리의 허물과 죄가 이
미 우리에게 있어 우리로 그 가운
데에서 (衰退)쇠퇴하게 하니 어찌
능히 살리요 하거니와
11 너는 그들에게 말하라 주 여호와
의 말씀이니라 나의 삶을 두고 (盟
誓)맹세하노니 나는 악인이 죽는
것을 기뻐하지 아니하고 악인이
그의 길에서 돌이켜 떠나 사는 것
을 기뻐하노라 이스라엘 족속아
돌이키고 돌이키라 너희 악한 길
에서 떠나라 어찌 죽고자 하느냐
하셨다 하라
12 인자야 너는 네 (民族)민족에게
이르기를 의인이 범죄하는 날에는
그 공의가 구원하지 못할 것이요
악인이 돌이켜 그 악에서 떠나는
날에는 그 악이 그를 엎드러뜨리
지 못할 것인즉 의인이 범죄하는
날에는 그 의로 말미암아 살지 못
하리라
13 가령 내가 (義人)의인에게 말하기
를 너는 살리라 하였다 하자 그가
그 공의를 스스로 믿고 죄악을 행
하면 그 모든 의로운 행위가 하나
도 기억되지 아니하리니 그가 그
지은 죄악으로 말미암아 곧 그 안
에서 죽으리라
14 가령 내가 악인에게 말하기를 너
는 죽으리라 하였다 하자 그가 돌
이켜 자기의 죄에서 떠나서 정의
와 (公義)공의로 행하여
15 저당물을 도로 주며 강탈한 물건
을 돌려 보내고 생명의 (律例)율
례를 지켜 행하여 죄악을 범하지
아니하면 그가 반드시 살고 죽지
아니할지라

16 그가 본래 범한 모든 죄가 기억되
지 아니하리니 그가 반드시 살리
라 이는 정의와 (公義)공의를 행
하였음이라 하라
17 ● 그래도 네 민족은 말하기를 주
의 길이 바르지 아니하다 하는도
다 그러나 (實狀)실상은 그들의
길이 바르지 아니하니라
18 만일 의인이 돌이켜 그 공의에서
떠나 죄악을 (犯)범하면 그가 그
가운데에서 죽을 것이고
19 만일 악인이 돌이켜 그 악에서 떠
나 (正義)정의와 공의대로 행하면
그가 그로 말미암아 살리라
20 그러나 너희가 이르기를 주의 길
이 바르지 아니하다 하는도다 이
스라엘 족속아 나는 너희가 (各
其)각기 (行)행한 대로 심판하리
라 하시니라

예루살렘의 함락 소식

21 ● 우리가 사로잡힌 지 열두째 해
열째 달 다섯째 날에 예루살렘에
서부터 도망하여 온 자가 내게 나
아와 말하기를 그 성이 (陷落)함
락되었다 하였는데
22 그 도망한 자가 내게 나아오기 전
날 저녁에 여호와의 손이 내게 임
하여 내 입을 여시더니 다음 아
침 그 사람이 내게 나아올 그 때에
내 입이 열리기로 내가 다시는 (潛
潛)잠잠하지 아니하였노라

백성의 죄와 여호와의 맹세

23 ● 여호와의 말씀이 내게 임하여
이르시되
24 인자야 이 이스라엘의 이 황폐한
땅에 거주하는 자들이 말하여 이
르기를 아브라함은 오직 한 사람
이라도 이 땅을 (基業)기업으로
얻었나니 우리가 많은즉 더욱 이
땅을 우리에게 기업으로 주신 것
이 되느니라 하는도다
25 그러므로 너는 그들에게 이르기를
주 여호와께서 이같이 말씀하시되
너희가 고기를 피째 먹으며 너희
(偶像)우상들에게 눈을 들며 피를
흘리니 그 땅이 너희의 기업이 될
까보냐
26 너희가 칼을 믿어 (可憎)가증한
일을 (行)행하며 각기 이웃의 아
내를 더럽히니 그 땅이 너희의 (基
業)기업이 될까보냐 하고
27 너는 그들에게 이르기를 주 여호
와께서 이같이 말씀하시되 내가
나의 삶을 두고 (盟誓)맹세하노니
황무지에 있는 자는 칼에 엎드러
뜨리고 들에 있는 자는 들짐승에
게 넘겨 먹히게 하고 산성과 굴에
있는 자는 전염병에 죽게 하리라
28 내가 그 땅이 황무지와 공포의 대
상이 되게 하고 그 (權能)권능의
교만을 그치게 하리니 이스라엘의
산들이 황폐하여 지나갈 사람이
없으리라
29 내가 그들이 행한 모든 가증한 일
로 말미암아 그 땅을 황무지와 공
포의 (對象)대상이 되게 하면 그
때에 내가 여호와인 줄을 그들이
알리라 하라

선지자의 말과 백성

30 ● 인자야 네 (民族)민족이 담 곁

에서와 집 문에서 너에 대하여 말
하며 각각 그 형제와 더불어 말하
여 이르기를 자, 가서 여호와께로
부터 무슨 말씀이 나오는가 들어
보자 하고
31 백성이 모이는 것 같이 네게 나아
오며 내 백성처럼 네 앞에 앉아서
네 말을 들으나 그대로 행하지 아
니하니 이는 그 입으로는 사랑을
나타내어도 마음으로는 (利益)이
익을 따름이라
32 그들은 네가 고운 (音聲)음성으로
사랑의 노래를 하며 음악을 잘하
는 자 같이 여겼나니 네 말을 듣고
도 행하지 아니하거니와
33 그 말이 (應)응하리니 응할 때에
는 그들이 한 선지자가 자기 가운
데에 있었음을 알리라

자기만 먹는 이스라엘 목자들

34 여호와의 말씀이 내게 임하
여 이르시되
2 인자야 너는 이스라엘 (牧者)목자
들에게 예언하라 그들 곧 목자들
에게 예언하여 이르기를 주 여호
와께서 이같이 말씀하시되 자기만
먹는 이스라엘 목자들은 화 있을
진저 목자들이 양 떼를 먹이는 것
이 마땅하지 아니하냐
3 너희가 살진 (羊)양을 잡아 그 기
름을 먹으며 그 털을 입되 양 떼는
먹이지 아니하는도다
4 너희가 그 (軟弱)연약한 자를 강
하게 아니하며 병든 자를 고치지
아니하며 상한 자를 싸매 주지 아
니하며 쫓기는 자를 돌아오게 하
지 아니하며 잃어버린 자를 찾지
아니하고 다만 포악으로 그것들을
다스렸도다
5 (牧者)목자가 없으므로 그것들이
흩어지고 흩어져서 모든 들짐승의
밥이 되었도다
6 내 양 떼가 모든 산과 높은 멧부
리에마다 (流離)유리되었고 내 양
떼가 온 지면에 흩어졌으되 찾고
찾는 자가 없었도다

여호와께서 양 떼를 구원하시리라

7 ● 그러므로 (牧者)목자들아 여호
와의 말씀을 들을지어다
8 주 여호와의 말씀에 내가 나의 삶
을 두고 맹세하노라 내 양 떼가
(擄掠)노략거리가 되고 모든 들짐
승의 밥이 된 것은 목자가 없기 때
문이라 내 목자들이 내 양을 찾지
아니하고 자기만 먹이고 내 양 떼
를 먹이지 아니하였도다
9 그러므로 너희 (牧者)목자들아 여
호와의 말씀을 들을지어다
10 주 여호와께서 이같이 말씀하시되
내가 목자들을 (對敵)대적하여 내
양 떼를 그들의 손에서 찾으리니
목자들이 양을 먹이지 못할 뿐 아
니라 그들이 다시는 자기도 먹이
지 못할지라 내가 내 양을 그들의
입에서 건져내어서 다시는 그 먹
이가 되지 아니하게 하리라
11 주 여호와께서 이같이 말씀하셨느
니라 나 곧 내가 내 (羊)양을 찾고
찾되
12 (牧者)목자가 양 가운데에 있는
날에 양이 흩어졌으면 그 떼를 찾

는 것 같이 내가 내 양을 찾아서
흐리고 캄캄한 날에 그 흩어진 모
든 곳에서 그것들을 건져낼지라
13 내가 그것들을 (萬民)만민 가운데
에서 끌어내며 여러 백성 가운데
에서 모아 그 (本土)본토로 데리
고 가서 이스라엘 산 위에와 시냇
가에와 그 땅 모든 (居住地)거주
지에서 먹이되
14 좋은 꼴을 먹이고 그 우리를 이스
라엘 높은 (山)산에 두리니 그것
들이 그 곳에 있는 좋은 우리에 누
워 있으며 이스라엘 산에서 살진
꼴을 먹으리라
15 내가 친히 내 양의 (牧者)목자가
되어 그것들을 누워 있게 할지라
주 여호와의 말씀이니라
16 그 잃어버린 자를 내가 찾으며 쫓
기는 자를 내가 돌아오게 하며
(傷)상한 자를 내가 싸매 주며 병
든 자를 내가 (强)강하게 하려니
와 살진 자와 강한 자는 내가 없애
고 정의대로 그것들을 먹이리라
17 ● 주 여호와께서 이같이 말씀하
셨느니라 나의 양 떼 너희여 내가
양과 양 사이와 숫양과 숫염소 사
이에서 (審判)심판하노라
18 너희가 좋은 꼴을 먹는 것을 작은
일로 여기느냐 어찌하여 남은 꼴
을 발로 밟았느냐 너희가 맑은 물
을 마시는 것을 작은 일로 여기느
냐 어찌하여 남은 물을 발로 더럽
혔느냐
19 나의 (羊)양은 너희 발로 밟은 것
을 먹으며 너희 발로 더럽힌 것을
마시는도다 하셨느니라
20 ● 그러므로 주 여호와께서 그들
에게 이같이 말씀하시되 나 곧 내
가 살진 (羊)양과 파리한 양 사이
에서 (審判)심판하리라
21 너희가 옆구리와 어깨로 밀어뜨리
고 모든 (病)병든 자를 뿔로 받아
무리를 밖으로 흩어지게 하는도다
22 그러므로 내가 내 양 떼를 (救援)
구원하여 그들로 다시는 노략거리
가 되지 아니하게 하고 양과 양 사
이에 심판하리라
23 내가 한 목자를 그들 위에 세워 먹
이게 하리니 그는 내 종 다윗이
라 그가 그들을 먹이고 그들의 (牧
者)목자가 될지라
24 나 여호와는 그들의 하나님이 되
고 내 종 다윗은 그들 중에 (王)왕
이 되리라 나 여호와의 말이니라
25 ● 내가 또 그들과 화평의 언약을
맺고 악한 짐승을 그 땅에서 그치
게 하리니 그들이 빈 들에 (平安)
평안히 거하며 수풀 가운데에서
잘지라
26 내가 그들에게 (福)복을 내리고
내 산 사방에 복을 내리며 때를 따
라 소낙비를 내리되 복된 소낙비
를 내리리라
27 그리한즉 밭에 나무가 열매를 맺
으며 땅이 그 (所産)소산을 내리
니 그들이 그 땅에서 평안할지라
내가 그들의 멍에의 나무를 꺾고
그들을 종으로 삼은 자의 손에서
그들을 건져낸 후에 내가 여호와
인 줄을 그들이 알겠고

28 그들이 다시는 이방의 노략거리
가 되지 아니하며 땅의 짐승들에
게 잡아먹히지도 아니하고 평안히
(居住)거주하리니 놀랠 사람이 없
으리라
29 내가 그들을 위하여 파종할 좋은
땅을 일으키리니 그들이 다시는
그 땅에서 (饑饉)기근으로 멸망하
지 아니할지며 다시는 여러 나라
의 수치를 받지 아니할지라
30 그들이 내가 여호와 그들의 하나
님이며 그들과 함께 있는 줄을 알
고 그들 곧 이스라엘 족속이 내
(百姓)백성인 줄 알리라 주 여호
와의 말씀이라
31 내 양 곧 내 (草場)초장의 양 너희
는 사람이요 나는 너희 하나님이
라 주 여호와의 말씀이니라

세일 산과 에돔이 황무하리라

35 또 여호와의 말씀이 내게
임하여 이르시되
2 (人子)인자야 네 얼굴을 세일 산
으로 향하고 그에게 예언하여
3 이르기를 주 여호와께서 이같이
말씀하시되 세일 산아 내가 너를
대적하여 내 손을 네 위에 펴서 네
가 (荒蕪地)황무지와 공포의 대상
이 되게 할지라
4 내가 네 (城邑)성읍들을 무너뜨리
며 네가 황폐하게 되리니 네가 나
를 여호와인 줄을 알리라
5 네가 옛날부터 한을 품고 이스라
엘 족속의 환난 때 곧 죄악의 마지
막 때에 칼의 (威力)위력에 그들
을 넘겼도다
6 그러므로 주 여호와의 말씀이니
라 내가 나의 삶을 두고 (盟誓)맹
세하노니 내가 너에게 피를 만나
게 한즉 피가 너를 따르리라 네가
피를 미워하지 아니하였은즉 피가
너를 따르리라
7 내가 세일 산이 황무지와 폐허가
되게 하여 그 위에 (往來)왕래하
는 자를 다 끊을지라
8 내가 그 죽임 (當)당한 자를 그 여
러 산에 채우되 칼에 죽임 당한 자
를 네 여러 멧부리와, 골짜기와,
모든 시내에 엎드러지게 하고
9 너를 영원히 (荒廢)황폐하게 하여
네 성읍들에 다시는 거주하는 자
가 없게 하리니 내가 여호와인 줄
을 너희가 알리라
10 ● 네가 말하기를 이 두 민족과 두
땅은 다 내 것이며 내 (基業)기업
이 되리라 하였도다 그러나 여호
와께서 거기에 계셨느니라
11 그러므로 주 여호와의 말씀이니라
내가 나의 삶을 두고 맹세하노니
네가 그들을 미워하여 노하며 질
투한 대로 내가 네게 행하여 너를
(審判)심판할 때에 그들이 나를
알게 하리라
12 네가 이스라엘 산들을 가리켜 말
하기를 저 산들이 황폐하였으므로
우리에게 넘겨 주어서 삼키게 되
었다 하여 (辱)욕하는 모든 말을
나 여호와가 들은 줄을 네가 알리
로다
13 너희가 나를 (對敵)대적하여 입으
로 자랑하며 나를 대적하여 여러

가지로 말한 것을 내가 들었노라
14 주 여호와께서 이같이 말씀하셨느
니라 온 땅이 즐거워할 때에 내가
너를 (荒廢)황폐하게 하되
15 이스라엘 족속의 기업이 (荒廢)황
폐하므로 네가 즐거워한 것 같이
내가 너를 황폐하게 하리라 세일
산아 너와 에돔 온 땅이 황폐하리
니 내가 여호와인 줄을 무리가 알
리라 하셨다 하라

이스라엘이 받을 복

36 인자야 너는 이스라엘 산들
에게 (豫言)예언하여 이르
기를 이스라엘 산들아 여호와의
말씀을 들으라
2 주 여호와께서 이같이 말씀하시기
를 원수들이 네게 대하여 말하기
를 아하 옛적 높은 곳이 우리의 (基
業)기업이 되었도다 하였느니라
3 그러므로 너는 (豫言)예언하여 이
르기를 주 여호와께서 이같이 말
씀하시기를 그들이 너희를 황폐하
게 하고 너희 사방을 삼켜 너희가
남은 (異邦人)이방인의 기업이 되
게 하여 사람의 말거리와 백성의
비방거리가 되게 하였도다
4 그러므로 이스라엘 산들아 주 여호
와의 말씀을 들을지어다 산들과 멧
부리들과 시내들과 골짜기들과 황
폐한 사막들과 사방에 남아 있는
이방인의 (擄掠)노략거리와 조롱
거리가 된 버린 성읍들에게 주 여
호와께서 이같이 말씀하셨느니라
5 주 여호와께서 이같이 말씀하시기
를 내가 진실로 내 맹렬한 (嫉妬)
질투로 남아 있는 이방인과 에돔
온 땅을 쳐서 말하였노니 이는 그
들이 심히 즐거워하는 마음과 멸
시하는 심령으로 내 땅을 빼앗아
노략하여 자기 소유를 삼았음이라
6 그러므로 너는 이스라엘 땅에 대
하여 예언하되 그 산들과 멧부리
들과 시내들과 골짜기들에 관하여
이르기를 주 여호와께서 이같이
말씀하시기를 내가 내 질투와 내
(憤怒)분노로 말하였나니 이는 너
희가 이방의 수치를 당하였음이라
7 그러므로 주 여호와께서 이같이 말
씀하시기를 내가 (盟誓)맹세하였
은즉 너희 사방에 있는 이방인이
자신들의 수치를 반드시 당하리라
8 그러나 너희 이스라엘 산들아 너
희는 가지를 내고 내 (百姓)백성
이스라엘을 위하여 열매를 맺으리
니 그들이 올 때가 가까이 이르렀
음이라
9 내가 돌이켜 너희와 함께 하리니
사람이 너희를 갈고 심을 것이며
10 내가 또 사람을 너희 위에 많게 하
리니 이들은 이스라엘 온 족속이
라 그들을 성읍들에 거주하게 하
며 빈 땅에 (建築)건축하게 하리라
11 내가 너희 위에 사람과 짐승을 많
게 하되 그들의 수가 많고 (蕃盛)
번성하게 할 것이라 너희 전 지위
대로 사람이 거주하게 하여 너희
를 처음보다 낫게 대우하리니 내
가 여호와인 줄을 너희가 알리라
12 내가 사람을 너희 위에 다니게 하
리니 그들은 내 백성 이스라엘이

라 그들은 너를 얻고 너는 그 기업
이 되어 다시는 그들이 (子息)자
식들을 잃어버리지 않게 하리라
13 주 여호와께서 이같이 말씀하셨느
니라 그들이 너희에게 이르기를 너
는 사람을 삼키는 자요 네 나라 (百
姓)백성을 제거한 자라 하거니와
14 네가 다시는 사람을 삼키지 아니
하며 다시는 네 나라 백성을 (除
去)제거하지 아니하리라 주 여호
와의 말씀이니라
15 내가 또 너를 여러 나라의 수치
를 듣지 아니하게 하며 만민의 (誹
謗)비방을 다시 받지 아니하게 하
며 네 나라 백성을 다시 넘어뜨리
지 아니하게 하리라 주 여호와의
말씀이니라 하셨다 하라

이스라엘을 정결하게 하시다

16 ● 여호와의 말씀이 또 내게 (臨)
임하여 이르시되
17 (人子)인자야 이스라엘 족속이 그
들의 고국 땅에 거주할 때에 그들
의 행위로 그 땅을 더럽혔나니 나
보기에 그 (行爲)행위가 월경 중
에 있는 여인의 부정함과 같았느
니라
18 그들이 땅 위에 피를 쏟았으며 그
우상들로 말미암아 자신들을 더럽
혔으므로 내가 (憤怒)분노를 그들
위에 쏟아
19 그들을 그 (行爲)행위대로 심판하
여 각국에 흩으며 여러 나라에 헤
쳤더니
20 그들이 이른바 그 여러 나라에서
내 거룩한 이름이 그들로 말미암
아 더러워졌나니 곧 사람들이 그
들을 가리켜 이르기를 이들은 여
호와의 (百姓)백성이라도 여호와
의 땅에서 떠난 자라 하였음이라
21 그러나 이스라엘 (族屬)족속이 들
어간 그 여러 나라에서 더럽힌 내
거룩한 이름을 내가 아꼈노라
22 ● 그러므로 너는 이스라엘 (族屬)
족속에게 이르기를 주 여호와께서
이같이 말씀하시기를 이스라엘 족
속아 내가 이렇게 행함은 너희를
위함이 아니요 너희가 들어간 그
여러 나라에서 더럽힌 나의 거룩
한 이름을 위함이라
23 여러 나라 가운데에서 더럽혀진
이름 곧 너희가 그들 가운데에서
더럽힌 나의 큰 이름을 내가 거룩
하게 할지라 내가 그들의 눈 앞에
서 너희로 말미암아 나의 거룩함
을 나타내리니 내가 여호와인 줄
을 여러 나라 사람이 알리라 주 여
호와의 말씀이니라
24 내가 너희를 여러 나라 가운데에
서 (引導)인도하여 내고 여러 민
족 가운데에서 모아 데리고 고국
땅에 들어가서
25 맑은 물을 너희에게 뿌려서 너희
로 (淨潔)정결하게 하되 곧 너희
모든 더러운 것에서와 모든 우상
숭배에서 너희를 정결하게 할 것
이며
26 또 새 영을 너희 속에 두고 새 마
음을 너희에게 주되 너희 (肉身)
육신에서 [1)]굳은 마음을 제거하고

1) 돌 2) 고기

[2]부드러운 마음을 줄 것이며
27 또 내 영을 너희 속에 두어 너희로
내 (律例)율례를 행하게 하리니
너희가 내 규례를 지켜 행할지라
28 내가 너희 조상들에게 준 땅에서 너
희가 (居住)거주하면서 내 백성이
되고 나는 너희 하나님이 되리라
29 내가 너희를 모든 더러운 데에서
구원하고 곡식이 (豊盛)풍성하게
하여 기근이 너희에게 닥치지 아
니하게 할 것이며
30 또 나무의 열매와 밭의 소산을 (豊
盛)풍성하게 하여 너희가 다시는
기근의 욕을 여러 나라에게 당하
지 아니하게 하리니
31 그 때에 너희가 너희 악한 길과 너
희 좋지 못한 행위를 (記憶)기억
하고 너희 모든 죄악과 가증한 일
로 말미암아 스스로 밉게 보리라
32 ●주 여호와의 말씀이니라 내가
이렇게 행함은 너희를 위함이 아
닌 줄을 너희가 알리라 이스라엘
족속아 너희 행위로 말미암아 부
끄러워하고 (恨嘆)한탄할지어다
33 주 여호와께서 이같이 말씀하셨느
니라 내가 너희를 모든 죄악에서
정결하게 하는 날에 성읍들에 사
람이 거주하게 하며 황폐한 것이
(建築)건축되게 할 것인즉
34 전에는 지나가는 자의 눈에 황폐
하게 보이던 그 황폐한 땅이 장차
(耕作)경작이 될지라
35 사람이 이르기를 이 땅이 황폐하
더니 이제는 에덴 동산 같이 되었
고 황량하고 (寂寞)적막하고 무너
진 성읍들에 성벽과 주민이 있다
하리니
36 너희 사방에 남은 이방 사람이 나
여호와가 무너진 곳을 건축하며
(荒廢)황폐한 자리에 심은 줄을
알리라 나 여호와가 말하였으니
이루리라
37 ●주 여호와께서 이같이 말씀하
셨느니라 그래도 이스라엘 족속이
이같이 자기들에게 이루어 주기를
내게 구하여야 할지라 내가 그들
의 (數爻)수효를 양 떼 같이 많아
지게 하되
38 제사 드릴 양 떼 곧 예루살렘이
(定)정한 절기의 양 무리 같이 황
폐한 성읍을 사람의 떼로 채우리
라 그리한즉 그들이 나를 여호와
인 줄 알리라 하셨느니라

마른 뼈들이 살아나다

37 여호와께서 (權能)권능으로
내게 임재하시고 그의 영으
로 나를 데리고 가서 골짜기 가운
데 두셨는데 거기 뼈가 가득하더라
2 나를 그 뼈 (四方)사방으로 지나가
게 하시기로 본즉 그 골짜기 지면
에 뼈가 심히 많고 아주 말랐더라
3 그가 내게 이르시되 (人子)인자야
이 뼈들이 능히 살 수 있겠느냐 하
시기로 내가 대답하되 주 여호와
여 주께서 아시나이다
4 또 내게 이르시되 너는 이 모든 뼈
에게 (代言)대언하여 이르기를 너
희 마른 뼈들아 여호와의 말씀을
들을지어다
5 주 여호와께서 이 뼈들에게 이같

이 말씀하시기를 내가 (生氣)생기
를 너희에게 들어가게 하리니 너
희가 살아나리라
6 너희 위에 힘줄을 두고 살을 입히
고 가죽으로 덮고 너희 속에 (生
氣)생기를 넣으리니 너희가 살아
나리라 또 내가 여호와인 줄 너희
가 알리라 하셨다 하라
7 ●이에 내가 명령을 따라 (代言)
대언하니 대언할 때에 소리가 나
고 움직이며 이 뼈, 저 뼈가 들어
맞아 뼈들이 서로 연결되더라
8 내가 또 보니 그 뼈에 힘줄이 생기
고 살이 오르며 그 위에 가죽이 덮
이나 그 속에 (生氣)생기는 없더라
9 또 내게 이르시되 인자야 너는 생
기를 향하여 (代言)대언하라 생기
에게 대언하여 이르기를 주 여호
와께서 이같이 말씀하시기를 생기
야 사방에서부터 와서 이 죽음을
당한 자에게 불어서 살아나게 하
라 하셨다 하라
10 이에 내가 그 명령대로 대언하였
더니 (生氣)생기가 그들에게 들어
가매 그들이 곧 살아나서 일어나
서는데 극히 큰 군대더라
11 ●또 내게 이르시되 인자야 이 뼈
들은 이스라엘 온 족속이라 그들이
이르기를 우리의 뼈들이 말랐고 우
리의 (所望)소망이 없어졌으니 우
리는 다 멸절되었다 하느니라
12 그러므로 너는 대언하여 그들에게
이르기를 주 여호와께서 이같이
말씀하시기를 내 (百姓)백성들아
내가 너희 무덤을 열고 너희로 거
기에서 나오게 하고 이스라엘 땅
으로 들어가게 하리라
13 내 (百姓)백성들아 내가 너희 무
덤을 열고 너희로 거기에서 나오
게 한즉 너희는 내가 여호와인 줄
을 알리라
14 내가 또 내 영을 너희 속에 두어
너희가 살아나게 하고 내가 또 너
희를 너희 (故國)고국 땅에 두리
니 나 여호와가 이 일을 말하고 이
룬 줄을 너희가 알리라 여호와의
말씀이니라

유다와 이스라엘의 통일

15 ●여호와의 말씀이 또 내게 (臨)
임하여 이르시되
16 인자야 너는 막대기 하나를 가져
다가 그 위에 유다와 그 짝 이스라
엘 (子孫)자손이라 쓰고 또 다른
막대기 하나를 가지고 그 위에 에
브라임의 막대기 곧 요셉과 그 짝
이스라엘 온 족속이라 쓰고
17 그 막대기들을 서로 (合)합하여
하나가 되게 하라 네 손에서 둘이
하나가 되리라
18 네 (民族)민족이 네게 말하여 이
르기를 이것이 무슨 뜻인지 우리
에게 말하지 아니하겠느냐 하거든
19 너는 곧 이르기를 주 여호와께서
이같이 말씀하시기를 내가 에브
라임의 손에 있는 바 요셉과 그 짝
이스라엘 (支派)지파들의 막대기
를 가져다가 유다의 막대기에 붙
여서 한 막대기가 되게 한즉 내 손
에서 하나가 되리라 하셨다 하고
20 너는 그 글 쓴 막대기들을 우리의

눈 앞에서 손에 잡고
21 그들에게 이르기를 주 여호와께서
이같이 말씀하시기를 내가 이스라
엘 자손을 잡혀 간 여러 나라에서
(引導)인도하며 그 사방에서 모아
서 그 고국 땅으로 돌아가게 하고
22 그 땅 이스라엘 모든 산에서 그들
이 한 나라를 이루어서 한 임금이
모두 다스리게 하리니 그들이 다시
는 두 (民族)민족이 되지 아니하며
두 나라로 나누이지 아니할지라
23 그들이 그 우상들과 (可憎)가증한
물건과 그 모든 죄악으로 더 이상
자신들을 더럽히지 아니하리라 내
가 그들을 그 범죄한 모든 처소에
서 구원하여 (淨潔)정결하게 한즉
그들은 내 백성이 되고 나는 그들
의 하나님이 되리라
24 ● 내 종 다윗이 그들의 왕이 되리
니 그들 모두에게 한 목자가 있을
것이라 그들이 내 규례를 (遵守)
준수하고 내 율례를 지켜 행하며
25 내가 내 종 야곱에게 준 땅 곧 그
의 조상들이 거주하던 땅에 그들
이 거주하되 그들과 그들의 자자
손손이 (永遠)영원히 거기에 거주
할 것이요 내 종 다윗이 영원히 그
들의 왕이 되리라
26 내가 그들과 화평의 언약을 세워
서 영원한 언약이 되게 하고 또 그
들을 (堅固)견고하고 번성하게 하
며 내 성소를 그 가운데에 세워서
영원히 이르게 하리니
27 내 (處所)처소가 그들 가운데에
있을 것이며 나는 그들의 하나님
이 되고 그들은 내 백성이 되리라
28 내 성소가 (永遠)영원토록 그들
가운데에 있으리니 내가 이스라엘
을 거룩하게 하는 여호와인 줄을
열국이 알리라 하셨다 하라

하나님의 도구 곡

38 여호와의 말씀이 내게 (臨)
임하여 이르시되
2 인자야 너는 마곡 땅에 있는 로스와
메섹과 두발 왕 곧 곡에게로 얼굴을
향하고 그에게 (豫言)예언하여
3 이르기를 주 여호와께서 이같이 말
씀하시기를 로스와 메섹과 두발 왕
곡아 내가 너를 (對敵)대적하여
4 너를 돌이켜 갈고리로 네 아가리
를 꿰고 너와 말과 기마병 곧 네
온 군대를 끌어내되 완전한 갑옷
을 입고 큰 (防牌)방패와 작은 방
패를 가지며 칼을 잡은 큰 무리와
5 그들과 함께 한 방패와 투구를 갖
춘 바사와 구스와 붓과
6 고멜과 그 모든 떼와 북쪽 끝의 도
갈마 (族屬)족속과 그 모든 떼 곧
많은 (百姓)백성의 무리를 너와
함께 끌어내리라
7 ● 너는 스스로 예비하되 너와 네
게 모인 무리들이 다 스스로 (豫
備)예비하고 너는 그들의 우두머
리가 될지어다
8 여러 날 후 곧 말년에 네가 명령을
받고 그 땅 곧 오래 황폐하였던 이
스라엘 산에 이르리니 그 땅 백성
은 칼을 벗어나서 여러 나라에서
모여 들어오며 이방에서 나와 다
(平安)평안히 거주하는 중이라

9 네가 올라오되 너와 네 모든 떼와
너와 함께 한 많은 백성이 (狂風)
광풍 같이 이르고 구름 같이 땅을
덮으리라
10 ● 주 여호와께서 이같이 말씀하
셨느니라 그 날에 네 마음에서 여
러 가지 생각이 나서 (惡)악한 꾀
를 내어
11 말하기를 내가 평원의 고을들로
올라 가리라 성벽도 없고 문이나
빗장이 없어도 (念慮)염려 없이
다 평안히 거주하는 백성에게 나
아가서
12 물건을 (劫奪)겁탈하며 노략하리
라 하고 네 손을 들어서 황폐하였
다가 지금 사람이 거주하는 땅과
여러 나라에서 모여서 짐승과 재
물을 얻고 세상 중앙에 거주하는
백성을 치고자 할 때에
13 스바와 드단과 다시스의 상인과
그 [1]부자들이 네게 이르기를 네가
(奪取)탈취하러 왔느냐 네가 네
무리를 모아 노략하고자 하느냐
은과 금을 빼앗으며 짐승과 재물
을 빼앗으며 물건을 크게 약탈하
여 가고자 하느냐 하리라
14 인자야 너는 또 예언하여 곡에게
이르기를 주 여호와께서 이같이
말씀하시기를 내 백성 이스라엘이
(平安)평안히 거주하는 날에 네가
어찌 그것을 알지 못하겠느냐
15 네가 네 (故國)고국 땅 북쪽 끝에
서 많은 백성 곧 다 말을 탄 큰 무
리와 능한 군대와 함께 오되

1) 히, 젊은 사자

16 구름이 땅을 덮음 같이 내 백성 이
스라엘을 치러 오리라 곡아 끝 날
에 내가 너를 이끌어다가 내 땅을
치게 하리니 이는 내가 너로 말미
암아 (異邦)이방 사람의 눈 앞에
서 내 거룩함을 나타내어 그들이
다 나를 알게 하려 함이라

곡의 심판

17 ● 주 여호와께서 이같이 말씀하셨
느니라 내가 옛적에 내 종 이스라
엘 선지자들을 (通)통하여 말한 사
람이 네가 아니냐 그들이 그 때에
여러 해 동안 예언하기를 내가 너
를 이끌어다가 그들을 치게 하리라
18 그 날에 곡이 이스라엘 땅을 치러
오면 내 노여움이 내 얼굴에 나타
나리라 주 여호와의 말씀이니라
19 내가 질투와 (猛烈)맹렬한 노여움
으로 말하였거니와 그 날에 큰 지
진이 이스라엘 땅에 일어나서
20 바다의 고기들과 (空中)공중의 새
들과 들의 짐승들과 땅에 기는 모
든 벌레와 지면에 있는 모든 사람
이 내 앞에서 떨 것이며 모든 산이
무너지며 절벽이 떨어지며 모든
(城壁)성벽이 땅에 무너지리라
21 주 여호와의 말씀이니라 내가 내
모든 (山 中)산 중에서 그를 칠 칼
을 부르리니 각 사람이 칼로 그 형
제를 칠 것이며
22 내가 또 전염병과 피로 그를 심판
하며 쏟아지는 폭우와 큰 우박덩
이와 불과 (硫黃)유황으로 그와
그 모든 무리와 그와 함께 있는 많
은 백성에게 비를 내리듯 하리라

23 이같이 내가 여러 나라의 눈에 내
(偉大)위대함과 내 거룩함을 나타
내어 나를 알게 하리니 내가 여호
와인 줄을 그들이 알리라

침략자 곡의 멸망

39 그러므로 인자야 너는 곡에
게 (豫言)예언하여 이르기
를 주 여호와께서 이같이 말씀하
시되 로스와 메섹과 두발 왕 곡아
내가 너를 대적하여
2 너를 돌이켜서 이끌고 북쪽 끝에
서부터 나와서 이스라엘 (山)산
위에 이르러
3 네 활을 쳐서 네 왼손에서 떨어뜨
리고 네 화살을 네 오른손에서 떨
어뜨리리니
4 너와 네 모든 무리와 너와 함께 있
는 백성이 다 이스라엘 산 위에 엎
드러지리라 내가 너를 (各種)각종
사나운 새와 들짐승에게 넘겨 먹
게 하리니
5 네가 빈 들에 엎드러지리라 이는
내가 말하였음이니라 (主)주 여호
와의 말씀이니라
6 내가 또 불을 마곡과 및 섬에 (平
安)평안히 거주하는 자에게 내리
리니 내가 여호와인 줄을 그들이
알리라
7 내가 내 거룩한 이름을 내 백성 이
스라엘 가운데에 알게 하여 다시
는 내 거룩한 이름을 더럽히지 아
니하게 하리니 내가 여호와 곧 이
스라엘의 거룩한 자인 줄을 (民
族)민족들이 알리라 하라
8 (主)주 여호와의 말씀이니라 볼지
어다 그 날이 와서 이루어지리니
내가 말한 그 날이 이 날이라
9 이스라엘 성읍들에 거주하는 자가
나가서 그들의 무기를 불태워 사
르되 큰 (防牌)방패와 작은 방패
와 활과 화살과 몽둥이와 창을 가
지고 일곱 해 동안 불태우리라
10 이같이 그 무기로 불을 피울 것이
므로 그들이 들에서 나무를 주워
오지 아니하며 숲에서 벌목하지
아니하겠고 전에 자기에게서 약
탈하던 자의 것을 (掠奪)약탈하며
전에 자기에게서 늑탈하던 자의
것을 늑탈하리라 주 여호와의 말
씀이니라
11 그 날에 내가 곡을 위하여 이스라
엘 땅 곧 바다 동쪽 사람이 (通行)
통행하는 골짜기를 매장지로 주리
니 통행하던 길이 막힐 것이라 사
람이 거기에서 곡과 그 모든 무리
를 매장하고 그 이름을 [1]하몬곡의
골짜기라 일컬으리라
12 이스라엘 족속이 일곱 달 동안에
그들을 매장하여 그 땅을 (淨潔)
정결하게 할 것이라
13 그 땅 모든 백성이 그들을 (埋葬)
매장하고 그로 말미암아 이름을
얻으리니 이는 나의 영광이 나타
나는 날이니라 주 여호와의 말씀
이니라
14 그들이 사람을 택하여 그 땅에 늘
(巡行)순행하며 매장할 사람과 더
불어 지면에 남아 있는 시체를 매
장하여 그 땅을 정결하게 할 것이

1) 곡의 무리라는 뜻

라 일곱 달 후에 그들이 살펴 보되
15 지나가는 사람들이 그 땅으로 지
나가다가 사람의 뼈를 보면 그 곁
에 푯말을 세워 (埋葬)매장하는
사람에게 가서 하몬곡 골짜기에
매장하게 할 것이요
16 (城邑)성읍의 이름도 하모나라 하
리라 그들이 이같이 그 땅을 (淨
潔)정결하게 하리라
17 ● 주 여호와께서 이같이 말씀하
셨느니라 너 인자야 너는 각종 새
와 들의 각종 짐승에게 이르기를
너희는 모여 오라 내가 너희를 위
한 잔치 곧 이스라엘 산 위에 (豫
備)예비한 큰 잔치로 너희는 사방
에서 모여 살을 먹으며 피를 마실
지어다
18 너희가 용사의 살을 먹으며 (世
上)세상 왕들의 피를 마시기를 바
산의 살진 짐승 곧 숫양이나 어린
양이나 염소나 수송아지를 먹듯
할지라
19 내가 너희를 위하여 예비한 잔치
의 기름을 너희가 배불리 먹으며
그 피를 (醉)취하도록 마시되
20 내 상에서 말과 (騎兵)기병과 용사
와 모든 군사를 배부르게 먹을지니
라 하라 주 여호와의 말씀이니라

이스라엘의 회복

21 ● 내가 내 영광을 여러 민족 가운
데에 나타내어 모든 민족이 내가
행한 (審判)심판과 내가 그 위에
나타낸 (權能)권능을 보게 하리니
22 그 날 이후에 이스라엘 족속은 내
가 여호와 (自己)자기들의 하나님
인 줄을 알겠고
23 여러 민족은 이스라엘 (族屬)족속
이 그 죄악으로 말미암아 사로잡
혀 갔던 줄을 알지라 그들이 내게
(犯罪)범죄하였으므로 내 얼굴을
그들에게 가리고 그들을 그 원수
의 손에 넘겨 다 칼에 엎드러지게
하였으되
24 내가 그들의 더러움과 그들의 (犯
罪)범죄한 대로 행하여 그들에게
내 얼굴을 가리었었느니라
25 ● 그러므로 주 여호와께서 이같
이 말씀하셨느니라 내가 이제 내
거룩한 이름을 위하여 (熱心)열심
을 내어 야곱의 사로잡힌 자를 돌
아오게 하며 이스라엘 온 족속에
게 사랑을 베풀지라
26 그들이 그 땅에 (平安)평안히 거
주하고 두렵게 할 자가 없게 될
때에 부끄러움을 품고 내게 범한
(罪)죄를 뉘우치리니
27 내가 그들을 만민 중에서 돌아오
게 하고 (敵國)적국 중에서 모아
내어 많은 민족이 보는 데에서 그
들로 말미암아 나의 거룩함을 나
타낼 때라
28 전에는 내가 그들이 사로잡혀 여
러 나라에 이르게 하였거니와 후
에는 내가 그들을 모아 (故國)고
국 땅으로 돌아오게 하고 그 한 사
람도 이방에 남기지 아니하리니
그들이 내가 여호와 자기들의 하
나님인 줄을 알리라
29 내가 다시는 내 얼굴을 그들에게
가리지 아니하리니 이는 내가 내

영을 이스라엘 (族屬)족속에게 쏟
았음이라 주 여호와의 말씀이니라

이상 중에 본 성읍

40 우리가 사로잡힌 지 스물다
섯째 해, 성이 (陷落)함락된
후 열넷째 해 첫째 달 열째 날에
곧 그 날에 여호와의 권능이 내게
임하여 나를 데리고 이스라엘 땅
으로 가시되
2 하나님의 (異像)이상 중에 나를
데리고 이스라엘 땅에 이르러 나
를 매우 높은 산 위에 내려놓으시
는데 거기에서 남으로 향하여 (城
邑)성읍 형상 같은 것이 있더라
3 나를 데리시고 거기에 이르시니
모양이 놋 같이 빛난 사람 하나가
손에 삼줄과 (測量)측량하는 장대
를 가지고 문에 서 있더니
4 그 사람이 내게 이르되 인자야 내
가 네게 보이는 그것을 눈으로 보
고 귀로 들으며 네 마음으로 생
각할지어다 내가 이것을 네게 보
이려고 이리로 데리고 왔나니 너
는 본 것을 다 이스라엘 족속에게
(傳)전할지어다 하더라

동쪽을 향한 문

5 ● 내가 본즉 집 바깥 사방으로 담
이 있더라 그 사람의 손에 (測量)
측량하는 장대를 잡았는데 그 길
이가 팔꿈치에서 손가락에 이르고
한 손바닥 너비가 더한 자로 여섯
척이라 그 담을 측량하니 두께가
한 장대요 높이도 한 장대며
6 그가 동쪽을 향한 문에 이르러 층
계에 올라 그 문의 (通路)통로를
측량하니 길이가 한 장대요 그 문
안쪽 통로의 길이도 한 장대며
7 그 문간에 문지기 방들이 있는데
각기 길이가 한 장대요 너비가 한
장대요 각방 사이 벽이 다섯 (尺)
척이며 안쪽 문 통로의 길이가 한
장대요 그 앞에 현관이 있고 그 앞
에 안 문이 있으며
8 [1]그가 또 안 문의 (玄關)현관을 측
량하니 한 장대며
9 안 문의 현관을 또 측량하니 여덟
척이요 그 (門)문 (壁)벽은 두 척
이라 그 문의 현관이 안으로 향하
였으며
10 그 (東門間)동문간의 문지기 방은
왼쪽에 셋이 있고 오른쪽에 셋이
있으니 그 셋이 각각 같은 크기요
그 좌우편 벽도 다 같은 크기며
11 또 그 문 (通路)통로를 측량하니
너비가 열 척이요 길이가 열세 척
이며
12 방 앞에 간막이 (壁)벽이 있는데 이
쪽 간막이 벽도 한 척이요 저쪽 간
막이 벽도 한 척이며 그 방은 이쪽
도 여섯 척이요 저쪽도 여섯 척이며
13 그가 그 (門間)문간을 측량하니
이 방 지붕 가에서 저 방 지붕 가
까지 너비가 스물다섯 척인데 방
문은 서로 반대되었으며
14 그가 [2]또 현관을 측량하니 너비가
스무 척이요 (四方)사방에 뜰이
있으며
15 바깥 문 (通路)통로에서부터 안

1) 고대 사본에는, 8절이 없음 2) 히, 기둥들을 만들었으니 육십 암마씩이요 문 사면에 뜰이 있어 기둥까지 미쳤으며

문 현관 앞까지 쉰 척이며
16 문지기 (房)방에는 각각 닫힌 창
이 있고 문 안 좌우편에 있는 벽
사이에도 창이 있고 그 현관도 그
러하고 그 창은 안 좌우편으로 벌
여 있으며 각 문 벽 위에는 종려나
무를 새겼더라

바깥뜰

17 ● 그가 나를 데리고 바깥뜰에 들
어가니 뜰 (三面)삼면에 박석 깔린
땅이 있고 그 박석 깔린 땅 위에 여
러 방이 있는데 모두 서른이며
18 그 (薄石)박석 깔린 땅의 위치는
각 문간의 좌우편인데 그 너비가
문간 길이와 같으니 이는 아래 박
석 땅이며
19 그가 아래 문간 앞에서부터 안뜰
바깥 문간 앞까지 (測量)측량하니
그 너비가 백 척이며 동쪽과 북쪽
이 같더라

북쪽을 향한 문

20 ● 그가 바깥뜰 북쪽을 (向)향한
문간의 길이와 너비를 측량하니
21 길이는 쉰 척이요 너비는 스물다
섯 척이며 문지기 방이 이쪽에도
셋이요 저쪽에도 셋이요 그 벽과
그 현관도 먼저 측량한 (門間)문
간과 같으며
22 그 창과 현관의 길이와 너비와 종
려나무가 다 동쪽을 향한 문간과
같으며 그 문간으로 올라가는 일
곱 (層階)층계가 있고 그 안에 현
관이 있으며
23 안뜰에도 북쪽 문간과 동쪽 문간

1) 어떤 사본에는, 30절이 없음

과 마주 (對)대한 문간들이 있는
데 그가 이 문간에서 맞은쪽 문간
까지 측량하니 백 척이더라

남쪽을 향한 문

24 ● 그가 또 나를 이끌고 남으로 간
즉 남쪽을 향한 문간이 있는데 그
벽과 현관을 (測量)측량하니 먼저
측량한 것과 같고
25 그 문간과 현관 좌우에 있는 (窓)
창도 먼저 말한 창과 같더라 그 문
간의 길이는 쉰 척이요 너비는 스
물다섯 척이며
26 또 그리로 올라가는 일곱 층계가
있고 그 안에 현관이 있으며 또 이
쪽 저쪽 문 벽 위에 (棕櫚)종려나
무를 새겼으며
27 안뜰에도 남쪽을 향한 문간이 있
는데 그가 남쪽을 향한 그 문간
에서 맞은쪽 문간까지 측량하니
(百)백 (尺)척이더라

안뜰 남쪽 문

28 ● 그가 나를 데리고 그 (南門)남
문을 통하여 안뜰에 들어가서 그
남문의 너비를 측량하니 크기는
29 길이가 쉰 척이요 너비가 스물다
섯 척이며 그 문지기 방과 벽과 현
관도 먼저 측량한 것과 같고 그 문
간과 그 현관 (左右)좌우에도 창
이 있으며
30 [1]그 사방 (玄關)현관의 길이는 스
물다섯 척이요 너비는 다섯 척이
며
31 현관이 바깥뜰로 향하였고 그 문
벽 위에도 종려나무를 새겼으며
그 문간으로 올라가는 여덟 (層

階)층계가 있더라

안뜰 동쪽 문

32 ● 그가 나를 데리고 안뜰 (東)동
쪽으로 가서 그 문간을 측량하니
크기는
33 길이가 쉰 척이요 너비가 스물다
섯 척이며 그 문지기 방과 벽과 현
관이 먼저 측량한 것과 같고 그 문
간과 그 현관 좌우에도 (窓)창이
있으며
34 그 현관이 바깥뜰로 (向)향하였고
그 이쪽, 저쪽 문 벽 위에도 종려
나무를 새겼으며 그 문간으로 올
라가는 여덟 층계가 있더라

안뜰 북쪽 문

35 ● 그가 또 나를 데리고 북문에 이
르러 (測量)측량하니 크기는
36 길이가 쉰 척이요 너비가 스물다
섯 척이며 그 문지기 방과 벽과 현
관이 다 그러하여 그 (左右)좌우
에도 창이 있으며
37 그 [1]현관이 바깥뜰로 향하였고 그
이쪽, 저쪽 문 벽 위에도 (棕櫚)종
려나무를 새겼으며 그 문간으로
올라가는 여덟 층계가 있더라

안뜰 북쪽 문의 부속 건물들

38 ● 그 문 벽 곁에 문이 있는 방이
있는데 그것은 (燔祭物)번제물을
씻는 방이며
39 그 문의 현관 이쪽에 상 둘이 있고
저쪽에 상 둘이 있으니 그 위에서
번제와 속죄제와 속건제의 (犧牲
祭物)희생제물을 잡게 한 것이며
40 그 북문 바깥 곧 (入口)입구로 올
라가는 곳 이쪽에 상 둘이 있고 문
의 현관 저쪽에 상 둘이 있으니
41 문 곁 이쪽에 (床)상이 넷이 있고
저쪽에 상이 넷이 있어 상이 모두
여덟 개라 그 위에서 희생제물을
잡았더라
42 또 다듬은 돌로 만들어 번제에 쓰
는 상 넷이 있는데 그 길이는 한
척 반이요 너비는 한 척 반이요 높
이는 한 척이라 번제의 (犧牲祭
物)희생제물을 잡을 때에 쓰는 기
구가 그 위에 놓였으며
43 (玄關)현관 안에는 길이가 손바닥
넓이만한 갈고리가 사방에 박혔
으며 상들에는 희생제물의 고기가
있더라
44 ● 안문 밖에 있는 안뜰에는 노래
하는 자의 [2]방 둘이 있는데 북문
곁에 있는 방은 (南門)남문으로
향하였고 [3]남문 곁에 있는 방은
북쪽으로 향하였더라
45 그가 내게 이르되 남쪽을 향한 이
방은 성전을 지키는 (祭司長)제사
장들이 쓸 것이요
46 북쪽을 향한 방은 제단을 지키는
제사장들이 쓸 것이라 이들은 레
위의 후손 중 사독의 자손으로서
여호와께 가까이 나아가 (隨從)수
종드는 자니라 하고
47 그가 또 그 뜰을 측량하니 길이는
백 척이요 너비는 백 척이라 네모
반듯하며 (祭壇)제단은 성전 앞에
있더라

성전 문 현관

48 ● 그가 나를 데리고 성전 문 현관

1) 히, 문설주 2) 히, 방들이 있는데 3) 히, 동문

에 이르러 그 문의 좌우 벽을 (測
量)측량하니 너비는 이쪽도 다섯
척이요 저쪽도 다섯 척이며 두께
는 문 이쪽도 세 척이요 문 저쪽도
세 척이며
49 그 현관의 너비는 스무 척이요 길
이는 [1]열한 척이며 문간으로 올라
가는 (層階)층계가 있고 문 벽 곁
에는 기둥이 있는데 하나는 이쪽
에 있고 다른 하나는 저쪽에 있더
라

성소와 지성소와 골방들

41 그가 나를 데리고 (聖殿)성
전에 이르러 그 문 벽을 측
량하니 이쪽 두께도 여섯 척이요
저쪽 두께도 여섯 척이라 두께가
[2]그와 같으며
2 그 문 통로의 너비는 열 척이요 문
통로 이쪽 벽의 너비는 다섯 척이
요 저쪽 벽의 너비는 다섯 척이며
그가 (聖所)성소를 측량하니 그
길이는 마흔 척이요 그 너비는 스
무 척이며
3 그가 안으로 들어가서 내전 문 (通
路)통로의 벽을 측량하니 두께는
두 척이요 문 통로가 여섯 척이요
문 통로의 벽의 너비는 각기 일곱
척이며
4 그가 내전을 측량하니 길이는 스
무 척이요 너비는 스무 척이라 그
가 내게 이르되 이는 (至聖所)지
성소니라 하고
5 성전의 벽을 측량하니 두께가 여
섯 척이며 성전 (三面)삼면에 골방
이 있는데 너비는 각기 네 척이며
6 골방은 삼 층인데 골방 위에 골방
이 있어 모두 서른이라 그 삼면 골
방이 (聖殿)성전 벽 밖으로 그 벽
에 붙어 있는데 성전 벽 속을 뚫지
는 아니하였으며
7 [3]이 두루 있는 골방은 그 층이 높
아질수록 넓으므로 성전에 둘린
이 골방이 높아질수록 성전에 가
까워졌으나 성전의 넓이는 아래
위가 같으며 골방은 아래층에서
(中層)중층으로 위층에 올라가게
되었더라
8 내가 보니 성전 삼면의 지대 곧 모
든 골방 밑 지대의 높이는 한 (長)
장대 곧 큰 자로 여섯 척인데
9 (聖殿)성전에 붙어 있는 그 골방
바깥 벽 두께는 다섯 척이요 그 외
에 빈 터가 남았으며
10 성전 골방 삼면에 너비가 스무
(尺)척 되는 뜰이 둘려 있으며
11 그 골방 문은 다 빈 터로 (向)향하
였는데 한 문은 북쪽으로 향하였
고 한 문은 남쪽으로 향하였으며
그 둘려 있는 빈 터의 너비는 다섯
척이더라

서쪽 건물과 성전의 넓이

12 ● 서쪽 뜰 뒤에 (建物)건물이 있
는데 너비는 일흔 척이요 길이는
아흔 척이며 그 사방 벽의 두께는
다섯 척이더라
13 그가 성전을 (測量)측량하니 길이
는 백 척이요 또 서쪽 뜰과 그 건
물과 그 벽을 합하여 길이는 백 척

1) 칠십인 역본에는, 십이 척 2) 히, 성막과 같으며 3) 본 절은 히브리 글이 분명하지 않으므로 의역하였음

이요
14 (聖殿)성전 앞면의 너비는 백 척
이요 그 앞 동쪽을 향한 뜰의 너비
도 그러하며
15 그가 뒤뜰 너머 있는 건물을 측량
하니 그 (左右便)좌우편 회랑까지
백 척이더라 (內殿)내전과 (外殿)
외전과 그 뜰의 현관과
16 문 통로 벽과 닫힌 창과 삼면에 둘
려 있는 (回廊)회랑은 문 통로 안
쪽에서부터 땅에서 창까지 널판자
로 가렸고 (창은 이미 닫혔더라)
17 문 통로 위와 내전과 외전의 사방
벽도 다 그러하니 곧 (測量)측량
한 크기대로며
18 널판자에는 그룹들과 (棕櫚)종려
나무를 새겼는데 두 그룹 사이에
종려나무 한 그루가 있으며 각 그
룹에 두 얼굴이 있으니
19 하나는 사람의 얼굴이라 이쪽 종
려나무를 향하였고 하나는 어린
사자의 얼굴이라 저쪽 종려나무를
향하였으며 온 성전 (四方)사방이
다 그러하여
20 땅에서부터 문 (通路)통로 위에까
지 그룹들과 종려나무들을 새겼으
니 성전 벽이 다 그러하더라

나무 제단과 성전의 문들

21 ● 외전 문설주는 네모졌고 내전
전면에 있는 (樣式)양식은 이러하
니
22 곧 나무 제단의 높이는 세 척이요
길이는 두 척이며 그 모퉁이와 옆
과 면을 다 나무로 만들었더라 그
가 내게 이르되 이는 여호와의 앞
의 (床)상이라 하더라
23 내전과 외전에 각기 (門)문이 있
는데
24 문마다 (各其)각기 두 문짝 곧 접
는 두 문짝이 있어 이 문에 두 짝
이요 저 문에 두 짝이며
25 이 성전 문에 그룹과 종려나무를
새겼는데 벽에 있는 것과 같고 (玄
關)현관 앞에는 나무 디딤판이 있
으며
26 현관 좌우편에는 닫힌 (窓)창도
있고 종려나무도 새겨져 있고 성
전의 골방과 디딤판도 그러하더라

제사장 방

42 그가 나를 데리고 밖으로
나가 북쪽 뜰로 가서 두 방
에 이르니 그 두 방의 하나는 골방
앞 뜰을 향하였고 다른 하나는 북
쪽 (建物)건물을 향하였는데
2 그 방들의 자리의 길이는 백 척이
요 너비는 쉰 (尺)척이며 그 문은
북쪽을 향하였고
3 그 방 (三層)삼층에 회랑들이 있
는데 한 방의 회랑은 스무 척 되는
안뜰과 마주 대하였고 다른 한 방
의 회랑은 바깥뜰 박석 깔린 곳과
마주 대하였으며
4 그 두 방 사이에 통한 길이 있어 너
비는 열 척이요 길이는 백 척이며
그 문들은 (北)북쪽을 향하였으며
5 그 위(層)층의 방은 가장 좁으니 이
는 회랑들로 말미암아 아래층과 가
운데 층보다 위층이 더 줄어짐이라
6 그 (房)방은 삼층인데도 뜰의 기
둥 같은 기둥이 없으므로 그 위층

이 아래층과 가운데 층보다 더욱
좁아짐이더라
7 그 한 (房)방의 바깥 담 곧 뜰의 담
과 마주 대한 담의 길이는 쉰 척이
니
8 바깥뜰로 향한 (房)방의 길이는
쉰 척이며 (聖殿)성전 앞을 향한
방은 백 척이며
9 이 방들 아래에 동쪽에서 들어가
는 통행구가 있으니 곧 바깥뜰에
서 들어가는 (通行口)통행구더라
10 ●[1]남쪽 골방 뜰 맞은쪽과 남쪽
(建物)건물 맞은쪽에도 방 둘이
있는데
11 그 두 방 사이에 길이 있고 그 방
들의 모양은 북쪽 방 같고 그 길이
와 너비도 같으며 그 (出入口)출
입구와 (門)문도 그와 같으며
12 이 남쪽 방에 (出入)출입하는 문이
있는데 담 동쪽 길 어귀에 있더라
13 ●그가 내게 이르되 좌우 골방 뜰
앞 곧 북쪽과 남쪽에 있는 방들은
거룩한 방이라 여호와를 가까이
하는 제사장들이 지성물을 거기에
서 먹을 것이며 지성물 곧 소제와
(贖罪祭)속죄제와 (贖愆祭)속건
제의 제물을 거기 둘 것이니 이는
거룩한 곳이라
14 (祭司長)제사장의 의복은 거룩하
므로 제사장이 성소에 들어갔다가
나올 때에 바로 바깥뜰로 가지 못
하고 수종드는 그 의복을 그 방에
두고 다른 옷을 입고 백성의 뜰로
나갈 것이니라 하더라

1) 10절로 12절은 히브리 글이 분명하지 않으므로 의역하였음

성전의 사면 담을 측량하다

15 ●그가 안에 있는 (聖殿)성전 (測
量)측량하기를 마친 후에 나를 데
리고 동쪽을 향한 문의 길로 나가
서 사방 담을 측량하는데
16 그가 측량하는 장대 곧 그 장대로
동쪽을 측량하니 (五百 尺)오백
척이요
17 그 장대로 북쪽을 측량하니 (五百
尺)오백 척이요
18 그 장대로 남쪽을 측량하니 (五百
尺)오백 척이요
19 서쪽으로 돌이켜 그 장대로 측량
하니 (五百 尺)오백 척이라
20 그가 이같이 그 사방을 측량하니
그 사방 담 안 마당의 길이가 오백
척이며 너비가 오백 척이라 그 담
은 거룩한 것과 속된 것을 (區別)
구별하는 것이더라

여호와께서 성전에 들어가시다

43 그 후에 그가 나를 데리고
문에 이르니 곧 (東)동쪽을
향한 문이라
2 이스라엘 하나님의 (榮光)영광이
동쪽에서부터 오는데 하나님의 음
성이 많은 물 소리 같고 땅은 그
영광으로 말미암아 빛나니
3 그 (貌樣)모양이 내가 본 환상 곧
전에 성읍을 멸하러 올 때에 보던
환상 같고 그발 강 가에서 보던 환
상과도 같기로 내가 곧 얼굴을 땅
에 대고 엎드렸더니
4 여호와의 (榮光)영광이 동문을 통
하여 성전으로 들어가고
5 영이 나를 들어 데리고 안뜰에 들

어가시기로 내가 보니 여호와의
영광이 (聖殿)성전에 가득하더라
6 ●(聖殿)성전에서 내게 하는 말을
내가 듣고 있을 때에 어떤 사람이
내 곁에 서 있더라
7 그가 내게 이르시되 (人子)인자야
이는 내 보좌의 처소, 내 발을 두
는 처소, 내가 이스라엘 족속 가운
데에 영원히 있을 곳이라 이스라
엘 족속 곧 그들과 그들의 왕들이
음행하며 그 죽은 왕들의 시체로
다시는 내 거룩한 이름을 더럽히
지 아니하리라
8 그들이 그 문지방을 내 문지방 곁
에 두며 그 문설주를 내 문설주 곁
에 두어서 그들과 나 사이에 겨우
한 담이 막히게 하였고 또 그 행하
는 (可憎)가증한 일로 내 거룩한
이름을 더럽혔으므로 내가 노하여
멸망시켰거니와
9 이제는 그들이 그 음란과 그 왕들
의 시체를 내게서 멀리 (除去)제거
하여 버려야 할 것이라 그리하면
내가 그들 가운데에 영원히 살리라
10 ●인자야 너는 이 성전을 이스라
엘 족속에게 보여서 그들이 자기
의 죄악을 부끄러워하고 그 (形
狀)형상을 측량하게 하라
11 만일 그들이 자기들이 행한 모든
일을 부끄러워하거든 너는 이 성
전의 (制度)제도와 구조와 그 출
입하는 곳과 그 모든 형상을 보이
며 또 그 모든 규례와 그 모든 법
도와 그 모든 율례를 알게 하고 그
목전에 그것을 써서 그들로 그 모
든 법도와 그 모든 규례를 지켜 행
하게 하라
12 성전의 (法)법은 이러하니라 산
꼭대기 지점의 주위는 지극히 거
룩하리라 성전의 법은 이러하니라

번제단의 모양과 크기

13 ●(祭壇)제단의 크기는 이러하니
라 한 자는 팔꿈치에서부터 손가
락에 이르고 한 손바닥 넓이가 더
한 것이라 제단 밑받침의 높이는
한 척이요 그 사방 가장자리의 너
비는 한 척이며 그 가로 둘린 턱의
너비는 한 뼘이니 이는 제단 밑받
침이요
14 이 땅에 닿은 밑받침 면에서 아래층
의 높이는 두 척이요 그 가장자리의
너비는 한 척이며 이 아래층 (面)면
에서 이 층의 높이는 네 척이요 그
가장자리의 너비는 한 척이며
15 그 (燔祭壇)번제단 위층의 높이는
네 척이며 그 번제하는 바닥에서
솟은 뿔이 넷이며
16 그 (燔祭)번제하는 바닥의 길이는
열두 척이요 너비도 열두 척이니
네모 반듯하고
17 그 아래층의 길이는 열네 척이요
너비는 열네 척이니 네모 반듯하
고 그 밑받침에 둘린 턱의 너비
는 반 척이며 그 가장자리의 너비
는 한 척이니라 그 층계는 동쪽을
(向)향하게 할지니라

번제단의 봉헌

18 ●그가 내게 이르시되 인자야 주
여호와께서 이같이 말씀하셨느니
라 이 제단을 만드는 날에 그 위

에 번제를 드리며 피를 뿌리는 (規
例)규례는 이러하니라
19 주 여호와의 말씀이니라 나를 가
까이 하여 내게 (隨從)수종드는
사독의 자손 레위 사람 제사장에
게 너는 어린 수송아지 한 마리를
주어 속죄제물을 삼되
20 네가 그 피를 가져다가 제단의 네
뿔과 아래층 네 모퉁이와 사방 가
장자리에 발라 (贖罪)속죄하여 제
단을 (淨潔)정결하게 하고
21 그 속죄제물의 수송아지를 가져다
가 성전의 정한 처소 곧 (聖所)성
소 밖에서 불사를지며
22 다음 날에는 흠 없는 숫염소 한 마
리를 속죄제물로 삼아 드려서 그
(祭壇)제단을 정결하게 하기를 수
송아지로 정결하게 함과 같이 하고
23 (淨潔)정결하게 하기를 마친 후에
는 흠 없는 수송아지 한 마리와 떼
가운데에서 흠 없는 숫양 한 마리
를 드리되
24 나 여호와 앞에 받들어다가 (祭司
長)제사장은 그 위에 소금을 쳐서
나 여호와께 번제로 드릴 것이며
25 칠 일 동안은 매일 염소 한 마리를
갖추어 속죄제물을 삼고 또 어린
수송아지 한 마리와 떼 가운데에
서 숫양 한 마리를 (欠)흠 없는 것
으로 갖출 것이며
26 이같이 칠 일 동안 제단을 위하여
속죄제를 드려 (淨潔)정결하게 하
며 드릴 것이요
27 이 모든 날이 찬 후 제팔일과 그
다음에는 제사장이 제단 위에서
너희 번제와 (感謝祭)감사제를 드
릴 것이라 그리하면 내가 너희를
즐겁게 받으리라 주 여호와의 말
씀이니라

성전 동쪽 문은 닫아 두라

44 그가 나를 데리고 (聖所)성
소의 동쪽을 향한 바깥 문
에 돌아오시니 그 문이 닫혔더라
2 여호와께서 내게 이르시되 이 문
은 닫고 다시 열지 못할지니 아무
도 그리로 들어오지 못할 것은 이
스라엘 하나님 나 여호와가 그리
로 들어왔음이라 그러므로 닫아
둘지니라
3 왕은 왕인 까닭에 안 길로 이 문
(玄關)현관으로 들어와서 거기에
앉아서 나 여호와 앞에서 음식을
먹고 그 길로 나갈 것이니라

여호와의 영광이 성전에 가득하다

4 ● 그가 또 나를 데리고 북문을
(通)통하여 성전 앞에 이르시기로
내가 보니 여호와의 영광이 여호
와의 성전에 가득한지라 내가 얼
굴을 땅에 대고 엎드리니
5 여호와께서 내게 이르시되 (人子)
인자야 너는 전심으로 주목하여
내가 네게 말하는 바 여호와의 성
전의 모든 규례와 모든 율례를 귀
로 듣고 또 성전의 (入口)입구와
성소의 (出口)출구를 전심으로 주
목하고
6 너는 (叛逆)반역하는 자 곧 이스
라엘 족속에게 이르기를 주 여호
와께서 이같이 말씀하시기를 이스
라엘 족속아 너희의 모든 가증한

일이 족하니라
7 너희가 마음과 몸에 할례 받지 아
니한 (異邦人)이방인을 데려오고
내 떡과 기름과 피를 드릴 때에 그
들로 내 성소 안에 있게 하여 내
성전을 더럽히므로 너희의 모든
(可憎)가증한 일 외에 그들이 내
언약을 위반하게 하는 것이 되었
으며
8 너희가 내 성물의 직분을 지키지
아니하고 내 성소에 사람을 두어
너희 직분을 (代身)대신 지키게
하였느니라

레위 사람들의 제사장 직분을 박탈하다

9 ●주 여호와께서 이같이 말씀하
셨느니라 이스라엘 (族屬)족속 중
에 있는 이방인 중에 마음과 몸에
할례를 받지 아니한 이방인은 내
성소에 들어오지 못하리라
10 이스라엘 족속이 그릇 행하여 나를
떠날 때에 레위 사람도 그릇 행하
여 그 우상을 따라 나를 멀리 떠났
으니 그 죄악을 (擔當)담당하리라
11 그러나 그들이 내 성소에서 (隨
從)수종들어 성전 문을 맡을 것이
며 성전에서 수종들어 백성의 번
제의 (犧牲物)희생물과 다른 희생
물을 잡아 백성 앞에 서서 수종들
게 되리라
12 그들이 전에 백성을 위하여 그 우
상 앞에서 수종들어 이스라엘 족
속이 (罪惡)죄악에 걸려 넘어지게
하였으므로 내가 내 손을 들어 쳐
서 그들이 그 죄악을 (擔當)담당하
였느니라 주 여호와의 말씀이니라
13 그들이 내게 가까이 나아와 제사
장의 (職分)직분을 행하지 못하며
또 내 성물 곧 (至聖物)지성물에
가까이 오지 못하리니 그들이 자
기의 수치와 그 행한 바 가증한 일
을 담당하리라
14 그러나 내가 그들을 세워 성전을
지키게 하고 성전에 모든 (隨從)
수종드는 일과 그 가운데에서 행
하는 모든 일을 맡기리라

제사장들

15 ●이스라엘 족속이 그릇 행하여
나를 떠날 때에 사독의 자손 레
위 사람 제사장들은 내 성소의 (職
分)직분을 지켰은즉 그들은 내게
가까이 나아와 수종을 들되 내 앞
에 서서 기름과 피를 내게 드릴지
니라 주 여호와의 말씀이니라
16 그들이 내 성소에 들어오며 또 내
(床)상에 가까이 나아와 내게 수
종들어 내가 맡긴 직분을 지키되
17 그들이 안뜰 (門)문에 들어올 때
에나 안뜰 문과 성전 안에서 수종
들 때에는 양털 옷을 입지 말고 가
는 베 옷을 입을 것이니
18 가는 베 (冠)관을 머리에 쓰며 가
는 베 바지를 입고 땀이 나게 하는
것으로 허리를 동이지 말 것이며
19 그들이 바깥뜰 (百姓)백성에게로
나갈 때에는 수종드는 옷을 벗어
거룩한 방에 두고 다른 옷을 입을
지니 이는 그 옷으로 백성을 거룩
하게 할까 함이라
20 그들은 또 머리털을 밀지도 말며
머리털을 길게 자라게도 말고 그

머리털을 깎기만 할 것이며
21 아무 (祭司長)제사장이든지 안뜰
에 들어갈 때에는 포도주를 마시
지 말 것이며
22 과부나 (離婚)이혼한 (女人)여인
에게 장가 들지 말고 오직 이스라
엘 족속의 처녀나 혹시 제사장의
과부에게 장가 들 것이며
23 내 백성에게 거룩한 것과 속된 것의
구별을 가르치며 (不淨)부정한 것과
정한 것을 분별하게 할 것이며
24 (訟事)송사하는 일을 재판하되 내
규례대로 재판할 것이며 내 모든
정한 절기에는 내 법도와 율례를
지킬 것이며 또 내 안식일을 거룩
하게 하며
25 시체를 가까이 하여 스스로 더럽히
지 못할 것이로되 부모나 자녀나
형제나 시집 가지 아니한 (姉妹)자
매를 위하여는 더럽힐 수 있으며
26 이런 자는 스스로 (淨潔)정결하게
한 후에 칠 일을 더 지낼 것이요
27 (聖所)성소에서 (隨從)수종들기
위해 안뜰과 성소에 들어갈 때에
는 (贖罪祭)속죄제를 드릴지니라
주 여호와의 말씀이니라
28 ● 그들에게는 (基業)기업이 있으
리니 내가 곧 그 기업이라 너희는
이스라엘 가운데에서 그들에게 산
업을 주지 말라 내가 그 산업이 됨
이라
29 그들은 (素祭)소제와 속죄제와 속
건제의 제물을 먹을지니 이스라엘
중에서 (區別)구별하여 드리는 물
건을 다 그들에게 돌리며
30 또 각종 처음 익은 열매와 너희 모
든 (禮物)예물 중에 각종 거제 제
물을 다 제사장에게 돌리고 너희
가 또 첫 밀가루를 제사장에게 주
어 그들에게 네 집에 복이 내리도
록 하게 하라
31 새나 (家畜)가축이 저절로 죽은
것이나 찢겨서 죽은 것은 다 제사
장이 먹지 말 것이니라

거룩한 구역

45 너희는 제비 뽑아 땅을 나
누어 (基業)기업으로 삼을
때에 한 구역을 거룩한 땅으로 삼
아 여호와께 예물로 드릴지니 그
길이는 이만 오천 척이요 너비는 [1)]
만 척이라 그 (區域)구역 안 전부
가 거룩하리라
2 그 중에서 (聖所)성소에 속할 땅은
길이가 오백 척이요 너비가 오백
척이니 네모가 반듯하며 그 외에
사방 쉰 척으로 전원이 되게 하되
3 이 측량한 가운데에서 길이는 이
만 오천 척을 너비는 만 척을 측량
하고 그 안에 성소를 둘지니 (至
極)지극히 거룩한 곳이요
4 그 곳은 성소에서 (隨從)수종드는
제사장들 곧 하나님께 가까이 나아
가서 수종드는 자들에게 주는 거룩
한 땅이니 그들이 집을 지을 땅이
며 성소를 위한 거룩한 곳이라
5 또 길이는 이만 오천 척을 너비는
만 척을 측량하여 성전에서 수종
드는 레위 사람에게 돌려 그들의
(居住地)거주지를 삼아 [2)]마을 스

1) 칠십인 역본에는, 이만 2) 히, 방

물을 세우게 하고
6 구별한 거룩한 구역 옆에 너비는
오천 척을 길이는 이만 오천 척을
측량하여 (城邑)성읍의 기지로 삼
아 이스라엘 온 족속에게 돌리고
7 드린 거룩한 (區域)구역과 성읍의
기지 된 땅의 좌우편 곧 드린 거룩
한 구역의 옆과 성읍의 기지 옆의
땅을 왕에게 돌리되 서쪽으로 향
하여 서쪽 국경까지와 동쪽으로
향하여 동쪽 국경까지니 그 길이
가 구역 하나와 서로 같을지니라
8 이 땅을 왕에게 돌려 이스라엘 가
운데에 기업으로 삼게 하면 나의
왕들이 다시는 내 백성을 (壓制)
압제하지 아니하리라 그 나머지
땅은 이스라엘 족속에게 그 지파
대로 줄지니라

통치자들의 통치 법칙

9 ●주 여호와께서 이같이 말씀하
셨느니라 이스라엘의 통치자들아
너희에게 만족하니라 너희는 포악
과 (劫奪)겁탈을 제거하여 버리고
정의와 공의를 행하여 내 백성에
게 속여 빼앗는 것을 그칠지니라
주 여호와의 말씀이니라
10 너희는 (公正)공정한 저울과 공정
한 에바와 공정한 밧을 쓸지니
11 에바와 밧은 그 용량을 (同一)동
일하게 하되 호멜의 용량을 따라
밧은 십분의 일 호멜을 담게 하고
에바도 십분의 일 호멜을 담게 할
것이며
12 세겔은 이십 게라니 이십 세겔과
이십오 세겔과 십오 세겔로 너희
마네가 되게 하라
13 ●너희가 마땅히 드릴 (禮物)예물
은 이러하니 밀 한 호멜에서는 육
분의 일 에바를 드리고 보리 한 호
멜에서도 육분의 일 에바를 드리며
14 기름은 정한 (規例)규례대로 한
고르에서 십분의 일 밧을 드릴지
니 기름의 밧으로 말하면 한 고르
는 십 밧 곧 한 호멜이며 (십 밧은
한 호멜이라)
15 또 이스라엘의 (潤澤)윤택한 초장
의 가축 떼 이백 마리에서는 어린
양 한 마리를 드릴 것이라 백성을
속죄하기 위하여 이것들을 소제와
번제와 감사 제물로 삼을지니라
주 여호와의 말씀이니라
16 이 땅 모든 백성은 이 예물을 이스
라엘의 (君主)군주에게 드리고
17 군주의 본분은 번제와 (素祭)소제
와 (奠祭)전제를 명절과 초하루와
안식일과 이스라엘 족속의 모든
정한 명절에 갖추는 것이니 이스
라엘 족속을 속죄하기 위하여 이
속죄제와 소제와 번제와 감사 제
물을 갖출지니라

유월절과 일곱째 달 열다섯째 날 (출 12:1-20; 레 23:33-43)

18 ●여호와께서 이같이 말씀하셨느
니라 첫째 달 초하룻날에 흠 없는
수송아지 한 마리를 가져다가 성
소를 (淨潔)정결하게 하되
19 (祭司長)제사장이 그 (贖罪祭)속
죄제 희생제물의 피를 가져다가
성전 문설주와 제단 아래층 네 모

1) 칠십인 역본에는, 칠월 초하루

통이와 안뜰 문설주에 바를 것이
요
20 [1)]그 달 칠일에도 모든 (過失犯)과
실범과 모르고 범죄한 자를 위하
여 역시 그렇게 하여 성전을 속죄
할지니라
21 ● 첫째 달 열나흗날에는 (逾越節)
유월절을 칠 일 동안 명절로 지키
며 누룩 없는 떡을 먹을 것이라
22 그 날에 왕은 자기와 이 땅 모든
백성을 위하여 송아지 한 마리를
갖추어 (贖罪祭)속죄제를 드릴 것
이요
23 또 명절 칠 일 동안에는 그가 나 여
호와를 위하여 번제를 (準備)준비
하되 곧 이레 동안에 매일 흠 없는
수송아지 일곱 마리와 숫양 일곱
마리이며 또 매일 숫염소 한 마리
를 갖추어 속죄제를 드릴 것이며
24 또 (素祭)소제를 갖추되 수송아지
한 마리에는 밀가루 한 에바요 숫
양 한 마리에도 한 에바며 밀가루
한 에바에는 기름 한 힌 씩이며
25 일곱째 달 열다섯째 날에 칠 일 동
안 (名節)명절을 지켜 속죄제와
번제며 그 밀가루와 기름을 드릴
지니라

안식일과 초하루

46 주 여호와께서 이같이 말씀
하셨느니라 안뜰 동쪽을 향
한 문은 일하는 엿새 동안에는 닫
되 (安息日)안식일에는 열며 초하
루에도 열고
2 군주는 바깥 문 현관을 통하여 들
어와서 문 벽 곁에 서고 (祭司長)
제사장은 그를 위하여 번제와 (感
謝祭)감사제를 드릴 것이요 군주
는 문 통로에서 예배한 후에 밖으
로 나가고 그 문은 저녁까지 닫지
말 것이며
3 이 땅 백성도 안식일과 초하루에
이 문 입구에서 나 여호와 앞에
(禮拜)예배할 것이며
4 안식일에 군주가 여호와께 드릴
(燔祭)번제는 흠 없는 어린 양 여
섯 마리와 흠 없는 숫양 한 마리라
5 그 (素祭)소제는 숫양 하나에는
밀가루 한 에바요 모든 어린 양에
는 그 힘대로 할 것이며 밀가루 한
에바에는 기름 한 힌 씩이니라
6 ● 초하루에는 (欠)흠 없는 수송아
지 한 마리와 어린 양 여섯 마리와
숫양 한 마리를 드리되 모두 흠 없
는 것으로 할 것이며
7 또 (素祭)소제를 준비하되 수송아
지에는 밀가루 한 에바요 숫양에
도 밀가루 한 에바며 모든 어린 양
에는 그 힘대로 할 것이요 밀가루
한 에바에는 기름 한 힌씩이며
8 군주가 올 때에는 이 (門)문 (玄
關)현관을 통하여 들어오고 나갈
때에도 그리할지니라
9 ● 그러나 모든 정한 절기에 이 땅
백성이 나 여호와 앞에 나아올 때
에는 북문으로 들어와서 (敬拜)경
배하는 자는 남문으로 나가고 남
문으로 들어오는 자는 북문으로
나갈지라 들어온 문으로 도로 나
가지 말고 그 몸이 앞으로 (向)향
한 대로 나갈지며

10 (君主)군주가 무리 가운데에 있어
서 그들이 들어올 때에 들어오고
그들이 나갈 때에 나갈지니라
11 명절과 (聖會)성회 때에 그 소제
는 수송아지 한 마리에 밀가루 한
에바요 숫양 한 마리에도 한 에바
요 모든 어린 양에는 그 힘대로 할
것이며 밀가루 한 에바에는 기름
한 힌씩이며
12 만일 군주가 (自願)자원하여 번제
를 준비하거나 혹은 자원하여 감
사제를 준비하여 나 여호와께 드
릴 때에는 그를 위하여 동쪽을 향
한 문을 열고 그가 번제와 감사제
를 안식일에 드림 같이 드리고 밖
으로 나갈지며 나간 후에 문을 닫
을지니라

매일 드리는 제사

13 ●아침마다 일년 되고 흠 없는 어
린 양 한 마리를 (燔祭)번제를 갖
추어 나 여호와께 드리고
14 또 아침마다 그것과 함께 드릴 소
제를 갖추되 곧 밀가루 육분의 일
에바와 기름 삼분의 일 힌을 섞을
것이니 이는 영원한 규례로 삼아
(恒常)항상 나 여호와께 드릴 소
제라
15 이같이 아침마다 그 어린 양과 밀
가루와 기름을 (準備)준비하여 항
상 드리는 번제물로 삼을지니라

군주와 그의 기업

16 ●주 여호와께서 이같이 말씀하
셨느니라 군주가 만일 한 아들에
게 선물을 준즉 그의 기업이 되어
그 (子孫)자손에게 속하나니 이는
그 기업을 이어 받음이어니와
17 군주가 만일 그 기업을 한 종에게
선물로 준즉 그 종에게 속하여 (禧
年)희년까지 이르고 그 후에는 군
주에게로 돌아갈 것이니 군주의
기업은 그 아들이 이어 받을 것임
이라
18 군주는 백성의 (基業)기업을 빼앗
아 그 산업에서 쫓아내지 못할지니
군주가 자기 아들에게 기업으로 줄
것은 자기 산업으로만 할 것임이라
(百姓)백성이 각각 그 산업을 떠나
흩어지지 않게 할 것이니라

성전 부엌

19 ●그 후에 그가 나를 데리고 문
곁 통행구를 통하여 북쪽을 향한
제사장의 거룩한 방에 들어가시니
그 방 뒤 서쪽에 한 (處所)처소가
있더라
20 그가 내게 이르시되 이는 제사장
이 속건제와 속죄제 희생제물을
삶으며 소제 (祭物)제물을 구울
처소니 그들이 이 성물을 가지고
바깥뜰에 나가면 백성을 거룩하게
할까 함이니라 하시고
21 나를 데리고 바깥뜰로 나가서 나
를 뜰 네 구석을 지나가게 하시는
데 본즉 그 뜰 (每)매 구석에 또
뜰이 있는데
22 뜰의 네 구석 안에는 집이 있으니
길이는 마흔 척이요 너비는 서른 척
이라 구석의 네 뜰이 같은 크기며
23 그 작은 네 뜰 사방으로 돌아가며
부엌이 있고 그 사방 부엌에 삶는
기구가 (設備)설비되었는데

24 그가 내게 이르시되 이는 삶는 부
엌이니 성전에서 (隨從)수종드는
자가 백성의 (祭物)제물을 여기서
삶을 것이니라 하시더라

성전에서 나오는 물

47 그가 나를 데리고 성전 문
에 이르시니 성전의 앞면이
동쪽을 향하였는데 그 (門地枋)문
지방 밑에서 물이 나와 동쪽으로
흐르다가 성전 오른쪽 제단 남쪽
으로 흘러 내리더라
2 그가 또 나를 데리고 (北門)북문으
로 나가서 바깥 길로 꺾여 동쪽을
향한 바깥 문에 이르시기로 본즉
물이 그 오른쪽에서 스며 나오더라
3 ●그 사람이 손에 줄을 잡고 동쪽
으로 나아가며 천 척을 (測量)측
량한 후에 내게 그 물을 건너게 하
시니 물이 발목에 오르더니
4 다시 (千 尺)천 척을 측량하고 내
게 물을 건너게 하시니 물이 무릎
에 오르고 다시 천 척을 측량하고
내게 물을 건너게 하시니 물이 허
리에 오르고
5 다시 천 척을 측량하시니 물이 내
가 건너지 못할 강이 된지라 그 물
이 가득하여 헤엄칠 만한 물이요
사람이 (能)능히 건너지 못할 강
이더라
6 ●그가 내게 이르시되 인자야 네
가 이것을 보았느냐 하시고 나를
(引導)인도하여 강 가로 돌아가게
하시기로
7 내가 돌아가니 강 좌우편에 나무
가 (甚)심히 많더라
8 그가 내게 이르시되 이 물이 동쪽
으로 (向)향하여 흘러 아라바로
내려가서 바다에 이르리니 이 흘
러 내리는 물로 그 바다의 물이 되
살아나리라
9 이 강물이 이르는 곳마다 (蕃盛)
번성하는 모든 생물이 살고 또 고
기가 심히 많으리니 이 물이 흘러
들어가므로 바닷물이 되살아나겠
고 이 강이 이르는 각처에 모든 것
이 살 것이며
10 또 이 강 가에 (漁夫)어부가 설 것
이니 엔게디에서부터 에네글라임
까지 그물 치는 곳이 될 것이라 그
고기가 각기 종류를 따라 큰 바다
의 고기 같이 심히 많으려니와
11 그 진펄과 개펄은 되살아나지 못
하고 소금 땅이 될 것이며
12 강 좌우 가에는 각종 먹을 (果實)
과실나무가 자라서 그 잎이 시들
지 아니하며 열매가 끊이지 아니
하고 달마다 새 열매를 맺으리니
그 물이 (聖所)성소를 통하여 나
옴이라 그 열매는 먹을 만하고 그
잎사귀는 약 (材料)재료가 되리라

땅의 경계선과 분배

13 ●주 여호와께서 이같이 말씀하
셨느니라 너희는 이 (境界線)경계
선대로 이스라엘 열두 지파에게
이 땅을 나누어 기업이 되게 하되
요셉에게는 두 몫이니라
14 내가 옛적에 내 손을 들어 맹세하
여 이 땅을 너희 조상들에게 주겠
다고 하였나니 너희는 (公平)공평
하게 나누어 기업을 삼으라 이 땅

이 너희의 기업이 되리라
15 이 땅 경계선은 이러하니라 북쪽
은 (大海)대해에서 헤들론 길을
거쳐 스닷 어귀까지니
16 곧 하맛과 브로다며 다메섹 (境界
線)경계선과 하맛 경계선 사이에
있는 시브라임과 하우란 경계선
곁에 있는 하셀핫디곤이라
17 그 (境界線)경계선이 바닷가에서
부터 다메섹 경계선에 있는 하살
에논까지요 그 경계선이 또 북쪽
끝에 있는 하맛 경계선에 이르렀
나니 이는 그 북쪽이요
18 동쪽은 하우란과 다메섹과 및 길
르앗과 이스라엘 땅 사이에 있는
요단 강이니 북쪽 경계선에서부터
동쪽 바다까지 (測量)측량하라 이
는 그 동쪽이요
19 남쪽은 다말에서부터 므리봇 가데
스 물에 이르고 애굽 시내를 따라
(大海)대해에 이르나니 이는 그
남쪽이요
20 서쪽은 대해라 (南)남쪽 경계선에
서부터 맞은쪽 하맛 어귀까지 이
르나니 이는 그 서쪽이니라
21 ● 그런즉 너희가 이스라엘 모든
(支派)지파대로 이 땅을 나누어
차지하라
22 너희는 이 땅을 나누되 제비 뽑아
너희와 너희 가운데에 머물러 사
는 타국인 곧 너희 가운데에서 자
녀를 낳은 자의 기업이 되게 할지
니 너희는 그 타국인을 본토에서
난 이스라엘 족속 같이 여기고 그
들도 이스라엘 지파 중에서 너희
와 함께 (基業)기업을 얻게 하되
23 (他國人)타국인이 머물러 사는 그
지파에서 그 기업을 줄지니라 주
여호와의 말씀이니라

각 지파의 몫과 거룩한 땅

48 모든 (支派)지파의 이름은
이와 같으니라 북쪽 끝에서
부터 헤들론 길을 거쳐 하맛 어귀
를 지나서 다메섹 경계선에 있는
하살에논까지 곧 북쪽으로 하맛
경계선에 미치는 땅 동쪽에서 서
쪽까지는 단의 몫이요
2 단 (境界線)경계선 다음으로 동쪽
에서 서쪽까지는 아셀의 몫이요
3 아셀 (境界線)경계선 다음으로 동
쪽에서 서쪽까지는 납달리의 몫이
요
4 납달리 경계선 다음으로 (東)동쪽
에서 서쪽까지는 므낫세의 몫이요
5 므낫세 경계선 다음으로 동쪽에서
(西)서쪽까지는 에브라임의 몫이
요
6 에브라임 (境界線)경계선 다음으
로 동쪽에서 서쪽까지는 르우벤의
몫이요
7 르우벤 경계선 다음으로 동쪽에서
서쪽까지는 유다의 몫이요
8 유다 경계선 다음으로 동쪽에서
서쪽까지는 너희가 예물로 드릴
땅이라 너비는 이만 오천 척이요
길이는 다른 몫의 동쪽에서 서쪽
까지와 같고 성소는 그 (中央)중
앙에 있을지니
9 곧 너희가 여호와께 드려 (禮物)

1) 칠십인 역본에는, 이만

예물로 삼을 땅의 길이는 이만 오
천 척이요 너비는 [1]만 척이라
10 이 드리는 거룩한 땅은 (祭司長)
제사장에게 돌릴지니 북쪽으로 길
이가 이만 오천 척이요 서쪽으로
너비는 만 척이요 동쪽으로 너비
가 만 척이요 남쪽으로 길이가 이
만 오천 척이라 그 중앙에 여호와
의 성소가 있게 하고
11 이 땅을 사독의 자손 중에서 거룩
하게 구별한 제사장에게 돌릴지
어다 그들은 (職分)직분을 지키고
이스라엘 족속이 그릇될 때에 레
위 사람이 그릇된 것처럼 그릇되
지 아니하였느니라
12 땅의 예물 중에서 그들이 (禮物)
예물을 받을지니 레위인의 접경지
에 관한 가장 거룩한 예물이니라
13 ● 제사장의 경계선을 따라 레위
사람의 몫을 주되 길이는 이만 오
천 척이요 너비는 만 척으로 할지
니 이 (區域)구역의 길이가 이만
오천 척이요 너비가 각기 만 척이
라
14 그들이 그 땅을 팔지도 못하며 바
꾸지도 못하며 그 땅의 처음 익은
열매를 남에게 주지도 못하리니
이는 여호와께 거룩히 (區別)구별
한 것임이라
15 ●이 이만 오천 척 다음으로 너비
오천 척은 속된 땅으로 구분하여
성읍을 세우며 거주하는 곳과 (田
園)전원을 삼되 성읍이 그 중앙에
있게 할지니
16 그 크기는 북쪽도 (四千五百)사천
오백 척이요 남쪽도 사천오백 척
이요 동쪽도 사천오백 척이요 서
쪽도 사천오백 척이며
17 그 (城邑)성읍의 들은 북쪽으로
이백오십 척이요 남쪽으로 이백오
십 척이요 동쪽으로 이백오십 척
이요 서쪽으로 이백오십 척이며
18 예물을 삼아 거룩히 구별할 땅과
연접하여 남아 있는 땅의 길이는
동쪽으로 만 척이요 서쪽으로 만
척이라 곧 예물을 삼아 거룩하게
구별할 땅과 (連接)연접하였으며
그 땅의 소산을 성읍에서 일하는
자의 양식을 삼을지라
19 이스라엘 모든 지파 가운데에 그
성읍에서 일하는 자는 그 땅을 (耕
作)경작할지니라
20 그런즉 예물로 드리는 땅의 합계
는 길이도 이만 오천 척이요 너비
도 이만 오천 척이라 너희가 거룩
히 (區別)구별하여 드릴 땅은 성
읍의 기지와 합하여 네모 반듯할
것이니라
21 ● 거룩하게 구별할 땅과 성읍의
기지 좌우편에 남은 땅은 군주에
게 돌릴지니 곧 거룩하게 구별할
땅의 동쪽을 향한 그 경계선 앞 이
만 오천 척과 서쪽을 향한 그 경계
선 앞 이만 오천 척이라 다른 몫들
과 연접한 땅이니 이것을 군주에
게 돌릴 것이며 거룩하게 구별할
땅과 성전의 (聖所)성소가 그 중
앙에 있으리라
22 그런즉 군주에게 돌려 그에게 속
할 땅은 레위 사람의 기업 (左右

便)좌우편과 성읍의 기지 좌우편
이며 유다 지경과 베냐민 지경 사
이에 있을지니라

나머지 지파들의 몫

23 ● 그 나머지 모든 (支派)지파는
동쪽에서 서쪽까지는 베냐민의 몫
이요
24 베냐민 (境界線)경계선 다음으로
동쪽에서 서쪽까지는 시므온의 몫
이요
25 시므온 (境界線)경계선 다음으로
동쪽에서 서쪽까지는 잇사갈의 몫
이요
26 잇사갈 경계선 다음으로 동쪽에서
서쪽까지는 스불론의 몫이요
27 스불론 경계선 다음으로 동쪽에서
서쪽까지는 갓의 몫이며
28 갓 경계선 다음으로 남쪽 경계선
은 다말에서부터 므리바가데스 샘
에 이르고 애굽 시내를 따라 (大
海)대해에 이르나니
29 이것은 너희가 제비 뽑아 이스라
엘 지파에게 나누어 주어 (基業)
기업이 되게 할 땅이요 또 이것들
은 그들의 몫이니라 주 여호와의
말씀이니라

예루살렘 성읍의 문들

30 ● 그 성읍의 (出入口)출입구는 이
러하니라 북쪽의 너비가 사천오백
척이라
31 그 (城邑)성읍의 문들은 이스라엘
지파들의 이름을 따를 것인데 북
쪽으로 문이 셋이라 하나는 르우
벤 문이요 하나는 유다 문이요 하
나는 레위 문이며
32 동쪽의 너비는 사천오백 척이니
또한 (門)문이 셋이라 하나는 요
셉 문이요 하나는 베냐민 문이요
하나는 단 문이며
33 (南)남쪽의 너비는 사천오백 척이
니 또한 문이 셋이라 하나는 시므
온 문이요 하나는 잇사갈 문이요
하나는 스불론 문이며
34 서쪽도 사천오백 척이니 또한 문
이 셋이라 하나는 갓 문이요 하나
는 아셀 문이요 하나는 납달리 문
이며
35 그 사방의 (合計)합계는 만 팔천
척이라 그 날 후로는 그 성읍의 이
름을 [1]여호와삼마라 하리라

1) 여호와께서 거기에 계시다

다니엘 Daniel

느부갓네살 왕궁의 소년들

1 유다 왕 여호야김이 다스린 지
삼 년이 되는 해에 바벨론 왕
느부갓네살이 예루살렘에 이르러
(城)성을 에워쌌더니

2 주께서 유다 왕 여호야김과 하나
님의 (殿)전 그릇 얼마를 그의 손
에 넘기시매 그가 그것을 가지고
시날 땅 자기 신들의 신전에 가져
다가 그 신들의 보물 창고에 두었
더라
3 왕이 환관장 아스부나스에게 말하
여 이스라엘 자손 중에서 왕족과
(貴族)귀족 몇 사람
4 곧 흠이 없고 용모가 아름다우며
모든 지혜를 통찰하며 지식에 (通
達)통달하며 학문에 익숙하여 왕
궁에 설 만한 소년을 데려오게 하
였고 그들에게 갈대아 사람의 학
문과 언어를 가르치게 하였고
5 또 왕이 지정하여 그들에게 왕의
음식과 그가 마시는 (葡萄酒)포도
주에서 날마다 쓸 것을 주어 삼 년
을 기르게 하였으니 그 후에 그들
은 왕 앞에 서게 될 것이더라
6 그들 가운데는 유다 (子孫)자손
곧 다니엘과 하나냐와 미사엘과
아사랴가 있었더니
7 (宦官長)환관장이 그들의 이름을
고쳐 다니엘은 벨드사살이라 하고
하나냐는 사드락이라 하고 미사엘
은 메삭이라 하고 아사랴는 아벳
느고라 하였더라
8 ●다니엘은 뜻을 정하여 왕의 음
식과 그가 마시는 포도주로 자기
를 더럽히지 아니하리라 하고 자
기를 더럽히지 아니하도록 (宦官
長)환관장에게 구하니
9 하나님이 다니엘로 하여금 환관
장에게 (恩惠)은혜와 긍휼을 얻게
하신지라
10 환관장이 다니엘에게 이르되 내가
내 주 왕을 두려워하노라 그가 너
희 먹을 것과 너희 마실 것을 지정
하셨거늘 너희의 얼굴이 (憔悴)초
췌하여 같은 또래의 소년들만 못
한 것을 그가 보게 할 것이 무엇이
냐 그렇게 되면 너희 때문에 내 머
리가 왕 앞에서 위태롭게 되리라
하니라
11 환관장이 다니엘과 하나냐와 미사
엘과 아사랴를 (監督)감독하게 한
자에게 다니엘이 말하되
12 청하오니 당신의 종들을 열흘 동
안 시험하여 (菜食)채식을 주어
먹게 하고 물을 주어 마시게 한 후
에
13 당신 앞에서 우리의 얼굴과 왕의
음식을 먹는 소년들의 얼굴을 (比
較)비교하여 보아서 당신이 보는
대로 종들에게 행하소서 하매
14 그가 그들의 말을 따라 열흘 동안
(試驗)시험하더니
15 열흘 후에 그들의 얼굴이 더욱 아
름답고 살이 더욱 (潤澤)윤택하여
왕의 음식을 먹는 다른 소년들보

다 더 좋아 보인지라
16 그리하여 감독하는 자가 그들에
게 지정된 음식과 마실 포도주를
(除)제하고 채식을 주니라
17 ● 하나님이 이 네 소년에게 학문
을 주시고 모든 (書籍)서적을 깨
닫게 하시고 지혜를 주셨으니 다
니엘은 또 모든 환상과 꿈을 깨달
아 알더라
18 왕이 말한 대로 그들을 불러들일
(期限)기한이 찼으므로 환관장이
그들을 느부갓네살 앞으로 데리고
가니
19 (王)왕이 그들과 말하여 보매 무
리 중에 다니엘과 하나냐와 미사
엘과 아사랴와 같은 자가 없으므
로 그들을 왕 앞에 서게 하고
20 왕이 그들에게 모든 일을 묻는 중
에 그 지혜와 총명이 온 나라 박수
와 (術客)술객보다 십 배나 나은
줄을 아니라
21 다니엘은 고레스 왕 (元年)원년까
지 있으니라

느부갓네살의 꿈

2 느부갓네살이 다스린 지 이 년
이 되는 해에 느부갓네살이 꿈
을 꾸고 그로 말미암아 마음이 (煩
悶)번민하여 잠을 이루지 못한지
라
2 왕이 그의 꿈을 자기에게 알려 주
도록 박수와 (術客)술객과 점쟁이
와 갈대아 술사를 부르라 말하매
그들이 들어가서 왕의 앞에 선지
라
3 왕이 그들에게 이르되 내가 꿈을
꾸고 그 꿈을 알고자 하여 마음이
(煩悶)번민하도다 하니
4 갈대아 술사들이 아람 말로 왕에
게 말하되 [1]왕이여 만수무강 하옵
소서 왕께서 그 꿈을 종들에게 이
르시면 우리가 (解釋)해석하여 드
리겠나이다 하는지라
5 왕이 갈대아인들에게 (對答)대답
하여 이르되 [2]내가 명령을 내렸나
니 너희가 만일 꿈과 그 해석을 내
게 알게 하지 아니하면 너희 몸을
쪼갤 것이며 너희의 집을 거름더
미로 만들 것이요
6 너희가 만일 꿈과 그 해석을 보이
면 너희가 (膳物)선물과 상과 큰
영광을 내게서 얻으리라 그런즉
꿈과 그 해석을 내게 보이라 하니
7 그들이 다시 대답하여 이르되
(願)원하건대 왕은 꿈을 종들에게
이르소서 그리하시면 우리가 해석
하여 드리겠나이다 하니
8 왕이 대답하여 이르되 내가 분명
히 아노라 너희가 나의 [3]명령이
내렸음을 보았으므로 시간을 (遲
延)지연하려 함이로다
9 너희가 만일 이 꿈을 내게 알게 하
지 아니하면 너희를 처치할 법이
오직 하나이니 이는 너희가 거짓
말과 (妄靈)망령된 말을 내 앞에서
꾸며 말하여 때가 변하기를 기다리
려 함이라 이제 그 꿈을 내게 알게
하라 그리하면 너희가 그 해석도
보일 줄을 내가 알리라 하더라

1) 2:4 하반부터 7:28까지는 아람 말로 기록되었음 2) 내 명령이 확실하니 3) 명령이 확실함을

단

10 갈대아인들이 왕 앞에 대답하여
이르되 세상에는 왕의 그 일을 보
일 자가 한 사람도 없으므로 어떤
크고 (權力)권력 있는 왕이라도
이런 것으로 박수에게나 술객에게
나 갈대아인들에게 물은 자가 없
었나이다
11 왕께서 물으신 것은 어려운 일이
라 육체와 함께 살지 아니하는
(神)신들 외에는 왕 앞에 그것을
보일 자가 없나이다 한지라
12 왕이 이로 말미암아 진노하고 (痛
憤)통분하여 바벨론의 모든 지혜
자들을 다 죽이라 명령하니라
13 왕의 명령이 내리매 (智慧者)지혜
자들은 죽게 되었고 다니엘과 그
의 친구들도 죽이려고 찾았더라

다니엘에게 은밀한 것을 보이시다

14 ● 그 때에 왕의 (近衛隊長)근위
대장 아리옥이 바벨론 지혜자들을
죽이러 나가매 다니엘이 명철하고
슬기로운 말로
15 왕의 근위대장 아리옥에게 물어
이르되 왕의 명령이 어찌 그리
(急)급하냐 하니 아리옥이 그 일
을 다니엘에게 알리매
16 다니엘이 들어가서 왕께 구하기를
시간을 주시면 왕에게 그 (解釋)
해석을 알려 드리리이다 하니라
17 ●이에 다니엘이 자기 집으로 돌
아가서 그 (親舊)친구 하나냐와
미사엘과 아사랴에게 그 일을 알
리고
18 하늘에 계신 하나님이 이 (隱密)
은밀한 일에 대하여 불쌍히 여기
사 다니엘과 친구들이 바벨론의
다른 지혜자들과 함께 죽임을 당
하지 않게 하시기를 그들로 하여
금 구하게 하니라
19 이에 이 (隱密)은밀한 것이 밤에
환상으로 다니엘에게 나타나 보이
매 다니엘이 하늘에 계신 하나님
을 찬송하니라
20 다니엘이 말하여 이르되 영원부터
영원까지 하나님의 이름을 (讚頌)
찬송할 것은 지혜와 능력이 그에
게 있음이로다
21 그는 때와 (季節)계절을 바꾸시며
왕들을 폐하시고 왕들을 세우시며
지혜자에게 지혜를 주시고 총명한
자에게 지식을 주시는도다
22 그는 깊고 (隱密)은밀한 일을 나
타내시고 어두운 데에 있는 것을
아시며 또 빛이 그와 함께 있도다
23 나의 조상들의 하나님이여 주께서
이제 내게 지혜와 능력을 주시고
우리가 주께 구한 것을 내게 알게
하셨사오니 내가 주께 (感謝)감사
하고 주를 찬양하나이다 곧 주께
서 왕의 그 일을 내게 보이셨나이
다 하니라
24 이에 다니엘은 왕이 바벨론 지혜
자들을 죽이라 명령한 아리옥에게
로 가서 그에게 이같이 이르되 바
벨론 지혜자들을 죽이지 말고 나
를 왕의 앞으로 (引導)인도하라
그리하면 내가 그 해석을 왕께 알
려 드리리라 하니

다니엘이 꿈을 해석하다

25 ● 이에 아리옥이 다니엘을 데리고

급히 왕 앞에 들어가서 아뢰되 내
가 사로잡혀 온 유다 자손 중에서
한 사람을 찾아내었나이다 그가
그 (解釋)해석을 왕께 알려 드리
리이다 하니라
26 왕이 대답하여 벨드사살이라 이름
한 다니엘에게 이르되 내가 꾼 꿈
과 그 해석을 네가 (能)능히 내게
알게 하겠느냐 하니
27 다니엘이 왕 앞에 대답하여 이르
되 왕이 물으신 바 은밀한 것은 지
혜자나 (術客)술객이나 박수나 점
쟁이가 능히 왕께 보일 수 없으되
28 오직 은밀한 것을 나타내실 이는
하늘에 계신 하나님이시라 그가
느부갓네살 왕에게 (後日)후일에
될 일을 알게 하셨나이다 왕의 꿈
곧 왕이 침상에서 머리 속으로 받
은 환상은 이러하니이다
29 왕이여 왕이 침상에서 (將來)장래
일을 생각하실 때에 은밀한 것을
나타내시는 이가 장래 일을 왕에
게 알게 하셨사오며
30 내게 이 은밀한 것을 나타내심은
내 지혜가 모든 사람보다 낫기 때
문이 아니라 오직 그 (解釋)해석
을 왕에게 알려서 왕이 마음으로
생각하던 것을 왕에게 알려 주려
하심이니이다
31 ● 왕이여 왕이 한 큰 신상을 보셨
나이다 그 신상이 왕의 앞에 섰는
데 크고 광채가 매우 (燦爛)찬란
하며 그 모양이 심히 두려우니
32 그 우상의 머리는 (純金)순금이요
가슴과 두 팔은 은이요 배와 넓적
다리는 놋이요
33 그 종아리는 쇠요 그 발은 얼마는
쇠요 얼마는 진흙이었나이다
34 또 왕이 보신즉 손대지 아니한 돌
이 나와서 (神像)신상의 쇠와 진
흙의 발을 쳐서 부서뜨리매
35 그 때에 쇠와 진흙과 놋과 은과 금
이 다 부서져 여름 (打作)타작 마
당의 겨 같이 되어 바람에 불려 간
곳이 없었고 우상을 친 돌은 태산
을 이루어 온 세계에 가득하였나
이다
36 ● 그 꿈이 이러한즉 [1)]내가 이제
그 (解釋)해석을 왕 앞에 아뢰리
이다
37 왕이여 왕은 여러 왕들 중의 왕이
시라 하늘의 하나님이 나라와 (權
勢)권세와 능력과 영광을 왕에게
주셨고
38 사람들과 들짐승과 공중의 새들,
어느 곳에 있는 것을 (莫論)막론
하고 그것들을 왕의 손에 넘기사
다 다스리게 하셨으니 왕은 곧 그
금 머리니이다
39 왕을 뒤이어 왕보다 못한 다른 나
라가 일어날 것이요 셋째로 또 놋
같은 나라가 일어나서 온 (世界)
세계를 다스릴 것이며
40 넷째 나라는 강하기가 쇠 같으리
니 쇠는 모든 (物件)물건을 부서
뜨리고 이기는 것이라 쇠가 모든
것을 부수는 것 같이 그 나라가 뭇
나라를 부서뜨리고 찧을 것이며
41 왕께서 그 발과 발가락이 얼마는

1) 히, 우리가

(土器)토기장이의 진흙이요 얼마
는 쇠인 것을 보셨은즉 그 나라가
나누일 것이며 왕께서 쇠와 진흙
이 섞인 것을 보셨은즉 그 나라가
쇠 같은 든든함이 있을 것이나
42 그 발가락이 얼마는 쇠요 얼마는
진흙인즉 그 나라가 얼마는 든든
하고 얼마는 부서질 만할 것이며
43 왕께서 쇠와 진흙이 섞인 것을 보
셨은즉 그들이 다른 민족과 서로
섞일 것이나 그들이 (彼此)피차에
합하지 아니함이 쇠와 진흙이 합
하지 않음과 같으리이다
44 이 여러 왕들의 (時代)시대에 하
늘의 하나님이 한 나라를 세우시
리니 이것은 영원히 망하지도 아
니할 것이요 그 국권이 다른 백성
에게로 돌아가지도 아니할 것이요
도리어 이 모든 나라를 쳐서 멸망
시키고 영원히 설 것이라
45 손대지 아니한 돌이 산에서 나와
서 쇠와 놋과 진흙과 은과 금을 부
서뜨린 것을 왕께서 보신 것은 크
신 하나님이 (將來)장래 일을 왕
께 알게 하신 것이라 이 꿈은 참되
고 이 해석은 확실하니이다 하니

왕이 다니엘을 높이다

46 ● 이에 느부갓네살 왕이 엎드려
다니엘에게 절하고 명하여 예물과
(香品)향품을 그에게 주게 하니라
47 왕이 대답하여 다니엘에게 이르되
너희 하나님은 참으로 모든 신들
의 신이시요 모든 왕의 (主宰)주
재시로다 네가 능히 이 은밀한 것
을 나타내었으니 네 하나님은 또
은밀한 것을 나타내시는 이시로다
48 왕이 이에 다니엘을 높여 귀한 선
물을 많이 주며 그를 세워 바벨론
온 (地方)지방을 다스리게 하며
또 바벨론 모든 지혜자의 어른을
삼았으며
49 왕이 또 다니엘의 (要求)요구대로
사드락과 메삭과 아벳느고를 세워
바벨론 지방의 일을 다스리게 하
였고 다니엘은 왕궁에 있었더라

금 신상 숭배

3 느부갓네살 왕이 금으로 신상
을 만들었으니 높이는 육십 [1]규
빗이요 너비는 여섯 규빗이라 그
것을 바벨론 지방의 두라 (平地)
평지에 세웠더라
2 느부갓네살 왕이 사람을 보내어
(總督)총독과 수령과 행정관과 모
사와 재무관과 재판관과 법률사와
각 지방 모든 관원을 느부갓네살
왕이 세운 신상의 낙성식에 참석
하게 하매
3 이에 총독과 수령과 행정관과 (謀
士)모사와 재무관과 재판관과 법
률사와 각 지방 모든 관원이 느부
갓네살 왕이 세운 신상의 낙성식
에 참석하여 느부갓네살 왕이 세
운 신상 앞에 서니라
4 선포하는 자가 크게 외쳐 이르되
(百姓)백성들과 나라들과 각 언어
로 말하는 자들아 왕이 너희 무리
에게 명하시나니
5 너희는 나팔과 피리와 (竪琴)수금
과 삼현금과 양금과 생황과 및 모

1) 히, 암마

든 악기 소리를 들을 때에 엎드리
어 느부갓네살 왕이 세운 금 신상
에게 절하라
6 누구든지 엎드려 절하지 아니하는
자는 (卽時)즉시 맹렬히 타는 풀
무불에 던져 넣으리라 하였더라
7 모든 백성과 나라들과 각 언어를
말하는 자들이 (喇叭)나팔과 피리
와 수금과 삼현금과 양금과 및 모
든 악기 소리를 듣자 곧 느부갓네
살 왕이 세운 금 신상에게 엎드려
절하니라

다니엘의 세 친구

8 ●그 때에 어떤 갈대아 사람들이
나아와 유다 사람들을 (讒訴)참소
하니라
9 그들이 느부갓네살 왕에게 이르되
왕이여 (萬壽無疆)만수무강 하옵
소서
10 왕이여 왕이 명령을 내리사 모든
사람이 나팔과 피리와 수금과 삼
현금과 양금과 생황과 및 모든 악
기 소리를 듣거든 엎드려 (金 神
像)금 신상에게 절할 것이라
11 누구든지 엎드려 절하지 아니하
는 자는 (猛烈)맹렬히 타는 풀무
불 가운데에 던져 넣음을 당하리
라 하지 아니하셨나이까
12 이제 몇 유다 사람 사드락과 메삭
과 아벳느고는 왕이 세워 바벨론
지방을 다스리게 하신 자이거늘
왕이여 이 사람들이 왕을 높이지
아니하며 왕의 신들을 섬기지 아
니하며 왕이 세우신 금 (神像)신
상에게 절하지 아니하나이다
13 ●느부갓네살 왕이 (怒)노하고
(憤)분하여 사드락과 메삭과 아벳
느고를 끌어오라 말하매 드디어
그 사람들을 왕의 앞으로 끌어온
지라
14 느부갓네살이 그들에게 물어 이르
되 사드락, 메삭, 아벳느고야 너
희가 내 신을 섬기지 아니하며 내
가 세운 금 신상에게 절하지 아니
한다 하니 (事實)사실이냐
15 이제라도 너희가 준비하였다가 나
팔과 피리와 수금과 삼현금과 (洋
琴)양금과 (笙簧)생황과 및 모든
악기 소리를 들을 때 내가 만든 신
상 앞에 엎드려 절하면 좋거니와
너희가 만일 절하지 아니하면 즉
시 너희를 맹렬히 타는 풀무불 가
운데에 던져 넣을 것이니 능히 너
희를 내 손에서 건져낼 신이 누구
이겠느냐 하니
16 사드락과 메삭과 아벳느고가 왕에
게 대답하여 이르되 느부갓네살이
여 우리가 이 일에 대하여 왕에게
대답할 (必要)필요가 없나이다
17 왕이여 우리가 섬기는 하나님이
계시다면 우리를 맹렬히 타는 풀
무불 가운데에서 (能)능히 건져내
시겠고 왕의 손에서도 건져내시리
이다
18 그렇게 하지 아니하실지라도 왕이
여 우리가 왕의 신들을 섬기지도
아니하고 왕이 세우신 (金 神像)
금 신상에게 절하지도 아니할 줄
을 아옵소서

세 친구를 풀무불에 던지다

19 ● 느부갓네살이 분이 가득하여
사드락과 메삭과 아벳느고를 향하
여 얼굴빛을 바꾸고 명령하여 이
르되 그 풀무불을 뜨겁게 하기를
(平素)평소보다 칠 배나 뜨겁게
하라 하고
20 군대 중 용사 몇 사람에게 명령하
여 사드락과 메삭과 아벳느고를
결박하여 (極烈)극렬히 타는 풀무
불 가운데에 던지라 하니라
21 그러자 그 사람들을 겉옷과 속옷
과 모자와 다른 옷을 입은 채 (結
縛)결박하여 맹렬히 타는 풀무불
가운데에 던졌더라
22 왕의 명령이 (嚴)엄하고 풀무불이
심히 뜨거우므로 불꽃이 사드락과
메삭과 아벳느고를 붙든 사람을
태워 죽였고
23 이 세 사람 사드락과 메삭과 아벳
느고는 결박된 채 (猛烈)맹렬히
타는 풀무불 가운데에 떨어졌더라

왕이 세 친구를 높이다

24 ● 그 때에 느부갓네살 왕이 놀라
급히 일어나서 (謀士)모사들에게
물어 이르되 우리가 결박하여 불
가운데에 던진 자는 세 사람이 아
니었느냐 하니 그들이 왕에게 대
답하여 이르되 왕이여 옳소이다
하더라
25 왕이 또 말하여 이르되 내가 보니
결박되지 아니한 네 사람이 불 가
운데로 다니는데 (傷)상하지도 아
니하였고 그 넷째의 모양은 신들
의 아들과 같도다 하고
26 느부갓네살이 맹렬히 타는 풀무
불 아궈 가까이 가서 불러 이르되
(至極)지극히 높으신 하나님의 종
사드락, 메삭, 아벳느고야 나와서
이리로 오라 하매 사드락과 메삭
과 아벳느고가 불 가운데에서 나
온지라
27 총독과 지사와 (行政官)행정관과
왕의 모사들이 모여 이 사람들을
본즉 불이 능히 그들의 몸을 해하
지 못하였고 머리털도 그을리지
아니하였고 겉옷 빛도 변하지 아
니하였고 불 탄 냄새도 없었더라
28 ● 느부갓네살이 말하여 이르되
사드락과 메삭과 아벳느고의 하나
님을 찬송할지로다 그가 그의 천
사를 보내사 자기를 (依賴)의뢰하
고 그들의 몸을 바쳐 왕의 명령을
거역하고 그 하나님 밖에는 다른
신을 섬기지 아니하며 그에게 절
하지 아니한 종들을 구원하셨도다
29 그러므로 내가 이제 (詔書)조서
를 내리노니 각 백성과 각 나라와
각 언어를 말하는 자가 모두 사드
락과 메삭과 아벳느고의 하나님께
경솔히 말하거든 그 몸을 쪼개고
그 집을 거름터로 삼을지니 이는
이같이 사람을 구원할 다른 신이
없음이니라 하더라
30 왕이 드디어 사드락과 메삭과 아
벳느고를 바벨론 (地方)지방에서
더욱 높이니라

느부갓네살 왕의 두 번째 꿈

4 느부갓네살 왕은 천하에 거주
하는 모든 백성들과 나라들과
각 언어를 말하는 자들에게 (詔

書)조서를 내리노라 원하노니 너
희에게 큰 평강이 있을지어다
2 지극히 높으신 하나님이 내게 행
하신 (異蹟)이적과 놀라운 일을
내가 알게 하기를 즐겨 하노라
3 참으로 크도다 그의 (異蹟)이적이
여, 참으로 능하도다 그의 놀라운
일이여, 그의 나라는 영원한 나라
요 그의 통치는 대대에 이르리로
다
4 ●나 느부갓네살이 내 집에 편히
있으며 내 궁에서 (平康)평강할
때에
5 한 꿈을 꾸고 그로 말미암아 두려
워하였으니 곧 내 침상에서 생각
하는 것과 머리 속으로 받은 환상
으로 말미암아 (煩悶)번민하였었
노라
6 이러므로 내가 명령을 내려 바벨
론의 모든 지혜자들을 내 앞으로
불러다가 그 꿈의 (解釋)해석을
내게 알게 하라 하였더라
7 그 때에 박수와 (術客)술객과 갈
대아 술사와 점쟁이가 들어왔으므
로 내가 그 꿈을 그들에게 말하였
으나 그들이 그 해석을 내게 알려
주지 못하였느니라
8 그 후에 다니엘이 내 앞에 들어왔
으니 그는 내 신의 이름을 따라 벨
드사살이라 이름한 자요 그의 안
에는 거룩한 신들의 (靈)영이 있
는 자라 내가 그에게 꿈을 말하여
이르되
9 박수장 벨드사살아 네 안에는 거
룩한 신들의 영이 있은즉 어떤 은
밀한 것이라도 네게는 어려울 것
이 없는 줄을 내가 아노니 내 꿈에
본 (幻像)환상의 해석을 내게 말
하라
10 내가 (寢床)침상에서 나의 머리
속으로 받은 환상이 이러하니라
내가 본즉 땅의 중앙에 한 나무가
있는 것을 보았는데 높이가 높더
니
11 그 나무가 자라서 (堅固)견고하여
지고 그 높이는 하늘에 닿았으니
그 모양이 땅 끝에서도 보이겠고
12 그 잎사귀는 아름답고 그 열매는
많아서 (萬民)만민의 먹을 것이
될 만하고 들짐승이 그 그늘에 있
으며 공중에 나는 새는 그 가지에
깃들이고 육체를 가진 모든 것이
거기에서 먹을 것을 얻더라
13 내가 침상에서 머리 속으로 받은
환상 가운데에 또 본즉 한 (巡察
者)순찰자, 한 거룩한 자가 하늘
에서 내려왔는데
14 그가 소리 질러 이처럼 이르기를
그 나무를 베고 그 가지를 자르고
그 잎사귀를 떨고 그 열매를 헤치
고 짐승들을 그 아래에서 떠나게
하고 새들을 그 가지에서 쫓아내
라
15 그러나 그 뿌리의 그루터기를 땅
에 남겨 두고 쇠와 놋줄로 동이고
그것을 들 풀 가운데에 두어라 그
것이 하늘 이슬에 젖고 땅의 풀 가
운데에서 짐승과 더불어 제 몫을
얻으리라
16 또 그 마음은 (變)변하여 사람의

마음 같지 아니하고 짐승의 마음
을 받아 일곱 때를 지내리라
17 이는 (巡察者)순찰자들의 명령대
로요 거룩한 자들의 말대로이니
지극히 높으신 이가 사람의 나라
를 다스리시며 자기의 뜻대로 그
것을 누구에게든지 주시며 또 지
극히 천한 자를 그 위에 세우시는
줄을 사람들이 알게 하려 함이라
하였느니라
18 나 느부갓네살 왕이 이 꿈을 꾸었
나니 너 벨드사살아 그 해석을 밝
히 말하라 내 나라 모든 (智慧者)
지혜자가 능히 내게 그 해석을 알
게 하지 못하였으나 오직 너는 능
히 하리니 이는 거룩한 신들의 영
이 네 안에 있음이라

다니엘의 꿈 해석

19 ● 벨드사살이라 이름한 다니엘이
한동안 놀라며 마음으로 번민하는
지라 왕이 그에게 말하여 이르기
를 벨드사살아 너는 이 꿈과 그 해
석으로 말미암아 (煩悶)번민할 것
이 아니니라 벨드사살이 대답하여
이르되 내 주여 그 꿈은 왕을 미워
하는 자에게 응하며 그 해석은 왕
의 대적에게 응하기를 원하나이다
20 왕께서 보신 그 나무가 자라서 (堅
固)견고하여지고 그 높이는 하늘
에 닿았으니 땅 끝에서도 보이겠
고
21 그 잎사귀는 아름답고 그 열매는
많아서 만민의 먹을 것이 될 만하
고 들짐승은 그 아래에 살며 (空
中)공중에 나는 새는 그 가지에
깃들었나이다
22 왕이여 이 나무는 곧 왕이시라 이
는 왕이 자라서 견고하여지고 (昌
大)창대하사 하늘에 닿으시며 권
세는 땅 끝까지 미치심이니이다
23 왕이 보신즉 한 (巡察者)순찰자,
한 거룩한 자가 하늘에서 내려와
서 이르기를 그 나무를 베어 없애
라 그러나 그 뿌리의 그루터기는
땅에 남겨 두고 쇠와 놋줄로 동이
고 그것을 들 풀 가운데에 두라 그
것이 하늘 이슬에 젖고 또 들짐승
들과 더불어 제 몫을 얻으며 일곱
때를 지내리라 하였나이다
24 왕이여 그 해석은 이러하니이다
곧 지극히 높으신 이가 (命令)명
령하신 것이 내 주 왕에게 미칠 것
이라
25 왕이 사람에게서 쫓겨나서 들짐승
과 함께 살며 소처럼 풀을 먹으며
하늘 이슬에 젖을 것이요 이와 같
이 일곱 때를 지낼 것이라 그 때에
(至極)지극히 높으신 이가 사람의
나라를 다스리시며 자기의 뜻대로
그것을 누구에게든지 주시는 줄을
아시리이다
26 또 그들이 그 나무뿌리의 그루터
기를 남겨 두라 하였은즉 [1]하나님
이 다스리시는 줄을 왕이 깨달은
후에야 왕의 나라가 (堅固)견고하
리이다
27 그런즉 왕이여 내가 아뢰는 것을
받으시고 공의를 행함으로 죄를
사하고 가난한 자를 긍휼히 여김

1) 하늘이

으로 죄악을 사하소서 그리하시면
왕의 평안함이 혹시 (長久)장구하
리이다 하니라
28 ●이 모든 일이 다 나 느부갓네살
왕에게 (臨)임하였느니라
29 열두 달이 지난 후에 [1]내가 바벨
론 (王宮)왕궁 지붕에서 거닐새
30 나 왕이 말하여 이르되 이 큰 바벨
론은 내가 능력과 권세로 건설하
여 나의 (都城)도성으로 삼고 이
것으로 내 (威嚴)위엄의 영광을
나타낸 것이 아니냐 하였더니
31 이 말이 아직도 나 (王)왕의 입에
있을 때에 하늘에서 소리가 내려
이르되 느부갓네살 왕아 네게 말
하노니 나라의 왕위가 네게서 떠
났느니라
32 네가 사람에게서 쫓겨나서 들짐승
과 함께 살면서 소처럼 풀을 먹을
것이요 이와 같이 일곱 때를 지내
서 (至極)지극히 높으신 이가 사
람의 나라를 다스리시며 자기의
뜻대로 그것을 누구에게든지 주시
는 줄을 알기까지 이르리라 하더
라
33 바로 그 때에 이 일이 나 느부갓네
살에게 (應)응하므로 내가 사람에
게 쫓겨나서 소처럼 풀을 먹으며
몸이 하늘 이슬에 젖고 머리털이
독수리 털과 같이 자랐고 손톱은
새 발톱과 같이 되었더라

느부갓네살 왕의 하나님 찬양

34 ●그 기한이 차매 나 느부갓네살
이 하늘을 우러러 보았더니 내 (聰
明)총명이 다시 내게로 돌아온지
라 이에 내가 지극히 높으신 이에
게 감사하며 영생하시는 이를 찬
양하고 경배하였나니 그 권세는
영원한 권세요 그 나라는 대대에
이르리로다
35 땅의 모든 사람들을 없는 것 같이
여기시며 하늘의 (軍隊)군대에게
든지 땅의 사람에게든지 그는 자
기 뜻대로 행하시나니 그의 손을
금하든지 혹시 이르기를 네가 무
엇을 하느냐고 할 자가 아무도 없
도다
36 그 때에 내 (聰明)총명이 내게로
돌아왔고 또 내 나라의 영광에 대
하여도 내 위엄과 광명이 내게로
돌아왔고 또 나의 모사들과 관원
들이 내게 찾아오니 내가 내 나라
에서 다시 세움을 받고 또 지극한
위세가 내게 더하였느니라
37 그러므로 지금 나 느부갓네살은
하늘의 왕을 찬양하며 (稱頌)칭송
하며 경배하노니 그의 일이 다 진
실하고 그의 행하심이 의로우시므
로 교만하게 행하는 자를 그가 능
히 낮추심이라

벨사살 왕이 잔치를 베풀다

5 벨사살 왕이 그의 (貴族)귀족
천 명을 위하여 큰 잔치를 베풀
고 그 천 명 앞에서 술을 마시니라
2 벨사살이 술을 마실 때에 명하여
그의 부친 느부갓네살이 예루살렘
성전에서 (奪取)탈취하여 온 금,
은 그릇을 가져오라고 명하였으니
이는 왕과 귀족들과 왕후들과 후

1) 히, 그가

궁들이 다 그것으로 마시려 함이
었더라
3 이에 예루살렘 하나님의 전 성소
중에서 탈취하여 온 금 그릇을 가
져오매 왕이 그 귀족들과 (王后)
왕후들과 후궁들과 더불어 그것으
로 마시더라
4 그들이 술을 마시고는 그 금, 은,
구리, 쇠, 나무, 돌로 만든 신들을
(讚揚)찬양하니라
5 ●그 때에 사람의 손가락들이 나
타나서 왕궁 촛대 맞은편 (石灰
壁)석회벽에 글자를 쓰는데 왕이
그 글자 쓰는 손가락을 본지라
6 이에 왕의 즐기던 얼굴 빛이 변하
고 그 생각이 (煩悶)번민하여 넓
적다리 마디가 녹는 듯하고 그의
무릎이 서로 부딪친지라
7 왕이 크게 소리 질러 (術客)술객
과 갈대아 술사와 점쟁이를 불러
오게 하고 바벨론의 지혜자들에게
말하되 누구를 막론하고 이 글자
를 읽고 그 해석을 내게 보이면 자
주색 옷을 입히고 금사슬을 그의
목에 걸어 주리니 그를 나라의 셋
째 통치자로 삼으리라 하니라
8 그 때에 왕의 (智慧者)지혜자가
다 들어왔으나 능히 그 글자를 읽
지 못하며 그 해석을 왕께 알려 주
지 못하는지라
9 그러므로 벨사살 왕이 크게 번민
하여 그의 얼굴빛이 변하였고 (貴
族)귀족들도 다 놀라니라
10 ●왕비가 왕과 그 귀족들의 말로
말미암아 잔치하는 궁에 들어왔더
니 이에 말하여 이르되 왕이여 (萬
壽無疆)만수무강 하옵소서 왕의
생각을 번민하게 하지 말며 얼굴
빛을 변할 것도 아니니이다
11 왕의 나라에 거룩한 신들의 영이
있는 사람이 있으니 곧 왕의 부친
때에 있던 자로서 (明哲)명철과
총명과 지혜가 신들의 지혜와 같
은 자니이다 왕의 부친 느부갓네
살 왕이 그를 세워 박수와 술객과
갈대아 술사와 점쟁이의 어른을
삼으셨으니
12 왕이 벨드사살이라 이름하는 이
다니엘은 마음이 (敏捷)민첩하고
지식과 총명이 있어 능히 꿈을 해
석하며 은밀한 말을 밝히며 (疑
問)의문을 풀 수 있었나이다 이제
다니엘을 부르소서 그리하시면 그
가 그 해석을 알려 드리리이다 하
니라

다니엘이 글을 해석하다

13 ●이에 다니엘이 부름을 받아 왕
의 앞에 나오매 왕이 다니엘에게
말하되 네가 나의 (父王)부왕이
유다에서 사로잡아 온 유다 자손
중의 그 다니엘이냐
14 내가 네게 대하여 들은즉 네 안에
는 신들의 영이 있으므로 네가 명
철과 총명과 (非常)비상한 지혜가
있다 하도다
15 지금 여러 지혜자와 술객을 내 앞
에 불러다가 그들에게 이 글을 읽
고 그 해석을 내게 알게 하라 하였
으나 그들이 다 그 (解釋)해석을
내게 보이지 못하였느니라

16 내가 네게 대하여 들은즉 너는 해
석을 잘하고 (疑問)의문을 푼다
하도다 그런즉 이제 네가 이 글을
읽고 그 해석을 내게 알려 주면 네
게 자주색 옷을 입히고 금 사슬을
네 목에 걸어 주어 너를 나라의 셋
째 통치자로 삼으리라 하니
17 ● 다니엘이 왕에게 대답하여 이
르되 왕의 예물은 왕이 친히 가지
시며 왕의 (賞給)상급은 다른 사
람에게 주옵소서 그럴지라도 내가
왕을 위하여 이 글을 읽으며 그 해
석을 아뢰리이다
18 왕이여 지극히 높으신 하나님이
왕의 부친 느부갓네살에게 나라와
큰 권세와 영광과 (威嚴)위엄을
주셨고
19 그에게 큰 권세를 주셨으므로 백
성들과 나라들과 (言語)언어가 다
른 모든 사람들이 그의 앞에서 떨
며 두려워하였으며 그는 임의로
죽이며 임의로 살리며 임의로 높
이며 임의로 낮추었더니
20 그가 마음이 높아지며 뜻이 완악
하여 교만을 행하므로 그의 (王
位)왕위가 폐한 바 되며 그의 영
광을 빼앗기고
21 사람 중에서 쫓겨나서 그의 마음
이 들짐승의 마음과 같았고 또 들
나귀와 함께 살며 또 소처럼 풀을
먹으며 그의 몸이 하늘 이슬에 젖
었으며 (至極)지극히 높으신 하나
님이 사람 나라를 다스리시며 자
기의 뜻대로 누구든지 그 자리에
세우시는 줄을 알기에 이르렀나이
다
22 벨사살이여 (王)왕은 그의 아들이
되어서 이것을 다 알고도 아직도
마음을 낮추지 아니하고
23 도리어 자신을 하늘의 (主宰)주
재보다 높이며 그의 성전 그릇을
왕 앞으로 가져다가 왕과 귀족들
과 왕후들과 후궁들이 다 그것으
로 술을 마시고 왕이 또 보지도 듣
지도 알지도 못하는 금, 은, 구리,
쇠와 나무, 돌로 만든 신상들을 찬
양하고 도리어 왕의 호흡을 (主
掌)주장하시고 왕의 모든 길을 작
정하시는 하나님께는 영광을 돌리
지 아니한지라
24 이러므로 그의 앞에서 이 손가락
이 나와서 이 글을 (記錄)기록하
였나이다
25 (記錄)기록된 글자는 이것이니 곧
메네 메네 데겔 우바르신이라
26 그 글을 해석하건대 메네는 하나
님이 이미 왕의 나라의 (時代)시
대를 세어서 그것을 끝나게 하셨
다 함이요
27 데겔은 왕을 저울에 달아 보니 (不
足)부족함이 보였다 함이요
28 베레스는 (王)왕의 나라가 나뉘어
서 메대와 바사 사람에게 준 바 되
었다 함이니이다 하니
29 ● 이에 벨사살이 명하여 그들이
다니엘에게 자주색 옷을 입히게
하며 금 사슬을 그의 목에 걸어 주
고 그를 위하여 (詔書)조서를 내
려 나라의 셋째 통치자로 삼으니
라

30 ● 그 날 밤에 갈대아 왕 벨사살이 죽임을 (當)당하였고

31 메대 사람 다리오가 나라를 얻었는데 그 때에 다리오는 육십이 세였더라

사자 굴 속의 다니엘

6 다리오가 자기의 뜻대로 고관 백이십 명을 세워 (全國)전국을 통치하게 하고

2 또 그들 위에 (總理)총리 셋을 두었으니 다니엘이 그 중의 하나이라 이는 고관들로 총리에게 자기의 직무를 보고하게 하여 왕에게 손해가 없게 하려 함이었더라

3 다니엘은 마음이 (敏捷)민첩하여 총리들과 고관들 위에 뛰어나므로 왕이 그를 세워 전국을 다스리게 하고자 한지라

4 이에 총리들과 고관들이 (國事)국사에 대하여 다니엘을 고발할 근거를 찾고자 하였으나 아무 근거, 아무 허물도 찾지 못하였으니 이는 그가 (忠誠)충성되어 아무 그릇됨도 없고 아무 허물도 없음이었더라

5 그들이 이르되 이 다니엘은 그 하나님의 율법에서 (根據)근거를 찾지 못하면 그를 고발할 수 없으리라 하고

6 이에 총리들과 (高官)고관들이 모여 왕에게 나아가서 그에게 말하되 다리오 왕이여 만수무강 하옵소서

7 나라의 모든 총리와 지사와 총독과 법관과 관원이 (議論)의논하고 왕에게 한 법률을 세우며 한 금령을 정하실 것을 구하나이다 왕이여 그것은 곧 이제부터 삼십일 동안에 누구든지 왕 외의 어떤 신에게나 사람에게 무엇을 구하면 사자 굴에 던져 넣기로 한 것이니이다

8 그런즉 왕이여 원하건대 (禁令)금령을 세우시고 그 조서에 왕의 도장을 찍어 메대와 바사의 고치지 아니하는 규례를 따라 그것을 다시 고치지 못하게 하옵소서 하매

9 이에 다리오 왕이 조서에 왕의 (圖章)도장을 찍어 금령을 내니라

10 ● 다니엘이 이 조서에 왕의 도장이 찍힌 것을 알고도 자기 집에 돌아가서는 윗방에 올라가 예루살렘으로 향한 창문을 열고 전에 하던 대로 하루 세 번씩 무릎을 꿇고 (祈禱)기도하며 그의 하나님께 감사하였더라

11 그 무리들이 모여서 다니엘이 자기 하나님 앞에 기도하며 (懇求)간구하는 것을 발견하고

12 이에 그들이 나아가서 왕의 금령에 관하여 왕께 아뢰되 왕이여 왕이 이미 (禁令)금령에 왕의 도장을 찍어서 이제부터 삼십 일 동안에는 누구든지 왕 외의 어떤 신에게나 사람에게 구하면 사자 굴에 던져 넣기로 하지 아니하였나이까 하니 왕이 대답하여 이르되 이 일이 확실하니 메대와 바사의 고치지 못하는 규례니라 하는지라

13 그들이 왕 앞에서 말하여 이르되

왕이여 사로잡혀 온 유다 자손 중
에 다니엘이 왕과 왕의 도장이 찍
힌 금령을 (尊重)존중하지 아니하
고 하루 세 번씩 기도하나이다 하
니
14 왕이 이 말을 듣고 그로 말미암아
심히 근심하여 다니엘을 (救援)구
원하려고 마음을 쓰며 그를 건져
내려고 힘을 다하다가 해가 질 때
에 이르렀더라
15 그 무리들이 또 모여 왕에게로 나
아와서 왕께 말하되 왕이여 메대
와 바사의 (規例)규례를 아시거니
와 왕께서 세우신 금령과 법도는
고치지 못할 것이니이다 하니
16 ● 이에 왕이 명령하매 다니엘을
끌어다가 (獅子)사자 (窟)굴에 던
져 넣는지라 왕이 다니엘에게 이
르되 네가 항상 섬기는 너의 하나
님이 너를 구원하시리라 하니라
17 이에 돌을 굴려다가 굴 어귀를 막
으매 왕이 그의 도장과 귀족들의
도장으로 (封)봉하였으니 이는 다
니엘에 대한 조치를 고치지 못하
게 하려 함이었더라
18 왕이 궁에 돌아가서는 밤이 새도
록 (禁食)금식하고 그 앞에 오락
을 그치고 잠자기를 마다하니라
19 ● 이튿날에 왕이 새벽에 일어나
(急)급히 사자 굴로 가서
20 다니엘이 든 굴에 가까이 이르러
서 슬피 소리 질러 다니엘에게 묻
되 살아 계시는 하나님의 종 다니
엘아 네가 항상 섬기는 네 하나님
이 (獅子)사자들에게서 능히 너를
구원하셨느냐 하니라
21 다니엘이 왕에게 아뢰되 왕이여
(願)원하건대 왕은 만수무강 하옵
소서
22 나의 하나님이 이미 그의 (天使)
천사를 보내어 사자들의 입을
(封)봉하셨으므로 사자들이 나를
상해하지 못하였사오니 이는 나의
무죄함이 그 앞에 명백함이오며
또 왕이여 나는 왕에게도 해를 끼
치지 아니하였나이다 하니라
23 왕이 심히 기뻐서 명하여 다니엘
을 굴에서 올리라 하매 그들이 다
니엘을 굴에서 올린즉 그의 몸이
조금도 (傷)상하지 아니하였으니
이는 그가 자기의 하나님을 믿음
이었더라
24 ● 왕이 말하여 다니엘을 (讒訴)참
소한 사람들을 끌어오게 하고 그
들을 그들의 처자들과 함께 사자
굴에 던져 넣게 하였더니 그들이
굴 바닥에 닿기도 전에 사자들이
곧 그들을 움켜서 그 뼈까지도 부
서뜨렸더라
25 ● 이에 다리오 왕이 온 땅에 있는
모든 백성과 나라들과 언어가 다
른 모든 사람들에게 (詔書)조서를
내려 이르되 원하건대 너희에게
큰 평강이 있을지어다
26 내가 이제 조서를 내리노라 내 나
라 (管轄)관할 아래에 있는 사람
들은 다 다니엘의 하나님 앞에서
떨며 두려워할지니 그는 살아 계
시는 하나님이시요 영원히 변하지
않으실 이시며 그의 나라는 멸망

하지 아니할 것이요 그의 권세는
무궁할 것이며
27 그는 (救援)구원도 하시며 건져내
기도 하시며 하늘에서든지 땅에서
든지 이적과 기사를 행하시는 이
로서 다니엘을 구원하여 사자의
입에서 벗어나게 하셨음이라 하였
더라
28 ●이 다니엘이 다리오 왕의 시대
와 바사 사람 고레스 왕의 시대에
(亨通)형통하였더라

네 짐승 환상

7 바벨론 벨사살 왕 원년에 다니
엘이 그의 침상에서 꿈을 꾸며
머리 속으로 환상을 받고 그 꿈을
기록하며 그 일의 대략을 (陳述)
진술하니라
2 다니엘이 (陳述)진술하여 이르되
내가 밤에 환상을 보았는데 하늘
의 네 바람이 큰 바다로 몰려 불더
니
3 큰 짐승 넷이 바다에서 나왔는데
그 (貌樣)모양이 각각 다르더라
4 첫째는 (獅子)사자와 같은데 독수
리의 날개가 있더니 내가 보는 중
에 그 날개가 뽑혔고 또 땅에서 들
려서 사람처럼 두 발로 서게 함을
받았으며 또 사람의 마음을 받았
더라
5 또 보니 다른 짐승 곧 둘째는 곰과
같은데 그것이 몸 한쪽을 들었고
그 입의 잇사이에는 세 갈빗대가
물렸는데 그것에게 말하는 자들이
있어 이르기를 일어나서 많은 고
기를 먹으라 하였더라
6 그 후에 내가 또 본즉 다른 짐승
곧 표범과 같은 것이 있는데 그 등
에는 새의 날개 넷이 있고 그 짐승
에게 또 머리 넷이 있으며 (權勢)
권세를 받았더라
7 내가 밤 (幻像)환상 가운데에 그
다음에 본 넷째 짐승은 무섭고 놀
라우며 또 매우 강하며 또 쇠로 된
큰 이가 있어서 먹고 부서뜨리고
그 나머지를 발로 밟았으며 이 짐
승은 전의 모든 짐승과 다르고 또
열 뿔이 있더라
8 내가 그 뿔을 (有心)유심히 보는
중에 다른 작은 뿔이 그 사이에서
나더니 첫 번째 뿔 중의 셋이 그
앞에서 뿌리까지 뽑혔으며 이 작
은 뿔에는 사람의 눈 같은 눈들이
있고 또 입이 있어 큰 말을 하였더
라

옛적부터 항상 계신 자

9 ●내가 보니 왕좌가 놓이고 옛적
부터 항상 계신 이가 (坐定)좌정
하셨는데 그의 옷은 희기가 눈 같
고 그의 머리털은 깨끗한 양의 털
같고 그의 보좌는 불꽃이요 그의
바퀴는 타오르는 불이며
10 불이 강처럼 흘러 그의 앞에서 나
오며 그를 섬기는 자는 천천이요
그 앞에서 모셔 선 자는 (萬萬)만
만이며 심판을 베푸는데 책들이
펴 놓였더라
11 그 때에 내가 작은 뿔이 말하는 큰
목소리로 말미암아 (注目)주목하
여 보는 사이에 짐승이 죽임을 당
하고 그의 시체가 (傷)상한 바 되

어 타오르는 불에 던져졌으며
12 그 남은 짐승들은 그의 (權勢)권
세를 빼앗겼으나 그 생명은 보존
되어 정한 시기가 이르기를 기다
리게 되었더라
13 ●내가 또 밤 환상 중에 보니 인
자 같은 이가 하늘 구름을 타고 와
서 옛적부터 항상 계신 이에게 나
아가 그 앞으로 (引導)인도되매
14 그에게 (權勢)권세와 영광과 나라
를 주고 모든 백성과 나라들과 다
른 언어를 말하는 모든 자들이 그
를 섬기게 하였으니 그의 권세는
소멸되지 아니하는 영원한 권세요
그의 나라는 멸망하지 아니할 것
이니라

환상 해석

15 ●나 다니엘이 중심에 근심하며
내 머리 속의 환상이 나를 (煩悶)
번민하게 한지라
16 내가 그 곁에 모셔 선 자들 중 하
나에게 나아가서 이 모든 일의 (眞
相)진상을 물으매 그가 내게 말하
여 그 일의 해석을 알려 주며 이르
되
17 그 네 큰 짐승은 (世上)세상에 일
어날 네 왕이라
18 지극히 높으신 이의 성도들이 나
라를 얻으리니 그 누림이 (永遠)
영원하고 영원하고 영원하리라
19 이에 내가 넷째 짐승에 관하여 (確
實)확실히 알고자 하였으니 곧 그
것은 모든 짐승과 달라서 심히 무
섭더라 그 이는 쇠요 그 발톱은 놋
이니 먹고 부서뜨리고 나머지는
발로 밟았으며
20 또 그것의 머리에는 열 뿔이 있고
그 외에 또 다른 뿔이 나오매 세
뿔이 그 앞에서 빠졌으며 그 뿔에
는 눈도 있고 큰 말을 하는 입도
있고 그 모양이 그의 (同類)동류
보다 커 보이더라
21 내가 본즉 이 뿔이 (聖徒)성도들
과 더불어 싸워 그들에게 이겼더
니
22 옛적부터 항상 계신 이가 와서 지
극히 높으신 이의 성도들을 위하
여 (怨恨)원한을 풀어 주셨고 때
가 이르매 성도들이 나라를 얻었
더라
23 ●모신 자가 이처럼 이르되 넷째
짐승은 곧 땅의 넷째 나라인데 이
는 다른 나라들과는 달라서 온 (天
下)천하를 삼키고 밟아 부서뜨릴
것이며
24 그 열 뿔은 그 나라에서 일어날 열
왕이요 그 후에 또 하나가 일어나
리니 그는 먼저 있던 자들과 다르
고 또 세 왕을 (服從)복종시킬 것
이며
25 그가 (將次)장차 지극히 높으신
이를 말로 대적하며 또 지극히 높
으신 이의 성도를 괴롭게 할 것이
며 그가 또 때와 법을 고치고자 할
것이며 성도들은 그의 손에 붙인
바 되어 한 때와 두 때와 반 때를
지내리라
26 그러나 (審判)심판이 시작되면 그
는 권세를 빼앗기고 완전히 멸망
할 것이요

27 나라와 권세와 온 천하 나라들의
(威勢)위세가 지극히 높으신 이의
거룩한 백성에게 붙인 바 되리니
그의 나라는 영원한 나라이라 모
든 권세 있는 자들이 다 그를 섬기
며 복종하리라
28 그 말이 이에 그친지라 나 다니엘
은 (中心)중심에 번민하였으며 내
얼굴빛이 변하였으나 내가 이 일
을 마음에 간직하였느니라

숫양과 숫염소의 환상

8 나 다니엘에게 처음에 나타난
(幻像)환상 후 벨사살 왕 제삼
년에 다시 한 환상이 나타나니라
2 내가 환상을 보았는데 내가 그것
을 볼 때에 내 몸은 엘람 지방 수
산 성에 있었고 내가 환상을 보기
는 을래 (江邊)강변에서이니라
3 내가 눈을 들어 본즉 강 가에 두
뿔 가진 숫(羊)양이 섰는데 그 두
뿔이 다 길었으며 그 중 한 뿔은
다른 뿔보다 길었고 그 긴 것은 나
중에 난 것이더라
4 내가 본즉 그 숫양이 서쪽과 북쪽
과 남쪽을 향하여 받으나 그것을
당할 짐승이 하나도 없고 그 손에
서 구할 자가 없으므로 그것이 원
하는 대로 행하고 (强)강하여졌더
라
5 ●내가 생각할 때에 한 숫염소가
서쪽에서부터 와서 온 지면에 두
루 다니되 땅에 닿지 아니하며 그
염소의 두 눈 사이에는 (顯著)현
저한 뿔이 있더라

1) 네 바람 2) 군대와

6 그것이 두 뿔 가진 숫양 곧 내가
본 바 강 가에 섰던 양에게로 나아
가되 (憤怒)분노한 힘으로 그것에
게로 달려가더니
7 내가 본즉 그것이 숫양에게로 가
까이 나아가서는 더욱 성내어 그
숫양을 쳐서 그 두 뿔을 꺾으나 숫
양에게는 그것을 (對敵)대적할 힘
이 없으므로 그것이 숫양을 땅에
엎드러뜨리고 짓밟았으나 숫양을
그 손에서 벗어나게 할 자가 없었
더라
8 숫염소가 스스로 심히 강대하여
가더니 (强盛)강성할 때에 그 큰
뿔이 꺾이고 그 대신에 현저한 뿔
넷이 하늘 [1]사방을 향하여 났더라
9 ●그 중 한 뿔에서 또 작은 뿔 하
나가 나서 남쪽과 동쪽과 또 (榮
華)영화로운 땅을 향하여 심히 커
지더니
10 그것이 하늘 (軍隊)군대에 미칠
만큼 커져서 그 군대와 별들 중의
몇을 땅에 떨어뜨리고 그것들을
짓밟고
11 또 스스로 높아져서 군대의 (主
宰)주재를 대적하며 그에게 매일
드리는 제사를 없애 버렸고 그의
성소를 헐었으며
12 그의 악으로 말미암아 [2]백성이 매
일 드리는 (祭祀)제사가 넘긴 바
되었고 그것이 또 진리를 땅에 던
지며 자의로 행하여 형통하였더라
13 내가 들은즉 한 거룩한 이가 말하
더니 다른 거룩한 이가 그 말하는
이에게 묻되 환상에 나타난 바 매

일 드리는 제사와 망하게 하는 죄
악에 대한 일과 (聖所)성소와 [1](百
姓)백성이 내준 바 되며 짓밟힐
일이 어느 때까지 이를꼬 하매
14 그가 내게 이르되 이천삼백 주야
까지니 그 때에 성소가 (淨潔)정
결하게 되리라 하였느니라

가브리엘 천사가 환상을 깨닫게 하다

15 ● 나 다니엘이 이 환상을 보고 그
뜻을 알고자 할 때에 사람 (貌樣)
모양 같은 것이 내 앞에 섰고
16 내가 들은즉 을래 강 두 언덕 사이
에서 사람의 목소리가 있어 외쳐
이르되 가브리엘아 이 (幻像)환상
을 이 사람에게 깨닫게 하라 하더
니
17 그가 내가 선 곳으로 나왔는데 그
가 나올 때에 내가 두려워서 얼굴
을 땅에 대고 엎드리매 그가 내게
이르되 인자야 깨달아 알라 이 환
상은 (定)정한 때 끝에 관한 것이
니라
18 그가 내게 말할 때에 내가 얼굴을
땅에 대고 엎드리어 깊이 잠들매
그가 나를 어루만져서 일으켜 세
우며
19 이르되 (震怒)진노하시는 때가 마
친 후에 될 일을 내가 네게 알게
하리니 이 환상은 정한 때 끝에 관
한 것임이라
20 네가 본 바 두 뿔 가진 숫(羊)양은
곧 메대와 바사 왕들이요
21 털이 많은 숫염소는 곧 헬라 (王)
왕이요 그의 두 눈 사이에 있는 큰
뿔은 곧 그 첫째 왕이요
22 이 뿔이 꺾이고 그 (代身)대신에
네 뿔이 났은즉 그 나라 가운데에
서 네 나라가 일어나되 그의 권세
만 못하리라
23 이 네 나라 마지막 때에 (叛逆者)
반역자들이 가득할 즈음에 한 왕
이 일어나리니 그 얼굴은 뻔뻔하
며 속임수에 능하며
24 그 권세가 강할 것이나 자기의 힘
으로 말미암은 것이 아니며 그가
장차 놀랍게 파괴 행위를 하고 (自
意)자의로 행하여 형통하며 강한
자들과 거룩한 백성을 멸하리라
25 그가 꾀를 베풀어 제 손으로 속임
수를 행하고 마음에 스스로 큰 체
하며 또 (平和)평화로운 때에 많
은 무리를 멸하며 또 스스로 서서
만왕의 왕을 대적할 것이나 그가
사람의 손으로 말미암지 아니하고
깨지리라
26 이미 말한 바 주야에 대한 환상은
(確實)확실하니 너는 그 환상을
간직하라 이는 여러 날 후의 일임
이라 하더라
27 이에 나 다니엘이 지쳐서 여러 날
앓다가 일어나서 왕의 일을 보았
느니라 내가 그 (幻像)환상으로
말미암아 놀랐고 그 뜻을 깨닫는
사람도 없었느니라

다니엘의 기도

9 메대 (族屬)족속 아하수에로의
아들 다리오가 갈대아 나라 왕
으로 세움을 받던 첫 해
2 곧 그 통치 원년에 나 다니엘이 책

1) 군대가

을 통해 여호와께서 말씀으로 선
지자 예레미야에게 알려 주신 그
(年數)연수를 깨달았나니 곧 예루
살렘의 황폐함이 칠십 년만에 그
치리라 하신 것이니라
3 ●내가 금식하며 베옷을 입고 재
를 덮어쓰고 주 하나님께 기도하
며 (懇求)간구하기를 결심하고
4 내 하나님 여호와께 기도하며 자
복하여 이르기를 크시고 두려워
할 주 하나님, 주를 사랑하고 주의
(誡命)계명을 지키는 자를 위하여
언약을 지키시고 그에게 인자를
베푸시는 이시여
5 우리는 이미 범죄하여 (悖逆)패역
하며 행악하며 반역하여 주의 법
도와 규례를 떠났사오며
6 우리가 또 주의 종 선지자들이 주
의 이름으로 우리의 왕들과 우리
의 고관과 조상들과 온 (國民)국
민에게 말씀한 것을 듣지 아니하
였나이다
7 주여 (公義)공의는 주께로 돌아가
고 수치는 우리 얼굴로 돌아옴이
오늘과 같아서 유다 사람들과 예루
살렘 거민들과 이스라엘이 가까운
곳에 있는 자들이나 먼 곳에 있는
자들이 다 주께서 쫓아내신 각국에
서 수치를 당하였사오니 이는 그들
이 주께 죄를 범하였음이니이다
8 주여 수치가 우리에게 돌아오고
우리의 왕들과 우리의 고관과 조
상들에게 돌아온 것은 우리가 주
께 (犯罪)범죄하였음이니이다 마
는
9 주 우리 하나님께는 긍휼과 (容
恕)용서하심이 있사오니 이는 우
리가 주께 패역하였음이오며
10 우리 하나님 여호와의 목소리를
듣지 아니하며 여호와께서 그의
종 선지자들에게 (付託)부탁하여
우리 앞에 세우신 율법을 행하지
아니하였음이니이다
11 온 이스라엘이 주의 율법을 범하
고 치우쳐 가서 주의 목소리를 듣
지 아니하였으므로 이 (詛呪)저주
가 우리에게 내렸으되 곧 하나님
의 종 모세의 율법에 기록된 맹세
대로 되었사오니 이는 우리가 주
께 범죄하였음이니이다
12 주께서 큰 (災殃)재앙을 우리에게
내리사 우리와 및 우리를 재판하
던 재판관을 쳐서 하신 말씀을 이
루셨사오니 온 천하에 예루살렘에
서 일어난 일 같은 것이 없나이다
13 모세의 율법에 기록된 대로 이 모
든 (災殃)재앙이 이미 우리에게
내렸사오나 우리는 우리의 죄악을
떠나고 주의 진리를 깨달아 우리
하나님 여호와의 얼굴을 기쁘게
하지 아니하였나이다
14 그러므로 여호와께서 이 재앙을
간직하여 두셨다가 우리에게 내리
게 하셨사오니 우리의 하나님 여
호와께서 행하시는 모든 일이 (公
義)공의로우시나 우리가 그 목소
리를 듣지 아니하였음이니이다
15 강한 손으로 주의 백성을 애굽 땅
에서 인도하여 내시고 오늘과 같
이 (名聲)명성을 얻으신 우리 주

하나님이여 우리는 범죄하였고 악
을 행하였나이다
16 주여 구하옵나니 주는 주의 공의
를 따라 주의 분노를 주의 성 예루
살렘, 주의 거룩한 산에서 떠나게
하옵소서 이는 우리의 죄와 우리
조상들의 죄악으로 말미암아 예루
살렘과 주의 백성이 (四面)사면에
있는 자들에게 수치를 당함이니이
다
17 그러하온즉 우리 하나님이여 지금
주의 종의 기도와 간구를 들으시
고 주를 위하여 주의 얼굴 빛을 주
의 (荒廢)황폐한 성소에 비추시옵
소서
18 나의 하나님이여 귀를 기울여 들
으시며 눈을 떠서 우리의 (荒廢)
황폐한 상황과 주의 이름으로 일컫
는 성을 보옵소서 우리가 주 앞에
간구하옵는 것은 우리의 공의를 의
지하여 하는 것이 아니요 주의 큰
긍휼을 의지하여 함이니이다
19 주여 들으소서 주여 용서하소서
주여 귀를 기울이시고 행하소서
(遲滯)지체하지 마옵소서 나의 하
나님이여 주 자신을 위하여 하시
옵소서 이는 주의 성과 주의 백성
이 주의 이름으로 일컫는 바 됨이
니이다

가브리엘이 환상을 설명하다

20 ● 내가 이같이 말하여 기도하며
내 죄와 내 백성 이스라엘의 죄를
(自服)자복하고 내 하나님의 거룩
한 산을 위하여 내 하나님 여호와
앞에 간구할 때
21 곧 내가 기도할 때에 (以前)이전
에 환상 중에 본 그 사람 가브리엘
이 빨리 날아서 저녁 제사를 드릴
때 즈음에 내게 이르더니
22 내게 가르치며 내게 말하여 이르
되 다니엘아 내가 이제 네게 지혜
와 (聰明)총명을 주려고 왔느니
라
23 곧 네가 기도를 시작할 즈음에 명
령이 내렸으므로 이제 네게 알리
러 왔느니라 너는 크게 (恩寵)은
총을 입은 자라 그런즉 너는 이 일
을 생각하고 그 환상을 깨달을지
니라
24 네 백성과 네 거룩한 성을 위하여
일흔 이레를 기한으로 정하였나
니 허물이 그치며 죄가 끝나며 죄
악이 용서되며 영원한 의가 드러
나며 환상과 (豫言)예언이 응하며
또 지극히 거룩한 이가 기름 부음
을 받으리라
25 그러므로 너는 깨달아 알지니라
예루살렘을 (重建)중건하라는 영
이 날 때부터 [1]기름 부음을 받은
자 곧 왕이 일어나기까지 일곱 이
레와 예순두 이레가 지날 것이요
그 곤란한 동안에 성이 중건되어
광장과 거리가 세워질 것이며
26 예순두 이레 후에 [1]기름 부음을
받은 자가 끊어져 없어질 것이며
장차 한 왕의 백성이 와서 그 (城
邑)성읍과 성소를 무너뜨리려니
와 그의 마지막은 홍수에 휩쓸림
같을 것이며 또 끝까지 전쟁이 있

1) 메시야가

으리니 황폐할 것이 작정되었느니
라
27 그가 장차 많은 사람들과 더불어
한 이레 동안의 (言約)언약을 굳
게 맺고 그가 그 이레의 절반에 제
사와 예물을 금지할 것이며 또 포
악하여 가증한 것이 날개를 의지
하여 설 것이며 또 이미 정한 종말
까지 진노가 황폐하게 하는 자에
게 쏟아지리라 하였느니라 하니라

힛데겔 강 가에서 본 환상

10 바사 왕 고레스 제삼년에
한 일이 벨드사살이라 이름
한 다니엘에게 나타났는데 그 일
이 참되니 곧 큰 전쟁에 관한 것이
라 다니엘이 그 일을 (分明)분명
히 알았고 그 환상을 깨달으니라
2 그 때에 나 다니엘이 세 이레 동안
을 슬퍼하며
3 세 이레가 차기까지 좋은 떡을 먹
지 아니하며 고기와 (葡萄酒)포도
주를 입에 대지 아니하며 또 기름
을 바르지 아니하니라
4 첫째 달 이십사일에 내가 힛데겔
이라 하는 큰 (江)강 가에 있었는
데
5 그 때에 내가 눈을 들어 바라본즉
한 사람이 (細麻布)세마포 옷을
입었고 허리에는 우바스 순금 띠
를 띠었더라
6 또 그의 몸은 (黃玉)황옥 같고 그
의 얼굴은 번갯빛 같고 그의 눈은
횃불 같고 그의 팔과 발은 빛난 놋
과 같고 그의 말소리는 무리의 소
리와 같더라
7 이 환상을 나 다니엘이 홀로 보았
고 나와 함께 한 사람들은 이 환상
은 보지 못하였어도 그들이 크게
떨며 (逃亡)도망하여 숨었느니라
8 그러므로 나만 홀로 있어서 이 큰
환상을 볼 때에 내 몸에 힘이 빠졌
고 나의 아름다운 빛이 (變)변하
여 썩은 듯하였고 나의 힘이 다 없
어졌으나
9 내가 그의 (音聲)음성을 들었는데
그의 음성을 들을 때에 내가 얼굴
을 땅에 대고 깊이 잠들었느니라
10 ● 한 손이 있어 나를 어루만지기
로 내가 떨었더니 그가 내 무릎과
손바닥이 땅에 닿게 일으키고
11 내게 이르되 큰 (恩寵)은총을 받
은 사람 다니엘아 내가 네게 이르
는 말을 깨닫고 일어서라 내가 네
게 보내심을 받았느니라 하더라
그가 내게 이 말을 한 후에 내가
떨며 일어서니
12 그가 내게 이르되 다니엘아 두려
워하지 말라 네가 깨달으려 하여
네 하나님 앞에 스스로 (謙卑)겸
비하게 하기로 (決心)결심하던 첫
날부터 네 말이 응답 받았으므로
내가 네 말로 말미암아 왔느니라
13 그런데 바사 (王國)왕국의 군주가
이십일 일 동안 나를 막았으므로
내가 거기 바사 왕국의 왕들과 함
께 머물러 있더니 가장 높은 군주
중 하나인 미가엘이 와서 나를 도
와 주므로
14 이제 내가 마지막 날에 네 백성이
당할 일을 네게 깨닫게 하려 왔노

라 이는 이 (幻像)환상이 오랜 후
의 일임이라 하더라
15 그가 이런 말로 내게 이를 때에 내
가 곧 얼굴을 땅에 (向)향하고 말
문이 막혔더니
16 (人子)인자와 같은 이가 있어 내
입술을 만진지라 내가 곧 입을 열
어 내 앞에 서 있는 자에게 말하여
이르되 내 주여 이 환상으로 말미
암아 근심이 내게 더하므로 내가
힘이 없어졌나이다
17 내 몸에 힘이 없어졌고 (呼吸)호
흡이 남지 아니하였사오니 내 주
의 이 종이 어찌 능히 내 주와 더
불어 말씀할 수 있으리이까 하니
18 ●또 사람의 모양 같은 것 하나가
나를 만지며 나를 (康健)강건하게
하여
19 이르되 큰 (恩寵)은총을 받은 사
람이여 두려워하지 말라 평안하라
(康健)강건하라 강건하라 그가 이
같이 내게 말하매 내가 곧 힘이 나
서 이르되 내 주께서 나를 강건하
게 하셨사오니 말씀하옵소서
20 그가 이르되 내가 어찌하여 네게
왔는지 네가 아느냐 이제 내가 돌
아가서 바사 (君主)군주와 싸우려
니와 내가 나간 후에는 헬라의 군
주가 이를 것이라
21 오직 내가 먼저 진리의 글에 (記
錄)기록된 것으로 네게 보이리라
나를 도와서 그들을 대항할 자는
너희의 군주 미가엘뿐이니라

11 내가 또 메대 사람 다리오
원년에 일어나 그를 도와서
그를 (强)강하게 한 일이 있었느
니라

남방 왕과 북방 왕이 싸우리라

2 ●이제 내가 참된 것을 네게 보이
리라 보라 바사에서 또 세 왕들이
일어날 것이요 그 후의 넷째는 그
들보다 심히 부요할 것이며 그가
그 (富饒)부요함으로 강하여진 후
에는 모든 사람을 충동하여 헬라
왕국을 칠 것이며
3 장차 한 능력 있는 왕이 일어나서
큰 (權勢)권세로 다스리며 자기
마음대로 행하리라
4 그러나 그가 (强盛)강성할 때에
그의 나라가 갈라져 천하 사방에
나누일 것이나 그의 (子孫)자손에
게로 돌아가지도 아니할 것이요
또 자기가 주장하던 권세대로도
되지 아니하리니 이는 그 나라가
뽑혀서 그 외의 다른 사람들에게
로 돌아갈 것임이라
5 ●남방의 왕은 강할 것이나 그 군
주들 중 하나는 그보다 강하여 권
세를 떨치리니 그의 (權勢)권세가
심히 클 것이요
6 몇 해 후에 그들이 서로 단합하리
니 곧 남방 왕의 딸이 북방 왕에게
가서 (和親)화친하리라 그러나 그
공주의 힘이 (衰)쇠하고 그 왕은
서지도 못하며 권세가 없어질 뿐
아니라 그 공주와 그를 데리고 온
자와 그를 낳은 자와 그 때에 도와
주던 자가 다 버림을 당하리라
7 ●그러나 그 공주의 본 족속에게
서 난 자 중의 한 사람이 (王位)왕

위를 이어 권세를 받아 북방 왕의
군대를 치러 와서 그의 성에 들어
가서 그들을 쳐서 이기고
8 그 신들과 부어 만든 (偶像)우상
들과 은과 금의 아름다운 그릇들
은 다 노략하여 애굽으로 가져갈
것이요 몇 해 동안은 그가 북방 왕
을 치지 아니하리라
9 북방 왕이 남방 왕의 왕국으로 쳐
들어갈 것이나 자기 (本國)본국으
로 물러가리라
10 ●그러나 그의 아들들이 전쟁을
(準備)준비하고 심히 많은 군대를
모아서 물이 넘침 같이 나아올 것
이며 그가 또 와서 남방 왕의 견고
한 성까지 칠 것이요
11 남방 왕은 크게 (怒)노하여 나와
서 북방 왕과 싸울 것이라 북방 왕
이 큰 무리를 일으킬 것이나 그 무
리는 그의 손에 넘겨 준 바 되리라
12 그가 큰 무리를 사로잡은 후에 그
의 마음이 스스로 높아져서 수만
명을 엎드러뜨릴 것이나 그 (勢
力)세력은 더하지 못할 것이요
13 북방 왕은 돌아가서 다시 군대를
전보다 더 많이 준비하였다가 몇
때 곧 몇 해 후에 대군과 많은 (物
件)물건을 거느리고 오리라
14 그 때에 여러 사람이 일어나서 남
방 왕을 칠 것이요 네 백성 중에서
도 (暴惡)포악한 자가 스스로 높
아져서 환상을 이루려 할 것이나
그들이 도리어 걸려 넘어지리라
15 이에 북방 왕은 와서 (土城)토성
을 쌓고 (堅固)견고한 성읍을 점
령할 것이요 남방 군대는 그를 당
할 수 없으며 또 그가 택한 군대라
도 그를 당할 힘이 없을 것이므로
16 오직 와서 치는 자가 자기 마음대
로 행하리니 그를 당할 사람이 없
겠고 그는 영화로운 땅에 설 것이
요 그의 손에는 (滅亡)멸망이 있
으리라
17 그가 결심하고 (全國)전국의 힘을
다하여 이르렀다가 그와 화친할
것이요 또 여자의 딸을 그에게 주
어 그의 나라를 망하게 하려 할 것
이나 이루지 못하리니 그에게 무
익하리라
18 그 후에 그가 그의 얼굴을 바닷가
로 돌려 많이 (占領)점령할 것이
나 한 장군이 나타나 그의 정복을
그치게 하고 그 수치를 그에게로
돌릴 것이므로
19 그가 드디어 그 얼굴을 돌려 자기
땅 (山城)산성들로 향할 것이나
거쳐 넘어지고 다시는 보이지 아
니하리라

비천한 북방 왕

20 ●그 왕위를 이을 자가 (壓制者)
압제자를 그 나라의 아름다운 곳
으로 두루 다니게 할 것이나 그는
분노함이나 싸움이 없이 몇 날이
못 되어 망할 것이요
21 또 그의 왕위를 이을 자는 한 비천
한 사람이라 나라의 영광을 그에
게 주지 아니할 것이나 그가 (平
安)평안한 때를 타서 속임수로 그
나라를 얻을 것이며
22 넘치는 물 같은 군대가 그에게 넘

침으로 말미암아 패할 것이요 (同
盟)동맹한 왕도 그렇게 될 것이며
23 그와 (約條)약조한 후에 그는 거
짓을 행하여 올라올 것이요 소수
의 백성을 가지고 세력을 얻을 것
이며
24 그가 (平安)평안한 때에 그 지방
의 가장 기름진 곳에 들어와서 그
의 (祖上)조상들과 조상들의 조상
이 행하지 못하던 것을 행할 것이
요 그는 노략하고 (奪取)탈취한
재물을 무리에게 흩어 주며 계략
을 세워 얼마 동안 (山城)산성들
을 칠 것인데 때가 이르기까지 그
리하리라
25 그가 그의 힘을 떨치며 용기를 다
하여 큰 군대를 거느리고 남방 왕
을 칠 것이요 남방 왕도 심히 크고
강한 (軍隊)군대를 거느리고 맞아
싸울 것이나 능히 당하지 못하리
니 이는 그들이 계략을 세워 그를
침이니라
26 그의 음식을 먹는 자들이 그를 멸
하리니 그의 (軍隊)군대가 흩어질
것이요 많은 사람이 엎드러져 죽
으리라
27 이 두 왕이 마음에 서로 해하고자
하여 한 밥상에 앉았을 때에 거짓
말을 할 것이라 일이 (亨通)형통
하지 못하리니 이는 아직 때가 이
르지 아니하였으므로 그 일이 이
루어지지 아니할 것임이니라
28 ● 북방 왕은 많은 재물을 가지고
본국으로 돌아가리니 그는 마음으
로 거룩한 (言約)언약을 거스르며
자기 마음대로 행하고 본토로 돌
아갈 것이며
29 (作定)작정된 기한에 그가 다시
나와서 남방에 이를 것이나 이번
이 그 전번만 못하리니
30 이는 깃딤의 배들이 이르러 그를
칠 것임이라 그가 (落心)낙심하고
돌아가면서 맺은 거룩한 언약에
분노하였고 자기 땅에 돌아가서는
맺은 거룩한 언약을 배반하는 자
들을 살필 것이며
31 군대는 그의 편에 서서 성소 곧 견
고한 곳을 더럽히며 (每日)매일
드리는 제사를 폐하며 멸망하게
하는 가증한 것을 세울 것이며
32 그가 또 언약을 배반하고 악행하
는 자를 속임수로 (墮落)타락시킬
것이나 오직 자기의 하나님을 아
는 백성은 강하여 용맹을 떨치리
라
33 백성 중에 지혜로운 자들이 많은
사람을 가르칠 것이나 그들이 칼
날과 불꽃과 사로잡힘과 약탈을
당하여 여러 날 동안 (沒落)몰락
하리라
34 그들이 몰락할 때에 도움을 조금
얻을 것이나 많은 사람들이 속임
수로 그들과 (結合)결합할 것이며
35 또 그들 중 지혜로운 자 몇 사람이
몰락하여 무리 중에서 (鍊鍛)연단
을 받아 정결하게 되며 희게 되어
마지막 때까지 이르게 하리니 이
는 아직 정한 기한이 남았음이라
36 ● 그 왕은 자기 마음대로 행하며
스스로 높여 모든 신보다 크다 하

며 (非常)비상한 말로 신들의 신을 대적하며 형통하기를 (憤怒)분노하심이 그칠 때까지 하리니 이는 그 작정된 일을 반드시 이루실 것임이라

37 그가 모든 것보다 스스로 크다 하고 그의 조상들의 신들과 여자들이 (欽慕)흠모하는 것을 돌아보지 아니하며 어떤 신도 돌아보지 아니하고

38 그 대신에 강한 신을 공경할 것이요 또 그의 조상들이 알지 못하던 신에게 금 은 (寶石)보석과 보물을 드려 공경할 것이며

39 그는 (異邦神)이방신을 힘입어 크게 견고한 (山城)산성들을 점령할 것이요 무릇 그를 안다 하는 자에게는 영광을 더하여 여러 백성을 다스리게도 하며 그에게서 뇌물을 받고 땅을 나눠 주기도 하리라

40 ● 마지막 때에 남방 왕이 그와 힘을 겨룰 것이나 북방 왕이 병거와 마병과 많은 배로 회오리바람처럼 그에게로 마주 와서 그 여러 나라에 (侵攻)침공하여 물이 넘침 같이 지나갈 것이요

41 그가 또 영화로운 땅에 들어갈 것이요 많은 나라를 (敗亡)패망하게 할 것이나 오직 에돔과 모압과 암몬 자손의 지도자들은 그의 손에서 벗어나리라

42 그가 여러 나라들에 그의 손을 펴리니 애굽 땅도 (免)면하지 못할 것이니

43 그가 권세로 애굽의 금 은과 모든 보물을 차지할 것이요 리비아 사람과 구스 사람이 그의 (侍從)시종이 되리라

44 그러나 동북에서부터 소문이 이르러 그를 (煩悶)번민하게 하므로 그가 분노하여 나가서 많은 무리를 다 죽이며 멸망시키고자 할 것이요

45 그가 (帳幕)장막 (宮殿)궁전을 바다와 영화롭고 거룩한 산 사이에 세울 것이나 그의 종말이 이르리니 도와 줄 자가 없으리라

끝날

12 그 때에 네 민족을 (護衛)호위하는 큰 군주 미가엘이 일어날 것이요 또 환난이 있으리니 이는 (開國)개국 이래로 그 때까지 없던 환난일 것이며 그 때에 네 백성 중 책에 (記錄)기록된 모든 자가 구원을 받을 것이라

2 땅의 티끌 가운데에서 자는 자 중에서 많은 사람이 깨어나 (永生)영생을 받는 자도 있겠고 수치를 당하여서 영원히 부끄러움을 당할 자도 있을 것이며

3 (智慧)지혜 있는 자는 궁창의 빛과 같이 빛날 것이요 많은 사람을 옳은 데로 돌아오게 한 자는 별과 같이 영원토록 빛나리라

4 다니엘아 마지막 때까지 이 말을 간수하고 이 글을 (封緘)봉함하라 많은 사람이 빨리 (往來)왕래하며 지식이 더하리라

5 ● 나 다니엘이 본즉 다른 두 사람이 있어 하나는 (江)강 이쪽 언덕

에 섰고 하나는 강 저쪽 언덕에 섰
더니
6 그 중에 하나가 (細麻布)세마포
옷을 입은 자 곧 강물 위쪽에 있는
자에게 이르되 이 놀라운 일의 끝
이 어느 때까지냐 하더라
7 내가 들은즉 그 세마포 옷을 입고
강물 위쪽에 있는 자가 자기의 좌
우 손을 들어 하늘을 향하여 영원
히 살아 계시는 이를 가리켜 맹세
하여 이르되 반드시 한 때 두 때
(半)반 때를 지나서 성도의 권세
가 다 깨지기까지이니 그렇게 되
면 이 모든 일이 다 끝나리라 하더
라
8 내가 듣고도 깨닫지 못한지라 내
가 이르되 내 주여 이 모든 일의
(結局)결국이 어떠하겠나이까 하
니
9 그가 이르되 다니엘아 갈지어다
이 말은 마지막 때까지 간수하고
(封緘)봉함할 것임이니라
10 많은 사람이 (鍊鍛)연단을 받아
스스로 정결하게 하며 희게 할 것
이나 악한 사람은 악을 행하리니
악한 자는 아무것도 깨닫지 못하
되 오직 지혜 있는 자는 깨달으리
라
11 매일 드리는 (祭祀)제사를 폐하며
멸망하게 할 가증한 것을 세울 때
부터 천이백구십 일을 지낼 것이
요
12 기다려서 천삼백삼십오 일까지 이
르는 그 사람은 (福)복이 있으리
라
13 너는 가서 마지막을 기다리라 이
는 네가 (平安)평안히 쉬다가 끝
날에는 네 몫을 누릴 것임이라

호세아 Hosea

1 웃시야와 요담과 아하스와 히스기야가 이어 유다 왕이 된 (時代)시대 곧 요아스의 아들 여로보암이 이스라엘 왕이 된 시대에 브에리의 아들 호세아에게 임한 여호와의 말씀이라

호세아의 아내와 자식들

2 ●여호와께서 처음 호세아에게 말씀하실 때 여호와께서 호세아에게 이르시되 너는 가서 (淫亂)음란한 여자를 맞이하여 음란한 자식들을 낳으라 이 나라가 여호와를 떠나 크게 음란함이니라 하시니

3 이에 그가 가서 디블라임의 딸 고멜을 맞이하였더니 고멜이 (姙娠)임신하여 아들을 낳으매

4 여호와께서 호세아에게 이르시되 그의 이름을 이스르엘이라 하라 조금 후에 내가 이스르엘의 피를 예후의 집에 갚으며 이스라엘 족속의 나라를 (廢)폐할 것임이니라

5 그 날에 내가 이스르엘 골짜기에서 이스라엘의 활을 꺾으리라 하시니라

6 고멜이 또 임신하여 딸을 낳으매 여호와께서 호세아에게 이르시되 그의 이름을 [1]로루하마라 하라 내가 다시는 이스라엘 족속을 긍휼히 여겨서 (容恕)용서하지 않을 것임이니라

7 그러나 내가 유다 족속을 긍휼히 여겨 그들의 하나님 여호와로 구원하겠고 활과 칼이나 전쟁이나 말과 (馬兵)마병으로 구원하지 아니하리라 하시니라

8 고멜이 로루하마를 젖뗀 (後)후에 또 임신하여 아들을 낳으매

9 여호와께서 이르시되 그의 이름을 [2]로암미라 하라 너희는 내 (百姓)백성이 아니요 나는 너희 하나님이 되지 아니할 것임이니라

이스라엘이 회복되리라

10 ●그러나 이스라엘 (子孫)자손의 수가 바닷가의 모래 같이 되어서 헤아릴 수도 없고 셀 수도 없을 것이며 전에 그들에게 이르기를 너희는 내 백성이 아니라 한 그 곳에서 그들에게 이르기를 너희는 살아 계신 하나님의 아들들이라 할 것이라

11 이에 유다 (子孫)자손과 이스라엘 자손이 함께 모여 한 우두머리를 세우고 그 땅에서부터 올라오리니 이스르엘의 날이 클 것임이로다

2 너희 (兄弟)형제에게는 [3]암미라 하고 너희 자매에게는 [4]루하마라 하라

음란을 제거할지라

2 ●너희 어머니와 (論爭)논쟁하고 논쟁하라 그는 내 아내가 아니요 나는 그의 남편이 아니라 그가 그의 얼굴에서 음란을 제하게 하고 그 유방 사이에서 음행을 제하게

1) 긍휼히 여김을 받지 못하는 자 2) 내 백성이 아니라 3) 내 백성이라 4) 긍휼히 여김을 받는 자

하라
3 그렇지 아니하면 내가 그를 벌거
벗겨서 그 나던 날과 같게 할 것이
요 그로 (曠野)광야 같이 되게 하
며 마른 땅 같이 되게 하여 목말라
죽게 할 것이며
4 내가 그의 자녀를 긍휼히 여기지
아니하리니 이는 그들이 (淫亂)음
란한 자식들임이니라
5 그들의 어머니는 (淫行)음행하였
고 그들을 임신했던 자는 부끄러
운 일을 행하였나니 이는 그가 이
르기를 나는 나를 사랑하는 자들
을 따르리니 그들이 내 떡과 내 물
과 내 양털과 내 삼과 내 기름과
내 술들을 내게 준다 하였음이라
6 그러므로 내가 가시로 그 길을 막
으며 담을 쌓아 그로 그 길을 찾지
못하게 하리니
7 그가 그 사랑하는 자를 따라갈지
라도 미치지 못하며 그들을 찾을
지라도 만나지 못할 것이라 그제
야 그가 이르기를 내가 본 남편에
게로 돌아가리니 그 때의 내 (形
便)형편이 지금보다 나았음이라
하리라
8 ●(穀食)곡식과 새 포도주와 기름
은 내가 그에게 준 것이요 그들이
[1]바알을 위하여 쓴 은과 금도 내
가 그에게 더하여 준 것이거늘 그
가 알지 못하도다
9 그러므로 내가 내 곡식을 그것이
익을 (季節)계절에 도로 찾으며
내가 내 새 포도주를 그것이 맛 들
시기에 도로 찾으며 또 그들의 벌
거벗은 몸을 가릴 내 양털과 내 삼
을 빼앗으리라
10 이제 내가 그 (羞恥)수치를 그 사
랑하는 자의 눈 앞에 드러내리니
그를 내 손에서 건져낼 사람이 없
으리라
11 내가 그의 모든 희락과 (節期)절
기와 (月朔)월삭과 안식일과 모든
명절을 폐하겠고
12 그가 전에 이르기를 이것은 나를
사랑하는 자들이 내게 준 값이라
하던 그 포도나무와 (無花果)무화
과나무를 거칠게 하여 수풀이 되
게 하며 들짐승들에게 먹게 하리
라
13 그가 귀고리와 (佩物)패물로 장식
하고 그가 사랑하는 자를 따라가
서 나를 잊어버리고 향을 살라 바
알들을 섬긴 시일대로 내가 그에
게 벌을 주리라 여호와의 말씀이
니라

백성을 향한 여호와의 사랑

14 ●그러므로 보라 내가 그를 타일
러 거친 들로 데리고 가서 말로
(慰勞)위로하고
15 거기서 비로소 그의 포도원을 그
에게 주고 [2]아골 골짜기로 (所望)
소망의 문을 삼아 주리니 그가 거
기서 응대하기를 어렸을 때와 애
굽 땅에서 올라오던 날과 같이 하
리라
16 여호와께서 이르시되 그 날에 네
가 나를 내 (男便)남편이라 일컫
고 다시는 내 [3]바알이라 일컫지

1) 바알 우상을 만든 은과 금도 2) 환난 3) 주인

호

아니하리라
17 내가 바알들의 이름을 그의 입에
서 (除去)제거하여 다시는 그의
이름을 기억하여 부르는 일이 없
게 하리라
18 그 날에는 내가 그들을 위하여 들
짐승과 공중의 새와 땅의 곤충과
더불어 언약을 맺으며 또 이 땅에
서 활과 칼을 꺾어 (戰爭)전쟁을
없이하고 그들로 평안히 눕게 하
리라
19 내가 네게 장가 들어 영원히 살되
공의와 (正義)정의와 은총과 긍휼
히 여김으로 네게 장가 들며
20 (眞實)진실함으로 네게 장가 들리
니 네가 여호와를 알리라
21 ● 여호와께서 이르시되 그 날에
내가 (應答)응답하리라 나는 하늘
에 응답하고 하늘은 땅에 응답하
고
22 땅은 (穀食)곡식과 포도주와 기름
에 응답하고 또 이것들은 [1]이스르
엘에 응답하리라
23 내가 나를 위하여 그를 이 땅에 심
고 (矜恤)긍휼히 여김을 받지 못
하였던 자를 긍휼히 여기며 내 백
성 아니었던 자에게 향하여 이르
기를 너는 내 백성이라 하리니 그
들은 이르기를 주는 내 하나님이
시라 하리라 하시니라

호세아와 음녀가 된 여인

3 여호와께서 내게 이르시되 이
스라엘 자손이 다른 신을 섬기
고 건포도 과자를 즐길지라도 여
호와가 그들을 사랑하나니 너는
또 가서 타인의 사랑을 받아 음녀
가 된 그 (女子)여자를 사랑하라
하시기로
2 내가 (銀)은 열다섯 개와 보리 한
호멜 반으로 나를 위하여 그를 사
고
3 그에게 이르기를 너는 많은 날 동
안 나와 함께 지내고 (淫行)음행
하지 말며 다른 남자를 따르지 말
라 나도 네게 그리하리라 하였노
라
4 이스라엘 자손들이 많은 날 동안
왕도 없고 지도자도 없고 제사도
없고 (柱像)주상도 없고 에봇도
없고 드라빔도 없이 지내다가
5 그 후에 이스라엘 자손이 돌아와
서 그들의 하나님 여호와와 그들
의 왕 다윗을 찾고 마지막 날에는
여호와를 (敬畏)경외하므로 여호
와와 그의 은총으로 나아가리라

어머니를 멸하리라

4 이스라엘 자손들아 여호와의
말씀을 들으라 여호와께서 이
땅 주민과 (論爭)논쟁하시나니 이
땅에는 진실도 없고 인애도 없고
하나님을 아는 지식도 없고
2 오직 저주와 속임과 살인과 도둑
질과 간음뿐이요 (暴惡)포악하여
피가 피를 뒤이음이라
3 그러므로 이 땅이 슬퍼하며 거기
사는 자와 들짐승과 공중에 나는
새가 다 (衰殘)쇠잔할 것이요 바
다의 고기도 없어지리라
4 그러나 어떤 사람이든지 다투지도

1) 심으심

말며 (責望)책망하지도 말라 네
백성들이 제사장과 다투는 자처럼
되었음이니라
5 너는 낮에 넘어지겠고 너와 함께
있는 (先知者)선지자는 밤에 넘어
지리라 내가 네 어머니를 멸하리
라

여호와께서 백성과 제사장을 심판하시다

6 ● 내 백성이 지식이 없으므로 망
하는도다 네가 지식을 버렸으니
나도 너를 버려 내 (祭司長)제사
장이 되지 못하게 할 것이요 네가
네 하나님의 율법을 잊었으니 나
도 네 자녀들을 잊어버리리라
7 그들은 (蕃盛)번성할수록 내게 범
죄하니 내가 그들의 영화를 변하
여 욕이 되게 하리라
8 그들이 내 백성의 (贖罪祭物)속죄
제물을 먹고 그 마음을 그들의 죄
악에 두는도다
9 장차는 백성이나 제사장이나 동일
함이라 내가 그들의 (行實)행실대
로 벌하며 그들의 행위대로 갚으
리라
10 그들이 먹어도 배부르지 아니하며
음행하여도 (數爻)수효가 늘지 못
하니 이는 여호와를 버리고 따르
지 아니하였음이니라

이교 예배를 책망하시다

11 ● (淫行)음행과 묵은 포도주와 새
포도주가 마음을 빼앗느니라
12 내 백성이 나무에게 묻고 그 막대
기는 그들에게 고하나니 이는 그
들이 음란한 마음에 (迷惑)미혹되
어 하나님을 버리고 음행하였음이
니라
13 그들이 산 꼭대기에서 제사를 드
리며 작은 산 위에서 (焚香)분향
하되 참나무와 버드나무와 상수리
나무 아래에서 하니 이는 그 나무
그늘이 좋음이라 이러므로 너희
딸들은 (淫行)음행하며 너희 며느
리들은 간음을 행하는도다
14 너희 딸들이 음행하며 너희 며느
리들이 (姦淫)간음하여도 내가 벌
하지 아니하리니 이는 남자들도
창기와 함께 나가며 음부와 함께
희생을 드림이니라 깨닫지 못하는
백성은 망하리라
15 ● 이스라엘아 너는 음행하여도
유다는 죄를 (犯)범하지 못하게
할 것이라 너희는 길갈로 가지 말
며 벧아웬으로 올라가지 말며 여
호와의 사심을 두고 맹세하지 말
지어다
16 이스라엘은 (頑强)완강한 암소처
럼 완강하니 이제 여호와께서 어
린 양을 넓은 들에서 먹임 같이 그
들을 먹이시겠느냐
17 에브라임이 우상과 (聯合)연합하
였으니 버려 두라
18 그들이 마시기를 다 하고는 이어
서 (淫行)음행하였으며 그들은 부
끄러운 일을 좋아하느니라
19 바람이 그 날개로 그를 쌌나니 그
들이 그 (祭物)제물로 말미암아
부끄러운 일을 당하리라

우상 숭배를 경고하다

5 제사장들아 이를 들으라 이스
라엘 족속들아 깨달으라 왕족

호

들아 귀를 기울이라 너희에게 (審
判)심판이 있나니 너희가 미스바
에 대하여 올무가 되며 다볼 위에
친 그물이 됨이라
2 (悖逆者)패역자가 살육죄에 깊이
빠졌으매 내가 그들을 다 벌하노
라
3 에브라임은 내가 알고 이스라엘은
내게 숨기지 못하나니 에브라임아
이제 네가 (淫行)음행하였고 이스
라엘이 더러워졌느니라
4 그들의 (行爲)행위가 그들로 자기
하나님에게 돌아가지 못하게 하나
니 이는 음란한 마음이 그 속에 있
어 여호와를 알지 못하는 까닭이
라
5 이스라엘의 (驕慢)교만이 그 얼굴
에 드러났나니 그 죄악으로 말미
암아 이스라엘과 에브라임이 넘어
지고 유다도 그들과 함께 넘어지
리라
6 그들이 (羊)양 떼와 소 떼를 끌고
여호와를 찾으러 갈지라도 만나지
못할 것은 이미 그들에게서 떠나
셨음이라
7 그들이 여호와께 (貞操)정조를 지
키지 아니하고 사생아를 낳았으니
그러므로 새 달이 그들과 그 기업
을 함께 삼키리로다

유다와 이스라엘 사이의 전쟁

8 ● 너희가 기브아에서 뿔나팔을
불며 라마에서 (喇叭)나팔을 불며
벧아웬에서 외치기를 베냐민아 네
뒤를 쫓는다 할지어다

1) 싸움의 왕

9 벌하는 날에 에브라임이 (荒廢)황
폐할 것이라 내가 이스라엘 지파
중에서 반드시 있을 일을 보였노
라
10 유다 지도자들은 (境界標)경계표
를 옮기는 자 같으니 내가 나의 진
노를 그들에게 물 같이 부으리라
11 에브라임은 사람의 명령 뒤따르기
를 좋아하므로 학대를 받고 재판
의 (壓制)압제를 받는도다
12 그러므로 내가 에브라임에게는 좀
같으며 유다 (族屬)족속에게는 썩
이는 것 같도다
13 에브라임이 자기의 병을 깨달으며
유다가 자기의 (傷處)상처를 깨달
았고 에브라임은 앗수르로 가서 [1]
야렙 왕에게 사람을 보내었으나
그가 능히 너희를 고치지 못하겠
고 너희 상처를 낫게 하지 못하리
라
14 내가 에브라임에게는 (獅子)사자
같고 유다 족속에게는 젊은 사자
같으니 바로 내가 움켜갈지라 내
가 탈취하여 갈지라도 건져낼 자
가 없으리라
15 그들이 그 죄를 뉘우치고 내 얼굴
을 구하기까지 내가 내 곳으로 돌
아가리라 그들이 (苦難)고난 받을
때에 나를 간절히 구하리라

백성들의 불성실한 회개

6 오라 우리가 여호와께로 돌아
가자 여호와께서 우리를 찢으
셨으나 도로 낫게 하실 것이요 우
리를 치셨으나 싸매어 주실 것임
이라

2 여호와께서 이틀 (後)후에 우리를 살리시며 셋째 날에 우리를 일으키시리니 우리가 그의 앞에서 살리라
3 그러므로 우리가 여호와를 알자 힘써 여호와를 알자 그의 나타나심은 새벽 빛 같이 어김없나니 비와 같이, 땅을 적시는 늦은 비와 같이 우리에게 (臨)임하시리라 하니라
4 ●에브라임아 내가 네게 어떻게 하랴 유다야 내가 네게 어떻게 하랴 너희의 (仁愛)인애가 아침 구름이나 쉬 없어지는 이슬 같도다
5 그러므로 내가 (先知者)선지자들로 그들을 치고 내 입의 말로 그들을 죽였노니 내 (審判)심판은 빛처럼 나오느니라
6 나는 (仁愛)인애를 원하고 제사를 원하지 아니하며 번제보다 하나님을 아는 것을 원하노라
7 그들은 아담처럼 (言約)언약을 어기고 거기에서 나를 반역하였느니라
8 길르앗은 (惡)악을 행하는 자의 고을이라 피 발자국으로 가득 찼도다
9 (强盜)강도 떼가 사람을 기다림 같이 제사장의 무리가 세겜 길에서 살인하니 그들이 사악을 행하였느니라
10 내가 이스라엘 집에서 (可憎)가증한 일을 보았나니 거기서 에브라임은 음행하였고 이스라엘은 더럽혀졌느니라
11 또한 유다여 내가 내 백성의 사로잡힘을 돌이킬 때에 네게도 (秋收)추수할 일을 정하였느니라

왕궁 안의 반란

7 내가 이스라엘을 (治療)치료하려 할 때에 에브라임의 죄와 사마리아의 악이 드러나도다 그들은 거짓을 행하며 안으로 들어가 도둑질하고 밖으로 떼 지어 노략질하며

2 내가 모든 악을 (記憶)기억하였음을 그들이 마음에 생각하지 아니하거니와 이제 그들의 행위가 그들을 에워싸고 내 얼굴 앞에 있도다
3 그들이 그 악으로 왕을, 그 거짓말로 (指導者)지도자들을 기쁘게 하도다
4 그들은 다 (姦淫)간음하는 자라 과자 만드는 자에 의해 달궈진 화덕과 같도다 그가 반죽을 뭉침으로 발효되기까지만 불 일으키기를 그칠 뿐이니라
5 우리 왕의 날에 지도자들은 술의 뜨거움으로 병이 나며 왕은 (傲慢)오만한 자들과 더불어 악수하는도다
6 그들이 가까이 올 때에 그들의 마음은 (奸巧)간교하여 화덕 같으니 그들의 분노는 밤새도록 자고 아침에 피우는 불꽃 같도다
7 그들이 다 화덕 같이 뜨거워져서 그 (裁判長)재판장들을 삼키며 그들의 왕들을 다 엎드러지게 하며 그들 중에는 내게 부르짖는 자가

하나도 없도다

이스라엘과 여러 민족

8 ● 에브라임이 여러 민족 가운데
에 (混合)혼합되니 그는 곧 뒤집
지 않은 (煎餠)전병이로다
9 이방인들이 그의 힘을 삼켰으나
알지 못하고 백발이 (茂盛)무성할
지라도 알지 못하는도다
10 이스라엘의 (驕慢)교만은 그 얼굴
에 드러났나니 그들이 이 모든 일
을 당하여도 그들의 하나님 여호
와께로 돌아오지 아니하며 구하지
아니하도다
11 에브라임은 어리석은 비둘기 같이
(智慧)지혜가 없어서 애굽을 향하
여 부르짖으며 앗수르로 가는도다
12 그들이 갈 때에 내가 나의 그물을
그 위에 쳐서 공중의 새처럼 떨어
뜨리고 전에 그 (會衆)회중에 들
려 준 대로 그들을 징계하리라
13 화 있을진저 그들이 나를 떠나 그
릇 갔음이니라 (敗亡)패망할진저
그들이 내게 범죄하였음이니라 내
가 그들을 건져 주려 하나 그들이
나를 거슬러 거짓을 말하고
14 (誠心)성심으로 나를 부르지 아니
하였으며 오직 침상에서 슬피 부
르짖으며 곡식과 새 포도주로 말
미암아 모이며 나를 거역하는도다
15 내가 그들 팔을 (練習)연습시켜
힘 있게 하였으나 그들은 내게 대
하여 악을 꾀하는도다
16 그들은 돌아오나 높으신 자에게로
돌아오지 아니하니 속이는 활과
같으며 그들의 지도자들은 그 혀
의 거친 말로 말미암아 칼에 엎드
러지리니 이것이 애굽 땅에서 (嘲
弄)조롱거리가 되리라

우상 숭배를 책망하시다

8 나팔을 네 입에 댈지어다 원수
가 독수리처럼 여호와의 집에
덮치리니 이는 그들이 내 (言約)
언약을 어기며 내 율법을 범함이
로다
2 그들이 (將次)장차 내게 부르짖기
를 나의 하나님이여 우리 이스라
엘이 주를 아나이다 하리라
3 이스라엘이 이미 (善)선을 버렸으
니 원수가 그를 따를 것이라
4 그들이 왕들을 세웠으나 내게서
난 것이 아니며 그들이 지도자들
을 세웠으나 내가 모르는 바이며
그들이 또 그 은, 금으로 자기를
위하여 우상을 만들었나니 결국은
(破壞)파괴되고 말리라
5 사마리아여 네 송아지는 버려졌느
니라 내 진노가 무리를 향하여 타
오르나니 그들이 어느 때에야 (無
罪)무죄하겠느냐
6 이것은 이스라엘에서 나고 장인이
만든 것이라 참 신이 아니니 사마
리아의 송아지가 (散散)산산조각
이 나리라
7 그들이 바람을 심고 (狂風)광풍을
거둘 것이라 심은 것이 줄기가 없
으며 이삭은 열매를 맺지 못할 것
이요 혹시 맺을지라도 (異邦)이방
사람이 삼키리라
8 ● 이스라엘은 이미 삼켜졌은즉
이제 여러 나라 가운데에 있는 것

이 즐겨 쓰지 아니하는 그릇 같도
다
9 그들이 홀로 떨어진 들나귀처럼
앗수르로 갔고 에브라임이 값 주
고 사랑하는 자들을 얻었도다
10 그들이 여러 나라에게 값을 주었
을지라도 이제 내가 그들을 모으
리니 그들은 지도자의 임금이 지
워 준 짐으로 말미암아 쇠하기 (始
作)시작하리라
11 ● 에브라임은 죄를 위하여 (祭壇)
제단을 많이 만들더니 그 제단이
그에게 범죄하게 하는 것이 되었
도다
12 내가 그를 위하여 내 율법을 만 가
지로 기록하였으나 그들은 (異常)
이상한 것으로 여기도다
13 그들이 내게 고기를 제물로 드리
고 먹을지라도 여호와는 그것을
기뻐하지 아니하고 이제 그들의
죄악을 (記憶)기억하여 그 죄를
벌하리니 그들은 애굽으로 다시
가리라
14 이스라엘은 자기를 지으신 이를
잊어버리고 왕궁들을 세웠으며 유
다는 견고한 (城邑)성읍을 많이
쌓았으나 내가 그 성읍들에 불을
보내어 그 성들을 삼키게 하리라

형벌의 날 보응의 날

9 이스라엘아 너는 이방 사람처
럼 기뻐 뛰놀지 말라 네가 음행
하여 네 하나님을 떠나고 각 (打
作)타작 마당에서 음행의 값을 좋
아하였느니라
2 (打作)타작 마당이나 술틀이 그들
을 기르지 못할 것이며 새 포도주
도 떨어질 것이요
3 그들은 여호와의 땅에 (居住)거주
하지 못하며 에브라임은 애굽으로
다시 가고 앗수르에서 더러운 것
을 먹을 것이니라
4 그들은 여호와께 포도주를 부어
드리지 못하며 여호와께서 기뻐하
시는 바도 되지 못할 것이라 그들
의 제물은 애곡하는 자의 떡과 같
아서 그것을 먹는 자는 더러워지
나니 그들의 떡은 자기의 먹기에
만 (所用)소용될 뿐이라 여호와의
집에 드릴 것이 아님이니라
5 너희는 명절 날과 여호와의 (節
期)절기의 날에 무엇을 하겠느냐
6 보라 그들이 멸망을 피하여 갈지
라도 애굽은 그들을 모으고 놉은
그들을 장사하리니 그들의 은은
귀한 것이나 찔레가 덮을 것이요
그들의 (帳幕)장막 안에는 가시덩
굴이 퍼지리라
7 형벌의 날이 이르렀고 (報應)보응
의 날이 온 것을 이스라엘이 알지
라 선지자가 어리석었고 신에 감
동하는 자가 미쳤나니 이는 네 죄
악이 많고 네 원한이 큼이니라
8 에브라임은 나의 하나님과 함께
한 파수꾼이며 선지자는 모든 길
에 친 새 잡는 자의 그물과 같고
그의 하나님의 전에는 (怨恨)원한
이 있도다
9 그들은 기브아의 시대와 같이 심
히 (腐敗)부패한지라 여호와께서
그 악을 기억하시고 그 죄를 벌하

시리라

이스라엘의 죄와 하나님의 심판

10 ● 옛적에 내가 이스라엘을 만나
기를 (曠野)광야에서 포도를 만남
같이 하였으며 너희 조상들을 보
기를 (無花果)무화과나무에서 처
음 맺힌 첫 열매를 봄 같이 하였거
늘 그들이 바알브올에 가서 부끄
러운 우상에게 몸을 드림으로 저
희가 사랑하는 우상 같이 (可憎)
가증하여졌도다
11 에브라임의 영광이 새 같이 날아
가리니 (解産)해산하는 것이나 아
이 배는 것이나 임신하는 것이 없
으리라
12 혹 그들이 (子息)자식을 기를지라
도 내가 그 자식을 없이하여 한 사
람도 남기지 아니할 것이라 내가
그들을 떠나는 때에는 그들에게
화가 미치리로다
13 내가 보건대 에브라임은 아름다운
곳에 심긴 두로와 같으나 그 자식
들을 (殺人)살인하는 자에게로 끌
어내리로다
14 여호와여 그들에게 주소서 무엇을
주시려 하나이까 아이 배지 못하
는 (胎)태와 젖 없는 유방을 주시
옵소서
15 그들의 모든 악이 길갈에 있으므
로 내가 거기에서 그들을 미워하
였노라 그들의 행위가 악하므로
내 집에서 그들을 쫓아내고 다시
는 사랑하지 아니하리라 그들의
지도자들은 다 (叛逆)반역한 자니

1) 히, 그마림 2) 싸움의 왕

라
16 에브라임은 매를 맞아 그 뿌리가
말라 열매를 맺지 못하나니 비록
아이를 낳을지라도 내가 그 사랑
하는 (胎)태의 열매를 죽이리라
17 그들이 듣지 아니하므로 내 하나
님이 그들을 버리시리니 그들이
여러 나라 가운데에 떠도는 (者)
자가 되리라

하나님의 심판에 대한 선지자의 경고

10 이스라엘은 열매 맺는 무성
한 포도나무라 그 열매가
많을수록 제단을 많게 하며 그 땅
이 (繁榮)번영할수록 주상을 아름
답게 하도다
2 그들이 두 마음을 품었으니 이제
벌을 받을 것이라 하나님이 그 (祭
壇)제단을 쳐서 깨뜨리시며 그
(柱像)주상을 허시리라
3 그들이 이제 이르기를 우리가 여
호와를 두려워하지 아니하므로 우
리에게 (王)왕이 없거니와 왕이
우리를 위하여 무엇을 하리요 하
리로다
4 ● 그들이 헛된 말을 내며 거짓
(盟誓)맹세로 언약을 세우니 그
재판이 밭이랑에 돋는 독초 같으
리로다
5 사마리아 주민이 벧아웬의 송아지
로 말미암아 두려워할 것이라 그
백성이 슬퍼하며 그것을 기뻐하던
[1]제사장들도 슬퍼하리니 이는 그
의 (榮光)영광이 떠나감이며
6 그 송아지는 앗수르로 옮겨다가
(禮物)예물로 [2]야렙 왕에게 드리

리니 에브라임은 수치를 받을 것
이요 이스라엘은 자기들의 계책을
부끄러워할 것이며
7 사마리아 왕은 물 위에 있는 거품
같이 (滅亡)멸망할 것이며
8 이스라엘의 죄 곧 아웬의 (山堂)
산당은 파괴되어 가시와 찔레가
그 제단 위에 날 것이니 그 때에
그들이 산더러 우리를 가리라 할
것이요 작은 산더러 우리 위에 무
너지라 하리라

이스라엘에게 징계를 선언하시다

9 ●이스라엘아 네가 기브아 시대
로부터 범죄하더니 (只今)지금까
지 죄를 짓는구나 그러니 범죄한
자손들에 대한 전쟁이 어찌 기브
아에서 일어나지 않겠느냐
10 내가 원하는 때에 그들을 (懲戒)
징계하리니 그들이 두 가지 죄에
걸릴 때에 (萬民)만민이 모여서
그들을 치리라
11 에브라임은 마치 길들인 암소 같
아서 (穀食)곡식 밟기를 좋아하나
내가 그의 아름다운 목에 멍에를
메우고 에브라임 위에 사람을 태
우리니 유다가 밭을 갈고 야곱이
흙덩이를 깨뜨리리라
12 ●너희가 자기를 위하여 (公義)공
의를 심고 인애를 거두라 너희 묵
은 땅을 기경하라 지금이 곧 여호
와를 찾을 때니 마침내 여호와께
서 오사 공의를 비처럼 너희에게
내리시리라
13 너희는 악을 밭 갈아 죄를 거두고
거짓 열매를 먹었나니 이는 네가
네 길과 네 용사의 많음을 (依賴)
의뢰하였음이라
14 그러므로 너희 백성 중에 (擾亂)
요란함이 일어나며 네 산성들이
다 무너지되 살만이 전쟁의 날에
벧아벨을 무너뜨린 것 같이 될 것
이라 그 때에 어머니와 자식이 함
께 부서졌도다
15 너희의 큰 악으로 말미암아 벧엘
이 이같이 너희에게 행하리니 이
스라엘 왕이 새벽에 (丁寧)정녕
망하리로다

백성을 버리지 않으시는 하나님

11 이스라엘이 어렸을 때에 내
가 사랑하여 내 아들을 애굽
에서 불러냈거늘
2 선지자들이 그들을 부를수록 그들
은 점점 멀리하고 바알들에게 (祭
祀)제사하며 아로새긴 우상 앞에
서 (焚香)분향하였느니라
3 그러나 내가 에브라임에게 걸음을
가르치고 내 팔로 안았음에도 내
가 그들을 고치는 줄을 그들은 알
지 못하였도다
4 내가 사람의 줄 곧 사랑의 줄로 그
들을 이끌었고 그들에게 (對)대하
여 그 목에서 멍에를 벗기는 자 같
이 되었으며 그들 앞에 먹을 것을
두었노라
5 ●그들은 애굽 땅으로 되돌아 가
지 못하겠거늘 내게 돌아 오기를
싫어하니 앗수르 사람이 그 임금
이 될 것이라
6 칼이 그들의 성읍들을 치며 빗장
을 깨뜨려 없이하리니 이는 그들

의 (計策)계책으로 말미암음이니
라
7 내 (百姓)백성이 끝끝내 내게서 물
러가나니 비록 그들을 불러 위에
계신 이에게로 돌아오라 할지라도
일어나는 자가 하나도 없도다
8 ●에브라임이여 내가 어찌 너를
놓겠느냐 이스라엘이여 내가 어
찌 너를 버리겠느냐 내가 어찌 너
를 아드마 같이 놓겠느냐 어찌 너
를 스보임 같이 두겠느냐 내 마음
이 내 속에서 돌이키어 나의 긍휼
이 (穩全)온전히 불붙듯 하도다
9 내가 나의 (猛烈)맹렬한 진노를
나타내지 아니하며 내가 다시는
에브라임을 멸하지 아니하리니 이
는 내가 하나님이요 사람이 아님
이라 네 가운데 있는 거룩한 이니
진노함으로 네게 임하지 아니하리
라
10 그들은 (獅子)사자처럼 소리를 내
시는 여호와를 따를 것이라 여호
와께서 소리를 내시면 자손들이
서쪽에서부터 떨며 오되
11 그들은 애굽에서부터 새 같이, 앗
수르에서부터 비둘기 같이 떨며
오리니 내가 그들을 그들의 집에
머물게 하리라 나 여호와의 말이
니라

하나님께로 돌아오라

12 ●에브라임은 거짓으로, 이스라
엘 족속은 속임수로 나를 에워쌌
고 유다는 하나님 곧 (信實)신실
하시고 거룩하신 자에게 대하여
정함이 없도다

12

에브라임은 바람을 먹으며
동풍을 따라가서 (終日)종
일토록 거짓과 포학을 더하여 앗
수르와 계약을 맺고 기름을 애굽
에 보내도다
2 여호와께서 유다와 (論爭)논쟁하
시고 야곱을 그 행실대로 벌하시
며 그의 행위대로 그에게 보응하
시리라
3 야곱은 모태에서 그의 (兄)형의
발뒤꿈치를 잡았고 또 힘으로는
하나님과 겨루되
4 (天使)천사와 겨루어 이기고 울며
그에게 간구하였으며 하나님은 벧
엘에서 그를 만나셨고 거기에서
우리에게 말씀하셨나니
5 여호와는 만군의 하나님이시라 여
호와는 그를 (記憶)기억하게 하는
이름이니라
6 그런즉 너의 하나님께로 돌아와서
(仁愛)인애와 정의를 지키며 항상
너의 하나님을 바랄지니라

거짓 저울을 쓰는 에브라임

7 ●그는 (商人)상인이라 손에 거짓
저울을 가지고 속이기를 좋아하는
도다
8 에브라임이 말하기를 나는 실로
부자라 내가 재물을 얻었는데 내
가 수고한 모든 것 중에서 죄라 할
만한 (不義)불의를 내게서 찾아
낼 자 없으리라 하거니와
9 네가 애굽 땅에 있을 때부터 나는
네 하나님 여호와니라 내가 너로
다시 장막에 거주하게 하기를 명
(名節)명절날에 하던 것 같게 하

리라
10 내가 여러 선지자에게 말하였고
이상을 많이 보였으며 선지자들을
통하여 (譬喩)비유를 베풀었노라
11 길르앗은 불의한 것이냐 (果然)과
연 그러하다 그들은 거짓되도다
길갈에서는 무리가 수송아지로 제
사를 드리며 그 제단은 밭이랑에
쌓인 돌무더기 같도다
12 야곱이 아람의 들로 (逃亡)도망하
였으며 이스라엘이 아내를 얻기
위하여 사람을 섬기며 아내를 얻
기 위하여 양을 쳤고
13 여호와께서는 한 선지자로 이스라
엘을 애굽에서 인도하여 내셨고
이스라엘이 한 선지자로 (保護)보
호 받았거늘
14 에브라임이 (激怒)격노하게 함이
극심하였으니 그의 주께서 그의
피로 그의 위에 머물러 있게 하시
며 그의 수치를 그에게 돌리시리
라

바알로 말미암아 범죄한 에브라임

13 에브라임이 [1]말을 하면 사
람들이 떨었도다 그가 이스
라엘 중에서 (自己)자기를 높이더
니 바알로 말미암아 범죄하므로
망하였거늘
2 이제도 그들은 더욱 범죄하여 그
은으로 자기를 위하여 우상을 부
어 만들되 자기의 정교함을 따라
우상을 만들었으며 그것은 다 (銀
匠色)은장색이 만든 것이거늘 그
들은 그것에 대하여 말하기를 제
사를 드리는 자는 송아지와 입을
맞출 것이라 하도다
3 이러므로 그들은 아침 구름 같으
며 쉬 사라지는 이슬 같으며 (打
作)타작마당에서 (狂風)광풍에 날
리는 쭉정이 같으며 굴뚝에서 나
가는 연기 같으리라
4 ●그러나 애굽 땅에 있을 때부터
나는 네 하나님 여호와라 나 밖에
네가 다른 신을 알지 말 것이라 나
외에는 (救援者)구원자가 없느니
라
5 내가 (曠野)광야 마른 땅에서 너
를 알았거늘
6 그들이 먹여 준 대로 배가 불렀
고 배가 부르니 그들의 마음이 (驕
慢)교만하여 이로 말미암아 나를
잊었느니라
7 그러므로 내가 그들에게 (獅子)사
자 같고 길 가에서 기다리는 표범
같으니라
8 내가 새끼 잃은 곰 같이 그들을 만
나 그의 염통 꺼풀을 찢고 거기서
암사자 같이 그들을 삼키리라 들
짐승이 그들을 찢으리라
9 ●이스라엘아 네가 패망하였나니
이는 너를 도와 주는 나를 (對敵)
대적함이니라
10 전에 네가 이르기를 내게 왕과 지
도자들을 주소서 하였느니라 네
모든 성읍에서 너를 구원할 자 곧
네 왕이 이제 어디 있으며 네 (裁
判長)재판장들이 어디 있느냐
11 내가 (憤怒)분노하므로 네게 왕을
주고 진노하므로 폐하였노라

1) 떪으로 말할 때에

12 에브라임의 불의가 (封緘)봉함되
었고 그 죄가 저장되었나니
13 (解産)해산하는 여인의 어려움이
그에게 임하리라 그는 지혜 없는
자식이로다 해산할 때가 되어도
그가 나오지 못하느니라
14 내가 그들을 스올의 권세에서 속
량하며 사망에서 (救贖)구속하리
니 사망아 네 재앙이 어디 있느냐
스올아 네 멸망이 어디 있느냐 뉘
우침이 내 눈 앞에서 숨으리라
15 ●그가 비록 형제 중에서 (結實)
결실하나 동풍이 오리니 곧 광야
에서 일어나는 여호와의 바람이
라 그의 (根源)근원이 마르며 그
의 샘이 마르고 그 쌓아 둔 바 모
든 보배의 그릇이 약탈되리로다
16 사마리아가 그들의 하나님을 (背
叛)배반하였으므로 형벌을 당하
여 칼에 엎드러질 것이요 그 어린
아이는 부서뜨려지며 아이 밴 여
인은 배가 갈라지리라

이스라엘을 향한 호세아의 호소

14 이스라엘아 네 하나님 여호
와께로 돌아오라 네가 (不
義)불의함으로 말미암아 엎드러
졌느니라
2 너는 말씀을 가지고 여호와께로
돌아와서 아뢰기를 모든 (不義)불
의를 제거하시고 선한 바를 받으
소서 우리가 수송아지를 대신하여
입술의 열매를 주께 드리리이다
3 우리가 앗수르의 구원을 (依支)의
지하지 아니하며 말을 타지 아니
하며 다시는 우리의 손으로 만든
것을 향하여 너희는 우리의 신이
라 하지 아니하오리니 이는 고아
가 주로 말미암아 긍휼을 얻음이
니이다 할지니라

여호와의 진노가 떠나다

4 ●내가 그들의 반역을 고치고 기
쁘게 그들을 사랑하리니 나의 (震
怒)진노가 그에게서 떠났음이니
라
5 내가 이스라엘에게 이슬과 같으리
니 그가 (白合花)백합화 같이 피
겠고 레바논 백향목 같이 뿌리가
박힐 것이라
6 그의 가지는 퍼지며 그의 아름다
움은 감람나무와 같고 그의 향기
는 레바논 (柏香木)백향목 같으리
니
7 그 그늘 아래에 거주하는 자가 돌
아올지라 그들은 (穀食)곡식 같이
풍성할 것이며 포도나무 같이 꽃
이 필 것이며 그 향기는 레바논의
포도주 같이 되리라
8 에브라임의 말이 내가 다시 우상
과 무슨 (相關)상관이 있으리요
할지라 내가 그를 돌아보아 대답
하기를 나는 푸른 잣나무 같으니
네가 나로 말미암아 열매를 얻으
리라 하리라

여호와의 도

9 ●누가 (智慧)지혜가 있어 이런
일을 깨달으며 누가 (聰明)총명이
있어 이런 일을 알겠느냐 여호와
의 (道)도는 정직하니 의인은 그
길로 다니거니와 그러나 죄인은
그 길에 걸려 넘어지리라

요엘 Joel

1 브두엘의 아들 요엘에게 (臨)임
한 여호와의 말씀이

농사를 망친 농부들의 애곡

2 ●늙은 자들아 너희는 이것을 들
을지어다 땅의 모든 (住民)주민들
아 너희는 귀를 기울일지어다 너
희의 날에나 너희 조상들의 날에
이런 일이 있었느냐
3 너희는 이 일을 너희 자녀에게 말
하고 너희 자녀는 자기 자녀에게
말하고 그 자녀는 (後世)후세에
말할 것이니라
4 팥중이가 남긴 것을 메뚜기가 먹
고 메뚜기가 남긴 것을 느치가 먹
고 느치가 남긴 것을 (蝗蟲)황충
이 먹었도다
5 ●(醉)취하는 자들아 너희는 깨어
울지어다 포도주를 마시는 자들아
너희는 울지어다 이는 단 포도주
가 너희 입에서 끊어졌음이니
6 다른 한 (民族)민족이 내 땅에 올
라왔음이로다 그들은 강하고 수가
많으며 그 이빨은 사자의 이빨 같
고 그 어금니는 암사자의 어금니
같도다
7 그들이 내 포도나무를 멸하며 내
(無花果)무화과나무를 긁어 말갛
게 벗겨서 버리니 그 모든 가지가
하얗게 되었도다
8 ●너희는 (處女)처녀가 어렸을 때
에 약혼한 남자로 말미암아 굵은
베로 동이고 애곡함 같이 할지어
다
9 소제와 (奠祭)전제가 여호와의 성
전에서 끊어졌고 여호와께 수종드
는 제사장은 슬퍼하도다
10 밭이 (荒蕪)황무하고 토지가 마르
니 곡식이 떨어지며 새 포도주가
말랐고 기름이 다하였도다
11 (農夫)농부들아 너희는 부끄러워
할지어다 포도원을 가꾸는 자들아
(哭)곡할지어다 이는 밀과 보리
때문이라 밭의 (所産)소산이 다
없어졌음이로다
12 포도나무가 시들었고 무화과나무
가 말랐으며 (石榴)석류나무와 대
추나무와 사과나무와 밭의 모든
나무가 다 시들었으니 이러므로
사람의 즐거움이 말랐도다
13 ●제사장들아 너희는 굵은 베로
동이고 슬피 울지어다 제단에 수
종드는 자들아 너희는 울지어다
내 하나님께 (隨從)수종드는 자들
아 너희는 와서 굵은 베 옷을 입고
밤이 새도록 누울지어다 이는 (素
祭)소제와 (奠祭)전제를 너희 하
나님의 성전에 드리지 못함이로다
14 너희는 (禁食日)금식일을 정하고
성회를 소집하여 장로들과 이 땅
의 모든 주민들을 너희 하나님 여
호와의 성전으로 모으고 여호와께
부르짖을지어다
15 슬프다 그 날이여 여호와의 날이
가까웠나니 곧 멸망 같이 (全能
者)전능자에게로부터 이르리로다
16 먹을 것이 우리 눈 앞에 끊어지지

아니하였느냐 기쁨과 즐거움이 우
리 하나님의 (聖殿)성전에서 끊어
지지 아니하였느냐
17 씨가 흙덩이 아래에서 썩어졌고
(倉庫)창고가 비었고 곳간이 무너
졌으니 이는 곡식이 시들었음이로
다
18 (家畜)가축이 울부짖고 소 떼가
소란하니 이는 꼴이 없음이라 양
떼도 피곤하도다
19 여호와여 내가 주께 부르짖으오니
불이 (牧場)목장의 풀을 살랐고
불꽃이 들의 모든 나무를 살랐음
이니이다
20 들짐승도 주를 (向)향하여 헐떡거
리오니 시내가 다 말랐고 들의 풀
이 불에 탔음이니이다

여호와의 날을 경고하는 메뚜기 떼

2 시온에서 나팔을 불며 나의 거
룩한 산에서 경고의 소리를 질
러 이 땅 주민들로 다 떨게 할지니
이는 여호와의 날이 이르게 됨이
니라 이제 (臨迫)임박하였으니
2 곧 어둡고 캄캄한 날이요 짙은 구
름이 덮인 날이라 새벽 빛이 산 꼭
대기에 덮인 것과 같으니 이는 많
고 강한 백성이 이르렀음이라 이
와 같은 것이 옛날에도 없었고 (以
後)이후에도 대대에 없으리로다
3 불이 그들의 앞을 사르며 불꽃이
그들의 뒤를 태우니 그들의 예전
의 땅은 에덴 동산 같았으나 그들
의 나중의 땅은 (荒廢)황폐한 들
같으니 그것을 피한 자가 없도다
4 ●그의 모양은 말 같고 그 달리는
것은 [1](騎兵)기병 같으며
5 그들이 산 꼭대기에서 뛰는 소리
는 병거 소리와도 같고 불꽃이 검
불을 사르는 소리와도 같으며 강
한 (軍士)군사가 줄을 벌이고 싸
우는 것 같으니
6 그 앞에서 (百姓)백성들이 질리
고, 무리의 낯빛이 하얘졌도다
7 그들이 (勇士)용사 같이 달리며
(武士)무사 같이 성을 기어 오르
며 각기 자기의 길로 나아가되 그
줄을 이탈하지 아니하며
8 (彼此)피차에 부딪치지 아니하고
각기 자기의 길로 나아가며 무기
를 돌파하고 나아가나 [2]상하지 아
니하며
9 성중에 뛰어 들어가며 성 위에 달
리며 집에 기어 오르며 도둑 같이
(窓)창으로 들어가니
10 그 앞에서 땅이 (震動)진동하며
하늘이 떨며 해와 달이 캄캄하며
별들이 빛을 거두도다
11 여호와께서 그의 군대 앞에서 소
리를 지르시고 그의 (陣營)진영은
심히 크고 그의 명령을 행하는 자
는 강하니 여호와의 날이 크고 심
히 두렵도다 당할 자가 누구이랴

여호와께로 돌아올지어다

12 ●여호와의 말씀에 너희는 이제
라도 (禁食)금식하고 울며 애통하
고 마음을 다하여 내게로 돌아오
라 하셨나니
13 너희는 옷을 찢지 말고 마음을 찢
고 너희 하나님 여호와께로 돌아

1) 전마 2) 끊치지 아니하며

울지어다 그는 은혜로우시며 (慈
悲)자비로우시며 노하기를 더디
하시며 인애가 크시사 뜻을 돌이
켜 재앙을 내리지 아니하시나니
14 주께서 (或是)혹시 마음과 뜻을
돌이키시고 그 뒤에 복을 내리사
너희 하나님 여호와께 소제와 전
제를 드리게 하지 아니하실는지
누가 알겠느냐
15 ● 너희는 시온에서 나팔을 불어
거룩한 금식일을 정하고 (聖會)성
회를 소집하라
16 백성을 모아 그 모임을 거룩하게
하고 장로들을 모으며 어린이와
젖 먹는 자를 모으며 신랑을 그 방
에서 나오게 하며 신부도 그 (新
房)신방에서 나오게 하고
17 여호와를 섬기는 제사장들은 (廊
室)낭실과 제단 사이에서 울며 이
르기를 여호와여 주의 백성을 불
쌍히 여기소서 주의 기업을 욕되
게 하여 [1]나라들로 그들을 (管轄)
관할하지 못하게 하옵소서 어찌하
여 이방인으로 그들의 하나님이
어디 있느냐 말하게 하겠나이까
할지어다

이른 비와 늦은 비를 적당하게 주시다

18 ● 그 때에 여호와께서 자기의 땅
을 (極盡)극진히 사랑하시어 그의
백성을 불쌍히 여기[2]실 것이라
19 여호와께서 그들에게 응답하여 이
르시기를 내가 너희에게 곡식과
새 포도주와 기름을 주리니 너희
가 이로 말미암아 (洽足)흡족하리
라 내가 다시는 너희가 나라들 가
운데에서 욕을 당하지 않게 할 것
이며
20 내가 북쪽 군대를 너희에게서 멀
리 떠나게 하여 메마르고 (寂寞)
적막한 땅으로 쫓아내리니 그 앞
의 부대는 동해로, 그 뒤의 부대는
서해로 들어갈 것이라 상한 냄새
가 일어나고 악취가 오르리니 이
는 큰 일을 행하였음이니라 하[3]시
리라
21 ● 땅이여 두려워하지 말고 기뻐
하며 즐거워할지어다 여호와께서
큰 일을 (行)행하셨음이로다
22 들짐승들아 두려워하지 말지어다
들의 풀이 싹이 나며 나무가 열매
를 맺으며 무화과나무와 포도나무
가 다 힘을 내는도다
23 시온의 자녀들아 너희는 너희 하
나님 여호와로 말미암아 기뻐하며
즐거워할지어다 그가 너희를 위하
여 비를 내리시되 이른 비를 너희
에게 (適當)적당하게 주시리니 이
른 비와 늦은 비가 예전과 같을 것
이라
24 마당에는 밀이 가득하고 독에는
새 (葡萄酒)포도주와 기름이 넘치
리로다
25 내가 전에 너희에게 보낸 큰 군대
곧 메뚜기와 느치와 (蝗蟲)황충과
팥중이가 먹은 햇수대로 너희에게
갚아 주리니
26 너희는 먹되 (豊足)풍족히 먹고
너희에게 놀라운 일을 행하신 너

1) 이방의 조롱거리가 되지 말게 하옵소서 2) 히, 과거사를 썼음 3) 히, 과거사를 썼음

희 하나님 여호와의 이름을 찬송
할 것이라 내 백성이 영원히 (羞
恥)수치를 당하지 아니하리로다
27 그런즉 내가 이스라엘 가운데에
있어 너희 하나님 여호와가 되고
다른 이가 없는 줄을 너희가 알 것
이라 내 백성이 (永遠)영원히 수
치를 당하지 아니하리로다

내 영을 만민에게 부어 주리니

28 ● 그 후에 내가 내 영을 [1]만민에
게 부어 주리니 너희 자녀들이 장
래 일을 말할 것이며 너희 늙은이
는 꿈을 꾸며 너희 젊은이는 (異
像)이상을 볼 것이며
29 그 때에 내가 또 내 (靈)영을 남종
과 여종에게 부어 줄 것이며
30 내가 (異蹟)이적을 하늘과 땅에
베풀리니 곧 피와 불과 연기 기둥
이라
31 여호와의 크고 두려운 날이 이르
기 전에 해가 어두워지고 달이 핏
빛 같이 (變)변하려니와
32 누구든지 여호와의 이름을 부르는
자는 (救援)구원을 얻으리니 이는
나 여호와의 말대로 시온 산과 예
루살렘에서 피할 자가 있을 것임
이요 남은 자 중에 나 여호와의 부
름을 받을 자가 있을 것임이니라

여호와께서 민족들을 심판하시다

3 보라 그 날 곧 내가 유다와 예
루살렘 가운데에서 사로잡힌
자를 돌아오게 할 그 때에
2 내가 만국을 모아 데리고 여호사
밧 골짜기에 내려가서 내 백성 곧

1) 모든 육체

내 기업인 이스라엘을 위하여 거
기에서 그들을 (審問)심문하리니
이는 그들이 이스라엘을 나라들
가운데에 흩어 버리고 나의 땅을
나누었음이며
3 또 제비 뽑아 내 백성을 끌어 가서
소년을 기생과 바꾸며 (少女)소녀
를 술과 바꾸어 마셨음이니라
4 두로와 시돈과 블레셋 (四方)사방
아 너희가 나와 무슨 상관이 있느
냐 너희가 내게 (報復)보복하겠느
냐 만일 내게 보복하면 너희가 보
복하는 것을 내가 신속히 너희 머
리에 돌리리니
5 곧 너희가 내 은과 금을 빼앗고 나
의 진기한 (寶物)보물을 너희 신
전으로 가져갔으며
6 또 유다 자손과 예루살렘 자손들
을 헬라 족속에게 팔아서 그들의
(領土)영토에서 멀리 떠나게 하였
음이니라
7 보라 내가 그들을 너희가 팔아 이
르게 한 곳에서 일으켜 나오게 하
고 너희가 (行)행한 것을 너희 머
리에 돌려서
8 너희 (子女)자녀를 유다 자손의
손에 팔리니 그들은 다시 먼 나라
스바 사람에게 팔리라 여호와께서
말씀하셨느니라
9 ● 너희는 모든 민족에게 이렇게
널리 선포할지어다 너희는 전쟁을
준비하고 (勇士)용사를 (激勵)격
려하고 병사로 다 가까이 나아와
서 올라오게 할지어다
10 너희는 보습을 쳐서 칼을 만들지

어다 낫을 쳐서 (槍)창을 만들지
어다 약한 자도 이르기를 나는
(强)강하다 할지어다
11 사면의 민족들아 너희는 (速)속히
와서 모일지어다 여호와여 주의
용사들로 그리로 내려오게 하옵소
서
12 민족들은 일어나서 여호사밧 골
짜기로 올라올지어다 내가 거기
에 앉아서 사면의 민족들을 다 (審
判)심판하리로다
13 너희는 낫을 쓰라 곡식이 익었도
다 와서 밟을지어다 포도주 틀이
가득히 차고 포도주 독이 넘치니
그들의 (惡)악이 큼이로다

여호와께서 백성들에게 복을 주시다

14 ●사람이 많음이여, (審判)심판의
골짜기에 사람이 많음이여, 심판
의 골짜기에 여호와의 날이 가까
움이로다
15 해와 달이 캄캄하며 별들이 그 빛
을 거두도다
16 여호와께서 시온에서 부르짖고 예
루살렘에서 목소리를 내시리니 하
늘과 땅이 (震動)진동하리로다 그
러나 여호와께서 그의 백성의 피
난처, 이스라엘 자손의 산성이 되
시리로다
17 그런즉 너희가 나는 내 성산 시온
에 사는 너희 하나님 여호와인 줄
알 것이라 예루살렘이 거룩하리니
다시는 (異邦)이방 사람이 그 가
운데로 통행하지 못하리로다
18 ●그 날에 산들이 단 포도주를 떨
어뜨릴 것이며 작은 산들이 젖을
흘릴 것이며 유다 모든 시내가 물
을 흘릴 것이며 여호와의 (聖殿)
성전에서 샘이 흘러 나와서 싯딤
골짜기에 대리라
19 그러나 애굽은 (荒蕪地)황무지가
되겠고 에돔은 황무한 들이 되리
니 이는 그들이 유다 자손에게 포
악을 행하여 무죄한 피를 그 땅에
서 흘렸음이니라
20 유다는 (永遠)영원히 있겠고 예루
살렘은 대대로 있으리라
21 내가 전에는 그들의 피흘림 (當)
당한 것을 [1]갚아 주지 아니하였거
니와 이제는 [1]갚아 주리니 이는
여호와께서 시온에 (居)거하심이
니라

1) 정결하게

아모스 Amos

1 유다 왕 웃시야의 시대 곧 이스
라엘 왕 요아스의 아들 여로보
암의 시대 (地震)지진 전 이년에
드고아 목자 중 아모스가 이스라
엘에 대하여 이상으로 받은 말씀
이라
2 ●그가 이르되 여호와께서 시온
에서부터 부르짖으시며 예루살렘
에서부터 소리를 내시리니 목자의
(草場)초장이 마르고 갈멜 산 꼭
대기가 마르리로다

이스라엘 이웃 나라들에 내리신 벌

3 ●여호와께서 이와 같이 말씀하
시되 다메섹의 서너 가지 죄로 말
미암아 내가 그 벌을 돌이키지 아
니하리니 이는 그들이 철 (打作
機)타작기로 타작하듯 길르앗을
압박하였음이라
4 내가 하사엘의 집에 불을 보내리
니 벤하닷의 (宮闕)궁궐들을 사르
리라
5 내가 다메섹의 빗장을 꺾으며 [1]아
웬 골짜기에서 그 (住民)주민들을
끊으며 [2]벧에덴에서 규 잡은 자를
끊으리니 아람 백성이 사로잡혀
기르에 이르리라 여호와께서 말씀
하셨느니라
6 ●여호와께서 이와 같이 말씀하
시되 가사의 서너 가지 죄로 말미
암아 내가 그 (罰)벌을 돌이키지
아니하리니 이는 그들이 모든 사
로잡은 자를 끌어 에돔에 넘겼음
이라
7 내가 가사 성에 불을 보내리니 그
(宮闕)궁궐들을 사르리라
8 내가 또 아스돗에서 그 주민들과
아스글론에서 (圭)규를 잡은 자를
끊고 또 손을 돌이켜 에그론을 치
리니 블레셋의 남아 있는 자가 멸
망하리라 주 여호와께서 말씀하셨
느니라
9 ●여호와께서 이와 같이 말씀하
시되 두로의 서너 가지 죄로 말미
암아 내가 그 벌을 돌이키지 아니
하리니 이는 그들이 그 (兄弟)형
제의 계약을 기억하지 아니하고
모든 사로잡은 자를 에돔에 넘겼
음이라
10 내가 두로 (城)성에 불을 보내리
니 그 궁궐들을 사르리라
11 ●여호와께서 이와 같이 말씀하
시되 에돔의 서너 가지 죄로 말미
암아 내가 그 벌을 돌이키지 아니
하리니 이는 그가 칼로 그의 형제
를 쫓아가며 (矜恤)긍휼을 버리며
항상 맹렬히 화를 내며 (憤)분을
끝없이 품었음이라
12 내가 데만에 불을 보내리니 보스
라의 (宮闕)궁궐들을 사르리라
13 ●여호와께서 이와 같이 말씀하
시되 암몬 자손의 서너 가지 죄로
말미암아 내가 그 벌을 돌이키지
아니하리니 이는 그들이 자기 (地
境)지경을 넓히고자 하여 길르앗
의 아이 밴 여인의 배를 갈랐음이

1) 우상 숭배하는 2) 에덴 집

니라
14 내가 랍바 성에 불을 놓아 그 (宮
闕)궁궐들을 사르되 (戰爭)전쟁의
날에 외침과 회오리바람의 날에
폭풍으로 할 것이며
15 그들의 (王)왕은 그 지도자들과
함께 사로잡혀 가리라 여호와께서
말씀하셨느니라

2 여호와께서 이와 같이 말씀하
시되 모압의 서너 가지 죄로 말
미암아 내가 그 (罰)벌을 돌이키
지 아니하리니 이는 그가 에돔 왕
의 뼈를 불살라 재를 만들었음이
라
2 내가 모압에 불을 보내리니 그리
욧 (宮闕)궁궐들을 사르리라 모압
이 (擾亂)요란함과 외침과 나팔
소리 중에서 죽을 것이라
3 내가 그 중에서 (裁判長)재판장을
멸하며 지도자들을 그와 함께 죽
이리라 여호와께서 말씀하시니라

유다에 내리신 벌

4 ● 여호와께서 이와 같이 말씀하
시되 유다의 서너 가지 죄로 말미
암아 내가 그 벌을 돌이키지 아니
하리니 이는 그들이 여호와의 (律
法)율법을 (蔑視)멸시하며 그 율
례를 지키지 아니하고 그의 조상
들이 따라가던 [1]거짓 것에 (迷惑)
미혹되었음이라
5 내가 유다에 불을 보내리니 예루
살렘의 (宮闕)궁궐들을 사르리라

이스라엘에 내리신 벌

6 ● 여호와께서 이와 같이 말씀하
시되 이스라엘의 서너 가지 죄로
말미암아 내가 그 벌을 돌이키지
아니하리니 이는 그들이 은을 받
고 (義人)의인을 팔며 신 한 켤레
를 받고 가난한 자를 팔며
7 힘 없는 자의 머리를 티끌 먼지 속
에 발로 밟고 (軟弱)연약한 자의
길을 굽게 하며 아버지와 아들이
한 젊은 여인에게 다녀서 내 거룩
한 이름을 더럽히며
8 모든 제단 옆에서 (典當)전당 잡
은 옷 위에 누우며 그들의 신전에
서 벌금으로 얻은 포도주를 마심
이니라
9 ● 내가 아모리 사람을 그들 앞에
서 멸하였나니 그 키는 (柏香木)
백향목 높이와 같고 강하기는 상
수리나무 같으나 내가 그 위의 열
매와 그 아래의 뿌리를 진멸하였
느니라
10 내가 너희를 애굽 땅에서 이끌어
내어 사십 년 동안 광야에서 (引
導)인도하고 아모리 사람의 땅을
너희가 차지하게 하였고
11 또 너희 아들 중에서 (先知者)선
지자를, 너희 (靑年)청년 중에서
나실인을 일으켰나니 이스라엘 자
손들아 과연 그렇지 아니하냐 이
는 여호와의 말씀이니라
12 그러나 너희가 나실 사람으로 포
도주를 마시게 하며 또 (先知者)
선지자에게 명령하여 (豫言)예언
하지 말라 하였느니라
13 ● 보라 (穀食)곡식 단을 가득히
실은 수레가 흙을 누름 같이 내가

1) 우상

너희를 누르리니
14 빨리 달음박질하는 자도 도망할
수 없으며 강한 자도 자기 힘을 낼
수 없으며 (勇士)용사도 자기 목
숨을 구할 수 없으며
15 활을 가진 자도 설 수 없으며 발이
빠른 자도 피할 수 없으며 말 타는
자도 자기 목숨을 (救)구할 수 없
고
16 (勇士)용사 가운데 그 마음이 굳
센 자도 그 날에는 벌거벗고 도망
하리라 여호와의 말씀이니라

여호와의 말씀을 받은 선지자

3 이스라엘 자손들아 여호와께서
너희에 대하여 이르시는 이 말
씀을 들으라 애굽 땅에서 (引導)
인도하여 올리신 모든 족속에 대
하여 이르시기를
2 내가 땅의 모든 (族屬)족속 가운
데 너희만을 알았나니 그러므로
내가 너희 모든 죄악을 너희에게
(報應)보응하리라 하셨나니
3 두 사람이 뜻이 같지 않은데 어찌
(同行)동행하겠으며
4 (獅子)사자가 움킨 것이 없는데
어찌 수풀에서 부르짖겠으며 젊은
사자가 잡은 것이 없는데 어찌 굴
에서 소리를 내겠느냐
5 덫을 땅에 놓지 않았는데 새가 어
찌 거기 치이겠으며 잡힌 것이 없
는데 덫이 어찌 땅에서 튀겠느냐
6 (城邑)성읍에서 나팔이 울리는데
백성이 어찌 두려워하지 아니하겠
으며 여호와의 행하심이 없는데
재앙이 어찌 성읍에 임하겠느냐
7 주 여호와께서는 자기의 (秘密)비
밀을 그 종 선지자들에게 보이지
아니하시고는 결코 행하심이 없으
시리라
8 사자가 부르짖은즉 누가 두려워하
지 아니하겠느냐 주 여호와께서
말씀하신즉 누가 (豫言)예언하지
아니하겠느냐

사마리아에 내리신 벌

9 ●아스돗의 궁궐들과 애굽 땅의
궁궐들에 선포하여 이르기를 너희
는 사마리아 산들에 모여 그 성 중
에서 얼마나 큰 요란함과 (虐待)
학대함이 있나 보라 하라
10 자기 (宮闕)궁궐에서 (暴虐)포학
과 (劫奪)겁탈을 쌓는 자들이 바
른 일 행할 줄을 모르느니라 여호
와의 말씀이니라
11 그러므로 주 여호와께서 이와 같
이 말씀하시되 이 땅 사면에 대적
이 있어 네 힘을 쇠하게 하며 네
궁궐을 (掠奪)약탈하리라
12 여호와께서 이와 같이 말씀하시되
목자가 사자 입에서 양의 두 다리
나 귀 조각을 건져냄과 같이 사마
리아에서 침상 모서리에나 걸상의
(方席)방석에 앉은 이스라엘 자손
도 건져냄을 입으리라
13 ●주 여호와 만군의 하나님의 말
씀이니라 너희는 듣고 야곱의 족
속에게 (證言)증언하라
14 내가 이스라엘의 모든 죄를 (報
應)보응하는 날에 벧엘의 제단들
을 (罰)벌하여 그 제단의 뿔들을
꺾어 땅에 떨어뜨리고

15 겨울 궁과 여름 궁을 치리니 상아
궁들이 (破壞)파괴되며 큰 궁들이
무너지리라 여호와의 말씀이니라

4 사마리아의 산에 있는 바산의
암소들아 이 말을 들으라 너희
는 힘 없는 자를 (虐待)학대하며
가난한 자를 (壓制)압제하며 가장
에게 이르기를 술을 가져다가 우
리로 마시게 하라 하는도다
2 주 여호와께서 자기의 거룩함을
두고 (盟誓)맹세하시되 때가 너희
에게 이를지라 사람이 갈고리로
너희를 끌어 가며 낚시로 너희의
남은 자들도 그리하리라
3 너희가 성 무너진 데를 (通)통하
여 각기 앞으로 바로 나가서 하르
몬에 던져지리라 여호와의 말씀이
니라

돌아오지 아니하는 백성 이스라엘

4 ●너희는 벧엘에 가서 범죄하며
길갈에 가서 죄를 더하며 아침마
다 너희 (犧牲)희생을, 삼일마다
너희 (十一條)십일조를 드리며
5 누룩 넣은 것을 불살라 (酬恩祭)
수은제로 드리며 낙헌제를 소리내
어 선포하려무나 이스라엘 자손들
아 이것이 너희가 기뻐하는 바니
라 주 여호와의 말씀이니라
6 ●또 내가 너희 모든 성읍에서 너
희 이를 깨끗하게 하며 너희의 각
(處所)처소에서 양식이 떨어지게
하였으나 너희가 내게로 돌아오지
아니하였느니라 여호와의 말씀이
니라
7 또 (秋收)추수하기 석 달 전에 내
가 너희에게 비를 멈추게 하여 어
떤 성읍에는 내리고 어떤 성읍에
는 내리지 않게 하였더니 땅 한 부
분은 비를 얻고 한 부분은 비를 얻
지 못하여 말랐으매
8 두 세 성읍 사람이 어떤 성읍으로
비틀거리며 물을 마시러 가서 (滿
足)만족하게 마시지 못하였으나
너희가 내게로 돌아오지 아니하였
느니라 여호와의 말씀이니라
9 내가 곡식을 마르게 하는 재앙과
깜부기 (災殃)재앙으로 너희를 쳤
으며 팥중이로 너희의 많은 동산
과 포도원과 무화과나무와 감람나
무를 다 먹게 하였으나 너희가 내
게로 돌아오지 아니하였느니라 여
호와의 말씀이니라
10 내가 너희 중에 전염병 보내기를
애굽에서 한 것처럼 하였으며 칼
로 너희 청년들을 죽였으며 너희
말들을 (擄掠)노략하게 하며 너희
진영의 (惡臭)악취로 코를 찌르게
하였으나 너희가 내게로 돌아오지
아니하였느니라 여호와의 말씀이
니라
11 내가 너희 중의 (城邑)성읍 무너
뜨리기를 하나님인 내가 소돔과
고모라를 무너뜨림 같이 하였으므
로 너희가 불붙는 가운데서 빼낸
나무 조각 같이 되었으나 너희가
내게로 돌아오지 아니하였느니라
여호와의 말씀이니라
12 ●그러므로 이스라엘아 내가 이
와 같이 네게 (行)행하리라 내가
이것을 네게 행하리니 이스라엘아

네 하나님 만나기를 준비하라
13 보라 산들을 지으며 바람을 (創
造)창조하며 자기 뜻을 사람에게
보이며 아침을 어둡게 하며 땅의
높은 데를 밟는 이는 그의 이름이
(萬軍)만군의 하나님 여호와시니
라

애가

5 이스라엘 족속아 내가 너희에
게 대하여 (哀歌)애가로 지은
이 말을 들으라
2 (處女)처녀 이스라엘이 엎드러졌
음이여 다시 일어나지 못하리로다
자기 땅에 던지움이여 일으킬 자
없으리로다
3 주 여호와께서 이와 같이 말씀하
시되 이스라엘 중에서 천 명이 (行
軍)행군해 나가던 성읍에는 백 명
만 남고 백 명이 행군해 나가던 성
읍에는 열 명만 남으리라 하셨느
니라

여호와를 찾으라

4 ● 여호와께서 이스라엘 (族屬)족
속에게 이와 같이 말씀하시기를
너희는 나를 찾으라 그리하면 살
리라
5 벧엘을 찾지 말며 길갈로 들어가
지 말며 브엘세바로도 나아가지
말라 길갈은 반드시 사로잡히겠고
벧엘은 (悲慘)비참하게 될 것임이
라 하셨나니
6 너희는 여호와를 찾으라 그리하면
살리라 그렇지 않으면 그가 불 같
이 요셉의 집에 임하여 (滅)멸하
시리니 벧엘에서 그 불들을 끌 자
가 없으리라
7 (正義)정의를 쓴 쑥으로 바꾸며
공의를 땅에 던지는 자들아
8 묘성과 (參星)삼성을 만드시며 사
망의 그늘을 아침으로 바꾸시고
낮을 어두운 밤으로 바꾸시며 바
닷물을 불러 지면에 쏟으시는 이
를 찾으라 그의 이름은 여호와시
니라
9 그가 강한 자에게 갑자기 (敗亡)
패망이 이르게 하신즉 그 패망이
산성에 미치느니라
10 무리가 성문에서 (責望)책망하는
자를 미워하며 정직히 말하는 자
를 싫어하는도다
11 너희가 힘없는 자를 밟고 그에게
서 밀의 (不當)부당한 세를 거두
었은즉 너희가 비록 다듬은 돌로
집을 건축하였으나 거기 거주하
지 못할 것이요 아름다운 포도원
을 가꾸었으나 그 포도주를 마시
지 못하리라
12 너희의 허물이 많고 죄악이 무거
움을 내가 아노라 너희는 (義人)
의인을 학대하며 뇌물을 받고 성
문에서 가난한 자를 억울하게 하
는 자로다
13 그러므로 이런 때에 지혜자가 (潛
潛)잠잠하나니 이는 악한 때임이
니라
14 ● 너희는 살려면 선을 구하고 악
을 구하지 말지어다 (萬軍)만군의
하나님 여호와께서 너희의 말과
같이 너희와 함께 하시리라
15 너희는 악을 미워하고 선을 사랑

하며 성문에서 정의를 세울지어다
(萬軍)만군의 하나님 여호와께서
혹시 요셉의 남은 자를 불쌍히 여
기시리라
16 ● 그러므로 주 만군의 하나님 여
호와께서 이와 같이 말씀하시기를
사람이 모든 (廣場)광장에서 울겠
고 모든 거리에서 슬프도다 슬프
도다 하겠으며 농부를 불러다가
애곡하게 하며 울음꾼을 불러다가
울게 할 것이며
17 모든 (葡萄園)포도원에서도 울리
니 이는 내가 너희 가운데로 지나
갈 것임이라 여호와의 말씀이니라
18 ● 화 있을진저 여호와의 날을 (思
慕)사모하는 자여 너희가 어찌하
여 여호와의 날을 사모하느냐 그
날은 어둠이요 빛이 아니라
19 마치 사람이 사자를 (避)피하다가
곰을 만나거나 혹은 집에 들어가
서 손을 벽에 대었다가 뱀에게 물
림 같도다
20 여호와의 날은 빛 없는 어둠이 아
니며 빛남 없는 캄캄함이 아니냐
21 ● 내가 너희 (節期)절기들을 미워
하여 멸시하며 너희 성회들을 기
뻐하지 아니하나니
22 너희가 내게 번제나 (素祭)소제를
드릴지라도 내가 받지 아니할 것
이요 너희의 살진 희생의 화목제
도 내가 돌아보지 아니하리라
23 네 노랫소리를 내 앞에서 그칠지
어다 네 (琵琶)비파 소리도 내가
듣지 아니하리라
24 오직 정의를 물 같이, (公義)공의
를 마르지 않는 강 같이 흐르게 할
지어다
25 이스라엘 족속아 너희가 사십 년
동안 광야에서 희생과 (素祭物)소
제물을 내게 드렸느냐
26 너희가 너희 왕 식굿과 기윤과 너
희 (偶像)우상들과 너희가 너희를
위하여 만든 신들의 별 (形象)형
상을 지고 가리라
27 내가 너희를 다메섹 밖으로 사로
잡혀 가게 하리라 그의 이름이 (萬
軍)만군의 하나님이라 불리우는
여호와께서 말씀하셨느니라

이스라엘의 멸망

6 화 있을진저 시온에서 (驕慢)교
만한 자와 사마리아 산에서 마
음이 든든한 자 곧 백성들의 머리
인 지도자들이여 이스라엘 집이
그들을 따르는도다
2 너희는 갈레로 건너가 보고 거기
에서 큰 하맛으로 가고 또 블레셋
사람의 가드로 내려가라 너희가
이 나라들보다 나으냐 그 (領土)
영토가 너희 영토보다 넓으냐
3 너희는 (凶)흉한 날이 멀다 하여
포악한 자리로 가까워지게 하고
4 상아 상에 누우며 (寢牀)침상에서
기지개 켜며 양 떼에서 어린 양과
우리에서 송아지를 잡아서 먹고
5 비파 소리에 맞추어 노래를 지절
거리며 다윗처럼 자기를 위하여
악기를 (製造)제조하며
6 대접으로 포도주를 마시며 귀한
기름을 몸에 바르면서 요셉의 (患
難)환난에 대하여는 근심하지 아

니하는 자로다
7 그러므로 그들이 이제는 사로잡히
는 (者)자 중에 앞서 사로잡히리
니 기지개 켜는 (者)자의 떠드는
소리가 그치리라
8 만군의 하나님 여호와의 말씀이니
라 주 여호와가 당신을 두고 맹세
하셨노라 내가 야곱의 (榮光)영광
을 싫어하며 그 궁궐들을 미워하
므로 이 성읍과 거기에 가득한 것
을 원수에게 넘기리라 하셨느니라
9 한 집에 열 사람이 남는다 하여도
다 죽을 것이라
10 죽은 사람의 친척 곧 그 (屍體)시
체를 불사를 자가 그 뼈를 집 밖으
로 가져갈 때에 그 집 깊숙한 곳에
있는 자에게 묻기를 아직 더 있느
냐 하면 대답하기를 없다 하리니
그가 또 말하기를 잠잠하라 우리
가 여호와의 이름을 부르지 못할
것이라 하리라
11 보라 여호와께서 명령하시므로
(打擊)타격을 받아 큰 집은 갈라
지고 작은 집은 터지리라
12 ●말들이 어찌 바위 위에서 달리
겠으며 소가 어찌 거기서 밭 갈겠
느냐 그런데 너희는 (正義)정의를
쓸개로 바꾸며 공의의 열매를 쓴
쑥으로 바꾸며
13 (虛無)허무한 것을 기뻐하며 이르
기를 우리는 우리의 힘으로 뿔들
을 취하지 아니하였느냐 하는도다
14 만군의 하나님 여호와의 말씀이니
라 이스라엘 족속아 내가 한 나라
를 일으켜 너희를 치리니 그들이
하맛 어귀에서부터 아라바 시내까
지 너희를 (虐待)학대하리라 하셨
느니라

첫째, 메뚜기 재앙

7 주 여호와께서 내게 보이신 것
이 이러하니라 왕이 풀을 벤 후
풀이 다시 움돋기 (始作)시작할
때에 주께서 메뚜기를 지으시매
2 메뚜기가 땅의 풀을 다 먹은지라
내가 이르되 주 여호와여 청하건
대 사하소서 야곱이 (微弱)미약하
오니 어떻게 서리이까 하매
3 여호와께서 이에 (對)대하여 뜻을
돌이키셨으므로 이것이 이루어지
지 아니하리라 여호와께서 말씀하
셨느니라

둘째, 불

4 ●주 여호와께서 또 내게 보이신
것이 이러하니라 주 여호와께서
명령하여 불로 (懲罰)징벌하게 하
시니 불이 큰 바다를 삼키고 육지
까지 먹으려 하는지라
5 이에 내가 이르되 주 여호와여 청
하건대 그치소서 야곱이 (微弱)미
약하오니 어떻게 서리이까 하매
6 (主)주 여호와께서 이에 대하여
뜻을 돌이켜 주 여호와께서 이르
시되 이것도 이루지 아니하리라
하시니라

셋째, 다림줄

7 ●또 내게 보이신 것이 이러하니
라 다림줄을 가지고 쌓은 담 곁에
(主)주께서 손에 다림줄을 잡고
서셨더니
8 여호와께서 내게 이르시되 아모스

야 네가 무엇을 보느냐 내가 대답
하되 다림줄이니이다 주께서 이르
시되 내가 다림줄을 내 백성 이스
라엘 가운데 두고 다시는 (容恕)
용서하지 아니하리니
9 이삭의 산당들이 (荒廢)황폐되며
이스라엘의 성소들이 파괴될 것이
라 내가 일어나 칼로 여로보암의
집을 치리라 하시니라

아모스와 아마샤의 대결

10 ●때에 벧엘의 제사장 아마샤가
이스라엘의 왕 여로보암에게 보내
어 이르되 이스라엘 족속 중에 아
모스가 왕을 (謀叛)모반하나니 그
모든 말을 이 땅이 견딜 수 없나이
다
11 아모스가 말하기를 여로보암은 칼
에 죽겠고 이스라엘은 반드시 사
로잡혀 그 땅에서 떠나겠다 하나
이다
12 아마샤가 또 아모스에게 이르되
(先見者)선견자야 너는 유다 땅으
로 도망하여 가서 거기에서나 떡
을 먹으며 거기에서나 예언하고
13 다시는 벧엘에서 (豫言)예언하지
말라 이는 왕의 (聖所)성소요 나
라의 궁궐임이니라
14 아모스가 아마샤에게 대답하여 이
르되 나는 선지자가 아니며 선지
자의 아들도 아니라 나는 (牧者)
목자요 뽕나무를 재배하는 자로서
15 양 떼를 따를 때에 여호와께서 나
를 데려다가 여호와께서 내게 이
르시기를 가서 내 백성 이스라엘
에게 (豫言)예언하라 하셨나니
16 이제 너는 여호와의 말씀을 들을
지니라 네가 이르기를 이스라엘
에 대하여 예언하지 말며 이삭의
집을 향하여 (警告)경고하지 말라
하므로
17 여호와께서 이와 같이 말씀하시
기를 네 아내는 성읍 가운데서 (娼
女)창녀가 될 것이요 네 자녀들은
칼에 엎드러지며 네 땅은 측량하
여 나누어질 것이며 너는 더러운
땅에서 죽을 것이요 이스라엘은
반드시 사로잡혀 그의 땅에서 떠
나리라 하셨느니라

넷째, 여름 과일 한 광주리

8 (主)주 여호와께서 내게 이와
같이 보이셨느니라 보라 [1]여름
과일 한 광주리이니라
2 그가 말씀하시되 아모스야 네가
무엇을 보느냐 내가 이르되 여름
과일 한 광주리니이다 하매 여호
와께서 내게 이르시되 내 (百姓)
백성 이스라엘의 끝이 이르렀은즉
내가 다시는 그를 용서하지 아니
하리니
3 그 날에 궁전의 노래가 (哀哭)애
곡으로 변할 것이며 곳곳에 시체
가 많아서 사람이 잠잠히 그 시체
들을 내어버리리라 주 여호와의
말씀이니라
4 ●가난한 자를 삼키며 땅의 힘없
는 자를 (亡)망하게 하려는 자들
아 이 말을 들으라
5 너희가 이르기를 (月朔)월삭이 언
제 지나서 우리가 곡식을 팔며 안

1) 히, 여름 과일이란 말과 끝이란 말의 음이 같음

식일이 언제 지나서 우리가 밀을
내게 할꼬 에바를 작게 하고 세겔
을 크게 하여 거짓 저울로 속이며
6 (銀)은으로 힘없는 자를 사며 신
한 켤레로 가난한 자를 사며 찌꺼
기 밀을 팔자 하는도다
7 여호와께서 야곱의 영광을 두고
맹세하시되 내가 그들의 모든 행
위를 (絕對)절대로 잊지 아니하리
라 하셨나니
8 이로 말미암아 땅이 떨지 않겠으
며 그 가운데 모든 주민이 (哀痛)
애통하지 않겠느냐 온 땅이 강의
넘침 같이 솟아오르며 애굽 강 같
이 뛰놀다가 낮아지리라
9 주 여호와의 말씀이니라 그 날에
내가 해를 대낮에 지게 하여 (白
晝)백주에 땅을 캄캄하게 하며
10 너희 절기를 애통으로, 너희 모든
노래를 (哀哭)애곡으로 변하게 하
며 모든 사람에게 굵은 베로 허리
를 동이게 하며 모든 머리를 대머
리가 되게 하며 (獨子)독자의 죽
음으로 말미암아 애통하듯 하게
하며 결국은 곤고한 날과 같게 하
리라
11 ●주 여호와의 말씀이니라 보라
날이 이를지라 내가 (饑饉)기근을
땅에 보내리니 양식이 없어 주림
이 아니며 물이 없어 갈함이 아니
요 여호와의 말씀을 듣지 못한 (飢
渴)기갈이라
12 사람이 이 바다에서 저 바다까지,
북쪽에서 동쪽까지 비틀거리며 여
호와의 말씀을 (求)구하려고 돌아
다녀도 얻지 못하리니
13 그 날에 아름다운 (處女)처녀와
젊은 남자가 다 갈하여 쓰러지리
라
14 사마리아의 죄된 우상을 두고 맹
세하여 이르기를 단아 네 신들이
살아 있음을 두고 (盟誓)맹세하노
라 하거나 브엘세바가 위하는 것
이 살아 있음을 두고 맹세하노라
하는 사람은 엎드러지고 다시 일
어나지 못하리라

다섯째, 범죄한 나라를 멸하리라

9 내가 보니 주께서 (祭壇)제단
곁에 서서 이르시되 기둥 머리
를 쳐서 문지방이 움직이게 하며
그것으로 부서져서 무리의 머리에
떨어지게 하라 내가 그 남은 자를
칼로 죽이리니 그 중에서 한 사람
도 도망하지 못하며 그 중에서 한
사람도 피하지 못하리라
2 그들이 파고 스올로 들어갈지라도
내 손이 거기에서 붙잡아 낼 것이
요 하늘로 올라갈지라도 내가 거
기에서 붙잡아 내릴 것이며
3 갈멜 산 꼭대기에 숨을지라도 내
가 거기에서 찾아낼 것이요 내 눈
을 (避)피하여 바다 밑에 숨을지
라도 내가 거기에서 뱀을 명령하
여 물게 할 것이요
4 그 (怨讐)원수 앞에 사로잡혀 갈
지라도 내가 거기에서 칼을 명령
하여 죽이게 할 것이라 내가 그들
에게 주목하여 화를 내리고 복을
내리지 아니하리라 하시니라
5 ●주 만군의 여호와는 땅을 만져

녹게 하사 거기 거주하는 자가 애
통하게 하시며 그 온 땅이 (江)강
의 넘침 같이 솟아 오르며 애굽 강
같이 낮아지게 하시는 이요
6 그의 궁전을 하늘에 세우시며 그
궁창의 (基礎)기초를 땅에 두시며
바닷물을 불러 지면에 쏟으시는
이니 그 이름은 여호와시니라
7 ●여호와의 말씀이니라 이스라엘
(子孫)자손들아 너희는 내게 구스
족속 같지 아니하냐 내가 이스라
엘을 애굽 땅에서, 블레셋 사람을
갑돌에서, 아람 사람을 기르에서
올라오게 하지 아니하였느냐
8 보라 주 여호와의 눈이 (犯罪)범
죄한 나라를 (注目)주목하노니 내
가 그것을 지면에서 멸하리라 그
러나 야곱의 집은 온전히 멸하지
는 아니하리라 여호와의 말씀이니
라
9 보라 내가 명령하여 이스라엘 족
속을 (萬國)만국 중에서 체질하기
를 체로 체질함 같이 하려니와 그
한 알갱이도 땅에 떨어지지 아니
하리라
10 내 백성 중에서 말하기를 화가 우
리에게 미치지 아니하며 이르지
아니하리라 하는 모든 (罪人)죄인
은 칼에 죽으리라

이스라엘의 회복

11 ●그 날에 내가 다윗의 무너진
(帳幕)장막을 일으키고 그것들의
틈을 막으며 그 허물어진 것을 일
으켜서 옛적과 같이 세우고
12 그들이 에돔의 남은 자와 내 이름
으로 일컫는 만국을 (基業)기업으
로 얻게 하리라 이 일을 행하시는
여호와의 말씀이니라
13 여호와의 말씀이니라 보라 날이
이를지라 그 때에 (播種)파종하는
자가 곡식 추수하는 자의 뒤를 이
으며 포도를 밟는 자가 씨 뿌리는
자의 뒤를 이으며 산들은 단 포도
주를 흘리며 작은 산들은 녹으리
라
14 내가 내 백성 이스라엘이 사로잡
힌 것을 돌이키리니 그들이 황폐
한 성읍을 건축하여 거주하며 포
도원들을 가꾸고 그 포도주를 마
시며 (果園)과원들을 만들고 그
열매를 먹으리라
15 내가 그들을 그들의 땅에 심으리
니 그들이 내가 준 땅에서 다시 뽑
히지 아니하리라 네 하나님 여호
와의 말씀이니라

오바댜 Obadiah

1 오바댜의 묵시라

여호와께서 에돔을 심판하시다

●주 여호와께서 에돔에 대하여
이와 같이 말씀하시니라 우리가
여호와께로 말미암아 (消息)소식
을 들었나니 곧 (使者)사자가 나
라들 가운데에 보내심을 받고 이
르기를 너희는 일어날지어다 우리
가 일어나서 그와 싸우자 하는 것
이니라
2 보라 내가 너를 나라들 가운데에
매우 작게 하였으므로 네가 크게
(蔑視)멸시를 받느니라
3 너의 마음의 (驕慢)교만이 너를
속였도다 바위 틈에 거주하며 높
은 곳에 사는 자여 네가 마음에 이
르기를 누가 능히 나를 땅에 끌어
내리겠느냐 하니
4 네가 독수리처럼 높이 오르며 별
사이에 깃들일지라도 내가 거기에
서 너를 끌어내리리라 여호와의
말씀이니라
5 혹시 도둑이 네게 이르렀으며 (强
盜)강도가 밤중에 네게 이르렀을
지라도 만족할 만큼 훔치면 그치
지 아니하였겠느냐 혹시 포도를
따는 자가 네게 이르렀을지라도
그것을 얼마쯤 남기지 아니하였겠
느냐 네가 어찌 그리 망하였는고
6 에서가 어찌 그리 수탈되었으며
그 감춘 (寶物)보물이 어찌 그리
빼앗겼는고
7 너와 (約條)약조한 모든 자들이
다 너를 쫓아 변경에 이르게 하며
너와 (和睦)화목하던 자들이 너를
속여 이기며 네 먹을 것을 먹는 자
들이 네 아래에 (陷穽)함정을 파
니 네 마음에 지각이 없음이로다
8 여호와의 말씀이니라 그 날에 내
가 에돔에서 지혜 있는 자를 멸하
며 에서의 산에서 (知覺)지각 있
는 자를 멸하지 아니하겠느냐
9 드만아 네 (勇士)용사들이 놀랄
것이라 이로 말미암아 에서의 산
에 있는 사람은 다 죽임을 당하여
멸절되리라

에돔의 죄

10 ●네가 네 형제 야곱에게 행한 포
학으로 말미암아 부끄러움을 당하
고 영원히 (滅絕)멸절되리라
11 네가 멀리 섰던 날 곧 (異邦人)이
방인이 그의 재물을 빼앗아 가며
외국인이 그의 성문에 들어가서
예루살렘을 얻기 위하여 제비 뽑
던 날에 너도 그들 중 한 사람 같
았느니라
12 네가 형제의 날 곧 그 재앙의 날에
(傍觀)방관할 것이 아니며 유다
자손이 패망하는 날에 기뻐할 것
이 아니며 그 고난의 날에 네가 입
을 크게 벌릴 것이 아니며
13 내 백성이 환난을 당하는 날에 네
가 그 성문에 들어가지 않을 것이
며 환난을 당하는 날에 네가 그 고
난을 (傍觀)방관하지 않을 것이며
환난을 당하는 날에 네가 그 재물

에 손을 대지 않을 것이며
14 네거리에 서서 그 (逃亡)도망하는
자를 막지 않을 것이며 (苦難)고
난의 날에 그 남은 자를 원수에게
넘기지 않을 것이니라

여호와께서 만국을 벌하실 날

15 ● 여호와께서 만국을 (罰)벌할 날
이 가까웠나니 네가 행한 대로 너
도 받을 것인즉 네가 행한 것이 네
머리로 돌아갈 것이라
16 너희가 내 성산에서 마신 것 같이
만국인이 항상 마시리니 곧 마시
고 삼켜서 (本來)본래 없던 것 같
이 되리라

여호와께 속할 나라

17 ● 오직 시온 산에서 피할 자가 있
으리니 그 산이 거룩할 것이요 야
곱 (族屬)족속은 자기 기업을 누
릴 것이며
18 야곱 (族屬)족속은 불이 될 것이
며 요셉 족속은 불꽃이 될 것이요
에서 족속은 지푸라기가 될 것이
라 그들이 그들 위에 붙어서 그들
을 불사를 것인즉 에서 족속에 남
은 자가 없으리니 여호와께서 말
씀하셨음이라
19 그들이 네겝과 에서의 산과 (平
地)평지와 블레셋을 얻을 것이요
또 그들이 에브라임의 들과 사마
리아의 들을 얻을 것이며 베냐민
은 길르앗을 얻을 것이며
20 사로잡혔던 이스라엘의 많은 자손
은 가나안 사람에게 (屬)속한 이
땅을 사르밧까지 얻을 것이며 예
루살렘에서 사로잡혔던 자들 곧
스바랏에 있는 자들은 네겝의 성
읍들을 얻을 것이니라
21 구원 받은 자들이 시온 산에 올라
와서 에서의 산을 (審判)심판하리
니 나라가 여호와께 속하리라

요나 Jonah

요나가 여호와를 피하여 달아나다

1 여호와의 말씀이 아밋대의 아들
요나에게 (臨)임하니라 이르시
되
2 너는 일어나 저 큰 (城邑)성읍 니
느웨로 가서 그것을 향하여 외치
라 그 (惡毒)악독이 내 앞에 (上
達)상달되었음이니라 하시니라
3 그러나 요나가 여호와의 얼굴을
피하려고 일어나 다시스로 (逃亡)
도망하려 하여 욥바로 내려갔더니
마침 다시스로 가는 배를 만난지
라 여호와의 얼굴을 피하여 그들
과 함께 다시스로 가려고 배삯을
주고 배에 올랐더라
4 ●여호와께서 큰 바람을 바다 위
에 내리시매 바다 가운데에 큰 (暴
風)폭풍이 일어나 배가 거의 깨지
게 된지라
5 (沙工)사공들이 두려워하여 각각
자기의 신을 부르고 또 배를 가볍
게 하려고 그 가운데 물건들을 바
다에 던지니라 그러나 요나는 배
밑층에 내려가서 누워 깊이 잠이
든지라
6 (船長)선장이 그에게 가서 이르되
자는 자여 어찌함이냐 일어나서
네 하나님께 구하라 혹시 하나님
이 우리를 생각하사 망하지 아니
하게 하시리라 하니라
7 그들이 서로 이르되, 자 우리가 제
비를 뽑아 이 (災殃)재앙이 누구
로 말미암아 우리에게 임하였나
알아 보자 하고 곧 제비를 뽑으니
제비가 요나에게 뽑힌지라
8 무리가 그에게 이르되 청하건대
이 재앙이 누구 때문에 우리에게
임하였는가 말하라 네 (生業)생업
이 무엇이며 네가 어디서 왔으며
네 나라가 어디며 어느 민족에 속
하였느냐 하니
9 그가 (對答)대답하되 나는 히브리
사람이요 바다와 육지를 지으신
하늘의 하나님 여호와를 (敬畏)경
외하는 자로라 하고
10 자기가 여호와의 얼굴을 피함인
줄을 그들에게 말하였으므로 무리
가 알고 (甚)심히 두려워하여 이
르되 네가 어찌하여 그렇게 행하
였느냐 하니라
11 ●바다가 점점 (洶湧)흉용한지라
무리가 그에게 이르되 우리가 너
를 어떻게 하여야 바다가 우리를
위하여 잔잔하겠느냐 하니
12 그가 대답하되 나를 들어 바다에
던지라 그리하면 바다가 너희를
위하여 잔잔하리라 너희가 이 큰
(暴風)폭풍을 만난 것이 나 때문
인 줄을 내가 아노라 하니라
13 그러나 그 사람들이 힘써 노를 저
어 배를 육지로 돌리고자 하다가
바다가 그들을 향하여 점점 더 (洶
湧)흉용하므로 능히 못한지라
14 무리가 여호와께 부르짖어 이르
되 여호와여 구하고 구하오니 이
사람의 (生命)생명 때문에 우리를

(滅亡)멸망시키지 마옵소서 (無
罪)무죄한 피를 우리에게 돌리지
마옵소서 주 여호와께서는 주의
뜻대로 행하심이니이다 하고
15 요나를 들어 바다에 던지매 바다
가 뛰노는 것이 곧 그친지라
16 그 사람들이 여호와를 크게 두려
워하여 여호와께 제물을 드리고
(誓願)서원을 하였더라

요나의 기도

17 ● 여호와께서 이미 큰 물고기를
(豫備)예비하사 요나를 삼키게 하
셨으므로 요나가 밤낮 삼 일을 물
고기 뱃속에 있으니라

2

요나가 물고기 뱃속에서 그의
하나님 여호와께 (祈禱)기도하
여
2 이르되
내가 받는 (苦難)고난으로 말미
암아 여호와께 불러 아뢰었더니
주께서 내게 대답하셨고 내가 [1)]
스올의 뱃속에서 부르짖었더니
주께서 내 음성을 들으셨나이다
3 주께서 나를 깊음 속 바다 가운
데에 던지셨으므로 큰 물이 나
를 둘렀고 주의 (波濤)파도와
큰 물결이 다 내 위에 넘쳤나이
다
4 내가 말하기를 내가 주의 (目前)
목전에서 쫓겨났을지라도 다시
주의 성전을 바라보겠다 하였나
이다
5 물이 나를 (靈魂)영혼까지 둘렀
사오며 깊음이 나를 에워싸고
바다 풀이 내 머리를 감쌌나이
다
6 내가 산의 뿌리까지 내려갔사오
며 땅이 그 빗장으로 나를 오래
도록 막았사오나 나의 하나님
여호와여 주께서 내 (生命)생명
을 구덩이에서 건지셨나이다
7 내 영혼이 내 속에서 (疲困)피
곤할 때에 내가 여호와를 생각
하였더니 내 기도가 주께 이르
렀사오며 주의 성전에 미쳤나이
다
8 거짓되고 헛된 것을 (崇尙)숭상
하는 모든 자는 자기에게 베푸
신 은혜를 버렸사오나
9 나는 감사하는 목소리로 주께
(祭祀)제사를 드리며 나의 서원
을 주께 갚겠나이다 구원은 여
호와께 속하였나이다
하니라
10 ● 여호와께서 그 물고기에게 말
씀하시매 요나를 (陸地)육지에 토
하니라

니느웨 백성의 회개

3

여호와의 말씀이 두 번째로 요
나에게 (臨)임하니라 이르시되
2 일어나 저 큰 성읍 니느웨로 가서
내가 네게 명한 바를 그들에게 (宣
布)선포하라 하신지라
3 요나가 여호와의 말씀대로 일어나
서 니느웨로 가니라 니느웨는 사
흘 동안 걸을 만큼 하나님 앞에 큰
(城邑)성읍이더라
4 요나가 그 성읍에 들어가서 하루
동안 다니며 외쳐 이르되 (四十

1) 음부

日)사십 일이 지나면 니느웨가 무
너지리라 하였더니
5 니느웨 사람들이 하나님을 믿고
(禁食)금식을 선포하고 높고 낮은
자를 막론하고 굵은 베 옷을 입은
지라
6 그 일이 니느웨 왕에게 들리매 왕
이 (寶座)보좌에서 일어나 왕복을
벗고 굵은 베 옷을 입고 재 위에
앉으니라
7 왕과 그의 (大臣)대신들이 조서를
내려 니느웨에 선포하여 이르되
사람이나 짐승이나 소 떼나 양 떼
나 아무것도 입에 대지 말지니 곧
먹지도 말 것이요 물도 마시지 말
것이며
8 사람이든지 짐승이든지 다 굵은
베 옷을 입을 것이요 힘써 하나님
께 부르짖을 것이며 각기 악한 길
과 손으로 행한 (强暴)강포에서
떠날 것이라
9 하나님이 뜻을 돌이키시고 그 (震
怒)진노를 그치사 우리가 멸망하
지 않게 하시리라 그렇지 않을 줄
을 누가 알겠느냐 한지라
10 하나님이 그들이 행한 것 곧 그 악
한 길에서 돌이켜 떠난 것을 보시
고 하나님이 뜻을 돌이키사 그들
에게 내리리라고 말씀하신 (災殃)
재앙을 내리지 아니하시니라

요나의 분노와 하나님의 자비

4 요나가 매우 싫어하고 성내며
2 여호와께 기도하여 이르되 여
호와여 내가 (故國)고국에 있을
때에 이러하겠다고 말씀하지 아
니하였나이까 그러므로 내가 빨
리 다시스로 도망하였사오니 주께
서는 은혜로우시며 자비로우시며
노하기를 더디하시며 (仁愛)인애
가 크시사 뜻을 돌이켜 재앙을 내
리지 아니하시는 하나님이신 줄을
내가 알았음이니이다
3 여호와여 원하건대 이제 내 (生
命)생명을 거두어 가소서 사는 것
보다 죽는 것이 내게 나음이니이
다 하니
4 여호와께서 이르시되 네가 성내는
것이 옳으냐 하시니라
5 요나가 성읍에서 나가서 그 성읍
동쪽에 앉아 거기서 자기를 위하
여 (草幕)초막을 짓고 그 (城邑)성
읍에 무슨 일이 일어나는가를 보
려고 그 그늘 아래에 앉았더라
6 하나님 여호와께서 박넝쿨을 예비
하사 요나를 가리게 하셨으니 이
는 그의 머리를 위하여 그늘이 지
게 하며 그의 괴로움을 (免)면하
게 하려 하심이었더라 요나가 박
넝쿨로 말미암아 크게 기뻐하였더
니
7 하나님이 벌레를 (豫備)예비하사
이튿날 새벽에 그 박넝쿨을 갉아
먹게 하시매 시드니라
8 해가 뜰 때에 하나님이 뜨거운 동
풍을 예비하셨고 해는 요나의 머
리에 쪼이매 요나가 (昏迷)혼미하
여 스스로 죽기를 구하여 이르되
사는 것보다 죽는 것이 내게 나으
니이다 하니라
9 하나님이 요나에게 이르시되 네

가 이 박넝쿨로 말미암아 성내는
것이 어찌 옳으냐 하시니 그가 (對
答)대답하되 내가 성내어 죽기까
지 할지라도 옳으니이다 하니라
10 여호와께서 이르시되 네가 수고
도 아니하였고 (栽培)재배도 아니
하였고 하룻밤에 났다가 하룻밤에
말라 버린 이 박넝쿨을 아꼈거든
11 하물며 이 큰 성읍 니느웨에는 좌
우를 (分辨)분변하지 못하는 자가
십이만여 명이요 가축도 많이 있
나니 내가 어찌 아끼지 아니하겠
느냐 하시니라

미가 Micah

1 유다의 왕들 요담과 아하스와
히스기야 시대에 모레셋 사람
미가에게 임한 여호와의 말씀 곧
사마리아와 예루살렘에 관한 (默
示)묵시라

야곱의 허물 이스라엘의 죄

2 ●백성들아 너희는 다 들을지어
다 땅과 거기에 있는 모든 것들아
자세히 들을지어다 주 여호와께서
너희에게 대하여 (證言)증언하시
되 곧 주께서 성전에서 그리하실
것이니라
3 여호와께서 그의 처소에서 나오시
고 (降臨)강림하사 땅의 높은 곳
을 밟으실 것이라
4 그 아래에서 산들이 녹고 골짜기
들이 갈라지기를 불 앞의 (蜜)밀
초 같고 비탈로 쏟아지는 물 같을
것이니
5 이는 다 야곱의 허물로 말미암음
이요 이스라엘 족속의 죄로 말미
암음이라 야곱의 허물이 무엇이냐
사마리아가 아니냐 유다의 [1](山
堂)산당이 무엇이냐 예루살렘이
아니냐
6 이러므로 내가 사마리아를 들의
무더기 같게 하고 포도 심을 동산
같게 하며 또 그 돌들을 골짜기에
쏟아내리고 그 (基礎)기초를 드러
내며
7 그 새긴 우상들은 다 부서지고 그
음행의 값은 다 불살라지며 내가
그 (木像)목상들을 다 깨뜨리리니
그가 기생의 값으로 모았은즉 그
것이 기생의 값으로 돌아가리라

상처가 유다와 예루살렘에도 미치다

8 ●이러므로 내가 (哀痛)애통하며
(哀哭)애곡하고 벌거벗은 몸으로
(行)행하며 들개 같이 애곡하고
타조 같이 애통하리니
9 이는 그 (傷處)상처는 고칠 수 없
고 그것이 유다까지도 이르고 내
백성의 성문 곧 예루살렘에도 미
쳤음이니라
10 가드에 알리지 말며 도무지 울지
말지어다 내가 베들레아브라에서
티끌에 굴렀도다
11 사빌 주민아 너는 벗은 몸에 (羞
恥)수치를 무릅쓰고 나갈지어다
사아난 주민은 나오지 못하고 벧
에셀이 애곡하여 너희에게 (依支)
의지할 곳이 없게 하리라
12 마롯 주민이 근심 중에 (福)복을
바라니 이는 재앙이 여호와께로
말미암아 예루살렘 성문에 임함이
니라
13 라기스 주민아 너는 준마에 병거
를 메울지어다 라기스는 딸 시온
의 죄의 (根本)근본이니 이는 이
스라엘의 허물이 네게서 보였음이
니라
14 이러므로 너는 가드모레셋에 작별
하는 (禮物)예물을 줄지어다 악십
의 집들이 이스라엘 왕들을 속이
리라

1) 다른 역본에는, 죄

15 마레사 주민아 내가 장차 너를 소유할 자로 네게 이르게 하리니 이스라엘의 (榮光)영광이 아둘람까지 이를 것이라

16 너는 네 기뻐하는 (子息)자식으로 인하여 네 머리털을 깎아 대머리 같게 할지어다 네 머리가 크게 벗어지게 하기를 독수리 같게 할지어다 이는 그들이 사로잡혀 너를 떠났음이라

멸망할 자들

2 그들이 (寢牀)침상에서 죄를 꾀하며 악을 꾸미고 날이 밝으면 그 손에 힘이 있으므로 그것을 행하는 자는 화 있을진저

2 밭들을 탐하여 빼앗고 집들을 탐하여 차지하니 그들이 남자와 그의 집과 사람과 그의 (産業)산업을 강탈하도다

3 그러므로 여호와의 말씀에 내가 이 족속에게 (災殃)재앙을 계획하나니 너희의 목이 이에서 벗어나지 못할 것이요 또한 교만하게 다니지 못할 것이라 이는 재앙의 때임이라 하셨느니라

4 그 때에 너희를 조롱하는 시를 지으며 슬픈 노래를 불러 이르기를 우리가 온전히 망하게 되었도다 그가 내 백성의 [1]산업을 옮겨 내게서 떠나게 하시며 우리 밭을 나누어 (悖逆者)패역자에게 주시는도다 하리니

5 그러므로 여호와의 (會中)회중에서 분깃에 줄을 댈 자가 너희 중에 하나도 없으리라

6 ● 그들이 말하기를 너희는 (豫言)예언하지 말라 이것은 예언할 것이 아니거늘 욕하는 말을 그치지 아니한다 하는도다

7 너희 야곱의 (族屬)족속아 어찌 이르기를 여호와의 영이 성급하시다 하겠느냐 그의 행위가 이러하시다 하겠느냐 나의 말이 정직하게 행하는 자에게 유익하지 아니하냐

8 (近來)근래에 내 백성이 원수 같이 일어나서 전쟁을 피하여 평안히 지나가는 자들의 의복에서 겉옷을 벗기며

9 내 백성의 부녀들을 그들의 즐거운 집에서 쫓아내고 그들의 어린 (子女)자녀에게서 나의 영광을 영원히 빼앗는도다

10 이것은 너희가 쉴 곳이 아니니 일어나 떠날지어다 이는 그것이 이미 더러워졌음이니라 그런즉 반드시 멸하리니 그 (滅亡)멸망이 크리라

11 사람이 만일 (虛妄)허망하게 행하며 거짓말로 이르기를 내가 포도주와 독주에 대하여 네게 예언하리라 할 것 같으면 그 사람이 이 백성의 선지자가 되리로다

12 ● 야곱아 내가 반드시 너희 무리를 다 모으며 내가 반드시 이스라엘의 남은 자를 모으고 그들을 한 처소에 두기를 보스라의 양 떼 같이 하며 (草場)초장의 양 떼 같이 하리니 사람들이 크게 떠들 것이

1) 히, 분깃

며
13 길을 여는 자가 그들 앞에 올라가
고 그들은 길을 열어 성문에 이르
러서는 그리로 나갈 것이며 그들
의 왕이 앞서 가며 여호와께서는
(先頭)선두로 가시리라

미가가 이스라엘 통치자들을 고발하다

3 내가 또 이르노니 야곱의 우두
머리들과 이스라엘 족속의 통
치자들아 들으라 정의를 아는 것
이 너희의 (本分)본분이 아니냐
2 너희가 (善)선을 미워하고 악을
기뻐하여 내 백성의 가죽을 벗기
고 그 뼈에서 살을 뜯어
3 그들의 살을 먹으며 그 가죽을 벗
기며 그 뼈를 꺾어 다지기를 냄비
와 솥 가운데에 담을 고기처럼 하
는도다
4 그 때에 그들이 여호와께 부르짖
을지라도 (應答)응답하지 아니하
시고 그들의 행위가 악했던 만큼
그들 앞에 얼굴을 가리시리라
5 ●내 백성을 (誘惑)유혹하는 (先
知者)선지자들은 이에 물 것이 있
으면 (平康)평강을 외치나 그 입
에 무엇을 채워 주지 아니하는 자
에게는 전쟁을 준비하는도다 이런
선지자에 대하여 여호와께서 이르
시되
6 그러므로 너희가 밤을 만나리니
(異像)이상을 보지 못할 것이요
어둠을 만나리니 점 치지 못하리
라 하셨나니 이 선지자 위에는 해
가 져서 낮이 캄캄할 것이라
7 선견자가 부끄러워하며 (術客)술
객이 (羞恥)수치를 당하여 다 입
술을 가릴 것은 하나님이 (應答)
응답하지 아니하심이거니와
8 오직 나는 여호와의 영으로 말미
암아 능력과 정의와 (勇氣)용기로
충만해져서 야곱의 허물과 이스라
엘의 죄를 그들에게 보이리라
9 ●야곱 족속의 우두머리들과 이
스라엘 족속의 (統治者)통치자들
곧 정의를 미워하고 정직한 것을
굽게 하는 자들아 원하노니 이 말
을 들을지어다
10 시온을 피로, 예루살렘을 죄악으
로 (建築)건축하는도다
11 그들의 우두머리들은 뇌물을 위하
여 재판하며 그들의 제사장은 삯
을 위하여 (敎訓)교훈하며 그들
의 선지자는 돈을 위하여 점을 치
면서도 여호와를 의뢰하여 이르기
를 여호와께서 우리 중에 계시지
아니하냐 재앙이 우리에게 임하지
아니하리라 하는도다
12 이러므로 너희로 말미암아 시온은
갈아엎은 밭이 되고 예루살렘은
무더기가 되고 (聖殿)성전의 산은
수풀의 높은 곳이 되리라

여호와께서 이루실 평화

4 끝날에 이르러는 여호와의 (殿)
전의 산이 산들의 꼭대기에 굳
게 서며 작은 산들 위에 뛰어나고
민족들이 그리로 몰려갈 것이라
2 곧 많은 이방 사람들이 가며 이
르기를 오라 우리가 여호와의 산
에 올라가서 야곱의 하나님의 전
에 이르자 그가 그의 (道)도를 가

지고 우리에게 가르치실 것이니라
우리가 그의 길로 행하리라 하리
니 이는 율법이 시온에서부터 나
올 것이요 여호와의 말씀이 예루
살렘에서부터 나올 것임이라
3 그가 많은 민족들 사이의 일을 심
판하시며 먼 곳 강한 이방 사람을
(判決)판결하시리니 무리가 그 칼
을 쳐서 보습을 만들고 창을 쳐서
낫을 만들 것이며 이 나라와 저 나
라가 다시는 칼을 들고 서로 치지
아니하며 다시는 전쟁을 연습하지
아니하고
4 각 사람이 자기 포도나무 아래와
자기 무화과나무 아래에 앉을 것
이라 그들을 두렵게 할 자가 없으
리니 이는 (萬軍)만군의 여호와의
입이 이같이 말씀하셨음이라
5 만민이 각각 자기의 신의 이름을
(依支)의지하여 행하되 오직 우리
는 우리 하나님 여호와의 이름을
의지하여 영원히 행하리로다

이스라엘이 포로에서 돌아오리라

6 ● 여호와께서 말씀하시되 그 날
에는 내가 저는 자를 모으며 쫓겨
난 자와 내가 (患難)환난 받게 한
자를 모아
7 발을 저는 자는 남은 백성이 되게
하며 멀리 쫓겨났던 자들이 강한
나라가 되게 하고 나 여호와가 시
온 산에서 이제부터 (永遠)영원까
지 그들을 다스리리라 하셨나니
8 너 양 떼의 (望臺)망대요 딸 시온
의 산이여 이전 권능 곧 딸 예루살
렘의 나라가 네게로 돌아오리라
9 ● 이제 네가 어찌하여 부르짖느
냐 너희 중에 왕이 없어졌고 네 모
사가 죽었으므로 네가 (解産)해산
하는 여인처럼 고통함이냐
10 딸 시온이여 해산하는 여인처럼
힘들여 낳을지어다 이제 네가 성
읍에서 나가서 들에 거주하며 또
바벨론까지 이르러 거기서 (救援)
구원을 얻으리니 여호와께서 거기
서 너를 네 원수들의 손에서 속량
하여 내시리라
11 이제 많은 이방 사람들이 모여서
너를 치며 이르기를 시온이 더럽
게 되며 그것을 우리 눈으로 바라
보기를 (願)원하노라 하거니와
12 그들이 여호와의 뜻을 알지 못하
며 그의 (計劃)계획을 깨닫지 못
한 것이라 여호와께서 곡식 단을
타작 마당에 모음 같이 그들을 모
으셨나니
13 딸 시온이여 일어나서 칠지어다
내가 네 뿔을 무쇠 같게 하며 네
굽을 놋 같게 하리니 네가 여러 백
성을 쳐서 깨뜨릴 것이라 네가 그
들의 (奪取物)탈취물을 구별하여
여호와께 드리며 그들의 재물을
온 땅의 주께 돌리리라

5

딸 (軍隊)군대여 너는 떼를 모
을지어다 그들이 우리를 에워
쌌으니 막대기로 이스라엘 재판자
의 뺨을 치리로다

베들레헴에서 다스릴 자가 나오리라

2 ● 베들레헴 에브라다야 너는 유
다 [1](族屬)족속 중에 작을지라도

1) 히, 천천

이스라엘을 다스릴 자가 네게서
내게로 나올 것이라 그의 근본은
상고에, 영원에 있느니라
3 그러므로 여인이 해산하기까지 그
들을 붙여 두시겠고 그 후에는 그
의 형제 가운데에 남은 자가 이스
라엘 (子孫)자손에게로 돌아오리
니
4 그가 여호와의 능력과 그의 하나
님 여호와의 이름의 위엄을 의지
하고 서서 목축하니 그들이 거주
할 것이라 이제 그가 (昌大)창대
하여 땅 끝까지 미치리라
5 이 사람은 평강이 될 것이라 앗수
르 사람이 우리 땅에 들어와서 우
리 궁들을 밟을 때에는 우리가 일
곱 목자와 여덟 (君王)군왕을 일
으켜 그를 치리니
6 그들이 칼로 앗수르 땅을 황폐하
게 하며 니므롯 땅 어귀를 황폐하
게 하리라 앗수르 사람이 우리 땅
에 들어와서 우리 (地境)지경을
밟을 때에는 그가 우리를 그에게
서 건져내리라
7 야곱의 남은 자는 많은 백성 가운
데 있으리니 그들은 여호와께로부
터 내리는 이슬 같고 풀 위에 내리
는 단비 같아서 사람을 기다리지
아니하며 (人生)인생을 기다리지
아니할 것이며
8 야곱의 남은 자는 여러 나라 가운
데와 많은 (百姓)백성 가운데에
있으리니 그들은 수풀의 짐승들
중의 사자 같고 양 떼 중의 젊은
사자 같아서 만일 그가 지나간즉
밟고 찢으리니 능히 (救援)구원할
자가 없을 것이라
9 네 손이 네 (對敵)대적들 위에 들
려서 네 모든 원수를 (殄滅)진멸
하기를 바라노라

심판

10 ● 여호와께서 이르시되 그 날에
이르러는 내가 네 군마를 네 가운
데에서 멸절하며 네 (兵車)병거를
부수며
11 네 땅의 성읍들을 멸하며 네 모든
(堅固)견고한 성을 무너뜨릴 것이
며
12 내가 또 (卜術)복술을 네 손에서
끊으리니 네게 다시는 점쟁이가
없게 될 것이며
13 내가 네가 새긴 우상과 (柱像)주
상을 너희 가운데에서 멸절하리니
네가 네 손으로 만든 것을 다시는
섬기지 아니하리라
14 내가 또 네 아세라 (木像)목상을
너희 가운데에서 빼버리고 네 성
읍들을 멸할 것이며
15 내가 또 진노와 분노로 (順從)순
종하지 아니한 나라에 갚으리라
하셨느니라

여호와께서 이스라엘과 변론하시다

6 너희는 여호와의 말씀을 들을
지어다 너는 일어나서 산을 향
하여 (辯論)변론하여 작은 산들이
네 목소리를 듣게 하라 하셨나니
2 너희 산들과 땅의 견고한 (地臺)
지대들아 너희는 여호와의 변론을
들으라 여호와께서 자기 백성과
변론하시며 이스라엘과 변론하실

것이라
3 이르시기를 내 백성아 내가 무엇
을 네게 행하였으며 무슨 일로 너
를 괴롭게 하였느냐 너는 내게 (證
言)증언하라
4 내가 너를 애굽 땅에서 인도해 내
어 종 노릇 하는 집에서 (贖良)속
량하였고 모세와 아론과 미리암을
네 앞에 보냈느니라
5 내 백성아 너는 모압 왕 발락이 꾀
한 것과 브올의 아들 발람이 그에
게 대답한 것을 기억하며 싯딤에
서부터 길갈까지의 일을 (記憶)기
억하라 그리하면 나 여호와가 공
의롭게 행한 일을 알리라 하실 것
이니라

여호와께서 구하시는 것

6 ●내가 무엇을 가지고 여호와 앞
에 나아가며 높으신 하나님께 경
배할까 내가 (燔祭物)번제물 로
일 년 된 송아지를 가지고 그 앞에
나아갈까
7 여호와께서 천천의 숫양이나 만만
의 강물 같은 기름을 기뻐하실까
내 허물을 위하여 내 맏아들을, 내
(靈魂)영혼의 죄로 말미암아 내
몸의 열매를 드릴까
8 사람아 주께서 선한 것이 무엇임
을 네게 보이셨나니 여호와께서
네게 구하시는 것은 오직 정의를
행하며 인자를 사랑하며 (謙遜)겸
손하게 네 하나님과 함께 행하는
것이 아니냐
9 ●여호와께서 성읍을 향하여 외
쳐 부르시나니 지혜는 주의 이름
을 경외함이니라 너희는 매가 (豫
備)예비되었나니 그것을 정하신
이가 누구인지 들을지니라
10 악인의 집에 아직도 불의한 재물
이 있느냐 축소시킨 (可憎)가증한
에바가 있느냐
11 내가 만일 (不正)부정한 저울을
썼거나 주머니에 거짓 저울추를
두었으면 깨끗하겠느냐
12 그 부자들은 (强暴)강포가 가득하
였고 그 주민들은 거짓을 말하니
그 혀가 입에서 거짓되도다
13 그러므로 나도 너를 쳐서 병들게
하였으며 네 죄로 말미암아 너를
(荒廢)황폐하게 하였나니
14 네가 먹어도 배부르지 못하고 항
상 속이 빌 것이며 네가 감추어도
보존되지 못하겠고 (保存)보존된
것은 내가 칼에 붙일 것이며
15 네가 씨를 뿌려도 추수하지 못할
것이며 (橄欖)감람 열매를 밟아도
기름을 네 몸에 바르지 못할 것이
며 포도를 밟아도 술을 마시지 못
하리라
16 너희가 오므리의 율례와 아합 집
의 모든 예법을 지키고 그들의 전
통을 따르니 내가 너희를 황폐하
게 하며 그의 주민을 사람의 조소
거리로 만들리라 너희가 내 백성
의 (羞辱)수욕을 (擔當)담당하리
라

이스라엘의 부패

7 재앙이로다 나여 나는 여름 과
일을 딴 후와 포도를 거둔 후
같아서 먹을 포도송이가 없으며

내 마음에 사모하는 처음 익은 (無
花果)무화과가 없도다
2 경건한 자가 세상에서 끊어졌고
정직한 자가 사람들 가운데 없도
다 무리가 다 피를 흘리려고 (埋
伏)매복하며 각기 그물로 형제를
잡으려 하고
3 두 손으로 악을 부지런히 행하는
도다 그 지도자와 재판관은 뇌물
을 구하며 권세자는 자기 마음의
(慾心)욕심을 말하며 그들이 서로
결합하니
4 그들의 가장 선한 자라도 가시 같
고 가장 정직한 자라도 찔레 울타
리보다 더하도다 [1]그들의 파수꾼
들의 날 곧 [1]그들 가운데에 (刑罰)
형벌의 날이 임하였으니 이제는
그들이 요란하리로다
5 너희는 이웃을 믿지 말며 (親舊)
친구를 의지하지 말며 네 품에 누
운 여인에게라도 네 입의 문을 지
킬지어다
6 아들이 아버지를 (蔑視)멸시하며
딸이 어머니를 대적하며 며느리가
시어머니를 대적하리니 사람의 원
수가 곧 자기의 집안 사람이리로
다

구원하시는 하나님

7 ● 오직 나는 여호와를 우러러보
며 나를 (救援)구원하시는 하나님
을 바라보나니 나의 하나님이 나
에게 귀를 기울이시리로다
8 나의 (對敵)대적이여 나로 말미암
아 기뻐하지 말지어다 나는 엎드
러질지라도 일어날 것이요 어두운
데에 앉을지라도 여호와께서 나의
빛이 되실 것임이로다
9 내가 여호와께 범죄하였으니 그의
진노를 당하려니와 마침내 주께서
나를 위하여 논쟁하시고 심판하시
며 주께서 나를 인도하사 (光明)
광명에 이르게 하시리니 내가 그
의 공의를 보리로다
10 나의 (對敵)대적이 이것을 보고
부끄러워하리니 그는 전에 내게
말하기를 네 하나님 여호와가 어
디 있느냐 하던 [2]자라 그가 거리
의 진흙 같이 밟히리니 그것을 내
가 보리로다
11 네 성벽을 (建築)건축하는 날 곧
그 날에는 지경이 넓혀질 것이라
12 그 날에는 앗수르에서 애굽 (城
邑)성읍들에까지, 애굽에서 강까
지, 이 바다에서 저 바다까지, 이
산에서 저 산까지의 사람들이 네
게로 돌아올 것이나
13 그 땅은 그 주민의 (行爲)행위의
열매로 말미암아 황폐하리로다

기도와 찬양

14 ● 원하건대 주는 주의 지팡이로
주의 백성 곧 갈멜 속 삼림에 홀로
거주하는 주의 (基業)기업의 양
떼를 먹이시되 그들을 옛날 같이
바산과 길르앗에서 먹이시옵소서
15 이르시되 네가 애굽 땅에서 나오
던 날과 같이 내가 그들에게 (異
蹟)이적을 보이리라 하셨느니라
16 이르되 여러 나라가 보고 자기의
(勢力)세력을 부끄러워하여 손으

1) 히, 너 2) 히, 여자

로 그 입을 막을 것이요 귀는 막힐
것이며
17 그들이 뱀처럼 티끌을 핥으며 땅
에 기는 벌레처럼 떨며 그 좁은 구
멍에서 나와서 두려워하며 우리
하나님 여호와께로 돌아와서 주로
말미암아 두려워하리이다
18 ●주와 같은 신이 어디 있으리이
까 주께서는 죄악과 그 기업에 남
은 자의 허물을 (赦宥)사유하시며
인애를 기뻐하시므로 진노를 오래
품지 아니하시나이다
19 다시 우리를 불쌍히 여기셔서 우
리의 (罪惡)죄악을 발로 밟으시고
우리의 모든 죄를 깊은 바다에 던
지시리이다
20 주께서 옛적에 우리 조상들에게
맹세하신 대로 야곱에게 성실을
베푸시며 아브라함에게 (仁愛)인
애를 더하시리이다

나훔 Nahum

1 니느웨에 대한 (警告)경고 곧
엘고스 사람 나훔의 (默示)묵시
의 글이라

니느웨에 대한 여호와의 진노

2 ● 여호와는 (嫉妬)질투하시며 보
복하시는 하나님이시니라 여호와
는 보복하시며 진노하시되 자기를
거스르는 자에게 여호와는 보복하
시며 자기를 대적하는 자에게 진
노를 품으시며
3 여호와는 노하기를 더디하시며
(權能)권능이 크시며 벌 받을 자
를 결코 내버려두지 아니하시느니
라 여호와의 길은 회오리바람과
광풍에 있고 구름은 그의 발의 티
끌이로다
4 그는 바다를 꾸짖어 그것을 말리
시며 모든 (江)강을 말리시나니
바산과 갈멜이 쇠하며 레바논의
꽃이 시드는도다
5 그로 말미암아 산들이 (震動)진동
하며 작은 산들이 녹고 그 앞에서
는 땅 곧 세계와 그 가운데에 있는
모든 것들이 솟아오르는도다
6 누가 능히 그의 분노 앞에 서며 누
가 능히 그의 진노를 감당하랴 그의
(震怒)진노가 불처럼 쏟아지니 그로
말미암아 바위들이 깨지는도다
7 여호와는 선하시며 (患難)환난 날
에 산성이시라 그는 자기에게 피
하는 자들을 아시느니라
8 그가 (氾濫)범람하는 물로 그 곳
을 진멸하시고 자기 대적들을 흑
암으로 쫓아내시리라
9 ● 너희는 여호와께 대하여 무엇
을 꾀하느냐 그가 (穩全)온전히
멸하시리니 (災難)재난이 다시 일
어나지 아니하리라
10 가시덤불 같이 엉크러졌고 술을 마
신 것 같이 (醉)취한 그들은 마른
지푸라기 같이 모두 탈 것이거늘
11 여호와께 악을 꾀하는 한 사람이
너희 중에서 나와서 (邪惡)사악한
것을 권하는도다
12 여호와께서 이같이 말씀하시기를
그들이 비록 강하고 많을지라도
반드시 (滅絕)멸절을 당하리니 그
가 없어지리라 내가 전에는 너를
괴롭혔으나 다시는 너를 괴롭히지
아니할 것이라
13 이제 네게 지운 그의 멍에를 내가
깨뜨리고 네 (結縛)결박을 끊으리
라
14 ● 나 여호와가 네게 대하여 명령
하였나니 네 이름이 다시는 (傳
播)전파되지 않을 것이라 내가 네
신들의 집에서 새긴 우상과 부은
우상을 멸절하며 네 무덤을 준비
하리니 이는 네가 쓸모 없게 되었
음이라
15 ● 볼지어다 아름다운 소식을 알
리고 (和平)화평을 전하는 자의
발이 산 위에 있도다 유다야 네
(節期)절기를 지키고 네 (誓願)서
원을 갚을지어다 악인이 (殄滅)진
멸되었으니 그가 다시는 네 가운

데로 통행하지 아니하리로다 하시
니라

니느웨의 멸망

2 파괴하는 자가 너를 치러 올라왔
나니 너는 산성을 지키며 길을
(把守)파수하며 네 허리를 견고히
묶고 네 힘을 크게 굳게 할지어다
2 여호와께서 야곱의 영광을 (回復)
회복하시되 이스라엘의 영광 같게
하시나니 이는 (掠奪者)약탈자들
이 약탈하였고 또 그들의 포도나
무 가지를 없이 하였음이라
3 그의 용사들의 (防牌)방패는 붉고
그의 무사들의 옷도 붉으며 그 항오
를 벌이는 날에 병거의 쇠가 번쩍이
고 노송나무 창이 요동하는도다
4 그 (兵車)병거는 미친 듯이 거리
를 달리며 (大路)대로에서 이리저
리 빨리 달리니 그 모양이 횃불 같
고 빠르기가 번개 같도다
5 그가 그의 (尊貴)존귀한 자들을
생각해 내니 그들이 엎드러질 듯
이 달려서 (急)급히 성에 이르러
막을 것을 준비하도다
6 강들의 수문이 열리고 왕궁이 (消
滅)소멸되며
7 정한 대로 (王后)왕후가 벌거벗은
몸으로 끌려가니 그 모든 (侍女)
시녀들이 가슴을 치며 비둘기 같
이 슬피 우는도다
8 ● 니느웨는 예로부터 물이 모인
못 같더니 이제 모두 (逃亡)도망
하니 서라 서라 하나 돌아보는 자
가 없도다
9 은을 노략하라 금을 노략하라 그
저축한 것이 (無限)무한하고 아름
다운 기구가 풍부함이니라
10 니느웨가 (空虛)공허하였고 황폐
하였도다 주민이 낙담하여 그 무릎
이 서로 부딪히며 모든 허리가 아
프게 되며 모든 낯이 빛을 잃도다
11 이제 (獅子)사자의 굴이 어디냐
젊은 사자가 먹을 곳이 어디냐 전
에는 수사자 암사자가 그 새끼 사
자와 함께 거기서 다니되 그것들
을 두렵게 할 자가 없었으며
12 수사자가 그 새끼를 위하여 먹이
를 (充分)충분히 찢고 그의 암사
자들을 위하여 움켜 사냥한 것으
로 그 굴을 채웠고 찢은 것으로 그
구멍을 채웠었도다
13 만군의 여호와의 말씀에 내가 네
대적이 되어 네 병거들을 불살라
연기가 되게 하고 네 젊은 사자들
을 칼로 멸할 것이며 내가 또 네
노략한 것을 땅에서 끊으리니 네
(派遣者)파견자의 목소리가 다시
는 들리지 아니하리라 하셨느니라

3 화 있을진저 피의 성이여 그 안
에는 거짓이 가득하고 (暴惡)포
악이 가득하며 탈취가 떠나지 아
니하는도다
2 휙휙 하는 채찍 소리, 윙윙 하는
(兵車)병거 바퀴 소리, 뛰는 말,
달리는 병거,
3 충돌하는 (騎兵)기병, 번쩍이는
칼, 번개 같은 창, 죽임 당한 자의
떼, 주검의 큰 무더기, 무수한 시체
여 사람이 그 시체에 걸려 넘어지니
4 이는 (魔術)마술에 능숙한 미모의

음녀가 많은 음행을 함이라 그가
그의 음행으로 여러 나라를 미혹
하고 그의 마술로 여러 족속을 미
혹하느니라
5 보라 내가 네게 말하노니 (萬軍)
만군의 여호와의 말씀에 네 치마
를 걷어 올려 네 얼굴에 이르게 하
고 네 벌거벗은 것을 나라들에게
보이며 네 부끄러운 곳을 뭇 민족
에게 보일 것이요
6 내가 또 가증하고 더러운 것들을
네 위에 던져 (凌辱)능욕하여 너
를 구경거리가 되게 하리니
7 그 때에 너를 보는 자가 다 네게서
도망하며 이르기를 니느웨가 황폐
하였도다 누가 그것을 위하여 애
곡하며 내가 어디서 너를 (慰勞)
위로할 자를 구하리요 하리라

8 ●네가 어찌 노아몬보다 낫겠느냐
그는 강들 사이에 있으므로 물이
둘렸으니 바다가 성루가 되었고 바
다가 (防禦壁)방어벽이 되었으며
9 구스와 애굽은 그의 힘이 (强)강
하여 끝이 없었고 붓과 루빔이 그
를 돕는 자가 되었으나
10 그가 포로가 되어 사로잡혀 갔고
그의 어린 아이들은 길 모퉁이 모
퉁이에 메어침을 당하여 부서졌으
며 그의 존귀한 자들은 제비 뽑혀
나뉘었고 그의 모든 권세자들은
사슬에 (結縛)결박되었나니
11 너도 술에 (醉)취하여 숨으리라
너도 원수들 때문에 피난처를 찾
으리라

1) 히, 백성

12 네 모든 (山城)산성은 무화과나무
의 처음 익은 열매가 흔들기만 하
면 먹는 자의 입에 떨어짐과 같으
리라
13 네 가운데 [1)](壯丁)장정들은 (女人)
여인 같고 네 땅의 성문들은 네 원
수 앞에 넓게 열리고 빗장들은 불
에 타도다
14 너는 물을 길어 에워싸일 것을 대
비하며 너의 산성들을 견고하게
하며 진흙에 들어가서 흙을 밟아
벽돌 가마를 (修理)수리하라
15 거기서 불이 너를 삼키며 칼이 너
를 베기를 느치가 먹는 것 같이 하
리라 네가 느치 같이 스스로 많게
할지어다 네가 메뚜기 같이 스스
로 많게 할지어다
16 네가 네 (商人)상인을 하늘의 별
보다 많게 하였으나 느치가 날개
를 펴서 날아감과 같고
17 네 방백은 메뚜기 같고 너의 (將
帥)장수들은 큰 메뚜기 떼가 추운
날에는 울타리에 깃들였다가 해가
뜨면 날아감과 같으니 그 있는 곳
을 알 수 없도다
18 앗수르 왕이여 네 (牧者)목자가
자고 네 귀족은 누워 쉬며 네 백성
은 산들에 흩어지나 그들을 모을
사람이 없도다
19 네 (傷處)상처는 고칠 수 없고 네
부상은 중하도다 네 (消息)소식을
듣는 자가 다 너를 보고 손뼉을 치
나니 이는 그들이 항상 네게 행패
를 당하였음이 아니더냐 하시니라

하박국 Habakkuk

1 선지자 하박국이 묵시로 받은
(警告)경고라

하박국의 호소

2 ●여호와여 내가 부르짖어도 주
께서 듣지 아니하시니 어느 때까
지리이까 내가 (强暴)강포로 말미
암아 외쳐도 주께서 구원하지 아
니하시나이다
3 어찌하여 내게 죄악을 보게 하시
며 패역을 눈으로 보게 하시나이
까 (劫奪)겁탈과 강포가 내 앞에
있고 변론과 분쟁이 일어났나이다
4 이러므로 율법이 (解弛)해이하고
정의가 전혀 시행되지 못하오니
이는 악인이 의인을 에워쌌으므로
정의가 굽게 행하여짐이니이다

여호와의 응답

5 ●여호와께서 이르시되 너희는
여러 나라를 보고 또 보고 놀라고
또 놀랄지어다 너희의 (生前)생전
에 내가 한 가지 일을 행할 것이라
누가 너희에게 말할지라도 너희가
믿지 아니하리라
6 보라 내가 사납고 성급한 백성 곧
땅이 넓은 곳으로 다니며 자기의
소유가 아닌 거처들을 (占領)점령
하는 갈대아 사람을 일으켰나니
7 그들은 두렵고 무서우며 (堂堂)당
당함과 위엄이 자기들에게서 나오
며
8 그들의 (軍馬)군마는 표범보다 빠
르고 저녁 이리보다 사나우며 그
들의 마병은 먼 곳에서부터 빨리
달려오는 마병이라 마치 먹이를
움키려 하는 독수리의 날음과 같
으니라
9 그들은 다 (强暴)강포를 행하러
오는데 앞을 향하여 나아가며 사
람을 사로잡아 모으기를 모래 같
이 많이 할 것이요
10 왕들을 멸시하며 방백을 조소하
며 모든 견고한 성들을 비웃고 (胸
壁)흉벽을 쌓아 그것을 점령할 것
이라
11 그들은 자기들의 힘을 자기들의
신으로 삼는 자들이라 이에 바람
같이 급히 몰아 지나치게 행하여
(犯罪)범죄하리라

하박국이 다시 호소하다

12 ●선지자가 이르되 여호와 나의
하나님, 나의 거룩한 이시여 주께
서는 (萬歲)만세 전부터 계시지
아니하시나이까 우리가 사망에 이
르지 아니하리이다 여호와여 주
께서 (審判)심판하기 위하여 그들
을 두셨나이다 반석이시여 주께서
(警戒)경계하기 위하여 그들을 세
우셨나이다
13 주께서는 눈이 정결하시므로 악을
차마 보지 못하시며 (悖逆)패역
을 차마 보지 못하시거늘 어찌하
여 거짓된 자들을 (傍觀)방관하시
며 악인이 자기보다 의로운 사람
을 삼키는데도 잠잠하시나이까
14 (主)주께서 어찌하여 사람을 바다
의 고기 같게 하시며 다스리는 자

없는 벌레 같게 하시나이까
15 그가 낚시로 모두 낚으며 그물로
잡으며 (投網)투망으로 모으고 그
리고는 기뻐하고 즐거워하여
16 그물에 제사하며 투망 앞에 분향
하오니 이는 그것을 힘입어 (所
得)소득이 풍부하고 먹을 것이
(豊盛)풍성하게 됨이니이다
17 그가 그물을 떨고는 (繼續)계속하
여 여러 나라를 무자비하게 멸망
시키는 것이 옳으니이까

여호와의 응답

2 내가 내 파수하는 곳에 서며
(城樓)성루에 서리라 그가 내게
무엇이라 말씀하실는지 기다리고
바라보며 나의 질문에 대하여 [1]어
떻게 대답하실는지 보리라 하였더
니
2 여호와께서 내게 대답하여 이르시
되 너는 이 묵시를 (記錄)기록하
여 판에 명백히 새기되 달려가면
서도 읽을 수 있게 하라
3 이 묵시는 정한 때가 있나니 그 종
말이 속히 이르겠고 결코 거짓되
지 아니하리라 비록 더딜지라도
기다리라 (遲滯)지체되지 않고 반
드시 응하리라
4 ● 보라 그의 마음은 (驕慢)교만하
며 그 속에서 정직하지 못하나 (義
人)의인은 그의 믿음으로 말미암
아 살리라
5 그는 술을 즐기며 거짓되고 교만
하여 가만히 있지 아니하고 스올
처럼 자기의 (慾心)욕심을 넓히며

1) 나로 어떻게 대답하게 하실는지

또 그는 사망 같아서 족한 줄을 모
르고 자기에게로 여러 나라를 모
으며 여러 백성을 모으나니
6 그 무리가 다 속담으로 그를 평론
하며 조롱하는 시로 그를 (諷刺)
풍자하지 않겠느냐 곧 이르기를
화 있을진저 자기 소유 아닌 것을
모으는 자여 언제까지 이르겠느냐
볼모 잡은 것으로 무겁게 짐진 자
여
7 너를 억누를 자들이 갑자기 일어
나지 않겠느냐 너를 괴롭힐 자들
이 깨어나지 않겠느냐 네가 그들
에게 (擄掠)노략을 당하지 않겠느
냐
8 네가 여러 나라를 (擄掠)노략하였
으므로 그 모든 민족의 남은 자가
너를 노략하리니 이는 네가 사람
의 피를 흘렸음이요 또 땅과 성읍
과 그 안의 모든 주민에게 (强暴)
강포를 행하였음이니라
9 ● 재앙을 피하기 위하여 높은 데
깃들이려 하며 자기 집을 위하여
(不當)부당한 이익을 취하는 자에
게 화 있을진저
10 네가 많은 민족을 멸한 것이 네 집
에 욕을 부르며 네 (靈魂)영혼에
게 죄를 범하게 하는 것이 되었도
다
11 담에서 돌이 부르짖고 집에서 들
보가 (應答)응답하리라
12 ● 피로 성읍을 (建設)건설하며 불
의로 성을 (建築)건축하는 자에게
화 있을진저
13 민족들이 불탈 것으로 수고하는

것과 나라들이 헛된 일로 (疲困)
피곤하게 되는 것이 만군의 여호
와께로 말미암음이 아니냐
14 이는 물이 바다를 덮음 같이 여호
와의 (榮光)영광을 인정하는 것이
세상에 가득함이니라
15 ● 이웃에게 술을 마시게 하되 자
기의 (憤怒)분노를 더하여 그에게
취하게 하고 그 하체를 드러내려
하는 자에게 화 있을진저
16 네게 영광이 아니요 (羞恥)수치가
가득한즉 너도 마시고 너의 할례
받지 아니한 것을 드러내라 여호
와의 오른손의 잔이 네게로 돌아
올 것이라 더러운 욕이 네 영광을
가리리라
17 이는 네가 레바논에 (强暴)강포를
행한 것과 짐승을 죽인 것 곧 사람
의 피를 흘리며 땅과 성읍과 그 안
의 모든 주민에게 강포를 행한 것
이 네게로 돌아오리라
18 ● 새긴 (偶像)우상은 그 새겨 만
든 자에게 무엇이 유익하겠느냐
부어 만든 우상은 거짓 스승이라
만든 자가 이 말하지 못하는 우상
을 의지하니 무엇이 유익하겠느냐
19 나무에게 깨라 하며 말하지 못하
는 돌에게 일어나라 하는 자에게
화 있을진저 그것이 (敎訓)교훈을
베풀겠느냐 보라 이는 금과 은으
로 입힌 것인즉 그 속에는 (生氣)
생기가 도무지 없느니라
20 오직 여호와는 그 (聖殿)성전에
계시니 온 땅은 그 앞에서 잠잠할
지니라 하시니라

하박국의 기도

3 시기오놋에 맞춘 (先知者)선지
자 하박국의 기도라
2 여호와여 내가 주께 대한 (所聞)
소문을 듣고 놀랐나이다 여호와
여 주는 주의 일을 이 수년 내에
(復興)부흥하게 하옵소서 이 수
년 내에 나타내시옵소서 진노
중에라도 (矜恤)긍휼을 잊지 마
옵소서
3 하나님이 데만에서부터 오시며
거룩한 자가 바란 산에서부터
오시는도다 (셀라) 그의 (榮光)
영광이 하늘을 덮었고 그의 (讚
頌)찬송이 세계에 가득하도다
4 그의 광명이 햇빛 같고 (光線)
광선이 그의 손에서 나오니 그
의 권능이 그 속에 감추어졌도
다
5 (疫病)역병이 그 앞에서 행하며
불덩이가 그의 발 밑에서 나오
는도다
6 그가 서신즉 땅이 (震動)진동하
며 그가 보신즉 여러 나라가 [1]전
율하며 영원한 산이 무너지며
무궁한 작은 산이 엎드러지나니
그의 행하심이 예로부터 그러하
시도다
7 내가 본즉 구산의 장막이 환난
을 당하고 미디안 땅의 (揮帳)
휘장이 흔들리는도다
8 여호와여 주께서 말을 타시며
구원의 (兵車)병거를 모시오니
강들을 분히 여기심이니이까 강

1) 흩어지며

들을 노여워하심이니이까 바다
를 향하여 성내심이니이까
9 (主)주께서 활을 꺼내시고 [1]화
살을 바로 쏘셨나이다 (셀라) 주
께서 강들로 땅을 쪼개셨나이다
10 산들이 주를 보고 흔들리며 (漲
水)창수가 넘치고 바다가 소리
를 지르며 손을 높이 들었나이
다
11 날아가는 주의 화살의 빛과 번
쩍이는 주의 창의 (光彩)광채로
말미암아 해와 달이 그 (處所)
처소에 멈추었나이다
12 주께서 (怒)노를 발하사 땅을 두
르셨으며 (忿)분을 내사 여러 나
라를 밟으셨나이다
13 주께서 주의 백성을 구원하시려
고, 기름 부음 받은 자를 구원하
시려고 나오사 악인의 집의 머
리를 치시며 그 (基礎)기초를
바닥까지 드러내셨나이다 (셀
라)
14 그들이 회오리바람처럼 이르러
나를 흩으려 하며 가만히 가난
한 자 삼키기를 즐거워하나 오
직 주께서 그들의 (戰士)전사의
머리를 그들의 창으로 찌르셨나

1) 지파에게 맹세하셨나이다

이다
15 주께서 말을 타시고 바다 곧 큰
물의 (波濤)파도를 밟으셨나이
다
16 ● 내가 들었으므로 내 창자가
흔들렸고 그 목소리로 말미암아
내 입술이 떨렸도다 무리가 우
리를 치러 올라오는 (患難)환난
날을 내가 기다리므로 썩이는
것이 내 뼈에 들어왔으며 내 몸
은 내 (處所)처소에서 떨리는도
다
17 비록 무화과나무가 (茂盛)무성
하지 못하며 포도나무에 열매가
없으며 감람나무에 소출이 없으
며 밭에 먹을 것이 없으며 우리
에 양이 없으며 외양간에 소가
없을지라도
18 나는 여호와로 말미암아 즐거워
하며 나의 (救援)구원의 하나님
으로 말미암아 기뻐하리로다
19 주 여호와는 나의 힘이시라 나
의 발을 사슴과 같게 하사 나를
나의 높은 곳으로 다니게 하시
리로다

이 노래는 (指揮)지휘하는 사람을
위하여 내 수금에 맞춘 것이니라

스바냐 Zephaniah

1 아몬의 아들 유다 왕 요시야의
시대에 스바냐에게 임한 여호
와의 말씀이라 스바냐는 히스기야
의 현손이요 아마랴의 (曾孫)증손
이요 그다랴의 손자요 구시의 아
들이었더라

여호와의 날

2 ● 여호와께서 이르시되 내가 땅
위에서 모든 것을 (殄滅)진멸하리
라
3 내가 사람과 짐승을 진멸하고 공
중의 새와 바다의 고기와 거치게
하는 것과 악인들을 아울러 진멸
할 것이라 내가 사람을 땅 위에서
(滅絕)멸절하리라 나 여호와의 말
이니라
4 내가 유다와 예루살렘의 모든 주
민들 위에 손을 펴서 남아 있는 바
알을 그 곳에서 (滅絕)멸절하며
그마림이란 이름과 및 그 제사장
들을 아울러 멸절하며
5 또 지붕에서 하늘의 뭇 별에게 (敬
拜)경배하는 자들과 경배하며 여
호와께 맹세하면서 말감을 가리켜
맹세하는 자들과
6 여호와를 (背叛)배반하고 따르지
아니한 자들과 여호와를 찾지도
아니하며 구하지도 아니한 자들을
멸절하리라
7 ● 주 여호와 앞에서 잠잠할지어
다 이는 여호와의 날이 가까웠으
므로 여호와께서 (犧牲)희생을 준
비하고 그가 청할 자들을 구별하
셨음이니라
8 여호와의 희생의 날에 내가 방백
들과 왕자들과 (異邦人)이방인의
옷을 입은 자들을 벌할 것이며
9 그 날에 문턱을 뛰어넘어서 (暴
惡)포악과 거짓을 자기 주인의 집
에 채운 자들을 내가 벌하리라
10 나 여호와가 말하노라 그 날에 어
문에서는 부르짖는 소리가, 제 이
(區域)구역에서는 울음 소리가,
작은 산들에서는 무너지는 소리가
일어나리라
11 막데스 주민들아 너희는 슬피 울
라 [1]가나안 백성이 다 (敗亡)패망
하고 은을 거래하는 자들이 끊어
졌음이라
12 그 때에 내가 예루살렘에서 찌꺼
기 같이 가라앉아서 마음속에 스
스로 이르기를 여호와께서는 (福)
복도 내리지 아니하시며 (禍)화도
내리지 아니하시리라 하는 자를
등불로 두루 찾아 벌하리니
13 그들의 재물이 (擄掠)노략되며 그
들의 집이 황폐할 것이라 그들이
집을 건축하나 거기에 살지 못하
며 포도원을 가꾸나 그 포도주를
마시지 못하리라
14 ● 여호와의 큰 날이 가깝도다 가
깝고도 빠르도다 여호와의 날의
소리로다 (勇士)용사가 거기서 심
히 슬피 우는도다
15 그날은 분노의 날이요 환난과 고

1) 장사하는

동의 날이요 황폐와 패망의 날이
요 캄캄하고 어두운 날이요 구름
과 (黑暗)흑암의 날이요
16 나팔을 불어 경고하며 견고한 성
읍들을 치며 높은 (望臺)망대를
치는 날이로다
17 내가 사람들에게 고난을 내려 맹
인 같이 행하게 하리니 이는 그들
이 나 여호와께 (犯罪)범죄하였음
이라 또 그들의 피는 쏟아져서 티
끌 같이 되며 그들의 살은 분토 같
이 될지라
18 그들의 은과 금이 여호와의 분노
의 날에 능히 그들을 건지지 못할
것이며 이 온 땅이 여호와의 질투
의 불에 삼켜지리니 이는 여호와
가 이 땅 모든 주민을 (滅絕)멸절
하되 놀랍게 멸절할 것임이라

공의와 겸손을 구하라

2 수치를 모르는 (百姓)백성아 모
일지어다 모일지어다

2 명령이 시행되어 날이 겨 같이 지
나가기 전, 여호와의 진노가 너희
에게 내리기 전, 여호와의 (憤怒)
분노의 날이 너희에게 이르기 전
에 그리할지어다
3 여호와의 (規例)규례를 지키는 세
상의 모든 (謙遜)겸손한 자들아
너희는 여호와를 찾으며 공의와
겸손을 구하라 너희가 혹시 여호
와의 분노의 날에 숨김을 얻으리
라

이스라엘 이웃 나라들이 받을 벌

4 ● 가사는 버림을 당하며 아스글
론은 (廢墟)폐허가 되며 아스돗은
대낮에 쫓겨나며 에그론은 뽑히리
라
5 해변 주민 그렛 족속에게 (禍)화
있을진저 블레셋 사람의 땅 가나
안아 여호와의 말씀이 너희를 치
나니 내가 너를 멸하여 주민이 없
게 하리라
6 (海邊)해변은 풀밭이 되어 목자의
움막과 양 떼의 우리가 거기에 있
을 것이며
7 그 지경은 유다 족속의 남은 자에
게로 돌아갈지라 그들이 거기에서
(羊)양 떼를 먹이고 저녁에는 아
스글론 집들에 누우리니 이는 그
들의 하나님 여호와가 그들을 보
살피사 그들이 사로잡힘을 돌이킬
것임이라
8 ● 내가 모압의 (誹謗)비방과 암몬
자손이 조롱하는 말을 들었나니
그들이 내 백성을 비방하고 자기
들의 경계에 대하여 교만하였느니
라
9 그러므로 만군의 여호와 이스라엘
의 하나님이 말하노라 내가 나의
삶을 두고 맹세하노니 (將次)장차
모압은 소돔 같으며 암몬 자손은
고모라 같을 것이라 찔레가 나며
소금 구덩이가 되어 영원히 황폐
하리니 내 백성의 남은 자들이 그
들을 노략하며 나의 남은 백성이
그것을 기업으로 얻을 것이라
10 그들이 이런 일을 당할 것은 그 백
성이 만군의 여호와의 백성을 훼
방하고 교만하여졌음이라
11 여호와가 그들에게 두렵게 되어서

세상의 모든 신을 (衰弱)쇠약하게
하리니 이방의 모든 해변 사람들
이 각각 자기 처소에서 여호와께
경배하리라
12 ●구스 사람들아 너희도 내 칼에
죽임을 (當)당하리라
13 여호와가 북쪽을 (向)향하여 손을
펴서 앗수르를 멸하며 니느웨를
황폐하게 하여 사막 같이 메마르
게 하리니
14 각종 짐승이 그 가운데에 떼로 누
울 것이며 (塘鵝)당아와 고슴도치
가 그 기둥 꼭대기에 깃들이고 그
것들이 창에서 울 것이며 문턱이
적막하리니 백향목으로 지은 것이
벗겨졌음이라
15 이는 기쁜 성이라 염려 없이 거주
하며 마음속에 이르기를 오직 나
만 있고 나 외에는 다른 이가 없다
하더니 어찌 이와 같이 (荒廢)황
폐하여 들짐승이 엎드릴 곳이 되
었는고 지나가는 자마다 비웃으며
손을 흔들리로다

예루살렘이 받을 형벌과 보호

3 패역하고 더러운 곳, (暴虐)포
학한 그 성읍이 화 있을진저
2 그가 명령을 듣지 아니하며 교훈
을 받지 아니하며 여호와를 (依
賴)의뢰하지 아니하며 자기 하나
님에게 가까이 나아가지 아니하였
도다
3 그 가운데 (方伯)방백들은 부르짖
는 사자요 그의 재판장들은 이튿
날까지 남겨 두는 것이 없는 저녁
이리요
4 그의 선지자들은 (輕率)경솔하고
간사한 사람들이요 그의 제사장들
은 성소를 더럽히고 율법을 범하
였도다
5 그 가운데에 계시는 여호와는 의
로우사 불의를 행하지 아니하시고
아침마다 빠짐없이 자기의 공의를
비추시거늘 불의한 자는 (羞恥)수
치를 알지 못하는도다
6 내가 여러 나라를 끊어 버렸으므
로 그들의 망대가 (破壞)파괴되었
고 내가 그들의 거리를 비게 하여
지나는 자가 없게 하였으므로 그
들의 모든 성읍이 황폐하며 사람
이 없으며 거주할 자가 없게 되었
느니라
7 내가 이르기를 너는 오직 나를 경
외하고 (敎訓)교훈을 받으라 그리
하면 내가 형벌을 내리기로 정하
기는 하였지만 너의 거처가 끊어
지지 아니하리라 하였으나 그들이
[1]부지런히 그들의 모든 행위를 더
럽게 하였느니라
8 ●나 여호와가 말하노라 그러므
로 내가 일어나 [2]벌할 날까지 너
희는 나를 기다리라 내가 뜻을 정
하고 나의 분노와 모든 진노를 쏟
으려고 여러 나라를 소집하며 왕
국들을 모으리라 온 땅이 나의 질
투의 불에 (燒滅)소멸되리라
9 ●그 때에 내가 여러 (百姓)백성
의 입술을 깨끗하게 하여 그들이
다 여호와의 이름을 부르며 한 가
지로 나를 섬기게 하리니

1) 일찍이 일어나서 2) 겁탈

10 내게 구하는 백성들 곧 내가 흩은
자의 딸이 구스 강 건너편에서부
터 (禮物)예물을 가지고 와서 내
게 바칠지라
11 그 날에 네가 내게 범죄한 모든 행
위로 말미암아 수치를 당하지 아
니할 것은 그 때에 내가 네 가운데
서 (驕慢)교만하여 자랑하는 자들
을 제거하여 네가 나의 (聖山)성
산에서 다시는 교만하지 않게 할
것임이라
12 내가 곤고하고 가난한 백성을 네
가운데에 남겨 두리니 그들이 여
호와의 이름을 의탁하여 (保護)보
호를 받을지라
13 이스라엘의 남은 자는 (惡)악을
행하지 아니하며 거짓을 말하지
아니하며 입에 거짓된 혀가 없으
며 먹고 누울지라도 그들을 두렵
게 할 자가 없으리라

기뻐하며 부를 노래

14 ● 시온의 딸아 노래할지어다 이
스라엘아 기쁘게 부를지어다 예루
살렘 딸아 (全心)전심으로 기뻐하
며 즐거워할지어다
15 여호와가 네 형벌을 (除去)제거하
였고 네 원수를 쫓아냈으며 이스
라엘 왕 여호와가 네 가운데 계시
니 네가 다시는 화를 당할까 두려
워하지 아니할 것이라
16 그 날에 사람이 예루살렘에 이르
기를 두려워하지 말라 시온아 네
손을 늘어뜨리지 말라
17 너의 하나님 여호와가 너의 가운
데에 계시니 그는 구원을 베푸실
(全能者)전능자이시라 그가 너로
말미암아 기쁨을 이기지 못하시며
너를 잠잠히 사랑하시며 너로 말
미암아 즐거이 부르며 기뻐하시리
라 하리라
18 내가 절기로 말미암아 근심하는
자들을 모으리니 그들은 네게 속
한 자라 그들에게 지워진 짐이 (恥
辱)치욕이 되었느니라
19 그 때에 내가 너를 괴롭게 하는 자
를 다 벌하고 저는 자를 구원하며
쫓겨난 자를 모으며 온 세상에서
(羞辱)수욕 받는 자에게 칭찬과
(名聲)명성을 얻게 하리라
20 내가 그 때에 너희를 이끌고 그 때
에 너희를 모을지라 내가 [1]너희
(目前)목전에서 너희의 사로잡힘
을 돌이킬 때에 너희에게 천하 만
민 가운데서 명성과 칭찬을 얻게
하리라 여호와의 말이니라

1) 그들의

학개 Haggai

성전을 건축하라는 여호와의 말씀

1 다리오 왕 제이년 여섯째 달 곧
그 달 초하루에 여호와의 말씀
이 (先知者)선지자 학개로 말미암
아 스알디엘의 아들 유다 (總督)
총독 스룹바벨과 여호사닥의 아들
대제사장 여호수아에게 임하니라
이르시되
2 만군의 여호와가 이같이 말하여
이르노라 이 백성이 말하기를 여
호와의 전을 (建築)건축할 시기가
이르지 아니하였다 하느니라
3 여호와의 말씀이 (先知者)선지자
학개에게 임하여 이르시되
4 이 성전이 황폐하였거늘 너희가
이 때에 (板壁)판벽한 집에 거주
하는 것이 옳으냐
5 그러므로 이제 만군의 여호와가
이같이 말하노니 너희는 너희의
(行爲)행위를 살필지니라
6 너희가 많이 뿌릴지라도 수확이
적으며 먹을지라도 배부르지 못하
며 마실지라도 (洽足)흡족하지 못
하며 입어도 따뜻하지 못하며 일
꾼이 삯을 받아도 그것을 구멍 뚫
어진 전대에 넣음이 되느니라
7 ●(萬軍)만군의 여호와가 말하노
니 너희는 자기의 행위를 살필지
니라
8 너희는 산에 올라가서 나무를 가
져다가 (聖殿)성전을 건축하라 그
리하면 내가 그것으로 말미암아
기뻐하고 또 영광을 얻으리라 여
호와가 말하였느니라
9 너희가 많은 것을 바랐으나 도리
어 적었고 너희가 그것을 집으로
가져갔으나 내가 불어 버렸느니라
나 (萬軍)만군의 여호와가 말하노
라 이것이 무슨 까닭이냐 내 집은
황폐하였으되 너희는 각각 자기의
집을 짓기 위하여 빨랐음이라
10 그러므로 너희로 말미암아 하늘은
이슬을 그쳤고 땅은 (産物)산물을
그쳤으며
11 내가 이 땅과 산과 곡물과 새 포도
주와 기름과 땅의 모든 (所産)소
산과 사람과 가축과 손으로 수고
하는 모든 일에 한재를 들게 하였
느니라

성전 건축을 격려하다

12 ●스알디엘의 아들 스룹바벨과
여호사닥의 아들 대제사장 여호수
아와 남은 모든 백성이 그들의 하
나님 여호와의 목소리와 선지자
학개의 말을 들었으니 이는 그들
의 하나님 여호와께서 그를 보내
셨음이라 백성이 다 여호와를 (敬
畏)경외하매
13 그 때에 여호와의 (使者)사자 학
개가 여호와의 위임을 받아 백성
에게 말하여 이르되 여호와가 말
하노니 내가 너희와 함께 하노라
하니라
14 여호와께서 스알디엘의 아들 유다
총독 스룹바벨의 마음과 여호사닥
의 아들 대제사장 여호수아의 마

음과 남은 모든 백성의 마음을 (感
動)감동시키시매 그들이 와서 만
군의 여호와 그들의 하나님의 전
공사를 하였으니
15 그 때는 다리오 (王)왕 제이년 여
섯째 달 이십사일이었더라
2 일곱째 달 곧 그 달 이십일일에
여호와의 말씀이 선지자 학개
에게 (臨)임하니라 이르시되
2 너는 스알디엘의 아들 유다 (總
督)총독 스룹바벨과 여호사닥의
아들 대제사장 여호수아와 남은
백성에게 말하여 이르라
3 너희 가운데에 남아 있는 자 중에
서 이 성전의 이전 (榮光)영광을
본 자가 누구냐 이제 이것이 너희
에게 어떻게 보이느냐 이것이 너
희 눈에 보잘것없지 아니하냐
4 그러나 여호와가 이르노라 스룹바
벨아 스스로 굳세게 할지어다 여
호사닥의 아들 대제사장 여호수아
야 스스로 굳세게 할지어다 여호
와의 말이니라 이 땅 모든 (百姓)
백성아 스스로 굳세게 하여 일할
지어다 내가 너희와 함께 하노라
만군의 여호와의 말이니라
5 너희가 애굽에서 나올 때에 내가
너희와 (言約)언약한 말과 나의
영이 계속하여 너희 가운데에 머
물러 있나니 너희는 두려워하지
말지어다
6 만군의 여호와가 이같이 말하노라
조금 있으면 내가 하늘과 땅과 바
다와 육지를 (震動)진동시킬 것이
요
7 또한 모든 나라를 (震動)진동시킬
것이며 모든 나라의 [1]보배가 이르
리니 내가 이 성전에 영광이 충만
하게 하리라 만군의 여호와의 말
이니라
8 (銀)은도 내 것이요 금도 내 것이
니라 만군의 여호와의 말이니라
9 이 성전의 나중 영광이 이전 영광
보다 크리라 만군의 여호와의 말
이니라 내가 이 곳에 (平康)평강
을 주리라 만군의 여호와의 말이
니라
10 ● 다리오 왕 제이년 아홉째 달 이
십사일에 여호와의 말씀이 (先知
者)선지자 학개에게 임하니라 이
르시되
11 만군의 여호와가 말하노니 너는
제사장에게 (律法)율법에 대하여
물어 이르기를
12 사람이 옷자락에 거룩한 고기를
쌌는데 그 옷자락이 만일 떡에나
국에나 포도주에나 기름에나 다른
음식물에 닿았으면 그것이 (聖物)
성물이 되겠느냐 하라 학개가 물
으매 제사장들이 대답하여 이르되
아니니라 하는지라
13 학개가 이르되 (屍體)시체를 만져
서 (不淨)부정하여진 자가 만일
그것들 가운데 하나를 만지면 그
것이 부정하겠느냐 하니 제사장들
이 대답하여 이르되 부정하리라
하더라
14 이에 학개가 대답하여 이르되 여
호와의 말씀에 내 앞에서 이 백성

1) 사모하는 것이

이 그러하고 이 나라가 그러하고
그들의 손의 모든 일도 그러하고
그들이 거기에서 드리는 것도 (不
淨)부정하니라
15 이제 원하건대 너희는 오늘부터
이전 곧 여호와의 전에 돌이 돌 위
에 놓이지 아니하였던 때를 (記
憶)기억하라
16 그 때에는 이십 고르 (穀食)곡식
더미에 이른즉 십 고르뿐이었고
포도즙 틀에 오십 고르를 길으러
이른즉 이십 고르뿐이었었느니라
17 만군의 여호와가 말하노라 내가
너희 손으로 지은 모든 일에 곡식
을 마르게 하는 재앙과 깜부기 재
앙과 (雨雹)우박으로 쳤으나 너희
가 내게로 돌이키지 아니하였느니
라
18 너희는 오늘 (以前)이전을 기억하
라 아홉째 달 이십사일 곧 여호와
의 성전 지대를 쌓던 날부터 기억
하여 보라
19 곡식 (種子)종자가 아직도 창고에
있느냐 포도나무, 무화과나무, 석
류나무, 감람나무에 열매가 맺지
못하였느니라 그러나 오늘부터는
내가 너희에게 복을 주리라
20 ●그 달 (二十四日)이십사일에 여
호와의 말씀이 다시 학개에게 임
하니라 이르시되
21 너는 유다 (總督)총독 스룹바벨에
게 말하여 이르라 내가 하늘과 땅
을 진동시킬 것이요
22 여러 왕국들의 (寶座)보좌를 엎을
것이요 여러 나라의 세력을 멸할
것이요 그 (兵車)병거들과 그 탄
자를 엎드러뜨리리니 말과 그 탄
자가 각각 그의 동료의 칼에 엎드
러지리라
23 만군의 여호와가 말하노라 스알디
엘의 아들 내 종 스룹바벨아 여호
와가 말하노라 그 날에 내가 너를
세우고 너를 (印章)인장으로 삼으
리니 이는 내가 너를 택하였음이
니라 만군의 여호와의 말이니라
하시니라

스가랴 Zechariah

악한 길에서 돌아오라고 명령하시다

1 다리오 왕 제이년 여덟째 달에
여호와의 말씀이 잇도의 (孫子)
손자 베레갸의 아들 선지자 스가
랴에게 임하니라 이르시되
2 여호와가 너희의 조상들에게 심히
(震怒)진노하였느니라
3 그러므로 너는 그들에게 말하기를
(萬軍)만군의 여호와께서 이처럼
이르시되 너희는 내게로 돌아오라
만군의 여호와의 말이니라 그리하
면 내가 너희에게로 돌아가리라
만군의 여호와의 말이니라
4 너희 조상들을 본받지 말라 옛적
선지자들이 그들에게 외쳐 이르되
만군의 여호와께서 이같이 말씀하
시기를 너희가 악한 길, 악한 (行
爲)행위를 떠나서 돌아오라 하셨
다 하나 그들이 듣지 아니하고 내
게 귀를 기울이지 아니하였느니라
여호와의 말이니라
5 너희 조상들이 어디 있느냐 또 선
지자들이 (永遠)영원히 살겠느냐
6 내가 나의 종 (先知者)선지자들에
게 명령한 내 말과 내 법도들이 어
찌 너희 조상들에게 임하지 아니
하였느냐 그러므로 그들이 돌이켜
이르기를 만군의 여호와께서 우리
길대로, 우리 행위대로 우리에게
행하시려고 뜻하신 것을 우리에게
행하셨도다 하였느니라

화석류나무 사이에 선 자

7 ●다리오 왕 제이년 열한째 달 곧
스밧월 이십사일에 잇도의 손자
베레갸의 아들 선지자 스가랴에게
여호와의 말씀이 (臨)임하니라
8 내가 밤에 보니 한 사람이 붉은 말
을 타고 골짜기 속 (花石榴)화석
류나무 사이에 섰고 그 뒤에는 붉
은 말과 자줏빛 말과 백마가 있기
로
9 내가 말하되 내 주여 이들이 무엇
이니이까 하니 내게 말하는 (天
使)천사가 내게 이르되 이들이 무
엇인지 내가 네게 보이리라 하니
10 (花石榴)화석류나무 사이에 선 자
가 대답하여 이르되 이는 여호와
께서 땅에 두루 다니라고 보내신
자들이니라
11 그들이 화석류나무 사이에 선 여
호와의 천사에게 말하되 우리가
땅에 두루 다녀 보니 온 땅이 (平
安)평안하고 조용하더이다 하더
라
12 여호와의 천사가 대답하여 이르되
만군의 여호와여 여호와께서 언
제까지 예루살렘과 유다 (城邑)성
읍들을 불쌍히 여기지 아니하시려
하나이까 이를 노하신 지 칠십 년
이 되었나이다 하매
13 여호와께서 내게 말하는 천사에게
선한 말씀, (慰勞)위로하는 말씀
으로 대답하시더라
14 내게 말하는 천사가 내게 이르되
너는 외쳐 이르기를 만군의 여호
와의 말씀에 내가 예루살렘을 위

하며 시온을 위하여 크게 (嫉妬)
질투하며
15 (安逸)안일한 여러 나라들 때문에
심히 진노하나니 나는 조금 노하
였거늘 그들은 힘을 내어 (苦難)
고난을 더하였음이라
16 그러므로 여호와가 이처럼 말하노
라 내가 불쌍히 여기므로 예루살
렘에 돌아왔은즉 내 집이 그 가운
데에 (建築)건축되리니 예루살렘
위에 먹줄이 쳐지리라 만군의 여
호와의 말이니라
17 그가 다시 외쳐 이르기를 만군의
여호와의 말씀에 나의 성읍들이
넘치도록 다시 풍부할 것이라 여
호와가 다시 시온을 (慰勞)위로하
며 다시 예루살렘을 택하리라 하
라 하니라

네 뿔과 대장장이 네 명

18 ● 내가 눈을 들어 본즉 네 (個)개
의 뿔이 보이기로
19 이에 내게 말하는 천사에게 묻되
이들이 무엇이니이까 하니 내게
(對答)대답하되 이들은 유다와 이
스라엘과 예루살렘을 흩뜨린 뿔이
니라
20 그 때에 여호와께서 대장장이 네
(名)명을 내게 보이시기로
21 내가 말하되 그들이 무엇하러 왔
나이까 하니 대답하여 이르시되
그 뿔들이 유다를 흩뜨려서 사람
들이 (能)능히 머리를 들지 못하
게 하니 이 대장장이들이 와서 그
것들을 두렵게 하고 이전의 뿔들
을 들어 유다 땅을 흩뜨린 여러 나
라의 뿔들을 떨어뜨리려 하느니라
하시더라

측량줄을 잡은 사람

2 내가 또 눈을 들어 본즉 한 사
람이 (測量)측량줄을 그의 손에
잡았기로
2 네가 어디로 가느냐 물은즉 그가
내게 (對答)대답하되 예루살렘을
측량하여 그 너비와 길이를 보고
자 하노라 하고 말할 때에
3 내게 말하는 (天使)천사가 나가고
다른 천사가 나와서 그를 맞으며
4 이르되 너는 달려가서 그 소년에
게 말하여 이르기를 예루살렘은
그 가운데 사람과 가축이 많으므
로 (城廓)성곽 없는 성읍이 될 것
이라 하라
5 여호와의 말씀에 내가 불로 둘러
싼 성곽이 되며 그 가운데에서 (榮
光)영광이 되리라
6 ● 오호라 너희는 북방 땅에서 도
피할지어다 여호와의 말씀이니라
이는 내가 너희를 하늘 (四方)사
방에 바람 같이 흩어지게 하였음
이니라 여호와의 말씀이니라
7 바벨론 [1]성에 거주하는 시온아 이
제 너는 (避)피할지니라
8 만군의 여호와께서 이같이 말씀하
시되 영광을 위하여 나를 너희를
(擄掠)노략한 여러 나라로 보내셨
나니 너희를 범하는 자는 그의 눈
동자를 범하는 것이라
9 내가 손을 그들 위에 움직인즉 그
들이 자기를 섬기던 자들에게 (擄

1) 딸과 함께

掠)노략거리가 되리라 하셨나니
너희가 만군의 여호와께서 나를
보내신 줄 알리라
10 여호와의 말씀에 시온의 딸아 노
래하고 기뻐하라 이는 내가 와서
네 가운데에 머물 것임이라
11 그 날에 많은 나라가 여호와께 속
하여 내 (百姓)백성이 될 것이요
나는 네 가운데에 머물리라 네가
(萬軍)만군의 여호와께서 나를 네
게 보내신 줄 알리라
12 여호와께서 장차 유다를 거룩한
땅에서 자기 (所有)소유를 삼으시
고 다시 예루살렘을 택하시리니
13 모든 (肉體)육체가 여호와 앞에서
잠잠할 것은 여호와께서 그의 거
룩한 처소에서 일어나심이니라 하
라 하더라

여호와의 천사 앞에 선 여호수아

3 대제사장 여호수아는 여호와의
천사 앞에 섰고 사탄은 그의 오
른쪽에 서서 그를 (對敵)대적하는
것을 여호와께서 내게 보이시니라
2 여호와께서 사탄에게 이르시되 사
탄아 여호와께서 너를 (責望)책망
하노라 예루살렘을 택한 여호와께
서 너를 책망하노라 이는 불에서
꺼낸 그슬린 나무가 아니냐 하실
때에

3 여호수아가 더러운 옷을 입고 (天
使)천사 앞에 서 있는지라
4 여호와께서 자기 앞에 선 자들에
게 (命令)명령하사 그 더러운 옷
을 벗기라 하시고 또 여호수아에
게 이르시되 내가 네 죄악을 제거
하여 버렸으니 네게 아름다운 옷
을 입히리라 하시기로
5 내가 말하되 (淨潔)정결한 관을
그의 머리에 씌우소서 하매 곧 정
결한 관을 그 머리에 씌우며 옷을
입히고 여호와의 천사는 곁에 섰
더라
6 ●여호와의 천사가 여호수아에게
(證言)증언하여 이르되
7 만군의 여호와의 말씀에 네가 만
일 내 도를 행하며 내 (規例)규례
를 지키면 네가 내 집을 다스릴 것
이요 내 뜰을 지킬 것이며 내가 또
너로 여기 섰는 자들 가운데에 왕
래하게 하리라
8 대제사장 여호수아야 너와 네 앞
에 앉은 네 동료들은 내 말을 들을
것이니라 이들은 (豫表)예표의 사
람들이라 내가 내 종 싹을 나게 하
리라
9 만군의 여호와가 말하노라 내가
너 여호수아 앞에 세운 돌을 보라
한 돌에 일곱 눈이 있느니라 내가
거기에 새길 것을 새기며 이 땅의
(罪惡)죄악을 하루에 제거하리라
10 만군의 여호와가 말하노라 그 날
에 너희가 각각 포도나무와 무화
과나무 아래로 서로 (招待)초대하
리라 하셨느니라

순금 등잔대와 두 감람나무

4 내게 말하던 천사가 다시 와서
나를 깨우니 마치 자는 사람이
잠에서 깨어난 것 같더라
2 그가 내게 묻되 네가 무엇을 보느
냐 내가 대답하되 내가 보니 순금

등잔대가 있는데 그 위에는 기름
그릇이 있고 또 그 기름 그릇 위에
일곱 (燈盞)등잔이 있으며 그 기
름 그릇 위에 있는 등잔을 위해서
일곱 관이 있고
3 그 (燈盞臺)등잔대 곁에 두 감람
나무가 있는데 하나는 그 기름 그
릇 오른쪽에 있고 하나는 그 왼쪽
에 있나이다 하고
4 내게 말하는 천사에게 물어 이르
되 내 (主)주여 이것들이 무엇이
니이까 하니
5 내게 말하는 천사가 (對答)대답하
여 이르되 네가 이것들이 무엇인
지 알지 못하느냐 하므로 내가 대
답하되 내 주여 내가 알지 못하나
이다 하니
6 그가 내게 대답하여 이르되 여호
와께서 스룹바벨에게 하신 말씀이
이러하니라 (萬軍)만군의 여호와
께서 말씀하시되 이는 힘으로 되
지 아니하며 능력으로 되지 아니
하고 오직 나의 영으로 되느니라
7 큰 산아 네가 무엇이냐 네가 스룹
바벨 앞에서 평지가 되리라 그가
머릿돌을 내놓을 때에 무리가 외
치기를 (恩寵)은총, 은총이 그에
게 있을지어다 하리라 하셨고
8 여호와의 말씀이 또 내게 (臨)임
하여 이르시되
9 스룹바벨의 손이 이 성전의 (基
礎)기초를 놓았은즉 그의 손이 또
한 그 일을 마치리라 하셨나니 만
군의 여호와께서 나를 너희에게
보내신 줄을 네가 알리라 하셨느
니라
10 작은 일의 날이라고 (蔑視)멸시하
는 자가 누구냐 사람들이 스룹바
벨의 손에 다림줄이 있음을 보고
기뻐하리라 이 일곱은 온 세상에
두루 다니는 여호와의 눈이라 하
니라
11 ● 내가 그에게 물어 이르되 등잔
대 좌우의 두 (橄欖)감람나무는
무슨 뜻이니이까 하고
12 다시 그에게 물어 이르되 금 기름
을 흘리는 두 (金管)금관 옆에 있
는 이 감람나무 두 가지는 무슨 뜻
이니이까 하니
13 그가 내게 (對答)대답하여 이르되
네가 이것이 무엇인지 알지 못하
느냐 하는지라 내가 대답하되 내
주여 알지 못하나이다 하니
14 이르되 이는 기름 부음 받은 자 둘
이니 온 (世上)세상의 주 앞에 서
있는 자니라 하더라

날아가는 두루마리

5 내가 다시 눈을 들어 본즉 날아
가는 두루마리가 있더라
2 그가 내게 묻되 네가 무엇을 보느
냐 하기로 내가 (對答)대답하되
날아가는 두루마리를 보나이다 그
길이가 이십 [1]규빗이요 너비가 십
규빗이니이다
3 그가 내게 이르되 이는 온 땅 위에
내리는 (詛呪)저주라 도둑질하는
자는 그 이쪽 글대로 끊어지고 맹
세하는 자는 그 저쪽 글대로 끊어
지리라 하니

1) 히, 암마

4 만군의 여호와께서 이르시되 내
가 이것을 보냈나니 도둑의 집에
도 들어가며 내 이름을 가리켜 (妄
靈)망령되이 (盟誓)맹세하는 자의
집에도 들어가서 그의 집에 머무
르며 그 집을 나무와 돌과 아울러
사르리라 하셨느니라 하니라

에바 속의 여인

5 ● 내게 말하던 天使)천사가 나아
와서 내게 이르되 너는 눈을 들어
나오는 이것이 무엇인가 보라 하
기로
6 내가 묻되 이것이 무엇이니이까
하니 그가 이르되 나오는 이것이
에바이니라 하시고 또 이르되 온
땅에서 그들의 (貌樣)모양이 이러
하니라
7 이 에바 가운데에는 한 (女人)여
인이 앉았느니라 하니 그 때에 둥
근 납 한 조각이 들리더라
8 그가 이르되 이는 악이라 하고 그
(女人)여인을 에바 속으로 던져
넣고 납 조각을 에바 아귀 위에 던
져 덮더라

9 내가 또 눈을 들어 본즉 두 여인이
나오는데 (鶴)학의 날개 같은 날
개가 있고 그 날개에 바람이 있더
라 그들이 그 에바를 천지 사이에
들었기로
10 내가 내게 말하는 (天使)천사에게
묻되 그들이 에바를 어디로 옮겨
가나이까 하니
11 그가 내게 이르되 그들이 시날 땅
으로 가서 그것을 위하여 집을 지
으려 함이니라 (竣工)준공되면 그
것이 제 처소에 머물게 되리라 하
더라

네 병거

6 내가 또 눈을 들어 본즉 네 (兵
車)병거가 두 산 사이에서 나오
는데 그 산은 구리 산이더라
2 첫째 (兵車)병거는 붉은 말들이,
둘째 병거는 검은 말들이,
3 셋째 병거는 흰 말들이, 넷째 병거
는 어룽지고 (健壯)건장한 말들이
메었는지라
4 내가 내게 말하는 (天使)천사에게
물어 이르되 내 주여 이것들이 무
엇이니이까 하니
5 천사가 대답하여 이르되 이는 하
늘의 네 바람인데 온 (世上)세상
의 주 앞에 서 있다가 나가는 것이
라 하더라
6 검은 말은 북쪽 땅으로 나가고 흰
말은 그 뒤를 따르고 어룽진 말은
(南)남쪽 땅으로 나가고
7 (健壯)건장한 말은 나가서 땅에
두루 다니고자 하니 그가 이르되
너희는 여기서 나가서 땅에 두루
다니라 하매 곧 땅에 두루 다니더
라
8 그가 내게 외쳐 말하여 이르되 북
쪽으로 나간 자들이 북쪽에서 내
(靈)영을 쉬게 하였느니라 하더라

면류관을 여호수아의 머리에 씌우다

9 ● 여호와의 말씀이 내게 (臨)임하
여 이르시되
10 사로잡힌 자 가운데 바벨론에서부
터 돌아온 헬대와 도비야와 여다
야가 스바냐의 아들 요시아의 집

에 들어갔나니 너는 이 날에 그 집
에 들어가서 그들에게서 받되
11 은과 금을 받아 (冕旒冠)면류관을
만들어 여호사닥의 아들 대제사장
여호수아의 머리에 씌우고
12 말하여 이르기를 만군의 여호와께
서 이같이 말씀하시되 보라 싹이
라 이름하는 사람이 자기 곳에서
돋아나서 여호와의 전을 (建築)건
축하리라
13 그가 여호와의 전을 (建築)건축하
고 영광도 얻고 그 자리에 앉아서
다스릴 것이요 또 제사장이 자기
자리에 있으리니 이 둘 사이에 평
화의 의논이 있으리라 하셨다 하고
14 그 (冕旒冠)면류관은 헬렘과 도비
야와 여다야와 스바냐의 아들 헨
을 기념하기 위하여 여호와의 전
안에 두라 하시니라
15 먼 데 사람들이 와서 여호와의 전
을 건축하리니 만군의 여호와께서
나를 너희에게 보내신 줄을 너희
가 알리라 너희가 (萬一)만일 너
희의 하나님 여호와의 말씀을 들
을진대 이같이 되리라

여호와께서는 금식보다 청종을 원하신다

7 다리오 왕 제사년 아홉째 달 곧
기슬래월 사일에 여호와의 말
씀이 스가랴에게 임하니라
2 그 때에 벧엘 사람이 사레셀과 레
겜멜렉과 그의 부하들을 보내어
여호와께 (恩惠)은혜를 구하고
3 만군의 여호와의 전에 있는 제사
장들과 선지자들에게 물어 이르되
내가 여러 해 동안 행한 대로 오월
중에 울며 (謹愼)근신하리이까 하
매
4 (萬軍)만군의 여호와의 말씀이 내
게 임하여 이르시되
5 온 땅의 백성과 제사장들에게 이
르라 너희가 칠십 년 동안 다섯째
달과 일곱째 달에 (禁食)금식하고
(哀痛)애통하였거니와 그 금식이
나를 위하여, 나를 위하여 한 것이
냐
6 너희가 먹고 마실 때에 그것은 너
희를 위하여 먹고 너희를 (爲)위
하여 마시는 것이 아니냐
7 예루살렘과 사면 성읍에 백성이
(平穩)평온히 거주하며 남방과 평
원에 사람이 거주할 때에 여호와
가 옛 선지자들을 통하여 외친 말
씀이 있지 않으냐 하시니라

사로잡혀 가는 까닭

8 ● 여호와의 말씀이 스가랴에게
(臨)임하여 이르시되
9 만군의 여호와가 이같이 말하여
이르시기를 너희는 진실한 (裁判)
재판을 행하며 서로 (仁愛)인애와
긍휼을 베풀며
10 과부와 (孤兒)고아와 나그네와 궁
핍한 자를 압제하지 말며 서로 해
하려고 마음에 도모하지 말라 하
였으나
11 그들이 듣기를 싫어하여 [1]등을 돌
리며 듣지 아니하려고 귀를 막으며
12 그 마음을 (金剛石)금강석 같게
하여 율법과 만군의 여호와가 그
의 영으로 옛 선지자들을 통하여

1) 굳은 어깨로 향하며

전한 말을 듣지 아니하므로 큰 진
노가 만군의 여호와께로부터 나왔
도다
13 내가 불러도 그들이 듣지 아니한
것처럼 그들이 불러도 내가 듣지
아니하리라 (萬軍)만군의 여호와
가 말하였느니라
14 내가 그들을 바람으로 불어 알지
못하던 여러 나라에 흩었느니라
그 (後)후에 이 땅이 황폐하여 오
고 가는 사람이 없었나니 이는 그
들이 아름다운 땅을 황폐하게 하
였음이니라 하시니라

예루살렘 회복에 대한 약속

8 만군의 여호와의 말씀이 (臨)임
하여 이르시되
2 만군의 여호와가 이같이 말하노라
내가 시온을 위하여 크게 (嫉妬)
질투하며 그를 위하여 크게 (憤
怒)분노함으로 질투하노라
3 여호와가 이같이 말하노라 내가
시온에 돌아와 예루살렘 가운데에
거하리니 예루살렘은 (眞理)진리
의 성읍이라 일컫겠고 만군의 여
호와의 산은 성산이라 일컫게 되
리라
4 (萬軍)만군의 여호와가 이같이 말
하노라 예루살렘 길거리에 늙은
남자들과 늙은 여자들이 다시 앉
을 것이라 다 나이가 많으므로 저
마다 손에 지팡이를 잡을 것이요
5 그 성읍 거리에 (少年)소년과 (少
女)소녀들이 가득하여 거기에서
뛰놀리라
6 만군의 여호와가 이같이 말하노라
이 일이 그 날에 남은 백성의 눈에
는 기이하려니와 내 눈에야 어찌
(奇異)기이하겠느냐 만군의 여호
와의 말이니라
7 만군의 여호와가 이같이 말하노
라 보라, 내가 내 백성을 해가 뜨
는 땅과 해가 지는 땅에서부터 (救
援)구원하여 내고
8 (引導)인도하여다가 예루살렘 가
운데에 거주하게 하리니 그들은
내 백성이 되고 나는 진리와 공의
로 그들의 하나님이 되리라
9 ●만군의 여호와가 이같이 말하
노라 만군의 여호와의 집 곧 성전
을 (建築)건축하려고 그 지대를
쌓던 날에 있었던 선지자들의 입
의 말을 이 날에 듣는 너희는 손을
견고히 할지어다
10 이 날 전에는 사람도 삯을 얻지 못
하였고 짐승도 삯을 받지 못하였
으며 사람이 원수로 말미암아 (平
安)평안히 출입하지 못하였으니
내가 모든 사람을 풀어 서로 치게
하였느니라
11 만군의 여호와의 말씀이니라 이제
는 내가 이 남은 (百姓)백성을 대
하기를 옛날과 같이 아니할 것인
즉
12 곧 평강의 씨앗을 얻을 것이라 포
도나무가 열매를 맺으며 땅이 (産
物)산물을 내며 하늘은 이슬을 내
리리니 내가 이 남은 백성으로 이
모든 것을 누리게 하리라
13 유다 족속아, 이스라엘 족속아,
너희가 이방인 가운데에서 저주가

되었었으나 이제는 내가 너희를
구원하여 너희가 복이 되게 하리
니 두려워하지 말지니라 손을 (堅
固)견고히 할지니라
14 ● 만군의 여호와가 이같이 말하
노라 너희 조상들이 나를 (激怒)
격노하게 하였을 때에 내가 그들
에게 재앙을 내리기로 뜻하고 뉘
우치지 아니하였으나
15 이제 내가 다시 예루살렘과 유다
(族屬)족속에게 은혜를 베풀기로
뜻하였나니 너희는 두려워하지 말
지니라
16 너희가 행할 일은 이러하니라 너
희는 이웃과 더불어 (眞理)진리를
말하며 너희 성문에서 진실하고
화평한 재판을 베풀고
17 마음에 서로 해하기를 (圖謀)도모
하지 말며 거짓 맹세를 좋아하지
말라 이 모든 일은 내가 미워하는
것이니라 여호와의 말이니라

금식에 관하여 말씀하시다

18 ● (萬軍)만군의 여호와의 말씀이
내게 임하여 이르시되
19 만군의 여호와가 이같이 말하노
라 넷째 달의 (禁食)금식과 다섯
째 달의 금식과 일곱째 달의 금식
과 열째 달의 금식이 변하여 유다
족속에게 기쁨과 즐거움과 희락의
절기들이 되리니 오직 너희는 진
리와 화평을 사랑할지니라
20 만군의 여호와가 이와 같이 말하
노라 다시 여러 백성과 많은 (城
邑)성읍의 주민이 올 것이라
21 이 성읍 주민이 저 성읍에 가서 이
르기를 우리가 속히 가서 만군의
여호와를 찾고 여호와께 은혜를
(求)구하자 하면 나도 가겠노라
하겠으며
22 많은 백성과 (强大)강대한 나라들
이 예루살렘으로 와서 만군의 여
호와를 찾고 여호와께 은혜를 구
하리라
23 만군의 여호와가 이와 같이 말하
노라 그 날에는 말이 다른 (異邦)
이방 백성 열 명이 유다 사람 하
나의 옷자락을 잡을 것이라 곧 잡
고 말하기를 하나님이 너희와 함
께 하심을 들었나니 우리가 너희
와 함께 가려 하노라 하리라 하시
니라

이스라엘 이웃 나라들에 대한 하나님의 말씀

9 여호와의 말씀이 하드락 땅에
내리며 다메섹에 머물리니 사
람들과 이스라엘 모든 (支派)지파
의 눈이 여호와를 우러러봄이니라
2 그 (接境)접경한 하맛에도 임하겠
고 두로와 시돈에도 임하리니 그
들이 매우 지혜로움이니라
3 두로는 자기를 위하여 (要塞)요새
를 건축하며 은을 티끌 같이, 금을
거리의 진흙 같이 쌓았도다
4 주께서 그를 (征服)정복하시며 그
의 권세를 바다에 쳐넣으시리니
그가 불에 삼켜질지라
5 아스글론이 보고 무서워하며 가사
도 심히 아파할 것이며 에그론은
그 소망이 (羞恥)수치가 되므로
역시 그러하리라 가사에는 임금이

끊어질 것이며 아스글론에는 주민
이 없을 것이며
6 아스돗에는 (雜族)잡족이 거주하
리라 내가 블레셋 사람의 교만을
끊고
7 그의 입에서 그의 피를, 그의 잇사
이에서 그 가증한 것을 (除去)제
거하리니 그들도 남아서 우리 하
나님께로 돌아와서 유다의 한 지
도자 같이 되겠고 에그론은 여부
스 사람 같이 되리라
8 ●내가 내 집을 둘러 진을 쳐서
적군을 막아 거기 왕래하지 못하
게 할 것이라 포학한 자가 다시는
그 (地境)지경으로 지나가지 못하
리니 이는 내가 눈으로 친히 봄이
니라

구원을 베풀 왕

9 ●시온의 딸아 크게 기뻐할지어
다 예루살렘의 딸아 즐거이 부를
지어다 보라 네 왕이 네게 임하시
나니 그는 공의로우시며 구원을
베푸시며 (謙遜)겸손하여서 나귀
를 타시나니 나귀의 작은 것 곧 나
귀 새끼니라
10 내가 에브라임의 병거와 예루살렘
의 말을 끊겠고 전쟁하는 활도 끊
으리니 그가 이방 사람에게 화평
을 전할 것이요 그의 (統治)통치는
바다에서 바다까지 이르고 유브라
데 강에서 땅 끝까지 이르리라
11 ●또 너로 말할진대 네 (言約)언
약의 피로 말미암아 내가 네 갇힌
자들을 물 없는 구덩이에서 놓았

1) 또는 높이 들리리로다 2) 또는 그들이

나니
12 갇혀 있으나 (所望)소망을 품은
자들아 너희는 요새로 돌아올지니
라 내가 오늘도 이르노라 내가 네
게 갑절이나 갚을 것이라
13 내가 유다를 당긴 활로 삼고 에브
라임을 끼운 화살로 삼았으니 시
온아 내가 네 (子息)자식들을 일
으켜 헬라 자식들을 치게 하며 너
를 용사의 칼과 같게 하리라
14 여호와께서 그들 위에 나타나서
그들의 화살을 번개 같이 쏘아내
실 것이며 주 여호와께서 (喇叭)
나팔을 불게 하시며 남방 회오리
바람을 타고 가실 것이라
15 만군의 여호와께서 그들을 (護衛)
호위하시리니 그들이 원수를 삼키
며 물맷돌을 밟을 것이며 그들이
피를 마시고 즐거이 부르기를 술
취한 것 같이 할 것인즉 피가 가득
한 동이와도 같고 피 묻은 제단 모
퉁이와도 같을 것이라
16 이 날에 그들의 하나님 여호와께
서 그들을 자기 백성의 양 떼 같이
(救援)구원하시리니 그들이 왕관
의 보석 같이 여호와의 땅에 [1]빛
나리로다
17 [2]그의 (亨通)형통함과 [2]그의 아름
다움이 어찌 그리 큰지 곡식은 청
년을, 새 포도주는 처녀를 (强健)
강건하게 하리라

여호와께서 구원을 약속하시다

10 봄비가 올 때에 여호와 곧
구름을 일게 하시는 여호와
께 비를 구하라 무리에게 소낙비

를 내려서 밭의 (菜蔬)채소를 각
사람에게 주시리라
2 드라빔들은 (虛誕)허탄한 것을 말
하며 복술자는 진실하지 않은 것
을 보고 거짓 꿈을 말한즉 그 위로
가 헛되므로 백성들이 양 같이 (流
離)유리하며 목자가 없으므로 곤
고를 당하나니
3 내가 목자들에게 노를 발하며 내
가 숫염소들을 벌하리라 만군의
여호와가 그 무리 곧 유다 족속을
돌보아 그들을 전쟁의 (駿馬)준마
와 같게 하리니
4 모퉁잇돌이 그에게서, 말뚝이 그
에게서, 싸우는 활이 그에게서,
(權勢)권세 잡은 자가 다 일제히
그에게서 나와서
5 싸울 때에 용사 같이 거리의 진흙
중에 (怨讐)원수를 밟을 것이라
여호와가 그들과 함께 한즉 그들
이 싸워 말 탄 자들을 부끄럽게 하
리라
6 내가 유다 족속을 (堅固)견고하게
하며 요셉 족속을 구원할지라 내
가 그들을 긍휼히 여김으로 그들
이 돌아오게 하리니 그들은 내가
내버린 일이 없었음 같이 되리라
나는 그들의 하나님 여호와라 내
가 그들에게 들으리라
7 에브라임이 용사 같아서 포도주를
마심 같이 마음이 즐거울 것이요
그들의 (子孫)자손은 보고 기뻐하
며 여호와로 말미암아 마음에 즐
거워하리라
8 ●내가 그들을 향하여 휘파람을 불
어 그들을 모을 것은 내가 그들을
구속하였음이라 그들이 전에 번성
하던 것 같이 (蕃盛)번성하리라
9 내가 그들을 여러 백성들 가운데
흩으려니와 그들이 먼 곳에서 나
를 (記憶)기억하고 그들이 살아서
그들의 자녀들과 함께 돌아올지라
10 내가 그들을 애굽 땅에서 돌아오
게 하며 그들을 앗수르에서부터
모으며 길르앗 땅과 레바논으로
그들을 이끌어 가리니 그들이 거
할 곳이 (不足)부족하리라
11 내가 그들이 고난의 바다를 지나
갈 때에 바다 물결을 치리니 나일
의 깊은 곳이 다 마르겠고 앗수르
의 (驕慢)교만이 낮아지겠고 애굽
의 규가 없어지리라
12 내가 그들로 나 여호와를 의지하
여 (堅固)견고하게 하리니 그들이
내 이름으로 행하리라 나 여호와
의 말이니라

요단의 자랑이 쓰러지다

11 레바논아 네 문을 열고 불이
네 (柏香木)백향목을 사르
게 하라
2 너 잣나무여 곡할지어다 백향목이
넘어졌고 아름다운 나무들이 쓰러
졌음이로다 바산의 상수리나무들
아 곡할지어다 (茂盛)무성한 숲이
엎드러졌도다
3 목자들의 곡하는 소리가 남이여
그들의 (榮華)영화로운 것이 쓰러
졌음이로다 어린 사자의 부르짖는
소리가 남이여 이는 요단의 자랑
이 쓰러졌음이로다

두 목자

4 ●여호와 나의 하나님이 이르시
되 너는 잡혀 죽을 (羊)양 떼를 먹
이라
5 사들인 자들은 그들을 잡아도 죄
가 없다 하고 판 자들은 말하기를
내가 (富饒)부요하게 되었은즉 여
호와께 찬송하리라 하고 그들의
목자들은 그들을 불쌍히 여기지
아니하는도다
6 여호와가 말하노라 내가 다시는
이 땅 주민을 불쌍히 여기지 아니
하고 그 사람들을 (各各)각각 그
이웃의 손과 임금의 손에 넘기리
니 그들이 이 땅을 칠지라도 내가
그들의 손에서 건져내지 아니하리
라 하시기로
7 내가 잡혀 죽을 양 떼를 먹이니 참
으로 (可憐)가련한 양들이라 내가
막대기 둘을 취하여 하나는 은총
이라 하며 하나는 연합이라 하고
양 떼를 먹일새
8 한 달 동안에 내가 그 세 (牧者)목
자를 제거하였으니 이는 내 마음
에 그들을 싫어하였고 그들의 마
음에도 나를 미워하였음이라
9 내가 이르되 내가 너희를 먹이지
아니하리라 죽는 자는 죽는 대로,
(亡)망하는 자는 망하는 대로, 나
머지는 서로 살을 먹는 대로 두리
라 하고
10 이에 (恩寵)은총이라 하는 막대기
를 취하여 꺾었으니 이는 모든 백
성들과 세운 언약을 폐하려 하였
음이라
11 (當日)당일에 곧 폐하매 내 말을
지키던 가련한 양들은 이것이 여
호와의 말씀이었던 줄 안지라
12 내가 그들에게 이르되 너희가 좋
게 여기거든 내 품삯을 내게 주고
그렇지 아니하거든 그만두라 그들
이 곧 (銀)은 (三十)삼십 (個)개를
달아서 내 품삯을 삼은지라
13 여호와께서 내게 이르시되 그들이
나를 헤아린 바 그 삯을 토기장이
에게 던지라 하시기로 내가 곧 그
은 삼십 개를 여호와의 전에서 (土
器)토기장이에게 던지고
14 내가 또 (聯合)연합이라 하는 둘
째 막대기를 꺾었으니 이는 유다
와 이스라엘 형제의 의리를 끊으
려 함이었느니라
15 ●여호와께서 내게 이르시되 너
는 또 어리석은 (牧者)목자의 기
구들을 빼앗을지니라
16 보라 내가 한 목자를 이 땅에 일
으키리니 그가 없어진 자를 마음
에 두지 아니하며 흩어진 자를 찾
지 아니하며 상한 자를 고치지 아
니하며 (强健)강건한 자를 먹이지
아니하고 오히려 살진 자의 고기
를 먹으며 또 그 굽을 찢으리라
17 (禍)화 있을진저 양 떼를 버린 못
된 목자여 칼이 그의 팔과 오른쪽
눈에 내리리니 그의 팔이 아주 마
르고 그의 오른쪽 눈이 아주 멀어
버릴 것이라 하시니라

예루살렘의 구원

12 이스라엘에 (關)관한 여호
와의 경고의 말씀이라 ●여

호와 곧 하늘을 펴시며 땅의 터를
세우시며 사람 안에 심령을 지으
신 이가 이르시되
2 보라 내가 예루살렘으로 그 사면
모든 민족에게 취하게 하는 (盞)잔
이 되게 할 것이라 예루살렘이 에
워싸일 때에 유다에까지 이르리라
3 그 날에는 내가 예루살렘을 모든
민족에게 무거운 돌이 되게 하리
니 그것을 드는 모든 자는 크게 상
할 것이라 천하 (萬國)만국이 그
것을 치려고 모이리라
4 여호와가 말하노라 그 날에 내가
모든 말을 쳐서 놀라게 하며 그 탄
자를 쳐서 미치게 하되 유다 족속
은 내가 돌보고 모든 (民族)민족
의 말을 쳐서 눈이 멀게 하리니
5 유다의 우두머리들이 마음속에 이
르기를 예루살렘 주민이 그들의
하나님 (萬軍)만군의 여호와로 말
미암아 힘을 얻었다 할지라
6 그 날에 내가 유다 지도자들을 나
무 가운데에 (火爐)화로 같게 하
며 곡식단 사이에 횃불 같게 하리
니 그들이 그 좌우에 에워싼 모든
민족들을 불사를 것이요 예루살렘
사람들은 다시 그 본 곳 예루살렘
에 살게 되리라
7 여호와가 먼저 유다 (帳幕)장막을
구원하리니 이는 다윗의 집의 영
광과 예루살렘 주민의 영광이 유
다보다 더하지 못하게 하려 함이
니라
8 그 날에 여호와가 예루살렘 주민
을 (保護)보호하리니 그 중에 약
한 자가 그 날에는 다윗 같겠고 다
윗의 족속은 하나님 같고 무리 앞
에 있는 여호와의 사자 같을 것이
라
9 예루살렘을 치러 오는 이방 나라
들을 그 날에 내가 (滅)멸하기를
힘쓰리라
10 ● 내가 다윗의 집과 예루살렘 주
민에게 은총과 간구하는 (心靈)심
령을 부어 주리니 그들이 그 찌른
바 [1]그를 바라보고 그를 위하여
애통하기를 독자를 위하여 애통하
듯 하며 그를 위하여 통곡하기를
장자를 위하여 통곡하듯 하리로다
11 그 날에 예루살렘에 큰 (哀痛)애
통이 있으리니 므깃도 골짜기 하
다드림몬에 있던 애통과 같을 것
이라
12 온 땅 각 족속이 따로 (哀痛)애통
하되 다윗의 족속이 따로 하고 그
들의 아내들이 따로 하며 나단의
족속이 따로 하고 그들의 아내들
이 따로 하며
13 레위의 (族屬)족속이 따로 하고
그들의 아내들이 따로 하며 시므
이의 족속이 따로 하고 그들의 아
내들이 따로 하며
14 모든 남은 족속도 (各其)각기 따
로 하고 그들의 아내들이 따로 하
리라

13 그 날에 죄와 더러움을 씻
는 샘이 다윗의 족속과 예
루살렘 (住民)주민을 위하여 열리
리라

1) 히, '나를' 어떤 역본에는, '그를'

2 만군의 여호와가 말하노라 그 날
에 내가 (偶像)우상의 이름을 이
땅에서 끊어서 기억도 되지 못하
게 할 것이며 거짓 선지자와 더러
운 귀신을 이 땅에서 떠나게 할 것
이라
3 사람이 아직도 예언할 것 같으면
그 낳은 부모가 그에게 이르기를
네가 여호와의 이름을 (憑藉)빙자
하여 거짓말을 하니 살지 못하리
라 하고 낳은 부모가 그가 예언할
때에 칼로 그를 찌르리라
4 그 날에 선지자들이 (豫言)예언할
때에 그 환상을 각기 부끄러워할
것이며 사람을 속이려고 털옷도
입지 아니할 것이며
5 말하기를 나는 (先知者)선지자가
아니요 나는 농부라 내가 어려서
부터 사람의 종이 되었노라 할 것
이요
6 어떤 사람이 그에게 묻기를 네 두
팔 사이에 있는 상처는 어찌 됨이
냐 하면 대답하기를 이는 나의 (親
舊)친구의 집에서 받은 상처라 하
리라

목자를 치라는 명령

7 ●만군의 여호와가 말하노라 칼
아 깨어서 내 (牧者)목자, 내 짝
된 자를 치라 목자를 치면 양이 흩
어지려니와 작은 자들 위에는 내
가 내 손을 드리우리라
8 여호와가 말하노라 이 온 땅에서
삼분의 이는 (滅亡)멸망하고 삼분
의 일은 거기 남으리니
9 내가 그 삼분의 일을 불 가운데에
던져 은 같이 (鍊鍛)연단하며 금
같이 시험할 것이라 그들이 내 이
름을 부르리니 내가 들을 것이며
나는 말하기를 이는 내 백성이라
할 것이요 그들은 말하기를 여호
와는 내 하나님이시라 하리라

예루살렘과 이방 나라들

14 여호와의 날이 이르리라 그
날에 네 재물이 (掠奪)약탈
되어 네 가운데에서 나누이리라
2 내가 이방 나라들을 모아 예루살
렘과 싸우게 하리니 성읍이 함락
되며 가옥이 (掠奪)약탈되며 부녀
가 욕을 당하며 성읍 백성이 절반
이나 사로잡혀 가려니와 남은 백
성은 성읍에서 끊어지지 아니하리
라
3 그 때에 여호와께서 나가사 그 이
방 나라들을 치시되 이왕의 (戰
爭)전쟁 날에 싸운 것 같이 하시
리라
4 그 날에 그의 발이 예루살렘 앞 곧
동쪽 감람 산에 서실 것이요 감
람 산은 그 한 가운데가 동서로 갈
라져 매우 큰 골짜기가 되어서 산
(折半)절반은 북으로, 절반은 남
으로 옮기고
5 그 산 골짜기는 아셀까지 이를지
라 너희가 그 산 골짜기로 도망하
되 유다 왕 웃시야 때에 (地震)지
진을 피하여 도망하던 것 같이 하
리라 나의 하나님 여호와께서 임
하실 것이요 모든 거룩한 자들이
주와 함께 하리라
6 그 날에는 빛이 없겠고 (光明)광

명한 것들이 떠날 것이라
7 여호와께서 아시는 한 날이 있으
리니 낮도 아니요 밤도 아니라 어
두워 갈 때에 빛이 있으리로다
8 그 날에 (生水)생수가 예루살렘에
서 솟아나서 (折半)절반은 동해
로, 절반은 서해로 흐를 것이라 여
름에도 겨울에도 그러하리라
9 ● 여호와께서 (天下)천하의 왕이
되시리니 그 날에는 여호와께서
홀로 한 분이실 것이요 그의 이름
이 홀로 하나이실 것이라
10 온 땅이 아라바 같이 되되 게바에
서 예루살렘 남쪽 림몬까지 이를
것이며 예루살렘이 높이 들려 그
(本處)본처에 있으리니 베냐민 문
에서부터 첫 문 자리와 성 모퉁이
문까지 또 하나넬 망대에서부터
왕의 포도주 짜는 곳까지라
11 사람이 그 가운데에 살며 다시는
저주가 있지 아니하리니 예루살렘
이 (平安)평안히 서리로다
12 ● 예루살렘을 친 모든 백성에게
여호와께서 내리실 재앙은 이러하
니 곧 섰을 때에 그들의 살이 썩으
며 그들의 눈(瞳子)동자가 눈구멍
속에서 썩으며 그들의 혀가 입 속
에서 썩을 것이요
13 그 날에 여호와께서 그들을 크게
(擾亂)요란하게 하시리니 피차 손
으로 붙잡으며 피차 손을 들어 칠
것이며
14 유다도 예루살렘에서 싸우리니 이
때에 사방에 있는 이방 나라들의
(寶貨)보화 곧 금 은과 의복이 심
히 많이 모여질 것이요
15 또 말과 노새와 낙타와 나귀와 그
진에 있는 모든 (家畜)가축에게
미칠 재앙도 그 재앙과 같으리라
16 ● 예루살렘을 치러 왔던 이방 나
라들 중에 남은 자가 해마다 올라
와서 그 왕 만군의 여호와께 경배
하며 (草幕節)초막절을 지킬 것이
라
17 땅에 있는 족속들 중에 그 왕 만군
의 여호와께 (敬拜)경배하러 예루
살렘에 올라오지 아니하는 자들에
게는 비를 내리지 아니하실 것인
즉
18 만일 애굽 족속이 올라오지 아니
할 때에는 비 내림이 있지 아니하
리니 여호와께서 (草幕節)초막절
을 지키러 올라오지 아니하는 이
방 나라들의 사람을 치시는 재앙
을 그에게 내리실 것이라
19 애굽 사람이나 이방 나라 사람이
나 초막절을 지키러 올라오지 아
니하는 자가 받을 (罰)벌이 그러
하니라
20 그 날에는 말 방울에까지 여호와
께 (聖潔)성결이라 기록될 것이라
여호와의 전에 있는 모든 솥이 제
단 앞 주발과 다름이 없을 것이니
21 예루살렘과 유다의 모든 솥이 만
군의 여호와의 성물이 될 것인즉
제사 드리는 자가 와서 이 솥을 가
져다가 그것으로 고기를 삶으리라
그 날에는 만군의 여호와의 (殿)
전에 가나안 사람이 다시 있지 아
니하리라

말라기 Malachi

1 여호와께서 [1]말라기를 통하여
이스라엘에게 말씀하신 (警告)
경고라

여호와께서 이스라엘을 사랑하시다

2 ● 여호와께서 이르시되 내가 너
희를 사랑하였노라 하나 너희는
이르기를 주께서 어떻게 우리를
사랑하셨나이까 하는도다 나 여
호와가 말하노라 에서는 야곱의
(兄)형이 아니냐 그러나 내가 야
곱을 사랑하였고
3 에서는 미워하였으며 그의 산들을
황폐하게 하였고 그의 (産業)산업
을 광야의 이리들에게 넘겼느니라
4 에돔은 말하기를 우리가 [2]무너뜨
림을 당하였으나 (荒廢)황폐된 곳
을 다시 쌓으리라 하거니와 나 만
군의 여호와는 이르노라 그들은
쌓을지라도 나는 헐리라 사람들이
그들을 일컬어 악한 지역이라 할
것이요 여호와의 영원한 진노를
받은 백성이라 할 것이며
5 너희는 눈으로 보고 이르기를 여
호와께서는 이스라엘 (地域)지역
밖에서도 크시다 하리라

제사장과 백성들의 죄

6 ● 내 이름을 (蔑視)멸시하는 제사
장들아 나 만군의 여호와가 너희
에게 이르기를 아들은 그 아버지
를, 종은 그 주인을 공경하나니 내
가 아버지일진대 나를 (恭敬)공경
함이 어디 있느냐 내가 주인일진
대 나를 두려워함이 어디 있느냐
하나 너희는 이르기를 우리가 어
떻게 주의 이름을 멸시하였나이까
하는도다
7 너희가 더러운 떡을 나의 제단에
드리고도 말하기를 우리가 어떻게
주를 더럽게 하였나이까 하는도다
이는 너희가 여호와의 식탁은 (輕
蔑)경멸히 여길 것이라 말하기 때
문이라
8 (萬軍)만군의 여호와가 이르노라
너희가 눈 먼 (犧牲祭物)희생제물
을 바치는 것이 어찌 악하지 아니
하며 저는 것, 병든 것을 드리는
것이 어찌 악하지 아니하냐 이제
그것을 너희 총독에게 드려 보라
그가 너를 기뻐하겠으며 너를 받
아 주겠느냐
9 만군의 여호와가 이르노라 너희는
나 하나님께 (恩惠)은혜를 구하면
서 우리를 불쌍히 여기소서 하여
보라 너희가 이같이 행하였으니
내가 너희 중 하나인들 받겠느냐
10 만군의 여호와가 이르노라 너희
가 내 제단 위에 헛되이 불사르지
못하게 하기 위하여 너희 중에 (聖
殿)성전 문을 닫을 자가 있었으면
좋겠도다 내가 너희를 기뻐하지
아니하며 너희가 손으로 드리는
것을 받지도 아니하리라
11 만군의 여호와가 이르노라 해 뜨
는 곳에서부터 해 지는 곳까지의
이방 민족 중에서 내 이름이 크게

1) 나의 사자 2) 가난하나

될 것이라 각처에서 내 이름을 위
하여 (焚香)분향하며 깨끗한 (祭
物)제물을 드리리니 이는 내 이름
이 이방 민족 중에서 크게 될 것임
이니라
12 그러나 너희는 말하기를 여호와의
식탁은 더러워졌고 그 위에 있는
과일 곧 먹을 것은 (輕蔑)경멸히
여길 것이라 하여 내 이름을 더럽
히는도다
13 만군의 여호와가 이르노라 너희가
또 말하기를 이 일이 얼마나 번거
로운고 하며 코웃음치고 훔친 (物
件)물건과 저는 것, 병든 것을 가
져왔느니라 너희가 이같이 봉헌물
을 가져오니 내가 그것을 너희 손
에서 받겠느냐 이는 여호와의 말
이니라
14 짐승 떼 가운데에 수컷이 있거늘
그 (誓願)서원하는 일에 흠 있는
것으로 속여 내게 드리는 자는 (詛
呪)저주를 받으리니 나는 큰 임금
이요 내 이름은 이방 민족 중에서
두려워하는 것이 됨이니라 만군의
여호와의 말이니라

제사장들에 대한 명령

2 너희 (祭司長)제사장들아 이제
너희에게 이같이 명령하노라
2 만군의 여호와가 이르노라 너희가
만일 듣지 아니하며 마음에 두지
아니하여 내 이름을 (榮華)영화롭
게 하지 아니하면 내가 너희에게
저주를 내려 너희의 복을 저주하
리라 내가 이미 저주하였나니 이
는 너희가 그것을 마음에 두지 아
니하였음이라
3 보라 내가 너희의 자손을 꾸짖을
것이요 똥 곧 너희 절기의 (犧牲)
희생의 똥을 너희 얼굴에 바를 것
이라 너희가 그것과 함께 제하여
버림을 당하리라
4 만군의 여호와가 이르노라 내가
이 명령을 너희에게 내린 것은 레
위와 세운 나의 (言約)언약이 항
상 있게 하려 함인 줄을 너희가 알
리라
5 레위와 세운 나의 언약은 생명과
평강의 언약이라 내가 이것을 그
에게 준 것은 그로 (敬畏)경외하
게 하려 함이라 그가 나를 경외하
고 내 이름을 두려워하였으며
6 그의 입에는 진리의 법이 있었고
그의 입술에는 (不義)불의함이 없
었으며 그가 화평함과 정직함으로
나와 (同行)동행하며 많은 사람을
돌이켜 죄악에서 떠나게 하였느니
라
7 (祭司長)제사장의 입술은 지식을
지켜야 하겠고 사람들은 그의 입
에서 율법을 구하게 되어야 할 것
이니 제사장은 만군의 여호와의
(使者)사자가 됨이거늘
8 너희는 옳은 길에서 떠나 많은 사
람을 (律法)율법에 거스르게 하는
도다 나 만군의 여호와가 이르노
니 너희가 레위의 언약을 깨뜨렸
느니라
9 너희가 내 길을 지키지 아니하고
율법을 행할 때에 사람에게 치우
치게 하였으므로 나도 너희로 하

여금 모든 백성 앞에서 멸시와 (賤
待)천대를 당하게 하였느니라 하
시니라

거짓을 행하는 유다

10 ● 우리는 한 아버지를 가지지 아
니하였느냐 한 하나님께서 지으신
바가 아니냐 어찌하여 우리 각 사
람이 자기 형제에게 거짓을 행하
여 우리 조상들의 언약을 (辱)욕
되게 하느냐
11 유다는 거짓을 행하였고 이스라엘
과 예루살렘 중에서는 가증한 일
을 행하였으며 유다는 여호와께서
사랑하시는 그 [1](聖潔)성결을 욕
되게 하여 이방 신의 딸과 결혼하
였으니
12 이 일을 행하는 사람에게 속한 자
는 깨는 자나 응답하는 자는 물론
이요 만군의 여호와께 제사를 드
리는 자도 여호와께서 야곱의 (帳
幕)장막 가운데에서 끊어 버리시
리라
13 너희가 이런 일도 행하나니 곧 눈
물과 울음과 탄식으로 여호와의
제단을 가리게 하는도다 그러므로
여호와께서 다시는 너희의 (奉獻
物)봉헌물을 돌아보지도 아니하
시며 그것을 너희 손에서 기꺼이
받지도 아니하시거늘
14 너희는 이르기를 어찌 됨이니이까
하는도다 이는 너와 네가 어려서
맞이한 아내 사이에 여호와께서
증인이 되시기 때문이라 그는 네
짝이요 너와 (誓約)서약한 아내로
되 네가 그에게 거짓을 행하였도
다
15 그에게는 영이 충만하였으나 오직
하나를 만들지 아니하셨느냐 어찌
하여 하나만 만드셨느냐 이는 경
건한 자손을 얻고자 하심이라 그
러므로 네 (心靈)심령을 삼가 지
켜 어려서 맞이한 아내에게 거짓
을 행하지 말지니라
16 이스라엘의 하나님 여호와가 이
르노니 나는 (離婚)이혼하는 것과
옷으로 (虐待)학대를 가리는 자를
미워하노라 만군의 여호와의 말이
니라 그러므로 너희 심령을 삼가
지켜 거짓을 행하지 말지니라

주께서 임하시는 날

17 ● 너희가 말로 여호와를 괴롭게
하고도 이르기를 우리가 어떻게
여호와를 괴롭혀 드렸나이까 하는
도다 이는 너희가 말하기를 모든
악을 행하는 자는 여호와의 눈에
좋게 보이며 그에게 기쁨이 된다
하며 또 말하기를 (正義)정의의
하나님이 어디 계시냐 함이니라

3

만군의 여호와가 이르노라 보
라 내가 내 사자를 보내리니 그
가 내 앞에서 길을 준비할 것이요
또 너희가 구하는 바 주가 갑자기
그의 성전에 임하시리니 곧 너희
가 사모하는 바 (言約)언약의 (使
者)사자가 임하실 것이라
2 그가 임하시는 날을 누가 능히 당
하며 그가 나타나는 때에 누가 능
히 서리요 그는 금을 (鍊鍛)연단
하는 자의 불과 표백하는 자의 잿

1) 성소를

말

물과 같을 것이라
3 그가 은을 (鍊鍛)연단하여 깨끗하
게 하는 자 같이 앉아서 레위 (子
孫)자손을 깨끗하게 하되 금, 은
같이 그들을 연단하리니 그들이
공의로운 제물을 나 여호와께 바
칠 것이라
4 그 때에 유다와 예루살렘의 봉헌
물이 옛날과 (古代)고대와 같이
나 여호와께 기쁨이 되려니와
5 내가 심판하러 너희에게 임할 것
이라 점치는 자에게와 간음하는
자에게와 거짓 맹세하는 자에게와
품꾼의 삯에 대하여 (抑鬱)억울하
게 하며 과부와 고아를 압제하며
나그네를 억울하게 하며 나를 경
외하지 아니하는 자들에게 속히
증언하리라 만군의 여호와가 말하
였느니라
6 나 여호와는 변하지 아니하나니
그러므로 야곱의 자손들아 너희가
(消滅)소멸되지 아니하느니라

십일조

7 ● 만군의 여호와가 이르노라 너
희 조상들의 날로부터 너희가 나
의 (規例)규례를 떠나 지키지 아
니하였도다 그런즉 내게로 돌아오
라 그리하면 나도 너희에게로 돌
아가리라 하였더니 너희가 이르기
를 우리가 어떻게 하여야 돌아가
리이까 하는도다
8 사람이 어찌 하나님의 것을 도둑
질하겠느냐 그러나 너희는 나의
것을 도둑질하고도 말하기를 우
리가 어떻게 주의 것을 도둑질하
였나이까 하는도다 이는 곧 (十一
條)십일조와 봉헌물이라
9 너희 곧 온 나라가 나의 것을 도둑
질하였으므로 너희가 (詛呪)저주
를 받았느니라
10 만군의 여호와가 이르노라 너희의
온전한 십일조를 창고에 들여 나
의 집에 양식이 있게 하고 그것으
로 나를 (試驗)시험하여 내가 하
늘 문을 열고 너희에게 복을 쌓을
곳이 없도록 붓지 아니하나 보라
11 만군의 여호와가 이르노라 내가
너희를 위하여 [1]메뚜기를 금하여
너희 토지 소산을 먹어 없애지 못
하게 하며 너희 밭의 포도나무 열
매가 (期限)기한 전에 떨어지지
않게 하리니
12 너희 땅이 아름다워지므로 모든
이방인들이 너희를 복되다 하리라
(萬軍)만군의 여호와의 말이니라

여호와를 경외하는 자들

13 ● 여호와가 이르노라 너희가 (頑
惡)완악한 말로 나를 대적하고도
이르기를 우리가 무슨 말로 주를
대적하였나이까 하는도다
14 이는 너희가 말하기를 하나님을
섬기는 것이 헛되니 만군의 여호
와 앞에서 그 명령을 지키며 슬프
게 행하는 것이 무엇이 (有益)유
익하리요
15 지금 우리는 교만한 자가 복되
다 하며 악을 행하는 자가 번성하
며 하나님을 시험하는 자가 화를
(免)면한다 하노라 함이라

1) 먹는 자를

16 ●그 때에 여호와를 경외하는 자
들이 피차에 말하매 여호와께서
그것을 분명히 들으시고 여호와
를 경외하는 자와 그 이름을 (尊
重)존중히 여기는 자를 위하여 여
호와 앞에 있는 (記念册)기념책에
기록하셨느니라
17 만군의 여호와가 이르노라 나는
내가 정한 날에 그들을 나의 특별
한 (所有)소유로 삼을 것이요 또
사람이 자기를 섬기는 아들을 아
낌 같이 내가 그들을 아끼리니
18 그 때에 너희가 돌아와서 (義人)
의인과 악인을 분별하고 하나님을
섬기는 자와 섬기지 아니하는 자
를 (分別)분별하리라

여호와께서 정하신 날

4

만군의 여호와가 이르노라 보
라 (鎔鑛爐)용광로 불 같은 날
이 이르리니 교만한 자와 악을 행
하는 자는 다 지푸라기 같을 것이
라 그 이르는 날에 그들을 살라 그
뿌리와 가지를 남기지 아니할 것
이로되

1) 날개

2 내 이름을 경외하는 너희에게는
공의로운 해가 떠올라서 (治療)치
료하는 [1]광선을 비추리니 너희가
나가서 외양간에서 나온 송아지
같이 뛰리라
3 또 너희가 (惡人)악인을 밟을 것
이니 그들이 내가 정한 날에 너희
발바닥 밑에 재와 같으리라 만군
의 여호와의 말이니라
4 ●너희는 내가 호렙에서 온 이스
라엘을 위하여 내 종 모세에게 명
령한 법 곧 율례와 (法度)법도를
기억하라
5 보라 여호와의 크고 두려운 날이
이르기 전에 내가 (先知者)선지자
엘리야를 너희에게 보내리니
6 그가 아버지의 마음을 (子女)자녀
에게로 돌이키게 하고 자녀들의
마음을 그들의 아버지에게로 돌
이키게 하리라 돌이키지 아니하면
두렵건대 내가 와서 저주로 그 땅
을 칠까 하노라 하시니라

십계명

The Ten Commandments

하나님이 이 모든 말씀으로 말씀하여 이르시되,
나는 너를 애굽 땅, 종 되었던
집에서 인도하여 낸 네 하나님 여호와니라.

제일은, 너는 나 외에는 다른 신들을 네게 두지 말라.

제이는, 너를 위하여 새긴 우상을 만들지 말고,
또 위로 하늘에 있는 것이나, 아래로 땅에 있는 것이나,
땅 아래 물 속에 있는 것의 어떤 형상도 만들지 말며,
그것들에게 절하지 말며, 그것들을 섬기지 말라.

나 네 하나님 여호와는 질투하는 하나님인즉
나를 미워하는 자의 죄를 갚되,
아버지로부터 아들에게로 삼사 대까지 이르게 하거니와,
나를 사랑하고 내 계명을 지키는 자에게는
천 대까지 은혜를 베푸느니라.

제삼은, 너는 네 하나님 여호와의 이름을 망령되게 부르지 말라.

여호와는 그의 이름을 망령되게 부르는 자를 죄 없다 하지 아니하리라.

제사는, 안식일을 기억하여 거룩하게 지키라.

엿새 동안은 힘써 네 모든 일을 행할 것이나,
일곱째 날은 네 하나님 여호와의 안식일인즉,
너나 네 아들이나 네 딸이나, 네 남종이나, 네 여종이나,
네 가축이나, 네 문 안에 머무는 객이라도 아무 일도 하지 말라.